U0796668

【城市区位】沿海和长江两大经济开发带交会处

【城市性质】国际化、现代化港口城市

【土地面积】986.73 平方千米（其中陆地面积 791.06 平方千米）

【户籍人口】92.94 万人

【所辖区镇】保税区（金港镇） 经开区（杨舍镇） 冶金园（锦丰镇） 高新区 塘桥镇 乐余镇 凤凰镇 南丰镇 大新镇 常阴沙现代农业示范园区 双山香山旅游度假区

【张家港市树】香 樟

【张家港市花】菊 花

【张家港精神】团结拼搏 负重奋进 自加压力 敢于争先

【2018 年荣誉】世界卫生组织健康城市最佳实践奖

2018 年中国最具幸福感城市

新时代中国全面建成小康社会范例城市

国家卫生城市

国家节水型社会达标县

为江苏改革开放作出突出贡献的先进集体

大伯墩湿地公园

慢岛双山
江南香山

双山岛滨江荷塘

双山岛江滩

香山景区

双山岛航拍图

ZHANGJIAGANG ALMANAC **2019**

中国年鉴全文数据库收录年鉴

張家港年鑑

尉天池题

张家港市人民政府主办
中共张家港市委党史地方志办公室编

方志出版社
Publishing House of Local Records

图书在版编目（CIP）数据

张家港年鉴. 2019 / 中共张家港市委党史地方志办公室编. -- 北京 ：方志出版社，2019.10
ISBN 978-7-5144-3929-8

Ⅰ. ①张… Ⅱ. ①中… Ⅲ. ①张家港－2019－年鉴
Ⅳ. ①Z525.33

中国版本图书馆CIP数据核字（2019）第230295号

张家港年鉴（2019）

编　　者：中共张家港市委党史地方志办公室
责任编辑：丛　珺
出 版 者：方志出版社
地址　北京市朝阳区潘家园东里９号（国家方志馆4层）
邮编　100021
网址　http://www.fzph.org
发　　行：方志出版社图书经销中心
电话（010）67110500
经　　销：各地新华书店
印　　刷：南京凯德印刷有限公司
开　　本：889×1194　1/16
印　　张：38
字　　数：1129千字
版　　次：2019年10月第1版　2019年10月第1次印刷
印　　数：0001～2000册
ISBN 978-7-5144-3929-8　定价：210.00元
·版权所有　翻印必究·

张家港年鉴编纂委员会

名誉主任　沈国芳

主　　任　潘国强

副 主 任　王亚方　徐仲高　黄雪元　杨　芳　王　瑜

委　　员　（按姓氏笔画排序）

王卫国　王苏嘉　田文华　刘　俭　刘东兴
孙建忠　朱瑞栋　严栋兴　巫　刚　杨志刚
杨惠亚　汪丽菁　沙立平　张小伟　陆文琰
陈卫兵　陈　飞　陈飞健　周　兵　周志虎
季洪良　范一明　茅哲峰　赵　瑜　施建彬
秦真智　奚卫明　唐雷刚　陶　惠　陶彦斌
袁政国　黄　明　蒋新峰　樊建兵　薛　奇

《张家港年鉴（2019）》

主　　审　陈卫兵　刘东兴

主　　编　陈飞健

副 主 编　汪丽菁　陆文琰　张　洁

编　　辑　汪丽菁　陆文琰　卢德兴　张　洁　沈立平
黄宏庆　陆正芳　景力颖　朱永平　宋佳辰
陆婷婷

图片编辑　沈立平

编　　务　马　俊　许建东

装帧设计　张家港市无界广告设计中心

地图审核　苏州图博地图应用开发中心

序

中共张家港市委书记 沈国芳

不忘初心　牢记使命
坚定不移推动"港城发展升级版"建设

在中华人民共和国成立70周年之际，2019卷《张家港年鉴》在多方共同努力下终于付梓，带着浓郁的墨香与广大读者见面了。缩一年为一瞬，汇百卷于一册。她以丰富的内容、翔实的资料和精美的图片，系统全面记述了全市上下一年来的奋斗历程和可喜成绩，生动有力镌刻了推动港城高质量发展走在前列的鲜明足迹。

2018年，全市上下以"献礼改革开放40周年"为工作主线，敢于担当、争先率先，经济发展稳中有进、城市品质不断优化、生态环境加快改善、民生福祉有效提升、党的建设持续加强，经济社会各项事业发展积极向好。实现地区生产总值2720.18亿元，比上年增6.7%；公共财政预算收入233.43亿元，比上年增11.2%；居民人均可支配收入5.3万元，比上年增8.4%。与此同时，张家港市成功入选"为江苏改革开放作出突出贡献的20个先进集体"，被中宣部确定为"庆祝改革开放40周年'百城百县百企'重大典型"，获"2018年中国最具幸福感城市”和“新时代中国全面建成小康社会范例城市”等一系列荣誉，张家港的城市美誉度、影响力进一步提升。

2019年，全市上下将始终坚持以习近平新时代中国特色社会主义思想为指导，深入贯彻落实上级各项决策部署，积极抢抓长三角区域一体化发展、长江经济带高质量发展双重历史机遇，以张家港精神和全面深化改革为“双强动力”，坚定不移推动“港城发展升级版”建设，深入开展“不忘初心、牢记使命”主题教育，大兴狠抓落实的实干之风，在决胜高水平全面建成小康社会、开启基本实现现代化新征程的生动实践中接续奋斗、砥砺前行，奋力推动张家港高质量发展走在前列！

明镜所以照形，古事所以知今。年鉴是城市记忆的年轮，连接着昨天与今天，承启着过去与未来。站在新的历史起点上，我们应当鉴往知来、抚今追昔，认真学好用好2019卷《张家港年鉴》这本丰富翔实的“地方百科全书”，有效发挥其存史育人、资政辅治的作用，在回望初心中扛起使命与担当，奋力谱写年盛一年的崭新篇章。

2019年8月

1926年

1926年4月，孙逊群到广州参加第六届农民运动讲习所。图为孙逊群向毛泽东汇报江阴、沙洲农民运动的情况（油画）

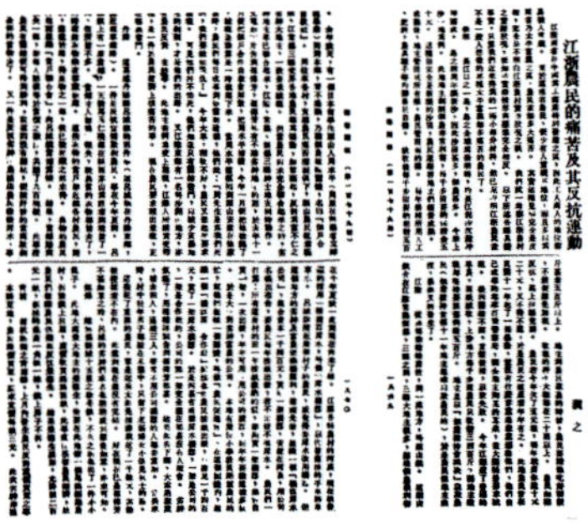

1926年10月，毛泽东在发表的《江浙农民的痛苦及其反抗运动》文章中提到沙洲农民的斗争

1926年7月，中共常熟县委金村支部成立，这是境内早期成立的中共特别支部。图为金村党支部旧址

1927年

1927年2月下旬，孙逊群、茅学勤、谢恺等人分别组织发动农民群众，成立多个农民协会。 图为后塍地区农民协会旧址

1927年11月至1928年3月，沙洲地区发动了大小8次威震大江南北的农民暴动。图为农民暴动场景

1937年

1937年11月下旬，沙洲沦陷。图为侵华日军在常熟登陆

逃难民众

1941年

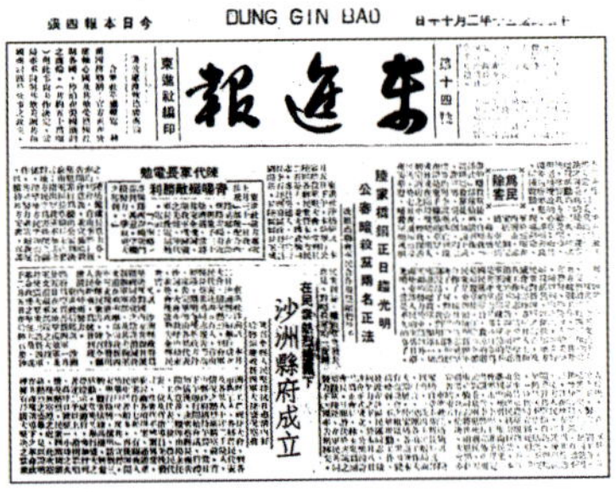

1941年2月2日，沙洲县抗日民主政府在锦丰店岸曹家仓房成立。图为《东进报》报道沙洲县抗日民主政府成立

1941年沙洲县区划图

1941年7月，日伪军决定对沙洲抗日根据地实行“清乡”，境内军民在南横套、拦门沙等地与日军展开多次血战。图为日军在村庄筑起竹篱笆封锁线

图为新四军水网战斗场面

中华人民共和国成立70周年
The 70th Anniversary of the Founding of
The People's Republic of China

庆祝新中国成立70周年
沙洲解放70周年

没有共产党就没有新中国

新中国成立前，张家港（沙洲）境内属常熟、江阴、南通三县管辖（东部属常熟县、西部属江阴县、常通港以北属南通县），是一方具有光荣革命传统的红色热土。在战火纷飞的年代，英勇的张家港（沙洲）人民在中国共产党的领导下，不怕牺牲，顽强奋斗，为人民革命斗争的胜利做出了巨大贡献。张家港（沙洲）人民革命斗争的胜利，充分证明了“没有共产党就没有新中国”的这一伟大真理。

1945年

1945年8月15日，日本无条件宣布投降。图为沙洲县抗日民主政府纪念馆

1945年11月，根据“双十协定”，沙洲县党政军干部战士陆续北撤。图为新四军北撤场景

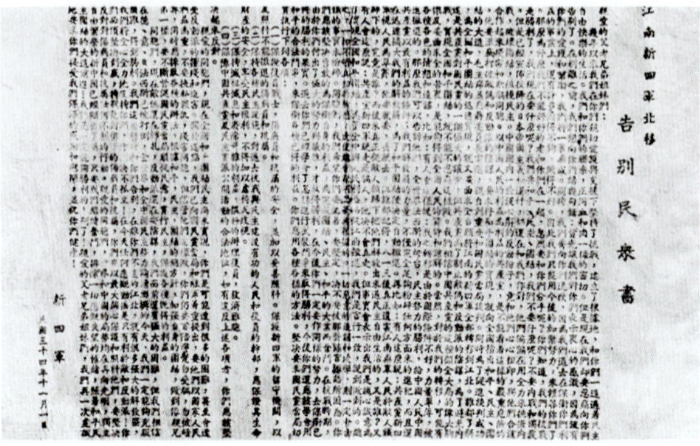

江南新四軍北移告别民衆書

新四軍

新四军发布告别江南民众书

1947年

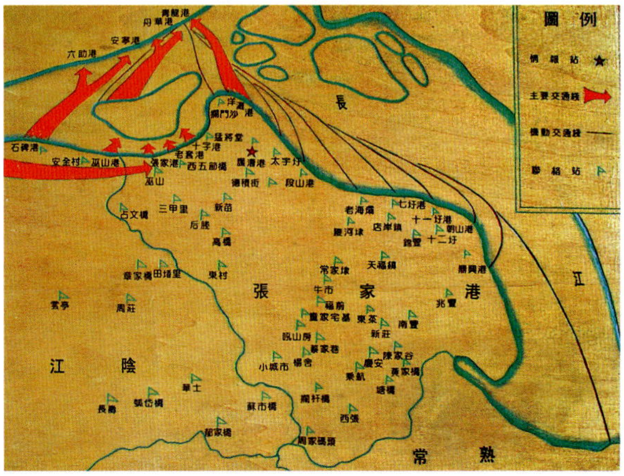

1947年5月，中共沙洲县工作委员会和沙洲武工队成立，坚持隐蔽斗争。图为沙洲地下党情报站、联络站、地下交通线示意图

1949年

1949年4月21日，人民解放军强渡长江。4月22日，沙洲全境解放

双山渡江战役纪念碑

1949年

1949年10月1日，中华人民共和国成立。图为塘桥区庆祝中华人民共和国成立大会

1950年

1950年6月25日，朝鲜战争爆发。10月19日，抗美援朝运动在全国展开。图为农村青年积极报名参加志愿军赴朝鲜参战

1950年秋开始，境内开展土地改革运动，至1951年春耕前结束。图为杨舍镇土地改革发证大会

1956年

境内先后多次组织民工对新涨滩涂进行围垦开发。图为1956年沙洲区围垦共青圩办事处全体工作人员合影

1962年

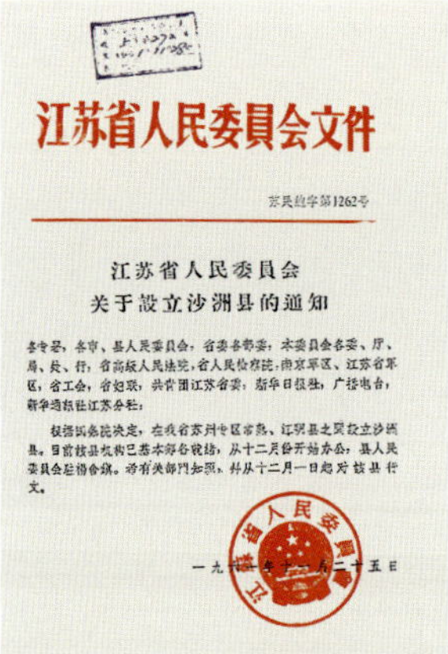

江苏省人民委员会文件

苏民总字第1262号

江苏省人民委员会
关于設立沙洲县的通知

各专署，各市、县人民委员会，省委各部委，本委员会各委、厅、局、处、行，省高级人民法院，省人民检察院，南京军区、江苏省军区，省工会，省妇联，共青团江苏省委，新华日报社，广播电台，新华通讯社江苏分社：

根据国务院决定，在我省苏州专区常熟、江阴县之间設立沙洲县。目前该县机构已基本筹备就绪，从十二月份开始办公，县人民委员会驻杨舍镇。希有关部門知照，并从十二月一日起对该县行文。

一九六一年十一月二十五日

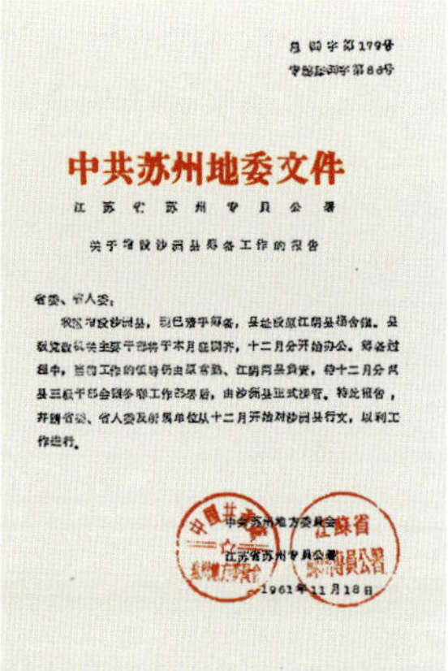

中共苏州地委文件

江苏省苏州专员公署

关于增设沙洲县筹备工作的报告

省委、省人委：

我区增设沙洲县，现已筹备就绪，县址设在江阴县杨舍镇。县级党政机关主要干部将于本月底到齐，十二月份开始办公。筹备过程中，当前工作的领导仍由常熟、江阴两县负责，待十二月份两县三级干部会议分工作结束后，由沙洲县正式接管。特此报告，并请省委、省人委及所属单位从十二月开始对沙洲县行文，以利工作进行。

中共苏州地方委员会
江苏省苏州专员公署
1961年11月18日

1962年1月1日，沙洲县成立。图为江苏省人委、苏州地委关于设立沙洲县的文件

1968年

1968年2月，中央军委、国家计委、交通部联合批准，张家港港开工建设

中华人民共和国成立70周年
The 70th Anniversary of the Founding of The People's Republic of China

庆祝新中国成立70周年
沙洲解放70周年

沙洲，梦开始的地方

1949年4月22日，沙洲全境解放。在中国共产党的领导下，境内建立了人民政权，完成了生产资料私有制的社会主义改造，实现了从劳动人民受剥削、受压迫到当家做主的巨大转变，揭开了沙洲历史的新篇章。

1973年

1973年1月，沙洲县“学大寨、赶先进”夺取一九七三年农业新丰收誓师大会在县委大操场召开

1973年9月，沙洲县革委会召开工业学大庆誓师大会

1975年

塘桥公社成为全国三麦高产典型。图为1975年各地代表参观塘桥种麦

1976年

1976年10月，粉碎“四人帮”后，教育科技文化工作开始走上正轨。图为当时的沙洲中学

1978年

1978年12月，中共十一届三中全会召开。图为工宣队在杨舍街头宣传中共十一届三中全会精神

1979年

1979年1月6日，全县干部开始冬训，学习中共十一届三中全会精神。图为1979年3月，沙洲县农技员冬训班在县五七干校举行

1979年12月18日至20日，沙洲县委在妙桥公社欧桥大队召开学欧桥、争富裕经验交流会。图为1980年欧桥大队建办的工厂

1981年

1981年12月，兆丰文化中心在全国农村文化艺术工作先进集体和先进个人座谈会上被授予先进集体称号。图为兆丰农民艺术团在埃及国际民间艺术节上演出《忆江南》

1982年

人民日报

RENMIN RIBAO

1982年1月
19
星期二
辛酉年十二月廿五
北京地区天气预报
白天 晴
风向 北转南
风力 二、三级
夜间 晴
风向 南转北
风力 一、二级
温度 最高4°
最低 零下7°

沙洲县生产队办起了小加工业

群众总结小加工业的好处：因陋就简投资少，成本较低利润高，手工劳动收入多，周转迅速见效快；他们称赞这是“小鸡吃米，粒粒下肚”。

本报讯 记者萧俊、通讯员龚乃光、孟焕民报道：江苏省沙洲县调整农村经济结构，冲破生产队只能搞农业的单一经济思想的束缚，利用劳力资源丰富等有利条件，提倡生产队办加工工业，壮大了集体经济，增加了社员收入。1981年全县有1,972个生产队办起了加工业，纯收入800多万元，其中有160多个队收入超万元。

沙洲县是江南有名的粮棉高产县，社队工业也较发达，但前几年社员并不富裕，人均分配没有超过100元。沙洲县人均耕地只有九分，农村建立各种生产责任制后，剩余劳力更多了。如何广开生产门路，使农民尽快富起来？县委从塘桥公社上相八队受到启示：这个队每人不足六分地，1979年抽出18个劳力穿板刷，每把加工费仅几分钱，加工数量大，共收入2万多元，粮食亩产2,299斤，全年人均分配猛增到206元。农民赞誉小加工业是“小鸡吃米，粒粒下肚”，虽小但实惠。县委总结了他们的经验，同时分析了全县的情况：这里水陆交通方便，离上海、无锡、苏州等城市较近，生产门路广，群众中能工巧匠很多，许多农民有搞小加工业的习惯，发展生产队小加工业有广阔前景。县委改变了生产队不能办工业的规定，决定在完善联产承包责任制的前提下，放开手脚，大胆发展生产队加工业。

生产队办加工业首先是为社队工业配套。西张公社李庄大队乳胶厂生产玩具气球，全大队的15个生产队都给加工气球上的竹哨、彩色鸡毛哨等，尽管每加工一只仅八九厘钱，但加工几百万只收入就不小了。去年全大队各生产队办小加工业的收入达30万元，大部分来自加工竹哨，最多的11队每人增收250元。各生产队还因地因时因人制宜，利用工业和农副业的副产品，甚至废品进行加工，变废为宝。有的利用工厂的边角废料、废渣、废液，搞小轻工、小化工、小冶炼、小五金等；有的利用农副产品搞粮、糖、油和饲料加工。群众总结小加工业的好处是：“因陋就简投资小，成本较低利润高，手工劳动收入多，周转迅速见效快”。

生产队办加工业有力地支援了农业。凡是办好了加工业的生产队，这两年都用积累的资金购置了大批农机具，社员收入猛增。由于生产队分配收入增加，稳定了农心，社员们说：“劳动一天两块半，农活不愁没人干”。过去外出自找门路的回来了，甚至有的社队企业工人也愿回生产队。渤港公社万红大队的第七生产队1980年还没有搞加工业，小麦因灾减收，农民心就慌了，男劳力除队长等三人外全部外流，全年人均分配仅36元多。去年他们办起小加工业，实行联产计酬责任制，粮食增产，工副业增收，还清债务后人均分配达到211元，再没有人外出了。沙洲县的农业去年因灾略有减产，但农民并不减少收入，人均分配由1980年的150元增加到160元，还有90元的家庭副业收入。全县农村到处都在盖新房，筑新路，忙着购买农机具，安排今年生产。

赞“小鸡吃米”

短评

沙洲县农民亲切地称生产队办的加工业为“小鸡吃米，粒粒下肚”，充分表露了赞誉之情。

生产队办小加工业，产品很小，一个竹哨，一把板刷，赚不了几个钱，但是把点点滴滴小利积累起来，那就多了。比如，加工玩具气球上的竹哨，每只获利只有几厘钱，但是，加工几百万只，就成了一笔可观的收入。李庄大队11队去年仅此一项的收入平均每人就达到250元。这些收入直接分配给社员，很实惠，真是“粒粒下肚”！其次，因其小故机动灵活，可以随时根据原材料等情况生产或转产，可以迅速生产出群众急需的小商品；也可以根据自己的人力、财力、物力去干“生活”，还可以根据市场信息拾遗补缺，灵活得很。一般说来，这种小加工业，原材料有来源，产品有销路，又主要是手工劳动，很少消耗能源，办起来容易。同时，既可较好地利用农村大量的剩余劳动力，吸收农村许多流动资金，又能够增加社会物质财富，为群众提供丰富多采的商品，真是一举数得。全国农村的生产队有几百万，如果这些“小鸡”都能主动地找“米”来吃，虽然吃到的“米”有多有少，集中起来，却是于群众于集体于国家都大有利的事。

生产队办加工业会不会影响农业生产？不少同志有这样的担心。沙洲农民回答说：“劳动一天两块半，农活不愁没人干。”这是说，农民从集体经济分配的收入多，从事农业生产的积极性就会高，务工务农同样得利，也就同样有积极性。相反，如果集体经济力量单薄，劳动一天所得无几，农民生产积极性不高，农业生产也难搞好。沙洲县现在没有发现一个生产队因工误农，却有许多由于办了工业而促进了农业，使生产队各业全面发展的好典型。当然，把小小的生产队经营得各业全面发展，是很不容易的，这就要求指导思想要明确，安排要得当。

1982年1月19日，《人民日报》报道并盛赞沙洲县队办工业“小鸡吃米、粒粒下肚”

1983年

1983年3月，沙洲振业橡胶总厂和上海步云鞋厂联合发起组织的振云儿童足球促进会成立，8月在苏州举办首届全国“贝贝杯”足球赛。图为在沙洲县举办的全国第二届“贝贝杯”足球赛

中华人民共和国成立70周年
The 70th Anniversary of the Founding of The People's Republic of China

庆祝新中国成立70周年
沙洲解放70周年

回眸：以港兴市、以市促港

张家港市在改革开放中，坚持正确处理改革、发展和稳定的关系，努力把党和国家的改革开放方针政策创造性地贯彻落实到具体实践中，以港兴市、以市促港，带来了经济的高速发展，实现了从传统农业县到港口工业城市的华丽转身。

1984年

1984年3月9日，沙洲县委决定创办沙洲职业工学院。图为1986年落成的沙洲职业工学院校区

1986年

1986年9月16日，国务院批准撤销沙洲县，设立张家港市。图为张家港市成立大会在大众影剧院召开

1987年

1987年，市委、市政府正式提出“以港兴市，以市促港”的发展战略。图为塔吊林立的张家港港一景

1991年

1991年，市委、市政府提出“开发新区、整治老区、建设港区”的城市总体发展、建设思路，从此拉开了张家港市大规模城市建设的帷幕。图为1992年以后新建的市区人民中路

1992年

1992年，港区形成新城市区，全市形成“一城双核”形态。图为当时的港区街景

1992年

1992年起，全市广泛开展张家港精神的宣传教育

1992年4月，张家港瞄准周边先进县（市），提出了“三超一争”的口号。图为市“三超一争”誓师大会

1992年10月16日，国务院批准设立张家港保税区。图为张家港保税区揭牌仪式

1992年起，市委、市政府积极组建乡镇企业集团，加速发展规模经济。图为90年代的永钢集团

1993年

1993年11月11日，省政府发文批准建立江苏省张家港经济开发区。图为90年代的张家港经济开发区管委会办公大楼

1994年

1994年，张家港市创建成首批“国家卫生城市”。图为张家港市创建国家卫生城市考核鉴定情况通报会

中华人民共和国成立70周年
The 70th Anniversary of the Founding of The People's Republic of China

庆祝新中国成立70周年
沙洲解放70周年

激荡：张家港精神的力量

1992年邓小平南方谈话发表后，全市人民坚持两个文明一起抓，在实践中形成了“一把手抓两手”“两手抓、两手硬”的工作特色，培育形成了“团结拼搏、负重奋进、自加压力、敢于争先”的张家港精神，实现了物质文明和精神文明建设的协调发展。在张家港精神引领下，张家港创造了一个又一个的全国第一，成为了“伟大理论的成功实践”典型。

1995年

1995年10月18日至21日，中共中央宣传部和国务院办公厅在张家港市召开全国精神文明建设经验交流会。同年10月18日，《人民日报》刊发评论员文章《伟大理论的成功实践——学习张家港市坚持两手抓的经验》

人民日报
RENMIN RIBAO
伟大理论的成功实践
——学习张家港市坚持两手抓的经验

1996年

1996年8月3日，市委、市政府提出建设一流江堤的规划，计划投资总额1.54亿元。图为百里江堤纪念碑

1997年

1997年1月15日，张家港市被命名为全国双拥模范城。至2016年,张家港市连续六届被命名为全国双拥模范城。图为1998年张家港市组织文艺慰问团赴九江抗洪一线慰问演出

1999年

张家港市鼓励发展外向型经济。图为1999年市经济贸易洽谈会在国泰大厦举行

2001年

2001年11月28日，全国首家农村商业银行——张家港市农村商业银行开业。图为张家港农村商业银行新貌

2002年

2002年，市委召开全市率先创建全国文明城市动员大会。图为创建全国文明城市花车巡游

2003年

新华日报

XINHUA DAILY GROUP

2003 年 10 月 8 日
星期三 癸未年九月十三

XINHUADAILY 重要新闻　A版

湖北一希望小学校长带着30多名贫困生的心愿，来到张家港——

千里寻访"张闻明"

苏州电 国庆前夕，湖北省五峰县三坪希望小学校长宋芳蓉带着全校30多名贫困学生的希望，专程赶到张家港，只为见一见默默捐助着30多名贫困学生的"张闻明"。

今年4月、6月和9月，宋芳蓉先后三次收到署名"张闻明"的三笔价值1600多元的捐款和用品，邮件上没有留下回信地址和任何联系方式，只有邮戳显示捐款来自张家港。三坪希望小学建在海拔1800多米、紧靠原始森林的高寒山区上，从五峰县城到学校，要走一个半小时的险山。全校只有30多个学生，六个年级至今还窝在一个教室里上课。15年前，年仅15岁的宋芳蓉只身一人来到那里，当一个民办教师，她克服了常人无法想象的种种困难，既当校长又承担了教师、炊事员、保姆等种种角色。为了帮助贫困学生，宋芳蓉常常"搭"上每月微薄的工资。如今，艰苦的岁月无情地在她本应年轻的脸上刻下了痕迹。刚满30岁就已经掉了6颗牙齿。同时，宋芳蓉先后被评为"全国十大杰出青年"、"五四青年奖章"获得者、共青团中央十五大中央委员等。

宋芳蓉非常感激做好事不留名的"张闻明"，三坪希望小学的孩子们也很想知道好心的"张闻明"是叔叔还是阿姨。宋老师坐不住了，就提笔给张家港市委书记写了一封"寻亲"信。张家港市委书记曹福龙读完这封感人肺腑的信后，立刻指示有关方面寻找"张闻明"。

此事在张家港引起强烈反响，很多市民纷纷"举报"身边的"张闻明"。九月中旬，"张闻明"终于被同事抖了出来，原来"张闻明"是张家港移动通讯有限公司团支部的化名，因为张家港是全国文明城市创建工作先进城市，他们取张家港文明的谐音"张闻明"。

寻找张闻明的活动，吸引了更多张家港人关注三坪希望小学和宋芳蓉老师。社会各界纷纷慷慨解囊。张家港日报捐了5000元、团市委拿出3000元，暨阳实验小学的小朋友则为千里之外的同学捐出一天的零花钱；移动通讯公司还给宋老师送去了一部手机，即使遇到了突发事件，方便学校与外界联系。　（钱建伟　黄红芳）

2003年10月8日，《新华日报》刊登湖北希望小学校长寻访"张闻明"的报道

张家港移动公司"张闻明"代表带领三坪希望小学师生参观市文化中心

2004年

2004年，张家港市举办首届长江文化艺术展示周

2005年

2005年，张家港市成为首批"全国文明城市"中唯一的县级市

青年志愿者为市民服务

中华人民共和国成立70周年
The 70th Anniversary of the Founding of
The People's Republic of China

庆祝新中国成立70周年
沙洲解放70周年

追梦：文明引领小康路

张家港市干部群众自我加压、自我超越，开展文明城市建设、社会志愿服务，深入推进未成年人思想道德建设，市民文明素质和城市文明程度不断提升，2005年被首批授予全国文明城市（区）称号，成为全国唯一获此荣誉的县级市。张家港以文明建设引领城市发展，在全省率先达到省定小康社会指标，成为享誉全国的文明之城、位列三甲的实力之城、城乡一体的协调之城、优美宜居的生态之城、古今交融的人文之城。

2008年

2008年5月，张家港市被环境保护部首批列为6个生态文明建设试点地区之一。图为常阴沙现代农业示范园区

2009年

2009年3月，市便民服务中心成立及“12345”便民服务热线挂牌运行。图为“12345”便民服务热线话务大厅

2010年

2010年5月，市委、市政府全面推进城乡一体化改革发展。图为农民集中居住区

2011年

2011年11月，张家港市在全国率先推出“网格化公共文化服务”理念。图为“幸福网格乐翻天”活动

2012年

2012年5月，新市民积分管理工作启动。图为张家港市新市民积分管理新闻发布会

2012年

2012年10月，张家港市亲情虚拟养老院正式成立

2014年

2014年12月22日，张家港首次“新三板”企业集中挂牌仪式在北京举行

2013年

2013年，张家港市首批成为全国义务教育发展基本均衡县（市）。图为白鹿小学学生课间活动

2015年

2015年5月，埃塞俄比亚东方工业园成为国家级境外经贸合作区

2016年

2016年11月16日，疏港高速公路全线通车

2017年

2017年4月7日，全国创建文明城市工作经验交流会在张家港市召开

2018年

2018年7月19日，美国《财富》杂志发布世界500强排行榜，沙钢集团连续10年荣登榜单。图为沙钢集团

中华人民共和国成立70周年
The 70th Anniversary of the Founding of The People's Republic of China

庆祝新中国成立70周年
沙洲解放70周年

奋进：打造新时代港城发展升级版

新中国成立后，特别是改革开放后，曾被称为“穷沙洲”的张家港不断实现“弯道超车”，书写了一部波澜壮阔的发展史。地区生产总值由1978年的3.2亿元增至2018年的2720.18亿元，经济总量翻了近10番；年平均经济增长速度达到18.7%，高于同期全国平均数9个百分点；2005年至2018年连续13年稳居全国县域经济百强榜前三甲；成为全国唯一获得全国文明城市“五连冠”的县级市，先后获200余项国家级荣誉。这座城市在实践中塑造的“张家港精神”已融入城市血脉，成为力量之源，铸成发展之魂，升华为整座城市的共同价值观，引领着这个城市不断攀登文明发展新高峰，擘画强富美高新华章。

2018年10月18日，张家港市列全国综合实力百强县市第三，杨舍镇等8镇全部入选“全国综合实力千强镇”。图为杨舍镇

2019年

2019年，张家港市着力实施“堤坡覆绿、还滩于江、植树造林”三大工程，全力建设美丽的长江最后一湾——张家港湾。图为长江“张家港湾”局部设计效果图

10月20日，PPG张家港工厂三期奠基 （保税区 提供）

6月11日，张家港基金启动仪式举行 （产业资本公司 提供）

6月30日，十大新型研发机构集体揭牌 （市科技局 提供）

6月11日，中国香港信义集团江苏产业基地项目签约

（冶金园 提供）

江苏省示范智能车间——苏州协鑫光伏科技有限公司车间

（李立峰 摄）

港城经济

Port City Economy

2018年，张家港市以“献礼改革开放40周年”为主线，以“敢于担当、争先率先”为主基调，深入实施“四大路径”，建设“四个港城”，全年完成地区生产总值2720.18亿元，比上年增6.7%；公共财政预算收入233.43亿元，比上年增11.2%。全市新兴产业投资占工业投资比重90%，全社会研发投入占地区生产总值比重达到2.85%。张家港市首批入围国家创新型县市建设名单，张家港高新技术产业开发区被批准为省级高新技术产业开发区。

张家港保税区国际汽车城 （苏栋汇　摄）

江苏银河电子股份有限公司 （陈　东　摄）

全国首条工业化铸轧超薄带生产线 （沙钢集团　提供）

沪通长江大桥　　（宋春飞　摄）

苏虞张公路与东二环路路口　　（缪一喜、朱小清、俞　磊　摄）

万达广场　　（靳　泉　摄）

在建的沪通铁路乐余段　　（王苗苗　摄）

港城功能

Port City **Function**

2018年，张家港市城市总体规划完成较大修改。沪通铁路、苏南沿江铁路、盐通张铁路项目有序推进，国省道快速化改造按计划实施。黄泗浦生态核心区生态公园全面展示形象，城西西拓和北延区域建设加快启动，职工文体中心和国际教育交流中心竣工。深入实施乡村振兴战略，全面启动被撤并镇提质优化工程，建成3个苏州市康居特色村、97个三星级康居乡村，永联村和善港村入选全省乡村振兴典型案例。

省乡村振兴典型案例——善港村 （经开区 提供）

省乡村振兴典型案例——永联村 （王苗苗 摄）

黄泗浦生态公园 （靳 泉 摄）

保税区（金港镇）永兴村长江边　（黄勤芬　摄）

川港新河道　（张希宇　摄）

恬庄古街

常阴沙现代农业示范园区一景　（黄勤芬　摄）

暨阳湖　（宋春飞　摄）

港城生态

Port City Ecology

2018年，全市扎实开展“263”专项行动和长江环境大整治、环保大提升“百日攻坚”行动，坚决打好“蓝天保卫战”。深化“绿色发展引领区”建设，投入生态补偿资金1.7亿元。开展资源集约节约利用综合评价，全市$PM_{2.5}$均值持续下降，空气质量优良率达到78%。持续深化河长制改革，基本完成城镇黑臭河道治理，建成生态河道53条、生态护岸47千米，全市主要河流水质达到功能区要求。

（谢卫东　摄）

梁丰生态园菊展　（陈瑞平　摄）

双山岛一景　（侯一华　摄）

10月31日，2018年中国（张家港）长江文化艺术节开幕式举办　（市文广新局　提供）

7月11日，2018年首届“智汇港城”人才峰会暨第十届苏州国际精英创业周张家港专场举办　（褚珊珊　摄）

8月10日，第21届“贝贝杯”青少年（12岁男子组）足球赛开幕式举办　（市体育局　提供）

塘桥镇金村庙会舞龙表演　（辛卫国　摄）

南丰镇新德村健身设施　（张惠香　摄）

港城生活

Port City **Life**

2018年，全市居民人均可支配收入5.3万元，比上年增8.4%。各类民生实事、“民生微实事”项目扎实推进，张家港市举办首届“智汇张家港”全国创业大赛、中国足球协会“贝贝杯”青少年足球赛，被评为全国“中小学校责任督学挂牌督导创新县市”，公立医院和基层医疗卫生运行机制改革深化，全市居家养老服务用房总面积突破1万平方米，被确定为全国社会救助综合改革试点。获评“2018年中国最具幸福感城市”和“新时代中国全面建成小康社会范例城市”。

家庭医生上门服务　（市卫计委　提供）

德积乐享养老服务中心“魔幻厨房”活动　（保税区　提供）

3月3日，吾悦广场交通事故救援　（市委宣传部　提供）

冶金园（锦丰镇）南港村蔬菜基地　（朱明芬　摄）

3月28日，市网格化社会治理平台上线启动仪式举行

（市委政法委　提供）

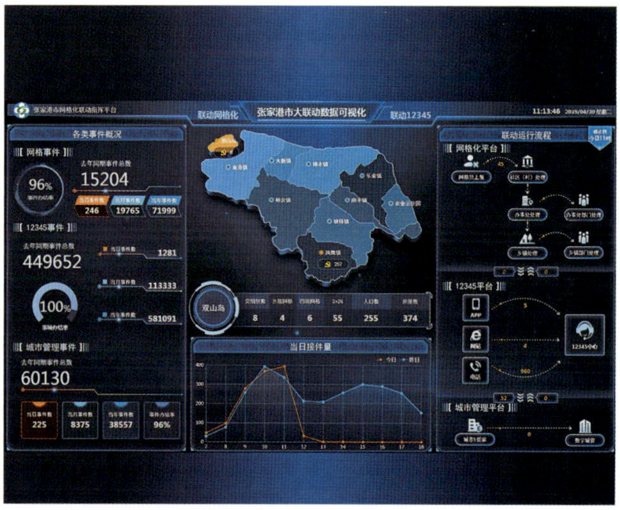

网格化社会治理平台　（市委政法委　提供）

“331”专项行动宣传　（市公安局　提供）

“中国好人”殷志兰志愿服务队　（褚珊珊　摄）

保税区（金港镇）袁家桥村民生茶馆　（市委宣传部　提供）

“关爱老兵”项目获江苏省慈善奖。图为带领老兵参观荣誉馆

（市文明办　提供）

港城治理

Port City Governance

2018年，全市党建引领网格化社会治理工作有力推进，村（居）民议事协商平台覆盖率97.6%。开展“331”专项行动，火灾事故比上年下降14%。扫黑除恶专项斗争取得阶段性成果，张家港市获评江苏省法治建设示范市，群众安全感和法治满意度保持全省前列。完善文明城市建设长效管理机制，成立新时代文明实践中心，构建市、镇、村三级文明实践网络，新时代文明实践中心被列为全国试点。

警营开放日活动　（市公安局　提供）

梁丰初级中学师生合唱《我和我的祖国》　（市委宣传部　提供）

经开区（杨舍镇）福前村“小球微服务”新时代文明实践活动　（市委宣传部　提供）

“美好杂货铺”公益商店　（市委宣传部　提供）

4月17日，市民生微实事项目暨金都社区广场改造项目启动　　（保税区　提供）

6月27日，市“重温入党誓词”和“不忘初心跟党走”庆七一主题活动举行，《张家港红堡地图》发布。图为《张家港红堡地图》

（市委组织部　提供）

10月17日至20日，第八届世界卫生组织（WHO）健康城市联盟大会在马来西亚古晋举行，张家港市“健康公平与可及性”项目获世界卫生组织健康城市最佳实践奖。图为专家现场考察位于张家港公园的健康小屋　　（市城乡环境卫生指导中心　提供）

9月21日，江苏省政府发布关于设立26家省级开发区的批复，张家港高新技术产业开发区被批准为省级高新技术产业开发区。图为高新区

（高新区　提供）

12月18日，庆祝改革开放40周年大会在人民大会堂举行。“张家港精神”的塑造者、省政协原常委、苏州市人大常委会原副主任、张家港市委原书记秦振华获“改革先锋”称号。图为“改革先锋”秦振华和市委书记沈国芳，市委副书记、市长潘国强合影

（市委组织部　提供）

11月27日，全市新时代文明实践中心建设工作推进会召开，市新时代文明实践中心同时揭牌

（市文化中心　提供）

1月2日，中日友好代表团参加“重走鉴真路”纪念活动

（市外事办　提供）

4月14日，外籍人士看港城活动举行

（市外事办　提供）

5月26日至27日，“Go Jiangsu”海外社交媒体外籍忠实用户张家港采风活动举办

（市委宣传部　提供）

6月28日，“一带一路”国际科技成果对接会召开

（市科技局　提供）

7月23日，张家港市与埃塞俄比亚杜卡姆市签署友好交流城市关系备忘录

（市外事办　提供）

7月26日，张家港市与坦桑尼亚卢旺瓜市签署友好交流城市关系备忘录

（市外事办　提供）

9月25日，张家港市代表团访问德国劳恩堡市

（市外事办　提供）

10月20日，韩国驻上海总领事馆首席领事（代总领事）千成焕访问张家港市

（市外事办　提供）

11月8日，埃塞俄比亚杜卡姆市市长康吉・塔德赛・阿拉索一行访问张家港市

（市外事办　提供）

编辑说明

一、《张家港年鉴（2019）》坚持以马克思列宁主义、毛泽东思想、邓小平理论、“三个代表”重要思想、科学发展观、习近平新时代中国特色社会主义思想为指导，坚持辩证唯物主义和历史唯物主义的立场、观点和方法，实事求是记载2018年张家港市经济建设、政治建设、文化建设、社会建设、生态文明建设等各方面的基本面貌和发展情况，为各级领导提供准确的信息和情况，为各界人士了解、研究张家港提供基本信息资料，为编修地方综合志书积累资料。

二、张家港年鉴是由中共张家港市委领导、张家港市人民政府主办、中共张家港市委党史地方志办公室负责逐年编纂的张家港市地方综合性年鉴。《张家港年鉴（2019）》为第二十四卷。

三、张家港年鉴采用条目式记事体，分类编纂。基本结构为类目、分目、条目3个层次。《张家港年鉴（2019）》设类目34个，下设分目251个、条目954个、表格114张。

四、《张家港年鉴（2019）》彩页突出“奋进新时代，改革再出发”主题。以“庆祝新中国成立70周年、沙洲解放70周年”为题，分六个阶段展现在中国共产党带领下张家港人民从革命、解放到建设、改革的壮丽奋斗史诗；以“港城经济”“港城功能”“港城生态”“港城生活”“港城治理”五大发展及“年度聚焦”“友好往来”为题展现张家港全市人民“不忘初心，牢记使命，坚定不移推动‘港城发展升级版’建设”的年度重点和亮点工作。后环设置“追梦学堂”专版，专载张家港市推进新时代文明实践中心建设的创新举措。

五、《张家港年鉴（2019）》将党建“红堡”工程与乡村振兴内容设为全书特载，体现2018年年度特色。根据时代发展的实际，2019卷与上卷相比，类目、分目作部分调整。取消“专文”“统计资料”类目，将市委、市政府工作报告内容和统计资料及“全国文明城市张家港概览”中的“组织机构及其负责人”归入“附录”类目；突出“媒体聚焦”类目，反映“改革先锋”秦振华及张家港精神特质内容；将“金融”与“财政·税务”类目合并为“财税·金融”类目，“国税”“地税”分目合并为“税务”分目；将“社会居民”类目更名为“居民与社会民生”；将“区镇”类目中的“双山岛旅游度假区”分目更名为“双山香山旅游度假区”；将“文化·新闻”类目中的“广播·电视·电影”分目与“张家港日报社”分目合并，组成“融媒体”分目。

六、《张家港年鉴（2019）》采用的稿件由全市各区镇、各部门提供，并经相关单位领导审核。文中所列数据，原则上依据《张家港统计年鉴（2018）》，统计年鉴中没有的以主管部门统计为准。有些数据因统计口径不同而有所差异，请读者在引用时加以注意。

七、《张家港年鉴（2019）》有纸型版、光盘版和网络版三种版本。光盘版除文字、图片外附有视频、音频资料。网络版通过手机微信二维码扫码可实现移动阅读。同时，部分类目增加视频、图片等资料链接，作为该类目内容的补充，读者可通过二维码扫码实现立体化阅读。

八、根据行文实际需要，《张家港年鉴（2019）》部分机构使用简称，机构全称与简称对照表列于目录前。文中“年初”“年内”“年末”特指2018年年初、2018年年内、2018年年末，“上年”指2017年。

九、《张家港年鉴（2019）》卷首有总目和详细的中文目录、英文要目，卷末有按汉语拼音顺序排列的主题分析索引，各篇有该篇分目提示，文中信息可由目录、索引、书眉等获得。

十、张家港年鉴编纂工作，得到了上级领导、部门和全市各区镇、各部门、各单位的大力支持和帮助。由于编辑水平有限，不足之处恳请广大读者批评指正。

江苏图博地理信息科技有限公司编制

地图审图号：图苏E审（2019）059号

江苏图博地理信息科技有限公司编制

地图审图号：图苏E审（2019）060号

2018年张家港市部分机构简称、全称对照表

简称	全称	简称	全称
市委	中国共产党张家港市委员会	市国土局	张家港市国土资源局
市人大	张家港市人民代表大会	市住建局	张家港市住房和城乡建设局
市政府	张家港市人民政府	市城管局	张家港市城市管理局
市政协	政协张家港市委员会	市环保局	张家港市环境保护局
市纪委	中国共产党张家港市纪律检查委员会	市市场监管局	张家港市市场监督管理局
市监委	张家港市监察委员会	市人社局	张家港市人力资源和社会保障局
民革市基层委员会	中国国民党革命委员会张家港市基层委员会	市民宗局	张家港市民族宗教事务局
民盟市委	中国民主同盟张家港市委员会	市人武部	张家港市人民武装部
民建市基层委员会	中国民主建国会张家港市基层委员会	市税务局	国家税务总局张家港市税务局
民进张家港支部	中国民主促进会苏州市张家港支部委员会	张家港住房公积金中心	苏州市住房公积金管理中心张家港分中心
农工党市委	中国农工民主党张家港市委员会	市工商联	张家港市工商业联合会（总商会）
致公党张家港支部	中国致公党苏州市张家港支部委员会	团市委	共青团张家港市委员会
保税区（金港镇）	张家港保税区（金港镇）	市妇联	张家港市妇女联合会
经开区（杨舍镇）	张家港经济技术开发区（杨舍镇）	市侨联	张家港市归国华侨联合会
冶金园（锦丰镇）	江苏扬子江国际冶金工业园（锦丰镇）	市文联	张家港市文学艺术界联合会
高新区	张家港高新技术产业开发区	市社科联	张家港市哲学社会科学界联合会
市文明办	张家港市精神文明建设委员会办公室	市科协	张家港市科学技术协会
市委统战部	中国共产党张家港市委统一战线工作部	市残联	张家港市残疾人联合会
市委农工办	中国共产党张家港市委农村工作办公室	市关工委	张家港市关心下一代工作委员会
市委史志办	中国共产党张家港市委党史地方志办公室	市政府口岸办	张家港市人民政府口岸办公室
市发改委	市发展和改革委员会	张家港边检站	张家港边防检查站
市经信委	张家港市经济和信息化委员会	张家港引航站	长江引航中心张家港引航站
市安监局	张家港市安全生产监督管理局	市金融办	张家港市人民政府金融工作办公室
市农委	张家港市农业委员会	市人民银行	中国人民银行张家港市支行
市科技局	张家港市科学技术局	市外汇管理局	国家外汇管理局张家港市支局
市文广新局	张家港市文化广电新闻出版局	市银监办	中国银行业监督管理委员会苏州监管分局张家港监管办事处
市卫计委	张家港市卫生和计划生育委员会	沙钢集团	江苏沙钢集团有限公司
市台办	张家港市人民政府台湾事务办公室（中国共产党张家港市委台湾工作办公室）	永钢集团	江苏永钢集团有限公司
市侨办	张家港市人民政府侨务办公室	国泰集团	江苏国泰国际集团有限公司
市外事办	张家港市人民政府外事办公室	东海粮油	中粮东海粮油工业（张家港）有限公司
市人才办	市人才工作领导小组办公室	攀华集团	攀华集团有限公司

总　目

目　　录

特　　载

媒体聚焦

大 事 记

全国文明城市张家港概览

中共张家港市委

张家港市人大

张家港市政府

张家港市政协

纪检监察

民主党派 · 人民团体

法治·军事

张家港港

生态环境

城乡建设

交通·水利

邮电·信息化

开放型经济

民营经济

农业和农村工作

工　业

建筑业·房地产业

服 务 业

财税·金融

综合经济管理

科学技术

教　育

文化·新闻

卫生和计划生育

体　　育

居民与社会民生

区　　镇

人物·先进集体

附　　录

索　　引

宣传画页

MainContents

Rule of Law & Armed Forces

Zhangjiagang Harbor

Ecological Environment

Urban and Rural Construction

Traffic & Water Conservancy

Post and Telecommunications & Informatization

Open Economy

Private Economy

Agriculture and Rural Work

Industry

Architecture & Real Estate

Service Industry

Fiscal Taxation & Finance

Comprehensive Administration

Science and Technology

Education

Culture & News

Health and Family Planning

Sports

Residents and People's livelihood

Zones and Towns

Personages & Advanced Collectives

Appendix

Index

特载

Important Notes

暨阳湖　（陆江山　摄）

张家港市获评“为江苏改革开放作出突出贡献的先进集体”

张家港市综合实力列全国县市前三甲

张家港市实施基层党建“红堡”工程，全面提升基层组织力

张家港市实施乡村振兴战略工作纪实

張家港年鑑(2019)

扫码欣赏

新时代“三超一争”

张家港市获评“为江苏改革开放作出突出贡献的先进集体”

12月18日，江苏省委、省政府召开庆祝改革开放40周年座谈会，对“为江苏改革开放作出突出贡献的先进集体和先进个人”进行表彰，张家港市获评先进集体，为全省唯一入选的县级市，沙钢集团董事局主席沈文荣获评先进个人。为讲好江苏改革开放的精彩故事，充分展现中国特色社会主义在江苏的生动实践，激励全省上下不忘初心、牢记使命，推动改革开放再出发，江苏省委、省政府部署开展为江苏改革开放作出突出贡献的先进集体和先进个人评选活动。在各地、各有关部门推荐基础上，经反复比选、集体研究、社会公示，省委、省政府决定，授予20个单位“为江苏改革开放作出突出贡献的先进集体”称号，授予20人“为江苏改革开放作出突出贡献的先进个人”称号，予以通报表彰。

改革开放后，张家港市抢抓历史机遇，从一个落后农业县起步，建成了全国第一个内河型保税区，实现了“从苏南边角料到明星城市的飞跃”，被《人民日报》誉为“伟大理论的成功实践”。张家港市凭借“团结拼搏、负重奋进、自加压力、敢于争先”的张家港精神，实现两个文明齐头并进，是唯一获全国文明城市“五连冠”和文明奖项“大满贯”的县级市。

张家港市综合实力列全国县市前三甲

4月17日，中国信息协会信用专业委员会和竞争力智库联合发布《中国城市全面建成小康社会监测报告2017》，张家港市以指数139.64位列第2名。同时，张家港市的经济、生活、文化、生态、治理等分项指数均为A+级，是全国唯一五项指数全部A+的县级市。

6月28日，2018年中国县域经济创新发展论坛在北京召开，论坛上赛迪顾问县域经济研究中心发布《2018年中国县域经济百强研究》及“县域经济100强（2018年）榜单”，张家港位列第3名。赛迪顾问县域经济研究中心根据五大发展理念，遵循科学、系统、客观、可操作、可对比的基本原则，建立县域经济高质量发展的评价指标体系。该体系坚持稳中求进总基调，聚焦高质量发展，坚持以人民为中心的发展思想，体现新发展理念，从经济实力、增长潜力、富裕程度、绿色发展四个方面对全国县域经济发展进行评价。

10月8日，中国中小城市科学发展指数研究课题组、中小城市发展战略研究院、中城国研智库等单位在《人民日报》以及“中国中小城市网”刊发《2018年中国中小城市科学发展指数研究成果》，发布2018年度全国综合实力百强县市、2018年度全国绿色发展百强县市、2018年度全国综合实力千强镇等榜单。张家港市位列2018年度全国综合实力百强县市第3名、2018年全国绿色发展百强县市第2名、2018年全国科技创新百强县市第4名、2018年度全国新型城镇化质量百强县市第7名。此次研究的评价对象界定为县级市、县以及空间相对独立的市辖区，以及发展基础较好、具备“建市”条件的镇。其中，“综合实力百强县”主要从经济发展、社会进步、城乡融合、环境友好和政府效率五个方面进行评价。“绿色发展”主要包括资源节约、绿色生活、污染治理和生态建设等四个方面的指标。另外，在2018年度全国综合实力千强镇评比中杨舍镇位列第3名、金港镇第5名、锦丰镇第29名、塘桥镇第97名、凤凰镇第105名、南丰镇第197名、乐余镇第512名、大新镇第835名。

11月2日，第十一届中国保险文化与品牌创新论坛暨第十三届中国保险创新大奖颁奖盛典在西双版纳召开，张家港市获评年度中国百强县市保险竞争力排行榜第二名。近年，张家港市保险业逆势而上，保险活力不断激发，保险创新试点工作走在全省乃至全国县级市前列。2017年，全市保险机构全口径保费收入72亿元，保费规模列全国百强县第2名；保险密度和保险深度均列苏州各县市之首。

11月5日，“第五届中国城市公益慈善指数百强榜”出炉，张家港市在县级市综合指数得分中位列第4名。全市共有慈善组织7家，其中省民政厅认定的慈善组织3家，全市基层慈善组织建设已实现全覆盖。由中国慈善联合会统计公布的“中国城市公益慈善指数”，是对中国区域慈善事业发展水平进行综合监测和科学评价的指标体系，被形象地称为“城市爱心GDP”。第五届中国城市公益慈善指数从社会捐赠、志愿服务、社会组织、政府支持四个方面和结构、规模、贡献、可持续性4个维度，分析221个样本城市在2016年至2017年间所开展公益慈善事业，其中社会捐赠指数是最重要指标。

11月24日，中国信息协会信用专业委员会和竞争力智库联合发布《中国城市全面建成小康社会监测报告2018》，张家港市以指数143.81位列第2名，经济、生活、文化、生态、治理等分项指数均为A+级，蝉联成为唯一入选的5A+级县级城市。报告对全国31个省区市（不含港澳台地区）、657个城市2017年全面建成小康社会进行全面监测，以100为全面小康指数预期点。结果显示，超过预期点的城市共175个，其中地级市85个、县级市90个。中国城市小康分项指数等级为A+级，表示城市在该领域表现突出。取得3个以上A+级的城市是全面建成小康社会中全面发展的优秀代表。报告同时发布“新时代中国全面建成小康社会范例城市”和“新时代中国全面建成小康社会优秀城市”，张家港市入选“新时代中国全面建成小康社会范例城市”，并在会上作经验交流。

11月26日，2018年中国城市幸福论坛发布第十二届中国最具幸福感城市榜单，张家港市上榜2018年中国最具幸福感城市（县级）。中国最具幸福感城市调查推选活动已连续举办12年，是中国极具影响力和公信力的城市调查推选活动。该年度调查推选活动以“改革开放·成就幸福”为主题，充分展示幸福城市改革开放的生动实践。自5月活动启动，累计1225万人次参加公众调查和抽样调查。此次活动的评价体系由瞭望智库研发完成，评级体系通过12年中对城市幸福感的调查研究，形成涵盖教育、医疗、收入、环境、公共服务、安全、未来预期等16项指标调查评价模型。

12月4日，“中国社会科学院财经战略研究院成果发布会：《中国县域经济发展报告（2018）》暨全国百强县案例报告”在北京举行，张家港市位列全国百强县榜单第3名。会议发布了由中国社会科学院财经战略研究院县域经济课题组完成的《中国县域经济发展报告（2018）》。报告中包括2个榜单，全国县域经济综合竞争力100强排名和全国县域经济投资潜力100强排名。

12月16日，北京中郡县域经济研究所完成并发布《2018县域经济与县域发展监测评价报告》。在第十八届县域经济与县域发展监测评价表中，同时列出全国县域经济强县的“县域经济与县域综合发展前100名”的监测评价结果，张家港市县域经济强县指数为955.07，位列第2名。“县域经济与县域综合发展前100名”是县域经济最强和县域发展质量相对优质的前100名，是“竞强争优、强中选优”的结果。不仅要经济总量最强，更关注经济发展后劲和绿色发展指数，综合评价该县市的县域经济发展成果。

（史　志）

张家港市实施基层党建“红堡”工程，全面提升基层组织力

如何适应新时代、把握新要求，创新思路举措，全面提升基层组织力，是摆在各级党组织面前的一项重大课题。近年，张家港市牢固树立大抓基层鲜明导向，深入实施组织力提升“红堡”工程，从重点工作、关键环节突破，严密组织体系，强化政治引领，发挥堡垒作用，推动形成了系统规范、开放融合、充满活力的基层党建新格局。

一、聚焦“开放融合”，实现组织有效覆盖

推进区域统筹。按照“单位相邻、行业相近”原则，张家港市范围内划分112个党建区域，健全完善“区域实体型党组织、区域联合党委、区域联席会议”三类区域党建模式，以工业园区、产业链、综合商圈等“两新”组织集聚区为单元，布点建立41家区域党建工作站，兜底覆盖11060家“两新”组织。在街道（办事处）建立“两新”综合党组织，对大量分散的小微企业、个体工商户等实行兜底管理。依托市民政局成立社会组织综合党委，依托市司法局建立律师行业党委，构筑“一个核心、多个堡垒”的组织体系。

强化行业牵引。张家港市发挥行业主管部门职能优势，推动建立“联盟型+功能型”组织网络，在建筑、汽修、仓储等领域建立15个行业党组织和行业性党建联盟，覆盖全市631家行业单位，打造海关“仓储先锋”、民营医院“红领YI家”、公益组织“先锋益友”、边检站“沿江党建带”等20余个工作载体，推动行业资源融入区域。2018年6月，省委组织部、省边防总队联合在张家港市召开全省联创联建“沿江党建带”工作推进会，把“沿江党建带”上升至省委层面全面推广，相关经验做法得到中央国家机关工委《紫光阁》等媒体广泛关注。

扩大网格辐射。在深化党建引领村（居）民自治工作的基础上，张家港市出台《关于在党建引领网格化社会治理中实施“红堡”工程的指导意见》，探索把支部建在网格上，建立1577个网格支部，形成“村（社区）党组织—网格党支部—埭组（楼栋）党小组”三级组织架构，定格、定员、定责、定点精细化管理，让党组织植根村社肌理、党员走到群众身边。

二、聚焦“标准规范”，基层基础持续夯实

扎实推进支部规范化建设。张家港市率先制定出台《张家港市党支部规范化建设实施办法》《张家港市党支部“堡垒指数”和党员“先锋指数”考核管理办法》，两个“指数”的考核采用百分制，以年度为周期，根据实际积分对党支部和党员进行星级评定，并将考评结果作为评先评优、考核任用的重要参考。为确保两个指数考核公正、准确、有效，推广使用党的组织生活纪实系统，党支部只需登录“张家港先锋”微信公众号，利用人脸识别功能进行在线签到，活动结束后自动生成活动大数据，实时掌握支部组织生活开展情况。建立基层党建常态化督查考核机制，全面开展“六问”基层组织力调研，通过“谈、问、测、看、评、审”等标准化流程，对全市基层党组织进行全面体检，推动基层党建各项任务切实落地。

全面推广“行动支部”工作法。在全面贯彻落实苏州市委相关工作要求的基础上，张家港市明确有具体行动项目、特色行动品牌、联动行动团队等“六个有”要求，在基层建立“行动支部”300余个，举办区镇、机关专场互学互访活动，依托《红堡在身边》电视专栏动态报道基层“行动支部”建设情况，引领带动广大党员在乡村振兴、脱贫攻坚、长江大保护等重大任务中干在实处、走在前列。

深入推进“红堡”阵地群建设。张家港市将街道社区党群服务中心建设列入民生实事工程，根据苏州市“海棠花红”阵地建设要求，以“红堡”品牌为统领，开发标准化

视觉识别系统，全面推进市、镇、办事处、村（社区）、基础网格五级阵地标准化建设。2018年，从基层阵地中遴选一批市级阵地，按照党性教育基地、党建示范基地等定位分类重点打造，梳理市烈士陵园、沙洲县抗日民主政府纪念馆、金村园茂里1926年党支部旧址、谢恺烈士故居、市廉政教育基地、市文化中心、市青少年社会实践基地、市档案馆爱国主义教育展览馆、红色新沙洲党史教育展览馆、常阴沙知青年代馆等十大党性教育基地点位和“沿江党建带”“沙上红立方”“锋领国字号”“暨阳党建圈”“田园综合体”“乡村振兴路”“城市风景线”“行业党建群”“机关连心桥”“网格先锋站”等十大党建示范基地线路，编制《张家港红堡地图》。2018年6月27日，在“不忘初心跟党走”张家港市庆“七一”主题活动中，《张家港红堡地图》正式发布。在商圈广场、党建示范基地试点建设先锋朗读亭，探索建设党建主题广场、红色步道、政治小屋，形成了基层“10分钟党建圈”。全面升级智慧党建信息系统，创新建设党建大数据融合分析平台和党建新媒体联盟“红色矩阵”，构建了互联互通的线上“红堡”阵地群。

三、聚焦“从严从实”，党员管理提质增效

严格党员发展工作。张家港市全面落实发展党员“三加强一调控”要求，切实加强从产业工人、青年农民、高知识群体中和在非公有制经济组织、社会组织中发展党员工作的工作力度，印发《关于实施“一库三定”提高发展党员质量的通知》，建立定期推优、定向培养、定点指导制度，全面优化党员后备队伍库建设。

创新教育管理方式。张家港市组织开展“看组织振兴、寻党员初心”“党旗飘扬、党章指引、党徽闪耀、党日红火”等主题活动，让基层党员在身边“红堡”中接受党性洗礼。根据苏州市“开放式主题党日活动”要求，建立每月10日“组织生活开放日”制度，总结出“仪式教育”“实境体验”“节日纪念”等八大类组织生活创意模块，2018年有900余个支部举办1600余场“开放式组织生活”。推出全新的党建动漫形象代言人“沙沙”和“洲洲”，开发微信表情包及周边文创产品，开设《红堡在身边》党建专栏、《先锋擂台》直播式交流互动平台等，创新采用微电影、微动漫等形式，全方位、立体式传递党建声音，彰显党建力量。

加强党内关爱帮扶。实施党内“暖心工程”，建立入党纪念、党龄纪念、大病救助和应急救助等“一揽子”党内激励、关怀、帮扶机制，营造荣时组织赞、平时组织惦、困时组织帮的关爱氛围。2018年为所有新发展党员发放《入党纪念册》，为党龄在50年以上、40年及30年的6122名老党员分别颁发金、银、铜纪念章，激励他们退休不褪色、离岗不离党。

四、聚焦制度设计，党建活力全面迸发

加强基层队伍建设力度。张家港市持续举办村（社区）书记点单式、分组式讲坛，深化村级后备人才中青班“一亩三分地”“民生会客厅”“书记讲给书记听”等特色做法，有四分之一以上学员走上了村书记岗位。常态化推进村（社区）干部积分制管理，逐步提升待遇保障水平，有效激发基层干部干事创业热情。2018年永联村党委书记吴惠芳当选全国人大代表，善港村党委书记葛剑锋获全国脱贫攻坚创新奖。

深化“两新”党建合伙人制度。借鉴经济领域“合伙人”理念，张家港市在全国首创“先锋合伙人”制度，建立以党员出资人为主的“领航联盟”、以“两新”组织党建能人为主的“先锋工匠”等，通过推进一批党建项目、创建一组党建品牌、培育一群党员骨干，发挥聚变效应。搭建“书记分享汇”“红领开讲啦”等工作平台，组建“红领导师”“先锋工匠”“新锐联盟”等党建合伙团队，被《人民日报》和《共产党员》电视栏目专题报道。

创新项目化推进机制。按照“问题群众点、难题组织解”的工作思路，张家港市从市级、各党工委和基层党组织三个层面，分别确立A、B、C三类服务项目，并对所有项目实行年初公开承诺、年中推进实施、年底绩效考评的工作机制。建立由市委常委、各级党组织书记包挂联系“书记项目”制度，确保层层抓好责任传导，切实加强对党建项目的领衔领办和督察推进，推动项目在服务群众中生根开花。项目化推进机制运行三年中，共实施服务项目2万余个，为群众办实事3万余件，充分调动了各级各类党组织的能动作用，推动基层党建任务落地落实。（王　维）

张家港市实施乡村振兴战略工作纪实

2018年，根据中央、江苏省和苏州市乡村振兴工作部署和要求，张家港市出台《张家港市乡村振兴三年行动计划（2018—2020年）》《关于实施乡村振兴战略加快推进城乡融合发展的意见》，成立市乡村振兴工作领导小组，并召开全市乡村振兴工作会议，围绕乡村经济发展、政治、文化、生态等方面做全面部署。张家港市创新举措、大胆实践、整合资源，推进农村土地“三权”分置、农村集体产权、农村金融、“三优三保”等改革，盘活存量村集体土地，加快破解农业农村发展瓶颈、补齐短板，把握“五个振兴”，打造乡村振兴张家港样板。

围绕“产业振兴”，突出融合发展，筑牢乡村振兴根基。产业兴百业兴，实现乡村振兴要把推动产业振兴发展摆在突出位置，坚持质量兴农、绿色兴农，发挥科技引领作用，实现融合发展。一是夯实农业基础。坚持“四个百万亩”总目标不变，稳定在3.59万公顷以上，优质水稻保有量稳定在1.6万公顷以上；提高农业现代装备水平，实施设施农业“机器换人”工程，加快提高农业物联网覆盖率，推进常阴沙现代农业科技示范园PPP项目。已建成高标准农田2.12万公顷，苏州市级以上农业园区7个，产地粮食烘干中心31个。二是推进产业融合发展。通过技术培育乡村产业、乡土产业，推进农业、林业与旅游、教育、体育、文化、康养等产业深度融合。常阴沙花海、凤凰桃花节等农业节庆知名度不断提升。凤凰镇蜜桃人文小镇、冶金园（锦丰镇）金沙洲休闲养生小镇首批列入江苏省农业特色小镇建设名录。全市休闲观光农业企业不断壮大，达到41家，农业产业化龙头企业51家。三是筑强村级集体经济。坚持把壮大村级集体经济作为产业兴农的重要路径，全面统筹村级资产存量资源，加快推动村级经济联合发展、多元发展、异地发展，优先向相对薄弱村倾斜资源，给予金融、土地、招商、人才等各类政策支持，整合盘活各类资源，形成了较大规模的强村群体。至2018年年末，全市170个村级组织，资产规模193亿元，村均稳定性收入1009万元，年稳定性收入超1000万元的村集体43个。

围绕"人才振兴"，强化科技引领，打造乡村人才高地。落实乡村振兴战略，关键在人，核心是人才。要探索出一条能扎根农村的人才培育新路径，为推动乡村振兴打下坚实基础。近年，张家港市通过畅通渠道、鼓励激励、教育培训等方式，着力打造了两支队伍。一是打造具有张家港精神特质"精气神"的村干部队伍。依托市委党校、善港农村干部学院等平台，分批分类别做好村书记、村干部培育工作。探索建立全市村（社区）书记讲坛，积极搭建交流平台，让村干部碰撞思想、分享经验、展现形象，努力打造一支懂农业、爱农村、爱农民的农村干部队伍。全市共有153名村书记，35名苏州新农村带头人，涌现出中共十九大代表郁霞秋、十三届全国人大代表吴惠芳等优秀典型。二是打造具有专业技术才能"高精专"的绿领队伍。大力发展新型农业经营主体，创新新型农业经营主体评价体系平台，实施动态监测管理；加大新型职业农民培育认定力度，畅通资格认定与扶持政策有效衔接渠道；鼓励吸引专家、科技人员、留学人员、大学生等返乡下乡，激发农业人才干事创业热情。全市累计认定414名新型职业农民，农技人员359人，专业种养大户2000余个，定向培养农业农村经济专业大学生218人。

围绕"文化振兴"，厚植文明底蕴，塑造乡村振兴之魂。乡村文化振兴是实现乡村振兴、构建和谐社会的重要路径。坚持"富口袋"更要"富脑袋"的发展理念，把文化振兴作为乡村振兴的灵魂，扎实意识形态建设的基层堡垒，推动全国文明城市创建成果与农村共享，统筹提升城乡现代文明水平。一是"硬投入"和"软支撑"双向供给。全市乡村文化实施不断完善，2018年基本实现村（社区）综合性文化服务中心全覆盖，已建成19个高标准、高规格的镇、镇办事处文化中心，在全国首创并全面铺开24小时公共文化驿站（图书馆驿站）建设。以深化全国文明城市创建为总抓手，深入开展文明村镇、文明社区、文明家庭、乡风文明志愿岗等活动。二是"送文化"和"育文化"双翼支撑。积极开展各类公益性惠民展演下乡活动，持续推进中国（张家港）长江文化艺术节，坚持开展"村村演""周周演""月月映""天天说"全民阅读活动以及"幸福港城"网格文化活动。培育群众文化团队，鼓励、扶持群众自办文化，将农村文化与现代文明相结合，加大"三农"题材文艺创作力度，持续繁荣农村文化市场。三是"树品牌"和"创品牌"双轮驱动。立足乡村文化，实施农村文化保护、传承和提升工程，不断赋予时代内涵、丰富表现形式，张家港市已创建成中国曲艺名城、中国民间文化艺术之乡、中国宝卷之乡、中国吴地山歌传承保护基地等。要加快推进乡风民俗、民间艺术、手工技艺等非物质文化遗产的保护发展和创造性转化，着力彰显文化特色魅力。

围绕"生态振兴"，突出绿色宜居，擦亮乡村发展底色。乡村振兴，生态宜居是关键，要牢固树立和践行绿水青山就是金山银山的理念，坚持尊重自然、顺应自然、保护自然，着力构建人与自然和谐共生的江南水乡风貌。一是推进乡村生态文明建设。大力推广生态循环种养，全面实施化肥农药减量使用工程，实施植保绿色防控，规模畜禽场粪便无害化处理与资源化综合利用率达到98.1%，秸秆的综合利用率保持在98%以上，林木覆盖率19.6%，全面开展耕地轮作休耕，不断推动农业生态环境持续改善。二是推进美丽镇村建设。切实转变建设理念，结合"水美乡村"和"美丽河道"创建，积极推进美丽乡村、美丽河道建设，统筹推进特色小镇、特色田园乡村建设，进一步丰富建设内涵，强化长效管理，坚持统筹规划和凸显特色原则，因地制宜，塑造田园风光、田园建筑、田园生活，已建成省级美丽乡村建设示范村14个、省水美乡村35个、苏州市美丽村庄示范点13个。三是推进农村环境整治提升。以农村垃圾、污水治理和村容村貌提升为主攻方向，实施农村人居环境整治提升行动。全力推进农村生活垃圾分类和治理工作，加快建立分类投放、分类收集、分类运输、分类处理的垃圾处理系统；实施城乡生活污水治理提质增效行动，推进农村户用卫生厕所建设和改造；推进交通干线沿线环境综合整治"五项行动"，持续提升交通沿线生态环境质量。

围绕"组织振兴"，坚持党建引领，构建乡村善治体系。近年，张家港市积极推行村民自治国家级试点经验，推进全国农村社区治理试验区建设，先后获评全国和谐社区示范市、全国社会工作服务示范地区。一是加强基层党组织建设。要把夯实基层基础作为固本之策，强化党建引领作用，深入推进党建引领网格化社会治理"红堡"工程，全面实现"支部建在网格上"，通过加强区域党建、构建基层党组织网络、发挥党员先锋模范作用，强化基层党组织核心领导地位。二是健全自治、法治、德治相结合的乡村治理体系。深入推进农村社区以村民小组、动迁小区为单位的"微自治"；全面推行"全科社工"机制，实现公共事务一窗受理，为群众提供精准化、多样化服务；探索社区"综合受理、一门服务、全科社工"新模式，推行社区、社会组织、社会工作"三社联动"，打造"共建、共治、共享"的农村社会治理格局。三是推动网格化社会治理。重视乡村社会治理的关口作用，构建网格化社会治理"大数据库"，综合网格内"人、地、物、事、组织"等基本要素，建立统一的社会治理基础信息资源库，着力形成各方联动、齐抓共管的"大网格"格局。至年末，张家港市党建引领"2+2G"网格化治理模式基本形成。

（陆明程）

【编辑　沈立平】

媒体聚焦

Media Focus

新湖　（顾玉峰　摄）

秦振华："张家港精神"的塑造者

团结拼搏，负重奋进，自加压力，敢于争先
——张家港"老精神"激励新作为

书写"张家港精神"新的内涵

张家港精神：小城蝶变的力量

"张家港精神"：新时代熠熠闪耀新光芒

中国社会科学院在改革开放40年百县（市、区）调查报告中点赞说
——张家港：高质量协调发展的县域样本

張家港年鑑(2019)

秦振华："张家港精神"的塑造者

GDP总量由1978年的3.2亿元增至2017年的2606亿元，年均增速高达18.7%，综合实力连续13年稳居全国县域经济三甲；唯一获得全国文明城市"五连冠"的县级市，先后获200余项国家级荣誉称号……这份亮眼的成绩单出自江苏省张家港市。

张家港曾因发展滞后被称为"穷沙洲"，短短40年间，它一跃成为全国"明星城市"，奥秘何在?

采访中，一位老人的名字——秦振华高频出现在当地干部群众口中。张家港人不约而同告诉记者，由秦振华塑造与实践的"团结拼搏、负重奋进、自加压力、敢于争先"的"张家港精神"，是这座苏南港城的发展之基、活力之源。

1992年，56岁的秦振华出任张家港市委书记。他常说："干工作就要样样争第一，要争第一，就要敢想敢做，尤其是'一把手'要带好头"。他带领市委工作班子和全市人民，团结一心，艰苦奋斗，打响三大硬仗。

第一个硬仗，160天让长江边芦苇滩变身万吨码头；短短9个月，建成国家级保税区；第二个硬仗，实施港口工业城市发展战略：120多个大项目纷至沓来，一批世界500强和跨国公司落户，沙钢等40多家本土龙头企业茁壮成长；第三个硬仗，率先提出实现城乡一体化：新建全国县级市首条高等级公路，建设全国首个城市步行街，创下28个全国第一。

"口袋"富了不算富，"脑袋"富了才是真富。秦振华倡导"一把手抓两手"，率先将精神文明建设与经济社会发展同步规划、部署和落实，实现思想、道德风尚、文化、民主法制和社会公共事业五大建设并重。20多年来，张家港市精神文明建设指标权重始终占城乡绩效考核的50%，"张家港精神"渗透到百姓日常生活。

如今，年事已高的秦振华并未停下脚步，仍在践行和传播着"张家港精神"。从领导岗位退下来后，他把宣传张家港精神、推动区域经济协作作为新阵地，在多地作报告超过310场，且分文不取。几十次赴苏北地区调研，推动张家港骨干企业到当地投资项目28个，总额超过70亿元。

（摘自《改革先锋风采录》）

团结拼搏　负重奋进　自加压力　敢于争先

——张家港"老精神"激励新作为

王伟健

在江苏省张家港市采访，城市的整洁有序和市民脸上洋溢的自信给记者留下了深刻印象："我们张家港，是两个文明建设的标兵。"市民自豪地说。

改革开放40年间，张家港GDP总量由1978年的3.2亿元增至2017年的2606亿元，年均增速高达18.7%，综合实力连续13年稳居全国县域经济百强榜前三甲；同时，张家港是全国唯一获得全国文明城市"五连冠"的县级市，先后获200余项国家级荣誉称号。

这个长江边新兴的小城何以发展得如此协调? 用张家港人的话说，这一切都来自改革开放铸就的"张家港精神"——团结拼搏、负重奋进、自加压力、敢于争先。

"一把手抓两手、两手抓两手硬"

9月20日，江苏省文明办发布首批"江苏省诚信示范街区"名单，张家港市沙洲中路步行街榜上有名。

行走在步行街，两旁落地灯箱展示着一个个道德模范和身边好人事迹，每个商铺外都张贴着信用星级和微信号。这条23年前建成的全国第一条"城市步行街"，折射着张家港人淬炼文明素养的历程。

说起"张家港精神"，不得不提老书记秦振华。1992年4月，刚刚走马上任的张家港市委书记秦振华在全市誓师大会上喊出"样样工作争第一"之后，3个月时间动迁1283户居民，半年实现区内"五通一平"，抢建起全国第一家内河港型保税区；修通全国县级市第一条高等级公路"张杨公路"……短短两年间，张家港一口气"抢"来28个"全国第一"。

物质文明上去了，精神文明也没落下。走进张家港的医院、社区，走在上下班高峰期的红绿灯路口，处处都有志愿者的身影，都能感受到张家港人对"张家港精神"的坚守，以及对这座城市发自内心的热爱……

张家港有一个惯例，市委书记同时兼任市文明委主任。20世纪90年代以来，从抓卫生环境，到"以工促农，以城带乡"；从城乡一体文明创建，再到提升城市品质、培育创建文明品牌；市委主要领导更换多任，但"一棒接着一棒传，一任接着一任抓"的传统始终未变。春节假期后第一个工作日召开精神文明建设总结表彰大会，也成为雷打不动的规矩；市委一号文件，是各类文明创建先进名单。会场外的红榜不仅展示了机关、乡镇经济建设的实绩，还公布精神文明建设成绩的排名。

1995年10月18日，中宣部、国务院办公厅在张家港召开全国精神文明建设经验交流会，向全国推广“一把手抓两手、两手抓两手硬”的张家港经验；同日，人民日报以《伟大理论的成功实践》为题发表评论员文章。从此，“张家港精神”叫响全国。

迈向更高质量的绿色发展

今年7月，张家港市召开清理整顿沿江环境污染攻坚战动员大会，公布了新版三年行动计划，包括九大工程、18项举措和194个重点攻坚任务，直指沿江区域突出环境问题，要在长江经济带“共抓大保护、不搞大开发”建设中交出优异答卷。

“194个任务，每个都是硬骨头。比如，关停29家化工企业仅算一项任务。要在3年内全部完成，难度还是非常大的。”张家港市委书记沈国芳坦言。

张家港临江而建，因水得利，因江兴市。但长期的经济高速发展，也让环境背负着很大的压力。党的十八大以来，张家港市主动转型，建设生态文明，东沙化工园区的关停就是一例。

东沙化工园区距离长江4千米左右，东南靠上海，南接苏州，西邻无锡，具有优越的地理区位。2002年8月，张家港市政府批准建立东沙化工园区。东沙化工园区严格遴选入园企业，要求企业税收要在1000万元以上、污染物排放少、产出效益高。

虽然环保要求严格，但离中央的要求和群众的期盼还有距离。2013年，东沙化工园区开始整治。“原先计划5年转型，但只用了4年，就彻底清退了化工企业。”创办初期参与招商的南丰镇党委书记沈琳说，2017年底东沙化工园关停，这是江苏省第一个整建制关闭的化工园区。新的工业园将是高科技园区，主要引进海洋工程装备、环保装备、新材料产业。

“中央要求长江经济带‘共抓大保护、不搞大开发’，对张家港来说，就是要主动作为。”张家港市市长黄戟说。

张家港将紧靠长江的双山岛旅游度假区和常阴沙现代农业示范园区确定为“不开发区”，着力发展生态农业和观光旅游。近年来，张家港市每年投入10多亿元用于生态保护修复，近5年新增各类林地、绿地5600公顷，群众对园林绿化的满意率列全省县市第一。

（摘自2018年11月1日《人民日报》2版）

书写“张家港精神”新的内涵

苏　雁

暨阳湖畔，林丛茂盛，鸥鹭翩飞。很难想象这里是2000年建造沿江高速公路时集中取土后形成的一个大水坑。18年植树造林、涵养生态，如今这个4.41平方千米的森林氧吧，已成为深受张家港市民喜爱的休闲健身、亲子娱乐好去处。

改革开放40年来，张家港的发展如同暨阳湖生态建设一般，从无到有，从有到优，获得200多项国家级荣誉，获全国文明城市“五连冠”，连续13年位列全国百强县综合实力前三位。

在改革开放大潮中，张家港人以“团结拼搏、负重奋进、自加压力、敢为人先”的“张家港精神”，“一把手抓两手，两手抓两手硬”的智慧与实践，创造了“两个文明”协调并进的奇迹。进入新时代，张家港人在持续解放思想过程中，继续书写着“张家港精神”新的内涵。

自加压力，创造发展奇迹

1992年，时任江苏省张家港市委书记秦振华喊出“工业经济超常熟、外贸超吴江、城市建设超昆山，样样工作争第一”的口号，这在当时的苏州，可谓石破天惊。

20世纪80年代的张家港被称为“穷沙洲”。由常熟和江阴10多个小乡镇组成的沙洲县，长期在苏南地区经济垫底。长江边上的永联村，地势低洼，十涝九灾，人均年收入仅68元，集体负债6万多元。秦振华带领市委工作班子和全市人民群众，没有节假日和周末，团结一心，艰苦奋斗，大胆激励开拓者。

“市场经济不让人，不争不抢是庸人，错过时机是罪人。”张家港大力实施以港兴市战略，加快发展外向型经济，全力拼抢沿江码头和保税区建设，160天建成当时长江流域最大的万吨化工码头；9个月基本建成保税区，当年实现封关运行。一年半建成35千米长的六车道张杨公路，这条东西向交通大动脉，拉开了张家港大开放、大开发、大发展的框架。

市文化中心展示馆内，一幅幅图片详细记录了张家港市的奋斗史和“张家港精神”成长史。其中一幅尤为引人关注：20世纪90年代，秦振华带领干部群众上街拍苍蝇、扫马路、拆除露天茅坑，靠着80多万把笤帚，“扫”出了一个国家卫生城市，“张家港精神”由此发端。

1995年10月，全国精神文明建设经验交流会在张家港召开，向全国推广“一把手抓两手、两手抓两手硬”的张家港经验。“张家港精神”从此闻名全国，成为江苏改革开放的“三大法宝”之一。

自加压力的赶超精神，在张家港一届又一届领导班子手上传承、发扬，“张家港精神”与时俱进，愈来愈新。

文明创建，塑造城市品格

在张家港最热闹的步行街上，10多平方米的文明驿站让人印象深刻。这里常年有志愿者值班，下雨可借伞，迷路可询问，还有各种手工义卖。5年来，文明驿站一直开着门、亮着灯，成为市民心中一盏温暖的文明灯塔。

改革开放40年来，张家港始终坚持文明引领发展路径，在乡镇绩效考核中，精神文明建设指标权重达到50%。依托文明城市创建这一载体，张家港城市面貌焕然一新，市民文明素养大幅提升，塑造了鲜明的城市品格和独特气质。

全国文明城市“五连冠”背后，是不断创新的理念和模式。

2012年起，张家港在全国率先开展“志愿服务伙伴计划”，推出《志愿者礼遇办法》，通过项目带动、资金拨付科学评估等方式，找到了志愿服务常态化路径。目前，在张家港友爱港城网注册的志愿团队有1000多个，志愿者6万多名，累计服务时长110万个小时，每天开展志愿服务活动33个。

张家港在全国首推“网格化公共文化服务”模式，推动公共文化服务的普惠均等。在全国首创覆盖城乡的书香城市建设指标体系，从阅读环境、阅读设施、阅读成效等方面，将“书香城市”以量化、可考的指标形式体现出来，变模糊型推动为制度化约束。2014年8月，全国首家城市街区24小时图书馆驿站在张家港建成并对外开放。目前，全市已建立32家24小时图书馆驿站。

近年来，张家港扎实推进诚信建设制度化，建立守信联合褒奖和失信联合惩戒机制，常态化发布“诚信红黑榜”，开展诚信示范街区建设，商户“诚信二维码”得到广泛应用。诚信，成为张家港闪亮的品牌。

全面协调，引领发展路径

中国社科院研究员殷乐认为，张家港的特色是全面协调发展，是高质量协调发展的县域样本。张家港坚持城乡统筹协调发展，通过促进先进生产要素向农村流动、基础设施向农村延伸、公共服务向农村覆盖、现代文明向农村传播，逐步打破城乡二元结构，实现“城市现代化，城乡一体化”的发展目标。

2013年起，永联村引入城市公共服务资源，让农民真正享受城市生活。98%的村民实现城镇化集中居住，98%的土地实现集中流转，98%的劳动力实现就地就业、离土不离乡，98%的农民享受到比城里人更优越的福利和社保待遇。

“对照乡村振兴标准，还有很多可以改进。”永联村党委书记吴惠芳说，因钢铁产业而兴，村综合经济实力排全国行政村三甲，现在以全域旅游为抓手，建设田园风情小镇，年均接待游客100万人次以上。2017年，张家港村均稳定性收入达960万元，其中超千万村39个，形成江苏省最大的强村群体。城乡居民人均可支配收入分别达5.92万元和3.02万元，是全国城乡收入差距最小的地区之一。

张家港形成以“三大两强”为特色的经济发展格局，“三大”即大产业、大企业、大港口，“两强”即先进制造业和现代物流业。世界500强企业沙钢集团建成国内首条工业化超薄带项目，成功参与东北特钢重组；东渡集团把生产工厂先后转移到越南、柬埔寨、韩国，在新加坡设立办事处，在国内保留研发机构和主导产品生产线。

张家港投资30多亿元整体关停东沙化工园，腾退土地用于发展新兴产业和服务业，并对各区镇党政主要领导实施生态环境责任审计，全面审计任期内土地资源保护、环境质量改善、生态效益、环境风险防范等内容，实现生态建设指标具体化、考核刚性化。在经济发展的同时，给百姓打造了一个生态优美的宜居空间。

敢为人先的“张家港精神”，始终贯穿在城市发展历程中，鼓舞凝聚着张家港广大干部群众，在新时代书写着崭新故事，迈入“强富美高”新征程。

（摘自2018年11月3日《光明日报》5版）

张家港精神：小城蝶变的力量

陈　燕

夜幕降临，永联村金手指广场上，忙碌了一天的村民们在这里跳舞、散步。走进江苏省张家港市南丰镇的永联村，这里小桥流水，青砖黛瓦，处处精雕细琢，犹如一幅江南水墨画。

很难想象，在长江滩涂围垦建立的永联村，曾是张家港最小、最穷的“角落”。20世纪80年代，永联村以工业化为牵引，通过发展钢铁产业提振经济，带动城镇化建设。目前，该村综合经济实力跨入全国行政村三甲行列。

永联村是张家港改革开放的一个缩影。40年来，张家港GDP总量由1978年的3.2亿元增至2017年的2606亿元，年均增速高达18.7%，综合实力连续多年稳居全国县域经济百强榜前三甲，获得200多项国家级荣誉称号，从长江边上的一块“边角料”成长为“明星城市”。

40年前，这座小城曾是苏南最贫穷的角落，但它快速奔跑，发展步伐协调均衡。用张家港人的话说，这一切都来自改革开放铸就的十六字“张家港精神”——团结拼搏、负重奋进、自加压力、敢于争先。

抢出“张家港速度”

张家港市，原名沙洲，1962年建县，1986年9月撤县建市。由常熟和江阴10余个偏远乡镇组成的沙洲县，长期在苏南地区经济垫底。

苏州作家何建明在纪实报告《我的天堂》中这样写道：“当时我们沙洲建县之初，县委向上面写了一份报告，那里面有一句话我至今仍记得：我们一无所有。”

从“一无所有”到“明星城市”，几十年间，张家港蝶变新生。

1992年1月，56岁的秦振华接任张家港市委书记。受到邓小平同志南方谈话的启发，秦振华敏锐地意识到“这是千载难逢的大发展机遇”，上任后的第一次市委常委会议，他就响亮喊出“工业经济超常熟，外贸超吴江，城市建设超昆山，各项工作争第一”。

“三超一争”口号一喊出，当时就有人觉得秦振华“闯祸”了。“我把官帽子一直拎在手上，奋不顾身向前冲，带领市委工作班子和全市人民，没有节假日，没有星期天，全市上下团结一心，艰苦奋斗，弘扬创业者，支持改革者，鞭挞空谈者，惩治腐败者，大胆激励开拓者。”秦振华说。

1992年，国家要在江苏建一个内河港型保税区。“我们能做的就是‘先下手为强’。”秦振华说，江苏省有此想法的不止张家港，而且南京港、镇江港、南通港的条件都比张家港好。

很快，张家港召开了4000人的动员大会，为争取保税区资格“铆足了劲”。在3个月内完成区内1284户拆迁，6个月完成区内“五通一平”，9个月保税区封关运行……这些数字创造了让人惊叹的“张家港速度”。

“市场经济不让人，不争不抢是庸人，错过时机是罪人。”秦振华说，在拼抢保税区建设的同时，张家港全力实施港口工业城市发展战略，全市上下拧成一股绳，“抢”抓张杨公路、沿江公路建设，“抢”信息，“抢”项目。

韩国浦项、德国毛纱、法国毛条、美国陶氏、雪佛龙等120多个大项目纷至沓来，一批世界500强和跨国大公司落户张家港。同时，张家港大力发展民营企业，沙钢、澳洋、骏马等60多家集团企业茁壮成长，如今已成为张家港的支柱企业。

“抢”建起全国第一家内河港型保税区；修通全国县级市第一条高等级公路“张杨公路”；建起全国第一条“城市步行街”……在改革开放的浪潮中，这座江南小城一旦看准机遇和时机，就大胆干、大胆抢，“抢”来了28个“全国第一”，实现了从落后追赶到加速领跑，完成了看似“不可能完成的任务”。

创出文明“大满贯”

物质文明上去了，精神文明也不能落下。如今，张家港先后获得全国文明城市、全国文明镇、全国文明村、全国文明单位、全国文明学校、全国未成年人思想道德建设工作先进单位、全国道德模范奖，实现了文明建设“大满贯”。

行走在张家港市沙洲中路步行街上，街区落地灯箱，展示着道德模范和身边好人的事迹；商场外张贴着信用星级和微信号，手机扫一扫，商家诚信度一目了然；步行街头的“诚信驿站”里，志愿者们正在组织义卖。

这条24年前建成的全国县级市第一条步行街，折射着张家港人淬炼文明素养的历程。

张家港市文化中心展示馆内，一幅图片尤为引人关注：20世纪90年代，秦振华带领干部群众上街拍苍蝇、扫马路、拆除露天茅坑，靠着80多万把笤帚，“扫”出了一个国家卫生城市。

1995年10月，全国精神文明建设经验交流会在张家港召开，向全国推广“一把手抓两手、两手抓两手硬”的张家港经验。随之，“张家港精神”闻名全国，成为江苏改革开放的“三大法宝”之一。

多年来，张家港形成一个惯例，市委书记同时兼任市文明委主任。20世纪90年代以来，从抓卫生环境，到“以工促农，以城带乡”；从城乡一体文明创建，再到提升城市品质、培育创建文明品牌；市委书记更换多任，但“一棒接着一棒传，一任接着一任抓”的传统从未改变。

临近年底，永联村经济合作社的工作人员格外忙碌，一年一度的“文明家庭奖”评比正在进行。从2004年设立开始，永联村将环境卫生、家庭和睦、邻里关系、综合治理等方面的文明行为纳入考核评比，每年拿出1000万元给予奖励。

永联村经济合作社党总支书记蒋志兵介绍，对每个家庭进行考核，得到满分的，每人奖励1000元；有不良行为的要扣分，扣1分年底各项奖金补贴就向下浮动1%。扣分采取村民联动，村民小组被扣分，每个村民也要被扣分。

“邻居间一旦有矛盾，大家都会及时劝解，大事化小，小事化了。”在永联村村民季洪明看来，“文明家庭奖”评比机制的“率先”和“示范”作用正日益凸显。

在持续多年的文明创建中，张家港交出了一张张令人满意的“惠民答卷”：全市建立图书馆总分馆体系，加上社区阅读服务站、24小时图书馆驿站、最美阅读空间、森林书屋、图书漂流亭，实现了知识分享、书香传递；网格化、数字化公共文化服务模式，打造“15分钟文化服务圈”，将“最后一千米”转化成了“零距离”；暨阳湖、梁丰湖、沙洲湖等城市“绿肺”，彰显着独特的生态魅力……

《瞭望》新闻周刊记者采访时，正值张家港市新时代文明实践中心正式揭牌，首批290个新时代文明实践志愿服务项目出炉，张家港正在用一套精妙的“组合拳”，为新时代文明实践精准发力。

走出高质量发展之路

文明，是张家港的气质。绿色，则正在成为这座城市的特质。

40多年来，沙钢集团从一个作坊式的小轧钢厂，蝶变为全国最大的民营钢铁企业、国家创新型企业、世界500强企业，而如今的沙钢正在寻求高质量发展的新蝶变。

沙钢集团董事局主席沈文荣说，注重环保节能一直是沙钢的传统。2008年至今，沙钢的环保投入总计有100多亿元。但随着群众对环境生态需求的提升和国家环保标准的提高，原有工艺设备需重新设计，以满足超低排放的要求。

2018年10月，沙钢集团总投资85亿元启动环保技改项目。这一系列项目计划2020年12月完工，建成后将极大地提高沙钢集团整体环保水平，满足最新环保要求。这是张家港工业发展史上规模最大、气魄最大、决心最大的环保技改项目。

工业兴则百业兴，工业强则百姓富。在改革开放的浩荡浪潮中，张家港抓住机遇，大办乡镇企业、以港兴市、构建现代产业体系等，涌现了沙钢集团、澳洋集团、东渡纺织、华昌化工等本土企业，探索了具有张家港特色的工业化道路。

长期的经济高速发展，也给环境带来压力。近年来，张家港对一切环境违法行为“零”容忍，铁腕治污、铁拳执法。十多年间，张家港先后否决各类污染项目600多个，关停“两高一低”企业500多家；将占地约3.2平方千米、拥有37家化工企业、年纳税额近3亿元的东沙化工园整体关停。通过治污减排、生态建设等多项努力，张家港环境质量整体改善。2016年获评全国首批、江苏唯一的“生态文明奖”，2017年获评国家生态园林城市。

除了坚守绿色发展理念，让新技术、新兴产业为产业转型注入“活水”，也是高质量发展的题中应有之义。

在“张家港精神”的激励下，张家港人牢牢把准市场发展脉搏，以智能化、信息化引领工业转型升级，叩开了质效更好、动力更强的新型工业化的大门。

中共十八大以来，张家港“腾笼换鸟”的土地面积达到1933.3余公顷，其中70%以上用于新兴产业和服务业发展。今年上半年，全市新兴产业累计实现产值1112.24亿元，占规上产值比重47.8%。

一系列新项目、新产业的落地开花，正在改写张家港产业结构偏重、资源空间收窄的传统格局。

2018年8月，长城汽车股份有限公司、张家港市政府在南京签署新能源汽车项目合作协议，联合宝马公司打造汽车新品牌“宝马光束”，项目投资总额51亿元；10月，康得马可波罗航空复合材料产业园一期项目奠基仪式举行，该项目总投资300亿元，将为中国“大飞机战略”形成重要战略支撑……

“‘张家港精神’之所以始终保持旺盛的活力和强大的生命力，最根本的一条，就是坚持与时俱进、开拓创新。”张家港市委书记沈国芳说，在改革开放40周年这个时间节点，张家港市正走在“张家港精神”再出发、再突破、再引领新的发展之路上，努力打造港城经济升级版、港城功能升级版、港城生态升级版、港城生活升级版、港城治理升级版，奋力谱写新时代张家港高质量发展新篇章。

（摘自2018年12月15日《瞭望》）

“张家港精神”：新时代熠熠闪耀新光芒

李仲勋

站在改革开放40周年的时间节点上，回望张家港的成长历程，人们会惊讶于其发展速度之快！

作为1962年才设立的行政区划、1986年才撤县建市的年轻城市，张家港这40年来平均经济增长速度高达18.7%，地区生产总值由1978年的3.2亿元增至2017年的2606亿元，并连续13年稳居全国县域经济百强榜前三甲。迄今为止，张家港还获得两百多项国家级荣誉称号，实现了从“苏南的边角料”到“明星城市”的飞跃，也在江苏改革开放40年的壮阔历程中镌刻下一个鲜明印迹。

今日走进张家港，探寻张家港飞速发展之谜，人们会轻易找到答案：因为有“张家港精神”！正是靠着“团结拼搏、负重奋进、自加压力、敢于争先”的“张家港精神”的激励，张家港人在经济转型中负重前行，创造了令人折服的张家港速度；在文明建设上久久为功，成为全国唯一获得全国文明城市“五连冠”的县级市；在生态建设中直面压力，砥砺出全省唯一的“中国生态文明奖”；在民生事业上坚持城乡协调发展，在全国县级市中率先摘得“联合国人居奖”。

站在新起点，始终保持敢于争先锐气的张家港人，正高高擎起这个“精神火炬”，以新一轮思想大解放推动高质量发展，把“伟大理论成功实践”推向新境界，让“张家港精神”在新时代熠熠闪耀新光芒。

孕育“‘张家港精神’是干出来的”

与周边城市相比，曾经的张家港并没有突出的区位优势，更没有深厚的历史积淀和家底。正是在一次又一次的解放思想、自我革新中，在一次又一次的先行先试、奋勇争先中，张家港才能从昔日的“穷沙洲”一跃而起，成为经济实力位居三甲、精神文明享誉全国、城乡统筹协调均衡的新兴现代港口城市。

张家港市文化中心文明张家港展示馆内，一幅幅图片详细记录了这座城市持之以恒抓文明创建的奋斗历程。20世纪90年代，时任张家港市委书记秦振华领着干部群众从上街拍苍蝇、扫马路、拆除露天茅坑开始，靠着一把把笤帚“扫”出国家卫生城市，后来叫响全国的“张家港精神”也由此发端。

“张家港精神”的源头正是来自秦振华。1992年，小平同志视察南方并发表重要谈话。刚刚走马上任的张家港市委书记秦振华敏锐地意识到：这是个千载难逢的大发展机遇！“工业超常熟、外贸超吴江、城建超吴江！”秦振华提出这“三超一争”，一下子就在苏州几个县市中挑起了竞争，同时也把张家港人推上了破釜沉舟、背水一战的境地，没留一点后路了。

秦振华把官帽子一直拎在手上，奋不顾身向前冲，带领市委工作班子和全市人民，没有节假日，没有星期天，全市上下团结一心，艰苦奋斗，弘扬创业者，支持改革者，鞭挞空谈者，惩处腐败者，大胆激励开拓者，打响了三个硬仗。

“三个月时间动迁1283户居民，半年实现区内‘五通一平’，抢建全国第一家内河港型保税区”，这样的传奇故事不断上演。张家港“抢”建了全国县级市第一条高等级的张杨公路，建设了全国第一个城市步行街，创下了28个“全国第一”。短短两年间“三超”目标全面实现，完成了看似“不可能的任务”。

1995年10月18日，中宣部、国务院办公厅在张家港市召开全国精神文明建设经验交流会，向全国推广“一把手抓两手、两手抓两手硬”的张家港经验，同日《人民日报》以《伟大理论的成功实践》为题发表评论员文章。从此，“团结拼搏、负重奋进、自加压力、敢于争先”的“张家港精神”闻名全国，成为江苏改革开放的“三大法宝”之一。

“‘张家港精神’不是喊出来的，而是干出来的。”回顾那段激情燃烧的岁月，秦振华依然激动不已。从领导岗位退下20多年来，秦振华应各个地方的邀请，奔赴全国各地作“弘扬张家港精神”专题报告会300多场，特别是到新疆、内蒙古、青海、甘肃、陕西等祖国西部地区作报告就达70多次，把张家港精神传遍全国各地。

弘扬“张家港精神”始终与时俱进

“只有用好‘张家港精神’这个‘传家宝’，才能接好张家港改革发展的接力棒。”履新不久的张家港市委书记沈国芳坦言，来到张家港这样一座光荣城市来工作，既深感使命光荣、又倍感责任重大，唯有全力以赴把张家港各项事业推向前进。

经过历届历任领导班子和全市干部群众的大力弘扬和身体力行，“张家港精神”已经内化为张家港持续发展的精神动力，融入了城市血脉，成为集体创造、共同守护、代代相传的精神财富。

40余年前，永联村吴栋材老书记带领永联村全村干部群众艰苦创业，把一个贫穷落后的江边荒村，发展成为全国农村前三甲。现在的永联村，98%的村民实现了城镇化集中居住，98%的土地实现了集中流转，98%的劳动力实现了就地就业、离土不离乡，98%的农民享受到比普通城里人都优越的福利和社保待遇。“虽然永联村富了，但是对照乡村振兴标准，还有很多可以改进。”永联村党委书记吴惠芳介绍，因大力发展钢铁产业而兴，现在以全域旅游为抓手，建设田园风情小镇，年均接待游客100万人次以上。

在张家港另一个明星村——长江村，同样上演着更新迭变。村党委书记、长江润发集团总裁郁霞秋在父亲郁全和的劝说下，毅然告别公立医院科室主任的“铁饭碗”，回来干起了村官。她领头强村富民，打造了苏州第一家上市村企，又通过兼并重组成功转型大健康产业。

大力实施村级工业用地整合优化，累计“腾笼换鸟”土地面积1933.3公顷，其中70%以上用于新兴产业和服务业发展；把80%以上的政府财力投向民生，让困难群众有了家庭医生、少年儿童接受到了城乡均衡的优质教育、老年人群有了日间照料等养老服务，增强市民的荣誉感、幸福感；实施《张家港市区镇党政主要领导生态环境责任审计办法》，对区镇党政主要领导任期内对土地资源保护、环境质量改善、生态效益、环境风险防范、群众评价等七个方面的指标的落实情况进行全面审计评价，实现生态建设指标具体化、考核刚性化；启用厂房信息网启用，盘活用好现有各类厂房，开辟“零增地”招商的新路径……在弘扬“张家港精神”中破解难题，张家港又一次树立起超越自我的强大追求，这个闻名全国的精神法宝也因此熠熠生辉、鲜活生动。张家港在全省率先出台干部容错免责机制，并出台《关于担当作为好单位、担当作为好干部的考核方案》，让张家港精神始终成为全市干部队伍的鲜明特质。

在张家港决策层看来，“张家港精神”之所以始终保持旺盛的活力和强大的生命力，最根本的一条，就是坚持与时俱进、开拓创新。20世纪90年代初，“张家港精神”突出体现在“拼搏、进位”上；90年代中后期，张家港发展走到全国同类城市前列，“张家港精神”突出体现在“巩固、提升”上；进入新世纪，经济社会进入转型阶段，“张家港精神”突出体现在“统筹、协调”上。

融入“张家港精神”塑造城市鲜明特质

可以说，从诞生的那一刻起，源于实践、苦干实干拼出来的“张家港精神”，就完全融入这座城市的血脉之中，成为城市之魂和力量之源，塑造了城市鲜明的精神特质。

作为精神文明建设的全国典型，张家港从未沾沾自喜，而是埋头找不足、补“短板”。多年来，“一把手抓两手、两手抓两手硬”的传统始终没变。文明城市创建在张家港市始终是“一把手”工程，市委书记兼市文明委主任，每年春节上班后市委、市政府召开的第一个会议，都是精神文明建设总结表彰大会。

行走在沙洲中路步行街，处处收获感动。街区落地灯箱，展示着一位位道德模范和身边好人的事迹；商场外张贴着信用星级和微信号，手机扫一扫，商家诚信度一目了然；步行街头的“诚信驿站”里，志愿者们正为组织义卖。现在的步行街不仅有着商业经营功能，也是提升人文素质的舞台。

走进张家港的医院、社区，走在上下班高峰期的红绿灯路口，节假日的园林景区，处处都有志愿者的身影，都能感受到张家港人对“张家港精神”的坚守以及对这座城市发自内心的热爱。

张家港还在全国县级市率先开发“城市e管家”信息平台，市民用手机就可随时随地参与城市管理，为文明创建建言献策。平台累计实名注册用户6万余人，受理和解决问题30万余起。目前，全市每10个张家港人中就有1个志愿者，志愿服务团队近900支，志愿者服务总时长超过200万小时。全市共有25人荣登“中国好人榜”，数量位居江苏省县（市）第一，拥有省内最大的“好人群体”。

“张家港精神”不仅感召着全体张家港人，来张家港投资兴业的广大客商亦为之感动。

“在这样一个昂扬向上的文明城市创业，我们很容易受到感染，总觉得形势催人、不敢懈怠。”意发功率半导体有限公司创办人周炳留学归国后，与民营企业江苏骏马集团达成合作，双方成立公司，在张家港这片发展热土实现自己的创业梦想。

如今，在广大投资者眼中，张家港市是一个讲诚信、行法治的城市，有着一流的亲商环境。道康宁，一家世界500强企业，正是看中张家港市的城市环境而不断追加投资，拿出约18亿美元，在张家港建立了全球最大、最先进的有机硅综合生产基地之一。这家外企还积极出资，赞助当地志愿者协会开展的志愿服务项目，搞起了环保公益活动。类似这样因青睐张家港文明环境而选择扩大投资的企业还有很多。

得益于长期弘扬“张家港精神”，城市影响力也日益扩大。2016年年底，张家港市“社区协商——基层治理法治化的新探索”项目获得“中国法治政府奖”，成为全国获奖的唯一县级城市。

展望“张家港精神”引领高质量发展

站在历史新起点上，张家港又一次自加压力，要求大力弘扬“张家港精神”，抢抓机遇、攻坚突破，走出一条具有张家港特色的高质量发展之路，为全省乃至全国发展探路。

随着长三角一体化的加速推进，一大批重大交通工程纷纷上马，一举改变了张家港长期以来“边角料”的交通弱势。尤其是沪通铁路、通苏嘉城际和沿江城际三条铁路的建设，使张家港成为长三角沿江地区重要的综合性交通枢纽，张家港即将拥有全国县级市中最密集的“公水铁空、江海联运”交通网络，可以高速连接吸纳世界任何一处创新资源。

“张家港正进入前所未有的战略机遇期，但是机遇能否化为发展动能，关键还得靠我们发扬‘张家港精神’，勇于担当，真抓实干，加快发展步伐。”张家港市长黄戟说，步入新时代，“张家港精神”重点要体现在“再出发、再突破、再引领”上。

上一轮发展中，张家港以“张家港精神”推动“张家港崛起”，打造了以世界500强企业——沙钢集团为代表的一批地标型企业。这些经历了全球化市场摔打的规模企业，有着非凡的国际化视野，在创新体系布局上也有独到之处，正成为张家港新一轮创新发展的“操盘手”。沙钢建成国内首条工业化超薄带项目，成功参与东北特钢重组，并积极布局新兴产业；东渡集团把生产工厂先后转移到越南、柬埔寨、韩国，并在新加坡设立办事处，在国内保留研发机构和主导产品生产线，最大限度利用国际市场和资源；澳洋集团借力资本市场，拥有3家上市公司，成为一家跨地区、多元化的民营企业集团，产业涉足纺织服装、金属物流、新能源、医疗健康、地产养老、文化创意、绿色生态、电子商务、金融等九大领域。

目前，张家港市拥有19家A股上市公司，最新总市值约3000亿元。张家港创新推出了“港城合伙人”平台，促进本土上市企业、创新创业企业和国内优秀企业、投资机构跨区域合作，累计促成84对企业携手结对。一批创业激情历久弥坚的企业家与掌握核心技术的科学家“拥抱”后所产生的创新创业合力，成为张家港最强驱动力。

在张家港保税区汽车整车进口口岸，一排排汽车停放在宽阔的场地上，各种高端品牌汽车令人眼花缭乱。这里原先是铁矿砂停放场地，自从成了全省唯一的汽车进口口岸后，进口汽车源源不断在此“登陆”，再销往长江沿线地区。截至目前，口岸累计完成进出口超8万台，吸引近300家各类进口汽车贸易商入驻，累计销售超300亿元。张家港保税区创新产业形态，抓住机遇升级“流量经济”，汽车、进口消费品、冷链业等新业态不断涌现。

走马张家港，在“张家港精神”激励下，全市上下迎难而上，积极打好传统产业、化工园区、港口“三大转型”硬仗，调优产业布局，力争走出一条“勇当排头兵、敢为先行者”的高质量发展之路。

筚路蓝缕40年，张家港不仅造就了发展的一个奇迹，也使自己成为改革开放的一面旗帜。如今，各方人士走进张家港，无不对张家港在中国改革开放历史上所贡献的标本意义肃然起敬。在他们看来，十六个字的张家港精神，源自于实践、成就于奋斗，是张家港人不甘落后、敢争一流特质的高度凝练，体现了与时俱进、开拓创新的时代追求。有理由相信，在这样强大的精神力量引领下，张家港一定会创造新的发展奇迹，始终屹立在改革开放潮头。

（摘自2018年10月23日《新华日报》T9版）

中国社会科学院在改革开放40年百县（市、区）调查报告中点赞说

——张家港：高质量协调发展的县域样本

王乐飞

2018年是改革开放40周年。中国社会科学院特大项目“改革开放40年百县（市、区）调查”，聚焦了张家港市改革开放40年的壮丽篇章。

这里书写出波澜壮阔的发展史——

40年间，平均经济增长速度高达18.7%，高于同期全国平均数9个百分点；地区生产总值由1978年的3.2亿元增至2017年的2606亿元，经济总量翻了近10番；2005至2018年连续13年稳居全国县域经济百强榜前三甲；全国唯一获得全国文明城市“五连冠”的县级市，先后获200余项国家级荣誉称号。

这里塑造了全国闻名的城市精神——

“团结拼搏、负重奋进、自加压力、敢于争先”16字张家港精神已经融入了城市血脉、成为了力量之源、铸就了发展之魂，升华为整座城市的共同价值观。

中国社会科学院在调查报告中点赞说：张家港市的成长发展堪称是我国改革开放四十年的一个缩影，是高质量协调发展的一个县域样本。

精神引领城市崛起 实现从“苏南边角料”到明星城市的飞跃

40年沧桑巨变。40年春华秋实。

站在改革开放40周年的新起点上，回望张家港市波澜壮阔的发展史，呈现出特征鲜明的“四步曲”。

改革开放初期，张家港逢山开路、遇水搭桥，走出了一条“乡镇企业异军突起”的探索发展之路——

撤县建市前，张家港被称为“苏南边角料”。面对现状，张家港人不甘落后，用改革的思维破旧立新，实现了由“农”到“工”的第一次飞跃。该市创造性推进了以“五小”为主的社队工业发展，为乡镇工业发展奠定了基础，作为“苏南模式”的一大创举，被《人民日报》誉为“小鸡吃米、粒粒下肚”。

“南方谈话”后，张家港审时度势、趁势而上，走出了一条“自加压力、敢为人先”的飞速发展之路——

“南方谈话”发表后，张家港敏锐地捕捉到了改革开放的时代机遇，牢固确立“市场经济不让人，不争不抢是庸人，错过时机是罪人”的理念，旗帜鲜明地提出“三超一争”（工业超常熟，外贸超吴江，城建超昆山，样样工作争第一）

目标。同时，坚持“一把手抓两手，两手抓两手都要硬”，“团结拼搏、负重奋进、自加压力、敢于争先”的张家港精神名动苏南、走向全国，成为张家港永葆发展活力的力量源泉。张家港的发展经验被誉为“伟大理论的成功实践”。

进入新世纪，张家港厚植优势、增创特色，走出了一条争先率先、全面综合的协调发展之路——

面对中国加入WTO的崭新机遇，张家港跳出局部、放眼全局，吸引了美国道康宁、韩国浦项等50多家世界500强企业投资落户，设立了全国县市第一家国家级境外经贸合作区——埃塞俄比亚东方工业园。同时，张家港尊重发展规律、谋求永续发展，固守“绿水青山”、留住“美丽乡愁”，10余年间先后否决各类污染项目600多个，关停“两高一低”企业500多家。并推动农村向城市转变、农民向市民转变、村庄向社区转变，城镇化率持续提高，城乡居民收入差距持续缩减，形成了全省最大的强村群体。

立足新时代，张家港不忘初心、勇攀高峰，走出了一条“勇当排头兵、敢为先行者”的高质量发展之路——

党的十八大以来，张家港着眼新旧动能转换，大力发展新材料、新能源、高端装备等优势产业。深化“放管服”改革，主动探索项目审批代办、容缺审批等服务新机制，率先推行电子证照共享应用。探索建立“党建引领、村居自治、多元共治、智慧管理”基层社会治理体系。

精神引领城市崛起，张家港实现了从“苏南边角料”到明星城市的飞跃。数据为证，2017年，张家港市以万分之一的国土面积，创造了近千分之四的GDP和千分之三的公共财政预算收入。

新时代赋予新内涵
张家港精神“再出发、再突破、再引领”

40年来，张家港的崛起成为改革开放的精彩缩影，张家港精神成为改革开放的生动注脚。

张家港精神是践行优良传统与引领时代之先的有机结合，是张家港的城市之魂、力量之源。改革开放40年来，张家港精神哺育和激励了一代又一代张家港人，在传承延续的实践过程中，张家港人始终把握“变与不变”的辩证关系，不断赋予了张家港精神新的时代内涵。

20世纪90年代，在各方面基础相对薄弱的情况下，张家港精神突出体现在“拼搏、进位”上；20世纪90年代中后期，张家港的发展走在了全国同类城市前列，张家港精神突出体现在“巩固、提升”上；进入新世纪，张家港经济社会进入转型阶段，张家港精神突出体现在“统筹、协调”上；进入新时代，立足新起点、面临新机遇，张家港精神突出体现在“再出发、再突破、再引领”上。

变的是发展取向，不变的是精神特质。

40年来，张家港人始终保持“敢于争先”的胆气魄力，自我加压、奋力拼抢，抢出了属于张家港的“康庄大道”张杨公路；抢到了全国第一个长江内河港口开发权和第一家内河港型保税区；近年来，张家港从中关村手里抢到了高分子新材料“龙头企业”康得新的总部，抢到了长城宝马合资项目的签约落户，被誉为汽车工业放开中外合资比例限制后的“第一案”“第一枪”。截至目前，张家港市累计获得国家级以上荣誉200多项。

变与不变的统一，就是与时俱进弘扬张家港精神。

新时代赋予新内涵，张家港精神“再出发、再突破、再引领”，落脚点就是“三效三品三性”。“三效”，即效率、效果、效益，发扬“说了算、定了干、干必成”的优良传统，只争朝夕、拼抢机遇，办一件、成一件，让人民群众有更多获得感、幸福感、安全感；“三品”，即品质、品位、品牌，进一步自我加压、拔高标杆，塑造一批在全国叫得响的城市品牌，进一步扩大张家港在全国乃至全球的知名度、美誉度和影响力；“三性”，即系统性、探索性、引领性，把各项工作贯穿于“五位一体”总体布局和“四个全面”战略布局之中，创造更多的“独有”与“唯一”，努力作好示范、当好标杆。

锚定“五个升级版”推动港城高质量发展走在前列

新时代，新起点。

学习新思想，改革再出发，开放迈新步，发展高质量。张家港市将深入贯彻落实习近平新时代中国特色社会主义思想和党的十九大精神，以习近平总书记对江苏工作系列重要指示精神为根本遵循，紧扣“强富美高”，落实“两聚一高”，奋力谱写新时代张家港高质量发展的新篇章。

新时代，新征程。

紧扣新主题，描绘新蓝图。具体来说，就是瞄准一个目标：即深度融入长三角一体化发展，推动港城高质量发展走在前列；构筑“双强动力”：即以张家港精神为激励，强担当、强作为，以全面深化改革为抓手，强活力、强后劲；打造“五个升级版”：即港城经济、港城功能、港城生态、港城生活、港城治理“五个升级版”；深入推进一个伟大工程：即新时代党的建设新的伟大工程。

“五个升级版”展现出一份清晰的“路线图”：

——打造“港城经济升级版”，从“存量转型”和“增量提升”两端发力，大力发展智能工业、提升新兴产业，构建具有竞争力的创新生态系统，推动港城制造向港城智造转变。

——打造“港城功能升级版”，完善城市空间规划布局，高起点规划、高标准建设高铁新城，打造长三角公铁水联运的区域性枢纽，健全城市现代综合交通运输体系，建设“智慧城市”，让城市运行“更聪明”。

——打造“港城生态升级版”，落实“共抓大保护、不搞大开发”，在保护中发展、在发展中保护，加快提升港城宜居宜业的生态品质。

——打造“港城生活升级版”，健全城乡就业创业服务体系，持续拓宽富民增收途径，让群众的“获得感”更足；不断提升教育、医疗、养老等公共产品的供给质量，让群众的“幸福感”更强。

打造“港城治理升级版”，深入推进“三治融合”“三社联动”，进一步完善社会治理体制机制，推动基层治理能力和体系现代化，以善治促文明，让文明成为一种标识、成为一种习惯，成为每个港城人民由内而外的独特气质。

（摘自2018年12月36日《苏州日报》A3版）

【编辑　宋佳辰】

大事记

Chronicle of Important Event

1月，张家港市出现连续降雪天气，图为张家港保税区文化中心雪景　（苏栋汇　摄）

1月	7月
2月	8月
3月	9月
4月	10月
5月	11月
6月	12月

張家港年鑑(2019)

扫码欣赏

党政干部干事创业
"三项机制"动画宣传

1月

2日至5日　政协张家港市第十二届委员会第二次会议举行。

3日至5日　张家港市第十四届人民代表大会第二次会议举行。

8日　张家港市领导干部警示教育大会暨市监察委员会成立大会举行。

16日　盐通铁路开工，盐通张铁路张家港段（通苏嘉铁路提前实施工程）同步实施。

24日　张家港市与南京工业大学签署框架协议，合作共建南京工业大学张家港产业学院。

24日至28日　张家港市出现连续降雪天气，其中25日、27日分别出现暴雪，最大积雪深度分别为10厘米、11厘米。

30日　江苏省十三届人大一次会议第三次全体会议选举产生江苏省出席第十三届全国人民代表大会代表150人。南丰镇永联村党委书记、江苏永钢集团董事局副主席、常务副总裁吴惠芳当选为第十三届全国人大代表。

是月　张家港市首批入选全国农村社区治理实验区，实验时间从2018年1月至2021年1月，为期3年。

2月

9日　全国首家东西部扶贫协作办事处——沿河土家族自治县驻张家港市东西部扶贫协作办事处暨沿河土家族自治县驻张家港市办事处成立。

27日　2017年江苏社会文明程度测评指数正式发布，张家港市社会文明程度测评指数位列全省41个县（市）第1名。

3月

12日　张家港市举行“集聚转型新动能，推动发展高质量”项目集中开工月活动，70个项目集中开工，总投资306.54亿元。其中，先进制造业项目40项，总投资201.38亿元；生产性服务业项目7项，总投资42.77亿元；科技创新项目7项，总投资14.44亿元。

23日　交通运输部在北京举行“第三届寻找中国运输风范人物与领袖品牌事迹报告会”，张家港市“港城车大夫”公益品牌获评“中国运输领袖品牌”。

28日　张家港市网格化社会治理平台上线，标志全市网格化社会治理工作全面展开。

29日　全市村（社区）巡察工作动员部署会召开，全面启动对村（社区）巡察工作。

30日　以“新时代的苏南模式升级创新”为主题的亚布力论坛理事张家港行暨第四届“港城合伙人”峰会在张家港市举行。

4月

4日　北京电影学院与张家港市影视产业发展战略合作框架协议签约仪式举行。

9日　长江中下游游轮旅游发展座谈会在双山岛旅游度假区召开。

11日　张家港市智能制造推进大会召开，推动全市制造业加速转型升级。

17日　中国信息协会信用专业委员会和竞争力智库联合发布《中国城市全面建成小康社会监测报告2017》，张家港市以指数139.64位列第2名。

是日　张家港市民生微实事项目暨金都社区广场改造项目启动仪式举行，第一批31个民生微实事项目出炉，其中工程类项目26项、服务类项目5项，资金114.98万元。

18日　全国工商联副主席谢经荣到张家港市开展“民营企业参与乡村振兴战略”专题调研。

5月

1日　张家港保税区和张家港经济技术开发区开展“证照分离”改革试点工作。

8日　张家港邮政管理局成立。

是日　市“331”火灾隐患整治专项行动动员部署会召开，动员全市开展火灾隐患大排查大整治行动，确保消防安全形势整体稳定。

是日　常阴沙现代农业示范园区“闲心公社”田园文化旅游度假综合体项目举行签约暨开工仪式。

12日　2018年中国业余网球公开赛“港华燃气杯”张家港白金赛开赛，中国网球学院张家港分院同时启用。

13日　2018年智能制造与再制造检测认证技术发展交流会在张家港市举行。会上，全国首家国家再制造汽车零部件产品质量监督检验中心揭牌。

26日　张家港“政”能量政务新媒体云矩阵上线，云矩阵由全市70余个政务微信公众号整合而成。

6月

1日　“永联村杯”中国国家女子篮球队对阵比利时国家女子篮球队、中国国家男子篮球队对阵伊朗国家男子篮球队国际对抗赛在市体育馆开赛。

5日至6日　2018年全国职业院校技能大赛中职组“星科杯”制冷与空调设备组装与调试赛项在张家港中等

专业学校举行。

11日　张家港基金启动仪式在暨阳湖金融街举行，基金总规模148亿元。

是日　中国香港信义集团江苏产业基地项目签约仪式在市沙洲湖酒店举行，项目投资5亿美元。

13日至14日　针对中央环境保护督察“回头看”督察组交办的关于“张家港乐余镇存在填埋废料、钢渣堆场”等情况的信访案件，张家港市立行立改，先后召开整改工作动员会和现场整改部署会，对突出环境问题立即进行查处和整改。

19日至26日　市委副书记、市长黄戟率张家港市考察团赴美国、中国香港开展招商引资、经贸交流和科技考察活动。

20日　日本加特可自动变速箱基地项目签约仪式在张家港经济技术开发区举行。

21日　张家港保税区市场监督管理局成立。

27日　张家港市“重温入党誓词”和“不忘初心跟党走”庆七一主题活动举行，《张家港红堡地图》发布。

28日　2018年中国县域经济创新发展论坛在北京市召开，论坛上赛迪县域经济研究中心发布《2018年中国县域经济百强研究》及“县域经济100强（2018年）榜单”，张家港市列第3名。

29日　张家港市政府与商汤科技有限公司战略合作框架协议签约仪式举行。

30日　以“坚持创新引领，聚焦产业升级”为主题的2018年张家港市科技·人才活动周开幕。

7月

1日　冶金先进技术与新材料高峰论坛在张家港市举行，高品质特殊钢与制备国家重点实验室张家港产业中心同时揭牌成立。

4日　张家港市首届军民融合产业项目推介会在国贸酒店召开。

5日　创新中国·县域创新发展高端研讨会在张家港市举行。

是日　国家税务总局张家港保税区税务局挂牌成立，原江苏省张家港保税区国家税务局、江苏省张家港保税区地方税务局合并。

10日　中国长城汽车股份有限公司与宝马（荷兰）控股公司签署合资经营合同，双方各持股50%。新合资公司名为光束汽车有限公司，注册地为张家港经济技术开发区。8月13日，中国长城汽车股份有限公司、张家港市政府在南京签署新能源汽车项目合作协议，联合宝马（荷兰）控股公司打造光束汽车项目，投资总额51亿元，注册资本17亿元。

是日　2018年亚洲东区女子排球锦标赛在市体育馆开赛。

11日　庄信万丰（张家港）环保科技有限公司在张家港保税区扬子江化工园举行奠基仪式，投资10亿元。

13日　张家港市清理整顿沿江环境污染攻坚战动员大会召开。

14日　张家港志愿者学院在南丰镇永联村举行成立仪式。

18日　江苏省副省长郭元强到张家港市调研开放型经济工作。

19日　美国《财富》杂志发布2018年世界500强排行榜。沙钢集团连续第十年入选榜单，以2017年营业收入325.61亿美元的成绩列第364位。

20日　国家税务总局张家港市税务局挂牌成立，原江苏省张家港市国家税务局、苏州市张家港地方税务局合并。

23日　2018年张家港经开区、高新区政银企对接会举行。对接会上，共有19个项目进行集中签约，项目包括产业基金、债券融资、股权融资和融资租赁等类别，签约总金额超102亿元。

30日　中共张家港市委十一届六次全体（扩大）会议举行。会议动员全市各级党组织、广大党员和干部群众，围绕“强富美高”建设总目标总要求，解放思想、实干担当，深入实施“四大路径”，以高质量建设“四个港城”的生动实践向改革开放40周年献礼。

8月

1日　塘桥镇与苏州兰生集团签署张家港塘桥新能源汽车装备产业园项目投资合作协议。

3日　由张家港市人民政府赠建的24小时“土家书房”在贵州省沿河土家族自治县启用，这是全国首个以土家文化为特色的24小时自助图书馆。

位于贵州省沿河土家族自治县的“土家书房”

（市发改委　提供）

9日　云南省政协副主席、省工商联主席喻顶成率企业家代表团到张家港市参观考察。

10日　第十二届全国政协副主席、中国宋庆龄基金会主席王家瑞、中国宋庆龄基金会副主席井顿泉一行到张家港市考察。

10日至16日　2018年中国足协第二十一届“贝贝杯”青少年（12岁男子组）足球赛在凤凰中心小学举行。

14日至17日　2018年“一带一路”暨金砖国家技能发展与技术创新大赛在青岛西海岸新区举办，张家港中等专业学校的徐亮和赵逸鹏获中国赛区“数字化控制技术”赛项银奖，实现张家港市职业学校学生获得世界级技能大赛奖项零的突破。

23日　市委出台党政干部鼓励激励实施办法、市管领导干部“能上能下”办法，建立鼓励激励、容错纠错、能上能下“三项机制”。

27日　全国政协原副主席、民革中央原副主席钱昌照故居揭牌仪式在塘桥镇鹿苑文化中心举行。

9月

2日　2018年“暨阳府杯”国际男子职业网球挑战赛——张家港站开幕仪式举行。

3日　省委常委、苏州市委书记周乃翔就落实中央巡视反馈意见及中央环保督察“回头看”整改工作，到张家港市专题调研沿江环境整治工作。

3日至4日　江苏省首批粮食生产全程机械化整体推进示范县省级考核评价会议在南京召开，张家港市创建成为省级粮食生产全程机械化示范县（市）。

14日　2018年中国汽车技术转移大会在张家港市举行。

是日　张家港市政务大数据平台正式开通上线。

20日　新型智慧城市建设战略合作协议签约仪式举行，推进“物联网、互联网+新型智慧城市（智慧社区）”项目建设。

21日　江苏省政府发布关于设立26家省级开发区的批复，张家港高新技术产业区被批准为省级高新技术产业开发区。

27日　“乡伴双山岛理想村”开工暨灯塔民宿国际设计大赛启动仪式在张家港双山香山旅游度假区（筹）举行。

29日　全市领导干部会议召开，宣布江苏省委、苏州市委关于张家港市委主要领导的调整决定：沈国芳任张家港市委书记、张家港保税区党工委书记；免去朱立凡张家港市委书记、常委、委员，张家港保税区党工委书记、委员职务。

10月

7日　第十届中国曲艺牡丹奖获奖名单揭晓，张家港市评弹传承中心选送的原创中篇弹词《焦裕禄》获中国曲艺牡丹奖文学奖。

8日　“2018年度全国综合实力百强县市”“2018年度全国绿色发展百强县市”“2018年度全国综合实力千强镇”等榜单发布。张家港市列2018年度全国综合实力百强县市第3位，2018年全国绿色发展百强县市第2位，2018年全国科技创新百强县市第4位，2018年度全国新型城镇化质量百强县市第7位。在2018年度全国综合实力千强镇评比中，杨舍镇名列第3位、金港镇第5位、锦丰镇第29位、塘桥镇第97位、凤凰镇第105位、南丰镇第197位、乐余镇第512位、大新镇第835位。

是日　中国铁路总公司和江苏省委、省政府在金坛召开加快推进江苏高铁建设暨江苏南沿江城际铁路开工动员会，江苏南沿江城际铁路正式开工。张家港段线路长约38.5千米，估算投资约72亿元，涉及金港、杨舍、南丰、塘桥、凤凰5个镇，拟与沪通铁路、通苏嘉铁路共用张家港站。

16日至17日　人民日报社、新华社、光明日报社等10余家主流媒体组成采访团，到张家港市开展集中采访活动。

17日　省委常委、省纪委书记、省监委主任蒋卓庆到张家港市调研文明创建、农村集体“三资”管理、长江经济带“共抓大保护、不搞大开发”、纪检监察等工作。

17日至20日　第八届世界卫生组织（WHO）健康城市联盟大会在马来西亚古晋举行，张家港市“健康公平与可及性”项目获世界卫生组织健康城市最佳实践奖。

20日　张家港市2018年“打造产业新高地，助推发展高质量”集中开工投产月活动举行，92个项目集中开工投产，总投资683.85亿元。其中，开工项目54项，总投资590.56亿元；竣工项目38项，总投资93.29亿元。

24日　苏州晶台光电有限公司举行二期投产仪式及MINI LED新品发布会，二期项目投资15亿元。

是日　全国工商联在北京举行新闻发布会，发布“改革开放40年百名杰出民营企业家名单”，沙钢集团董事局主席沈文荣上榜。

是日　“砥砺二十载，奋斗新时代”纪念澳洋集团成立20周年庆祝大会举行。

31日　2018年中国（张家港）长江文化艺术节暨第六届国际幽默艺术周开幕式在保利大剧院举行。此届艺术节系列文化活动包括第六届国际幽默艺术周、第八届（张家港）长江流域戏剧艺术节、“长江杯”江苏文学评论奖、第六届扬子江诗学奖活动暨张家港市第六届“诗歌里的城”诗歌朗诵会、“希望的田野上”张家港市首届“农民丰收节”主题活动等七大类活动。11月14日，长江文化艺术节落幕。

11月

1日　中国妇女第十二次全国代表大会在北京人民大会堂举行全体会议。大会选举产生全国妇联第十二届执行委员会。长江村党委书记、长江润发集团总裁、长江润发医药股份公司董事长郁霞秋当选全国妇联第十二届执行委员会委员。

2日　第十一届中国保险文化与品牌创新论坛暨第十三届中国保险创新大奖颁奖盛典在西双版纳召开。张家港市获2018年度中国百强县市保险竞争力排行榜第二名。

3日　2018年张家港长江文化旅游节暨“文明旅游、为中国加分、出行有礼”活动在暨阳湖启动。

5日　“第五届中国城市公益慈善指数百强榜”公布，张家港市在县级市综合指数得分中列第4位。

7日　埃塞俄比亚杜克姆市市长康吉·塔德赛·阿拉索率团到张家港市访问。

8日　杜邦中国制造基地（张家港）项目签约仪式在上海国家会展中心中国国际进口博览会现场举行，一期项目投资额8000万美元。

是日　长江经济带港口服务平台联盟启动仪式暨智慧口岸（张家港）发展研讨会在张家港市举行。

15日　上海宝冶集团有限公司与江苏永钢集团有限公司战略合作协议签约仪式暨张家港装配式基地项目开工仪式举行。

16日　由江苏省社科院、《红旗文稿》杂志社、张家港市委联合举办的全面深化改革与乡村振兴战略——庆祝改革开放40周年理论研讨会在南丰镇永联村举行。

是日　张家港市与中车集团就氢能源产业投资合作签署合作备忘录，计划推动建设氢能源动力系统等优质项目，推进氢能源产业基地建设。

20日　江苏省副省长费高云带领省发改委、省工信厅等部门负责人到张家港市专题调研长城宝马光束汽车项目。

21日　《中国工业百强县（市）、百强区发展报告》在中国信息通信研究院举办的“中国县域工业经济发展论坛（2018）”上正式发布，张家港市列第3位。

23日　2018年第十三届中国中小企业家年会上，张家港市被授予“全国支持中小企业发展创新共建城市”称号。

24日　中国信息协会信用专业委员会和竞争力智库联合发布《中国城市全面建成小康社会监测报告2018》，张家港市以指数143.81列第2位，经济、生活、文化、生态、治理等分项指数均为A+级，蝉联成为唯一入选的5A+级县级城市。

26日　2018年中国城市幸福论坛发布第十二届中国最具幸福感城市榜单，张家港市上榜“2018中国最具幸福感城市（县级）”。

27日　全市新时代文明实践中心建设工作推进会召开，张家港市新时代文明实践中心同时揭牌。

是日　胜牌（张家港）润滑油有限公司在张家港保税区奠基，一期投资1亿美元。

27日至29日　2018年先进激光制造产业发展大会在张家港市召开。中国工程院院士范滇元、中国科学院院士姚建铨等出席大会。

30日　中宣部副部长孙志军到张家港市调研新时代文明实践中心建设工作。

12月

3日　张家港市城市形象片《我们的张家港》发布。

4日　“中国社会科学院财经战略研究院成果发布会——《中国县域经济发展报告（2018）》百强县案例报告”在北京举行，张家港市列全国百强县榜单第3位。

7日　市长江环境大整治、环保大提升“百日攻坚”行动动员会召开，贯彻落实“共抓大保护、不搞大开发”相关工作要求，加快整治沿江区域突出环境问题。

是日　《东山村遗址保护与展示设施建设方案》通过国家文物局会审，获得批复。

9日　清华大学—张家港氢能与先进锂电技术联合研究中心在清华大学挂牌运作。

13日　以“乡村振兴、美丽共享”为主题的2018年美丽乡村博鳌国际峰会在海南博鳌开幕，永联村被评为“全国百佳乡村旅游目的地”。

16日　《2018县域经济与县域发展监测评价报告》发布，在“县域经济与县域综合发展前100名”的监测评价结果中，张家港市县域经济强县指数为955.07，列第2位。

18日　庆祝改革开放40周年大会在人民大会堂举行。“张家港精神”的塑造者、省政协原常委、苏州市人大常委会原副主任、张家港市委原书记秦振华获“改革先锋”称号。

是日　江苏省委、省政府召开庆祝改革开放40周年座谈会，对“为江苏改革开放作出突出贡献的先进集体和先进个人”进行表彰，张家港市获评先进集体，沙钢集团董事局主席沈文荣获评先进个人。

21日　《长三角县域资本活力指数报告》在太仓发布，张家港上市公司总市值名列第1位，县域资本活力指数综合排名列第4位。

27日　张家港市领导干部会议在馨苑度假村会议中心召开，宣布江苏省委、苏州市委关于张家港市政府主要领导的调整决定。省委决定：提名潘国强为张家港市市长候选人。黄戟不再担任张家港市市长职务，免去张家港保税区管委会主任职务，保留副厅级。苏州市委决定：潘国强任张家港市委副书记、张家港保税区党工委副书记、管委会副主任。免去黄戟张家港市委副书记、常委、委员，张家港保税区党工委副书记、委员职务。

是日　科技部在湖南长沙召开全国县域创新驱动发展现场会，会议公布首批创新型县（市）建设名单，张家港市入选。

28日　张家港万达广场开业，总投资10亿元，总建筑面积11.95万平方米，其中购物中心面积8.84万平方米。

29日　中共张家港市委十一届七次全体（扩大）会议举行。会议动员全市各级党组织、广大党员和干部群众，围绕“强富美高”，紧扣“两聚一高”，以张家港精神和全面深化改革为“双强动力”，努力打造“港城发展升级版”，奋力推动张家港高质量发展走在前列。

【编辑　沈立平】

全国文明城市张家港概览

The Overview of the National Civilized City of Zhangjiagang

凤凰镇　（陈祝平　摄）

地情概要　　政治建设

人文风情　　文化建设

文明引领　　社会建设

经济建设　　生态文明建设

張家港年鑑(2019)

扫码欣赏

2018年度"温暖港城"网络暖心故事

地情概要

【地理位置】 张家港市位于长江下游南岸，江苏省东南部。东、东南连常熟市，西、西南接江阴市，北、东北、西北临长江，是位于沿海和长江两大经济开发带交会处的国际化、现代化港口城市。地理坐标北纬31° 43′ 12″～32° 02′，东经120° 21′ 57″～120° 52′。东南距上海市98千米；南近太湖，分别距无锡市58千米、苏州市90千米；西距常州市55千米、南京市200千米；北隔江距南通市62千米，是长江三角洲的重要组成部分。全市总面积986.73平方千米，占全省面积的0.92%、苏州市面积的11.62%。其中，陆地面积791.06平方千米，占全市总面积的80.17%；长江水域面积195.67平方千米，占19.83%。陆地东西最大直线距离44.58千米，南北最大直线距离33.71千米。北宽南窄，呈三角形。

【地质地貌】 *地层* 张家港境内主要是第四系沉积物覆盖。第四系覆盖层的厚度为90米至240米，是全新统现代沉积。西南零星出露基岩属泥盆系茅山群的紫红色沙砾岩。第四系覆盖层的可耕层为2米至3米，耕层下面是沙质黏土、黏土层，隔水性能较好，厚度为50米至70米；在地面以下70米至150米之间，有含水性较好、透水性较强的细沙层、黏质沙层、中沙层、砾石层，但中间夹有含砾黏土层、黏土层等不透水层。在地面140米至240米以下是砂岩、灰岩、砾岩层。在第四系覆盖层下有白垩系的杂色砾岩、粉砂岩及灰岩，厚度约210米；三叠系青龙群的灰岩和钙质泥岩，厚600米；二叠系龙潭组的海陆交互相岩层、砂岩、灰岩、泥岩等，厚450余米；石炭系的砂岩、灰岩和泥岩等，厚450余米。

地震地质 江苏省主要的地震带是西北部的郯庐断裂地震带和沿长江的扬铜地震带。张家港市主要受扬铜地震带所控制，在大地构造上属扬子准地台下扬子古拗陷的东部，苏锡中台拱的北东部，北邻苏北中新凹陷，南部和东部与钱塘褶皱带相连，西部是常州中凹陷。张家港境内基本构造格架为“二隆二凹”构造形式。“二隆”是段山—张家港褶断束、顾山—铜官山褶断束；“二凹”是祝塘—锦丰凹陷、谢桥凹陷。境内有北北西向、北西向和北东向（华夏）构造发育，形成网络系统。根据可考文字和有关地震研究，张家港市历史上未见强震记载。从地震强度背景值而论，境内所在位置介于强震和弱震的过渡区域，受扬州—铜陵地震带所控制。

工程地质 根据市建筑设计院历年工程地质勘探资料，境内的地耐力一般为每平方米10吨左右。其中，南部黏土一般为每平方米20吨左右，亚黏土一般为每平方米18吨左右，轻亚黏土一般为每平方米10吨左右；北部粉黏土一般为每平方米8吨左右。

地貌 张家港市地跨长江三角洲平原的两个地貌副区，即长江南岸古代沙嘴区和靖江常阴古沙洲区。北面临江，双山沙（福姜沙）孑立江中，长江沿岸滩地绵长。古长江岸线把境内陆地分为南、北两个部分，南部属老长江三角洲的古代沙嘴区，成陆8000年以上，地势高亢，高程（吴淞零点，下同）为5米至8米，散落着大小10座山丘；北部属新长江三角洲，由数十个沙洲积涨连接而成，成陆最早的800余年，地势低平，高程为3米至5米。根据地面黄海高程，全境地貌可分为丘陵、高平田、平田、低平田和圩田。其中，南部地区主要为高平田、平田和低平田，北部地区均为圩田，丘陵主要散落在塘桥镇的妙桥地区、金港镇的南沙地区和凤凰镇的少量地区。

【沿江岸线】 张家港市境内有沿江岸线80.4千米，其中不冻不淤的深水岸线约40千米。依托优越的沿江岸线，建有国际贸易商港张家港港，由西向东排布着江苏省张家港保税区、江苏扬子江国际冶金工业园等各具特色的专业园区。西北部有江中小岛双山岛，离南岸1千米，是张家港港天然的避风屏障。双山岛与南岸之间的航道为福南水道。双山岛距北岸3千米，之间为福中水道和福北水道。双山环岛洲堤长16.8千米，面积20平方千米，高程4米至5米。

【自然资源】 *土地资源* 据市国土资源局统计，至2018年年末，全市实有耕地30272.92公顷、园地3364.84公顷、林地201.44公顷、城镇村及工矿用地30114.75公顷、交通运输用地6446.54公顷、水域及水利设施用地27861公顷、其他土地411.05公顷。

水资源 境内水资源丰富。地表水中河港蓄水量丰水年为4.74亿立方米，中等干旱年为8624万立方米。2018年全市沿江各闸共引水19.06亿立方米，排水22.7亿立方米。泵站运行919小时，引水量7096.38万立方米。全年实际用水量：地表水20.28亿立方米（火电企业用水量为全口径计算），浅层地下水75.59万立方米。全境河港纵横，土地肥沃，有大小河道8700余条，其中市级以上骨干河道29条、镇级河道270条、村级河道8400余条，总长度4500余千米。

矿产资源 境内已发现的矿产品种主要有砂石、砖瓦黏土、矿泉水、煤炭、天然气等。其中，探明的储量有砂石约6000万吨，煤炭约2010万吨，天然气约8000万立方米，矿泉水约8000万立方米。2003年建成凤凰地热井温泉，水温45摄氏度，日产地热水624立方米。

野生动植物资源 境内共有野生动物资源13纲292个品种。其中，鱼纲类有刀鱼、河豚、鲥鱼等96种，爬行纲类有龟、鳖、蛇等21种，鸟纲类有野鸡、野鸭、鹰、雀等105种，哺乳纲类有野兔、刺猬、鼠等8种，另有野生无脊椎动物63种。野生植物资源比较丰富，有百余科近500个品种，常见的有24个科80个品种，分布在田间、山丘、河边、滩地，可用于农、牧、渔业生产，手工编织及疾病治疗。另有常见绿化植物314种。

【气候】 *光照* 全年日照时数1935小时，比上年多51.2小时，比1981年到2010年平均日照1863.6小时多71.4小时；年日照百分率（相对日照）为44%。日照时数最多的月份是8月，为244小时，占月可照时数的59%；月日照时数最少的月份是12月，为86.3小时，占月可照时数的28%。

气温 全年平均气温17.3摄氏度，与上年持平，比1981年至2010年

平均气温15.9摄氏度高1.4摄氏度，气温偏高。8月是全年最热的月份，月平均气温为29.4摄氏度。年极端最高气温37.4摄氏度，出现在5月16日。全年达到35摄氏度的高温日数19天，比上年少11天。1月是全年最冷的月份，月平均气温为3.1摄氏度。年极端最低气温零下5.3摄氏度，出现在1月13日。全年日最低气温低于0摄氏度的低温日数32天，比上年多16天。

降水　全年降水量1363.3毫米，比上年少193.2毫米，与1981年至2010年平均降水量1081.8毫米相比多281.5毫米，雨量偏多。全年降水分布不均，10月降水量最少，月降水量22.3毫米；8月降水量最多，月降水量215.5毫米，与1981年至2010年的8月平均降水量124.4毫米相比多91.1毫米，雨量偏多。与常年同期相比，1月降水量104.3毫米、5月降水量193.1毫米、11月降水量130.9毫米、12月降水量122.3毫米，均异常偏多；6月降水量28.4毫米，异常偏少。4月至9月汛期降水量862毫米，与历年同期748.4毫米相比降水略偏多。全年有5个暴雨日，其中1个大暴雨日，分别出现在5月25日、7月1日、8月13日和17日、9月17日，降水量分别为156.9毫米、58.1毫米、76.4毫米、87.9毫米、97毫米。梅雨期自6月20日至7月8日，历时19天，入梅比常年略偏迟，出梅正常，较常年偏短4天。总梅雨量162.8毫米，较常年偏少。

霜、雪、风、霾及灾害性天气　2018年度初霜日为2017年11月19日，终霜日为3月22日，霜期124天，全年无霜期265天，与1981年到2010年平均值225天相比偏多40天。全年降雪日数11天，积雪日9天。1月24日至28日，全市出现连续降雪天气，其中25日、27日分别出现暴雪，最大积雪深度分别为10厘米、11厘米。年平均风速每秒2.1米，本站监测到8级以上大风1次，出现在8月17日，极大风速为每秒20.8米。全年共有57天出现霾天气，与上年相比减少(与霾现象改为自动判别有关)。年内持续时间较长且$PM_{2.5}$浓度大的二次霾天气过程分别出现在1月17日至20日(持续4天)、1月29日至2月2日(持续5天)。全年出现大雾23天，其中11月出现7天，其次是12月6天，分别是2001年、2000年起同期最多的月份。11月25日到12月4日持续出现大雾天气，其中11月25日、27日、28日均出现最小能见度低于50米的强浓雾。全市共有4次台风影响，分别是第10号台风“安比”、第12号台风“云雀”、第14号台风“摩羯”、第18号台风“温比亚”，接连在7月下旬到8月上旬影响张家港市，属历史罕见。其中，8月12日夜里到13日白天受第14号台风“摩羯”外围影响，全市普降大雨到暴雨，梁丰生态园站降水量76.4毫米为全市最大，并伴有5至7级的东北大风，其中南丰镇局地出现每秒29.3米(11级)大风；16日夜里到17日白天受第18号台风“温比亚”外围影响，全市普降暴雨，梁丰生态园站降水量87.9毫米，全市最大降水量122.8毫米(锦丰镇)，并伴有7级至11级偏东大风，最大出现在锦丰长江防汛处11级。

【建置沿革】　张家港市历史悠久。8000年前，南部地区就有人类活动。商末，属勾吴之地。春秋时期，属吴国延陵郡。秦代，属会稽郡。汉高祖五年(公元前202年)，建毗陵县暨阳乡，为境内有据可查的最早的乡级行政建制。晋代，置暨阳县，为境内第一个县级行政建制。南朝梁代，在暨阳之墟建梁丰县。唐代以后，分属常熟、江阴两县。清代至民国，常通港以北属南通县(今南通市)。抗日战争时期，中国共产党曾一度在北部沿江地区建立沙洲县，南部及常熟、江阴两县的边界地区设立虞西县。新中国成立后，东部属常熟县(今常熟市)，西部属江阴县(今江阴市)。1962年，常熟划出14个公社和常阴沙农场，江阴划出9个公社，建立沙洲县，隶属于苏州地区。1986年9月，经国务院批准，撤销沙洲县，以天然良港——张家港港命名设立张家港市，隶属于苏州市。

【行政区划】　4月，市政府批复成立金港镇马桥社区、镇山社区。12月，市政府批复成立南丰镇瑞丰社区、金港镇文昌社区和乐余镇稻麦场社区、畜禽场社区。至年末，全市有8个镇2个区，153个村、144个社区。

【消亡自然村】　2018年，因环境保护项目、高新区开发等，全市消亡自然村12个，其中金港镇3个、锦丰镇2个、乐余镇3个、凤凰镇4个。至年末，全市共有自然村2284个，其中杨舍镇361个、塘桥镇555个、金港镇246个、锦丰镇269个、乐余镇193个、凤凰镇445个、南丰镇138个、大新镇62个、常阴沙现代农业示范园区21个。

2018年张家港市行政区划情况表

表1

镇(区)	面　积(平方千米)	办事处(个)	街道办事处(个)	村(个)	社区(个)
杨舍镇	153.09	5	4	29	76
金港镇	111.62	3	—	26	28
锦丰镇	114.32	2	—	24	11
塘桥镇	94.26	2	—	14	7
乐余镇	78.58	1	—	19	6
凤凰镇	78.79	2	—	15	6
南丰镇	62.47	1	—	12	5
大新镇	40.48	—	—	10	4
常阴沙现代农业示范园区	37.45	—	—	—	—
双山岛旅游度假区	20.00	—	—	4	1
合　计	791.06	16	4	153	144

说明：常阴沙现代农业示范园区有7个社区(常红、常北、常兴、常南、常沙、常东、常西)和1个常阴沙集镇居委会不统计在内

2018年张家港市消亡自然村一览表

表2

镇名	自然村名（所属行政村）	消亡原因	镇名	自然村名（所属行政村）	消亡原因
金港镇	大圩埭（山北村）	新建小学	锦丰镇	洪福村16组	粮库周边拆迁项目
	季家埭（山北村）	新建小学		洪福村7组	沙洲电力子压线拆迁项目
	朝南埭（德积村）	环境保护项目	凤凰镇	曹庄（杨家桥村）	飞翔化工集中区整治提升项目
乐余镇	乐余村21组	城北新区建设		陈家宕（杨家桥村）	飞翔化工集中区整治提升项目
	扶海村1组	扶海小区安置房项目		龚家宕（杨家桥村）	飞翔化工集中区整治提升项目
	庙港村13组	科技园项目、净谷小镇项目		高巷湾（杨家桥村）	飞翔化工集中区整治提升项目

（史　志）

人文风情

【人口】 2018年年末，张家港市常住人口126.06万人，比上年增0.2%。户籍登记323325户，总人口929429人，分别比上年减3004户，增411人。总人口中，男性454331人，女性475098人，男女性别比为95.6。0至17周岁的128852人，占13.86%；18周岁至59周岁的546747人，占58.83%；60周岁及以上的253830人，占27.31%。全市出生人口6362人，出生率6.7‰，死亡人口6788人，死亡率7.15‰，人口自然增长率-0.45‰。全年迁入人口3018人，迁出人口2247人，机械增长771人。

【方言】 张家港方言主要有虞西话、澄东（澄要）话、老沙话、常阴沙话（崇明话）、江北话五大类。其中，虞西话、澄东（澄要）话、老沙话和常阴沙话分布地域最广、使用人口最多，成为境内有代表性的方言；江北话主要有南通话、如皋话和靖江话。其方言具体分区及其人口分布情况为讲虞西话的约有20万人，占户籍人口的21.52%，分布在凤凰镇的全部；塘桥镇塘桥地区全部，鹿苑地区的绝大部分，妙桥地区的大部分；杨舍镇乘航地区全部，杨舍、塘市、东莱地区的绝大部分；南丰镇的小部分地域。讲澄东（澄要）话的约有21万人，占户籍人口的22.59%，分布在金港镇南沙、港区、后塍地区的绝大部分；杨舍镇泗港地区的大部分，杨舍、塘市地区的小部分地域。讲老沙话的约有24万人，占户籍人口的25.82%，分布在金港镇的德积地区、晨阳并入部分的绝大部分，港区、后塍地区的小部分；双山岛旅游度假区的绝大部分；锦丰镇合兴地区的绝大部分，锦丰地区的小部分；大新镇（含晨阳并入部分）的绝大部分；南丰镇的小部分；塘桥镇妙桥、鹿苑地区的小部分；杨舍镇泗港、东莱地区的小部分，晨阳地区的绝大部分；乐余镇和常阴沙现代农业示范园区的小部分地域。讲常阴沙话（崇明话）的约有17万人，占户籍人口的18.29%，分布在锦丰镇锦丰地区的大部分，三兴地区的绝大部分；南丰镇的部分（含东沙地区的绝大部分）；乐余镇和常阴沙现代农业示范园区的绝大部分；金港镇港区、后塍、德积地区的小部分；杨舍镇东莱、泗港地区的小部分；塘桥镇妙桥地区的小部分；大新镇的小部分地域。讲江北话的有3万余人，分布在沿江一带。

【历代名人】 据史料记载，自唐宋至清末，张家港境内共出状元、榜眼、探花等进士数百名。唐代状元陆器是苏州范围内最早的状元；章卿赵氏自宋代至清末共出37名进士；鹿苑钱氏在明代有“一门九进士”之誉；港口蒋氏在清康熙、乾隆年间出了蒋廷锡、蒋溥父子大学士。境内官至大学士、尚书、御史、总督、巡抚者代不乏人。张家港人民有着光荣的爱国斗争传统。宋代有抗金名将丘崇；明代有抗倭英烈钱泮、徐督、许蓉、朱贵等，有斗阉直臣缪昌期、黄昭。在文化艺术方面，著述宏富的经学家有北宋职方郎中陆绾、清代国子监纂修庞大坤；享誉文坛的诗人学者有号称东南文宗的钱谦益、近代诗人杨云史、南社诗人庞树柏、新文学家刘半农；史学家有主纂《江阴县志》的北宋进士郭庭坚、纂修《元史》的元末明初学士陈基、主纂《常熟县志》的清代举人钱陆灿、进士庞鸿文；书画篆刻、工艺美术名人有清代篆隶书法家杨沂孙、近代金石篆刻家赵古泥、现代工艺美术家庞熏琹；乐坛耆宿有近代民族音乐家刘天华、刘北茂，古琴学家吴景略；医药名家有明代缪希雍、清代缪柳村，近代名医周憩棠、金兰升、章成器等。在社会主义现代化建设中，张家港涌现出一大批科学家，张光斗、钱人元、曹楚南、章申、童秉纲、薛永祺、吴培亨、吴中伟8位院士为其中的杰出代表。

【地方特产】 长江三鲜　鲥鱼、刀鱼、河豚并誉为“长江三鲜”。鲥鱼为南方水产中的珍品，《本草纲目》载，鲥鱼“夏初时有，余月则无，故名”。鲥鱼鳞可食，肥嫩清鲜。古时曾列为皇帝的“御膳”珍肴，后蜚声海外，远销新加坡、日本、美国等地。张家港境内长江水域属河口段，鲥鱼至此，体内脂肪消耗少，丰腴肥硕，肉味鲜，营养丰富。刀鱼体形狭长侧薄，颇似尖刀，银白色，肉质细嫩，但多细毛状骨刺。肉味鲜美，肥而不腻，兼有微香。宋代名士刘宰曾有诗称赞：“肩耸乍惊雷，腮红新出水，芼以姜桂椒，未熟香浮鼻。”河豚产于咸水和淡水相交处的水域里，营养丰富，腴肥鲜美且带野味，与众不同。宋《明道杂志》曾称颂它为“水族中之奇味也”。河豚有补虚去湿、舒胃、却痔疾等效用。但血液、肝脏、卵巢都有剧毒，烹煮不慎，食用后易中毒致死。河豚经处理后，可制成冻鱼片或罐头食品，还可从肝脏、卵巢中提炼出河豚素、河豚酸等名贵药品。进入21世纪，随着养殖技术的日益成熟，河豚人工养殖普遍。由于养殖河豚毒性有所降低，烹饪方法亦更多样。

长江蟹　学名中华绒螯蟹，养殖历史较久，但规模较小。进入21世纪后，在境内沿长江一带发展较快。锦丰镇、乐余镇、常阴沙现代农业示范园区等地均建有养殖基地。长江蟹营养丰富，每100克蟹肉含蛋白质14克、脂肪5.9克、碳水化合物7克，维生素A为5960国际单位，热量139千卡，为一般水产品之冠。由于其所含脂肪为不饱和脂肪，对高血压、高血脂、高血糖、血管硬化有预防作用，蟹黄中富含的卵磷脂对智力发育亦有良好的促进作用。优质的长江蟹外观表现为青背、白肚、金爪、黄毛，在肉质与口味方面表现为肥、鲜、腥、甜。长江蟹曾获首届中国"华东杯"河蟹评比大赛"最佳种质奖"和"优胜奖"。

鹿苑鸡　因产于鹿苑而得名，相传已有200年的饲养历史。鹿苑鸡的毛、皮、嘴、脚均为黄色，颈羽、尾羽和翅羽间有稀疏黑毛。公鸡脚杆高壮，傲然挺立，大的体重可达到4千克以上，有"九斤王"之称。母鸡脚杆粗矮，浑重壮实，重2千克以上，年产蛋在140个至200个之间，平均蛋重54克。该鸡肉质细嫩、肥美、香鲜、味浓。民间传说，清代同治、光绪皇帝的老师翁同龢常把鹿苑鸡作为特产，带至京城赠送亲友和同僚。2014年，鹿苑鸡被确定为国家级畜禽遗传资源保护品种。

血糯　又名"呕血糯"，或称"红莲糯"，是一种名贵的糯稻。谷粒皮壳呈浅紫色，其米殷红如鸭血，蛋白质含量高，有强身补血功效，清代列为"御米"，民间视为营养和滋补食品，是制作八宝饭的主要原料。境内塘桥镇金村、凤凰镇一带均有种植。清《常昭合志·物产志》载："血糯，亦名红莲糯，宜粥。"学者金鹤翀所撰《金村小志》载："糯米之佳者曰'落霜青'，曰'红莲糯'。江阴人亦来购取，云：唯产金村者为佳。"

凤凰稻　凤凰山附近长期培育成的优良粳稻，谷粒基部有双翼（护颖），似凤凰展翅，故名凤凰稻。清代《常昭合志》中列为著名物产。凤凰稻碾成的米，色洁白如珍珠，煮饭烧粥，性黏腻，香软适口，为粳米中的上品，载誉江南。

常阴沙大米　产于常阴沙现代农业示范园区。主栽品种"南粳5055"，产地环境良好，间接引用长江水灌溉，米质优良，谷粒外观饱满，米粒晶莹透亮，整精米率高，蒸煮米饭色泽鲜明，口感较佳。2009年开始试种，株型紧凑，长势较旺，分蘖力较强，叶色较深，群体整齐度较好，穗型中等，偏直立，着粒较密，抗倒性强，产量高，属阴糯类型，为优质食味品种。2010年开始大面积推广试种，在苏州地区上市销售，广受好评。2010年在第三届江苏省优质粳稻新品种食味品尝会上获得第一名。2011年被评为苏州地产大米金奖；在第六届全国粳稻米大会上，被评为全国优质食味粳米。2011年和2012年在第十届和第十一届中国优质稻米博览交易会上分别获得"金奖大米"和"优质稻品"称号。2013年在首届江苏好品种评选活动——粳稻优质米品尝评比中荣获金奖，2013年获得国家"大米地产地理标志商标"。2017年常阴沙现代农业示范园区参加第二届江苏优质稻米博览会获评"味稻小镇"称号。

凤凰水蜜桃　在1952年引进无锡水蜜桃的基础上，经长期选育而成的优良品种。有白凤、白花、黄皮、小青等主栽品种，皮色有淡黄、乳白、微红色，具有果大、肉嫩、鲜甜、多汁、果皮易剥等特点，受到苏州、南京、上海等地居民喜爱。凤凰山和鸷山山麓是主要产地。

高峰鹿液茶　产于金港镇长山一带。长山因地处长江边，江雾迷漫，空气清新，气候湿润，适合茶叶生长。所产茶叶具有气香色清的天然品质。长山高峰茶场制成的高峰鹿液茶，条索紧结，色泽嫩绿，带有清香。用水冲泡，碧色诱人，味感鲜醇，有生津止渴、解乏提神的作用。高峰鹿液茶分春、秋两季采摘，以谷雨前为最好。曾在江苏省品茶会上获第1名。

凤凰白茶　属绿茶类。2008年，凤凰山茶园批量引进安吉白茶良种，针对其适应性要求高的特点，改革栽培技术，创新加工工艺，形成"采摘把关、重视萎凋、注重杀青、回潮揉捻、薄摊二青、扬去末子、搓条整形、足干提香"的独特工艺流程。凤凰白茶以"叶白、脉绿、香郁、味醇"独树一帜，营养丰富，药用价值高，氨基酸含量高于普通绿茶2倍至5倍，味鲜爽不苦涩，受到消费者青睐，成为张家港市茶叶新品牌。

弄里芹菜　凤凰镇金谷村朱家弄种植的水芹，品质优良，历史悠久。在上海、苏州等地享有盛名，称"弄里芹菜"。相传宋代名将韩世忠和夫人梁红玉带兵驻守庆安，被金兵围困，军中缺粮，梁红玉率部遍寻野菜，至弄里一带见有大片野芹，味清香，采食充饥。以后，人们把野芹移植家种，称为"玉芹"，并精心培育，世代栽种。芹菜品种有大青种、小青种、红种、麻栗等，具有嫩茎（俗称白头）长、叶柄青、质地脆、香味浓、存放时间较久等特点。无论是清炒，或与豆制品素炒，或与肉类混炒，都味道鲜美，各具风味；在开水里稍烫后，浇上酱油、麻油等佐料，拌作冷菜，则香脆、鲜嫩、爽口，能去腻、舒胃。是苏州、无锡、上海一带家庭日常生活和便宴常用的菜肴。

高庄豆腐干　凤凰高庄豆腐干始于清咸丰年间，已有100余年的历史。原料选用经精心筛选的地产小黄豆，制法独特，一般要经过磨豆、滤浆、点卤等11道工序，制作精细，风味独特。清末民国初，已畅销常熟、江阴、无锡等地。高庄豆腐干有厚型、薄型两种，呈绛色，质地细实，五香佐料渗透入味，闲吃或做下酒菜，均属佳品。

拖炉饼　杨舍、塘桥等地的著名传统风味小吃，已有150余年历史。其制作工艺独特，烘烤时需用两口炉，下面为底炉（平底），上面为顶炉（尖顶，呈锥状），烘烤时两口炉同时加热吻合，并以顶炉的热量将饼吊熟，大有顶炉拖底炉之势，故称拖炉饼。拖炉饼采用上等面粉、白糖、净板油（加工过的生猪油）、荠菜、芝麻、桂花等为原辅料。口味油而不腻，甜而不黏，清香可口。集酥、甜、松、脆、香于一体，外形饱满，色泽金黄，酥层清晰。

沙洲优黄　沙洲优黄（后塍黄酒）始酿于清光绪年间（1875—1908

年），已有100余年的历史。原料选用优质大米。其制作需经过过筛、浸渍、摊冷、落缸、发酵、压榨、澄清、勾兑、煎酒等十几道工序，工艺精细。所酿黄酒具有色泽金黄、酒体协调、清亮透明、醇厚爽口等特点，不仅营养丰富，而且在文化、工艺、保健和药用等方面有重要价值。产品历经江苏张家港酿酒有限公司数十年开发，已形成沙洲优黄、江南印象、吉星高照、太湖之星等系列150余种黄酒产品，酒龄为2年、3年、5年、6年、7年、10年、15年、20年等不同规格，沙洲优黄被誉为中国半甜型黄酒的典范。产品深受上海、苏州等地消费者欢迎，还远销海外。"沙洲""沙洲优黄"商标被认定为中国驰名商标。

【名胜古迹】 张家港境内有多处新石器时代遗址。其中，金港镇南沙东山村遗址以马家浜文化和崧泽文化为主，发现马家浜晚期和崧泽文化早中期大墓、大房址及分区埋葬现象，是长江下游重要的史前遗址。塘桥镇境内的黄泗浦是唐代鉴真大和尚第六次东渡日本并获得成功的启航地，1963年鉴真和尚逝世1200年纪念委员会在鹿苑黄泗浦古址设立纪念经幢，20世纪90年代后陆续修建东渡纪念馆、碑亭和东渡禅院。金港镇香山景区古迹众多，有梅花堂、桃花涧、圣过潭、藏军洞、香山寺等，其中梅花堂由宋代大文豪苏东坡题写匾额，明代地理学家徐霞客曾在堂内小住并写下6首诗、2篇序文。张家港南部地区的集镇大多是明清以前建成的古镇。其中，杨舍镇是古暨阳、梁丰县的县治，明代多次发生抗倭斗争，当时建造的杨舍堡城是江南5座城池中规模最大的防御倭寇工程；凤凰镇恬庄古镇保留有榜眼府、杨氏孝坊以及石板街道等古迹，已完成保护性修复；塘桥镇已修复庞氏故居嘉荫堂。凤凰镇境内的永庆寺、塘桥镇境内的永昌寺均属"南朝四百八十寺"之列，其中永庆寺所在的河阳山（凤凰山）周围有秀峰、醴泉、读书台、红豆树等名胜古迹，且有多处名人墓葬。北部的乐余镇有保存较为完整的民国时期一条街——乐余老街。至2018年年末，全市有国家AAAA级旅游景区4个，分别是凤凰山景区、香山景区、永联小镇景区、暨阳湖生态旅游区；有AAA级旅游景区3个，分别是东渡苑景区、常阴沙生态农业旅游区、梁丰生态园；有AA级旅游景区1个，为张家港公园。省工业旅游点2个，省星级乡村旅游区14个（五星级1个、四星级9个、三星级4个），省级旅游度假区1个，省自驾游基地3个。

【革命传统纪念地】 张家港是一块英雄辈出、风雷激荡的红色热土。在战火纷飞的革命年代，张家港人民在中国共产党领导下，发动沙洲农民暴动起义，开展抗日救国运动，积极配合渡江作战，建立人民民主政权。境内重要的纪念设施有双山渡江战役纪念碑、沙洲县抗日民主政府纪念馆、香山烈士陵园、巫山渡江战役登陆纪念碑、学勤广场、毋忘国耻纪念碑亭、南丰之战纪念广场等。重要革命机构旧址有1926年中国共产党金村支部旧址、江南人民抗日救国军沙洲县办事处旧址、沙洲县抗日民主政府成立地旧址、蔡悲鸿办公旧址、重建后的沙洲县抗日民主政府活动地旧址、江南保安司令部警卫一团成立地、新四军六师十八旅后方医院第一疗养所旧址、新四军六师十八旅修械所旧址、地下情报站、交通站旧址等。重要历史事件纪念地有农民暴动纪念地（后塍农民暴动纪念地、占文桥农民暴动纪念地、杨舍农民暴动纪念地、店岸福利垦殖公司暴动纪念地）、拦门沙江心遭遇战纪念地、常家埭地洞旧址、恬庄"千人坑"纪念地、谭震林抗战动员讲话纪念地暨年旺街小学党支部旧址、血战南横套纪念地、收缴伪军武装纪念地等。重要人物故居及纪念地有：孙逊群烈士纪念地、谢恺烈士故居、茅学勤烈士纪念地、范醒之故居、田平故居、许亚故居、孙洁人故居等。

（史　志）

文明引领

【张家港精神】 1992年，在改革开放的进程中，张家港人培育、塑造"团结拼搏、负重奋进、自加压力、敢于争先"的张家港精神，实现张家港的大变化、大发展。张家港精神是一种艰苦奋斗的创业精神，是一种科学务实的创新精神，是一种敢争一流的创优精神。1995年5月13日，时任中共中央总书记的江泽民赴张家港考察，并为"张家港精神"亲笔题词；是年10月，全国精神文明建设经验交流会在张家港召开，从此张家港精神在全国迅速产生极为广泛的影响，并被时任中央宣传部副部长的刘云山称赞为："张家港精神已经成为我们中华民族精神和时代精神的重要组成部分"。通过深入持久的教育和熏陶，张家港精神成为全市人民的自觉行动和共同追求，成为实现率先发展的强大动力，同时成为江苏"三创三先"（创业、创新、创优，争先、领先、率先）精神的一个生动典型和苏州科学发展"三大法宝"之一。在张家港精神激励下，全市文明城市创建结出丰硕成果，荣膺首批全国文明城市，成为江苏省首批全面小康达标县（市）。2017年11月，实现全国文明城市"五连冠"。至2018年年末，张家港市先后获国家级荣誉200余项。

【文明系列创建】 2018年，全市组织开展苏州市文明单位、文明村镇、文明社区、文明校园创建工作，81个单位、8个镇、36个村、25个社区、18所学校分别获评"2015—2017年度苏州市文明单位、文明村镇、文明社区、文明校园"。在2018年度张家港市文明机关、文明区镇、文明村、文明社区、文明单位评比中，市委办公室等90个部门、保税区（金港镇）等9个区镇、保税区（金港镇）长山村等105个行政村、保税区（金港镇）中兴社区等84个社区、张家港保税科技股份有限公司等267个单位、市梁丰初级中学等92所学校，分别获评2018年度文明机关、文明区镇、文明村、文明社区、文明单位、文明校园。冶金园（锦丰镇）、南丰镇等2个区镇，保税区（金港镇）袁家桥村等10个行政村、保税区（金港镇）金都社区等15个社区、市公安局交通警察大队等25个单位、沙洲职业工学院等7所学校、市公安局大新派出所等62个单位、市云盘小学等20所学校，分别获评2018年度文明区镇标兵、文明村标兵、文明社区标兵、文明单位标兵、文明校园标兵、先进文明单位、先进文明校园。年内，殷志兰、王明华入选“中国好人榜”，王希彪、王明华入选“江苏好人榜”，殷志兰获评2018年度“苏州市十佳新人”，“张家港市开展新时代文明实践中心建设全国试点工作”“全省唯一‘全国最美退役军人’花落苏州”获评2018年度“苏州市十佳新事”。王元芬等14户家庭获评2018年度苏州市“农村文明户标兵”。至年末，全市共有全国道德模范3人（含提名奖），江苏省道德模范5人，“中国好人”26人。年内，沙洲中路步行街首批获评江苏省诚信示范街区，塘桥镇金村村被授予第四届“江苏最美乡村”称号，南丰镇永联村、保税区（金港镇）长江村复评合格继续保留“江苏最美乡村”称号。2月23日，市委召开“弘扬张家港精神·勇当新时代标杆”动员大会暨精神文明建设表彰会议。3月14日至15日，中央文明办在张家港市开展“如何开创新时代精神文明建设工作新局面”课题调研。4月28日，2018年度张家港市道德模范与身边好人现场交流活动（乐余镇）暨“张闻明故事汇”基层巡讲巡演活动启动仪式在乐余镇文化中心举行。6月15日，市文明办举办2018年度张家港市道德模范座谈分享会暨美丽乡村行活动。7月11日，市文明办召开推进文明城市长效管理工作会议。9月20日，张家港市道德模范、身边好人现场交流活动暨大新镇“十佳和美家庭”、“十佳美德少年”颁奖典礼在大新镇新时代文明实践所举办。11月14日，市文明委召开2018年度全国文明城市省级测评迎检工作会议。11月23日，市委印发《张家港市关于推进新时代文明实践中心建设工作的实施意见》。11月23日，市文明委印发《关于建立供需对接机制，推进新时代文明实践站建设的实施意见》。11月24日，市文明委印发《关于广泛动员机关企事业单位参与新时代文明实践活动的指导意见》。11月27日，市委召开张家港市新时代文明实践中心建设推进会。会上，市委书记沈国芳和市长黄戟为张家港市新时代文明实践中心揭牌。

【社会志愿服务与志愿精神弘扬】 1月23日，在市国资国企共建联盟启动仪式上，金城公司、金茂公司、直属公司分别与东渡志愿者协会、美湖使者志愿服务团、牵手成长志愿服务队签约资助志愿服务项目，资助金总额6.1万元。3月3日，市文明委在吾悦广场举办“新时代·心志愿”——张家港市学雷锋广场公益活动。3月5日，苏州市文明办、苏州市志愿者总会组织实施2018年度苏州市“百个重点志愿服务项目”，张家港市红星公益义工协会“红色回忆·老兵故事”——文化文艺志愿服务项目、红十字无偿献血志愿者服务队“红色爱心在行动”——无偿献血志愿服务项目分获2万元、1万元的项目资金支持。3月17日，市文明办、市民政局主办“益集结·社工与志愿者的事”主题沙龙，沙龙由市志愿者协会、市社会工作者协会承办。3月23日，共青团江苏省委、江苏省志愿者协会发文表彰2017年度江苏省优秀青年志愿者、志愿服务项目、志愿服务行动组织奖、志愿服务事业贡献奖，张家港市志愿者马杰荣获江苏省优秀青年志愿者称号。3月29日，市文明办、市志愿者协会发文表彰2017年度志愿服务先进典型，授予“金剪刀文化志愿服务团”等5支团队2017年度张家港市优秀志愿团队称号，授予周忠平等5人2017年度张家港市优秀志愿者称号，授予金乡邻“暖暖爱”等8个志愿服务项目2017年度张家港市优秀志愿服务项目称号。4月12日，中共中央宣传部、中央文明办等11部门关于公布2017年宣传推选学雷锋志愿服务“四个100”先进典型活动名单，张家港市文化志愿者协会当选最佳志愿服务组织。4月13日，市环保志愿者协会成立。4月28日，共青团中央发布《关于表彰2017年度“全国优秀共青团员”“全国优秀共青团干部”和“全国五四红旗团委（团支部）”的决定》，授予张家港市东渡志愿者协会团支部“全国五四红旗团委”称号。6月2日，友爱港城网志愿者服务总时长超过200万小时。截至当天，共有50161名志愿者，参与活动618779人次，总服务时长2000963.6小时。6月5日，友爱港城网注册志愿团队达到1000支。6月15日，市志愿者协会在文化中心星海剧场召开第四届会员代表大会和四届一次理事会，134名会员代表参会，修订《张家港市志愿者协会章程》，选举理事27人、监事3人，选举市委宣传部副部长、文明办主任何俊任市志愿者协会会长，市文明办副主任王海燕、团市委副书记施律任副会长，王海燕兼任秘书长，为协会法人代表。6月15日，友爱港城网新版上线。7月14日，张家港志愿者学院成立仪式在南丰镇永联村村民议事厅举行。由市志愿者协会组织编写的《张家港市志愿服务培训参考资料》首发，该套资料分为《志愿服务基础知识》《志愿服务团队管理》《志愿服务项目案例》3本。恩次方社会创新联合机构（SIC）创始人阎军楠做“志愿服务项目的开发与管理”专题讲座。8月26日，张家港志愿者学院第二期主题沙龙“问题导向的志愿服务项目实施策略”在市社会工作者协会举办，30余个志愿团队的负责人参加。9月6日，省委宣传部、省文明办等12部门联合发文表彰2018年江苏学雷锋志愿服务先进典型，戴雪峰获优秀志愿者称号，市总工会匠星职工志愿者服务总队获优秀志愿服务组织称号，经开区（杨舍镇）锦绣社区获优秀志愿服务社区称号。9月8日，友爱港城网正式和苏州志愿者网对接，张家港市志愿服务数据通过苏州志愿者网实现与江苏省志愿者网的数据对接。9月11日，友爱港城网个人注册志愿者超过10万人。9月25日，张家港志愿者自助服务终端首套设备在步行街青年志愿服务站投入使用。志愿者自助服务终端为全国首创，含志愿者自助打证机、自助礼遇兑换机。10月27日至28日，张家港市第三届志愿者运动会在沙洲职业工学院体育馆举行，共有67支代表队、931名志愿者运动员报名参赛。11月17日，张家港志愿者学院第三期主题沙龙“志愿服务的伟与危”在永联村举办，28名骨干志愿者参加沙龙。11月22日，友爱港城网新时代文明实践志愿服务专题页面上线运行。11月24日，市文明办在市文化中心星海剧场举行张家港市新时代文明实践志愿服务项目发布仪式暨专题培训，活动上发布《张家港市志愿服务站（点）建设与服务规范》。12月18日，苏州市文明办发文表彰2018年度苏州市志愿服务“四个十佳”先进典型，团市委步行街青年志愿服务站团队获评最佳志愿服务团队，塘桥镇“友爱护新苗”关爱新市民孩子成长志愿服务项目获评最佳志愿服务项目，南丰镇振兴社区获评最佳“金乡邻”志愿服务社区。12月23日，市志愿者协会微信服务号“志愿张家港”开通微信支付功能，美好杂货铺闲置物品捐赠回收计划项目同时启动。12月25日，市志愿者协会被市民政局认定为慈善组织，并换发标明慈善组织属性的登记证书。12月25日，中央文明办举办新时代文明实践中心试点地区志愿服务工作培训班，市委宣传部副部长、文明办主任何俊就张家港市志愿服务褒奖激励机制的经验做了交流发言。12月28日，在沙洲湖酒店举行的2018年市总商会年会上，形象广告、笙景建筑、精工包装等11家爱心企业结对资助志愿服务伙伴项目，项目资助款21万元。

【未成年人思想道德建设】 4月24日，2018年江苏“童话里的世界”系列活动暨张家港市“艺术进校园”启动仪式在白鹿小学举行。活动由江苏省委宣传部、省文明办、省文化厅指导，苏州市委宣传部、文明办、文广新局支持，市委宣传部、文明办、文广新局、教育局、社科联联合主办。6月1日，由团市委、市文明办、市教育局、市少工委、市青年商会共同举办的“阳光下成长，蒲公英飞翔”——“青商聚力·乐享六一”主题活动暨沙洲小学2018届毕业典礼在沙洲小学开幕。6月10日，由市文明办、市文广新局、市教育局、市文化中心联合举办的“三色花开·印象港城”——2018千名小画家同绘港城现场绘画活动启动仪式在市文化中心综合展示馆举行。6月29日，市文明办、市教育局、市文化中心共同举办“三色花开·快乐成长”张家港市未成年人社会实践活动分享会暨“七彩的夏日”系列活动启动仪式。6月30日，由张家港市志愿者协会主办、张家港同城志愿服务团承办的“精彩童年·快乐艺站”2018年春季汇报演出在塘市小学汇报厅举行。8月6日，由市文明办、市文化中心联合举办的“三色花开·秀我港城”2018年“小小讲解员”暑期夏令营开班。9月16日，第三届“奏响新时代·保利·七彩的夏日”张家港市少儿钢琴大赛落下帷幕。从6月报名到9月决赛，516人报名，390组选手进入初赛，80名选手和10组四手联弹选手进入复赛，18名选手角逐决赛。10月14日，首届“童话里的世界”童话故事创作大赛优秀作品分享展示活动在保利大剧院举行。12月6日，由市文明办、市教育局联合举办的“三色花开·快乐成长”社会实践活动课程研讨会在江帆小学举行。12月6日至7日，由市文明办、市教育局、市科协、市文化中心管委办共同举办的张家港市第八届科普剧会演在文化中心星海剧场举行。12月27日，张家港市第三届中小学生艺术节优秀节目展演暨颁奖仪式在保利大剧院举行。 （蔡 磊）

经济建设

【综合实力】 2018年，张家港市经济质效持续提升，产业结构不断优化，全市实现地区生产总值2720.18亿元，按可比价格计算，比上年增6.7%。其中，第一产业增加值30.63亿元，比上年减3.1%；第二产业增加值1423.68亿元，比上年增3.3%；第三产业增加值1265.87亿元，比上年增10.5%。三次产业的比重为1.1∶52.4∶46.5。按户籍人口计算，人均地区生产总值29.27万元；按常住人口计算，人均地区生产总值21.6万元。

财政收入　全年实现财政总收入610.25亿元，比上年增13.9%。其中，公共财政预算收入233.43亿元，比上年增11.2%。公共财政预算内支出211.99亿元，比上年增9.5%。三大主要税种，增值税、企业所得税和个人所得税分别比上年增7.98%、30.5%和14.16%。

固定资产投资　全年完成全社会固定资产投资额389.79亿元。其中，完成工业投资129.17亿元，比上年减8.1%，占全社会投资额的比重为33.15%；服务业投资260.63亿元，占全社会投资额的比重为66.9%。

【农业】 全年粮食总产量22.6万吨，油料总产量2104吨，蔬菜总产量26.6万吨，瓜果总产量4.08万吨，出栏生猪5.44万头、羊4700只，上市家禽70.48万羽，水产品总产量1.15万吨，实现农、林、牧、渔业总产值59.78亿元。其中，农业产值34.86亿元，林业产值7.68亿元，牧业产值4.12亿元，渔业产值4.49亿元，农、林、牧、渔服务业产值8.61亿元。全市有各级农业产业化龙头企业53家。其中9家省级以上农业龙头企业实现销售收入267.71亿元。农机总投入4787.3万元，农机总动力30.15万千瓦。常阴沙现代农业示范园区常兴社区和塘桥镇金村村分别获2018年江苏省、苏州市休闲农业精品村称号；锦丰镇的初见香草园、凤凰镇的蜜梨水乡乐园被评为江苏省主题创意农园。

【工业】 1197家规模以上企业完成工业总产值4519.7亿元，比上年减1.7%。实现主营业务收入4987.55亿元，工业利税505.85亿元。冶金、纺织、机电、化工、粮油食品五大行业在规模以上工业总产值中占的比重为94.1%，其中冶金占44.6%、纺织占12.76%、机电占15.8%、化工占16.5%、食品占4.5%。全市工业用电量284.66亿千瓦小时，比上年增0.8%。全市规模以上新兴产业企业实现工业产值2273.94亿元，占全市规模以上工业总产值的47.5%，比上年增5.8%。其中，新材料产业实现产值1447.29亿元，比上年增6.6%；新能源产业实现产值291.69亿元，比上年减2.6%；高端装备产业实现产值332.17亿元，比上年增17.4%；智能电网及再生利用产业实现产值177.03亿元，比上年减3.7%；新医药及其他产业实现产值25.76亿元，比上年增4.6%。全市规模以上民营企业完成总产值3164.75亿元，比上年增7%，高出规模以上产值增幅1.1个百分点。全年全市完成规模以上工业总产值4790亿元，比上年增5.9%，其中民营经济新兴产业产值2274亿元，占规模以上产值的比重为47.5%，比上年提高1.7个百分点。其中，新材料、高端装备产业增长较快，增幅分别为6.6%、17.4%。全市新注册登记私营企业7477家，比上年增0.2%。新增注册资本387.31亿元，比上年增28.6%。累计注册私营企业54464家，累计注册资本3759.27亿元。年内，获准上市企业1家，全市上市企业20家，募集资金总额602亿元；新增6家企业在“新三板”挂牌，累计“新三板”挂牌企业73家，上市总数继续保持苏州市领先。

【建筑业】 全年建筑业企业完成建筑业总产值184.01亿元，竣工产值138.62亿元；房屋施工面积1229.21万平方米，其中新开工房屋建筑面积418.25万平方米。至年末，全市建筑业资质（企业）总数503个（401家），其中设计与施工一体化资质14个、施工总承包资质138个、专业承包资质279个、劳务分包资质72个。企业主、兼营（增项）涉及专业29个。全市拥有建设工程勘察甲级资质企业1家；拥有建筑设计资质企业3家，包含甲级2家、乙级1家；拥有工程监理企业10家，包含甲级5家、乙级4家、丙级1家；拥有工程造价咨询企业10家，包含甲级6家、乙级4家；拥有招标代理企业9家。全市建筑业企业从业人员4.71万人，其中技术经济人员9015人。

【服务业】 全年服务业实现增加值1265.87亿元，比上年增10.5%。服务业增加值占全市地区生产总值比重为46.5%（新口径），同口径较上年提高0.1个百分点。服务业入库税收165.85亿元，占全市税收总额的41.9%；服务业公共财政预算收入96.51亿元，占全市总量的41.3%。

港口物流 张家港港有泊位135个，其中万吨级泊位78个。全年口岸完成货物吞吐量2.35亿吨，其中金属矿石7432.9万吨、煤炭及制品6513.3万吨、钢铁2487万吨、矿建材料971.1万吨、化工原料及制品1274.6万吨、粮食1026.3万吨、木材635.3万吨、化肥及农药232万吨、石油天然气及制品271.1万吨、水泥123.1万吨、机械设备89.9万吨、其他2443.4万吨。外贸运量5462.6吨，其中外贸进口4185.7万吨。集装箱运量102.9万标箱，比上年增7%。货物吞吐量继续保持全国县域口岸领先，外贸和集装箱运量在长江沿线港口位列前茅。国家非自贸区汽车平行进口试点政策落地生效，全年口岸完成整车进口6000辆，在全国新批口岸中排名第2位。永嘉码头获启运港退税政策，成为全国5个新增启运港之一。全市有A级以上物流企业33家，有邮政企业家1家，有持快递业务许可企业13家，快递品牌29个，分支机构9家。

商品贸易 年内，全市实现社会消费品零售总额605.87亿元，比上年增6.4%。其中，城镇零售总额467.07亿元，农村零售总额138.8亿元，分别比上年增6.3%和6.7%。社会消费品零售总额按行业分：批发业65.6亿元，零售业443亿元，住宿业7.23亿元，餐饮业9.05亿元。全市经市市场监督管理局登记的消费品市场54家，占地总面积38.9万平方米，建筑总面积36.9万平方米，经营户3300户，全年成交额130.49亿元，其中农副产品综合市场成交额122.31亿元、工业品市场成交额7.18亿元。18家重点商贸流通企业实现零售额37.8亿元。在市市场监督管理局登记的9家生产资料市场年成交额21.89亿元。12月，由万达商管集团和金新城置业集团开发建设的张家港万达广场开业。

金融 全市银行业金融机构本外币各项存款余额2928.72亿元，比上年增8.94%。其中，人民币各项存款余额2810.2亿元，比上年增9.48%；外币各项存款余额17.27亿美元，比上年减7.25%。在本外币存款余额中，住户存款余额1124.75亿元，比上年增8.25%；非金融企业存款余额1218.4亿元，比上年增8.97%；广义政府存款余额518.93亿元，比上年增3.57%；非银行业金融机构存款余额59.95亿元，比上年增134.55%。全市银行业金融机构本外币贷款余额2368.85亿元，比上年增5.25%。全市保险机构实现标准保费收入63.05亿元，比上年增10.74%，其中财险收入20.05亿元、寿险收入43亿元。全年赔付支出17.81亿元，比上年增3.23%，其中财险支出11.48亿元、寿险支出6.34亿元。

房地产 全市有房地产开发企业109家。根据房管部门统计，全年完成房地产开发投资312.46亿元，比上年增59.74%；商品房施工面积1028.5万平方米，比上年增33.29%。新开工面积429.69万平方米，比上年增65.82%。竣工商品房面积225.14万平方米，比上年增42.47%。市区预销售面积172.15万平方米，比上年减22.07%。新核准预售商品房20203套、380.1万平方米，比上年增23.85%。新建商品房成交18043套、284.24万平方米，比上年减12.14%；二手住房成交15149套、193.44万平方米，比上年增2.13%。全市新建商品房成交均价每平方米12613元，比上年增12.57%，其中市区成交均价每平方米14429元，比上年增13.36%。

【交通】 年内，全市交通基础设施建设完成投资26亿元（不含铁路项目），其中张家港市投资18.6亿元。沪通铁路、苏南沿江铁路、锡通高速过江通道南接线工程、新泾路（塘桥西环路至沪通铁路）快速化改造工程等重点工程项目按计划推进。境内公路总里程1618.92千米，其中国省干线公路229.56千米、县级公路268.43千米、乡镇公路525.6千米，村级公路595.33千米，公路密度每平方千米2.08千米。全市57条航道总里程424.6千米，其中等级航道6条110.1千米，申张线航道金港段为三级，五级航道2条（申张线凤凰段、锡十一圩线）、六级航道2条（澄杨线、老锡十一圩线）、七级航道2条（虞十一圩线、四干河)，其余51条均为等外级航道。有通航船闸1座（张家港复线船闸)。完成公共交通投资2.6亿元改造二环内候车亭95个，新建农村公交候车亭2座、公交首末站2个。全市营业性交通运输完成公路、水路客运量3002.4万人次、客运周转量120573.5万人千米；完成公路、水路货运量2176.3万吨，货运周转量381910.4万吨千米。张家港船闸全年开放闸次21506次，放行船舶85113艘、拖船船队716拖，船舶通过量6630万吨。

【水利】 全年水利完成投资5.76亿元，在长江防洪工程、活水畅流、河道整治、高标准农田建设等方面取得重要进展。长江澄通河段通洲沙西水道长沙河至福山塘段边滩综合整治获中国水利工程优质（大禹）奖。全市有长江堤防103.45千米，有沿江节制闸23座、出江（港）涵洞23座，有内河水闸和泵站36座。有防洪圩区61个，排涝站336座，排涝流量每秒717.4立方米，装机总功率3.43万千瓦，圩口涵闸296座。

【旅游】 全市旅游业接待游客839.47万人次，旅游总收入191.87亿元。暨阳湖欢乐世界、江南农耕文化园、凤凰山景区、香山景区和双山岛旅游度假区5个收费景区实现门票收入1826.2万元，景区营业收入11221.26万元。全市有旅游星级饭店8家，其中五星级3家、四星级3家、三星级2家。有旅行社42家，其中国际旅行社7家，在册导游176人。有星级旅行社10家，其中省四星级旅行社2家、省三星级旅行社8家。全年累计组团人数18.09万人次，接待游客8.24万人次，营业总收入1.98亿元。

【邮电信息化】 全年完成邮政业务总收入1.83亿元，通信运营商业务总收入25.53亿元。全市有固定电话用户24.78万户，全市投入信息化基础设施建设资金2.48亿元。新增光缆3009.8皮长千米，累计7.12万千米。新建各类基站95个。有线智慧镇（社区）建设取得阶段性成效，全市升级覆盖“有线智慧镇”用户5万余户。“有线智慧镇”项目的信息发布优势、舆论宣传优势和综合治理优势等开始体现，塘桥镇积极探索“有线智慧塘桥”项目与新时代文明实践中心的融合建设，凤凰镇依托“有线智慧凤凰”推进“美丽乡村”综合治理中心建设。

【开放型经济】 全市新批外商及港澳台商投资项目45项，新增注册外资及港澳台资8.11亿美元，到账外资及港澳台资5亿美元。全年批办增资项目32项，新增注册外资及港澳台资2.92亿美元。新批服务业外资及港澳台资项目27项，新增服务业注册外资及港澳台资2.31亿美元，到账外资及港澳台资7918万美元；新批投资总额超1000万美元项目20项，注册外资及港澳台资7.6亿美元。全年战略性新兴产业和高技术项目实际使用外资及港澳台资占比62.92%。

对外及对港澳台贸易 全市完成对外及对港澳台进出口贸易总额364.67亿美元，其中进口总额189.49亿美元、出口总额175.18亿美元，贸易逆差14.31亿美元。一般贸易进出口仍占主导地位，为295.45亿美元，其中出口151.28亿美元，占全市出口总额的86.36%。全市有出口实绩企业3063家。其中，自营出口企业2735家，合计出口134.36亿美元，占全市出口总额的76.7%；三资企业328家，合计出口40.82亿美元，占全市出口总额的23.3%。

对外及对港澳台经济技术合作 全年新签境外工程合同额4.75亿美元，完成境外工程劳务营业额1.75亿美元，外派劳务45人。新批对外及对港澳台投资企业（项目）32家，张家港投资方完成对外及港澳台协议投资4.75亿美元，比上年增21%。

【科技创新】 市财政科技支出12.98亿元，占市级财政一般预算支出的6.12%。新认定高新技术企业184家，新增省级以上企业研发机构51家，省企业研究生工作站总量达到295家，“十大新型研发机构”启动建设，集体揭牌并建成运行5家。全市新增省科学技术奖3项，其中，一等奖1项、二等奖1项、三等奖1项，累计109项。万人发明专利拥有量42.3件。新增产学研合作项目240项，新增建成各类政产学研联合体45家，新增合作的高等院校、科研院所1家。建成启用“产学研综合信息平台”，发布技术成果1058项、企业需求115项。全社会研发投入占地区生产总值比重达到2.82%，高新技术产业产值占规模以上工业总产值比重达到25.9%。张家港市以全国县市第3名的成绩首批入围全国创新型县（市）建设名单，位居“全国科技创新百强县市”榜单第4位，通过国家知识产权示范市复核并蝉联年度考核全国县市第1名。

（史 志）

政治建设

【党建引领】 张家港市委全年召开市委全会2次，常委会会议23次，全市领导干部会议5次，市委、市政府联合发文27份，市委发文37份。3月26日，市委印发《全面从严治党三年工作方案（2018—2020年)》，提出把全面从严治党的思路举措设计得更加科学、更加严密、更加有效，为践行“四大路径”、建设“四个港城”，奋力谱写新时代张家港发展新篇章提供坚强保障。4月3日，市委、市政府联合印发《践行“四大路径”，建设“四个港城”，推动高质量发展十一项三年行动计划（2018—2020年)》，明确张家港市在创新驱动，全力争当“两个标杆”建设排头兵。4月19日，市委、市政府联合印发《关于实施乡村振兴战略加快推进城乡融合发展的意见》，提出要走出一条具有张家港特点、体现标杆水平、城乡融合发展的乡村振兴道路。11月23日，市委印发《张家港市关于推进新时代文明实践中心建设工作的实施意见》，提出重点围绕基层宣传思想文化工作和精神文明建设谁来做、做什么、怎样做等问题。12月12日，市委印发《关于实施“红堡”工程全面提升基层组织力的意见》，围绕高标准推进基本队伍、基本活动、基本阵地、基本制度、基本保障等“五个基本”建设，部署实施红堡引领、红堡根须、红堡雁阵、红堡活力、红堡阵地“五大计划”。

全年市委共召开13次市委常委会研究干部调配工作，全年调整干部234人次，其中提拔重用干部77人。年内，市委组织部出台《张家港市基层党支部规范化建设实施办法（试行）》《张家港市党支部“堡垒指数”和党员“先锋指数”考核管理办法（试行）》，全面推广“行动支部”工作法，强化支部功能。8月23日，市委出台《张家港市党政干部鼓励激励实施办法（试行）》《张家港市推进领导干部能上能下实施办法（试行）》，张家港市建立了鼓励激励、容错纠错、能上能下“三项机制”。

【人大监督】 2018年年初，全市有市十四届人大代表333人。至年末，有江苏省十二届人大代表3人、苏州市十六届人大代表71人、张家港市十四届人大代表334人。市十四届人大二次会议后，市人大及其常委会围绕全市中心工作，紧扣经济高质量发展、增进民生福祉和民主法治建设等工作重点，对全市重大事项决定、经济转型升级、生态环境整治和城乡建设管理等工作进行督察，提出意见建议，推动工作落实。延伸拓展“人大代表之家”建设，探索建立“民生茶馆”等形式的人大代表联络站（代表工作室），全市有人大代表之家38家、人大代表联络站（代表工作室）34家。年内组织开展代表活动130余场，参加代表2000余人次。首次开展“主任接待日”暨“常委会组成人员联系代表和选民”活动，集中组织常委会组成人员和各级代表参加“接待日”活动25场200余人次，收集代表、选民意见建议300余条，全部提交市、镇两级政府研究处理并督办落实。

【政府法治】 年内，全市落实依法行政、严格执法、公正司法、全民守法，全面推进法治张家港进程。市政府全年召开常务会议11次，召开全市性会议74次，涉及重大项目建设、民营经济发展等各方面。全年主动公开政府信息1.1万条。1月至5月，市政府开展“行政诉讼法新司法解释的亮点与难点”等3次政府常务会议学法活动。3月，市推进依法行政建设法治政府领导小组办公室制定《推进依法行政、建设法治政府年度工作日常化管理清单》，强化各项工作的日常开展和统计报送。4月，印发《关于开展“法治建设满意度”十大提升行动的实施方案》，牵头政法各部门、民政局等单位开展“解决执行难”专项行动、行政检察监督提质增效行动、公共法律服务质效提升工程等10个重点项目。5月，市依法治市办开展“关爱民生法治行”活动，组织各区镇、各部门开展法治惠民项目47项，其中12个被确定为市级重点项目。8月，市委办公室、市政府办公室出台《张家港市党政主要负责人履行推进法治建设第一责任人职责考核办法》。9月，印发《张家港市2018年度依法行政考核内容及评分标准》，提高日常工作在考核中的比重，把信用体系建设、落实检察建议书情况等政府工作重点、热点内容纳入考核范围。12月，举办“法治张家港建设”专题研修班，各区镇、各部门分管领导50余人参加培训；市教育局“校外培训机构专项治理行动”获评苏州市2018年度“关爱民生法治行”优秀项目。年内，张家港市受省委、省政府表彰，获“2016—2017年度全省法治建设示范县（市、区）”称号，省测评法治建设满意度99%，位居苏州第一。

【政治协商】 2018年年初，市十二届政协有委员334人。年内，有11人由于工作变动等原因，不再担任该届政协委员。根据《中国人民政治协商会议章程》规定，经市政协十二届九次、十二次、十三次常委（扩大）会议审议通过，调整增补政协委员7人。至年末，市十二届政协有委员330人。市政协常委会议分别就快速路网建设、“引进人才、推动人才项目发展”、教师资源优化与配置、经济社会发展及提案办理等议题，市政协主席会议分别就医药卫生体制改革、产业资本运作、“提升农村人居环境，推进美丽乡村建设”、重点提案督办等议题，与市政府及有关部门进行协商，形成《关于推进我市快速路网建设的调研报告》《面对“揽才竞争”张家港怎么办？——关于张家港引进人才、推动人才项目发展的七条建议》《强化公益主导充分确立政府办医格局—张家港市医药卫生体制改革专题调研报告》《关于张家港市产业资本中心的调研汇报》《优化师资队伍配置，保障优质均衡教育——关于我市教师资源优化与配置的专题报告》《关于提升农村人居环境推进美丽乡村建设的调研报告》专题调研报告6篇，提出各类意见、建议50余条。专委会分别就大调解工作机制健全和运行情况、台湾事务工作、城市总体规划实施情况、民防工程服务民生情况、高新区发展情况、全市规划建设管理工作、经济科技热点问题、市“263”专项行动、市文明交通工作等课题开展对口协商通报活动9次。 （史　志）

文化建设

【教育事业】 2018年，全市教育系统教育经费总投入45.95亿元，其中公共预算教育经费33.6亿元。招收新生5.87万人，毕业生4.74万人。年末在校学生20.71万人，比上年增11673人，吸纳新市民子女9.35万人（不含3所高校）。全市有幼儿园70所，新增世茂幼儿园、北庄幼儿园、暨阳湖幼儿园、闸上幼儿园、港区幼儿园、向阳幼儿园、凯斯幼儿园、乐融幼儿园。在园幼儿4.61万人（含新市民子女20390人），比上年增3428人。其中，0至3周岁婴幼儿入园（所）人数325人，适龄幼儿入园率100%。全市有小学38所（含村校1所）。在校学生88113人（含新市民子女50758人），比上年增5068人。有中学43所，其中初中34所、普通高中9所（含完全中学2所）。在校学生47417人，其中初中生34471人、高中生12946人。有职业类院校5所，其中公办职业院校4所、民办职业院校1所。年内，职业院校招收新生79个班3096人，普职比55∶45。全市职业院校在校生12090人，毕业生2748人。全市有沙洲职业工学院、江苏科技大学张家港校区、江苏科技大学苏州理工学院3所高校。3所高校在校学生12988人、毕业学生2825人。

【文化事业】 年内，全市新建成24小时图书馆驿站3家，累计36家。至年末，全市人均公共文化设施面积0.53平方米。全年购买文艺演出服务30场。全市拥有市锡剧艺术中心、市评弹艺术传承中心、市文化馆东方艺术团3个专业艺术团体，成员137人，其中国家一级演员（编剧）6人、国家二级演（奏）员12人，具有中级以上职称35人。年内有7件作品入选2018年度江苏艺术基金资助项目，3件作品获江苏省群众文艺政府最高奖“五星工程奖”，5件作品获评第八届全国少儿曲艺展演优秀节目，3人获第二十一届中国少儿戏曲小梅花荟萃“金花”称号，3个节目获评“最佳集体节目”；中篇弹词《永联之路》入选江苏省文联重点中长篇创作资助项目，首次入选苏州市文华奖“文华美术奖”“现实题材创作奖”。市文广新局获评2018年全国“扫黄打非”先进集体。张家港市通过“书香城市（区县级）”发现活动国家级复核。市图书馆、市少儿图书馆再次获评国家一级馆。全市24小时图书馆驿站和森林书屋入选2018年度江苏省共享阅读空间认证扶持名单。“行走中·美的力量”移动美术馆进校园系列活动获2017年度全国美术馆优秀公共教育项目提名奖，特色广场舞推广项目入选全国“欢跃四季”百姓广场舞普及推广活动优秀案例。全年市文化馆、市锡剧艺术中心、市评弹艺术传承中心、市巨星影演公司等举办“村村演”294场、“月月映”5000场、“周周演”106场、“天天说”3707场、“暨阳艺术大讲堂”240余课时。

【卫生和计生事业】 全市有医疗卫生机构447个，其中医院37个（综合医院21个、中医医院1个、中西医结合医院1个、专科医院12个、护理院2个），基层医疗卫生机构402个（镇公立医院7个、社区卫生服务机构221个、门诊部22个、卫生室及诊所152个），专业公共卫生机构6个（卫生监督所、疾病预防控制中心、妇幼保健所、红十字血站、健康促进中心、120急救指挥中心），其他卫生机构1个（医学检验所）。中心医院通过二级医院评审。全年医疗卫生机构总诊疗1091.85万人次，比上年增19.95万人次，增长1.86%；入院病人31.37万人次，病床使用率87.53%，医院住院手术52786人次，平均住院日9.3天；全市医院门急诊均次医疗费用210.8元，比上年减6.1%；出院病人平均每次医疗费用8501.7元，比上年减4.7%。全年“120”急救体系出车28997次，接送病人23281人次，其中救治危重病人1835人次。全市医疗卫生机构总人数11673人，比上年增147人，按常住人口计算，每千人口卫生技术人员7.7人、执业（助理）医师3.11人、注册护士3.3人，每万人全科医生数达到4.2人。医疗机构新增江苏省“双创博士”1人、江苏省“333”高层次人才2人、新增“姑苏卫生重点人才”2人、“姑苏卫生青年拔尖人才”4人。在苏州市创新建立“张家港市医学智库”平台，聘任10名医疗卫生及医院管理领域顶级人才作为全市卫生健康事业发展的智囊团。市第一人民医院和市中医医院分别引进江苏省人民医院普外科教授王学浩院士和江苏省中医医院肾病科教授孙伟2个临床医学专家团队，市中医医院引进夏桂成、邹燕勤国医大师工作室传承工作站和江苏省人民医院励建安院士2个工作站。实施苏州市卫生青年骨干人才“全国导师制”培训项目7项。全市累计有各级重点学（专）科53个。

【体育事业】 全市有公共体育健身场地设施2888个，村（社区）实现“两室一场一路径”全覆盖并向自然村巷（宅基）延伸，90余个村（社区）达到省定一类标准，体育设施1万人拥有量30.4个，人均占有体育场地面积3.97平方米。张家港体育公园获评一类体育公园，杨舍福前体育公园获评三类体育公园。全年新建成便民健身步道23条，共计41.05千米。健身步道总数349条，合计544.9千米。市体育运动学校招生85人，涉及田径、游泳、武术、羽毛球、网球、足球等项目。全年向省以上训练单位输送网球运动员3人，冲浪运动员1人。向苏州市级体校输送24人。全市有国家级裁判员6人，一级裁判员84人。全市有社会体育指导员6623人。全年承办国际级比赛4项、国家级比赛5项。全市有体育产业单位868个。

（史　志）

社会建设

【社会民生】 全市社会民生协调发展，人民生活持续改善。年末全市住户存款余额1113.37亿元，比上年增7.15%。全市农村居民人均可支配纯收入3.27万元，比上年增8.2%，城镇居民人均可支配收入6.41万元，比上年增8.2%，居民消费支出不断增长。农村居民人均生活消费支出21645元，比上年增7.01%，恩格尔系数为28%。城镇居民人均生活消费支出35491元，比上年增6.5%，恩格尔系数为28.3%。全年住房公积金归集总额34.3亿元。新增住房公积金缴存职工4.02万人。市新市民事务中心在全市范围正式启用新市民积分“微模式”。新市民申请人可通过“张家港市新市民事务中心”微信公众号提出积分入医、入学、续保预申请，在提交的材料经审核通过后再至居住区镇积分窗口正式申请。市便民服务中心暨“12345”便民服务热线全年受理市民电话（含网络邮件）求助264.39万个，比上年增近20%。

【劳动就业】 全年市人才市场提供就业岗位90251个，城镇新增就业数17155人，开发公益性岗位1135个，帮助城乡就业困难人员实现就业5901人，城镇失业再就业人员21202人，城镇登记失业率1.78%。发放就业困难人员灵活就业社会保险补贴7432.19万元，发放就业困难人员自主创业享受一次性创业补贴287.1万元。发放稳岗补贴1074.97万元，失业保险总费率阶段性降至1%。年内新增领取失业保险1614人，发放失业保险金2235.55万元，征缴失业保险费基金1.67亿元，期末在领失业保险金的有1293人。受理企业稳岗补贴申请77家，涉及金额417.9万元，发放稳岗补贴1074.97万元。

【社会保障】 年末，养老保险机关事业参保人数20550人，城镇企业参保人数526892人；失业保险参保人数431743人；医疗保险参保人数742834人，工伤保险参保人数438550人，生育保险参保人数437931人。全市有养老机构39家，床位9563张。年末在册低保对象2507户、3659人，低保边缘重病困难对象841户、889人，特困对象427户、427人，全年发放低保（含低保边缘、特困对象）补助金5271.3万元，为低保对象发放水费补贴87.69万元。实施少儿大病和临时救助制度，发放救助金47.63万元。发放困难残疾人生活补贴和重度残疾人护理补贴，为9465人次困难残疾对象发放救助金5561万元。建立低收入人群信息库，将生活、医疗、教育、住房等政策覆盖到相对贫困的低收入人群。全年销售福利彩票48431万元。

【平安张家港建设】 2018年，围绕平安张家港建设，全市不断加强和创新社会治理，推进扫黑除恶专项斗争，启动为期三年的技防2.0工程。1月，社会治理联动中心成立，全面推进网格化社会治理工作。2月，全市召开扫黑除恶专项斗争工作会议，全面部署扫黑除恶专项斗争工作开展。3月，市委政法委会同公安局开展2018年度社会治安重点地区和突出问题整治工作；组织区镇、有关部门做好校园安防及周边地区突出问题整治工作；张家港市网格化社会治理平台和港城网格通手机APP正式上线运行。4月，由综治、公安、交通等部门组成的铁路护路工作筹建领导小组成立，明确铁路护路联防工作组成员单位职责；制定关于深化全市系列平安建设活动的意见，涵盖18个重点领域。5月，抽调骨干组织市“331”整治火灾隐患百日专项行动，启动电动车防盗RFID项目试点；市委、市政府印发《关于深入开展扫黑除恶专项斗争的实施方案》，成立由市委常委、政法委书记黄亚平任组长的领导小组。6月，各区镇综治办开展“预防和打击非法集资百村防范进家庭活动”。8月，开展“提升群众安全感、法治建设满意度，建设平安法治张家港”百场优秀电影进社区活动。9月，组织开展2018年度提升群众安全感专项行动。11月，做好对各区镇的群众安全感督察，按要求组织区镇开展群众安全感宣传工作。12月，开展居民小区治安安全防范等级化评审工作，对2018年度创新社会治理项目实施“以奖代补”。 （史　志）

生态文明建设

【生态保护】 2018年，全市以“两减六治三提升”（“两减”即减少煤炭消费总量，减少落后化工产能，“六治”即治理太湖水环境、治理生活垃圾、治理黑臭水体、治理畜禽养殖污染、治理挥发性有机物污染、治理环境隐患，“三提升”即提升生态保护水平、提升环境经济政策调控水平、提升环境执法监管水平）专项行动为着力点，实施生态工程、攻坚污染防治。张家港市在落实《江苏省国家级生态保护红线规划》管控要求基础上，根据省环保厅《关于做好省级生态保护红线相关校核工作的函》，对生态红线区域校核及优化调整情况进行论证并形成《张家港市生态红线区域优化调整论证报告》。实施生态补偿，全年下拨生态补偿资金1.09亿元，其中水稻田面积16739.15公顷、补偿10545.66万元，生态公益林面积335.26公顷、补偿100.58万元。按照《张家港市海绵城市专项规划（2017—2030年）》，开展海绵城市建设，全市建成并达到海绵城市要求的面积8.08平方千米，占建成区面积14.43%。年内，张家港市19项被列入苏州市年度生态文明建设“十大工程”的重点项目全面完成。环境质量稳步改善，$PM_{2.5}$均值为每立方米40微克，浓度比上年下降11.1%，环境空气质量优良率比上年提高9.3个百分点；重点省考断面水质优Ⅲ比例100%，主要河流水质达到功能区要求，总体水质状况良好；全市化学需氧量、氨氮、二氧化硫、氮氧化物4项主要污染物削减量均完成年度任务。

【城市建设】 2018年，中心城区由市建筑工务处代建政府投资的公共建筑项目有城北派出所、暨阳高中宿舍、实验小学世茂校区等32项，总建筑面积34.2万平方米，投资额15.84亿元。年内竣工交付市第一人民医院科教综合楼、实验小学世茂校区、老年活动中心城南分中心等工程项目12项。城南文体中心、学校地下停车场、民丰幼儿园、悦丰幼儿园等实事工程、重点工程顺利推进。中心城区实施房屋搬迁65户（含非住宅19户），搬迁面积1.2万平方米。城东新区以黄泗浦生态园及高铁生态城沪通铁路客运站配套工程建设为重点。黄泗浦生态核心区东湖区域景观绿化工程基本完成，高速两侧完成85%乔灌木种植及水上迷宫、登山步道等景观建设，西湖完成60%土方开挖，园区内标识标牌、智能化、文化小品等施工图设计基本完成，全年完成投资额1.85亿元，城西新区加快动迁安置，推进新区拓展延伸，以泗港集镇区、泗港路沿线企业、警务中心地块、泗港老菜场及周边门店等地块为重点，涉及动迁企业325家、民宅3159户。年内56户民宅、4家企业签订拆迁协议。

【城乡绿化】 2018年，市绿化管理部门投入财政资金4274万元完成道路与城区绿化工程9个，新增绿地面积41.55公顷。城区公共绿地养护面积652.85万平方米，四季草花面积2.37万平方米，行道树32143棵，景观造型树369棵，花箱1744组。结合环境整治百日行动等活动，开展以“清菜地、清杂草、清固废”为主题的三清行动，总计清理枯枝落叶垃圾6000余吨，清理张杨公路、沿江互通、二环路等菜地4万余平方米，绿地修复4万余平方米。至年末，城市建成区绿地率为37.6%，绿化覆盖率41.2%，人均公园绿地面积为14.65平方米。 （史　志）

【编辑　张　洁】

中共张家港市委

Zhangjiagang Municipal Committee of the CPC

市委十一届七次全会会场　（褚珊珊　摄）

市委全会

重要决策

重大活动

调查研究

组　　织

宣　　传

统　　战

机构编制管理

市级机关工委

老干部工作

党　　校

史　　志

档　　案

公务接待与保密工作

張家港年鑑（2019）

扫码欣赏

行远自迩，2018年张家港市年轻干部训练营

市委全会

【市委十一届六次全体(扩大)会议】 7月30日在市馨苑度假村会议中心召开。会议听取并讨论市委书记朱立凡代表市委常委会所作的《思想解放再深入,"四大路径"再深化,以高质量建设"四个港城"的生动实践献礼改革开放40周年》的报告,审议通过《中国共产党张家港市第十一届委员会第六次全体(扩大)会议决议》。会议要求全市上下持续用好解放思想这个"制胜法宝",在思想解放中把准方向、保持定力;在思想解放中提振精神、争先率先;在思想解放中找准切口、精准发力,以思想"破冰"引领行动"突围",推动张家港在高质量发展的新征程中持续领跑、勇立潮头。会议指出,张家港作为开发开放的前沿阵地,必须牢固树立高度的历史使命感和城市荣誉感,以走在前列、勇当标杆的奋进姿态,主动对标全省"高质量发展监测评价指标体系",扎实推进十一项"三年行动计划",以过硬实绩献礼改革开放40周年。会议强调,做好下半年工作,要以深化供给侧结构性改革为主线,推动经济发展提质增效;要加大开放力度,充分激发改革创新活力;要强化统筹协调,构建城乡融合发展大格局;要坚持永续发展,擦亮和谐美丽城市底色;要突出共建共享,让张家港群众生活更美好。会议要求,立足新时代新征程,必须不忘初心、牢记使命,深入贯彻新时代党的建设总要求,党员要勇于担当,发挥先锋模范作用;党组织要落实责任,发挥战斗堡垒作用,深入推进党的建设新的伟大工程。

【市委十一届七次全体(扩大)会议】 12月29日在市馨苑度假村会议中心召开。会议听取并讨论市委书记沈国芳代表市委常委会所作的《精神再提振,改革迈新步,奋力推动港城高质量发展走在前列》的报告,审议通过《中国共产党张家港市第十一届委员会第七次全体(扩大)会议决议》。会议强调,立足新时代,踏上新征程,必须保持"归零"心态、拿出拼搏姿态,在推动张家港高质量发展的生动实践中,找准"坐标系"、抢占"制高点",推动张家港发展在高平台上再出发、再突破、再引领,全力打造港产城深度融合的创新型城市、长三角枢纽型大城市、彰显人居典范的绿色发展标杆城市、群众获得感最强的和谐幸福城市,以及富有独特人文气质的标兵型文明城市。会议明确2019年工作的指导思想是:以习近平新时代中国特色社会主义思想为指导,深入贯彻中共十九大精神,认真落实中央、省委和苏州市委各项决策部署,围绕"强富美高",紧扣"两聚一高",积极抢抓长江经济带高质量发展、长三角区域一体化发展两大机遇,坚持"稳中求进、争先率先",与时俱进大力弘扬张家港精神,全面深化、统筹推进各领域改革,以"招商突破年"为主攻点,全方位开启"港城经济、港城功能、港城生态、港城生活、港城治理"五个升级版建设,坚定不移推进全面从严治党,努力为决战决胜高水平全面建成小康社会争取更多主动、赢得更大优势,奋力推动张家港高质量发展走在前列。全会指出,要攻坚重大载体建设,在培育发展新能级上求突破;攻坚新旧动能转换,在提升经济新质态上求突破;攻坚城乡内涵提升,在塑造宜居新品质上求突破;攻坚公共服务优化,在增强生活新体验上求突破;攻坚社会有效治理,在打造文明新标杆上求突破。事业成败,关键在人,要认真落实新时代党的建设总要求,深入贯彻新时代党的组织路线,打造一支能力突出、堪当重任的高素质专业化干部队伍。(倪盟蛟)

重要决策

【概况】 2018年,市委召开常委会会议23次,全市领导干部会议5次。市委、市政府联合发文27份,市委发文37份。重要决策涉及推动高质量发展、实施乡村振兴战略、生态文明建设、文明城市建设、全面从严治党等方面。

【推动高质量发展决策】 4月3日,市委、市政府联合印发《践行"四大路径",建设"四个港城",推动高质量发展十一项三年行动计划(2018—2020年)》,明确张家港市在创新驱动、教育均衡优质发展、卫生与健康提升、社会治理创新、生态环境提升、城乡建设、交通现代化、乡村振兴、文化强市、港产城融合发展等方面的3年发展目标、发展思路、工作抓手,全力争当"两个标杆"建设排头兵。11月27日,市委、市政府联合印发《关于成立张家港市高质量发展工作领导小组的通知》,领导小组设立经济发展高质量、改革开放高质量、城乡建设高质量、文化建设高质量、生态环境高质量以及人民生活高质量等6个推进组,组织管理、协调指导全市开展相关工作。

【实施乡村振兴战略决策】 4月19日,市委、市政府联合印发《关于实施乡村振兴战略加快推进城乡融合发展的意见》,提出要努力率先实现乡村治理体系和治理能力现代化,努力率先实现农业农村现代化,走出一条具有张家港特点、体现标杆水平、城乡融合发展的乡村振兴道路,至2020年乡村振兴率先取得实质性进展,至2035年乡村振兴率先取得决定性进展,至2050年乡村全面振兴,农业强、农村美、农民富全面实现。主要措施是:以深化农村改革为发力点,立足制度保障,推进乡村振兴体制机制创新;以实现融合发展为突破口,立足产业振兴,持续激发农村发展新活力;以激活内生动力为关键点,立足人才振兴,汇聚"三农"发展新力量;以文化繁荣兴盛为切入点,立足文化振兴,全面焕发乡风文明新风尚;以绿色发展理念为着眼点,立足生态振兴,全力打造美丽乡村新风貌;以促进乡村善治为支撑点,立足组织振兴,着力构建乡村治理新体系;以提升公共服务为落脚点,立足改善民生,打造共同富裕新格局;坚持党对"三农"工作的领导,立足政治保障,把握乡村振兴新方向。

【清理整顿沿江环境污染攻坚行动决策】 7月13日,全市召开清理整顿沿江环境污染攻坚战动员大会,要求在解放思想中凝聚共识,充分认识打赢"清江"攻坚战的重大意义;在动真碰硬中攻坚克难,打赢一场经得起历史检验、无愧于港城人民的“清江”攻坚战;在群策群力中体现担当,以压倒性思维不折不扣落实好“清江”攻坚战。7月12日,市委、市政府联合印发《张家港市清理整顿沿江环境污染攻坚行动计划(2018—2020年)》,提出以铁的决心、铁的措施、铁的手腕、铁的作风、铁的担当坚决打赢“清江”攻坚战,坚定不移走生态优先、绿色发展之路,全力建设蓝天碧水、山清水秀的美丽港城,勇当生态文明建设和高质量发展的先行军、排头兵。明确至2020年年末,全面完成“清江”重点攻坚任务,全市主要污染物排放总量大幅减少,$PM_{2.5}$年均浓度比2015年下降20%,空气质量优良天数比例达到75%,沿江生态环境持续改善,长江及通江支流生态系统功能明显提升,省级以上水质跨界断面考核优良(达到或优于Ⅲ类)比例不低于75%,主要通江支流水质全面达到优良标准,丧失使用功能(劣于Ⅴ类)的地表水水体基本消除,全市水功能区水质均达标,土壤环境质量总体保持稳定。

【新时代文明实践中心建设决策】 11月23日,市委印发《张家港市关于推进新时代文明实践中心建设工作的实施意见》,提出重点围绕基层宣传思想文化工作和精神文明建设谁来做、做什么、怎样做等问题,以全市为整体,以市、镇、村三级为单元,以志愿服务为基本形式,打通城乡公共文化服务体系的运行机制、文化科技卫生“三下乡”的工作机制、群众性精神文明创建活动的引导机制,把新时代文明实践中心打造成兼具思想政治引领、传播党的声音、传承优秀传统文化、培育文明风尚、提供惠民服务等多种功能的综合性宣传教育阵地。提出“坚持正确政治方向、坚持贴近群众需求、坚持志愿服务为主、坚持鼓励探索创新、坚持统筹谋划推进”五项工作原则,明确主要任务、工作内容和保障措施。

【全面从严治党决策】 3月26日,市委印发《全面从严治党三年工作方案(2018—2020年)》,提出把全面从严治党的思路举措设计得更加科学、更加严密、更加有效,为践行“四大路径”、建设“四个港城”,奋力谱写新时代张家港发展新篇章提供坚强保障。力争到2020年,党的领导坚强有力,管党治党责任有效落实,基层党组织战斗堡垒作用充分发挥,党内监督体系更加健全,选人用人更加科学,党员领导干部信念过硬、政治过硬、责任过硬、能力过硬、作风过硬,人民群众的幸福感、获得感显著提升,全市政治生态进一步风清气正。4月3日,市委印发《中共张家港市委落实全面从严治党主体责任评价实施意见(试行)》,强调坚持把党的政治建设摆在首位,牢牢把握主体责任“牛鼻子”,把管党治党责任落到实处,推动全面从严治党不断引向深入。

重大活动

【干部学习培训活动】 2018年,全市先后举办领导干部菜单式讲座13期,参训7000余人次。内容涉及新时代张家港文化产业发展战略建议和《地方党政领导干部安全生产责任制规定》解读、依法治国与法制思维、十九大中国宏观经济走向及政策分析、环境保护与绿色GDP、互联网时代产业创新发展趋势——创新密码、绿色发展理念指导下的新型城镇化建设、经济转型与创新驱动发展、大数据与政府治理模式创新、“清江”攻坚战、全市河长制工作培训、和谐之基——有效行政管理沟通和不忘初心、牢记使命,推进新时代全面从严治党取得新成就等。举办主体班45期,9000余人次参加。4月至7月,组织50名年轻后备干部在市委党校、上海交通大学等地举办第二期年轻干部训练营。5月和10月,组织全市399名副科级以上领导干部分两批在市委党校开展为期7天的脱产轮训。6月,组织42名副科职以上干部开展为期7天的第二期领导干部延安党性教育专题培训。9月,组织50名副科职以上干部参加为期7天的第八期领导干部中央党校研修班。

【党政领导考察活动】 8月1日至3日,市委书记朱立凡,市委副书记、市委统战部部长王亚方带领党政代表团赴贵州省沿河土家族自治县考察,对深化两地对口帮扶协作,助推沿河脱贫攻坚进行深入交流。8月15日至17日,市委书记朱立凡带领党政代表团赴新疆伊犁州巩留县考察对口支援工作情况,看望慰问张家港市援疆干部和人才,与巩留县党委、政府共商全面推进对口支援工作和两地交流合作工作。12月4日至6日,市委书记沈国芳,市委副书记、市长黄戟带领党政代表团赴广东、浙江考察,学习借鉴两省在发展高新产业、城市建设等方面的先进经验,深化交流合作。12月19日至20日,市委书记沈国芳带领党政代表团赴江阴、吴江、苏州工业园区、昆山考察,学习借鉴周边地区在创新驱动、转型升级、集成式改革、社会治理等方面的先进经验和做法。

【项目签约、奠基、开业等活动】 2018年,全市共举办重大项目签约、奠基、竣工开业等活动近20次。项目签约活动主要有:长城宝马光束汽车、中车氢能源、加特可变速箱等。项目奠基开工主要有:庄信万丰环保科技奠基仪式、信义玻璃储能锂电池奠基仪式、采埃孚天合汽车电子转向系统奠基仪式、华灿光电半导体照明基地开工典礼等。揭牌开业活动主要有:国际汽车城开业仪式、苏州氢能产业创新中心揭牌仪式、中科院苏州纳米所张家港研究院揭牌仪式等。3月12日,全市举行“集聚转型新动能,推动发展高质量”项目集中开工月活动,70个项目集中开工,总投资306.54亿元。10月20日,全市举行“打造产业新高地,助推发展高质量”集中开工投产月活动,92个项目集中开工投产,总投资683.85亿元,涵盖先进制造业、生产性服务业、科技创新等多个领域。

【文化、教育、科技、体育活动】 2018年,全市共举办重大文体、科教活动近20次。其中,文体活动主要有2018年中国(张家港)长江文化艺术节、第六届国际幽默艺术周、2018年中国少儿戏曲小梅花集体节目荟萃、第八届全国少儿曲艺展演、2018年江苏“童话里的世界”系列活动暨张家港市“艺术进校园”活动、第21届“贝贝杯”青少年足球赛、中国桌式足球公开赛暨全国青少年桌式足球赛等。科教活动主要有：2018年中国汽车技术转移大会、“沙洲创客”创业大赛、2018年张家港市科技·人才活动周等。

【“六个一”基层走访调研活动】 3月，市委办、市政府办下发《关于突出“四走进、四推动”深化“六个一”基层走访调研的实施方案》，进一步充实完善市委基层走访调研领导小组和领导小组办公室力量，建立健全方案备案、问题处理、交流会办、信息反馈、考核督查等制度机制。调研活动坚持以“四走进”［走进企事业单位、走进“两新”组织、走进村（社区）、走进城乡居民家庭］为主抓手，以“四推动”（推动实力港城建设、推动活力港城建设、推动美丽港城建设、推动人文港城建设）为落脚点，紧扣高质量发展主线，引导党员干部将调查研究作为改进工作作风、密切联系群众的有效途径。在走访调研主体上，明确为市委、市人大、市政府、市政协四套班子领导，市法院、市检察院、各部委办局、市直属各单位（公司）、各人民团体领导班子成员和业务骨干，各区镇参照市级做法确定。4月，召开2018年度全市突出“四走进、四推动”深化“六个一”基层走访调研工作推进会，对深化“六个一”基层走访调研实施过程中若干具体问题作了说明，并对“六个一”信息平台操作员进行业务培训。11月，对全市走访情况进行通报。12月，对“四走进、四推动”基层走访调研报告进行评审。《从“苏南边角料”到“全国前三甲”，“张家港精神”彰显时代伟力》《张家港：积极融入长江经济带共建共享发展大空间》《张家港解放思想城市日记：竟然已经写了40年！》《张家港：微实事撬动大民生，赢得老百姓好口碑！》等9篇稿件被“江苏大走访”微信公众号录用。年内，全市“六个一”大走访下基层18092人次，走访家庭户6358户、企业3475家，录入走访调研登记记录9862条，收集问题意见270条，当场解决107件，延后解决102件，受条件限制暂时无法解决、已妥善做好解释工作61件，问题意见解决率77.4%。 （倪盟蛟 陶叶萍）

调查研究

【概况】 年内，市委研究室起草市委十一届六次、七次全会报告和“两会”讲话等综合性文稿，中央、省委巡视反馈意见整改落实情况汇报、省委和苏州社科理论界研讨会交流发言等重要汇报，以及清理整顿沿江环境污染攻坚战动员大会、长江环境大保护动员大会等专题会议讲话共计370余篇、200余万字，文稿数量篇幅比上年增40%。围绕起草全会报告、全面深化改革、推动高质量发展等主题，先后赴广东、浙江等先进地区学习取经，赴南京、吴江等周边城市调研考察，深入走访市发改委、行政审批局、住建局等职能部门，冶金、纺织、机械等传统行业规模型企业，以及半导体、医疗器械等新兴产业“小巨人”企业，形成《关于张家港市行政审批改革的思考与建议》《关于进一步提高安置房建设效能的建议》《关于组建工作专班推进重点工作的思考与建议》等调研报告9篇，均获得市委主要领导肯定，部分调研成果转化为市委决策。统筹抓好全面深化改革工作，制定《市委全面深化改革领导小组2018年工作要点》，明确8个大类24个方面改革举措；召开深改组会议4次，审议10余个重大改革文件；出台《关于贯彻落实党的十九大精神进一步做好改革落实工作的意见》，完善落实市领导联系重点改革任务责任制度；统筹推进双山香山一体化、社会治理网格化、低效建设用地再开发、特色田园乡村、凤凰镇集成改革等重点改革事项。

【一体化管理、行政审批改革、组建专班专题调研】 年内，市委研究室围绕推进双山、香山一体化管理重点改革事项，在走访调研保税区（金港镇）、双山旅游度假区管委会、旅游局等相关单位，赴常熟、吴江等周边地区学习考察的基础上，对改革目标、涉改内容等进行分析研究，起草双山、香山一体化管理改革初步方案。经过市委常委会班子多次集体讨论、多轮修改完善，形成《张家港市双山、香山一体化管理改革实施方案》，明确启动双山、香山一体化管理改革，并对度假区行政区划调整、功能定位、组织架构、财政管理体制、规划建设、社会事业管理及绩效考核等事项作出明确。市委研究室围绕加快推进全市行政审批制度改革，赴广东顺德区、南海区，浙江桐庐县、德清县等地进行考察调研，学习借鉴浙江“最多跑一次”改革、广东“区域同城化”改革运行模式，形成《关于张家港市行政审批改革的思考与建议》，指明当前制约行政审批改革的堵点和难点问题，提出要通过物理整合“搭桥”、技术整合“铺路”、打通政务服务“最后一公里”的意见建议。市委研究室围绕纲举目张抓好重点工作推进，会同市政府办公室组成调研组赴南京专题学习“以推进办抓重点工作落实”的工作经验，形成《关于组建工作专班推动重点工作的思考与建议》的调研报告。报告建议全市围绕高铁新城开发建设、重大项目推进、智能工业发展、智慧城市建设、治违治污治隐患、社会治理、长三角区域合作、港产城融合提升等重点工作，组建“八个推进办”，并就推进办的组织架构、人员选配、后勤保障、运行机制等提出意见建议。

（李宏燕）

组 织

【概况】 2018年年末，全市有基层党组织4738个，其中党委144个、党总支276个、党支部4318个，另有党工委37个。新发展党员715人，转入2504人，减少3108人。至年末，有中共党员68923人。有副科级以上干部1487人。其中，女干部277人，占18.6%；非中共党员62人，占4.17%；大专以上学历1477人，占99.3%。年内，市委组织部完成《关于提振干部干事创业精气神的调研报告》《关于全面提升基层组织力的调研报告》《厚植城市创新创业土壤，提升引才聚才竞争优势》等重点调研课题报告。加强组工信息工作，向上级组织部门和市委办报送组工信息105篇，印发《张家港组工信息》16期、《人才工作信息》7期、《人才工作参考》7期，“张家港先锋”微信平台推送信息280条，“人才张家港”微信平台推送信息133条，在《张家港日报》刊出《今日党建》12期。加大人才引进力度，全年新增江苏省“双创计划”人才6名、苏州“姑苏计划”人才28名、张家港市领军人才85名。11月23日，全市组织工作会议召开，学习贯彻习近平总书记在全国组织工作会议上的重要讲话精神以及省、苏州市组织工作会议精神，围绕新时代党的建设总要求和党的组织路线，研究部署今后一个时期的工作，进一步推动干部队伍、党员队伍和人才队伍建设，为全市高质量发展提供高质量的组织资源供给。会议举行组织力提升“红堡”工程启动仪式。

【领导班子和干部队伍建设】 2018年，全年市委共召开13次市委常委会研究干部调配工作，全年调整干部234人次，其中提拔重用干部77人。在提拔重用的77人中，有女干部17人、40岁以下干部14人、大学学历以上干部68人、党外干部3人。结合巡视整改推动干部交流，年内对9名在同一岗位任职满8年的干部进行岗位交流。11个党外干部必配部门全部配备到位，10个优先配备女干部的部门中有9个部门配备女干部。加强年轻干部培养储备，4月至7月，组织50名优秀年轻中层干部举办2018年(第二期)张家港市年轻干部训练营，按照“开放办班、自主管理”的原则，通过“专题教育+专项训练”的方式，在“不忘初心，坚定理想信念”“牢记使命，涵养为民情怀”“砥砺前行，锻造过硬本领”3个专题教育框架下，开展军事训练、党性锤炼、信访见习、志愿服务、能力素质培训、实务培训、专题调研、学员论坛、风采展示等培训活动。5月9日，市委组织部、团市委在星海剧场联合举办“青春心向党，筑梦新时代”张家港市年轻干部成长分享会，以全市300余名“90后”年轻干部为主体，通过情景展示、演讲、沙画、视频短片、小品等形式分享4个青年干部和1个团队的成长经历和青春梦想。9月，选派28名挂职干部到强镇扩权行政管理体制改革、安全生产、环境保护、“331”专项整治、动迁安置、打击处置非法集资专项工作、河长办公室、巡察机构等8类岗位开展挂职锻炼，选派5名1990年左右出生的年轻干部到上一级岗位进行“试岗锻炼”。开展2018年高校优秀毕业生招聘工作，年内共招录优秀应届毕业生28人。其中，硕士25人，占89.3%；“985”高校14人，“211”高校8人。11月，启动《2019年张家港市事业单位专业化青年人才定岗特选计划》，拿出45个事业单位编制，面向全国“双一流”建设高校公开选聘2019年应届优秀毕业生。建立年轻干部双月座谈和新提拔领导干部季度座谈机制，定期了解干部思想动态，年内举办5期年轻干部座谈会和4期新提拔领导干部座谈会，共有75名年轻干部参与座谈。坚持干部从严管理，出台《张家港市退出领导岗位干部管理暂行办法》，通过搭建6类工作平台，发挥退出领导岗位干部的作用。实行领导干部兼职审批预报制度，年内对41名领导干部社团兼职进行审批(备案)。年内，对127人进行提醒、对94人进行函询、对1人进行诫勉、对381名干部填报的个人重大事项进行抽查核实。年内，对市人社局原党委书记、原局长黄亚红，市文广新局原局长、市广播电视总台(市广播电视台)原党委书记、原总台长(台长)陈世海，市交通运输局原党委书记、原局长陆惠忠，市城投集团原党委书记、原董事长、原总经理朱瑞栋，杨舍镇原党委副书记、原镇长陈建新等实施离任经济责任审计，对塘桥镇原党委书记王文伟，塘桥镇原党委副书记、原镇长徐华东等实施生态环境责任离任审计。加强对出国(境)人员的监督和管理，全年审查领导干部因公出国(境)72批256人次，审批因私出国(境)202人次。

【基层党组织和党员队伍建设】 年内，市委组织部注重抓基层打基础，依托街道(办事处)建立“两新”综合党组织，依托民政局建立张家港市社会组织综合党委，依托司法局建立张家港市律师行业党委，持续扩大“两个覆盖”。3月7日，市委组织部建立组织生活开放日制度，明确每月10日为市级“组织生活开放日”，遴选若干党支部同步开展“开放式组织生活”，面向全市党员群众开放。年内，遴选68个党支部作为市级观摩点接纳1200余人次现场观摩，总结出“仪式教育”“实境体验”“节日纪念”等八大类组织生活创意模块，编发指导手册、案例汇编，供基层互学互鉴。年内，市委组织部出台《张家港市基层党支部规范化建设实施办法(试行)》《张家港市党支部“堡垒指数”和党员“先锋指数”考核管理办法(试行)》，全面推广“行动支部”工作法，强化支部功能。5月7日，市委党的建设工作领导小组印发《关于在党建引领网格化社会治理中实施“红堡”工程的指导意见》，构建与网格相匹配的党组织架构体系，建立1577个网格党支部，把支部建到网格、把资源沉到网格、把服务送到网格，推动引领多元共治的基层治理体系。10月，市委组织部下发《关于实施“一库三定”提高发展党员质量的通知》，通过建立“后备力量系统建库、重点领域定期推优、政治导师定向培养、关键环节定点指导”机制，提高发展党员工作质量。实施党内“暖心工程”，建立入党纪念、党龄纪念、大病救助和应急救助等“一揽子”党内激励、关怀、帮扶机制，年内累计发放关爱帮扶资金817万元，惠及新中国成立前老党员、困难党员、困难党务干部、低保低边、贫困大学生等11989人次。为714名新发展党员发放《入党纪念册》，为党龄在50年及以上、40年和30年的6122名老党员分别颁发金、银、铜党龄纪念章。根据苏州“海棠花红”先锋阵地群建设要求，市委组织部以“红堡”品牌为统领，开发标准化视觉识别系统，打造市级组织力工程实训基地、直属党(工)委党群服务基地、区域党建工作站、村(社区)党群服务中心、基础网格先锋驿站五类党建阵地。注重建制度强队伍，开展基层党组织书记学习贯彻中共十九大精神集中轮训、学习贯彻乡村振兴战略集中轮训以及分组式微讲坛，深化村级后备人才中青班“一亩三分地”“民生会客厅”“书记讲给书记听”等品牌内涵，持续推进村干部积分管理机制，3人被认定为“张家港市建设社会主义新农村带头人”。年内，深化“两新”组织党建“合伙人”内涵，重新选聘8名“两新”党组织书记为“先锋工匠”，增聘3名“两新”党建咨询师，公开招聘20名专职党务工作者。聘请11位党员创业者担任“红领导师”，组织15位新生代党员出资人组建“新锐联盟”，实施“红领传承、青蓝接力”工程，搭建“书记分享汇”“红领开讲啦”等工作平台，培育党建力量。注重破难题创特色，继续推进党建项目化管理，实施“市级十大重点项目”“书记项目”“基层好项目”“同心同行”为民服务项目，提升基层党建质效。10月下旬至11月下旬，市委组织部开展农村基层组织力调研，以“六问”（问基层党组织换届准备情况，问党支部规范化建设情况，问党员教育管理情况，问“红堡”阵地建设情况，问党建项目推进情况，问党建经费使用情况）为主要内容，通过“谈、问、测、看、评、审”流程，推动基层党建任务落地。累计访谈9个区镇的党（工）委书记，召开9场“六问”组织力现场问答会，组织165位基层党组织书记参加党务知识测试，走访32个村（社区）进行实地查看，发放640份党建工作民主测评表，审计各项党建专项经费使用情况。年内，张家港市成为首批全省党员电教制片重点市，3部微视频入围全省党员教育微视频大赛展评榜单，参与制作的省委组织部《党章知识选粹》系列微动漫荣获第十四届全国党员教育电视片观摩交流活动特别奖。7月6日，市委组织部、市锡剧艺术中心联合举办“共沐阳光——张家港市党建文化培育孵化十年成果分享会”。8月15日，江苏省社会科学院马克思主义研究所所长孙肖远以《把党建打造成城市核心竞争力的“张家港路径”》为题，在“第五届中国特色社会主义理论与实践论坛”上作经验交流。10月23日，《江苏张家港打造“开放式”党建载体，探索党建文化传播新路径》得到《人民日报》专题报道。12月12日，市委印发《关于实施“红堡”工程全面提升基层组织力的意见》，围绕高标准推进基本队伍、基本活动、基本阵地、基本制度、基本保障等“五个基本”建设，部署实施红堡引领、红堡根须、红堡雁阵、红堡活力、红堡阵地“五大计划”。年内，基层党建“红堡”工程相关经验得到苏州市委主要领导批示肯定。

【党政干部干事创业“三项机制”建立】 继2017年出台《张家港市干部干事创业容错免责实施办法（试行）》后，2018年8月23日，市委出台《张家港市党政干部鼓励激励实施办法（试行）》《张家港市推进领导干部能上能下实施办法（试行）》，张家港市建立了鼓励激励、容错纠错、能上能下“三项机制”。《张家港市党政干部鼓励激励实施办法（试行）》规定党政干部鼓励激励以年度绩效考核、领导班子和领导干部年度考核、平时考核结果为主要依据，鼓励激励措施主要包括选树先进、选拔重用、考核奖励、关心爱护等；同时，开展“担当作为好单位”和“担当作为好干部”考核工作，放大激励导向效应。《张家港市推进领导干部能上能下实施办法（试行）》重点解决党政领导干部“能下”问题，主要采用“负面清单”管理法，对发生“负面清单”所列情形的干部进行适岗性评估，调整不适宜担任现职的干部，“负面清单”包括德、能、勤、绩、廉五类；同时，根据严管和厚爱相结合的原则，对调整下来的干部加强教育管理，给予关心帮助，符合条件的可以重新任用。年内，加大对干部的鼓励激励，在年初“弘扬张家港精神，勇当新时代标杆”动员大会上，对2017年度考核产生的20个“担当作为好单位”和30名“担当作为好干部”进行通报表扬，播放专题片《使命·担当——张家港市担当作为好单位、好干部巡礼》。年内在《张家港日报》开设“弘扬张家港精神 勇当新时代标杆——担当作为好干部事迹展示”专栏。年末启动2018年度担当作为好单位、好干部考核工作。

【“沿江党建带”影响力工程在全省沿江城市推广】 2010年起，市委组织部会同边检站党委依托“小区域·大党建”平台，探索打造“沿江党建带”，以“警企共建”活动加快推进沿江涉外企业党建步伐。创建后，张家港沿江岸线建立5个企业党委、19个党总支、287个党支部，党员增至6988人，党组织覆盖率从38.7%提升至100%。2017年11月，江苏省委组织部与江苏边防总队党委联合下发《关于在全省沿江边防辖区开展联创联建“沿江党建带”的意见（试行）》，对联创联建的总体目标、协调机制、共建制度等作出规定。2018年6月27日至28日，江苏省委组织部和江苏边防总队党委

6月27日，省委组织部、省边防总队在张家港召开全省边防辖区“沿江党建带”工作推进会

（市委组织部 提供）

在张家港联合召开全省边防辖区“沿江党建带”工作推进会，将“沿江党建带”经验做法在全省沿江一线城市推广应用。南京、扬州、镇江等沿江8市的组织处处长，江阴、张家港、常熟等沿江8县（市）的分管副部长、组织科科长，南京港、镇江港、江阴港等14个单位的边防检查站政治委员、政治处（综合办）主任，张家港“沿江党建带”联盟单位领导和党员代表等100人参会。（陶叶萍）

宣　传

【概况】2018年，全市宣传思想文化战线坚持以习近平新时代中国特色社会主义思想为指导，围绕学习宣传贯彻中共十九大精神这条主线，以庆祝改革开放40周年为重要契机，深入学习贯彻全国宣传思想工作会议精神，推动习近平新时代中国特色社会主义思想深入人心，建设具有强大凝聚力和引领力的社会主义意识形态，提高新闻舆论传播力、引导力、影响力、公信力，培育和践行社会主义核心价值观，提升文化事业和文化产业发展水平，加强宣传思想文化战线党的建设，为决胜高水平全面建成小康社会、开启基本实现现代化的新征程中走在前列，争当“两个标杆”建设排头兵提供了强大思想保证、精力动力、舆论支持和文化条件。张家港作为改革开放典型地区被全国主流媒体集中宣传报道。其中，《人民日报》刊发《张家港“老精神”激励新作为》（11月1日），《光明日报》刊发《书写“张家港精神”新的内涵》（11月3日），《工人日报》刊发《张家港：从“边角料”到十强县》（10月28日头版），《新华日报》刊发《用“张家港精神”熔铸城市品格》（10月10日头版）。11月16日，省社科联、《红旗文稿》杂志社和张家港市委联合举办全面深化改革与乡村振兴战略——庆祝改革开放40周年理论研讨会，省社科院乡村振兴研究中心张家港基地成立，张家港市获评“为江苏改革开放作出突出贡献的先进集体”。

【理论武装】2018年，全市以庆祝改革开放40周年为工作主线，深化党的理论创新成果的学习研究宣传。1月，开展2017年至2018年度基层党员冬训工作，开展“新时代新气象新作为”大讨论活动。4月，下发《2018年全市党委（党组）中心组专题学习计划》，2月、5月、7月、9月、11月、12月分别以“学习贯彻习近平总书记‘1·5’重要讲话精神”“解放思想大讨论”“解放思想、改革创新”“学习贯彻习近平总书记在主持中央政治局第六次集体学习时发表的重要讲话精神”“习近平总书记在中央全面依法治国委员会第一次会议上的重要讲话精神和宪法相关内容”“学习贯彻新修订的《中国共产党纪律处分条例》”为题，组织专题学习交流会。4月、5月、6月，分别邀请中共江苏省委党校法政部副主任梁三利教授作《走向中国特色的法治之路——2018宪法修正案解读》、中国青年政治学院中国马克思主义学院执行院长李伟教授作《不忘初心，牢记使命，推进新时代全面从严治党取得新成效》、南京师范大学人文社会科学研究院院长王永贵教授作《马克思主义的真理魅力和思想力量》专题辅导。8月、12月，分别围绕《正确认识妥善应对中美经贸摩擦》《深刻认识美国对华政策新动向 扎扎实实做好自己的事情》《中国共产党支部工作条例（试行）》组织专题学习会。5月，市委宣传部征集2018年度张家港市理论宣教示范项目，确立15个涵盖讲座、报告会、产品宣传、新媒体等多种类别的项目，命名乐余镇党委等12家单位为全市第二批“理论氧吧”点位。6月，举办全市理论宣教骨干培训班，组织全市区镇宣传委员、机关部门宣传干部等44人赴遵义市红花岗区党校脱产培训。启动2018年度“理论氧吧”宣讲志愿者理论巡讲暨“张家港民生讲堂”活动，组织理论宣讲志愿者分赴基层宣讲。开设“空中理论氧吧”，组织宣讲志愿者及“理论氧吧”点位负责人走进电台演播厅，录制“百姓名嘴对对碰”和“特色点位个个看”专题访谈节目。8月，组织2018年度张家港市讲坛（讲座）复评及定级评审工作，评定一级、二级、三级讲坛（讲座）3家、5家、6家。12月，完成2018年度全市思想政治工作者中、高级专业技术资格评审送审工作。塘桥镇获评2017年度全省基层党员冬训工作示范乡（镇、街道）；冶金工业园（锦丰镇）殷志斌、塘市小学程英俏分获苏州市第三届“百姓名嘴”风采大赛二、三等奖；常阴沙现代农业示范园区党校“党教新干线”品牌建设工程、保税区（金港镇）党校“不忘初心，牢记使命”基层党员教育项目获评2018年度苏州市基层党校“争先创优”活动三类优秀项目；经开发区（杨舍镇）党工委“四大平台”助“两新”党组织“冬令进补”项目获评《2017—2018年度苏州市基层党员冬训工作创新项目》。

【舆论引导】2018年，市委宣传部加强媒体新闻管理，巩固壮大主流舆论，高质量发展氛围更加浓厚。市“一报两台”先后推出《在习近平新时代中国特色社会主义思想指引下——新时代新作为新篇章》《新时代，新担当，新作为——提振精气神大家谈》等重点挂牌专栏40余个，刊播主题报道1000余篇，对全市重大项目推进、区镇发展新思路、骨干企业新业绩等作深度挖掘，为谱写好新时代港城发展的新篇章奋力鼓与呼。突出宣传重点，在全市媒体统一推出“壮阔东方潮，奋进新时代——大江飞舟张家港”大型融媒新闻行动，全方位多元化深入报道改革开放40年，尤其是中共十八大以后张家港市各方面取得的新成就。以张家港作为改革开放典型地区被列入中央媒体集中宣传报道对象为契机，主动对接中央、省主流媒体和新媒体平台开展“百城百县百企调研行”张家港主题外宣活动，推出了一系列重点报道。加强队伍建设，通过开展“好记者讲述改革开放好故事”“道德模范和身边好人走进新闻系统现场交流活动”等，为推动港城高质量发展打造一支强有力的宣传队伍。

【网络新媒体管理】2018年，市委宣传部建好管好用好网络主流阵地，推动全市区镇、部门善用新媒体，组织群众、宣传群众、引导群众、服务群众。研究制定《张家港市政务新媒体管理规定（试行）》，明确管理责任，理顺管理体制，规范传播秩序，推动全市政务新媒体管理由粗放式管理模式向精细化管理模式转变。组织开展对全市各区镇、机关部门开设的政务新媒体进行调查摸底，对市级政务新媒体平台进行备案登记，上线全市首个政务宣传类小程序应用“张家港‘政’能量——政务新媒体云矩阵”，推动全市10个区镇、67个机关部门新媒体资源的有效融合。创新推出张家港市政务微信月度排行榜，编发《新媒体阅评》（政务类和媒体类），对80余个市级政务微信WCI传播力指数、热门文章、月度好稿进行排名公示，全市网络新媒体管理得到不断加强。全市纳入监测的市级主要政务微信推文24126篇，阅读总数2030万余次，“张家港城事”“偶俚张家港”常年位居苏州大市政务类微信公众号、媒体类微信公众号前列。加强网络舆情应对处置，出台全市网络舆情处置、网络评论工作指导意见，加强全市舆情信息直报点建设，建立“立体化”网络舆情监测体系，完善违法有害信息监督举报机制，指导城管局、卫计委等多个部门开展舆情应急演练，网络舆情监测、流转督办、分级响应水平持续提升。在全市各区镇、机构部门中组建网评员队伍，网评员总数达到657人。年内，妥善处置“‘3·3’金港大道车祸”“沙钢突出环境问题的舆情动态”等影响较大的舆情事件，及时启动互联网应急响应机制。全年未发生由网络负面舆情引发的意识形态事件。坚持日常巡查治理与专项整治相结合，持续开展“清朗”“扫黑除恶”“网络枪爆”和打击网络谣言、政治军事类有害信息等专项行动，清理各类违法、不良有害信息1000余条。强化对互联网新闻信息平台和从业人员的监管，举办2018年全市网信工作培训班，对全市机关部门、重点新闻网站、商业网站、微信公众号运营单位负责人进行网信法规宣传教育，依法规范论坛、微博等具有新闻舆论及社会动员功能平台的日常管理。组织开展网络安全宣传周活动，举办网络安全知识线上竞答活动，加强各类网站远程安全监测，对全市80余个党政机关、重点企事业单位进行网络安全等级保护工作培训，对1000余家公共上网场所严查管控。年内，编发《网络安全通报》9期，上报江苏省政务服务网高危网络安全漏洞1起，全市网络安全形势总体平稳可控。组织开展2018张家港市网络文化季系列活动，首次举办网络安全和信息化岗位技能大赛，“温暖港城”网络暖心故事寻访活动入选2018年度苏州市网络文化季，张家港市委宣传部获评苏州市网络文化季“守正创新”推广单位奖，“张家港市网络安全和信息化岗位技能大赛暨张家港市‘天翼杯’网络攻防竞赛”获得“给力人气”项目奖。创新开展2018年度网友眼中的“十佳给力部门”评选活动、2018年度全市新媒体应用创新奖评比活动，引导区镇、部门树立互联网思维，敢于用网，善于用网。举办“发现张家港之美——‘Go Jiangsu’海外社交媒体外籍粉丝张家港采风”活动，覆盖人数超过16万人，3000余人（次）点赞、转发和评论。（张钰梅）

统　战

【概况】2018年，全市统一战线以“大团结大联合”为主题，以“四强四优”（强引领、优素质行动；强服务、优职能行动；强创新、优作为行动；强宣传、优氛围行动）为抓手，构建“大统战”格局。1月16日，全市统战工作联席会议召开，总结2017年度统战工作，部署2018年目标任务，对获得2017年度全市统战信息宣传工作、统战工作实践创新成果、统战理论政策研究创新成果一等奖的单位和个人进行颁奖。1月31日，召集各民主党派、无党派人士联谊会负责人召开民主党派工作座谈会，研究部署2018年重点工作。2月23日，印发《中共张家港市委统战部支部委员会职责、支部委员分工及职责》。3月，下发《关于开展统战品牌“双亮”活动（擦亮老品牌、铸亮新品牌活动）的通知》，全市统战系统创建形成“新时代、新张力”、“红石榴培育行动”、侨创“双11”、“双心服务”等统战品牌27个。5月，组织各民主党派主委、无党派人士联谊会会长谈“五一口号”发布70周年心得感受，在《张家港日报》“张家港统战”微信公众号集中报道，组织民主党派广大成员向省委统战部、苏州市委统战部报送征文50余篇。5月24日，印发《中共张家港市委统战部内部规章制度汇编》。6月1日至5日，市委副书记、统战部部长王亚方带领全市各民主党派领导班子和无党派代表人士30余人，到河南红旗渠干部学院和武汉市委党校开展“不忘合作初心，继续携手前进”主题教育活动。6月21日，制定《区镇落实〈中国共产党统一战线工作条例（试行）〉扣分项目监测细则》，把区镇统战工作主体责任、工作体制机制、统战力量、统战实践创新等纳入考核范畴。7月24日，香港新闻工作者联合会会长、香港张家港联谊会名誉会长张国良到市访问，其间参观母校——江苏省梁丰高级中学，向市档案局捐赠97件档案资料。8月，开展“我为统战发展献良策”活动，征集各类良策27件。是月，市委统战部被《中国统一战线》杂志社评为2018年度宣传工作先进单位。10月9日，全市统战工作推进会召开，总结交流2018年全市统战工作，部署下阶段任务。11月，通过网络评分、现场评分相结合的方式对统战工作实践创新成果进行评选，塘桥镇获得区镇组第1名，市民宗局获得统战口部门组第1名，民革张家港市基层委员会获得民主党派组第1名。是月，《关于更深层次推进我市美丽乡村建设的建议》《关于我市家庭医生签约服务现状及发展的调研报告》等8篇调研报告报市委、市政府主要领导审阅，并被相关部门采纳。全年围绕行政审批单位放管服改革、文化强市、未来城市交通规划、全市“263”专项工作等主题，组织各民主党派、工商联、无党派人士联谊会进行专题调研，召开6次双月座谈会，征集各类建议、意见120余条。截至12月末，全市共有民革张家港市基层委员会、民盟张家港市委、民建张家港市基层委员会、民进张家港支部、农工党张家港市委、致公党张家港支部、九三学社张家港市基层委员会7个民主党派组织和1个无党派人士联谊会，成员942人，其中民革90人、民盟262人、民建114人、民进24人、农工党240人、致公党22人、九三学社111人，无党派人士联谊会79人。

【市无党派人士联谊会】 2018年年末，张家港市无党派人士联谊会有会员75人。具有高级职称的15人，具有硕士学位的13人，具有博士学位的1人。有苏州市人大代表1人、苏州市政协委员1人，张家港市人大代表3人、张家港市政协委员16人。联谊会下设办公室和5个专门委员会，理事11人、会长1人、副会长3人、秘书长1人、副秘书长2人。为加强对口联系工作，1月6日，市无党派人士联谊会在乐余农业服务中心成立活动基地。在市十四届人大二次会议上，市无党派人士联谊会提交人大代表建议2件。在市政协十二届二次会议上，提交集体提案5件、个人提案3件。其中《关于进一步提升我市公共交通发展水平的建议》被列入2018年市政协专委会联合督办提案。年内，市无党派人士联谊会结对帮扶贫困学生20人，资助每人1000元。

【党外干部工作】 2018年，市委统战部通过民主推荐和考察遴选，建立45人的各民主党派领导班子和150人的支部委员后备干部队伍。6月1日至5日，市委副书记、市委统战部部长王亚方带领全市30名各民主党派领导班子和无党派代表人士到河南红旗渠干部学院和武汉市委党校开展“不忘合作初心，继续携手前进”主题教育活动；9月17日至21日，全市民主党派成员骨干培训班在重庆社会主义学院举行，50名各民主党派和无党派人士联谊会的骨干成员参加民主党派光辉历程、传承民主党派光荣传统、民主党派工作能力建设等内容的培训。市编委会同意民盟市委、农工党市委设立专职副主委岗位。9月和12月，民盟市委专职副主委，民建基层委员会副主委、市无党派人士联谊会副会长增选工作先后完成；12月，民建基层委员会、致公党支部下属支部委员调整工作完成，17名市政协委员届中调整工作，完成无党派人士联谊会下属专门工作委员会领导班子调整工作完成。至年末，全市副科级以上党外领导干部47人。

【统战工作站建设】 6月，为落实《关于贯彻〈中国共产党统一战线工作条例（试行）〉的实施意见》精神，夯实基层统战工作阵地，市委转发《张家港市基层统战工作站建设实施方案》，明确指导思想、目标任务、建设标准等事项，并列入市财政专项经费预算。统战工作站设立遵循“全面覆盖、专人管理”的基本思路，坚持“一站多用、资源共享”的工作原则，主要依托区域党建工作站、社区党群服务中心、网格党群驿站等现有平台统筹建设，努力打造基层统战成员的温馨家园、基层统战工作的优质阵地，为全市各项事业发展凝聚广泛的统战力量支持。年内，全市共建成统战工作站12个，包括保税区（金港镇）中央广场统战工作站、外企统战工作站、杨舍镇统战工作站、冶金工业园（锦丰镇）统战工作站、塘桥镇鹿苑片区统战工作站、凤凰镇统战工作站、乐余镇统战工作站、南丰镇统战工作站、南沙集中工业园区统战工作站、大新镇统战工作站、常阴沙统战工作站、双山香山旅游度假区统战工作站。

【新的社会阶层人士联谊会成立】 新的社会阶层人士联谊会是由受聘于民营企业、外资企业的中高层管理技术人员、中介组织和社会组织从业人员、自由职业者和新媒体从业人员组成，是具有统战性、联合性及非营利性的社会团体。10月26日，张家港市新的社会阶层人士联谊会成立。会议选举徐虹为会长，选出副会长7人、秘书长1人、副秘书长3人。吸纳会员79人，会员以中青年为主，大学以上学历的75人。其中民营企业、外资企业的中高层管理技术人员29人，中介组织和社会组织从业人员25人，自由职业者13人，新媒体从业人员12人。联谊会的成立为开展新的社会阶层人士统战工作提供舞台和组织保障，标志着新的社会阶层人士统战工作进入新的发展阶段。会上还启用“新时代、新张力”微信公众号。（周卫国）

机构编制管理

【概况】 2018年，市机构编制委员会办公室、市绩效管理委员会办公室（简称市编委办、市绩效办）持续深化“放管服”改革，不断优化营商环境，主动谋划机构和行政管理体制改革，统筹配置机构编制资源，持续提升绩效管理水平，稳妥推进构改革工作。落实机构改革前期准备，全面梳理事业单位职能事项清单。理清行政执法事项清单和权责清单，完善综合行政执法管理体制机制。年内，市编委办有效配置行政编制资源，将市市场监管局25名行政编制划入保税区，另下达保税区行政编制20名，全年回收行政编制8名。确保事业编制动态平衡，在全市范围为政府服务中心等4个事业单位调剂解决事业编制15名，回收事业编制1名，全年无事业编制增加，确保事业编制总量不超过2012年底基数；强化机构编制的监督检查，规范事业单位登记管理，年内共办理事业单位设立登记12家，变更登记168件，注销登记12家。推进相对集中行政许可权改革，加快行政审批人员事项划转，完成审批平台搭建，促进平台数据信息的互通共享，探索实施“一窗融合”式审批。调整权利清单。开展全市标准化行政权力清单动态调整工作，共涉及27个单位266个事项。调整后，全市有行政权力8692项，涵盖行政许可、行政处罚、行政强制、行政确认、行政征收、行政征用、行政奖励、行政给付、行政裁决和其他权力等10个权力类别，其中行政许可244项。全市成立“3550”专班，优化完善“3550”改革方案，指导各牵头部门培育优秀范例。9月，明确9项重点改革任务的牵头部门、工作目标和时间要求；10月，市编委办举办“优化营商环境”专题讲座，特邀省委编办审改处处长对全市优化营商环境工作进行指导，依据2018年全省营商环境评价新要

4月17日，市编委办对事业单位法人登记进行核查 （市编委办 提供）

求全力推进各项迎评工作。经济发达镇改革强点扩面，指导凤凰镇完成“四个一”专项评估，凤凰镇位列苏州7个试点镇第三名；拟定塘桥镇改革方案并逐级报上级批复同意，形成《张家港市塘桥镇行政管理体制改革工作实施意见》。会同市政府法制办指导经济发达镇开展权限下放对接工作。推行社会治理网格化，打造综合服务管理集成平台。

【事业单位登记管理】 年内，市编委办提升事业单位自我管理水平，连续第三年开展全市事业单位法定代表人培训，增强事业单位法定代表人履职能力。逐步推开事业单位信用等级评价工作，成立事业单位信用等级评价联席会议，建立信用等级评价考核指标体系，明确评价实施细则，搭建事业单位服务与监管网上平台。高效完成2017年度事业单位法人年报公示，公示事业单位法人452家，公示率100%。强化对事业单位登记的监督管理，对全市66家区镇事业单位近5年的事业法人登记档案进行核查，进一步规范区镇事业单位运行机制，提高区镇对所属事业单位的监督管理水平。完成15家事业单位“双随机一公开”监管抽查，确保各单位从事的工作、履行的职责与法人证书登载的宗旨和业务范围一致。贯彻落实国有资产举办事业单位登记政策，完成南京工业大学张家港产业学院、张家港市集成电路产业促进中心等合作共建事业单位的设立登记。

【市、镇两级绩效考核】 2018年，市编委办（市绩效办）科学确定目标任务分解责任，在前期梳理基础上，分别制定区镇工作目标指标44个，分解下放37个，市级机关（单位）职能工作目标指标750个（履职指标374个，特色指标278个，创新指标97个）。优化完善绩效体系，在广泛征求意见基础上，修订完善区镇、市级机关（单位）的绩效考核工作实施办法，组织监测部门制定监测细则52项。强化绩效进度日常监督检查，开展美丽河道建设、黑臭河道治理、“三优三保”、关停化工企业等4个专题的专题督查，定期进行区镇关键指标推进情况考核。发布年度绩效评估报告6期。牵头组织2017年度市级机关（单位）、区镇年度工作目标任务完成情况考核，确定区镇排名和市级机关（单位）档次作为奖励依据。经考核，市科学技术局等8个部门、市卫生和计划生育委员会等20个部门、市司法局等28个部门、市税务局等15个部门、长江张家港通信管理处等2个部门，分别获评2018年度突出贡献奖、综合贡献奖、优胜贡献奖、服务地方优胜奖、服务地方奖。张家港保税区规划建设局等20个单位、陈世海等30人，分别获评2018年度担当作为好单位、担当作为好干部。 （谭 涛）

市级机关工委

【概况】 2018年，市级机关新发展党员38人，全部为大学以上学历。其中，女性18人，占47.4%。年度转正党员19人。至年末，市级机关工委下辖党委9个、党总支21个、直属党支部46个，二级党总支1个、二级党支部146个。年内调整党组织建制2个，张家港中联理货公司党委调整为支部建制，市金融办党支部由原隶属市发改委党总支管理调整为直属市级机关工委管理。市级机关有党员3738人，其中在职党员2924人、离退休党员814人，下辖工会组织73个、团组织24个、妇女组织67个。年内，市级机关工委获评江苏省县（市、区）机关党建信息工作三等奖、苏州机关党建信息工作一等奖、“2017—2018年度张家港市冬训工作先进单位”，1人被苏州市人民政府授予二等功，1人获评张家港市首届担当作为好干部。

【机关党建】 年初，市级机关工委研究制定2018年度“机关党建”指标监测细则，构建“三张清单”（责任清单、激励清单、负面清单），围绕组织实施、调研成效、调研评价三个方面制定区镇和市级机关“四走进四推动”基层走访调研扣分项目监测细则。2月，与市委组织部、市编委办和市人社局联合印发《关于进一步加强张家港市市级机关基层党组织和党务干部队伍建设的意见》，推动提高机关党的建设质量。3月15日，召开市级机关党建工作会议。3月至6月，选拔4名党务干部参加“苏州市机关学习贯彻中共十九大精神暨党务干部业务技能竞赛”，1人获三等奖，2人获优胜奖。4月，承办张家港市首期“走进新时代、美丽乡村行”主题活动。4月和9月，两次召开市级机关党建工作例会。加强市级机关“红堡”点位建设，6月末，市级机关文化中心、纪委廉政教育基地、档案馆爱国主义教育展览馆等3个党员教育基地入选市“红堡地图”TOP点位，海事局“党建桥·心港湾”、地税局“税苑丹心”等8个点位入选“红堡地图”TOP线路。6月至12月，会同市委宣传部办好2018年“理论氧吧”宣讲志愿者理论巡讲暨“张家港民生讲堂”，15个宣讲小组的30名宣讲志愿者分赴基层开展理论宣讲30场，发放《知识问答选编》1500余册，同时开设“空中民生讲堂”，录制“空中理论氧吧”12期。7月至8月，对37个机关部门（单位）党组织开展实地调研，通过听取汇报、座谈交流、查阅台账、问卷调查等形式，重点了解各单位党建基础工作、机关作风建设及落实市委要求开展解放思想大讨论等情况。加强先进典型宣传，7月至11月，联合市文明办在国土局、法院、老干部局、检察院、安监局举办道德模范、身边好人进机关现场交流和学习宣传活动。8月至10月，组织开展“永远跟党走，建功新时代”机关干部读书征文活动，收到读书征文266篇，评出一等奖5篇、二等奖10篇、三等奖15篇、优秀组织奖5个。9月至10月，开展两期市级机关“走看学做比党建”活动，组织66名机关党务干部参观苏州姑苏区、工业园区党建示范点。健全党内关爱机制，10月，在市老干部活动中心举办市级机关退休党员关爱仪式，自2018年开始，每年将为当年度到龄退休的机关党员统一制作和颁发纪念品。持续推进市级机关建立组织生活开放日制度，向基层党员印发《党的组织生活纪实手册》3400本，25个基层党支部组织生活开放日活动被纳入市观摩点，工委列席、旁听17家基层党支部组织生活会。11月，根据市文明办工作部署，牵头成立市级机关民生讲堂政策宣讲志愿服务队，积极开展新时代文明实践志愿服务。11月至12月，对各区镇和机关部门基层走访调研开展情况进行通报，各区镇、机关部门结合走访调研活动撰写报送调研文章156篇。年内，共组织6批423人参加机关党务工作者履职资格考试；通过《张家港日报》专版宣传市卫计委、经信委、行政审批局等部门推进“3Q”（亲、清、情）服务品牌建设情况；新建“融之汇”“金茂·融创港湾”2个党建服务联盟，机关党建联盟总数达到9家。做好4起机关党员违纪案件的审查工作。

【机关人大工作】 1月，在市第十四届人民代表大会第二次会议上，31名市级机关人大代表提出代表建议25条。3月至12月，市级机关工委继续开展“突破四大路径、人大代表在行动”主题活动，市级机关人大代表围绕选民关心的当代海关助力港城经济发展、“四点半”学校建设、税收“放管服”改革、电信服务社会、水资源管理及水环境整治、产业资本中心运行和建设、全国质量强市示范城市创建及公共安全教育基地建设情况、医疗卫生系统工作等热点问题，赴张家港海关、市教育局、市税务局、市电信局、市水利局、市产业资本中心、市市场监督管理局、市交通运输局、第一人民医院等单位开展8次视察调研活动，撰写调研报告2篇。7月，召集机关人大代表小组正副组长、联络员在海关总结上半年工作，部署下半年计划，并前往金港镇袁家桥村学习人大代表联络站经验。9月，组织机关人大代表赴安徽金寨革命老区举行为期5天的政治修养提升培训班；创新建立市级机关人大代表“民生实事工程”监督机制，并围绕“民生实事工程”推进情况赴市住建局、水利局开展2次专项监督。10月至12月，开展5次接待选民活动、2次向选民述职活动，接待群众65人次，收集各类意见、建议45条。

【机关群团活动】 2月，市级机关工委组织机关团委开展中共十九大精神宣讲，80名市级机关团员青年听取讲座。3月，联合市总工会女工委举办机关职场女性心理健康知识讲座；举办首期市级机关气排球运动培训班。4月至10月，组织市级机关单位参加张家港市第七届体育运动会（系统组）比赛，29个机关部门的党员干部参加了田径、篮球、拔河等12项体育比赛。6月至9月，举办第三届张家港市级机关足球锦标赛和市级机关羽毛球、乒乓球、掼蛋比赛。7月，召开市级机关第五次团代会，选举产生共青团张家港市级机关第五届委员会委员7人和出席共青团张家港市第十六次代表大会的代表6人。9月，联合市妇联举办“暨阳玫瑰·说法面对面”婚姻家庭法律知识讲座进机关活动，召开市级机关工会选举大会，73名职工代表参加会议，选举产生市级机关出席市工会第十二次代表大会代表20人。11月，举办女性形象与健康管理公益课堂。12月，组织500名机关干部参加以“加油吧，我的城”为主题的第八届迎新年万人健步行活动。年内，围绕重要时间节点开展三八维权周志愿服务、“科普文化体验”、“迎五四·悦奔跑·越青春”环湖乐跑、“诗意中秋，品味茶香”女性阅读沙龙等活动。推进机关妇联建设，做到应建尽建，成立市级机关首家联合妇联——市级机关大院联合妇联。组建机关劳模志愿者队伍，开展劳模“传帮带”活动，推进“青春建功”“巾帼建功”等主题活动。协助做好“331”整治、防范非法集资宣传、同创共建、垃圾分类、义务献血等组织推进工作。

【机关干部教育】 2018年，市级机关工委针对市级机关基层党组织书记、党务干部、优秀共产党员、党员发展对象等不同群体，全年举办政治理论、党性教育、业务提升等各类培训共10期（次），参训人员1300余人次。3月，召开党建业务培训会议，对246名基层党务工作者进行党建业务培训。5月，在福建古田举办市级机关党务干部综合能力提升班，50名机关党务干部参加培训。6月，联合市委宣传部组织全市40余名理论宣教骨干赴贵州遵义开展培训；组织近两年来市级机关新任职的20名市管干部赴苏州监狱开展警示教育；举办推动落实中央八项规定精神专题培训，市级机关260余名分管领导、办公室主任、财务负责人参加培训。6月和9月，分两期组织近100名2017年度市级机关优秀共产党员赴安徽泾县开展党性教育。7月，举办市级机关第32期党员发展对象培训班，186名党员发展对象参加培训；开展机关党建管理平台操作培训，103名管理员参加培训。11月，启动新一轮机关党员3年轮训，并在市委党校举办为期3天的首期培训班，87个机关部门的260名党员参训。

【“行动支部”工作法推广】 5月，根据苏州市委组织部、张家港市委组织部《关于创新基层组织设置和活动方式推广“行动支部”工作法的通知》要求，市级机关工委在直属各级党组织中迅速部署、广泛发动，通过工作调研、座谈交流、现场指导等多种方式，推动市级机关行动支部建设有序推进。12月，联合市委组织部举办全市"行动支部"建设互访互学(机关站)活动,60个市级机关党组织的分管领导参观了张家港海事局沪通大桥海巡执法大队党支部和市检验检测中心红星E检测项目支部2个行动支部,市城管局、安监局、国土局的分管领导分别从行动支部阵地建设、项目建设和共建制度等方面介绍了支部建设经验,并与现场党务干部互动交流。"七彩党建""五心服务""金岸党建""新文惠民""港城大厦党建联盟""科技e+""融之汇"7家党建联盟牵头单位展示了各个联盟在推进行动支部建设上的工作举措。苏州市委市级机关工委书记吴菊铮、副书记许国鸣,张家港市委组织部副部长樊建兵、市委市级机关工委书记施建彬出席活动并启动"机关党建大联盟,行动支部再出发"启动球,号召各级党组织以行动支部建设为有力抓手,不断推动市级机关党组织建设更有温度、更具实效。 (杨雅婷)

老干部工作

【概况】 2018年年末,全市有离休干部106人,比上年减11人。享受县处级以上待遇的退休干部61人,比上年少1人。离休干部中,除易地安置张家港的6人和部、省属单位的9人外,享受地市级待遇的1人,享受县处级待遇的28人,享受乡科级待遇的61人。年内,市委老干部局结合元旦、春节、重阳等节日,组织老干部开展各类文体活动60余次,活动人数近5500人次。探索开展区域化"银龄党建驿站"试点,在经开区(杨舍镇)乘航办事处、经开区(杨舍镇)梁丰社区、南丰镇振兴社区等12个街道(办事处)、村(社区)试点建立"银龄党建驿站",推进社区离退休干部"一方隶属、多重管理"党建工作提质扩面。市老干部活动中心参照公务员法管理。

【老干部政治待遇】 年内,市委老干部局为全市离休干部和市级老领导订阅《银潮》《中国老年报》,免费赠阅《张家港日报》和《秋韵》内刊,发放学习材料,开通微信公众号,落实文件阅读、听报告、参加重要会议和重大活动制度。全年刊发老干部宣传信息220篇,公众平台推送老干部理论学习体会文章100余篇。1月,组织市级老领导40余人,列席张家港市政协十二届二次会议和张家港市第十四届人大二次会议;举行市级老领导情况通报会,市委书记朱立凡向40余名市级老领导通报全市2017年经济社会发展情况和下阶段主要工作计划。3月,组织部分离退休女干部赴高新区杵山生态园参观。4月,举办全市老干部党支部书记培训班,80余人参加。8月,举行上半年度县处级以上离退休干部情况通报会,市委副书记、市长黄戟向45名老干部通报全市上半年经济社会发展情况和下半年主要工作计划。3月、6月、9月、12月,先后组织市级老领导赴南丰镇、大新镇、常阴沙现代农业示范园区、江阴市新桥镇海澜飞马水城参观考察。

【老干部生活待遇】 年内,市委老干部局坚持做好经常上门走访慰问,在春节、夏季高温、中秋节和重阳节,分片组走访慰问全市离休干部、市级老领导以及离休干部遗属,并送去慰问信和慰问金,走访慰问830余人次。春节前夕,市委常委、市委组织部部长陆德峰带队走访看望因身体原因住院和在家的高龄市级老领导。5月,组织市级老领导33人赴青岛进行为期一周的保健疗养;投入20余万元升级改造医务室,创立"医师工作站"专家诊疗服务。8月,组织全市市级老领导、离休干部进行健康体检,邀请上海三甲医院和市澳洋医院专家为离休干部和市级老领导进行一对一健康咨询和体检报告解读。9月,按照苏州市委老干部局关于离休干部"三有一落实"工作部署,按照自愿原则,为全市离休干部进行家庭医生签约。全年共慰问生病住院离退休干部90余人次。

【老干部活动】 1月,市委老干部局组织召开老干部兴趣团队负责人年会,9个老干部兴趣团队主要负责人参加会议;组织市老干部书画协会走进全市各镇村、社区、机关、医院、商场等,现场书写和赠送春联8000余幅,参与老干部达到100余人次。3月,举办"银龄闹元宵"老干部综艺活动,设置赏花灯猜灯谜、幸福投篮、彩带飘飘聚福气、幸福滚滚来、欢乐吉祥套圈5个游戏项目,市级机关280余名副镇(局)级以上离退休干部参加;开展市老干部志愿者"便民利民、奉献爱心"志愿活动;成立市老干部球类协会、棋牌协会、摄影学会临时党支部,组织开展主题党日活动,赴嘉兴南湖革命纪念馆参观学习;在全市离退休干部中开展学习贯彻中共十九大精神和纪念改革开放40周年主题征文、书画摄影展,共收到征文80余篇,书画160余幅,摄影600余幅。4月,市老干部活动中心举行老干部"走进春天"系列文体活动,组织市老干部象棋队、桥牌队、乒乓队50余人参加活动。5月,承办苏州市老干部象棋友谊赛,苏州市各区及下属县级市共10支老干部象棋队40余人参加。6月,组织"晚霞生辉印初心,砥砺奋进新时代"市老干部兴趣团队党支部主题党日活动,200余位老同志参加。8月,联合江阴市委老干部局、常熟市委老干部局主办"回眸四十年奋斗历程,谱写新时代辉煌篇章"——纪念改革开放40周年张家港、江阴、常熟三地老干部书画联展,三地各展出书画作品30幅,编印《纪念改革开放四十周年翰墨一江情——江阴、常熟、张家港老干部书画作品集》500册。9月,联合市委组织部、市人社局举办"走进新时代,舞动夕阳红"全市老干部文艺会演,演出节目13个、300余人参加。10月,联合市委宣传部、市文明办、市级机关工委举办"张家港市道德模范与身边好人现场交流暨市级机关退休党员关爱仪式",230余人参加;举办"时代放歌——纪念改革开放40周年"全市老干部书画摄影作品展,展出书画作品120幅、摄影作品170幅。11月,联合市委组织部、市人社局邀请省"银潮讲坛"法律专家作专场法律宣讲,200余人参加。年内,组织老干部参加苏州市台球、书画、麻将等展览或赛事;组织老干部兴趣团队与太仓、常熟、江阴、昆山、吴中、姑苏区、创元集团等有关团队进行交流。

(施翠萍)

党　校

【概况】 2018年，市委党校全年共举办市副科级以上领导干部综合素质进修培训班、市青年干部轮训班、市社区干部综合能力提升培训班、市新录用人员暨军转干部培训班、市新党员标准化培训班等各类培训班131期，培训轮训党员干部3.7万人次。依托"红色讲坛""百场万人理论巡回宣讲""民生大讲堂"等平台，开展中共十九大精神、习近平新时代中国特色社会主义思想、纪念改革开放40周年等主题宣讲223场，听众超过3万人次。与市电台合作录制15期"红色微讲坛"党课微视频，创新推出10期《红色家书》党性教育微音频，并在"微党校""张家港先锋""张广早新闻"等平台同步播出；在张家港电台《听见》栏目推出6期"话说改革四十年"访谈类节目；在《张家港日报》开设"红色微讲坛"专栏，围绕"十九大精神解读""全国两会""新时代新气象新作为""解放思想大讨论"等主题，刊发千字短文15篇。2月5日，市委党校举行教研中心成立暨顾问聘请仪式，党史党建、社会经济、行政法律3个教研中心正式成立，聘请苏州市委党校卜泳生、王涛、刘建芳3位教授分别担任党史党建、社会经济、行政法律教研中心顾问。继续实施"科研质量提升年"工程，以"1+9+X"党校联盟科研协作平台为依托，大力提升党校科研服务经济社会发展的质量与水平。与锦丰镇协作课题获得了市纪委书记的批示；与市人才办、市人社局协作完成"关于进一步优化我市人才政策的调查与思考"课题研究工作；与市政协协作完成"关于进一步增强我市芯片半导体产业高端人才集聚度的研究"课题研究工作。全校教师积极申报各类重点课题，全年成功立（结）项课题14个；教师征文入选江苏省委党校"三项机制"研讨会论文集和苏州市纪念改革开放研讨会，并进行大会交流；教师秦锁英、龙泉、赵彬分别获得市法学会优秀论文评比一、二等奖和优秀奖；教师雷莹、付辉辉、秦锁英分别获得市第八届哲学社会科学优秀成果三等奖和决策咨询奖；上报资政报告《市情研究参考》6期，其中获市领导批示2期。持续加强师资队伍和干部队伍建设，全年组织教师60余人次赴中央党校、人民大学、江苏省委党校、遵义干部学院等地学习党的创新理论，安排3位教师赴基层挂职锻炼，组织开展4期教学沙龙活动、2次教学竞赛活动。雷莹入选江苏省党校（行政学院）系统第二届"三个一批"人才培养工程，成为"教研新秀"类培养对象。

【基层党校建设】 全市有基层党校13家，其中镇党校8家，常阴沙现代农业示范园区党校1家，市级机关工委党校1家，沙钢集团、华昌集团及沙洲职业工学院党校各1家。年内，各基层党校以党的基本理论、方针政策、法律法规、经济社会发展等为培训内容，开展党员轮训、入党积极分子培训及各类专业技术培训。各基层党校通过集中辅导、讨论交流、专题报告会、党课教案和微型党课演讲竞赛、基层巡讲等多种方式，组织广大基层党员干部学习中共十九大精神和习近平新时代中国特色社会主义思想，把握中国特色社会主义的理论精髓、实践成就和发展要求。全年共举办集中辅导300余场，巡讲、座谈交流1500余场，超过10万人次参加。组织策划2018"理论氧吧"宣讲志愿者理论巡讲暨"张家港民生讲堂"活动，开设"空中理论氧吧"，录制12期"百姓名嘴对对碰"及10期"特色点位个个看"专题访谈节目。创新开展基层党员冬训活动，组织"新时代新气象新作为"理论文章征集活动及"拥抱新时代 彰显新作为"微话题讨论活动，共征集理论文章237篇。加强理论宣讲骨干培训，举办全市理论骨干培训班。6月3日至8日，组织全市40名理论工作骨干，赴贵州遵义集中培训，通过专题教学、现场教学、体验教学、访谈教学、情景教学、生态教学等形式，上传统党课、唱红色歌曲、诵红色诗词，开展党性教育、爱国主义教育及理论工作技巧学习。塘桥镇获评2017年度全省基层党员冬训工作示范乡（镇、街道）。常阴沙现代农业示范园区党校"党教新干线"品牌建设工程、保税区（金港镇）党校"不忘初心、牢记使命"基层党员教育项目获评2018年度苏州市基层党校"争先创优"活动三类优秀项目。经开发区（杨舍镇）党工委以"四大平台"助"两新"党组织"冬令进补"获评2017—2018年度苏州市基层党员冬训工作创新项目。

【全市基层党组织书记集中轮训】 1月至6月，市委党校承办全市基层党组织书记学习贯彻党的十九大精神集中轮训，共有来自全市机关、区镇和企业的2335名基层党组织书记参加。轮训每期3天至6天，以学习宣传贯彻中共十九大精神为主线，开设《新思想领航新时代——中共十九大精神解读》《十九大新修订党章解读》《习近平新时代中国特色社会主义思想》《基层党建工作实务》等课程。除课堂教学外，市委党校还通过党性分析、工作交流研讨、重温入党誓词、在线知识测试、撰写学习心得等形式，增强培训的仪式感，激发学习的主动性。集中轮训采取市委组织部跟班管理、市委党校分管领导蹲点管理、班主任项目化管理和成立班级临时党支部自主管理相结合的管理模式，并在培训过程中严格实行"一课两签到"制度，真正做到从严要求、严格管理，营造浓厚的学习氛围。

【首次承办国际班】 4月24日至26日，以阿伊莎·达侯·塔卡卜为团长的阿尔及利亚民族解放阵线党19位中央委员在江苏省委党校教师的陪同下，到张家港开展现场教学活动。这是市委党校承办的首个国际班。学习班先后考察张家港保税区化工品交易中心、市文化中心、金港镇塍丰社区、南丰镇永联村等地，听取"张家港全国文明城市创建经验""张家港产业转型升级"等课程，对张家港市建设成就印象深刻。

【贵州遵义党性教育培训班】 7月15日至19日、8月12日至16日，市委党校牵头举办张家港市党员干部赴贵

7月15日,张家港市党员干部赴贵州遵义党性教育培训班开班

(市委党校　提供)

州遵义党性教育培训班两期,来自市级机关相关单位、区域共建单位及党校联盟成员单位的分管领导、党务干部等共110人参加培训。培训班以"不忘初心,牢记使命"为主题,通过听取《遵义会议与遵义精神》专题报告、参观遵义会议和苟坝会议会址、瞻仰红军山烈士陵园、聆听红军革命故事、观看《娄山关大捷》情景剧、参观美丽乡村新农村建设创建点等。

(丁志宏)

史　志

【概况】 2018年,市委党史地方志办公室围绕"存史、育人、资政"职能,抓好党史编纂和修志主业,积极开发利用红色历史和地情文化资源,各项工作取得新突破。年内,推进中国名镇志文化工程入选镇志编纂,组织开展纪念改革开放40周年相关活动。完成《张家港市党员干部资政志鉴》《图说张家港》编纂工作。完成《张家港史志》文史资料编写。继续开展"巡展、赠书、讲座"活动,以区镇史志馆为依托,开展史志成果"进学校、进社区、进农村、进企业、进图书室、进新张家港人"活动。利用新媒体开展宣传,在微信公众号上推出"张家港市名村志巡礼"15期。提升区镇史志馆服务功能,先后对杨舍镇棋杆村、包基村,常阴沙现代农业示范园区常北社区,塘桥镇金村村、巨桥村等村史馆建设进行指导。加强史志服务社会功能,开展历史文化资源宣传、保护和利用工作。青少年史志教育馆常年开放,全市学生积极撰写观后感,年接待全市基础教育阶段学生2万余人次。乐余镇红色新沙洲党史教育馆建成开馆。锦丰镇沙上文化纪念馆、沙洲县抗日民主政府纪念馆,塘桥镇谢恺烈士纪念馆、钱氏名人馆、金村党支部遗址等教育场馆成为党史地情宣传重要阵地。大新镇完成红色旅游路线纪念地选址、设计方案修改。就市政协委员提案《关于建立地方文献呈缴本制度的建议》《关于重视对历史村落记载的建议》做好相关调研和答复工作。年内,市委史志办获评江苏省党史系统先进集体,多项工作获省政府办公厅通报表扬,在苏州市区县党史、地方志工作综合考评中获第1名。

【党史工作】 年内,市委史志办党史第三卷专题编写取得实质性成果。《潮涌港城——改革开放新时期张家港党史专题集》于2013年10月启动征编,经3年多精心编纂,六审六校,已结集成书。全书分四册,征集专题118篇,涉及征编部门100余个,约220万字。2018年完成审稿、修改等工作,年末由中共党史出版社出版发行1000册。年内,《中国共产党张家港地方历史》(第三卷)编纂工作启动。搭建编写工作班子,明确编写分工。完成纲目调整、修改并通过苏州市委党史工办审核。围绕纪念改革开放40周年,加强口述史征编工作,自2016年年初启动至2018年年末,累计形成采编资料47篇。至年末,口述史专题集第一辑形成送审稿。"历史的巨变——改革开放40周年张家港市重要成就和主要经验简述"课题入选2018年度张家港市级社科应用研究重点立项课题。开展理论研究,《精神的力量》在《世纪风采》刊载。

【地方志工作】 2018年,市委史志办继续推进中国名镇志和江苏名村志文化工程。5部中国名镇志先后通过省级终审、中指办验收进入出版程序。其中纳入第二批中国名镇志出版的《锦丰镇志》于1月15日举行首发式。《金港镇志》《塘桥镇志》《凤凰镇志》《杨舍镇志》纳入第三批中国名镇志出版,于11月正式出版发行。申报江苏省名村志3部,《金村村志》于6月通过终审,年内完成终审修改,提交省地方志办公室验收;《柏林村志》于11月通过终审;《善港村志》完成初稿。全市共启动编纂张家港市名村志62部,其中在编村志44部。年内,《花园村志》《占文村志》《袁家桥村志》等22部村志通过终审;31部村志年末集中评审,评出星级志书28部,其中三星级2部、二星级5部、一星级21部;《百家桥村志》《横泾村志》《横河社区志》启动编纂。持续推进乡镇志、部门志编纂。《中兴镇志》出版发行;《凤凰镇志》完成终审,进入出版程序。三轮镇志修编试点开展,《双山志》《冶金工业园(锦丰镇)志》完成资料收集和部分初稿,《南丰镇志(续志)》正式启动。先后对《张家港市政法志》《张家港市统战志》《张家港市工会志》《张家港地方税务局志》进行审稿,指导修改。指导市妇联、张家港海关、团市委等单位制定部门志编纂方案和纲目。

【《张家港市扶贫协作和对口支援志》编纂启动】 年内，为全面记载张家港市在对口支援西藏、新疆、四川、贵州、陕西等地的经济援助、干部援助等方面的扶贫协作工作，根据省、苏州市的统一部署，市委史志办启动编纂《张家港市扶贫协作和对口支援志》。先后会同市发改委制定编纂方案，成立编纂机构，落实编纂经费，开展资料收集。3月1日，召开《江苏援藏援疆建设志》暨《张家港市扶贫协作和对口支援志》编纂工作会议。与市发改委协作科、塘桥镇等单位召开资料收集协调会3次，并与新疆、西藏、陕西、江西井冈山、江苏宿豫等地的对口援建单位对接，征集资料50余万字。至年末，完成援藏援疆、对口援建陕西、宿豫部分的初稿约10万字。

【《张家港年鉴》再获特等奖大满贯】 年内，市委史志办继续对2018卷年鉴创新。彩页设置“庆祝改革开放40周年”和“四个港城”专题及“张家港党建动漫形象”专版，突出年度特色。正文将上年的“专文·特载”类目拆分成“特载”“专文”2个类目，“特载”收录2017年度发生的重要事件和重大新闻，突出“特载”位置。将“概况”类目名改成“全国文明城市张家港概览”，将“区镇发展”类目名改成“文明区镇”，突显张家港城市特质。将“民主党派·无党派人士联谊会·工商联·人民团体”类目改成“民主党派·工商联·人民团体”类目，“无党派人士联谊会”内容调整至市委类目统战分目之下；将“生态环境”类目中“生态建设”分目名改为“生态文明建设”，“景区景点”分目内容合并至“服务业”类目中的“旅游”分目；将“市场·物流”类目归并至“服务业”大类中；将“人力资源和社会保障”类目归并至“社会民生”大类，并更名为“社会居民”类目，“民政事务”分目也作相应修改，彰显分类格局。《张家港年鉴（2018）》有纸型版、光盘版和网络版三种版本。光盘版内除文字、图片外附有视频、音频资料。网络版通过手机微信二维码扫码可实现移动阅读。同时，部分类目增加视频、音频和图片文字链接，作为该类目内容的补充，读者可通过二维码扫码实现立体化阅读。12月，由中国出版协会主办，中国出版协会年鉴工作委员会承办的第六届全国年鉴编纂出版质量评比结果揭晓。《张家港年鉴（2018）》获综合特等奖，框架设计，条目编写，装帧设计，检索、编校质量和出版时效4个单项也均获特等奖。这是继2014年第五届全国年鉴编纂出版质量评比后，《张家港年鉴》又一次获得特等奖大满贯。

【中国地方志指导小组中层以上干部到市集中调研】 1月12日至15日，中国地方志指导小组秘书长，中国地方志指导小组办公室党组书记、主任冀祥德等一行30余位地方志专家，在江苏省地方志办公室主任漆冠山、苏州市地方志办公室主任陈兴南的陪同下，到张家港市调研考察地方志事业发展情况，并围绕精品志鉴与地方志工作编纂创新深入研讨。专家们先后到杨舍镇农联村、南丰镇永联村、凤凰镇等地实地调研，充分肯定了张家港市史志场馆建设和名镇志、名村志等地方志编纂工作实绩，尤其是对《张家港市志》《张家港年鉴》《永联村志》《永联年鉴》等给予了高度评价。

【四部镇志集体亮相中国名镇论坛】 12月6日，第三届全国名镇论坛暨第三批中国名镇志丛书出版座谈会在湖北省孝感市举行。中国地方志指导小组秘书长，中指办主任冀祥德出席会议。中指办原党组书记田嘉出席会议。各省级地方志机构负责人及联络员，有关专家，名镇志丛书主编、名镇主要领导、所在县级地方志工作机构负责人等近150人参会。张家港市委史志办和金港、杨舍、塘桥、凤凰等4个镇分管领导和主要编纂人员参加会议。会上，冀祥德介绍了全国地方志事业发展的新形势、新任务、新目标、新作为，并就地方志进一步服务好全国城镇化建设和乡村振兴战略，做好中国名镇志文化工程提出明确要求。冀祥德还专门为金港、杨舍镇志题词“振兴乡村发展，地方志大有作为”“地方志力推乡村振兴”。2015年，中国地方志指导小组在全国启动中国镇志文化工程。全市各区镇对照要求积极申报。金港镇、杨舍镇作为经济名镇，锦丰镇、塘桥镇作为特色名镇，凤凰镇作为历史文化名镇均成功入选。各区镇党委、政府高度重视，均专门成立编纂工作委员会，搭建编纂班子。各编写组经过查阅、搜寻、访问、座谈等形式，本着准确还原历史，保留乡土文化记忆，传承传统文化精华的精神，完成初稿编纂，并先后通过省地方志办公室组织的终审和中国地方志指导小组办公室的验收，提交方志出版社出版。2017年，《锦丰镇志》纳入第二批中国名镇志丛书正式出版发行；2018年，《金港镇志》《杨舍镇志》《塘桥镇志》《凤凰镇志》纳入第三批中国名镇志丛书正式出版发行。至此，张家港市5部中国名镇志全部正式出版发行。

【首部涉改机构部门志出版】 年末，《张家港地方税务局志》正式出版发行，成为全市机构改革大潮中首部涉改部门志。根据国税、地税征管体制改革工作部署，原国、地税机构合并，为完整记录张家港地税局1994年成立后24年走过的光辉历程和取得的丰硕成果，张家港地税局于4月启动局志编修工作。该局成立以党组书记、局长为主任的编纂委员会，下设编纂办公室，由分管副局长担任主编，办公室、人事教育科、税政法规科、征管科技科负责人分别扎口负责行政、业务等板块内容的编纂。面对志书涉及时间长、资料庞杂、内容广泛、数据不全的情况，编委会先后组织召开各类座谈会12次，查阅各类文书档案2000余卷、图片资料3000余张。市委史志办及时完成志稿审核、指导工作，多次对其志稿提出合理化意见、建议。从召开编纂工作动员会、列出志书纲目，编纂业务培训，到完成初稿，多次征求意见、修改审定，直至付梓出版，前后历时仅8个月，创造了全市部门志编纂效率最高历史纪录。《张家港地方税务局志》全彩印刷，共14章70节52万字，客观、翔实记录了张家港地方税务局走过的“高

起点初创、持续大发展、奋发再攀高”3个发展阶段，对留存部门史料做出了典范。 （史 志）

档 案

【概况】 2018年年末，全市有综合档案馆1个，馆藏档案523307卷、476538件，资料9421册；城建档案馆1个，馆藏档案115894卷，底图档案696张；镇（村）级档案馆6个，馆藏档案118572卷、667137件，底图档案7514张，资料2627册；政务公开信息查阅中心1个，保存91个单位的纸质政务公开信息36734件；图片中心1个，存贮图片380689张；音视频档案中心1个，存贮音视频档案18510件。全市有633个单位档案工作达到省星级规范标准，其中省五星级25个、省四星级5个、省三星级344个、省二星级209个、省一星级50个。全市有档案研究馆员1人，副研究馆员11人，馆员69人。

【档案宣传教育】 6月，市档案馆完成“沙上明珠孕异彩，港城英风谱华章——张家港籍名贤名人档案文献展”改版工作，年内近4000名党员、干部、群众和学生参观该展览。市档案馆获评张家港市十佳党性教育基地，列入市级“红堡地图”TOP点位。“与法同行，助推‘四个港城’建设”等档案普法宣传项目列入2018年度全市法治宣传重点项目，并在全省档案法治宣传教育工作座谈会上作经验交流。6月8日，市档案局组织开展2018年国际档案日主题活动暨“档案见证改革开放”主题宣讲活动。市档案局全年举办各类档案基础业务技能培训班10期，受训人员累计700余人。“张家港档案”微信公众号全年发布微信65期，阅读人次23万人，位列2018年度全国档案微信公众号传播指数排行榜第三位。年内，在国家级、省级档案刊物发表论文6篇。

【档案保管利用】 2018年，市档案馆接收承包地确权登记、学籍、复退军人等档案41426卷、2560件，接收12家市级机关形成的政务公开信息纸质文件656件，收集张家港地情资料194册，整理进馆报刊613册。按照档案保护“八防”要求，落实各项安保措施，开展消防演练2次，维修档案库房设施设备4次，确保档案实体安全。档案查阅大厅母乳哺育室、妈妈驿站正式启用。全年通过现场查阅、信函、电话、网上查档等多种服务方式，共为社会各界提供档案利用15596人次、19473卷（件）次，提供资料96册，为组织部门提供党员信息普查、复退军人信息登记及市民工龄认定、独生子女补贴、征地拆迁、二胎审批等有效档案凭证2万余件，查档窗口保持零投诉记录。

【档案征集编研】 年内，市档案馆累计征集江风、公羊寿、汤铭新、汤履道、张国良、秦振华、王燕谋、童道明等张家港籍名人档案514件。征集《暨阳蒋氏宗谱》《陶北庄张氏宗谱》等家谱10套110卷。征集环境保护、新闻宣传等民间历史档案资料6741件。启动“百村万户”口述历史采集工作，录制黄志高、郭锡强等人的口述历史档案，开展杨舍镇斜桥村、塘桥镇金村村、大新镇中兴村等首批试点村的口述录制工作。图片中心收集和整理市、镇机关形成的各类图片10461张，全年累计上传图片20450张，为社会各界提供图片档案服务1895张。征集、在线采集音视频档案4150件。编纂出版《大新影像》《双山影像》。编写《张家港大事记》12期。

【档案监督指导】 2018年，市档案局加强依法治档工作，以市推进依法行政建设法治政府领导小组办公室名义先后下发《张家港市重大行政决策档案案卷评查标准（2018版）》《关于加强依法行政档案管理的通知》，《规范重大行政决策档案 助力法治政府建设》获评“江苏省社科应用研究精品工程”二等奖，《规范重大行政决策档案管理》列入2018年至2019年全市依法行政示范项目。对市水利局等6家单位开展“双随机一公开”档案行政执法检查。依法监管转改制企业档案处置工作，完成机械工业公司等六大公司7506卷档案的规范整理和移交任务。完成3个省级、19个苏州市级、34个张家港市级投资总额达到1亿元以上重点项目工程档案的登记备案。在苏州市范围内率先启动河长制建档工作，继续推进农业合作社建档工作，规范安监许可档案和文化市场执法档案建设。120余个单位通过省档案工作星级测评或复查，其中南丰镇机关档案室通过省五星级规范测评。全市党委村档案工作100%达省三星级。9月30日，南丰档案馆成立。

【档案信息化建设】 2018年，新增锦丰镇联兴村、南丰镇永联村和乐余镇乐余村3个“民生档案信息共享平台”查阅点，全市查阅点累计达到39个。全国示范数字档案馆和“智慧档案馆”一期项目通过验收。全年完成12万卷（件）馆藏档案的数据核对、修改工作。完成市图片中心系统升级工作。全年累计投入资金53.8万元，增添磁盘阵列及漏洞扫描系统、网络审计系统等硬件设备，强化局域网络安全漏洞管控功能。完成全部电子数据的异地异质备份工作。在张家港政府门户网站上开辟张家港档案信息专题，实现开放档案网上查询。市电子文件中心累计上传电子文件147559件，其中完全公开88690件、局部公开11681件、不公开47188件，全年查询电子文件1626人次，累计95776人次。

【未成年人成长档案建档活动】 年内，市文明办、市教育局与市档案局联合推进张家港市未成年人成长档案工作。5月30日，张家港市承办苏州市未成年人成长档案工作现场推进会。通过编制建档手册及档案装具、建档志愿服务活动及“成长档案知识大讲堂”等，全市2000余户未成年人完成建档，李偲等20名同学获评“未成年人建档示范户”，何语瞳等50名同学获评“未成年人建档优秀户”。《新华日报》《苏州日报》和《张家港日报》等多家媒体宣传报道张家港市未成年人建档经验。

【全省乡村振兴档案工作推进会在市召开】 近年，张家港市率先在全省建成“横向到边、纵向到底、不留空白”的“乡村大档案”治理体系。8月23日至24日,全省乡村振兴档案工作推进会在张家港市召开,国家档案局经科司、省农委、省民政厅及全省各市、县(市、区)档案部门负责同志参加会议。会议传达贯彻国家档案局全国农业农村档案工作座谈会精神,落实《江苏省〈村级档案管理办法〉实施意见》和2018年度省政府十大主要任务百项重点工作有关任务,围绕档案工作为乡村振兴战略提供好服务,总结交流经验做法,安排部署下一阶段档案服务乡村振兴战略工作任务。张家港市档案局、张家港市锦丰镇、徐州市贾汪区马庄村、无锡市档案局和南通市档案局等5个单位在会上作经验交流。与会人员实地考察锦丰档案馆(中心)、联兴村档案室、永联档案馆和乐余村档案室,参观乐余镇家庭档案展览。

【市档案馆获评全国示范数字档案馆】11月29日至30日,国家档案局组织专家对张家港市数字档案馆系统进行测试。专家组依据《全国示范数字档案馆测试标准》,对张家港市数字档案馆基础设施、系统功能、档案资源、保障体系、服务绩效等5个方面250个考评项目进行全面测试,认为张家港市档案馆已建成具备收集、管理、保存、利用等多种功能的数字档案馆系统,达到“全国示范数字档案馆”标准。近年,市档案馆全面建设涵盖馆藏全部档案的案卷级、文件级目录数据库、全文数据库,建立和完善全市统一的馆室藏档案数字管理平台、民生档案共享服务平台和市电子文件中心、市图片中心等服务载体,科学谋划智慧档案馆建设,基本完成示范数字档案馆建设各项工作。

(陶忠华)

公务接待与保密工作

【公务接待】2018年,市委接待办公室接待宾客886批2.61万人次。全年接待全国各地的党政代表团151批3361人次。各地党政代表团来函考察交流的主题主要集中在文明城市创建、经济转型产业创新、社会治理乡村振兴等方面。围绕中央环保督察,长江大保护及经济带建设,去产能、安全生产,省委巡视反馈问题整改落实情况专项督察等专项督察工作,累计保障调研活动186批3046人次。保障深圳投资说明会、阿拉善生态基金会理事会、张家港中科院纳米技术与纳米仿生理事会、亚布力论坛理事张家港行、第四届“港城合伙人”峰会、中国汽车技术转移大会、先进激光制造产业发展大会、张家港基金启动仪式、科技·人才活动周等大型商贸活动,长江文化艺术节暨第六届国际幽默艺术周活动、江苏省首届“童话里的世界”童话故事创作大赛优秀作品分享展示活动、中比国际女篮、中伊国际男篮对抗赛、第八届全国少儿曲艺展演等文体活动共102批6232人次。保障张家港市各类考察团赴广东深圳、东莞,浙江萧山、嘉善、安吉,上海宝钢,贵州沿河,新疆巩留,江西井冈山,江苏宿豫及周边县市考察活动共31批次。(沈　磊)

【保密工作】2018年,市保密局持续推进保密工作标准化管理。下发保密工作标准化管理通用标准及实务指南、保密工作标准化管理台账表式,通用标准及实务指南涵盖保密管理的18个方面,配套60余种台账表式和制式文本,系统解读机关、单位日常保密管理工作的重点、难点问题;督促全市各机关单位及时调整保密工作领导机构成员,全年共有20家机关单位完成调整。4月,下发《关于进一步规范定密管理工作的通知》,从实行定密责任人制度、严格定密依据、落实定密程序、依法申请定密权限4个方面明确具体要求和措施,规范45家机关、单位的定密管理工作;对全市所有涉密人员进行审核确认,并开展一次岗位保密教育。依托苏州市保密局教育平台,完成全市14名计算机管理人员的“三员”培训;年内,新增涉密计算机1台,完成“三合一”系统安装2次,上门服务维护18次,确保涉密信息安全可控;加强涉密网络检查指导,协助市纪委、市检察院完成涉密网络建设、测评工作。深入开展保密工作自查自评,重点对全市45家重点涉密机关单位及其互联网门户网站开展检查督察工作,实现对市直重点涉密机关单位的全覆盖。持续深化保密服务保障,组织全市10家军工单位开展涉密领域国产化替代工程工作,规范各单位的涉密专用信息设备采购管理工作。加强对下指导、对上协调,帮助艾特机械制造有限公司、亿都智能特种装有限公司2家企业申报保密资质。每月向全市各单位提供销毁服务,全年共回收销毁各类文件资料133.94吨,电子类办公设备台式计算机1056台、笔记本计算机122台、硬盘770个、显示器866台、打印机558台、复印机42台、传真机70台。

【保密宣传教育】11月,市保密局组织全市各区镇、市级机关单位的保密主要负责人、专兼职保密干部共计220人,在市委党校举办全市保密主官暨涉密人员业务培训班。培训从保密形势任务和保密管理两个方面入手,以警示案例和实务操作为切入点,详细讲授当前保密工作面临的严峻形势和工作任务以及保密工作标准化管理的具体要求措施,对做好机关、单位保密工作具有很强的指导作用。开展保密教育送训上门活动,先后在保税区、经开区、统战部等单位开展保密专题授课;对全市2018年度新录公务员暨军转干部进行保密知识教育,发放《党政干部和涉密人员保密常识必知必读》手册1200余册。做好双月刊《保密之窗》的编写工作,向全市7000余名公务人员发送《保密之窗》简报6期,做好《保密工作》《保密科学技术》杂志征订工作,为全市相关单位订阅565份。利用与社区共建、“4·15”全民国家安全教育日等时机,向广大市民宣讲保密法规日常生活中的保密常识等内容,讲解如何做好个人信息安全的防范,解答群众的疑惑,发放《个人信息安全防范》《危害国家秘密安全的12种违法行为》《中华人民共和国保密法》及《保密提醒20条》等宣传手册400余份。(张明波)

【编辑　黄宏庆】

张家港市人大

Zhangjiagang Municipal People's Congress

1月2日，市十四届人大二次会议召开　（市人大办　提供）

張家港年鑑(2019)

人大会议

【市十四届人民代表大会第二次会议】 1月2日至5日召开。应到代表335人，实到333人。会议听取和审议市人大常委会工作报告、市政府工作报告、市人民法院工作报告、市人民检察院工作报告，审议张家港市2017年国民经济和社会发展计划执行情况与2018年国民经济和社会发展计划草案的报告，审议张家港市2017年财政预算执行情况和2018年财政预算草案的报告。会议通过无记名投票的方式，依法补选市十四届人大常委会委员2人，选举市监察委员会主任1人，补选市人民检察院检察长1人。张玮当选为市监察委员会主任，成家武、钱云华当选为市十四届人大常委会委员，邓根保当选为市人民检察院检察长（需报经苏州市人民检察院检察长提请苏州市人大常委会批准）。会议以举手表决方式通过《关于政府工作报告的决议》《关于张家港市2017年国民经济和社会发展计划执行情况与2018年国民经济和社会发展计划的决议》《关于张家港市2017年财政预算执行情况和2018年财政预算的决议》《关于张家港市人民代表大会常务委员会工作报告的决议》《关于张家港市人民法院工作报告的决议》《关于张家港市人民检察院工作报告的决议》《关于"标本兼治，长效管护，全面提升我市水生态环境"议案的决议》。会议收到由姚金泉等10名代表联名提出的《标本兼治，长效管护，全面提升我市水生态环境》议案1件。收到代表建议、批评和意见160件。其中，城市建设管理方面30件、交通水利方面15件、民生保障方面37件、教科文卫方面21件、三农方面2件、财政金融方面2件、工业经济方面1件、生态环保方面8件、三产服务业方面6件、司法公安方面14件、其他方面24件。

【市十四届人大常委会会议】 年内，市十四届人大常委会召开常委会会议9次。

第九次会议　1月5日召开。审议通过有关人事任命事项。

第十次会议　1月25日召开。审议通过有关人事免职事项。审议通过市人大常委会2018年度工作要点和工作安排。

第十一次会议　3月7日召开。审议通过有关人事任免事项。审议通过《张家港市人大常委会2018年工作评议实施方案》。为全省人大机关系统先进工作者颁奖。

第十二次会议　5月30日召开。听取和审议市政府关于贯彻实施《中华人民共和国水污染防治法》情况的报告。听取市科技局、市旅游局、市公安局、市规划局4个部门工作情况报告，进行工作评议，通过评议意见。

第十三次会议　7月31日召开。听取和审议市政府关于2017年度财政决算的报告，听取市政府关于2018年上半年财政预算执行情况的报告，听取和审议市政府关于2017年度财政预算执行及其他财政收支情况的审计工作报告。听取和审议市政府关于贯彻实施《中华人民共和国消费者权益保护法》情况的报告。听取和审议市政府关于《张家港市城市总体规划（2011—2030）》（2017年修改）编制情况的报告。审议通过《张家港市人大常委会讨论、决定重大事项的规定》《张家港市人民代表大会常务委员会关于推进依法行政、加强行政检察监督的决定》《张家港市行政检察监督工作实施办法》及《张家港市人大常委会关于进一步加强人大代表工作的意见》。

第十四次会议　8月10日召开。审议接受有关辞呈的决定和有关人事任免事项。补选苏州市人大代表。

第十五次会议　9月27日召开。审议接受有关辞呈的决定和有关人事任免事项。听取市科技局、市旅游局、市公安局、市规划局4个部门整改情况报告，进行工作评议二次审议。听取和审议市政府关于贯彻实施国务院《信访条例》情况的报告。听取和审议市政府关于贯彻实施《中华人民共和国公共文化服务保障法》情况的报告。审议市政府关于全市环境状况和环境保护目标完成情况的报告。

第十六次会议　11月28日召开。审议确定2018年度优秀代表建议和先进承办单位。审议有关人事任免事项。审议通过授予日本籍堀尾博英，新西兰籍汪润怡，韩国籍徐敏锡、金诚文4名外籍人士"张家港市荣誉市民"称号。听取和审议市人民法院关于确定人民陪审员名额的报告。作出关于召开市十四届人大三次会议的决定。听取和审议市政府关于代表议案办理情况的报告。听取和审议市政府关于代表建议办结情况的报告。听取和审议市政府关于民生实事项目和"民生微实事"实施情况的报告。

第十七次会议　12月27日召开。听取和审议市政府关于2018年国民经济和社会发展计划执行情况与2019年国民经济和社会发展计划草案的报告。听取和审议市政府关于2018年财政预算执行情况和预算调整及2019年财政预算草案的报告。听取市十四届人大三次会议筹备工作情况汇报。审议市人大常委会工作报告（草案）、市政府工作报告（草案）、市政府关于代表议案办理情况报告、市人民法院工作报告（草案）、市人民检察院工作报告（草案）。审议市政府关于国民经济和社会发展第十三个五年规划纲要中期评估报告。审议市政府2018—2020年必须解决的突出环境问题清单。审议市政府关于张家港市生态文明建设规划（2017—2025年）的报告。审议接受有关辞呈的决定和有关人事任免事项。补选苏州市人大代表。审议市十四届人大三次会议有关事项。

【市十四届人大常委会主任会议】 年内，市十四届人大常委会召开主任会议12次。

第十一次主任会议　1月16日召开。讨论市人大常委会2018年度工作要点和工作安排，听取市十四届人大二次会议代表议案和建议、批评、意见情况的报告，研究和部署市十四届人大常委会第十次会议准备工作，传达学习苏州市人代会精神和张家港市领导干部警示教育大会精神。

第十二次主任会议　2月28日召开。听取市政府关于市十四届人大二次会议代表建议办理情况的报告，讨论《张家港市人大常委会2018年工作评议实施方案》，研究和部署市十四届人大常委会第十一次会议准备工作。

第十三次主任会议　4月17日召开。听取市政府关于“标本兼治，长效管护，全面提升我市水生态环境”代表议案办理计划的报告，研究和部署市十四届人大常委会第十二次会议准备工作。

第十四次主任会议　5月16日召开。听取市政府关于全市居住房屋出租安全管理工作情况的报告，研究工作评议调查报告，讨论工作评议意见。

第十五次主任会议　6月28日召开。听取市政府关于2017年度财政决算的报告，听取市政府关于2017年度财政预算执行及其他财政收支的审计工作报告，听取市政府关于全市宗教法治化工作情况的报告，讨论《关于进一步加强人大代表工作的意见》《代表履职积分管理办法（试行）》和《关于加强和规范镇人大工作的指导意见》，进一步部署市人大机关解放思想大讨论活动，研究和部署市十四届人大常委会第十三次会议准备工作。

第十六次主任会议　7月24日召开。听取市政府关于全市美丽乡村建设情况的报告，听取市政府关于市十四届人大二次会议代表建议办理情况的报告，讨论《张家港市人大常委会讨论、决定重大事项的规定》《张家港市人大常委会关于推进依法行政、加强行政检察监督的决定》和《张家港市行政检察监督工作实施办法》。

第十七次主任会议　7月27日召开。听取市政府关于长城宝马新能源汽车整车项目情况的报告。

第十八次主任会议　8月15日召开。听取市政府关于《张家港市“七五”普法工作规划》实施情况的报告，研究和部署市十四届人大常委会第十五次会议准备工作。

第十九次主任会议　9月11日召开。听取市政府关于《张家港市旅游业全面提升三年行动计划（2016—2018年）》实施情况的报告，讨论工作评议整改情况调查报告，听取代表履职系统建设情况汇报。

第二十次主任会议　10月12日召开。听取相关工委（代表专业小组）关于重点建议督办情况的报告，研究和部署市人大常委会第十六次会议准备工作。

第二十一次主任会议　11月13日召开。听取市政府关于全市学前教育发展情况的报告，听取市政府关于提请授予外籍人士“张家港市荣誉市民”称号情况的报告，研究讨论2018年度优秀代表建议和先进承办单位评选工作，部署人代会筹备工作。

第二十二次主任会议　12月13日召开。听取市政府关于2018年国民经济和社会发展计划执行情况与2019年国民经济和社会发展计划草案的报告，听取市政府关于2018年财政预算执行情况和2019年财政预算草案的报告，讨论确定2018年度优秀人大代表小组和优秀人大代表名单，讨论市人大常委会工作报告，讨论市十四届人大三次会议有关事项，研究和部署市十四届人大常委会第十七次会议准备工作，汇报交流各工委室工作总结和2019年工作打算。（何开元）

依法监督

【概况】 2018年年初，全市有市十四届人大代表333人。至年末，有江苏省十二届人大代表3人、苏州市十六届人大代表71人、张家港市十四届人大代表334人。市十四届人大二次会议召开后，市人大及其常委会围绕全市中心工作，紧扣经济高质量发展、增进民生福祉和民主法治建设等工作重点，对全市重大事项决定、经济转型升级、生态环境整治和城乡建设管理等工作进行督察，提出意见建议，推动工作落实。延伸拓展“人大代表之家”建设，探索建立“民生茶馆”等形式的人大代表联络站（代表工作室），全市有人大代表之家38家，人大代表联络站（代表工作室）34家。年内组织开展代表活动130余场，参加代表2000余人次。首次开展“主任接待日”暨“常委会组成人员联系代表和选民”活动，集中组织常委会组成人员和各级代表参加“接待日”活动25场200余人次，收集代表、选民意见建议300余条，全部提交市、镇两级政府研究处理并督办落实。加强宣传工作，年内编发《张家港市人大常委会会报》2期、《张家港人大信息》9期，利用张家港人大网站、微信公众号以及各类新闻媒体，宣传人大及其常委会的重要活动、人大代表认真履行职责情况，有160余篇信息稿件被《人民与权力》、江苏人大网站、《苏州人大》等上级人大媒体采用。

【出租房安全管理工作监督】 5月，市十四届人大常委会第十四次主任会议听取市政府关于全市居住房屋出租安全管理工作情况的报告。针对房屋出租安全的重要性认识不足、各部门之间工作合力不够、长效管理机制不够完善等问题，要求市政府及相关职能部门进一步突出问题导向，加强调查研究，细化工作措施，抓住典型做宣传，抓住问题讲法治，抓住时机讲成效，营造声势，提高群众安全意识；强化责任担当，凝聚工作合力，持续加大排查整治力度，重点整治“三合一”场所（居住场所与加工、生产、仓储、经营等场所混合）及群租房，相关单位之间要加强横向沟通和纵向联系，建立健全协同作战、联合联动机制，凝聚工作合力，努力形成分工协作、齐抓共管、群防群治的良好格局；强化工作落实，构建长效机制，疏堵结合，优化出租房屋供给体系，运用现代科技手段，不断提升房屋出租智能化管理能力，进一步创新社会综合治理模式，强化出租屋网格化管理，摸清底数，掌握实情，消除出租房屋安全隐患，着力打造共建共治共享的常态化治理格局，在加强源头防控的基础上，依法严厉查处房屋出租违法违规行为，做到未雨绸缪，防患于未然。

【财政运行监督】 6月，市十四届人大常委会第十五次主任会议听取市政府关于2017年财政决算情况的报告和2017年度财政预算执行及其他财政收支审计情况的报告。7月，市人大常委会听取和审议2017年度财政决算的报告，听取关于2018年上半年财政预算执行情况的报告，听取和审议2017年度财政预算执行及其他财政收支情况的审计工作报告。会议要求市政府及相关职能部门不断加大审计监督力度，依法全面履行好审计监督职责，着力强化审计发现问题的整改；积极推进预算管理改革，建立完善预算编制、执行、监督、绩效“四位一体”的预算管理机制，建立规范透明、约束有力的预算制度；加强国有资产管理，深化国有资本经营体制机制改革，努力提高国有资本经营收益和对财政贡献份额；坚持系统性思维，在增收与节支两端发力，充分发挥好财政资金的调节和保障作用；加强对宏观形势的研判，掌握工作主动权，着力培育优质税源，不断提高财政收入质量。

【代表建议办理工作监督】 7月，市十四届人大常委会第十六次主任会议，听取市政府关于市十四届人大二次会议代表建议办理情况的报告。针对个别承办单位建议办理方式比较简单、主办单位和协办单位缺少联动等问题，要求市政府及各承办单位要从讲政治的高度，落实“以人民为中心”的发展思想，增强代表建议办理工作的责任感和使命感，认真对待代表提出的每一件建议，谋划创新举措，回应群众期待；在办理过程中统筹考虑，认真分解目标任务，进一步明确承办单位，增强办理工作的针对性；把代表建议办理作为部门绩效考核的一项重要内容，加大考核力度，促进建议落实；在办理工作中注意举一反三，拓展思路，真正在解决实际问题上找出路子和办法，推动政府和承办部门的代表建议办理工作再上新台阶。年内，“关于规范地下管线工程建设管理的建议”等15件建议被市人大常委会评为优秀代表建议，市政府办公室、市教育局、市公安局、市市场监管局、市住建局、市民政局、市交通运输局、市城管局、市卫计委、市农委、市人社局、经开区（杨舍镇）12个单位被市人大常委会评为承办代表建议先进单位。

【美丽乡村建设工作监督】 7月，市十四届人大常委会第十六次主任会议听取市政府关于全市美丽乡村建设情况的报告。针对美丽村庄规划编制缺乏系统性和延续性、投入机制比较单一、长效管护机制有待加强等问题，要求市政府及相关职能部门深化思想认识，强化责任担当，深入贯彻落实中央、省和苏州市有关精神及部署要求，引导广大干部群众从党和国家实施乡村振兴战略的高度上深化对美丽乡村建设重要意义的认识；提升规划水平，完善总体布局，根据张家港市城市总规较大修改方案，对全市重点村、特色村进行调查摸底，制定市级层面美丽乡村建设指导性规划，科学引领全市美丽乡村建设，突出美丽乡村的内涵；突出建管并举，健全长效机制，明确镇、村两级的主体责任，落实美丽乡村建设年度考核、以奖代补的激励办法，落实村民管护机制，规范村民行为习惯，加强对公共设施的维护保养，克服“重建轻管”的现象，教育引导村民共建共管美丽家园。

【重大项目工作监督】 7月，市十四届人大常委会第十七次主任会议听取市政府关于长城宝马新能源汽车整车项目情况的报告。要求市政府抓紧与项目方开展后续商务谈判，举全市之力，充分调动市、区镇两级资源，积极沟通争取，确保项目尽快签约；积极推动新能源汽车尽快核准工作，抓紧项目涉及的土地、资质等前期准备工作，尽最大努力予以支持，依法依规、科学合理地制定相关政策，优化政策兑现细则，为正式开工创造良好条件；坚持以人民为中心的理念，合理把握原则，加强项目管理，实现经济效益、社会效益和环境效益相统一。

【普法工作监督】 8月，市十四届人大常委会第十八次会议听取市政府关于贯彻实施《张家港市“七五”普法工作规划》情况的报告。针对少数单位对普法重要性的认识不够、普法实效性不高、法治文化影响力不足、普法力量不强等问题，要求市政府及相关职能部门不断深化思想认识，在增强普法工作责任感和使命感上下真功夫；不断突出精准普法，在明确普法工作重点和提质增效上做足文章；不断丰富普法内涵，在打造法治文化品牌和特色亮点上多出精品；不断优化普法资源，在强化部门联动和整合普法力量上创新思路。

【旅游业全面提升工作监督】 9月，市十四届人大常委会第十九次主任会议听取市政府关于《张家港市旅游业全面提升三年行动计划（2016—2018年）》实施情况的报告。针对项目推进较原计划仍有较大差距、缺少精品旅游线路、高端旅游人才紧缺、旅游业带动作用还不强等问题，要求市政府及有关职能部门坚持规划引领，进一步强化组织领导和资源整合，充分发挥好“旅委会”的综合协调职能；完善配套政策，高效推进重点旅游项目建设，着力打造精品旅游线路和旅游“拳头产品”，做大做强“鲜活张家港”旅游品牌；注重差异化发展，着力提升乡村旅游的生命力，根据全市旅游业发展的实际情况，把发展乡村旅游作为全域旅游发展的重点；积极探索新模式，不断激发旅游发展的新动能，推进旅游与其他相关产业的融合发展，全力助推全市产业转型升级。

【学前教育工作监督】 11月，市十四届人大常委会第二十一次主任会议听取市政府关于全市学前教育发展情况的报告。针对学前教育资源供给不够充足、城乡区域发展不够均衡、师资力量配备不够到位、对民办幼儿园的监管和指导还需进一步加强等问题，要求市政府及相关职能部门全面贯彻党和政府的教育方针，严格落实政府主导责任，加强统筹规划，优化学前教育资源配置；加强队伍建设，提高幼儿教师整体素质；加强监管指导，提升全市学前教育水平，不断完善学前教育保障体系，深入推进学前教育优质均衡发展，切实满足人民群众对高质量学前教育的期盼。

【议案办理工作监督】 11月，市十四届人大常委会第十六次会议听取市政府关于市十四届人大二次会议代表议案办理情况的报告。针对给排水规划编制滞后、部分区域污水处理能力不足、企业生活污水纳管工作推进缓慢、污水管网系统不完善、雨污分流不彻底等问题，要求市政府及其相关职能部门强化系统思维，充分发挥政府主导作用，按照《张家港市十四届人大二次会议代表议案办理实施方案》规定的时间节点和目标要求，进一步压实工作责任，加强考核督办；注重规划引领，根据"大力改善水生态环境、提高居民生活质量"的新要求和农村、企业生活污水集中处理的新情况，对全市各类生活污水的排放量和处理能力进行排摸，科学计算、分析、预测阶段给水水量和污水水量；突出关键环节，适时对全市的排水管网布局结构、运行情况作一次全面普查检测，摸清底数，建立排水管网设施的普查档案和信息化数据库；聚焦重点工作，加大对企业生活污水和商业、饭店生活污水的"截污纳管"力度，督促企业高度重视污水、废水、废油等回收处理，指导企业规范铺设生活污水管道；破解难点问题，高度重视、建立完善全市污水治理的长效机制，特别是农村生活污水处理设施的后期运行维护和经费保障，探索更高效机制，使全市供排水管理责任更加明确、建设更有保障、运行维护更加专业。

【政府工作评议】 年内，市人大常委会组织对市科技局、市旅游局、市公安局、市规划局4个部门进行工作评议，深入推进依法行政。评议组深入区镇、村（社区）和企业，通过召开座谈会、明察暗访、查阅资料、民主测评、开展问卷调查等形式，从依法行政、贯彻市委决策部署、落实人大及其常委会决议决定和办理代表议案建议、维护民生、行政效能和廉政建设等方面，广泛听取人大代表、基层群众和服务对象的意见。在市十四届人大常委会第十二次会议上，组成人员对4个部门工作形成客观公正的评议意见。4个部门被评为2018年市人大常委工作评议满意单位。被评议各部门按照评议意见，制定整改措施，抓好整改落实。在市十四届人大常委会第十五次会议上，组织工作评议二次审议，对整改落实情况进行满意度测评，将被评议部门整改落实情况作为评议的着力点，有效推动了被评议部门依法行政、优化服务、提高效能。 （何开元）

2018年张家港市优秀代表建议一览表

表3

建议号	建议人	建议事项	承办单位	
			主办单位	协办单位
12	徐姚祥	关于规范地下管线工程建设管理的建议	市规划局	—
15	袁燕萍	关于落实垃圾分类，提高环保意识的建议	市城管局	—
30	曹小红	关于进一步加强城市亮化照明建设与管理的建议	市城管局	市住建局
36	蓬　元	关于加大我市交通建设与治理的建议	市交通运输局	—
38	王小燕	关于加强城市交通规划、建设和管理，缓解市区交通拥堵问题的建议	市城投集团	市公安局、市交通运输局、市城管局
50	施彩华	关于加强市镇农贸市场食品安全监管的建议	市政府	—
54	许京海	关于加快推进农村保留村庄管道天然气项目的建议	市金城公司	市规划局
85	杨光芬	关于创新机制，全面优化自聘教师管理的建议	市政府	—
93	杨春红	关于公共文化资源和学校教育共享发展的建议	市政府	—
111	李意坚	关于加强河道生态建设，推进河清岸绿的建议	市水利局	—
125	杨光芬	关于切实加强青少年法治宣传教育工作的建议	市政府	—
139	许京海	关于推进装配式建筑发展的建议	市政府	—
142	李永奇	关于在推进落实"三优三保"专项行动过程中要确保集体经济持续发展的建议	市委农工办	市国土局
146	孙东亮	关于改进和提升企业安全管理的建议	市政府	—
159	向　一	举全市之力支持"两园一城"建设的建议	市政府	—

审议与任免

【审议工作】 2018年，市人大常委会听取和审议"一府两院"专项工作报告64项，作出《关于批准张家港市2017年度财政决算的决议》《关于批准张家港市2018年财政预算调整的决议》《关于推进依法行政、加强行政检察监督的决定》《关于授予堀尾博英等4名外籍人士"张家港市荣誉市民"称号的决定》等决议、决定23项。先后听取和审议市政府关于2017年度财政决算的报告、《张家港市城市总体规划（2011—2030年）》（2017年修改）编制情况的报告、全市环境状况和环境保护目标完成情况的报告、市政府关于代表议案办理情况的报告、民生实事项目和"民生微实事"实施情况的报告、市政府2018—2020年必须解决的突出环境问题清单、市政府关于张家港市生态文明建设规划（2017—2025年）的报告等。

【人事任免】 市人大常委会坚持党管干部和人大依法任免相统一的原则，进一步规范人事任免程序，促使被任命干部强化人大意识、法治意识和责任意识，增强人大人事任免的规范性和严肃性。全年依法任免国家机关工作人员41人次，其中包括市人大、市政府工作人员7人次，市监察委员会工作人员6人次，市人民法院、人民检察院工作人员28人次。任命人民陪审员300人。补选苏州市人大代表2人。接受辞去苏州市人大代表职务1人，接受辞去张家港市第十四届人民代表大会常务委员会委员职务1人，接受辞去张家港市人大代表职务1人。接受辞去张家港市市长职务1人、副市长职务2人。接受辞去张家港市人民法院院长职务1人。 （何开元）

2018年张家港市人大常委会任免“一府一委两院”及人大机关人员情况表

表4

时间	会议	任免情况
1月5日	市十四届人大常委会第九次会议	任命茅哲峰、李维兵为市监察委员会副主任，任命张成兵、袁胜华、张勇为市监察委员会委员
1月25日	市十四届人大常委会第十次会议	免去张勇、钱学明、王慧市人民检察院检察委员会委员、检察员职务，免去盛建东、钱刚、赵秉玺、李卫伟、陈绪强、厉亮亮、张宝珠、张海罡、周进生市人民检察院检察员职务
3月7日	市十四届人大常委会第十一次会议	任命孙建忠为市文化广电新闻出版局局长，免去陈世海兼任的市文化广电新闻出版局局长职务
8月10日	市十四届人大常委会第十四次会议	接受蒋锋辞去张家港市第十四届人民代表大会常务委员会委员职务的请求，并报张家港市第十四届人民代表大会第三次会议备案；任命朱瑞栋为市交通运输局局长；免去何正贤兼任的市人大市级机关工委工作委员会主任职务，免去陆惠忠市交通运输局局长职务
9月27日	市十四届人大常委会第十五次会议	接受邵军民、赵建明辞去市人民政府副市长职务的请求，并报张家港市十四届人民代表大会第三次会议备案；接受徐建东辞去市人民法院院长、审判委员会委员职务的请求，并报张家港市十四届人民代表大会第三次会议备案；任命胡新华为市人民政府副市长（挂职），任命朱劼纯为市人民法院副院长、代理院长、审判委员会委员、审判员；免去申丽萍市人民检察院检察员职务
11月28日	市十四届人大常委会第十六次会议	接受温晨光辞去张家港市第十四届人民代表大会代表职务的请求；任命严梅菊、曾宪佳、刘艺琳、林爽、任清敏、马文雪、薛风琴、王烈为市人民法院审判员，免去周琳市人民法院审判委员会委员职务，免去徐建东、华锡鸣市人民法院审判员职务
12月27日	市十四届人大常委会第十七次会议	接受黄戟辞去市人民政府市长职务的请求，并报张家港市第十四届人民代表大会第三次会议备案；任命潘国强为市人民政府副市长、代理市长，任命徐培科为市监察委员会委员，任命季惠惠等300人为市人民法院人民陪审员，任命许月、李站阳为市人民检察院检察员；免去吴鑫市人民检察院检察员职务

执法检查

【概况】 年内，市人大常委会自觉维护宪法和法律权威，发挥法治建设中的职能作用，推进严格执法、公正司法、全民守法，维护公平正义，促进社会和谐。全年先后组织对《中华人民共和国水污染防治法》《中华人民共和国消费者权益保护法》《中华人民共和国公共文化服务保障法》和《信访条例》《农药管理条例》（2017年2月修订）《苏州市市容和环境卫生管理条例》6部法律法规贯彻实施情况进行执法检查。

【水污染防治法执法检查】 4月，市人大常委会就全市贯彻实施《中华人民共和国水污染防治法》情况进行执法检查。针对贯彻实施水污染防治法中存在的水污染防治任务艰巨、水污染监管力度不够、长效管理机制不够完善等问题，要求市政府及相关职能部门严格责任落实，强化统筹协调，明确部门职责，形成高位推动、部门联动、上下互动的治水新格局；突出防治重点，优化产业结构，加快转型升级，督促和支持企业使用节能减排的新技术，从源头上控制污染物总量；加强控源截污，合力推进生活污水纳管、区域工业污水集中处理和排污口归并工作，开展河道综合整治，解决黑臭河道问题，努力改善河道水质；强化执法监管，严厉打击违法行为，加强对重点区域、重点行业的环境监管，依法查处各类环境违法行为，严厉打击偷排、直排等严重环境违法行为，加强人员队伍和装备建设，提高监测设施运转效率和数据准确率，不断提升环境执法水平和公信力。

【消费者权益保护法执法检查】 5月，市人大常委会就全市贯彻实施《中华人民共和国消费者权益保护法》情况进行执法检查。针对贯彻实施中存在的消费者依法维权意识不强、消费者个人信息保护监管不到位、新型消费侵权矛盾日趋复杂、热点领域消费侵权现象比较突出等问题，要求市政府及其职能部门从维护人民群众的根本利益出发，强化法治宣传，按照“谁执法谁普法、谁主管谁普法、谁服务谁普法”的普法责任要求，形式多样地广泛宣传消费维权法律法规和相关知识，帮助消费者了解维权途径，引导消费者理性消费、依法维权；坚持问题导向，超前防范与全程监管相结合，集中整治和日常巡查相结合，围绕消费维权工作的重点、热点、难点领域，加大执法监管力度；夯实工作基础，进一步构建全环节的消费维权工作体系，整合相关资源，强化协同共治，着力构建全覆盖的消费维权网络、全环节的消费维权体系、全方位的消费维权格局。

【公共文化服务保障法执法检查】 8月，市人大常委会就全市贯彻实施《中华人民共和国公共文化服务保障法》情况进行执法检查。针对贯彻实施公共文化服务保障法中存在的公共文化服务资源配置需进一步优化提升、设施作用未得到充分发挥、服务体系建设资金投入不足、设施规划建设存在短板等问题，要求市政府及其相关职能部门进一步健全工作制度，完善公共文化服务的统筹协调机制，强化部门协作，推动公共文化服务工作规范化、制度化；进一步落实保障措施，建立完善公共文化服务经费稳定增长机制，落实扶持补贴政策，拓宽资金来源渠道，逐步形成政府主导、社会参与、多元投入的公共文化服务发展格局；进一步加强公共文化设施建设，坚持科学布局、合理规划，进一步构建优质高效的市、镇、村三级公共文化设施网络体系；进一步提高公共文化服务效能，加大文化设施“建、管、用”监管执法力度，广泛整合公共服务资源，促进共建共享；加强文化人才队伍建设，扩大政府购买服务范围，推动公共文化服务社会化、专业化发展。

【信访条例执法检查】 8月，市人大常委会就全市贯彻实施国务院《信访条例》情况进行执法检查。针对情理法理解释不够到位、分析研判能力不足、对初信初访不够重视等问题，要求市政府及其相关职能部门要牢固树立以人民为中心的理念，畅通信访渠道，借助信息化推动信访工作规范化，发挥领导牵头组织作用，加强部门间的协作配合，加大对信访案件的跟踪问效；加大对信访问题分析判断和信访群众思想疏导工作力度，增强工作的针对性、亲和力和说服力，高度重视对初信初访的办理，及时就地解决问题；坚持运用系统思维和源头预防相结合，加强对重大事项的风险评估和分析研判，最大限度地把矛盾和问题预防在发生之前、化解在萌芽状态、处置在初始阶段；坚持运用法治思维和综合施策相结合，坚守法律底线，维护好信访秩序，把能否有效预防矛盾、及时解决问题作为重要评价标准，不断提高处理信访案件的能力和水平。

【农药管理条例执法检查】 9月，市人大常委会就全市贯彻实施国务院《农药管理条例》情况进行执法检查。要求市政府及其相关职能部门提高认识，加强宣传，进一步营造贯彻实施农药管理条例的良好氛围；突出重点，强化责任，全面落实好农药管理条例规定的相关要求，进一步做好农药经营许可工作程序、申领标准等的完善工作；积极探索对网络经营农药许可的监管，优化农药“零差率”集中配送，全面回收处理农药包装废弃物，加强农药使用指导，规范农药使用行为。

9月26日，市人大常委会检查《农药管理条例》贯彻实施情况
（市人大办　提供）

【市容管理条例执法检查】 10月，市人大常委会就全市贯彻实施《苏州市城市市容和环境卫生管理条例》情况进行执法检查。针对执法检查过程中发现的城市垃圾处置能力和垃圾产生量不匹配、垃圾分类的广度和深度不够、公共服务的质量有待提高等问题，要求市政府及其相关职能部门要高度重视并加快研究城乡环境卫生基础设施规划建设管理问题，进一步发挥高位协调和顶层设计的作用，创新工作机制，理顺管理体制，加大财政投入，切实破解难题；新闻媒体要加大对生活垃圾分类工作及相关知识的宣传教育，凝聚社会共识，在全社会形成人人关心支持、积极参与城乡环境卫生管理的良好氛围，协力推动环境卫生管理工作迈上新台阶；要坚持规划引领，注重补足短板，落实长效管理，高质量推进环境卫生事业的新发展；要加快垃圾分类收运体系建设，提高资源化处置能力和生活垃圾分类水平，打造生活垃圾分类处置和资源化利用的新样板。（何开元）

视察调查

【概况】 年内，市人大常委会就食品安全监管、高新区建设、道路交通畅通工程、工业经济转型升级、畜禽养殖、防汛排涝等工作进行调查和视察51次，撰写调研报告44篇，其中《关于张家港高新区建设推进情况的视察报告》《关于全市工业经济转型升级工作情况的视察报告》获市委主要领导批示，《关于全市畜禽养殖工作情况的视察报告》获市政府主要领导批示。

【食品安全监管体系建设工作视察】 3月27日，市人大常委会对全市食品安全监管体系建设情况进行视察。视察组实地察看出入境检验检疫局、张家港酿酒有限公司、金麦穗食品有限公司、国贸酒店等食品安全检测机构、食品生产企业和餐饮单位，并在听取相关情况汇报后，提出市政府及相关职能部门要依法推进食品安全治理体系建设，落实"党政同责"，加强食品安全监管工作的组织领导；市食安委要积极发挥综合协同作用，推动各成员单位的横向配合，强化基层食品安全工作网络；要探索食品安全监管信息化建设，围绕行政审批、监管检查、检验检测等业务领域，实施"互联网+食品安全监管"项目，推进食品安全监管大数据资源共享和应用。

【高新区建设工作视察】 4月16日，市人大常委会专题组织视察高新区建设情况。视察组实地察看协鑫集成、华灿光电、能华微电子、国泰新点等张家港高新区内的代表性企业，以及纳米产业园、南横套生态工程等重点项目，并召开高新区建设情况汇报会，重点听取高新区产城融合发展和创新驱动发展情况。视察组强调，张家港高新区是未来张家港创新发展的引领区、创新驱动的策源地、创新生态的示范区、高端要素的集聚地，要倍加珍惜发展机遇，以更加积极主动的工作姿态，加强对接联系，推动争先进位；要做足政策研究，做实载体平台，做活人才工作，不断拓宽人才引育渠道，积极培育创新创业的文化，培植人才创新创业的土壤；要精准定位，加快产城融合，加快规划落实、项目落地和城市建设，让引进的项目有地方落地，让引来的人才有地方安家，让高新区形象亮起来，以实际行动和更大成绩向市委交出满意的答卷。

【道路交通安全畅通工程建设工作视察】 4月20日，市人大常委会对全市道路交通安全畅通工程建设情况进行专题视察。视察组实地察看沙钢立交桥、市第一中学地下停车场、暨阳湖大道金港大道路口、保税区交警中队危化品运输监管平台和交警大队交通控制中心等5个现场，并听取市公安局等相关部门关于道路交通安全畅通工程建设方面的工作报告。视察组针对全市道路交通管理体系不够健全、规划设计不够完善、城市公交发展不够快、市民文明出行意识不够强等问题，要求市政府及相关职能部门坚持提高站位，解决好思想认识问题，积极回应广大群众的关切与期待，加大提升整治力度，集中力量解决影响当前全市城市道路交通安全畅通的突出问题；坚持发展理念，解决好规划引领问题，在深入调研基础上，坚持科学化、高标准，突出民主决策，提高设计品位，科学合理规划交通布局，确保道路交通与城市建设同步协调发展；坚持问题导向，解决好管理实效问题，多想办法和措施，在"智慧交通""提升改造""重点对象"等三个方面狠抓不放，着力提升人民群众出行满意度；坚持凝聚共识，解决好提升合力问题，坚持政府主导，明确部门职责，加大宣传力度，加强队伍建设，努力为全市经济社会发展创造良好道路交通环境。

【工业经济转型升级工作视察】 4月25日，市人大常委会就全市工业经济转型升级工作情况组织专题视察。视察组现场察看康维明工程薄膜（张家港）有限公司、沙钢集团、苏州市康力骨科器械有限公司、天合汽车安全技术（张家港）有限公司等企业，并听取了有关汇报。就如何进一步做好工业经济转型升级工作，视察组要求市政府和相关职能部门在提升产业层次和品质上下功夫，优化产业布局、提升创新能力，力争将规模企业打造成新技术研发和孵化基地，推动实施一批示范性强、产业层次高的技术改造项目，带动产业链向中高端攀升、产业结构优化升级；要在提升工业质量效益上下功夫，强化制造业高质量发展的导向，围绕高端化、智能化、服务化的要求，按照存量提升的思路，以"机器换人"为主线，以"两化融合"为途径，以"小巨人"培育为抓手，加快推动制造业由中低端迈向中高端。在政府层面，要认真研究制定和不断完善智能制造、小巨人等促进工业经济高质量发展的扶持政策；相关部门和各区镇要主动作为、靠前服务，当好"店小二"，把政策"含金量"转化为推动企业高质量发展的"大能量"；要在提升绿色集约水平上下功夫，坚持绿色发展理念，强化扶优汰劣导向，推进淘汰落后行动，积极构建绿色制造体系，为促进全市工业经济高质量发展、推动"四个港城"建设作出新的更大贡献。

【防汛排涝工作视察】 5月29日，市人大常委会对全市防汛排涝工作进行视察。视察组实地察看北新丰河、乐余四干河闸站、锦丰北中心河、大新北横套以及杨舍太字圩港南延等水利工程，并听取相关情况汇报。视察组对全市防汛排涝工作给予充分肯定，认为市政府和水利局等相关职能部门一如既往地保持着高度的责任感和良好的工作作风，突出"三个重点"（防汛工作突出早部署早落实、隐患清理突出攻难点重实效、工程建设突出控进度保安全）做好各项准备工作，为张家港市安全度汛打下了坚实基础。针对全市防汛排涝方面存在的问题和薄弱环节，要求市政府及相关职能部门要重点通过四个方面的排查（查思想认识，是否能适应新形势，应对新挑战；查责任落实，是否任务更明确，措施更精准；查隐患清除，是否排查更彻底，整改更有力；查工程建设，是否工期能保证，质量能放心），进一步找准问题、补齐短板，确保防汛排涝工作万无一失。

【"两院"半年度工作情况视察】 7月26日，市人大常委会对"两院"（市人民法院、市人民检察院）半年度工作情况进行视察。视察组察看市人民检察院凤凰检察室和市人民法院凤凰法庭，在听取"两院"工作情况汇报后，充分肯定了"两院"上半年所做的工作。同时提出建议："两院"要强化"服务发展"意识，紧扣建设"四个港城"、助推高质量发展这个主线，做到立足中心服务发展、立足法治严厉打击、立足解决问题强化执行、立足公正健全机制、立足为民增

11月16日，市人大常委会视察民生实事项目（市人大办 提供）

强本领；强化“司法为民”意识，主动将以人民为中心的发展思想落实到工作的各个环节，确保监督有力、审判无误、执行到位、人民满意；强化“深化改革”意识，下大力气解决好影响司法公正和制约司法能力的深层次问题，积极提高司法执业能力、促进和谐能力、科技应用能力、综合维稳能力，进一步构建精准化打击、多元化监督、专业化办案、社会化治理、法治化服务相结合的全方位工作格局，努力打造一支信念坚定、清正廉洁、实力过硬、业务精湛的司法队伍。

【“263”专项行动工作视察】 8月14日，市人大常委会就全市“263”专项行动工作组织专题视察。视察组实地察看永丰园拆迁安置建筑工地、恒乐建材（沙钢钢渣处理厂）等地，并听取相关工作情况汇报后，强调市政府和相关职能部门要强化思想认识，切实增强工作责任感和紧迫感，充分认识到“263”专项行动、“清江行动”等生态环保专项整治行动是打好污染防治攻坚战的重要抓手，要坚持突出重点、破解难点、统筹推进原则，找准问题症结，细化整治措施，确保圆满完成年度任务；强化工作举措，加强组织领导，建立更加统一、高效、规范的工作推进机制，强化执法监管，坚持全面从严的执法理念，对各类环境违法行为做到零容忍，决不允许把污染成本转嫁给社会；加强调度，实行挂图作战、综合分析，及时发现和解决专项方案实施过程中出现的问题；营造浓厚氛围，充分发挥新闻媒体、环保志愿者作用，通过群众喜闻乐见、接地气聚人气的宣传方式，加大生态文明宣传力度，培育生态文化，大力营造人人关心生态环保、人人参与生态环保的浓厚氛围。

【交通重点工程建设情况视察】 9月29日，市人大常委会就交通重点工程建设情况组织专题视察。视察组实地察看沪通铁路跨长江大桥、塘桥高铁站、新泾路工程等点位，并听取有关情况汇报后，建议市政府及其相关职能部门要树立抢抓机遇、规划引领的观念，进一步完善和优化交通运输基础设施建设布局，建设现代综合交通运输体系，发挥张家港市交通区位优势和辐射带动效应；树立质量为本、安全为天的理念，充分认识到交通工程质量的重要性，实施项目全程管控，强化细节管理，建设优质精品交通工程；树立以人为本、民生为先的理念，继续推进“优先发展公共交通，缓解城市交通拥堵”战略，提升交通运输基本公共服务水平，建设人民群众满意的交通新气象。

【畜禽养殖工作视察】 11月15日，市人大常委会就全市畜禽养殖工作组织专题视察。视察组实地察看枫华、荣德利两家公司的生猪养殖和天源公司的家禽养殖情况，以及南丰镇东联村养鸭场关闭后的复垦现场，在听取市农委负责人关于全市畜禽养殖工作的情况汇报后，要求市政府、各区镇及相关部门要在端正绿色生态“政绩观”上再深化，增强畜禽养殖污染治理的责任感和紧迫感；在打好强力治污“持久战”上再发力，实现畜禽养殖监督管理的规范化和制度化；在打造养殖产业“升级版”上再作为，不断增强美丽生态牧场创建的示范性和引领性；在织好食品供给“安全网”上再聚焦，确保肉类产品供应的高品质和零隐患，让老百姓看得安心、吃得放心。

【民生实事项目工作视察】 11月16日，市人大常委会就2018年民生实事和民生微实事项目实施情况组织专题视察。视察组实地察看市第一人民医院科教综合楼、实验小学世茂校区等10个民生实事和微实事项目，并听取相关情况汇报后，强调市政府及相关职能部门要坚持以人民为中心，高质量推进民生实事项目建设，进一步强化政治担当、历史担当、责任担当，对照年初计划，把握时间节点，在确保质量的前提下全力以赴拼抢工程进度，按时优质全面完成各项任务，确保把实事办好、好事办实。坚持问题导向，着力办好“民生微实事”。民生微实事项目要从群众最期盼、问题最突出、解决最迫切的“微”领域着眼，上什么项目要由“居民提、居民议、居民定”，通过快速落实群众身边的小事、急事、难事，实现动态、快速办理民生微实事的初衷。坚持系统化思维，科学谋划好2019年的实事项目。既要关注全盘布局，又要突出事关民生福祉的重点项目，既要重点实施好普惠性民生工程，又要着力解决好结构性民生问题，做好资金、土地等要素的计划安排。（何开元）

【编辑 宋佳辰】

张家港市政府

Zhangjiagang Municipal People's Government

10月13日，张家港市举办外籍人士看港城活动，图为外籍人士在青少年实践基地合影　（市外事办　提供）

重要会议

政府施政

政务服务

港澳台侨事务

外事工作

对口帮扶

机关事务管理

張家港年鑑(2019)

扫码欣赏

2018年度网友眼中的
“十佳给力部门”

重要会议

【概况】 全年市政府召开常务会议11次。召开全市性会议74次，其中市委、市政府联合召开25次。会议主题涉及重大项目建设、民营经济发展、科技、金融、环保、安全、城市管理、农村社区治理等方面。市政府党组召开全体扩大会议1次、专题学习会议5次，收听收看上级电视电话会议33次。

【市政府常务会议】 1月18日，市十四届政府第十次常务会议，观看消防安全警示教育片、学习《消防安全责任制实施办法》，审议《张家港市“十三五”循环经济发展规划》《张家港市“十三五”人口发展规划》《关于加快推进张家港市村（社区）综合性文化服务中心标准化建设的实施意见》《张家港市“智汇港城”重点产业紧缺高层次人才计划资助实施细则》。

3月9日，市十四届政府第十一次常务会议，专题学习行政诉讼法新司法解释的亮点、难点，听取关于张家港市人民政府2017年法治政府建设情况报告，通报市政府党组2017年民主生活会主要情况，审议《2018年度张家港市重大行政决策目录》《关于既有多层住宅增设电梯的指导意见》和关于2017年第四批市领军人才计划及部分“先评审”专场已落户项目的资助建议方案。

4月26日，市十四届政府第十二次常务会议，对2017年依法行政考核进行通报并安排2018年法治政府建设重点工作，听取关于安全生产工作的情况汇报、关于调整永联钢村嘉园安置房地块规划条件的情况汇报，审议《张家港市行政执法辅助人员管理办法》《张家港市政务信息系统整合共享工作实施方案》《关于进一步做好因病致贫家庭帮扶工作的实施意见》《关于做好当前和今后一段时期就业创业工作的实施意见》《张家港市长期护理保险试点实施方案》《张家港市下放凤凰镇行政管理权限目录（第四批）》及关于2018年第一批市领军人才计划资助建议方案。

5月23日，市十四届政府第十三次常务会议，专题学习《地方党政领导干部安全生产责任制规定》，听取关于全市“331”整治火灾隐患百日专项行动阶段工作情况汇报，审议《2018年张家港市安全生产“百日行动”实施方案》《2018年张家港市城市管理“百日行动”实施方案》《2018年张家港市环境保护“百日行动”实施方案》《塘桥镇违法建设集中整治“百日行动”实施方案》《2018年保税区（金港镇）木材加工企业专项整治“百日行动”实施方案》及2018年市政府规范性文件制定工作计划。

6月7日，市十四届政府第十四次常务会议，听取全市“331”整治火灾隐患百日专项行动阶段工作情况汇报，审议《张家港市十四届人大二次会议代表议案办理实施方案》《关于在市场体系建设中建立公平竞争审查制度的实施意见》《张家港市土地非诉行政执行案件“裁执分离”工作实施办法（试行）》《张家港市小微餐饮报告积分管理实施方案》《关于开展全国农村社区治理实验区建设的实施意见》《张家港市深化市管国有企业负责人薪酬制度改革实施意见》。

7月11日，市十四届政府第十五次常务会议，听取全市“331”整治火灾隐患百日专项行动阶段工作情况汇报，审议《张家港市清理整顿沿江环境污染攻坚行动计划（2018—2020年）》《张家港市社会医疗救助实施细则》及关于2018年第二批市领军人才计划资助建议方案。

8月3日，市十四届政府第十六次常务会议，传达贯彻市委十一届六次全体（扩大）会议精神、部署政府下半年重点工作，听取全市“331”整治火灾隐患百日专项行动阶段工作情况汇报、全市健康城市建设的情况汇报、深化全市综合医改工作情况汇报，审议关于2018年第三批市领军人才计划资助建议方案。

8月31日，市十四届政府第十七次常务会议，学习全国安全生产电视电话会议、全省安全生产重点工作推进会议主要精神，听取全市安全生产工作情况的汇报、全市“331”整治火灾隐患百日专项行动阶段工作情况汇报、全市“七五”普法规划实施及“谁执法谁普法”责任制落实工作情况汇报，审议《张家港市人才引领智汇港城计划实施意见》《张家港市领军人才创新创业扶持资助办法》《张家港市人才礼遇办法》《关于进一步加强全市物业管理工作的意见》《张家港市加快推进企业上市挂牌培育工作实施意见》。

11月6日，市十四届政府第十八次常务会议，听取全市安全生产工作情况汇报、全市“331”整治火灾隐患百日专项行动阶段工作情况汇报，审议《张家港市道路交通突出问题整治“百日攻坚”行动实施方案》《张家港市市长质量奖评定管理办法》《关于加快推进张家港市先进特色半导体产业发展若干政策的意见》及关于认定全市2018年度“人才房”补贴人员资格的建议方案。

11月30日，市十四届政府第十九次常务会议，听取全市“331”整治火灾隐患百日专项行动阶段工作情况汇报、冬春季消防工作情况汇报、教育领域人民群众反映强烈突出问题专题治理工作情况汇报，审议《张家港市质量提升三年行动计划（2018—2020年）》《张家港市塘桥镇相对集中行政处罚权改革工作方案》《张家港市第一批下放塘桥镇权限一览表》《张家港市人民政府关于进一步调整高污染燃料禁燃区的通告》。

12月18日，市十四届政府第二十次常务会议，听取2018年度全市扫黑除恶专项斗争情况汇报、关于2019年安全生产重大隐患政府挂牌项目的建议、2019年度基本建设项目计划及资金安排情况的汇报、关于2019年民生实事项目规划情况的汇报，审议政府工作报告及《张家港市生态文明建设规划（2017—2025年）》《张家港市氢能产业发展三年行动计划（2018—2020年）》《关于提升全市产业用地综合利用水平的实施意见》《张家港市小巨人企业培育三年行动计划（2018—2020年）》《张家港市镇级政府采购管理办法》《关于促进我市上市公司持续稳定健康发展的工作方案》，讨论《张家港市突出环境问题清单（2018—2020年）》。

政府施政

【概况】 2018年，市政府坚持稳中求进工作总基调，以供给侧结构性改革为主线，把握高质量发展要求，统筹推进稳增长、促改革、调结构、惠民生、防风险各项工作。经济建设方面：完成规模以上工业总产值4780亿元、比上年增6%，其中新兴产业产值占比47.5%，新兴产业投资占工业投资占比90%。工业增加值率21.2%。完成口岸货物吞吐量2.35亿吨、外贸运量5500万吨，实现专业市场成交额4040亿元。重大项目方面：长城宝马光束汽车项目落户，并加速推进。省级高新区获批。总规模148亿元的张家港基金运营。改革开放方面：供给侧结构性改革深入推进，整治淘汰低端低效产能企业276家，落实企业降费减负兑现市级扶持资金超10亿元。保税港区获批全省唯一的汽车平行进口试点口岸。凤凰、塘桥经济发达镇行政管理体制改革试点有序实施，双山香山旅游度假区一体化运作。新批境外投资项目32项，总投资4.75亿美元。城市建设方面：完成城市总体规划较大修改、土地利用总体规划修改等重大规划。沪通铁路线路段铺轨全部完成，苏南沿江铁路、盐通张铁路开工建设。高铁新城建设有序启动。实现国家卫生城市“九连冠”。生态建设方面：完成2017—2025年生态文明建设规划，投入生态补偿资金1.7亿元。深入实施“263”专项行动、清理整顿沿江环境污染攻坚行动、环境保护“百日行动”，中央、省环保督察反馈问题得到有效整改，环境信访比上年降20%。$PM_{2.5}$平均浓度比上年降10.2%，环境空气质量优良率78.1%。完成89条黑臭河道综合治理，建设生态河道53条。获评世界卫生组织健康城市最佳实践奖。民生福祉方面：22个民生实事项目顺利推进，实施民生“微实事”项目216项。新增就业1.7万人，社保参保人员6.5万人，公积金缴存职工4万人，入选建设省级和谐劳动关系综合试验区。开展全国社会救助综合改革试点，社会医疗救助、大病保险、长期护理保险政策落地实施，投入2.38亿元救助困难群众20.3万人次。成立新时代文明实践中心，构建市镇村三级文明实践网络。违法犯罪警情和刑事发案率连续10年下降，获评江苏省法治建设示范县（市、区）。政府服务方面：政务大数据应用平台开通上线。“3550”改革、“不见面”审批、“证照分离”、“一窗受理、集成服务”等深入实施。“12345”平台整合149条服务热线，受理各类求助260万件。办复人大代表建议160件、政协提案261件。

【多项“十三五”专项规划制定】 市政府按照《张家港市国民经济和社会发展第十三个五年规划纲要》的总体要求，制定出台多项“十三五”专项规划。1月30日，《张家港市医疗卫生服务体系规划（2016—2020年）》出台，提出以居民健康需求和存在问题为导向，坚持调结构、补短板、促均衡、提效能的工作思路，构建与国民经济和社会发展水平相适应、与居民健康需求相匹配，体系完整、分工明确、功能互补、密切协作的医疗卫生服务体系，力争到2020年建立起规模布局合理、层级功能明晰、防控保障有力、服务效能优良、群众患者满意的现代卫生计生服务体系。3月14日，《张家港市十三五循环经济发展规划》出台，提出到2020年，全市循环经济发展取得显著成效，循环型产业形成较大规模，资源利用效率和再生资源利用水平显著提高，主要污染物排放得到有效控制，绿色消费理念深入人心，发展环境进一步优化，基本形成具有张家港市特色的循环经济发展模式。5月15日，《张家港市十三五人口发展规划》出台，以促进人的全面发展、人口均衡可持续发展为目标，注重人口工作体制机制创新，加强公共服务和社会治理，实现人口总量适度增长、人口结构不断优化、人口素质全面提升、人口布局更加合理、民生保障体系更加完善，促进人口服务均等和人口资源环境协调发展。

【多项产业扶持政策实施】 市政府立足张家港发展实际，通过政策引领，不断增强先导产业带动作用，加快构建现代产业体系，塑造产业发展新优势，推动港城经济高质量发展。3月27日，《张家港市智能制造三年行动计划（2018—2020年）》出台，围绕全市制造业转型升级发展需要，把握智能制造主攻方向，以行业智能转型提升工程、智能制造试点示范工程、“两化融合”体系建设推进工程、智能制造服务平台培育工程、智能制造协同创新工程等五大工程为抓手，打造具有张家港特色的智能制造标杆企业和示范园区，全力推动“港城制造”向“港城智造”转型。11月29日，《关于加快推进张家港市先进特色半导体产业发展若干政策的意见》出台，以聚焦聚力培育最有条件、最具优势的产业细分领域，打造先进特色半导体产业基地为目标，从加强科研支持、强化金融扶持、鼓励企业做大做强、引导项目落户和产业集聚、创新人才政策、加快平台载体建设等六个方面制定了31条具体扶持政策，全方位推动先进特色半导体产业整体发展。12月24日，《张家港市小巨人企业培育三年行动计划（2018—2020年）》出台，政策以政府引导与企业主导相结合，坚持培育先进制造企业、现代服务业企业与科技人才企业相结合的原则，规定了双增长激励、上台阶激励、引才资助、开发新产品资助、融资服务保障、鼓励社会资本投入、认定激励等7项具体激励政策，并对小巨人（培育）企业在项目申报、土地保障、高端培训、人才子女教育等方面给予优先支持。通过培育一批小巨人企业，推动企业发展从做大做强向做精做优转变，实现产业层次从低端向中高端迈进。12月24日，《张家港市氢能产业发展三年行动计划（2018—2020年）》出台，以“三转型一提升”，即推动涉氢产品结构从低附加值向高附加值转型、产业发展动能从传统支撑向先导引领转型、能源利用方式从耗能城市向制能城市转型，提升张家港市绿色发展水平为目标，推动氢能产业向规模化、集群化、高端化方向发展，打造全国领先的创新研发、装备制造、示范应用氢能产业高地。

【可持续发展实验区建设三年行动计划出台】 3月，市政府办公室印发《张家港市可持续发展实验区建设三年行动计划（2018—2020年）》，计划到2020年，实现万人发明专利拥有量达到45件，新增高新技术企业200家，人均GDP突破25万元，城乡居民人均可支配收入分别突破7.4万元和3.8万元，护理型床位占养老机构总床位数70%以上，基本养老保险参保率保持在99%以上，森林覆盖率保持在15%以上，工业废水排放强度持续降低，万元GDP能耗、水耗持续降低的总体发展目标。具体包括突出产业转型、突出创新驱动、突出乡村振兴、突出惠民利民、突出绿色发展五大主要任务。

【生态河湖暨水环境提升三年行动计划实施】 7月，市政府印发《张家港市生态河湖暨水环境提升三年行动计划（2018—2020年）》，贯彻中央、江苏省、苏州市关于生态文明建设的总体部署，树立“绿水青山就是金山银山”的发展理念，以全面深化河长制为重要抓手，坚持问题导向，注重综合施策，实施水安全保障、水资源保护、水环境治理、水污染防治、水生态修复、水域岸线管控、河湖长效管护等行动，健全完善长效保护机制，提升全市河湖生态健康水平。通过三年努力，实现全市水环境质量显著改善，水生态功能得到较好恢复，水资源配置能力和水安全保障能力明显提升，“互联互通、水质达标、生态多样、管理有序”的河网水系基本建成，人民群众的满意度和获得感显著提高的目标。到2020年，饮用水源地水质达标率保持100%，全市省考核断面水质达标率100%，水功能区达标率85%以上。全市用水总量控制在8.51亿立方米以内，万元工业增加值用水量下降到13立方米以下。全面消除城乡黑臭水体。城市、乡镇、农村生活污水处理率分别达到98%、92%、85%，规模化畜禽养殖场污染治理率达到95%以上。长江防洪能力全面具备抵御100年一遇洪水的标准，城市排涝标准达到20年一遇。河湖水域岸线管控体制机制进一步完善，确保水域面积率不下降，乱垦乱种、乱排乱倒、随意填埋侵占现象得到有效清理与管控。全市主要河湖生态评价优良率达到70%。

【民生实事项目】 2018年确定实施民生实事项目22项。12个项目年内完工，消防能力提升、家庭医生签约服务扩面、公共场所母乳哺育设施建设、凤凰镇人民医院易地新建、城南文体中心新建、智慧交通建设、智慧医疗平台建设、城区农贸市场提档升级、学校地下停车场建设（张家港高级中学）、新能源公交车辆增配等10个项目结转至2019年。往年结转的11个项目，新改扩建治安卡口（2017年7月开始建设，投资额1160万元）、文化中心数字科技馆改造（2017年1月开始建设，投资额980万元）、新建市老年活动中心城南分中心（2017年9月开始建设，投资额1365万元）、建设粮食烘干中心（2017年1月开始建设，投资额4350万元）年内完成。扩建每日20万吨深度处理水厂工程（2017年10月开始建设，投资额6.5亿元）、张家港市职工文体中心（2016年9月开始建设，投资额3.5亿元）、市第一人民医院科教综合楼（市卫生进修学校、市全科医生培训中心）新建工程（2015年5月开始建设，投资额1.57亿元）、学校新建工程（2016年8月开始建设，投资额1.57亿元，2018年年末城北科教新城配套幼儿园施工图设计中，东城幼儿园施工图设计出图，易地新建暨阳小学完成一幢教学楼土建）、新建实验小学世茂校区

2018年张家港市民生实事项目完成情况表

表5

序号	项目名称	建设内容	投资额（万元）	完成情况
1	缓解因病致贫	建立市社会救助中心，开展大病保险，启动实施长期护理保险制度，完善医疗救助体系	33000	12月末完成
2	农产品质量安全监管体系建设一期	将24个单位纳入信息化监管试点（含5家农贸市场、10家学校食堂等），实现溯源数据的收集、汇总等功能	280	12月末完成
3	新增居家养老服务设施	新增居家养老服务中心（日间照料中心）35家，老年人助餐点35家，助浴点2家	2000	12月末完成
4	全市幼儿园教室增加新风系统	在全市幼儿园教室中安装新风系统	1200	12月末完成
5	校园运动场地对社会开放	将东渡学校、实验小学（东校区、南校区）、中等专业学校、梁丰初中、江帆小学、二中（北校区）等7所学校的运动场所对社会开放	230	12月末完成
6	党群为民服务中心标准化建设	建设市党群服务中心，建设街道社区党群服务中心	1900	12月末完成
7	政务服务“电子证照库”共享应用	通过与苏州市公民数据库（苏州市公安局）、市电子证照库平台对接，在企业、群众办理相关事项时，由系统直接调用相关电子证照，取消证件复印环节，提高办事效率	50	12月末完成

续表5

序号	项目名称	建设内容	投资额(万元)	完成情况
8	城市e管家2.0	结合社会综治治理“一张网”建设,开发搭载“12345”平台功能的APP,打造“问题—处置—转办—反馈—展现”新回路;创新联动发展,加快城市e管家(数字化城管)与综治大联动融合升级;完善停车诱导服务,增设手机端停车便民缴费、网上缴款等惠民功能;强化科技支撑,探索在手机端扫码借车、公共设施管理中的应用	360	12月末完成
9	城区停车位增建	改造封闭式小区停车位800个,新增公共停车位470个	1000	12月末完成
10	市容环境提升	改造城区公厕18座	350	12月末完成
11	安全生产基础提升	双重预防机制建设,升级监管信息平台,强化企业风险分级管控与隐患排查治理能力,对自主建设双重预防机制的先进单位进行奖补	700	12月末完成
12	消防能力提升	新增60米高喷消防车1辆、大功率水罐泡沫车2辆,提高高层建筑、火灾扑救能力	1000	因涉及部队体制改革,项目延至2019年实施
13	实施民生微实事	坚持以基层民生需求为导向,充分发挥居民议事会作用,以群众点菜、政府买单的方式开展实施民生微实事项目,快速解决社区居民身边的小事、急事、难事	2000	至12月末,共完成工程类项目179个,服务类项目37个
14	家庭医生签约服务扩面	提高家庭医生个性化签约服务覆盖面,2018年重点人群覆盖率提高至40%;巩固大病困难、计划生育特殊困难家庭家庭医生签约服务成效,签约服务率达到95%以上	800	至12月末,大病困难群众、计生特殊困难家庭家庭医生签约率99.35%,重点人群(高血压、糖尿病患者)签约率为40.13%
15	公共场所母乳哺育设施建设	2018—2020年每年建设5个公共场所母乳哺育室	100	至12月末,建成公共场所母乳哺育室3个
16	凤凰镇人民医院异地新建	选址于凤凰镇新城区内(映山路北、汉江路西地块),占地面积2.77万平方米,建筑面积3.2万平方米,设置床位200张	25000	12月末,住院楼、后勤楼封顶
17	新建城南文体中心	选址于北庄路东侧、白芷港北侧,占地1.19万平方米,建筑面积约2.1万平方米	12700	至12月末,完成土方开挖、基础垫层施工
18	智慧交通建设	打造“交通畅通文明圈”,东城区先行启动建设智能交通示范项目	9100	12月末,进一步深化第1标段平台,第2标段开始招标;东城区智能交通项目完成立项手续
19	智慧医疗平台建设	建设健康大数据系统,扩大“互联网+健康”应用	3100	12月末,健康大数据平台建设完成,智能诊断辅助系统部署到20家一级医疗机构和社区卫生服务站,医疗费用统一移动结算平台覆盖至基层卫生单位和民营医疗机构
20	城区农贸市场提档升级	对第一集贸市场进行升级改造,新建市第二集贸市场	16000	12月末,第一集贸市场改造基本完成,第二集贸市场正在前期准备
21	学校地下停车场建设	建筑面积8700平方米	4700	至12月末,土方开挖完成90%
22	新能源公交车辆增配	新增8米级插电式柴电混合动力公交车10辆,更新10米级插电式气电混合动力公交车40辆,更新8米级插电式柴电混合动力公交车30辆	12300	至12月末,新增和更新50辆新能源公交车,第一批10辆氢能源车签约,第二批5辆完成招标

（2017年6月开始建设，投资额6100万元）、建设新妙桥粮库（2018年12月开始建设，投资额1.2亿元）、学校地下停车场改造工程（2018年6月开始建设，投资额1200万元）结转至2019年。

【政府信息公开】 以《张家港市2018年政务公开工作要点实施方案》为抓手，坚持“以公开为常态、不公开为例外”，深入推进“决策、执行、管理、服务、结果”五公开，不断深化公开内容、规范公开程序、拓宽公开渠道，优化公开流程。9月，组织全市80名政务公开工作人员至南京大学法学院参加政务公开与政府网站建设专题培训。年内，全年主动公开政府信息10988条，依申请公开283件；市政府收到依申请公开37件，申请内容涉及房屋拆迁、征地安置补偿等多个方面，按时办结率100%。

（彭　涛　周　广）

政务服务

【概况】 9月8日，张家港市行政审批局正式挂牌，属苏州市首个成立的县级市审批局。行政审批局承接原分散在市场监督管理局的市场准入类企业登记事项和原发改委办理的政府投资项目审批等事项，“一枚印章管审批”基本落地。年内，全市涉及市场准入、投资建设等领域的18个部门81个事项分批划转至市行政审批局。市行政审批局可办理行政政务服务事项81项，其中行政许可类包括办理企业登记、建筑工程施工许可证等70项，行政确认类包括不动产登记、核发居民身份证等2项、行政征收类包括契约征收等2项，其他类包括建设工程消防设备备案抽查等8项。至年末，办理各类行政审批服务事项68.2万件，提前办结率为99.91%，承诺件按期办结率100%。10个科室以流程管理为核心推动审批局各项工作高效运转。苏州市公共资源交易中心张家港分中心全年完成招标采购项目1206项，交易总额89.45亿元，比预算价（标底价）节减了12.27亿元，节减率12.06%。

【基层“互联网+政务服务”】 根据江苏省建设政务服务“一张网”的要求，推进“一张网”建设，实体大厅与网上平台无缝对接。2017年9月，在江苏省政务服务网上，率先开通苏州首家县级旗舰店，张家港市10个区镇289个村（社区）全部开通服务“频道”，全市审批服务、公共服务和便民服务等事项全部“一网运行”；2018年1月，张家港市政务管理平台创新建成，与省“一张网”全面对接，平台包括个人助理、我的业务、业务管理、政务专递、企业开办（一窗融合）、不动产登记集成服务、建设项目并联审批、监督监控、中心管理、行政管理、公文管理、事项管理12个模块，开设区镇分库，为基层“互联网+政务服务”建设提供平台支撑。年内，全市政务服务类事项1422项，“单点登录”开通率100%，1369项事项实现“不见面”审批，占全市1422项政务服务事项96.3%。“不见面、网上批、快递送”服务模式日趋成熟，5月21日正式开展承诺件审批结果“不见面”送达服务，至年末，依托EMS共送达42377件。

【企业登记管理】 7月，企业登记管理相关业务正式由市市场监督管理局全面划转至市行政审批局。2018年，全市登记各类新设市场主体20723户。其中，新登记内资企业1050户，注册资本73.46亿元；新登记私营企业5485户，注册资本294.5亿元；新登记个体工商户14111户，注册资金34.06亿元；新登记农民专业合作社17户，注册资金2765万元。新登记外资投资企业60户，投资总额103883.84万美元，注册资本47162.97万美元，其中外方认缴36369.83万美元。23家外资企业办理增资手续，增加投资56905.09万美元，注册资本52984.46万美元，其中外方认缴14834.84万美元。23家外商投资企业办理注销登记手续。至年末，全市登记有内资企业3937家，注册资本1059.85亿元；私营企业35758家，注册资本1647.89亿元；个体工商户79241户，注册资金80.6亿元；农民专业合作社566家，注册资金10.92亿元。外商投资企业795家，投资总额111.92亿美元，注册资本59.47亿美元，其中外方认缴41.83亿美元。“不见面”审批、“3550”改革等配套举措相继实施，创业创新活力持续迸发，全市市场主体总数突破12万户，全年发放电子营业执照6902户，开办企业从名称预核到税务领票最快实现1个工作日内完成。探索简易注销登记改革，打通市场主体退出通道，为374家企业办理简易注销登记。

【“电子证照库”建设】 1月，依托市大数据中心，建成电子证照库，居民身份证、居民户口簿、居住证、营业执照、机动车驾驶证、机动车行驶证、道路运输经营许可证、道路运输从业资格证8类证照归集入库，张家港市域

为居民提供一流政务服务　　（市行政审批局　提供）

10月22日,"3550" 一窗式集成审批平台启动仪式举办

（市行政审批局　提供）

范围内的户籍人口、企业和个体工商户,在办理政务服务事项、便民服务事项、公共服务事项等1650个事项时,不再需要提交身份证复印件和营业执照复印件,直接由受理部门读取身份证信息后,从电子证照共享平台核验并调取信息进行复用。新的审批事项办结后,发放纸质证照,同步生成电子证照,导入电子证照库,方便政府部门间信息共享,也方便企业群众后续办事。至年末,张家港建成"一网两库两平台"。一网指江苏省政务服务网张家港站;两库是指苏州市电子证照库、张家港市法人库;两平台指张家港市政务服务管理平台和电子证照共享平台。"一网两库两平台"是支撑电子证照的共享应用的数据信息和技术体系。

【"3550" 改革】 2017年,江苏省提出"3550"的改革目标,即3个工作日内开办企业,5个工作日内获得不动产登记,50个工作日内获得工业建设项目施工许可证。2018年4月,张家港市在苏州大市率先推行"一窗融合"服务,将企业开办、不动产登记、建设项目施工许可三大事项集成"一窗式"办理。企业开办方面,在苏州大市推行"一窗融合"服务,张家港市政务管理平台与江苏省企业注册登记并联审批系统、公安刻章企业系统、8家商业银行登记系统相联通。变群众来回4个部门为1个窗口,申办材料由27份缩减为10份,办理时间由8个工作日缩短至2个工作日。不动产登记方面,通过流程优化再造、资料线上流转及数据共享复用等方式,实现从原来跑国土、税务、房管、公积金等4个部门7次变为2个部门4次,申办材料从25份缩减为14份,办理时间由7个工作日压缩至3个工作日。建设项目施工许可方面,通过整合优化办理流程,落实多图联审、并联审批、一窗运行等改革措施,把施工许可分为立项用地规划许可、工程建设许可和施工许可三个阶段,分段推行"一窗受理、并联审批",办理环节从原来的19个整合为3个,申办材料从83件缩减至25件,工业建设项目提速为30个工作日内获得施工许可证。　（何　苗）

港澳台侨事务

【侨务和港澳事务】 2018年,全市有归国华侨12人,海外华侨华人、侨眷、归国留学生1万余人,侨资企业350余家。侨界有市人大代表2人,市政协委员12人。市侨办接待华侨华人200余人,接待处理华侨华人、港澳同胞、归侨侨眷服务诉求21件,涉及中考加分、高考加分初审、侨房政策答疑、华侨和侨眷身份证明等多个方面,服务对象零投诉、涉侨上访零发生。在春节、元宵、端午、中秋、重阳等传统节日,走访慰问华侨华人,困难、高龄、重病归侨侨眷,侨界重点人士等60余户。年内举办和参加侨务引资引智活动6场,分别是美国华人专家会投资委员会项目考察活动、中国中小企业家年会项目洽谈活动、美中投资促进会项目合作论坛、浙江商会项目对接活动、江苏大学科研部项目对接活动和澳大利亚张家港同乡会人才项目交流活动,全年搜集人才项目信息500余条提供人才办、人社局、科技局及各区镇作为参考。3月19日至20日,美国华人专家会率浙江颐高集团、上海飞乐音响股份有限公司一行考察张家港特色小镇、田园综合体、智慧城市建设、电商项目以及各类园区的建设运营,并进行项目对接座谈。4月11日至12日,市侨办组织冶金园(锦丰镇)、凤凰镇、双山岛旅游度假区有关人员赴浙江进行项目对接并实地考察。6月8日至9日,美国华人专家会投资委员会主席张家豪率领企业家团队一行到张家港进行项目考察。7月30日,市侨办牵线澳大利亚《大洋日报》刊登专版宣传高新区的投资环境、产业结构及人才政策。8月2日,美国华人专家会会长王希萌率团到张家港考察交流,并为"美国华人专家会张家港市联络处"揭牌。8月26日至28日,邀请中国国际经济交流中心(国家发改委直属单位)有关专家到张家港市进行考察调研,并与相关部门座谈交流。9月20日,2018年"月是故乡明"张家市侨界人士中秋联谊会举办,120余名侨界人士、侨务工作者参加。9月30日,欢度国庆暨澳大利亚张家港同乡会成立两周年庆典活动举办,同乡会30余名会员参加庆典。11月7日,组织市文化艺术商会和部分侨资企业代表到贵州沿河进行结对帮扶、爱心捐助和友好交流。年内,编发《乡情乡音》和《张家港之窗》两份电子月刊各12期。

【台湾事务】 2018年,全市新增台资企业3家,注册台资3091.25万美元。至年末,累计建办台资企业871家,注册台资31.89亿美元。年内,全市有21批74人次因公赴台考察、交流和培训，其中包括12月17日至22日，市台办与市青联联合组团赴台湾与台湾青年交流。1月26日，市台办与市台资企业协会举办2018年台商迎春联谊会，各区镇及有关政府职能部门领导和约300名台商参加活动。2月6日，市台办组织40余名台胞台属联谊会理事和10名台胞召开迎新春茶话会。9月18日，市台办组织台胞台属联谊会理事40余名及10名台胞举办“中秋月，两岸情”台属中秋联谊活动。9月21日，市台办与市台资企业协会举办“两岸一家人，共筑中国梦”中秋联谊晚会，200余名台商及眷属参加活动。11月9日，台湾社区发展协会江苏交流团35人到张家港考察基层民主治理建设情况。

【台商和台资企业服务】 全年，市台办先后组织台商举办海关企业信用管理办法及进出口关务法律风险、企业环保治理及互联网广告管理暂行办法等3场台企专题讲座，累计参加培训台商130余人次。全年走访调研台企100余家次，并分别于3月29日和6月14日组织40家台企负责人召开座谈会，及时了解掌握企业生产经营情况及存在困难，并撰写专题报告向市政府汇报，有针对性地为台企服务提供依据。年内，市台办利用走访台企、台商联谊等机会，向台商宣传国台办“惠台31条”、江苏省“惠台76条”和苏州市“惠台55条”措施，并发放《关于促进两岸经济文化交流合作的若干措施汇编》300余份。5月10日至11日，市台办组织10家台企负责人赴山东青岛海尔集团参观国家级工业互联网示范平台，学习海尔人的创业创新精神、管理理念和经营模式。9月27日，市台办组织4家台企负责人赴江苏东台市考察学习。年内，市台办协调帮助台资企业处理合同、劳资、经济等矛盾纠纷和实际问题12件，协助4名台商子女安排就学，为台商协助办理居留许可及居留签注、停留延期、更换台胞证、就业证、驾驶证等50余份。

【海外华侨华人创新创业服务中心建成】 9月，海外华侨华人创新创业服务中心在高新区揭牌并投入使用。中心占地面积近600平方米，投入资金200余万元，由两个区域构成，分别为侨务工作展示区，主要分为张家港简介、职责功能、本市侨情、人才风采、侨务政策、创新创业基地、侨办荣誉历程等部分；服务中心办公区，主要设有美国华人专家会办公区、接待室、会议室和工作人员办公室，并配备专职工作人员。中心为保税区、经济技术开发区、冶金工业园、高新技术开发区等全市11个园、区载体，承载调查研究引进华侨、华人和港澳同胞资金、技术、人才的情况并提出政策建议；调查研究全市侨资企业发展情况，并提供咨询、协调等服务；开展涉侨经济、科技合作与交流；为侨胞办理侨务行政事务等11项职责与服务内容，为全市创新创业的海外华侨华人提供优质一站式服务，中心的成立为全省侨务工作首创。至年末，中心先后与美国华人专家会、中国国际交流中心、中国中小企业协会、江苏大学等建立起常态化联系渠道，接待美中投资委员会、中建集团、颐高集团、江苏大学等投资、创新、创业团队到市实地考察。12月，该中心获省侨办“华侨华人创新创业服务中心”称号。

（徐 明 张燕红）

9月，海外华侨华人创新创业服务中心揭牌 （市侨办 提供）

外 事 工 作

【概况】 2018年，张家港市因公出国205人次；申办APEC商务旅行卡30张，累计申办467张。市外事办代理因私签证53批83人次，代发外籍人员邀请函149批315人次；受理并处置涉外事（案）件7起；组织4批15人分赴埃塞俄比亚和坦桑尼亚、德国和瑞典、日本和美国、德国和奥地利开展经济贸易、文化教育、科技人才、便民服务、特色小镇等领域交流；接待外宾17批262人次，其中友城代表3批83人、其他14批179人。年内，张家港市先后与埃塞俄比亚杜肯姆市、坦桑尼亚卢旺瓜市、德国贝尔吉施格拉德巴赫市、美国圣马道县签署友好交流城市关系备忘录，约定双方在经贸、科技、教育、文化、旅游、医疗卫生、城市建设等领域开展交流与合作，促进共同繁荣发展。举办第12次“张家港市荣誉市民”和第6次“张家港市城市贵宾”评选。经过推荐、意见征询、走访询问、政府批准、人大通过等程序，森田新能源材料（张家港）有限公司董事、总经理堀尾博英，德国采埃孚集团中国总裁、亚太区运营高级副总裁汪润怡，江苏现代威亚有限公司总经理徐敏锡，大一汽配（张家港）有限公司总负责人金诚文被授予张家港市荣誉市民称号。响应“一带一路”倡议，指导企业对非经贸合作。3月5日，市外事办举办非洲经贸投资政策宣讲座谈交流会，邀请中非（坦桑尼亚）民间商会会长丁贤、埃塞俄比亚东方工业园董事长卢其元现身说法，为企业宣讲非洲经贸投资政策，为企业对非投资提供政策指导。

【外籍人士看港城活动】 为让在港城居住生活的外籍人士体验张家港文明、领略张家港风貌、感受张家港人文，加深对张家港城市建设、历史文化、人文旅游的认知和了解，增强外籍人士对张家港的归属感。由张家港市人民政府外事办公室主办、张家港外国语学校协办“外籍人士看港城”，活动将连续举办三年，每年安排两次，分为“春看港城”和“秋看港城”，设置6条不同的线路供外籍人士参观。4月14日，张家港市启动“外籍人士看港城”并举办“春看港城”活动，美国、英国、巴西、韩国、日本等10余个国家的40余位外国友人参加活动。10月13日，张家港市举办“外籍人士看港城”“秋看港城”活动，韩国、美国、英国、澳大利亚等10余个国家的60余位外国友人参加活动。

【重走鉴真路活动】 1月2日，张家港市在东渡苑景区举办“重走鉴真路”活动。日本驻上海总领事馆总领事片山和之、日本驻香港总领事馆前总领事佐藤重和、中华文化促进会国际基金会秘书长徐迪旻、张家港市副市长陆崇珉、中华文化促进会国际基金会、张家港市级机关部门、塘桥镇以及东渡寺等单位100余人参加活动。活动包括重走鉴真之路起航仪式和新年撞钟仪式，以及中日双方互赠新年礼物仪式。之后与会嘉宾实地参观东渡纪念馆、古黄泗浦遗址等地。（李　杰）

对口帮扶

【概况】 2018年，张家港市继续对口帮扶江苏省宿迁市宿豫区、贵州省铜仁市沿河土家族自治县，对口支援新疆维吾尔自治区巩留县、重庆云阳县、西藏自治区林周县、宁夏自治区永宁县，与陕西省子洲县、湖北省秭归县、陕西省汉阴县保持友好合作关系，与江西省井冈山市人武部开展“三联”（联学创新理论、联创先进组织、联建文明建设）活动到期。除省财政在张家港市统筹的资金（项目）外，全年对上述地区实施对口帮扶项目50项，提供援助资金4178.8万元（市财政出资2329万元，各区镇财镇、机关企事业单位和个人对口援助1849.8万元）。其中，援助沿河县2281.4万元、宿迁市宿豫区965.6万元、巩留县845.8万元、云阳县46万元、林周县40万元。

【地区间交流】 年内，张家港市与对口地区开展形式多样的交流活动。其中，张家港市领导出访的有：8月1日至3日，张家港市委书记朱立凡率领由市委副书记王亚方，市委常委、市委组织部部长陆德峰，副市长王松石，市政协副主席周兵和各区镇党委（党工委）书记，以及相关部门、村企主要负责人组成的张家港市党政考察团赴沿河土家族自治县考察，参加“长江水，乌江情”张家港市—沿河土家族自治县文化交流周开幕式，全国首家24小时“土家书房”启用仪式，沿河就读沙洲职业工学院资助仪式，召开张家港沿河东西部扶贫协作联席会议，两地政府签订《张家港市全覆盖结对帮扶沿河土家族自治县50个深度贫困村合作框架协议》。8月15日至16日，张家港市委书记朱立凡率党政代表团赴巩留县考察交流，就脱贫攻坚、教育援疆、援疆项目等各项工作进行考察，看望慰问援疆干部人才。12月12日上午，张家港市委副书记、市长黄戟带领党政代表团实地考察宿豫区经济社会发展成效。对口地区到访的有：4月22日至24日，沿河自治县委书记任廷浬率党政代表团赴张家港市考察对接，召开东西部协作联席会议。5月21日至23日，沿河自治县人大常委会主任、县生态茶产业发展专班组长席宁带队到张家港市考察对接“沿河·张家港‘梵净山·洲州茶’”公共品牌打造等东西部扶贫协作相关工作。6月13日宿迁市委书记张爱军，市委副书记、代市长王昊率党政代表团到张家港市考察。8月22日至24日，沿河自治县副书记宋选文率党政代表团到张家港市考察学习，对接落实2018年东西部扶贫协作有关事宜，考察学习张家港文明创建、文化产业工作，考察符合沿河产业发展的项目或企业，并召开招商引资宣传推介会。9月20日至21日，沿河县县委副书记、县长何支刚，副县长蔡昆率党代表团赴张家港市考察对接，并举办2018年东西部扶贫协作共创品牌“梵净山·洲州茶”产品的启动仪式。11月6日至7日，巩留县委常委、组织部部长沈慧娟带领基层党建学习考察团赴张家港考察，学习基层党建先进经验，并签订张家港·巩留村级基层党组织结对帮扶共建协议。年内，新疆维吾尔自治区伊犁哈萨克自治州巩留县、贵州省铜仁市沿河土家族自治县、江苏省宿迁市宿豫区共选派39名干部到张家港市发改委、经信委、教育局、卫计委等单位挂职学习。市委组织部、市委党校、教育和卫生系统等为对口地区培训干部人才435人次。杨舍镇善港村探索实践“整村推进结对帮扶”新模式，成功创建国务院扶贫办贫困村创业致富带头人培训基地，主动承担苏州对口帮扶铜仁农村致富带头人培训任务，举办各类培训班11期，培训铜仁市创业致富带头人1159人，其中张家港市对口帮扶的沿河县186人。

【张家港宿豫工业园区建设】 2018年，共建园区实现业务总收入33.3亿元，其中工业产品销售收入16.5亿元，财政总收入1.4亿元，出口总额1315万美元。签约项目3项，分别为百威啤酒二期项目、永福康卫生用品项目和智邦科技项目；开工项目3项，分别为永福康卫生用品、华虹电子二期和智邦科技项目，总投资5.5亿元；竣工项目3项，分别为三辰智能科技、永福康卫生用品和华虹二期项目；重点意向项目2项。开发区域东至杨舍路、北至泰山河、西至张家港大道、南至宿泗路，面积2.2平方千米，道路、供排水管道、通信、亮化、绿化、供热、供气、供电等配套到位，日处理3万吨污水处理厂投入使用。

【援藏援疆】 张家港市与西藏林周县、新疆巩留县继续在业务、人才、项目、技术等方面开展全方位合作。援藏方面，塘桥镇支援西藏林周县边角

张沿两地签订全覆盖结对帮扶深度贫困村框架协议

（市对口扶贫协作领导小组办公室　提供）

林乡建设资金40万元。塘桥镇党委副书记朱栋裕带队一行6人于8月13日至18日专程赴拉萨市林周县边交林乡开展对口帮扶走访活动，实地走访当杰、卡优、色康3个行政村，听取各村农牧业、经济发展情况，并参观了蔬菜大棚基地、贫困户拆迁集中安置点。援疆方面，市委常委邵军民、副处级干部马春青继续担任巩留县委副书记和巩留县副县长，负责开展援疆工作。2018年，张家港市选派40名干部、教师、医生赴巩留县工作，3位苏州市领导、18位张家港市领导先后率团到巩留考察援疆工作、慰问援疆干部。年初安排援疆资金7791万元参与实施23个援疆项目，12个非基建类项目，11个基建类项目按计划推进。全市800名爱心人士联合巩留800名党员干部提供资金100万元实施“1+1帮1”精准帮扶巩留800户贫困户。年内，张家港市援助806万元支持巩留县社会事业发展，张家港（巩留）援疆公益关爱基金募集超过430万元，安排支出300万元，从爱心助学、爱心助残、医疗救助、结对帮扶、特殊帮扶五个方面救助12类特殊困难群体。安排400万元援疆资金在3个村建成3个民生坊（累计8个民生坊），促进村民就地就近就业，累计增加就业岗位300个。投资320万元的11个标准化警务室建设及警用设备购置项目（二期）、投资220万元的2个70米高空云台监视系统建设项目建成投用。投资359.7万元为89个村队（社区）阵地配备和更新办公配套设备。组织5000余人次参加“张家港人游伊犁（巩留）”活动，5万名游客体验了在张家港市举办的“新疆巩留风情节”。组织安排近200名巩留贫困家庭富余劳动力赴张家港华芳集团石河子分公司务工。巩留县派出7批168名巩留干部人才赴张家港等地培训，张家港100余个单位赴巩留对口交流，针对巩留县23个行业部门40个岗位引进需求，分批推进从张家港柔性引才工作，指导相关部门开展工作，传帮带本土人才86人，提出意见、建议166条。抓好高效经济作物油芍的推广，到年末种植规模168.53公顷，投入1700万元援疆资金，建设生态农业观光园项目，实施的农业项目直接带动485个劳动力务工增收、1481名群众通过利益联结机制实现增收；投入援疆资金3300万元、总面积1.5万平方米的城北中小微企业创业园民生工业基地标准化厂房10月末竣工交付；设立巩留农产品张家港公共仓，打造“北纬43°——奇迹诞生的地方”张家港援疆·巩留农产品专柜（专卖店）的销售品牌和模式帮助增加农产品销售100万元。全年帮扶建档立卡贫困人口脱贫数4126人，资助贫困学生4767人次，帮助贫困户劳务就业264人。

【贵州沿河县帮扶】 贵州沿河土家族自治县为深度贫困县，张家港市对口帮扶沿河县作为苏州市对口帮扶贵州省铜仁市的重要组成部分，于2017年纳入国家东西部扶贫协作考核，张家港市连续两年位列苏州各县市第一方阵。沿河县2018年共选派31名干部到张家港市开展挂职工作；张家港市选派143名优秀干部赴沿河挂职，其中141名优秀青年干部均进入沿河县镇村基层一线进行蹲点挂职。派驻158名医教农专业技术人员赴沿河进行为期1月以上的挂职。全年为沿河县干部培训263人次，其中党政干部183人次。张家港市善港农村干部学院已创建为全国贫困村致富带头人培训基地，主动承担苏州对口帮扶的铜仁市培训任务，年内共举办培训班11期，其中3期为沿河县186名贫困村致富带头人进行培训。张家港市教育局与沿河教育局签订2018年《张家港市教育局与沿河自治县教育局对口帮扶合作协议》，实施各个乡镇、各类学校、各个学段“三个全覆盖”的一对一帮扶机制，张家港市62所学校与沿河75所学校结对。9月初，沙洲职业工学院招收214名沿河籍学生，为建档立卡贫困学生每年单独补助1万元、其他学生每年单独补助5000元。2018年张家港市市级财政帮扶资金增至1500万元，主要用于中界镇高峰村有机农业产业园、塘坝镇姜花村冰糖橙产业项目、淇滩镇钟岭山村饮水安全巩固工程建设、沿河形象展示厅建设等涉及产业开发（303万元）、基础设施建设（307万元）、劳务协作（125万元）、医疗教育提升（300万元）等共20个项目，帮助建档立卡贫困人口脱贫1102人，其中贫困残疾人36人，各区镇向沿河拨付财政帮扶资金累计217万元。市民政局等单位制定《对口帮扶三年行动计划（2018—2020）》，以捐赠的形式设立“张家港·沿河助学帮扶基金”，帮助沿河贫困学生解决就学困难、加强职业技能培训，基金首期金额100万元，二期追加资金40万元，主要用于沿河自治县事实无人抚养儿童助学金发放。2018年张家港市引导各类企业、社会组织和行业协会向沿河捐赠社会捐赠总额508.7万元，捐物折价合计55.65万元。为沿河县贫困人口开展技能培训，共培训618人，其中建档立卡贫困劳动力173人。张家港市为帮扶地区贫困人口实现就业数共1224人，省内就近就业数1061人。张家港沿河携手奔小康结对活动在上年基础上，安排全国先进文明单位、对口协作成员单位、企业、行业协会和经济强村与沿河县上年尚未结对的38个深度贫困村进行结对，实现全县50个深度贫困村结对帮扶全覆盖。

【张家港深化东西部扶贫协作“3个三”做法成全国典型】 11月4日至7日，国务院扶贫办举办的全国携手奔小康培训班在广西河池市举行。培训班上，张家港市对口帮扶沿河的“3个三”做法，被作为典型之一进行了推广。“3个三”即主动对接、加强交流、深化协作，逐步健全“三项机制”（组织机制、协商机制和考核机制）、落实“三个举措”（立体帮扶、重点帮扶和智志帮扶举措）、用好“三类资源”（干部培训资源、资金项目资源和社会帮扶资源），推进扶贫协作工作。1月至11月，全市共126批次、1517人次到沿河调研对接，沿河县赴张家港市对口部门、区镇考察达到45批次、765人次。

【长江村与小岗村签订结对共建协议】 3月7日，金港镇长江村与安徽省凤阳县小岗村结签订结对共建协议，将以党建为引领，在产业合作、文化共建、教育培训等方面进行深度互动，探索乡村振兴新经验。长江村和小岗村1997年结缘，结成“东西联动振兴经济友好村”。此后，长江村无偿为小岗村修建一条宽18米，长1.1千米的高标准主干道“友谊大道”；无偿为小岗村建成占地面积5公顷的小岗葡萄示范园；从小岗村挑选30余名青年到长江村工作；还向100余户小岗村民每户赠送一台29英寸的彩色电视机。 （陆飞宏）

机关事务管理

【概况】 2018年，市级机关事务管理中心履行后勤服务保障职能，为市级机关创造良好办公条件和工作环境。先后完成市人大和政协会议、张家港科技人才活动周、亚布力论坛和张家港产业资本论坛等各类活动、会议的会务和后勤保障。全年提供会议服务1680余场，其中电视电话会议95场，用车服务安全行驶67万千米。5个机关集中办公区提供设备设施维修800余次，分发报刊200余万份，收发信件4.5万封、包裹10万个，5个机关食堂每天就餐人数超2200人。完成机关大院车辆自动识别道闸、门卫访客登记、红外周界报警等系统，门卫值班岗亭、自动升降路桩、监控室显示屏以及各楼主要出入口12个监控探头高清化改造采购和安装。开发设计“张家港机关事务”微信公众号，具体涉及资讯中心、机关管理、后勤服务等相关内容。做好机关幼儿园西园区、民主党派、政协联谊会、馨苑度假村、机关大院综合楼等办公用房维修改造和相关设备采购。完成金融办、检察院“12309”服务中心、退役事务局等单位办公用房的调配。

【公共机构节能工作】 年内，市级机关事务管理中心实施节能技术改造，空调通风系统改造20余万平方米，照明系统改造100万平方米，机关事业单位食堂全部改装高效节能灶具。推广新能源新技术，安装分布式光伏电站5兆瓦、新能源汽车充电桩300余个。采用合同能源管理模式，市民服务中心完成400千瓦分布式电站的安装，年发电量超50万千瓦小时。年内，市人民检察院、张家港海关、张家港海事局均以高分通过国家节水型公共机构示范单位评价验收，市民服务中心获评“江苏省能效领跑者”，市税务局、市文化中心、常阴沙学校获评江苏省节能示范单位，乐余镇政府、凤凰镇政府、市公安局、市文体广电和旅游局获评江苏省节水型单位。

【公务用车管理】 年内，组织实施全市企事业单位公务用车制度改革，印发《张家港市事业单位公务用车制度改革实施意见》和《张家港市国有企业公务用车制度改革实施意见》，全市355个事业单位和98家国有企业完成公务用车制度改革任务，核定保留事业单位549辆公车，国有企业362辆公车，取消企事业单位121辆公车，其中具有使用价值的80辆车改取消车辆经公开拍卖，成交额283.77万元。严格把控公车编制、排量和价格，全年累计审核报批检察院、体育局、凤凰镇等24个部门（区镇）的一般公务用车和执法执勤用车61辆，累计审核备案事业单位特种专业技术用车45辆。 （汤 惠）

6月，节能宣传周活动开展 （市级机关事务管理中心 提供）

【编辑 景力颖】

张家港市政协

Zhangjiagang Municipal Committee of the CPPCC

7月，市政协召开民主评议市民政局动员会　（市政协办　提供）

政协会议

协商议政

民主监督

政协会议

【市政协十二届二次会议】 1月2日至5日在市馨苑度假村会议中心举行。应出席委员334人，实到323人。会议审议通过市政协主席黄雪元代表常务委员会所作的常委会工作报告和副主席景惠新代表常务委员会所作的提案工作情况的报告。与会委员列席市十四届人大二次会议，听取并讨论市政府工作报告和其他报告。会议收到提案373件，立案261件。

【市十二届政协常委会议】 2018年，市十二届政协举行8次常委会议。

第六次会议 1月3日召开。听取市政协十二届二次会议各讨论组讨论市委书记朱立凡在大会开幕式上的讲话和审议市政协常委会两个报告的情况汇报，协商市政协十二届二次会议选举办法（草案），提出有关人事候选人建议名单和选举工作人员名单（草案），协商《中国人民政治协商会议江苏省张家港市第十二届委员会第二次会议决议（草案）》。

第七次会议 1月4日召开。听取市政协十二届二次会议各讨论组讨论政府工作报告和财政报告的情况汇报，通过市政协十二届二次会议选举办法（草案），确定有关人事候选人建议名单和选举工作人员名单（草案），通过《中国人民政治协商会议江苏省张家港市第十二届委员会第二次会议决议（草案）》。

第八次会议 1月30日召开。传达市委十一届五次全会精神，传达苏州市政协十四届二次会议、省政协十二届一次会议精神，审议通过《政协张家港市第十二届委员会常务委员会2018年度工作要点（草案）》，举办政协大讲堂——如何当好一名新时代的政协常委。

第九次会议 3月26日召开。审议通过市政协有关人事任免事项，传达全国两会精神，听取行政审批改革专题讲座。

第十次会议 5月30日召开。审议通过《关于开展委员“联村（社区）活动”的实施意见（试行）（草案）》《张家港市政协委员履职积分管理办法（试行）（草案）》，协商快速路网建设工作。

第十一次会议 7月31日召开。传达省政协召开的学习习近平总书记关于加强和改进人民政协工作的重要思想理论研讨会精神和市委十一届六次全会精神，听取市政府关于全市上半年经济社会发展及提案办理情况通报，协商“张家港引进人才、推动人才项目发展建议”重点课题。

第十二次会议 11月9日召开。审议通过市政协有关人事任免事项，审议通过《关于加强和改进人民政协民主监督工作的实施意见（草案）》，协商优化师资资源配置、加强教师队伍建设工作。

第十三次会议 12月24日召开。审议通过市政协有关人事任免事项，听取市政府关于全市经济社会发展及政协提案办理情况的通报，审议通过市政协常委会工作报告（草案）、提案工作报告（草案），审议通过《关于召开市政协十二届三次会议的决定（草案）》，审议通过市政协十二届三次会议有关事项。

1月2日，市政协十二届二次会议 （市政协办 提供）

【市十二届政协主席会议】 2018年，市十二届政协共举行主席会议11次。

第十二次会议 1月18日召开。审议市十二届政协主席、副主席、党组成员、秘书长工作分工调整事项，研究讨论《政协张家港市第十二届委员会常务委员会2018年度工作要点（草案）》，审议通过市政协十二届八次常委（扩大）会议议程（草案），听取市政协办公室及各专委会月度工作交流，组织开展集体学习活动。

第十三次会议 3月9日召开。听取市政协十二届二次会议提案审查情况通报，研究讨论市政协主席会议成员分工督办重点提案等事项，修订《张家港市政协关于进一步规范外出学习考察调研的有关规定》，听取市政协办公室及各专委会月度工作交流，组织开展集体学习活动。

第十四次会议 4月26日召开。协商医疗医药卫生体制改革工作，研究讨论市政协委员培训事项，听取市政协办公室及各专委会月度工作交流。

第十五次会议 5月29日召开。协商讨论《关于推进我市快速路网建设的调研报告》，研究讨论《关于开展“委员联村（社区）活动”的实施意见（试行）》《张家港市政协委员履职积分管理办法（草案）》，审议通过市政协十二届十次常委（扩大）会议议程（草案），听取市政协办公室及各专委会月度工作交流，组织开展集体学习活动。

第十六次会议 6月28日召开。组织开展集体学习活动，研究讨论民主评议市民政局工作方案，研究讨论《市政协机关关于开展“解放思想大讨论”活动的实施方案》《张家港市政协信息宣传奖励办法》，听取市政协办公室及各专委会月度工作交流，召开市政协机关“解放思想大讨论”活动动员会。

第十七次会议　7月30日召开。协商讨论《关于张家港引进人才、推动人才项目发展的八条建议》，审议通过市政协十二届十一次常委（扩大）会议议程（草案），听取市政协办公室及各专委会月度工作交流，组织开展集体学习活动。

第十八次会议　8月30日召开。督办重点提案《关于规范中小学教育培训市场的建议》，听取市政协民主评议各工作组调研情况汇报，研究讨论《关于对市民政局的民主评议意见》，听取市政协办公室及各专委会月度工作交流。

第十九次会议　9月27日召开。协商全市产业资本运作工作，组织开展集体学习活动，听取市政协办公室及各专委会月度工作交流。

第二十次会议　11月2日召开。协商提升农村人居环境、推进美丽乡村建设工作，协商讨论《关于加强我市教师队伍建设的调研报告》，组织开展集体学习活动，研究讨论市政协十二届三次会议筹备工作方案，审议《关于加强和改进人民政协民主监督工作的实施意见（草案）》，审议通过市政协十二届十二次常委（扩大）会议议程（草案），听取市政协办公室及各专委会月度工作交流。

第二十一次会议　11月28日召开。听取市政协办公室及各专委会关于2018年工作总结和2019年工作计划汇报。

第二十二次会议　12月14日召开。听取各筹备工作组关于市政协十二届三次会议筹备工作情况汇报，审议市政协常委会工作报告（讨论稿）和提案工作报告（讨论稿），审议市政协十二届三次会议议程（草案）、日程（草案）及有关事项，审议通过市政协十二届十三次常委（扩大）会议议程（草案）。

2018年张家港市政协人事任免情况表

表6

时　间	会　议	任　免　情　况
3月26日	市政协十二届九次常委会议	任命张亚萍为市政协提案委员会副主任，朱文焰为市政协文史委员会副主任，朱育才为市政协港澳台侨（民族宗教）委员会副主任，陆洲为市政协社会事业委员会副主任，陈兰兼任市政协乐余镇工作委员会副主任；免去张亚萍市政协港澳台侨（民族宗教）委员会副主任职务，免去朱文焰市政协提案委员会副主任职务，免去陈勇市政协文史委员会副主任职务，免去朱育才市政协社会事业委员会副主任职务，免去吴永兵兼任的市政协乐余镇工作委员会副主任职务
11月9日	市政协十二届十二次常委会议	任命纪峰为市政协经济科技委员会副主任；免去叶锋市政协经济科技委员会副主任职务，免去卢惠兴兼任的市政协港澳台侨（民族宗教）委员会副主任职务，免去闵振宇兼任的市政协提案委员会副主任职务
12月24日	市政协十二届十三次常委会议	任命王文华兼任市政协杨舍镇工作委员会副主任；免去王建东兼任的市政协社会事业委员会副主任职务，免去张浩兼任的市政协杨舍镇工作委员会副主任职务

（谭　晔）

协商议政

【概况】2018年年初，市十二届政协有委员334人。年内，有11人由于工作变动等原因，不再担任该届政协委员。根据《中国人民政治协商会议章程》规定，经市政协十二届九次、十二次、十三次常委（扩大）会议审议通过，调整增补政协委员7人。至年末，市十二届政协有常委会组成人员64人、委员330人。其中，界别分布为中共14人、民盟12人、农工党12人、工商联16人、无党派人士8人、总工会8人、共青团（青联）6人、妇联9人、科协8人、文艺新闻界9人、科技界16人、经济界50人、农业和农村界14人、教育界17人、体育界5人、医卫界24人、侨联界11人、民族宗教界8人、社会福利和社会保障界19人、社会科学界11人、特邀人士53人。市政协组织召开各类协商议政会议8次。其中，市政协常委会议分别就快速路网建设、"引进人才、推动人才项目发展"、教师资源优化与配置、经济社会发展及提案办理等议题，市政协主席会议分别就医药卫生体制改革、产业资本运作、"提升农村人居环境，推进美丽乡村建设"、重点提案督办等议题，与市政府及有关部门进行协商，形成《关于推进我市快速路网建设的调研报告》《面对"揽才竞争"张家港怎么办？——关于张家港引进人才、推动人才项目发展的七条建议》《强化公益主导充分确立政府办医格局——张家港市医药卫生体制改革专题调研报告》《关于张家港市产业资本中心的调研汇报》《优化师资队伍配置，保障优质均衡教育——关于我市教师资源优化与配置的专题报告》《关于提升农村人居环境推进美丽乡村建设的调研报告》专题调研报告6篇，提出各类意见、建议50余条，专委会分别就大调解工作机制健全和运行情况、台湾事务工作、城市总体规划实施情况、民防工程服务民生情况、高新区发展情况、全市规划建设管理工作、经济科技热点问题、市"263"专项行动、文明交通工作等课题开展对口协商通报活动9次。

【医药卫生体制改革协商】4月，市政协召开主席会议，协商医药卫生体制改革工作。会议针对综合医改的保障机制亟须完善、公立医院运行压力有增无减、医保支付改革较为滞后、社会办医质量参差不齐等问题，坚持尊重实际、循序渐进，凸显公益、尽力而为，借鉴先进、推进改革的基本原则，提出要坚持政府办医的责任担当，在组织架构上，建立公立医疗机构管理委员会，把分散多个部门的相关职能归拢，形成高效的改革决策和推进机制，奠定“三医联动”基础；在保障责任上，进一步完善财政投入机制，确保卫生投入占经常性财政支出的比重；在监管责任上，实行“管办分离”、全口径目标预算管理和全成本核算，完善院长考评体系，加强对医疗机构和医务人员执业行为的监管。进一步完善医保支付方式，有效控制总量，建立健全医保经办机构与医疗机构间公开平等的谈判协商机制和“结余留用、合理超支分担”的激励和风险分担机制，提高医疗机构自我管理的积极性，引导医疗资源合理配置。加快推进医疗卫生行业薪酬改革，落实《张家港市公立医院薪酬分配制度改革的实施意见》，合理确定医务人员薪酬水平，调动和发挥广大医务人员的积极性，保障医卫综合改革的顺利推进。突出错位竞争，引导扶持民营医院发展，对质量优劣不一、问题多元复杂的民营医院进行分类指导、区别施策，鼓励和引导社会资本发展医疗卫生事业，形成投资主体多元化、投资方式多样化的办医体制。

【快速路网建设协商】 5月，市政协召开常委会议，就推进快速路网建设工作进行协商，形成《关于推进我市快速路网建设的调研报告》。调研报告针对路网建设现状与群众未来的出行需求还不适应、快速路网规划与规划项目早日落地建设还存在距离、土地资金供给与快速路网加快推进态势还不同步等问题，提出要分阶段推进“五纵五横”快速路网，优先发展“两纵两横”，将前期规划论证、方案设计与后续项目建设、运行管理相衔接，与铁路枢纽、过江通道、高速公路等国家、省重大交通工程建设时序衔接，整体考虑快速路网与轨道交通走向布局，为轨道交通预留充足的发展空间；推进张皋路南延与张杨公路接通，加快晨丰公路东延规划论证，充分发挥疏港高速作用，减少过境车辆（尤其是大货车）对市区交通的干扰；在市区与快速路网的几个连接点，采用高架或下穿的方式改变平交道口通行缓慢的状况，尽早实施，方便老百姓出行；优化建管机制，提出符合市场规律的改进方案，逐步推进组建专业建设单位或委托专业机构代建的建管模式，提高交通项目建设管理的规范化、制度化水平；进一步挖掘交通资源潜力，改造、完善、提升已有交通基础设施，打造交通运输视频联网监控平台，推进智慧交通建设；加大对上争取力度、土地资源整合力度和资金保障力度，攻克瓶颈制约，为推进全市快速路网建设提供保障。

【人才项目发展协商】 7月，市政协召开常委会议，就“引进人才、推动人才项目发展”进行研究协商，形成调研报告《面对“揽才竞争”张家港怎么办？——关于张家港引进人才、推动人才项目发展的七条建议》。调研报告针对城市变迁给招才引智提出新课题、揽才政策突破空间不大、区位吸引力相对不足、人才项目显示度不高、载体功能与分布不够完善、各类创业要素融合的生态体系不够健全等问题，就新形势下提升张家港揽才竞争力、发展人才项目提出七条建议。建议构建好“强磁场”机制。通过体制机制的系统创新，构建独具特色的人才“强磁场”，构建精准引才的产业强磁场、应对虹吸的总部强磁场、夯实地基的配套强磁场。建议打造好人才载体名片。在市区打造人才创业综合体项目，同步配套人才社区的生活资源，同时管好用好载体，定期对人才项目进行“全面体检”，提高载体利用率。建议集中好人才服务资源。突出重点产业、重点领域，集中有限的人才服务资源，做出亮点特色，围绕“产业链”打造“人才链”，围绕“人才链”打造“服务链”，围绕“服务链”理顺“考核链”。建议对接好内外融合型链条。通过人才企业与本土规模企业“嫁接”的合作创业模式，加快人才项目的产业化进程，做好产品对接和企业家人才的对接。建议优化好投融资金融生态。在招才引智竞争白热化情况下，进一步创新“资本（金融）、产业（项目）、人才（智力）”三位一体的招商引资、引智新模式，使资本、人才、项目产生乘数效应。建议协调好共享合作要素。搭建好产业共享平台、生活服务共享平台、交流分享平台，提供更精准有效的创业要素。建议重塑好城市文化认同。在年轻创业群体中，以活动为载体，以项目为支撑，宣传宜居宜业条件，通过提升城市气质、讲述创业情怀、丰富文化元素等形式，展示城市个性魅力、包容文化与发展机遇，以文化认同增进对城市的家园情怀、创业情怀。

【产业资本运作协商】 9月，市政协召开主席会议，协商产业资本运作工作。会议围绕产业资本中心专业人才相对匮乏、风险和收益存在不确定性、缺乏有效的绩效评价、优质项目储备来源存在局限性等问题进行讨

11月28日，市政协视察2018年民生实事项目建设进展情况（市政协办 提供）

论,提出要以"推动发展、促进转型、厚植财源"为主线,充分放大财政资金产业引导作用,优化"财政+基金+金融"模式,增加政府引导基金规模,推动财政资金良性循环使用,优化财政促进产业发展的扶持方式;强化新兴产业培育,助力传统产业转型升级,利用财富管理中心,帮助全市19家上市公司做好投资管理,加大研究力度,在资本运作中实现转型升级弯道超车;依托产业基金引进人才项目,创新探索"产业基金+孵化器+专业团队"引才模式,引入市场化产业基金和专业化运营团队,打造人才创业"全孵化链",以"政府+创投"联合出资的创投基金,重点投向科技人才项目;以基金为支点,以资本为纽带,综合运用股权投资、并购投资等多种方式,逐步构建互惠互利、良性循环的基金"生态圈",积极争取国家级基金落户或参股国家级专项投资基金,加强与市金融办、市市场监管局等部门的沟通联系,建立优质项目储备库,通过设立基金理事会行使基金管理决策职能,完善团队激励机制,严格退出程序,加强有效监管,引入第三方机构公正合理评估出资价值、项目效益等。

【美丽乡村建设协商】 11月,市政协召开主席会议,协商提升农村人居环境、推进美丽乡村建设工作。会议针对全市美丽乡村建设规划设计有待提升、基础设施有待加强、特色亮点有待彰显、机制保障有待完善等问题,提出要统筹文旅结合、产业布局等制定完善全域规划,着眼全市谋篇布局,立足村庄精准定位,科学制定点位规划,引入第三方评审机制,广泛征求各方意见建议,确保规划编制方案的科学性、权威性;在做好全市美丽乡村的谋篇布局基础上,因地制宜开展美丽村庄建设,正确处理点和面的关系,既要整体推进、普惠共享,又要分梯次建设、精心打造;注重文化内涵挖掘,加强传统乡土文化的培育与利用,因地制宜选准农村产业发展方向,促进美丽村庄建设同产业融合发展,打造农村特色产业,坚持以文化为内涵,以特色为品牌,增强美丽村庄的生命力和影响力;完善组织协同机制,加强对美丽村庄建设的组织领导,全面梳理、整合各条线建设项目资金,持续加大市、镇两级财政支持力度,积极探索社会资本参与美丽村庄建设的渠道,优化社会参与建设和经营管理机制,进一步激发社会参与热情。

【教师资源优化与配置协商】 11月,市政协召开常委会议,就全市教师资源优化与配置工作进行协商,形成《优化师资队伍配置,保障优质均衡教育——关于我市教师资源优化与配置的专题报告》。调研报告针对总量不足、缺额明显、自聘教师队伍急速膨胀、自聘教师队伍自身存在的问题、乡村教师流失与教学资源分布不均衡、骨干培育乏力、名师引领不强等问题,提出要加强基础工作预见性,分阶段施策,逐步化解矛盾,先行解决紧缺师资"有"的问题,规范自聘教师招录管理,关注自聘教师队伍的稳定,加强指导自聘教师队伍的管理和考核,探索实施"备案制"教师管理办法,以适应经济社会快速发展和教育事业规模不断扩大的新形势;务实解决乡村师资"稳"的问题,建立委托培养机制,加大本土化师资定向培养力度,市、镇两级完善乡村教师管理办法,从操作政策层面上保证人员稳定,发放乡村教师绩效考评奖,实行动态管理,增加乡村教师收入待遇,激发乡村教师队伍活力;着力解决区域师资"均"的问题,创新管理模式,加强教师调动工作的协调和管理,协调城乡交流,将支教经历与职称、晋升等挂钩,缓解内部结构性矛盾,对全市多年形成的教师"外借"现象作一轮普查和清理,严控教师(尤其骨干教师)的"外借"占用现象;有效解决骨干名师"优"的问题,在提高奖励标准培育和引进教育人才的同时,开展校园招聘,拓展源头引进渠道,重视当地教育骨干专才和名家名师的培养,加强柔性引才,突出重点,以用为本,助推专业成长

(谭 晔)

民 主 监 督

【概况】 市政协十二届二次会议期间,收到提案373件,其中集体提案99件、个人提案274件。经审查,立案261件,其中经济科技类40件、城乡建设类89件、社会事业类130件、其他类2件。市政协坚持高层次推进提案办理,积极发挥市领导领办督办提案的示范效应,选取《关于加快推进我市"三优三保"工作的建议》《关于进一步提高我市农村生活污水治理工程实施质量及后期维护的建议》《关于加速实施我市交通快速化建设的建议》《关于聚焦转型升级"中国制造2025"——政府引导企业精准

7月18日,市政协督办重点提案《关于加快推进安防动态大数据集成应用,建设"互联网+社区之家"的建议》

(市政协办 提供)

对接的建议》《关于创新我市农村社区治理工作的建议》《关于协助民营企解决招工难问题的建议》《关于加快推进安防动态大数据集成应用，建设“互联网+社区之家”的建议》《关于进一步优化村乡布局有序推进农民建房的建议》《关于以特色小镇为依托，打造乡村旅游新高地的建议》《关于统筹建设高水平少年儿童活动中心（少年宫）的建议》《关于推进我市医疗器械产业发展的建议》11件，合并《关于应用大数据分析缓解城市交通拥堵的建议》《关于加快我市发展智慧交通建设的建议》为1件，合并《关于规范中小学教育培训市场的建议》《关于加强校外教育培训（托管）机构监督管理的建议》《关于加强和规范我市校外辅导机构管理的建议》《关于加强校外培训乱象治理规范辅导机构市场环境的建议》为1件，共13件提案作为市政府领导牵头领办、市政协主席分工督办内容；同时结合市政协专委会工作实际，将《关于产业资本小镇助推创新驱动发展的建议》《关于加快“机器换人”步伐推进企业转型升级的建议》《关于加快推进我市大数据应用和产业发展的建议》《关于理顺现有消防体系，打造安全张家港家园的建议》《关于率先推动法企同行，助推企业良性发展的建议》《关于加快城乡公交换乘枢纽建设的建议》《关于进一步提升我市公共交通发展水平的建议》《关于规范户外LED广告屏管理的建议》《关于准确定位东渡寺作为“成功圣地”的建议》《关于加大打击违法违规金融活动、维护社会稳定的建议》《关于建设张家港非遗展示馆的建议》《关于重视对历史村落记载的建议》等12件提案列入相关专委会联合督办范畴，有效提高提案办理质量和效果。创新提案评价机制，研究制定《张家港市政协提案办理双向评价暂行办法》，通过打通提案互评通道，实现提办双方的良性互动和双向提高。市政协积极探索新形势下加强团结合作的有效方法，团结一切可团结的力量，努力为全市高质量发展凝聚共识、凝聚智慧、凝聚力量。通过政协协商民主平台，深化各党派合作共事，积极为市各民主党派和无党派人士参政议政搭建平台，邀请党派团体成员参加市政协各重要会议和重大活动，与党派联合开展调研视察、提案督办、民主评议，优先安排党派团体进行大会发言，优先将党派团体的集体提案列入重点提案。顺应形势任务要求，创新民族工作宣传形式，举办“民族一家亲、政协助成长，争做新时代好队员”活动，走访视察宗教活动场所，并向市委、市政府报送情况反映，组织委员听取对台工作情况通报，视察“侨之家”阵地建设和侨资企业运行情况。拓宽文史工作领域，加强文史选题策划研究，以张家港水利工作和改革开放40周年为主题，编纂出版《港城水利史话》，与市委史志办合作编纂《张家港史志》（张家港文史资料第38辑）。全年组织开展专题视察通报活动10次，提出各类合理化意见建议50余条，推动相关部门有效开展职能工作。

张家港市政协十二届二次会议优秀提案一览表

表7

提案单位（人）	案　　由	承办单位
民盟市委	关于规范中小学教育培训市场的建议	市教育局、市市场监管局（合并提案）
农工党市委	关于加强校外教育培训（托管）机构监督管理的建议	
民建市基层委员会	关于加强和规范我市校外辅导机构管理的建议	
政协南丰镇工委	关于加强校外培训乱象治理规范辅导机构市场环境的建议	
九三学社市基层委员会	关于深化志愿服务社会化、常态化，助推文明城市建设的建议	市文明办
民革市基层委员会	关于率先推动法企同行，助推企业良性发展的建议	市司法局、市工商联
市工商联	关于加快年轻一代企业家教育培养的建议	市经信委、团市委、市工商联
市无党派人士联谊会	关于张家港市废弃农药包装物处置的建议	市供销总社、市农委、市环保局
政协金港镇工委	关于加快推进我市大数据应用和产业发展的建议	市经信委（大数据办）
政协杨舍镇工委	关于加快“机器换人”步伐推进企业转型升级的建议	市经信委
政协锦丰镇工委	关于加快推进我市“三优三保”工作的建议	市政府、市国土局
政协塘桥镇工委	关于打造智慧交通改善东城区交通状况的建议	市公安局
政协乐余镇工委	关于进一步提高我市农村生活污水治理工程实施质量及后期维护的建议	市水利局、市住建局
政协凤凰镇工委	关于以特色小镇为依托，打造乡村旅游新高地的建议	市旅游局、市发改委
政协大新镇工委	关于进一步优化村乡布局有序推进农民建房的建议	市规划局、市国土局
政协常阴沙现代农业示范园区工委	关于加强我市经济一般村社区卫生服务站卫技人员队伍建设的建议	市卫计委
周　兵	关于推进双山岛“认捐林”绿化创新，提高双山旅游知名度的建议	双山香山旅游度假区（筹）、市农委、市旅游局

续表7

提案单位（人）	案　　由	承办单位
钱王平	关于应用大数据分析缓解城市交通拥堵的建议	市政府、市公安局（合并提案）
苏　勇	关于加快我市发展智慧交通建设的建议	
谷晓晔	关于我市二级以上医院检查应该废除麻醉科进行急救插管项目的建议	市卫计委
温尧林	关于多样化精准滚动扶持科技领军人才企业的建议	市人才办、市科技局
周　军	关于加速实施我市交通快速化建设的建议	市政府、市交通运输局、市规划局
周卫君	关于停车位资源共享的建议	市城管局
张　宇	关于聚焦转型升级"中国制造2025"——政府引导企业精准对接的建议	市政府、市经信委

【打造"委员联村（社区）"政协特色工作品牌】 年内，市政协积极搭建委员基层履职平台，在2017年南丰、乐余两镇试点的基础上，以"委员下得去、信息上得来、情况摸得准、解决有办法、长效可持续"为目标，全面推进"委员联村（社区）"工作。3月，市政协"委员联村（社区）"南丰试点工作座谈会召开。6月，制定并印发《关于开展"委员联村（社区）活动"的实施意见（试行）》，召开市政协大讲堂暨"委员联村（社区）"工作动员会，对"委员联村（社区）"工作进行动员部署。至此，"委员联村（社区）"工作正式由试点向面上推开。7月至12月，全市300余名委员按照市政协工作要求，深入挂钩联系的村（社区），访民情、问民意、办实事，协助宣讲政策、反映社情民意、助力乡村振兴，政协工作基层影响进一步扩大。

【"委员直通车"活动】 年内，市政协着力打造委员知情明政平台，紧扣委员关注的热点问题，以规划建设管理、经济科技热点、"263"专项行动、文明交通等为主题，举办4期"委员直通车"活动，邀请规划、住建、发改、经信、环保、公安、交通、文明办等20余个职能部门，为委员作情况通报，有270人次的委员参加"直通车"活动。通过委员当面提、部门现场答，及时解答委员疑惑，提升委员建言精准度，同时宣传各职能部门工作，增加对部门工作的社会理解和支持。

【"委员之家"建设】 年内，市政协进一步深化"委员之家"建设，打造委员交流联谊重要阵地。在"委员之家"区镇建设全覆盖的基础上，启动界别联系组"委员之家"建设工作，专门下发《关于全面推进"委员之家"建设的实施意见（试行）》，按照"五个有（有组织、有场所、有氛围、有制度、有活动）"的工作要求，在政协各专委会、系统联系组推进"委员之家"建设，新增设界别"委员之家"5家，全市"委员之家"累计14家。"委员之家"建设对增进委员交流，增强委员自豪感和荣誉感，起到了较好促进作用。

8月22日，市政协举办"委员之家"建设推进会暨集中授牌仪式

（市政协办　提供）

【"政协大讲堂"创设】 年内，市政协创新开设"政协大讲堂"，邀请专家学者为委员授课，努力打造新时代委员能力建设平台。全年围绕当好新时代政协常委、行政审批制度改革、做好调查研究、海洋安全形势与海洋权益等，举办4期"政协大讲堂"，有511人次委员听取讲座，进一步拓宽委员视野，提升履职能力。

【社情民意信息收集】 年内，市政协共收集社情民意158条，经筛选向市委、市政府编报重要社情民意专报2期12条，向有关职能部门转交社情民意109条，涉及改善镇村道路、在公共场所设置直饮水设施、加强农村亮化工程维护、加快微型消防站建设、文明养犬等方面。这些内容从多角度反映群众的呼声和要求，得到市委、市政府领导重视，相关部门逐一进行研究落实。社情民意反映的一些民生问题，被列入民生实事储备项目和民生微实事项目中推进。

【民政工作评议】 8月上旬至9月下旬，市政协组织开展对市民政局的民主评议活动。组织30余名委员分成4个评议组，由市政协领导带队，通过座谈交流、现场察看、问卷调查等方式，深入基层调研。先后召开座谈会10次，发放调查问卷200余份，形成专题调查评议报告5份。针对民政工作中存在的问题，从优化救助流程、提升养老服务水平、促进全科社工落地、加强民政队伍建设等方面提出改进建议。市民政局高度重视政协民主评议意见，制订了稳固社会救助工作基础、提高养老服务质量水平、加快推进"全科社工"、扎实推进作风效能建设、切实加强民政队伍建设、贯彻落实党风廉政建设"两个责任"等10余条针对性强的整改措施，认真推进实施。

【《港城水利史话》和《张家港史志》出版】 年内，市政协文史委员会拓宽文史工作领域，加强文史选题策划研究，以全市水利工作和改革开放40周年为主题，编纂出版《港城水利史话》和《张家港史志》。其中《港城水利史话》收到稿件80余篇，经过商议统编，收录72篇。全书分河流、工程、抗灾、管理、人物、文化6个篇章，涉及从古至今张家港境内重要治水事件、重要人物及重大水利工程。《张家港史志》收录稿件27篇，全书分口述史料、港城人物、地情研究、村镇旧影等11个篇章。两本书的编印，丰富和完善了全市文史资料，促进了张家港市水文化事业发展，发挥了文史工作存史资政作用。

2018年张家港市政协委员反映的重点社情民意信息解决情况表

表8

反映信息	解决情况
关于改善金港镇双山路等道路状况的建议	针对双山路违停现象，市公安局交警大队、交通运输局、城管局、长航公安等单位成立联合执法小组，6月开始开展联合执法6次，及时拖离僵尸车，加强常态化交通秩序管理，下一步将全面加强双山路沿线综合整治。针对安全监管，市公安局交警大队将进入永嘉码头装卸货物的危化品车辆（约100辆）纳入危化品道路运输综合管理平台，对行车路线、维修、停放情况进行实时监控，一旦出现违规现象立即纳入危化品道路运输黑名单进行严肃处罚。市机动车维修管理处会同金港交管所拟定了保税区（金港镇）三类维修业户专项整治方案，重点对双山路沿线三类维修业户开展专项整治，同时督促码头企业加强周边路段的停车管理，保证道路通畅
关于在全市公共场所设置直饮水设施的建议	关于实施范围、资金渠道及实施主体，拟在城区范围内选取13个人员相对密集的公共场所进行布置试点，计划将该项目列入2019年民生实事工程，一次招标分二期实施，首批13个试点设置直饮水设施共14台，计划于2019年完成，二期设置直饮水设施共20台，计划于2020年完成；关于运维管理方式，按照"政府采购，企业化运行"的模式，由政府统一出资购买服务，由专业公司提供直饮设备及后续10年的运行维护，卫计部门负责水质的日常监督、管理工作，水质日常检测结果用于对企业的考核及资金拨付的依据
关于交通标志及信号灯被绿化遮挡问题亟待解决的建议	市住建部门进行摸底排查开展相关苗木修剪等工作，通过科学排定修剪计划，优先对主次干路沿线影响信号灯、警示牌等大型标志牌的苗木进行修剪作业，最大程度地减少绿化遮挡问题，截至7月初，已对市区38条主次道路相关1000余棵树木进行了修剪，确保了市区主干道已有主要标志一定范围内清晰可见。在今后的道路绿化设计、建设、管理过程中，市住建部门将加强与公安、交通等部门沟通，提前在道路绿化建设规划设计阶段，确定好警示牌放置位置，确保绿化提前避让，如果在绿化建成后放置警示牌，尽量选择绿化无影响的位置，通过建立长效管理机制，有效避免影响市民的生活
关于整合公安力量，在全市推广移动微型消防站建设的建议	2018年5月，经市政府同意，市消安委会出台《关于进一步完善微型消防站建设的方案》，市发改委已将微型消防站建设纳入民生微实事项目，全市各类移动微型消防站建设正在推进中。针对部分警用四轮电瓶车进行专业化改造，配备专业消防工具的建议，市公安消防大队已在城中派出所先行试点，对2辆警用四轮电瓶车进行消防扑救专业化改造，培训专职辅警8人，具体负责安全巡逻、消防检查、消防宣传以及初期火灾扑救工作，下一步将依托有警用四轮电瓶车资源，在全市公安派出所进一步推广应用。针对政府购买服务聘用消防辅警的建议，市公安消防大队已向市委、市政府争取政策及资金支持，主动会同有关部门以政府购买服务的形式，在全市范围内推进微型消防站建设
关于农村亮化工程日常维护的建议	为提升管理维护效能，市政府分别于2004年6月、2010年5月对全市亮化工程建设、维护、运行的责任主体进行明确，即二环路以外道路照明工程、村域范围内路灯照明设施的建设、维护、管理及奖励均由各区镇负责，市城管局下属路灯管理所对市区范围的景观设施进行建设和维护。下一步，各区镇将认真落实属地责任，做好农村路灯照明设施的建设维护工作，市城管局将通过城市e管家对路灯投诉举报案件进行快速派单、督促落实，提高农村亮化工程建设维护的社会满意度
关于老年人外出存在的问题及建议	按照市政府《关于实施我市70周岁及以上老年人乘车证件电子化项目的建议》要求，市交通局、民政局、人社局共同推动用市民卡代替老年卡，实现70周岁及以上老年人免费乘坐公交车功能，此项工作前期设备安装调试已完成，2018年6月至12月为过渡期，老年卡与二代市民卡可以同时使用，过渡期结束后，老年卡将不作为老年人免费乘坐公交车的凭证。由于当前扫二维码读信息存在巨大安全风险，特别是对于高龄、失智等自我保护意识较弱的老年人群体，基于安全考虑，全市二代市民卡背面印有二维码标识，二维码与持卡人唯一对应，普通手机微信扫描市民卡上的二维码后，仅显示持卡人姓名和卡号，其他个人或家庭信息不予公开，如需公开更多个人信息或添加扫描权限，只需在市民卡中心后台操作即可实现，无需再开发二维码扫描系统，若因救助需要，可通过人社部门或市民卡中心查询持卡人详细信息

续表8

反映信息	解决情况
关于在中小学校设置可调桌椅的建议	市教育局对全市中小学课桌椅使用情况进行专题调查,全市86所中小学校中,40所学校已全部配置了可调式课桌椅,34所学校混合配置了可调式和不可调式课桌椅,12所学校全部配置了不可调式课桌椅,全市中小学共拥有课桌椅15.35万套,其中达标的课桌椅比例为85.08%。下一步将科学规范配置课桌椅,中小学校新购置课桌椅时必须按照国家制定的标准配置可调式课桌椅,对财力紧张学校,至少在每间教室配置两种不同型号的课桌椅,对身高、坐高、体重等体征明显超常的学生,可定制特殊型号课桌椅;市财政、各区镇和民办学校将加大新购置课桌椅资金投入力度,争取三年内逐步达到全市中小学都配置合格的可调式课桌椅目标;督促中小学校合理分工,加强可调式课桌椅的管理,强化宣传教育,提高学生自我保健意识,联合卫生监管部门,进一步加强监测与督导
关于加强外卖人员交通管理的建议	市公安交警部门与全市美团、饿了么、百度等外卖企业联系,指导外卖企业落实好"一人一车一证一码""六统六不准"等制度,定期会同外卖企业召开专题会议,对外卖电动自行车交通违法及伤亡交通事故信息进行通报,制定针对性管理措施,完善配送考核制度,加强交通安全管理;建立宣教培训机制,指导企业在配送人员入职前加强交通安全培训,签订交通安全承诺书,安排外卖企业内部管理员或监督员在配送高峰时段、集中通行路段、违法事故高发区域随警参加整治;建立联合整治机制,贯彻落实公安部交管局《关于警企共治创新外卖行业电动自行车交通违法治理的通知》有关要求,建立五项工作机制,市公安交警部门会同外卖企业联合开展外卖行业电动自行车秩序整治,建立交通违法举报平台或电话,鼓励公众监督、举报配送员交通违法行为
关于张家港经济技术开发区(南区)金塘路和塘桥镇杨塘路全线贯通的建议	市政府办公室会同经开区(杨舍镇)、市交通局对金塘路、杨塘路进行现场踏勘,对全线贯通事宜进行专题商议研究,金塘路(汤桥路至苏虞张公路)为市二级主干路,规划宽度35米,全长1.6千米,双向六车道,根据杨舍城区规划管理分区,二干河以东由东城公司规划建设,以西由经开区(杨舍镇)规划建设,由于金塘路东延道路用地大部分为一般性农田和基本农田,暂不具备建设条件,待国土部门将土地规划调整后再组织实施,经开区(杨舍镇)将启动前期方案设计、摸排拆迁户数以及前期资金测算等准备工作,待土地指标调整到位后,计划列入2020年镇实事工程组织实施
关于规范养狗行为的建议	市公安局在各派出所设立咨询点,开通网络办理犬证渠道,明确严禁在重点管理区(市区二环路以内)饲养德国牧羊犬等38种烈性犬和肩高61厘米以上的大型犬,组建犬管队在市区重点管理区及重点区镇开展不定期巡查,对违规养犬和遛犬、流浪犬、野犬等问题隐患及时进行查处和捕捉;充分利用报刊电视网络等媒体扩大法律法规宣传的覆盖面,争取群众对养犬管理的理解与配合;由公安牵头,防疫、畜牧、城管等部门参与,联合督促全市养犬人每年自觉到防疫站对犬只进行免疫工作,提高养犬人依法、文明、科学养犬意识;组织开展养犬管理专项整治行动,对于群众有关违规养犬、养犬扰民等问题的举报和投诉积极进行查处
关于提高办理个人征信报告效率的建议	全市有征信自助查询机4台,分别为人行自助查询机2台(临时布设于江苏银行张家港支行、恒丰银行张家港支行)和代理银行自助查询机2台(布设于招商银行张家港支行、建设银行张家港港城支行)。2017年起,受全市楼盘销售火爆等原因影响,市民查询个人信用信息、打印个人信用报告的业务量异常激增,日查询量在最高峰时600余笔,出现了市民排队等候时间较长的情况。为最大限度满足社会公众、各类经济组织以及机构办理征信业务需求,人民银行张家港市支行于2018年4月25日将企业及个人信用报告人工查询、机构信用代码发放业务窗口迁至市民服务中心,在附近的江苏银行、恒丰银行临时布设自助查询机,并通过多种方式进行公告;组织青年志愿者在"3·15"消费者权益保护日、"6·14"信用记录关爱日等重要节点开展普及征信知识、传播诚信文化宣讲活动,提升社会信用意识;人民银行张家港市支行将按照"便民、自愿、合规安全、适当"五项原则稳步扩大代理银行自助查询机的覆盖面,在市民服务中心服务大厅改造完成后,布设征信自助查询机1台至2台
关于暨南大道、程墩西路的路灯照明问题的建议	在程墩路西段两侧安装隔离护栏的基础上,公安交警部门将会同凤凰镇,对程墩西路其余路段安装隔离护栏,待资金落实后即实施安装;针对程墩西路无路灯照明问题,公安交警部门已将路灯照明设备的安装工程统一纳入道路改造计划;针对程墩路西段道路存在的集装箱运输车超载、超速、违停以及流动摊贩占道经营等问题,公安交警部门、城管部门以及凤凰镇综合执法部门已成立联合行动组,通过联合巡逻执法,确保道路安全通畅

(谭　晔)

【编辑　宋佳辰】

纪检监察

Discipline Inspection & Supervision

1月8日，全市领导干部警示教育大会暨市监委成立大会召开　（市纪委　提供）

党风廉政体制建设

廉政宣传教育

正风肃纪

巡察工作

党风廉政体制建设

【概况】 年内，市纪委、市监委统筹实施监察体制改革试点工作、县级纪委监委机关监督检查和审查调查部门分设、派出监察员办公室等一系列改革，深化市委巡察机构和市纪委、市监委派驻机构改革，全面推进纪律监督、监察监督、派驻监督、巡察监督“四个全覆盖”。1月5日，经张家港市第十四届人民代表大会第二次会议选举，张家港市委常委、市纪委书记张玮任市监察委员会主任，经市人民代表大会常务委员会研究同意，任命茅哲峰和李维兵为市监察委员会副主任，张成兵、袁胜华、张勇为市监察委员会委员。1月8日，张家港市监察委员会在市馨苑度假村举行成立大会并正式挂牌。3月20日，全国人大表决通过《中华人民共和国监察法》，张家港市监察委员会正式依法履职。年内，市纪委、市监委研究制定《张家港市纪委、市监委机关监督检查和审查调查部门分设工作方案》，于8月27日递交十一届市委第五十二次常委会审议通过。在原有6个纪检监察室基础上，分设1个监督检查部门和5个审查调查部门，保留4个农村工作室，将纪检监察工作室更名为第七至第十纪检监察室，定位为监督检查部门。相继出台《张家港市纪委监委机关监督检查和审查调查工作规范》《关于深化联动协作机制，完善联动协作组建设的意见（试行）》《关于进一步完善党风政风监督室工作机制的意见》等制度机制。协助市委办制定《村务监督委员会建设试点工作实施方案》，建立市推进村务监督委员会工作领导小组，推动形成“组织部门牵头、职能部门参与、纪检监察推动、基层单位落实”的工作格局。选取锦丰镇和塘桥镇先行先试，探索符合张家港市镇村实际的村级监督模式。9月，会同市委组织部以市委办、市政府办名义下发《关于进一步加强村务监督委员会建设的实施意见（试行）》，推动村务监督工作制度化、规范化、常态化。

【党风廉政建设】 年初，市纪委、市监委对标新时代全面从严治党要求，按照江苏省、苏州市履责纪实相关要求，升级完善全面从严治党“两个责任”（主体责任、监督责任）监督监测平台，依托平台构建“123”工作模式（依托履责纪实1个平台，狠抓主体责任、监督责任2个责任，盯牢党委、纪委、党委领导班子3类对象），抓紧抓牢党组织、纪检监察组织、党组织领导班子成员三大重点对象，推动“两个责任”落地生根。3月，协助市委出台《全面从严治党三年工作方案（2018—2020年）》，科学谋划7个方面30项重点任务，细化具体工作举措，明确责任单位和时序进度要求，推动全面从严治党向纵深发展。4月，协助市委出台《中共张家港市委落实全面从严治党主体责任评价实施意见（试行）》，科学构建可落实、易操作、能复制、好考核的主体责任评价体系。研究制定苏州市对张家港市落实党风廉政建设责任制检查考核及纪委委员评议质询反馈意见建议的整改落实方案，并抓好相关工作落实。年末，组织开展2018年度党风廉政建设责任制落实情况“双报告”和民主测评工作，督促各区镇、各部门、各单位党（工）委（党组）及其主要负责人和班子成员开展述责述廉工作，并参照领导干部年度考核测评的范围，组织党风廉政建设责任制落实情况民主测评。年内，全市93个党组织和34个纪检监察组织分别录入履责情况8543条、4019条，党组织领导班子成员累计录入个人履责纪实内容35704条。按照新时代加强问责工作的新要求，持续狠抓党风廉政建设责任落实，坚持“一案双查”“责任倒查”，对8名党员干部、11个基层党组织履行主体责任不力的问题进行责任追究。

【派出监察员办公室改革】 9月18日，《张家港市监委向乡镇（区）派出监察员办公室实施方案》经十一届市委第五十三次常委会审议通过，明确撤销冶金园（锦丰镇）、塘桥镇、乐余镇、凤凰镇、南丰镇、大新镇、常阴沙现代农业示范园区、双山岛旅游度假区（以下简称六镇二区）的行政监察机构，保税区（金港镇）、经开区（杨舍镇）待上级对省级以上开发区实施监察全覆盖工作部署后再行实施。原履行行政监察职能职责的人员整合到乡镇（区）纪（工）委。市监委向六镇二区派出4个监察员办公室，其中第一监察员办公室驻在冶金园（锦丰镇），负责冶金园（锦丰镇）、乐余镇管辖范围内的监察工作；第二监察员办公室驻在大新镇，负责大新镇、双山岛旅游度假区管辖范围内的监察工作；第三监察员办公室驻在塘桥镇，负责塘桥镇、南丰镇管辖范围内的监察工作；第四监察员办公室驻在凤凰镇，负责凤凰镇、常阴沙现代农业示范园区管辖范围内的监察工作。监察员办公室负责人由市纪委、市监委4个监督检查部门负责人担任，市纪委、市监委委任机关4名干部担任专职监察员，13名具有公务员身份的区镇纪（工）委书记和副书记担任兼职监察员。年内，市经委、市监委制定实施《张家港市监委派出监察员办公室工作规则（试行）》《张家港市监委派出监察员办公室日常管理制度（试行）》《张家港市监委派出监察员办公室监察工作程序（试行）》等制度规定，推动监察工作向基层延伸。 （厉亮亮）

廉政宣传教育

【概况】 市纪委全年在苏州市级以上报刊媒体发表党风廉政建设报道656篇，全方位展现张家港市党风廉政建设成效。其中，省级以上媒体刊发395篇。年内，张家港廉政网更新信息1000余篇，通报执纪审查信息6条。2月6日，以微信、微博直播的形式，对市纪委全会进行报道，3237人通过客户端实时关注会议。5月4日，市纪委邀请中国青年政治学院中国马克思主义学院执行院长李伟作“不忘初心、牢记使命，推进新时代全面从严治党取得新成就”专题讲座，面向全市副科级以上领导干部，深入分析新时代全面从严治党等内容。5月11日，开展党风廉政宣传业务培训，邀请《新华日报》记者李仲勋、《苏州日报》记者陈震欧为全市180余名通讯员讲授新闻写作技巧。打造“清风护林”党建品牌，结合主责主业作出具体释义，设计图形标识，举办“清风护林”党建品牌启动仪式，使之成为加强纪检监察机关党的建设的有力抓手。年内，市纪委邀请省纪委审理室主任杨光到市作“中华人民共和国监察法”专题讲座。先后组织纪检监察业务培训、华东政法法律专业培训及中国纪检监察学院（北戴河）纪检监察综合业务培训，帮助广大纪检监察干部专业转型、能力升级。深化提升以“港城清韵”为品牌的载体建设，弘扬优秀传统文化，增强广大党员干部廉洁从政意识和拒腐防变能力，弘扬正气，促进和谐，营造风清气正氛围，持续加强廉洁文化建设。

【反腐倡廉教育】 年内，市反腐倡廉警示教育基地升级改造，全年150余批次6500余名党员干部到基地接受警示教育。2月2日，市纪委会同经开区（杨舍镇）在塘市金塘社区举办“美好家园，廉洁是福”廉洁文化社区行活动，现场书写廉政春联，赠送社区群众2400余幅。5月28日，组织市纪委、市监委部分一线办案人员和党员干部，旁听市监委第一起留置案件法庭审理的全过程。选取监委第一案、政务处分第一案、工程建设等重点领域典型案例，拍摄警示教育片《微权力任性的代价》，提升警示教育的震慑力和感染力。

【“勤廉微套餐”系列活动】 2018年，张家港市纪委、市监委围绕勤、廉主题，依托勤廉“微套餐”项目平台，上下联动，在全市范围内开展“520”（我爱廉）港城清韵——勤廉“微套餐”宣教月系列活动，通过微评论、“微家书”“微剧本”“微e拍”等子项目载体，构建廉洁“微文化”辐射格局，打造港城勤廉特色名片。活动征集“微家书”91封、“微剧本”23份、“微e拍”120件、“微评论”146篇。经过5天近2000人次的投票，有“微家书”12封、“微剧本”6份、“微e拍”22件、“微评论”10篇入围勤廉“微套餐”优秀作品网络评选。勤廉“微套餐”是张家港市纪委、市监委持续打造的廉政文化品牌。旨在变被动说教为党员干部主动参与，变阶段性、间断性为滚动式、连续性，变政策解读、要案分析为小微活动渗透到日常工作生活，从实处构建廉政教育常态、长效机制，形成“时时讲廉、人人知廉、处处见廉”的良好氛围，增强党员干部拒腐防变的“免疫力”。

【颂清廉活动开展】 6月25日，张家港市“迎七一·颂清廉”暨《清正廉洁（一）》特种邮票展览活动在金港镇柏林村举行。市纪委、市监委和各区镇纪检监察条线、邮政集团苏州分公司、江科大张家港校区负责人及邮政系统、集邮爱好者150余人参加。活动以“廉”字贯穿始终，设“颂廉”“奖廉”“观廉”“送廉”多个子环节。活动现场，开展廉政古诗词诵读，让人对古代廉洁典故心生敬畏。组织“香山清风”廉政家风家训优秀作品赏析和颁奖，激发廉洁动能。廉洁邮票宣传短片讲述从春秋时期到清代4个广为流传的古人居官正直、廉洁自律的故事。活动特设“清正廉洁，勤政为民”集邮展览，展出邮集40框，供参与者品鉴。“迎七一·颂廉洁”廉政主题邮展活动，是张家港市“港城清韵”宣传教育品牌的一项重要活动，也是深化全市廉洁文化建设的一次有益尝试。2018年中国邮政发行的《清正廉洁》系列邮票，包含不贪为宝、羊续悬鱼、两袖清风、立檄拒礼等主题，通过古代廉政楷模故事，以古喻今，宣传反腐倡廉精神，倡导廉洁做人、廉洁从政的社会风气。 （厉亮亮）

正风肃纪

【概况】 年内，市纪委围绕《中共中央政治局关于改进工作作风、密切联系群众的八项规定》《中共中央政治局贯彻落实中央八项规定的实施细则》及省委《关于贯彻落实〈中共中央政治局贯彻落实中央八项规定实施细则〉的具体办法》，锲而不舍反“四风”转作风，坚决纠正形式主义、官僚主义问题，构建作风建设长效机制。突出元旦、春节、清明、五一、中秋、国庆等重要时间节点，紧盯“四风”问题新表现形式，依托联动协作机制，组织各职能部门开展“地毯式”排查，全年开展检查60余次。印发《落实中央八项规定精神口袋书》2500余册，划定作风建设不可触碰的红线和禁区。以项目化方式打造专项督察“升级版”，组织开展“四风”问题整治专项行动、作风建设自查自纠专项行动、作风建设专项督察等系列行动，围绕基层站所办公用房、公务加油卡、区镇津补贴、区镇绩效考核奖、公款吃喝、公款旅游、扶贫领域腐败和作风问题等7项重点内容，会同职能部门、派驻纪检监察组进行“集中会诊”，共计反馈问题线索25个，其中立案查处5个，运用第一种形态处理16个。全年查处群众身边腐败问题33起38人。紧盯生态文明建设，严肃问责党员干部110人。会同相关部门出台《关于严明纪律要求国家公职人员不得参与非法金融活动的通知》，推动非法金融活动专项整治。推进教育领域人民群众反映强烈突出问题专项治理，查处并通报相关违纪违法问题6起。年内，全市累计查处违反中央八项规定精神的问题22起26人，其中给予党纪政务处分20人、诫勉谈话6人，分5批对15起19人的违反中央八项规定精神典型问题进行点名道姓曝光。年内，市纪委加强对问题线索分析研判，根据不同性质、特点，把违纪情形、对待组织态度等放在“纪律刻度尺”中比对，准确把握监督执纪“四种形态”（经常开展批评和自我批评、约谈函询，让“红红脸、出出汗”成为常态；党纪轻处分、组织调整成为违纪处理的大多数；党纪重处分、重大职务调整的成为少数；严重违纪涉嫌违法立案审查的成为极少数）的内涵外延以及转化规则，逐步实现常态、大多数、少数、极少数的合理数量分布。全年市纪检监察机关处置各类问题线索1095件，其中运用第一、第二种形态的占94%，第三、第四种形态占6%。

【“阳光扶贫”监督工作】 年内，市纪委按照江苏省、苏州市统一部署，开展“阳光扶贫”监督工作。会同相关部门制定出台《张家港市“阳光扶贫·智慧e农”监管系统运行管理暂行办法》，并配套建立结对帮扶动态调整管理机制，进一步规范新增、退出等调整流程，实现对困难家庭、集体经济相对薄弱村、帮扶责任人的动态监管，并督促各部门、各帮扶责任人按季度完成走访任务；针对精神、智力残疾对象救助资金使用过程中的廉政风险点，会同民政等部门积极研究完善精智残对象救助资金托管制度，明确资金托管适用对象范围、托管人选、资金发放使用流程等，确保资金合理使用，从而实现精准扶贫；深入开展扶贫领域腐败和作风问题专项治理工作，围绕扶贫救助对象退出结果核对核查等6项重点工作，会同市委农工办、市民政局开展脱贫情况专项检查，分12批次对493户脱贫农户、13个脱贫经济薄弱村进行复查复核，同时依托联动协作机制，对相关职能部门核查情况开展再监督、再检查，重点关注扶贫救助帮扶工作中有无弄虚作假、违规操作，搞"数字脱贫"、假脱贫以及优亲厚友、虚报冒领、截留挪用等问题。

【领导干部廉洁自律】 市纪委抓好领导干部重大事项报告工作，全年有543名领导干部报告婚丧嫁娶、因私出国（境）等重大事项。严格禁止领导干部违规收受礼金礼券行为，市廉政办及"510"廉政账户共收到领导干部上交礼金礼券340万元。做好廉政公积金管理工作，累计审核办理新增、转移、调整、支取廉政公积金544人次。

【执纪查案】 年内，市纪委、市监委收接各类信访举报692件（不含巡视巡察转办信访件），其中信件332件、到访10件、电话21件、网络329件；另接巡视巡察转办信访20件，其中中央第七巡视组转办交办13件、苏州巡察组转办7件。立案查处各类违纪案件405件，其中六大纪律类案件65件，涉及乡科级干部27人，对5人采取留置措施，追究刑事责任7人，为国家和集体挽回经济损失1600余万元。出台《信访举报失实澄清暂行办法》，奖励实名举报2人次，实现进京访零登记。严肃查办水利系统、环保领域、基层财务管理领域等一批有影响的典型案件。

【农村集体"三资"监管工作深化】 年内，市纪委、市监委立足"监督的再监督"定位，深化农村集体"三资"监管，推动全市农村"三资"监管水平再上新台阶。巩固2017年度农村集体"三资"专项治理工作阶段性成效，督促相关责任单位常态化开展村级财务"第三方代理"、农村集体资产资源"线上交易"、村级资金"非现金结算"、村务公开"e阳光行动"等重点工作，推动职能部门全面开展农村集体资产清产核资、清缴欠租等工作。围绕近年"三资"领域查处的违纪违法案件，结合各级部门在执纪执法、巡察中发现的"三资"管理典型问题，分两次组织专题调研，剖析管理中存在的问题和不足，有针对性地提出三类18条建议，并以专报形式上报市委。坚持市委巡察、专项督察、区镇自查多管齐下、同向发力，及时发现并查处农村"三资"管理领域典型问题。年内，组织开展查处农村集体"三资"领域违纪违法案件和违规问题专项行动，向上级纪委上报违规违纪问题47个，累计查处15起17人，并对其中4起典型案件点名道姓通报曝光。对于发现的苗头性、倾向性问题，督促各区镇运用监督执纪"第一种形态"，把纪律规矩挺在前面，把牢"三资"管理第一道关口。

（厉亮亮）

巡察工作

【概况】 年内，市委巡察机构深化政治巡察，按照"六个围绕、一个加强"（围绕党的政治建设，重点检查维护党中央权威和集中统一领导情况；围绕党的思想建设，重点检查学习贯彻习近平新时代中国特色社会主义思想情况；围绕党的组织建设，重点检查选人用人和基层党组织建设情况；围绕党的作风建设，重点检查整治"四风"问题情况；围绕党的纪律建设，重点检查党规党纪执行情况；围绕夺取反腐败斗争压倒性胜利，重点检查领导干部廉洁自律和整治群众身边腐败问题情况；加强对巡视整改情况的监督检查）开展巡察监督。根据《中共张家港市委关于省委第七巡视组反馈意见的整改工作方案》及《省委第七巡视组反馈意见整改工作任务分工表》相关要求，市纪委监委督促各相关部门，全力做好省委第七巡视组反馈意见整改落实工作。配合做好中央巡视江苏反馈意见整改、配合苏州市委农村"三资"和生态文明建设专项巡察组提级巡察杨舍镇闸上村党委等相关工作。试点建立市委巡察组"反馈问题清单"制度，制定《2018年市委巡察工作计划》《2017—2021年市委巡察工作规划（修订）》等指导性文件，出台市委巡察工作领导小组、市委巡察办、市委巡察组等3个工作规则及《关于进一步加强市委巡察整改和成果运用工作的意见》《被巡察党组织配合市委巡察工作的实施办法》等制度文件。制定《张家港市开展村（社区）全面巡察的工作规划（2018—2021）》，明确该届市委任期内实现对村（社区）巡察全覆盖。探索建立巡察专报机制，对存在的普遍性、倾向性问题和其他重大问题，及时以专报形式报送市领导和有关部门决策参考。全年报送涉及区镇发放津补贴、虚增虚报村级财力和机关事业单位违规发放报酬、津补贴及福利等3篇情况专报，推动全市面上对照整改。探索建立健全巡察与纪检监察机关、组织部门、审计机关的协调协作机制，提升巡察工作整体效能。2月，完成对十一届市委第四轮巡察的大新镇、塘桥镇、常阴沙现代农业示范园区、双山岛旅游度假区4个区镇的巡察情况反馈工作。启动十一届市委第五轮巡察，对市金城投资发展有限公司、市金茂投资发展有限公司、张家港产业资本投资有限公司（市暨阳湖开发发展有限公司）、市城市投资发展集团有限公司4家市属国企开展巡察。4月，启动十一届市委第六轮巡察，对市住建局、市房管中心、市城建基金办、市卫计委、市粮食局、市残联、市市场监督管理局、市口岸办、市侨办、市城管局、市城乡环境卫生指导中心、市体育局12个单位开展巡察。5月，完成4家市属国有企业的巡察情况反馈。5月9日，省委巡视办副主任祁新一行在苏州市纪委副书记、监委副主任叶新等陪同下，调研张家港巡视巡察整改情况及村（社区）巡察工作开展情况。8月，市委巡察机构完成十一届市委第六轮巡察的12个单位的巡察情况反馈工作。启动十一届市委第七轮巡察，对市农委、市供销合作总社、市科技局、市教育工委、张家港开放大学、张家港日报社、市文广新局、市广电（总）台、市文化中心、市民政局、市民防局、市台办12个单位开展巡察。是月，省委督察组到市专项督察巡视反馈问题整改落实情况。在第四、第五、第六轮市委巡察中共反馈问题224个，移交问题线索40条。从第七轮巡察开始，试行撰写被巡察党组织政治生态的专题报告。探索实施巡察反馈"一把手"谈话制度，先后对20个被巡察单位开展提醒谈话24人。11月，根据《关于对十三届省委前三轮被巡视党组织巡视整改落实情况开展专项督察的通知》相关要求，上报市委巡视整改落实情况的自查报告。

【村（社区）巡察】 3月29日，市委召开全市村（社区）巡察工作动员部署会，全面启动对村（社区）巡察工作。组建4个村（社区）专项巡察组，由市委授权对村（社区）开展提级巡察。按照"一拖N"的方式和大小搭配的原则，确定每轮各组巡察村（社区）对象，围绕村党组织建设、惠农政策落实、精准扶贫、"三资"管理、拆迁征补、生态环境、信访维稳、干部作风、社风民风等方面存在的问题，以及群众身边的不正之风和腐败问题等开展巡察。7月，各专项巡察组分别向相关区镇党（工）委反馈第一批14个村（社区）巡察发现的101个问题。8月30日，市委召开全市推进基层党组织整改落实巡察反馈问题专题会议，通报对村（社区）巡察中发现的一些共性问题，就规范基层党建工作、推进巡察整改落实提出具体要求。11月1日至8日，中央巡视办调研组在省委巡视办副主任祁新等陪同下，到保税区（金港镇）朱家宕村、经开区（杨舍镇）河南村、塘桥镇横泾村开展蹲点调研。调研期间，专项巡察组通过"请上来、走下去"相结合的方式，听取镇属职能部门情况通报，召开群众座谈会40余场，印发《巡察组来到您身边》宣传单5000余份。对于巡察过程中群众反映的能够立即整改的问题，第一时间下发《立行立改通知书》，并将相关情况同步抄送职能部门，做好跟踪核实、督促整改。建立"一个重点（对经济体量较大村党组织巡察工作重点内容）、两个清单（7个方面25个步骤的巡察工作流程清单、5个方面24项监督重点的巡察监督重点问题清单）"巡察样本，初步形成对村巡察的张家港工作模式。11月6日，省委巡视办在张家港市召开全省部分县（市、区）委巡察办主任座谈会，省纪委常委、省委巡视组组长、省委巡视办副主任赵长林参加会议，张家港市在会上推广介绍对村（社区）巡察工作经验。年内，完成对5个区镇65个村（社区）的巡察工作，共反馈问题474个、移交线索35条。

【专项巡察】 4月，根据苏州市统一部署，组建市委农村"三资"管理和生态文明建设专项巡察组，对全市农村"三资"管理和生态文明建设情况进行专项巡察。4月28日至6月1日，专项巡察组对市委村（社区）首批巡察的12个村进行专项巡察，对保税区（金港镇）、经开区（杨舍镇）、乐余镇、南丰镇相关条线负责人及12个村24名相关负责人进行约谈，检查相关村的会计凭证、经济合同、收款台账等资料，实地走访生态文明建设现场，与4个村（社区）专项巡察组进行沟通交流，共享相关巡察成果，形成专项巡察报告。6月6日，召开全市安全生产工作专项巡察动员会，组建市委安全生产工作专项巡察组，针对安全生产领域探索开展专项巡察。此次专项巡察从6月上中旬至7月末，覆盖全市10个区镇和市经信委、市交通运输局、市水利局等17个部门。巡察期间，专项巡察组10名成员分成4个小组，分别与各区镇、部门党政领导、中层干部及所监管的企事业单位负责人等进行谈话，实地察访街道、村（社区）、企事业单位现场，检查2016年后重点工作台账，与相关部门对接，全面了解各板块和部门的安全生产工作情况，形成安全生产专项巡察报告。8月31日，召开市委安全生产工作专项巡察情况反馈会。会后，制作个案化问题清单，逐一反馈相关区镇、部门，督促做好整改落实。

【巡察干部队伍建设】 年内，市委组织部选派2批次9名优秀年轻干部到市委巡察机构学习锻炼，并从市纪委监委派驻纪检监察组、区镇、财政、审计、税务等部门选调干部参加市委巡察工作。同时，对市委村（社区）专项巡察组中的区镇干部实行异地对调，形成"交叉巡察"，有效破解熟人社会监督难问题。根据上级巡视巡察工作新要求，及时汇编修订《张家港市委巡察工作培训手册》，印发《深化政治巡察监督重点清单》，选派骨干参加省、苏州市巡察业务培训和纪检监察业务学习。探索建立巡察干部"1+N"培训模式，坚持开展每轮巡察常规培训，同时在村居、农村"三资"管理、生态文明建设和安全生产工作专项巡察中，邀请市委农工办、市环保局、市安监局等相关部门对巡察干部开展实务培训。组织巡察干部开展习近平新时代中国特色社会主义思想、巡视巡察工作重要论述等政治理论学习，选派巡察干部赴革命老区参加党性锤炼，举办巡察机构借调（挂职）干部座谈会，引导巡察干部牢固树立"四个意识"，保持政治定力，履行巡察监督职责，严格内部管理监督。加强对巡察干部"六不行为规范"和保密工作等方面的教育管理，组织巡察干部开展巡察岗位廉政风险排查，对巡察干部作风建设情况进行问卷调查。严格落实市委巡察组工作规则，加强对巡察干部的管理监督。市委巡察机构开展"当好党内政治生态'护林员'"专项行动，通过组织专题研讨、对标调研、巡察工作建言献策等活动，推动巡察业务和党建工作齐头并进，努力打造过硬巡察干部队伍。 （厉亮亮）

【编辑　宋佳辰】

民主党派·人民团体

Democratic Parties & People's Group

11月23日，"最美职工"故事分享会举行　（市总工会　提供）

中国国民党革命委员会张家港市基层委员会
中国民主同盟张家港市委员会
中国民主建国会张家港市基层委员会
中国民主促进会苏州市张家港支部委员会
中国农工民主党张家港市委员会
中国致公党苏州市张家港支部委员会
九三学社张家港市基层委员会
张家港市总工会
中国共产主义青年团张家港市委员会
张家港市妇女联合会
张家港市归国华侨联合会
张家港市工商业联合会（总商会）

張家港年鑑（2019）

扫码欣赏

2018年团代会上共青团
工作回顾视频

中国国民党革命委员会张家港市基层委员会

【概况】 2018年年末，中国国民党革命委员会张家港市基层委员会（简称民革市基层委员会）下属支部5个，有党员90人，其中在职党员88人、女党员31人，分别占总数的97%、34%。党员中，具有高级职称的18人、中级职称20人，分别占20%、22%；有苏州市人大代表1人、苏州市政协委员1人、张家港市人大代表1人、张家港市政协委员20人。全年召开主委办公会议6次，基层委员会中心组成员会议4次，各支部组织活动32次。年内，组织5个支部分别赴安徽省六安市朱蕴山纪念馆、福建省福州市陈绍宽故居、山东省枣庄市李宗仁史料馆、泰安市冯玉祥泰山纪念馆、湖南省长沙市黄兴故居纪念馆、吴江区柳亚子故居等开展缅怀民主革命先驱，"重温历史，同心同行"主题教育实践活动。编印《张家港民革》杂志1期，共12万字。有32条信息被《苏州民革》杂志、《江苏民革》杂志、民革江苏省委网站、《团结报》等录用。民革市基层委员会四支部与民革北京市朝阳区七支部、辽宁省直传媒支部、河北省承德市虹桥支部、山东省新泰市基层委员会缔结友好支部。民革市基层委员会组织一支部、二支部、四支部分别与民革湖南省长沙市雨花区支部、山东省滕州市支部、山东省新泰市基层委员会开展友好支部交流共建活动。基层委员会5个支部"党员之家"，被民革江苏省委授予先进集体称号。

【参政议政】 在市政协十二届二次会议上，民革市基层委员会提交集体提案11件、个人提案及联名提案14件。其中，《推动法企同行，助推企业良性发展》《全面统筹扶贫救助工作，建立精准有序救助体系》被列为大会发言，《关于率先推动法企同行，助推企业良性发展的建议》被列为市政协主席督办提案。年内，组织党员赴广东省深圳市福田区、浙江省湖州市、山东省泰安市以及张家港市乐余镇、凤凰镇、塘桥镇等镇开展"263"专项治理、交通规划、文化强市、"放管服"改革等课题进行调研，征集社情信息16条。其中，社情民意《关于在我市公共场所设置直饮水设施的建议》得到市委书记批示。

【社会服务】 年内，民革市基层委员会以送爱心、送帮扶、送健康、送文化、送法律等为主题，开展社会服务活动。3月，组织医卫界党员赴保税区（金港镇）金都社区开展"博爱牵手"志愿服务活动。5月，组织律师党员开展法律风险防范知识讲座；7月，组织常阴沙现代农业示范园区18名学生开展"关爱青少年成长"活动；8月，牵手中国"亮睛工程"慈善基金会、民革北京市朝阳区委、中国妇女发展基金会开展"亮睛工程"活动，计划在张家港市设立"亮睛点"，在公立医院捐建先进的眼科中心；10月，组织12名新市民子女参观河阳山歌馆、恬庄老街。 （蔡克荣）

中国民主同盟张家港市委员会

【概况】 2018年年末，中国民主同盟张家港市委员会（简称民盟市委）下属支部11个，盟员262人。其中，教育界124人，科技界50人，文化界18人，医卫界30人，法律界7人，非公经济界25人，金融界8人。盟员中，具有高级职称的137人，中级职称的71人，分别占52.29%和27.10%；有江苏省人大代表1人，苏州市人大代表2人，苏州市政协委员1人，张家港市人大代表5人，张家港市政协委员32人。全年召开民盟市委主委办公会议、市委扩大会议、专题学习会议、支部学习会议等40余次，盟员253人次参加各级各类培训。年内，开展"无愧新时代，画好同心圆"主题实践活动。全年编印《张家港盟讯》4期；在《人民日报》《人民政协报》《团结报》《群言》《挚友》《张家港日报》等媒体上发表文章和简讯258篇次。盟员撰写纪念中共"五一口号"发布70周年、改革开放40周年、苏州民盟地方组织成立70周年等文章44篇，其中19篇次在省级以上报刊、网站发表；在苏州民盟、中共张家港市委统战部组织的征文活动中，民盟市委均获优秀组织奖，盟员39人次获奖。在纪念苏州民盟地方组织成立70周年活动中，民盟市委、沙中支部获评先进集体，6人获评先进个人，6人书画作品入展。1人美术作品入选民盟中央纪念改革开放40周年书画展。年内，盟员200余人次在张家港市级以上获奖、举行公开课和展出作品。

【参政议政】 在市政协十二届二次会议上，民盟市委提交大会发言材料2份，集体提案15件、个人提案20件。其中，集体提案《关于规范中小学教育培训市场的建议》《关于统筹建设高水平少年儿童活动中心（少年宫）的建议》被列为市政协主席督办提

3月17日，"无愧新时代，画好同心圆"主题实践活动举行（民盟市委 提供）

案,《关于产业资本小镇助推创新驱动发展的建议》等4件集体提案被列为市政协专委会联合督办提案,《关于规范中小学教育培训市场的建议》《关于停车位资源共享的建议》获评年度优秀提案。年内,完成与中共市委统战部合作调研课题《关于更深层次推进美丽乡村建设的建议》,并被苏州民盟采用为集体提案。围绕河长制、文化强市、公交规划、农村社保、低碳城市、智慧园区、外向型经济、行政审批改革等课题,组织骨干盟员到相关职能部门进行调研。组织盟员参与江苏民盟城镇化、文化、教育、生态文明4个论坛,共提交论文5篇,其中3篇入选并获奖。全年收集社情民意信息116条,择优报送88条,其中《整合公安力量,在全市推广移动微型消防站建设的建议》等3条建议获中共市委领导批示和相关部门采纳。参与苏州市、张家港市"献一策""金点子"等意见征集活动,1条信息在苏州统一战线微信公众号刊登,1条信息获评张家港市卫计委"金点子";在张家港市"为统战发展献良策"活动中,2位盟员获二等奖,3位盟员获三等奖。民盟市委参政议政工作获评苏州民盟社情民意信息优秀组织奖,盟员29人次获奖。其中,盟员蔡小金《关于迫切解决保险公司拒保特殊车辆问题的建议》是苏州市唯一被民盟中央采用的信息。

【社会服务】 年内,民盟市委开展"五民工程"社会服务活动14次,受惠群众4500余人次,1名盟员获评江苏民盟社会服务工作先进个人。年内,组织送春联活动2次,义务书写春联400余幅、"福"字200余个。主办义诊活动5场,服务市民500余人次。赴贵州省沿河土家族自治县开展教育帮扶,为当地师生上了4节示范课,捐赠图书400余册。举办"民盟市委·梁丰高中高校招生咨询会",服务近3000名高考考生和家长。开设"经典作品的朗读与发声"教育讲堂,服务400余名学子。重阳节前,慰问馨港社区困难老人、空巢老人、大病重病老人。11月至12月,面向专业社工、沙洲职业工学院学生开展教育和健康方面的微讲座3次。开展捐资助学、法律讲座等活动10余次。盟员以各种渠道开展爱心公益活动,捐助金额物资近3万元。 (周慧敏)

中国民主建国会张家港市基层委员会

【概况】 2018年年末,中国民主建国会张家港市基层委员会(简称民建市基层委员会)下属6个支部和青年工作委员会、妇女工作委员会,有会员114人。会员中,本科及以上学历占83.2%,经济界人士占71.1%,有苏州市人大代表2人、苏州市政协委员2人、张家港市人大代表3人、张家港市政协委员19人。年内,民建市基层委员会召开全体会员大会1次、班子扩大会议4次,各支部(工委)共组织会议、学习、调研及外出考察交流30余次。选派骨干会员47人次参加民建江苏省委、民建苏州市委、张家港市委统战部和张家港市政协组织的各类学习培训活动。2月28日,民建市基层委员会活动中心在爱康大厦22楼启用。3月23日,一支部与无锡滨湖区民建二支部结成友好支部。12月,民建市基层委员会组织骨干会员20余人赴民建中央爱国主义教育基地——安徽省休宁县孙起孟故居陈列馆参观学习。做好上级民建组织网站、会刊和"张家港统战"微信公众号的组稿工作,在民建苏州市委、民建江苏省委及民建中央网站分别登载信息13条、9条、5条。参加上级部门开展的纪念"五一口号"70周年、纪念改革开放40周年系列征文活动,民建市基层委员会先后获得民建苏州市委和张家港市委统战部征文活动优秀组织奖;2名会员获民建江苏省委主题征文活动优秀作品奖,17名会员获民建苏州市委征文作品奖,6名会员获张家港市委统战部征文作品奖。刘会荪撰写的论文《浅谈民主党派的领导班子建设》获评张家港统战理论政策研究创新成果一等奖。

【参政议政】 在市政协十二届二次会议上,民建市基层委员会提交口头发言材料1份、书面发言材料1份,集体提案13件、个人提案19件。其中,集体提案《关于创新我市农村社区治理工作的建议》被列入市政府领导牵头领办提案,《关于推进我市医疗器械产业发展的建议》等3件提案被列入市政协主席督办提案,《关于加强和规范我市校外辅导机构管理的建议》获评优秀提案。年内,根据市委双月座谈会议题和市委统战部要求,组织会员围绕"放管服"改革、农村休闲旅游、法院执行工作等重点课题,赴甘肃省兰州市、江苏省南京市、浙江省安吉县和相关区镇、部门进行调研,撰写调研文章8篇,征集社情民意6条。调研报告《进一步增强我市芯片半导体行业高端人才集聚度》得到市委常委、组织部部长专门批示。《关于加强外卖人员交通管理的建议》被选为重点社情民意报送市政府办理。

【社会服务】 年内,民建市基层委员围绕打造"春雨计划"社会服务品牌,通过扶贫帮困、捐资助学、爱心公益等形式,开展各类社会服务活动10余次。"三八"妇女节期间,组织女会员到保税区(金港镇)滩上村看望长期结对帮扶对象朱蕴红,送上5000元慰问金;同时在南丰幼儿园设立"牵手"助学基金。5月,会员企业江苏中孚达科技股份有限公司赴贵州省沿河土家族自治县参与扶贫协作工作,签约投资1亿元的安哥拉长毛兔养殖项目。会员企业双盈纺织科技公司向企业所在地——李巷"益民"基金会捐款4万元。在市民政部门组织的"爱满港城"慈善募捐活动中,有5家会员企业捐款超过3万元。五支部会员赵远、张凌积极参与爱心助学,分别向安徽和陕西的贫困学生捐助1.5万元、1万元。 (刘向民)

中国民主促进会苏州市张家港支部委员会

【概况】 2018年,中国民主促进会苏州市张家港市支部委员会(简称民进张家港支部)发展会员6人,至年末有会员24人,其中在职会员23人。会员中,有张家港市政协委员2

10月31日，民进张家港支部与白云学校开展结对共建仪式（民进支部 提供）

人。全年召开全体会员大会2次，外出调研考察学习4次，社会活动5次，支部学习活动5次。选派16名骨干会员参加上级民进组织、市委统战部和市政协组织的各类学习培训活动。向上级民进组织和市委统战部报送信息近20条，其中7条被江苏民进网站录用，12条被苏州民进网站录用。组织会员学习中共十九大精神、民进十二大精神和新会章，组织会员赴叶圣陶纪念馆、中国民主党派历史陈列馆等开展会史和优良传统学习。组织会员参与民进苏州市委和张家港市委统战部开展的纪念改革开放40周年、“五一口号”发布70周年征文活动，1人获张家港市委统战部征文活动三等奖。民进张家港支部获评2018年度苏州民进组织发展工作先进集体、苏州民进宣传思想工作先进集体（二等奖）等。

【参政议政】 在市政协十二届二次会议上，民进支部提交集体提案5件、个人提案1件。年内，组织会员围绕行政审批制度改革、文化强市建设、“263”环境整治、乡村振兴等课题进行调研，撰写《关于加强香山双山联动开发促进我市休闲度假产业发展的建议》等调研文章5篇，征集上报社情民意10条。组织会员赴浙江省台州市、福建省厦门市等地进行调研，完成《关于推进我市政府向社会力量购买公共文化体育服务》调研报告。

【社会服务】 年内，民进张家港支部发挥会员在教育、文化方面的优势，通过“同心同行，共架彩虹”社会服务品牌，先后开展文化下乡、捐资助学、微公益活动。5月，开展“音乐育人进校园”活动。10月10日至11月9日，会员庞伟龙赴贵州沿河土家族自治县支教一个月。10月27日至28日，与市文明办、市体育局联合举办市第三届志愿者运动会，67支代表队、近700名志愿者运动员参赛。10月31日，与市白云学校达成3年共建协议，共建期间每年组织会员通过知识讲座、艺术指导等方式，帮助白云学校开展素质教育。11月20日“国际儿童日”，组织会员到市特殊教育学校看望慰问师生并送上礼物。

（蒋 恒）

中国农工民主党张家港市委员会

【概况】 2018年年末，中国农工民主党张家港市委员会（简称农工党市委）有下属支部11个，其中医卫界6个，教育界3个，经济、科技界各1个。有农工党员240人，平均年龄51岁，其中医卫界116人、文教界55人、科技界32人、经济界37人。在职党员158人，退休党员82人。党员中具有高级职称的121人，中级职称的98人，分别占50.4%和40.8%。党员中，苏州市人大代表2人，苏州市政协委员2人，张家港市人大代表2人，张家港市政协委员29人。年内，在苏州爱得科技发展有限公司建立第二个支部活动室。8月，农工党苏州市委“农工之家”建设推进会在此召开，同时举行“农工之家”揭牌仪式。组织党员学习习近平重要讲话精神、“五一口号”精神，先后组织120余人次参加各级各类培训10余次，举办“书香悦读”活动3场。4月，组织开展徒步活动，并参观沙洲县抗日民主政府纪念馆。11月，组织党员赴常州龙凤谷拓展基地开展拓展活动。12月，举办“唱响农工情，同筑中国梦”歌咏比赛，11个支部分别组队参赛。在纪念中共中央发布“五一口号”70周年暨改革开放40周年征文活动中，农工党张家港市委被农工党江苏省委、农工党苏州市委以及中共张家港市委统战部评为组织奖，3人获农工党江苏省委征文优秀奖，20人获农工党苏州市委征文优秀奖。1人被评为农工党江苏省委2018年度专职党务工作先进个人，1人在农工党江苏省委“乡村振兴”征文中获二等奖。在农工党苏州市委“争当优秀党员，创建先进支部”活动中，教育三支部获评优秀支部，医卫四支部获评参政议政先进支部，医卫五支部获评宣传教育先进支部，8位党员被评为苏州市优秀农工党员。在本职岗位上，全年获市级以上表彰的农工党员30余人次，其中1人获国家级荣誉、3人获省级荣誉。农工党市委机关编印《张家港农工》4期，全年在各级农工党、统战条线等媒体上发表文章40余篇，《农工党，我的家》视频在农工党中央微信公众号上展播。

【参政议政】 在市政协十二届二次会议上，农工党市委提交大会口头发言材料1份，书面发言材料1份，集体提案12件，个人提案46件。其中，《关于加速实施我市交通快速化建设的建议》被列为市政府领导牵头领办提案，《关于加强校外教育培训（托管）机构监督管理的建议》被列为市政协主席督办提案，这两件提案也分别被评为优秀个人提案、优秀集体提案。年内,完成调研报告3篇,其中,《张家港市家庭医生签约服务现状与对策》获中国农工民主党中央委员会2017—2018年优秀调研报告二等奖,《狠抓关键,完善机制,全面提升城乡污水治理水平》《给科技插上翅膀——关于我市科技金融助推中小企业发展的建议》分别入选市政协十二届三次会议的口头和书面大会发言材料。上报社情民意信息76篇,其中3篇被中共苏州市委办采用、11篇被农工党江苏省委采用、60篇被农工党苏州市委采用。

【社会服务】 年内,农工党市委及下属支部到塘桥镇花园村、乐余镇闸西村、经开区(杨舍镇)东渡社区等地开展义诊活动10余次,服务群众2000余人次。8月,启动"牵手社区,服务悦民"结对共建活动,此后对塘桥镇花园村开展定点服务。向苏州前进慈善基金会捐款1.88万元,向市第三职业高级中学"自强不息"好少年捐赠爱心助学金2万元。 (陈莎莎)

中国致公党苏州市张家港支部委员会

【概况】 2018年年末,中国致公党苏州市张家港支部(简称致公党张家港支部)有党员22人,其中海归、侨眷和有其他海外关系的人士占77%,平均年龄39岁,硕士以上学位45%。党员中有市人大代表1人,市政协委员5人。2018年"张家港致公"微信号推文35篇,其中致公党苏州市委网站录用27篇、致公党江苏省委网站录用13篇、中国致公党网站录用4篇。致公党张家港支部获评致公党苏州市委宣传工作二等奖,1人获评致公党苏州市委宣传工作先进个人一等奖。年内,致公党张家港支部组织党员赴致公党省委参观致公党党史展,赴上海市中共一大会址和浙江省嘉兴市南湖革命纪念馆参观学习,与吴江支部交流座谈。在致公党中央文化委员会委员、首席指挥崔鸿嘉率德国卡塞尔市路易斯·施波尔管弦乐团在张家港保利大剧院演出之际,支部组织党员观摩演出并慰问崔鸿嘉。联合致公党上海静安区委、市文联、市文广新局等单位共同主办"冬至约画——罗希贤港城节气与风俗连环画展"等。

【参政议政】 在市十四届人大二次会议上,致公党张家港支部提交人大建议2件,其中《关于加大我市交通建设与治理的建议》被评为市人大优秀代表建议。在市政协十二届二次会议上,提交政协提案6件,提交大会发言《关于加快吸引海归侨商落户发展、促进港城创新转型的建议》。年内,组织党员参加中共市委统战部组织的双月座谈会,赴深圳、北京考察并完成年度调研报告《关于大力发展新能源微电网的建议》,赴市委政法委、市农委和市房管中心就平安张家港建设、畜禽养殖和市场保供、多层住宅加装电梯等课题开展专题调研。

【社会服务】 2018年,致公党张家港支部成立"致爱·致美"志愿服务团,提出"张家港致公志愿服务,'益'起来"口号。社会服务涵盖关爱特殊儿童、公益讲堂、暑期节能公益观影、捐资助学4个子项目。支部招募的志愿者定期到市特殊教育学校帮助师生提高烘焙技能,并将师生制作的糕点义卖,筹得爱心款3980元。联合市美术馆邀请华东师范大学教授徐光兴开展自闭症专题讲座。暑期,联合市发改委、团市委、张家港供电公司开展节能公益观影活动,向青少年发放电影兑换券。党员董金聪赴东渡实验学校举办关于人工智能与自动驾驶讲座。支部继续与安徽省广德县两名学生结对帮扶,每人资助1000元。

(温　虹)

九三学社张家港市基层委员会

【概况】 2018年年末,九三学社张家港市基层委员会有下属支社6个,社员110人。其中在职社员94人,退休社员16人。社员中,具有高级职称的77人,中级职称的18人。有苏州市人大代表1人,苏州市政协委员1人,张家港市人大代表3人,张家港市政协委员18人。3月8日,组织女社员开展手工烘焙现场教学活动。3月31日,组织全体社员至香山烈士陵园扫墓。9月2日,为纪念九三学社成立73周年,举行"纪念九三先贤、徒步践行理想"参观王淦昌故居暨徒步行活动。9月9日,九三学社市基层委员会全体教师举行纪念教师节活动。10月,开通"张家港九三"微信公众号,每周推送文章不少于2篇。年内,九三学社市基层委员会获评九三学社省委参政议政工作先进集体,九三学社苏州市委宣传工作先进集体、社会服务先进集体;1人获评九三学社省委组织建设工作先进个人,2人获评九三学社省委思想宣传工作先进个人,1人获评九三学社省委参政议政工作先进个人,11人获九三学社苏州市委先进个人表彰。在纪念九三学社苏州市地方组织成立65周年摄影作品比赛中,1人的摄影作品分获一等奖和三等奖。2人获纪念九三学社苏州市地方组织成立65周年贡献奖。

【参政议政】 在市政协十二届二次会议上,九三学社市基层委员会提交提案34件,其中集体提案7件、个人提案27件,提交政协大会发言2件。5月7日至11日,部分社员参加中共市委统战部组织的兰州天然气建设管理工程和南京集成电路产业园(芯片产业)调研活动。6月28日,2名社员赴泰州市参加以"科技创新与推进江苏乡村振兴"为主题的第十一届"江苏九三论坛"。11月,组织社员到无锡重装集中区和张家港保税区开展调研,完成《关于加强我市重型装备产业园发展的建议》调研报告。

【社会服务】 年内,九三学社市基层委员会由社工部牵头,组织开展各类社会志愿服务活动。5月11日,在保税区(金港镇)封庄村举办送医下乡活动。7月,2名集体捐资助学的学生参加高考,成绩达到第一批(重点)本科控制线。10月12日和10月16日,分别举办"九九重阳,爱暖桑榆"敬老主题活动和老社员座谈会。 (黄　河)

张家港市总工会

【概况】 2018年年末，市总工会下辖10个区镇工会、10个系统工会、28个直属工会。全市单独建会2738家，其中非公企业2221家。建立行业工会30家，村级工会联合会214家，覆盖建会14831家。全市累计建会17569家，会员46万人。年内，市总工会规范推进全市工会组织基础工作，加大新产业、新业态、新领域工会组建力度，加强工会联合会、联合工会建设，不断扩大对“两新”组织的覆盖面。全年新增单独建会单位107个，新增会员5602人。

【市工会第十二次代表大会】 12月6日至7日，在馨苑度假村会议中心召开，400名代表参会。大会审议通过季洪良代表市总工会第十一届委员会作的《锐意改革创新，勇于担当作为，团结动员张家港市广大职工为推动张家港高质量发展走在前列努力奋斗》工作报告，总结市工会第十一次代表大会以后的主要工作和基本经验，确定以后五年工作的目标任务，要求全市各级工会推进改革创新，强化维权服务，提升职工素质，增强组织活力，团结动员职工群众共建美丽城市、共促体面劳动、共创幸福生活。经民主选举，产生市总工会第十二届委员会委员51人，其中常委17人，季洪良当选主席，10人当选副主席；产生市总工会第十二届经费审查委员会委员11人，黄声笑任主任；产生市总工会第七届女职工委员会委员33人，张澄任主任。

【职工宣教】 年内，市总工会联合市委宣传部、市文明办开展“最美职工”大型宣传活动，发布季度榜单30人，举办道德模范、身边好人暨“最美职工”故事分享会，推选“苏州市百佳文明职工”5人、“苏州市五一文明岗”6个。依托新媒体手段开发线上教育平台，“张家港职工之友”微信公众号发布微信875条、阅读量193956条次、点赞量3679条次、转发量9729条次。市总工会与中华全国总工会中国职工电化教育中心合作研发“张家港职工驿站”第三方应用程序，启动职工教育培训“普工英”计划，面向全市工会会员提供技能学历提升、文明引导、体育健身等教育培训服务。在全市建成全国、省和苏州市以上职工书屋示范点244家，举办“悦读新思想，启航新时代”读书月，组织“匠心读韵”经典诵读、主题征文、读书分享会、“最美阅读空间”等活动，选送100余件职工作品参加苏州市职工书画大赛，组织38家企业参加市第七届体育运动会。

11月24日，“行行出状元”职业技能大赛 （市总工会 提供）

【劳动竞赛】 年内，市总工会联合相关单位承办第六届“行行出状元”职业技能大赛，设置中式烹调、建筑塔吊、食品检验等10个项目，联合相关单位开展星厨大赛、“张家港好导游”评选、护理技能竞赛、快递包裹职业技能竞赛等活动。与市科协联合开展第五届“工人科技之星”评选，全市37家企业、18名区镇基层科技工作者参与，23个团体及个人当选“工人科技之星”，10名基层科技工作者当选“科技服务之星”。

【劳模管理】 年内，市总工会组织苏州市、张家港市两级劳动模范推荐评选工作，推选苏州市劳动模范29人、省“五一劳动奖章”4人，命名张家港市劳动模范100人。开展“当好主力军、建功新时代”主题宣教活动，召开庆祝“五一”国际劳动节暨劳动模范命名大会，拍摄《劳动者礼赞》音乐短片，录制《听见——“劳动号子”高亢的旋律》直播节目，开展《港城会客厅》劳模专访，推出特别策划《致敬港城劳动者》专版。加强劳模管理服务，上线全市劳模先进管理系统，实现劳模的个人信息、图片资料、参加活动、资金发放等情况的动态智能化管理。按时发放退休劳模荣誉津贴，全年发放劳模春节慰问金84.1万元、困难劳模补助金30.8万元、退休劳模荣誉津贴91.9万元。

【职工民主管理】 年内，市总工会协同开展省级和谐劳动关系综合试验区创建工作，组织和谐劳动关系示范企业评选活动，命名和谐劳动关系示范企业10家。健全和深化厂务公开民主管理制度，按照“十个规范”的要求，推进企事业单位职工代表大会规范化建设，推进形成“党委统一领导、党政共同负责、有关方面齐抓共管、职工群众广泛参与”的厂务公开领导体制和工作格局。开展集体协商“集中要约行动”，开办工资集体协商培训班，150余个村、社区、企业工会参加。全市建会企业工资集体协商工作不断扩面提质，签订工资专项集体合同2118份，合同签订率95%以上；签订区域性集体合同193份，覆盖中小企业10960家。

【职工维权】 年内，市总工会强化普法宣传教育，组织服务职工法律公益宣传活动13次，印制发放宣传册4000余册。强化法律监督，组织女职工特殊权益保护监督检查、法律监督“四季行”活动。强化劳动争议调处，市劳动人事争议仲裁委员会工会分庭受理案件113件，裁决63起，标的172.34万元；工会劳动调解委员会调解案件27起，涉及标的36.81万元，撤诉10起。强化工会劳动保护，全市建成劳动保护监督检查委员会1494家，试点建设劳动保护监督检查员片区服务站14家。组织近900家基层工会参与“安康杯”竞赛，开展监督检查600余次，督促整改安全隐患200余个。

【职工帮扶】 年内，市总工会加强工会就业援助，开展技工普工专场招聘，100家企业参加，提供岗位500余个，200余人签订就业意向。开展“夏季三送（送清凉、送安全、送法律）”活动，筹集资金近300万元，开设“安康驿站”86个，走访企业工地1800余家，慰问高温一线职工2.5万余人。开展“金秋助学”活动，为107名困难职工子女发放助学金30万元。元旦、春节期间，开展“送温暖”活动，集中慰问困难职工、环卫工人3000余人，发放慰问金和慰问物资近300万元。继续实施病困职工救助，为114名病困职工发放医疗、生活补贴22.35万元。

【劳模法律服务项目】 9月20日，全市劳模法律服务项目启动。启动仪式上，市总工会与颐华律师事务所、梁丰律师事务所、格致律师事务所代表签订劳模法律服务合同书并授牌成立劳模法律服务驿站，劳模法律服务律师团代表与劳模代表唐金才、蔡纯锋签订劳模家庭法律顾问合同。项目采用“公益+市场”化运作模式，通过与市知名律师事务所合作，为全市各级劳模构建“三维式”法律服务体系，即以劳模法律服务驿站为阵地提供面对面普惠服务，线上线下开辟劳模法律服务热线、专栏提供便捷服务，分类为全国劳模、困难劳模、退休劳模提供点对点专属服务。

中国共产主义青年团张家港市委员会

【概况】 2018年年末，全市有团（工）委159个、团总支144个、团支部2040个，团员58945人。全年发展团员2925人，推优入党157人。有各级少先队组织71个，少先队员88060人，少先队辅导员6243人。1月，团市委出台《共青团张家港市委员会改革实施方案》。是月，成立全国首家县市级青少年发展基金会——苏州市阳光港城青少年发展基金会。3月，举办第一期全市青年干部轮训班，团干部、青年干部代表50人参加。4月，承办苏州团市委新时代苏州共青团奋斗精神主题大讨论活动的第二场直播——践行“三敢三勇”，争当“一心五同”团干部专题讨论。5月，举办“走进新时代，青春再出发”纪念五四运动99周年主题团日活动。是月，举办市首届青年体育运动会开幕式暨拔河比赛，联合市委组织部举办“青春心向党，筑梦新时代”年轻干部成长分享会。是月，市青联联合市民政局、市爱心义工协会开展“与爱同行，共庆六一”儿童福利院开放日联欢晚会。8月，启动首届青年文化季，活动包含优惠观影、优惠观剧、免费青少年文化艺术活动三类主题活动。是月，组织55位优秀大学生村干部、青年干部赴河南省红旗渠进行为期5天的学习培训。是月，召开市综治委预防青少年违法犯罪工作领导小组联络员会议。10月，举办市优秀青年人才培训班，50名团干部赴中央团校培训。12月，召开全市优秀青年干部座谈会，34名青年干部代表参加。全年举办青年大讲堂3期。2018年，全市共青团共获得国家级荣誉18项，省级荣誉42项，苏州市级荣誉69项，其中市东渡志愿者协会团支部获评2017年度全国五四红旗团支部。

【共青团市第十六次代表大会】 11月21日至22日，共青团市第十六次代表大会在馨苑度假村会议中心举行，238名代表出席会议。大会审议通过王苏嘉代表共青团市第十五届委员会所作的工作报告《高举团旗跟党走，奋力建功新时代，为高质量建设“四个港城”贡献青春力量》，选举产生共青团市第十六届委员会委员21人，王苏嘉当选书记。会上通过视频短片回顾了第十五次团代会以后张家港共青团工作。

【少先队市第十一次代表大会】 12月17日，中国少年先锋队市第七次代表大会在馨苑度假村会议中心举行，236名正式代表、96名特邀代表出席会议。大会审议通过施律代表少先队市第六届委员会所作的工作报告《高举队旗跟党走，童心筑梦新时代》，选举产生少先队市第七届委员会委员35人，葛敏亚、施律当选市少工委主任。会上发布市少先队员卡通形象，表彰“市十佳少先队员”“市十佳少先队辅导员”“市优秀少先队大队”，举办少先队专场联合展演。

【青少年教育】 5月，团市委举办“争做新时代好队员——你好，新时代”主题队日活动暨市少先队新队员入队仪式。是月，联合市文明办、市教育局举办“不忘初心·永跟党走”市新入团员离队入团仪式观摩活动。7月，举办市第二期红领巾成长训练营，全市11所小学26位少先队员干部、5所小学6位辅导员参加训练营。9月，联合市教育局召开共青团市教育工作委员会成立大会。10月，联合市少工委、教育团工委举办少先队市大新实验学校第一次代表大会暨全市观摩活动。12月，举办市少先队辅导员培训班暨教育团工委工作研讨会。是月，市少工委承办苏州市少工委“红领巾相约2035——学习好榜样”少先队“一课三队碰”主题观摩研讨活动。

【青年商会建设】 2月，市青年商会举办“新时代·新使命·新征程”市青商会第五次会员大会暨2018年迎新年会。联合市法院、团市委开展“希望之光”春季慰问活动。3月，在市人才市场举办青商会会员企业专场招聘会。4月，举办“青商大讲堂——和嘉说法”法律沙龙。4月，联合团市委、市青联赴贵州省沿河土家族自治县开展对口帮扶工作，向谯家镇印山小学捐赠4万元校园改造资金。5月，联合市法院开展“青法筑行”——青商企业与青年法官“面对面”五四青年节主题活动，联合市税务局举办“税企对话·共谋发展”交流活动。6月，市青年商会联合市文明办、市教育局、团市委、市少工委举办“青商聚力·乐享六一”主题活动。是月，与中国青年企业家协会召开交流座谈会，接待连云港市青年商会到访参观考察。7月，市青年商会联合团市委、市青联赴新疆维吾尔自治区巩留县开展对口帮扶工作，捐赠爱心包裹1000个。9月，接待韩国浦项青年会议所到访，举办韩国浦项青年会议所·中国张家港市青年联合会座谈会。是月，赴重庆市参观考察，举办渝苏两地青年企业家座谈会。12月，赴厦门大学举办市青年企业家创新学习班。

【青年创业创新】5月，团市委联合泰隆银行张家港支行举办“团建+金融”青年双创共建项目“四个一”工程推进会。“四个一”工程包括一款专属贷、一张“青创卡”、一支服务队和一张服务网四个方面内容。会上，“青年双创”志愿服务队成立，南丰建农村等10个试点村和社区获“青年双创服务站”授牌等10个试点村和社区获“青年双创服务站”授牌，与会青年参加了“青创”产品现场培训。至年末，发放“青创贷”146笔4136万元，发放“青创卡”235张，授信1400万元。3月至6月，第五届“创业张家港”青年精英创业大赛暨首届“沙洲创客”创业大赛在合肥市、成都市、杭州市、厦门市、西安市、南京市、哈尔滨市、上海市8个城市举办启动仪式和分区比赛。7月，团市委在张家港举办大赛决赛、闭幕式。此次大赛吸引800余个创业项目参与，有20个项目进入决赛，决出特等奖1个、一等奖2个、二等奖3个、三等奖10个以及优秀奖4个。有13个项目申报领军人才计划，其中2个项目落地，11个项目拟落户。是月，团市委承办第17期中国青年创新创业人才训练营。江苏省101名青年“双创”人才参加，通过导师辅导、参观考察、现场学习等形式，丰富创业知识，提升创业技能。12月，团市委联合市人才办开展“青聚港城”校园大使选聘活动，选聘首批22名“青聚港城”校园大使。

【青年志愿者行动】3月，团市委举办“志愿青风”市青年志愿者服务月启动仪式暨“学雷锋、亮团徽、做表率”共青团服务广场活动。是月，启动“争当河小志，助力河长制”青年党团员志愿服务行动。7月至8月，开展“快乐暑假”青少年暑期社会实践活动，49个实践岗位招募348名青少年参与为期一个月的活动。围绕少先队员暑期安全自护教育，举办8期“风信子计划·12355暑期公益自护夏令营”。8月21日，举行市青少年暑期社会实践总结会，发布市青年志愿者新标志。9月，举办市步行街青年志愿服务新站启用仪式。10月，承办省“保护母亲河，争当‘河小青’”活动试点项目发布会暨“美丽江苏行，志愿河小青”网络公益健步行启动仪式。至年末，共组建“乐余镇绿色青骑兵”“保税区青年督察队”等107支巡河护河青年党团员“河小志”志愿小分队，2800余名青年党团员参与，累计巡河次数2953次。全年青年志愿者服务时长5200小时，服务5万余人次。在市科技人才活动周、“创业张家港”青年精英创业大赛、亚洲东区女排锦标赛、全国U15室内五人制足球比赛活动中，招募青少年志愿者52人参与志愿服务。

【“希望之光”助学工程】2018年，团市委继续推进“希望之光”助学工程，全年资助困境学生299人，资助金额49.44万元。1月至2月，开展张家港共青团“暖冬行动”，捐赠物品和资金13.4万元。8月，举行ZPSS“希望之光”助学金发放仪式，资助7名贫困学生1.8万元。是月，举办“希望之光”圆梦行动青商奖学金发放仪式，资助贫困学生11人，资助金额3.3万元。12月，举办“希望之光”国泰奖学金发放仪式，全市19所学校的114名学生获得总额33.2万元的奖学金。

【新时代文明青年“七不八要”发布】5月4日，新时代文明青年“七不八要”发布暨“青时代·青气象·青作为”集中展示活动在冶金园（锦丰）文体中心举办。市直属团组织代表，冶金园（锦丰镇）机关各部门及村（社区）负责人、35周岁以下工作人员300余人参加活动，共同发布新时代文明青年“七不八要”倡议（不拖欠信用卡，不随意加塞，不做低头族，不患拖延症，不好高骛远，不在网络上散播不实言论，不暴力家教；要爱国，要书香，要公益，要创业，要诚信，要健康，要家庭，要奋斗），鼓励全体与会团员青年在实际的工作和生活中率先践行。现场还举行“假如我是园镇领导”“假如我是村书记（社区主任）”情景剧总决赛。锦丰镇区综合服务办的《我的书记梦》获一等奖，合兴办事处的《厉害了我的王》获二等奖，三兴办事处的《85后书记的一天》、镇机关团委的《冶金工业园（锦丰镇）青年发展新闻发布会》获三等奖。（朱镕博　俞　峥）

张家港市妇女联合会

【概况】2018年，市妇联认真履职，大胆创新，在妇女思想引领、深化妇联改革、服务发展大局、依法维护权益等方面取得了新成效，至年末，全面完成妇联改革阶段性任务。1月，市妇联原有下属事业单位市机关第二幼儿园移交市教育局直属管理。3月，召开市妇女第十一次代表大会。7月，推动张家港市高标准通过江苏省、苏州市“十三五”妇女儿童发展规划中期评估。年内，市妇联机关先后获全国妇女新闻宣传阵地建设突出贡献奖、江苏省妇联系统宣传工作先进单位县级市一等奖、苏州市全民阅读先进单位、张家港市网友眼中的“十佳给力部门”等荣誉，并在全市2018年度绩效考核中获评综合贡献奖。

【市妇女第十一次代表大会】3月5日，市妇女第十一次代表大会在馨苑度假村会议中心召开，全市245名妇女代表、100名列席代表参加。会议审议通过秦真智代表市妇联第十届执行委员所作的工作报告《高举伟大旗帜，牢记使命担当，奋力谱写新时代港城妇女发展新篇章》，选举产生市妇联第十一届执行委员会委员45人、市妇联第十一届常委会委员11人，秦真智当选主席。会上，表彰市三八红旗手20人、三八红旗集体20个，观看妇联工作纪实片《一路芳华一路歌》。

【妇女思想引领】 年内，市妇联组织“巾帼心向党·建功新时代”全市妇联干部学习贯彻中共十九大精神活动，开展宣讲会、报告会、分享会等宣讲活动83场。电台《巾帼风采》栏目开展宣传15期，《张家港日报》推出港城女性专版2期、港城会客厅1期、报社评论1期。推进“网上妇联”建设，7月，张家港市妇联在省妇联新媒体中心举办网络及新媒体工作培训班，50人参训。“暨阳玫瑰”微信公众号全年发布微信935条。郁霞秋当选全国妇联第十二届执委、省妇联第十三届常委，郁霞秋、陆志萍入选省百名女企业家领航人物，郁敏芳获评省三八红旗手，杨玭、王文华获评省“最美基层妇联干部”，唐奇英获评省“十行百星”巾帼政法之星。

【妇联改革推进】 2018年是市妇联“改革年”，至年末，全市有区镇妇联11个、村（社区）妇联268个，新建行业妇联2个，改建、新建机关妇联45个，创新建立市级机关大院联合妇联1个，依托区域党建工作站新建区域联合妇联29个。年内，全面完成基层妇联执委增补工作，全市各级妇联执委增加到4650人；市妇联领导班子按照“专、挂、兼”“4+1+3”方式配齐，执委增至45人。1月至2月，市妇联机关增设家庭和儿童工作部，市妇女儿童活动中心建成并全面运行。1月至9月，镇（区）、村（社区）妇联主席、执委按改革要求配备到位，执委人数均达到15人；村（社区）妇代会全部改建妇联。5月，市妇联下发《市妇联常委会组成人员联系制度（征求意见稿）》《市妇联轮值主席制度（征求意见稿）》并试运行。6月，下发《进一步加强和改进机关、事业单位妇女组织建设的意见》，直属系统妇代会全部改建成妇联。9月，创新“两新”组织妇建新模式，联合市委“两新”工委，依托区域党建工作站新建区域联合妇联。9月至10月，举办基层妇联干部轮训班，完成全市各级4650名妇联执委轮训全覆盖。年内，依托全国三八红旗手标兵郁霞秋、省三八红旗手郁敏芳，建成三八红旗手联合工作室1个。

【妇女创业创新】 3月，市妇联组织女企业家赴贵州省沿河土家族自治县开展帮扶对接，促成“天天鲜沿河空心李”销售项目；6月，赴苏州市开展“木兰荟”女企业家魅力课堂；10月，开展“木兰荟”女企业家沙龙活动“贸易战下的企业发展”；12月，举办“木兰花开正当时”市女企联2018年会。年内，举办“‘三八’架金桥、春风送岗位”市女性劳动力就业专场招聘会、市第十九届女性人才招聘专场、女性毕业生招聘专场，提供岗位3386个；举办农村妇女劳动力转移培训班5期，帮助近250余人。6月，举办巾帼文明岗创岗培训会；6月至8月，走进市妇幼保健所等4个优秀巾帼文明岗开展开放日活动；6月至9月，实施“梦想启航”贫困家庭女大学生就业创业能力培育项目，开展求职体验、模拟面试等活动9次，惠及100余人；11月，举办“暨阳玫瑰，巾帼添绿”主题活动；12月，举办“乡村振兴‘她’先行”女能手培训班。全年发放妇女小额担保贷款88笔915万元。命名市级巾帼文明岗34个、巾帼建功标兵42人。年内，培育省级三八绿色工程示范基地、巾帼现代农业科技示范基地、巾帼示范专业合作组织、巾帼农家乐示范基地和巾帼电商服务示范基地各1个。

3月5日，市妇女第十一次代表大会举行　　（市妇联　提供）

【妇儿权益维护】 年内，市妇联围绕3份政策文件开展政策法规性别平等咨询。实施“暨阳玫瑰，说法面对面”法治宣教项目，3月，联合市人社局、总工会开展女职工劳动保护专项检查，联合15家部门开展三八维权周志愿服务活动，发放资料2500份，接受咨询120余人次；成立“说法面对面”讲师团，推出电台法治节目6期，举办讲座10场；8月至9月，组建“暨阳好阿姨”基层调解员队伍，实施“阳光伙伴”基层妇联干部维权成长计划，开展培训6次。实施“暨阳玫瑰，守护幸福”婚姻家庭和谐关系建设项目，并获评市社科普及创新引导扶持项目，共辅导夫妻210对，现场劝和176对，辅导家庭成员79人，提供法律咨询23人次，制作婚姻家庭矛盾简易纠纷卷宗158件，与市公安局共同推进家庭暴力告诫制度，公安系统开具家庭暴力告诫书45份。

【妇儿民生服务】 年内，全市建成公共场所母乳哺育室5家。4月至6月，市妇联赴贵州省沿河土家族自治县开展“点亮心愿，筑梦童行”活动，组织全市爱心人士向沿河县景淑希望小学44名困境儿童捐赠物品价值2万余元。8月，开展“8·26”爱心助学系列活动，为21名贫困女大学生发放助学金4.2万元，组织“暨阳玫瑰·妈妈的问候”爱心分享沙龙、社会妈妈和困境儿童手工制作活动。9月，在武汉大学举办张家港市妇女儿童工作能力提升培训班，完成“十三五”妇儿发展规划专题培训。是月，赴新疆维吾尔自治区巩留县开展“港城巩留一家亲，姐妹携手心连心”援疆结对帮扶活动，捐赠项目扶持金3万元、“母亲邮包”200个价值4万元。

【家庭文明提升】5月，市妇联举办2018年“文以化人，家和业兴”市家庭文化节开幕式。5月至10月，开展“奋斗幸福的40年”作品征集活动，收到作品112件，推选1户家庭参加“说说我家这40年”苏州市家庭（家风）好故事展示分享会，获评苏州市优秀家庭故事；开展寻找“最美家庭”活动，全市推荐“最美家庭”800余户，培育市级“书香之家”10户、省级健康家庭50户，命名市级“文明家庭标兵”10户、“文明家庭”100户，李汝龙家庭获评全国“最美家庭”、殷志兰家庭获评全国“五好家庭”、黄莉萍家庭获评江苏省“五好家庭”、周汛峰家庭获评苏州市“最美家庭”。年内，实施“暨阳玫瑰·阅享童年”家庭亲子阅读项目，开展家庭阅读指导员培训5期，各区镇、村（社区）开展亲子阅读活动78场次；在“暨阳玫瑰”微信公众平台推出“快乐悦读汇”亲子有声阅读专栏，收到亲子音频50余个。7月至10月，开展“暨阳玫瑰·幸福乐教”亲子体验之旅5场。6月至12月，开展“微笑妈妈”情绪管理家长训练营3期共9节课程。10月，举办纪念改革开放40周年主题活动暨2018年张家港市家庭文化节闭幕式。（李雯倩）

张家港市归国华侨联合会

【概况】2018年年末，全市有“侨之家”3个，“侨务工作站”1个，侨联委员27人，海外顾问12人。市侨联全年先后接待海外侨胞8批120人次到市参观考察。在春节、元宵、端午、中秋等传统节日为全市60余户归侨及困难侨眷发放慰问金和物资5万余元。2月5日，邀请毕业于美国加州大学伯克利分校的张朝阳博士到市开展调研。3月3日，2018年首期侨界“博士大讲堂”在东渡实验学校开讲。3月16日，召开海外侨商乐余行暨对接交流会，牵线日本环境商务交流协会与乐余镇签订交流合作框架协议。4月20日，召开凤凰镇侨界联合会成立大会，成立凤凰镇侨联。4月28日，“亲情中华·爱我港城”主题活动首站在凤凰镇启动。5月12日，邀请智慧城市专家、中国科学院上海微系统与信息技术研究所博士郑春雷一行到市开展调研。5月22日，召开乐余镇侨界联合会（侨联）成立大会，成立乐余镇侨联。6月11日，在省华侨公益基金签约成立张家港市侨爱心专项基金，计划开发老归侨大病救助项目、侨界空巢老人关爱行动项目、爱心助学项目、侨商爱心图书室项目等专项计划，已为全市所有老归侨购买意外伤害保险。7月13日，侨联海外顾问、海外留学人员专业联合会会长洪爱群一行考察张家港。7月20日，启动“高温送清凉”慰问活动，惠及80余户侨户。7月24日，木渎镇侨联与凤凰镇侨联签订友好侨联合作协议。8月4日至5日，欧洲创新创业会张家港行活动在国贸酒店举行。9月17日至18日，市侨联走访辖区内部分新侨企业，开展中秋慰问活动。9月20日，举行“月是故乡明”市侨界人士中秋联谊会。10月28日，在沙洲职业工学院体育馆举行“广和杯”市第七届侨界运动会，设置羽毛球、乒乓球等项目，130余人参加。12月20日，举行侨界人士与改革开放40周年征文比赛、改革开放40周年摄影比赛颁奖活动，有10篇文章、10幅摄影作品获奖。

【市涉侨纠纷调解中心成立】10月23日，在市侨联五届八次全委会上，市侨联与市人民法院共同举行市涉侨纠纷调解中心揭牌暨涉侨纠纷特邀调解员聘任仪式。该调解中心是市侨联与市人民法院继2013年建立涉侨纠纷特邀调解机制后，为贯彻落实中共十九大精神，加强预防和化解社会矛盾机制建设，推进涉侨领域矛盾纠纷多元化解，针对引导广大归侨侨眷和海外侨胞加强自我管理、自主解决纠纷，进一步强化打造的工作平台。年内，共举办调解员培训活动2次，送法进社区、进侨企活动2次。

【市智能装备产业高层次人才对接会】4月21日，“创赢未来，侨智助力”张家港市智能装备产业高层次人才对接会在沙洲湖酒店举行。美国、澳大利亚以及中国科学院的高端人才、科研团队应邀参加对接交流活动，22个侨界创新型项目的研发或持有者与海内外的侨商、专业社团代表和高新区先进激光（装备）产业园进行了面对面的对接交流，10家企业表达了入驻意愿。（李进达）

张家港市工商业联合会（总商会）

【概况】2018年年末，全市建有各类商会54家，其中区镇商会9家、街道商会15家、行业商会19家、异地商会5家、村级商会6家。有工商联会员单位4302个，其中企业会员4148个、团体会员54个、个人会员100个。年内，市工商联制定《基层商会指导意见》和《行业商会指导意见》，组织全市商会会长、秘书长赴常州、南京参观学习，开展“解放思想、创新思路、提升服务水平”大讨论。市装修装饰商会、电子商务商会、石化业商会、经开区（杨舍镇）商会、南丰镇商会完成换届。深化行业商会民商事调解工作，实现行业商会人民调解委员会全覆盖。其中，市装修装饰商会承接全市装修投诉平台接诉23起，调处结案率100%。经开区（杨舍镇）商会构筑会员企业“七心平台”，分片区开展企业交流活动，冶金园（锦丰镇）商会与冶金园安全环保局联合开展企业家安全环保知识大讲堂，凤凰镇双龙村商会组织企业赴浙江省嘉兴市开展红色之旅，浙江商会举办2018年苏浙企业家（张家港）创新对话活动，市电子商务商会举办读书会、“四季谈”、外贸提升班、“拓展自我、熔炼团队”拓展活动，市塑饮机商会举办“一带一路”市场

7月14日,夏季企业家沙龙　　（市工商联　提供）

拓展新模式暨品牌营销分享论坛和塑饮机高质量发展论坛。冶金园(锦丰镇)商会、市电子商务商会获评AAA级社会组织,大新商会、冶金园(锦丰镇)商会和乐余镇兆丰街道商会获评苏州“五好商会”,市塑饮机商会、安徽商会等6个商会获评苏州“四好商会”。

【参政议政】 年内,市工商联走访企业270余家,及时发现民营经济发展中遇到的矛盾和问题。其中,《张家港市民营企业家对习近平总书记“9·27”毫不动摇支持民营经济发展重要讲话的反响建议》被全国工商联录用,《当前中小科技民营企业存四大期盼》等建议被市委、市政府关注。工商界代表人士参与党风廉政建设、行政审批“放管服”改革、文化强市、纺织行业落后产能转移、“263”环保专项行动等重点领域调研。工商界政协委员在市政协十二届二次会议上提交集体提案3件、个人提案31件。市工商联参与全国上规模民营企业调研,6家企业入围全国500强企业。围绕企业关注热点,开展专项课题研究,形成《梯度培养、搭建平台,有序引领非公经济人士政治参与》《建立规范的、制度化的亲清新型政商关系》《创新机制,推进我市养老服务业供给侧改革步伐》《抢抓“一带一路”战略机遇,加快推进企业“走出去”》等调研报告。

【会员服务】 年内,市工商联打造“贴心工商联、暖心总商会”双心服务品牌。创设“企业家沙龙”,将先进企业参访、经济形势分析、审批制度解读、政企互动交流和文化艺术鉴赏、健康讲座、徒步拓展等活动结合,组织主题沙龙活动4场。举办第二期商会企业办公室主任培训班,分别就提升行政工作素养、企业行政管理信息化、团队打造与素质提升、摄影技术与技巧等课题进行专题培训;开设商会讲堂,举办“移动时代品牌营销创新”等主题讲座6场。强化校企合作,组织企业家讲堂6场,开展专家教授进企业、进商会活动9场,促成市塑饮机商会与沙洲职业工学院签订战略合作协议,沙钢集团与沙洲职业工学院开展“订单式”人才培养,全年通过校企合作帮助企业完成技术改造6项、项目申报5项、专利申请10件、高新技术企业复评5家。加强与政府职能部门的横向交流合作,市工商联与市市场监管局协作开展行业企业产品联盟标准制定,与市安监局、环保局开展政企交流专场活动5场,与市科技局联合开展“科技e+”进商会活动,承办江苏省工商联、国税局、地税局“弘扬苏商精神、助力企业远航——税收服务走进张家港”活动,帮助“走出去”企业防范跨境税收风险。

【非公经济人士理想信念教育】 年内,市工商联围绕中共中央支持鼓励民营经济发展的重大理论和决策部署开展宣传,开展“十九大精神进商会、进企业”主题活动,举办面向非公经济人士的专题培训、辅导讲座、研讨交流等活动10余场。以“不忘创业初心,接力改革伟业”为主题,邀请无锡红豆集团党委书记、董事局主席周海江做非公企业党建专题讲座,邀请浙江大学党委副书记郑强做“新时代、新思维、新发展”主题讲座。利用会刊和微信公众号平台,开展“弘扬企业家精神,争做新时代表率”和“改革开放40年港城企业家”两大主题宣传,宣传沈文荣、吴栋材、郁全和、沈学如等40余位优秀民营企业家典型。开展“创新升级、文化强企”主题摄影活动,入选照片97张。市工商联引领企业投身社会公益,组织商会和企业认领结对市文明办12个志愿者服务项目,资助金额35万元。市总商会、装修装饰商会、电子商务商会、浙江商会、安徽商会分别结对帮扶贵州省沿河土家族自治县1个深度贫困村,先后组织企业家考察团5批70人次赴沿河县对口帮扶,签订结对扶贫协作协议书,捐赠办公设备价值20万元,结对21名贫困大学生并捐赠助学金18万元。在对口援助新疆维吾尔自治区巩留县行动中,保意电器公司、易华塑料公司分别向援疆公益关爱基金捐赠10万元,经开区(杨舍镇)商会捐赠2万元。

【新生代企业家培养“青蓝工程”】 2018年,“青蓝工程”纳入市委组织部“红领传承、青蓝接力”总体方案,入围全市十大党建项目。市工商联举办青年企业家特训营,围绕“产业为本、战略为势、人才为魂、金融为器”四大模块,订制深圳站、青岛站、北京站、杭州站四大课程,带领20名企业家赴娃哈哈集团、海尔集团、小米公司、京东集团等全国16家知名企业参访游学,并与企业高管交流,邀请专家专题授课,帮助青年企业家提升能力,拓展视野。5月,举办理想信念教育培训班,组织50名青年企业家赴福建省古田县接受革命传统教育。沙钢集团沈彬入选全国工商联“新时代民营企业家培养计划”,当选全国工商联青年企业家委员会主任。　（彭　嫣）

【编辑　沈立平】

法治·军事

Rule of Law & Military Affairs

12月31日，消防救援大队举行授衔换装仪式　（消防救援大队　提供）

法治建设

公　　安

消　　防

检　　察

法　　院

司法行政

人民武装

武　　警

民　　防

張家港年鑑(2019)

扫码欣赏

法治精神融入城市血脉
——张家港市“七五”
普法工作巡礼

法治建设

【概况】2018年，全市围绕中共十九大关于坚持全面依法治国的重要论述，全面落实依法行政、严格执法、公正司法、全民守法，全面推进法治张家港进程。

依法治市　1月至5月，市政府开展“行政诉讼法新司法解释的亮点与难点”等3次政府常务会议学法活动。3月，市推进依法行政建设法治政府领导小组办公室制定《推进依法行政、建设法治政府年度工作日常化管理清单》，强化各项工作的日常开展和统计报送。4月，市政府续聘和增补第四届市政府法律顾问，聘专家和资深律师12人，总结2017年顾问工作情况。市依法治市领导小组办公室印发《关于开展“法治建设满意度”十大提升行动的实施方案》，牵头市政法各部门、民政局等单位开展“解决执行难”专项行动、行政检察监督提质增效行动、公共法律服务质效提升工程等10个重点项目，着力提升群众法治建设获得感和满意度。5月，市政府法制办开展行政执法公示制度、执法全过程记录制度、重大执法决定法制审核制度等行政执法三项制度规范化建设试点活动，有18家执法机关申报试点探索。经过评估，优选出凤凰镇、税务局、市监局、卫计委、交通局等优秀创新试点，并通过经验交流、现场观摩会等形式对其经验做法在全市推广。市依法治市办坚持开展“关爱民生法治行”活动，组织各区镇、各部门累计开展法治惠民项目47项，其中12项被确定为市级重点项目，并联合张家港电视台开设《法治与民生》专栏节目，集中报道“法治惠民”的进展情况和突出成效，营造各方联动办实事的浓厚氛围。6月，市政府法制办举办法制人员（行政复议应诉人员）专题培训班，课程包括宪法修正案、公共危机管理与媒体应对、依法行政中的纠纷解决机制、电子证据审查及运用、行政诉讼法新司法解释等内容，全市约70人参训。市委政法委会同市司法局对“谁执法谁普法”责任制落实情况进行全面督察，做好“七五”普法中期迎检工作。8月，市委办、市政府办出台《张家港市党政主要负责人履行推进法治建设第一责任人职责考核办法》，明确考核对象、考核形式、结果运用的具体操作办法，并制定党政主要负责人职责清单，压实党政主要负责人推进法治建设的第一责任人职责；市委政法委在全市开展“以案释法”案例征集活动。9月，印发《张家港市2018年度依法行政考核内容及评分标准》，提高日常工作在考核中的比重，把信用体系建设、落实检察建议书情况等政府工作重点、热点内容纳入考核范围。结合“百场电影进社区”活动集中开展法治宣传，组织开展“学宪法、看阵地、谈心得”法治论文征集评比活动。11月，市委政法委组织开展第八届法治文化月活动，开展法治建设满意度问卷调查和网上有奖问答。12月，市依法治市办向省法治办推荐“公益诉讼前程序督促追回千万国有资产”案例参加省第四届“十大法治事件”评选活动；举办“法治张家港建设”专题研修班，各区镇、各部门分管领导50余人参加培训；市教育局“校外培训机构专项治理行动”获评苏州市2018年度“关爱民生法治行”优秀项目。市委组织部、市政府法制办举办“依法治国与法制思维”专题讲座，提升领导干部依法行政能力。市政府“推进行政审批制度改革、加强事中事后监管”被省全面推进依法行政工作领导小组确定为“2017—2018年度江苏省依法行政示范项目”；张家港市政府被苏州市建设法治政府工作领导小组评为苏州市2017年度法治政府建设工作先进集体；被苏州市建设法治政府工作领导小组办公室确认为2018—2019年市级依法行政示范单位，“积极运用‘互联网+’思维推进重大行政决策规范化建设”为示范项目。1月，市政府法制办被江苏省政府法制办公室、省人力资源和社会保障局联合表彰为全省政府法制工作先进集体。省依法治省领导小组办公室对张家港市进行两年一轮的法治创建考核，8月上旬，张家港市受省委、省政府表彰，获评“2016—2017年度全省法治建设示范县（市、区）”称号。年末，张家港市省级测评法治建设满意度99%，位居苏州市第1名。

重大行政决策　3月，市政府将完善社会医疗救助政策、健全以居住证为载体的基本公共服务提供机制等7个涉及面广、影响较大的决策事项纳入2018年度市政府重大行政决策事项目录。各重大行政决策承办单位按照《张家港市重大行政决策程序规定》及其操作细则要求，全面、严格、规范落实各项决策程序。12月，完善社会医疗救助政策、完善镇级政府采购管理政策、制定质量提升三年规划、健全以居住证为载体的基本公共服务提供机制等4个事项完成决策程序，并经市政府常务会议讨论通过后开始实施。完善粮食质量安全监管制度、推进户籍制度改革2个事项因苏州政策尚未确定而暂缓推进，制定推进文化和旅游深度融合政策因机构改革而终止。所有决策按规定落实6项程序、网上运行。

政府规范性文件管理　6月，市政府将《张家港市社会医疗救助实施细则》《张家港市保障性住房购房补贴发放规定》等5个文件纳入2018年度市政府规范性文件制定工作计划；市政府法制办印发《关于开展2018年度市政府规范性文件和重大行政决策后评估工作的通知》，将2016年以市政府名义出台的规范性文件和重大行政决策纳入后评估范围，至11月末完成后评估工作。8月，在全市开展证明事项、生态环境保护规范性文件、涉及产权保护的规范性文件清理工作。12月，印发《关于报送涉及民营经济发展的行政规范性文件清理情况的通知》；印发《关于进一步落实证明事项清理工作有关要求的通知》，取消全市文件设定的证明事项，并规定以后不得新设证明事项。市政府法制办全年审核市政府文件草案96件，审核通过并经市政府印发规范性文件5件，规范性文件均按规定向市人大常委会和苏州市政府备案，备案及时率、规范率100%。同时，办理上级征求意见文件16件。

行政执法监督　2月，市政府印发《2018年全市行政执法监督工作要点》。3月,印发《张家港市2018年行政执法监督工作计划》,部署安排全市行政执法监督工作。市政府法制办建立由法官、检察官、市政府法律顾问、法制工作人员以及一线执法人员组成的行政执法案卷评查专家库,举办行政执法案卷规范化建设培训班,并于5月、8月、12月分5次组织开展执法案卷评查活动,对18个行政执法部门2018年已办结的102卷行政处罚案卷和99卷行政许可案卷进行综合评查,提出整改意见36份,评选出优秀案卷10件。5月,市政府办出台《张家港市行政执法辅助人员管理办法》,明确行政执法辅助人员适用岗位、身份性质、职责权限、权利义务、聘用条件和程序等。市政府法制办开展行政执法公示制度、执法全过程记录制度、重大执法决定法制审核制度规范化建设试点活动,18个行政执法机关申报试点探索。6月,对市旅游局贯彻实施《中华人民共和国旅游法》和市物价局贯彻实施《江苏省价格条例》情况进行调研督察;12月,对市规划局、市住建局贯彻实施《苏州市地下管线管理办法》情况进行调研督察。年内,对市市场监管局、市安监局等9家行政执法工作任务重、群众关注度高的部门开展行政执法专项督察。选编8个执法案例,为行政执法工作提供借鉴和参考。组织1期新任执法人员考试,84人取得行政执法资格;组织全市1503名行政执法人员参加网上公共法律考试,参考率96.84%,合格率99.53%;开展行政执法人员网上培训,开设中国特色社会主义法治理论、宪法学、行政法和行政诉讼法等网络视频课程。注销行政执法证104张、执法监督证3张。各行政执法部门向公安局移送涉嫌犯罪案件107件。

行政复议 年内,市政府法制办进一步推进行政复议规范化建设,健全复议案件审理方式,加大行政复议纠错力度。全年收到行政复议申请85件,主要集中在行政处罚、工伤认定、投诉举报处理等领域,不予受理13件,受理72件,受理数比上年减13.3%;已审结复议案件69件(含上年结转10件),尚未审结13件;已审结案件中,驳回行政复议申请10件,维持38件,和解调解终止结案14件,纠错7件(其中撤销1件,责令履行1件,确认违法5件),纠错率10.1%。市政府为被申请人的行政复议案件2件,为被告的行政诉讼案件54件,其中一审39件、二审12件、再审3件;市政府工作部门及区镇作为被告的行政诉讼案件144件,其中一审88件、二审51件、再审5件。年内,行政机关负责人出庭应诉90余人次。

行政调解 完善行政调解工作体制,规范申请、受理、调解、履行、统计上报等程序,加大行业性、专业性行政调解委员会覆盖的深度和广度,推动行政调解和司法调解、人民调解的无缝衔接和有序联动。引入基层群众自治组织、律师、法律工作者、人大代表、政协委员、志愿者、行业协会(商会)等社会各方面力量参与矛盾纠纷化解,提升矛盾纠纷的化解率。年内,全市办理行政调解14695件,调解达成协议13329件,成功率90.7%,在化解劳资纠纷、治安管理、交通事故等社会矛盾纠纷方面起到积极作用。

【扫黑除恶专项斗争】 按照中共中央、国务院《关于开展扫黑除恶专项斗争的通知》要求和江苏省、苏州市统一部署,在全市开展扫黑除恶专项斗争,成立扫黑除恶专项斗争实体化工作专班,从市法院、检察院、公安局、交通局、住建局抽调人员,在市委政法委集中办公。2月,召开全市扫黑除恶专项斗争工作会议,全面部署扫黑除恶专项斗争工作;制定年度社会治安综合治理和平安建设工作要点,做好全年工作安排。5月,市委、市政府印发《关于深入开展扫黑除恶专项斗争的实施方案》,成立由市委常委、政法委书记黄亚平任组长的领导小组,先后制定《张家港市扫黑除恶专项斗争宣传工作方案》《张家港市扫黑除恶专项斗争举报奖励资金使用办法(试行)》,建立线索排查"半月报""零报告"制度,并在"12345"便民服务中心开通举报专线,公布市扫黑办举报电话、电子邮箱和办公地址,全天候接受群众举报涉黑涉恶线索。同时,公布市委书记、市长、政法委书记手机号码,通过短信方式接受群众举报。印制扫黑除恶宣传折页、宣传年历和《至广大人民群众的一封信》《至全市党员干部的一封信》,制作扫黑除恶宣传动漫;各区镇、各成员单位利用广播、电视、报纸、公益短信、各类宣传橱窗、电子屏等传统媒体和微信、微博、网站等新媒体,进行全方位、不间断扫黑除恶宣传,着力提升群众对扫黑除恶的知晓率和参与度。年内,全市公安机关破获9类涉黑涉恶刑事案件202起,抓捕嫌疑人460余人,捣毁团伙50个,恶势力犯罪集团3个,其中破获网络裸聊敲诈恶势力犯罪集团案件1起(苏州市挂牌督办案件),车贷"套路贷"恶势力犯罪团伙案件1起。

【网格化社会治理】 根据全省"一张网""五个统一"总体部署,1月,张家港市成立社会治理联动中心(设在市委政法委,正股级建制),全面推进网格化社会治理工作。3月28日,市网格化社会治理平台上线启动仪式在冶金园(锦丰镇)举行。苏州市委政法委副书记、市综治办主任缪文学,张家港市委常委、市委组织部部长陆德峰,市委政法委书记黄亚平,市政府副市长、市公安局局长周斌伟出席启动仪式,共同启动"张家港市网格化社会治理平台"电子感应球。参加仪式的还有综治委有关成员单位分管负责人、各区镇政法委书记、组织委员、综治办主任、网格员代表、锦丰镇各村(社区)书记。张家港市网格化社会治理平台利用"互联网+"概念,与数字化城管、"12345"平台信息数据融合,并配套开发"港城网格通"手机APP,全力推进"一张网络全覆盖""一个平台管联动""一套制度管服务"建设。5月,市委办、市政府办出台《关于创新党建引领网格化社会治理的实施意见》及考核办法。12月,市委党的建设工作领导小组制定实施《关于在党建引领网格化社会治理中实施"红堡"工程的指导意见》。年内,全市科学划分四级网格,镇一级网格10个、办事处等二级网格22个、村社区等三级网格306个、四级网格1559个,各网格充分发挥各自作用,通过网格化社会治理平台和

"港城网格通" APP，网格员进行事件排查和民情走访，共上报各类事件4.2万件，民情走访11.12万人次，开展平安建设、扫黑除恶等宣传14925人次，提供各类便民服务22781人次。

（秦　悦　王雪松）

公　安

【概况】 2018年，市公安局出台公安党建实施意见，落实局党委、机关党委、基层党支部三级党建主体责任制，制定从严治党、从严治警主体责任清单，明确各级党组织的治警责任。80个党支部建设完成，党支部"堡垒指数"和党员"先锋指数"考评有机结合，与20个村（社区）和企事业单位开展党组织联创共建，创建"一校四方""警保联动""同创共建"等共治机制党建项目。推行"行动支部"，重大安保、专项行动等14项攻坚任务高质量完成，以社区警务室、文明交通驿站、市际治安卡口、窗口服务先锋岗为支撑的党建阵地群规模初步形成。12个集体、63名民警受苏州市公安局以上表彰，其中3人立二等功，269名民警完成警员警衔晋升。年内，市公安局被市委、市政府授予2018年度突出贡献奖。

打防犯罪　市公安局严厉打击各类违法犯罪行为，全年抓获刑事作案成员3500人，破获"八类"（放火、爆炸、劫持、杀人、伤害、强奸、绑架、抢劫）案件171起，非法集资案件18起、环食药案件124起。抓获娼赌人员1365人、涉毒人员329人、网上逃犯312人，其中命案逃犯2人，查处"三非"（非法入境、非法居留、非法就业）外国人56人，4起现行命案全破，并侦破15年前命案积案2起，命案侦破绩效列苏州各市（区）公安局、公安分局第1位。实体化运行反通信网络诈骗中心，对全市通信网络诈骗案件进行集中梳理研判、打击，破获通信网络诈骗案件112起，比上年增221.9%，抓获嫌疑人235人。高标准完成苏州市局部署的"秋风行动"，扫黄禁赌清扫和危险物品清缴子行动绩效列苏州五市（区）公安局第一，总绩效列苏州五市（区）公安局第2位。

交通安全管理　市公安局开展道路交通突出问题整治"百日攻坚"行动，按照国省道路、市镇两级主干道和农村道路3个等级，常态化开展安全隐患排查工作，年内排查各类交通安全隐患824处，整改820处。不断完善道路基础安全设施，新增交通信号灯18套，电子警察26套，监控抓拍设备96套，不礼让行人抓拍设备10套，交通标识348块，隔离护栏3083米，漆划交通标线3万余平方米。围绕"保畅通、压事故"任务目标，有序推进城市"智慧交通"建设，在二环内外分别打造"交通安全防护圈"和"交通畅通文明圈"，严查严管路面不文明交通行为，重点围绕学校、医院、菜场等场所开展排堵治乱保畅工作，在全省文明交通指数测评中列苏州第1位。加大交通违法行为执法力度，年内查处交通违法行为为99万余起，其中饮酒驾驶机动车违法行为691起、醉酒驾驶机动车违法行为499起。全年发生交通事故58094起，其中一般以上交通事故2270起，死亡159人、伤5343人，办理汽车注册登记39633辆，核发车辆检验合格标志22.19万辆。

治安管理　市公安局在全市治安卡口、市区商场超市等重点区域安装124套动态人脸识别系统、350套嫌疑车辆布控系统，新建疏港高速3个卡口，新增城区3个警务工作站、54个电子防线监控点位、20个人力防线点位，常态保持民警、辅警24小时巡防勤务，打造出市际、城区、重点区域"三道包围圈"，构建起多层布防、整体联动、高效协同、快速合围的动态巡防体系，违法犯罪警情和刑事发案11年连降，群众安全感测评列苏州第1位、全省第2位。年内，查破各类治安案件13633起，查获违法人员4568人。捣毁聚众赌博场所、涉娼窝点117个。办理涉枪涉爆案件13起，收缴枪支16支、弹药3334发、管制刀具211把、非法储存的假冒伪劣烟花爆竹6000余箱。

执法服务　市公安局全面实施"快警务"实战模式，推动警务职能重组、警务流程再造、警务资源整合，全面提升破案打处、维护稳定、服务群众、安全监管等领域执法效能。加快推进执法办案、案件管理、涉案财物管理"三个中心"一体化建设，执法安全系数、规范化水平持续提升。落实服务民营企业发展"20条措施"，加大知识产权保护力度。连续21年获评全省县级公安机关执法质量考评优秀单位。持续推进"放管服"改革和"互联网+公安政务服务"建设，建立"1+N"公安行政服务管理体系，推进政府购买邮政快递服务，实现所有依申请事项统一在行政审批局公安窗口办理，79项审批服务事项不见面审批。在市镇两级政务服务中心实现公安业务"一窗受理"，在基层所队全面建设网上办事体验区，最大限度方便群众，窗口满意率99%以上。

"110"接处警工作　年内，市公安局指挥中心受理报警83.82万起。其中，违法犯罪警情2.58万起、火灾警情1413起、交通警情10.87万起、纠纷警情4.63万起、群众求助警情11.15万起、其他警情54.45万起。通过快速指挥调度，直接抓获违法犯罪嫌疑人264人。

【"331"整治火灾隐患专项行动】 5月，苏州市政府决定在全市范围内部署开展"331"整治火灾隐患专项行动。张家港市公安局紧盯"三合一"场所、出租房（群租房）和电动自行车违规停放充电三类突出火灾隐患，对照任务清单、履职清单、责任清单"三张清单"，围绕上级制定的"876"工作任务，标准化成立市、区镇两级整治工作专班统筹推进整体工作，利用网格化管理方式，把各隐患区域分解至各个网格，把村居作为最小网格单位，由网格长（村、社区书记和主任或派出所民警）组织开展拉网式摸排和地毯式筛查，严格按照三类隐患整治标准，边排查边整治，将三类隐患依法整治到位，确保通过苏州专项督察，并对已整改的隐患进行回头看，巩固整治成果，防止反弹。全年责令改正各类隐患场所82970家，查封826家，依法停产停业599家，行政罚款104.59万元，行政拘留60人，其中行政拘留"二房东"11人，年内火灾事故比上年下降22.8%。

【大数据指挥服务体系建成】 2018年，市公安局以指挥调度智能化、情报研判精准化、支撑保障实时化为目标，在该局指挥中心建成大数据指挥服务体系，推动指挥体系、作战模式和服务机制提档升级。应用智能指挥调度平台，将全市监控点位、一线移动警务终端、人像识别设备、移动布控球，以及警情警力警车、“市际、城际、镇际”三道智能防线数据的信息全部统一接入，完善常态、紧急警情分级分类指挥处置机制，制定应急处置预案34个，细化实战指挥的警情类型、指挥流程、响应力量等工作规范12个，并全部嵌入智能指挥调度平台，实现菜单式、流程化操作，打造各类指挥要素元素在线融合、可视高效的实战调度系统。自主开发“数据工厂”，集成一体化运作数据资源池和应用平台库，架构重组、系统关联相关业务数据，探索数据建模应用，成立信息化众筹汇智团，加强与国泰新点、中科曙光等科技公司合作，根据警种和基层工作需求，研究分析数据逻辑关系，为基层定制搭建数据应用模型。同时，立足张家港市应急指挥中心，搭建全市应急指挥平台和应急联动体系，加强与市便民服务中心对接，分流非紧急、非警务类警情，移车警情和非现场生活救助、消费纠纷等警情，日均分流1000余起，电话呼入量和有效警情分别比上年下降47.3%和44.2%。

【市看守所、拘留所搬迁新址】 12月5日，市公安局出动警力1000余人、警车200余辆，用时4小时，完成市看守所、拘留所搬迁工作。新启用的看守所、拘留所位于杨舍镇泗港街道，占地面积18.67公顷，建筑面积5.3万平方米，由市公安局监管大队负责管理使用。新看守所、拘留所最大押量分别为1500人、500人。应用提讯会见自助一体机，优化提讯和律师会见流程，在第一次办案提讯或律师会见时，可通过“智慧监所管理平台”生成二维码，在此后的办案提讯或律师会见过程中，办案人员或律师只需凭身份证和二维码在一体机上自助操作，即可办理提讯或会见申请手续。同时，提押民警通过智慧监所管理平台查看接收一体机发出的申请手续，按照信息提示将嫌疑人或被告人带至指定提讯室或会见室，在诉讼阶段改变时，原有二维码失效，缩短了办案人员和律师办理业务的等候时间，提高工作效率。应用智慧监所管理平台，集成音视频监控、提讯会见、对讲、医疗管理、电化教育广播、财务开账等多个应用功能，每个监室内的交互终端凭借该平台可以直接显示管教指令，并进行在押人员财务开账。 （刘　宇）

消　防

【概况】 2018年，市消防救援大队在改革转隶的关键时期，以授衔换装为契机，有效保持全市火灾形势和队伍管理的“双稳定”。年内，全市发生火灾1557起，无人员伤亡，直接财产损失1543万元。与上年相比，火灾起数下降7.98%，成功处置849起抢险救援和社会救助任务，疏散营救被困群众455人。全年未发生较大以上火灾事故。在张家港市2018年度绩效管理和精神文明建设考核中，大队获评服务地方优胜奖、先进文明单位，警训科获评“担当作为好单位”，被苏州市精神文明建设委员会评为2015—2017年度苏州市文明单位。

消防设施建设　全市有11个消防中队（包括特勤六中队、保税区特勤中队、金港中队以及城西、锦丰、塘桥、凤凰、乐余、大新、城北、南丰消防中队），配备各类消防车辆67辆。年内，加快化工专业消防站改扩建工程、保税区特勤站易地新建工程、高新区消防站建设工程进度，市政府召开专门会议，明确工程建设资金分摊、建设主体、人员编制、建设用地性质等问题，稳步推进消防站点建设。市消防救援大队强化物防技防措施，推动老旧建筑、“三合一”（住宿与生产、仓储、经营一种或一种以上使用功能违章混合设置在同一空间内的建筑。该同一建筑空间可以是一独立建筑或一建筑中的一部分，且住宿与其他使用功能之间未设置有效的防火分隔）场所、群租房、养老机构增设独立式感烟火灾探测报警器10165个、简易喷淋123套、电气火灾监控系统315套。持续加强微型消防站建设，依托经开区（杨舍镇）财政经费保障支持自主研发消防安全自救APP，以定期检查、适时通报的形式，推动微型消防站建设；充分利用消防中队巡防演练的有利契机，加强对重点单位微型消防站的拉动，提高微型消防站的实战能力。至年末，全市建立村（社区）微型消防站232个，消防安全重点单位微型消防站835个。

执勤备战　年内，坚持“一切围绕实战”理念，深化执勤训练成果，促进灭火救援专业化水平和实战能力稳步提升。大队下辖的南丰中队获苏州市政府专职消防队环湖长跑比赛团体第三，特勤六中队获苏州支队夏训竞赛团体第一名。市消防救援大队指导中队修订数字化预案226份，根据各中队已有装备及辖区产业结构特点，组织中队开展多车编程训练，完善中队独立作战体系；每月适时组织开展大队级合成训练，积极参与永钢集团、东华能源、东昌化工等3次市级综合应急演练；组建1支重型化工灾害处置专业队、1支轻型地震救援专业编队、1支水域救援专业队，参与总队、支队组织的大型应急拉动演练，提升特殊灾害事故的处置经验。开展器材装备革新活动，特勤六中队“新型防盗门破拆工具组”获苏州支队灭火救援装备革新成果一等奖，南丰中队“车载多角度消防梯装载装置”和锦丰中队“便携式起重吊机”获创意奖。

消防宣传　年内，市消防救援大队结合春节、清明、安全生产月、防灾减灾日、“119”消防宣传月等重要时间节点，深入劳动密集型企业、学校、居民小区、机关单位等，扎实推进“七进”（进军营、工地、学校、敬老院、福利院、社区、看守所）“趁热打铁”等各项宣传活动，积极探索消防宣传新模式。全年利用基层消防中队、消防安全教育体验中心、官方微博、微信等载体开展对外宣传。住建、商务、市场监管、房管中心、新市民事务中心等部门分别依托自身资源，广泛开展行业内部消防安全宣传教育培训，宣传效果显著。

执法服务　年内，市消防救援大队深入开展人员密集场所和“九小场所”、高层建筑、电气火灾、群租房、大型商业综合体等消防安全隐患专项整治。全面落实重大火灾隐患政府挂牌督办机制，完成合兴医院老年康复科、范庄会所、百里方购物广场等3个单位的隐患整改、销案任务，梁丰园小商品市场整体关停。全年，大队及全市各公安派出所共监督检查单位47543个次，发现并督促整改火灾隐患或消防违法行为52842处，下发责令改正通知书3480份，行政处罚1080起，临时查封单位455个，责令“三停”单位48个，行政拘留82人，罚款430万元。推进“331”整治火灾专项行动，充分发挥综合协调和专业技术优势，加强对“331”工作专班、各镇和相关行业部门的业务指导。大队联合相关部门临时查封危险部位316处，责令停止使用83处，拆除影响逃生障碍物83处。

【消防救援大队授衔换装】　为增强消防救援人员的职业荣誉感、归属感和队伍凝聚力，按照应急管理部消防救援局统一部署，12月31日，市消防救援大队举行迎旗、授衔和换装仪式。市委副书记、代市长潘国强，市政府副市长、市公安局局长周斌伟，市政府办公室、市委组织部、市公安局、财政局、人社局、安监局有关负责人及消防救援大队80余名消防指战员代表参加仪式。消防救援大队教导员严士刚宣读授予消防救援衔命令并带领全体消防指战员进行庄严宣誓。潘国强代表市委、市政府，向全体消防指战员致以祝贺并指出，市消防救援队伍始终把服务保障地方经济社会发展作为第一要务，时刻把人民群众安危放在心上，奋战在防火灭火和应急救援一线，以英勇顽强的拼搏作风和奋不顾身的奉献精神，为保护人民生命财产安全、促进全市经济社会发展做出重要贡献。　（常　妍）

检　察

【概况】　2018年，市检察院围绕“业务创第一、队伍建一流”目标，突出扫黑除恶专项斗争、服务“三大攻坚战”等重点，履行法律监督职责。市检察院连续四届获评全国检察机关文明接待示范窗口，连续五届获评全国检察机关派驻监管场所一级规范化检察室，并继续保持全国示范检察室的称号，智慧检务成果亮相全国检察机关科技装备展，站上第十六届全国检察长论坛的演讲席，作为改革开放40周年、检察机关恢复重建40周年的先进代表，接受《检察日报》“走进100个基层院”大型采访报道。

刑事检察　市检察院全年批准逮捕各类犯罪嫌疑人718人，提起公诉1594件2117人。社会危险性小不批准逮捕的149人，犯罪情节轻微不起诉的256人。投入扫黑除恶专项斗争，排查移送重点线索16条，从快批捕起诉涉恶案件4件30人。成功办理苏州市首例由监察委员会移送的职务犯罪案件，依法提起公诉职务犯罪案件4件4人。开展立案监督11件，监督撤案43件，追加逮捕5人，追加起诉3人，发出纠正违法通知书35份。监督监外执行条件消失的罪犯收监执行9人，监督纠正刑罚执行起止日错误13件，监督财产刑执行到位195件。对认罪悔罪、不予羁押不致发生社会危险的66人，及时监督变更强制措施为取保候审。制定《服务全市清理整顿沿江环境污染攻坚战的意见》，得到市委、市政府主要领导的批示肯定，受邀在最高人民检察院主办的“长江生态环境资源司法保护研讨会”上作经验交流。组织开展打击长江水域非法采砂和严打非法捕捞专项活动，办理的史某非法采砂案被评为全省检察机关环保类十大典型案件。设立侵犯企业产权犯罪检察专门机构，开展保护民营企业司法理念“大学习、大反思、大讨论”活动，召开“检察机关服务民营企业发展”座谈会，妥善办理涉企犯罪案件156件195人。

民事行政检察　市检察院全年受理当事人提出的民事行政诉讼监督申请123件，提请苏州市人民检察院抗诉1件，发出再审检察建议3件；提出审判监督类检察建议8件、执行监督类检察建议18件；依法提出支持起诉意见74件；对9件不支持监督申请和终结审查的案件，开展息诉和解与释法说理工作。立案审查行政违法行为监督案件262件，发出督促履职类检察建议216件。开展协助解决农民工讨薪问题专项监督，协同市人社部门帮助120名农民工拿到被拖欠的工资155万元。推进国家司法救助工作，建立与全市社会救助管理平台对接机制，对21名生活面临急迫困难的案件当事人发放救助金18万元。

公益诉讼检察　市检察院加强向市委、市人大的报告和市政府的沟通，市委办公室、市政府办公室出台全省县区级首份《关于支持检察机关全面开展行政检察监督工作的意见》，市人大常委会审议通过《关于推进依法行政、加强行政检察监督的决定》和《行政检察监督工作实施办法》，最高人民检察院工作简报予以转发。在市市场监督管理局设立派驻检察官办公室，联合市国土资源局建立公益诉讼工作联席会议制度，形成工作合力。成功办理全省首例持续跟进监督的公益诉讼诉前检察建议案件，追回国有土地出让金1036万余元，最高人民检察院工作简报予以转发。立案审查涉及食品药品安全的刑事附带民事公益诉讼案件4件，已提起诉讼3件；提起的2件行政公益诉讼案件均获法院判决支持。

【凤凰检察室打造“群众家门口的检察院”】　3月，凤凰检察室揭牌，主要负责办理凤凰镇辖区内各类刑事案件、开展诉讼活动监督、公益诉讼、犯罪预防、社区矫正、受理群众控告申诉以及联络代表委员等。市检察院着眼于打造“群众家门口的检察院”，以打造法治保障服务基地、民生公益保护基地、规范执法司法基地、检民联系基地、犯罪预防及法治宣传基地、青年干警调研实践基地等“六个基地”为目标，赋予凤凰检察室全部检察职能。全年该检察室审查批捕47件48人，审查起诉64件87人，发出检察建议3份，发出书面纠违1件，追诉漏犯2人；所辖村（社区）走访全覆盖，对发现的污水、垃圾等环境问题移交并督促综合执法部门办理6件次，深入驻村企业开展环保、税务等法治宣讲活动，推动形成“凤凰水蜜桃”国家地理标志证明商标保护合力。

【智慧检务建设】 7月，2018年全国检察机关科技装备展在北京举行，张家港市检察院作为江苏省检察机关智慧检务工作的一个代表和缩影参展，此次全国参展基层检察院仅有9家。市检察院改变传统观念和固有模式，坚持把科技装备和信息化建设作为推动检察工作现代化的重要抓手和驱动力，迸发出新的活力。市检察院加大无人机、高仿真远程视频系统等科技装备的投入应用，加强智慧检务建设，得到最高人民检察院的充分肯定。应用“案管机器人”强化案件监督管理，平均个案瑕疵问题数从0.12个下降到0.08个，经验做法在全省检察机关第三次网信会议上予以交流。开通应用全省首个“民行检察一点通”小程序，实现“让数据多跑路，让群众少跑腿”，既方便群众，又有效解决了民事行政检察监督、公益诉讼线索来源不畅的问题，苏州市人民检察院在全市推广。自主研发应用“工作即时通”平台，对决策部署事项的办理实行网上督察、全程留痕，苏州市人民检察院主要领导予以批示肯定。

【“知行”党建品牌建设】 市检察院把党建作为抓队伍促业务的核心抓手，着力打造以“五个一”为主要内容的“知行”党建工作品牌。经验论文在全省检察机关党建理论研讨征文评选活动中荣获一等奖，一个主题党日活动获评苏州市检察机关“优秀主题党日”评选展示第一名。坚持每周编发推送一期《知行》专刊，融理论性、知识性、教育性于一体；建立一项党员固定党日制度，以学习日、议事日、服务日、开放日4个主题，引导支部常态性、创新性地开展组织生活；打造一支党员志愿者服务队伍，细分为帮扶、调解、宣传、志愿服务四个小分队，开展六进服务活动；推进检察文化建设，打造一个“知行”党建馆阵地，集政治引领、宣传展示、党建服务功能于一体；开展检察走廊文化活动，推出一支部一品牌建设，确立“V初心”“法尚清流”“青春蓝+”“融通”“民生”“沙洲溪”等特色支部品牌。

（陈丹蕾）

法　院

【概况】 2018年，市人民法院履行审判职责，审判质效、队伍素质和司法公信力持续提升。2月，市法院出台《扫黑除恶专项斗争工作方案》，成立由“一把手”院长担任组长的扫黑除恶领导小组，组建专业合议庭，全年排查并移送重点涉黑涉恶线索11条，审结涉恶势力犯罪案件2件。结合全市高质量发展目标，出台《关于为张家港市建设“四个港城”提供司法保障和服务的实施意见》《关于为我市“清理整顿沿江环境污染攻坚行动计划”提供司法保障和服务的实施意见》，获得市委、市政府主要领导批示肯定。全年受理各类案件33713件，其中新收30197件，分别比上年增6.76%和5.47%；审理、执结案件30228件，结案标的额229.73亿元，比上年增7.73%和36.1%。市法院被省高院授予集体二等功、全省法院援藏援疆工作先进集体、连续第六年获张家港市委、市政府综合贡献奖。

刑事审判　市法院全年受理刑事案件1698件，审结1599件2150人，其中审结危害公共安全罪602件611人，破坏社会主义市场经济秩序罪75件162人，侵犯公民人身权利、民主权利罪142件179人，侵犯财产罪566件749人，妨害社会管理秩序罪200件435人，贪污渎职犯罪14件14人。

民商事审判　市法院全年受理民商事案件17716件，审结15632件，诉讼标的额94.84亿元。其中，审结婚姻家庭纠纷1925件、民间借贷纠纷2782件、劳动争议纠纷1119件、交通事故纠纷1925件；化解买卖合同纠纷2428件、居间合同纠纷418件、承揽合同纠纷605件、涉公司法纠纷108件、保险合同纠纷193件；审结破产案件13件、知识产权案件111件。

执行工作　市法院全年受理执行案件13666件，执结12516件，执行标的金额134.89亿元，执行标的到位金额16.58亿元，执结率91.58%。其中，执结刑事案件755件、民事案件5896件、行政非诉审查与执行案件38件，仲裁681件，保全案件4993件，执行异议案件151件，执行监督案件2件。

审判监督和行政审判　市法院受理再审案件4件，审结4件。受理行政案件364件，审结346件，其中驳回诉讼请求125件、裁定驳回起诉92件、撤诉39件、视为撤诉28件、移送6件、撤销6件、确认违法3件、履行法定职责1件、不予受理46件。受理行政非诉审查案件135件，审结135件。

【执行攻坚行动开展】 市法院围绕“基本解决执行难”的情况，举全院之力开展执行攻坚，全院执行条线设有执行指挥中心、保全组、执行保障法警中队和13个执行案件实施团队，共有在编干警35人，占全院在编干警人数的22.15%。全年共执结各类案件12516件，比上年增6.93%。共开展执行攻坚大规模“天网行动”53次，出动警力755人次，现场拘传被执行人254人，涉案总标的额5000余万元。在微信、微博、“一报两台”、法院电子屏等平台分批曝光失信被执行人448人，将4337名失信被执行人纳入最高院失信名单。对失信被执行人采取限制高消费、出入境、融资贷款以及司法拘留、刑事处罚等措施，限制出境23人次，司法拘留73人，1107名被执行人迫于压力自动履行义务，2名拒不执行判决、裁定的被执行人被依法追究刑事责任。司法网拍成交金额10.21亿元，比上年增98.25%。

7月3日，依法审理118人开设赌场案　　（市法院　提供）

【118人开设赌场罪案审结】 7月3日，市法院公开宣判曾某某等118人开设赌场罪案，认为曾某某等被告人共同以营利为目的开设赌场，其行为已构成开设赌场罪，根据各被告人的犯罪事实、情节和社会危害程度的不同以及宽严相济刑事政策，分别判处主犯曾某某有期徒刑五年六个月，并处罚金100万元；判处其他被告人有期徒刑或拘役，并处罚金2000元至20万元不等。共有9人被判处实刑，109人被判处缓刑。经审理查明，2016年1月至2017年2月，被告人曾某某等118人，利用互联网平台，通过在聊天平台中植入的“欢乐车行”赌博软件，招揽赌博人员进行赌博，涉案赌资3.4亿元，遂做出上述判决。该案被告人数众多，是江苏省历史上被告人人数最多的刑事案件。

【全市首例涉恶势力犯罪集团案审结】 12月24日，市法院对张某某为首要分子的恶势力犯罪集团敲诈勒索罪一案作出判决，根据各被告人的犯罪事实、量刑情节和社会危害性，贯彻宽严相济的刑事审判政策，判处张某某有期徒刑五年六个月，并处罚金18万元，判处其他被告人有期徒刑或拘役，并处罚金2000元至2万元不等。该案系张家港市首例涉恶势力犯罪集团案件。经审理查明，被告人张某某为实施敲诈勒索犯罪，租赁房屋、购买电脑、手机、软件等，招募被告人程某某、徐某某、高某某等8人为工作人员，并教授实施敲诈勒索具体方法，于2018年4月20日至5月23日期间，通过QQ网聊录制对方不雅视频等手段相要挟，向他人勒索钱财累计25万余元。在一个多月内，被害人多达80余人，涉及23个省、自治区、直辖市。市法院审理后认为，被告人张某某等9人为共同实施敲诈勒索犯罪活动而组成较为固定的犯罪组织，系犯罪集团，张某某组织、领导犯罪集团，系首要分子。张某某为首的犯罪集团，以非法占有为目的，敲诈公民钱财，其行为均已构成敲诈勒索罪，属共同犯罪。

（何　薇）

司法行政

【概况】 2018年年末，全市有执业律师265人，公职律师24人，援助律师2人，法律服务工作者77人，公证员11人。年内，市司法局把握打造更高水平人民满意的服务型司法行政机关总目标，为法治张家港建设做出贡献。成立法润沙洲法律志愿服务支队，壮大普法志愿者队伍。全年开展法治宣传教育培训1695场，培训人员73.4万人次，举办各类普法活动1943场，发放法治宣传资料80余万册。

人民调解　年内，市司法局坚持和发展“枫桥经验”，提升访调对接工作成效，联合市信访局出台《访调对接实施方案》，在市调处中心设访调对接工作室，各司法所开辟信访类矛盾纠纷绿色通道，年内开展信访类矛盾纠纷排查534次，协助解决积案21件，实现群众到访批次比上年降7%，人次比上年降11%，重复到访下降23%。深化人民调解组织规范化建设，对全市9个镇级调委会及下属268个村（社区）调委会的组织网络体系规范化情况进行大排查。加强人民调解队伍建设，开展调解业务培训36场。开展人民调解案件法治督察，审核人民调解卷宗18335册，提出整改意见21条。在苏州率先出台《人民陪审员选任工作实施方案》，经过“第一轮随机抽选、资格审查和征求意见、第二轮随机抽选、政审和确定”程序，提请市人大对300名人民陪审员候选人进行任命。落实常规排查和重要节点专项排查，围绕重点人员、重点问题、重点领域除隐患、清盲点、查漏洞。年内全市各级各类人民调解组织开展矛盾纠纷排查8721次，受理纠纷21650件，调处成功21635件，调处成功率99.9%。

社区矫正和安置帮教　年内，市司法局以社区矫正工作标准化建设为抓手，细化工作制度，规范执法流程，加大安全管控和教育帮扶力度，构建社区矫正、安置帮教、后续照管“三位一体”的特殊人群管理工作新格局。建立以风险防控为主的预警机制，开展多部门、多维度两类特殊人群排查研判工作，实行重点人员每日“见面听声”，24小时“值班备勤”等制度，加大手机定位、电子腕带、数据平台等电子科技手段综合应用能力，加强对社区服刑人员的监管。探索中队分片联系制度，减少各区镇执法差异，提升执法规范化水平。开展赌博类犯罪循证矫正课题研究，年内结题并总结经验进行推广。完善社区矫正联席会议机制，实现公安数据即时核查，检察院业务监督纵深推进，法院对适用前调查评估意见采纳率连年提升。落实三类特殊人群特困家庭法律扶贫工作，12户特困家庭建档；开展“暖冬行动”，帮扶贫困两类特殊人员家庭及未成年子女63名，资助金额6万元。全年接收社区服刑人员658人，期满解矫224人，年末在册434人，刑满释放人员在册总计2310人。

法律服务　9月，全省首家县域律师行业党委成立，全面实施“律政先锋”领航行动，推动律师行业规范有序发展。聘任127名律师（基层法律服务工作者）担任全市274个村（社区）法律顾问；25个党政机关建立公职律师制度，50名律师担任党政机关法律顾问；指派律师参与市打击处置非法集资每日专班，服务全市5个法律扶贫项目；开展“法企同行”，以小微企业为重点，建立全方位企业风险防范体系，助力“三大攻坚战”。年内，全市律师事务所和基层法律服务所为1384家企业担任法律顾问，参与刑事辩护与代理210件，代理民事诉讼案件6844件，代理行政案件98件，代理非诉讼法律事务375件，避免和挽回经济损失27.72亿元。加强驻看守所法律援助站和驻法院法律援助站的工作，采用政府购买服务的方式，选派4名律师到看守所援助站值班，31名律师每日轮值驻法院援助站。开展法律援助宣传“七进”活动，实施农民工维权“放心工程”，开辟农民工欠薪纠纷绿色通道，整合司法、社保、公安、乡镇等部门资源，搭建集体欠薪纠纷化解平台，援助律师深入一线现场办公，为当事人提供援助服务。年内，市法律援助中心共接待到访1111次，电话2899次，受理法律援助案件1294件，法律援助“12348”服务热线满意率保持苏州第1位。金港、塘桥、南丰3家镇级公共法律服务中心实现贯标。

【“七五”普法中期考核通过】 2018年是“七五”普法中期考核年，为推进“七五”普法规划的全面落实，做好“七五”普法中期考核各项任务，市司法局下发《2018年全市法治宣传教育工作要点》，梳理全市110项普法重点工作，多形式、多渠道、全方位开展普法活动。围绕“弘扬宪法精神，建设法治城市”主题，举办宪法摄影作品展，制作宪法公益广告、微视频，开展宪法进影院、宪法法治村村行、国家工作人员线上宪法知识竞答等活动，营造全社会遵宪、学宪、守宪法治氛围。进一步加强领导干部和国家工作人员学法用法工作，市司法局组织完成3次44名非人大任命领导干部任前法律考试，编发《学法导读》24期，组织机关干部参加“万人学法”知识竞赛，有效提高领导干部法治思维。举办“港城会客厅”青少年普法主题访谈，组织万红小学四年级200余名学生参加“十周岁成长礼”法治游园活动，组织青年律师志愿者、法治副校长走进学校开展宪法法律、预防校园欺凌等普法讲座。策划实施“法在身边”市民学法用法互动工程，“崇德尚法·涵养文明”绿色法治村居行、“法润沙洲·春风行动”“美好生活·德法相伴”身边法律随手拍、百名小画家绘法治长卷、青少年法治诗歌征集、法治文学作品征集、“法治张家港”圆桌论坛、优秀法治案例分享会等系列活动，让市民群众在精彩活动中接受法治熏陶。9月，张家港市顺利通过苏州市“七五”普法中期考核检查。

【律师行业党委成立】 按照苏州市司法局“各市、区参照市律师行业党委成立的模式，加快成立当地的律师行业党委”的工作要求，9月15日，中国共产党张家港市律师行业委员会成立大会召开，张家港市委常委、市委政法委书记黄亚平，苏州市司法局副局长、苏州市律师行业党委书记徐亦文、张家港市委组织部副部长樊建兵出席会议。中国共产党张家港市律师行业委员会是全省首家县域律师行业党委，由7人组成，市司法局党委书记、局长万学刚任书记。市律师行业党委的主要职责是宣传和执行党的路线方针政策，贯彻执行上级党组织关于律师工作的部署和要求；制定和组织实施全市律师行业党的建设工作规划；指导全市律师行业党组织完善规章制度，严肃组织生活、严明政治纪律、政治规矩和组织纪律，做好党员律师队伍教育管理工作，切实落实从严治党要求；指导全市律师行业思想政治建设和精神文明建设，负责全市律师行业党的工作的评优表彰等。张家港市律师行业党委全面实施“律政先锋”领航行动，组织党员律师积极开展“童宝爱呼”“春蕾阳光助学行动”“党员关爱基金”和法律扶贫结对帮扶等公益活动；律协代表走进“书记直播间”，为服务百姓和社会经济发展建言献策；优秀律师、著名律师带头参加法律援助工作，法律援助律师全年收到当事人赠送的锦旗8面，工作赢得群众广泛赞誉，得到社会高度认可。

（张　瑜）

人民武装

【概况】 2018年，市人武部坚持以习近平主席强军思想为统领，主动适应军队调整改革新形势，加强思想政治建设，夯实基层建设基础，推进军事斗争准备。7月，市人民政府征兵办公室被江苏省政府、省军区表彰为征兵工作先进单位。12月，市人民武装部被省军区评为军事训练先进单位。按照上级关于后备力量调整改革精神，深入开展民兵整组工作，全市基干民兵共编应急队伍、专业队伍和特殊队伍等三类队伍，党团员比例72%以上。8月，市人武部与市教育局联合开展全市高中学校新生军训工作，完成7900名高中新生承训任务。11月，中央军委国防动员部民兵预备役局装备管理处处长周劲率考评组到市检查考评民兵调整改革落实情况。检查组现场拉动民兵应急连人员和装备，查看市、镇两级人武部和应急连连部分队建设、组织理论考核、电话抽查民兵信息，对全市民兵调整改革落实情况进行全面检查。考核结果张家港市总评成绩优秀，在全国层面武装部中名列第4位。

战备训练 年内，市人武部围绕备战聚焦打仗主责主业，以如期形成能力为目标，推进战备工作落实。落实战备值班制度，修订完善应急处突指挥所编成、抢险救灾、应急维稳等10余套应急处置预案，调整充实各级民兵情报信息员，开展“情报战备值班强化月活动”，确保遇有情况能够迅即反应、有效应对。民兵调整改革贯彻平战结合、军民融合、寓军于民方针，重点抓好民兵组织潜力调查、紧贴任务要求、队伍编组质量和基层规范化建设四个方面建设。5月，市人武部组织全市专武干部和民兵营长在市民兵训练基地开展封闭式强化集训。集训安排理论授课、训练授课、基础体能、观摩学习和理论考核5个方面内容。6月，市人武部在市民兵训练基地组织市民兵应急连进行集训。以授课辅导、示范教练、集中训练、分类演练、统一考评等形式，突出防暴技能及器材使用、轻武器操作使用、分队战术基础、抗洪抢险、实弹射击等科目的训练。通过基地化训练，民兵应急连应急维稳、专业、军事技能等综合素质都得到很大提高。6月下旬，市人武部组织有关预编预备役兵员参加海军航空保障专业兵的返岗训练，取得优异成绩，参训学员均被评为优秀学员。7月、9月，苏州军分区临时战备拉动突击检查张家港市杨舍镇民兵应急分队紧急拉动能力，从任务下达到集合到位，应急队伍全员在规定时间内按要求到达指定区域待命，较好地完成紧急拉动任务。

思想政治建设 市人武部始终把加强思想政治建设作为首要政治任务。每季组织党委中心组理论学习，开展“不忘初心，牢记使命”主题教育。每周组织军事、政治理论学习和党组织活动。6月，市人武部机关组织邀请张家港籍特等伤残军人、一等战斗功臣展亚平作“传承红色基因，担当强军重任”专题报告课。10月20日，市人武部联合市政协邀请军内专家李杰教授给党政领导干部作“海洋安全形势与海洋权益”国防形势讲座，对中国海洋安全形势与海洋权益等方面进行全面深入解读和分析。5月，张家港市人武部全面建设的经验做法被《中国民兵》大篇幅报道，民兵整组、民兵训练等工作先后在《中国民兵公众号》等媒体报道。11月16日，张家港“三联”经验做法视频在中央军委国防动员部组织的全国民兵基层建设会议上得到展播。

兵役工作 年内，市人武部以提高征兵质量为指引，把高学历优秀青年输送到部队。完成上级下达的新兵征集任务，兵员整体质量较前一年稳中有进，其中大学学历占征集总数91%，本科学历占25%，大学毕业生占42.2%，党团员占82.8%。市政府和市人武部分别召开征兵工作领导小组会议和全市征兵工作会议。3月，市征兵办统一组织一线征兵工作人员分行业、系统地开展征兵政治考核、体检标准办法和网上兵役登记、报名等业务培训，为做好征兵报名工作打下坚实基础。按照“一季征兵，全年准备”的思路，注重整合军地力量，联合市委宣传部进行征兵宣传部署，在传统宣传手段的基础上，开设微信客户端、政府网站专题链接，在人流密集场所设立宣传点，滚动播放LED屏宣传片、张贴海报，营造浓厚的征兵工作氛围。印发宣传手册、订购征兵宣传挂图，走进沙洲职业工学院和江苏科技大学两所高校开展征兵宣传，为每名进站青年制发张家港市《优秀军队官兵名录》《将帅励志书法作品录》。8月，开展役前训练期间，邀请退伍老兵现身说法，集中组织“祖国在我心中”专题文艺会演，激发广大青年的参军热情。送兵期间，举行“尚武报国送军行”——张家港市书法家现场为新兵题词赠作品活动。4月，市征兵工作被《中国国防报》等多家媒体报道。

【一等战斗功臣展亚平授课】 6月28日，市人武部邀请张家港籍特等伤残军人、一等战斗功臣展亚平为集中轮训的全体专武干部、民兵干部和参训民兵应急分队人员作“传承红色基因，担当强军重任”专题报告会。展亚平为张家港乐余人，1981年10月入伍，服役于“硬骨头六连”，任八班班长。在1985年1月一次战斗中，为掩护战友被流弹炸至重伤，失去了双腿和左手，被评为特等伤残，荣立一等功。他先后被授予“硬骨头战士”“自强模范”和“全国优秀共产党员”等荣誉称号，曾4次受到党和国家领导人及军委领导的亲切接见。报告会上，展亚平用朴实的语言、真挚的情感讲述了当年自己和战友们浴血奋战的亲身经历。全场专武干部和民兵无不为展亚平和他的战友们信念坚定、忠贞不渝的品质和精神所打动。报告会结束后，展亚平和部分民兵骨干进行座谈，并仔细询问每一名参训民兵的训练工作和生活情况。

【张家港市爱心捐助沿河33名特困退伍军人】 9月5日，张家港市人武部、市双拥办向贵州省沿河土家族自治县特困退伍军人捐赠仪式在该县人武部举行。张家港市人武部部长任伏军、市民政局局长范一明和沿河县人武部部长刘川、政委高瑞等领导出席捐助仪式。张家港市人武部和市双拥办向沿河33名特困退伍军人进行爱心捐助，现场每人发放2000元，共6.6万元。张家港市人武部部长任伏军和沿河县人武部政委高瑞还分别前往部分特困退伍军人家庭慰问，并鼓励他们相信党和政府一定会带领他们走出困境，早日脱贫致富。爱心捐助旨在营造尊崇军人职业、关心关爱特困退伍军人家庭的良好氛围，弘扬拥军优属的光荣传统。通过这次捐助走访，促进了两地双拥工作的深入开展，双方的交流平台将更加紧密，有效实施精准扶贫，让对口帮扶工作真正惠及沿河特困退伍军人。

【继续对口帮扶井冈山】 2015年3月，在原南京军区的牵线搭桥下，张家港市深入贯彻落实习近平主席视察军队时“把党的关怀送到老区人民心坎上”的指示精神，和井冈山市结成联学创新理论、联创先进组织、联创文明建设“三联”对子，把改革开放取得的成果反哺革命老区人民，让老区人民群众早日脱贫致富。至2017年的三年中，由市人武部牵头，市委、市政府先后出资1200余万元，对口援助井冈山市古城镇建成9个重点项目。2018年8月30日至31日，张家港市委书记、市人武部党委第一书记朱立凡，副市长李兆玮，市人武部政委许晓云等党政代表团一行赴井冈山市，在井冈山管理局党工委书记、井冈山市委书记刘洪的陪同下，实地考察了“三联”活动中对口扶持援助的古城镇便民服务中心、爱心公寓和产业示范园等9个项目。张家港市将继续加大对井冈山市旅游业等方面的支持力度，增强其在长三角地区的知名度和美誉度，为其在农产品出山环节上打开路子。双方希望继续深化文化及产品等方面的广泛合作，让井冈山精神与张家港精神互融，促进两地共同发展。

（陈　航）

武　警

【概况】 市武警中队主要担负市看守所外围看守任务。中队依据《军队基层建设纲要》，以四项经常性工作为基点，打造全面过硬的标兵中队。年内，市武警中队完成临时性押解勤务53起，出动执勤兵力158人次，押送罪犯689人，行程4.7万千米；承担暨阳高级中学、沙洲职业工学院、市第二中学、市舞蹈学校、张家港开放大学、市城管局等单位和民兵预备役的军训任务，更换升级执勤设施系统，中队连续19年被武警江苏省总队评为基层单位建设标兵中队，中队党支部连续17年被武警江苏总队党委评为先进党支部。年内，中队一班获集体三等功1次，1名士兵考上军校，2名士兵获个人三等功1次，14名战士被评为优秀士兵。

【“智慧磐石”工程】 2018年，市武警中队顺应科技发展新趋势，启动打造“智慧磐石”工程。运用大数据、物联网、云计算、人工智能等信息技术手段，融合开发各类信息资源，为武警中心工作植入数字化、智能化基因。该工程以中队级综合勤务管控系统为核心，从外围屏障体系，信息感知体系、综合报警体系、联防联动体系四大应用体系展开建设，包含AB门人行通道管控、动态人脸布防、执勤行为分析、两警联动报警等系列子系统建设，通过各数据平台，打通中队与支队、总队之间的各类数据信息交互通道。至2018年年末，该工程已进入设计建造阶段，共投入建设资金250万元。　（武警中队）

民　防

【概况】 2018年，市民防局着眼履行“战时防空、平时服务、应急支援”使命任务，按照“以训练为抓手、以创新为突破、以管理为基础，推进民防全面建设”的工作思路，推动民防全面建设再上新台阶。年内，全市民防工程新立项项目数33项，新开工人防工程33个，竣工项目8项。维护保养结建工程46个。“以用促管”推进人防工程维护管理，年度平战结合收入253.3万元。推进人防工程服务民生，完成4个自建工程收费系统智能化升级改造工作，对2个人防工程的标识标注进行升级改造。完成妙桥、凤凰2个疏散基地的安防系统改造工程，增加人员、车辆进出识别系统、人员门禁系统和保安巡更系统建设，确保人防工程安全稳定运行。

民防融合发展　年内，以“保民安·惠民生”服务品牌推广为引领，开展民防宣传下乡镇活动，共组织4次民防志愿者下乡镇宣传培训活动；推进民防进基层工作，为金港镇滩上村、袁家桥村、长江村，凤凰镇安庆村、凤凰村，南丰镇永丰社区等6个村（社区）配套完善防空防灾应急器材设备；按照“一镇一馆”建设要求，扎实推进民防展馆建设，市交通安全文明教育基地民防宣传教育体验馆开馆；5月，结合“防灾减灾日”活动，在南丰镇永丰社区民防教育体验馆举办“江苏省科普教育基地挂牌仪式暨应急技能培训”活动。至年末，全市有各类民防展馆6个，全年接待3万余人次参观学习。

指挥通信建设　市民防局扎实组织人员训练，提升水平，年内，组织3次人防共同科目训练活动、4次机动指挥所拉动训练、1次“军事日”训练活动，11月，在苏州市民防系统“新时代新气象新作为”业务技能竞赛中，市民防局获得团体总分第1名，包揽个人综合决赛前两名。组织开展“9·18”防空警报试鸣，防空警报鸣响率100%；结合警报试鸣，组织沙洲职业工学院、市第一中学、明珠社区、暨阳社区约3700名群众和学生开展疏散演练、应急技能培训等活动。推进港华燃气重要经济目标防护试点建设，完成健全组织、组建队伍、编制方案、装备配备等任务，推进内部系统热备份项目落实，实现与市人防指挥所的互联互通；推进民防信息保障队伍试点建设工作，制定民防信息保障队伍运行管理制度、设备操作规范，形成制度文本，开展规范化使用训练，试点工作走在全省县级市前列。

【市民防宣传教育体验馆开馆】 9月18日，市民防宣传教育体验馆开馆，该馆投资580万元，建设面积750平方米。展馆融防空防灾教育、互动体验、技术培训于一体，划分为“六厅一区一院”，分别为前厅、民防之路厅、人民防空厅、自然灾害厅、综合体验厅、尾厅六大展厅和交通安全情景教育体验区、5D影院等两大区域。体验馆紧扣人民防空的鲜明主题，突出防空防灾和公共安全相关知识，采用声、光、电、影视互动、虚拟现实等现代高科技展示手段，展现民防发展历程与建设成就，宣传防空防灾知识和防护技能，普及公共安全应急逃生、自救互救技能。该馆的建成，完善了市民防宣传教育“一镇一馆”建设布局，可进一步增强广大市民和青少年学生的国防观念和忧患意识，提高城市整体防护能力。年内接待1.1万人次参观。

（蔡燕丰）

【编辑　张　洁】

市人民代表大会常务委员会

2018年，市人大常委会贯彻落实市委决策部署，紧扣深入践行“四大路径”、高质量建设“四个港城”，履行宪法和法律赋予的各项职权，为推动张家港市经济社会发展和民主法治建设，发挥了地方国家权力机关的重要作用。一是紧紧围绕全市中心工作，聚焦重大事项决定、经济转型升级、重大项目建设、财政预算执行等重点问题，强化监督、精准发力，助力改革创新。二是围绕保障和改善民生，关注民生实事项目、生态环境整治、城乡建设管理、公共服务供给等热点问题，持续加大民生监督力度，积极回应人民群众对美好生活的新期待。三是立足依法治市，强化法律监督，积极履行人大职能，着力保障法律实施、推进依法行政、促进公正司法、规范人事任免，为我市经济社会高质量发展提供有力法治保障。四是不断加强和改进代表工作，创新代表联系选民机制、代表建议督办方式，完善代表工作制度，优化代表履职服务，代表工作日益规范，代表作用不断增强。

1 市十四届人大二次会议会场

2 市人大常委会视察全市工业经济转型升级工作情况

3 市人大常委会首次开展主任接待日暨常委会组成人员联系代表和选民活动

4 市人大常委会视察交通重点工程建设情况

5 市人大常委会督察代表建议办理情况

政协张家港市委员会

2018年，市政协常委会在市委的领导下，以习近平新时代中国特色社会主义思想为指导，深入贯彻上级政协工作要求，与时俱进大力弘扬张家港精神，聚焦市委、市政府重大决策部署，聚力智慧政协、有为政协、活力政协建设，扎实履行政协职能，为巩固和发展新时期爱国统一战线，高质量建设“四个港城”做出积极贡献。一是聚焦中心任务，围绕“引进人才、推动人才项目发展”、加强产业资本运作、教师资源优化与配置、深化医药卫生体制改革、推进快速路网建设、美丽乡村建设等课题，深入协商议政，积极助推转型发展，为市委、市政府科学决策和推进重点工作发挥重要作用。二是坚持履职为民，充分运用政协提案、民主评议、社情民意、通报视察等多种形式，开展民主监督，反映群众心声，维护群众权益，努力提高群众的获得感、幸福感。三是弘扬团结民主，深化各党派合作共事，创新民族工作宣传形式，汇聚基层政协力量，积极探索新形势下加强团结合作的有效方法，努力为张家港高质量发展凝聚共识、凝聚智慧、凝聚力量。四是创优履职环境，发挥委员主体作用，以“四个平台”建设为重点，创设“政协大讲堂”，做优“委员直通车”，推进“委员联村（社区）”，深化“委员之家”建设，积极营造委员履职的良好环境，助力委员做好新时代“委员作业”。五是增强履职本领，主动适应新形势新要求，把加强自身建设摆在重要位置，不断夯实基础、完善机制、提升能力，努力为常委会履行职能提供坚强有力的保障。

1 市政协十二届二次会议
2 市政协大讲堂暨“委员联村（社区）”工作动员会
3 市政协第七期“委员知情明政直通车”活动——聚焦全市文明交通工作
4 市政协组织视察“263”专项行动推进工作
5 市政协组织驻张家港市的苏州市政协委员赴太仓市视察

市委宣传部

2018年，全市宣传思想文化战线坚持以习近平新时代中国特色社会主义思想为指导，围绕学习宣传贯彻中共十九大精神这条主线，以庆祝改革开放40周年为重要契机，深入学习贯彻全国宣传思想工作会议精神，推动习近平新时代中国特色社会主义思想深入人心，建设具有强大凝聚力和引领力的社会主义意识形态，提高新闻舆论传播力引导力影响力公信力，培育和践行社会主义核心价值观，提升文化事业和文化产业发展水平，加强宣传思想文化战线党的建设，为决胜高水平全面建成小康社会、开启基本实现现代化的新征程中走在前列，争当“两个标杆”建设排头兵提供了强大思想保证、精力动力、舆论支持和文化条件。张家港市作为改革开放典型地区被全国主流媒体集中宣传报道。张家港市承办全面深化改革与乡村振兴战略——庆祝改革开放40周年理论研讨会，成立省社科院乡村振兴研究中心张家港基地,获评“为江苏改革开放作出突出贡献的先进集体”。张家港市再次被中央文明委授予全国文明城市称号，成为唯一获全国文明城市“五连冠”的县级市。

1 11月16日，张家港承办全面深化改革与乡村振兴战略——庆祝改革开放40周年理论研讨会

2 7月14日，张家港志愿者学院成立仪式在南丰镇永联村村民议事厅举行

3 4月28日，2018年度张家港市道德模范与身边好人现场交流活动在乐余镇文化中心举行

4 “童话英雄榜”2018 年张家港市阅读 100 挑战赛颁奖典礼

5 9月11日至15日，市网络安全和信息化岗位技能大赛暨“天翼杯”网络攻防竞赛活动举办

中共张家港市纪律检查委员会、张家港市监察委员会

2018年，市纪委、市监委以习近平新时代中国特色社会主义思想为指导，深入贯彻落实中共十九大精神，树牢“四个意识”，坚定“四个自信”，做到“两个维护”，认真落实党章和宪法要求，忠诚履行纪检监察职责，推动全面从严治党不断向纵深发展，有力维护了全市风清气正的政治生态。张家港市纪委、市监委获评2018年度苏州市纪检监察工作综合考评先进集体。

1 中共张家港第十一届纪律检查委员会第三次全体会议
2 张家港市监察委员会揭牌
3 张家港市监察委员会成立，监委主任宣誓
4 全市帮教治本“六步工作法”现场推进会
5 张家港市纪委、市监委 2018 年度考评工作会议
6 2018 年度张家港市纪检监察业务培训班
7 张家港市纪检监察系统学习贯彻宪法、监察法专题培训
8 “清风护林”品牌揭牌
9 “美好家园，廉洁是福”廉洁文化社区行活动
10 2018 年度张家港市纪检监察业务培训班户外拓展训练活动
11 春节联欢会大合唱

张家港市纪检监察系统学习贯彻
《宪法》《监察法》专题培训
2018.4.26

7

1921-2018
中共张家港市纪律检查委员会
张家港市监察委员会

8

春节
“廉洁是福”

9

2018年度张家港市纪检监察业务培训班户外拓展训练

10

2018
新时代 新征程

11

市委市级机关工作委员会

2018年，市委市级机关工委坚持以习近平新时代中国特色社会主义思想和中共十九大精神为指导，落实新时代党的建设总要求，以党的政治建设为统领，统筹推进机关党的建设各项工作，全力服务保障“四个港城”建设。获评江苏省县（市、区）机关党建信息工作三等奖、苏州机关党建信息工作一等奖、2017年至2018年张家港市冬训工作先进单位。

1 3月15日，市级机关党建工作会议召开

2 11月21日至23日，市级机关新一轮党员轮训启动仪式暨首期培训班在市委党校举行

3 12月19日，在市产业资本中心路演厅举行全市“行动支部”建设互访互学（机关站）活动

4 7月4日至6日，市级机关第32期党员发展对象培训班举办

5 5月14日，在福建古田举办为期五天的市级机关党务干部综合能力提升班

6 6月20日和9月26日，在安徽省泾县县委党校举办两期优秀共产党员党性修养提升班

7 9月28日和10月23日，开展两期“走看学做比党建”活动，组织机关党员干部赴苏州姑苏区、工业园区、高新区等相关党建示范点参观学习

8 10月25日，在市委老干部局举办张家港市道德模范、身边好人现场交流暨市级机关退休党员关爱仪式

9 11月15日，市级机关首家联合妇联——市级机关大院联合妇联正式成立，并召开妇女第一次代表大会

10 6月至9月，举办第三届张家港市级机关足球锦标赛和市级机关羽毛球、乒乓球等比赛

古田会议永放光芒
⑤

皖南事变死难烈士永垂不
⑥

⑦

张家港市道德模范与身边好人现场交流
⑧

张家港市市级机关大院联合妇联成立
暨妇女第一次代表大会
2018年11月15日
市级机关大院联合妇联
⑨

“佳建杯”张家港市第七届体育运动会系统组足球赛
暨张家港市第三届市级机关足球锦标赛
⑩

市人民法院

2018年，市法院紧扣全市践行“四大路径”、建设“四个港城”的重大部署，全面落实从严治党要求，忠实履行审判职责，积极服务发展大局，不断深化自身建设，审判质效、队伍素质和司法公信力持续提升，各项工作取得新进展。全年受理各类案件33713件，其中新收30197件，分别比上年上升6.76%和5.47%；审执结案件30228件，结案标的额229.73亿元，分别比上年上升7.73%和36.1%。年内，市法院被省高级人民法院授予集体二等功，获全省法院援藏援疆工作先进集体，连续第六年获张家港市委、市政府“综合贡献奖”，并涌现出全省“十行百星”巾帼政法之星唐奇英、苏州市劳动模范刘丽娟、苏州市“十佳人民法官”陈振振等先进典型。

1 市委书记沈国芳走访调研法院工作
2 公开宣判全市首例涉恶势力犯罪集团案件
3 开展执行会战“天网行动”
4 邀请市人大代表、政协委员旁听庭审
5 “法徽耀党徽，法企同行”活动走进企业
6 深入农村开展“主题党日”活动
7 赴看守所加强廉政教育
8 举行“法院开放日”活动
9 进行应急处突演练

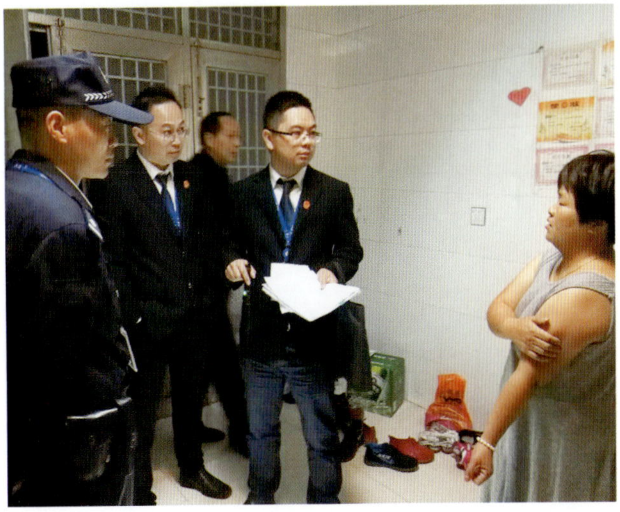

5

6

7

8

9

市司法局

2018年，市司法局紧紧围绕全市践行“四大路径”、建设“四个港城”的决策部署，牢牢把握打造更高水平人民满意的服务型司法行政机关总目标，立足本职，奋力开拓，各项工作取得新进展。“七五”普法工作全面推进，着眼市民学法用法互动工程，广泛开展以宪法为核心的中国特色社会主义法律体系宣传，持续推进法治文化建设，进一步弘扬社会主义法治精神。扎实开展矛盾纠纷化解，运用群众工作的理念、方法和手段，不断完善社会矛盾纠纷多元化解机制，充分发挥人民调解“第一道防线”作用。加强两类特殊人群监管，细化工作制度，规范执法流程，进一步加大安全管控和教育帮扶力度，着力构建社区矫正、安置帮教、后续照管“三位一体”的特殊人群管理工作新格局。推进公共法律服务提质增效，以律师行业党委为引领，着力引导全市法律服务工作者强化大局意识，创新执业理念，优化服务模式，不断提高公共法律服务惠民质效，为全市法治建设贡献力量。

1 市“七五”普法工作推进会暨中期督察考核动员会

2 召开律师行业党委成立大会

3 “4·8”司法日公共法律服务活动在杨舍老街举行

4 组织社区矫正人员开展爱国主义教育活动

5 组织万红小学学生开展游园学法活动

市国土资源局

2018年，市国土资源局围绕系统化提升、高质量发展要求，以实施“三优三保”行动为支点，进一步撬动全市国土资源的集约高效利用，形成了“四化”模式。任务下达科学化。依据自身资源禀赋和上级刚性要求，确定“三优三保”目标任务并列入绩效考核，经过科学测算分解到区镇。通过实地督察、查看台账等方式，保证拆旧复垦数量和质量。资源调配市场化。充分发挥市场在资源配置中的决定性作用，通过推行年度计划指标有偿使用、永久基本农田有偿调剂、提高耕地占补平衡价格等方式，显化土地资源价值，促进各类主体更好节约集约用地。结合产业生命周期，改变工业用地一律顶格年限出让的惯例，根据企业意愿，可以自主选择30年或50年出让，防止低效产能长期“霸占”土地。盘活方式多元化。按照“一地一策”思路，初步构建工业资源集约利用大数据平台。通过政府收储、二次转让、增容技改等方式，推进批而未供、供而未用、闲置土地、低效用地开发利用。治理手段法治化。探索“出让合同+监管协议”为主要内容的“双合同”监管模式，保证对亩均税收、投资强度等指标监管有据可依。在违法用地上查处整改上，与市检察院构建公益诉讼联席会议机制，制定土地非诉案件“裁执分离”办法，选择试点地区下放行政处罚权。全市全年拆旧复垦低效用地278.33公顷，消化批而未供土地391.73公顷，处置闲置土地14宗31.67公顷，实现城镇低效用地再开发115宗344.6公顷。

1 苏州市委常委、常务副市长王翔调研张家港市“三优三保”工作

2 市委书记沈国芳调研国土资源工作

3 全市国土资源管理工作暨作风效能建设大会

4 强化拆旧复垦地块后续管护

5 不动产登记获群众“点赞”

市住房和城乡建设局

2018年，市住建局紧扣深入实施“四大路径”、高质量建设“四个港城”，狠抓工作落实，精心组织工程建设，不断深化行业管理，全力助推城乡一体。政府投资工程集中建设“阳光代建”模式获住建部副部长易军批示肯定。江苏德丰建设集团获批建筑工程施工总承包特级资质。“虹筑之家·工友驿站”新时代文明实践点获中宣部副部长孙志军高度评价。全市首个装配式建筑——城建档案馆业务用房竣工。全年承担32个代建项目，其中12个项目竣工。做好城区黑臭水体整治工作，完成弯背塘生态修复工程。实施绿化工程9项，新增绿化面积29.2万平方米。建筑市场规范发展，完善信用系统建设。加大行政执法力度，全年立案查处违法建设167起。健全质量安全深化标准化管理，完善五方责任主体项目负责人质量终身责任制，抓好在建工地扬尘防治。市政设施管护持续加强，强化市政行业管理，燃气管理重点突出。完善长效管理机制，加大绿化管护工作力度，优化城乡生态环境。提高服务水平，抓好公园日常管理，全年接待游客350万人次。指导完成全市房屋搬迁1897户，安置房竣工64万平方米，安置在外过渡户2663户。美丽城镇建设扎实推进，各区镇实施项目268项，年投入24.23亿元。特色田园乡村建设顺利实施，6个试点村中有5个入选苏州市级特色田园乡村试点。

1 中宣部副部长孙志军赴“虹筑之家·工友驿站”调研
2 市委书记沈国芳调研城建档案馆工程
3 全市建筑产业现代化推进会召开
4 深入工地开展监督检查工作
5 承办苏州市住建系统学习中共十九大精神成果展暨知识竞赛
6 张家港公园拆墙透绿开放式提升改造后全貌
7 道路养护维修
8 举办“行行出状元”建筑塔吊司机职业技能大赛
9 市住建局代建的国家化工设备质量监督检验中心
10 市住建局代建的实验小学世茂校区

6

7

8

9

10

市交通运输局

2018年，市交通运输局围绕打造“港城发展升级版”，积极融入“长三角区域一体化”，助力“交通强国梦”，构建现代交通运输体系，全年完成道路工程建设投资26亿元，其中张家港市投资18.6亿元。晨丰公路（港华路至一干河）、新泾路（塘桥西环路至沪通铁路）快速化改造等工程按计划推进，沪通铁路、盐通张（通苏嘉甬先开工段）铁路、锡通高速过江通道南接线工程等国家和省重点项目高效推进。编制和实施“现代交通三年行动计划”，规划研究“快速环线、十字快速路”方案，制订和实施“优先发展公共交通、缓解城市交通拥堵工作方案”，科学指导交通运输新一轮发展。全面实施网络预约出租汽车经营服务政策，高标准完成江苏省“四好农村路”示范县创建工作。年末，市交通运输局被市委、市政府授予“综合贡献奖”。

1 苏州市副市长吴晓东调研张家港市过江通道建设
2 “优先发展公共交通，缓解城市交通拥堵”专题研讨会
3 张家港邮政管理局成立
4 市交通运输局局长朱瑞栋带队开展国庆节前安全检查
5 沪通铁路跨长江大桥张家港段首个超1000吨大节段钢梁架设成功
6 港丰公路国泰路下穿通道竣工通车
7 张家港船闸新版便捷过闸系统正式运行
8 2018年首批40辆油电混合新能源车到位
9 晨丰公路港华互通第二联顶板浇筑

5

6

7

8

9

市水务局

2018年，市水务局贯彻落实市委、市政府的决策部署，围绕全市经济社会发展大局，把握高质量发展主基调，认真履职尽责，真抓实干，开拓创新，努力提高水务的保障和服务能力。全市防洪除涝体系不断完善。四干河闸站改建工程和长江干流江苏段崩岸应急治理张家港段一期工程完工，新建改造排涝站20座、圩口闸19座。水环境综合整治持续推进。太字圩港南延、北新丰河二期整治等工程完工，疏浚各级河道775条、拆坝176座、建桥（涵）175座，建成生态河道53条、生态护岸47千米，治理各类黑臭污染河道99条。水务相关工作有序开展。城南污水处理厂扩建和第一污水处理厂异味除臭改造工程完工，新建、改造污水主次及控源截污管网42千米，完成城镇生活污水纳管7747户、农村生活污水治理3417户，开展城区排水管网排查修复，发放排水许可证20张。河长制改革扎实有效。完成市级以上河道年度"一事一办"清单任务293项，清理市级河道乱占4.7万平方米、乱建5.9万平方米、乱堆放114处，清理"三无"船只166艘，整治入江排污口1个，拓展滩地芦苇湿地73.33公顷。年内，长江澄通河段通洲沙西水道长沙河至福山塘段边滩综合整治获中国水利工程优质（大禹）奖，国家节水型社会达标县高分通过验收，水生态文明城市试点高分通过验收。

1 全市水务一体化改革工作会议
2 全市深化河长制改革工作报告会
3 创建国家节水型社会达标县验收会
4 水资源科普馆"水污染防治与控制"宣传
5 水生态文明城市建设试点技术评估会
6 评估专家现场查看凤凰水利风景区建设情况
7 环城河
8 整治后的通洲沙西水道边滩

5

6

7

8

市文化广电新闻出版局

2018年，张家港市文广新系统各项工作继续在苏州、江苏乃至全国同级保持领先水平，市文广新局连续五年获评“全国查处侵权盗版案件有功单位”，获“江苏省新闻出版广电（版权）系统先进集体”称号和张家港市2018年度“突出贡献奖”。张家港市通过“书香城市（区县级）”发现活动复核。第八届中国民族节庆峰会、第六届“小交会”落户张家港市。“文化馆总分馆建设指标体系研究”和“县域公共图书馆总分馆标准规范体系建设研究”两个项目入选文化和旅游部2018年度行业标准化研究项目。市文化志愿者协会入选中宣部等组织的2017年宣传推选学雷锋志愿服务“四个100”先进典型活动“最佳志愿服务组织”。市图书馆、市少儿图书馆再次获评“国家一级馆”。公共文化服务体系不断优化。城南文化中心稳步推进，城西文化中心、市美术馆等列入2018年政府基本建设项目。《关于加快推进村（社区）综合性文化服务中心标准化建设的实施意见》等文件出台，公共文化全媒体平台建成。2016年度国家文化创新工程“县域文化馆总分馆体系探索与示范”项目通过文化和旅游部验收。2018年中国（张家港）长江文化艺术节、第六届国际幽默艺术周、2018年中国少儿戏曲小梅花集体节目荟萃等活动成功举办。文化艺术生产持续繁荣。中篇评弹《焦裕禄》、小品《人在旅途》分获第十届中国曲艺牡丹奖“文学奖”“节目奖提名”；戏剧小品《幸福指数》入选2018年度国家艺术基金资助项目，7件作品入选2018年度江苏艺术基金资助项目，3件作品获江苏省群众文艺政府最高奖“五星工程奖”；3件作品获评第八届全国少儿曲艺展演“最佳集体节目”，5件作品获评优秀节目；中篇弹词《永联之路》入选江苏省文联重点中长篇创作资助项目，首次入选苏州市文华奖“文华美术奖”“现实题材创作奖”。文化遗产保护利用稳步推进。黄泗浦遗址获评中国社会科学院考古学论坛·2018年中国考古新发现入围项目，黄泗浦考古发掘项目获江苏考古2018年度“田野考古奖”。《东山村遗址保护与展示设施建设方案》获国家文物局审批通过。张家港博物馆获评为“国家三级博物馆”。公布首批8个非遗传习所，成立市级非遗专家库。文化产业发展提质增速。张家港市文化产业联合会成立，搭建政策落实、合作交流、人才培养、协调维权的工作服务平台，促进文化产业健康发展。江苏国泰新点软件有限公司获“中国版权金奖”推广运用奖（国家版权领域最高奖）。4个项目获评2018年苏州市重点文化产业项目，9个项目获市级文化产业发展专项引导资金275万元。广电媒体融合发展加快步伐。张家港市广播电视台获批成为全国第二家获批高标清同播电视频道的县级电视台，获“2017—2018年度新闻融合创意银荔枝奖”。12件作品获国家级奖项，15件作品获省级奖项，104件作品获苏州市级奖项。文化市场监管创新有力。张家港“4·28”侵犯著作权案被列为国家版权局挂牌督办案件，“一本读小说网”侵犯著作权案被列为省版权局挂牌督办案件。全年开展各类专项整治行动25次，出动执法人员7947人次，检查经营单位3365个次，立案查处各类违法违规案件161起，查处无证经营场所36家，收缴各类非法文化制品2万余件。

1

2

3

4

5

6

7

8

9

10

11

1 2月9日，市委书记朱立凡，市委副书记、市长黄戟等市领导检查春节文化活动组织工作

2 4月23日至24日，江苏省文化厅党组书记、厅长杨志纯，省文化发展基金会理事长李朝润，省文化厅办公室主任李川、调研宣传处处长姚文中、公共文化处处长杨树发，苏州市文广新局局长李杰等对张家港市文化建设工作进行专题调研

3 7月19日至22日，2018年第二十二届中国少儿戏曲小梅花集体节目荟萃在张家港市举行

4 7月31日，江苏省文联党组成员、书记处书记、副主席刘旭东出席第八届全国少儿曲艺展演开幕式暨第一场演出并致辞

5 8月2日，“长江水·乌江情”张家港市——沿河土家族自治县文化交流周开幕

6 10月14日，中国作协副主席白庚胜，省文化厅党组书记、厅长杨志纯，省作协主席范小青，省委宣传部副部长葛莱，省文联副主席刘旭东等出席首届“童话里的世界”童话故事创作大赛优秀作品分享展示活动

7 10月31日，2018年中国（张家港）长江文化艺术节、国际幽默艺术周开幕式

8 11月12日，全省县级文化综合执法改革推进会在市召开

9 11月12日，省委宣传部常务副部长、省新闻出版局（省版权局）局长、省电影局局长焦建俊一行到张家港就县级融媒体建设情况进行参观调研和座谈交流

10 11月26日，市委书记沈国芳，市委副书记王亚方，市委常委、宣传部部长杨芳一行到市广播电视台调研宣传思想工作

11 11月30日，中宣部副部长孙志军到张家港市调研新时代文明实践中心建设工作

市体育局

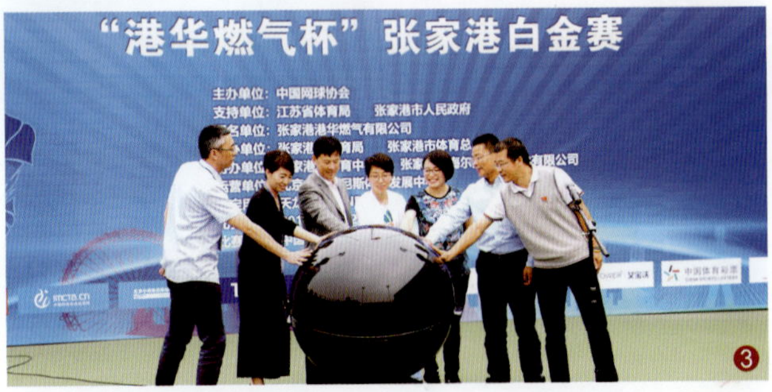

2018年，在市委、市政府的领导下，市体育局围绕健康中国战略和全民健身国家战略，努力践行高质量发展理念，进一步解放思想，扎实推进民生体育、活力体育、智慧体育和人文体育建设。市体育总会被评为“2014—2017年度江苏省群众体育先进单位”，并以总分第一名的成绩勇夺省县级体育总会重点工作督察“四连冠”。

民生体育方面：公共体育服务水平稳步提升。中国网球学院张家港分院正式启用，城南文体中心建设按时序顺利推进。全年新建健身步道23条，计41.05千米，全市范围内健身步道共349条，总长544.9千米。成功举办以“全民运动群英会，健康港城嘉年华”为主题的市第七届体育运动会。同时，以“3+2”（即全民健身大联赛、大比拼、大展示，万人健步行和短程马拉松系列赛）为特色的各类群众性活动陆续开展，全年累计举办群众类活动500余项，参与人数达到2万人。全年组织各级社会体育指导员培训10余期，送训国家级培训9人，新增一级社会体育指导员30人，有社会体育指导员6433人。

活力体育方面：竞训和产业发展水平稳中求进。在江苏省十九届运动会上，张家港市运动员获34金19银27铜的好成绩。全年向上输送运动员13人，其中1人进国家冲浪队，3人输送省体校。市籍运动员参加全国以上比赛获金牌5枚，其中国际级比赛金牌4枚。围绕“一核、二带、四区”（2018—2025年张家港体育产业规划方向），重点配合“一园一镇一岛”建设，一园（金陵体育产业园）、一镇（凤凰足球特色小镇）、一岛（双山岛运动休闲度假区）建设，成功举办第21届贝贝杯足球赛、首届省足球青训联赛总决赛、中国职业女子高尔夫巡回赛——张家港双山精英赛、双山全国青少年高尔夫比洞赛等比赛，凤凰贝贝足球小镇通过省体育健康特色小镇中期评估。金陵体育产业园项目入选国家体育总局优选体育产业项目，全年入选省级引导资金项目3项，获得财政扶持资金280万元。永联农耕园获评2018年苏州体育旅游示范基地。全年体彩销售收入7.17亿元 。

智慧体育方面：运动健身体验更为便捷。首条智能步道和首个智能体育公园亮相张家港公园，“悦动先锋站”成为首个智能科学健身指导站。充分利用新媒体，在“张家港体育”微信公众号上开通赛事报名、场馆预定、网上订票等功能，让体育产品供给更便捷。

人文体育方面：体育文化宣传更为给力。围绕“解放思想大讨论”“强党性，严纪律，转作风，促发展”等主题，努力将体育精神与党的最新理论、城市精神融会贯通。以科学健身宣传为重点，先后与市卫计委、杨舍镇等单位联手，承办健康中国行江苏站暨科学健身主题宣传、2018年市健康中国行暨科学健身主题宣传等活动，加大科学健身理念的传播力度。同时，继续实施志愿服务“五进”工程，开展书籍赠送、国民体质监测、健身知识讲座、健身技能传授等各类服务20余次。

6

7

8

9

10

11

1 5月8日，国家体育总局政策法规司调研张家港群众体育工作

2 4月26日至28日，中国女子职业高尔夫巡回赛——张家港双山精英赛

3 5月12日至13日，2018年中国业余网球公开赛（CTA-OPEN）“港华燃气杯”张家港白金赛开幕

4 7月10日至15日，2018年“华昌杯”亚洲东区女子排球锦标赛

5 7月27日至8月4日，中国足球协会“凤凰贝贝杯”2018全国室内五人制足球少年（U15）锦标赛

6 11月9日，张家港市体育工作先进单位和先进个人表彰活动上受表彰人员合影

7 8月10日至16日，第二十一届“贝贝杯”青少年足球赛在凤凰中心小学举行

8 11月9日，张家港市第七届体育运动会开幕式在市体育馆举行

9 11月17日，“福前杯”2018年中国桌式足球公开赛（ITST国际积分赛）暨全国青少年桌式足球赛开幕

10 12月9日，2018年张家港短程马拉松系列赛（第五站）——“拥抱长江母亲河，领跑乡村振兴路”第二届双山环跑赛

11 12月29日，以“加油吧，我的城”为主题的张家港市第八届迎新年万人健步行活动在沙洲湖广场举行

市档案局

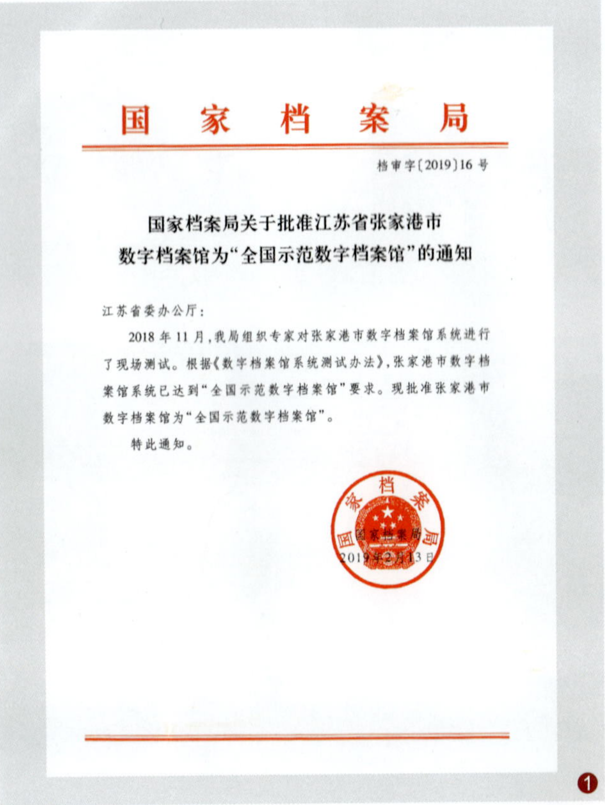

国　家　档　案　局

档审字〔2019〕16号

国家档案局关于批准江苏省张家港市数字档案馆为“全国示范数字档案馆”的通知

江苏省委办公厅：

2018年11月，我局组织专家对张家港市数字档案馆系统进行了现场测试。根据《数字档案馆系统测试办法》，张家港市数字档案馆系统已达到“全国示范数字档案馆”要求。现批准张家港市数字档案馆为“全国示范数字档案馆”。

特此通知。

国家档案局

2019年2月13日

1

2018年，市档案局履行“为党管档、为国守史、为民服务”的职责，档案事业又有新发展，获张家港市2018年度绩效考核“综合贡献奖”。一是支部党建工作开创新局面。充分发挥党建工作的引领作用，树立档案部门勤政、廉政、亲民的良好形象。加强党建载体建设，市档案馆获“全市十佳党性教育基地”称号，列入市级“红堡地图”TOP点位。局党支部获评全市2018年度先进基层党组织。二是依法治档水平实现新提升。修改完善权力清单，《规范重大行政决策档案管理》列入全市依法行政示范项目。深入开展“双随机、一公开”档案执法检查，依法处置转改制企业档案，依法监管河长制、农村合作社、安监许可、食品安全监管等新领域档案。三是档案信息化建设获得新突破。继续开展民生档案信息共享平台增点扩面工作，推进智慧档案馆建设，市档案馆成功创建“全国示范数字档案馆”。四是档案资源建设取得新成果。43980卷（件）承包地确权登记、学籍等民生档案依法进馆。600余卷（件）张家港籍名人档案、家谱族谱、民间历史档案征集进馆。市政务公开信息查阅中心、电子文件中心、图片中心、音视频档案中心资源进一步丰富。五是档案服务能力再上新台阶。市档案馆全年提供档案服务15596人次、19473卷（件）次，提供图片服务1895张。为全市档案规范化建设提供科学指导，年内有120余个单位档案管理水平提档升级。全省乡村振兴档案工作会议在张家港市召开，为全省乡村振兴档案工作提供可复制、可推广的经验。六是档案文化建设焕发新风采。改版“张家港籍名贤名人档案文献展”展览。编纂出版《大新影像》《双山影像》等档案文化精品。“张家港档案”微信公众号位列2018年度全国档案微信公众号传播指数排行榜第3位。“档案见证改革开放”主题宣讲活动生动诠释改革开放40年的伟大实践和取得的丰硕成果。

2

3

奖　状

张家港市档案局（馆）在2018年度档案宣传工作中成绩突出，荣获特等奖。特发此状，以资鼓励。

江苏省档案局　江苏省档案学会

二〇一八年八月十五日

4

5

6

7

1 国家档案局批准张家港市数字档案馆为“全国示范数字档案馆”的通知

2 全省乡村振兴档案工作推进会在张家港市召开

3 省档案局局长陈向阳参观乐余镇家庭档案成果展

4 副市长李兆玮在国际档案日主题活动上致辞

5 “五色档案・伴你成长”活动启动仪式

6 常阴沙现代农业示范园区党员活动在市档案馆“红堡地图”TOP 点位举行

7 市档案馆举行张国良名人档案捐赠仪式

8 南丰档案馆揭牌仪式

9 市档案人员综合能力提升班在南京大学开班

10 市档案馆为退役军人出具服役证明

8

9

10

市便民服务中心

2018年，市便民服务中心暨“12345”便民服务热线受理市民电话（含网络邮件）求助264.39万个，比上年增近20%。正式受理2021464个，占总量的76.5%。受理电话中，政务咨询类407285个，占20.1%，主要为住房公积金政策、新市民积分、公共服务信息、行政许可办理、社保和其他相关政策的咨询；市民求助类1525617个，占75.5%，主要是家庭生活服务、出租车电召、预约挂号、居家养老、订餐订票等方面的求助；监督投诉类88562个，占4.4%，主要是拆迁、征地补偿、环境污染、物业管理、劳资纠纷、公共设施维修、违章搭建等方面的意见和投诉。至年末，电话求助事项办结率100%，回访综合满意率99.9%。年内，市便民服务中心与市人民广播电台合作开办《“12345”进行时》专题栏目，播出135期，受理市民线上和线下诉求近1000个，诉求解决率85%以上。编发《“12345”便民服务热线工作周报》43期，市委、市政府主要领导批示15次，推动了热点、难点问题的解决。对外交流取得突破，与德国劳恩堡市“115”政府热线签订合作备忘录。在苏州市组织的第三方服务质量测评中，张家港市总分在苏州10个板块中列第1位。

1 2月，市四套班子领导节前走访慰问便民服务中心一线员工

2 11月，苏州市委常委、政法委书记徐美健一行调研市便民服务中心

3 5月，中心开展户外拓展活动

4 6月，中心开展“大手牵小手”心牵残障困境儿童“六一”慰问活动

5 张家港市“12345”政府热线和德国劳恩堡市“115”政府热线签订合作备忘录

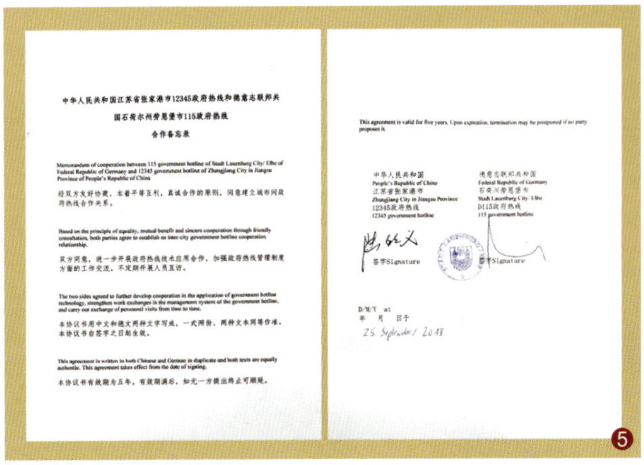

中华人民共和国江苏省张家港市12345政府热线和德意志联邦共国石荷尔州劳恩堡市115政府热线
合作备忘录

Memorandum of cooperation between 115 government hotline of Stadt Lauenburg City/ Elbe of Federal Republic of Germany and 12345 government hotline of Zhangjiang City in Jiangsu Province of People's Republic of China

经双方友好协商，本着平等互利，真诚合作的原则，同意建立城市间政府热线合作关系。

Based on the principle of equality, mutual benefit and sincere cooperation through friendly consultation, both parties agree to establish an inter-city government hotline cooperation relationship.

双方同意，进一步开展政府热线技术应用合作，加强政府热线管理制度方面的工作交流，不定期开展人员互访。

The two sides agreed to further develop cooperation in the application of government hotline technology, strengthen work exchanges in the management system of the government hotline, and carry out exchange of personnel visits from time to time.

本协议书用中文和德文两种文字写成，一式两份，两种文本同等作准。本协议书自签字之日起生效。

This agreement is written in both Chinese and German in duplicate and both texts are equally authentic. This agreement takes effect from the date of signing.

本协议书有效期为五年，有效期满后，如无一方提出终止可顺延。

This agreement is valid for five years. Upon expiration, termination may be postponed if no party proposes it.

中华人民共和国
People's Republic of China
江苏省张家港市
Zhangjiang City in Jiangsu Province
12345政府热线
12345 government hotline
签字Signature

德意志联邦共和国
Federal Republic of Germany
石荷州劳恩堡市
Stadt Lauenburg City/ Elbe
D115政府热线
115 government hotline
签字Signature

D/M/Y at
年 月 日于
25. September / 2018

张家港港

Zhangjiagang Harbor

锦隆重件码头　（许海斌　朱明芬　摄）

港口航运

口岸与港口管理

海　关

海　事

边防检查

长江引航

长江航运公安

口岸服务

张家港年鉴(2019)

扫码欣赏

中国外运宣传片

港口航运

【概况】 张家港港于1968年建港，1982年对外开放，是苏锡常地区对外开放的门户，长江内河流域第一批对外开放的国家一类口岸。张家港港东距上海吴淞口146.5千米，西离南京港219.4千米，南与杭嘉湖地区相连，北通苏北各港。根据苏州港总体规划意见，张家港港为苏州港3个港区之一，以服务长江中上游地区物资转运和张家港市临港产业开发为主，重点发展煤炭、铁矿石、粮食等大宗散货和集装箱、液体化工品、件杂货运输。港口岸线西起长山（与江阴交界），东至东沙（与常熟接界），全长80.4千米，其中长江岸线63.6千米。张家港港区共规划港口岸线40.1千米，已开发利用27.1千米，剩余13千米。主要由长山、张家港、化学工业园、段山港、冶金工业园、东沙6个作业区组成。

【码头泊位】 年内，奔辉码头改造工程（2个5万吨级泊位）完成竣工验收并投产；达产业重机扩建工程（1个1万吨级泊位）由张家港港务集团接收重新开展试运行；孚宝化工码头二期工程（1个1万吨级泊位、1个3万吨级泊位）开展水工建设；沙洲电力二期"上大压小"扩建项目配套码头工程（1个10万吨级泊位）完成竣工验收并投产；张家港港区集装箱码头改扩建工程（1个3万吨级、2个2000吨级泊位）开工建设。达产业扩建码头临时靠泊国际航行船舶进行现场评估，永嘉码头17号泊位完成省级对外开放验收，奔辉码头1月获省政府批准对外开放。至年末，张家港港有28家码头企业共135个泊位，其中开放泊位83个，万吨级以上泊位78个，万吨级开放泊位71个。张家港港有大新专用航道、东沙专用航道，以及张家港海轮锚地、8号锚地、危险品锚地3个锚地。

【货物吞吐】 全年港口完成货物吞吐量2.34亿吨，其中金属矿石7432.9万吨、煤炭及制品6513.3万吨、钢铁2487万吨、矿建材料971.1万吨、化工原料及制品1274.6万吨、粮食1026.3万吨、木材635.3万吨、化肥及农药232万吨、石油天然气及制品271.1万吨、水泥123.1万吨、机械设备89.9万吨、其他2443.4万吨。外贸运量5463吨，其中外贸进口4185.7万吨。集装箱运量102.9万标箱，比上年增加7%。货物吞吐量继续保持全国县域港口领先，外贸和集装箱运量在长江沿线港口位列前茅。国家非自贸区汽车平行进口试点政策落地生效，全年口岸完成整车进口6000辆，在全国新批口岸中排名第二。永嘉码头获启运港退税政策，成为全国5个新增启运港之一。

【航线航班】 5月，江苏远洋运输有限公司增发洋山线。6月，宁波远洋运输有限公司将始发宁波线从一周双班加密至一周三班。永嘉集装箱码头优化长江内支线，8月20日，"张家港—太仓—日本基港"集装箱班轮航线首航，航班密度为周班。8月29日，中外运集装箱运输有限公司将韩国釜山线密度从一周双班加密至一周三班。至2018年年末，有42条集装箱班轮航线，其中外贸航线7条、外贸内支线23条、内贸航线12条，外贸航线包括3条日本直达线和4条韩国直达线。 （顾佳慧）

【港务集团18号泊位开工】 3月12日，张家港市举行"集聚转型新动能，推动发展高质量"工程集中开工月活动，张家港港务集团有限公司（简称港务集团）18号泊位项目作为省、市重点工程参加开工仪式。18号泊位项目码头设计年吞吐量为集装箱35万标箱，在已建17号泊位下游新建3万吨级集装箱泊位1座（结构预留按靠泊5万吨级集装箱设计），在老套港新建2座2000吨级集装箱泊位，利用岸线总长度为461米，其中新征长江深水岸线301米、内河岸线160米，项目建设工期18个月。张家港港务集团有限公司是苏州市境内历史最久、开放最早、规模最大、功能最全的社会公共码头企业，有员工2347人。港务集团本部拥有长江岸线2375米，江心浮筒9个，内河港池1967米，11个万吨级以上长江泊位（其中18号泊位在建），最大可停靠15万吨级船舶。起重、装卸等大型港口作业专用设备430余台，库场面积120万平方米，年吞吐能力6000万吨。2018年，港务集团本部完成货物吞吐量6087万吨，其中外贸吞吐量1152万吨。主要货种吞吐量情况：木材370万立方米，煤炭3851万吨，金属矿石1581万吨，钢材51万吨，化肥152万吨，机械设备39万吨，水泥6万吨。12月18日，江苏苏州港集团有限公司受让国投交通控股有限公司所持有的港务集团37%股权，港务集团的股东由3家变为2家，江苏苏州港集团有限公司占有股权比例76.08%，张家港市交通控股有限公司占有股权比例23.92%。2018年，港务集团有8项发明创造、

3月12日，港务集团18号泊位项目奠基仪式举行 （保税区 提供）

软件著作获得国家专利，获全国交通运输文化建设卓越单位、江苏省第三批省级生产性服务业领军企业、江苏省交通运输行业文明单位、江苏省文明口岸先进单位、苏州市文明单位、张家港市服务业骨干企业等称号，通过质量管理体系及能源管理体系的外部监督审核。（许咏梅）

【永嘉码头新增为启运港】 张家港永嘉集装箱码头有限公司（简称永嘉码头）成立于1992年5月，1992年12月正式营运，由中国远洋海运集团旗下中远海运港口有限公司与张家港港务集团有限公司合资经营，股权分布为51%和49%，有职工259人。永嘉码头有3个万吨级泊位，可接卸5万吨级集装箱船舶，码头岸线长722米，前沿水位约-12米，陆域面积45万平方米，集装箱堆场面积35万平方米，堆箱容量4万标箱，泊位设计年吞吐能力100万标箱。拥有全年通过能力为5.05万标箱、面积2.57万平方米的专业化危险品堆场，能够装卸、储存第3类、第4类、第5类、第6.1类（剧毒品除外）、第8类、第9类危险品集装箱；拥有448标箱的冷藏箱堆场、48标箱冷危箱堆场、1000平方米的查验冷库和先进的检验设备设施；拥有8000平方米的月台式仓库和2万平方米的查验熏蒸堆场。拥有集装箱装卸桥5台、轮胎式龙门吊14台、集铲9台、各种拖车、拖架、叉车等70余台。永嘉码头承接集装箱装卸、堆存、货物拆装、冷藏箱和危险品箱的运营管理和船舶供水、修箱、货运代理等相关业务。公司公共驳船网络覆盖苏南地区90%以上区域，开辟日本航线、韩国航线、长江内支线、沿海内贸线，通过中转，集装箱可运抵世界各地。2018年完成集装箱吞吐量761847.75标箱，比上年增3.52%，其中完成外贸集装箱419648标箱，比上年增15.41%。码头通过不断加强市场营销力度，将进口木材列为公司最重要的进口货类，并在操作、优惠等方面予以支持，实现进口木材箱量的大幅增长，累计完成木材集装箱55762标箱，比上年增31.57%。1月，财政部、海关总署、国家税务总局联合发布《关于完善启运港退税政策的通知》。通知明确，全国在原有8个启运港基础上，新增包含永嘉码头在内的5个启运港。成为启运港后，永嘉码头凭借有退税标识的出口货物报关单电子信息及相关材料，可到相关税务机关申请办理退税。（龚华斐）

【江海粮油两次获省先进】 江海粮油（张家港）产业有限公司（简称江海粮油）成立于1984年，有土地55.33公顷，长江深水岸线800余米，万吨级码头泊位4个，粮食仓容40万吨，油脂罐容28万吨，日加工3000吨大豆压榨厂1座、日加工900吨食用油精炼厂1座，员工720余人。2018年，码头接卸大轮95艘，完成货物吞吐量768.8万吨，比上年增1%。其中，粮食饲料吞吐量607万吨，比上年增7.2%；杂货吞吐量26.3万吨，比上年减47%；油脂吞吐量135.5万吨，比上年减6.6%。完成营业收入1.5亿元，比上年增3.5%。按照江苏省粮食集团“十三五”规划，码头“两横三纵”格局完善，各项目投产出效。改造散粮输送线、新建13.5万吨钢板仓等项目使码头整体散粮平均接卸能力达到每天2万吨，粮食饲料仓储能力达到40万吨以上。散粕库、豆粕装船机等项目投产，改进了工艺流程、减少了中转环节、降低了人员使用。在建项目中，9.9万立方米油罐处于施工阶段，综合办公楼项目前期存在的土地闲置问题已解决，待发改委立项后继续推进。做好12万吨浅圆仓、油厂扩建等项目的前期准备工作。2018年，江海粮油被江苏省粮食局、省人社厅授予“全省粮食安全工作先进集体”称号，被江苏省粮食局、省发展和改革委员会授予“江苏省级粮食物流产业园”称号，并获评苏州市“重合同守信用企业”、张家港市文明单位。

（屈佳利）

【海力码头吞吐量超7000万吨】 张家港海力码头公司为沙钢集团成员企业，成立于1997年8月，位于长江下游浏海沙水道南岸，拥有7.8千米长的码头岸线，主要功能是解决沙钢集团各成员分厂生产所需的铁矿、煤、焦炭和辅料的上卸及其冷热轧卷钢、宽厚板、螺纹钢、线材等产成品的装船。公司在册员工1200余人，下设办公室、生产安全调度科、设备技术科、车辆运输管理科，下设3个公司保证码头前沿的生产、管理和后勤保障工作。有3万吨至10万吨级码头12座，1000吨级至3000吨级岸壁式码头7座，千吨级港池码头4座，其中对外开放码头12座、泊位20个。设施配备有16吨至60吨门座式起重机15台，每小时300吨至1800吨的桥式卸船机30台，45吨、75吨桥式装船机4台，同时配备25吨至45吨卡尔玛及海斯特进口大型叉车14台，50吨至100吨移动吊7台，装载机35台，8吨至10吨叉车22台，码头实际吞吐能力7300万吨。公司吸取和借鉴国内外码头先进管理经验，不断挖掘潜力，装卸作业量和装卸效率不断攀升。海力码头卸废钢最高单船班产6000吨，卸17万吨大轮日作业量突破5万吨大关，8.5万吨矿粉仅用40小时就完成卸货任务，卸煤炭日产达到24050吨，装线材单机最高班产1729吨，出口线材单船最高日产8253吨，卷钢单机最高班产4365吨、出口卷钢单船最高日产11744吨，成品钢材装船最高日产37319吨，散货、件杂货单船作业水平达到国内领先水平。2018年，海力码头共实现货物吞吐总量7334.97万吨，其中外贸吞吐量634.8万吨，实现营业收入2.88亿元。（江传磊）

【东沙物流园新增LNG储备中心项目】 永钢集团码头由宏泰物流码头、宏泰、盛泰3个长江码头和宏顺、永丰2个内河码头组成。宏泰物流码头于2005年投产，拥有2个5万吨级散货泊位，占用长江岸线356米，引桥1座，长1163米，宽15米，设计年吞吐能力440万吨。拥有卸船、输送、起重等大型专用装卸设备48余台，堆场面积30万平方米。宏泰码头于2009年投产，拥有2个7万吨级通用泊位，设计年吞吐量为300万吨，其中进口110万吨、出口190万吨。引桥1座，长1124.63米，宽15米，占用长江岸线464米。拥有装卸、输送、起重等大型专用装卸设备60余台，库场面积10万平方米。盛泰码头拥有5万吨级散货和散杂泊位各1个，4万吨级件杂泊位1个。码头结构兼顾10万吨级散货船，设计年吞吐量884万吨，其中散货705万吨、件杂货179万吨。占用长江岸线808米，由一座长1085米、宽27米的引桥与后方陆域相连。有装卸、输送、起重等大型专用装卸设备52台。库场面积8.5万平方米。宏顺码头于2014年1月投产，码头长度为385米，拥有6个300吨级散杂货通用泊位（水工结构兼顾500吨级），有装卸、输送、起重等大型专用装卸设备8台。堆场面积5.8万平方米。永丰内河码头于2015年11月投产，占地面积5.93公顷，采用挖入式港池形式，利用与走马塘相通的东滨河拓挖形成，拥有3个2000吨级散货装卸泊位，水工结构采用灌注桩悬臂式挡墙结构，设计年吞吐量为550万吨。拥有装卸、除尘、空压等专用装卸设备8台。2018年，永钢集团5个码头共实现货物吞吐总量2288.5万吨，其中外贸吞吐量819.05万吨。实现营业收入4.66亿元。6月，盛泰码头完成一套5000千伏安高低压岸电装置的安装，可满足20万吨级船舶靠泊码头期间用电使用。张家港宏泰码头有限公司、江苏宏泰物流有限公司分别通过国家AAAA级、AAA级物流企业复核。盛泰码头改造工程开始施工，年内完成两个2000千牛系船柱的施工，及70%码头前沿水域疏浚。7月17日，永钢集团、苏州城市建设投资发展有限责任公司共同成立江苏联城能源科技有限公司。由江苏联城能源科技有限公司投资建设的苏州LNG储备中心项目位于盛泰码头下游、福山塘上游，分为码头及陆域形成工程、接收站工程、输气管线工程，其中码头及陆域形成工程建设2个4万立方米LNG装卸泊位（结构兼顾8万立方米LNG船舶靠泊）、1座工作船码头及相应的配套设施。接收站工程建设2座8万立方米LNG储罐，预留1座8万立方米LNG储罐及其相应的配套设施。输气管线工程建设高压输气管线22千米，包括张家港干线和永钢支线。年内，该项目完成工程可行性研究报告初步方案。年末，项目选址获市政府批复。（周成新）

【长江国际获批乙二醇期货交割库资质】 张家港保税区长江国际港务有限公司（简称长江国际）系张家港保税科技（集团）股份有限公司控股子公司，下辖张家港保税区长江国际扬州石化仓储有限公司和张家港保税区华泰化工仓储有限公司两个子公司。公司成立于2001年4月，注册资金5.94亿元，建有3万吨级、5万吨级两个液体散化专用码头。公司专业从事乙二醇、二甘醇、甲醇、甲苯、二甲苯、二辛酯等散装液体化工产品的码头接卸、保税仓储和分拨转运服务，同时为区内仓储、生产企业提供码头中转和管道物流配送服务。全年码头累计接卸船舶579艘次，接卸货物总量367.1万吨，码头吞吐量408.5万吨，进入储罐的货物总量361.2万吨，其中接卸乙二醇328万吨，比上年增25%。公司实现营业收入2.62亿元，利润总额7805万元。年内，公司通过海关一般企业重新认证，获中国化工物流金罐奖之安全管理奖，江苏省技术先进型服务企业认定，蝉联江苏省文明口岸示范单位称号。网上仓储服务平台获国家发明专利。12月6日，大连商品交易所对外发布《关于乙二醇期货合约上市交易有关事项的通知》，指定公司以70万吨乙二醇协议库容成为大连商品交易所指定交割仓库，指定交割仓库于12月10日起使用。乙二醇期货交割库的获批，有助于公司提升乙二醇业务。（包　悦）

【保税港务获批PTA期货保税交割仓库资质】 张家港保税港区港务有限公司（简称保税港务）成立于2007年1月，由张家港保税区金港资产经营有限公司、张家港保税科技（集团）股份有限公司共同控股，股权分布为65.23%、34.77%。公司拥有2个万吨级的泊位，最大可停靠5万吨级的船舶，码头使用深水岸线总长470.4米，靠船装卸平台长432米，陆域面积55万平方米，其中堆场面积20万平方米、仓库面积5万平方米。业务范围涵盖整车进出口、集装箱（进口冻品）、散杂货、油脂及港内拆装箱、保税仓储、“一日游”报关代理等业务。2018年，保税港务码头靠泊船舶3867艘次，比上年增2.17%；完成集装箱吞吐量26.74万标箱，比上年增24.8%；完成散杂货自然吨156.88万吨，比上年增17.17%；进出口整车8733辆。郑州商品交易所11月20日发布公告，设立保税港务为PTA（对苯二甲酸）期货指定保税交割仓库，自2019年4月22日接受保税仓单的交割预报，2019年5月2日起开展保税交割相关业务。（胡陈希）

2018年张家港口岸码头泊位一览表

表9

作业区	码头单位	码头泊位名称	泊位个数	主要用途	前沿水位（米）		码头长度（米）	靠泊能力（吨级）	投产年月	对外开放年月
					设计水位	实际水位				
长山作业区	张家港市久盛船业有限公司	久盛码头	2	船修	−8.50	−8.00	300.00	1个30000 1个50000	2008年12月	2009年9月
	上海振华重工（集团）张家港港机有限公司	港机厂码头	1	港机发运	−7.00	−7.50至−9.00	84.00	10000	1997年12月	1998年5月
	张家港锦隆重件码头有限公司	锦隆重件码头	4	件杂货	−6.90至−9.00	−8.00	540.00	1个8000 2个5000 1个2000	2011年8月	2016年2月

续表9

作业区	码头单位	码头泊位名称	泊位个数	主要用途	前沿水位（米）		码头长度（米）	靠泊能力（吨级）	投产年月	对外开放年月
					设计水位	实际水位				
张家港作业区	张家港港务集团有限公司	1号泊位	1	件杂货	−11.00	−11.00	185.00	50000	2012年	1983年5月
		2号泊位	1	件杂货	−11.00	−11.00	185.00	50000	2012年	1983年5月
		4、5号泊位	2	件杂货	−11.85	−11.85	581.00	100000	2016年	1983年5月
		6号泊位	1	件杂货	−10.50	−10.50	180.00	10000	1985年12月	—
		7号泊位	1	件杂货	−10.50	−10.50	180.00	10000	1985年12月	—
		8号泊位	1	木材	−11.62	−11.62	203.00	70000	2014年	1994年12月
		9号泊位	1	散货	−11.62	−11.62	185.00	70000	2014年	1994年12月
		10号泊位	1	液体化工	−11.62	−11.62	196.00	50000	1993年8月	1994年12月
		13号泊位	1	件杂货	−11.68	−11.68	180.00	10000	2009年	1988年12月
		14号泊位	1	件杂货	−11.62	−11.62	195.00	13000	2009年	1992年12月
	张家港永嘉集装箱码头有限公司	15号泊位	1	集装箱	−11.62	−11.62	255.00	25000	1992年10月	1992年12月
		16号泊位	1	集装箱	−11.62	−11.62	250.00	25000	1997年10月	2015年12月
		17号泊位	1	集装箱	−11.90	−11.90	217.00	30000	2006年10月	—
	江苏省江海粮油贸易公司张家港储运部	1号泊位	1	粮油	−10.50	−9.80	180.00	50000	2016年12月	1987年12月
		2号泊位	1	粮油	−11.00	−10.00	220.00	70000	2016年12月	1991年11月
		3号泊位	1	粮油	−11.00	−10.00	210.00	70000	2016年12月	1996年9月
		4号泊位	1	件杂货	−11.40	−13.10	200.00	70000	2016年12月	2007年1月
	保税港务有限公司	苏润码头	2	集装箱件杂货	−13.00	−13.00	470.40	2个50000	2014年	2007年7月
	陶氏化学（张家港）有限公司	陶氏化学	1	化工	−11.50	−14.00	244.25	25000	2002年7月	2002年6月
化工园作业区	张家港保税区长江国际港务有限公司	1号泊位	1	化工	−14.45	−13.00	170.00	10000	2016年	1993年7月
		2号泊位	1	化工	−14.45	−13.00	280.00	50000	2016年	2002年9月
		3号泊位	1	化工	−13.45	−13.00	40.40	3000	2016年	2006年8月
	中粮东海粮油工业（张家港）有限公司	1号泊位	1	粮油	−11.20	−11.00	284.00	70000	2016年	1995年7月
		2号泊位	1	粮油	−11.20	−11.00	96.00	10000	2016年	1995年7月
		改扩建码头	1	粮油	−11.20	−11.00	290.00	50000（兼靠100000）	2004年2月	2004年9月
		3号泊位	1	粮油	−6.50	−7.50	120.00	10000	2016年	—
	陶氏化学（张家港）有限公司	陶氏化学	1	化工	−11.50	−14.00	244.25	25000	2002年7月	2002年6月
	张家港孚宝仓储有限公司	孚宝码头	2	液体化工	−12.50	−12.50	461.00	2个50000	2013年	2008年1月
		内港池	2	液体化工	−4.00	−4.00	195.40	2个1000	2015年	—
	张家港东华能源有限公司	东华能源	1	液化气	−12.35	−11.00至−14.00	280.00	54000	2013年	1999年11月
		东华能源	1	液化气	−11.00至−14.00	−11.00至−14.00	217.50	20000	2012年	2011年11月

续表9

作业区	码头单位	码头泊位名称	泊位个数	主要用途	前沿水位（米）		码头长度（米）	靠泊能力（吨级）	投产年月	对外开放年月
					设计水位	实际水位				
化工园作业区	双狮（张家港）物流有限公司	液化泊位	1	液体化工	−14.80	−14.90	312.00	50000	2005年2月	2005年6月
		散货泊位	1	散化	−14.78	−15.20	275.00	50000	2005年2月	2005年6月
		内港池	5	液体化工	−4.05	−4.05	403.60	5个500	2005年2月	—
段山港作业区	张家港港新重装码头港务有限公司	长江泊位	5	件杂货	−9.84	−9.84	898.00	3个8000 2个5000	2017年	3个 2016年1月
		内港池泊位	5	件杂货	−4.20	−4.2	455.00	5个2000	2017年	—
段山港作业区	张家港华达码头有限公司	华达码头	5	件杂货	−10.50	−10.50	908.00	3个20000 2个10000	2007年11月	2008年7月
	江苏省中油泰富石油集团有限公司	1号码头	1	成品油	−9.00	−12.50	195.00	50000	2014年	2007年12月
		2号码头	1	成品油	−9.00	−12.50	72.00	50000	2014年	1995年2月
	张家港永恒码头有限公司	永恒码头	2	散货	−10.30	−11.50	369.45	2个50000	2014年	2003年12月
	辻产业重机（江苏）有限公司	辻产业码头	1	件杂货	−10.30	—	115.00	3000	2003年12月	2004年5月
		2号码头	1	原材料	−7.90	−7.90	46.00	3000	2005年11月	2006年2月
		辻产业扩建码头	1	重建泊位	−7.50	−7.5	202.00	10000 （兼靠30000）	2014年12月（未竣工验收）	—
	张家港海螺水泥有限公司	海螺水泥	1	散货	−6.30	−6.30	137.00	5000	2002年7月	—
		海螺水泥	1	散货	−11.00	−14.50	274.00	20000	2005年10月	2005年10月
冶金工业园作业区	张家港浦项码头有限公司	浦项码头	3	废钢、成品钢	−14.00	−14.50	546.00	1个35000 2个10000	2006年9月	2006年12月
	沙钢集团（张家港海力码头有限公司）沙钢集团海力码头	浦沙码头	1	件杂货	−10.00	−11.50	144.50	5000	1998年7月	1998年7月
		海力0号码头	1	散货	−12.00	−12.50	289.00	50000	2007年	2009年12月
		海力1号码头	1	件杂货	−11.00	−14.20	234.00	70000	2003年4月	2003年12月
		海力2号码头	3	件杂货	−11.00	−11.20	237.00	5000	1998年1月	2010年10月
				件杂货	−11.00	−11.20	237.00	30000	1998年1月	1998年11月
				件杂货	−11.00	−11.20	275.00	50000	2015年	2013年9月
		海力3号码头	1	钢铁辅料	−12.00	−12.00	238.00	30000	2003年	—
		海力4号码头	2	件杂货	−12.10	−12.00	450.00	2个70000	2016年	2000年8月 2001年11月
		海力5号码头	2	原料、散货	−12.10	−12.00	388.00	50000 5000 （兼靠100000）	结构加固改造已通过省交通运输厅验收，竣工证书待下发	2005年6月
		海力6号码头	2	散货	−11.00	−11.00	453.50	50000 5000 （兼靠120000）	结构加固改造	2006年2月
		海力7号码头	2	散货	−12.00	−11.00	313.50	2个70000	2016年	2004年8月

续表9

作业区	码头单位	码头泊位名称	泊位个数	主要用途	前沿水位（米）		码头长度（米）	靠泊能力（吨级）	投产年月	对外开放年月
					设计水位	实际水位				
冶金工业园作业区	沙钢集团（张家港海力码头有限公司）沙钢集团海力码头	海力8号码头	2	煤炭辅料	-12.00	-12.00	398.00	2个70000	结构加固改造已完成，尚未竣工验收	2010年2月
		海力9号码头	2	散货	-12.00	-13.00	640.00	2个70000	结构加固改造已完成，尚未竣工验收	2007年
		宏源1号浮码头	2	重油	-5.00	-5.50	80.00	2个3000	1997年3月	—
		宏源2号浮码头	2	钢铁	-5.00	-5.50	96.00	2个3000	2000年4月	—
		宏源3号浮码头	2	钢铁	-5.00	-5.50	97.00	2个1000	2001年1月	—
		润忠三线码头	5	件杂货	-3.45	-3.45	258.00	5个1000	2001年2月	—
		九龙港池码头	14	散货	-2.50	-2.70	1600.00	14个1000	2001年	—
		奔辉码头	2	通用	-12.50	-16.00	481.00	2个50000（100000）		2018年1月
冶金工业园作业区	张家港沙洲电力有限公司	重件码头	1	件杂货	—	—	97.00	3000	—	—
		煤炭码头	1	卸煤	-13.50	-15.00	275.00	30000（兼靠50000）	2016年	2016年11月
		二期码头	1	煤炭	-15.00	-15.00	325.00	100000	2018年7月	—
	张家港中东石化有限公司	石化码头	1	化工品	-11.20	-11.00	96.00	5000（兼靠20000）	2003年2月	2003年8月
	张家港越洋实业有限公司	越洋A码头	1	石化	-18.00	-18.00	90.00	30000	2014年	1999年4月
		越洋B码头	1	石化	-14.00	-14.00	90.00	20000	2014年	1999年4月
		越洋C码头	1	石化	-9.00	-9.00	23.00	300	2014年	—
东沙作业区	张家港永泰码头有限公司	1号泊位、2号泊位	2	钢铁	-12.00	-13.00	356.00	2个50000	2015年	2006年8月
	张家港宏泰码头有限公司	通用码头	2	散货	-13.10	-13.60	464.00	2个70000	2015年	2009年9月
	张家港盛泰码头有限公司	通用码头	3	散杂货	-13.00	-13.00	808.00	1个40000 2个50000	2015年	2014年6月

说明：对外开放时间为对外籍船舶开放时间，投产年月比对外开放时间晚的是重新改建的码头泊位

口岸与港口管理

【概况】 2018年，市口岸办（港口局）协同口岸各查验单位大力推进口岸通关建设，加强开放码头规范化管理，促进口岸港口服务管理能力提升。结合信息化建设继续推进口岸大通关，制定出台《张家港口岸国际航行船舶联合登临检查办法》，借鉴上海口岸联合登临信息平台建设经验，协调建设张家港口岸国际航行船舶联合登临检查系统；推动口岸信息化提升工程招投标，完成口岸船员行李查验中心安检设备政府采购；完成口岸集中查验中心临时土地证办理，推进口岸集中查验中心项目环保、安全报批，年内启动项目建设。年内，市口岸办（港口局）全面贯彻“共抓大保护、不搞大开发”的要求，统筹推进“263”专项行动，严控新增危化品码头和品种，强化水上运输安全监督管理，完善港口安全应急响应机制；建设长江生态安全带，调优4000米原化工岸线功能，推进沿江非法码头整治工作，完成整治岸线生态复绿。11月8日，举办长江经济带港口服务平台联盟启动仪式暨智慧口岸（张家港）发展研讨会。12月，开展开放码头规范化管理检查考核，评定宏泰物流、长江国际、越洋实业、东海粮油、港新码头、孚宝仓储、永嘉码头、中油泰富等8个码头达到优秀等级。

【港口规划建设】 年内，市港口管理局结合游轮旅游开发，配合双山香山旅游度假区管委会开展旅游码头选址，指导港务集团开展13号泊位游轮停靠改造，通过建设连接平台、活动扶梯、安检等设施，完成游轮临时停靠码头改造工作。4月9日，由上海开往南京的长江豪华游轮“世纪天子号”首次停靠张家港港。4月11日，南京至上海首次常态化运行长江豪华

游轮“世纪天子号”，游轮每周两班常态化正常靠泊张家港港。市港口管理局跟进港口规划布局建设，于3月向苏州市交通运输局行文《关于修编〈苏州港总体规划〉并开展港口岸线整合利用5年规划编制工作的报告》，苏州市交通运输局按程序启动修编工作，交通运输部规划研究院承担修订工作，书面调研基本完成，计划开展实地调研工作。推进五友拆船厂升级改造，研究单位形成规划大纲并对五友拆船厂进行实地调研。关注交通运输部规划院编制长江LNG（液化天然气）接收站布局规划情况，并配合研究单位对东沙物流园华电LNG项目、孚宝苏城LNG项目开展实地调研。结合交通运输部关于靠泊船舶使用岸电2016—2018年度奖励资金的相关政策，引导推进港口企业加强岸电系统建设，2018年完成2家码头岸电系统建设，累计建成岸电31套，其中高压岸电4套、低压16套、小容量11套。推进港口水运运输机械油改气（电）工作，开展沿江港口码头水运运输机械底数排查，统计机械排放标准并制定年度淘汰计划。

【港政管理】 年内，市港口管理局落实港口经营管理规定，严把港口经营市场准入关，通过巡查、年检等方式加强港口经营活动日常监管，维护港口经营市场秩序。加强港口巡查执法工作，联合海事、长航公安、水利等部门开展沿江非法码头及水上过驳专项整治行动，对辖区内所有码头企业、岸线进行巡查检查，严厉打击违规经营、违法建设等违法犯罪活动。做好港口经营许可证核发工作，全年新增16件，变更4件，延续9件。年末，全市有各类港口经营企业102家。加强港口经营许可证发放后的监管，尤其是船舶港口服务市场监管，定期对各港口经营企业进行监督检查，全面掌握企业经营状况。制定《张家港市船舶污染物接收、转运、处置监管联单制度及联合监管制度》，优化执法联动和监管流程。至年末，累计完成船舶污染物作业联合监管2965艘次，对船舶污染物实施有效闭环管理。实施港口大气污染防治行动，督促辖区各码头、仓储和堆场企业自觉推进“绿色港口”建设。全面改善港口沿线环境面貌，开展港口码头周边洁化绿化美化行动。将港口企业扬尘污染防治专项检查纳入全年检查计划，对全港码头、仓储企业、堆场、厂区道路进行定期和不定期检查。

【港口安全监管】 年内，市港口管理局深入隐患排查治理，采取第三方安全检查与局领导带队检查相结合的形式，全年开展危险品企业全覆盖检查4次，普通货物企业全覆盖检查2次。主要领导和分管领导带队深入企业检查10次以上。吸取常熟港“3·11”事故教训，组织省级专家组对港口企业逐家开展安全检查，检查以危化品企业为重点，同时对普货企业特别是港口件杂货码头企业进行全面排查。做好危化品安全综合治理，实施危化品储罐“一罐一证”，贯彻落实新《港口危险货物安全管理规定》，完成港口危险货物作业附证换证工作，优化完善港口危货动态管理系统，实时掌握在役储罐多维度动态信息。为吸取靖江德桥仓储火灾事故教训，港区所有危化品在役储罐完成检测合格，并全部加装高低液位报警及自动连锁切断装置。全港所有危化品企业均完成应急预案备案。港口公共应急物资库和港口危化品作业集中区域安全风险和应急能力评估于6月通过项目验收。港口综合保障基地全面建成，公安、消防、边检、航道、水政等各入驻单位正常运行。强化教育培训，定期聘请省内专家对全港企业进行港口安全知识培训，组织100余人参加交通运输部举办的港口设施保安人员培训和复训，并组织港口危险货物装卸从业人员考试。

【文明口岸共建】 年内，市口岸办（港口局）坚持口岸系统条线例会制度，依托“沿江党建带联盟”资源平台，组织开展“捷畅锚调”特色党建项目活动，先后开展植树共建环保、关爱儿童福利院、清明祭扫烈士陵园墓、蓝天学校“七彩的夏日——走近文明口岸”“安全知识进社区，查找隐患报平安”等志愿服务活动。6月，在全省文明口岸评比中，张家港口岸蝉联“省文明口岸”称号。10月，市第十六届口岸体育运动会举行，共设羽毛球、乒乓球、网球、篮球、拔河、掼蛋、自行车慢骑等7个项目，有33个口岸单位的520余名运动员组队参赛。

【长江航道管理】 年内，长江张家港航道处完成航标维护82125座次，完成计划的103%；航道维护尺度保证率100%；航标维护正常率100%。完成维护性测量2049.74平方千米，完成计划的100%。航道维护船舶开航488航次，恢复失常航标262座次，设置航标121座，调整航标46座次，撤销航标17座，校核航标1座。

【福南水道-12.5米进港航道治理工程建设】 2018年，为支持和服务张家港市经济发展，福南水道-12.5米进港航道整治工程指挥部加快推进长江下游福南水道-12.5米进港航道工程建设。1月13日，长江上海航道处组织两艘测量船开展连续3天测量工作，完成福南水道-12.5米进港航道治理工程施工前测量任务。3月2日，工程开展首次吹泥作业。3月21日，进港航道整治工程建设指挥部邀请江苏润环监理部对工程施工开展现场环境监理。4月4日，开展综合应急演练桌面推演，“海新021”“宁工绞19”和“海护08”船相关人员参与推演。5月18日，在张家港组织召开长江下游福南水道-12.5米进港航道治理工程基建疏浚工程交工验收会。6月29日，长江航务管理局在武汉组织召开长江下游福南水道-12.5米进港航道治理工程运营期专用航标设置方案咨询会。根据动态监测单位长江南京航道局的航道监测数据，11月12日，工程开展试运行期航道维护疏浚施工作业。按照工程环评要求，进港航道整治工程建设指挥部委托市渔政监督大队实施工程水生生态修复，并以增殖放流为实施内容，渔政部门经过前期招标采购，于12月8日实施第一次放流活动，增殖放流投放各种鱼种77万尾，其中中华绒螯蟹20万只、翘嘴鲌17万尾、鲫鱼5万尾、白鲢20万尾、鳙鱼15万尾。

【长江沿线老套港大环境整治】 11月20日，由张家港市港口管理局牵头，金港镇属地保障，市水利局、农委、张家港海事局、长江航运公安局、市水上派出所、双山香山旅游度假区管委会通力协作，完成老套港内“僵尸船”“三无船舶”（无船名船号、无船舶证书、无船籍港的船舶）等船舶清理。此次联合行动在《张家港市长江沿线大环境整治专项方案》基础上，结合老套港实情专门制定《长江沿线老套港段大环境专项整治联合行动方案》，并按照船舶上岸要求量身定制《老套港“僵尸”驳船吊运方案》。行动抽调各部门人员123人，投入执法艇两艘、拖带艇1艘、160吨汽车吊1台、10吨叉车2台，1天内完成起吊船舶18艘。 （顾佳慧　沈小平）

海　关

【概况】 2018年，张家港海关、张家港保税港区海关全年征收入库税款213.03亿元，比上年减0.4%。其中，关税34.37亿元，比上年减1.97%；代征进口环节税178.66亿元，比上年减0.15%。监管进出境货运量7713.43万吨，货值323.93亿美元，分别比上年增16.76%、19.02%；监管进出境集装箱48.45万标箱次，比上年增15.78%；监管船舶7136艘次，验放进出境人员12.89万人次。加强税收申报要素审核，强化审价、归类、原产地认定，全年审价补税3800万元。审结报关单21.18万份。备案加工贸易合同2767份，合同金额17.73亿美元；减免税收6130万元。受理出入境报检5.6万批，比上年减0.88%；出入境货物货值145.38亿美元，比上年增7.05%。检疫出入境船舶4000艘次，比上年减5.7%。检验检疫出入境集装箱19.27万标箱，比上年减22.5%。检验进口矿产品1758万吨，比上年增4.85%；检验进口化工品359万吨，比上年减19.2%；检验进口大豆364万吨，比上年减10.4%；检验进口羊毛18.8万吨，比上年增9.21%；检验进口木材543万立方米，比上年增16%；检验进口油脂137万吨，比上年减2.18%；检验进口废物原料60.8万吨，比上年增43.8%；检验进口棉花11.6万吨，比上年增15%；检验进口金属材料8.5万吨，比上年减55%；检验进口肉类4.2万吨，比上年减45.9%；检验进口汽车4919辆，比上年减44.9%。全年签发各类原产地证书3.38万份，其中优惠性产地证29069份，签证金额23.93亿美元，帮助企业减免进口国关税7.8亿元。全年报送统计监测预警信息273篇，其中海关要情录用42篇。张家港海关被评为江苏省文明口岸共建先进单位，张家港海关科普馆项目获评苏州市“2018年十大旅游创新产品（业态）”。

海关工作人员检验进口大豆　　　　（海关　提供）

【关检机构融合】 2月8日，张家港海关、张家港出入境检验检疫局在张家港保利大剧院联合举办“不忘初心，继续前行”关检合作汇报会，展示张家港市被确定为全省首批“关检合作示范区”建设单位后的海关、检验检疫合作成果。张家港口岸联合查验中心启动仪式同时举行。该中心坐落于永嘉码头西南侧，规划面积3.87万平方米，包括H986集装箱检查区、多功能查验区、检疫处理区和现场办公区等多个区域，年均可满足8万标箱的一站式查验和相关配套服务。根据“将出入境检验检疫管理职责和队伍划入海关总署”的改革部署，严格按照上级部门确定的时间节点和环节步骤，4月20日，完成检验检疫人员转隶工作，统一以张家港海关名义对外开展工作；6月1日，取消通关单；8月1日，合并报关单和报检单，统一实施申报、作业、执法等工作，实现关检业务一窗受理、一站作业、一网办结，张家港海关监管、检验检疫两大口岸通关作业环节融为一体。在此基础上，计划于2019年重新组建张家港海关，同时新设立金港海关。

【检验检疫】 2018年，张家港海关严格执行《海关总署党组关于进一步严禁“洋垃圾”进境的通知》要求，深入开展打击“洋垃圾”专项行动，共监管进口固体废物891批、54.7万吨，退运环保不合格产品3批，排查固体废物作业场所及国内收货人资质企业22家。落实国务院危化品三年综合治理政策，检验进口危化品3454批、321.4万吨，处置5起进口危化品泄漏事故。截获进境动植物疫情794种4.2万种次，其中检疫性有害生物76种、8370种次，国内首次截获有害生物7种。医学媒介生物检出5534批次。加强非洲猪瘟疫情管控，检疫涉及疫区船舶94艘次，封存疫区猪肉4批240千克。妥善处置4起进境大豆浸水或霉变事件，对137吨不合格大豆实施销毁处理。完成健康检查7.32万人次，检疫出入境人员6.3万人，传染病检出114人次，处置15名外轮船员突发雪卡毒素集体中毒事件。

【"国门利剑"打击走私行动】 2018年，张家港海关缉私分局围绕"国门利剑2018"联合专项行动，重点加大对成品油、钢材等重点涉税商品和枪支等违禁品走私的打击力度。共受理各类线索案件125起，立案侦查刑事案件8起，案值4.75亿元，偷逃税额6077万元，抓获犯罪嫌疑人20人。立案调查行政违法案件217起，其中一般案件77起、"两简"案件（简单案件和简易程序案件）140起，案值1.48亿元，涉税559.1万元。查证走私出口废钢14.74万吨，走私进境枪支4支，走私成品油3600吨，走私毒品硝西泮1000余片等，执行罚没入库1014.58万元，补税188.79万元，冻结款项630万美元。

【海关通关改革】 2018年，张家港海关推广"汇总征税""查检合一"等改革举措，通关效能进一步提升。办理无纸化通关20.9万票，无纸化通关率98.65%。持续优化口岸营商环境，整体通关时间持续压缩，12月进出口货物整体通关时间比上年同期分别压缩71.46%和61.17%。全年批准实行仓储货物按状态分类监管企业35家，非保税货物出入库总量224.21万吨，货值31.21亿美元。企业以口岸功能方式进口货物295.61万吨，价值27.35亿美元，产生经济效益约1.7亿元。开通汽车平行进口保税仓储专用H账册，探索试点企业和平台在张家港保税港区内开展汽车整车保税仓储业务。全年监管进境汽车5915台，征收税款6.1亿元；开展汽车平行进口保税仓储业务765台，共7415万美元。参与海关总署"财关库银横向联网（新一代税费电子支付）系统"推广和海关税款专用缴款书企业自主打印，自10月20日开始，实现张家港口岸海关税款专用缴款书企业自主打印。

【海关服务地方经济发展】 2018年，张家港海关针对半导体行业困境、中美贸易摩擦开展各类调研20次，向20余家企业开展政策和普法宣传，收集、反馈意见建议近100条。以同业联合担保为基础，鼓励企业积极试点集团财务公司担保、保险公司"银关保"业务、"关税保证保险"等新型税收担保类型。全年开展集团财务公司担保148票，涉及担保金额2.7亿元；关税保证保险71票，涉及担保金额1亿元。配合张家港市政府清理规范口岸服务性收费，严格执行行政事业性收费清单管理制度，梳理下属企事业单位进出口环节收费项目48项并予以公示，有效降低口岸合规性成本，减轻企业负担。推动国家级出口金属产品质量安全示范区通过验收，大幅提升张家港金属产品出口竞争力。加强政策和技术支持，助力期货大豆指定交割库落户张家港港；推进菜籽进口试验，菜籽杂质含量较备忘录签署前下降60%，有效降低疫情传入风险及企业加工成本。服务张家港口岸首次铜精矿进口，确保10批次、11万吨铜精矿进口。实施出口食品质量竞争力提升工程，完成梁丰食品集团出口乳品原料省级示范基地换证复审，推进奶源源头管理规范化。协助辖区螃蟹企业完善管理体系，加强出口技术指导，实现张家港市出口大闸蟹企业注册零突破。 （侯海燕）

海　事

【概况】 2018年，张家港海事局履行口岸查验召集人职能，牵头建立国际航行船舶联合登临检查机制，办理国际航行船舶进出口岸查验6692艘次，完成船载外贸货运量5661万吨。征缴港口建设费3.27亿元。维护福南水道-12.5米进港航道治理工程、沪通长江大桥主航道桥等重点水工建设和船舶通航安全。审批水工作业51项，办理通航作业报备260项，发布航行通告118期，有效保障59项涉水工程施工建设。深入贯彻"放管服"改革，开展"美丽政务窗口"建设，积极推进"单一窗口"、互联网+政务服务、不见面审批、一站式服务等服务举措，安全维护25.2万艘次船舶进出港，比上年增3.2%，其中好望角型船舶374艘次，实现船载货物运量2.47亿吨。维护15.6万航次、609.2万人次、287.9万辆次安全渡江。2018年，张家港海事局获评江苏省文明口岸先进单位、苏州市文明单位、江苏海事局先进集体。

【水上安全监管】 年内，张家港海事局持续开展"安全畅通文明"航区和"平安文明"渡线创建，推进落实安全生产主体与监管"两个责任"，统筹开展汛期百日安全及安全生产月、中小型船舶突出违法行为专项整治、长江环境大整治环保大提升"百日攻坚"等专项活动。落实特定时段特别安全监管措施，完成春运、两会、首届中国国际进口博览会等重点时段水上安保任务。全年巡航巡查6621次，航行1.6万小时、里程19.29万海里，实施行政处罚701件，船员违法记分1438分。开展船舶安全检查1162艘次，纠正船舶缺陷6832项。水上综合执法改革稳步推进，共检查航道5809次、船舶通信证照1063艘次、船舶营运证1082艘次，开展航道行政处罚2起。推进水上交通安全生产风险分级管控和隐患治理双重预防机制，下达隐患整改通知书21份。严格落实24小时应急值班，成功预警、防抗大风等灾害性天气72次。

【水上搜救】 年内，张家港海事局履行市水上搜救中心办公室职能，围绕"保人命、防污染、疏通道、减损失"要求。共协调专业和社会船艇180艘次，成功处置各类水上突发事件128起，救助船舶156艘、人员1538人，人命救助成功率99.8%。实时更新水上搜救专家人才库，聘请37人组成市水上搜救人才专家团队。组织60余家单位、420余人次开展船舶碰撞、渡运水域人员落水、桥区施工水域突发事件等各类应急演练8次。发布灾害性天气预警72期，实施水上交通临时管制24次、246小时。围绕"水上平安交通，安全伴我成长"主题，组织开展水上交通安全知识进校园活动4次，接待"三色花开，快乐成长"未成年人社会实践活动2000余人次。市水上搜救中心办公室、市财政局获评"2017—2018年度江苏省水上搜救先进集体"，2人获评"2017—2018年度江苏省水上搜救先进个人"。

【船舶污染防治】 年内，张家港海事局严格落实"263"专项行动、河长制、长江环境大整治环保大提升"百日攻坚”行动工作要求，制定印发《2018年长江经济带船舶污染防治暨“两减六治三提升”专项行动实施方案》。组织开展“攻坚‘263’，携手保春运”技能竞赛、“6·5”世界环境日防污染演练等活动，进一步整合港口防污染专业队伍，填补应急力量不足。严格推进船舶排放控制区建设，检查船舶374艘次，抽检燃油339份，查处违规使用燃油行为10起。实施集装箱开箱检查409起，查获危险货物瞒报2起。有效保障1.24万艘次危化品船、1705万吨船载散装液体危险货物安全进出港，监管101万吨船舶压载水无害排放、1.3万吨船舶污染物无害处置。

【溢油应急多功能艇“海巡06817”交付】 12月27日，张家港海事局30米级溢油应急多功能艇“海巡06817”交付。“海巡06817”是一艘单层底、单甲板、设尾部双机、前驾驶、机驾合一的钢铝混合结构焊接的溢油应急艇，总长32米，型宽6.5米，型深2.5米，设计吃水1.7米，乘员8人，船员4人，设计航速15千米，航区为长江A级，设置总舱容约50立方米的污油水舱，配有射程60米的消防炮一台，配备相应防油污清理设备。“海巡06817”艇交付列编后，承担长江水域溢油应急处理以及收集其他航行船舶的油污水。当水域遭溢油污染时，该船可进行围栏控制、水面浮油回收等相应的防油污处理。

【张家港港区水域污染应急联防体成立】 4月，张家港海事局按照共抓长江大保护的要求，构建张家港港区水域污染应急联防体，提高水污染突发事故应急处置效率，保障长江生态环境安全。联防体由张家港海事局监督指导，相关监管部门、码头单位共同参与，旨在通过联防共建，形成多方参与、资源共享、齐抓共管的港口防污新格局，共同防治长江水域污染。联防体成立后，各单位按照联防联控职责分工，依托码头应急队伍和专业清污应急队伍，有效借助张家港海事局溢油应急设备库的防污应急设备物资，构建科学的应急体系，共同承担码头及其附近水域的污染应急防备和处置任务。至年末，先后组织开展防污应急设备操作培训、赴南京交流学习、防污染应急演练等活动6次，参加人数200余人，编制印发《张家港港区水域污染应急联防体运行手册》，内容包括联防体的建设背景、建设模式、目标原则、组织框架、运行机制等，并明确各单位职责分工、物资配备，介绍辖区主要化学品处置参考及相关法律法规。（金俊伟）

边防检查

【概况】 2018年，张家港出入境边防检查站（简称张家港边检站）检查出入境（港）船舶6683艘次，登轮登陆人员35万余人次，签发证件近1万份。先后开通“绿色通道”13次，接受服务对象求助30余次，救助重症船员和遇险群众7人。推动“沿江党建带”联创联建工作在全省边防辖区全面推广，打造港务集团先锋党员服务亭、监护一中队沿江党建工作站等党员实训基地，6月承办全省边防辖区“沿江党建带”工作推进会。张家港边检站连续11年被评为江苏省文明口岸先进单位，连续6年被评为苏州市文明单位，执勤业务一科党支部被表彰为公安边防部队先进基层党组织，监护一中队党支部被表彰为全省公安边防部队先进基层党组织和联创联建“沿江党建带”基层党组织，监护二中队中队长胡琳被评为张家港市“担当作为好干部”，4人被表彰为全省公安机关优秀党务工作者和优秀共产党员。

【边检勤务机制改革】 2018年，张家港边检站深化边检勤务机制改革，助力沿江大开发大开放战略，针对张家港口岸码头泊位快速增长，点多线长、面广分散，警力无法集约使用的实际，实行差别化管理模式，推行散杂货码头全介入、修造船码头半自管、石化电厂全自管模式，实行快进快出，节约企业成本、提高通关效率。推进边防检查领域“放管服”工作，进一步完善边检“一证通”服务机制和系统功能，配合上级做好推广工作，江苏境内江海港口岸全部实现运行“一证通”。同时，张家港边检站作为全国“一证通”系统试点单位，做好全国“一证通”系统全面布建前的各项测试工作，完成“V通关”移动端和PC端平台业务功能升级，推进边检行政事项网上运行，实现与省政府“一张网”和省公安厅“旗舰店”两个系统实时数据对接传输，信息化创新运用走在全省前列。公安部决定于2月1日起施行8项出入境便利措施，服务对象自助通关比例得到稳步推进，2018年度自助通关比例超50%。

【口岸安全管控】 2018年，张家港边检站深化警企船三方共管，切实筑牢口岸管控安全防线。立足海港口岸应急处突快速、精准、高效要求，加强“蛟龙”突击队建设，建立以“蛟龙”突击队为主要应急支援力量，各科队应急处突分队为辅助应急增援力量的“科队联动、警力共享、应急支援”协同作战机制，常态化开展训练备勤，推行三色等级响应，做到对突发事件“接警快、反应快、处置快”。在口岸辖区推行“网格化”管控、“警企船”联管等管控措施，保证口岸安全稳定。创新边检综合治理方式，构建警警联勤、警企联动、警民联防，以及视频巡查、现场巡查、船艇巡查等“三联三巡”工作机制，形成管控整体合力。根据口岸出入境边防检查工作实际，优化勤务组织，配备专门力量，建立后台核查中心，通过船舶历史数据、船员身份核查、船舶轨迹查询等“大后台”核查措施，坚决查处各类违法案件。后台核查中心成立后，共查处违法违规案件17起。

（刁永江）

长江引航

【概况】 2018年，张家港引航站全力服务张家港市港口经济发展，切实履行八项服务承诺。全年引领中外籍船舶10852艘次，比上年增0.7%；总吨位20241万吨，比上年增7.8%；净吨位11062万吨，比上年增8.1%；载重吨34016万吨。其中，引领国际航行船舶9711艘次，引航总吨位18995万吨、净吨位10369万吨、载重吨32034万吨。引领受限船舶1475艘次，占引航总数的13.6%，其中好望角型船舶184艘次；引领危化品船舶4443艘次，占引航总数的41%；引领夜航船舶3318艘次，占引航总数的30.6%。全年未发生责任事故和险情。

【引航精准服务能力提升】 2018年，张家港引航站坚持精准服务，满足整车进出口、重装大件、游轮经济等个性化特殊需求。将进出福南水道5万吨级船舶吃水常态化调至11.2米。引领船长近300米、宽45米、最大吃水11.36米、载重吨180309吨、实际载货量8.9万吨的巴拿马籍散货船"海角桂冠"轮靠泊港务集团码头，刷新进入福南水道好望角型船舶最大吃水引航纪录。引领船长292米、吃水11.5米的"冠军"轮靠泊盛泰码头3号泊位，刷新进出港口船舶吃水纪录。将装载桥吊、总宽95.98米的"泛洲9"轮从港新重装码头引领出江，刷新进出港口最宽船舶纪录。引领旅游船"世纪天子"轮靠泊港务集团13号泊位，这是长江下游内河游轮首航张家港港。提前介入港口发展，参与孚宝码头二期、陶氏化学码头的通航评估工作，以扎实的技术服务能力满足-12.5米深水航道贯通到南京以及海力码头加固改造后靠泊能力提升的要求。 （张庆明）

长江航运公安

【概况】 长江航运公安局苏州分局系长江航运公安局所属16个分局之一，处级建制，下设5个机关职能科室、4个直属实战单位和4个基层派出机构，行使长江苏州、无锡江阴段南线（上至江阴石庄、下至太仓浏河）全长约175千米水域公安管理事权，有民警93人。全年破获各类刑事案件584起，打击处理204人，抓获网上逃犯23人，移送起诉108人，摧毁各类犯罪集团4个、犯罪团伙8个。破获公安部督办的2017年"3·24"长江张家港段非法采矿案、江苏省公安厅督办的2017年"3·24"长江太仓段非法采矿案等非法采矿案件275起，抓获犯罪嫌疑人104人，涉案价值7000余万元。年内，开展"三保一创"（保畅通、保运输、保安全，创和谐通航环境）、缉枪治爆、易燃易爆火灾高危场所消防安全专项检查、长江干线省际客运安全专项治理、长江干线运输船舶重点处所（机舱）火灾隐患整治等专项行动，强化辖区治安管控。全年查破各类行政案件1786起，查处违法人员1781人、单位6个，行政拘留24人。发现并责令整改火灾隐患779起，建设工程消防设计审核2起，消防设计备案抽查7起，消防竣工验收1起，竣工验收备案抽查5起。

【打击非法捕捞】 年内，长江航运公安局苏州分局深化与农业部长江流域渔政监督管理部门的执法合作，定期开展联合执法巡航，强化长江张家港段水域禁渔工作，打击非法捕捞水产品行为；主动对接检察院、法院等部门，取得指导与支持，为打击非法捕捞水产品违法犯罪行为提供保障。共破获非法捕捞水产品刑事案件291起，抓获犯罪嫌疑人121人，查获非法捕捞船只44艘，非法捕捞渔具150套，渔获物442.3千克，其中长江鳗鱼苗3500余尾、中华绒螯蟹蟹苗11千克，维护长江张家港段水域生态环境安全。 （张　皎）

口岸服务

【概况】 年末，张家港口岸有各类口岸、港口服务企业118家，包括船舶代理、货运代理企业47家，理货企业2家，船舶港口服务企业69家。代理企业主要有中国外运长江有限公司张家港分公司、中国张家港外轮代理有限公司、张家港保税区海捷国际船务代理有限公司、张家港联合国际船舶代理有限公司、张家港保税区中海船务代理有限公司、张家港远东国际船舶代理有限公司、江苏远东物流有限公司张家港分公司等。理货企业分别为张家港中理外轮理货有限公司和张家港中联理货有限公司。船舶物料、生活品、淡水供应企业主要有张家港市上源外轮船用物资供应有限公司、江苏省外轮供应公司张家港公司、张家港国际海员俱乐部、张家港保税区鼎胜贸易有限公司等。船舶油料供应企业主要有江苏省中油泰富船舶燃料有限公司、江苏中燃油品储运有限公司张家港分公司等。围油栏供应企业主要有江苏海宇航务工程有限公司张家港分公司等。提供船舶污染物接收服务的企业主要有张家港沿江港务服务有限公司、市通江船舶服务有限公司等。经营港口拖轮业务的企业主要有张家港港务集团有限公司船务分公司、张家港保税区港鑫船务有限公司等。船舶航修企业主要有江阴澄西船舶航修有限公司张家港分公司、张家港市龙鑫达船舶维修有限公司等。

（顾佳慧）

【电子口岸深化"单一窗口"建设】 张家港电子口岸有限公司（简称电子口岸）成立于2007年，致力于构建智慧港口大通关、智慧供应链、智慧安全等平台体系。2018年，电子口岸不断深化"单一窗口"的功能拓展和业务应用，完成口岸信息化提升工程建设和验收，在江苏省内率先完成和国家"单一窗口"的全面对接和应用。至年末，张家港口岸运输工具申报率100%，报关单和舱单申报率全省领先。"单一窗口"对压缩张家港口岸的通关物流时间起到重要作用，2018年口岸通关物流时间压缩50%。同时以张家港市获批国家现代供应链试点城市为契机，接受张家港保税区管委会委托，承接现代供应链公共服务平台。已经完成一期平台建设，并在全国现代供应链试点城市成果汇报会上介绍平台情况，获得商务部和试点城市的高度评价。11月，公司牵头成立长江经济带港口服务平台联盟，并当选为理事长单位。年内，获评江苏省三星级中小企业公共服务平台、江苏省经信委中小企业数字化智能化改造升级优秀服务商、张家港市物流信息系统示范企业。 （王潇烨）

【张家港中外运获海关AEO高级认证】 中国外运长江有限公司张家港分公司（简称张家港中外运）是中国

外运长航集团在张家港的分支机构，在张家港口岸已有40余年历史，总部设在金港镇，有员工300人，拥有先进的海运、仓储、物流信息、GPS车辆调度系统、钉钉办公管理系统、i-SCP智慧供应链平台；拥有卡尔玛大型设备、多台集装箱拖车和各种吨位的叉车、吊车；拥有3.5万平方米仓库和4.5万平方米集装箱堆场。公司保税区仓库被张家港保税区海关评为“五星级保税仓储”，面积为2000平方米。2018年，海运货代方面，公司依托驳船洋山线，自营日本、韩国航线和内贸航线，全年完成代理集装箱140561标箱，比上年增11%；海运散杂货代理170.92万吨；内贸代理集装箱27640标箱。船代方面，全年完成自揽船936艘次，比上年增15.7%，自揽船净吨769.3万吨，自揽船货吨371.1万吨。仓储方面，拆装箱量7926标箱，仓储吞吐量46.39万吨，货运量9.53万吨，运输行驶里程37.2万千米，周转量534.36万吨千米；空运业务方面，完成空运快件47154票、33.61万千克，代理普货761.47吨。4月，张家港中外运母公司中国外运长江有限公司，经过南京海关审核认证，获得海关AEO高级认证证书。在实际进出口贸易中，取得海关AEO高级认证的张家港中外运，代理货物的平均查验率在一般信用企业平均查验率的20%以下，可以向海关申请免除担保，可以在出口货物运抵海关监管区之前向海关申报，以及享受其他通关便利措施。（郭　娇）

【张家港外代拓展项目物流模式】 中国张家港外轮代理有限公司（简称张家港外代）隶属于中国远洋海运集团，始建于1981年1月，是张家港口岸最早从事船舶代理的企业，代理了张家港口岸第一条外轮“日本商人”号。经过38年的发展，已发展为船舶代理、海运货代、项目物流、化工物流、仓储配送等相结合的综合型物流供应链企业。2018年，拓展项目物流新模式，依托天沃科技公司、富瑞特装公司等当地大型装备制造企业，操作瓦努阿图机场项目、BUHLER日本项目、马来西亚液化天然气项目等。围绕国家“一带一路”倡议，操作青山钢铁公司项目。张家港港作为青山钢铁公司项目的国内基本港，公司统筹全程物流一体化作业，项目出口的货物种类多而杂，涉及件杂货、设备、集装箱、危化品等领域，全年操作代理船舶31艘次，货量50万吨。全年实现营业收入4.5亿元，代理船舶1380艘次，完成船舶代理货量1139.8万吨，代理出口箱量28550标箱。公司获评江苏省文明口岸先进单位、AAAA级物流企业。（王华龙）

【中理理货拓展检验业务】 张家港中理外轮理货有限公司（简称中理理货）下设6个部门、1个分公司及7个办事处，有员工180余人，具有较先进的件杂货和集装箱业务管理信息系统，并与张家港电子口岸、南京海关物流监管平台联网。主要经营国际、国内航线船舶货物及集装箱的理货、理箱，集装箱装、拆箱理货，货物计量、丈量，船舶水尺计量，监装、监卸，货损、箱损检验与鉴定，出具理货单证及理货报告，理货信息咨询，检验鉴定、检测等相关业务。2018年，被张家港市政府授予“2017年度重合同守信用企业”称号。3月，出于公司战略发展需要，设立检验业务部，主要从事本埠、外埠各类检验鉴定、检测业务。9月18日，公司ISO 9001:2015质量管理体系通过中国船级社质量认证公司的再认证。全年公司受理船舶2359艘次，完成理货总量1142万吨。（胡杨杨）

【中联理货集“理货、检验、公估”三位一体】 张家港中联理货有限公司（简称中联理货）由中联理货有限公司控股、张家港港务集团参股组建成立。2018年，公司通过GB/T 19001：2016质量管理体系二次监督评审。在巩固理货业务基础上，依托北京中联海陆商品检验有限公司品牌全面提升检验鉴定服务能力，打造“理货、检验、公估”三位一体的第三方物流服务公证机构，获北京中联海陆商品检验有限公司检验业务市场开发“优胜集体”称号。北京中联海陆商品检验有限公司张家港保税区分公司已取得中国计量认证（CMA）和中国合格评定国家认可委员会（CNAS）证书，全年对3945个液化品、油品、煤炭矿产品的样品进行数重量和品质检验鉴定并出具检验鉴定证书。另开展木材检尺、货物残损鉴定、大宗设备丈量、箱检、货物监装监卸及各类海事检验等业务。中联理货全年受理船舶9000艘次，受理集装箱80万标箱。（李　健）

【海员俱乐部撤销】 张家港国际海员俱乐部位于金港镇长江西路19号，由市总工会代管，隶属于省总工会，是中国工会管理的为国内外海员服务的文化福利事业单位，下设综合科、接待科和经营科3个部门。年内，专门编印介绍张家港市口岸岸线图、医疗救助、观光、购物、餐饮、住宿等内容的《欢迎光临——中国·张家港》的宣传册2万余册，并征订《中国日报》《中国海员》等中英文报刊，上船免费赠送海员，让在港的各国海员及时了解张家港、了解中国。通过登轮访问、座谈、赠送宣传书报等方式，及时了解船员的动态，全年编写海员简报12份，其中《中国海员》杂志选登4篇文章。利用“海员之家”及相关娱乐设施共接待巴拿马、马绍尔、日本、韩国、新加坡、菲律宾等到港外轮1000余艘次。在新年、端午节、6月25日国际海员日、7月11日国际航海日等节日，开展登轮慰问，组织在港的中外海员举办联谊会、座谈会、纪念会等活动，全年服务中外海员4100余人次，为海员代购物品100余次，为120艘船舶提供伙食供应。9月3日，省编办下发《关于省总工会所属张家港国际海员俱乐部等3家经营类事业单位下放地方管理推进改革的通知》，张家港国际海员俱乐部被列入2018年江苏省省属事业单位改革范围。10月20日，省总工会下发《关于张家港国际海员俱乐部等3家事业单位由所在县级市总工会管理的通知》。12月24日，张家港市机构编制委员会下发《关于撤销张家港国际海员俱乐部的通知》，张家港国际海员俱乐部正式撤销。（吴　吉）

【编辑　沈立平】

生态环境

Ecological Environment

8月，“大美长江，我们在行动”环保志愿活动开展　（市环保局　提供）

生态建设

环境保护

绿化美化

扫码欣赏

绿动港城

生态建设

【概况】 2018年，全市按照“践行绿色发展、建设生态港城”目标定位，以“绿色发展引领区”建设为突破口，以“两减六治三提升”（“两减”即减少煤炭消费总量，减少落后化工产能；“六治”即治理太湖水环境、治理生活垃圾、治理黑臭水体、治理畜禽养殖污染、治理挥发性有机物污染、治理环境隐患；“三提升”即提升生态保护水平、提升环境经济政策调控水平、提升环境执法监管水平）专项行动为着力点，实施生态工程、攻坚污染防治。《张家港市生态文明建设规划（2017—2025）》通过人大审议并颁布实施。12月，张家港市受邀参加中国生态文明建设南宁年会暨全国生态文明建设成果（南宁）展，以专题片、图片展等方式宣扬张家港市生态文明成果。

生态空间优化 张家港市为破解空间、资源等发展瓶颈，在严格落实《江苏省国家级生态保护红线规划》管控要求基础上，根据省环保厅《关于做好省级生态保护红线相关校核工作的函》，对生态红线区域校核及优化调整情况进行论证并形成《张家港市生态红线区域优化调整论证报告》。实施生态补偿，全年下拨生态补偿资金1.09亿元，其中水稻田面积16739.15公顷、补偿10545.66万元，生态公益林面积335.26公顷、补偿100.58万元，备用水源地村10个、补偿250万元。实行最严格水资源管理制度，单位GDP用水量下降12%，全面完成上级下达的10.8%下降指标值，农业灌溉水有效利用系数0.691。加强外来有害生物监测和防范，张家港口岸全年截获进境植物疫情853种，其中检疫性有害生物75种。建成区绿地率37.4%、林木覆盖率19.63%、自然湿地保护率61.1%。实施森林抚育面积500公顷，省级以上重点公益林面积1424公顷。

生态品质提升 按照《张家港市海绵城市专项规划（2017—2030年）》，开展海绵城市建设，全市建成并达到海绵城市要求的面积8.08平方千米，占建成区面积14.43%。年内，加强城乡环境综合整治，通过开展城市管理“百日行动”等，在交通秩序、建筑工地、公共厕所、户外广告、垃圾分类、违法建设、“四级”主干道等7个方面完成整治项目1006项，城乡环境实现同步治理、同步提升。开展生态文明建设示范镇村创建，金港镇和南丰镇建农村、锦丰镇光明村、杨舍镇百家桥村、塘桥镇金村村第二批获评江苏省生态文明建设示范镇村。持续推进美丽城镇和康居乡村建设，全年累计投入24亿元完成7个建制镇和10个办事处城镇建设项目266项，按序推进“百村示范千村整治提升”三年行动计划，建成康居特色村3个（杨舍镇福前村、锦丰镇南港村、常阴沙现代农业示范园区常西社区），97个三星级康居乡村通过苏州市考核验收。新建民用建筑全部按照65%节能率设计建造，二星级及以上标识绿色建筑项目210万平方米，城镇绿色建筑占新建民用建筑比重83%，超额完成省下达的60%绿色建筑比例任务。落实公交优先战略，年内新增清洁能源及新能源公交车65辆，城市公交占比63.1%，建成区公交出行分担率20%。升级改造城区公共自行车运行系统，实现公共自行车手机扫码租车，近三年区镇建成公共自行车服务网点57个，投放车辆998辆。城乡生活垃圾无害化处理率、镇村生活垃圾集中收运率100%达标，全年处理餐厨废弃物3.2万吨。在公共机构、相关企业、居民小区、农贸市场及行政村推行强制分类工作，生活垃圾分类设施城区、农村覆盖率分别达到80%、65%。政府部门采购的办公自动化设备及其他相关产品，绿色采购率100%。建成区绿化覆盖率41.2%，人均公园绿地面积14.6平方米，建制镇建成区绿化覆盖率37.48%，新增杨舍镇百家桥村和乐余镇红星村2个“三化”（彩色化、珍贵化、效益化）示范村，规划布点村庄绿化覆盖率35%。污水处理厂污泥规范化处理率100%，工业固废安全处置率95%以上，医疗废弃物和危险废物安全处置率100%。

生态工程推进 年内，张家港市19项被列入苏州市年度生态文明建设“十大工程”的重点项目全面完成。煤炭消费总量削减工程，完成9台65蒸吨以上燃煤锅炉超低排放改造或关停整治任务，削减非电行业煤炭消耗量142.22万吨，完成年度任务的112.5%。化工行业整治提升工程，年内关停并转化工企业29家，超过苏州市下达的21家整治任务。城乡河道整治工程，实施农村河道综合整治，疏浚各级农村河道775条、398千米，完成土方289万立方米，拆坝建桥175座，建成生态河道53条、39千米；完成7条城镇黑臭河道治理任务，全面完成二干河、张家港河年度整治任务。挥发性有机物治理工程，全面完成100家企业挥发性有机物整治任务。畜禽养殖污染治理工程，累计关闭畜禽养殖场（户）133家、整治3家。养殖池塘标准化改造工程，启动实施188.69公顷养殖池塘标准化改造。环境基础设施提升工程，城南污水处理厂扩建工程全面建成，沙钢集团污水接入锦丰片区污水处理厂，沙印集团尾水回用项目全面建成并接管投运，新增城镇雨污分流和污水管网42千米，完成80个自然村级3417户农村生活污水治理任务，新增工业污泥年处置能力12万吨。绿化和湿地保护工程，黄泗浦生态园建设按序推进，年内完成投资1.8亿元。交通干线沿线绿化和环境综合整治完成省整治办明确的年度任务，年内新增成片林70.41公顷，完成森林抚育面积500公顷。环境监管能力提升工程，完成25家沿江化工企业老旧监控设备更新改造或总磷、总氮监控设施新增任务。

【生态文明建设规划实施】《张家港市生态文明建设规划（2017—2025）》通过人大审议并颁布实施，这是继《张家港市生态文明建设规划（2009—2016）》之后修编的新一轮规划。新一轮规划由规划目标与建设指标、优化国土空间开发格局、推动产业绿色转型、促进资源能源节约集约利用、持续改善环境质量、推进绿色宜居家园建设、大力弘扬生态文化、加快生态文明制度建设等11个部分组成。其中，优化国土空间开发格局主要包括构建健康稳定的生态安全体系、促进城市紧凑发展、建立与自然禀赋相协调的农业发展格局、构建与环境功能相适应的工业发展格局、打造与城镇化相匹配的服务业格局；推动产业绿色转型主要包括大力发展现代生态农业、实现工业生态化发展、加快发展现代服务业；促进资源能源节约集约利用主要包括加强节能减排、加强土地节约集约利用、加强水资源节约集约利用、加强湿地资源和生物多样性保护；持续改善环境质量主要包括全面提升水环境质量、综合治理大气污染、加强土壤污染防治、加强固废污染防治、加强噪声及辐射污染防治、加强环境污染防治管理及能力建设；推进绿色宜居家园建设主要包括建设绿色张家港、营造绿色便捷的交通网络、打造高效的公共服务体系、优化农村人居环境、打造生态低碳社区；大力弘扬生态文化主要包括构建张家港特色生态文化体系、加强生态文明宣传、倡导生态文明行为、开展各类生态创建；加快生态文明制度建设主要包括建立国土空间治理制度、健全自然资源管理制度、建立健全环境管理制度体系、健全环境治理和生态保护多元治理体系、完善生态文明决策与行政制度、完善生态文明评估、考核与责任追究制度。为直观展示规划内容，另附有一整套包括张家港区位图、行政区划图等34张图片的图集。

【“263”突出环境问题整改】 2018年，张家港市以中央环保督察整改为契机，落实上级打好污染防治攻坚战及“263”专项行动要求，统筹在市、镇两级全面推进实施，层层压实主体责任。3月8日，市政府与各区镇签订“263”目标责任书，明确2018年工作“路线图”和“时间表”，细化目标任务，划定时间节点，明确工作责任，实行“挂图作战”，突出重点、难点，全力推进“263”专项行动。3月下旬，由市委书记、市长以及分管副市长分别带队，重点围绕减煤、减化、治太湖、治黑臭、治畜禽、治挥发性有机物等突出环境问题以及“散乱污”整治，分批对各区镇进行实地督察，切实强化督察检查力度，倒逼区镇主体责任落实。5月，市委、市政府制定2018年度“263”专项行动实施方案，排定3个大类12项54个重点任务，同步印发《张家港市“两减六治三提升”14个专项2018年方案》。7月12日，制定“清江行动”实施方案，印发“清江行动”重点攻坚任务表，明确2018年至2020年9个大工程194项攻坚任务。7月13日，市委、市政府召开全市清理整顿沿江环境污染攻坚战动员大会，市四套班子主要领导，各板块、各部门、各村（社区）主要领导及分管负责人参加会议。7月31日，市委、市政府印发《张家港市清理整顿沿江环境污染攻坚行动督察推进方案的通知》，成立“清江行动”5个市级专项督察组，每月对各板块“清江行动”相关攻坚任务推进情况进行全面督察并及时通报。通过多次专项督察，发现了一批整改不彻底、推进不理想的问题。9月7日，市委、市政府打好污染防治攻坚战指挥部等专项行动领导小组及其办公室，与2017年度成立的“两减六治三提升”专项行动领导小组办公室合署办公，实体运行。各板块相继成立各专项行动领导小组及其办公室，实体化运作。至2018年年末，全市完成“263”专项行动重点工程项目52项、“清江行动”重点攻坚任务75项。全年播出曝光节目102期，涉及问题177个，整改到位150个，办结率84.7%；下发督办单257份，涉及问题570个，完成整改488个，办结率85.6%。

永联小镇　　（南丰镇　提供）

【南丰镇首批获评江苏省生态文明建设示范镇】 3月，南丰镇首批获评江苏省生态文明建设示范镇。近年，南丰镇在全市率先编制完成《南丰镇环境保护暨生态文明建设规划》，明确由镇环保办及市环境监察大队南丰中队专职承担环保职能，健全环境综合整治长效管理机制。连续实施三轮环保“333”工程和工业园区（集中区）环境保护专项整治行动，污染防治得到持续强化。严格遵守划定的生态红线，提升水路运输能力，减少陆路车辆运输，引入金陵体育产业园等清洁节能型、技术型项目。永钢集团钢铁生产流程由“资源—产品—废物”转为“资源—产品—再生资源”，接连建成烧结工序改造、球团脱硫、中水回用、余热煤气发电、钢渣回收利用等一批节能环保项目，年节约标煤45万吨。形成煤气、余热、蒸汽、废水和炉渣回收利用的五大循环经济圈，96%以上的工业“三废”实现有效循环，循环经济效益占企业总效益的20%以上。机电园接通天然气，园区内所有燃煤锅炉（炉窑）完成清洁能源改造或关停。工业固体废物和医疗废物得到妥当处置，且无危险废物排放。全镇三年累计关停金属表面处理、防火板等“五小”行业小作坊150余家。淘汰落后企业，“腾笼换凤”土地73.57公顷。编制现代农业发展规划，发展生态农业。建设农村土地管理三维地理信息系统，将全镇农业划分为休闲观光区、高效实施区、优质果品区、绿色粮食区四大功能区。建设标准化农田1376.8公顷、设施农业203.33公顷、菜篮子基地140公顷，高标准建成省农产品质量监管示范镇，新增苏州市名牌产品4种、“三品”认证16个，引进种养新品39种。以国家AAAA级景区苏州江南农耕文化园为品牌引领，发展乡村休闲旅游业。建立农产品交易展示中心，打造“天天鲜”“港诚”等现代农业新品牌。抓好秸秆综合利用和禁烧工作，农作物秸秆综合利用率保持在98.5%以上。镇区老小区实施雨污分流改造，机电园企业实施排水许可，生活污水纳入总管，镇区生活污水处理率96.3%。全镇投入1.5亿元建设农村生活污水处理设施，农村生活污水处理率达到80%以上。控制农业面源污染，关停畜禽养殖场24家。农村村民将垃圾分为可堆肥垃圾（易腐烂）和其他垃圾分类投放，由专门的工作人员扫码评价后将可堆肥垃圾运送到南丰镇农村生活垃圾分类处理站进行二次分拣。可堆肥垃圾经机器脱水、粉碎等工序后变成有机肥，分拣出的可回收垃圾进行回收卖出，有毒有害垃圾交给专业单位处理。全镇改造农村自来水8000余户，农村卫生厕所普及率100%，村庄环境整治100%达标。新德村、和平村、建农村分别建成省级和苏州市级美丽乡村示范点。全镇建成苏州市三星级康居乡村点位13个。实施“百条河道”疏浚工程，治理重污染河道27条，消除黑臭水体等严重污染现象。省级生态村创建比率达到83.3%，永联村创建成国家级生态村。绿色社区、学校创建实现“满堂红”，永联小镇创建成省级环境教育基地，南丰镇建成张家港市首家镇级生态文明教育馆。

【永钢集团用钢渣3D打印造厕所】 钢铁企业在生产过程中不可避免地会产生很多固体废物，其中钢渣的比重最大，处理不当会造成环境污染。年内，为解决这一难题，永钢集团联合一家3D打印企业，将钢渣变成环保建筑新材料，创造了废渣变房子的奇迹。灰色的外墙，凹凸有致的造型，在永钢集团的厂区建了一个特别的卫生间，制造它的原料正是企业生产过程中产生的废钢渣。卫生间通过3D打印一体成型，整个建造时间只用了15天。钢渣经过颗粒化的碾磨，坚固度要比普通的混凝土高得多，通过专业机构的环评检测，材料环保无害。除了卫生间，这种3D打印技术还可用钢渣打印出花盆、水管甚至是别墅。预计该项目投产后，可以每年为永钢消费钢渣40万吨以上，占到企业总钢渣量的一半。

【沙钢环境问题整改】 6月28日，生态环境部官方微信发布《沙钢集团百万吨钢渣弃置江边威胁长江水生态环境安全》的文章，通报沙钢集团烟尘污染问题、百万吨钢渣等工业固废随意堆放在长江岸边等问题。张家港市连夜召开紧急会议，及时传达苏州市委、市政府召开的中央环保督察“回头看”反映张家港突出环境问题专项整改工作会议精神，并对整改工作进行具体部署。6月30日，为进一步落实长效机制，加大沙钢环境整治推进力度，张家港市在原沙钢集团环境治理工作专班基础上，进一步提升层级，成立沙钢集团环境整治工作指挥部，由市主要领导担任总指挥，市有关领导、冶金园主要负责人为副总指挥。指挥部下设环保整治项目报批工作专班和整改督察实体化工作专班，全力推动沙钢突出环境问题整改。至2018年年末，生态环境部官方微信通报的六个方面问题中，沙钢集团5号、6号焦炉地面除尘风机数据异常、5号焦炉出焦时烟气泄露、焦化车间在线监控装置未安装、9号高炉出铁口烟尘无组织排放4个问题已完成整改，其余2个问题按计划推进。沙钢集团4号、6号料场棚仓化改造方面，4号料场棚仓化改造已完成，6号料场棚仓化改造第一阶段，2号C型料场实施主体结构施工，整体工程预计2021年前完成；焦炭仓建设启动前期工作，计划2019年年末前完成；在料场棚仓化改造以及焦炭仓建设全部完成前，采取加盖防尘网等抑尘措施控制扬尘。钢渣清理方面，恒乐建材、和源钢渣场累计清运钢渣约400万吨，完成年内减量50%的任务。

（鞠东辉　黄云霞）

环境保护

【概况】 2018年，全市持续推进“两减六治三提升”专项行动，深入开展环保“百日行动”，治理大气、水、土壤污染。严格环境监管，全力解决中央环保督察“回头看”交办件50件，年内整改完成38件。环境质量稳步改善，$PM_{2.5}$均值为每立方米40微克，浓度比上年下降11.1%，环境空气质量优良率比上年提高9.3个百分点；重点省考断面水质优Ⅲ比例100%，主要河流水质达到功能区要求，总体水质状况良好；全市化学需氧量、氨氮、二氧化硫、氮氧化物4项主要污染物削减量均完成年度任务。东沙化工园37家化工企业全面关停，原有地块规划建设东南工业区，西面发展海洋工程装备和环保装备，北面发展新材料产业，至年末已入驻1个高端材料项目，总投资2.5亿元。市环境监测站新开水、气监测项目18个，新增及更新分析方法6个；启动并建成大气异味走航监测项目，通过布置移动式有机废气监控点位，对重点化工区和信访集中区废气排放进行24小时动态监测预警，对于发生超标报警事件能够根据系统的分析指引，及时到现场精准溯源，从而实现精准执法、精准打击。运行“阳光执法平台”系统，对执法过程进行全过程记录，将立案处罚、法制审核及事后督察在网上运行；启动实施云电力监控项目，通过该装置的安装并上线运行，对企业的生产设施、治污设施进行实时远程电力监控和关联分析,杜绝企业擅自停运治污设施行为,提高污染防治设施的运行效率和执法效能,年内完成第一批81家企业云电力监控装置的安装及运用。坚持预防为主原则,持续开展环境安全隐患排查治理工作,推进环境安全达标建设,委托第三方机构对全市75家较大环境风险企业开展环境安全达标建设情况进行全面核查;开展全市280家环境风险企业突发环境事件应急预案电子化备案工作,建立健全环境应急物资储备,提高突发环境事件应对处置能力的物质基础;会同交通、水利等部门完成集中式饮用水源地7个环境问题及隐患的整改,保障全市用水饮水安全。落实以"不见面审批""3550"改革为基础的放管服改革各项措施,形成登记表网上备案,报告书、表网上申报不见面的审批机制;着力压缩环境影响评价文件审批时限,将环境影响报告书、表办理时限分别由法定60个、30个工作日均压缩到5个工作日,通过优流程、减材料、压时限,打造"阳光、高效、便捷"的环保服务品牌。

【环境质量】 *水环境质量* 第三和第四水厂集中式饮用水源地、一干河新港桥备用水源地水质均达到Ⅲ类水质目标,水质总体保持良好。全市4个省级考核断面平均水质均达到2018年度考核目标,达标率100%。17个苏州市控断面水质均达到功能区水质标准,无劣Ⅴ类或Ⅴ类水质断面,优于Ⅲ类断面比例为88.2%,比上年提高5.8个百分点。水质优于Ⅲ类断面比例在苏州位列第1名。

空气质量 2018年,市区环境空气达标天数为279天,重度污染天数为7天。省控点细颗粒物均浓度值为每立方米39微克,比上年下降9.3%。市区环境空气全年超标天数86天,其中首要污染物为臭氧的,有43天,占50.0%,比上年少16天;首要污染物为细颗粒物的,有36天,占41.9%,比上年少11天;首要污染物为可吸入颗粒物的,有6天,占7%;首要污染物为二氧化氮的,有1天,占1.1%。

声环境质量 张家港市城区区域环境噪声和道路交通噪声昼间平均等效声级都达到相应标准要求。城区声功能区除4a类功能区声环境监测点夜间等效声级存在超标现象外,其余均达到相应标准要求。区域昼间声环境质量为较好,道路交通昼间声环境质量为好,1类、2类、3类功能区声环境昼夜达标率为100%,声环境质量与上年基本持平。

【水污染防治】 2018年,全市在钢铁、印染行业进一步推行中水回用工程,骏马纺织每日7000吨、久盈针织每日3600吨、金鸟纺织每日200吨、沙钢集团每日15万吨、沙印集团和锦丰片区污水厂每日2.5万吨尾水回用工程正式投入运行。清源水处理有限公司每日3000吨、富淼科技中水回用项目工程完成主体工程建设。为推进全市接管印染企业达到接管标准要求,下发《关于进一步明确全市印染行业执行接管标准的通知》。对《张家港市水环境区域补偿工作方案》进行修订完善,核定跨乡镇界水体监测断面及河道权属,将省考断面、入江支流断面等重点断面计入考核,对各区镇开展重点河道断面区域补偿机制,落实区镇水环境质量主体责任,促进全市水环境质量改善。根据断面水质监测考核情况,每月通报补偿断面水质达标情况。

【大气污染防治】 2018年,根据《苏州市大气污染防治2018年度工作任务计划安排的通知》要求,结合全市秋冬季方案和"263"专项行动计划,张家港市关停淘汰或清洁能源替代10蒸吨至35蒸吨燃煤锅炉9台,其中吴氏印染、诚信印染、宏裕新材料、东源纺织、合力能源公司各1台,浩波热电和欣欣高纤公司各2台。关停淘汰或实施超低排65蒸吨及以上燃煤锅炉改造13台,其中富淼科技2台、长源热电2台,华昌化工5台、苏化热电4台。完成全市559家企业挥发性有机物(VOCs)整治,其中76家化工类企业开展泄漏检测与修复(LDAR)及提标,450家企业实施清洁原料替代挥发性有机物全过程污染控制,33家仓储企业启动储罐的分类治理,包括源头控制、安装氮封、活性炭吸附等末端治理。完成沙钢集团1号至8号焦炉脱硫、脱硝提标改造,完成4号料场的大棚封闭,完成永钢2号450平方米烧结脱硫、脱硝提标改造和焦炭堆场封闭工程。

【土壤污染防治】 年内,市环保部门建立市土壤污染防治协调工作组,组织开展268家化工、涉重金属重点行业企业遗留地块现状摸排,逐步建立全市疑似污染地块名单,并录入管理系统。组织疑似污染地块企业信息系统操作培训,指导企业填报地块信息。委托专业机构开展农用地详查土壤样品及水稻样品,于年内完成检测工作。加快推进土壤初步调查工作,按计划完成918个地块的土壤污染信息采集机构招标,全面开展土壤污染信息采集工作。制定并发布张家港市重金属重点防控区专项整治实施方案,公布张家港市第一批疑似污染地块名单;增补25家土壤环境重点监管企业名单。开展涉镉等重金属企业排查整治工作,梳理建立整治问题清单,督促相关企业开展整治工作。印发《张家港市重金属重点防控区专项整治实施方案》,推进重金属重点防控区规范化管理水平进一步提升。开展重金属重点行业企业排查,建立重金属重点行业企业全口径清单。

【工业固废污染防治】 全市推进固废处置能力建设,年内,1.5万吨危险废物焚烧处置项目建成并投入运行。至年末,张家港市形成每年2.9万吨危险废物焚烧处置、1000吨医疗废物焚烧处置及2640吨医疗废物高温蒸煮能力。推动工业固废(危废、一般工业固废)填埋场项目及一般工业固废焚烧项目纳入市静脉科技产业园整体规划。推进危废规范化考核开展,组织2018年度157家危险废物规范化达标考核企业开展规范化达标建设业务培训,对汽修行业、纺织印染行业开展专题培训,推动相关企业自查整改,督促企业提高危废管理意识、提升现场管理水平。引入第三方专业机构对全市企业开展达标建设抽查考核，抽查达标率为91%。组织各区镇对年产废量10吨以上的企业开展危险废物贮存情况摸底调查，摸清企业危险废物产生种类、数量以及储存情况，对照江苏省危险废物动态管理系统数据信息，核实企业库存，明确企业减库存目标任务，减库存年度任务顺利完成。全面推进长江经济带固废大排查，对全市工业固体废物产生、贮存、运输、处置等情况开展排查，启动一般工业固废网上申报登记工作，逐步将全市一般工业固废纳入申报管理。

【核与辐射安全管理】 2018年年末，全市有核技术利用单位156个(其中涉源单位39个)，在用放射源542枚，射线装置594台。有移动通信基站4420个(其中移动1400个、联通1670个、电信1350个)；500千伏变电站2座，容量4500兆伏安，在建1座，容量1000兆伏安；220千瓦变电站16座，容量7680兆伏安，线路467千米；110千瓦变电站41座，容量4294兆伏安，线路586千米。年内，开展核技术利用辐射安全综合检查专项行动和每季度的放射源专项检查，开展射线装置单位、移动探伤夜间检查等专项检查活动，全市所有放射源、射线装置安全可控，辐射环境本底始终稳定。开展废旧、闲置放射源清查工作，废旧、闲置放射源数量得到进一步压降，全年送贮闲置、废旧放射源82枚。废旧金属熔炼企业放射性监测开展有序，检出放射性废物1600千克全部安全送贮。全年调处辐射信访31起，未发生群体性上访事件，未发生放射源被盗丢失、人员意外受照、金属产品熔入放射性物质等辐射事故。

【环境监督】 2018年，以环保“百日行动”“绿盾二号”为抓手，张家港市开展“清江”攻坚战、“长三角蓝天保卫战”强化督察企业等行动，相继组织实施重点河道、排污许可证、环境安全、沿江八市互查、太湖安全度夏、化工园区及化工企业、木材加工企业、电镀整治企业、重点信访积案等专项执法检查，成立沙钢和沿江重点企业环境问题排查整改专班开展相关工作，严格执法，扎实排查，严惩环境违法行为。全年检查1万余厂次，立案查处763件，实施行政处罚461件，罚款6280余万元；实施查封扣押18件、限产停产20件、向公安机关移送涉嫌环境犯罪案件20件，行政拘留4件。其中立案、处罚及罚款分别比2017年上升23.7%、25.3%、138%。全市环境信访总计3144件，比上年下降20.02%。全年审批及预审建设项目1582项，建设项目环境保护设施的验收130项，发放排污许可证485张，组织申报补助资金542.5万元，77家企业投保环境污染责任保险，全年获有效监测数据近266万个，外发各类监测报告近3000份。推动环保信用评价结果运用，完成31家国控企业初评上报及766家市级重点监管企业2017年度环境行为等级评定，上报省环保厅红、黑色企业名单，制定《张家港市企业环保信用修复管理办法》，开展环境信用动态修复工作等。

【环保宣传】 4月，市环保志愿者协会成立并投入实质性运转，全年开展“环保小天使”“环保酵素推广”“绿色蒲公英”“环保宣讲团”等志愿服务项目，其中“环保小天使”项目开展服务27场，直接受益1739人，“环保酵素推广”项目开展17场，直接受益1000人。此外，组织开展绿色税收环保主题征文、演讲比赛、“12345”进行时政风行风热线、“百企共环岛，生态伴我行”等“6·5”主题宣传系列活动，举办专场文艺晚会暨宣传月启动仪式，组织开展全市环保信息发布会等；全年在各级各类报刊报道96篇，制作《关注环保》电视专栏节目10期，利用环保政务微信、微博，共计推送约2100条信息。开展“政企互通”活动，引导环境污染防治，引入专家帮助企业问诊，全面推进问题解决；开展“环保课堂下基层”巡讲活动，广泛宣传环保法律法规和最新环保政策要求，以案说法，得到区镇、企业及群众的一致好评。

【党员环保志愿行动队成立】 8月，张家港市举办党员环保志愿行动队成立暨“大美长江，我们在行动”环保志愿活动，活动由市邮政分公司主办，张家港市环保志愿者协会、市产业资本中心承办。活动内容包含《长江经济带》特种邮票首发、绿色邮政倡议书宣读、“大美长江，我们在行动”环保志愿项目发布，以及供电、电信、邮政、邮储4支党员环保志愿行动队成立仪式、环保志愿队伍形象展示等。团市委、文明办、环保局、水利局、边检站、电信公司、供电公司等400余人参加此次活动。年内，志愿服务队与环保协会等携手，先后组织党员志愿者进社区、进学校，开展清洁能源制作、环保绘画比赛等各类活动40余场，深入企业组织员工绿色倡导者训练营5场，与工行、港城汽运集团联合组织党员环保志愿者至人流集中点及公交站点发放无纺布袋等主题宣传品1000余份，号召市民多乘公交、少开车。

【市静脉科技产业园建设】 张家港市静脉科技产业园位于南丰镇南部，包括原有东沙生活垃圾填埋场区域，总面积126.67公顷，分为东西两区。通过引进先进的固体废物处理技术，统筹优化各类处理设施布局，实现固体废物系统处置、物质(能源)高效循环利用、污染排放集中监控，大力发展环保装备制造等战略新兴产业。园区规划总投资约80亿元，固定资产投资约60亿元，预计到2025年建成。园区建成后，年消纳固体废物135.3万吨，总产值达到215亿元，税收6.4亿元。至年末，完成园区平台公司组建、稳评、环评、控制性详规报告编制、审批等前期工作，项目拆迁任务基本完成。与光大集团签订项目合作协议，启动地勘、环评等工作；与北控集团项目合作完成洽谈和签约；澳洋苗圃搬迁推进。基础设施方面，稳步推进园区基础设施(一期)EPC项目和水系沟通工程建设，实施市政道路施工、雨污水管网铺设、箱涵施工。入园项目方面，固体废物填埋场BOT项目已签订合同并完成项目公司注册、项目立项、土地摘牌等，推进环评、施工设计等工作；生活垃圾焚烧发电BOT项目特许经营协议征求市有关部门意见完成初稿；一般工业固废综合处置(填埋及焚烧)项目评审方案和标书完成。

(鞠东辉　孙　俊　叶伏林)

绿化美化

【概况】 2018年，市绿化部门委托苏州科技大学完成《张家港市香山资源调查评估报告》并通过专家评审，9月，根据《市政府关于同意明确香山风景名胜区范围的批复》意见，明确香山山体区域1.62平方千米为香山风景名胜区范围。编制完成《张家港市中心城区行道树规划(2017—2025)》，为城市道路林荫化建设提供科学依据。至年末，全市绿地面积2212万平方米。城市建成区绿地率为37.4%，绿化覆盖率41.2%。有8个公园，公园绿地面积572万平方米，人均公园绿地面积14.9平方米。

【绿化建设】 2018年，市绿化部门投入财政资金4274万元，完成道路与城区绿化工程9个，新增绿地面积41.55万平方米。其中，投入2840万元完成张皋路、南庄路(暨阳西路至人民西路段)隔离带、晨丰公路东延段、长黄港等道路河道绿化工程，新增绿化面积29.22万平方米；投入1434万元建设锡通高速北延绿化工程，增加防护绿地面积12.33万平方米。完成世贸暨阳湖苑、碧桂园翡翠湾、金新城汇金花园、万达广场等15个新建小区、3个单位配套绿化验收工作，新增绿地面积28.15万平方米。金港镇新增绿化面积34.4万平方米，改造绿化面积49.13万平方米，绿地总面积1611.01万平方米。塘桥镇投入4000万元完成北京路、永进路改造及景观绿化工程，投入1200万元完成沪通铁路塘桥段、富民路东延等道路绿化提升工程，投入1500万元实施永进路两侧公园建设工程。凤凰镇新增各类绿化面积27.07万平方米，城镇绿化综合覆盖率40.1%。南丰镇完成镇域景观绿化、沪通铁路两侧生态林种植和东福路、常福路绿化提升工程，新增绿化7.33万平方米。常阴沙现代农业示范园区新增绿化3.7万平方米，新增景观节点6处。

【绿地养护】 2018年，城区公共绿地养护面积652.85万平方米，四季草花面积2.37万平方米，行道树32143棵，景观造型树369棵，花箱1744组。市绿化部门开展以“清菜地、清杂草、清固废”为主题的“三清”行动，清理枯枝落叶垃圾6000余吨，清理张杨公路、沿江互通、二环路等路边菜地，绿地修复4万余平方米。落实整改生态园林城市检查组专家反馈意见，在小区、单位围栏、景观廊架等地段开展立体绿化建设1423平方米，行道树补缺133棵。开展绿化民生服务工作，全年办理“12345”便民服务转办绿化信访事项785件、数字化城管转办绿化信访事项1762件，处理遮阳修剪120余次。

【绿化行业管理】 年内，绿化工程项目负责人备案实现网上办理，新增备案项目51个。完成绿地率审批34个，其中张家港第二集贸市场、张家港农村商业银行扩建项目等规划立体绿化面积大于总面积的10%。绿化施工图备案5个。参加土地出让会审25次，参加各类控制性详规审查8次。出具外出绿化企业诚信证明3次。完成全市2019年度绿化预选承包商受理评选工作。依法办理行政许可125件，其中临时占用绿地60件，永久占用绿地65件。收取绿化补偿费用640余万元。审批件按时办结率达到100%。通过政府采购服务形式，完成5400吨(市区4200吨、乡镇1200吨)园林废弃物的集中处置，园林废弃物资源循环利用率90%以上。

【菊花展开展】 10月28日至11月28日，第二十二届菊花展在梁丰生态园举行，该届菊花展分别以“庆祝改革开放40周年”“四个港城”和“港城菊韵”为主题制作立体花坛，通过各类菊文化展示版面结合景观布置，突显菊花园艺特色，展现传统文化和现代布展结合之美。菊展利用公园的生态基地，选取六个节点布展，共分主入口南门展区、生命之泉“四个港城”展区、雾森林菊花文化及企业展区、森林书屋鲜切菊展区、盆景园精品菊展区和北门出口“新时代，新气象”展区六大展区，共展出菊花6万余盆，鲜切菊2万余支，珍贵精品菊800余个品种，造型菊25个品种上千盆，还设置盘龙、塔菊、悬崖菊等大型立体花坛造型。经统计，菊展期间共有37万人次入园赏花游憩，其中11月11日8.4万人次，为2006年开园起日最大游客量。

(施卫东)

10月至11月，第二十二届菊花展开展　　(市住建局　提供)

【编辑　张　洁】

城乡建设

Urban and Rural Construction

金香社区　（保税局　提供）

城乡规划　　公用事业

城区建设　　城乡管理

镇村建设

張家港年鑑(2019)

城乡规划

【概况】 2018年,市规划局履行规划职能,完成规划编制17项。编制完成《张家港市城市总体规划(2011—2030年)(2018年修改)》总体规划1项。编制完成《高铁新城(城市副中心)规划研究》《中心城区路网优化设计》《张家港市中心城区公共卫生间布局》等专项规划3项。编制《张家港市人民路沿线城市设计》城市设计1项。编制《通洲沙江心岛生态湿地总体规划》概念规划1项。编制完成《杨舍核心区HX1-05、杨舍城东YSCD-01-01地块控制性详细规划调整》《张家港市乐余中部镇区控制性详细规划》《张家港临江绿色产业园科技创新园部分地块控制性详细规划调整》《金港镇金港片区生活区JGCQ-02-04、JGCQ-05-01(1)地块控制性详细规划调整》《金港镇香山景区周边地区XSJQ04-01地块控制性详细规划调整》《金港镇JGCQ-06-02地块控规调整》《张家港市静脉科技产业园(NFJM-01-01基本控制单元)控制性详细规划调整》等控制性规划7项。编制完成金港镇高桥村朝南埭、薛家埭,金港镇朱家宕村,金港镇东山村,常阴沙现代农业示范园区常北社区自然村庄等村庄规划4项。《张家港高铁新城(城市副中心)规划研究》于1月委托省城市规划设计研究院启动编制,2月至3月开展现场调研、部门座谈,掌握规划基础资料,12月完成规划成果并向市委、市政府汇报。《张家港市城市总体规划(2011—2030年)(2018年修改)》7月通过市人大常委会审议,9月通过省住房和城乡建设厅专家论证,11月经省政府同意、省自然资源厅复函同意。市规划局做好规划管理和服务,规范项目审批。“一书两证”(规划选址意见书、建设用地规划许可证、建设工程规划许可证)核发415件,方案审批226个,完成规划条件46个。年内,市规划局开展智慧规划综合应用系统建设。项目完成规划审批、专项规划、专题数据等数据标准的制定,对2016—2018年近1000份规划审批相关业务案卷梳理规整建库,开发规划管理综合应用、规划一张图、规划移动应用等三大类19个子系统,并与政务一张网、政务大数据等相关系统进行接口对接,同时对规划局内网硬件资源进行扩容。

【规划管理】 年内,市规划局贯彻落实《中华人民共和国城乡规划法》和《江苏省城乡规划条例》,严格执行规划委员会制度、规划公示制度、技术论证会制度等。加强规划实施的过程监督,做好规划批中、批后管理。完成规划验线94个、规划核实83个,发现和处理违法违章建设案件7起,实施行政处罚449.6万元,出具规划认定函移交城管局146份。加强城乡规划信息公开工作,及时按照法律法规对各类规划进行公示、公开。全年实施规划批前公示152项、批后公告285项,答复市长信箱及“12345”信件、电话170件,主办人大代表建议6件、政协委员提案4件。

【规划服务】 年内,市规划局做好城南文体中心、实验小学西校区、梁丰初中西校区、沪通铁路张家港站配套工程、塘桥中心幼儿园、民丰苑幼儿园、第二集贸市场等项目规划服务工作。完善新城区功能布局,服务各区镇开发建设,完成沿江城际铁路、通苏嘉城际铁路、沿江高速扩容、张家港高级中学地下人防、第四水厂扩建、沪通铁路地方基础设施配套、东环路—南环路停车位改造等市政基础设施工程的规划服务工作。

【城市测量】 年内,市规划局基础地理信息中心完成金宏华新能源、合丰机械、浦项不锈钢等240个项目的地形图修测或新测,保证地形图的现势性,为规划管理和设计提供科学数据。开展锦熙置地、祥盛地产、中联置业等158个项目的坐标放样及75个项目的正负零验线测量。完成中联

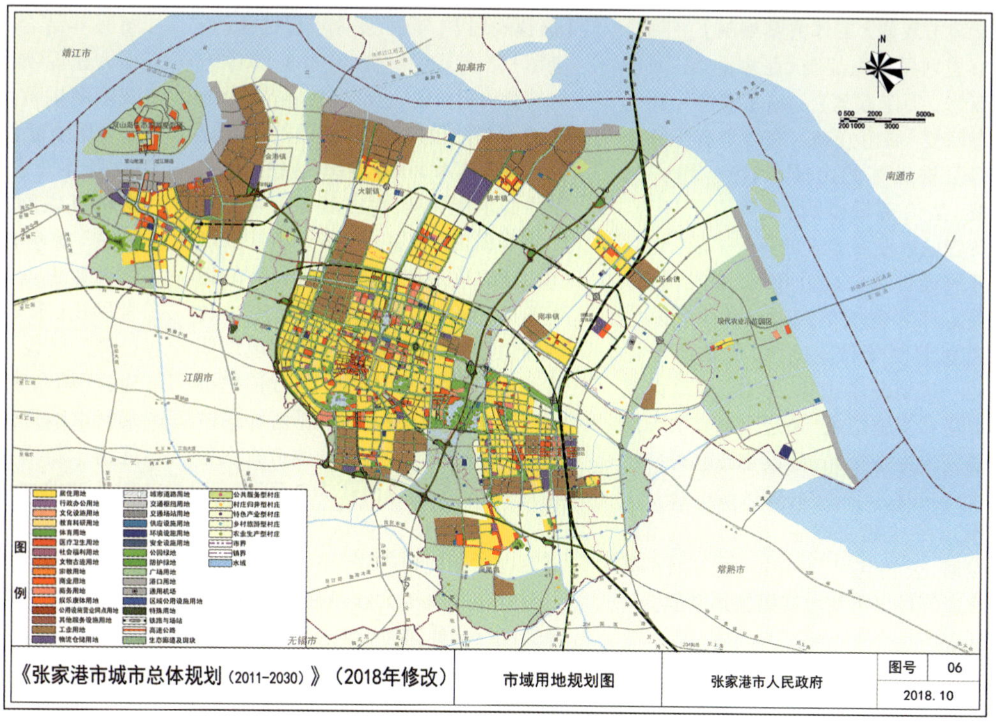

市域用地规划图

(市规划局 提供)

铂悦、看守所、恒大雅苑等121个项目的竣工总平面测量和建筑面积测量，为规划核实和绿化验收提供翔实依据。完成闸上路工业污水、南庄路地下管线工程等330个地下管线项目竣工测量。

【通洲沙江心岛生态湿地总体规划编制】 年内，市规划局组织编制《通洲沙江心岛生态湿地总体规划》。8月31日，发布《通洲沙江心岛生态湿地总体规划》公开征集公告。9月30日，经专家评选，确定中国城市规划设计研究院、南大（常熟）生态研究院有限公司与英国野禽与湿地基金会咨询公司联合体、苏州园科生态建设集团有限公司与苏州科技大学联合体3家应征机构参与方案设计。10月，完成规划现场调研和基础资料收集。规划立足于通洲沙实际情况，围绕长江湿地资源，依托长江湿地文化，旨在高起点、高标准、高质量打造长江下游最富特色的原生态湿地岛，规划融湿地恢复保育、湿地休闲体验、湿地利用示范等功能于一体，指导通洲沙生态湿地的保护和建设工作。规划预计2019年确定中标方案，并完成规划成果。

【“城市双修”工作方案编制】 年内，市规划局组织编制《张家港市“城市双修”工作方案》。“城市双修”，即生态修复、城市修补。有计划有步骤地修复被破坏的山体、河流、湿地、植被，是治理城市病、改善人居环境、转变城市发展方式的有效手段。5月，开展设计单位公开招标。7月，招标确定江苏省城市规划设计研究院为规划编制单位。12月，规划通过论证。规划制定山体、水体、棕地修复策略和实施措施，通过全市域生态修复完善生态格局，建设生态魅力特色区。同时，实施中心城区城市修补工作，对公共服务设施、市政设施、道路交通、公共空间、文化特色、老旧小区改造等提出更新改造措施并拟定行动计划。

【人民路沿线城市设计完成】 年内，市规划局委托中国规划学会组织《张家港市人民路沿线城市设计》国际方案征集。1月12日媒体发布征集公告，2月1日在北京召开机构遴选评审会，从45个单位中选出江苏省城市规划设计研究院、华南理工大学建筑设计研究院、天津华汇工程建筑设计有限公司、德国SBA、美国HM等5个入选单位。6月9日举行专家论证和评选，最终确定方案名次。7月19日，市政府会议专题讨论研究排名前两位的方案，并确定中标方案。12月24日完成最终成果汇报。城市设计对人民路沿线主要节点进行规划设计，完善沿线用地功能，营造良好的景观环境并优化道路交通及慢行系统。

【市基础地理信息数据集更新】 年内，市规划局开展全市域基础地理信息数据集更新。项目完成全市域900平方千米0.1米分辨率真彩色数字航空影像采集和全市域1∶1000比例尺DOM、DEM、DSM数据生产。同时，对最新地名地址数据和中心城区9.5平方千米三维精细模型数据进行采集更新，并制作完成电子地图、各镇区影像挂图和行政区划图以及138平方千米的2.5D地图。

【区镇规划】 年内，张家港保税区（金港镇）完成保税物流园区西区、朱家宕村特色田园村庄、总部经济园等8个地块的控制性规划调整，区镇控制性详细规划覆盖率80%。塘桥镇根据城市副中心定位标准，完成城市副中心功能提升研究，编制《张家港高铁新城（城市副中心）规划研究》，制订《塘桥老镇区建设更新规划》，先后完成黄泗浦生态园东区地块控制性规划调整、新能源产业园控制性规划、塘桥镇南部工业地块控制性规划等编制任务，完成重点区域综合改造方案等内容，实施规划总面积362公顷。凤凰镇完成韩国工业园区、凤凰山风景区重点区域规划编制，全镇控制性规划覆盖率85%。大新镇修编老镇区、新镇区控制性详细规划和特色田园乡村规划。常阴沙现代农业示范园区控制性详细规划通过专家论证。

（顾维雅）

城区建设

【概况】 2018年，中心城区由市建筑工务处代建政府投资的公共建筑项目有城北派出所、暨阳高中宿舍、实验小学世茂校区等32项，总建筑面积34.2万平方米，投资额15.84亿元。年内竣工交付市第一人民医院科教综合楼、实验小学世茂校区、老年活动中心城南分中心等工程项目12项。城南文体中心、张家港高级中学人防项目、云盘小学地下停车场、民丰幼儿园、悦丰幼儿园等实事工程、重点工程顺利推进。中心城区实施房屋搬迁65户（含非住宅19户），搬迁面积1.2万平方米。周边动迁民宅369户、非住宅91家，清场交地16块。安置房建设全年完成投资额1.2亿元。小莱巷二期、丽新花苑二期2个项目竣工，总建筑面积7.95万平方米，440套房。勤星苑、兴旺花苑、学府花苑3个安置小区竣工并交付使用，建筑面积18.91万平方米，住宅1198套，1000余户居民迁入新居。总投资10.37亿元的澳洋健康产业项目（澳洋医院三期、澳洋医药物流易地新建、澳洋优居壹佰暨阳湖医养结合项目）被列入市服务业重大建设项目；总投资239.3亿元的暨阳湖世贸地产、张家港汇金中心、张家港农联新镇项目、前溪商业综合体、国泰智慧软件园二期、“汽车售后市场互联网+汽车零部件逆向回收体系”等项目被列入市生产经营性服务业重点项目。城区共铺设污水管网8.1千米。加快启动晨丰污水处理厂建设，新建6千米生活污水管道，实施东莱、塘市等地1500余户生活污水纳管，增强污水集中收集处理能力。新增礼让斑马线抓拍设备11套及道路违停抓拍设备12套，对南新花苑一期、港新花苑一期、联欣花苑、塘市花苑等4个安置小区进行智能化安防改造，新划交通标线3698平方米；新建临河防撞护栏795米、隔离护栏100米、太阳能爆闪灯10套；修补减速带1735米；增添各类交通标志16套。

2018年张家港市城区部分重点工程建设情况表

表10

项目名称	工程概况	进展情况
城北派出所、刑警大队杨舍中队新建工程	工程概算5240万元，建筑面积1.3万平方米	2016年12月开工，2018年12月完工
暨阳高中宿舍、体育馆新建工程	工程概算3335万元，建筑面积1040平方米	2017年8月开工，2018年年末宿舍楼墙体砌筑完成
实验小学世茂校区新建工程	占地2.67万平方米，工程概算6100万元，建筑面积1.75万平方米	2017年6月开工，2018年12月完工
国家化工设备质量监督检验中心新建工程	占地1.89万平方米，新建面积2.25万平方米，改建面积1560平方米，工程概算8000万元（不含征地、设备设施费用）	2016年10月开工，2018年12月完工
市第一人民医院科教综合楼新建工程	建筑面积3.18万平方米，设地下一层，地上12层，工程概算1.57亿元	2016年9月开工，2018年年末内装完成85%，室外配套施工
老年活动中心城南分中心新建工程	建筑面积2552平方米，总投资1365万元	3月开工，12月完工
悦丰幼儿园新建工程	占地1万平方米，建筑面积7000平方米，工程概算2920万元	3月开工，年末内主体工程验收完成，内装开标完成，屋面工程施工
民丰苑幼儿园新建工程	占地4900平方米，建筑面积5000平方米，工程概算2085元	6月开工，年末消防水池完成，南、北教学楼基础完成
城南文体中心新建工程	占地1.19万平方米，建筑面积2.12万平方米，工程概算1.27亿元	6月开工，年末土方开挖完成，基础垫层完成

【城东新区建设】 年内，城东新区以黄泗浦生态园及高铁生态城沪通铁路客运站配套工程建设为重点。黄泗浦生态核心区东湖区域景观绿化工程基本完成，具备开园条件，高速两侧完成85%乔灌木种植及水上迷宫、登山步道等景观建设，西湖完成60%土方开挖。园区内标识标牌、智能化、文化小品等施工图设计基本完成。全年完成投资额1.85亿元。高铁枢纽建设围绕2020年沪通铁路通车目标，全力推进站房工程建设。年内完成投资额1.8亿元，其中高铁站房桥下地下通道完成人行通道、地铁区间主体结构，工程总承包（EPC）部分完成基坑止水帷幕并进行土方开挖，北京路、人民路及站房两侧塔楼完成征地，两侧塔楼完成挂牌出让。

【城西新区建设】 2018年，城西新区加快动迁安置，推进新区拓展延伸，以泗港集镇区、泗港路沿线企业、警务中心地块、泗港老莱场及周边门店等地块为重点，涉及动迁企业325家、民宅3159户，年内56户民宅、4家企业签订拆迁协议。实验小学西校区和梁丰初中西校区项目完成方案报批和工程量清单编制，具备发标条件。泗港便民服务中心招商工作进展顺利，签订正式合同商户5户、意向合同商户12户。

【“阳光代建”模式全省领先】 2005年，张家港市在全国县级市中率先成立建筑工务处，隶属于市住房和城乡建设局，为副科级全额拨款事业单位，开始推进政府投资工程集中建设管理体制改革。经多年探索创新，形成政府投资工程集中建设“阳光代建”模式，改变过去投资、建设、监管、使用权力“四位一体”模式，实现投资、建设、监管、使用“四权分离”，形成工作上相互配合、权力上相互制约的运行机制。2005年至2008年，共实施政府投资工程集中建设项目146项，总建筑面积271万平方米，投资总额132亿元。所有竣工项目无一起超概算情况，为政府节约建设资金11亿元。2018年4月，住建部副部长易军对建筑市场监管司提交的《关于江苏省政府投资工程集中建设模式及建设工程招投标改革的调研报告》作出批示，指出“总体感觉张家港市的实践较为成熟、系统、易行，宜在此基础上总结、优化、完善，这样有利下一步加快复制、推广，产生规模效应”，对张家港市政府投资工程集中建设“阳光代建”模式予以肯定。《新华日报》《苏州日报》《党的生活》及新华网等媒体先后报道“阳光代建”模式经验成果，全国各地到市考察学习。

（龚健飞　韩　露）

镇村建设

【概况】 全市各区镇（除中心城区所在地杨舍镇）共有集镇38个，建成区面积135.43平方千米，其中中心镇区面积62.77平方千米。年内，金港镇投资50亿元、占地面积29.33公顷的城市综合体项目确定投资主体，投资5.3亿元的双山香山基础设施提升工程有序实施，投资4亿元的双山乡伴理想村项目启动，滨江集贸市场投用。锦丰镇沙洲湖连通工程二期北排项目顺利推进，工程投资3141万元，整治范围东起港城大道，北至新建渡泾港桥，全长2.78千米。工程包括河道土方开挖、河道拓浚、新建生态挡墙、新改建涵闸、修建桥梁、新建圩口闸等。张家港外国语学校北校区投入使用。塘桥镇鹿苑老街改造实施。乐余镇投入1.6亿元启动四干河—六干河沿江地块修复工作，清运钢渣371.8万吨。南丰镇市静脉科技产业园基础设施项目建设进展有序。各镇继续推进康居乡村建设、美丽村庄建设，提升区镇生态环境，金港镇朱家宕村、高桥村、东山村、柏林村等9个三星级康居乡村工程通过苏州市级验收，锦丰镇新增苏州市康居特色村1个、三星级康居乡村18个，凤凰镇建成苏州市三星康居乡村点位12个，南丰镇按苏州市三星级康居乡村标准建设建农村、和平村、民联村8个点位，大新镇新增中山村伏兴二圩埭等5个三星级康居乡村点位。

【金港镇建设】 金港镇有集镇5个，建成区面积45平方千米，其中中心镇区面积7.6平方千米；村庄建设用地面积19.56平方千米。年内投资17.65亿元完成住宅面积82.66万平方米，年末实有建筑面积1087.67万平方米；投资5.13亿元完成公共建筑面积17.88万平方米，年末实有建筑面积94.88万平方米；投资1.74亿元完成生产性建筑面积11.4万平方米，年末实有建筑面积348.8万平方米。年末市政公用设施投资3.15亿元，建成区供水管道438.1千米，道路长度807.27千米，道路面积604.75万平方米。至年末，建成区桥梁54座，生活垃圾中转站6座，环卫专用车辆93辆，公共厕所60座。年内，投资4.5亿元的金港文化中心内部装修加快推进，投资1亿元新建香山花苑社区服务用房、邻里中心，投资3500万元进行老住宅区综合整治，投资1900万元新建金港基督教堂，投资500万元完成护漕港中学体育馆工程，投资1000万元新建后塍派出所办公楼，投资2000万元新建保税区展览馆，投资3500万元新建香山花苑幼儿园，投资3000万元新建新塍幼儿园，投资1200万元新建生活垃圾中心压缩库，投资180万元完成港区派出所室内装饰改造工程。年内完成香山花苑1号、4号地块103万平方米，61幢6313套房屋建设，完成安置房分配1400套。投资7亿元的张家港河流域水环境综合治理深入推进，完成支流整治13条。集镇区与农村分别新增2500户、1200户生活污水纳管，依法取缔无证内河码头28家、有序纳入规范5家、优化提升10家，完成67处沿河垃圾收集房优化提升。修建的道路工程主要有：投资5703万元的江海路、望江路、浦家湾路路面黑色化工程，投资2400万元的三甲里路（含香南大桥东侧匝道改造）工程，投资1300万元的张家港南沙段（港西路）改造工程，投资500万元长欣路工程，投资700万元的灿香路北延（太丰路—长江路）工程，投资450万元的环宇路改造（元丰菜场—永兴村）工程，投资720万元的太丰路（太字圩港—环宇北路）工程，投资336万元的双来路（长江路—东华路）工程，投资701万元的中华路南延工程，投资420万元的双山路（蟠港北路—江海北路）工程，投资300万元的海南路改造工程，投资577万元的金厦路工程，投资100万元的长江路十字港桥东侧道路工程，投资3000万元的东海路（南京路—高速公路接线段）工程。路灯及亮化工程主要有：投资298万元的路灯工程一标段，投资423万元的路灯工程二标段，投资618万元完成封庄路、文昌小区、文星北路、人民北路、高桥路等道路路灯基础，投资520万元完成沿江公路（严子港—朝东圩港）路灯工程，新装老旧小区路灯430盏。投资919.5万元改造供水管道313.5千米，新建供水管道9500米；投资198.6万元改造户表1203组，投资11.75万元更换水表564组。投资193.37万元疏浚镇、村河道98条，其中镇级河道为马桥港、殷家港、旱塘泾、侯家港、老雷沟、学田河6条。投资129万元拆坝11条、建桥涵11座。投资2179.4万元建小明沙21号河、镇山小区河、石头港、护严河、火通港等生态河道5条，新建生态砌块挡墙7.22千米、木桩挡墙3.02千米。投资120万元整治市级河道东横河坡岸坍塌，新建生态木桩、生态石笼600米。投资367.4万元新建护沿河排涝站。投资60万元建设小明沙2组桥、小明沙4组桥、袁家桥李巷头桥农桥3座。整治火通港、侯家港、八房泾、北横泾、钱昌河等黑臭河道15条。　（邱亚峰）

位于锦丰镇的初见香草园　　（市旅游局　提供）

【锦丰镇建设】 锦丰镇有集镇7个，建成区总面积24.78平方千米，其中中心镇区面积15平方千米。沙洲新城规划建设面积12.94平方千米，建成区总面积7.65平方千米。全年有盐通张铁路、电厂高压线项目、环境影响、村建预拆迁、水利建设、道路建设、“三优三保”及其他零星项目等动迁项目，完成协议签订414户，拆除农房面积10万平方米。安置动迁户674户909套。总建筑面积13万平方米的悦兴花苑有序推进，永盛花苑开工建设，安置房竣工面积13.5万平方米。张家港外国语学校北校区投入使用，新华小区、锦花小区、新华一组、二组等雨污分流改造完成。龙庭华府二期商品房竣工76310平方米。投入7771万元，高标准推进9个农村公路改造项目。常兴路、油车港东路、华尔润路北段、悦兴南路竣工，人民路南段改造、锦中南路改造完成，锦乐路改造工程有序推进。投入1303万元，重点推进行政村和特色田园乡村通双车道四级公路，实现行政村双车道四级公路覆盖率100%。投入764万元，完成郁桥路、鼎盛路、新耕线等三条道路大中修工程。投入112万元，完成6座三类桥梁中修加固，全面消除三类以下桥梁，实现农村公路三类以上桥梁100%目标。投入70万元，开展新一轮隐患排查治理，完善农村公路生命安全防护工程，安装防撞护栏2000米、减速块300米、标线3800平方米、标志标牌20套、凸面镜1块，确保农村公路隐患治理率100%。投入192万元，完成57条乡村道142.08千米道路日常养护，累计维修道路面积1.7万平方米。全镇乡村道优良路率（好路率）90%，路面技术状况指数（PQI）有较大幅度提升。投资265万元，在协仁村、西界港村等10个行政村完成拆坝建桥23座。投资72万元，建设农桥2座。投资330万元，完成疏浚河道123条，长88.7千米，完成土方40.8万立方米。其中，镇级河道1条，长3.42千米，完成土方2.6万立方米；村组河道122条，长85.3千米，完成土方38.2万立方米。投资720万元，完成交通村向阳河排涝站、太平港引排闸站新建、明星南排涝闸站改建、沙钢厂区1号圩口闸和沙钢厂区2号圩口闸等工程。投资88万元，创建生态河道4条，总长1.7千米。投资940万元，完成中央财政小型农田水利重点县项目建设，完成二干河两侧的南中心河向阳排涝站、南中心河郁桥排涝站及向阳村箱涵等项目。投资1136万元，整治苏州督办黑臭河道3条，包括北中心河、锦丰20组河道、向阳10—11组河道；投资1434万元，整治自行上报黑臭河道5条。镇级河道岸坡坍塌整治工程全部完工，工程投资179万元，岸坡整治完成锦西河130米、老三干河40米、横港河300米、乐杨村大寨河800米。苏州市康居特色村（南港）河道整治工程投入1016万元，完成木桩护岸5千米，塑钢护岸200米，垒石驳岸200米，桥梁12座。改建农村垃圾收集房247座，发放农户垃圾分类桶1.5万只，更换垃圾桶1300个，涉及垃圾分类农户8344户。（俞　峥）

【塘桥镇建设】 塘桥镇有集镇7个，建成区面积21平方千米，其中中心镇区面积10平方千米。年内，基础设施建设总投资2.5亿元。投入4300万元，完成集镇及农村生活污水收集扩面工程，惠及居民1500余户。投入4000万元完成永进路等道路改造及景观绿化工程，投入1200万元完成沪通铁路塘桥段、富民路东延等道路绿化提升工程，投入1500万元实施妙桥中路交通畅通和永进路两侧公园建设工程。累计投入2000余万元实施鹿苑老街和妙桥集镇的综合整治与改造，完成银苑中路仿古建筑立面改造，基本完成鹿苑老街A区室外配套工程，有序推进鹿苑大桥重建及廊桥建设，完成三丈浦两侧景观工程设计，完成妙桥南圩区新建、北石桥修建、停车位改造等工程，集镇功能得到提升。投入721万元完成金苑路全线立面改造和塘桥人民路老粮管所南侧停车场改造工程，投入1530万元完成鹿苑中学办公楼建设和鹿苑小学扩建工程，投入1110万元完成镇临时行政服务中心、妙桥卫生服务中心和妙桥派出所装饰工程。村庄布局逐步优化，确定重点特色发展村落70个，向上争取14个地块4.73公顷土地指标，启动青龙村和顾家村集中归并点建设。围绕重点工程项目建设，拆迁农户298户，实现安置房分房180余套，完成花园小区四期多层安置房建设，韩山村三期西区12幢安置房开工建设。投入2000余万元完成15个点位的美丽村庄建设。实施环卫保洁提升工程，新建垃圾分类收集亭19套，新增家用分类垃圾桶1500个、无害化处理试点9个。投入5000余万元疏浚河道80条，建设生态河道5千米，拆坝建桥11座，治理黑臭河道10条。（唐林康）

【乐余镇建设】 乐余镇有集镇2个，建成区总面积8.7平方千米，其中中心镇区建成区5.8平方千米。投入80万元在平安法制广场新建反邪教法制主题公园，预计2019年建成。全年完成"三优三保"拆旧复耕41.33公顷。实施盐通张铁路、科创园等拆迁项目5项，签订拆迁协议95户。完成市场新村三期主体工程建设，完成乐悦广场主体及配套桥梁等项目施工，完成乐红路、双丰路等4条道路改造和人民路、常青路立面改造。改建路灯70盏，修缮道路6000平方米、桥梁4座，优化交通道口30个。投入100万元对镇区乐中路、乐富路、镇北路等7个易涝点位实施排水系统改造。投入220万元在永利、常丰等8个村开展生活垃圾分类试点，新建四分类垃圾房54个，投放分类垃圾桶3560个。投入725万元实施防汛能力提升工程，新改建排涝站3座、涵闸6座，建成全市首座镇级标准化防汛仓库，40座村级排涝站实现信息化监测全覆盖。投入1230万元启动水环境提升工程，疏浚镇村河道81条54.54千米，治理集镇区污染河道5条，拆坝建桥13座，整治河道岸坡1.1千米，完成码头整治13座，生活污水接管840户，辖区河道断面水质达标率100%。（秦　香）

【凤凰镇建设】 凤凰镇有集镇6个，建成区总面积16.6平方千米，其中中心镇区面积7.37平方千米。年内，凤凰人民医院、便民服务中心、社会福利服务中心、科创园二期等项目启动建设。拆坝建桥8座，建设各类水利工程建筑物7座，疏浚镇村组河道164条，总长32.66千米、土方44.27万立方米，整治黑臭河道16条，建成美丽河道9条。肖家巷苏州市特色田园乡村示范点创建工作、凤凰山景区整改提升工程、港口区域35个美丽城镇建设项目启动。整治提升自然村庄109个。新开工安置房面积3.1万平方米。完成城乡生活污水改造10525户，城乡污水集中处理率82.8%。完成天然气接管600户，累计2785户。建设各类网管28千米。企业雨污分流改造200家。开展农村公路路域环境综合整治，综合评分进入全省前十名，凤凰镇获评苏州市"四好农村路"示范镇。（方天闪）

【南丰镇建设】 南丰镇有集镇6个，建成区总面积9.95平方千米，其中中心镇区面积7.8平方千米。东沙物流园LNG综合能源项目完成公司组建。原东沙化工区关停转型后续工作持续推进，宝冶PC构件区域总部项目开工建设。投入水利工程建设资金3600万元改善水环境，为历年投入最多。疏浚河道95条，长度49.15千米；整治黑臭河道13条，长度4.7千米；拆坝建桥59座，新建省级农桥5座，实施镇级河道岸坡整治，建设生态护岸2.8千米，新建金丰排涝闸站1座，配套32英寸轴流泵3台和2.6米进水闸门一套，新增流量每秒6立方米；改造圩口闸7座。建设美丽河道3条，长度1.8千米，惠及周边居民近500户。投入农路各项建设资金350万元，完成钢村路、泗兴路、继新路等沥青路面的集中小修保养，面积2110平方米。推进674套总建筑面积9.1万平方米的年丰新村二期（A区）、聚成苑二期安置房和年丰新村幼儿园建设，启动南丰中学体育馆建设，完成金陵小区停车位改造（二期）工程，完成2015—2017年农村生活污水管网建设收尾工作，规范建设镇建筑垃圾分拣中心，推进永联小镇景区综合改造和永联小镇中央公园建设。（黄云霞）

【大新镇建设】 大新镇建成区总面积7.2平方千米，其中中心镇区建成区面积6.7平方千米。大新养老综合服务中心装修完成，桥头养老院建成。完成城镇及农村生活污水管网改造647户。服务新能源产业基地重大项目建设，完成项目区域搬迁工作。新东社区二期、新丰小区安置房加快建设，阳光新城、新南小区四期安置房完成方案设计。新南小区零星安置房分房。新镇区商业综合体启动建设，新镇区幼儿园开始装修。新增停车位89个、路灯126套。长新社区东区完成改造提升。新东路西延工程按时序推进。投入1300万元，建成北横套中山村段等2条美丽河道，完成黑臭河道整治16条，疏浚河道80条，拆坝建桥1座。完成北横套、川港北排综合整治等水利项目。拆除违建30796平方米。完成拆旧复垦土地面积25.39公顷，"腾笼换凤"土地面积8.39公顷。新湖生态公园获评市首届"十大民心工程"。（邹　颖）

【常阴沙现代农业示范园区建设】 常阴沙现代农业示范园区有集镇1个，建成区总面积2.2平方千米。集镇区道路铺设总面积48514.51平方米，新建柏油路6200平方米，新增排水管道1.4万米，整治桥梁1座。投资1650万元创建苏州市级康居特色村1个，涉及农户525户。投资1308万元开展常兴社区青年圩特色田园乡村建设，完成文化健身设施、生态河道、农房外立面改造工程。投资1627万元完成通运南路改建工程。投资778万元完成乐红路改建工程。投资166万元完成常北社区纵五路及其支路改造工程。投资480万元新建144吨烘干中心1座，其中粮食烘干车间及配套用房1300平方米、粮食中转仓库2000平方米。投资450万元新建联栋大棚3万平方米、U型渠1100米、3米宽机耕道路200米。投资340万元进行高效节水灌溉项目建设，占地41.87公顷。新建高效节水泵站2座、预制板排水渠1600米、3米宽机耕路1100米、过路涵洞5个，铺设灌溉管道9860米。投资120万元开展千亩稻米基地机耕路改造工程，占地86公顷，新建3米宽道路1200米、过路涵洞15个、预制板排水渠580米、机耕桥3座。投资517.66万元开展农场河、常沙河综合整治工程，完成河坡清垦清杂5.4万平方米，拆除违建房屋9处，土地平整复垦840平方米，河坡坍塌整治910米，补种绿化1200株，景观节点6处，补种水生植物1万平方米。农场河、常沙河河长制省级样板河道创建基本完成。投资572.69万元对农场河、常沙河沿线河道进行水系整治提升工程，新建仿木桩护岸332米、木桩护岸460米、格宾石笼护岸6535米，修复护坡植生袋1200米，改建机耕桥8座。结合常西社区"康居特色村"建设，投资509.14万元对常西社区8条河道开展河道整治工程，新增景观节点5处、过路涵洞2个、排水涵洞1个、渠道排水口41个、水栈45座。投资79.76万元疏浚河道45条，长45.3千米，完成土方13.29万立方米。投资63.6万元拆坝建桥6座。投资160.95万元新建生态河道5条，长2.2千米。（施怡君）

公用事业

【概况】 2018年，全市继续推进以供电、供水、供气、污水处理等为重点的基础设施建设。张家港电网完成110千伏周家桥变2号主变扩建、110千伏金当巷变2号主变扩建等工程。新建供水管网176千米，市第四水厂扩建项目开工建设。新增天然气管道68千米。新建、改造污水主次、控源截污管网41千米。新增垃圾分类小区15个、单位50个，添置公共区域分类容器169个。新增路灯845杆、景观灯具361套。

【供电】 2018年，全市全社会用电量313.83亿千瓦小时，比上年增1.62%；日最高网供电量9157万千瓦小时（8月7日），比上年日最高网供电量减41万千瓦小时；最高用电负荷446.3万千瓦（7月20日13时17分），比上年最高用电负荷减14.1万千瓦。年平均负荷率91.63%，比上年上升0.17个百分点；线损率1.72%，比上年下降0.08个百分点，农网电压合格率99.99%，城市、农村供电可靠率分别为99.88%、99.81%。全市平均电价为每1000千瓦小时683.64元，比上年降11.67元，回收各类电费178.7亿元。全年完成业扩报装户数22961户，完成容量122.62万千伏安。至年末，全市拥有220千伏变电站16座，主变38台，容量768万千伏安；110千伏变电站41座，主变80台，容量429.4万千伏安；35千伏变电站13座，主变26台，容量48.4万千伏安。35千伏及以上线路228条，共计1605.63千米。其中，220千伏线路54条，长度555.08千米，其中架空长度552.54千米；电缆长度2.54千米；110千伏线路100条，长度670.79千米，其中架空长度577.45千米，电缆长度93.34千米；35千伏线路74条，长度379.76千米，其中架空长度314.41千米，电缆长度65.36千米。10千伏变压器9425台，变电容量439.47万千伏安，线路845条，回路长度5951.73千米，电缆长度2487.63千米；20千伏线路10条，回路长度50.7千米，电缆长度22.62千米。380伏线路8384.03千米，其中电缆2906.94千米；220伏线路9.58千米，电缆2.93千米。

【供水】 2018年初实施水务一体化改革，全市供排水管理职能从市住建局划转至市水务局。市给排水公司全年完成供水量1.68亿立方米，最高日供水量52.62万立方米，水质综合合格率100%。新增供水管网176千米，累计7453千米。第四水厂每日20万立方米扩建及深度处理工程2017年9月开工建设，深度处理工艺采用“高锰酸盐预氧化+机械混合折板絮凝平流沉淀+超滤+纳滤”双膜法工艺。至2018年年末，直径2000毫米取水管安全顺利顶出长江大堤，取水泵房主体完工；厂区部分全面开工建设，按计划推进，预计2019年年末主体完工，2020年竣工投运。至年末，全市有3座地面水厂、1座应急备用水源厂。

【供气】 全市有大型液化石油气中转站1家，管道燃气公司1家，民用液化石油气储罐场7家，工业液化石油气储罐场1家，汽车液化石油气加气站1家，LNG汽车加气站8家，瓶装液化石油气供应站点28家。全年新增天然气管道68千米，新增投资1.24亿元，累计天然气管网长度1639千米；新增工商用户170户；新增居民配套用户1.9万户，其中乡镇老住宅区天然气改造4610户，完成点火民用户2.63万户。至年末，全市累计民用配套用户27.9万余户，点火用户19.3万户。全年天然气供应总量4.5亿立方米，比上年增6000万立方米。全市天然气日均用气量125.2万立方米，日高峰用气量174.2万立方米。实施“煤(油)改气”及工贸企业自建自用燃气整治“百日行动”。金城公司与张家港保税区签署2.2万户老动迁小区天然气改造框架协议，年末完成改造3000户。物联网燃气表在新开发小区批量投运，网上营业厅上线，自助缴费终端完成安装66台。疏港高速高压管网二期工程完成项目选址，保税区高中压调压站扩建项目落实征地手续，华兴电厂高压管网对接项目具备通气条件，天然气管网“镇镇通”全面完成。苏虞张加气站LNG(液化天然气)业务投入试运营，大新加气站完成围墙和站房施工，LNG全年销量3万吨；拓展家装地暖市场，燃气采暖业务启动实施。LNG应急调峰储气库项目运营公司组建成立，2台10万立方米LNG储罐及配套设施落实审批手续。

【污水处理】 全市有生活污水处理厂10家，日污水处理能力23.7万吨。其中，市区4座，日污水处理能力14.5万吨，分别为第一污水处理厂、第二污水处理厂、第三污水处理厂和城南污水处理厂；镇区6座，日污水处理能力9.2万吨，分别为锦丰片区污水处理厂、金港片区污水处理厂、塘桥片区污水处理厂、乐余片区污水处理厂、常阴沙污水处理厂和双山岛污水处理厂。全年新建、改造污水主次、控源截污管网41千米，全市处理生活污水5831万吨，尾水排放合格率100%，处理污泥40022吨。城南污水处理厂二期扩建项目9月15日竣工投运，新增日处理能力1万吨。第一污水处理厂全流程除臭工程和第二污水处理厂预处理设施除臭工程，分别于8月和12月完成建设并通过环保验收。加强供水行业监管，对全市自来水生产过程中的原水、出厂水、管网末梢水及小区二次供水水质进行定期监测。推进生活污水治理设施建设，完成城镇生活污水治理7254户、农村生活污水治理3136户、企业生活污水截污纳管183家。加强排水行业监管，督促违规排水单位整改，全年发放排水许可证20张。

【市容保洁】 市市容管理处有各类清扫车、清运车、冲洗车174辆，打捞船9艘、快艇2艘，压缩式垃圾中转站9座，职工647人。年内，强势推行垃圾分类，因地制宜增补分类设施，新增垃圾分类小区15个、单位50个、公共区域分类容器169个，建成环卫再生资源交投点16个和城南环卫再生资源分拣站1个，城区垃圾分类设施覆盖率80%。完善农村垃圾分类“收运处”体系，102个行政村启动分类试点，农村垃圾分类覆盖率65%。加快环卫终端设施建设，建筑材料再生资源利用中心、生活垃圾焚烧厂经多轮研商，确定建设选址及规模，市静脉产业园拆迁开展前期准备工作。推进半地下式(全地下式)垃圾中转站建设，大学城垃圾中转站完成征地工作。优化完善环卫保洁考核机制，加大对开放式小区、“门前三包”的监管考核力度，延伸主要道路监管范围，落实市级道路巡查工作。全年收运、处置生活垃圾56.42万吨、餐厨废弃物2.73万吨，全市生活垃圾无害化处理率持续保持100%。

【路灯管理】 年内，市路灯管理所配合市区新建、改建道路同步实施南苑路、南庄路、蒋乘路、一中弄等17个道路照明工程和新城区菜场、崇真小学、幼儿园、中圩新村及街角公园夜景亮化工程，新增路灯845杆、景观灯具361套。强化管理维护职能，坚持有诉必修、有坏即修、从快抢修原则，全年办理数字化城管案卷和“12345”“110”市民电话报修等770起，维修路灯3300余盏、景观设施4300余套，受理路灯迁移申请9起，处理66起撞灯事故，事故及时处理率100%。道路及小区路灯设施亮灯率98%，路灯设施完好率90%。至年末，全市有路灯3.07万盏，景观照明29.8万套。苏虞张公路(张家港段)养护片获评苏州市优质养护片称号。

【市政建设与养护】 年内，市政道路建设实施项目3项，分别为南苑东路改造三期、华昌路改造、泗港路改造，总里程5.11千米，总投资1.35亿元。前两个项目10月竣工通车，年内完成投资额9200万元。市公用事业管理处全年完成各类路面维修7000平方米，新增及翻铺人行道板1.2万平方米，维修游园广场大理石、木地板4000平方米，完成各类构筑物、地板油漆、涂料6000平方米。开展桥梁日常养护工作，对63座桥梁结构进行定期检测，完成118座桥梁限载牌安装，完成98座桥梁病害维修作业。及时接处各类市民求助6400余件。全年养护工程资金投入2200万元。配合全市水务一体化管理体制改革工作，公用处排水管理、城区防汛等涉水职能移交水利(水务)部门。受理行政审批申请项目219项，其中占道76项、挖掘91项、城市顶管18项、道口开设28项、管道接入6项。组织做好三年农村生活污水治理工程收尾工作，完成市区废弃道口修复工程，落实河长制工作相关要求，开展城区黑臭水体整治工作，基本完成长黄港、一支河、谷渎港等7条河道的控源截污工程。

【2座110千伏变电站扩建工程投运】 年内，全市有110千伏周家桥变2号主变扩建工程、110千伏金当巷变2号主变扩建工程竣工投运。1月19日，110千伏周家桥变2号主变投入运行。该工程位于杨舍镇晨新村四组周家桥，原有80兆伏安主变1台，扩建工程2017年年初开工建设，概算总投资1409万元，新扩80兆伏安变压器1台，新建110千伏GIS组合电器1套，新出10千伏出线12回、10千伏电容器3组、接地变消弧线圈1组。5月28日，110千伏金当巷变2号主变一次启动成功，全市年内首个迎峰度夏主变扩建工程项目竣工投运。工程新扩50兆伏安变压器1台，新建110千伏GIS组合电器1组，新出10千伏出线12回、10千伏电容器2组、接地变消弧线圈1组。 （龚健飞 李 峥 陈晓军 徐 霜 韩 露）

城乡管理

【概况】 2018年，市城管局突出重点、精细管理，提升人居环境品质。持续推进省"931"行动，完成整治项目44项，深化城市管理"百日行动"，排定整治项目1006项，全部完成整治目标，城乡环境实现同步治理、同步提升。制定出台《张家港市联合执法办公室工作意见》，组建联合执法办公室，查处油烟噪声、无证经营等案件40余起。组织开展城乡大环境、杨舍地区行业条线督察20余次，督促区镇整改问题2500余个，实现环境检查常态化、全覆盖。建设"城市e管家"2.0项目，开发违停贴单、装备管理等信息化项目，完善公厕、停车位引导等便民服务功能。开通"张家港城市e管家"微信公众号，每日发布动态，强化正面宣传，注册用户数超7万人。优化完善数字化城管平台，对接省、苏州平台运行标准，增强数据分析研判能力，提升考核评定效能，构筑

城管与交警联动执法 （市城管局 提供）

"用数据说话，用数据管理，用数据创新"的工作格局。全年办结案件10万余件，结案率98.93%。制定出台《机关、企事业单位停车位对外开放实施意见》，市区128家机关、企事业单位1.9万个车位实现对外开放。牵头实施市区东环路、南环路停车位改造，增加停车泊位400余个。探索建设共享单车，与公共自行车项目实行双轨运行。

【城管执法】 年内，大力开展违法建设治理，配合市"两违办"、市"331"专班开展"无违村（社区）"建设、"331"违法建设治理等工作，全市拆除违章建筑151.3万平方米，其中"331"拆除违章建筑114万平方米，建成74个无违建村（社区）。启动实施为期一年的全市户外广告设施规范整治行动，拆除违法设置、不合规范、存在隐患的各类广告设施1500余处。开展城警联合执法，严查流动摊贩、占道经营、渣土车违章，共查处流动摊贩、店外经营1100余起、运输车辆违章540余起，违章停车10.4万起。全面推行执法全过程记录制度，执法记录仪全员配备，规范执法程序，增强执法保障，提升执法效能。2018年共查处一般程序约1900起、简易程序1.9万起，处罚金额440万余元。制定城市管理非诉行政案件执行联动实施意见，强化与市人民法院联动，对逾期不缴纳罚款的，强制执行2起，对拒不配合管理的相对人，实施"零口供"执法12起。会同市文明办发布诚信"黑榜"，加强信用惩戒。

【"公厕革命"】 按照《苏州市厕所革命三年行动计划（2016—2018）》，年内完成城区18座公厕的升级改造工作，科学配置男女厕位比，调整男女蹲位大小，增设第三卫生间，因地制宜打造示范点位，并对主次干道两侧的45座公厕保洁实行市场化运作。宣传引导各单位开放内部卫生间，有45座厕所加入"厕所开放联盟"挂牌对外开放，有效缓解局部地区公厕数量不足。2018年，百桥南路（白鹿）公共卫生间等4个公厕获评"服务最优公厕"，张家港公园（南门）公共卫生间获评"建设最美公厕"，暨阳东路公共卫生间获评"最干净公共卫生间"。

【打造"城市e管家"2.0版】 "城市e管家"2.0项目作为2018年度全市民生实事工程和信息化重点项目，旨在提升城市管理科技水平，助力智慧城市建设，为市民提供更丰富的公共服务，营造科技便捷的宜居环境。年内，该项目进展顺利，项目分成3个子项。其中，数字化城管平台各功能基本实现，有效提高平台指挥派遣效能，并可对数据进行综合统计、深入分析和直观展现；"城市e管家"APP三期项目，发布3.0.4版本，新增手机缴费和积分管理等便民功能；基础信息支撑平台中停车管理、自行车管理平台升级后可正常使用，违停执法手机端、大数据展示平台等进一步完善。 （徐 霜）

【编辑 朱永平】

交通·水利

Traffic & Water Conservancy

施工中的沪通铁路大桥　（市交通运输局　提供）

交通建设

交通运输

交通管理

水利建设

水利管理

扫码欣赏

绿色港城，节水先行
——张家港市国家节水型城市建设纪实

交通建设

【概况】 2018年，全市完成交通基础设施建设投资26亿元（不含铁路项目），其中张家港市投资18.6亿元。沪通铁路、苏南沿江铁路、锡通高速过江通道南接线工程、新泾路（塘桥西环路至沪通铁路）快速化改造工程等重点工程项目按计划推进。市交通运输局以构建“现代交通运输体系”为目标，以建成能力充分、结构合理、衔接顺畅的综合交通网络为主线，编制和实施“交通现代化三年行动计划”，优化区域交通，细化高铁枢纽站综合交通规划，完成“快速环路、‘十字’快速轴线”方案研究，配合开展境内的张家港站、南沿江铁路、通苏嘉甬铁路、过江通道方案研究及前期工作，完成县道网、乡村道网规划，并取得省交通运输厅批复。

公路建设　年内，张皋路（沿江公路至港丰公路段）、市第四人民医院市政配套道路工程、市城北职教园公交优化配套人行天桥、与江阴市对接的新丰路、港丰公路国泰路路口下穿通道工程、省道S228线东二环东横河桥改造工程、沿江公路六干河桥维修加固工程、锡张高速公路西侧东莱村组道路完善工程相继竣工。新泾路（塘桥西环路至沪通铁路段）快速化改造工程、晨丰公路（国泰路至港华路段、一干河西至国泰路段）改造工程、港华路拓宽工程等重点项目按计划推进，沪通铁路地方道路配套工程基本完成。全年完成公路养护资金投入1.86亿元，其中国省干线公路整治投资700万元，市域一级主干道大中修投资900万元，乡村道养护工程投资1.7亿元。改善乡村道次差路49千米，修补路面24550平方米。国省干线公路路况综合指数（MQI）为97，优良路率100%；县道MQI为96，优良路率99.5%；乡村道MQI为90，优良路率88%。全年改造加固三类桥梁20座。至年末，境内公路总里程1618.92千米，其中国省干线公路229.56千米、县级公路268.43千米、乡镇公路525.6千米，村级公路595.33千米，公路密度每平方千米2.08千米。按技术等级分，公路总里程中高速公路55.71千米、一级公路238.07千米、二级公路711.65千米、三级公路135.33千米、四级公路478.16千米。

铁路建设　年内，沪通铁路张家港段完成征地拆迁，征地92.4公顷，拆迁住宅902户、非住宅14家，线路段铺轨及长江大桥引桥主体工程完成，大桥29号主塔塔身完成施工60%；盐通张铁路完成拆迁70%，桥梁桩基完成施工10%；通苏嘉甬铁路南段完成前期可研性调查；南沿江城际铁路征地拆迁工作启动。

航道建设　年内，推进申张线航道金港段整治项目扫尾工作，完成袁家桥东侧部分绿化迁移。调整申张线航道凤凰段整治工程方案，并上报省交通运输厅港航事业发展中心。全年清障扫床40.62千米，投资47.6万元完成23座桥梁通航净高标尺的安装和助航设施配布及维护。完成花园船闸绿化环境提升一期工程，一号闸大修和上游引航道疏浚工程通过江苏省船闸管理局验收。12月，下游及一号闸引航道疏浚工程和高清视频改造项目施工启动。至年末，全市57条航道总里程424.6千米，其中等级航道6条110.1千米，三级航道1条（申张线航道金港段），五级航道2条（申张线凤凰段、锡十一圩线），六级航道2条（澄杨线、老锡十一圩线），七级航道2条（虞十一圩线、四干河），其余51条均为等外级航道。有通航船闸1座（张家港复线船闸）。

场站枢纽建设　年内，全市完成公共交通投资2.6亿元，改造市区二环内候车亭95个，新建农村公交候车亭2座、公交首末站2个。1月，三兴公交首末站投入使用，占地面积2706.8平方米，配备候车室、驾驶员休息室各1个，充电桩2个。9月，大新公交首末站投入使用，占地面积12270.35平方米，配备驾驶员休息室1个。至年末，全市有高速公路枢纽2处、互通立交8处，国省干线公路桥梁183座，农村公路桥梁587座，其中跨规划中的六横六纵航道桥梁127座；全市有一级客运站1家（张家港汽车站），二级客运站1家（港城汽车站），公交场站53个，其中公交停车场3个、乡镇停车保养场5个、公交枢纽站1个、公交中转站2个、公交首末站42个，公交候车亭1522个，公交站牌1145个。

【交通现代化三年行动计划出台】 为推进张家港市交通运输发展，1月，市交通运输局启动《张家港市交通现代化三年行动计划（2018—2020年）》编制工作。3月，计划编制完成，并经市政府审核批准。计划重点推进张家港市境内三条铁路（沪通铁路、通苏嘉甬铁路、南沿江城际铁路）建设，加快张家港市快速路网项目建设，实施张杨公路改线、晨丰公路改造、新泾路改造、国道G346线张家港绕城段改建、港华路拓宽改造、东渡大道建设等，加快推进常合高速公路改造、过江通道项目进程，开工建设苏州港张家港港区集装箱码头改扩建工程、申张线（凤凰段）航道整治工程，加快张家港铁路站综合交通枢纽建设，完成张家港市多式联运规划研究、通用航空机场规划研究，推进公交优先发展，缓解城市交通拥堵，实施交通管理体制改革，加强行业治理水平。按照行动计划，至2020年，张家港市基本建成能力充分、结构合理、衔接顺畅的综合交通网络，为全市发展提供坚实的交通保障。

【盐通张铁路开工建设】 通苏嘉甬铁路是全国“八纵八横”高速铁路主通道中“纵一”沿海通道的组成部分，也是长三角城际轨道交通网的重要组成部分。铁路起于沪通铁路南通西站，经苏州、嘉兴到宁波，全长288千米，设计时速为350千米，总投资约576亿元，计划2022年全线通车。江苏省境内设南通西站、张家港站、常熟西站（预留）、苏州北站、苏州园区站（预留）、汾湖站等。盐通张铁路（通苏嘉甬先行开工段）张家港境内线路基本与沪通铁路并行，长17.3千米，工程概算19.4亿元，涉及锦丰、乐余、南丰、塘桥4个镇14个行政村，征地37.48公顷，拆迁住宅180户、非住宅6户。至年末，完成拆迁任务70%,签订附着物清障包干协议,梁场、搅拌站等大型临时设施基本建成,桥梁桩基完成10%。

（袁玉洁）

交 通 运 输

【概况】 2018年,全市营业性交通运输共完成公路、水路客运量3002.4万人次、客运周转量120573.5万人千米,分别比上年降6.5%、4%;完成公路、水路货运量2176.3万吨,货运周转量381910.4万吨千米,分别比上年增7.8%、7%。张家港船闸全年开放闸次21506次,放行船舶85113艘,拖船船队716拖,船舶通过量6630万吨,比上年增7.6%。

客运 年内,全市新增、更新客运车辆434辆,其中更新公交车90辆(含10米级氢燃料公交车15辆)。至年末,共有客运车辆1900辆,其中公交车804辆(含学生公交专线车106辆)、出租车557辆、长途班车160辆、旅游包车179辆、县内包车200辆;有客运船舶7艘。有客运企业(包括旅游包车企业)18家,其中公交企业1家、长途客运企业3家、出租客运企业5家、水路客运企业2家。开通长途客运省际班线84条,市际班线82条,县际班线14条。开通公交线路62条(均为无人售票线路),日发班次5025.5班,日接送旅客13.9万人次。

货运 年内,全市新增、更新货运车辆2136辆,其中危化品运输车辆228辆,液化天然气(LNG)清洁能源货运车辆68辆。至年末,有各类货运车辆15740辆,其中集装箱车1108辆、危险品运输车辆1656辆;有船舶16艘,载重吨位16018吨,其中液货运输船舶13艘,载重吨位15843吨。有道路货物运输业户(企业)7589户(家),其中个体运输业户3907户、专业运输企业1335家(含集装箱运输企业234家、道路危险品运输企业44家)。有道路运输服务(含代理、装卸、仓储等服务)业户57户(家)。有水路货物运输企业7家,水路运输服务业户74户(家),内河港口码头企业60家。

机动车维修及驾驶员培训 年末,全市有机动车维修企业1084家。其中,一类维修企业52家(含品牌4S店33家、客车维修企业1家、危险品车辆维修企业4家),二类维修企业181家(含品牌4S店8家),三类维修业户851家。维修企业中,有"江苏快修"企业7家,"绿色汽修"企业3家,连锁汽修企业5家。全行业实现年产值30亿元,年维修能力超110万辆次。年末,全市有驾校6家,有教练车573辆,教练员715人,全年培训机动车驾驶员24237人,各类道路运输从业人员1193人。 （袁玉洁 郭 娇）

2018年张家港市全行业营业性客货运输量一览表

表11

项 目	单位	实 绩
客运量	万人次	3002.40
其中:水运	万人次	116.20
公路	万人次	2886.20
旅客周转量	万人千米	120573.50
其中:水运	万人千米	1046.00
公路	万人千米	119527.50
货运量	万吨	2176.30
其中:水运	万吨	259.30
公路	万吨	1917.00
货运周转量	万吨千米	381910.40
其中:水运	万吨千米	111188.70
公路	万吨千米	270721.70

【缓解交通拥堵方案施行】 为缓解城市交通拥堵,1月,市政府出台《优先发展公共交通缓解城市交通拥堵工作方案》,在公交场站布点建设、公交运营线路优化、公交通行能力和通行效率提高上寻求突破,通过公交车提速、提质、提量,吸引更多的市民选择公交方式出行。市交通运输部门向社会公开征集公交线路优化建议,收集市民建议224条,调整优化公交线路10条,提高线网密度、站点覆盖率和运行速度。市区公交次干线基本覆盖主城区大中型居民小区,居民出门步行300米范围内就能乘到公交车。5月至6月,市公交公司先后开通第三中学、暨阳湖实验学校、白鹿小学3条学生定制公交,全市累计开通学生定制公交专线11条。市公安交警部门开展公交专用车道以及中心城区重点拥堵路段交叉口公交信号灯优先建设,港城大道、长安路、人民路、南苑路4条道路的13个路口建成公交优先通行系统。11月,市区首条内环型公交专用车道"人民路—国泰路—南苑路—华昌路"建成。市城管局推进机关企事业单位停车位对外开放。5月1日起,市区128个机关企事业单位1.9万个停车位对外开放。改造市区东环路、南环路停车位400个,缓解市区交通拥堵。

【张家港船闸新版智能过闸系统运行】 江苏内河船舶智能过闸系统(简称水上ETC)是江苏省交通运输厅航道局推出的一项便民措施。2012年1月,第一代水上ETC在张家港船闸投入使用,但由于移动服务、掌上支付等发展,第一代系统已不能很好地服务船户。2018年5月28日,改造后的新版水上ETC系统正式上线。船员只需通过手机APP进行远程申报、缴费、等待过闸调度通知即可。系统还为船员提供支付宝、微信、银联、储值账户等多样性的支付方式，让船户体验“互联网+航道公共服务”带来的便利。至年末，新版水上ETC的APP在张家港船闸的使用覆盖率达到95%以上，使用ETC设备过闸船舶达到52935艘次，交付金额1463万元。

（袁玉洁）

交通管理

【概况】 5月8日，张家港邮政管理局成立。年末，市交通运输局机关内设科室8个，下辖公路管理处等事业单位19个。年内，市交通运输局共办理各类交通行政许可1397件，比上年减4.1%；办理道路运输经营户的经营许可证、营运车辆的道路运输证审验22383件。继续实行交通行政执法网上公开透明运行，查处和纠正各类交通运输违法违章行为2841起。对17项重点项目实施行政指导，全面推进说理式执法文书工作，落实行政执法公示、执法全过程记录、重大执法决定法制审核三项制度，推进交通运输综合执法体制改革。

交通工程质量安全管理　年内，对7个重点工程开展质量安全监管，协助苏州质监站对2个重点国省道项目进行质量监督和试验室备案。对区镇38个项目进行指导和督察。全年开展质量巡查374次，季度质量检查4次，综合督察2次，现场检测314次，发出通报98份，其中要求整改的14份。实施安全督察12次，下发督察通报12份，发现并当场指出各类安全隐患192处，整改率100%。全年在质量管理中实行定人、定点、定线的“三定”管理，监督覆盖率100%。

运政管理　市交通运输管理部门全年办理道路运输许可1346件（含机动车维修许可40件）。查处道路运输违法行为1119起，其中非法运营行为282起、客运违法行为246起（含出租车违规行为12起）、货运违法行为212起（含危化品运输违章60起）、其他违章379起。查处三类维修业户无证、超范围经营案件7起、营运车辆二级维护检测超期案件93起，检测营运车辆16372辆次，全面完成列入淘汰范围的营运黄标车辆治理工作。深化运输市场诚信体系建设，年末，全市有信用维修企业193家，其中AAA级企业22家，占一、二类维修企业总数的86%。升级危化品道路运输信息系统，优化运政信息中心建设，24小时监控“两客一危”（从事旅游的包车、三类以上班线客车和运输危险化学品、烟花爆竹、民用爆炸物品的道路专用车辆）运行情况。基本建成“汽车维修电子健康档案系统”，全市一类、二类维修企业数据与系统平台对接率97%，实现维修作业全过程的远程、动态、电子化监管。全年受理网约预约出租汽车申请362辆，其中审核通过334辆，颁发“张家港市网络预约出租汽车运输证”334本。张家港市考点共有793人通过网络预约出租汽车驾驶员资格考试。运政稽查大队对未经许可从事网约车经营的行为进行重点查处，共查处违规运营网约车189辆次。

路政管理　市公路管理部门全年办理国省道路行政许可17件，县乡道路行政许可28件。坚持国省干线日巡查全覆盖制，农村公路每周不少于2次巡查覆盖制，全年巡查里程160304千米，实施并完成干线公路交通环境大整治，组织进行专项检查11次，下发整改通知书6份，清除障碍物75处，排查悬臂式指路标志基础缺陷4处、桥梁防抛物网坠落风险12处，开展国省县道绿化遮挡交通标志专项清理3次，新增桥梁限载标志84套，清除摊点134处；查处超限运输车辆99辆，卸驳载货物2113.8吨。建成张家港市公路信息中心，完成华昌路下穿通道排水泵远程控制平台建设，推动现代信息技术与公路管养、应急处置、内部管理等工作融合。深化和巩固文明样板路创建工作，开展“四好农村路”示范县创建并通过省级考核验收。

内河航政管理　市航道管理部门全年办理航道类许可2件，航评审核2件，巡航里程18840千米，现场维护航标90座次，遥控遥测3650座次，收取航道赔（补）偿费237.17万元，干线航道测量72.9千米，干线航道通航保证率100%。开展“8+2”联合执法10次，行政纠违7起，行政提示4起，行政处罚1起，罚款2000元。落实“263”专项行动，开展主干线航道绿化与环境整治、打击过境垃圾非法转移行动、打击建筑泥浆违法转移等整治行动，制止锡十一圩线临河搭建房屋1处。开展航道法3周年等专题宣传活动3次，组织参加省、苏州市等各级法制业务培训14期167人次，新媒体“5+N”行动获评全省交通运输系统法治宣传教育创新创优项目。船闸管理处深入推进安全生产标准化建设，继续开展过闸费缴费基数复核专项工作，全年开展专项隐患排查14次，落实整改项目3项，开展打击违法违规运输固体废物专项行动，全年出动检查人员558人次，检查船舶626艘。

内河港政管理　市内河港口管理部门全年办理内河港口经营许可证9份，审批港口危险货物作业59次。组织实施内河码头综合整治提升行动，依法取缔码头145家（其中拆除110家，采取停水停电措施，责令停止作业35家），拆除装卸设备200余台套，取缔泊位215个，纳入规范管理11家，优化提升43家。全面落实安全监管责任，组织危险货物码头安全专项检查4次，排查安全隐患14处，整改14处，全年内河码头未发生有责安全事故。

内河水上交通安全管理　年内，市地方海事管理部门完成涉航许可7件。继续实行“365全天候”工作制，全年上航2019艇次，7431人次，巡航时间3755小时，巡航里程54232千米，检查船舶15464艘次，查处各类船舶违章运输行为2148起。全市实施交通管制27起，发布航行通告11次。实施“110”处警及船舶报警95次，出警人次283次，救助船舶145艘，挽回各类经济损失16.52万元，内河水上搜救成功率提升至100%。

【张家港邮政管理局成立】 5月8日，张家港邮政管理局在市交通运输局挂牌成立，市邮政业发展中心同时成立。9月,市快递行业协会成立,有会员单位24个。全市开展快递末端投递改革,引导服务商在住宅区、办公区等投放智能快递柜600余套,共7万余个格口;完成信报箱验收项目18项,涉及用户9971户。组织全市邮政快递业举办首届邮政技能大赛,35名选手参赛。联合住建等部门制定《关于鼓励新建住宅区等场所设置快递服务用房的实施意见》,确保新建住宅区快递服务用房得到有效保障。推进“快递+农业”融合发展,开展“快递+水蜜桃”项目,其中顺丰速递共揽收3.78万件,产值125万元。落实安全生产责任,评选“平安寄递”示范企业2家、“平安寄递”示范点9个。至年末,全市开展寄递企业日常监管80余次,发现并督促企业整改寄递及安全隐患行为65起。

【内河船舶防污染“263”专项行动】 年内,为提升“两减六治三提升”生态保护和环境治理专项行动成效,市地方海事处全面落实船舶污染水域防治工作任务。实施燃油抽查检测,全年共计抽检55艘次;落实防治船舶污染行动,在港口、码头、装卸站及船舶修造厂设置船舶污染物接收设备和船舶污染防治设备,引导船员依法依规送交船舶污染物,督促港口码头管理人依规接收船舶污染物。全年监督送交船舶生活垃圾15.73吨,监督送交船舶9326艘次。定期组织实战演练,及时更新应急处置资源库,组织开展船舶污染防治知识宣传活动20余次、码头管理人专场宣传会4场、船员座谈会1场,营造防治船舶污染的良好舆情氛围。

【“港城车大夫”被评为“中国运输领袖品牌”】 年内,市机动车维修管理处深化“港城车大夫”服务品牌建设,以“五联五强”(组织联建强堡垒、公益联做强服务、行业联创强合力、队伍联建强素质、资源联享强发展)为抓手,明确品牌高质量发展思路。坚持“365天日常坐诊”,免费提供汽修咨询解答、车辆故障诊断服务7300余次,调解汽修纠纷6起。全年组织开展进机关、进社区、进乡镇、进学校、进企业“义诊”活动16次,先后在世纪广场、吾悦广场、老宅社区、杨舍老街、大新镇、乐余镇等地,宣传行业法规,解答汽修咨询,诊断车辆故障。组织汽修企业外出参观考察、招聘人才、技术交流、安全环保培训等活动7次,开展全行业汽修技能竞赛,培养选拔优秀汽修人才40人,其中“张家港市技能状元”1人、“张家港市技术能手”5人和“张家港市五一劳动奖章”获得者1人。“港城车大夫”被交通运输部评为“中国运输领袖品牌”,被省交通运输厅评为“2015—2017年度江苏省交通运输行业文明示范窗口”,实现8年品牌创建的全新跨越。

(袁玉洁)

水利建设

【概况】 2018年,市水利(水务)局着力推进水生态文明建设,补齐水利水务基础设施建设短板,全年完成水利投资5.76亿元,在长江防洪工程、活水畅流、河道整治、高标准农田建设等方面取得重要进展。长江澄通河段通洲沙西水道长沙河至福山塘段边滩综合整治工程获中国水利工程优质(大禹)奖。

防洪治涝工程　5月,老海坝综合整治一期工程变更项目9号码头工程完成施工,10月通过验收。工程总投资5.43亿元,完成抛石239万立方米、灌注桩282根。6月,四干河闸站改建工程完成水下部分验收,开坝放水,年末完工,总投资9000万元。东横河西泵站工程,投资8000万元,根据省水利厅要求,做好工程建设管理工作,计划2019年完工。长江干流江苏段崩岸应急治理工程苏州市境内工程,是长江中下游干流河道治理的重要内容,是172项节水供水重大水利工程之一,共分两期,一期工程完工,二期工程积极推进。新建(改造)排涝闸站20座、圩口闸19座,增加排涝流量每秒40立方米,整治市级河道坍塌段12处,长度3.7千米。至年末,全市共有长江堤防103.45千米,其中主江堤87.52千米(含双山岛洲堤16.11千米)、闸外港堤15.93千米;有沿江节制闸23座、出江(港)涵洞23座;有内河水闸36座,其中内河套闸9座、节制闸18座、泵站9座;有防洪圩区65个,排涝站326座,排涝流量每秒737立方米,装机总功率3.53万千瓦,圩口涵闸290座。

水环境治理　6月,百桥路东河控制工程开工,总投资240万元,新建6米宽节制闸1座,至年末主体工程完工。10月,太字圩港南延工程完工,总投资4000万元。北新丰河二期整治工程于2017年7月开工,2018年年末全部完工,总投资2500万元。苏州市级补助资金项目大新镇段山港整治工程于2017年11月开工,总投资500万元,新建木桩护岸5.2千米,疏浚河道4.6千米,2018年年末全部完工。全市开展农村水系连片治理,疏浚各级河道775条,超额完成年度任务,拆坝176条,建桥(涵)175座,建设省级农桥18座,建设生态河道53条、生态护岸47千米。乐余镇红闸村8组至15组自然村、杨舍镇百家桥村黄家竹园自然村获评2018年度江苏省水美村庄。全年治理各类黑臭污染河道89条,城镇基本消除黑臭河道。

农村水利建设　位于杨舍、塘桥、乐余、凤凰镇的2016年度小型农田水利重点县项目完工并通过验收,2018年共新建排涝闸站10座、圩口闸8座,整治沟道7.07千米,完成投资4021万元;位于金港镇、南丰镇、常阴沙现代农业示范园区的2017年度小型农田水利重点县项目完工,2018年共新建排涝站7座、涵闸18座,整治沟道10.85千米,完成投资4355万元;位于锦丰镇、大新镇的通洲沙西水道小型农田水利重点县项目,年内新建农田灌溉泵站2座、输水管道9.81千米,新建改建圩区排涝闸站3座、涵闸66座,整治排水沟道4.6千米,开展信息自动化项目1项,投资4556万元。以大新镇、锦丰镇、常阴沙现代农业示范园区的3个水稻样板灌区为测点,开展农田灌溉水利用系数测量和分析工作,全市农田灌溉水利用系数为0.69。

【长江干流江苏段崩岸应急治理一期完工】 长江干流江苏段崩岸应急治理工程是国家172项节水供水重大水利工程之一，张家港市境内工程概算投资1.8亿元，工期2年，分两期完成。一期工程为段山港—二干河段，加固护岸3.26千米，采用散抛石护脚防护，工程量21万立方米。二期工程为老港—双狮码头段，新建护岸3.96千米，均采用散抛石防护，工程量55万立方米。至2018年年末，一期工程完工，二期工程完成招标等前期准备工作。

【沙洲湖连通工程二期启动】 沙洲湖连通工程位于朝东圩港以东、一干河以西、长江以南、南横套以北，区域面积46平方千米。工程建设是为增加河道的过流能力，提高川港、悦来横套和渡泾港的排涝标准，防止沙洲生态农业园区涝水排入一干河应急水源地，并改善河道水质和生态环境。工程分两期实施，一期为川港综合整治工程，二期为悦来横套至渡泾港河道整治工程。1月，一期川港综合整治工程完成通水，拓浚河道6.3千米，新建桥梁13座、过水涵洞9座、涵闸12座，建设道路5.1千米。二期位于港城大道以西，北至渡泾港闸站，全长2.8千米，5月开工建设，包括河道土方开挖、河道拓浚、新建生态挡墙、新改建涵闸、修建桥梁、新建圩口闸等，总投资3141万元。至年末，开挖土方168057立方米，清淤土方74883立方米，回填土方26286立方米，建设生态挡墙4268平方米，使用混凝土5380立方米、钢筋273吨、块石18788立方米，完成工程造价2955万元。

【长江边滩综合整治获"大禹工程奖"】 为改善通洲沙西水道水域条件，稳定河势，消除近岸深槽，保障堤防安全，提高城市防洪能力，2013年12月，市水利部门对长江长沙河至福山塘段边滩开展综合整治。工程位于乐余镇和南丰镇，是长江澄通河段通洲沙西水道边滩综合整治工程的重要组成部分，主要开展围堤填筑、围堤防护、堤顶道路、围区吹填等建设。2017年10月，工程通过验收，共新建围堤10664米，岸线长4711米，总投资7.26亿元。工程运用袋装砂围堤稳定分析"似凝聚力"方法等优秀设计，施工期间开发应用多项新工艺、新工法。其中，5项工艺技术获国家专利，1项施工技术获评国家级工法，1项施工技术获评省级工法，1项施工技术获评水利行业工法。在"2017—2018年度中国水利工程评奖"中，长沙河至福山塘段边滩综合整治工程获水利工程行业优质工程的最高奖项中国水利工程优质（大禹）奖（简称"大禹工程奖"）。这是张家港市水利工程首次获得该奖项。

水 利 管 理

【概况】 2018年，市水利（水务）局以水务一体化改革为契机，全面深化"河湖长制"改革，深化水利水务融合，加强水利行业监管，完成走马塘江边枢纽上游导流堤护坡维修、沿江节制闸新建标准水位测井及雨量场、沿江堤防信息化建设工程监控点布设和沿江水闸养护4个省级维修项目，完成张家港节制闸上下游护岸整治工程苏州市级补助项目，完成三干河水利枢纽上游护坡维修、太字圩港闸管理房修理等多个岁修工程。围绕"清理整顿沿江环境污染攻坚行动"要求，配合做好水源地保护工作，重点加强对沙钢占用段、五友拆船厂段等江堤的巡查工作，杜绝江堤偷倒垃圾、违章搭建、偷排污水等情况出现。全年巡查273次、制止违章行为30起，下发限期整改（停工）通知书17份，铲除违章种植540平方米，拆除违章建筑2222平方米，清理违章占用堆放13120平方米，呈报水事案件1起，处理河道倾倒垃圾、排放淤泥1起，开展行政指导35次。加强长江水文勘测，及时掌握长江张家港段河势变化。做好通洲沙西水道整治工程西水道潜堤、浅滩、新建航道的配套测量，完成水下地形测线912条，固定断面56条，测量面积36平方千米；完成老海坝区域水下地形监测5次，测线1190条，测量面积36平方千米；完成双山小北五圩测量，测线268条，面积8平方千米；完成德积险工段测量，测线288条，面积5.6平方千米。张家港市先后高分通过国家节水型社会达标县验收、水生态文明城市试点验收。

水资源管理 12月21日，省水利厅对张家港市创建国家节水型社会达标县工作组织技术评估和行政验收，张家港市获94.5的高分，并通过验收。12月26日，省水利厅对张家港市水生态文明城市建设试点组织行政验收。张家港市以94.1的高分、省级试点第1名的成绩通过验收。全市继续推行最严格水资源管理、节水型社会建设。至年末，全市共建成各级节水型学校82所，其中省级节水型学校29所、苏州市级节水型学校53所，建成省级节水型企业49家、省级节水型单位34个、省级节水型社区17个。市区三星级以上宾馆全部建成苏州市级以上节水型宾馆。强化用水管理，审验取水许可证117份，占发证总数的100%，其中地表水85份、浅层水31份、地热水1份，全年办理取水许可申请审批6件。

水政执法 年内，市水政执法大队组织日常水事巡查5021人次，出动执法车辆2282车次，制止各类涉河违章行为14起，清理网簖地笼1245处。持续打击长江非法采砂，共出动水政执法车辆巡查286车次，水政执法人员585人次，水政执法艇58航次（夜间航行42航次），抓获非法采砂船12艘，处理涉砂案件4起，联合长航公安苏州分局扣押非法采砂船12条。加强水行政执法巡查，协调处置违法违规水事案件5起。全年办理行政许可案件39起，其中河道管理范围内建设项目审批14件、取水许可审批5件、排污口审批2件，核发城镇污水排入管网许可证18件，按时办结率100%。

水利规费征收 市水资源管理处落实最严格水资源管理，提高水资源利用效率，促进水资源可持续利用。全年征收水资源费5901万元，水利工程水费1076万元。强化河道堤防占用管理，组织开展河道工程占用证年度审核工作，收缴河道堤防工程占用补偿费432万元。

【防汛防旱】 5月21日，市委、市政府召开全市防汛防旱工作会议，部署年度防汛防旱工作。全市组建防汛抢险队伍242支5178人，长江堤防、沿江涵闸及圩区排涝闸站全部落实责任单位和责任人员。全市共有县级物资储备点34个，储备土工布袋52.29万只、防汛木材773.32立方米、土工布15.54万平方米、块石2.77万吨、柴油125.7吨和救生衣、移动发电设备、电缆等防汛抢险物资。2018年张家港市梅雨期自6月20日至7月8日，梅长19天，梅雨总量162.8毫米，比常年显著偏少。汛期强降水过程偏多，降水总量1363.3毫米，比常年同期显著偏多。入汛后，全市先后受“安比”“摩羯”“温比亚”等强台风影响，共出现4次强降雨天气，总体平稳，未出现内涝和人员伤亡情况。全年市沿江各节制闸共引水17.53亿立方米、排水20.67亿立方米，其中汛期沿江各节制闸引水9.8亿立方米、排水11.04亿立方米。

【水务一体化改革完成】 为提高政府对涉水事务的综合统筹能力，理顺水务管理体制，1月，市机构编制委员会印发《关于对张家港市水务一体化管理体制改革的相关机构进行机构编制调整的通知》，对水务职能以及相应机构编制进行调整。原由市住建局负责的城区防汛、城市节约用水、城镇生活污水治理、城乡供排水的监督管理和河道绿化等涉水工作职能划转至市水利(水务)局。市水利(水务)局增设水务管理科、市供排水管理处，市节水办公室整建制划转至水资源管理处。1月末，完成部门设置、人员划转、业务对接等工作。年内，第四水厂20万吨扩建及深度处理工程完成取水工程顶管施工，完成投资1.4亿元。开展污水处理厂改造，完成城南污水处理厂扩建和第一污水处理厂异味除臭改造工程，推进第二污水处理厂除臭改造工程。对全市自来水生产过程中的原水、出厂水、管网末梢水及小区二次供水水质进行定期监测。推进生活污水治理设施建设，新建、改造污水主次及控源截污管网41千米，完成城镇生活污水治理7254户、农村生活污水治理3136户、企业生活污水截污纳管183家。加强排水行业监管，督促违规排水单位整改，全年发放排水许可证20张。

长沙河 （市水利局 提供）

【“河长制”深化为“河湖长制”】 年内，根据苏州市委、市政府印发的《关于深化湖长制工作的实施方案》，湖泊作为江河水系的重要组成部分，纳入河(湖)长制管理体系。全市所有湖泊均纳入河长制体系，原“河长制”统称为“河湖长制”。市水利(水务)部门先后印发《全市重要河湖“一河一策”行动计划》《张家港市河长制工作考核办法(暂行)》《张家港市2018年度河长制工作考核细则》《张家港市长江沿线大环境整治专项方案》《张家港市市级河道“三乱”专项整治行动方案》等文件，健全河长制工作制度，明确各级河长标准化履职要求。3月29日，全市召开市级总河长会议，总结2017年河长制工作并研究部署2018年河长制工作。10月31日，市政府召开全市深化河湖长制改革暨高质量推进城乡生活污水治理推进会。1月至10月，全市410名河长共巡河1.4万次，覆盖全市8000余条河湖，通过巡河发现问题及时协调解决，各级河长履行“巡河、治河、护河”职责成常态。推动办结“一事一办”工作清单任务106项，办结河长制工作交办单130余份，聘请河长制工作社会监督员12人，招聘民间河长149人。全年清理乱堆放409堆、鸡鸭棚161处、岸坡垃圾587堆、网具158口、地笼754口，清理垦种1.3万平方米、蔬菜棚架151处、杂树2405棵、高草82659平方米，打捞各类水生植物1910吨。开展涉河违章执法巡查，全年出动巡查人员426人次、213车次，发现和制止涉河违章行为32起，送达水事巡查警示书24份，呈报水政案件2起，达到“发现一起，制止一处，教育一片”的目的。推进“无违建村(社区)”建设，清理各类涉河违章建筑400余处、6万余平方米，建设美丽河道30条，建设一干河、长沙河等省级样本河道4条，在乐余镇建成全省第一个河长制主题公园。全年发布河长制工作信息240余条，其中在人民网、新华网、省河长办公众号、苏州媒体上发布60余条。 (陈晓军)

【编辑 陆正芳】

邮电·信息化

Post and Telecommunications & Information

9月，市邮政分公司开展教师节明信片和鲜花全城免费送活动　（市邮政分公司　提供）

邮　　政

电　　信

信息基础设施建设

信息技术应用

信息化管理

扫码欣赏

5G改变社会

扫码欣赏

张家港"政"能量——政务新媒体云矩阵

邮　政

【概况】 中国邮政集团公司江苏省张家港市分公司是国有公用企业单位，隶属江苏省邮政公司，接受苏州邮政分公司领导。企业内设4个职能机构，即寄递事业务部、市场营销部、综合办公室、运营管理部；下设金融业务部、集邮与文化传媒部、渠道平台部，3个分局（金港分局、凤塘锦丰分局、杨舍分局），24个邮政支局，35个营业网点，承担全市邮政通信基础设施建设、管理和服务职能，履行邮政通信普遍服务和特殊服务，为企事业单位及百姓提供各类商务服务。特殊服务包括为党政军服务的机要件寄递和党报党刊征订及投递；普遍服务包括信函、包裹、汇兑；商业服务包括集邮、商函广告、金融、保险、分销物流、电子商务、代收代发等。市邮政分公司加强文明创建，开展“迎七一庆建党”书记上党课、走进长江润发集团党员主题实践、“六个一”走访调研等系列活动，与电信、邮储、建行党建结对，邮政一支部与电信行政支部结对，并提出解决课题，网站注册志愿者197人，开展志愿服务活动15次，解决无物业居民报刊投送难题，与团市委联合开展“暖冬行动”，为全市300余名经济困难家庭青少年、城市流动儿童等群体送上“希望之光”新春慰问大礼包。公司先后举行《长江经济带》特种邮票首发，与市委宣传部、市委农工办、市农委等部门联办第一届张家港市“中国农民丰收节”暨丰收集市活动，参与“迈进新时代，幸福舞起来”张家港市广场舞大赛、经开区残疾人心理健康（法律）大讲堂等，均获得主办方的好评。发挥邮票桥梁和纽带作用，《帆船》获全国邮展青少年B组金奖，《我心中的毛爷爷》获青年A组金奖，开展“改革开放40年”邮政文化进校园活动，走进18所学校举办邮展，培育青少年集邮市场。2018年，市邮政分公司被省邮政工会评为模范职工之家，被苏州市文明办评为苏州市文明单位，并被张家港市献血领导小组办公室、市委宣传部等分别授予“无偿献血先进集体”“全民阅读优秀书香企业”称号，杨舍投递部被苏州市文明办评为苏州市第九届“五一文明岗（班组）”，被张家港市总工会授予2017年度张家港市“最美职工”年度人物提名奖，锦丰营业处获评五一巾帼标兵岗，西张支局工会小组获评张家港市模范职工小家，万红营业处获评张家港市“三八红旗集体”。

【6000余名党员收到党龄纪念章】 7月，市邮政分公司与市委组织部门合作，设计制作党龄纪念章。纪念章分为50年及以上党龄纪念金色纪念章、40年党龄纪念银色纪念章、30年党龄铜色纪念章三款。纪念章上印有张家港先锋和长城图案，徽章正面设计张家港地标勾勒图、党徽，环绕“不忘初心，牢记使命”、党龄纪念等字样，徽章反面设计有张家港地图形状，党龄数字和党徽巧妙结合浮于地图中央。为体现对老党员的关爱，对50年及以上党龄的老党员，市邮政分公司还专门制作贺卡。市委组织部利用“七一”系列活动，发动各单位，通过举行发放仪式、上门走访慰问、表彰先进典型等形式，向全市6000余名党员发放纪念章，将组织的关爱送至每一名党员，得到党员的认同和赞誉。

【教师节明信片和鲜花全城免费送活动】 9月，市邮政分公司利用邮政网络平台，弘扬中国传统的书信文化，组织开展教师节明信片和鲜花全城免费送活动。市邮政分公司区域单位，走访各中小学校，分发明信片，预约学生给老师送祝福语，并通过微信公众号进行推送，学校家长或学生通过关注“张家港邮政”“You宝贝”等公众号，留下学校、收寄信人名称、祝福语等信息，就可免费获得一张明信片及一支鲜花。全市2870名学生参与活动，2000余名教师收到鲜花与节日祝福，市邮政分公司各个网点指定专人负责为家长或学生免费打印明信片，并由当地网点负责人或客户经理亲自送到学校。

【健身地图开发】 11月，市邮政分公司抓住第七届体育运动会开幕式契机，与市体育局合作，以“积极开展健身活动，让运动成为一种生活习惯”为主题，开发健身地图项目。健身地图详细标注各镇文体中心、健身步道以及特色运动项目，以手绘图案形式生动展示张家港体育的魅力。健身地图通过志愿服务平台，借助运动会开幕式及各类健身活动之际，发放给市民，共发放1万份。

【打造工会线上“工惠e食堂”专区】 12月，市邮政分公司与市总工会签订协议，整合邮乐网、邮政农产品返城、金融窗口等资源，为总工会打造线上“工惠e食堂”专区。专区作为张家港工会职工驿站APP板块之一，设会员必备、厨房家电、扶贫援疆3个主题区域，与邮乐网江苏省馆及张家港馆对接，线上展示精选扶贫农产品、当地粮油、酒水、家居日用、大家电等产品，部分产品设置自提优惠赠礼活动，满足工会会员生活服务需求，成为工会扶贫渠道之一。

【香山雅韵邮册开发】 7月，市邮政分公司开发香山雅韵邮册。该套邮册分为沙洲优黄、江南棉纺、后塍竹编、雷沟大鼓、东山村遗址等12个部分，并配有《长江》《海上丝绸之路》《刘三姐》等珍贵特种邮票。邮册将张家港地方文化与集邮融合于一体，详细介绍金港地区的物质和非物质文化特色，并加入张家港保税区及港口元素，展示了金港地区古老技艺与现代文明。市邮政分公司制作邮册300本，成为保税区对外宣传及展示形象又一渠道。

【《丝绸之路文物》特种邮票首发助力张家港中国旅游日活动】 5月19日，市旅游局、市邮政分公司在吾悦广场联合举行中国旅游日暨《丝绸之路文物》特种邮票首发活动。现场还有优质旅游目的地颁奖、“丝绸之路文物”邮票首发、“我眼中的美景”儿童现场绘画、四季美景明信片现场赠送、“鲜活张家港”四季美景展示等活动，同时还举行2018版《市民手册》首发仪式，现场通过志愿者发放手册。张家港市分公司连续五年开发《市民手册》，得到广大市民的肯定，2018版《市民手册》共发放15万册。　（孙　俊）

电信

【概况】 年内,各通信运营商完成业务总量25.53亿元,主要经营范围包括移动通信业务、固话业务、宽带业务、互联网专线、数据通信等综合电信业务。至年末,全市有固定电话用户24.78万户,移动电话用户177.2万户,宽带用户69.98万户。

中国电信股份有限公司张家港分公司　公司下设办公室、销售部、政企客户部、渠道运营中心、维护安装部及9个分局,员工总数690人。至年末,公司拥有固定电话用户22.6万户,移动电话用户54.5万户,宽带用户37.3万户,天翼高清用户23万户。为加快推进智能制造,推动“两化融合”,实现企业信息化转型升级,张家港分公司依托高等级IDC数据中心及安全可信的云网服务能力,积极推动企业上云工作,已配合400余家企事业单位上云,有效降低了企业信息化建设的成本及门槛,推动了企业迈向智能制造的步伐。年内,公司获得2018年度张家港市服务地方优胜奖、高技能人才培养先进单位等荣誉称号。

中国移动通信集团江苏有限公司张家港分公司　简称张家港移动公司,下设综合部、市场经营部、集团客户部和技术业务支撑中心4个部门及城北、金港、塘桥、锦丰、城南、乐余6个分局,有员工269人,营业网点150个,缴费网点200个。2018年,移动电话用户数100万户,有线宽带上网用户数23万户,运营收入超9亿元。公司已建成覆盖范围广、业务品种多、通信质量高的综合通信网络,为用户提供移动话音、数据、宽带等多种服务。2018年,公司先后获江苏省职工书屋示范点、江苏省放心消费创建示范单位、苏州市文明单位、苏州市五一巾帼标兵岗、苏州市消费者满意单位、苏州劳模创新工作室、张家港文明单位等荣誉。

中国联合网络通信有限公司张家港市分公司　简称张家港联通公司,公司设置综合支撑中心、政企客户营销中心和建维中心3个部门机构,有员工73人,营业服务网点73个。2018年,张家港联通深化“混改”工作,依托4G+网络技术优势,在物联网、大数据、云业务等应用领域推出创新产品。推进“一取消、四降低”网络提速降费工作,普惠广大用户。年末,张家港联通有移动用户22.7万户,宽带固话用户2.18万户,实现综合业务收入1.39亿元。2018年先后获得2015—2017年苏州市文明单位、2017—2018年江苏省价格诚信单位等荣誉。

江苏有线网络发展有限责任公司张家港分公司　简称江苏有线张家港分公司,下辖综合办公室、财务资产部、公众客户部、集团客户部、工程技术部、运维播控中心6个部门,杨舍、金港、城区、塘桥、凤凰、锦丰、乐余、南丰、大新、常阴沙10个广电站,有员工370人。公司经营数字电视、宽带(包含无线宽带)、数据、监控及其他智能化和信息化业务。年末,有网内数字电视注册用户32万户,其中高清互动终端14.5万个,宽带用户7.5万户。全年实现经营创收1.9亿元。

【电信公司劳模工作室通过苏州市级劳模工作室验收】 张家港电信公司劳模创新工作室创建于2013年10月,2016年获中国电信“江苏省劳模创新工作室”称号。工作室成员是张家港分公司技术或管理骨干,其中省级劳模1人,苏州市级劳模2人,高级工程师1人。工作室成员陆续获得江苏省优秀共产党员、江苏省劳动模范、苏州市劳动模范和苏州市五一劳动奖章、张家港市劳动模范等称号。除了努力做好本职工作,劳模工作团队主动带领和帮助团队成员谋求进步和发展,充分发挥劳动模范的先进引领作用,在互联网+行业创新、云计算、物联网技术创新、网络信息安全、公司内部管理提升等多个方面,起到带头引领的作用,是公司转型发展的主力军。12月,该工作室通过苏州市级劳模工作室验收。

【联通公司关爱环卫工人“暖冬行动”】 11月起,张家港联通党支部与市市容管理处结对,联合开展以关爱环卫工人为主题的“暖冬行动”活动。这也是联通党支部“关爱民生、服务民生”的年度重点党建项目之一。“暖冬行动”中,联通党支部在张家港市区范围的20家联通营业厅设立“爱心驿站”,为周边区域的环卫工人提供“冬天有地方取暖,渴了有热水供应,累了有站点歇脚”的固定场所;利用行业优势,为环卫工人群体免费提供专属通信产品和购机补贴,并进行智能手机操作和应用技巧的现场培训辅导;组织50余名党员干部开展志愿服务,主动走访全市各环卫所,为在寒冬辛勤工作的环卫工人送上暖冬礼包。

(卢　莹　唐力媛　陈佳玲　龚　峰)

电信公司劳模创新工作室　(电信公司　提供)

信息基础设施建设

【概况】 年内，全市投入信息化基础设施建设资金2.48亿元，新增光缆3009.8皮长千米，累计7.21万皮长千米。新建各类基站95个。

电信网建设 中国电信张家港分公司全年完成基础通信建设投资2033余万元，敷设光缆线路2100皮长千米，累计4.03万皮长千米。新铺管道24千米，累计1854千米。4G网络深度覆盖，新增宏站22个，累计1346个；新增室分RRU信源52个，累计539个；新建NB-IOT基站58个，累计356个。建成全光网城市，FTTH端口容量54万门，互联网出口宽带2360千兆。

移动网建设 2018年，张家港移动公司总投资1.7亿元，用于做广、做深、做厚4G精品网络，4G站点总规模突破2124个。新建通信管道26.65沟千米，新敷设光缆503.8皮长千米。驻地网小区覆盖62.99万户。完成集团专线三线业务接入500家，完成开通治安监控1372个，有效提升全业务网络容量。

联通网建设 2018年，张家港联通公司投资1600余万元，新开通4G基站15个，累计4G基站达到817个。重点建设居民小区热点站和楼宇室内分布，提高4G网络的深度覆盖，全年完成建设开通41个小区站点（其中12个微站）和19个室内分布。新建光缆260皮长千米，累计7596皮长千米，新建管道28孔千米，累计1223孔千米。驻地网建设方面，全年新增完成15个新国标小区共计1万余户居民的通信配套设施建设。

广电网建设 江苏有线张家港分公司为促进业务多元化运营，进一步夯实网络基础，至2018年年末，江苏有线张家港分公司建设项目共投入资金约4240万元。完成机顶盒TVOS软件的升级，丰富节目内容；完成波分三期的扩容，提升传输网络的承载力；完成南丰镇永丰村、大新镇新闸村、锦丰镇务本村、金港区域及杨舍区域等网络优化改造，网优网改区域覆盖用户2.2万户；加大光纤入户改造及建设，光纤入户覆盖用户数5万余户。全年完成新建小区建设项目62项、管道建设项目33项、网络优化建设项目36项。全市扩容光节点114个，累计建有光节点11834个；新增光缆146皮长千米，累计5409皮长千米；新建地理管道58千米，累计813千米。

【智慧体育场馆公共服务平台一期项目建设完成】 智慧体育场馆公共服务平台由江苏智慧港城公司参与规划建设，整合市体育中心各场馆的多套碎片化系统，形成一套通用的场馆管理系统，构建体育场馆信息数据库。该平台于1月启动建设，6月上线试运行。以体育数据为基础，以整合体育公共服务功能为目标，为市民提供体育赛事服务、场馆预订、体质监测、健身指导、免费无线宽带使用等功能的一体化综合服务平台。同时，依托张家港市民卡加载体育场馆消费功能，增加读卡机具和系统接口以配合张家港市民卡的使用，逐步替换体育中心各场馆发行的消费卡，统一卡片管理体系。（汤宇楠）

【张家港移动助力疾病控制中心内网及视频监控系统改造】 年内，张家港移动公司联合市疾病预防控制中心改造内网及视频监控系统，涉及20个接种门诊的局域网改造、VPN专网接入、高清视频传输。局域网改造，通过防火墙监控，为各区镇上网行为管理提供帮助；VPN专网接入，通过移动VPN专网传输，为各接种门诊疫苗接种数据提供安全、高效的传输，提供市卫计委、疾控中心共享接种数据；高清视频传输，通过对预检区、接种区、留观区全方位高清视频监控，不仅规范接种秩序，更提高接种人群对接种的安全认知。同时，江苏省、苏州市疾控部门可随时通过网络同步查看实时、实地情况。

（卢　莹　唐力媛　陈佳玲　龚　峰）

信息技术应用

【概况】 2018年，张家港政务网注册人数11903人次，点击率11万次，公务邮件收发588.82万份，公文交换收1984份、发3382份，发布新闻信息23491条，视频新闻489期。会议分票系统发送会议票61场。张家港在线新闻及无线张家港新闻客户端发布新闻信息76566条，资讯图集478个，各类专题70个，开展网络直播130场，至年末客户端注册用户近10万人次。中国张家港网全年点击率1244.16万次，发布信息22921条。张家港新闻网点击率120万次，发布新闻11058条。张家港人才网办理网上会员单位9638个，全年发布招聘岗位59597个，入库求职简历23715份，年流量3718.7万人次。市便民服务网点击率502万次，网上咨询、求助5079件，其中通过张家港市便民服务网1252件、52KD论坛网上村委会2451件、苏州市便民服务网（阳光办公系统来源）1223件、新浪微博86件、张家港市公安网络监察67件。全市金融系统取款机减少101台，累计254台；自动存取款一体机减少21台，累计520台；自助终端减少8台，累计341台。

【天翼看家养老项目试点】 张家港电信公司与锦丰西港村合作推动天翼看家养老项目，该项目属于全市首家试点。随着人口老龄化的加剧，高龄老年人占比越来越高，以锦丰镇西港村为例，80周岁以上老年人约150人，而家中年轻人大多搬迁至市区或合兴，导致家中老人长期无人照看，存在较大的不安全因素。为更好地保障高龄老年人的日常生活起居，张家港电信公司锦丰分局与西港村多次沟通，最终确定实施，针对80周岁以上的老人提供天翼看家服务。家人随时随地可以登录天翼看家手机客户端观看实时高清画面，了解家中老人日常生活情况。为应对老人的突发状况，西港村委开通所有安装天翼看家家庭的总账号，村委可以通过天翼看家定期了解老人家中情况。此外，开通紧急热线电话，如遇紧急突发情况，可以通过天翼看家马上了解现场情况，及时安排人员处理事故。天翼看家还具备72小时回看功能，便于家人和村委事后了解事实情况并进行相应处理。天翼看家的强大功能配上中国电信高速稳定的光纤宽带，让该项目成为关爱老人的“好帮手”。

【张家港移动助力污水排放监测】 2018年，张家港移动与市水务局就张家港市污水排口视频监控项目达成深度合作，完成市水资源管理处污水排口视频监控的二期项目。在张家港市重要污水排口架设监控探头，通过MPLS VPN电路，将视频信号传输至市水资源管理处，管理人员在大屏前就可以实时监测到污水排放情况，实现污水排放24小时监测，保证全市主干河道的干净通畅。年内新增点位15个，累计达到25个点位，覆盖全市重要的污水排口。

【张家港联通助力"12345"微信移车便民项目】 为缓解市区范围因车辆乱停放影响出行而导致"12345"求助热线日益增多的状况，张家港联通发挥"互联网+"技术优势，通过"云总机"助力"12345"便民服务中心成功上线"微信自助移车"平台。该自助平台改变了市民移车求助电话由话务台转接的烦琐流程，市民使用手机关注"张家港12345"微信公众号，打开公众号，点击对话框最下栏"市民求助"，选择生活服务栏目中的"自助移车"板块。随后市民可使用本机号码注册用户，屏幕就会弹出"自助移车"的页面，市民只需将需要提醒的车辆号牌输入，进行提交后，就会接到微信移车语音平台（0512-81620110）的呼叫，此时接通呼叫，对方车主也在同一时间连线，双方就能直接交流沟通了。同一车牌号码每天只可被微信移车语音平台呼叫5次，每次通话时间最长为90秒，时间一到，系统将自动结束通话。所有微信移车业务后台将记录移车申请数据，作为交警部门判定责任的凭据，"微信自助移车"平台提高了便民服务中心的工作效率，为市民日常出行提供便利。

（卢　莹　唐力媛　陈佳玲　龚　峰）

信息化管理

【概况】 年内，市信息化建设工作围绕全市"十三五"期间发展总目标，全面加快信息化建设步伐。2月，市政府确定2018年度政府信息化重点项目建设计划，明确6个信息化项目的建设计划及总投资4400万元的资金安排。推进软件和集成电路企业发展，2家企业共获软件和集成电路企业做大做强奖励85万元，4家企业共获软件和集成电路企业开展资质认证奖励95万元。推进企业"两化融合"工作，年内新增国家级"两化融合"管理体系贯标试点企业3家，新增省级"两化融合"管理体系贯标试点企业5家，新增省级工业互联网服务资源池2家，新增苏州市级工业互联网重点平台1家，新增苏州市级工业互联网典型应用企业2家。累计创建国家级"两化"深度融合示范企业1家，国家级"两化融合"管理体系贯标试点企业6家，省级"两化融合"示范区1个、示范企业7家、试点企业50家，省级"两化融合"管理体系贯标试点企业13家，省两化深度融合（互联网与工业融合创新）示范工程示范企业2家、试点企业5家，省级工业互联网服务资源池2家，苏州市级"两化融合"示范企业23家、试点企业44家，苏州市级工业互联网重点平台1家，苏州市级工业互联网典型应用企业2家。全年新增省级示范智能车间8家，累计17家；苏州市级示范智能车间11家，累计19家。新增认定软件企业14家，新增登记软件产品91个。软件产业全年实现产值18亿元。

【大数据建设】 2018年，根据市委、市政府大数据工作总体部署，市信息办强化数据归集，扩大政务大数据应用范围。政务大数据体制机制不断完善。市政府相继制定《张家港市政务信息资源共享管理暂行办法》《张家港市政务信息系统整合共享工作实施方案》和《张家港市政务大数据建设三年行动计划（2018—2020年）》，制定政务大数据绩效考核办法，纳入市绩效办机关绩效考核。政务大数据平台9月14日上线，平台包括政务大数据资源库、共享交换平台、共享门户网站、大数据分析系统等。完成信息资源目录梳理工作。梳理部门政务信息资源目录1174条、共享需求629项，印发《张家港市政务信息资源目录（2018）》。政务数据资源有序归集入库。53个部门上传数据，落地政务云的信息资源目录733条，入库数据总量4.82亿条。政务大数据围绕"1+5+N"目标进行建设，即搭建1个统一的政务大数据平台，建设人口库、法人库、空间地理库、证照库、信用库等5大基础库，支撑各有关部门N个大数据创新应用项目。"1"个政务大数据平台，将成为全市政务数据的连接器、数据交换的高速路、数据资源的聚集地、数据驱动的指挥所。"5"大基础库中人口库归集户籍人口、流动人口数据165万条，在公安人口基础库12个字段基础上，整合社保、教育、民政、司法等与人口相关的18个字段，扩展为30个字段。法人库归集市场监管企业法人、编办机关事业法人和民政局民间组织法人数据12.39万条。空间地理库加快整合，将张家港人口、法人信息、区镇人口年龄分布、社区图层和工业用地信息通过点聚合、热力图等方式进行展示。电子证照库完成全市法人电子证照库建设，实现与苏州市电子证照库对接，可直接取到身份证、居住证、户口簿、机动车驾驶证、机动车行驶证、道路运输经营许可证、道路运输从业资格证电子证照。信用库日趋完善，社会法人基础数据库收录信用信息40万余条，自然人基础数据库收录自然人信用信息740万余条。"N"个创新应用已通过政务大数据支撑工业企业资源集约利用综合评价，采集全市1.5万家工业企业的数据，设立评价模型，完善落实资源要素差别化配置，推行企业分类指导和精准服务。助力"互联网+政务服务"，以大数据支撑互联网政务服务推进电子证照应用，全面取消身份证复印件和营业执照复印件的提交，配合政务服务一张网建设。同时通过政务大数据平台户籍人口库比对，支撑新市民信息精准采集和市人社局社会保险业务办理。至年末，平台已支撑工业企业评价、互联网+政务服务、网格化社会治理、新市民服务管理、社会保险待遇审批、民政低保人员精准核实等22个部门27个数据共享创新应用，数据共享量4300万条。（陈　玲）

【编辑　张　洁】

开放型经济

Open Economy

埃塞俄比亚东方工业园 （市商务局 提供）

招商引资

对外及对港澳台贸易

对外及对港澳台经济技术合作

江苏国泰国际集团

張家港年鑑(2019)

招商引资

【概况】 2018年，全市新批外商投资企业（含港澳台）项目45项，新增注册外资8.11亿美元，到账外资5亿美元。全年批办增资项目32项，新增注册外资2.92亿美元，占全市总额的35.9%；新批服务业外资项目27项，新增服务业注册外资2.31亿美元，到账外资及港澳台资7918万美元；新批投资总额超1000万美元项目20项，注册外资7.6亿美元（含增资项目），占全市注册外资及港澳台资总额的93%。全年战略性新兴产业实际利用外资占比62.92%（省口径）。至年末，全市共有三资企业1026家，其中世界500强投资企业61家。年内，市商务局进一步拓宽招商引资渠道，增加项目信息来源，与2家机构签订招商合作服务协议。12月，市政府在深圳举办2018年张家港市创新发展（深圳）投资说明会，中外客商近300人到场。说明会设“氢未来·东方氢港”投资推介会、先进新材料和高端装备产业合作推介会、张家港市化合物半导体产业发展规划发布会暨成果展示、张家港医疗器械产业招商引智会暨创新发展专题论坛、张家港基金招商推介会、港城合伙人走进深交所活动等7个分会场，展示张家港市优越的投资环境。加大境外招商力度，策划组织赴日本、瑞典、德国、美国、加拿大等国家与地区的招商和经贸交流活动。

2018年张家港市主要新批（含增资）外资及中国港台地区投资项目情况表

表12

行业	项目（企业）名称	投资方	投资总额（万美元）	注册资本（万美元）	注册外资及港澳台资（万美元）	外资及港澳台资比例	批准时间
汽配	天合汽车安全技术（张家港）有限公司（增资）	美国	9086	3029	3029	100%	1月
汽配	加特可（苏州）自动变速箱有限公司	日本	17834	6015	6015	100%	7月
化工	庄信万丰（张家港）环保科技有限公司	英国	11688	3896	3896	100%	3月
化工	胜牌（张家港）润滑油有限公司	新加坡	10000	3500	3500	100%	6月
化工	海虹老人涂料（张家港）有限公司	丹麦	17040	5680	5680	100%	11月
化工	杜邦（张家港）有限公司	美国	15000	5000	5000	100%	11月
服务业	爱特微（张家港）半导体技术有限公司	韩国	20034	16162	7273	45%	5月
服务业	孚宝苏城（苏州）天然气储运有限公司	荷兰	27204	9068	2720	30%	7月
机械	和昕（张家港）精密科技有限公司	中国台湾	9000	3000	3000	100%	1月
建筑	信义玻璃（江苏）有限公司	中国香港	30000	10000	10000	100%	6月

【开发区招商引资】 年内，张家港保税区（含工业配套区江苏扬子江国际化学工业园）、张家港经济技术开发区、江苏扬子江国际冶金工业园共完成注册外资7.19亿美元，到账外资4.36亿美元。张家港保税区全年新批外资项目12项，完成注册外资3.94亿美元，到账外资2.2亿美元，分别占全市的48.5%和43.8%。其中，新批投资总额超1000万美元项目7项，新增注册外资及港澳台资3.1亿美元（含增资）。全年增资项目13项，新增注册外资及港澳台资1.54亿美元，霍尼韦尔、PPG、AAK等世界知名企业增资扩股。杜邦生产基地、海虹老人涂料、胜牌润滑油、庄信万丰环保等重大项目落户保税区。张家港经济技术开发区全年新批外资项目19项，完成注册外资1.95亿美元，到账外资1.64亿美元，分别占全市的24%和32.6%。其中，新批投资总额超1000万美元项目7项，新增注册外资2.6亿美元（含增资）。全年增资项目10项，新增注册外资及港澳台资8707万美元，天合、孚冈、欧璧等企业增资扩股。加特可、爱特微、华荷氢电等项目落户经开区。江苏扬子江国际冶金工业园全年新批外资项目3项，完成注册外资1.3亿美元，到账外资5177万美元，分别占全市的16.1%和10.3%。新批投资总额超1000万美元项目3项，新增注册外资1.28亿美元。全年增资项目1项，新增注册外资207万美元。信义玻璃、信义电源、优易电缆等项目落户冶金园。

【镇招商引资】 年内，塘桥镇、乐余镇、凤凰镇、南丰镇、大新镇共完成注册外资9277万美元，到账外资6658万美元。其中，塘桥镇新批外资企业1家，注册外资500万美元，到账外资608万美元；乐余镇新批外资企业1家，注册外资1800万美元，到账外资1027万美元；凤凰镇新批外资企业7家，注册外资4112万美元，到账外资3665万美元；南丰镇新批外资企业2家，注册外资2865万美元，到账外资1296万美元；大新镇到账外资62万美元。

【爱汽科技汽车零部件项目落户】 张家港经济技术开发区与日本爱汽科技株式会社经过多次洽谈，决定在经开区投资设立生产汽车零部件工厂。11月23日，爱汽科技汽车零部件项目签约。爱汽科技株式会社总部位于日本名古屋市，大股东为本田汽车,是专业从事汽车自动变速箱及发动机精密零部件研发和生产的主力供应商。在日本、中国、美国、印度等地设有多个生产基地。此次签约张家港的汽车零部件项目分两期实施,一期总投资近3000万美元,注册资本金约1500万美元。项目计划于2019年5月投产。

【庄信万丰集团10亿元催化剂项目奠基】 7月11日,庄信万丰(张家港)环保科技有限公司在江苏扬子江化工园举行奠基仪式,庄信万丰汽车催化剂项目建设启动。庄信万丰集团是一家有200年历史的英国跨国工业集团,致力于空气净化、健康及能源多个领域,从20世纪90年代末进入中国之后,已发展到员工近千人,年销售额几十亿元。该汽车催化剂项目总投资10亿元,占地5万平方米,主要生产汽车尾气净化催化剂,属于国家鼓励类投资项目,以满足中国汽车市场新的国6排放法规要求。

【美国杜邦签约投资制造基地】 11月8日,美国杜邦公司与张家港保税区在上海国家会展中心签署杜邦中国制造基地(张家港)项目投资合作协议。杜邦公司计划在江苏扬子江国际化学工业园设立外商独资公司,建设特殊化学产品在中国区最大的一体化生产基地。该生产基地一期项目投资额8000万美元,注册5000万美元,用地10公顷,将新建7条具有世界最先进水平的生产线,计划于2020年年末开始在五年内陆续投产运行。该项目的生产经营范围包括生产共聚高温尼龙、玻璃增强尼龙、改型聚甲醛、改型聚对苯二甲酸乙二酯、特殊尼龙、热塑性聚酯纤维弹性体、增韧尼龙、硅酮母粒、热塑性弹性体、热塑性有机硅弹性体和胶黏剂等产品,被广泛用于汽车、电子产品和医疗市场等高新技术领域。项目建成后,预计每年产值数十亿元,吸纳员工250人。公司交通运输与先进材料、电子与成像、安全与建筑事业部将在未来10年分别在该基地投资新建其他项目。

【胜牌(张家港)润滑油公司落户】 11月27日,胜牌(张家港)润滑油有限公司在张家港保税区奠基。这是胜牌公司在中国的首家工厂,也是全球投资额度最大的工厂。胜牌公司是一家乘用车、商用车和工业类高端润滑油及汽车养护产品的生产商和供应商,有152年行业领先的创新史。有6700余名员工,在北美地区以外约140个国家销售产品和服务,2018年销售额23亿美元。在连锁门店上,是美国排名第2位、加拿大排名第3位的快速换油连锁商,在美国零售市场上是销量排名第三的乘用车发动机油制造商。胜牌中国公司成立于2000年,是胜牌公司的全资子公司。胜牌中国公司拥有超过400家经销商的庞大网络,并与多个主要汽车制造商达成合作关系,已和国内数以千计的终端服务商和零售商建立业务联系。此次胜牌张家港项目一期总投资1亿美元,注册资本3500万美元,用地8公顷,年产10.8万吨润滑油及1.2万吨防冻液。项目建设周期18个月。

（邱亚峰）

【德国机器人电缆生产基地入驻】 1月24日,"E&E机器人电缆项目签约仪式"在沙洲湖大酒店举行。总投资数千万欧元的E&E机器人电缆项目由TKH Group N.V.公司注册5409万元设立的优易电缆(张家港)有限公司投资建设,地点位于冶金工业园。项目分两期进行,一期项目总投资1.3亿元,用地1.6公顷,主要生产高端机器人电缆,为全球最大的机器人公司德国库卡的独家供应商。二期项目将在一期基础上实现投资、产能、销售等规模翻倍,同时开发医用、通信等新领域电缆,形成全球领先的特种电缆生产基地。

（俞　峥）

对外及对港澳台贸易

【概况】 2018年,全市完成对外及对港澳台进出口贸易总额364.67亿美元,比上年增13.5%,其中进口总额189.49亿美元,比上年增17.4%;出口总额175.18亿美元,比上年增9.6%;贸易逆差14.31亿美元。一般贸易进出口仍占主导地位,为295.45亿美元,占全年进出口总额的81.04%,其中出口151.28亿美元,比上年增10.72%,占全市出口总额的86.36%。全市有出口实绩企业3063家。其中,内资企业2735家,合计出口134.36亿美元(海关统计数,下同),比上年增7.3%,占全市出口总额的76.7%;三资企业328家,合计出口40.82亿美元,比上年增18%,占全市出口总额的23.3%。江苏国泰国际集团出口额42.28亿美元,比上年增14.5%,占全市出口总额的24.13%。张家港保税区、张家港经济技术开发区、扬子江国际冶金工业园出口额分别为34.84亿美元、79.97亿美元和27.4亿美元。

2018年张家港市十大出口企业出口情况表

表13

企业名称	主要出口产品	出口总额(万美元)	比上年增长率(%)
江苏国泰国际集团国贸股份有限公司	纺织、机电、化工产品等	422760	14.50
江苏沙钢集团有限公司	钢材	165734	-12.95
江苏永钢集团有限公司	钢材	91115	30.85
江苏一达通企业服务有限公司	外贸综合服务	72733	-21.24
张家港市易华润东新材料有限公司	塑料制品	33984	56.22
浦项(张家港)不锈钢股份有限公司	钢材	24123	-9.70

续表13

企业名称	主要出口产品	出口总额（万美元）	比上年增长率（%）
索尔维（张家港）精细化工有限公司	化工品	23923	4.54
澳洋集团有限公司	纺织、化纤、金属、医药	21516	34.95
天宇羊毛工业（张家港保税区）有限公司	纺织原料	21236	17.27
张家港爱丽家居科技股份有限公司	塑料制品	20637	37.87

2018年张家港市十大进口企业进口情况表

表14

企业名称	主要进口产品	进口总额（万美元）	比上年增长率（%）
中粮四海丰（张家港）贸易有限公司	农产品	548176	27.96
江苏沙钢集团有限公司	矿产品	343520	5.42
东华能源股份有限公司	能源产品	136905	27.31
江苏永钢集团有限公司	矿产品	91390	11.28
张家港保税区长江国际港务有限公司	化工品	79799	53.81
张家港孚宝仓储有限公司	化工品	63174	29.97
江苏国泰国际集团国贸股份有限公司	纺织、机电、化工产品等	43322	−2.50
浦项（张家港）不锈钢股份有限公司	钢材	39356	2.76
天宇羊毛工业（张家港保税区）有限公司	纺织原料	36463	18.65
张家港联合铜业有限公司	金属制品	20941	−18.50

2018年张家港市进出口主要商品情况表

表15

商品名称	出口（万美元）	比上年增长率（%）	商品名称	进口（万美元）	比上年增长率（%）
纺织原料及纺织制品	692148	11.05	矿产品	578035	12.04
贱金属及其制品	417457	4.39	植物产品	510539	23.87
机器、机械设备	170293	18.97	化工产品	246286	26.34
塑料、橡胶及其制品	158391	6.21	纺织原料及纺织制品	135953	20.49
化工产品	154373	17.27	贱金属及其制品	117584	2.30
杂项制品	36781	8.29	动、植物油、脂产品	75433	41.36
交通运输工具	29686	13.03	塑料、橡胶及其制品	63565	0.31
鞋、帽、伞等	12926	7.18	机器、机械设备	49624	−0.95

2018年张家港市进出口主要国家一览表

表16

国家（地区）	出口（万美元）	比上年增长率（%）	国家（地区）	进口（万美元）	比上年增长率（%）
美国	385261	16.73	巴西	471388	61.60
日本	115376	12.96	澳大利亚	426803	20.51
韩国	114892	−18.93	美国	158063	−28.71

续表16

国家（地区）	出口（万美元）	比上年增长率（%）	国家（地区）	进口（万美元）	比上年增长率（%）
越南	76963	22.73	韩国	101455	5.54
孟加拉	70961	29.76	沙特	75760	80.59

【货物贸易进出口】 2018年，依托港口优势张家港市大宗商品进口规模进一步扩大，铁矿石、大豆、液化石油气等主要商品进口规模都出现平稳较快增长。全市有进出口实绩的外贸企业3464家，进出口超1亿美元的有50家、超1000万美元的有313家，其中出口超1亿美元的28家、超1000万美元的223家。从商品类别看，进出口量前五名分别是纺织原料及其制品、矿产品、贱金属及其制品、植物产品、化工产品，进出口额分别为82.8亿美元、57.9亿美元、53.5亿美元、51.3亿美元和40亿美元，比上年增12.5%、11%、3.92%、23.81%和22.69%。以国泰集团为代表的纺织服装企业出口势头良好，全市纺织原料及纺织制品进出口额82.81亿美元，比上年增12.5%。出口量排名前三名的分别为纺织原料及纺织制品、贱金属及其制品、机器机械设备，出口额分别为69.2亿美元、41.7亿美元和17亿美元，比上年增11%、4.4%和19%。进口量排名前三名的分别是矿产品、植物产品、化工产品，进口额分别为57.8亿美元、51亿美元和24.6亿美元，比上年增12%、23.87%和26.34%。从进出口主要国家看，出口的主要国家分别是美国、日本、韩国，出口额分别为38.5亿美元、11.5亿美元、韩国11.5亿美元，比上年增16.73%、12.96%和减18.93%；进口的主要国家分别是巴西、澳大利亚、美国，进口额分别为47亿美元、42.6亿美元、15.8亿美元，比上年增61.6%、20.51%和减28.71%。从全市主要进出口地区分布情况看，出口亚洲84.93亿美元，比上年增9.17%；出口北美洲41.49亿美元，比上年增15.37%；出口欧洲29.54亿美元，比上年增4.58%；出口东盟28.67亿美元，比上年增22.6%；出口拉丁美洲8.97亿美元，比上年增3.95%；出口非洲6.14亿美元，比上年增16.84%；出口大洋洲4.11亿美元，比上年增4.34%。其中，出口欧盟26.23亿美元，比上年增5.39%；出口“一带一路”沿线国家59.06亿美元，比上年增20.26%。进口亚洲56.37亿美元，比上年增23.08%；进口拉丁美洲50.3亿美元，比上年增28.2%；进口大洋洲44.73亿美元，比上年增21.29%；进口北美洲20.55亿美元，比上年减19.71%；进口东盟11.91亿美元，比上年增31.73%；进口欧洲10.6亿美元，比上年增15.58%；进口非洲6.93亿美元，比上年增43.62%。其中，进口欧盟7.84亿美元，比上年增7.15%；进口“一带一路”沿线国家38.91亿美元，比上年增42.15%。从张家港市进出口前十强企业来看，7家企业增长，其中5家企业增幅20%以上。中粮四海丰公司完成进出口54.9亿美元，比上年增28%；沙钢集团完成进出口50.9亿美元，比上年减1.35%；国泰集团完成进出口46.6亿美元，比上年增12.7%；永钢集团完成18.3亿美元，比上年增20.26%；外贸综合服务新业态代表企业江苏一达通公司完成出口额7.27亿美元，位于全省第一方阵。

【江苏梁丰出口食品牛奶原料示范基地获评省级出口农产品示范基地】 6月，江苏省农委确定25个基地为第九批省级出口农产品示范基地（区），江苏梁丰出口食品牛奶原料示范基地榜上有名。出口农产品示范基地（区）是指按照产品外向化、基地规模化、技术标准化和管理规范化要求建设，具有较好示范带动作用的各类出口农产品种养殖和生产加工集聚区。与普通农产品相比，出口示范基地从生产、加工、包装、储藏、运输等每个环节都有严格标准，因此产品更具竞争力。这些农产品主要是向省里的出口企业供货，产品和制成品60%以上出口。梁丰集团机械化奶牛场是梁丰集团的基础产业，牧场占地26.67公顷，存栏奶牛近3000头，总投资超1.8亿元，机械化奶牛场挤奶全部采用瑞典利拉伐全自动真空挤奶流水线，贮奶和鲜奶运输全部采用自动制冷的食品级不锈钢奶罐。奶牛场日产优质生鲜牛奶50余吨，全部供应给梁丰集团食品工业园用于制造巧克力、饼干、液态奶和固体饮料食品。2018年，全年实现食品出口3973万元，在澳大利亚、美国、马来西亚等国新开发多个区域市场。

对外及对港澳台经济技术合作

【概况】 2018年，全市新批对外及对港澳台投资企业（项目）32家，张家港投资方完成对外及对港澳台协议投资4.75亿美元，比上年增21%，继续保持全省县市领先；完成境外工程劳务营业额1.75亿美元；纳入商务统计口径外派劳务45人。完成苏州市高质量发展指标任务（实际对外投资）2.55亿美元，位列全省县级市第2名，苏州县市第1名。年内，市商务部门宣传贯彻相关规定要求，引导有实力、有条件企业有序规范依法开展境外投资。坚持主动服务、延伸服务和个性化服务，结合全市产业发展特点和产业结构调整的总体要求，鼓励全市龙头骨干企业、上市公司、著名品牌企业和有实力的民营企业提升“走出去”水平。着力培育沙钢集团、国泰集团、东渡集团、康得新集团、万蓬公司等公司跨国经营，以此引领其他企业在资源开发、商贸流通、研发生产等领域的多元合作，多头并举。3月，市商务部门会同市发改委、经信委、工商联召开“一带一路”发展机遇研讨会，引导全市企业加快深度融入全球经济合作与竞争。

5月，举办“融资提步伐保险降风险法律促保障”座谈会，加强企业“走出去”过程中的风险防范意识，助力企业解决融资难融资成本高问题，降低投资成本和风险，强化涉外法律服务保障。7月，市商务部门充分利用社会资源，聘请第三方机构对全市70家对外投资合作企业进行安全生产监督检查，重点检查境外安全制度、教育培训、安全设备经费、应急预案制定和落实等5大类20个子项的内容。此举获得苏州市商务部门的高度认可。全年组织企业参加省商务厅走出去培训班13次，各类投资推荐会、风险发布会20余场，有效提高各企业的跨国经营水平。

2018年张家港市批设对外及对中国香港地区投资企业（项目）情况表

表17

投资企业（项目）	投资目的地	投资总额（万美元）	张家港投资方出资（万美元）	投资主体	投资行业
国泰缅甸产业园有限公司	缅甸	2500.00	2500.00	江苏国泰海外技术服务有限公司	工业园
缅甸国泰富驰服饰有限公司	缅甸	200.00	200.00	江苏国泰华盛实业有限公司、张家港锦兴制衣有限公司	服装
宗宏（缅甸）服饰有限公司	缅甸	200.00	200.00	张家港市宗宏纺织品有限公司	服装
缅甸华誉服饰有限公司	缅甸	480.00	480.00	江苏国泰亿达实业有限公司	服装
缅甸富华服装有限公司	缅甸	450.00	450.00	江苏国泰国华实业有限公司、张家港保税区凯利华国际贸易有限公司	服装
张家港海锅重型锻件有限公司	美国	100.00	100.00	张家港海锅新能源装备股份有限公司	贸易
51号摄影棚服饰	美国	100.00	100.00	江苏国泰亿盛实业有限公司	贸易
晟杨实业有限公司	美国	20.00	19.80	江苏国泰亿盛实业有限公司	贸易
国泰纽约家纺有限公司	美国	10.00	10.00	江苏国泰国际集团华诚进出口有限公司	贸易
美国水芯有限责任公司	美国	20.00	20.00	张家港万众一芯生物科技有限公司	生物研发
紫星包装实业有限公司	埃塞俄比亚	1500.00	765.00	江苏新美星包装机械股份有限公司	塑料
3D果汁饮料有限公司	埃塞俄比亚	206.00	206.00	张家港市金夏帽业有限公司	饮料
汉邦建筑材料有限公司	埃塞俄比亚	300.00	300.00	江苏华尔达国际贸易有限公司	建材
日本宝联三众株式会社	日本	547.47	471.97	江苏宝田新型材料科技股份有限公司、张家港金农联实业有限公司	塑料
和束太阳能电站合同会社	日本	8489.00	8489.00	苏州爱康能源工程技术股份有限公司	光伏
小国上田合志合同会社	日本	3404.00	3404.00	苏州爱康能源工程技术股份有限公司	光伏
JJL全球纺织服装有限公司	越南	570.00	399.00	苏州金嘉乐投资管理有限公司	服装
国泰亿盛国际（埃及）有限公司	埃及	400.00	399.20	江苏国泰亿盛实业有限公司	服装
国泰盛兴（柬埔寨）制衣有限公司	柬埔寨	200.00	200.00	江苏国泰华盛实业有限公司	服装
长江润发有限公司	毛里求斯	480.00	480.00	长江润发张家港保税区医药投资有限公司	贸易
国泰华荣（波兰）有限责任公司	波兰	4500.00	4500.00	张家港市国泰华荣化工新材料有限公司、江苏瑞泰新能源材料有限公司	锂电池
德国英豪斯工程公司	德国	1001.00	249.00	张家港保税区中原国际贸易有限公司	电池研发
亿翔控股私人有限公司	新加坡	16390.00	16390.00	金宝贝教育投资有限公司	教育
江苏国泰博创实业（香港）有限公司	中国香港	10.00	10.00	江苏国泰博创实业有限公司	贸易
美莱迪服饰有限公司	中国香港	10.00	10.00	江苏国泰国贸实业有限公司	贸易
江苏国泰国盛实业（香港）有限公司	中国香港	30.00	30.00	江苏国泰国盛实业有限公司	贸易

【埃塞俄比亚东方工业园】 由江苏永元投资有限公司于2007年在商务部境外经贸合作区中标创建。2015年4月，埃塞俄比亚东方工业园通过商务部、财政部考核，成为江苏省第二个国家级境外经贸合作区。经过10余年的开发建设，工业园初具规模，成为江苏乃至中国在埃塞俄比亚的形象工程，中国企业走进非洲的良好平台，国内产业转移的优良载体。至2018年年末，埃塞俄比亚东方工业园累计完成基础设施投资1.1亿美元，近25万平方米标准型厂房、3.5万平方米绿化、3幢1.85万平方米员工住宅宿舍楼、1幢3024平方米综合食堂已基本完成。入驻企业96家，从事水泥水产、制鞋、汽车组装、钢材轧制、纺织服装、日用化工、食品以及制药等行业，实际投资额4.3亿美元，实现总产值10亿美元，上缴埃塞俄比亚政府税收8169万美元，创造就业岗位16395个。

【国泰缅甸服装产业园】 由江苏国泰下属公司江苏国泰海外技术服务有限公司投资设立，位于缅甸仰光省瓦迪亚工业区内。2017年1月开工建设，用地面积23公顷，是缅甸规模较大、人数较多的中资服装工业园区。至2018年年末累计实际投资3400万美元，入驻企业9家，经营面积8.75万平方米，生产各类服装1915万件，实现销售3581万美元，创造就业岗位9060个，为公司打造供应链管理新模式提供了良好的平台。2018年8月，产业园二期批准设立，投资总额1.68亿元，计划建设1万平方米的厂房8幢、5000平方米的宿舍楼及相关生产、生活配套设备和设施。建成后计划入园企业5家以上，园区定位为纺织服装的加工、生产和销售，产品主要出口欧洲、日本。 （杨 璐）

江苏国泰国际集团

【概况】 2018年，江苏国泰国际集团有限公司（简称国泰集团）为全市最大的外贸企业，全年实现销售收入595亿元，比上年增17.4%；上缴国税、地税共10.2亿元，比上年增10.9%。全年公司进出口总额46.6亿美元，比上年增12.7%。其中，出口42.3亿美元，比上年增14.5%；进口4.3亿美元。出口无海关数、海外工厂出口数2.5亿美元，比上年增152.8%，与进口无海关数等合计5.1亿美元。7月，江苏国泰国际集团国贸股份有限公司上榜《财富》中国上市企业500强，名列第210位，在苏州市排名首位。是月，举办“莘莘学子看港城”走进国泰专场，此次活动面向全国31所高校的300余名2019届毕业生，旨在让更多优秀人才了解国泰、走进国泰，为公司人才队伍储备新生力量。

【国泰集团产业投资】 2018年，国泰集团积极参与国家“一带一路”倡议，推进国泰缅甸服装工业园二期建设。在酒店宾馆业板块，国贸酒店通过创新服务模式，打造特色餐饮，全年实现营业收入1.4亿元，其中客房收入3805万元，比上年增4.7%，餐饮收入9495万元，比上年增4.3%。南园宾馆继续以网络销售为抓手，以提供优质服务提升客人满意度，强化自主品牌建设，通过改革管理模式和强化经营措施，提升品牌影响力，酒店全年网评分在全国位居首位，实现营业收入8734.3万元，其中客房收入5158.8万元，餐饮收入2949.8万元。新能源板块，国泰华荣化工围绕“成为锂电池材料优质综合供应商”目标，继续加大研发投入，加强与客户深度合作，拓展细分市场，坚持大客户战略，实现营业收入11.9亿元，比上年增4.1%，累计销售电解液24174.83吨。超威新材料实现营业收入1.1亿元，比上年增66.88%。新点软件在行业竞争日趋激烈的大环境下，连续多年保持高速增长，成为电子政务、电子招投标等业务领域的龙头企业，有员工4500人，2018年实现营业收入11.3亿元，净利润2.5亿元。金融板块，国泰财务公司是集团内部集资全归集、资金结算、资金监管、金融服务和风险防控为一体的核心管控平台，围绕集团中长期财务战略，优化财务资源配置，提高资金使用效率，防控重大财务风险。至2018年年末，已开立财务公司账户的成员单位有37个，内部各类开户91个，直联银行账户总数499户（198个归集户、301个监控户）。小贷公司全年发放贷款22笔，金额1.17亿元，至年末贷款余额1.22亿元。

【苏州国泰公益基金会成立】 1月，苏州国泰公益基金会设立，注册资本200万元，主要用于帮扶国泰集团内部的病困职工。全年慰问困难职工总计4.5万元，在贵州沿河扶贫累计2万元。国泰集团继续以33.2万元“希望之光”国泰奖学金，资助全市19所学校的114名家境贫寒、学习优秀的学生。国泰奖学金自2008年创立起，已连续发放10年，资助超过1000名学子，资金均由国泰员工自愿捐赠。 （薛承建）

2017年开工建设的国泰缅甸服装工业园 （市商务局 提供）

【编辑 黄宏庆】

民营经济

Private Economy

暨阳湖金融街 （张家港产业资本中心 提供）

民营经济综情

私营企业与个体工商户

利用外地资本

资本市场

張家港年鑑(2019)

扫码欣赏

攀华集团宣传片

民营经济综情

【概况】 2018年，全市民营经济保持平稳发展态势。在市场规模方面，20家境内上市民营企业总市值1246亿元，位列苏州县（市、区）第1位。“新三板”挂牌企业累计73家，32家“新三板”挂牌企业完成再融资，募集资金12.9亿元。企业总数、融资数和融资次数等指标，均排名苏州市乃至全省县市前列。沙钢集团继续在全市民营企业中居于首位，实现销售收入2410亿元、利税330亿元，比上年分别增9.5%、29.7%。沙钢集团以2017年营业收入325.61亿美元的业绩连续第十年入围世界500强企业，排名第364位。6家企业入围中国民营企业500强，入围企业位数居苏州之首。其中，沙钢集团位居第16位，永钢集团位居第115位，华芳集团位居第203位，澳洋集团位居第253位，攀华集团位居第265位，爱康集团位居第476位。沙钢集团、永钢集团、华芳集团、澳洋集团、攀华集团、爱康集团、康得新集团、东渡纺织集团、骏马集团等9家企业入围中国民营企业制造业500强。沙钢集团、永钢集团、华芳集团、澳洋集团、攀华集团5家企业入围省百强民营企业。全市规模以上民营企业完成总产值3164.75亿元，比上年增7%，高出规模以上产值增幅1.1个百分点。全年全市完成规模以上工业总产值4790亿元，比上年增5.9%，其中民营经济新兴产业产值2274亿元，占规模以上产值的比重为47.5%，比上年提高1.7个百分点。新材料、高端装备产业比上年增长较快，增幅分别为6.6%、17.4%。协鑫集成公司获评省级智能制造示范工厂，9个企业车间获评省级示范智能车间。永钢集团获省管理创新示范企业称号，富瑞特装公司获省管理创新优秀企业称号。年内，市中小企业局引导全市中小企业向特色产业基地集约集聚发展，促进全市产业结构优化升级，提升产业竞争力，改善中小企业创业环境。联合市委农工办、市财政局为市级相对一般村西界港村等核发新增经营性项目补贴、项目补贴等共计2884万元。

2018年张家港市特色产业基地情况表

表18

类型	基地名称	公布时间
国家级新型工业化产业示范基地	张家港经济技术开发区现代装备制造业（石化）产业基地	2014年
省级新型工业化产业示范基地	张家港保税港区环保新材料产业园	2010年
	江苏·钢铁（精品钢材）产业基地	2012年
	张家港经济技术开发区现代装备制造业（石化）产业基地	2013年
苏州市级特色产业基地	苏州市食品（张家港）特色产业基地	2006年
	苏州市汽车及零部件（乐余）特色产业基地	2006年
	苏州市纺织品毛衫（塘桥）特色产业基地	2006年
	苏州市五金（大新）特色产业基地	2006年
	苏州市氨纶纱（金港）特色产业基地	2006年
	苏州市毛纺织（杨舍）特色产业基地	2006年
	苏州市五金机械（锦丰）特色产业基地	2006年
	苏州市机械（南丰）特色产业基地	2007年
	苏州市装备制造（金港镇）特色产业基地	2009年
	苏州市汽车精密配件（凤凰镇）特色产业基地	2009年
	苏州市塑（饮）机（张家港）特色产业基地	2009年
	苏州市压力容器（张家港）特色产业基地	2009年
	苏州市锂电（张家港）特色产业基地	2011年
	苏州精密机械及锻造（凤凰）特色产业基地	2011年
	苏州新能源材料（张家港经济开发区）特色产业基地	2011年

【8家企业被命名为苏州市地标型企业】 12月，苏州市政府重新认定2018年度苏州市地标型企业，张家港市的江苏沙钢集团有限公司、华芳集团有限公司、澳洋集团有限公司、江苏骏马集团有限公司、江苏康得新复合材料股份有限公司、江苏永钢集团有限公司、苏州海陆重工股份有限公司、江苏国泰国际集团有限公司8家公司榜上有名，占所有地标性企业总数的17.02%。地标型企业是指一个地区具有发展代表性的标杆企业，在国内乃至国际同行业中处于发展的优势地位和权重地位，引领产业发展方向，掌握话语权，拥有公信力。苏州市已经出台扶持政策，给予地标型企业优先指导制定发展战略规划，优先协调解决在重组中遇到的各种问题，优先配置所需土地、能源等资源要素等。

【3家企业获评国家级两化融合管理体系贯标试点企业】 9月，工业与信息化部公布2018年国家两化融合管理体系贯标试点企业名单，张家港富瑞特种装备股份有限公司、张家港中集圣达因低温装备有限公司、张家港市中天精密模塑有限公司3家企业入选。评定两化融合管理体系贯标试点企业是国家深化制造业与互联网融合发展的重要举措，此次张家港市入选的3 家企业将两化融合管理体系建设作为企业转型升级、技术创新的重要抓手，围绕装备智能化水平、装备互联互通等方面进行信息化

改造，以此提高生产效率，降低生产成本，改善生产环境。张家港市大力支持企业开展两化融合体系建设，对获评苏州市、省和国家两化融合类试点、示范等称号的企业，分别给予10万元、20万元、30万元补贴。对列入省、国家两化融合贯标试点、示范的企业，给予10万元补贴。

【民营企业服务】 1月，市中小企业局召开市中小企业发展与服务联盟（以下简称联盟）年度工作总结会议，会上表彰太平洋人寿张家港中心支公司等6个单位，聘请苏州联通公司副总经理张道洲、张家港中医医院主任医师苏保洲为联盟高级顾问，充实联盟智库力量。3月，由市中小企业局牵头、联盟主办、联通公司承办的"企业上云"推进会帮助企业在云计算上先行一步，推动云计算、物联网、大数据在工业企业的深度应用和创新应用。组织联盟高级顾问林健安等帮助创基机械公司完成商业模式提升、智能化改造、企业上云等一系列转型升级。5月，与金港担保、农业担保、金茂机械等单位赴深圳、广州，考察高新投、中盈顺达等担保公司非融担保等先进经验。6月，组织市农行、金港担保、农商行等10个会员单位举办破解中小企业融资难专题研讨会。加强调研，走访挂钩联系的东渡、骏马等11家纺织企业，形成调研报告。帮助民营企业拓市场争订单，组织全市20余家企业参加第二十六届西湖国际博览会、第十七届中国国际装备制造业博览会、第十五届中国国际中小企业博览会、第十届APEC中小企业技术交流暨展览会、世界智能制造大会等各类展会。发放展会补贴资金467万元。格雷斯机械公司在第二十六届西博会和第十七届中国国际装备制造业博览会期间，收获300万讯盘，成交2个客户，合同金额180万元。市中小企业局研究国家、省、市相关产业政策，捕捉各类资金信息，准确把握资金投向，积极谋划筛选上报项目，寻找争取支持的切入点。朗信电气等4个单位获得省级工业和信息产业转型升级专项引导资金290万元。新增工业和信息化部制造业单项冠军培育企业1家，新增省科技小巨人企业3家、省隐形小巨人企业1家及省专精特新产品1个。康力骨科等4家企业获苏州市信用管理示范企业称号，张家港华夏检验股份有限公司等3家获省三星级公共服务平台称号，张家港保税区科创园获省小型微型企业创业创新示范基地称号。

【民营企业家培训】 年内，市中小企业局依托市企业家培训联席会议制度，牵头并会同市科技局、人社局、金融办、工商联、团市委、台办、侨办、妇联等8个部门，分类、分层次、分品牌谋划全市企业家培训工作，给企业家提供高质量的定制式培训。组织开展市企业家队伍专题培训8期，组织44名企业家参加2018年张家港市骨干企业赴宁波智能制造参访班；组织有关企业参加苏州市中小企业政策法规宣贯培训班、江苏省首期"智慧管理成长突破"总裁班等各条线培训活动，完成培训2075人次。

【私营企业春季招聘活动开展】 2018年春，市个私协会组织私营企业开展"春风行动"系列招聘活动。活动开展前，通过服务企业的短信、微信、QQ等载体广泛开展招聘活动宣传。2月，凤凰私协分会联合镇社保所在凤凰社保所组织开展凤凰镇"春风行动"春季招聘会，澳洋医药物流、协昌电子、华灿光电等50余家私营企业到场招聘；3月，乐余私协分会组织130家企业在乐余镇中心广场开展招聘活动，大新私协分会在镇文化中心开展"春风行动惠民生，创业就业促发展"春季就业招聘活动。招聘活动先后提供普工、销售、专业操作、生产管理等1000余个工作岗位，吸引1万余名大学生和务工人员咨询，发放各类宣传资料6000余份。同时，市个私协会做好融资服务，助推个私协会会员创业。开展"阳光信贷"融资服务宣传走访活动，全年有1309户个体和私营企业进行抵押融资，融资金额263亿元，有效化解"个体小微企业难贷款、银行贷款难"的情况。

【诚信企业评选】 2018年，市人社局、总工会、经信委、工商联和个私协会联合组织开展张家港市创建劳动关系和谐企业评审工作，对申报创建劳动关系和谐企业的江苏华大离心机制造有限公司等40家企业围绕劳动合同、职工工资、社会保险，集体合同、厂务公开、职代会、工资协商、劳动安全卫生、劳动争议调解和工会组织建设等进行评审，通过听企业工会汇报、查看相关台账资料，分别给相关企业进行打分评定。对符合标准要求的32家企业进行表彰，授予张家港市劳动关系和谐企业称号。做好省工商局等8个单位联合开展的江苏省诚信企业第四次评选和诚信之星复审核查活动。通过广泛宣传，认真筛选，部门调查，凤凰镇的江苏培达塑料有限公司缪培峰、大新镇的市擎天塑料有限公司钱国兴通过省级诚信之星复审核查，推荐南丰镇的江苏合丰机械有限公司林洪才作为全省第四次诚信之星候选人。

（糜岚岚　何建平）

私营企业与个体工商户

【概况】 2018年，全市新注册登记私营企业7477家，比上年增0.2%。新增注册资本387.31亿元，比上年增28.6%。累计注册私营企业54464家，注册资本3759.27亿元。根据市市场监督管理局统计结果，按照企业性质分类，全市有独资企业2040家、注册资本11.36亿元，有合伙企业308家、认缴出资金额252.09亿元，有有限责任公司33394家、注册资本1384.44亿元，有股份有限公司16家。按行业分类，从事农、林、牧、渔业180家、注册资本3.33亿元，从事采矿业2家、注册资本300万元，从事制造业12181家、注册资本381.61亿元，从事电力、热力、燃气及水生产和供应业35家、注册资本4.29亿元，从事建筑业2173家、注册资本114.52亿元，从事批发和零售业11098家、注册资本293.28亿元，从事交通运输、仓储和邮政业1098家、注册资本85.19亿元，从事住宿和餐饮业138

家、注册资本2.86亿元，从事信息传输、软件和信息技术服务业404家、注册资本11.49亿元，从事金融业54家、注册资本28.11亿元，从事房地产业576家、注册资本54.71亿元，从事租赁和商务服务业2657家、注册资本404亿元，从事科学研究和技术服务业3997家、注册资本239.97亿元，从事水利、环境和公共设施管理业74家、注册资本2.09亿元，从事居民服务、修理和其他服务业534家、注册资本11.93亿元，从事教育202家、注册资本1.59亿元，从事卫生和社会工作67家、注册资本1.64亿元，从事文化、体育和娱乐业288家、注册资本7.22亿元。

年内，全市新注册个体工商户15599户，比上年减15.2%，新增注册资本22.91亿元，比上年减7.5%。至年末，累计注册个体工商户96780户，累计注册资本119.57亿元。全市经市市场监督管理局登记的个体工商户按行业分类，从事农、林、牧、渔业417户、1056人，注册资本1.26亿元；从事采矿业1户、1人，注册资本15万元；从事制造业11004户、40990人，注册资本15.54亿元；从事电力、热力、燃气及水生产和供应业9户、19人，注册资本49万元；从事建筑业1531户、6925人，注册资本3.17亿元；从事批发和零售业38054户、59175人，注册资本30.94亿元；从事交通运输、仓储和邮政业7202户、8042人，注册资本5.45亿元；从事住宿和餐饮业7996户、22348人，注册资本11.19亿元；从事信息传输、软件和信息技术服务业515户、936人，注册资本3706.3万元；从事金融业2户、2人，注册资本20万元；从事房地产业455户、1165人，注册资本3610.1万元；从事租赁和商务服务业2102户、3979人，注册资本1.81亿元；从事科学研究和技术服务业271户、705人，注册资本2402.3万元；从事水利、环境和公共设施管理业48户、248人，注册资本662万元；从事居民服务、修理和其他服务业8807户、20824人，注册资本8.55亿元；从事教育305户、1125人，注册资本5083万元；从事卫生和社会工作84户、167人，注册资本1141万元；从事文化、体育和娱乐业438户、1916人，注册资本1.03亿元。高校毕业生从事个体经济2人。 （糜岚岚）

【长江润发集团多产业并进】 2018年，长江润发集团产业有大健康板块、工业制造板块、三产服务板块、现代农业板块。6月，长江润发集团进行股改，集团注册资本由8800万元增加到36888万元，吸纳“年轻化、知识化、革命化”的人员成为股东，激发长江人办事创业的热情。大健康板块，1月28日，长江润发无锡怡和妇产医院开工建设，11月28日地下室封顶，主体建筑计划2019年9月全部封顶。12月28日，无锡商业医院正式投入运行。下属海南海灵化学制药有限公司推进产品的国际注册，加强学术推广，全年开展学术活动806场。加大医药销售力度，在销医院2156家，先后获海南省第九届优秀企业、工业企业品牌培育试点示范企业等13项荣誉称号。成功收购以妇产专科为代表的郑州圣玛等5家优质医院及中药制造为代表的山东华信制药，“医药+医疗”双轮驱动实现大跨越。工业制造板块，传统产业拓展延伸，向高科技材料应用方向发展，先后成立江苏润创石墨烯科技有限公司、长江润发中科（张家港）纳米科技有限公司，进一步扩大“长江润发25℃”品牌影响力。下属长江润发（张家港）机械有限公司完成9项自动化改造，自动去毛刺、坯料自动调扭等5项技改；下属长江润发（张家港）浦钢有限公司完成钢剪切机、缓冲冷床等10余项技改，东、西区码垛机逐步安装调试；下属江苏润创石墨烯科技有限公司完成地暖膜生产线投产，“中科500”地暖膜生产线搬迁、安装；下属张家港鑫宏铝业开发有限公司技改投入150万元，危化品仓库、模具房全线升级，对1100吨挤压T6状态水槽改造，满足工业型材需求；下属长江润发（张家港）重工有限公司积极响应“长江大保护”，实行环保生态生产。三产服务板块，下属长江润发（张家港）房地产有限公司打造长江润发优质品牌楼盘，国际大厦项目实现清盘，宿迁豫和苑别墅项目销售良好。下属长江大酒店立足“五星”标准，内部管理精细化，服务质量品质化，维护“回家的感觉”品牌形象。现代农业板块，下属长江润发（东区）园林有限公司继续开展“郁金香”系列主题活动，种植规模进一步提升到100万株，“美丽村庄”品牌效应逐年增高。2018年，集团全年实现销售超77.2亿元，利税5.6亿元，蝉联中国民营制造业企业500强。

（长江润发集团）

【澳洋集团各板块竞争力提升】 2018年，澳洋集团产业有澳洋顺昌板块、澳洋健康板块、澳洋纺织板块、澳洋园林板块、优居壹佰养老产业板块、如意通板块六大板块。澳洋顺昌板块：2月，澳洋顺昌LED三期工程投产，月产140万片，稳居国内行业前三。锂电产业日产100万个动力锂电池的自动化生产线试运行，天鹏二期车间被评为江苏省示范智能车间。工具类锂电进入国际市场，在全球前4位的工具类锂电客户企业中，已通过3家企业的产品认证，部分签订供货协议。金属配送加工车间引进全自动定制包装线，包装效率提升600%，比上年营收增1亿元。澳洋健康板块：年内完成定向增发3.84亿元发展健康产业，澳洋科技公司正式更名为澳洋健康，形成医药、医疗、康养、化纤四大产业平台。医疗产业方面，整体完成营收6.94亿元，净利润7200万元。澳洋医院三期项目落成启用，PET-CT顺利运作；江苏大学澳洋肿瘤研究院成立；与美国西雅图肿瘤中心、冬雷脑科医生集团等国内外研究中心、医院开展合作；三大国家级救治中心落户，在2018年中国非公医院百强排名位列第25位。杨舍分院、三兴分院举行成立60周年庆典，三兴分院肿瘤、疼痛专科优势明显；杨舍分院挂牌“上海市甲状腺疾病研究中心张家港分中心”，专科建设成效显著，完成业务收入近1亿元。康养产业方面，张家港港城康复医院正式开业，自10月投运起，接待住院患者349人，业务总收入757万元。医药产业方面，在河北安国、安徽亳州、四川三台、吉林集安设立道地药材贸易公司，在吉林投资建设野山参国际交易中心和道地中药材产业园，推进贵玺参茸产品品牌创设及市场布局前期工作。医药物流易地新建项目进入设备安装阶段，计划2019年6月前完成搬迁。纤维产业方面，澳洋集团纤维事业部完成阜宁三期工程建设，建成化纤行业最先进的生产线，进入试运行阶段。推进与宜宾丝丽雅集团的合作。澳洋纺织板块：全年生产面料600万米、西服26万套、衬衫15万件。两年以上面料、服装库存下降3340万元。推行人员结构化项目，节约人力成本近350万元。完成传统纺织业智能制造的诊断工作，产品成为公安、铁路、航空、银行、税务等行业服装的优质供应商。澳洋园林板块：2018年已形成规划—设计—施工—养护全产业链服务，参与集中采购中标20项。承接北京冬奥会、北京国际环球影城、北京世园会、云南蒙自、江苏泗洪等国家优质工程，签订项目合同金额超13亿元。成立生态技术研究中心，加强水土修复等核心技术研究，开展校企合作，申请专利23项。设计公司完成产值1500余万元，比上年增50%。完成股份制改革，积极筹备上市。优居壹佰养老产业板块：如意家院项目完成营业收入2944.72万元，入住143组，比上年增36.19%，成为全市第一批长期照护保险定点单位。吉祥家院项目6月封顶，已全部售罄，回笼资金2.15亿元，计划2019年10月开业。澳洋首个对外投资养老项目——优居壹佰南通阳光护理院完工，计划2019年1月营业。连云港港城一品项目税后净利润1.89亿元，年度回款4.98亿元，累计回款22亿元，共销售房源2662套，全盘销售率98.17%。如意通板块：以动漫原创为基础，年内共完成原创片624分钟，3部动画片在央视少儿频道播出。推动亲子餐厅项目，通过动画片制作增资入股的方式，与世界500强企业韩国韩华集团合作，第一家亲子餐厅计划2019年1月在上海开业。如意通公司当选张家港市文化产业联合会首任会长单位。澳洋集团总公司继续盘活已投资项目，对湖南机油泵实施股票减持变现，对福建归真堂实施新的解决方案，宁波美凯龙项目完成整体转让，基金产品正常运作，扩大投资收益空间。电商产业园落户企业72家，实现开票收入4亿元，入库税金超2000万元，比上年增200%，“澳洋蒲公英”孵化器顺利开业，年内获评省级荣誉3项，成为全市创新创业的高地。2018年，集团实现营业收入120亿元，比上年增6.96%，利税超10亿元。（澳洋集团）

【攀华集团产业多点开花】 攀华集团主要有张家港本部和重庆两大产业基地。2018年，攀华集团围绕“大生产、大销售、大物流、大采购”的发展理念，各投资区业绩喜人。攀华集团被推选为《汽车板加工配送》团体标准起草单位，薄板主业总体产量提升40%，大唐国际广场项目开工，华达码头累计投入2000余万元打造出绿色环保的物流产业园，以科技带动上下游产业链蓬勃发展。以华达码头为支点联动上游重庆攀华码头和正在筹建的菲律宾海港码头，充分利用胖胖狗智慧物流平台的线上资源，把码头物流集散做起来，再投资菲律宾建设新的生产基地，将攀华集团打造成“世界薄板之王”。张家港本部酸洗板生产52.89万吨，轧硬卷生产52.76万吨，成品82.03万吨，人均成品产钢2800吨。全年薄板销售222.3万吨，比上年增35.14%；张家港攀华房产公司全年实现营收1462.6万元；华达码头全年收入7700余万元，比上年增28.3%。攀华集团重庆市西南片区营业收入186亿元，比上年增26%，利税3亿元，比上年增25%。成品镀锌、彩涂和冷轧产量实现历史性突破，达到189万吨，比上年增50%，总销售比上年增52%。下属万达薄板公司销售收入111亿元，比上年增37%，实现利润1.3亿元，比上年增60%。重庆江津攀达房产公司营业额近2亿元，比上年增35.9%。重庆攀华码头完成吞吐量326万吨，实现营业收入2888万元，比上年增40%，车队运输量323万吨，实现营业收入1120万元，比上年增49%。2018年，攀华集团位列中国民营企业500强第265位，中国民营企业制造业500强第155位；重庆万达薄板有限公司获“改革开放40年·重庆经济榜样”称号，位列2018重庆企业100强第28名、重庆制造业企业100强第16名。（攀华集团）

澳洋集团总部大楼 （龚晓东 摄）

利用外地资本

【概况】 年内，全市新批利用外地资本项目2424项，注册资本104亿元，其中注册外地资本96亿元。总投资138亿元，其中外地资本投资112亿元。项目中，有二产项目163项、三产项目2261项。注册资本5000万元以上项目23项，总投资17亿元，其中外地资本投资15亿元，注册外地资本15亿元。

2018年张家港市引进外地资本注册超1亿元项目情况表

表19

项目类别	企业名称	来源地	引入地	主营业务	注册资本（亿元）
供应链管理服务	张家港保税区乐从供应链管理有限公司	天津市	保税区	供应链管理，汽车及零配件销售，商品展览展示，与贸易有关的代理服务，货运代办，物业管理，保洁服务，园林绿化工程施工，机械设备维修，货物或技术进出口	1.00
供应链管理服务	张家港保税区一商苏汽供应链管理有限公司	天津市	保税区	供应链管理，汽车及零配件的销售，展览展示服务，商务信息咨询，货物或技术进出口	1.00
商业贸易	江苏斯坦德贸易有限公司	江苏省淮安市	保税区	金属材料、钢材、煤炭、焦炭、冶金炉料、铁合金、有色金属、耐火材料的购销	3.00
技术开发与咨询服务	康得马可波罗航空科技江苏有限公司	北京市	保税区	从事航空科技领域内的技术咨询、技术服务、技术转让、技术开发，人工智能产品的技术开发、销售，电子、电器产品设计与研发，航空仿真模拟器的生产、技术开发、技术推广、技术服务、技术咨询、技术转让，计算机系统服务，货物或技术的进出口	1.00
投资管理服务	江苏风青平投资管理有限公司	湖北省武汉市	经开区	利用自有资金从事股权投资、创业投资、投资管理	1.00
汽车销售服务	东风富瑞新能源汽车销售有限公司	上海市	经开区	纯电动专用汽车、氢燃料专用汽车、气电混合动力汽车销售	1.00

【江苏能华微电子氮化镓功率器件项目试产】 江苏能华微电子科技发展有限公司成立于2010年6月，注册资本6600万元，是一家专业设计、研发、生产、制造和销售以氮化镓（GaN）为代表的复合半导体高性能晶圆以及用其做成的功率器件、芯片和模块的高科技公司。能华公司与南京大学、中国电子科技集团第五十五研究所、北京工业大学联合承担科技部2015年“863计划”的“蓝宝石衬底GaN功率电子器件制备关键技术”项目；参与西安电子科技大学牵头的国家重点研发计划“战略性先进电子材料”专项“GaN基新型电力电子器件关键技术”项目，通过企业联合，产学研合作等方式，开展氮化镓功率电子器件的研发和应用研究，所生产研发的产品填补国内空白。该项目位于经开区，规划总投资1.86亿元，占地1.44公顷，建筑面积1.94万平方米，建设年产5万片外延片5000万颗功率器件，达产后计划年销售2亿元，利税8500万元。该项目2017年年末入驻华夏再制造园区B12新厂房，2018年完成设备安装调试，进行试生产。

【苏高新节能环保产业园一期项目建成】 苏高新科技产业发展（张家港）有限公司成立于2016年1月，由苏高新集团与塘桥镇双方联合出资成立，注册资本1.5亿元，合资公司主要从事对科技产业项目投资管理、房产开发经营、资产管理、物业管理、停车场管理、自有房屋租赁、企业管理服务、企业形象策划、商务信息咨询服务等。产业园项目位于塘桥镇，规划总投资20.33亿元，总占地40.67公顷，总建筑面积约40.7万平方米。项目分两期实施：一期规划总投资10亿元，占地约16.67公顷，建筑面积约20万平方米，重点培育新材料、新装备等产业孵化，着重引进节能环保新能源装备制造、“互联网+”平台、新技术研发中心等，初步完善环保新能源体系及新兴产业格局；二期项目在规划中。2018年12月，一期一标段整体竣工，准备验收，二标段主体封顶，已引进企业23家，涉及智能制造、医疗器械、汽车零部件等行业。一期计划2019年年末正式竣工运营。

（郑　远）

资本市场

【概况】 2018年，全市获准上市企业1家，为苏州龙杰。至年末，全市在主板上市企业20家，募集资金总额602亿元。其中，经开区（杨舍镇）8家：江苏国泰、澳洋健康、澳洋顺昌、海陆重工、富瑞特装、新美星、张家港行、金鸿顺；保税区（金港镇）6家：保税科技、东华能源、华昌化工、长江润发、天沃科技、康得新；冶金园（锦丰镇）2家：沙钢股份、格兰奇；塘桥镇2家：银河电子、鹿港文化；南丰镇1家：金陵体育；大新镇1家：长城影视。5家辅导企业、1家在会企业、3家上市公司完成再融资，合计募集资金22.1亿元。2018年，全市新增“新三板”挂牌企业6家。至年末，全市“新三板”挂牌企业累计73家，存量61家，32家“新三板”挂牌企业完成再融资，募集资金12.9亿元。其中，保税区（金港镇）13家：物润船联、江苏科幸、汉龙科技、华菱医疗、正大富通、江苏神农、华夏检验、浦士达、骏昌通讯、福吉佳、辰龙股份、奥斯佳、江苏清能；经开区(杨舍镇)19家：威孚热能、天乐橡塑、远大信息、瑞铁股份、金凯达、耐维思通、中讯邮电、爱上网、如意通、东方四通、盛世华安、万诚科技、丰亿港营、固耐特、江苏红人、宏基铝业、创美城市、沪港科技、金新城；冶金园(锦丰镇)7家：保丽洁、中环海陆、荣程股份、迪威高压、荷普医疗、博强能源、吉美瑞；塘桥镇5家：佳成科技、薪泽奇、索尔科技、鸿盛科技、广川股份；凤凰镇7家：瑞腾科技、协昌科技、聚晟科技、飞鸽友联、先锋股份、华程特材、晶樱光电；乐余镇4家：飞驰环保、永发医用、宝田科技、富丽华；大新镇3家：嘉成股份、华亚沃顿、宏宝锻造；南丰镇2家：中孚达、天天鲜；现代农业示范园区1家：赛康医疗。12月，在长三角县域资本活力指数排行榜(2017)上，张家港上市公司总市值名列第1位，县域资本活力指数综合排名位列第4位。

2018年张家港市在主板上市企业情况表

表20

上市公司	证券代码	主行业归属	主营构成	上市时间	累计募资总额(亿元)	总股本(万股)	流通股(万股)	12月31日股价(元)	市值(亿元)
保税科技	600794	交通运输业	液体化工品的码头装卸及保税仓储业务	1997年3月	16.17	121215.22	119157.42	2.59	31.39
长城影视	002071	信息服务业	电视剧的投资、制作与发行及其衍生业务	2006年10月	20.89	52542.99	52166.07	4.55	23.91
沙钢股份	002075	黑色金属业	优特钢产品的生产与销售	2006年10月	24.84	220677.18	220677.07	8.03	177.2
江苏国泰	002091	商业贸易业	外贸和化工新材料	2006年12月	81.94	157077.40	97223.07	5.60	87.96
澳洋健康	002172	化工业	化学纤维及健康医疗	2007年9月	21.74	77648.14	68691.84	3.84	29.82
东华能源	002221	化工业	生产、销售液化气并提供相关售后服务	2008年3月	74.66	164978.28	151760.68	8.06	132.97
澳洋顺昌	002245	交通运输业	金属材料的加工、LED业务及小额贷款业务	2008年6月	12.49	98655.93	91440.49	3.88	38.28
海陆重工	002255	机械设备业	余热锅炉、大型及特种材质压力容器和核电产品的制造销售	2008年6月	29.11	84227.11	51945.22	3.91	32.93
华昌化工	002274	化工业	化工原料、化工产品、化肥生产	2008年9月	18.98	63490.98	62533.28	5.07	32.19
长江润发	002435	机械设备业	电梯导轨系统部件的研发、生产、销售及服务	2010年6月	48.12	83432.06	31234.10	5.29	44.14
康得新	002450	化工业	预涂膜和预涂膜覆膜机的研发、生产和销售	2010年7月	99.99	354090.03	323376.63	7.64	270.52
银河电子	002519	家用电器业	数字电视智能终端、智能机电设备和电动汽车关键部件	2010年12月	29.84	112643.09	83154.78	3.49	39.31
天沃科技	002564	机械设备业	非标压力容器的设计、制造	2011年3月	37.81	88291.44	60218.08	5.02	44.32
鹿港文化	601599	纺织服装业	纺织和影视业务	2011年5月	23.84	89272.50	89272.50	3.12	27.85
富瑞特装	300228	机械设备业	低温储运应用设备、重装设备、发动机再制造	2011年6月	12.24	47437.60	40610.27	4.84	22.96
新美星	300509	机械设备	液态食品包装机械的研发、生产与销售	2016年4月	2.64	15200.00	4997.00	12.20	18.54
张家港行	002839	金融业	公司、个人、金融市场业务	2017年1月	7.90	180752.67	84977.47	5.35	96.70
金陵体育	300651	制造业	综合性体育器材	2017年5月	2.60	7573.34	2623.62	43.38	32.85
金鸿顺	603922	制造业	汽车模具、摩托车模具、夹具等汽车零部件	2017年10月	5.61	12800.00	3200.00	15.71	20.11

【企业上市挂牌推动工作】 年内，市上市办坚持将鼓励和推动企业上市工作作为全市产业转型升级、创新发展的重要抓手，资本市场的“张家港板块”的集聚效应和规模优势不断显现，为张家港经济社会发展提供强劲动力。苏州龙杰获准上市，爱丽家居上报首发申请材料；广大特材进入上市辅导。按照“政府引导、政策扶持、企业自主、市场运作”原则，形成良好的上市推进工作生态链。11月23日，《张家港市加快推进企业上市挂牌培育工作实施意见》出台，旨在推动更多企业进入多层次资本市场，推进上市挂牌企业持续开展资本运作，并积极发挥区域股权交易中心平台作用，将上市挂牌纳入绩效目标考核；12月，针对拟上市、拟挂牌企业在上市、挂牌过程中核查单位多、时限长的问题，在全省首创“港城上市通”服务，依托“政务服务+互联网”，明确政府定位，突出精准发力，构建服务新标杆，打造惠企新品牌，加速企业登陆多层次资本市场。打造“港城合伙人”品牌，会员企业突破300家，结对企业110对，有近40对已启动合作。积极通过各类媒体，各种载体，在全社会广泛宣传优秀企业成功上市、做大做强的经验事迹，坚持“支持、关爱、尊重企业家”，坚定不移鼓励企业家实施资本经营战略；与国内顶尖学府合作，走出去、请进来，开办资本市场专题研修班，善于依托资本市场培育一批企业家。

【148亿元规模的张家港基金启动】 6月11日，张家港基金启动仪式在暨阳湖金融街举行。总规模148亿元的张家港市政府产业投资基金、张家港市产业资本发展母基金和张家港市新兴产业引导基金，组成“张家港基金”。张家港基金将促进金融资本与产业发展无缝对接，助力全市供给侧改革和经济转型升级，推动张家港经济乃至区域经济的发展。是日，张家港指数正式上线。它从张家港上市企业股票价格的变动情况中分析和预测张家港上市企业重要指标的变化，帮助投资者了解张家港上市企业的整体运行状况。张家港市政府产业投资基金总规模100亿元，首期规模40亿元，至年末已启动7个投资项目；张家港市产业资本发展母基金总规模45亿元，首期规模20亿元，至年末已确定2个子基金合作项目；张家港市新兴产业引导基金每年规模3亿元，至年底已确定3个投资项目。除张家港基金对外投资外，产业资本投资公司2018年签约5个项目，投资额9650万元。年内，张家港基金专家顾问委员会成立，内部委员由市发改委、经信委、财政局、科技局、金融办、国资办、人才办以及产业资本中心8个单位的9名业务分管领导或业务骨干组成，外部9位专家在全国范围内甄选，启动了多起投资项目评审。同时，成立张家港产业投资管理有限公司，有利于更好地参与张家港基金的管理，增强对所投项目的跟踪了解和风险评估。

【产业资本创新小镇初具规模】 张家港产业资本中心引进基金33家，总数58家，注册资本168.1亿元，管理规模413亿元。有16家基金投资40.95亿元，投向主要是教育文化、信息技术、医疗健康、创新科技等产业。其中，投入张家港市的项目有9个，总投资13.5亿元。增发减持项目信息平台收集、整理沪深两市上市公司各类碎片化信息72.2万条。投融资项目信息需求平台入驻企业301家，发布投融资信息41条，资金总需求量10.43亿元，平均融资额2745万元。暨阳湖金融学院举办各类金融活动70余场，刘明康、黄奇帆、俞敏洪等知名人士出席活动。组织9场路演推介会，为企业和资本之间搭建沟通桥梁。9月，在清华大学全球私募股权研究院、母基金中心和智投联合主办的“中国母基金年度盛典”上，张家港产业资本中心获评中国母基金年度盛典中国市场化母基金最佳风控TOP30和最佳新锐母基金TOP20榜单，张家港产业资本中心高彦入选2018中国母基金30岁以下杰出投资人TOP30榜单。 （朱亚玲）

【“港城合伙人”系列活动举办】 “港城合伙人”品牌项目2016年10月设立，至2018年年末会员企业已突破300家。2018年，市金融（上市）办坚持“高点定位、高端规划”的思路，注重平台效能，提升合作“深度”，启动“港城合伙人”倍增计划，举办亚布力论坛理事张家港行暨第四届“港城合伙人”峰会，邀请刘明康、黄奇帆等嘉宾出席活动，《新华日报》《苏州日报》以及国内知名媒体《第一财经日报》分别报道，各大门户网站转载，形成较大的品牌影响。年内开展“港城合伙人”之“精准合作、共赢未来”专场结对活动、2018年“张家港经开区、高新区政银企对接会”暨“港城合伙人”专场结对活动、“港城合伙人”之“三年超百对、共赢新未来”专场暨“融之汇”——全市外向型企

6月，张家港基金启动仪式上项目签约 （产业资本中心 提供）

业汇率风险管理讲座系列活动，牵头企业自主对接，多层次构建起“港城合伙人”沟通合作平台，已撮合110对“合作伙伴”，有近40对已启动合作。

【3家公司实施再融资】 海陆重工5月以每股6.05元的价格实施定向增发12412.69万股，募集资金7.51亿元，所募资金主要用于收购宁夏江南集成科技有限公司；澳洋健康6月以每股5.48元的价格实施定向增发7007.29万股，募集资金3.84亿元，所募资金主要用于港城康复医院建设项目、澳洋医院三期综合用房建设项目、澳洋医学科研中心建设项目和澳洋健康医疗信息化项目；天沃科技6月以每股7.28元的价格实施定向增发14320.24万股，募集资金10.71亿元，所募资金主要用于甘肃玉门郑家沙窝熔盐塔式5万千瓦光热发电项目。

【6家企业挂牌“新三板”】 2018年，全市新增6家“新三板”挂牌企业，其中先进装备制造企业2家，分别为宏基铝业、江苏清能；新材料制造企业1家，为奥斯佳；现代服务业企业3家，分别为创美城市、沪港科技、金新城。6家企业全年主营业务收入6.16亿元。

2018年张家港市在“新三板”挂牌企业情况表

表21

公司名称	证券简称	证券代码	主营业务	挂牌时间	总股本（万元）	主营业务收入（万元）
苏州瑞腾照明科技股份有限公司	瑞腾科技	430404	LED照明产品的研发、生产和销售	2014年1月24日	1500.00	—
江苏佳成科技股份有限公司	佳成科技	830957	电线电缆专用生产机械的研发、生产与销售	2014年8月12日	3433.33	9656.68
江苏物润船联网络股份有限公司	物润船联	831096	信息服务、在线船舶视频监控服务、撮合交易服务	2014年8月21日	2176.45	68587.87
江苏薪泽奇机械股份有限公司	薪泽奇	831424	金属加工机械和纺织机械的研发、制造和销售	2014年12月8日	3040.00	29528.86
江苏索尔新能源科技股份有限公司	索尔科技	831486	锂电池组件及管理系统的研发、生产和销售	2014年12月9日	10946.00	9080.76
江苏科幸新材料股份有限公司	江苏科幸	831473	催化剂、桶装胶、支装胶的研究、开发、生产、销售	2014年12月12日	4706.00	—
张家港汉龙新能源科技股份有限公司	汉龙科技	831521	太阳能铝合金边框的研发、生产和销售	2014年12月16日	3360.07	32535.34
张家港威孚热能股份有限公司	威孚热能	831561	锅炉的制造和销售	2014年12月18日	1781.50	3869.15
张家港天乐橡塑科技股份有限公司	天乐橡塑	831555	汽车用橡胶、塑料产品的开发、生产和销售	2014年12月19日	3924.00	9426.24
张家港嘉成建设材料股份有限公司	嘉成股份	831624	混凝土外加剂、共混型互穿网络热塑性弹性体制造、加工、销售	2015年1月8日	2451.00	94.59
苏州飞驰环保科技股份有限公司	飞驰环保	831846	水面清洁船及相关配件的研发、生产和销售	2015年1月21日	2639.72	13728.76
张家港华菱医疗设备股份公司	华菱医疗	831826	消毒、灭菌等医疗器械的研发、生产与销售	2015年1月23日	770.00	2613.58
江苏远大信息股份有限公司	远大信息	831897	监控系统软件和数据采集设备的研发、生产和销售	2015年1月28日	2900.00	6712.42
江苏正大富通股份有限公司	正大富通	831794	商用车配件销售与技术服务	2015年2月3日	12078.48	51017.83
江苏协昌电子科技股份有限公司	协昌科技	831954	电动车控制器和电机的研发、生产和销售	2015年2月6日	5500.00	39534.04
苏州聚晟太阳能科技股份有限公司	聚晟科技	835829	光伏太阳能跟踪支架的技术研发、生产、销售和服务	2015年2月15日	1500.00	9132.80
江苏神农灭菌设备股份有限公司	江苏神农	832369	消毒灭菌设备产品的研发、生产及销售	2015年4月16日	1045.00	5750.80
张家港鸿盛电子科技股份有限公司	鸿盛科技	832481	电子收款机钱箱及其配件的生产与销售	2015年5月19日	7410.00	13794.94

续表21

公司名称	证券简称	证券代码	主营业务	挂牌时间	总股本（万元）	主营业务收入（万元）
江苏保丽洁环境科技股份有限公司	保丽洁	832802	静电式空气净化设备的研发、生产和销售	2015年7月24日	5210.00	4981.41
江苏瑞铁轨道装备股份有限公司	瑞铁股份	833120	铁路轨道产品及装备的设计、制造、加工、销售和售后服务	2015年8月5日	5600.00	30550.47
江苏中孚达科技股份有限公司	中孚达	833705	毛纺织品的生产、加工和销售	2015年10月14日	1500.00	4313.04
苏州金凯达机械科技股份有限公司	金凯达	833950	各类金属圆锯机、圆锯片的研发、制造与销售，以及提供锯片磨齿服务	2015年11月2日	1200.00	—
张家港中环海陆特锻股份有限公司	中环海陆	833879	环形锻件产品的研发、生产	2015年11月3日	7500.00	—
江苏荣程锻造股份有限公司	荣程股份	834305	各类环形锻件的研发、生产和销售	2015年11月13日	6100.00	—
苏州华苏亚沃顿医疗科技股份有限公司	华亚沃顿	834423	消毒灭菌设备产品的研发、生产及销售	2015年11月26日	3512.00	—
江苏华夏检验股份有限公司	华夏检验	834958	提供一站式综合化的专业检测检验技术服务	2015年12月16日	1066.67	2108.41
江苏耐维思通科技股份有限公司	耐维思通	836373	研发、生产和销售航海电子产品及数字化港口系统集成服务	2016年3月10日	2145.00	1034.60
张家港中讯邮电科技股份有限公司	中讯邮电	836710	综合邮政器材生产加工	2016年4月13日	2000.00	—
江苏浦士达环保科技股份有限公司	浦士达	836440	净水用椰壳活性炭及其相关产品的研发、生产及销售	2016年4月14日	2500.00	6531.67
苏州爱上网络科技股份有限公司	爱上网	837312	网上广告发布业务 、线下活动服务	2016年5月9日	100.00	485.24
江苏如意通动漫产业股份有限公司	如意通	837083	动漫作品的制作与授权,动漫衍生品和衍生产业 、动漫制作软件	2016年5月16日	5000.00	590.92
江苏东方四通科技股份有限公司	东方四通	837120	开关电源、中高频电源、调压器的研究、开发、生产、销售	2016年5月16日	5808.00	13481.45
江苏飞鸽友联机械股份有限公司	飞鸽友联	837328	挤塑设备生产线、吹瓶设备生产线的研发、生产、销售	2016年5月17日	520.00	3529.03
江苏迪威高压科技股份有限公司	迪威高压	837289	高压管件、端塞、分配器等产品的研发、生产、销售和运营维护服务	2016年5月18日	1683.51	8733.00
张家港先锋自动化机械设备股份有限公司	先锋股份	837660	一次性手套自动化机械设备及配件的研发、生产及销售	2016年7月25日	1500.00	6917.41
江苏广川线缆股份有限公司	广川股份	838177	传统铜包铝线、新型铜包铝线等复合金属线的研发、生产和销售	2016年8月1日	1400.00	11168.36
江苏盛世华安智能科技股份有限公司	盛世华安	838280	基于图像和视频的智能识别设备、智能安防产品的研发、装配、销售	2016年8月5日	3330.00	−848.47
江苏永发医用设备科技股份有限公司	永发医用	838367	医用病床及其他医用配套设备的研发、生产、销售和安装维护	2016年8月17日	3150.00	8357.28
张家港万诚科技股份有限公司	万诚科技	839588	汽车玻璃升降器的研发、生产、销售	2016年11月8日	3580.00	8251.79
江苏宏宝锻造股份有限公司	宏宝锻造	839652	汽车零部件锻件及工程机械锻件的生产、加工、研发与销售	2016年11月9日	9398.00	19452.13
江苏荷普医疗科技股份有限公司	荷普医疗	839926	骨科医疗植入材料的研发、生产、销售	2016年11月14日	4800.00	2728.57

续表21

公司名称	证券简称	证券代码	主营业务	挂牌时间	总股本（万元）	主营业务收入（万元）
苏州丰亿港口运营股份有限公司	丰亿港营	839879	提供货物装卸服务	2016年11月24日	1200.00	9336.16
苏州骏昌通讯科技股份有限公司	骏昌通讯	839982	连接器组件、手机天线等通信产品零配件的研发、生产与销售	2016年11月28日	2000.00	4884.46
江苏赛康医疗设备股份有限公司	赛康医疗	870098	医疗设备相关的设计、研发、制造、销售、服务	2016年12月16日	2480.00	8209.58
苏州永联天天鲜配送股份有限公司	天天鲜	870138	生鲜农产品和食品的销售和配送	2016年12月20日	2000.00	10304.89
张家港华程特种材料股份有限公司	华程特材	870365	工业用冷拔无缝异型钢管制造、加工和销售	2016年12月29日	1658.00	15705.00
江苏博强新能源科技股份有限公司	博强能源	870607	锂离子电池管理系统（BMS）研发、生产、销售	2017年1月24日	1152.63	5899.40
江苏宝田新型材料科技股份有限公司	宝田科技	870521	PET改性热固性粉末涂料用聚酯树脂的研发、生产和销售	2017年2月6日	6583.00	2745.44
苏州晶樱光电科技股份有限公司	晶樱光电	839604	单晶硅切片、多晶硅切片、太阳能电池片与组件的研发、生产、销售	2017年2月6日	15000.00	—
苏州吉美瑞医疗器械股份有限公司	吉美瑞	870766	骨科医疗器械产品的研发、生产和销售	2017年2月22日	3000.00	4115.09
张家港福吉佳食品股份有限公司	福吉佳	871782	面包、蛋糕等西式烘焙类食品的生产及销售	2017年8月28日	3800.00	3194.46
江苏固耐特围栏系统股份有限公司	固耐特	872291	安防系统、周界围栏系统及应用材料的研发、生产及销售	2017年11月8日	2020.82	4316.51
江苏红人实业股份有限公司	江苏红人	872395	生产定制展示架、陈列架，提供店铺营销和产品陈列的解决方案	2017年11月23日	1000.00	15251.29
江苏辰龙再生资源股份有限公司	辰龙股份	872474	废汽车压件的拆解破碎	2017年12月13日	100000	66557.31
江苏富丽华通用设备股份有限公司	富丽华	872473	空压机用风机、商用空调风机的设计、生产及销售	2017年12月19日	1000.00	8354.07
江苏奥斯佳材料科技股份有限公司	奥斯佳	872534	聚氨酯用改性有机硅、聚氨酯用催化剂、水性胶黏剂、纺织助剂、水性树脂等各类特种助剂的研发、生产和销售	2018年1月24日	3350.00	10273.59
江苏宏基铝业科技股份有限公司	宏基铝业	872588	聚氨酯用改性有机硅、聚氨酯用催化剂、水性胶黏剂、纺织助剂、水性树脂等各类特种助剂的研发、生产和销售	2018年1月24日	2580.00	34457.75
江苏创美城市服务股份有限公司	创美城市	872514	物业管理	2018年1月25日	2000.00	7022.26
江苏清能新能源技术股份有限公司	江苏清能	872589	氢燃料电池、氢燃料电池玩教具车、便携式氢燃料电池充电器的研发、生产、销售、自有技术转让并提供相关售前后技术服务	2018年6月11日	3127.67	2970.86
苏州沪港科技股份有限公司	沪港科技	872763	电力设备承包安装工程，以及提供港口岸电系统安装运营、分布式光伏安装运营、新能源汽车充电桩安装运营等电力服务	2018年5月21日	570.00	1866.20
江苏金新城物业服务股份有限公司	金新城	873058	物业管理服务，主要包括基础物业管理服务、顾问咨询服务	2018年11月13日	1000.00	5005.16

说明：表中缺数据的是这些企业虽在2018年尚未摘牌，但统计数据时已摘牌，故未有相关财务数据　　（郁　欢）

【编辑　黄宏庆】

农业和农村工作

Agriculture and Rural Work

葡萄栽培　（市农委　提供）

农业综情　　农业服务业

种 植 业　　农业产业化

养 殖 业　　农村经营管理

張家港年鑑(2019)

扫码欣赏

让耕地更有力量

农业综情

【概况】 2018年，全市完成农、林、牧、渔业总产值59.78亿元，比上年减1.4%；实现农、林、牧、渔业增加值34.47亿元。农、林、牧、渔业总产值中，农业产值34.86亿元，林业产值7.68亿元，牧业产值4.12亿元，渔业产值4.49亿元，农、林、牧、渔服务业产值8.61亿元。2018年，市农委严守“四个百万亩”底线，落地上图面积3.62万公顷。新增农业园区360.93公顷。严格执行生态补偿政策，突出水稻生态保护，发放财政补贴1.05亿元。实施耕地轮作休耕5320公顷。

农业基本建设　全市新增高标准农田733.33公顷，新增农业园区360.93公顷，新（改、扩）建优质蔬菜基地53.73公顷，批复标准化池塘改造方案188.67公顷。落实省级农机购置财政资金391.04万元，新增农机具265台，其中大中型拖拉机36台、水稻插秧机28台、联合收割机24台、无人植保机3台、粮食烘干机15台，日总处理量299吨，农机综合化水平达到91.5%。建设5个设施农业“机器换人”示范基地、1个绿色环保农机装备与技术工程应用示范基地，完成5家烘干中心41台烘干机的热源改造。

农副产品供给　持续实施稻麦品种优良化工程，良种覆盖率99%，筛选“宁粳8号”“扬麦25”“镇麦12号”等多个稻麦接班品种。播种水稻1080公顷，推广水稻集中育秧，建设0.33公顷以上集中育秧点86个，推广面积67.98公顷，集中供秧比例达到41.6%。小麦每公顷产量4815千克，总产7.53万吨；水稻单产每公顷产量8947.5千克，总产14.5万吨。推广种养结合、复合经营、轮作休耕等模式，试点稻虾、稻蟹、稻蛙、稻鸭共作面积116.24公顷，稻油轮作20.67公顷，林地养鸡138.6公顷，推进耕地轮作休耕试点5313.6公顷。全年引进蔬菜新优品种27个，新技术5个，示范面积9.13公顷、推广总面积167.67公顷，其中重点推广水旱轮作13.6公顷；落实夏、冬季蔬菜保供面积133.33公顷，新（改、扩）建设施蔬菜基地53.73公顷。

农产品质量安全　积极巩固国家农产品质量安全县创建成果，地产农产品质量安全水平保持在99%以上。全市培训监管对象5197人次，培训率100%。申报绿色食品8种，保持认证绿色食品11种，保持认证有机食品1种，申报江苏省农产品品牌6个。至年末，全市有绿色食品、有机食品115种，江苏省农产品品牌11个。继续实施农药集中配送，全市统一配送、统一价格、统一服务。对列入主推目录的高效低毒低残留农药，由市镇两级财政进行补贴，补贴资金600余万元，补贴幅度18%以上。全年粮食和果蔬农药配送率分别为95%、90%，渔兽药配送率80%，稻麦配方肥集中配送率84%。开展畜禽养殖污染治理，关闭养殖场113家。

农业行政执法　严格落实长江禁渔期制度，加强内陆水域“打非治违”，联合执法查获涉渔刑事案件41起、60人。强化动物防疫监管，开展生猪屠宰检疫25万头，无害化处理病死猪3000余头。开展农资打假系列行动，立案查处违法违规案件7起。推进农业行政权力清单“放管服”，审批办件77304件、服务办件550件。

【张家港市成为水稻基肥全面运用微肥市】 年内，市农委在塘桥镇、乐余镇分别建立万亩示范方，涉及种植大户101户，示范应用“四替代”（有机肥部分替代化肥、配方肥替代传统复合肥、缓释氮肥替代尿素、机械化深施替代人工施肥）技术。全市共推广商品有机肥8500吨，推广配方肥替代传统复合肥1.2万吨，推广缓释氮肥（脲铵氮肥）替代尿素500吨，推广机械化深施替代人工施肥。市财政部门按每吨300元的价格对购买配方肥的农户进行补贴，补贴资金由市、区镇两级财政各承担50%。财政补贴款先由市供销总社配送企业在农户购肥时直接扣减，再由财政部门将补贴款拨付给市供销总社配送企业。同时由市财政对配送企业按每吨50元的标准补贴工作经费，用于配送过程中的运费、劳资费和仓储费。同时，张家港市在全省首推稻麦周年测土配方肥财政补贴制度。张家港市成为全省唯一的水稻基肥全面应用微肥的县（市）。9月，江苏省耕地质量与农业环境保护站授予家庭农场主吴健“全省化肥减量增效使者”称号。

【6个村获评省“一村一品一店”示范村】 根据2017年8月14日省政府办公厅下发的《全省大力发展农业农村电子商务全面推进“一村一品一店”建设行动计划》，张家港市积极推进品牌特色农产品与电商融合发展，培育新型农业经营主体和农民创业带头人，完善基层电商服务体系和服务功能，通过经营模式创新、利益机制链

常阴沙现代农业示范园区橘子采摘　（杨　蓓　摄）

接、扶持政策引导，探索特色产业与电子商务融合发展的新路径。永联大米、常阴沙农产品、神园葡萄、凤凰水蜜桃等先后进驻天猫、京东、苏宁等第三方平台销售。一大批经营户通过微店、微信群等开展营销。常阴沙现代农业示范园区常北社区在引进现代化高科技水产养殖企业鸿屹水产的基础上，将农户闲置房屋及土地出租用于乡村休闲、观光、体验农业等，打造乡村旅游“田园综合体”。保税区（金港镇）东山村搭建的聆风众创空间，以文旅农产品为特色，以电商拓宽销售平台，孵化香山人家手工酒坊、健康谷物、地方小吃等特色农产品。封庄村投资建设集休闲娱乐、绿色采摘等功能为一体的金丰农耕科普认知园，建立封庄苗木专业合作社、亚荣家庭农场等项目。冶金园（锦丰镇）光明村先后建成集枇杷、杨梅、翠冠梨等特色水果的农产品种植基地50余公顷，打造特色农产品品牌南山老街坊年糕。南丰镇永联村先后建办江苏永联现代农业发展有限公司、苏州永联天天鲜配送股份有限公司、市永联米业有限公司、市永联特种养殖场、市永联菜篮农业专业合作社等农业特色企业，实现农业与第三产业融合发展。经开区（杨舍镇）城西社区骨干企业梁丰集团，通过实施“科技兴企”“品牌经营”“外向带动”等举措，成为全省唯一出口巧克力的大型食品生产企业集团。“金莎”牌巧克力被评为中国名牌产品、中国免检产品，“梁丰”牌牛奶被认定为中国绿色食品。2018年年末，常阴沙现代农业示范园区常北社区，保税区（金港镇）东山村、封庄村，冶金园（锦丰镇）光明村，南丰镇永联村，经开区（杨舍镇）城西社区被省农业农村厅评为全省“一村一品一店”示范村。　（马静静）

种植业

【概况】 全市主要种植的粮食作物有水稻和小麦。水稻的主栽品种为南粳系列、武运粳30号、宁粳8号等，种植方式以机插为主，占91.33%以上，其余为机直播及少量人工撒播。小麦主栽品种为扬麦16号，播种方式以机条（匀）播为主，搭配机撒播和人工撒播。经济作物主要有油菜、蔬菜和果品。油菜品种为苏油4号、沪油16等，种植方式以人工移栽为主。蔬菜冬春季以茄果类、葱蒜类、叶菜类、根菜类为主，夏秋季以豆类、瓜类、叶菜类等为主，生产方式以早春提早茬、秋冬露地茬生产为主。果品主要种植桃、葡萄、梨、枇杷、柑橘、草莓等，大部分果树以露地种植为主，少部分为大棚设施栽培。2018年，全市实现种植业产值42.54亿元。

粮食作物　2018年，全市粮食作物播种面积33560公顷，比上年减少300公顷，减0.89%；总产量22.6万吨，比上年增加1600吨，增0.69%。水稻播种面积16210公顷，比上年增加70公顷，增0.43%；总产量14.5万吨，比上年增加900吨，增0.62%；每公顷产量8947.5千克，比上年增加18千克，增0.2%。小麦播种面积15630公顷，比上年减少510公顷，减3.16%；总产量7.53万吨，比上年增加415吨，增0.55%；每公顷产量4818千克，比上年增加181千克，增3.86%。全市稻麦良种覆盖率99%，筛选“宁粳8号”“扬麦25”“镇麦12号”等多个稻麦接班品种。推广“南粳5055”等13个品种、水稻规模化集中育秧技术等26项技术。发展规模稻鱼、稻虾、稻鸭等稻田综合种养116.24公顷。

经济作物　2018年，全市油菜收获面积700公顷，比上年减少503公顷，减41.81%；总产量1815吨，比上年减少1335吨，减42.38%；每公顷产量2593.5千克，比上年减少31.5千克，减1.2%。蔬菜种植面积9312公顷，比上年减少705.8公顷，减少7%；总产量26.62万吨，比上年减少1.48万吨，减少5.27%。瓜果种植面积1701.6公顷，比上年减少178.4公顷，减9.49%；总产量4.15万吨，比上年减少3.14万吨，减少43.07%。新（改、扩）建优质蔬菜基地53.73公顷，新建成省级现代农业（蔬菜）产业体系综合示范基地1个、苏州市蔬菜标准园1个，新认定张家港市级优质蔬菜基地8个。通过与省级岗位专家对接，确定市级蔬菜主推品种和主推技术，在各示范基地进行试验示范，结合举办优质蔬菜高效创建、科技下乡和放心农资走进基地等活动，提高蔬菜生产基地种植水平。调优果品结构，引进“苏翠1号”“红美人”“大雅”“阳光玫瑰”等优良品种，替换原有老品种，提高果品行业科技含量。在江苏省桃评比中，凤凰农业科技有限公司的“金霞油蟠”和凤凰水蜜桃种植专业合作社的“湖景”获金奖，高庄果品专业合作社的“湖景”、凤凰山桃专业合作社的“白凤”及大伟水果专业合作社的“湖景”获得银奖。在江苏省葡萄评比中，市七彩明珠农业科技专业合作社的“阳光玫瑰”和市神园葡萄科技有限公司的“超级女皇”获得特等奖，市神园葡萄科技有限公司的“阳光玫瑰”“东方蓝宝石”和凤凰农业科技有限公司的“阳光玫瑰”获得金奖。在苏州市地产果品评比中，市港诚生态农业有限公

凤凰镇小麦收割　（杨海平　摄）

司的“黄金梨”、凤凰镇飞翔土地股份专业合作社的“凤凰蜜梨”、市神园葡萄科技有限公司的“阳光玫瑰”和“超级女皇”以及市七彩明珠农业科技专业合作社的“阳光玫瑰”获得金奖。

【常阴沙现代农业示范园区获省首届“味稻小镇”称号】 1月26日至28日，在第二届“苏家缘”杯江苏优质稻米博览会暨五彩农业展示会上，常阴沙现代农业示范园区首批获“味稻小镇”称号。5月3日至4日，由省农技推广总站举办的全省“味稻小镇”建设暨水稻集中育秧现场观摩培训会议在常阴沙现代农业示范园区召开。全省各市、县（区）水稻产业技术负责人、种植大户代表、首批“味稻小镇”乡镇代表等150余人参加观摩会。参会代表一行先后现场观摩常兴社区稻油轮作田块作物粉碎深翻机械一体化操作、园区中心农机库等。常阴沙现代农业示范园区东临长江，气候湿润，生态环境优越，园区利用区位优势，发展稻米产业，常年水稻种植面积近2万公顷，主栽优质食味品种“南粳5055”。近年，加强稻米深加工及品牌建设，涌现出“常阴沙”“常绿”等一批拥有较好知名度的大米品牌。常阴沙大米先后获苏州地产大米金奖和全国优质食味粳米、中国优质稻米博览会“金奖大米”“优质稻品”称号，通过“大米地产地理标志”“绿色食品”认证。2018年，联农农产品专业合作社的常阴沙牌优精米获评省农业农村厅“十家农民合作社十个畅销产品品牌”。

【农作物病虫绿色防控全省示范推广】 2018年，根据省农委和苏州市农委有关要求，张家港市推进农作物病虫绿色防控工作，建成省级水稻、桃和蔬菜病虫绿色防控示范区各1个。水稻示范区位于塘桥镇金村村，桃示范区位于凤凰镇万亩桃园，蔬菜示范区位于常阴沙现代农业示范园区常南蔬菜基地。其中，核心面积66.67公顷水稻和6.67公顷蔬菜病虫绿色防控示范区获评全省优秀示范区。通过争取项目资金，张家港市集中采购一批生物农药，为天敌赤眼蜂、黄板、捕食螨等绿色防控物资，在示范区内进行集中应用展示，并形成水稻“种苗处理+生态调控+科学用药”绿色防控模式、果菜“清园控害+综合诱杀+生化调控”绿色防控模式，实现生物、物理等非化学防控措施覆盖率水稻达到30%以上、果菜达到40%以上。化学农药使用量，水稻和果菜分别减少20%、30%以上。7月25日至26日，全省农作物病虫绿色防控示范区建设暨水稻重大病虫防控技术培训会在张家港市召开。省农委副巡视员唐明珍、省农委农业局局长马德云、省植物保护植物检疫站站长田子华，全省各市、县（区）农委分管领导和各市植保站负责人等150人参加现场会。

【粮食生产功能区和重要农产品生产保护区划定上图】 年内，根据2017年《省政府关于建立粮食生产功能区和重要农产品生产保护区的实施意见》，全市开展粮食生产功能区和重要农产品生产保护区的划定工作。综合考虑各区镇农业生产状况和水土资源条件，结合全市城市规划和重大项目建设用地情况，市农委先后组织开展底图绘制、内业分析、外业勘正、数据建库、公示公告、成果编制等工作。至年末，完成上图入库水稻1.53万公顷、小麦1.2万公顷、油菜673.74公顷。

（马静静）

2018年张家港市粮食生产功能区、重要农产品生产保护区分布情况表

表22 单位：公顷

区镇	粮食生产功能区		重要农产品生产保护区
	合计	其中水稻、小麦复种区	水稻、油菜复种区
金港镇（含双山香山旅游度假区）	1270.67	942.33	37.87
杨舍镇	1150.87	849.40	33.20
锦丰镇	2330.87	1686.80	103.07
塘桥镇	2125.87	1604.73	99.27
乐余镇	2382.20	1912.00	131.00
凤凰镇	1483.73	1190.00	33.20
南丰镇	1624.80	1220.27	66.40
大新镇	605.60	444.00	30.13
常阴沙现代农业示范园区	2374.40	2174.13	139.60
合计	15349.01	12023.66	673.74

养殖业

【概况】 2018年，全市实现养殖业总产值8.62亿元，比上年减少1.52亿元，占农业总产值的14.42%，比上年减少2.25个百分点。其中，畜牧业产值4.12亿元，比上年减少7200万元，占农、林、牧、渔业总产值的6.9%，比上年下降1.02个百分点；渔业产值4.49亿元，比上年减少8300万元，占农、林、牧、渔业总产值的7.52%，比上年下降1.23个百分点。畜牧业主要养殖品种为苏淮猪、苏太猪、黑白花荷斯坦奶牛、山羊、绵羊、鹿苑鸡、康贝尔鸭、番鸭、雁鹅、鹌鹑等；渔业主要养殖品种为青鱼、草鱼、鲢鱼、鳙鱼、鳊鱼、鲫鱼、鳜鱼、翘嘴红鲌、黄鳝、青虾、河蟹等，多采取河蟹、青虾套养模式。

畜牧业 全年生猪出栏5.44万

养殖场捕鱼作业　　（市农委　提供）

头，年末存栏2.59万头，其中能繁母猪1943头；羊出栏4800只，年末存栏4300只；家禽上市70.48万羽，年末存栏40.87万羽；兔出栏3300只，年末存栏1600只；奶牛存栏3127头。积极创建畜禽规模养殖场，成功创建苏州市美丽生态牧场1家、生态健康养殖场5家，全市畜禽生态健康养殖比重为61.5%。

水产业　全年水产养殖面积913公顷，其中新增设施渔业面积7公顷；水产品总产量1.33万吨，其中淡水养殖产量1.25万吨；渔业总产值9.96亿元。长江张家港段捕捞刀鱼1891.2千克，产值799.47万元。全年培训内陆渔业职务船员48人，内陆渔业普通船员35人，发放内陆渔业普通船员证书35本。3月，市政府下发《张家港市养殖池塘标准化改造实施意见》，统筹规划池塘养殖区、尾水净化区和设施配套区建设。全年实施养殖池塘标准化改造188.67公顷。在2018年苏州市水产业务技能竞赛上，张家港市水产技术指导站秦洁获苏州市水产业务技能竞赛第1名，获苏州市五一劳动奖章、苏州市技术能手称号。

【养殖池塘标准化改造】 3月，为推进全市水生态治理和渔业转型升级，市政府办公室下发《张家港市养殖池塘标准化改造实施意见》，提出利用三年时间对集中连片且具备改造条件的养殖池塘进行标准化改造，统筹设计池塘养殖区、尾水净化区和实施配套区。其中尾水净化区按照养殖主体小循环、片区中循环、区域大循环的处理模式进行布局。全市改造总面积333.34公顷，其中金港镇48.2公顷、杨舍镇12.67公顷、锦丰镇58.67公顷、塘桥镇22.87公顷、乐余镇10.67公顷、凤凰镇53.33公顷、南丰镇30.53公顷、大新镇49.4公顷、常阴沙现代农业示范园区47公顷。市政府将养殖池塘标准化改造和达标排放整治列入全市“263”专项行动。9月，市农委委托无锡市中信天成建设工程管理有限公司作为第三方，并成立评审专家组，对各区镇的养殖池塘标准化改造可行性方案进行现场勘察，对建设内容进行评审，提出技术性修改意见。至年末，全市共实施养殖池塘标准化改造188.67公顷，涉及7个区镇的10个村（社区）。总投资3273.35万元，其中工程投资2875.34万元。

【渔业“两法衔接”针对性提升】 根据2017年江苏省海洋与渔业局和江苏省公安厅联合下发的《关于加强全省海洋与渔业行政执法机关与公安机关执法衔接工作的指导意见》要求，市渔政监督大队建立行政执法与刑事司法衔接工作机制，在渔业案件查处过程中，对发现的涉嫌刑事犯罪案件，及时移交公安机关，但是由于人员较少，难以全覆盖，高频次开展涉渔刑事案件打击，成效不够显著。2018年长江禁渔期，市渔政监督大队创新工作方法，转变工作思路，将工作重心由案件移送向线索移送转移，构建资源共享、运行通畅、协作有力的涉渔刑事案件线索移送工作机制。根据长江禁渔期巡航检查和群众举报情况，常态化开展各派出所辖区内相关涉渔刑事案件线索点信息共享，并根据长江潮汐规律以及各种捕捞作业形式作息规律，帮助其制定蹲守计划。在各派出所查获涉渔刑事案件后，无论白天黑夜，市渔政监督大队执法人员第一时间赶往现场，帮助完成证据固定、工具鉴定及网目尺寸测量等前期工作。长江禁渔期间，根据市渔政监督大队移交的线索，联合执法共查获涉渔刑事案件41起60人。市渔政监督大队获评2018年度苏州市长江禁渔执法工作先进单位。

（马静静）

【荣德农牧公司成为苏州市首个美丽生态牧场】 江苏荣德利农牧科技有限公司位于大新镇龙潭村，成立于2016年，是一家集养殖、加工、销售为一体的花园式现代农业企业，2017年被评为江苏省畜牧生态健康养殖示范场。2018年，公司投资200余万元，加强防疫、卫生、仓储、冷鲜、加工等配套设施建设，创建苏州市美丽生态牧场。公司采用自繁自养的生产模式，实行全封闭管理。猪舍内设有自动保温和湿帘负压降温系统、自动饮水和给料系统，所有猪舍生猪生长过程实行全程监控；采用分群、分段、流水式全进全出均衡生产的工艺流程，形成一条连续有序、合理、科学、安全的生产线。采用生物发酵床养殖技术，坚持绿色环保养殖法，实现生猪养殖粪污零排放。11月，公司通过苏州市农委等部门的联合验收，成为苏州市首个美丽生态牧场，获财政补助资金60万元。2018年年末，公司占地面积12公顷，注册资本2000万元，固定资产投资1000余万元，拥有发酵床猪舍6000平方米，生产管理用房1800平方米，公司出栏优质瘦肉型商品猪3100余头，实现销售收入650万元、利润80万元。

（邹　颖）

农业服务业

【概况】2018年，全市实现农、林、牧、渔业服务业总产值8.61亿元，比上年增加3600万元，占农业总产值的14.41%，比上年上升0.88个百分点。

农资供应　年内，全市水稻统一供种面积1.56万公顷，供种量为934.1吨；小麦统一供种面积1.09万公顷，供种量为1644.8吨。全市农业支持保护补贴（耕地地力保护）面积22765.92公顷，补贴标准每公顷1800元，补贴总额4097.87万元，惠及农户84664户。全年农业保费3018.81万元。其中，高效农业保费1765.41万元，比上年增加114.43万元；高效农业保费占农业总保费的58.48%，比上年提高1.88个百分点。加强病虫草害防控，推广高效低毒农药品种，低毒、微毒农药品种占主推农药品种总数的99%以上。全市严格按照“立足预防、突出重点、打准适期、统筹兼顾、绿色防控，减量控害”的原则制定防治策略，开展适期科学防治，统防统治占90%以上，专业化服务比例超过75%。为助力生态农业建设，通过政府采购引进黄花苜蓿种子850千克、蚕豆种子600千克，由各区镇免费提供给农民示范种植。

农机服务　2018年，全市农机总投入5210万元，其中市级以上财政投入2259万元，镇、村级投入1837万元，私人投入1114万元。农机总动力30.14万千瓦，农机原值6.49亿元、净值4.1亿元。全年新增各类农机具265台套，其中大中型拖拉机36台、高速插秧机28台、粮食烘干机15台套、育秧播种机组15套、旋耕机103台、联合收割机24台、自走式喷杆喷雾机23台、其他机具21台套。年末，全市累计有大中型拖拉机803台，大中拖配套机具3522台，配套比为1∶4.38；水稻播种机械946台，其中插秧机839台；各类联合收割机711台，谷物脱粒、精选、烘干机430套，手扶拖拉机124台；植保机5296台，鱼塘增氧机和投饵机1260台。全市水稻机插秧面积1.49万公顷，机插比例为93.9%，全年秸秆机械化还田3.1万公顷，还田率100%。全市经工商部门登记的农机专业合作社70家，农机综合维修服务中心12家。9月，张家港市通过省粮食生产全程机械化整体推进示范县（市、区）考核评价。年内，市农机技术推广站获评苏州市现代农业建设先进集体、张家港市2018年度文明标兵，市农机推广站蔡亮在全国农业行业职业技能大赛上获农机修理工组第1名，被授予“全国技术能手”称号。

技术培训　全年举办农民培训班14期，培训新型职业农民1656人，培训资金111万元，其中省级新型职业农民培育项目60万元、基层农技推广人员培训6万元、苏州市级新型职业农民培训45万元。按照“培训一批、认定一批、扶持一批”的方针，年内认定新型职业农民205人，累计619人。发放2017年度新型职业农民社保补贴资金共计9人77338.8元。开展新型职业农民培育，将培训班从农民科技教育培训中心搬到村（社区）和田间地头，由村主任或村干部直接带头参加培训班。培训课程上开展综合种养培训，邀请老师讲授稻鸭、稻虾、稻蛙共作技术，分享和示范新方法、新思路。开展新型职业农民典型的宣传示范工作，联合“无线张家港”新媒体，采访报道新型职业农民典型19人。江苏善港生态农业科技有限公司、市七彩明珠农业科技专业合作社、市神园葡萄科技有限公司、市鸿屹水产养殖有限公司、市金园艺花木有限公司等17个单位获评2018年江苏省新型职业农民培育工作先进集体。实施农业科技入户工程，91名专家和技术指导员挂钩指导715户示范户。

机械化喷药　（季　奕　摄）

【政府购买农业公益性服务在全省推广】2018年，全市用于扶持农业公益性服务的补贴资金1400万元。其中，农药集中配送差率补贴629.8万元，粮食和果蔬农药配送率稳定在95%和90%，农药使用保持在“零增长”状态；稻麦良种统一供应补贴528.3万元，全市稻麦统一供种量达到2588吨，稻、麦良种覆盖率99%；水稻集中育供秧补贴100万元，全市建立0.33公顷（5亩）以上集中育秧点52个，水稻集中育供秧比例超过40%。动物防疫检疫服务补贴138万元，全市未发生重大动物疫情和重大动物产品质量安全事件。张家港市完成农业部政府购买农业公益性服务机制创新试验任务，农药集中配送模式在全省推广。

【张家港市建成省粮食生产全程机械化整体推进示范市】2016年，张家港市被确定为全省首批粮食生产全程机械化整体推进示范市。全市围绕创建要求，实施推进“123”工程。“1”就是紧扣一个主题，始终围绕“两聚一高”主题，开展粮食生产全程机械化示范创建；“2”就是突出两个担当，现代农业、农机先行的使命担当和改革发展、兴机富民的重任担当；“3”就是建成三个区，建成体现苏南模式和张家港特点，有特色、可复制、可推广的全省粮食生产全程机械化整体推进的示范区、带动区、样本区。至2017年年末，全市八镇一区全部创建成粮食生产全程机械化示范镇（区），2016~2018年，全市农机化资金总投入1.87亿元，新增大中型拖拉机100台、高速插秧机194台、粮食烘干机169台套、联合收割机147台、自走式喷杆喷雾机64台、零天化除施药器110台、无人植保机8台、小麦复式播种机191台。2018年9月，张家港市高分通过省粮食生产全程机械化整体推进示范县（市、区）考核评价，全市粮食生产耕整地、种植、植保、收获、产地烘干、秸秆处理六大主要环节机械化水平分别达到100%、92.5%、100%、100%、88.6%、95.8%，粮食生产全程机械化水平达到94.6%。

【蔡亮获“全国技术能手”称号】 9月19日至20日，由农业农村部、人力资源和社会保障部、中华全国总工会共同主办的2018年中国技能大赛——全国农业行业职业技能大赛总决赛在山东省日照市举行，张家港市选手蔡亮获农机修理工职业个人第1名。蔡亮于1997年进入市农业机械技术推广站，一直工作在农机推广服务第一线，被农民朋友们亲切地称为“农机医生”。他多次代表张家港市参加国家、省、市级技能竞赛，先后获江苏省技术能手、江苏省五一创新能手、苏州市五一劳动奖章、张家港市技能状元等荣誉。在此次全国农业行业职业技能大赛中，经过张家港市、苏州市、江苏省层层选拔，蔡亮入选江苏代表队参加大赛。在总决赛中，经过理论考试、操作技能等环节的角逐，获农机修理工组第1名，被授予“全国技术能手”称号。该职业技能大赛是全国农业行业首届国家级一类职业技能大赛，也是首届“中国农民丰收节”系列展示活动之一。大赛设农机驾驶操作员、农机修理工、动物疫病防治员、动物检疫检验员、家畜繁殖员等5个职业比赛项目，全国31个省（区、市）和新疆生产建设兵团的150支代表队、450名选手参加总决赛。

（马静静）

农业产业化

【概况】 2018年年末，全市有各级农业产业化龙头企业53家，其中国家级1家、省级9家、苏州市级11家，张家港市级32家。省级以上龙头企业实现销售收入267.71亿元、利税15.61亿元，创汇1.75亿美元。新增省级农业产业化龙头企业、苏州市级农业产业化龙头企业各1家，分别为江苏东渡纺织集团有限公司、张家港市鸿屹水产养殖有限公司。全市休闲观光农业企业达到42家，休闲观光农业总面积6079.39公顷。全年举办农业节庆活动62次，接待游客652.73万人次，综合收入4.89亿元。推广“农技耘”第三方应用程序，全市注册使用总人数3233人。推进信息进村入户，全市152个涉农行政村（社区）益农信息社实现全覆盖。发展农业电子商务，全年农业电商交易额2.1亿元。常阴沙现代农业示范园区常兴社区和塘桥镇金村村分别获2018年江苏省、苏州市休闲农业精品村称号；锦丰镇的初见香草园、凤凰镇的蜜梨水乡乐园被评为江苏省主题创意农园。

【4家企业在省股权交易中心“农业板”挂牌】 12月5日，江苏省股权交易中心“农业板”正式开板。市神园葡萄科技有限公司、市常阴沙粮油贸易有限公司、苏州苏南种子有限公司和张家港昊盛实业投资有限公司成为首批挂牌企业，实现与多层次资本市场的顺利对接。“农业板”是由省农业农村厅、省地方金融监督管理局、江苏股权交易中心联合共建，针对农业企业的生产经营特点、金融需求特色，为农业企业量身打造的专属服务板块。市神园葡萄科技有限公司始创于1981年，有1200余个品种的资源圃、主栽20余个精品标准化生产园及苗圃56.67公顷，是江苏首批获得绿色食品认证及GAP认证的葡萄生产企业，先后获评江苏省著名商标、江苏省名牌产品、“江苏水果十大品牌”。市常阴沙粮油贸易有限公司成立于1992年，是苏州市农业龙头企业，有水稻1600余公顷、小麦20余公顷、西瓜20公顷、柑橘166.67公顷的绿色农产品生产基地，“常绿”牌绿色农产品是苏州市名牌农产品，“南粳46”“南粳5055”大米被评为全国优质食味粳米。苏州苏南种子有限公司成立于2013年，有稻麦种子烘干、加工厂房3100平方米，仓库4900平方米，场地2500平方米，办公、检验、经营场所1200平方米，烘干机械42台套，日烘干能力超过600吨。张家港昊盛实业投资有限公司成立于2015年，是一家集科技创新、生态健康、高效农业、休闲观光于一体的铁皮石斛现代产业化基地，建有6000余平方米的栽培研发中心、33.33公顷大棚铁皮石斛种植基地和6.67公顷野外生长铁皮石斛栽培基地，是江苏省石斛兰产业化技术工程中心，年产铁皮石斛瓶苗超150万瓶。

【首届“中国农民丰收节”举行】 经中共中央批准、国务院批复，2018年起，每年秋分设为“中国农民丰收节”。9月23日，由市委宣传部、市委农工办、市农委、市文广新局、市旅游局、市邮政局、市科协等单位联合举办的“在希望的田野上”张家港市首届“中国农民丰收节”系列活动暨《中国农民丰收节》纪念邮票首发式在暨阳湖金融街举行。市政府副市长徐平观出席活动并为纪念邮票揭幕。中国邮政发行的《中国农民丰收节》纪念邮票1套1枚，面值1.2元，表现了农民在金秋时节庆祝丰收的场景。10位职业农民代表获赠《在希望的田野上——丰收》纪念邮折。市旅游发展有限公司向市民推介现代农业型、乡村旅游型、自然生态型、古村文化保护型秋季精品旅游线路4条。市邮政局举办“中国农民丰收节，共享小康奔富裕”——喜看改革开放40周年农村新貌集邮展览，展出邮集16框

首届“中国农民丰收节”活动　　（市邮政局　提供）

40部，并利用邮政平台组织市民参与“享丰收”美丽乡村体验游活动。市文广新局举办“港城技艺”张家港市第六届非物质文化遗产技艺传承大赛，16个非物质文化遗产项目参加比赛，涵盖特色美食、传统美术、传统技艺等门类。麦秸秆画、后塍竹编、沙洲哨口板式类风筝制作技艺等3个项目获金奖，有5个项目获银奖，8个项目获铜奖。现场还举行农业科技成果展、新型农业经营主体典型宣传等活动，展示农业产业化龙头企业51家、先进个人10人，宣传现代农业、乡村文明、新农村建设成果。11月10日至13日，市农委主办的农民丰收产品展示展销会在市体育馆举行。展会以“绿色、优质、特色、品牌”为主题，汇聚全市特色农产品，设展位230余个，参展企业230余家，参展优质大米、蔬菜、果品、水产品、花卉等1000余种，其中当地企业和产品占50%以上。

（马静静）

农村经营管理

【概况】 2018年，全市农村村级集体稳定性收入17.15亿元，比上年增加8358万元，增长5.1%；村均集体稳定性收入1009万元（不含涉农社区），比上年增5.1%。新增超1000万元村级经营项目30项，总投资11.4亿元，建设面积42.68万平方米。对14个村发放上台阶奖励225万元。加强村级经济惠民力度，提高村级集体经济对农民增收的带动能力。全市村集体用于村民的生活补贴、养老帮困、助学奖优、医疗保险等惠民补贴共3.02亿元，比上年增加3776万元，村级经济惠民增幅14.3%。

农村集体资产管理　全市深化农村集体“三资”治理成果，全面摸清资产家底，健全规范管理体制和运行机制，推动农村“三资”监管水平再上新台阶，确保农村集体资产保值增值。2018年年末，全市农村集体资产总额492.17亿元，负债360.1亿元，净资产132.07亿元。其中，镇级集体资产总额296.66亿元，净资产41.87亿元；村级集体资产总额195.51亿元，净资产90.2亿元。完成村级阳光综合审计项目189项，总金额21.49亿元，由中介机构审计工程项目531项，送审金额30092万元，核减金额3836万元，核减率12.7%。开展清缴欠租行动，7月末，全市村级集体资产应收未收租金1196笔，涉及149个村，欠缴租金24910万元，镇级资产欠缴租金8605万元。至年末，完成清缴1.63亿元，其中已收到5468万元。

农村财务和村级公益事业建管　全市村级财务全面实行“第三方”代理，实行以“集中核算、中介记账、多方审核、会计驻镇、出纳委派”为特征的村级财务核算新模式，将监管权与所有权、经营权分离，有效实现村级财务全程审核，透明操作。2018年，全市各区镇实施“第三方”代理记账总投入305万元，“第三方”常驻人员26人。大新镇龙潭村、金港镇小明沙村、凤凰镇、南丰镇试点使用“农村集体资金监管系统”。全市178个村级组织共办理村务卡1047张，全面实现非现金结算，从源头控制现金使用。强化民主监督，村务公开全面推行“e阳光”微信公众号，关注人数11.72万人，户关注率76.35%。8月28日，市委农工办联合市财政局下发《张家港市村级公益事业建设“一事一议”财政奖补项目和资金管理办法》，继续坚持向经济一般村倾斜，以优先考虑农村道路为选取原则，统筹确定全市“一事一议”实施项目，并引入第三方工程审计验收流程。全年实施“一事一议”村级公益事业财政奖补项目61项，投资总额2256.33万元。

土地承包管理　全市深化巩固农村土地承包经营权确权登记颁证成果，积极探索经营权抵押试点方案，年内完成市瑞和种养专业合作社、乐余镇常丰村经济合作社2家农地经营权抵押融资工作。创新规范新型农业经营主体培育和管理，在苏州市率先创新建成新型农业经营主体评价体系平台。全市有34家农民专业合作社列入2018年政府优先扶持名录库。杨舍镇善港农民专业合作社、常阴沙旺农水产养殖专业合作社建设成为省级示范社。凤凰镇夏市润众粮食合作社等3家农民合作社完成档案规范化试点。12月，市委农工办组织开展《中华人民共和国农民专业合作社法》专题培训2场，培训各类合作社辅导员、理事长287人次。

农民增收工作　全市进行工商登记的各类农民合作社662个，其中土地股份合作社155个，其他农民专业合作社507个。共有社区股份合作社170个。2018年，进一步规范合作经济，形成农民利益联结机制，完善合作社运作制度和收益分配制度，提高社员分配比例。全市有85个社区股份合作社进行分配，总金额1.8亿元；

48个社区股份合作社进行股金分红，分红额6586万元；71个土地股份合作社进行分红，分红额1.51亿元；3家富民合作社进行分红，分红额411万元。3月7日，市委农工办印发《张家港市农村集体产权流转交易管理实施细则》，进一步规范农村集体资产资源交易行为。协调做好厂房、土地等各类集体资产上市流转工作，确保交易品种应进必进，交易行为规范有序。全市农村产权交易在省平台成交1221笔，成交金额3.45亿元。在苏州平台成交6042笔，成交金额7.87亿元。

【乡村振兴战略实施】 2018年，根据中央、江苏省和苏州市乡村振兴战略部署，市政府先后出台《张家港市乡村振兴三年行动计划（2018—2020年）》《关于实施乡村振兴战略加快推进城乡融合发展的意见》，成立由市委书记任组长的乡村振兴工作领导小组，召开全市乡村振兴工作会议，明确全市乡村振兴的“时间表”和“路线图”。7月，市委组织部、市委农工办联合开展“新时代新接力”学习贯彻乡村振兴战略集中轮训活动，全市共168个村党组织书记参训。10月，由市委分管领导带队，深入调研各区镇乡村振兴推进情况，形成调研报告。市委农工办开展“乡村发现——寻找有故事的乡村”系列活动，进一步发挥示范引领作用。南丰镇永联村、杨舍镇善港村入选全省乡村振兴典型案例。11月16日，由江苏省社科院、《红旗文稿》杂志社、张家港市委联合举办的全面深化改革与乡村振兴战略——庆祝改革开放40周年理论研讨会在永联村举行。江苏省社科院乡村振兴研究中心张家港基地正式揭牌成立，这是省社科院乡村振兴研究中心设立的首个基地。《红旗文稿》杂志社总编辑刘玉辉，江苏省社科院党委书记、院长夏锦文等参加研讨会。

【农村集体资产清产核资工作完成】 年内，全市农村集体资产清产核资工作全面铺开，覆盖全市8个区镇、178个行政村。4月26日，市委农工办举办全市农村集体资产清产核资工作培训班，围绕农村集体资产清产核资相关政策及操作实务等内容进行培训。各区镇农经站负责人、集体资产管理科负责人、街道办事处农经人员、村（涉农社区）会计共330人参加。全市按照“统一、完整、专业、规范”的要求，引入专业会计师事务所，查清每个农村集体资产状况，摸清资产存量、结构、分布和运作效益情况。引入专业测绘公司，对不动产进行实地测绘，获得精确的面积和四至，编制农村集体资产统一编码，建立完整的农村集体资产地理信息系统和数据库。至年末，镇、村清产核资工作全部完成，数据导入苏州“三资”管理系统和全国清产核资系统。据统计，镇级集体总资产共175.09亿元，净资产26.95亿元；村级集体总资产共169.79亿元，净资产78.93亿元。

【新农管家平台建成启用】 为加快构建全市新型农业经营主体培育体系，引导经营主体健康发展，年内市委农工办与市泰克软件有限公司合作，研发创建“新农管家”综合管理平台，在苏州市范围内率先创新完成。该平台以监管部门为主导、企业法人负责、社会公众广泛参与，围绕数据采集、评价考核、统计分析、决策支持等核心业务内容，形成评价管理体系，从而促进上下级信息互联互通，落实监督和考核责任，有效提升全市新型农业经营主体培育体系建设工作的效率。4月，平台完成开发，7月6日正式启用，并在全市范围推广。至年末，全市有74家新型农业经营主体完成平台信息录入。

【“阳光扶贫·智慧e农”监管运行】 为深入推进实施精准扶贫方略，打好脱贫攻坚战，年内，市委农工办进一步规范“阳光扶贫·智慧e农”监管系统运行与管理，成立“阳光扶贫·智慧e农”系统建设工作领导小组。制定出台《张家港市“阳光扶贫·智慧e农”系统运行管理暂行办法》，明确工作责任和任务，形成扶贫工作合力，全市2858名正股职及以上干部与3256户困难家庭实现结对帮扶。选定光明村、联丰村、红星村、乐西村、新凯村作为新一轮苏州集体经济相对薄弱村，拨付帮扶资金500万元。按照每季度至少进村入户走访一次的要求，全面完成走访任务，市委农工办督促做好走访信息录入工作，确保帮扶工作精准到位。 （向晓蕾）

张家港市农业企业参加第十七届苏州优质农产品交易会

（市农委　提供）

【编辑　陆正芳】

工业

Industry

江苏爱康实业集团有限公司　（苏玉琦　摄）

張家港年鑑(2019)

扫码欣赏

赋能升级，智造港城

工业综情

【概况】2018年，宏观经济环境更加复杂，经济下行压力加大，振兴实体经济、实现高质量发展面临更严峻挑战。企业创新主体地位和作用激发仍不够，传统路径依赖仍未摆脱，加快新旧动能转换的任务更加迫切。全市突出智能工业、创新转型，强化协调服务、精准指导，积极培育先进制造业新动能。全年1197家规模以上工业企业（全部国有及年主营业务收入500万元以上非国有工业企业，下同）完成工业产值4519.7亿元，比上年减1.7%，主营业务收入4987.55亿元，完成利税505.85亿元。规模以上工业企业按轻重工业分，轻工业企业564家，产值1107.11亿元，主营业务收入1173.53亿元；重工业企业633家，产值3412.59亿元，主营业务收入3814.02亿元。按企业规模分，大中型企业156家，产值3113.6亿元；小型微型企业1041家，产值1406.1亿元。按登记注册类型分，国有企业1家，完成产值2.82亿元；集体企业3家，完成产值2.39亿元；股份合作制企业1家，完成产值3651万元；有限责任公司109家，完成产值1060.59亿元；股份有限公司32家，完成产值174.6亿元；私营企业805家，完成产值2076.31亿元；港澳台投资企业58家，完成产值136.14亿元；外商投资企业187家，完成产值1065.38亿元；其他企业1家，完成产值1.1亿元。全市工业用电量284.66亿千瓦小时，比上年增0.8%。

2018年张家港市九大工业集团一览表

表23

企业名称	所在地	企业名称	所在地
江苏沙钢集团有限公司	冶金园	张家港浦项不锈钢有限公司	冶金园
江苏永钢集团有限公司	南丰镇	华芳集团有限公司	塘桥镇
陶氏化学（张家港）有限公司	保税区	江苏华昌（集团）有限公司	保税区
东华能源股份有限公司	保税区	江苏骏马集团有限责任公司	经开区
澳洋集团有限公司	经开区		

2018年张家港市75家重点工业企业一览表

表24

企业名称	所在地	企业名称	所在地
中粮东海粮油工业（张家港）有限公司	保税区	江苏现代威亚有限公司	凤凰镇
霍尼韦尔特性材料和技术（中国）有限公司	保税区	张家港中集圣达因低温装备有限公司	保税区
江苏长顺集团有限公司	保税区	张家港海螺水泥有限公司	大新镇
江苏梁丰食品集团有限公司	经开区	润英联（中国）有限公司	保税区
江苏鹿港文化股份有限公司	塘桥镇	苏州天沃科技股份有限公司	保税区
索尔维（张家港）精细化工有限公司	凤凰镇	江苏华程工业制管股份有限公司	塘桥镇
佐敦涂料（张家港）有限公司	保税区	旭化成聚甲醛（张家港）有限公司	保税区
江苏张家港酿酒有限公司	保税区	江苏金陵体育器材股份有限公司	南丰镇
PPG涂料（张家港）有限公司	保税区	江苏银河电子股份有限公司	塘桥镇
张家港广大特材股份有限公司	凤凰镇	南港（张家港保税区）橡胶工业有限公司	保税区
苏州海陆重工股份有限公司	经开区	江苏新芳科技集团股份有限公司	大新镇
张家港沙洲电力有限公司	冶金园	通伊欧轮胎张家港有限公司	保税区
泰柯棕化（张家港）有限公司	保税区	攀华集团有限公司	保税区
双狮（张家港）精细化工有限公司	保税区	张家港保税区保点标签有限公司	保税区
张家港市苏闽金属制品有限公司	冶金园	江苏爱康实业集团有限公司	经开区
张家港华兴电力有限公司	经开区	科波西电子材料张家港有限公司	保税区
江苏金帆电气集团有限公司	经开区	张家港保税区东海容器有限公司	保税区
江苏利柏特股份有限公司	保税区	张家港欣欣高纤股份有限公司	保税区
张家港迪克汽车化学品有限公司	保税区	江苏艾迪尔医疗科技股份有限公司	冶金园
天宇羊毛工业（张家港保税区）有限公司	保税区	江苏东渡纺织集团有限公司	经开区
盛禧奥聚合物（张家港）有限公司	保税区	那智不二越（江苏）精密机械有限公司	经开区
长江润发集团有限公司	保税区	苏州爱得科技发展股份有限公司	冶金园

续表24

企业名称	所在地	企业名称	所在地
苏州欣荣博尔特医疗器械有限公司	冶金园	华灿光电（苏州）有限公司	经开区
张家港协鑫集成科技有限公司	经开区	苏州金鸿顺汽车部件股份有限公司	经开区
液化空气（张家港）工业气体有限公司	冶金园	苏州晶台光电有限公司	经开区
天合汽车安全技术（张家港）有限公司	经开区	江苏沙印集团有限公司	冶金园
张家港市易华润东新材料有限公司	经开区	江苏赛宝龙石化有限公司	保税区
丰田合成（张家港）科技有限公司	保税区	江苏新美星包装机械股份有限公司	经开区
张家港恩斯克精密机械有限公司	经开区	江苏协昌电子科技股份有限公司	凤凰镇
富美实（张家港）特殊化学品有限公司	保税区	江苏华大离心机制造有限公司	经开区
苏州龙杰特种纤维股份有限公司	经开区	江苏富淼科技股份有限公司	凤凰镇
瓦克化学张家港有限公司	保税区	森田新能源材料（张家港）有限公司	保税区
华奇（中国）化工有限公司	保税区	张家港迪爱生化工有限公司	保税区
江苏宏宝集团有限公司	大新镇	张家港市普坤纺织实业有限公司	塘桥镇
张家港市国泰华荣化工新材料有限公司	保税区	张家港保税区灿勤科技有限公司	保税区
张家港保税区长源热电有限公司	保税区	江苏联宏纺织有限公司	塘桥镇
张家富瑞特种装备股份有限公司	经开区	江苏海狮机械股份有限公司	乐余镇
张家港爱丽家居科技股份有限公司	冶金园		

【工业投入】 2018年，张家港市累计实施工业项目232项，完成工业投入工作量129.17亿元，比上年减8.08%。其中，传统产业完成投入工作量2.69亿元，占全市工业投入总量的2.1%；新兴产业完成投入工作量126.48亿元，占全市工业投入总量的97.9%。在建1亿元以上项目92项，完成投入工作量107.72亿元，占全市工业投入总量的93.39%；5亿元以上项目21项，完成投入工作量61.97亿元，占全市工业投入总量的47.97%。在建技术改造项目189项，计划总投资324.51亿元，完成投资103.98亿元，占工业投资的80%；新建项目43项，完成投资25.19亿元。张家港保税区、张家港经济技术开发区、江苏扬子江国际冶金工业园投资占全市投资的比重超八成。其中，工业投资105.09亿元，占全市的81.35%；技改投资66.14亿元，占全市的51.2%；新兴产业投资105.89亿元，占全市的93.71%。全年累计实施超1亿元项目68项（其中保税区30个、经开区20个、冶金园18个），占全市超1亿元项目总数的73.91%；完成投资额90.05亿元（其中保税区39.7亿元、经开区25.1亿元、冶金园25.25亿元），占全市超1亿元项目投资额的83.59%。

【转型升级】 2018年，张家港市重点发展智能工业，提升存量产业竞争力，深入实施智能制造“五大工程”。全年新增国家“两化融合”管理体系贯标试点企业3家，国家“两化融合”管理体系贯标企业累计6家；新增省“两化融合”管理体系贯标试点企业5家、省智能工厂1家、省示范智能车间9个、省工业互联网服务资源池企业2家、省四星级上“云”企业1家、省三星级上“云”企业1家；新增苏州市级示范智能车间11家、智能制造技术服务商8家。江苏新美星包装机械有限公司入选苏州市第一批智能制造系统集成商名录。推进沙钢集团加热炉汽化冷却余热回收等16个节能和循环经济项目，年内完成投资6亿元，形成年节能能力8万吨标煤。淘汰整治低端低效产能企业276家，“腾笼换凤”土地面积198.47公顷，完成省级下达的660万重量箱平板玻璃去产能任务。积极推进“263”减化工作，年内完成关停29家沿江化工企业的目标任务。深入开展工业企业资源集约利用综合评价工作，完成16057家工业企业的2017年度开票、税收、用地、用能、排放等指标数据的采集，对3493家企业实施综合评价，形成评价结果并正式公布。

【智能制造行动计划出台】 3月，《张家港市智能制造三年行动计划（2018—2020年）》出台，明确实施行业智能转型提升、智能制造试点示范、“两化融合”体系建设推进、智能制造服务平台培育、智能制造协同创新“五大工程”。到2020年，张家港市计划新增使用工业机器人2000台，新增国家“两化融合”管理体系贯标企业15家，新增省级示范智能车间30家，新增苏州市级示范智能车间40家，新增张家港市级示范智能车间90家，参加智能制造诊断企业150家，规模以上工业企业全员劳动生产率达到每人40万元。4月11日，为推动全市制造业加速转型升级，全市智能制造推进大会召开。会上，市政府为张家港市获国家级智能制造项目、省级示范智能车间的企业集中授牌。市经信委与工业和信息化部电子第五研究所华东分所、南京慧德信息管理咨询有限公司、赛迪灵犀智能制造服务网络、南京理工大学张家港研究院分别签署智能制造战略合作协议；工业和信息化部电子第五研究所华东分所与江苏天鹏电源有限公司、南京慧德信息管理咨询有限公司与华芳集团、赛迪灵犀智能制造服务网络与张家港中集圣达因低温装备有限公司分别签署智能制造服务协议。年内，市经信委召开纺织行业智能制造报告会，组织重点纺织企业赴江苏省徐州市、山东省青岛市等地学习智能制造经验；举办智能车间诊断服务工作对接会，联合江苏徐工信息技术股份有限公司举办智能制造专题对接会，帮助企业精准对接专业服务资源。2018年，全市实施智能制造重点项目98项，比上年增加58项，计划总投资235亿元，实现投资58.5亿元，累计完成投资108.7亿元。建立示范标杆项目动态培育库，已入库培育国家级项目10项、省级智能制造示范工厂5个、省级示范智能车间50个。（邬理伟）

冶金工业

【概况】 2018年，全市规模以上冶金工业企业完成工业总产值1831.03亿元，占全市规模以上工业总产值的40.5%，比上年减12.1%。其中，黑色金属冶炼和压延加工企业42家，完成工业总产值1682.6亿元；有色金属冶炼和压延加工企业31家，完成工业总产值148.43亿元。有4家企业年销售收入超100亿元。沙钢集团（本部）全年完成销售收入1288.18亿元，比上年减7.3%；实现利税193.97亿元，比上年增8.08%。永钢集团全年完成销售收入443.59亿元，比上年增12.02%；实现利税62.86亿元，比上年减1.32%。张家港联合铜业有限公司完成销售收入122.88亿元，比上年减40.35%；实现利税0.07亿元，比上年减93.59%。张家港浦项不锈钢有限公司完成销售收入185.31亿元，比上年增6.21%；实现利税3.42亿元，比上年减73.21%。全年冶金工业完成投资26.6亿元，占全市的20.59%，比上年增86.64%。

2018年张家港市规模以上冶金工业企业主要产品产量情况表

表25

产品名称	年产量（万吨）	比上年增长率（%）
钢材	3849.77	7.60
其中：钢筋	950.27	13.30
线材（盘条）	950.25	17.60
冷轧薄宽钢带	258.30	-17.90
铜材	1.49	-40.60
铝材	9.87	31.80

2018年张家港市冶金工业企业投入1亿元以上竣工项目情况表

表26

企业名称	项目内容	项目类别	总投资（万元）	竣工时间
江苏永钢集团有限公司	除尘脱硫系统提标升级设备项目	内资技改	19286	4月
江苏永钢集团有限公司	高炉节能技改项目	内资技改	16735	4月
江苏沙钢集团有限公司	加热炉汽化冷却节能技改项目	内资技改	11500	8月
江苏沙钢集团有限公司	冷轧硅钢加工项目	内资技改	110000	9月
江苏沙钢集团有限公司	安全整治技改项目	内资技改	11000	10月
江苏沙钢集团有限公司	铁前自动化、智能化优化改造项目	内资技改	12000	12月
江苏沙钢集团有限公司	煤气管道改建安全整治项目	内资技改	12000	12月
江苏沙钢集团有限公司	废钢资源综合利用加工处理项目	内资技改	28176	12月

【联合铜业公司节能降耗显著】 2018年，张家港联合铜业有限公司以“争创一流指标、打造绿色冶炼”为目标，结合生产系统升级改造，加强能源管控中心建设，对能源输送、生产和应用等控制系统进行升级改造，全厂综合能耗在同行业处于领先水平。通过基本电费容量法改需量法、电力需求侧响应、电力直接交易、提高谷时用电量等用电政策降低企业用电成本，年节约电力政策支持400余万元，并采取空压机合同能源管理、绿色照明、推广节能电机、合理调整电解电流密度等措施节约企业用电量，主产品阴极铜综合电量由每吨369.3千瓦小时下降到每吨351千瓦小时，用电量比上年降5%。能源管控中心项目设备安装完成，能源采集信号已接入能源管控中心并完成调试。每天500立方米水资源综合利用项目设备安装结束投入运行，脱硫尾气电除雾设备运行正常。同时加装电除尘，除雾除尘后可有效降低烟尘和酸雾的排放，改善厂区内环境质量。全年累计实现技术改造投资1800万元。公司对传统生产工艺进行节能技术升级改造，通过对阳极炉炉体结构优化，将原先的两台阳极炉合并为一台，单炉和日产量比改造前都提升一倍以上。该公司与徐州燃控科技股份有限公司合作开发出国内首家重油全氧燃烧工艺，重油单耗由每吨铜77千克下降到每吨铜34千克。新投入运行的阳极炉燃烧阀组全部采用自动控制系统，阳极炉烟气、氧气均实现在线控制。该公司与节能设备公司合作开发的蒸汽再压缩技术（MVR）替代传统的真空蒸发技术，于11月完成安装进入调试。该项目达标投产后，有效减少蒸气的消耗，综合能耗下降，年节约能源成本超过300万元。此项技术在净液工序的硫酸铜生产上的应用在铜冶炼行业尚属首家。全年公司累计生产电解铜

25.1万吨，阳极铜14.45万吨，粗硫酸镍1900吨。实现营业收入122.88亿元，账面利润714万元，扣除存货跌价准备金1338万元的影响，实际利润2052万元。

【永钢集团获评竞争力特强企业】 江苏永钢集团总资产400余亿元，有员工1万余人。年生产能力炼铁800万吨、炼钢800万吨、钢材800万吨。有江苏联峰实业股份有限公司、香港永联国际集团有限公司、江苏恒创软件有限公司、江苏宏泰物流有限公司、南京永钢物资有限公司、张家港联峰金属制品有限公司、江苏联峰投资发展有限公司、上海永谐投资发展有限公司、上海永钢实业有限公司、思锐达（中国香港）集团有限公司、苏州昆仑重型装备制造有限公司、张家港市永源再生资源有限公司等各类实体公司68家。其中，有直接控股100%的子公司10家，间接控股100%的子公司38家；直接持股比例超过50%以上的3家，间接持股超过50%的12家；直接持股及间接持股均不到50%的5家。2018年，永钢集团加快转型升级步伐，推进产品向“普转优、优转特、特转精”方向升级。全年完成冶炼铁797.58万吨、钢801.45万吨，生产钢材789.57万吨、特钢69.5万吨，实现钢材销售778.14万吨，销售收入443.59亿元，利税62.86亿元；出口钢材139.8万吨，实现出口创汇62.95亿元。研发新品85个品种，其中普钢9种、优钢20种、特钢56种，新品种投入生产66万吨，已形成19个系列、639个品种、144个规格。产品远销108个国家和地区，其中“一带一路”沿线国家和地区32个。5月19日，生产的新加坡标准螺纹钢获新加坡标准螺纹钢的第三方认证证书。在中国民营企业500强中排名第115位，在中国民营企业制造业500强中排名第56位，在中国制造业500强中排名第330位，在中国钢铁企业综合竞争力排名中被评为竞争力特强企业。

【永钢集团连铸机项目投产】 1月，永钢集团棒材四厂项目开工建设，投资8亿元，年内完成厂房结构建设、主轧线设备安装等工作。7月21日，转型升级重要配套项目炼钢二厂8号连铸机项目组织热试，并正式投产。该项目2017年9月开工，生产的断面规格为150毫米×150毫米、220毫米×220毫米，产品规划主要涉及齿轮钢、弹簧钢、轴承钢、焊丝钢、帘线钢、钢绞线钢、易切削钢等用钢，主要定位为高品质优特钢线棒材。整台连铸机主要配备康卡司特弹筒型结晶器、有监控结晶器摩擦力感应元件的短杆液压式振动装置、M-EMS和F-EMS、水冷和气雾冷却结合的二冷系统、智能机器人控制的铸坯喷号装置、康卡司特二级工艺控制系统等行业先进设备。至年末，产量5.73万吨。

（陈　洋　黄伟城　何增丁　吴阳舒　杨学文）

纺织工业

【概况】 2018年，全市规模以上纺织工业企业完成工业总产值628.74亿元，比上年增5.9%，占全市规模以上工业总量的13.9%。其中，棉纺织、毛纺织、丝织、印染等纺织企业251家，完成工业总产值355.29亿元；纺织服装、服饰制造企业65家，完成工业总产值74.15亿元；化学纤维制造企业39家，完成工业总产值199.3亿元。全年有10家企业销售收入超10亿元。华芳集团超100亿元，全年完成销售收入118.39亿元，居榜首，其次为澳洋集团有限公司77.96亿元、江苏骏马集团有限责任公司77.09亿元、张家港欣欣高纤股份有限公司28.19亿元、江苏东渡纺织集团有限公司27.59亿元、江苏鹿港文化股份有限公司27.39亿元、张家港保税区天宇毛纺有限公司25.62亿元、江苏沙印集团有限公司18.57亿元、苏州龙杰特种化纤有限公司17.06亿元、张家港新东旭纺织印染有限公司10.06亿元。全年纺织工业投入5.37亿元，占全市的4.16%，比上年减19.52%。纺织工业年内无超1亿元竣工项目。

2018年张家港市规模以上纺织工业企业主要产品产量情况表

表27

产品名称	单位	年产量	比上年增长率（%）
化学纤维	万吨	73.35	38.90
其中：合成纤维	万吨	59.90	58.80
布	万米	17413.00	-25.20
印染布	万米	288315.00	19.10
帘子布	万吨	10.36	1.10
毛机织物（呢绒）	万米	7021.00	15.60
服装	万件	16001.00	15.70

【东渡纺织集团上榜“中国服装行业百强”】 7月，中国服装协会发布2017年度“中国服装行业百强”名单。江苏东渡纺织集团有限公司是张家港市唯一上榜企业，分列2017年服装行业产品销售收入、利润总额、销售利润率百强企业名单第13、第8、第23位。东渡纺织集团创建于1956年，1999年转制为民营股份制企业。经过60余年发展，已发展成为以研发、品牌、生产、物流为主体，面料、服装及相关配套为主线，集织造、染色、绣花、印花、成衣一条龙服务，科、工、贸为一体的大型纺织企业。集团分别在新加坡、加拿大和中国香港、上海设有分公司和办事处，在柬埔寨、越南、马来西亚设有服装生产工厂。公司拥有先进的织造、染整、检测设备，智能服装挂装流水线、自动服装后整包装流水线，各类进口电脑绣花、印花设备。公司与多个国际知名服装品牌客户长期保持战略合作伙伴关系，年产针织面料1.08万吨、服装1.8亿件。自主生态童装品牌“伊思贝得”获评中

国驰名商标、江苏著名商标，产品获国家免检产品、中国绿色纤维产品、江苏省名牌产品、江苏省重点培育的国际知名品牌等称号。近年，东渡纺织集团着力调整市场客户结构、面料成衣结构、产品档次结构，已形成"总部、研发、品牌机构和高科技面料制造业在张家港本土，外贸中心在新加坡、加拿大，制造基地分布东南亚及苏中、苏北，销售市场以美国、澳大利亚、欧盟、日本为主"的国际化格局。2018年3月14日，在2017年中国纺织服装行业年度精锐榜颁奖典礼上，公司获评"中国纺织服装行业十大领先企业"。10月16日，中国纺织工业联合会公布改革开放40年纺织行业突出贡献人物奖，集团公司党委书记、董事长徐卫民获该荣誉。公司年营业收入28亿元，利税1.1亿元。

【联宏纺织公司纱线入选绿色设计产品】 10月，工信部公布第三批绿色制造名单，江苏联宏纺织有限公司羊绒粗纺针织纱线入选绿色设计产品。江苏联宏纺织有限公司位于塘桥镇，始建于1956年，2000年改制为股份制企业，至2018年已成为一家集洗毛、毛条、各类针织纱、机织纱以及针织毛衫制造为主的中型纺织企业，主要生产粗纺羊绒针织纱、精纺针织纱、半精纺针织纱、针织毛衫四大系列几千个品种产品。年产各类羊毛衫200万件、粗纺毛纱3000吨、半精纺毛纱1500吨、精纺毛纱3000吨。公司已通过ISO 9001质量管理体系认证、ISO 14000环境管理体系认证、Oeko-Tex Standard 100生态纺织品认证，获得国际羊毛局"纯羊毛标志WOOLMARK"证书和"高比例羊毛混纺标志WOOLMARK BLEND"证书、国际采标证书，2012年被认定为省高新技术企业，2013年10月获批江苏省多功能新型纱线材料工程技术研究中心。公司依托意大利毛衫专业设计师，注册"雪兰""LANKE.ENZHI"品牌。自2017年起，公司淘汰老式纺纱设备，投入智能化设备，代替人工操作，实现年生产纱线500吨，销售额超2亿元。

【沙印集团人造棉印花面料产量全国第一】 江苏沙印集团原为沙洲县印染厂，始建于1976年，1999年从镇办企业转制为民营企业，有员工2300余人，厂区占地面积20余万平方米，拥有总资产10.24亿元。经40余年发展，已成为集纺织、印染、服装生产于一体的大型规模企业，形成3.5亿米印染面料的年生产能力。产品有95%以上出口，畅销80余个国家和地区，自主品牌"琵琶舞"在中东、非洲市场上具有较大影响力和竞争力。集团在2016年全国百强面料出口企业中排名第36位，2017年跻身苏州市民营企业50强。企业生产的人造棉印花面料产量居全国第1位，是全国印染行业协会理事单位，拥有张家港、射阳两个热电联产及污水处理配套设施齐全的生产基地，在迪拜、埃塞俄比亚设有国外办事处。2018年生产各类印染面料3.2亿米，纺纱3508吨，织造4661万米。总厂及各分厂完成销售28.13亿元，实现税收6537万元，完成自营出口1.71亿美元，实现企业增值6680万元。

（陈　洋　黄伟城　何增丁　俞　峥）

食品工业

【概况】 2018年，全市规模以上食品工业企业完成工业总产值198.03亿元，比上年减12.7%，占全市规模以上工业总量的4.4%；完成销售收入278.68亿元，比上年增5.7%，实现利税11.83亿元，利润9.56亿元，分别比上年增42.2%和34.8%。其中，有规模以上农副食品加工企业10家，完成工业总产值184.75亿元；食品制造企业5家，完成工业总产值6.06亿元；酒、饮料和精制茶制造企业1家，完成工业总产值7.23亿元。全市食品行业中，有销售收入超1亿元企业10家，其中4家企业的销售收入超10亿元。中粮东海粮油工业（张家港）有限公司销售收入超过153亿元，益江（张家港）粮油工业有限公司销售收入超过62亿元，路易达孚（霸州）饲料蛋白有限公司张家港分公司销售收入近27亿元，江苏梁丰食品集团有限公司销售收入超过14亿元。

2018年张家港市规模以上食品工业企业主要产品产量情况表

表28

产品名称	单位	产量	比上年增长率（%）
精制食用植物油	万吨	142.06	28.70
小麦粉	万吨	17.39	-15.50
饲料	万吨	25.38	-73.20
乳制品	万吨	2.75	2.60
糖果	万吨	0.53	1.90
饮料、酒	万升	5574.80	-4.60

【国际香料公司开业】 10月9日，国际香料（张家港）有限公司举行开业典礼。国际香料公司（简称IFF）是全球香料香精行业产品最大的制造商之一，总部位于美国纽约，在全世界拥有110个生产基地，其中大中国区有5个。2016年12月，国际香料（张家港）有限公司投资成立，成为IFF大中国区第二大食用香精生产基地。国际香料张家港生产基地总投资1.5亿美元，用地6.67公顷，分两期进行建设，一期工程总投资4500万美元，包括粉末香精生产车间、液体香精生产车间、废气处理装置等，达产后具备每年2.4万吨食用香精的生产能力。该基地是IFF在中国境内首家获得LEED（美国绿色建筑标准）白银奖的食用香精生产厂，具有节能和节水的特点，采用废水零排放技术、太阳能绿色发电系统，最大化回收废弃物。

【芬美意香料公司投产】 12月，芬美意香料（张家港）有限公司投产。公司由芬美意香料（中国）有限公司与芬美意贸易公司共同出资设立，注册资本3500万美元。主要从事香精原料和食品添加剂的生产加工和研发销售。芬美意公司创办于1895年，总部位于瑞士日内瓦，是全球最大的从事香精原料研究和生产的公司，产品广泛应用于乳品饮料、茶和面条等食品。张家港公司投资总额7500万美元，占地面积超过6万平方米，建筑面积3万平方米，包括生产区、储存区、公用工程设施区和员工休息区等辅助设施区。该项目采用数字化制造等多项先进技术，完全不使用消耗臭氧层的制冷剂，配备一体化空气处理、照明和建筑构件，能够优化能源消耗并回收余热，实现垃圾零填埋、液体零排放。达产后可形成年产2.5万吨食品用香精香料的生产规模，预计年销售收入9亿元。

【梁丰食品集团网点销售额超5000万元】 江苏梁丰食品集团有限公司始创于1968年3月，从创办奶牛场开始起步，经过51年发展，已成长为涵盖奶牛养殖、乳制品深加工、糖果制造、印刷包装、商业地产等多领域的综合性企业集团，是国家级农业产业化经营重点龙头企业、国家级学生饮用奶定点生产企业。企业生产的“金莎”巧克力被评为“中国名牌产品”，“梁丰”商标被评为“中国驰名商标”，“梁丰”牛奶认定为“中国绿色食品”。集团坚持“种养加一条龙，牧工贸一体化”的产业特色，拥有存栏奶牛超3000头的机械化奶牛场及瑞典利乐液态奶线、全自动巧克力生产线、饼干烘焙线。公司通过ISO 9001、HACCP等质量安全认证体系，历时五年累计投资1.5亿元，将奶牛场原有拴系牛舍全部改建为与国际同步的“散栏饲养、集中挤奶”的现代养殖模式，辅以TMR日粮管理系统，梁丰鲜奶品质接近欧美国家特级奶标准。2018年，集团调整产业结构，重点发展低温奶产业，通过“公司+奶站+门店+加盟”等经营模式，在苏锡常地区开设门店，日销低温奶8万份。加大产品的终端销售力度，以国内五大办事处为依托，开展电商销售，通过京东、淘宝、天猫等平台开设网店，年销售额达到5000余万元。公司实现销售14.4亿元，实现利税1.78亿元。

（唐建岳　邱亚峰　张　蕾）

机电工业

【概况】 2018年，全市规模以上机电工业企业完成工业总产值785.84亿元，比上年增9.5%，占全市规模以上工业总量的17.4%。行业中主要涉及化工压力容器制造、锅炉及锅炉附件制造、汽车及零部件、输变电设备、机床及精密机械制造、建筑机械、吊装机械、环保机械、洗涤及分离机械制造、纺织机械、医疗机械、电子类等众多门类。通过多年发展，全市机电行业已形成明显的集群特色，主要有以保税区（金港镇）和经开区（杨舍镇）为中心的高端机械制造工业园，以乐余镇为中心的汽车及汽车零配件生产集群地，以冶金园（锦丰镇）三兴办事处为主的塑机、饮机生产集群地，以大新镇为中心的五金工具生产集群地和以塘桥镇为中心的纺机生产集群地等。全年有12家企业销售收入超10亿元，其中江苏长江润发集团有限公司63.1亿元、江苏爱康实业集团有限公司47.9亿元、张家港协鑫集成科技有限公司43.1亿元、天合汽车安全技术（张家港）有限公司27.74亿元、苏州天沃科技股份有限公司24.74亿元、华灿光电股份有限公司18.54亿元、张家港市广大机械锻造有限公司16.26亿元、苏州海陆重工股份有限公司13.38亿元、张家港富瑞特种装备股份有限公司13.27亿元、丰田合成（张家港）科技有限公司13.11亿元、江苏现代威亚有限公司12.7亿元、苏州金鸿顺汽车部件股份有限公司10.5亿元。全年机电工业累计完成投资37.49亿元，占全市的29.03%，比上年减13.17%。

2018年张家港市规模以上机电工业企业主要产品产量情况表

表29

产品名称	单位	产量	比上年增长率（%）	产品名称	单位	产量	比上年增长率（%）
冶金专业设备	万台	2.28	54.60	两轮脚踏自行车	万辆	9.93	2.40
电力电缆	万千米	1.91	65.60	锂离子电池	万块	15245.11	25.80
滚动轴承	万套	14733	67.80	电子元件	万个	4051.00	95.60

2018年张家港市机电工业企业投入1亿元以上竣工项目情况表

表30

企业名称	项目内容	项目类别	总投资（万元）	竣工时间
苏州飞驰环保科技股份有限公司	清洁船生产基地	内资技改	12448	8月
张家港海锅重型锻件有限公司	深海能源装备用高端锻件生产项目	内资技改	25000	12月
江苏国立医疗科技有限公司	三类医疗器械生产项目	内资技改	20000	12月
天合汽车安全技术（张家港）有限公司	汽车零部件生产项目	外资技改	20930	12月
江苏索尔新能源科技股份有限公司	车用动力电池组组装项目	内资技改	24000	12月
苏州凡赛特材料科技有限公司	新建年产360万平方米触控用OCA光学膜产品研发及产业化项目	内资新建	12583	12月

【爱特微半导体技术公司开业】 3月20日，爱特微（苏州）半导体技术有限公司在张家港经济技术开发区举行开业庆典。公司由韩国iA集团、韩国TRinno公司和张家港功率半导体专项产业基金（由张家港经济技术开发区、大唐电信投资公司与相关社会投资方成立）三方出资设立，首期注册资本1.57亿美元。主要生产汽车功率半导体、汽车电子芯片及功率半导体模块等，最终形成汽车IC、功率器件、功率模块等功率半导体产品体系。iA集团是韩国上市公司，下属AUTO软件、HIVRON、TRinno三家企业，已成为生产汽车功率半导体、汽车电子芯片、功率半导体模块及解决方案的综合性公司，是韩国唯一一家车规级半导体生产企业。通过与iA集团的合作，爱特微半导体技术公司短时间内就构建出满足汽车用半导体质量标准的功率产品，拥有半导体设计、测试的研究技术及生产技术。至年末，公司营业收入2802万元。

【康特汽车部件有限公司竣工】 5月29日，张家港康特汽车部件有限公司举行竣工典礼。张家港康特汽车部件有限公司位于张家港经济技术开发区，是韩瑞集团全资子公司——康特株式会社投资建办的外商投资企业。康特株式会社成立于2001年，主要生产发动机污染物排放控制装置及关键部件，其产品能大大降低发动机废气排放和提高发动机工作效率，有利于节能环保。项目总投资1.2亿美元，一期总投资6000万美元，主要生产汽车发动机废气排放控制装置及关键部件200万套，一期项目达产后销售6亿元，入库税收超3000万元。

【天沃科技助力"人造太阳"计划】 1月28日，国际热核聚变实验堆（简称ITER计划）项目蒸汽冷凝罐产品发运仪式在苏州天沃科技股份有限公司举行，4台不锈钢蒸汽冷凝罐装船运往法国的ITER工地。ITER计划是全球规模最大、影响最深远的国际科研合作项目之一，集中国际上受控磁约束核聚变的主要科学和技术成果，尝试将人类受控核聚变由研究转化为实用技术，俗称"人造太阳"计划。2016年，中广核工程有限公司与苏州天沃科技股份有限公司组建联合体，代表中国企业成功中标ITER项目的蒸汽冷凝罐设计供货项目。4台设备共焊接163个接管，设备环焊缝总长超过400米，交货周期15个月，是同类型核电设备交货周期的一半。这是欧洲首次从中国引进核压力容器。

【箭牌智能科技公司研发故宫专用锁】 箭牌智能科技有限公司位于塘桥镇，前身是1974年成立的长江锁厂。2014年起，公司参与故宫博物院的安防系统改造计划，研发、生产故宫专用锁，首批订单2750把，项目金额3008万元。因为古体建筑不得损坏，故宫专用锁造型与传统机械挂锁一样，并融入集成系统。该系统由电子挂锁、电子钥匙、智能手持机、无线转发器、无线接收主机、电子钥匙读写器、报警系统服务软件等七部分组成，能够实时监控门禁的开闭状态，自动识别开门者的身份，并对非法开锁等异常情况实现远程报警。由于故宫所处的地理位置特殊，设备传输功率必须低于5瓦。该公司利用蓝牙技术，实现设备传播距离15公里，传输功率从传统的25瓦降到2瓦。北京冬天室外气温最低在零下20摄氏度左右，故宫专用门锁可耐受零下30摄氏度温度。故宫专用锁提升了知名度，公司先后收到布达拉宫、颐和园、南京博物院等单位的合作邀请。至2018年年末，公司拥有青岛研发检测中心、上海品牌运营中心、张家港核心生产基地的全产业链体系，集设计研发、检验检测、生产营销和售后服务于一体。布达拉宫项目已进入实地勘测、制造阶段。

（陈　洋　黄伟城　何增丁）

华昌集团总部大厦　　（市经信委　提供）

化学工业

【概况】 2018年，全市规模以上化学工业企业完成工业总产值842.42亿元，比上年增6.6%，占全市规模以上工业总量的18.6%。其中，石油加工、炼焦和核燃料加工企业2家，完成工业总产值1.73亿元；化学原料和化学制品制造企业99家，完成工业总产值641.41亿元；橡胶和塑料制品企业73家，完成工业总产值135.11亿元；医药制造企业12家，完成工业总产值8.91亿元；非金属矿物制品企业49家，完成工业总产值55.26亿元。全市化学工业企业中，有销售收入超10亿元企业19家，其中江苏华昌（集团）有限公司101.99亿元、康得新复合材料集团股份有限公司76.27亿元、东华能源（张家港）新材料有限公司72.32亿元、张家港东华能源股份有限公司38.04亿元、索尔维（张家港）精细化工有限公司27.86亿元、江苏长顺集团有限公司24.91亿元、佐敦涂料（张家港）有限公司24.06亿元、陶氏有机硅（张家港）有限公司23.06亿元、盛禧奥聚合物（张家港）有限公司22.09亿元、泰柯棕化（张家港）有限公司17.14亿元、瓦克化学（张家港）有限公司16.66亿元、双狮（张家港）精细化工有限公司14.78亿元、陶氏化学（张家港）有限公司14.51亿元、PPG涂料（张家港）有限公司14.45亿元、张家港市国泰华荣化工新材料有限公司11.9亿元、江苏赛宝龙石化有限公司11.63亿元、华奇（张家港）化工有限公司11.4亿元、霍尼韦尔特性材料和技术（中国）有限公司10.48亿元、南港（张家港保税区）橡胶工业有限公司10.33亿元。全年化学工业累计完成投资43.44亿元，占全市的33.63%，比上年降0.52%。

2018年张家港市规模以上化学工业企业主要产品产量情况表

表31

产品名称	单位	年产量	比上年增长率(%)	产品名称	单位	年产量	比上年增长率(%)
硫酸(折100%)	万吨	161.96	−18.20	化学农药原药(折有效成分100%)	万吨	0.94	−4.10
纯碱(碳酸钠)	万吨	62.80	−1.80	塑料制品	万吨	66.26	42.90
合成氨(无水氨)	万吨	52.98	−22.40	水泥	万吨	281.88	−6.40
农用氮、磷、钾化学肥料(折纯)	万吨	32.19	−9.80	商品混凝土	万立方米	426.64	70.50

2018年张家港市化学工业企业投入1亿元以上竣工项目情况表

表32

企业名称	项目内容	项目类别	总投资(万元)	竣工时间
霍尼韦尔特性材料和技术(中国)有限公司	扩建年产4000吨催化剂项目	外资技改	58959	1月
江苏国泰超威新材料有限公司	年产2800吨电子化学品项目	内资新建	21353	3月
长华化学科技股份有限公司	扩建年产10万吨多元醇项目	内资技改	16407	6月
庄信万丰(张家港)贵金属材料科技有限公司	年产3000吨贵金属催化剂回收项目	外资新建	18813	6月
陶氏化学(张家港)有限公司	扩建年产12万吨组合聚醚多元醇项目	外资技改	14391	9月
江苏华昌(集团)有限公司	扩建年产3万吨新戊二醇等产品及配套设施技术项目	内资技改	29545	12月
江苏长园华盛新能源材料有限公司	年产3000吨碳酸亚乙烯酯和2000吨氟代碳酸乙烯酯等项目	内资技改	18431	12月

【华昌集团“十三五”规划项目投产】 2018年,江苏华昌(集团)有限公司(简称华昌集团)“十三五”规划确定的转型升级重大项目全部建成并投入运行。6月15日,由华昌集团下属核心企业江苏华昌化工股份有限公司、市华瑞危险废物处理中心有限公司、市恒昌投资发展有限公司、市华昌建筑工程有限公司共同投资组建的年处理1.65万吨淮安华昌固废处置有限公司焚烧处置一期项目回转窑点火运行,炉膛温度及排放的烟气指标全部达到国家危险废物排放标准,该固废焚烧处置二期项目于12月建设完成,全部投产后形成年处理固废3.3万吨的规模。10月12日,江苏华昌化工股份有限公司年产3万吨新戊二醇及配套设施项目投用,并于10月29日打通所有生产流程,生产出合格的新戊二醇产品,产品纯度99.5%,优于国家标准。10月28日,华昌集团与电子科技大学共同投资组建的江苏华昌—电子科技大学氢能联合研究院暨产业化公司揭牌并投入运营。该研究院位于国泰北路,1500平方米办公及试验用房已投入使用,约3000平方米产业发展厂房在装修中。电子科技大学有20名研发人员加入研究院。研究院成立后,投资设立技术孵化公司苏州纳尔森能源科技有限公司以及产业化公司苏州市华昌能源科技有限公司。研究院和科技公司主要用于从事氢能源领域的核心技术、关键技术、系统集成与控制技术的研究与开发,产业化技术的验证测试及产品孵化与市场培育,并以研究院为载体,作为双方技术研发、人才培养基地,同时也是双方申请科研项目、申报科研成果的基地。12月31日,江苏华昌化工股份有限公司合成氨生产装置造气、脱硫、变换、脱碳、醇烃化岗位老系统正式停产,原料结构调整技术改造二期项目投用。该项目利用水煤浆加压气化技术,生产合成气(氢气、一氧化碳),装置合成气生产能力每小时11万立方米。项目投产后,能从产业链源头上实现节能降耗、降本减排的目标。

【长华化学公司二期项目投产】 6月21日,长华化学科技股份有限公司二期10万吨聚醚多元醇项目举行竣工典礼。项目占地面积3公顷,总建筑面积1.64万平方米,总投资2.65亿元。二期新工厂扩建10条生产线(一期项目已建成6条生产线),建成后企业总产能达到每年22万吨,聚醚多元醇的连续法生产线单线产能亚洲最大。产品聚醚多元醇广泛应用于家居、汽车、建材等行业。项目安全环保设施升级方面投资4000万元,包括新增一套尾气处理装置,新增一套污水处理装置,新增SIS安全紧急停车系统,新增一套环氧乙烷易爆系统。

(陈　洋　黄伟城　何增丁　陈饶忠　邱亚峰)

其他工业

【概况】 2018年，全市工业除冶金、纺织、食品、机电、化工行业外，还有其他行业类别的规模型企业72家，全年完成工业总产值230.37亿元，占全市规模以上工业总量的5.1%。其中，有造纸和纸制品企业11家，完成工业总产值20.31亿元；皮革、毛皮、羽毛及其制品和制鞋企业4家，完成工业总产值2.52亿元；家具制造企业3家，完成工业总产值1.86亿元；文教、工艺美术、体育和娱乐用品制造企业21家，完成工业总产值43.93亿元；印刷和记录媒介复制企业12家，完成工业总产值13.2亿元；废弃资源综合利用企业5家，完成工业总产值10.75亿元；燃气生产和供应企业2家，完成工业总产值50.92亿元；水生产和供应企业3家，完成工业总产值3.98亿元；电力、热力生产和供应企业6家，完成工业总产值79.64亿元。全年其他工业累计完成投资16.26亿元，占全市的12.6%，比上年减50%。

2018年张家港市其他工业企业投入1亿元以上竣工项目情况表

表33

企业名称	项目内容	项目类别	总投资（万元）	竣工时间
江苏永钢集团有限公司资源综合利用电厂	高炉煤气综合利用项目	内资技改	21000	2月
张家港天乐橡塑科技股份有限公司	橡胶和塑料产品制造加工搬迁建设项目	内资技改	28876	3月
江苏联卓建筑科技有限公司	预制建筑构件项目	内资新建	15800	4月
江苏金陵体育器材股份有限公司	体育器材生产项目	内资技改	18800	9月

【电力工业】 2018年，全市共有省调电力生产企业2家，装机运行容量4040兆瓦；地方（热）电力生产企业11家，装机运行容量1098.9兆瓦；分布式光伏发电容量209.29兆瓦。运行的2家省调电力生产企业中，张家港沙洲电力有限公司2台630兆瓦机组完成发电量70.55亿千瓦时，上网电量67.01亿千瓦小时，供电标准煤耗为每千瓦小时301.21克，2台1000兆瓦机组完成发电量96.74亿千瓦小时，上网电量92.39亿千瓦小时，供电标准煤耗为每千瓦小时282.79克，共实现售电收入54.57亿元，利润6.35亿元，入库税金1.36亿元；张家港华兴电力有限公司2台390兆瓦燃气机组完成发电量21.56亿千瓦小时，上网电量21.15亿千瓦小时，实现售电收入10.88亿元，利润3900万元，入库税金1.2亿元。全市地方热电生产企业（含分布式光伏发电项目）拥有供热管网318千米，供热量2922.12万吉焦，发电量54.9亿千瓦小时，其中上网电量7.05亿千瓦小时，自发自用电量40.41亿千瓦小时，综合厂用电量7.44亿千瓦小时。张家港浩波热电有限公司热电机组于6月15日正式关停，发电机组、输煤栈道等均已拆除，并计划于2019年1月28日通过江苏省能源局关停现场核查。

2018年张家港市（热）电力工业企业基本情况表

表34

（热）电厂名称	发电机组			锅　炉		
	单机功率（兆瓦）	台数	合计（兆瓦）	额定蒸发量（吨/小时）	台数	合计（吨/小时）
张家港沙洲电力有限公司	630.00	2	1260.00	1913	2	3826
	1000.00	2	2000.00	3100	2	6200
张家港华兴电力有限公司	390.00	2	780.00	280	2	560
张家港保税区长源热电有限公司	35.00	2	70.00	220	4	880
张家港永兴热电有限公司	15.00	2	30.00	100	3	300
张家港市印染厂（合兴热电厂）	6.00	2	12.00	50 65	1 2	180
江苏沙钢集团资源综合利用热电厂	50.00	4	200.00	220	4	880
	50.00	4	200.00	78	4	312
	135.00	2	270.00	400	2	800
	16.20	2	32.40	120	2	240
江苏富淼科技股份有限公司	4.50	1	4.50	75	2	150

续表34

(热)电厂名称	发电机组			锅　　炉		
	单机功率（兆瓦）	台数	合计（兆瓦）	额定蒸发量（吨/小时）	台数	合计（吨/小时）
张家港骏马涤纶制品有限公司热电厂	15.00	2	30.00	130 150	2 1	410
双狮（张家港）精细化工有限公司	50.00 3.00	2 1	103.00	165 26	2 1	356
张家港市大新热电有限公司	6.00	1	6.00	35	2	70
江苏永钢集团资源综合利用电厂	80.00	1	80.00	265	1	265
江苏华昌化工股份有限公司热电厂	12.00 25.00	2 1	49.00	75 130	3 2	485
北控环境再生能源（张家港）有限公司	6.00	2	12.00	24	3	72
分布式光伏发电项目	—	—	209.29	—	—	—

【锦丰科创园5兆瓦分布式光伏电站项目】 3月12日，锦丰科技创业园二期5兆瓦分布式屋顶光伏发电项目启动。该项目总投资3000万元，工期4个月，采用“自发自用、余电上网”运营模式，利用冶金园5万平方米的闲置屋面资源，建设太阳能发电组件。项目竣工后，形成总装机容量6.5兆瓦规模，年平均发电量700万千瓦小时，有效减轻企业用电成本。同时，年可节煤2530吨，减少二氧化碳排放6980吨。

【永钢集团高炉煤气综合利用项目】 该项目主要是回收利用永钢集团富裕高炉煤气，通过锅炉产生蒸汽进行发电，总投资2.1亿元，建设内容主要包括1台产量每小时265吨全烧高炉煤气锅炉、1台80兆瓦高温超高压发电机组、锅炉送风系统一套、锅炉烟气系统一套，以及主给水系统、除氧给水系统、冷却水系统等辅助设施。该发电机组与钢铁企业中压、高压等主力发电机组相比，效率可提升15%至40%。项目于2017年5月开始主厂房开工建设，8月完成汽机主车间主体结构封顶，10月锅炉水压，12月汽机扣盖验收、厂用电受电，2018年1月通过启动验收。项目的建成，有效减少了高炉煤气放散对环境造成的污染，提高发电效率，降低企业生产成本。

【新型墙材生产】 2018年，全市有新型墙体材料生产企业8家，主要企业有张家港市华诚新型建筑材料有限公司、江苏亿大新型墙体材料有限公司、张家港市新乘建材制造有限公司等。墙体材料年生产能力3.8亿块标砖，实际产量2.6亿块标砖，其中新型墙体材料产量2.55亿块标砖，占墙材总量的98%。生产新型墙体材料与生产传统的烧结黏土砖相比，相当于节约土地28.6公顷，节约能源16120吨标准煤，减少二氧化硫排放37.65吨，减少二氧化碳排放4.16万吨。全年生产新型墙体材料利用工业固体废渣5500吨。全年城镇房屋使用新型墙体材料建筑竣工面积352.85万平方米，新型墙体材料建筑比例为94%。

【联卓建筑科技公司PC构件项目试生产】 4月20日，江苏联卓建筑科技有限公司PC构件（混凝土预制件）项目进入试生产阶段。PC构件项目是江苏联卓建筑科技有限公司根据建筑行业发展趋势自主开发的，总投资1.58亿元，车间总建筑面积1.3万平方米，设计总产能10万立方米PC构件，主要产品包含预制墙板、预制楼板、预制楼梯、预制叠合阳台板等装配式建筑，具有建造速度快、生产成本低、施工不受季节影响、利于环境保护、节约资源等特点。年内，PC构件生产完成叠合板、楼梯、墙体等多类产品，产量8276立方米。签订17个项目的构件供货合同，共2.85万立方米。

（李　峥　龚健飞　吴阳舒　俞　峥）

新兴产业

【概况】 2018年，全市规模以上新兴产业企业实现工业产值2273.94亿元，比上年增5.8%，占全市规模以上工业总产值的47.5%，比上年提高1.7个百分点。其中，新材料产业实现产值1447.29亿元，比上年增6.6%；新能源产业实现产值291.69亿元，比上年减2.6%；高端装备产业实现产值332.17亿元，比上年增17.4%；智能电网及再生利用产业实现产值177.03亿元，比上年减3.7%；新医药及其他产业实现产值25.76亿元，比上年增4.6%。全年新兴产业完成投资126.48亿元，比上年增11.4%，占工业总投资的97.92%。其中，新材料产业投资46.01亿元，比上年增0.1%；高端装备制造产业投资18.47亿元，比上年减15.6%；新型平板显示产业14.51亿元，比上年增18.1%；生物和新医药产业投资2.14亿元，比上年减51%；节能环保产业投资26.79亿元，比上年增167%；新能源产业投资10.26亿元，比上年增34.2%；智能电网和物联网产业投资7.57亿元，比上年增81.5%；软件和集成电路产业投资7400万元，比上年减89.8%。保税区（金港镇）依托已有产业基础，打造页岩气新材料综合利用、光学膜产业、有机硅产业、新能源锂电、临港装备等产业基地。

经开区（杨舍镇）重点打造智能装备、化合物半导体、光伏、LED、氢能等产业基地。冶金园（锦丰镇）依托冶金、医疗器械等产业集群优势，建设超薄带等精品钢材生产基地、高端医疗产品生产基地。

2018年张家港市新兴产业分行业产值完成情况表

表35

产业分类	企业数（家）	产值（亿元）	绝对值比上年增幅（%）
新材料	178	1447.29	6.60
新能源	57	291.69	−2.60
新装备	161	332.17	17.40
智能电网及再生利用	41	177.03	−3.70
新医药及其他	26	25.76	4.60
合计	463	2273.94	5.80

【晶华新材料科技公司开业】 1月29日，江苏晶华新材料科技有限公司在张家港保税区举行开业典礼。该公司是上海晶华胶粘新材料股份有限公司的全资核心子公司。上海晶华胶粘新材料股份有限公司成立于1994年，是一家主板上市企业，股票代码"603683"，总部设于上海市松江区，是一家集研发、生产、销售、服务于一体的专业粘胶带企业，中国最大的美纹胶带制造商之一。江苏晶华新材料科技有限公司项目于2016年9月开工建设。投产后，每年生产6亿平方米功能型胶带，主要生产应用于汽车、建筑等行业的美纹纸胶带、布基胶带、电子胶带等工业胶带材料；同时生产5万吨新型胶水，主要包括丙烯酸水性胶等化学工业材料。至年末，公司营业收入2.39亿元。

【华灿光电公司四期项目开工】 3月12日，华灿光电半导体照明（张家港）产业基地项目［华灿光电（苏州）有限公司LED外延片、芯片四期项目］在张家港经济技术开发区举行开工庆典。华灿光电股份有限公司于2012年6月在深交所创业板上市。2012年，在张家港投资建设华灿光电（苏州）有限公司，建立LED芯片工厂，经过6年发展，形成年产LED外延片1320万片、LED芯片1200万片的产能规模，累计实现销售收入48亿元，创利税6.6亿元。四期项目占地6.67公顷，总建筑面积13.83万平方米。第一阶段总投资25亿元，新建外延厂房、芯片厂房、动力厂房和供氨站等各类配套建筑，总建筑面积116118.72平方米，并对1号外延厂房、2号芯片厂房进行改造，改造面积约6500平方米。项目建成后，形成年产LED外延片900万片及不同规格LED芯片的生产规模。

【中国香港信义集团江苏产业基地落户】 6月11日，中国香港信义集团江苏产业基地项目签约仪式在沙洲湖大酒店举行。信义集团计划在冶金园投资5亿美元设立江苏产业基地，包含高端浮法玻璃及深加工、锂电池两大生产基地以及锂电池和储能业务中国总部等，总占地面积32.33公顷，全部达产后预计实现年销售收入超过70亿元。中国香港信义集团创建于1988年，拥有信义玻璃、信义光能、信义香港3家在香港联交所上市的公司，总资产逾530亿港元，年收入超240亿港元。

【晶台光电公司二期项目投产】 10月24日，苏州晶台光电有限公司举行二期投产仪式及MINI LED新品发布会。苏州晶台光电有限公司是深圳市晶台股份有限公司在张家港经济技术开发区设立的全资子公司，主要从事贴片式发光二极管的生产。一期项目已基本达产，2018年全年销售8亿元。二期项目投资15亿元，建设1320条全自动封装生产线，主要生产高品质的小间距LED产品和MINI LED产品。项目达产后，每月新增100亿颗贴片式LED发光芯片的产能，大幅提高企业的产品供应能力和服务能力，成为世界领先、国内最大的LED封装产业基地之一，预计晶台光电LED封装业务年收入可实现30亿元。

（朱力夫　邱亚峰　俞　峥）

江苏沙钢集团

【概况】 江苏沙钢集团有总资产2298亿元，职工3万余人。炼钢产能4000万吨，为江苏省重点企业集团、国家特大型工业企业、国家创新型企业、全国最大的民营钢铁企业。主导产品为宽厚板、热轧卷板、冷轧卷板、高速线材、大盘卷线材、带肋钢筋、特钢大棒材等，已形成60余个系列，700余个品种，2000余个规格。其中，高速线材、带肋钢筋等产品获"实物质量达国际先进水平金杯奖""全国用户满意产品"等称号；带肋钢筋获CARES、KS认证；优质高速线材获评中国名牌产品和出口免检产品，生产总量和出口量连年名列全国第1位。热轧板卷通过欧盟CE认证，船板钢通过10个国家船级社认证，热卷板、宽厚板、冷轧镀锌板通过JIS认证，冷轧产品通过IATF 16949汽车质量管理体系认证。产品远销东亚、南亚、欧洲、美洲、大洋洲、非洲等90余个国家和地区，总出口量连续多年名列全国同行前茅，并获江苏省出口企业优质奖。沙钢集团下设江苏沙钢集团有限公司、东北特殊钢集团有限公司、江苏沙钢集团淮钢特钢股份有限公司、沙钢集团安阳永兴钢铁有限公司、江苏沙钢集团鑫瑞特钢有限公司、江苏沙钢集团锡兴特钢有限公司、沙钢投资控股有限公司、沙钢国际贸易有限公司、沙钢物资贸易有限公司、沙钢物流运输管理公司、玖隆钢铁物流有限公司、沙钢废钢加工供应有限公司、沙钢财务有限公司、沙钢农村小额贷款有限公司等14家子公司。2018年，完成炼铁3183万吨、炼钢4066万吨、轧材3954万吨，实现销售收入2410亿元、利税330亿元。在美国《财富》杂志发布的2018年世界500强排行榜中，沙钢集团以2017年营业收入325.61亿美元的成绩列第364位，连续10年入围世界500强；在世界钢铁协会发布的《世界钢铁统计数据2018》中，沙钢以2017年3835万吨粗钢产量居世界钢铁企业第6位；在2018年中国民营企业500强、中国企业500强排名中，沙钢集团分别列第16位和第86位；在商务部发布的2018年中国对外贸易500强企业名单中，沙钢以总进出口额41.95亿美元列第3名；在《财富》和光辉国际联合发布的“2018年度最受赞赏的中国公司”排行榜中，沙钢列第40位。在冶金工业规划研究院发布的2018年中国钢铁企业综合竞争力评级报告中，沙钢继续保持在竞争力极强钢企方阵，再次获评最高级“A+”级。在由国家市场监督管理总局指导，经济日报社、中国国际贸易促进委员会、中国品牌建设促进会等单位联合发布的2018年中国品牌价值评价结果中，沙钢集团以品牌强度指数859，品牌价值79.42亿元列冶金有色企业第3位；世界品牌实验室发布的2018年中国500最具价值品牌榜单，沙钢集团以品牌价值361.71亿元列榜单第139位，品牌价值比上年增加68.8亿元；在中国冶金报社发布的2018年品牌评价结果中，沙钢集团获评“十大卓越钢铁企业品牌”企业和“十大卓越建筑用钢生产企业品牌”企业。国际知名社会责任评价机构法国EcoVadis对沙钢社会责任体系评估得分高于指标，获得企业社会责任表现银牌勋章，沙钢以优异的企业社会责任表现位于EcoVadis审核过的所有供应商的前30%。冷轧无取向电工钢带产品获“苏州名牌产品”称号。

【环保提质升档规划实施】 6月至10月，沙钢集团组织开展环境保护、大环境整治百日行动，实施新一轮环保提标升级工作，启动6S-TPM精益管理项目，参照国际先进标准加快推进环保项目，邀请中冶建筑研究总院编制环保提质升档三年规划，累计投资超85亿元，实施水、气、固废、噪音四大治理工程，建成后达到国内一流水平。其中，料场防尘网、转一3号炉一次除尘改造、5号烧结机尾除尘、3号至5号小高炉出铁场除尘、3号和4号焦炉脱硫脱硝项目等年内已完成；料场棚化、烧结球团烟气脱硫脱硝改造、皮带通廊封闭等项目，进行方案论证、立项报批和招标。11月20日，沙钢集团与普锐特冶金技术有限公司签署战略合作协议。普锐特公司是由原西门子奥钢联冶金技术公司和三菱日立制铁机械株式会社组建的一家合资企业，2015年成立，是一家冶金行业领先的工程设计、工厂建设和全周期合作企业，为客户提供包括整合电气、自动化和环境的解决方案，涵盖钢铁产业链从原材料到成品的每一项环节。双方围绕高附加值产品开发、提高原料使用灵活性、节能环保技术应用、生产效率提高等多个领域展开合作。

【沙钢集团研发新品53种】 2018年，江苏省（沙钢）钢铁研究院先后开发并试制53种新品。其中，冷轧新品17种，包括无取向硅钢W700、大家电用热镀锌板DX53D+Z、出口油桶钢SPCC-EC和SPCC-BC、普冷高强度汽车钢HC380LA等；棒线新品18种，包括桥梁缆索钢SWRS87Si-T、SWRS92Si-T，大方坯焊丝钢SJA29、SJ-60，焊网钢HW021，大方坯汽车钢20MnB4等；板带新品18种，包括海工钢E690、结构钢厚板S355N Z25和S460N Z25、极寒环境用Q420qF桥梁钢、结构钢卷板30MnB5等。新品开发创效1.12亿元，比上年增20%。申报专利74件（其中发明专利51件），新获授权专利35件（其中发明专利24件）；2件发明专利在韩国获得授权，填补沙钢集团国际专利授权空白。全年高效益品种钢销售1100万吨，实现增效1.4亿元，冷轧汽车板、大方坯高端线材已打入汽车终端用户。

【国内首条工业化超薄带生产线投产】 年内，沙钢集团引进美国纽柯钢铁公司CASTRIP技术在中国建设的第一条直接铸轧超薄带生产线竣工投产。该生产线于1月19日热负荷试车，22日出卷。已实现批量生产厚0.9毫米至1.8毫米的Q235、Q345结构钢，开发出SPA-H集装箱板，UTS-50JP锯片钢，SAPH400、QStE380TM汽车用钢及UTS-HSLA80、UTS-HSLA100高强钢等，产品用于汽车、电子设备等领域。该生产线代表国际先进的薄带铸轧技术，具有生产成本低、产品附加值高、生产灵活性更大等特点，特别是在生产薄规格（小于1.5毫米）、高表面质量带钢方面，与薄板坯连铸连轧和传统热连轧工艺相比具有明显优势。同时双辊薄带工艺能降低设备投资和生产成本，燃耗减少95%，水耗减少80%，电耗减少90%，节能环保效果显著。

【沙钢集团获企业文化建设先进单位称号】 年内，沙钢集团大力实施企业文化提升工程。3月，组织开展《厉害了，我的国》电影纪录片观影并开展观后感征文，17篇文章获奖。6月，开展“生命至上、安全发展”安全征文，141人参赛，16篇征文获奖；开展“生命至上、安全发展”安全演讲，28人参赛，7人分获一、二、三等奖；并开展安全小品会演。6月至10月，开展“绿色环保宣传教育”“环保大治理、环境大整治”系列宣传教育活动，其中“绿色钢城，你我共建”有奖征文活动中，6篇文章获奖。8月，开展“沙钢伴成长，钢城是我家”职工子女暑期兴趣班，137名职工子女参加作文、书法、美术等课程培训；开展2018年高考沙钢集团优秀职工子女暨家长代表座谈会，为在2018年高考中取得第一批（重点）本科控制线以上成绩的46名职工子女颁发奖学金及礼品。10月22日至26日，钢板总厂热处理车间甲班电工主值顾卫东作为张家港市唯一一位代表参加全国工会第十七届代表大会。10月30日，沙钢集团召开第十届工会代表大会暨第八届职工代表大会，审议通过工会工作报告、公司工会财务工作报告，《员工手册》《企业薪酬福利管理制度》《考勤及休假管理制度》等相关制度，选举产生新一届工会委员会委员和经审委员会委员。沙钢集团还实施精准扶贫，倡议并发起“江苏民营企业决胜全面小康社会助力精准扶贫基金”，一次性捐赠2000万元，用于对口扶贫帮困及助老助学等公益慈善项目。在11月5日中国企业文化建设峰会上，沙钢集团获评“2018年度企业文化建设先进单位”。（黄　超）

【编辑　沈立平】

建筑业·房地产业

Architecture & Real Estate

“扬子杯”优质工程滨江大厦 （市住建局 提供）

建　筑
装　潢
房地产

張家港年鑑(2019)

建　筑

【概况】 2018年，全市建筑业企业完成建筑业总产值184.01亿元，竣工产值138.62亿元；房屋施工面积1229.21万平方米，其中新开工房屋建筑面积418.25万平方米。江苏德丰建设集团有限公司再获"江苏省建筑业竞争力百强企业"称号。年内，共评审上报企业资质8家，其中江苏德丰建设集团有限公司晋升建筑工程施工总承包特级资质，实现全市建筑业特级资质"零"的突破。至年末，全市建筑业资质（企业）总数503个（401）家，其中设计与施工一体化资质14个；施工总承包资质138个、专业承包资质279个、劳务分包资质72个，企业主、兼营（增项）涉及专业29个。全市拥有建设工程勘察甲级资质企业1家；拥有建筑设计资质企业3家，包含甲级2家、乙级1家；拥有工程监理企业10家，包含甲级5家、乙级4家、丙级1家；拥有工程造价咨询企业10家，包含甲级6家、乙级4家；拥有招标代理企业9家。全市建筑业企业从业人员4.71万人，其中技术经济人员9015人，有国家一级注册建造师723人、国家二级注册建造师4042人，有国家注册监理工程师237人、省注册监理工程师220人，有国家注册造价工程师206人、造价员1309人，有国家一级注册结构师20人、一级注册建筑师17人、注册岩土工程师4人、注册设备工程师13人。

【建筑市场管理】 年内，市建筑业管理部门推进审批服务改革，抓好"3550"中"50"落实工作，推进并联审批、不见面审批，方便群众办事。全年受理各类行政服务事项1490项，其中核发施工许可证362份。行政服务项目集中办理100%，项目办件即办件率80%以上，行政审批服务办结率100%。年内，完善诚信体系软硬件基础建设，对接市住建局"智慧住建"平台建设，梳理、整合和改造建筑业数字监管系统，加强数据信息交互共享，适应"数据一个库、监管一张网、管理一条线"的管理要求。加大信用信息公布、记录及报送力度，加强评价结果应用。根据年度在建工程综合大检查、施工企业综合考评等，及时录入房建和市政企业的相关信用信息，产生企业综合信用分，应用于工程"三合一"招投标。组织开展建筑业企业信用等级评价，评定建筑业企业278家，核发企业信用管理手册116件，修复企业信用信息2家。加大对区镇招投标法律法规政策的宣传贯彻。探索分类监管模式，优化非国有资金投资项目和招标限额以下的国有资金投资项目的发包方式。加强招投标过程监督和标后监管，严厉打击串通投标、弄虚作假和转包、违法分包等违法违规行为，查处2起弄虚作假、骗取中标行为。加强招标代理机构、评委专家动态考评管理，对4个单位7人次招标代理过程中存在的违规行为扣分，对3名评委在评标过程中未按照招标文件中评标入围办法确定入围企业，按照江苏省评标专家管理办法相关规定暂停12个月评标资格。稳妥推行工程总承包（EPC）招标，完成3个项目工程总承包招投标工作。完成建筑工程发包444个标段，建筑面积517.58万平方米，总合同金额125.09亿元。规范建筑劳务用工管理，推进实名制考勤、分账、代发等制度深入落实，对各镇实名制工作进行考核督察，会同相关部门开展对全市建筑领域实名制工作实施情况的检查。年内，采用人脸识别技术考勤项目137个，工资专户开设75个，涉及企业85家，涉及人数20206人，发放银行卡8935张，专户工资发放6896万元。组织全市建筑工程施工转包违法分包等违法行为专项执法检查，参与苏州建筑市场综合大检查，维护建筑市场秩序。组织对施工单位项目部市场行为考评，考评施工项目部236个。对现场质量和安全存在问题、人员不到岗的项目部发出整改通知，限期整改，并按照整改内容进行复查，共对施工单位发出整改通知书18份。对于整改不到位不落实的项目部，对该企业法人或委托代理人进行诫勉谈话，共谈话6家企业。对于2017年度不良行为记分满20分及以上的项目经理进行强制考核及补考，暂停18名项目经理执业资格。加强工程造价监管与服务，开展造价咨询企业综合考评，考评企业17家、抽查项目81个。组织咨询质量专项检查，检查造价咨询企业17家，抽查项目17个，受检项目咨询成果质量总体较好，误差率均在规定范围。加强工程造价指导与服务，就绿色建筑定额、建筑产业现代化及"四新"技术等的推广应用，组织力量开展调研及课题研究，为工程计价提供合理依据。发布主要材料指导价信息12期，测报劳务用工的价格2次。组织行业人员参加苏州市"红色工匠"工程造价职业技能竞赛，建设银行和华通公司获苏州团体一等奖，3人进入苏州前15名，并代表苏州市参加全省竞赛。受理计价解释和争议调解122起。全市造价咨询企业共完成清单标底编制194项，总造价51.06亿元；完成项目结算审核179项，总造价58.39亿元，核减金额5.89亿元，核减率10.09%。加强执法力量，遏制违法违规建设行为的发生。全年受理各类违法（章）建设案件167起，立案167起，下达《停工（核查）通知书》65份，结案150起，收缴罚没金1295.5万元。抓好治欠保支工作，及早布置和开展年底清欠专项排查。全年受理调处农民工工资投诉事件44起，涉及人数990人，金额1989.42万元。

【工程建设管理】 年内，市建筑业管理部门完成质量监督项目1929项，监督面积1465万平方米。严格实行住宅工程质量分户验收，全年分户验收住宅工程338项，建筑面积198万平方米，实现住宅分户验收率100%。强化工程实体质量监督，重点加强对涉及公共安全的工程地基基础、主体结构等部位和竣工验收等环节的监督检查。按照《张家港市工程质量安全提升行动实施方案》，对辖区工程每三个月进行一次全面排查，组织质量安全提升行动专项检查3次，发布《全市工程质量治理两年行动检查情况通报》2期。按照上级要求，陆续开展对地条钢和海沙的专项检查。全年完成原材料检测122463组，合格数量

121478组,合格率99.2%。办理竣工工程备案项目132项,建筑面积282万平方米。加强监理人员教育培训,承办苏州市监理企业工作人员培训会。围绕监理人员到岗到位以及监理项目部对施工质量安全的监理行为等开展监理考评,规范监理企业和监理人员的从业行为,提升监理质量。全年考评项目部92个,开具整改通知书6份。示范监理创建常抓不懈,15个项目获评张家港市示范监理项目、1个项目获苏州市示范监理项目称号。加强勘察设计管理,提高勘察设计质量。组织勘察设计企业综合考评52家次,考评项目128项,诫勉谈话企业2家。办理设计企业资质申请、升级、延续、变更等事项初审21项。全年施工图审查工程393个,查纠违反工程建设标准强制性条文737条。开展工程创优活动,通过复查张家港市优质结构工程107项;48项工程获苏州市"姑苏杯"优质工程奖,2项工程获"扬子杯"优质工程奖。发展绿色建筑及建筑节能,开展绿色建筑及建筑节能宣传活动。年内,完成2016年度张家港市级建筑节能专项引导资金补助项目评估验收工作5项。推进装配式建筑示范项目建设,城建档案馆项目作为装配式建筑和高星级绿色建筑相结合的示范项目,采用建筑信息模型化(BIM)技术结合预制构件装配技术,预制装配率68%,已基本完工。加强产业现代化生产企业培育,江苏联卓建筑科技有限公司和苏州新城万斯达住宅工业有限公司相继投产,全市装配式建筑预制构件生产基地3个,年产能35万立方米。组织召开关于"预制三板"应用专题会议,召开全市建筑产业现代化推进会,组织业内人员实地参观永茂部品部件生产基地和城建档案馆示范项目。在土地出让环节明确装配式建筑要求,落实现代化推进具体举措。严格执行苏州市六部门发布的关于"预制三板"应用的文件要求,对施工图预制三板应用不符合要求的一律不予通过施工图审查和发放施工许可证。年内,全市通过建设用地规划条件落实装配式建筑面积约180万平方米,新开工装配式建筑面积约160万平方米,新开工成品住房面积70万平方米,竣工成品住房面积25万平方米。通过施工图审查应用混凝土"预制三板"的装配式项目建筑面积约300万平方米。切实抓好墙改、散装工作,通过在工地醒目处悬挂横幅等方式,加大宣传力度。开展墙材生产企业进货台账执法检查,强化产品质量监管。继续抓好禁止施工现场搅拌砂浆的工作,发出整改通知书13份。召开年度建筑安全生产目标管理工作会议,与辖区内56家建筑施工企业签订年度安全生产目标管理责任书。加强安全生产信息化建设,在规模以上工地安装视频监控系统,提高建筑安全生产监管效率和水平。加强施工企业"三类人员"安全培训、考核,年内新申领安全生产考核合格证410人,安全生产知识继续教育培训4900人。组织"安全生产月"活动,放映安全教育影片20场,发放《建筑施工安全宣传手册》1万册。开展建筑施工安全专项整治,抓好重点时段安全管控,强化"危大工程"安全监管,结合季度特点开展建筑施工安全暨扬尘整治,年内检查工程项目408项,开具《建设工程施工安全隐患整改通知单》93份、《建设工程局部停工整改通知单》60份。8月末,建筑工地完成安装喷淋降尘系统,确保土方作业区域、施工现场主要道路喷淋洒水"全覆盖"。根据省、市"263"专项行动具体工作部署有序组织实施扬尘控制专项行动,处理扬尘防控工作推进不力、扬尘治理差的施工单位21个。推进安全生产标准化建设,全年申报省级标准化文明示范工地20个、苏州市级标准化文明示范工地40个。

2018年江苏省"扬子杯"优质工程奖获奖工程一览表

表36

奖　项	工程名称	承建(参建、监理)单位	项目经理
江苏省"扬子杯"优质工程奖	张家港保税区滨江大厦工程	中铁建设集团有限公司 张家港市同济建筑装饰工程有限公司 苏州苏明装饰股份有限公司 江苏国泰新点软件有限公司	胡　周
	阳光锦程花园一期26号房	江苏德丰建设集团有限公司 张家港市荣华工业设备安装有限公司 江苏众信工程投资项目管理咨询有限公司	夏燕勇

(徐荣华　黄云霞　张　蕾)

【德丰建设集团晋升建筑工程施工总承包特级资质】 11月7日,住房和城乡建设部公告2018年度第八批建设工程企业资质名单,其中江苏德丰建设集团有限公司成功晋升建筑工程施工总承包特级资质,同时获批建筑行业(建筑工程)甲级资质和建筑行业(人防工程)专业甲级资质。这意味着德丰公司迈进全国建筑施工企业"第一方阵",实现了张家港市建筑业企业特级资质"零"的突破。江苏德丰建设集团有限公司成立于2002年1月,2010年4月获得国家建筑工程施工总承包一级资质,后取得市政公用工程施工总承包二级资质,建筑机电安装、起重设备安装、地基与基础、建筑装修装饰等工程专业承包二级资质,钢结构工程专业承包三级资质。公司秉承"诚信、务实、创新、奋进"的理念,贯彻"一业为主、多业并举、品牌兴企、人才强企"的发展战略，企业生产经营规模和经济效益平稳增长，实现跨越式发展。已形成以建筑施工为主业，混凝土生产、房产开发、预制管桩、新型墙材等16家企业为支撑的建筑产业集团公司，分设云南、浙江、安徽、苏州、连云港、盐城等8个区域公司。

城建档案馆建筑项目 （市住建局 提供）

【全市首个装配式建筑城建档案馆项目建成】 城建档案馆规划用地面积4815.52平方米，总建筑面积9613平方米，其中地上面积6895平方米，地下面积2718平方米。项目总投资6000万元。该项目定位为采用新技术、新工艺示范项目，实现“三个创新一个示范”。建造方式的创新，项目在全市首次采用全装配式技术，预制构件用量占到68%，“预制三板”率95%，施工现场主要工作是装配，施工效率比传统施工方式大为提高，更减少施工扬尘和噪音，施工更环保。运作模式的创新，项目在全市首个试点EPC（设计、施工、采购一体化）总承包，总承包商负责整个项目的实施有利于项目的统筹规划和协同运作，有效解决设计与施工的衔接问题，减少采购与施工的中间环节；合同总价和工期固定，有利于造价和进度控制。技术手段的创新，项目在全市首次从设计、施工到后期运营全程采用BIM技术。设计采用全楼建模，解决建筑、结构、水、电、暖等专业构件的碰撞、装配式结构各个构件连接中钢筋的碰撞问题；施工时，每个构件进行二维码标识，利用APP对每一个进场构件进行扫码验收（扫码后显示构件的信息如混凝土强度、配筋、外观尺寸以及各项指标的合格证），并利用BIM技术来指导装配式施工过程，模拟吊装中可能产生的问题，三维构件信息与造价连接时可快速准确的形成工程造价；交付阶段，利用BIM技术对全楼所有的构件（梁、板、柱、楼梯、墙、各种管道、设备）进行二维码标识，便于后期查询和维修。项目在建筑、水、电、暖、幕墙、内装、智能化等方面进行绿色生态设计，打造被动式超低能耗绿色建筑示范工程，采用多项创新，涉及海绵城市及市政工程技术、建筑产业现代化及绿色施工、智慧城市及信息化应用技术、绿色建筑与绿色建材技术等方面，共推广应用技术46项，该项目是“十三五”期间张家港市建设科技成果应用的示范指南，有利于推进全市建设领域的技术进步。新的城建档案馆建成后将成为全市被动式超低能耗绿色建筑示范工程，并已列为江苏省被动式超低能耗绿色建筑示范工程，同时申报公共建筑设计及运行国家三星绿色建筑。项目于2017年12月开始施工，至2018年12月基本完工。

【数字化审图试行】 为贯彻落实省、苏州、张家港市政府依托“互联网+政务服务”、实施“网上审批”的工作要求，提升张家港市勘察设计行业和施工图审查工作信息化管理水平，12月1日起，全市开始推行数字化审图。施工图设计文件审查实行网上申报、网上审图、网上反馈，逐步实现无纸化施工图设计文件审查。其中，12月1日至31日为试运行期，其间可实行电子文件线上报送和纸质文件线下报送同步进行。2019年1月1日起，所有建设工程项目（除特殊项目外）施工图设计文件全部实行电子文件线上报审，审查机构不再受理纸质文件报审。试运行期间，完成数字化审图项目12项，面积28万平方米。

【精筑集团摘得全国市政工程建设QC成果一等奖】 8月，江苏永联精筑建设集团有限公司《提高连续梁预应力孔道成孔质量合格率》QC小组活动成果，参加在昆明召开的2018年全国市政工程建设优秀QC小组活动成果发布会。经过激烈角逐，集团凭借优秀的成果内容、良好的现场发布效果受到专家组好评，获2018年度全国QC成果一等奖。QC是英文QUALITY CONTROL的缩写，中文“质量控制”。2013年至2017年期间，公司施工的预应力孔道成孔合格率最高91%、最低81.7%，合格率离散且波动较大，施工质量不稳定。在建设镇山大桥时，工程第一联、第二联箱梁预应力孔道成孔质量点有1036个，其中有质量问题的点有168个，合格率仅为83.8%，通过调查，导致连续梁预应力孔道成孔质量问题的主要原因为操作培训不到位、孔道口封闭不严、波纹管加固间距超标。针对这三条主要因素，QC小组采用“5W1H”的方法，对要因进行研究，确定对策措施，明确责任人和完成时间。首先通过加强培训教育提高操作人员素质。总工程师、工程科、安机科定期开展循环培训，并组织考试和实践操作考核；实行三级技术交底，对个别落后班组进行特训，加深学习，最终将考核合格人数比例由55.56%提高到88.89%。其次，补充防漏措施，提高孔道口封闭防护的有效性。自制探孔器，提高探孔频率;同时自制孔道封闭装置,采用更全面的防漏措施质量管控得力,最终孔道口封闭防护有效率达到100%。再次,加强管道定位。自制网片定位筋,并在预应力筋上端头套装定位槽钢,加强管道定位,最终管道加固间距均不超过500毫米。通过以上措施,镇山大桥主桥2号块梁段预应力孔道成孔质量869处仅有35个点位不合格,合格率达到96%,共为企业节约资金13.87万元。精筑集团开展QC小组活动,不仅提高了施工管理人员的素质、工程质量和质量管理水平,也提高了顾客的满意度,树立了良好的企业形象。

【"创成爱康"主编的建筑给水管道技术规程成为全国首例给水管道标准化编制】 苏州创成爱康建筑科技有限公司主编的中国工程建设协会标准《建筑给水聚丁烯(PB)管道工程技术规程》成功通过验收,成为全国首例给水管道标准化编制。创成爱康公司是一家专业从事绿色建筑技术研发、产品制造、销售并提供优质的建筑管道给排水系统整体解决方案的创新型高科技企业,先后研发了70余项发明专利和实用专利,尤其是中央集成给水管道系统的多项技术填补国内建筑领域的空白。中国建筑普遍采用的管道敷设技术是树形结构安装,导致管道系统的连接点多,易漏水、易结垢,施工以及后期维修较为复杂。为解决传统管道技术存在的问题,创成爱康公司借鉴建筑电路设计原理,创新研发了中央集成给水管道系统,其集成化、模块化、智能化、健康化的优点,更符合当前中国建筑需求。据测算,以10万平方米建设项目为例,中央集成给水系统的管道布置方式可减少管道消耗5000余米,减少劳动力650个工作日,减少管道施工产生垃圾24吨,现场安装施工无须电源,节约能耗70%。由于产品性能优越,投产仅半年,中央集成给水管道系统的产值已达到1000万元,不仅成功进入张家港市暨阳湖壹号、尚城国际、缇香世家等住宅小区,还远销北京、安徽、海南等省、市、自治区。

装　潢

【概况】 2018年年末,全市在市场监管部门登记注册的装潢企业450余家。市装饰装修行业协会(商会)共有会员120个。企业会员中,装饰企业80家(公装43家、家装37家),装饰材料生产与经销商31家,室内环境检测单位2个,景观装饰3个,院校及有关部门4家。当地会员施工企业中具有国家施工资质的26家,其中具有一级施工资质的6家,二级施工资质20家。据不完全统计,会员装饰企业全年累计完成施工产值15.08亿元,比上年增11.5%,其中公装(含幕墙)11.42亿元(含外地市场5.1亿元),比上年增25%;家装产值4.46亿元,与上年基本持平。建材生产经销商销售额超10亿元。4月,协会组织开展2017年度张家港市"梁丰杯"优质(建筑、幕墙、家庭、景观)装饰工程奖和2017年度张家港市"家庭装饰示范"优质装饰工程奖评选活动。经专家考评,13项工程获得2017年度张家港市"梁丰杯"优质(建筑、幕墙)装饰工程奖,9项家庭装饰工程获2017年度张家港市"家庭装饰示范"优质装饰工程奖。协会推荐的佑典装饰承接的张家港市暨阳湖商业街四季酒店和统战部发展大厦幕墙、江苏豪斯承接的锦丰商务中心办公楼内装、深圳远鹏张家港分公司承接的锦丰商务中心办公楼幕墙获2018年苏州市"姑苏杯"优质工程奖。大拇指装饰承接的美辰壹号11-1601、天成文业承接的香蜜湖103号获2017年度(第二十三届)苏州市家庭装饰示范工程奖。江苏豪斯承接的锦丰商务中心内装、佑典装饰承接的张家港统战部发展大厦幕墙、深圳远鹏承接的康乐医院易地新建项目内装饰3个工程获2017—2018年度中国建筑装饰工程奖。

【"伊莫拉杯"室内装饰方案创意设计大赛举办】 为给全市广大装饰企业设计师提供创新优秀设计作品的平台,并提高意大利"IMOLA陶瓷知名品牌系列产品"在张家港市的知名度,让更多的设计师、装饰企业、建材商、开发商与业主间进一步加强交流互动。4月,经市装修装饰行业协会(商会)与保意建材城研究决定,由协会(商会)主办,保意建材城承办,张家港日报社等9家企业协办2018年张家港市"伊莫拉杯"室内装饰方案创意设计大赛。共有26位设计师申报参赛。经过两月余的作品设计、现

7月17日,"伊莫拉杯"室内装饰方案创意设计大赛开赛

(市装饰装修行业协会　提供)

场讲评、网上投票、专家评审，7月17日最后评出“伊莫拉杯”一等奖（私享家童一宸）、二等奖（雅集装饰鲍虹雨）、三等奖（沙洲职业工学院张玲）及最佳网络人气奖（私享家吴乾）、最佳创意奖（大千装饰徐宏勤）并对获奖的设计师们颁发获奖证书和奖金。

【会员企业赴贵州对口帮扶】 11月26日至29日，市装修装饰行业协会率14名张家港市装饰行业企业家到贵州省沿河县中寨镇清河村开展第二次帮扶考察与捐赠活动。中寨镇镇干部及群众代表60余人参加活动。此次协会共捐赠会议桌24张和椅子55把、休闲椅5张、主席台长条桌4米、办公桌1张、文件柜2个、65寸电视机1台、宣传栏1块、压缩饮水机1台、2平方米LED显示屏1块等，折合人民币42380元。出资捐赠的爱心企业有21家，在财力、智力等多方面对清河村给予帮扶。 （秦亚琴）

2018年张家港市装修装饰工程获苏州市级以上奖项情况表

表37

奖　项	承建单位	项目名称
苏州市“姑苏杯”优质工程奖	江苏佑典建设工程有限公司	市暨阳湖商业街四季酒店
	江苏佑典建设工程有限公司	市统战部发展大厦幕墙
	深圳远鹏装饰设计工程公司苏州分公司	市锦丰商务中心办公楼幕墙
	江苏豪斯建设工程有限公司	市锦丰商务中心办公楼内装
苏州市第二十三届家庭装饰示范工程奖	张家港市大拇指装饰装璜有限公司	市美辰壹号11-1601号
	张家港天成文业装饰设计工程有限公司	市香蜜湖103号
江苏省“扬子杯”优质工程奖	江苏佑典建设工程有限公司	市暨阳湖商业街四季酒店
	江苏佑典建设工程有限公司	市统战部发展大厦幕墙
2017—2018年度中国建筑装饰工程奖	江苏豪斯建设工程有限公司	锦丰商务中心内装
	江苏佑典建设工程有限公司	市统战部发展大厦幕墙
	深圳远鹏装饰设计工程公司苏州分公司	康乐医院易地新建项目内装饰工程

房地产

【概况】 2018年，全市有房地产开发企业109家，其中一级资质企业2家，二级资质企业6家，三级资质企业1家，暂定二级资质企业79家，暂定三级资质企业21家。根据房管部门统计，全市完成房地产开发投资312.46亿元，比上年增59.74%；商品房施工面积1028.5万平方米，比上年增33.29%。新开工面积429.69万平方米，比上年增65.82%。竣工商品房面积225.14万平方米，比上年增42.47%。市区预销售面积172.15万平方米，比上年减22.07%。新核准预售商品房20203套、380.1万平方米，比上年增23.85%。新建商品房成交18043套、284.24万平方米，比上年减12.14%，二手住房成交15149套、193.44万平方米，比上年增2.13%。全市新建商品房成交均价每平方米12613元，比上年增12.57%，其中市区成交均价每平方米14429元，比上年增13.36%。商品房价格总体平稳，低于苏州其他县市。

2018年张家港市主要竣工楼盘情况表

表38

楼　　盘	所在镇	开发企业	竣工日期
碧桂名邸1幢至6幢、8幢、2幢裙房、8幢裙房、一期地下车库	杨舍镇	张家港新碧房地产开发有限公司	1月22日
中凯城市之光2幢、4幢至6幢、A区地下汽车位	杨舍镇	张家港嘉凯城房地产开发有限公司	1月22日
碧桂名邸7幢	杨舍镇	张家港新碧房地产开发有限公司	1月26日
滨河生活广场地下车库B幢、综合楼	塘桥镇	张家港碧桂园房地产开发有限公司	3月19日
悦来花苑西区	锦丰镇	张家港市锦丰城乡开发投资有限公司	3月19日
悦来花苑东区	锦丰镇	张家港市锦丰城乡开发投资有限公司	3月19日
新乘北苑1幢、5幢至7幢、11幢至23幢拆迁安置房、C-H区地下汽车位	杨舍镇	张家港城投置业有限公司	3月21日
鸿泰家园1幢至3幢、5幢	塘桥镇	张家港市金桥联合投资发展有限公司	4月8日
范庄花苑1号地下汽车位、23幢至27幢地下储藏室	杨舍镇	张家港城投置业有限公司	4月8日
国泰金融广场	杨舍镇	张家港市华通投资开发有限公司	5月14日

续表38

楼　　盘	所在镇	开发企业	竣工日期
观庭花园	金港镇	张家港保税区中天置业有限公司	6月11日
丽新花苑	杨舍镇	张家港城投置业有限公司	6月11日
鑫泰豪园1幢至7幢,8-2幢	塘桥镇	张家港鑫泰投资有限公司	6月19日
暨阳湖苑305、306、310至312、322、323、330	杨舍镇	张家港世茂房地产开发有限公司	6月29日
新珑湾19幢、23幢、30幢	杨舍镇	张家港市南城房地产有限公司	6月29日
湖畔钰园32幢至91幢	塘桥镇	张家港中源置业有限公司	7月9日
小菜巷新村11幢至14幢及地下室	杨舍镇	张家港城投置业有限公司	7月31日
汇金花园1幢至6幢、19幢、20幢及幼儿园	杨舍镇	张家港汇金置业有限公司	8月24日
铂悦花园1幢至22幢	杨舍镇	张家港中联置业有限公司	8月29日
碧景名邸1幢至4幢及商业C	杨舍镇	张家港金碧房地产开发有限公司	9月3日
风景世家1幢至3幢	锦丰镇	张家港市联峰房地产开发有限公司	9月14日
阳光锦程28幢至33幢、35幢,商业用房D1、D2、G1、G2,地下车库A东区、A西区	杨舍镇	张家港市金厦房地产开发公司	9月25日
碧桂名邸9幢至14幢、4号裙房及二期地下车库	杨舍镇	张家港新碧房地产开发有限公司	9月29日
滨河生活广场4幢、7幢至10幢	塘桥镇	张家港碧桂园房地产开发有限公司	11月19日
中凯城市之光花园1幢、7幢、9幢、26幢	杨舍镇	张家港嘉凯城房地产开发有限公司	11月21日
锦店路99号五月花购物广场	锦丰镇	张家港京华置业有限公司	11月26日
九洲国际广场2号楼	杨舍镇	张家港九星房地产开发有限公司	12月3日
水悦名邸2幢至21幢及地下汽车位	杨舍镇	张家港顺碧房地产开发有限公司	12月13日
湖滨世家78幢	锦丰镇	金新城置业集团有限公司	12月20日
鼎尚花园18幢至31幢及地下室	杨舍镇	张家港市中梁轩置业有限公司	12月20日
誉珑名邸41幢至43幢、49幢至51幢、57幢至59幢、63幢、65幢、66幢	杨舍镇	张家港建丰房地产开发有限公司	12月20日
暨阳湖苑230幢至233幢、277幢、281幢、282幢、287幢至289幢、291幢至293幢、295幢及地下室分区一、二、三工程	杨舍镇	张家港世茂新里程房地产开发有限公司	12月20日
廊桥雅苑3幢、14幢及对应地库	金港镇	张家港保税区金科瑞丰房地产开发有限公司	12月20日
汇金花园7幢至14幢及地库D、E、F	杨舍镇	张家港汇金置业有限公司	12月21日
铂悦花园28幢、31幢、32幢	杨舍镇	张家港中联置业有限公司	12月21日
朗润花园1幢至3幢、5幢至10幢	凤凰镇	苏州中昂地产有限公司	12月27日
景苑1幢至12幢及地下车库	杨舍镇	张家港市湖滨置业有限公司	12月29日
景苑13幢	杨舍镇	张家港市湖滨置业有限公司	12月29日
赵庄大厦	杨舍镇	张家港市乾宸置业有限公司	12月29日
绿景雅苑1幢、2幢、5幢、6幢、10幢、11幢、14幢、S6幢及地下汽车位	杨舍镇	张家港盛建置业有限公司	12月29日

【房政管理】 2018年,市房管部门顺应出租房管理、存量房交易资金托管等新形势需要,创新服务举措。做好存量房交易备案。"不见面审批"让房产交易服务更加高效便捷,共完成存量房交易备案14912笔,成交面积175.79万平方米。房屋租赁登记备案系统正式运行。该系统的使用提高房屋租赁登记备案的效率。年内办理租赁登记备案36笔,备案面积4.17万平方米。7月,全市实施存量房交易资金托管,该政策的实施为交易双方的资金安全提供了可靠保障,也在一定程度上遏制房产交易中介的炒房行为。至年末,办理存量房交易资金托管2276笔,托管总额17.35亿元。

【物业管理】 市房管部门在物业行业监管信息系统试运行的基础上,完善平台各项功能,探索行业转型升级,引导物业企业开展延伸服务,寻求跨界效益。有11家物业企业(国泰、鑫隆、实业、中昊、华建、华夏、宝洁、和逸、创美、兴鸿、今日)加入张家港一应云智慧平台城市合作模式,服务业主户数110119户，服务面积1492.74万平方米，服务小区数118个。金新城·悦府成功创建2018年度江苏省物业管理示范项目。国泰润园、暨阳湖苑（一期）、金新城首府、未来城、龙联朗郡项目成功创建2018年度苏州市物业管理示范项目。做好物业管理项目的招标指导，全年指导和监督“凤凰春晓”“锦庐”“熙悦”等34个项目物业管理招标，总建筑面积近500万平方米。办理17个物业管理项目的承接查验备案手续，办理17个项目物业用房产权明晰工作，明确其中的物业用房面积18963.18平方米，各项目配比均为7‰以上。全年归集住宅专项维修资金1.48亿元。受理199笔各类房屋维修申报，核准使用维修资金886万元。全年指导“迎新家园”“清水湾”“金新城悦府”等11个物业管理项目召开业主大会并选举或改选业主委员会。共受理物业投诉受理物业投诉1051起，协调沟通处理受理人民信件42件。受理数字化城管479起。全年共受理物业纠纷调解265件。运用报纸、电视、微信等多种媒体形式开展行业宣传，塑造良好形象，扩大物业与业主的沟通。出台《关于既有多层住宅增设电梯的指导意见》并进行宣传解读，积极推进试点工作。“张家港物业”公众号累计推送1208条信息，关注人数4万余人。开展各类专题培训，包括上岗证（继续教育）、项目经理培训、物业管理消防监控人员、示范项目创建工作培训等，共计622名人员参加培训。

【住房保障】 2018年，市房管部门优化和完善住房保障体系，实施多层次、多渠道保障，创新举措，积极研究保障性住房货币化补贴方式。棚户区改造有序推进。全市新开工棚改项目4个，新建棚改安置房3420套，基本建成2834套。新获国开行棚改项目融资授信6亿元，实际到账3亿元；获中央和省级棚改项目补助资金3852万元，已下拨到各项目主体1692万元。住房保障力度不断加大，上调公共租赁住房和共有产权住房保障收入控制线，让更多的住房困难人群享受到政策红利。共受理公共租赁住房保障申请材料117份，确保城镇住房保障家庭租赁补贴发放100户目标任务的完成。年内为企业外来务工人员和新就业人员及张家港市户籍家庭提供公共租赁住房837套，为167户家庭发放公共租赁住房补贴685040.76元。年内，共受理135户中等偏下收入住房困难家庭共有产权经济适用住房的申请，经初审，有112户家庭和18名现役军人符合条件，南桥花苑可供应房源164套，可实现应保尽保。对全市机关事业单位住房租金补贴比例进行上调，由上年度的15%调整到20%。探索并建立适合全市实际的保障性住房货币化补贴方式，起草《张家港市保障性住房购房补贴发放规定》。

【“331”专项行动推进】 5月，根据市委、市政府关于“331”专项行动的部署安排，市房管部门制定工作计划，签订责任状，进行全面部署。第一时间召开专题会议，传达学习和部署要求，进行入户宣传、悬挂宣传横幅、张贴宣传挂图等，确保家喻户晓。全面组织专项排查。组织全市各物业公司重点对“三合一”场所、群租房和电动车三类隐患进行排查，经排查，发现“三合一”总数465家，“群租房”总数291家，电动自行车乱停乱放总数34412处，电动自行车违规充电总数8685处。迅速落实专项整改。积极推进各类停车、充电设施安装，已建成户外停车棚128个，架空层停车位2911个。同时，积极配合全市“331”专班对车库出租问题进行整治。

【对房地产开发企业开展信用考评】年初，市房管部门对全市所有房企2017年信用情况进行考评，评出A级3家、B级62家、C级16家、D级1家，信用等级与项目预售证发放、货币资本金监管等直接挂钩。专项整治，重拳出击。8月末，为贯彻国家、省和苏州市关于房地产市场宏观调控的决策部署，结合全市实际，出台《打击侵害群众利益违法违规行为，规范房地产市场秩序专项行动实施方案》，联合市物价、市场监督管理等9部门，集中开展市场巡察，通过行业管理和部门联合执法，对捂盘惜售、炒卖房号、价格公示不规范、售楼处未按要求规范化布置等违规行为进行重点检查和整治。专项行动的打击重点包括投机炒房、房地产“黑中介”、违法违规房地产开发企业和虚假房地产广告等四个方面：一是打击操纵房价房租、捂盘惜售、捏造散布虚假信息、制造抢房假象、哄抬房价、违规提供“首付贷”等投机炒房团伙；二是打击暴力驱逐承租人、捆绑收费、阴阳合同、强制提供代办服务、侵占客户资金、参与投机炒房的房地产“黑中介”；三是打击从事违规销售、变相加价、一房多卖、霸王条款、价格欺诈以及限制阻挠使用公积金的房地产开发企业；四是打击发布不实房源和价格信息、进行不实承诺等欺骗、误导购房人的虚假房地产广告。

【存量房交易进行资金托管】 为保障存量房交易当事人的权益，确保存量房交易资金的安全，促进全市存量房市场健康有序的发展，根据《省住房城乡建设厅关于转发〈住房城乡建设部关于开展房地产中介专项整治工作的通知〉的通知》《住房城乡建设部等部门关于加强房地产中介管理促进行业健康发展的意见》及苏州市房产管理局、中国人民银行苏州市中心支行联合颁发的《关于开展存量房交易资金托管工作的通知》等规定，5月，完成存量房交易资金托管系统开发，同不动产和银行数据的对接，在选定的银行开设张家港市房产交易服务中心“客户交易资金托管”专用账户，试行细则向社会公开征询意见；6月，完成系统的调试，通过门户网站、电台、报纸等媒体进行宣传并组织培训；7月1日正式开展存量房交易资金托管工作。存量房交易资金托管，是指买受人将房屋交易资金交付给资金托管机构（张家港市房产交易服务中心），待交易双方完成房屋登记后，资金托管机构按照约定向原房屋权利人划转交易资金的行为。通俗地讲就相当于存量房交易的“支付宝”，实现“一手钱，一手证”，“钱、证两清”。存量房交易进行资金托管以来，存量房买卖双方、中介机构的反响平稳，至年末，未发生因在存量房交易中设置资金托管而发生的投诉。

【多层加装电梯工作推进】 3月，市政府出台《关于既有多层住宅增设电梯的指导意见》，市房管中心根据工作职责，推进既有多层住宅加装电梯工作。广泛宣传政策，细化操作流程。通过电视台、报纸、微信公众号等渠道对指导意见进行广泛宣传，持续推送政策原文、政策解读、专家解读等信息。分3批次组织相关人员赴南京学习增设电梯的具体做法和成熟经验。市政府召开专题会议就加大协调推进力度、简化办理手续、进一步梳理办事流程等事项进行商议，形成《市政府专题会议纪要》，简化加装电梯办事流程。完善组织机构，建立服务窗口。10月中旬，市政府成立既有多层住宅增设电梯工作领导小组。领导小组办公室设在房管中心，具体负责既有多层住宅加装电梯的日常组织协调工作。在市物业管理处建立一站式服务窗口，相关职能部门均选派业务科室负责人作为一站式服务窗口的工作人员，方便群众进行咨询及办理手续。明确审批流程，推进试点工作。设计完成加装电梯审批流程，并成立由住建、房管、规划、市场监管、公安消防、民防等部门选派的专家组，同时建立加装电梯设计单位、房屋安全检测单位、监理单位、电梯设备采购及安装单位等备选企业库，以方便业主选择。

【金新城万科大都会项目】 由金新城置业集团有限公司建造，项目东至港城大道，南至人民路，西临跃进河路，北临张扬公路绿化带。总占地面积7万平方米，总建筑面积14万平方米，容积率2.0。由1栋沿街商铺、9栋联排、5栋洋房及7栋高层组成，921户，绿化率35%。小区车位配比约1∶1.8，共有2个出入口，地下车库出入口有三个，采用局部人车分流的布局方式，车行外环，人走内环，保证最大限度人车分流。项目建筑风格采用的是大都会风格，历史上大都会包含大城市核心资源带、大都会大师建筑、大都会公共景观区、大都会街区、大都会文化艺术五大因素组成。而大都会建筑传统是以三段建筑分布，顶上两边对称的构造物，飘窗下的线条，增加上下的对称感。在内部细节的设计上，穹顶、大门、立柱、窗户，甚至于每一个地面拼花，都是严格对称的。窗户的比例高于墙面的比例，市场普遍6.6米的宽厅，大都会的宽厅7.5米。每一扇窗扇宽2米。景观方面，小区内景观整体结构合纵连横，打造六大景观亮点，其中包含凡尔赛礼仪轴和凡尔赛生活轴两条南北向景观轴线，以及活力花园、静谧花园、礼仪花园、边界花园四个东西向的纽约都会花园。东侧还有一个代建公园，都会公园占地1.5万平方米，公园内有风之长廊、夜观跑道、星云花园（儿童）、星光大道、星空步行桥、舞台广场、宇宙花园等。小区安全管理方面，配备完善的系统，包括周界防越报警系统、视频监控系统、电子巡更系统、停车管理系统、可视对讲及门禁系统（访客二维码刷卡）、住户报警系统、小区出入口控制系统（人员与车辆抓拍并上传）及公安接口联网等。物业管理方面还有背景音乐系统、LED电子公告系统、夜间景观照明智能集中控制系统。

万科大都会项目 （市房管中心 提供）

【石榴置业在锦丰镇开发清远名邸项目】 1月30日，位于锦丰镇清源路东侧张地2017-B10-A号，面积5.89公顷，规划总建筑面积约9.4万平方米。石榴置业集团股份有限公司（简称：石榴集团）以总价58793万元，楼面地价每平方米6244元成交。位于书院路北侧张地2017-B10-B号（A地块南侧），面积5.8公顷，规划总建筑面积约9.3万平方米。石榴集团以总价56405万元，楼面地价每平方米6070元成交。两宗地总成交价11.5亿元。石榴置业集团股份有限公司创立于2008年，总部位于北京，是一家专注于中高端房地产开发的地产公司，2018年，公司获中国房地产开发企业100强、中国房地产开发企业500强区域运营10强、中国房地产开发企业500强成长速度10强等荣誉。石榴集团旗下房地产项目已遍布上海、宁波、苏州、保定、扬州、青岛等城市，实现全国化战略布局。石榴象征着繁荣、昌盛、和睦、团结、吉庆、团圆、多子多福。至年末，清远名邸（石榴院子）项目规划总建筑面积28.11万平方米，领取预售许可面积18万平方米、1096套，其中住宅13.81万平方米，1061套；商业34套、1700平方米。该项目已售426套4.68万平方米，销售金额5.52亿元。

（戴高乐）

【编辑 张 洁】

服务业

Service Industry

香山景区　（双山香山旅游度假区　提供）

服务业综情

商　　业

供　　销

粮食购销

专营专卖

电子商务

服务贸易

市　　场

物　　流

旅游服务

張家港年鑑(2019)

扫码欣赏

我们的张家港

服务业综情

【概况】 2018年，全市按照现代化建设的战略部署，突出改革创新，抢抓有效投资，加大政策扶持，推进服务业提质增效。全市实现服务业增加值1265.87亿元，比上年增10.5%。服务业增加值占全市地区生产总值比重为46.5%（新口径），同口径较上年提高0.1个百分点。服务业入库税收165.85亿元，占全市税收总额的41.9%；服务业公共财政预算收入96.51亿元，占全市总量的41.3%。全市实现社会消费品零售总额605.87亿元，比上年增6.4%。其中，城镇零售总额520.16亿元，农村零售总额85.72亿元，分别比上年增3.8%和6.7%。社会消费品零售总额按行业分：批发业65.6亿元，与上年基本持平；零售业443亿元，比上年增3.82%；住宿业7.23亿元，比上年增8.4%；餐饮业90.05亿元，比上年增11.46%。全市服务业投资260.63亿元，占全市固定资产投资的比重为66.86%。新批外资及港澳台资服务业项目27项，新增服务业注册外资及港澳台资2.31亿美元，到账外资及港澳台资7918万美元，分别占全市总额的28.45%和15.76%。至年末，全市经认定的苏州市级以上现代服务业集聚区12家，其中省级现代服务业集聚区3家、省级生产经营性服务业集聚区2家，在苏州各县市名列前茅。随着现代服务业集聚区基础设施和服务功能逐渐完善，一批行业知名企业纷纷入驻，部分集聚板块初步形成规模化、集约化发展态势。至年末，全市有国家AAA级以上物流企业39家，年成交额超100亿元专业市场5家，省级服务业创新示范企业5家，省级生产性服务业领军企业3家，省级生产性服务业集聚示范区2家，省级养老服务创新示范企业1家。

【服务业分行业情况】 2018年，全市服务业分行业发展状况良好，继续呈现健康、规范、有序的发展态势。其中，交通运输、仓储、邮政业年末有在册企业（含个体工商户）10460家，比上年增8.83%；注册资金209.97亿元，比上年增5.64%；从业人员30727人。信息传输、计算机服务业年末有在册企业（含个体工商户）1269家，比上年增16.74%；注册资金23.44亿元，比上年增4.18%，从业人员5362人。批发和零售业年末有在册企业（含个体工商户）68657家，比上年增10.54%；注册资金880.17亿元，比上年增5.79%；从业人员227258人。住宿和餐饮业年末有在册企业（含个体工商户）10257家，比上年增15.62%；注册资金23.04亿元，比上年增15.66%；从业人员29152人。金融保险业年末有在册企业（含个体工商户）574家，比上年增0.53%；注册资金154.17亿元，比上年减4.39%；从业人员1498人。房地产业年末有在册企业（含个体工商户）1321家，比上年增27.26%；注册资金243.52亿元，比上年增21.93%；从业人员8428人。租赁和商务服务业年末有在册企业（含个体工商户）7066家，比上年增30.51%；注册资金1157.39亿元，比上年增21.54%；从业人员37802人。其他服务业年末有企业（含个体工商户）19571家，比上年增20.5%；注册资金645.94亿元，比上年增33.87%；从业人员99069人。

【服务贸易】 6月1日，国务院下发《关于同意深化服务贸易创新发展试点的批复》，同意苏州深化服务贸易创新发展试点（深化试点期2年），张家港市加紧部署落实，推进各项服务贸易创新发展试点任务，成立由市商务局、市口岸办、市服务业办、中国人民银行张家港市支行等部门组成的市服务贸易创新发展试点工作推进小组。年内，全市有服务贸易企业1000余家，完成服务贸易进出口额13.03亿美元（苏州数据）。服务外包是服务贸易产业重要组成部分，全市新增服务外包企业5家，累计120余家。全年完成接包合同额24035万美元，离岸执行额2662万美元（苏州数据）。服务贸易业态丰富，涵盖技术性业务流程外包服务（BPO）、信息技术外包服务（ITO）和技术性知识流程外包（KPO）全行业。全市重视服务贸易载体建设，鼓励建立服务贸易、服务外包公共服务平台。组织张家港经济技术开发区参加省服务外包示范区综合评价，最终得分72.64分，在47个省级服务外包示范区中排名第24位，顺利通过测评。加强国家、省、苏州市等各级服务贸易扶持政策研究，完善、制定全市服务贸易（服务外包）新政策，新增服务贸易创新发展举措，涵盖服务贸易业务、国际资质认证、公共服务平台等多方面，组织开展资金申报工作。省服务外包（切块）资金、市级服务贸易发展扶持资金共拨付180余万元，支持服务贸易发展。

【11家企业位列中国服务业企业500强】 9月，由中国企业联合会、中国企业家协会按国际通行方式，经专家委员会审定后排出的2018年中国服务业企业500强公布，全市有11家服务业企业入选，比上年增加6家。分别为玖隆钢铁物流有限公司（第105位）、江苏国泰国际集团有限公司（第120位）、东华能源股份有限公司（第167位）、市沃丰贸易有限公司（第263位）、张家港保税区旭江贸易有限公司（第265位）、市泽厚贸易有限公司（第287位）、市国彰贸易有限公司（第320位）、苏州裕景泰贸易有限公司（第333位）、张家港保税区日祥贸易有限公司（第377位）、张家港保税区荣德贸易有限公司（第383位）、市君乔贸易有限公司（第486位）。其中，玖隆钢铁物流有限公司、江苏国泰国际集团有限公司、东华能源股份有限公司年营业收入分别为606.79亿元、507.04亿元和326.78亿元。

（魏春兵　杨　璐）

商　　业

【概况】 2018年，市商贸业呈现整体平稳发展态势，有万达广场、曼巴特购物广场、吾悦广场、购物公园和杨舍老街等集餐饮、购物、娱乐为一体的大型购物场所，有大润发、欧尚、麦德龙、百信生活广场、永辉超市等大型超市，有香港城小商品市场、梁丰五金机电城、九洲家居装饰城等专业类市场,商品种类丰富。全市18家重点商贸流通企业实现零售额37.8亿元,比上年减11.5%。超1亿元商品交易市场成交额4522.2亿元,比上年增6.1%,其中属全省50强商品交易市场的5家市场实现成交额4332.2亿元,比上年增6.5%。4月1日,2018年张家港长江鲜美食节在南丰镇永联小镇金手指广场开幕,活动持续至5月1日,全方位多角度展示江鲜美食独特魅力。年内,以曼巴特购物广场为代表的商业综合体发展势头良好,曼巴特实现销售7.37亿元,比上年增17.6%。面对网络购物冲击,步行街传统商场转变经营方式谋出路,市第一人民商场集团旗下新百信超市战略重组,打造"百信益盟"新零售品牌;商业大厦引入租赁模式;6月26日,张家港国际购物中心与苏宁易购签署合作协议,联合打造线上线下一体的商业新模式。

【肉菜流通追溯体系覆盖59个单位】 市肉菜流通追溯体系于2013年启动建设,目标是在张家港市范围建设与苏州市互联互通的市(县)级追溯管理平台,包含生猪屠宰环节、肉菜批发环节、肉菜零售环节、消费环节和"产销对接"核心企业的五个流通节点追溯子系统和一个政府肉菜追溯联合监管辅助子系统。2014年,肉菜流通追溯体系建设全面铺开。2015年11月,共接入1个追溯管理平台、1个门户、1个数据中心、1个监管中心、9家生猪定点屠宰场、1家批发市场、13家农贸市场、6家超市大卖场、103个团体消费单位、2家产销对接企业,并通过专家组验收。2017年,在做好系统基础运行维护的同时,开发肉品合格证二维码、肉摊摊主信息溯源二维码、市商务局肉菜溯源统计分析系统,开通张家港放心食品溯源公众号,试点运行新溯源称,并开始实行体系单位绩效考核。2018年,体系运行顺畅。每季度、半年度及年终对体系各环节进行考核评比,对相关单位进行奖励,激发各环节经营者工作积极性及争先意识。由于企业或商户关停并转等因素,2018年年末,市肉菜流通追溯体系共覆盖单位59个,其中屠宰场1家、农贸市场13家、超市4家、团体消费单位40个、产销对接单位1家。

【餐饮行业名店增加至31家】 市商务局设立商务发展专项资金,对中华餐饮名店、江苏餐饮名店、苏州市餐饮业著名品牌企业(苏州餐饮业特色店)、张家港市餐饮业特色店及个人荣誉称号获得者予以资金奖励,以支持和引导餐饮企业引进现代经营方式和先进质量管理模式,推动行业持续健康发展。同时联系市餐饮行业协会、市烹饪技术协会,引导餐饮企业发展,建立品牌意识,提升服务质量。年内,沙洲湖酒店获评江苏餐饮名店,沙钢宾馆、锦丰花都大酒店获评苏州餐饮业特色名店;徐彬彬、陆振兵等4人获评注册中国烹饪大师称号,常兴华、周建清获评注册中国烹饪名师称号,蒋志敏、范斌获评江苏烹饪大师称号。至年末,全市有中华餐饮名店4家、江苏餐饮名店17家、苏州餐饮业特色名店10家。

【张家港万达广场开业】 12月28日,由万达商管集团和金新城置业集团开发建设的张家港万达广场开业。张家港万达广场是万达商管集团在全国开业的第277座万达广场,也是该集团在华东区开展合作的标杆项目,总投资10亿元,总建筑面积11.95万平方米,购物中心面积8.84万平方米,是一个集潮流精品、休闲体验、儿童娱乐、生活配套、多元化餐饮为一体的城市型全客层购物中心。云集多家首次入驻港城的知名品牌,包括国际一线快时尚品牌优衣库、以生鲜经营为主要竞争力的永辉超市、动漫主题乐园万达宝贝王以及48家餐饮品牌。开业当天,实现销售额2021万元,客流量26万人次。

【永联菜篮年销售1.2亿元】 苏州永联天天鲜配送股份有限公司是一家"农产品+生鲜超市+互联网"企业,主要从事生鲜农产品种植、采购、加工、配送。2013年1月,首家永联天天鲜生鲜超市在南丰镇永联村开张,时日营业额2万元至3万元。2016年,一站式小区居民物流配送开启。永联天天鲜有蔬菜基地53.33公顷,蔬菜品类上百种,基地使用有机肥,施用适量生物制剂农药,增施有益菌调理土壤。基地还采用水肥一体化立体栽培技术,不仅蔬菜品质提升,生长周期也能缩短10余天。天天鲜配送公司通过开设社区生鲜超市,开通网上商城、手机客户端,建立生鲜配送网络,构建多元化销售模式。市民只要在中午12时前下单,16时左右就能在小区智能柜收到当天采摘的新鲜蔬菜。2018年,永联天天鲜智能柜共覆盖小区130个,在城区、区镇开设门店10家,每天进店消费7000人次,销售蔬菜15吨,全年销售收入1.2亿元。(杨 璐)

张家港万达广场 (季 颖 摄)

供 销

【概况】 市供销合作总社下辖管理11家集体企业(市青草巷农副产品批发市场、市农业生产资料总公司和9家基层供销社)、2家参股企业(市惠农物资有限公司、市供商烟花爆竹公司)以及5家转制企业。有在职职工(不包括转制企业职工)247人。2018年,完成工商企业销售收入94.04亿元,消费品零售额25.35亿元,工商企业入库税费1200.45万元,市场成交额63.5亿元。市供销合作总社在青草巷农副产品批发市场商贸街专辟2间共100平方米门面营业房,设立贵州省沿河县优质农产品展销中心,免收房租金,还在市场免费设置大型商业广告牌5处,帮助宣传沿河优质农副产品。10月,邀请沿河县供销社参加在无锡举办的海峡两岸(江苏)名优农产品展销会,共展示八大名优特农产品。年内,市供销合作总社被中华全国供销合作总社命名为"全国百强县级社",总社机关被市委、市政府评为市文明机关,市青草巷农副产品批发市场、市惠农物资有限公司被评为市先进文明单位,市再生资源有限公司和5家基层供销社被评为市文明单位。

【为农服务】 市供销合作总社通过多次调研,修订完善农药和测土配方肥集中配送管理制度,确保集中配送工作有序高效推进。主要在规范招(议)标活动、规范农资配送网点经营行为、推广实行农资直接配送到村的经验做法、简化审核结算手续、加强对配送网点检查考核等方面进行调整、充实和完善。全年粮食农药配送率95%、果蔬农药配送率90%,实现农药配送销售3163.4万元,其中粮食农药2448.85万元、果蔬农药588.54万元、绿化农药100.01万元、鼠药21万元、渔兽药5.03万元。集中配送小麦测土配方基肥6795.4吨、水稻肥7127.4吨。完成3家农村综合服务社提档升级,成立农民专业合作社和联社4家、区镇供销合作社经营服务综合体1家(市乐源农业社会化服务合作联社)和现代农业综合服务中心1家(市常阴沙联农农产品专业合作联社)。10月,启动开展农药废弃包装物回收集中处理工作,计划通过3年至5年努力,基本建成农药废弃包装物规范化回收、无害化处理体系,实现集中配送农药废弃包装物回收率超90%、无害化处理率100%的总目标。

【青草巷市场农副产品经营管理提档升级】 市青草巷农副产品批发市场坚持以市场为导向、服务为宗旨、"新网工程"为抓手,推进市场标准化建设,实现市场经济总量稳步增长。全年完成市场交易额63.5亿元,实现利润3007万元,完成当地农副产品交易额12.67亿元。完善市场服务功能,重点加强鲜肉区原整猪批发与分割肉区域的整合,扩大分割肉交易摊位;活禽交易区增设光禽交易;蔬菜交易区摊位做适当调整;市场商贸街增设当地农副产品销售点等。提高市场管理标准,完善现场管理标准、现场管理考核标准、部门消防安全职责等相关制度。继续对市场商户开展诚信经营教育,健全购销手续制度等工作,促进市场管理提档升级。市场积极参与农产品全程质量追溯体系建设工作,全年开展30个市场商户试点工作,加强农产品质量检测力度,扩大检测覆盖面,提高抽检率,确保不合格农产品及时发现,及时销毁。全年市场检测中心检测农副产品41565批,合格41552批,不合格13批,检测合格率99.97%。销毁处置不合格农产品12个品种1005千克,涉及当事人13人。

【基层供销社综合改革试点】 按照"三体二强"(自主经营实体、农民社员主体、合作经济联合体,综合实力强、为农服务能力强)基层社建设工作要求,市供销合作总社抓好基层社建设改造,推进乐源联社(乐余供销社)建设运行,强化为农服务功能。农药配送服务点由15个精简整合到3个。开展大棚水稻育秧,为乐余镇233.33公顷水稻实行育秧机插一体化服务。开展植保飞防服务,引进先进飞防技术,购置无人机5台,可实现单次施药服务400公顷。试行大田托管业务,参与西水道新建666.67公顷农田土地改良和熟化工作。根据招标要求,2018—2019年种植水稻333.33公顷、小麦666.67公顷,为联社增强大亩托管能力积累经验。改造薄弱基层社2家(常阴沙销社、大新供销社)。通过与常阴沙现代农业示范园区合作,由市现代农业投资有限公司托管常阴沙供销社。常阴沙供销社与常阴沙联农农产品专业合作社实行两块牌子、一套班子,依托双方优势,更有效发挥供销社职能作用。创新供销社治理机制,按照中央、省委和苏州市委有关深化供销合作社综合改革的精神和要求,对全市典型新型农业经营主体(包括各类专业合作社、家庭农场、农业龙头企业、种养植大户)进行调研,结合市情拟定张家港市供销合作社综合改革实施方案,由市委、市政府发文实施。 (张 健)

粮食购销

【概况】 2018年年末,全市粮食系统有独立核算单位14个,在岗职工192人,其中市粮食局机关干部职工18人,事业单位职工4人。年内,粮食流通各项重点工作得到全面推进,张家港市建成省级放心粮油供应网络示范市,全市粮食工作获省政府办公厅通报激励,市粮食局获评省粮食系统先进集体。获苏州市粮食安全责任制考核优秀,得分继续位列各县市首位,继续在苏州市粮食工作目标责任制考核中位列各县市第1名。江海粮油产业园跻身首批省级粮食物流产业园,市粮食购销总公司第七批获全国放心粮油示范销售店称号,被评为第八届中国粮油榜"百佳粮油企业"、苏州市文明单位。沙洲中心粮库粮食烘干中心投入使用,新妙桥粮库开工建设。东海粮油工业(张家港)有限公司、路易达孚(霸州)饲料蛋白有限公司张家港分公司、益江(张家港)粮油工业有限公司、张家港酿酒有限公司、市恒泰面粉制品有限公司、市华丰油脂有限公司、市粮食购销总公司等15家列入统计的粮油企业中,有省级龙头

沙洲中心粮库烘干机组 （市发改委 提供）

企业4家、外商投资企业1家、苏州市级龙头企业4家。全市粮油企业实现总产值194亿元，比上年减7%，完成销售收入257亿元，实现利税10.8亿元，分别比上年增2%和26%。全年大米总产量5.4万吨，面粉总产量17.4万吨，油脂总产量142.1万吨，豆粕总产量194.8万吨，饲料总产量11.7万吨。

【粮食收购储备】 2018年，市粮食部门发挥国有粮食企业主渠道作用，引导各类主体参与市场化收购。坚持"敞开收购、应收尽收"理念，为农户提供24小时烘干、收购服务。全年收购入库粮食14.47万吨，其中小麦7.47万吨、水稻7万吨。推进优质粮食工程建设，综合运用订单农业、社企合作、承包种植等举措，开展优质品种种植引导和订单预约，落实优质粮食种植面积1.6万公顷，优质粮食种植比率超98%。签订社企合作订单2200公顷。每千克加价0.2元收购优质晚粳稻3.1万吨。按照《苏州市地方储备粮管理办法》规定，加强与市粮食购销总公司、东海粮油公司、市青草巷农副产品批发市场协作，依托两季收购、加工企业和批发市场，完成5.6万吨地方储备原粮和2590吨成品粮储备。加强储备粮监管督察，规范承储企业运作，每季度开展储备专项检查，定期开展储备品质检验，保障地方储备原粮数量真实、质量可靠、储存安全。践行国家藏粮于技战略，自主研发的新型螺旋分离组合除杂机获国家实用新型专利，与南京财经大学共同研发自主定制低噪音风机，实现储粮绿色环保新发展。

【粮食民生项目】 6月，沙洲中心粮库粮食烘干中心项目竣工，经设备安装调试、人员培训，9月秋粮收购前投入正式使用，缓解了规模化种植情况下粮食烘干排长队现象。该项目2017年作为市政府民生实事项目实施推进，在沙洲中心粮库库区建设建筑面积4437平方米的烘干车间，总投资3530万元，配备12台30吨循环式低温烘干机、2500吨烘前烘后仓等配套设施，烘干能力每批360吨。新妙桥粮库经前期工程规划许可、审图、立项、设计方案等各项准备工作，于2018年12月26日开工奠基，2019年进行主体工程建设，计划2020年6月建成投用。 （严景阳 孙 颖）

专营专卖

【烟草经营】 2018年，市烟草专卖局（苏州市烟草公司张家港分公司）围绕推动烟草平衡充分高质量发展目标，在营销服务、市场监管、内部管理等方面取得较好成绩，被评为"2015—2017年度苏州市文明单位"、2018年度张家港市文明机关，获市服务地方奖，其干部职工学习基地成为第二批"理论氧吧"点位和模范职工之家。局（分公司）党支部获评江苏省烟草专卖局（公司）"推进'两聚一高'践行'楷模战略'先锋行动"先进党支部、市先进基层党组织。市烟草专卖局全年实现卷烟销售5.04万箱，比上年减1.6%，实现销售收入17.32亿元，实现利税6.05亿元、利润4.91亿元，与上年基本持平。严厉打击卷烟贩假售假行为，强化与公安巡警大队、交通物流运输环节以及毗邻协作机制，查处各类案件103起，查获违法卷烟674.5万支，总案值1050万元，比上年减13.94%。查获并查证5万元以上案件31起，其中50万元以上案件8起。向公安部门移送案件4起、向市场监督管理部门移送案件2起，刑拘2人，取保2人，判刑7人。通过"互联网+政务服务"，搭建应用行政许可微平台，提高证件管理服务效率和质量。受理新办卷烟零售许可证申请1159份（其中准予许可956份、不予许可203份）、延续1152份、注销902份，全市正常零售户5487户，无一起行政许可撤销或败诉。

（宋思敏）

【盐业经营】 2018年，按照《国务院关于印发盐业体制改革的通知》《省政府关于印发江苏省盐业体制改革实施方案的通知》《省政府办公厅关于印发江苏省盐业监管体制改革方案的通知》和《苏州市人民政府专题会议纪要》等文件精神，市食盐监管领导小组成立，6月，盐政协管人员入驻市市场监管局开展工作。政企分开后，江苏省苏盐连锁有限公司张家港分公司通过与市场监管局交流学习，加强其对食盐安全监管的重视程度。开展系列专项整治行动，协调卫生和公安等部门开展联合执法，确保监管无死角。利用日常巡查，重点关注商户建立并严格执行进货查验记录制度、采购销售记录制度和索证索票制度，按规定范围销售食盐等情况，查处11家外来经营主体在张家港市的违规经营行为。全年出动执法人员920余人次，出动执法车辆250余次，检查单位8350个，查处案件6起，结案6起，没收不合规食盐1.67

吨，扣押65.6吨，罚款1.87万元。全年完成小包装食盐销售6117.65吨。聚焦非盐业务，实现非盐销售收入4640.47万元，其中元明粉销售44082吨，销售收入2280.66万元，纯碱销售6333吨，销售收入1033.36万元。（张　磊）

【石油经营】2018年，全市有中国石化销售有限公司江苏苏州张家港石油分公司、中国石油天然气股份有限公司江苏苏州张家港分公司、省中油泰富石油集团有限公司等成品油零售企业107家。中国石化销售有限公司江苏苏州张家港石油分公司有加油站31家。公司实现成品油销售总量25.09万吨，比上年减6.9%。其中，加油站零售20.61万吨，比上年减10.7%；直分销4.48万吨，比上年增15.8%；润滑油2400吨，比上年增28.9%；实现非油品销售总额7865万元，比上年增9.78%。拓展零售网络建设，完成1座社会加油站租赁签约、2座轻资产加油站合作经营签约，分别于8月、11月改造开业。根据政府《水污染防治工作方案》要求，完成加油站双层罐改造8座。为解决非油品经营业务发展需要，位于杨舍镇乘航办事处2000平方米的中央物流仓库2月迁建至苏州市姑苏区，恬庄加油站完成移建并竣工开业。中石化壳牌（江苏）石油销售有限公司张家港经营部有加油站14座，全年销售成品油总量116802吨，其中汽油93515吨、柴油23287吨，非油品销售3372万元。中国石油天然气股份有限公司江苏苏州张家港分公司有运营站8家，全年销售成品油23885吨，其中汽油17292吨、柴油6593吨，便利店销售748万元。中油泰富石油集团有限公司有加油站11家，实现油品销售4.98万吨。（顾　艳　邬理伟）

电子商务

【概况】2018年，电子商务载体平台建设不断完善，电子商务企业快速发展，江苏化工品交易中心成交量880.04万吨，成交额603亿元，有签约交易商890家；玖隆电子商务平台交易量201.33万吨，交易额83.47亿元，有会员16831家。B2C电子商务行业持续发展，全年全网测算B2C网络零售额27.83亿元，比上年增63%，其中淘宝天猫B2C网络零售额11.06亿元。市电子商务协会召开换届选举大会，修改章程及会费管理办法，确定49家协会会员，实现协会与行政机关脱钩改革目标，行政机关改为其业务指导单位。按期召开电子商务协会B2C分会第三届轮值委换届会议。至年末，全市电子商务产业发展规模得到扩大，电子商务应用能力得到提高，电子商务产业发展环境得到优化。

【电商人才培育】2018年，全市认定的沙洲职业工学院、张家港开放大学、江苏科技大学苏州理工学院等3家市级电子商务人才培训基地开展电子商务人才培训。沙洲职业工学院开展跨境电子商务平台运营技能等跨境课程培训，培训500余人次；张家港开放大学开展岗前电子商务技能培训，培训590人次；江苏科技大学苏州理工学院开展电子商务概论、数据统计分析、国际贸易等课程培训，培训600人次。此外，市级电子商务人才培训机构凌巨网络公司开展电子商务入门、平台操作、网络营销等企业实用培训，培训1500余人次。

【市电子商务产业园】市电子商务产业园位于张家港经济技术开发区塘市街道镇中路18号，由张家港经济技术开发区、澳洋集团有限公司及上海杭州湾北岸电商产业园共同投资。2016年4月投入运营，至2018年年末入驻企业72家，成为全市重点电子商务产业集聚区。年内，澳洋蒲公英孵化器在电子商务产业园投入运营，提供全方位一站式配套服务，重点服务产业互联网、医疗器械、人工智能、先进制造领域的创业企业。市电子商务产业园服务水平、载体承载力不断增加，获评省级电子商务众创空间，并承办第二届市电子商务创新创业大赛，营造浓厚的电子商务产业发展氛围。

【跨境电子商务】年内，全市大力推进外贸综合服务试点工作，一达通、慧贸通等企业实现外贸综合服务进出口7.5亿美元，处于全省领先阵营。发展“互联网+”外贸，全市外贸企业依托阿里巴巴、中国制造网、慧聪网、Amazon等跨境电子商务平台，开展跨境电子商务业务。在亚马逊Amazon平台上新增的张家港电子商务企业会员超200家，全年B2C跨境出口额超1000万美元，以服装、家纺、五金三大品类为主要销售，跨境出口产品不断丰富，品质不断提升，品牌优势初步建立。（杨　璐）

市　场

【概况】2018年年末，全市有经市市场监督管理局核准登记的各类市场64家，其中消费品市场54家、生产资料市场9家、生产要素市场1家。比2017年减少消费品市场2家，市锦丰镇建设农贸市场和市南丰镇建农农贸市场因经营管理、规划等原因注销；生产资料市场中，市金沙木材市场被吊销。13家消费品市场、3家生产资料市场，因管区调整，划转至张家港保税区市场监督管理局监管。全年市场成交额151.38亿元，消费品市场成交额超1亿元的有10家。各类市场中，有国家级农村文明集市（市场）1家，为塘桥综合市场；有省级文明诚信集市（市场）5家，为塘桥综合市场、万红新区集贸市场、南丰集贸市场、城北菜场、市人才市场；有苏州市级文明诚信集市（市场）20家。年内，市市场监督管理局举办市场负责人培训1场，开展市场专项整治4次。

消费品市场　全市经市市场监督管理局登记的消费品市场54家。占地总面积38.9万平方米，建筑总面积36.9万平方米，经营户3300户。全年成交额130.49亿元，其中农副产品综合市场成交额122.31亿元、工业品市场成交额7.18亿元。

生产资料市场　市生产资料市场主要经营化工、钢材、建材、汽车、木材、纺织原料、粮油、五金、家具、小商品及国际消费品等。在市市场监督管理局登记的9家市场年成交额21.89亿元。

生产要素市场 市生产要素市场分别为市人才市场、市技术市场、市人力资源市场和市房地产市场。其中,市人才市场全年举办固定人才集市61期,进场设摊单位4938个,提供就业岗位90251个,平均每场提供就业岗位1480个。进场求职4.14万人次。"张家港人才网"新增网上会员单位1779个,累计3226个,全年发布招聘岗位62690个,入库求职简历23715份,网站平均每天流量10.19万人次,年流量3718万人次。市技术市场全年认定备案技术贸易合同237个,技术贸易合同额7.27亿元,比上年增40.72%。市人力资源市场全年登记用人单位703个,提供岗位41044个,求职登记16966人,推荐介绍16892人次,成功就业15507人次。年内举办"劳动力交流洽谈会"75期,组织2367个单位进场招聘,为求职者提供岗位65719个,进场求职40436人,达成意向26526人。市房地产市场全年办理存量房交易17901处、建筑面积210.23万平方米、成交金额119.02亿元,分别比上年减2.24%、15.01%和11.24%。其中,二手房住宅交易15098套、建筑面积193.44万平方米、成交金额112.04亿元。全年完成不动产登记发证57470处、面积1564.21万平方米,完成房产抵押登记30845处、面积50991.99万平方米、担保金额737.16亿元。

2018年张家港市成交额超1亿元消费品市场一览表

表39

市场名称	主办者	营业地址	建办时间(年)	投资额(万元)	固定经营户(户)	年成交额(亿元)
乐余农贸商城	乐余镇资产经营公司	乐余镇乐富路	2005	1300	93	1.00
锦丰市场	锦丰镇资产经营公司	锦丰镇锦店路新天地2号	2007	3000	79	4.17
三兴农贸市场	锦丰镇资产经营公司	锦丰镇三兴人民中路	2005	138	58	1.16
市青草巷农副产品批发市场	市土产果品总公司	锦丰镇洪桥村	1995	8000	456	66.88
西张农副产品综合市场	凤凰镇资产经营公司	凤凰镇金谷小区	2005	500	40	1.80
港口农副产品综合市场	凤凰镇资产经营公司	凤凰镇港口街道	2006	360	56	1.42
凤凰农副产品综合市场	凤凰镇资产经营公司	凤凰镇凤凰街道	2005	420	77	1.44
塘桥综合市场	塘桥镇资产经营公司	塘桥镇镇中路5-7号	1985	480	86	4.70
塘桥镇妙桥综合市场	塘桥镇资产经营公司	塘桥镇妙桥永进西路	2005	800	65	1.20
市第一集贸市场	张家港金茂投资发展有限公司	杨舍镇梁丰路270号	1979	3600	370	19.60

2018年张家港市在市市场监督管理局登记的生产资料市场一览表

表40

市场名称	主办者	营业地址	建办时间(年)	投资额(万元)	年成交额(亿元)
盐铁塘钢材交易市场	市恒泰港务有限责任公司	杨舍镇东二环路	2002	541.20	—
新世纪装饰市场	市金泰建筑装饰材料贸易有限公司	凤凰镇港口街道太平村	2002	1280.00	1.35
张家港九洲家居(市场)	许承存、孙斐、赖杰、季绍秦	杨舍镇金港大道	2003	2030.00	5.00
市金源世纪家居市场	王鸿新、郑坚	杨舍镇金港大道633号	2008	500.00	0.85
梁丰五金机电城市场	江苏梁丰集团置业发展有限公司	杨舍镇南环二路西路口	2008	7000.00	2.98
市安吉旧机动车交易市场	袁卫民、袁卫华、袁向华	杨舍镇范港村交警大队内	2007	200.00	—

续表40

市场名称	主办者	营业地址	建办时间（年）	投资额（万元）	年成交额（亿元）
市新红星家具建材市场	许培新、林友余、姚建国、姚建国	杨舍镇南二环路南侧	2010	50000.00	0.71
香港城	张家港香港城市场物业管理有限公司分公司	杨舍镇乘航西路北侧	2010	1000.00	11.00
市富城购物广场	周　铁、周立新	锦丰镇锦中路	2010	65.00	—

【第一集贸市场实施改造】 6月12日，市第一集贸市场实施闭门改造。该市场1995年始建，曾于2009年3月进行过首次改造。此次改造耗资8000万元，围绕“省内领先，国内一流”定位，对软硬件进行全面提升，实现市场整体面貌大变化、管理水平新提高、管理机制再突破的改造目标。改造合理规划地下车库及市场周边区域，在不破坏墙体情况下打造全新外立面，市场入口两侧设置休息座椅，按照不同功能规划区域，增设直升电梯。改造后，市场实现仓储与经营分离、生活与经营分离、配送与经营分离。改造期间，市第一集贸市场在城北路北侧设立临时菜场，临时菜场总投资1000万元，建筑面积7700平方米，包含11栋单体建筑，设有一个主营业区和两个停车场。同时，规划于国泰路西侧、泗杨路北侧新建市第二集贸市场（暂定名），占地1.1公顷，投资额约1亿元，按照“高起点、接地气，有特色、造精品”理念，由市市场监督管理局牵头，经开区（杨舍镇）与城投集团联合实施，预计2019年年末投入使用。

【集贸市场管理】 年内，为加强集贸市场风险防控，保障群众消费安全，市市场监督管理局在全市开展集贸市场安全隐患排查整治行动。约谈集贸市场负责人，要求市场管理负责人对活禽交易关闭制度落实情况、市场内消防安全情况、市场文明卫生秩序管理和老年保健品虚假宣传等四方面进行自查自纠，全力排查隐患。检查集贸市场活禽交易规定落实情况，根据市政府《关于公布定点活禽零售市场名录的通知》，对集贸市场进行现场检查。另外，重点检查集贸市场内肉制品索证索票、卫生环境情况，以及市场周围保健类产品销售情况。

（钱建新　谢心璇）

物　流

【概况】 2018年年末，全市共有A级以上物流企业33家，其中有张家港港务集团有限公司、张家港玖隆钢铁贸易有限公司2家AAAAA级物流企业，有江苏高兴达物流有限公司、张家港保税区金港物流中心有限公司、江苏欧宇物流仓储有限公司、江苏澳洋医药物流有限公司、市金港物流中心有限公司、众益物流有限公司、张家港沿江国际物流有限公司等20家AAAA级物流企业，有大正信（张家港）物流有限公司、张家港保税区沿江运输有限公司、张家港捷通中石化工物流有限公司、张家港沿江国际物流有限公司、张家港保税区安平运输有限公司、市虎翼车业服务有限公司等11家AAA级企业。有省级企业物流技术中心7家，分别为江苏澳洋医药物流有限公司技术中心、江苏正大富通汽配连锁有限公司技术中心、张家港港务集团有限公司技术中心、张家港众益物流有限公司技术中心、张家港金盾保安服务有限公司技术中心、江苏物润船联网络股份有限公司技术中心、市虎翼车业服务有限公司技术中心。有省重点物流企业12家。全市有邮政企业1家，为中国邮政集团公司张家港市分公司，有邮政普遍服务营业场所34处，直接通邮建制村153个。有持快递业务许可企业13家，快递品牌29个，分支机构95家，备案末端网点118个。有快递从业人员1760人（不含邮政EMS），快递车辆1455辆。2018年，市邮政行业完成业务收入（不含邮政储蓄银行直接营业收入）8.14亿元，比上年增7.13%，完成业务总量13.62亿元，比上年增18.9%。全市快递服务企业完成业务量5135.92万件，比上年增33.67%。其中，同城业务量779.13万件，比上年增25.41%；异地业务量4170.1万件，比上年增35.62%；国际及中国港澳台地区186.69万件，比上年增27.68%。快递业务完成收入6.33亿元，比上年增18.27%。其中，同城业务收入4900万元，比上年增16.1%；异地业务收入3.72亿元，比上年增17.97%；国际及中国港澳台地区业务收入1.42亿元，比上年增9.57%；其他收入7000万元。全年全市物流业增加值137.59亿元，各项指标位列苏州市前茅。有5家物流企业年营业收入超10亿元或近10亿元，分别是张家港玖隆钢铁贸易有限公司、张家港保税物流园区东华能源股份有限公司、江苏澳洋顺昌股份有限公司、江苏澳洋医药物流有限公司和张家港保税物流园区华芳物流有限公司，营业收入分别为25亿元、39.04亿元、13.73亿元、13.02亿元和9.9亿元。

【快递服务用房纳入新建住宅区配建范围】 11月，张家港邮政管理局联合市交通运输局、市规划局、市住建局、市房产管理中心印发《关于鼓励新建住宅区等场所设置快递服务用房的实施意见》，明确将快递服务用房纳入新建住宅小区配建范围。意见指出，新建住宅小区建设单位将快递服务用房作为公共服务配套设施内容，列入建设工程规划、设计、施工、管理、验收的全过程。意见规定根据新建住宅面积适配快递服务用房标准为：10万平方米以上、5万至10万平方米、5万平方米以下、单幢住宅楼分别适配不低于50平方米、30平方米、25平方米和15平方米的快递服务用房。意见对快递服务用房房屋产权、位置设置、基本配置、使用要求和管理维护等内容作了明确,并明确邮政管理、规划、住建、房产管理中心的部门职责。意见出台将有效解决快递服务末端配送"最后一公里"难题,推动快递服务进社区进程,保障寄递渠道安全畅通,提升群众用邮体验。

2018年张家港市快递企业一览表

表41

类 别	企业名称	经营品牌	通信地址
省邮政局发证企业	苏州工业园区顺丰速运有限公司	顺丰	苏州工业园区星港街283号中园大厦七楼
省邮政局发证企业	市申通快递有限公司	申通	杨舍镇中兴路5-1号
省邮政局发证企业	张家港江通速递有限公司	圆通	杨舍镇民营科技园中房路6号
省邮政局发证企业	张家港寒西物流有限公司	百世	大新镇标准型厂房集中区内
省邮政局发证企业	市好韵达快件有限公司	韵达	杨舍镇范港村
省邮政局发证企业	市明俊中通速递服务有限公司	中通	杨舍镇东电大道1号
省邮政局发证企业	张家港天顺速递有限公司	天天	杨舍镇河南村
省邮政局发证企业	张家港优一速货运有限公司	优速物流	杨舍镇长兴路与港城大道交界处金利工业园内
省邮政局发证企业	张家港全运通快递有限公司	全一	杨舍镇长兴路8号
国家邮政局发证企业	苏州霞丰国际货运代理有限公司	ZCE	杨舍镇港城大道168号
备案分支机构	中国邮政速递物流股份有限公司张家港分公司	EMS	杨舍镇东二环路
备案分支机构	中外运—敦豪国际航空快件有限公司张家港分公司	DHL Express	杨舍镇新泾西路5号
备案分支机构	中国外运长江有限公司张家港分公司	其他	金港镇长江中路45路
备案分支机构	张家港顺捷国际货运代理有限公司	DPEX,TNT	杨舍镇旺西路1号未来财富大厦1楼
备案分支机构	上海艾涕西国际物流有限公司张家港分公司	ITC	杨舍镇恒大雅苑门面店铺

说明:顺丰速运张家港不单设分支机构,业务归属苏州工业园区顺丰速运有限公司统一管理

【物润船联通过"无车承运人"试点考核】 4月1日,交通运输部办公厅公布"无车承运人"试点考核合格企业名单,江苏物润船联网络股份有限公司入围。"无车承运人"是货运物流新业态,通过该平台,承运人无须开派车单、排队装货、返回结算,利用互联网即可实现诸多功能,同时确保运费准时到账,极大减少货主拖欠运费情况。进入试点名单的企业将获得无运输工具承运人"身份证",企业可按照交通运输服务缴纳增值税。江苏物润船联网络股份有限公司2017年3月被确定为交通运输部无车承运试点企业,一年中共整合车辆1599辆,完成运量32.7万吨。按要求,考核合格的试点企业需要在原有无车承运人运单基础上,增补资金流水单,并于2018年3月31日前完成与部、省两级监测平台对接,4月1日起上传资金流水单,试点期延续1年。

【长江国际仓储服务平台获发明专利】 5月29日,长江国际港务有限公司自主研发的网上仓储服务平台,获得由国家知识产权局颁发的发明专利证书。2015年1月1日,长江国际研发的集网上下单、费用结算、自主查询、金融服务等功能于一体的网上仓储服务平台上线运行,至2018年5月,共发出7702个数字证书,有5825家客户,其中3820家在网上进行操作,电子单证占比超95%。为进一步延伸平台功能,长江国际利用自身仓储资源,联手苏交网打造"易交割""链交割"服务模块,实现大宗商品交易"支付宝"功能,确保交易便利性、快速性和安全性,有助于活跃贸易氛围,扩大交易规模。该平台打破仓储物流行业传统操作模式,不仅为客户提供更安全、高效、便捷的物流平台,也有效降低货权交易环节风险,缓解单证审核和费用结算压力,为公司进一步完善物流体系,打造第四方物流平台奠定基础。

【汽车整车进口口岸进入保税时代】 1月31日,张家港保税港区汽车整车进口口岸获批国家非自贸区平行进口试点口岸。汽车平行进口试点政策是提高汽车平行进口贸易便利化水平的重要举措,最大亮点在于允许试点企业和平台在符合条件的海关特殊监管区域和场所内开展汽车整车保税仓

玖隆物流园 （冶金园 提供）

储业务。相比之前进口汽车"落地征税"政策，保税仓储3个月期限的限制取消，可以降低平行进口汽车的物流成本和资金压力，助推企业扩大业务规模、延伸产业链。同时消费者能够购买到更价廉物美的进口汽车。张家港保税区制定《张家港保税港区汽车平行进口试点实施方案》，就试点对象准入和退出、试点工作组织实施等进行严格规范。方案发布后，张家港汽车口岸即时启动试点申报工作。11月19日，一艘载有144辆进口汽车的班轮在张家港保税港区汽车整车进口口岸靠岸，这是该口岸获批汽车平行进口试点口岸后的首批保税仓储业务，标志着汽车口岸进入保税时代。

【国际汽车城开业】 国际汽车城始建于2017年，由保税区下属国资公司与上市公司重庆力帆集团合资成立，注册资本3.3亿元。2018年9月10日，张家港保税港区汽车平行进口试点方案公布暨张家港保税区国际汽车城开业仪式举行。商务部市场建设司相关负责人，省商务厅、南京海关等汽车平行进口试点协调小组成员单位领导，汽车流通行业协会负责人，汽车经销商等200余人出席开业活动。作为口岸重点配套平台，国际汽车城集海外集采、供应链金融、展示展销、售后三包四大平台功能于一体，全力参与5个试点资质名额的竞争。活动现场，签约了4个重要项目，包括张家港保税区管理委员会与中国质量认证中心战略合作项目，伟昊汽车年产改装300台商务车和房车项目，鑫海达、路金和东云兴汽车平行进口合作项目，人保财险、太保产险、中银保险关税保证保险项目。至此，张家港保税港区汽车整车进口口岸形成汽车码头、国际车城、改装基地三大平台融合发展的现代产业格局，整车进口累计突破3万辆，跻身全国平行进口量前五强，是全国新批汽车口岸中发展业态最好的口岸之一。2018年，国际汽车城改装基地实现产值12亿元，汽车口岸完成整车进口6007辆，在全国新批口岸中排名第2位。

【玖隆物流营业收入超2000万元】 2018年，张家港玖隆钢铁物流园实现营业收入2280亿元，完成税收总额5.5亿元，分别比上年增11%和40%。全年新增注册企业249家，累计入驻1950家。电商平台钢材交易量202万吨，交易金额84亿元，分别比上年增7.5%和12%，新增会员1888家，平台累计会员1.7万家，采购平台完成4775份标书定标，定标金额125亿元。园区出库总量554万吨，比上年增8%，全年完成上海期货交易所热卷期货交割23.3万吨，比上年增70%，同时积极开展铁合金交割业务。园区有延伸加工线21条，产品涵盖冷热轧卷开平、螺纹钢剪切、船板预处理、马口铁加工、钢板制管等，全年加工量196万吨，其中热卷加工量155万吨，比上年增39%。全年新增91家公司入驻玖隆大厦，租赁面积1.05万平方米，累计引入266家，实现出租率60%，约500人入驻办公。园区成功引入哥林曼特、岳林钢管、艾尔杰科技、旷科机械、顾氏防腐、松远环保等9家实体企业，租赁园区厂房面积合计5.4万平方米，整体出租率95%，集聚效应逐步呈现。玖隆物流园通过加强运输时效、装运防护、推进信息化手段、搭建客户服务呼叫中心平台等途径，全年完成运输总量1014万吨，其中社会运输业务量54万吨，分别比上年增5%和24%。

（邬理伟 袁玉洁 邱亚峰）

旅游服务

【概况】 2018年，全市旅游业接待游客839.47万人次，旅游总收入191.87亿元，比上年增11.55%。其中，国内旅游接待游客835.12万人次，国内旅游收入186.6亿元，分别比上年增7.88%和11.84%。暨阳湖欢乐世界、江南农耕文化园、凤凰山景区、香山景区和双山岛旅游度假区5个收费景区实现门票收入1826.2万元，景区营业收入11221.26万元。全市在建涉旅项目8项，计划投资27.91亿元，完成投资29.08亿元。市旅游局围绕全域旅游、优质旅游发展战略，推动旅游产业融合发展和新业态培育，加强旅游营销推广，提升旅游市场监管服务水平，保持旅游业持续健康发展。4月9日，"世纪天子"号游轮首次停靠张家港，开启游轮项目常态化运营。双山岛理想村、凤凰肖家巷特色田园乡村、常阴沙"闲心公社"等一批优质品牌项目落地。南丰镇永联村申报的"江南田园风情小镇"在省首批旅游风情小镇创建单位年度考核中被评为优秀。4月，由南京尔目旅游策划机构编制的《张家港市全域旅游总体策划》出台。9月，组织召开全市民宿发展推进会，并在沙洲宾馆举办民宿发展专题培训班。全年开展多项旅游节庆及宣传推介活动。3月3日，举办2018年张家港赏花季暨香山诗歌节开幕式，后续组织重点旅游企业赴嘉兴、上海、南通、泰州四市开展"鲜活张家港·港城寻鲜记”春季旅游推介活动，贵州省铜仁市沿河土家族自治县旅游产业发展办公室一并参与推介。4月21日，举办“鲜活张家港，醉美长江鲜”2018年旅游美食文化系列活动启动仪式暨“寻味而来，烹燃心动”港城星厨大赛。5月19日，在吾悦广场举行“中国旅游日”主题活动。11月3日，2018年长江文化旅游节暨“文明旅游、为中国加分、出行有礼”活动开幕式在暨阳湖湖滨广场举办。规范旅游市场秩序，开展旅游服务质量和旅游市场综合检查。全年出动执法人员280余人次，检查涉旅企业及分支机构160余家，责令整改11家，行政指导30余家。行政处罚2起，处罚金额3.07万元。受理旅游投诉39起。组建成立旅游安全生产专业委员会，开展行业安全大检查4次，年内未发生旅游安全责任事故。

【旅游景区】 年内，张家港公园申请取消国家AA级旅游景区称号。5个项目列入苏州市政府旅游考核项目，分别为永联江南田园风情小镇、香山景区竹林景观、黄泗浦生态核心景观区、常阴沙闲心公社田园文化旅游度假综合体、双山岛旅游度假区“双山慢镇”建设，计划投资6.9亿元，完成投资8.5亿元。七彩莲园创建成省四星级乡村旅游区。至年末，全市有国家AAAA级旅游景区4个，分别是凤凰山景区、香山景区、永联小镇景区、暨阳湖生态旅游区，有国家AAA级旅游景区3个，省工业旅游点2个，省星级乡村旅游区14个（五星级1个、四星级9个、三星级4个），省级旅游度假区1个，省自驾游基地3个。

凤凰山景区　年内，省旅游景区质量等级评定委员会对景区服务质量与环境质量组织暗访，并出具《张家港市凤凰山景区现场暗访评定报告》。对照报告，景区启动交通体系、游客中心、形象入口等改造，着手提升综合管理、导游服务、旅游安全、智慧旅游等内容。景区结合“旅游+文创+互动”理念，先后举办“恬庄古镇童玩节”“民间手工艺展”“桃花源创意市集”“蜜桃夏日游园会”“桃趣长廊”“蜜桃田园体验营”等活动，推动文旅融合、农旅融合、体旅融合，打造凤凰特色旅游节庆品牌。拓展旅游营销模式，与各大在线旅行社（OTA）合作平台以及验客达人、自驾游俱乐部、体育赛事组织方、摄影机构、旅游休闲年卡等平台合作，开展推广优惠活动。景区河阳山歌馆获评市社会科学普及示范基地。

香山景区　年内，环山路两侧绿化工程完成，香山竹林绿化景观工程基本建成，香山湖东侧景观工程及运动公园项目启动建设。2月10日至3月11日，举办第三届“香约香山”梅花节，开展“全民大寻福”“祈福聆风塔”“多彩梅花绘”“汉风凌韵，与子共舞”汉文化演出等活动。3月4日，举办香山山地短程马拉松挑战赛，约3500名跑步爱好者参加。3月11日，与市文联联合承办长三角城市灯谜团体邀请赛，特邀全国各地嘉宾和长三角地区的12个城市的代表队参加。3月下旬至4月中旬，举办第二届香山樱花节。10月下旬至12月上旬，举办香山红叶节活动，开展“西施来了”古装快闪、“多彩童年，绘意香山”、“红叶DIY手作”、“云儿朵朵漫香山”等活动。全年入园人数67.57万人次，购票人数8.5万人次。

永联小镇景区　永联景区全年完成投资额4.75亿元，接待游客80万人次。年内，中心景观河基本完成改造，打造成小镇中央公园，以小镇客厅、幸福生活、颐养生息、乡野生态4个区域表现永联的文化故事、居民幸福生活、乡村田园舒适宜居宜游的环境。9月，东街酒店群、苏州江南农耕文化园项目启动改造。农耕园改造项目主要有花卉岛、动物岛、农家乐园、阳光草坪、水上乐园扩建、作坊街扩建，以及园内道路、污水管网、路灯、智慧旅游等基础设施配套。1月19日至2月4日，以“鲜活张家港，好货共欢享”为主题，举办首届年货旅游节活动，并引入张家港非遗展活动。4月1日至5月1日，举办第九届市长江鲜美食节，接待游客5万余人次。7月14日至15日，举办“盱眙龙虾，永联之夜”第三届永联龙虾节活动，接待游客3万余人次。年内，永联村获评江苏省旅游局颁发的乡村振兴旅游富民先进村，获评海南博鳌美丽乡村峰会颁发的“全国百佳乡村旅游目的地”。

暨阳湖生态旅游区　年内，通过国家AAAA级景区复检，完成停车场收费系统建设，完成野趣园、镜湖至大酒店之间栈道改造以及中心广场生态看台改造等工程。新建政府实事工程“最美阅读空间”——暨阳湖湖畔书屋项目。书屋位于蝴蝶桥西南侧，占地面积155平方米。7月9日至8月19日，欢乐世界举办“盛夏狂欢啤酒节”活动，吸引市民超2万人次。11月3日，举办“鲜活张家港，悠悠江水

苏州江南农耕文化园　（市旅游局　提供）

情”2018年张家港长江文化旅游节开幕式。年内还承办“为爱行走”“外商投资企业环湖乐跑赛”“中韩写生友谊赛”等大型活动;配合举办“爱暖童心”“夜空中最亮的星”“小小讲解员之生态教育馆之行”等公益活动。全年入园游客363万人次。

常阴沙生态农业旅游区 5月9日,农旅融合项目“闲心公社”田园文化度假综合体项目开工建设。项目一期工程投资1.5亿元,主要由亲子度假特色民宿、江鲜土菜馆、八宝洲生态农场、文创商店、知青主题生活体验区、帐篷营地、房车营地、乡村振兴产业示范引导点等项目构成。3月,举办常阴沙油菜花节活动。9月,举办常阴沙农民丰收节暨金秋乡村欢乐游系列活动,推出农民趣味运动会、金秋采橘游、稻田餐厅等活动,将农事生产融入旅游活动。

双山岛旅游度假区 年内,与江苏亚东建设发展集团有限公司达成合作,引入“涵田”酒店管理品牌,负责运营管理双山岛涵田度假村酒店(原高尔夫酒店);引入乡伴文旅,打造双山渡口慢村小镇,建设双山岛理想村。9月27日,在度假区举办乡伴双山岛理想村项目开工仪式暨灯塔民宿大赛启动仪式。12月,双山岛老度假村改造项目和乡伴理想村项目启动建设。4月9日,举办“慢岛双山,生态之旅”开启仪式。4月13日,举办市第四届太极拳比赛。6月4日,举办“百企共环岛,生态伴我行”保护母亲河环岛自行车绿色骑行暨承诺签名活动。7月27日,举办访渡江纪念园苏州书法名家张家港双山雅集暨拥军笔会。12月9日,举办“拥抱长江母亲河,领跑乡村振兴路”第二届环跑双山活动。全年接待游客86.57万人次。

2018年年末张家港市省级以上旅游景区一览表

表42

类　别	景区名称	景区级别	地　　址	电　话
国家A级旅游景区	凤凰山景区	AAAA	凤凰镇金谷路9号	58451336
	永联小镇景区	AAAA	南丰镇永联村	58906066
	香山景区	AAAA	金港镇望江路	58379500
	暨阳湖生态旅游区	AAAA	杨舍镇金港大道	58268697
	东渡苑景区	AAA	塘桥镇鹿苑办事处	58112400
	常阴沙生态农业旅游区	AAA	常阴沙现代农业示范园区通江路3号	58633707
	梁丰生态园	AAA	杨舍镇沙洲东路	56992302
江苏省工业旅游点	江苏大唐纺织有限公司	省工业旅游示范点	塘桥镇花园开发区	58351128
	江苏永钢集团有限公司	省工业旅游示范点	南丰镇永联村	58906066
江苏省星级乡村旅游区	张家港市永联村(苏州江南农耕文化园)	省五星级	南丰镇永联村	58906060
	震宇生态园	省四星级	常阴沙现代农业示范园区常西社区	58640502
	金麦穗生态农庄	省四星级	杨舍镇河头村	58166385
	常阴沙生态农业度假区	省四星级	常阴沙现代农业示范园区通江路3号	58633707
	凤凰(飞翔)休闲农业园	省四星级	凤凰镇高庄村	58406023
	启园农庄	省四星级	塘桥镇欧桥村	58412515
	福满源生态农庄	省四星级	金港镇朱家宕村	58543312
	田园风光亲子度假村	省四星级	锦丰镇光明村	56962290
	永兴生态园	省四星级	金港镇永兴村	58710300
	七彩莲园	省四星级	塘桥镇338省道延伸段与新204国道交界处	58185818
	初见香草园	省三星级	锦丰镇环新北路	58518128

续表42

类　别	景区名称	景区级别	地　　址	电　话
江苏省星级乡村旅游区	雅农生态园	省三星级	塘桥镇妙丰路	58417068
	梁丰生态牧业文化园	省三星级	常阴沙现代农业示范园区走马塘工程七干河闸旁	58180120
	年丰生态园	省三星级	南丰镇妙丰公路与长安路交界处	58119880
江苏省级旅游度假区	双山岛旅游度假区	省级旅游度假区	金港镇长江中路177号	58305066
江苏省自驾游基地	凤凰山景区	省自驾游基地	凤凰镇金谷路9号	58451336
	震宇生态园	省自驾游基地	常阴沙现代农业示范园区常西社区	58640502
	凤凰休闲农业园	省自驾游基地	凤凰镇高庄村	58406023

【星级饭店】　年内，兴滕苑宾馆放弃复评，取消三星级旅游饭店称号。至年末，全市有旅游星级饭店8家，其中五星级3家，分别为国贸酒店、馨苑度假村和华芳金陵国际酒店；四星级3家，分别为沙洲宾馆、江南花园酒店和长江大酒店；三星级2家，分别为景海宾馆和汀悦大酒店。8家星级饭店和中油泰富国际酒店、中联粤海国际酒店、暨阳湖大酒店、沙洲湖酒店4家大型社会饭店全年接待人数46.77万人次，其中境外游客4.28万人次，营业收入总额70585.13万元，客房平均出租率53.58%。馨苑度假村、沙洲宾馆、国贸酒店参加苏州市十桌宴大赛，馨苑度假村获一等奖，馨苑度假村、沙洲宾馆的特色宴席入选苏州市十桌宴名录。

旅游美食文化活动　　（市旅游局　提供）

【旅行社】　年内，全市新增6家国内旅行社，分别为花之旅旅行社、视界旅行社、游山玩水旅行社以及双山岛旅游度假区成立的双山慢岛旅行社、大蓝鲸旅游公司、张家港星河在线旅游发展有限公司；新增4家国际旅行社，分别为观光世界国际旅行社、新华国际旅行社、永联国际旅行社、华辰国际旅行社；注销2家旅行社，分别为阳光假日会务旅行社、万豪旅行社。至年末，全市有旅行社42家，其中国际旅行社7家，在册导游176人。有星级旅行社7家，其中省四星级旅行社2家，为国泰国际旅行社和华泰旅行社，省三星级旅行社8家，分别为永安国内旅行社、山水假日旅行社、亚博国际旅行社、康辉旅行社、观光世界旅行社、华夏旅行社、园林旅行社和环宇旅行社，星级旅行社总数和质量均排在苏州各县级市前列。全年累计组团人数18.09万人次，比上年增23.12%；接待游客8.24万人次，比上年增36%；营业总收入1.98亿元，比上年增3.28%。国泰国际旅行社导游卢珅伟和观光世界国际旅行社钱静艳获评苏州市最美导游称号。开展2018年张家港市金银牌导游技能大赛，13家旅行社、3家景区的28名导游员（讲解员）参加比赛，产生金牌导游员、银牌导游员各5人，其中第一名获奖者江燕获张家港市劳模称号。

【旅游节庆活动】　年内，紧扣“鲜活张家港”特色旅游品牌，整合全市节庆活动资源，重点推出“鲜活张家港，游诗情花意”2018年张家港赏花季启动暨香山诗歌节和“鲜活张家港，悠悠江水情”长江文化旅游节系列活动，并组织微博、微信等自媒体平台达人参与旅游体验活动，强化品牌塑造。2月至5月，先后举办永联年货旅游节、香山梅花节、凤凰桃花节、“凤凰味道，寻找凤凰特色美食”系列活动、常阴沙油菜花节、长江鲜美食节。5月19日，在吾悦广场举办中国旅游日广场宣传暨旅游局党员志愿服务活动。6月至9月，先后举办永联龙虾节、暨阳湖音乐节、凤凰水蜜桃缤纷采摘节、常阴沙夏日缤纷采摘节、常阴沙农民丰收节。10月至12月，先后举办香山红叶节、凤凰温泉美食节等节庆活动。11月3日，举办2018年张家港长江文化旅游节暨“文明旅游、为中国加分、出行有礼”开幕式活动。　（孔　鹏）

【编辑　朱永平】

财税·金融

Taxation & Finance

7月11日起，市税务局实现"一键咨询"服务　（市税务局　提供）

财　政
税　务
金融监管
银　行
保　险
证券·期货
其他金融机构

财 政

【概况】 2018年，市财政局实施积极的财政政策，完善和拓展财源建设领域，不断健全财政管理各项机制，发挥财政公共职能，保障重点支出，改善民生事业，助推公共服务。全年完成一般公共预算收入233.43亿元，比上年增11.2%，税收占比90%。收入总量列全省县级市第3位，收入增幅列第6位，税收占比列第2位。张家港市获全省财政重点工作考核先进市县一等奖，市财政局获全省县级财政管理绩效综合评价第一，被授予江苏省五一劳动奖状。

财源建设 年内，市财政局调整完善税收征管保障机制，推动依法征收、应收尽收。根据宏观形势变化，开展财税调研，加强对重点税种、板块、行业和企业的税源监控和对比分析，提升征管效能。支持先进制造业、战略性新兴产业、现代服务业发展，保障"高铁新城"沪通、通苏嘉、南沿江"三条铁路"等重点项目建设，筑牢财政增收基石。推动成立总规模148亿元的张家港基金，推动张家港产业资本中心正式运营，培育优质新生财力。修订完善先进制造产业领跑计划、商务发展资金、质量提升活动政府奖励等实施细则，安排企业科技创新积分奖励经费9054.28万元，设立产学研预研资金800万元。鼓励支持企业加大研发投入，支持中科院纳米所张家港研究院等"十大新型研发机构"建设。落实减费降负政策，公布政府性基金项目7项，行政事业性收费项目31项，考试考务费项目67项，职业与技能鉴定等考试考务费18项，确保清单之外无收费，全年减费降负金额4000万元。加大对上争取政策兑现力度，全年兑现各类企业扶持资金超10亿元。全年为122家企业办理贷款周转业务278笔，累计周转金额超48亿元，有效缓解中小企业融资难问题。

政府采购管理 年内，市财政局修订《张家港市镇级政府采购管理办法》，对镇级政府的采购限额、监管部门等进行修订，进一步规范镇级政府采购行为。按照《全国政府采购管理交易系统建设总体规划》和《政府采购业务基础数据规范》的要求，构建政府采购管理交易系统，实现从政府采购预算编制到政府采购资金支付的全过程管理，通过信息化手段提升政府采购工作质量与效率。全年政府采购（货物类、服务类）合同金额总计19.19亿元。

2018年张家港市公共财政预算收入情况表

表43

项　目	实绩（万元）	比上年增长额（万元）	增长率（%）
税务	1646586	269941	19.60
财政	201015	−79194	−28.30
保税区	486687	43453	9.80
合计	2334288	234200	11.20

2018年张家港市公共财政预算支出情况表

表44

项　目	实绩（万元）	比上年增长额（万元）	增长率（%）
一、一般公共服务	185976	13038	7.50
二、公共安全	113595	11084	10.80
三、教育	336026	6319	1.90
四、科学技术	129778	20685	19.00
五、文化体育与传媒	35310	−2447	−6.50
六、社会保障和就业	197043	36304	22.60
七、医疗卫生	125578	5447	4.50
八、环境保护	82770	−3174	−3.70
九、城乡社区事务	496371	48631	10.90
十、农林水事务	171604	14489	9.20
十一、交通运输	69793	4565	7.00
十二、工业商业金融等事务	152079	23211	18.00
十三、其他支出	250	152	155.10
合计	2119909	183748	9.50

财政管理　年内，市财政局加大政府资源资金资产运作力度，对上争取债券额度，推进债务化解，防范债务风险。切实把控债务源头管理，梳理市镇两级投资项目及其资金渠道，强化拟建项目和尚未开工项目的资金来源审查约束。完成隐性债务摸底工作，制定市镇两级隐性债务化解方案。加强对区镇债务化解指导，建立区镇债务管理绩效考核机制。推进政府和社会资本合作（PPP）项目建设，做好物有所值和财政承受能力论证工作，推动高新区项目成功列入财政部PPP项目库。实行预算绩效目标与预算同步编制、同步审核、同步批复、同步公开的“四同步”管理机制，实现专项资金绩效目标管理全覆盖。编制市级中期财政规划，建立跨年度预算平衡机制。优化市级项目投资评审机制，规范制度程序，坚持严把“政府投资关”“现场踏勘关”“质量评审关”，全年审减、节约资金超13亿元。出台《张家港市市级行政事业单位通用办公设备和办公家具配置标准》，规范行政事业单位资产配置，提高资产使用效益。全年开展多场财会业务培训和内部考试，组织核验44个预算单位，出具102条工作建议，提升预算单位财务基础水平。

【会计管理】 年内，市财政部门深化会计管理“放管服”改革，加强会计从业资格管理和会计中介机构监督。继续开展网络化会计继续教育，全年参加继续教育2.1万人次。鼓励会计人员提升会计职称层次，分别组织4885人和1897人参加全国会计初、中级职称考试，通过643人和233人。组织完成2018年度高级会计师考评材料的初审并上报评审材料。拓展会计培训形式，引导社会机构有针对性地举办会计实务操作培训班，提升会计人员从业技能；组织会计领军人才培训，培养高层次会计人才。

【财政惠民】 年内筹集资金2亿余元，保障大病保险、长期护理保险和医疗救助政策顺利实施。1月，设立“民生微实事专项资金”，要求市镇两级每年安排不少于2000万元，用于民生微实事项目建设；出台《张家港市创业担保贷款实施细则》，设立2000万元创业贷款担保基金，支持创新创业。7月，先后出台《张家港市现代农业财政扶持办法》《张家港市现代农业财政扶持资金管理办法》，推动全市农业现代化建设步伐。8月，修改完善《张家港市村级公益事业建设“一事一议”财政奖补项目和资金管理办法》，提高资金使用效益。全年争取到上级财政支农扶持资金3.32亿元。落实惠农强农政策，全年发放耕地地力保护补贴4097万元，供种补贴491万元，农机补贴1348万元，秸秆还田补贴912万元，规模经营补贴1015万元，农药配送补贴629万元，测土配方肥补贴402万元。

【财政助推公共文化服务】 年内，市财政安排公共文化服务工程经费865万元，用于建设全国首个“竹林童话书屋”“书香港城诵读亭”，挂牌成立2个“绘本阅读实验基地”，以及建设各类书屋、书房、图书馆驿站等。年末，香山风景区的香山书局、文化中心的艺书房建成开放，竹林书屋、湖畔书房建设有序推进，24小时图书馆驿站累计建成36家。安排“文化育民”常规经费120万元，用于开展“群文大讲堂”、民间专业文化团队活动经费。安排重大文化活动经费5502万元，用于保利大剧院运营和演出补贴、“长江文化艺术节”等重大文化活动保障、“文化数字化服务”工程建设等项目支出。安排文化产业和动漫产业奖励资金581万元，促进文化产业发展。安排1.5亿元建设城南文体中心，丰富市民生活。（刘少华）

税　务

【概况】 2018年，根据全国税务系统自上而下开展征管体制改革的要求，市国税、地税系统全力推进体制改革，完成机构挂牌、“三定”方案落实、社保费和非税收入职责划转三大节点任务。全年组织收入473.29亿元，比上年增16.37%。其中税收收入403亿元，比上年增16.27%；非税收入70.29亿元，比上年增16.94%。完成公共财政预算收入210亿元，比上年增16.91%；完成中央级收入193亿元，比上年增16.27%。落实税收优惠政策，全年累计减免175.52亿元，占同期税收收入比重的43.5%。推进个人所得税改革，实现个税减税1.39亿元，降幅49.7%。年内，全系统先后获全国模范职工之家、江苏省公共机构节能示范单位、江苏省模范职工小家、苏州市文明单位、苏州市依法行政示范单位等多项荣誉。

2018年张家港市入库税收情况表

表45

项　目	实绩（万元）	比上年增长率（%）	项　目	实绩（万元）	比上年增长率（%）
收入合计	4732831	16.37	二、非税收入	702877	16.94
一、税收收入	4029954	16.27	其中：社会保险费	571080	16.78
其中：增值税	1990802	7.98	教育费附加	67687	19.46
企业所得税	1142230	30.50	地方教育费附加	45107	19.43
个人所得税	289304	14.16	其他基金（费）	19003	7.88
其他各税	607618	23.05			

说明：以上数据含张家港保税区税务局数据

【征管体制改革】 自6月至12月，全市税务系统根据国税地税征管体制改革的要求，对表推进，挂图作战。6月，制定《张家港市国税地税征管体制改革组织实施工作方案》，编制涵盖10个方面共计218项任务的《张家港税务机构改革总台账》，逐项明确责任部门、责任人、完成时限。7月16日，原国税、地税领导班子和4个综合部门先行集中办公。7月20日，国家税务总局张家港市税务局正式挂牌成立，办公地点在市区南环路30号。10月25日，举行"三定"方案宣布仪式。10月30日，所有派出机构相继挂牌，社保费和非税收入征管职责划转准备到位，实现机构部门人员、业务运转衔接、对外执法服务"三个平稳过渡"。与此同时，全面部署工作交接和职责梳理整合，实现局领导分工、部门整合组建、职能划转、人员调整"四个到位"；全面梳理原国税地税业务，制发14项衔接方案，实现涉税制度、征管流程、信息系统、内部管理"四个同步"；及时对外发布机构职能调整相关事项公告，实现执法服务政策、口径、流程、操作"四个统一"。

【税务服务地方发展】 市税务系统围绕全市发展大局，坚持总量攀升和质量提升并重，努力实现地方经济发展和税收质量"双提升"。科学预测、分析、谋划全年收入目标，年内收入预测准确率位居苏州市前列。结合经济运行态势开展多维度税收分析，上报《供给侧背景下苏州钢铁行业经济税收分析》《张家港市个人所得税政策效应分析》等专报10篇，获市委、市政府和上级局肯定。做精税种管理，主动适应税源结构变化，坚持抓大不放小，保持增值税、消费税、企业所得税等主体税种优势，强化征管举措，提升税种全面治理能力。实施土地增值税团队化管理，旧项目清算申报率34.32%，居苏州市前列。稳步实施差别化城镇土地使用税和税额调整政策，累计减征城镇土地使用税5100余万元；平稳开征环保税，全年入库税款1.71亿元。夯实基础工作，做好机构合并后金三系统升级工作，优化系统机构设置和人员岗位配置，实现"一人一机一系统"；根据"三定"后专业化管理和属地管理相结合的征管模式，梳理86项日常管理事项，明确各派出机构职责；统一金三系统原国、地税业务流程，优化管理事项工作流程，年内共完成5000余户管户的调整；对重点税源企业实施专业化团队管理，及时掌握税源增减变动状况。

7月20日，国家税务总局张家港市税务局挂牌成立 （市税务局 提供）

【税收风险管理】 年内，市税务系统创新开发纳税评估管理中心平台，从结案情况、环节耗时、沉淀节点等多个环节对在办评估任务进行分析，实现风险管理由事后向事中的前移。全年完成纳税评估任务256户，入库税款3.22亿元；完成中等风险应对任务923户，入库税款3.75亿元；完成纳税辅导任务290户，入库税款111.87万元。统一规范评估操作，梳理原国地税纳税评估（中等风险）相关问题，形成《过渡期纳税评估（中等风险）有关事项的通知》，对流程规范、操作要求、集体审议等问题提出明确要求，为过渡期纳税评估工作提供指引。统筹安排各类积案清理，全面统计原国地税风险应对、纳税评估、欠税追征等各类未结案件的应对部门、应对人员、积案原因等信息，形成《未完成任务情况统计表》，掌握全市未结案件总体情况。推广电子账册采集系统应用，全年共采集143户纳税评估任务的电子账册，采集率65%，采集量和采集率均位列苏州市第1名。稽查效能进一步提升，持续加大力度打击虚开骗税等涉税违法行为，全年查办案件559件，查补税款8847.43万元。

【多举措为纳税人减负】 年内，市税务系统贯彻落实国务院"放管服"（简政放权、放管结合、优化服务）改革任务，为纳税人减负。落实增值税改革、科技创新、研发费用加计扣除、小微企业所得税扩围、股权激励等税收优惠政策，持续释放税收政策红利，全年减免175.52亿元。稳步推进个税新政，成立个人所得税改革工作领导小组，分解细化6个大类30项52条工作任务，完成个税扣缴APP推广、面向扣缴义务人的软件培训、扣缴义务人客户端升级等工作，全年实现个税减税1.39亿元，个税APP客户端使用覆盖面超50%。持续推进办税便利化改革，根据全省"3550"（开办企业3个工作日内完成、不动产权证5个工作日内完成、工业建设项目施工许可证50个工作日内完成）改革要求，推出"最多跑一次"清单5类105项，"一次都不跑"清单111项。推行发票邮政配送，全年共计申请领用发票7.53万户次，申请邮寄增值税专用发票214万份。打造"一体化"办税综合体，全年共计自助领用发票3.65万次，自助代开发票15.15万笔。推行电子税务局套餐业务办理，全年新办企业套餐4950笔，新办套餐使用率96.86%。完善联合集中注销登记模式，全年注销4217户，比上年增14.8%，80%以上的事项实现即时办结。持续推动"税银互动"扩围升级，纳税信用贷累计授信1540笔，授信金额5.51亿元，比上年增39.5%，为破解企业"融资难、融资贵"开辟新思路。

（徐　敏）

金融监管

【概况】 2018年,全市有市政府金融工作办公室(简称市金融办)、中国人民银行张家港市支行(简称市人民银行)、中国银行业监督管理委员会苏州监管分局张家港监管办事处(简称市银监办)、国家外汇管理局张家港市支局(简称市外汇管理局)4家金融监管机构,从业人员56人,其中市金融办15人、市人民银行39人(含市外汇管理局)、市银监办2人。

市金融办　年内围绕金融服务实体经济的目标,继续实施金融服务实体经济"百千亿"工程,全市有4650家企业登录苏州地方企业征信系统,由苏州综合金融服务平台为企业新增授信855.53亿元,新增放款382.71亿元,张家港市在该平台的入驻企业数、授信规模、放款规模继续保持苏州市第1位;持续推进再融资工作,10家上市挂牌企业完成再融资23.6亿元。年末全市实体经济贷款余额1793.06亿元,占本外币贷款总额的75.76%,全市银行新增融资总量440亿元。继续推进政银企合作,举办2018年苏州·张家港政银企恳谈会,促成银企合作签约项目83个,融资金额564.95亿元;发布融资项目需求33个、共计113.9亿元。举办系列高端培训班,与清华大学、上海财经大学等知名高校及东吴证券等知名机构联合举办"港城合伙人"企业家资本战略专题研修班、全市"新三板"企业董事会秘书专题培训、金融系统理论素养提升专题研修班、张家港市企业赴港上市业务培训会等各类专题研修和培训。鼓励金融机构、上市或拟上市、"新三板"挂牌或拟挂牌企业引进高端人才,年内评选出3名高端金融人才、3名高层次资本人才。推进保险创新,水蜜桃综合气象指数保险试点入选全国农村改革试验区新增试验任务,按照申报方案,明确从2018年3月至2019年10月,为凤凰镇水蜜桃种植农户实施该保险试点,提供风险保障服务,助力打造特色农产品优势区;水稻收入试点保险在上年首轮67户试点的基础上扩大承保面,参保户数增至121户,面积扩至2170.8公顷,保费112.82万元,为水稻生产增加价值2268万元的风险保障;科技保险保额366亿元,发放补贴近350万元;张家港市获中国百强县市保险竞争力排行榜第2名。联合金融系统30个单位组建"融之汇"党建联盟,开展最美金融人评选表彰、"让爱成长"走进儿童福利院活动、金融系统"迎七一"文艺会演、赴贵州沿河县扶贫助学等系列活动;牵头联合市人民银行、市银监办以及全市30家银行、44家保险公司、17家证券公司等94个单位成立市金融业工会联合会,维护广大职工的合法权益。调整市预防和打击处置非法集资工作领导小组,出台《关于强化金融监管职责和加强金融风险防范的实施意见》《张家港市预防和打击处置非法集资工作领导小组工作规则(试行)》《张家港市防范和处置非法集资等非法金融活动风险攻坚战专项行动方案(2018—2020年)》等文件;组织开展风险大排查,排查出168家风险企业机构并全部录入省非法金融活动监测预警系统;组建打处非实体化工作专班,处置核查疑似风险企业,压缩存量非法集资规模;开展同创共建平安金融暨2018年防范非法集资主题宣传活动,会同各部门开展8项宣传活动,组织微电影"四进"活动42场、"村村演"巡演42场,金融志愿者宣讲36场,发放宣传资料10万余份;会同市纪委、市监委、市委组织部、市人社局下发《关于严明纪律要求国家公职人员不得参与非法金融活动的通知》,严禁公职人员参与非法金融活动。督促银行加快不良资产处置,年末不良贷款率比例为1.21%。2018年,张家港市在全省县域金融生态环境评估中排名第25名,比上年度上升3名。

3月23日,2018年苏州·张家港政银企恳谈会召开　(市金融办　提供)

市人民银行　年内聚焦支持实体经济,贯彻稳健中性的货币政策。引导银行业金融机构科学把握信贷投放节奏,确保信贷投放总量和实体经济发展需求相适应,投放节奏与实体经济运行节奏相衔接。协助承办2018年苏州·张家港政银企恳谈会,指导泰隆银行与团市委"团建+金融"项目"青创贷"上线,指导张家港农商行取得"征信贷"业务唯一县域法人农商行试点资格。对辖内23家银行机构实施2017年度涉农信贷政策导向效果评估,评出"优秀"4家、"良好"8家、"中等"7家、"勉励"4家。聚焦金融风险防控,维护辖区金融稳定。银行不良资产处置取得实质性成效,至年末,渝农商村镇银行不良贷款余额降至355万元、不良贷款率降至1.66%、拨备覆盖率升至163.15%;张家港市金融生态环境综合评估排名比上年上升3位,列全省69个县市区第25名,被授予"2015—2017年度金融生态达标县"称号,以及被省政府认定为全省唯一"切实防范和化解金融风险成效明显"的市;整治互联网金融和非法集资,开展涉众型互联网金融机构等风险排查处置和广告资讯宣传活动清理等工作，组织百场金融志愿者主题宣讲、百场“村村演”、百名协管员千家万户“面对面”等宣传，从源头上增强社会公众对非法集资的风险防范意识；完善与公检法、海关、税务、工商等部门反洗钱沟通联络机制，对辖内7家义务机构开展反洗钱监管走访。聚焦便民利企，提升金融服务质效。贯彻国务院“放管服”改革和市政府“3550”改革进程，将人民币银行结算账户行政许可业务进驻张家港市民服务中心，成为苏州市首家入驻的垂直管理单位，实现对新开办企业账户即时核准，对账户变更、销户等业务半个工作日核准；推动移动支付便民示范工程，指导张家港农商行重点推动移动支付在公共交通上联网通用，推动光大银行与张家港农商行合作成功启动张家港医保脱卡支付项目，组织农业银行推动智慧食堂、智慧菜场等项目移动支付场景应用；开展人民币流通满意“新工程”，做好特殊残损币服务，全年累计鉴定特殊残损人民币15笔，金额8526元；开展拒收现金专项整治，多形式向社会宣传不得拒收人民币等政策，对拒收现金投诉第一时间进行严肃处理；快速处置金融消保投诉，全年处理金融投诉54起、群众电话及到访5起、人民银行苏州市中心支行内部系统转办投诉4起。

市银监办　年内督促指导银行机构加强和改善金融服务，促进地方经济特别是实体经济持续健康发展。督促银行机构加大有效信贷投放力度，支持民营及小微企业、“三农”科创型企业、制造业企业融资需求。至年末，全市银行机构贷款总额2369.57亿元，比上年增5.29%，其中小微企业贷款比上年增53.82亿元，贷款户数增2741户。督促银行机构开展银行业专项治理和乱象整治工作，规范同业、理财、表外等重点业务领域，提升其依法合规经营水平，资金脱实向虚的势头初步得到遏制。督促银行机构严格执行“七不准、四公开”，做到合规收费，以质定价，公开透明，减费让利。加强风险管控，防范及化解各类金融风险。按月监测银行机构不良贷款变化情况，督促银行真实反映五级分类贷款情况，摸清风险底数的真实性。督促银行机构严控新增不良贷款，有效处置存量不良贷款，约谈、走访不良贷款变化较大和新增较多的银行机构，督促其加强风险管控。年内全市银行机构累计处置不良贷款24.83亿元，年末不良贷款余额28.72亿元，比上年减6.54亿元；不良贷款比例为1.21%，比上年下降0.36个百分点；不良贷款余额、比例均实现“双降”。督促银行机构开展案件风险隐患全面排查，执行轮岗和强制休假制度，消除风险隐患，保持案防高压态势，全年辖内银行机构未发生大案要案及职务犯罪。对法人机构开展非现场监管，列席张家港农商银行、张家港渝农商村镇银行、沙钢财务公司股东大会、董事会；约谈高风险机构张家港渝农商村镇银行负责人，加强沟通，传导政策；配合做好股权改革多方沟通工作，确保不发生单体机构风险。做好市场准入工作，完善银行机构体系。年内，建行张家港分行分理处升格支行3个，江苏银行张家港支行新增支行1个，泰隆银行张家港支行新增小微支行1个。年末全市银行机构总数32家，营业网点303个，从业人员数5031人，形成包含政策性银行、大型国有银行、股份制银行、城商行、农商行、村镇银行、非银行金融机构、外资银行等比较齐全的机构体系。配合上级监管部门开展现场检查和调研，参加苏州银监分局对张家港农商银行整治乱象的督察、省局对该行科技评级的反馈以及检查回头看，参加苏州分局对沙钢财务公司的现场检查，对民生、平安和恒丰3家股份制银行的飞行检查。加强金融消费者权益保护工作，妥善处理理财、信用卡、服务收费等各类咨询、投诉，办结率100%；开展小微企业金融服务宣传月、金融知识进万家、金融消费者权益保护暨预防和打击非法集资、整治非法金融等主题宣传活动，为消费者普及金融知识，提高投资风险防范意识和能力；配合地方金融监管部门加强对违规基金、涉嫌非法集资、非法金融活动企业的检查、排查和查处，维护金融消费者合法权益。

市外汇管理局　围绕中性监管的思路，在加强内控、依法行政的基础上，加强事前政策指导，提升事中事后监管能力，依法开展外汇监管。全年办理企业收付汇名录登记832笔、进口付汇出口收汇事前审核49笔、外债项下273笔、对外担保登记7笔、境外放款4笔、金融机构即期结售汇业务的准入备案2笔、金融机构外汇衍生产品业务备案1笔。以非现场监测核查方式捕捉异常资金线索。全年开展经常项下货物贸易重点监测库企业非现场核查985笔，其中列入现场核查企业95家；开展服务贸易非现场核查7笔，其中列入现场核查5笔；开展资本项下事后核查215笔，其中现场核查13笔；开展国际收支项下统计申报非现场核查2736笔，审核单位基本情况表1160笔。在现场核查、专项核查中及时发现违规事实。全年针对经常、资本、国际收支项下完成6家银行机构、1家非银行金融机构及94家企业的现场核查；对上级局下发线索开展事中事后专项核查，发放风险提示函40份，开展贸易融资专项核查、总局第三期检查线索、异地分局单证核验工作等，完成对40家企业134条线索的核查。累计发现33家企业、2家银行存在异常情况，其中1家企业移交检查进行处罚。支持实体经济发展。继续推进双向人民币资金池业务，年内新增天宇羊毛工业（张家港保税区）有限公司1家双向人民币资金池试点企业，至年末，全市有5家企业加入该资金池试点，资金池累计流入资金12.8亿元、流出资金11亿元。结合地区行业特点，挖掘典型案例，深入调查研究，探索有效监管手段。全年完成信息调研14篇，其中完成《基于政策系统性视角的内保外贷运用管理》《张家港市钢铁行业外汇收支形势分析》及《基于财务视角穿透式监管在利润汇出业务中的运用探析》调研文章；承担外汇管理局江苏省分局调研课题“浅析构建对外汇业务三维立体监管体系”“全口径跨境融资政策评估”，参与总局课题“规范海关特殊监管区域外汇管理研究”；针对中美贸易战，配合上级部门开展调查反馈，筛选目标企业、设计调查问卷、深入企业沟通，拟写典型案例，完成调查反馈30余次，按月完成对美贸易样本企业专项分析月报，上报案例10余篇。调研文章被国家外汇管理局录用2篇，江苏省分局录用2篇，苏州市中心支局录用6篇。

【债委会机制防控大额授信风险】债权银行委员会（简称债委会）机制是上级银监部门部署的一项推动多家债权银行共同为企业脱困、降杠杆的工作机制，对授信余额5亿元（含）以上且银行业债权金融机构3家（含）以上的债务企业，指导辖内银行业金融机构及时成立债委会，集体协商，按照“一企一策”的原则对债务企业形成帮扶或处置合力。年内，市银监办指导并推进欣欣高纤集团债委会有序运行，在沙钢环保舆情、沙洲电力（华兴电力）风险事件中指导启动债委会机制，协调实现债权银行不抽贷、压贷，保障企业正常生产经营，有效防控大额授信风险。

【银行机构直接融资规模居苏州市前列】年内，全市各银行业金融机构全力支持中小企业发行短期融资证券、中期票据、定向工具等债务融资工具，有效降低企业融资成本，促进实体经济发展。6月19日，由上海银行苏州分行为主承销商、中信建投为副承销商所承销的东华能源股份有限公司2018年度第一期绿色中期票据6亿元以锁定7%的票面利率成功发行，该项目成为引导产业结构转型的典型案例。至年末，全市企业在银行间债券市场新发行债务融资工具139.5亿元，占苏州全辖新发行量的14.91%；发行债务融资工具余额437亿元，占苏州全辖的25.55%，位列第1名。

【实施普惠金融举措支农支小】年内，市人民银行实施普惠金融举措，扶持“三农”及小微企业发展。为张家港农商行发放支农再贷款11.5亿元、支小再贷款10.5亿元，扩大对“三农”及小微企业的信贷投放。尝试创业担保贷款新机制，出台《张家港市创业担保贷款实施细则》，与财政风险补偿基金合作，落实创业担保贷款担保基金2000万元；在苏州市率先接入苏州创业担保贷款公共服务平台，解决创业融资需求2540万元。开展农村土地承包经营权抵押贷款试点，年内完成2笔、510万元抵押贷款。组织“践行普惠金融在路上”活动，指导泰隆银行在8个区镇开展98场“整村授信”活动，授信34.3亿元，帮助1763户农民、个体工商户及小微企业主解决融资4.77亿元。（程鑫 戴莹杰 赵静 徐伟）

银行

【存贷业务】2018年年末，全市银行业金融机构本外币各项存款余额2928.72亿元，比上年增8.94%。其中，人民币各项存款余额2810.2亿元，比上年增9.48%；外币各项存款余额17.27亿美元，比上年减7.25%。在本外币存款余额中，住户存款余额1124.75亿元，比上年增8.25%；非金融企业存款余额1218.4亿元，比上年增8.97%；广义政府存款余额518.93亿元，比上年增3.57%；非银行业金融机构存款余额59.95亿元，比上年增134.55%。全市银行业金融机构本外币贷款余额2368.85亿元，比上年增5.25%。人民币各项贷款余额2324.01亿元，比上年增6.01%；外币各项贷款余额6.53亿美元，比上年减26.88%；本外币中长期贷款余额1233.31亿元，比上年增14.14%；短期贷款余额1026.4亿元，比上年减6.13%；票据融资余额106.51亿元，比上年增45.33%，增速高于中长期贷款、短期贷款。贷款中，住户贷款增长较快，全市住户贷款余额680.27亿元，比上年增30.41%。购商品房贷款持续增长，全市购房贷款余额532.47亿元，比上年增31.54%。

2018年年末张家港市银行机构网点一览表

表46

序号	名称	分行（家）	一级支行（家）	二级支行（家）	分理处（家）	储蓄所	邮储营业所（家）	小微支行	社区支行	合计（家）	从业人员（人）
1	农业发展银行	—	1	—	—	—	—	—	—	1	18
2	工商银行	1	—	24	—	—	—	—	—	25	416
3	农业银行	1	—	28	13	—	—	—	—	42	634
4	中国银行	1	—	25	—	—	—	—	—	26	510
5	建设银行	1	—	22	2	1	—	—	—	26	387
6	交通银行	1	—	9	—	—	—	—	—	10	141
7	中信银行	—	1	2	—	—	—	—	—	3	70
8	民生银行	—	1	2	—	—	—	—	—	3	78
9	招商银行	—	1	2	—	—	—	—	—	3	60
10	浦发银行	—	1	1	—	—	—	2	—	4	57
11	光大银行	—	1	1	—	—	—	—	3	5	57
12	华夏银行	—	1	1	—	—	—	—	1	3	40
13	兴业银行	—	1	—	—	—	—	—	—	1	29

续表46

序号	名称	分行（家）	一级支行（家）	二级支行（家）	分理处（家）	储蓄所	邮储营业所（家）	小微支行	社区支行	合计（家）	从业人员（人）
14	恒丰银行	—	1	—	—	—	—	—	—	1	34
15	广发银行	—	1	—	—	—	—	—	—	1	15
16	平安银行	—	1	—	—	—	—	—	—	1	24
17	浙商银行	—	1	—	—	—	—	—	—	1	35
18	江苏银行	—	1	3	—	—	—	—	—	4	36
19	苏州银行	—	1	6	—	—	—	—	—	7	127
20	上海银行	—	1	—	—	—	—	—	—	1	26
21	南京银行	—	1	—	—	—	—	—	—	1	22
22	浙江泰隆商业银行	—	1	1	—	—	—	2	—	4	59
23	宁波银行	—	1	—	—	—	—	—	—	1	55
24	江西银行	—	1	—	—	—	—	—	—	1	21
25	张家港农商银行	—	1	27	55	—	—	—	—	83	1523
26	常熟农商银行	—	1	—	—	—	—	—	—	1	76
27	渝农商村镇银行	—	1	—	—	—	—	—	—	1	21
28	友利银行	—	1	—	—	—	—	—	—	1	16
29	汇丰银行	—	1	—	—	—	—	—	—	1	7
30	邮政储蓄银行	—	1	6	—	—	32	—	—	39	380
31	沙钢财务公司	—	1	—	—	—	—	—	—	1	34
32	国泰财务公司	—	1	—	—	—	—	—	—	1	23
合　计		5	27	160	70	1	32	4	4	303	5031

说明：张家港农商银行数据不包括异地机构网点20家，故表中数据与文中有所不同

2018年年末张家港市银行机构存款情况表

表47

类别 / 单位	人民币存款		其中 单位存款		其中 个人存款		外币存款	
	年末余额（万元）	比上年增长率（%）	年末余额（万元）	比上年增长率（%）	年末余额（万元）	比上年增长率（%）	年末余额（万美元）	比上年增长率（%）
农发行市支行	98348.00	275.00	98348.00	275.00	—	—	—	—
工行市支行	2239042.58	11.16	1418033.35	12.94	821009.23	8.20	9863.34	-15.60
农行市支行	5731193.00	-1.78	2751909.00	-7.95	2979284.00	4.70	25866.00	-19.44
中行市支行	2290532.00	5.99	1229505.00	7.66	1052534.00	4.11	34477.00	-8.29
建行市支行	2525925.25	8.79	1488858.42	10.33	1037066.83	6.64	19188.23	-9.10
交行市支行	1030211.00	9.36	662358.00	9.68	367853.00	8.78	7539.00	11.90
中信银行张家港支行	638021.00	43.29	605370.00	46.03	32651.00	6.33	2058.00	-8.89
中信银行保税区支行	69155.00	-20.83	53928.00	-27.30	15227.00	15.60	140.00	-42.85
民生银行市支行	611266.00	27.38	537363.00	29.81	73903.00	12.09	—	—
招商银行市支行	519090.00	85.00	462113.00	94.00	56977.00	33.00	1309.00	-38.00
浦发银行市支行	603797.00	1.90	508187.00	-4.99	95042.00	65.27	1874.00	-73.65
光大银行市支行	314401.60	5.61	249633.42	-1.84	64768.18	49.27	544.26	20.74
华夏银行市支行	499074.00	6.66	432524.00	4.30	66550.00	24.02	1446.00	41.63
兴业银行市支行	316909.00	46.04	293910.00	46.53	22999.00	40.04	1291.00	27.19
恒丰银行市支行	137007.19	-42.00	134818.62	-41.00	2188.58	-63.00	9.81	502.00

续表47

单位＼类别	人民币存款		其中				外币存款	
			单位存款		个人存款			
	年末余额（万元）	比上年增长率（%）	年末余额（万元）	比上年增长率（%）	年末余额（万元）	比上年增长率（%）	年末余额（万美元）	比上年增长率（%）
广发银行市支行	119710.00	13.65	114605.00	12.54	5105.00	28.36	—	—
平安银行市支行	38526.00	-59.75	10723.00	44.73	5922.00	-86.92	—	—
浙商银行市支行	349815.00	147.22	158900.00	89.89	31902.00	91.68	70.00	100.00
江苏银行市支行	695834.00	-5.09	612481.00	-7.37	83353.00	15.91	690.00	37.45
苏州银行市支行	420337.00	15.94	314747.00	14.18	105272.00	21.26	26.00	-153.85
上海银行市支行	299019.00	58.15	286716.00	64.00	12301.00	-13.56	561.00	114.12
南京银行市支行	285076.00	33.28	238128.00	31.70	46948.00	41.93	51.00	5000
泰隆银行市支行	46705.50	30.24	25759.68	83.99	20945.82	-4.18	—	—
宁波银行市支行	295349.00	54.60	276336.00	58.20	19013.00	15.50	4373.00	-21.60
江西银行市支行	93659.78	83.17	84158.92	93.94	9500.86	-12.24	—	—
张家港农商银行	7639957.45	13.71	3862230.17	14.12	3453746.93	9.31	16104.47	-5.10
常熟农商银行	75218.02	45.59	51709.72	61.07	23508.30	20.19	—	—
渝农商村镇银行	10413.23	-20.61	7836.94	-17.62	2576.29	-28.53	—	—
友利银行市支行	23297.19	-12.71	13772.71	-23.96	9524.48	11.06	1738.10	110.18
汇丰银行市支行	17807.58	19.36	17807.58	19.36	—	—	473.77	-56.19
邮储银行市支行	1018005.92	9.70	184714.47	17.07	833255.93	7.96	166.65	-17.16
沙钢财务公司	465285.00	-24.67	465285.00	-24.67	—	—	35898.00	79.93
国泰财务公司	97202.13	-3.43	97202.13	-3.43	—	—	6832.24	-60.69

2018年年末张家港市银行机构贷款情况表

表48

单位＼类别	人民币贷款		其中				外币贷款	
			短期贷款		中长期贷款			
	年末余额（万元）	比上年增长率（%）	年末余额（万元）	比上年增长率（%）	年末余额（万元）	比上年增长率（%）	年末余额（万美元）	比上年增长率（%）
农发行市支行	226173.00	107.00	61773.00	199.00	164400.00	110.00	—	—
工行市支行	2537318.21	7.16	801721.35	-7.94	1735596.86	15.94	6134.97	-53.81
农行市支行	3962074.00	-4.40	1653989.00	-15.55	2023359.00	1.03	12758.00	-38.93
中行市支行	2468047.00	8.09	980779.00	-10.20	1416279.00	22.81	6088.00	-25.09
建行市支行	2460877.14	6.91	584210.87	14.70	1814141.14	3.36	9701.53	9.45
交行市支行	800718.00	6.88	429650.00	-12.78	328273.00	37.91	3379.00	-40.81
中信银行张家港支行	542402.00	-3.40	212169.00	-20.26	330233.00	11.65	1095.00	-80.32
中信银行保税区支行	179025.00	14.86	65486.00	-19.63	113538.00	52.64	815.00	557.25
民生银行市支行	392061.00	-8.43	182704.00	-35.04	209357.00	42.48	—	—
招商银行市支行	631235.00	15.00	379216.00	6.00	252019.00	32.00	1519.00	-68.00
浦发银行市支行	621868.00	10.55	411665.00	17.70	209644.00	-1.27	105.00	-80.59
光大银行市支行	237688.35	-30.18	93517.01	-54.85	144171.34	8.12	1232.50	64.22
华夏银行市支行	425676.00	4.76	116046.00	-10.50	309630.00	11.70	3175.00	4123.37
兴业银行市支行	387995.00	4.94	169583.00	3.34	218412.00	6.22	528.00	17.33

续表48

单位 \ 类别	人民币贷款		其中 短期贷款		其中 中长期贷款		外币贷款	
	年末余额（万元）	比上年增长率（%）	年末余额（万元）	比上年增长率（%）	年末余额（万元）	比上年增长率（%）	年末余额（万美元）	比上年增长率（%）
恒丰银行市支行	311599.20	-13.26	105999.20	-11.43	205600.00	-1.82	—	—
广发银行市支行	80311.00	-14.64	55111.00	-29.42	25200.00	57.50	510.59	100.00
平安银行市支行	33547.00	-53.62	27296.00	-61.99	6252.00	1097.50	—	—
浙商银行市支行	149945.00	72.31	102068.00	48.85	45218.00	145.07	1426.00	100.00
江苏银行市支行	597992.00	8.90	398496.00	-9.13	199496.00	8.43	830.00	44.60
苏州银行市支行	417771.00	-2.03	170424.00	-17.10	238988.00	8.71	—	—
上海银行市支行	396487.00	34.64	160945.00	-16.43	235493.00	137.60	—	—
南京银行市支行	251691.00	15.17	111302.00	94.45	140389.00	12.96	—	—
泰隆银行市支行	86474.40	72.27	66254.85	58.18	8794.55	17.06	—	—
宁波银行市支行	188090.00	23.00	105353.00	30.70	82737.00	14.40	2835.00	-64.00
江西银行市支行	61271.71	93.98	44853.27	-0.25	16418.44	0.69	—	—
张家港农商银行	5780277.56	23.14	2932139.69	11.44	2431348.27	35.89	11037.80	25.80
常熟农商银行	213872.00	34.58	129739.00	13.65	84133.00	20.93	—	—
渝农商村镇银行	21446.83	-33.05	9247.41	-52.68	12199.42	-2.34	—	—
友利银行市支行	19470.01	-39.81	5682.10	-62.29	1527.00	1.17	300.00	100.00
汇丰银行市支行	5907.00	-61.73	5852.00	-47.71	—	—	1252.81	-2.70
邮储银行市支行	689278.01	20.36	112112.51	1.47	577166.50	24.88	—	—
沙钢财务公司	228800.00	3.34	228800.00	3.34	—	—	—	—
国泰财务公司	30000.00	-20.63	30000.00	-20.63	—	—	—	—

【货币投放】 全市现金投放144.83亿元，比上年少投放14.24%；回笼现金74.01亿元，比上年少回笼12.82%。现金收支轧差70.82亿元，呈净投放态势，较好满足地区社会经济发展现金需求。

【政策性银行】 全市有政策性银行1家，为中国农业发展银行张家港市支行。2018年，该行以服务“三农”需求为主要理念，以支持国家粮棉购销储业务为主体，以支持农业产业化经营、农业农村基础设施建设和生态农业建设为重点，发挥农业政策性金融支农职能，深化城乡发展一体化综合改革，推进全市土地资源节约集约利用。全年投放支农资金15.27亿元，年末贷款总额22.62亿元。完成储备小麦、稻谷数量5.6万吨，投放县级储备粮油贷款1.67亿元，保障粮食安全；为产业化龙头企业投放资金2亿元，发放产业化龙头企业粮油购销流动资金循环贷款3亿元；对“三优三保”政策实施提供金融支持，年内完成凤凰、塘桥等地“三优三保”项目3项，累计投放8.6亿元。加强对存量项目资金管理，对整体城镇化建设项目资金7.84亿元实行跟踪管理，按项目进度定期与企业分析项目实施效能。至年末，企业存款余额98384万元，比上年增276%；贷款余额226173万元，比上年增107%。全年完成国际结算2.14亿美元，比上年减41%。实现中间业务收入2.1万元，比上年减84%。实现利润1731万元，比上年减32%。 （侯新亚）

【国有商业银行】 2018年，全市有5家国有商业银行（工商银行、农业银行、中国银行、建设银行、交通银行）的分支机构。机构网点129家，从业人员2088人。

工商银行 中国工商银行股份有限公司张家港分行（简称市工行）持续拓展优质信贷市场，支撑地方实体经济发展，年内在先进制造业、新材料、幸福产业等板块新增项目贷款投放13个、金额19.4亿元。2月，为张家港农商行办理苏州分行辖内首笔同业超远期结汇业务，金额1400万欧元。新兴市场业务取得突破，顺利加入“沙钢DFI承销团”，推进非金融企业债务融资工具承销项目。推动智慧零售系列业务，工行苏州分行辖内首个政务平台“一窗融合”开户项目于4月上线，通过与政务服务管理平台的系统对接，完成企业开户及人民银行审批信息的交互，便捷企业开户；成为全市首家与市总工会“职工驿站APP”展开全面合作的银行，为工会会员在“衣、食、行、医、娱、购”等方面提供金融服务支持；“智慧永联e钱包”项目创新线上获客新渠道，实现智慧金融与智慧乡村建设的结合，该案例入选工总行深改办重点城市行市场拓展典型案例。全年国际结算量81.56亿美元,比上年增27.6%。外汇交易量25.68亿美元,比上年增17.74%。代理保险销售1.1亿元、基金销售10.7亿元。中间业务收入35523万元,比上年增3%。全年实现拨备前利润87609万元,比上年增9.47%。年内,市工行被总行评为"2017—2018年度安全管理先进集体",获江苏省分行精品县(市)行、苏州分行先进集体、"苏州市2016—2018年度平安金融先进集体"等称号。

农业银行　中国农业银行股份有限公司张家港分行(简称市农行)以"创新、营销、服务、管理"为主题,创新融资产品和服务手段,发挥金融支持实体经济的作用。年内项目批准金额12.69亿元,先后支持苏州橙柳电子精密有限公司的新能源汽车动力锂电池用安全系统项目、金陵体育产业园开发有限公司的体育器材、人造草坪生产项目等。强化普惠金融服务力度,7月18日,全市首家普惠金融专营机构在市农行营业部挂牌设立。该专营机构以法人小微企业及个体工商户、小微企业主为重点服务对象,通过设立专业团队,加大普惠金融产品和服务模式创新力度,提高普惠金融的覆盖率、可得性和满意度。年内结合当地乡镇经济产业特点,创新发展"一项目一方案一授权"服务模式,在流程、准入、审批权限上进行优化,实现批量化运作的小微企业集群授权模式,成功获批三兴饮料机械、三兴塑料机械、德积氨纶纱特色产业项目。全年小微企业贷款余额57.98亿元,涉农贷款余额328.98亿元。提升服务效率,与市行政审批局合作上线"一窗融合"开户服务模式,集中办理营业执照申领、印章刻制、银行开户等事宜,实现企业一站式开户。4月27日,为企业办理农行江苏省分行系统内首笔"一窗融合"开户业务。履行帮扶共建社会责任,与贵州沿河县淇滩镇柳池村签订为期三年的"携手奔小康行动"结对帮扶协议,每年送去扶贫基金,帮助柳池村2020年前实现脱贫。全年国际结算量221亿美元,比上年增2.79%。外汇交易量38.46亿美元,比上年增3.55%。代理保险销售4.47亿元、基金销售12.55亿元。中间业务收入3.5亿元,比上年减12.72%。全年实现拨备前利润12.04亿元,比上年减1.15%。年内,市农行获评"2015—2017年度苏州市文明单位"。

中国银行　中国银行股份有限公司张家港分行(简称市中行)年内多渠道实现资产有效投放,各类新项目合计新增投放34.72亿元,其中实体经济客户新增投放11.15亿元,政府类客户新增投放12.12亿元,房地产类客户新增投放11.45亿元,新增占比分别为32.11%、34.9%和32.98%。加大对民营及小微企业投放,重点支持一批高端制造和科技型企业,年内服务399户小微企业,投放金额7.76亿元。创新城镇化金融服务模式,面向农村金融,服务村级经济组织,"村村通"产品累计投放75户,金额5.2亿元。发挥国际结算优势,服务进出口企业近2000家,进出口总量近100亿美元(其中跨境人民币业务60亿元),贸易融资190亿元,境内外保函16亿元,结售汇业务45亿美元,国际结算市场份额为25%,列四大行第1位。创新服务方式和流程,配合市政府"放管服"改革推出"一窗融合"项目,在中行苏州分行系统内首发对接政务"一窗融合"平台,实现企业开户流程由原先8天减至3天,材料由27份减至10份。承担社会责任,结对帮扶贵州沿河县关怀村,签订"携手奔小康行动"村级结对帮扶协议,并为贫困家庭捐赠5万元。年内实现中间业务收入2.25亿元,比上年增5.6%。实现利润7.33亿元,比上年增32.15%。

建设银行　中国建设银行股份有限公司张家港分行(简称市建行)年内以住房租赁、金融科技、普惠金融三大战略为核心,履行责任担当,探索金融创新、大力支持实体经济。住房租赁方面,市建行住房租赁平台实现永钢"颐和公寓"、锦丰建筑"锦建公寓"等租赁企业房源上线,发布房源5303套,实现线上交易59笔;同时,实现市房产管理中心公租房平台测试并上线;住房金融业务继续服务市民,发放个人贷款39181笔,金额36.78亿元。普惠金融方面,依托"建行惠懂你"APP,着力营销信用贷、云税贷、账户云贷、抵押快贷等创新产品,并实现申请、审批、签约、支用、还款的全流程网络化、自助化操作,既能满足小微企业融资需求、降低融资成本,又能提高融资效率。至年末,普惠金融小微企业客户比上年增近200户,普惠口径贷款余额比上年增22825万元。金融科技方面,11月,市建行获得张家港市不动产登记中心通过专网颁发的张家港市首张电子不动产登记证明。辖内26个营业网点年内全部建设完成"劳动者港湾"并挂牌开放,港湾内配备饮水机、休息椅、手机充电器、婴儿车、急救箱、微波炉等,依托金融科技,社会公众可

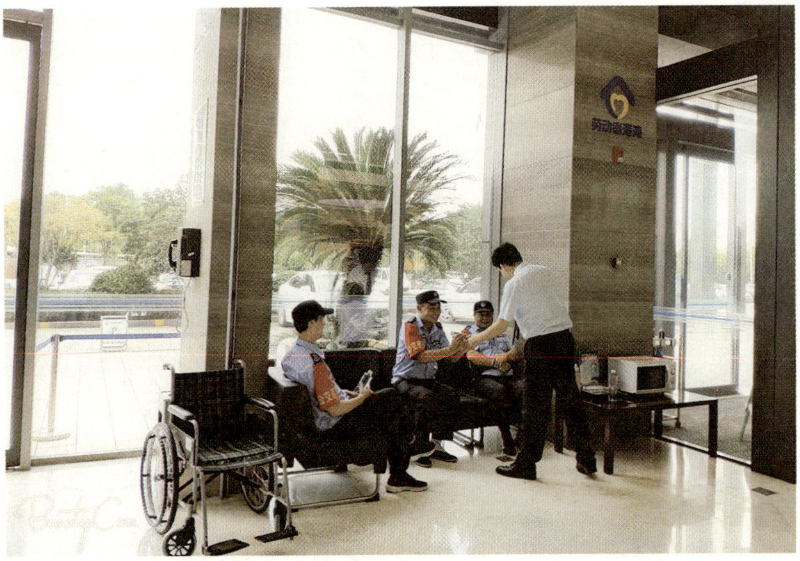

市建行"劳动者港湾"开展便民服务　　(市建行　提供)

通过“劳动者港湾”APP查询获取就近网点的便民服务设施信息，查看网点地图上设置的无障碍坡道、停车位等事项标签。全年实现中间业务收入33006万元，比上年增26.71%。实现拨备前利润83191万元，比上年增2.53%。年内，市建行获评2018年度总行“平安建行”创建活动先进集体、“2016—2018年度苏州市平安金融创建活动示范单位”“2015—2017年度苏州市文明单位”等称号。

交通银行　交通银行股份有限公司张家港分行（简称市交行）致力于支持本土实体企业，助力地方经济发展。年内为张家港城投公司、冶金工业园、港通路桥集团等国资、平台类企业投放贷款4.25亿元；为澳洋集团、国泰集团新增授信共7亿元，为沙钢集团发行中期票据4.5亿元；推动优质中型企业转型升级，为富淼膜项目、吉美瑞医疗项目各提供资金支持2000万元；发展房地产开发贷业务，为保利地产投放房地产开发贷3单共5.72亿元。多措并举，支持普惠金融成长。年内开展税融通、优贷通等新型业务，实现线上审批，全年新增小微客户28户，小微贷款余额34271万元；持续开展减费让利，有效降低企业融资成本，年末监管口径小微企业贷款利率下降1%。全年国际结算量76.56亿美元，实现经营利润2.77亿元，获评“2016—2018年度苏州市平安金融创建活动先进单位”。

（范天煜　汪少波　朱钮星
黄　雯　黄晓丹）

【股份制商业银行】 全市有12家全国性股份制商业银行（中信银行、民生银行、招商银行、浦发银行、华夏银行、光大银行、兴业银行、恒丰银行、广发银行、平安银行、浙商银行、江西银行）的分支机构。机构网点27家，从业人员520人。

中信银行　中信银行股份有限公司张家港支行年内着力提升创新能力和服务水平，拓展优质公司、零售客户，加强与政府、上市公司、优质企业的合作，对澳洋集团、华昌集团、长江润发、富瑞特装、银河电子等企业实施重点支持。全年实现表内新增投放11亿元。强化普惠金融服务力度，拓展苏州矩阵光电有限公司、江苏欣诺科催化剂有限公司等一批优质科创类企业，并通过普惠金融信秒贴等产品，实现企业线上询价、资金分秒到账，贴现业务效率得到提升。年内投放9958万元，完成率位列中信银行苏州分行首位。提升服务效率，与市行政审批局对接完成“一窗融合”项目，实现3个工作日内完成账户开立及税务登记的业务需求。在线上线下开展金融知识宣传普及活动，宣传存款保险、守住“钱袋子”等内容，引导社会公众树立风险意识。全年实现净利润1.6亿元，比上年增16.26%。

民生银行　中国民生银行股份有限公司张家港支行坚持服务地方实体经济发展，年内先后获批授信18笔，合计授信金额约22亿元，另外，获批经开区中期票据8亿元。根据企业需求，为沙钢集团授信投放4亿元，玖隆钢铁物流授信1亿元。联合张家港海关举办外汇、通关产品交流会，为张家港11家进出口超3000万美元的大中型客户提供业务支持。多措并举提升开户服务能力，针对小微客户群体推出一款集开户、签约、结算、查询、变更、对账、撤销于一体的账户综合管理产品，在保证单位账户实名制审核标准的基础上，满足小微客户的便捷开户结算业务需求。全年国际结算量1.3亿美元，外汇交易量6100万美元，代理保险销售3391万元，实现利润1189万元。

招商银行　招商银行股份有限公司张家港支行在支持服务实体经济、金融服务小微企业、发展绿色金融等方面取得新成效。重大项目方面，与招商局资本投资有限责任公司、张家港产业资本投资有限公司合作成立全市规模最大的产业投资基金，金额为100亿元，第一期20亿元已到账，其中招行作为优先级合伙人出资10亿元。服务实体经济方面，着力支持当地标志性企业，为沙钢集团提供30亿元DFI，为海陆重工新增授信1亿元。在深化金融改革方面，对授信客户严格做好贷前、贷中、贷后管理，严控金融风险，信贷投放向高评级客户和实体企业客户调整，有力支持当地经济建设。年内存贷规模持续增长，支行自营存款年末时点余额52.81亿元，比上年增79.5%；日均余额45.86亿元，比上年增45.26%。支行自营贷款年末时点余额64.18亿元，比上年增10.18%。个人贷款余额11.46亿元，比上年增29.93%。房贷余额7.67亿元，当年发放住房贷款2.8亿元。

浦发银行　上海浦东发展银行股份有限公司张家港支行年内围绕调结构、强管理、降风险的经营主线，深化市场转型，优化授信客户结构。新增授信企业16家，其中新增上市公司及子公司授信4家、中小型科技企业5家。加强移动服务，借助移动PAD、移动背夹、VTM等智能机具设备，实现传统柜台向智能服务转变，优化业务流程。承销债务融资工具人民币40.88亿元，其中为沙钢集团发行中期票据15.5亿元，为张家港直属公有资产经营有限公司发行中期票据22亿元，为华灿光电股份有限公司发行中期票据3.38亿元。全年国际结算量45533万美元，代理保险、基金、信托、黄金销售28716万元。实现中间业务收入5568万元，比上年增7.8%。实现利润13292万元，比上年增33%。

华夏银行　华夏银行股份有限公司张家港支行履行融资主渠道责任，年内向实体经济投放贷款34.24亿元，为市民发放个人贷款794笔6.73亿元。向全市160余家企业和1300余个个人授信170亿元，其中企业用信80余亿元，个人用信10亿元。履行社会责任，多次组织开展金融知识进校园、进社区、进企业活动，利用电子显示屏等宣传阵地发布公益广告，提醒市民注意防范非法集资、金融诈骗等。全年国际结算量8.79亿美元，结售汇2.12亿美元，代理保险、基金销售分别为576万元、3635万元，中间业务收入1880万元，实现利润8393万元。

（蒋愫雯　赵鸣雷　杨福男
赵　璇　赵晓娟）

【城市商业银行】 2018年，全市有6家城市商业银行（江苏银行、苏州银行、上海银行、南京银行、宁波银行、浙江泰隆商业银行）的分支机构。机构网点18家,从业人员295人。

江苏银行　江苏银行股份有限公司张家港支行年内依托先进的信贷产品,助力企业发展。针对不同的服务主体,推介“税e融”“电e融”“人才贷”“苏创贷”“服务之星”等各类小微业务产品,满足中小企业的融资需求。年内完成89家小企业授信业务,共计授信2.58亿元。深化银企合作,举办“江苏银行直通车”系列活动,以“走出去”和“请进来”的方式,探索地方产业发展与金融机构服务之间的合作新途径,搭建银企沟通、对接、合作的平台。落实风险管控措施,控制逾期欠息贷款,加强不良贷款的清降,抓好授信管理的基础工作,化解不良风险,维护当地金融生态稳定。全年国际结算量15.31亿美元,比上年增42.15%。外汇交易量1.32亿美元。实现中间业务收入259.11万元,比上年减38.8%。实现利润8967.8万元,比上年增42.53%。

苏州银行　苏州银行股份有限公司张家港支行持续加强对中小企业的金融服务支持,年内投放人民银行支小再贷款金额12082万元,涉及小微企业58家,为企业节约贷款成本约120万元。强化中小科技企业发展支持,支行是7家领军人才企业的首家信贷合作银行,共有科技型企业合作客户55户;合计发放信保贷授信金额1.28亿元。持续优化产品,提升金融服务质量。依托苏州综合金融服务平台,构建线上线下综合服务渠道、智能化审批模式、差异化贷后管理机制等。依托大数据,推进线上自动审批和大数据预警,推出“征信贷”产品,实现快速授信放款。简化贷款发放送审材料,规范审核时效要求,对30万元以下小额贷款等实行实时自动化审批;小企业快抵贷在24小时内限时审批;小企业科技贷、信保贷在48小时内限时审批;小企业信用、普通保证担保在72小时内限时审批;100万元(含)以下微小贷及500万元(含)以下房抵经营贷款实施独立审批人限时审批。　(宋张婷　王　坤)

【农村商业银行】 2018年,全市有2家农村商业银行(张家港农商银行、常熟农商银行)及其分支机构。机构网点84家,从业人员1599人(不含异地机构网点及人员)。

张家港农商银行　江苏张家港农村商业银行股份有限公司年内新设苏州分行,在无锡地区新设江阴支行,年末共计下辖3家分行,1家营业部、41家支行,57家分理处、1家社区支行,机构网点103家(含异地分行3家、异地支行14家、异地分理处2家、异地社区支行1家)。4月8日,在江苏省农商银行系统中率先与腾讯公司共同成立“联合金融创新实验室”,在微测平台、反欺诈、企业微信、大数据、私有云、金融安全等领域开展战略合作。9月5日,获准向社会公开发行面值总额25亿元、期限为6年的可转换公司债券。11月12日,25亿元可转换公司债券正式发行。年内投放贷款8.1亿元,支持乐余、塘桥、大新、凤凰等镇完成154公顷土地复垦项目。自主开发农村集体资金管理系统,实现村级资金收支网上流转和镇、村、银行三方在线监管。至年末,全行资产总额1135.33亿元,比上年增10.04%。中小微企业贷款余额373.67亿元,比上年增20.1%,占全行企业贷款总额的88.85%。全年国际结算量25.85亿美元,比上年增17.88%。外汇交易量130亿美元,比上年减32.63%。代理人寿保险、基金销售19.03亿元。实现中间业务收入9612.21万元,比上年减31.53%。全年实现净利润8.36亿元,比上年增9.57%。12月,获评2018年区域性商业银行最佳手机银行安全奖,成为全国唯一获此奖项的县级农商行。

常熟农商银行　常熟农商银行股份有限公司张家港支行立足“三农”“两小”,以服务实体经济和小微企业为根本目标。年内本外币各项贷款余额21.39亿元,比上年增34.58%,覆盖纺织业、金属制造业、批发零售业、公共设施等行业。与江苏省农业信贷担保有限责任公司合作推出新型支农惠农产品“苏农担”,通过银行与担保公司合作的模式,为现代农业化新主体解决融资过程中的担保问题。全年新增“苏农担”“富村贷”贷款投放3066.4万元。依托苏州综合金融服务平台,年内新增“信保贷”授信企业96户,授信2.65亿元,有效缓解部分小微企业融资难问题,获评市政府“信保贷投放突出贡献奖”荣誉称号。

(沈　阳　季丽娜)

【村镇银行】 2017年,全市有村镇银行1家。江苏张家港渝农商村镇银行股份有限公司坚持支农支小市场定位,聚焦“三农”、小微企业等实体经济的薄弱环节,年内新发放贷款112户6787万元,均为小微企业及农户贷款,户均贷款60.6万元。推出行政企事业单位工作人员信用贷款和个体经营户信用贷款,累计投放140万元,满足客户生活消费的合理资金需求及支持个体私营经济发展。加大支付创新力度,推出“渝快付”移动支付结算产品,有效开户数11户。年内接入中国人民银行征信系统,推进社会信用体系建设,维护征信公信力。

(袁蓓钰)

【外资银行】 2018年,全市有2家外资银行(友利银行、汇丰银行)的分支机构。友利银行(中国)有限公司张家港支行主营存贷款业务、票据业务、外汇等重点业务,年内推广小目标零存整取、“薪++”零存整取、友利梦整存整取、手机银行等业务。全年结售汇17039万美元,进口业务5995万美元,出口业务2354万美元,汇款业务24720万美元。中间业务收入231万元。汇丰银行(中国)有限公司张家港支行内设工商金融服务部、贸易与供应链部、柜台服务部。年内扩大贷款规模、降低企业融资成本,支持地方实体经济发展。全年办理银票业务30笔,总金额2.5亿元;办理贴现业务21笔,总金额1102.99万元;开立信用证1笔,总金额2350万美元;开立备用信用证1笔,总金额1100万美元。　(金　香　王亚超)

【邮政储蓄银行】 2018年,全市有邮政储蓄银行一级支行1家,机构网点39家。中国邮政储蓄银行张家港市支行全年实现资产业务99.96亿元,其中,经营性贷款8.82亿元;消费类贷款规模扩大至62.06亿元,比上年

8月17日，工行总行个人金融业务部总经理宋建华、苏州分行副行长蔡小娟、张家港分行行长赵霆到永联村调研“智慧永联”项目 （市工行 提供）

增24.17%；互联网融资产品8.51亿元，持续引入上级行资金21.17亿元。全年办理福费廷业务2.29亿元，票据贴现34.6亿元，办理信用证议付、押汇和自营福费廷业务共7.85亿元。年内推广邮储银行苏州分行大数据远程客户服务平台——百趣网，实现客户网上预约业务以及享受优惠观影、旅游、“邮储食堂”等优惠权益服务功能，其中“邮储食堂”功能可为符合条件的客户提供各项生活商品供应商直供价格；推进邮储银行江苏省分行“扫码付”“邮惠付”等网络支付产品，方便商家安全收款；依托“白领贷”“生意贷”等线上贷款申请平台，年内受理贷款上千笔，实现放款7亿余元。全年国际结算量6589.71万美元。代理保险、基金销售2.1亿元。实现中间业务收入2003万元，比上年增2.61%。全年实现利润1.44亿元，比上年增22.03%。 （赵 洁）

【财务公司】 全市有财务公司2家。沙钢财务有限公司于2010年登记成立，注册资金人民币10亿元。年末本外币存款余额71.17亿元，本外币贷款余额31.01亿元。江苏国泰财务有限公司由江苏国泰国际集团有限公司和江苏国泰国际集团国贸股份有限公司共同出资成立，注册资金人民币5亿元。年末本外币存款余额14.41亿元，本外币贷款余额3亿元。 （程 鑫）

【工行与永联村合作上线“永联钱包”】 年内，市工行与永联村合作，在该村自主研发的“永联一点通”APP中上线“永联钱包”，实现多项金融服务功能，成为全国首例农村APP与银行深入合作的典型。8月17日，工行总行及苏州分行成员到永联村调研该项目。9月12日，工行总行、苏州分行各条线专家组成服务团队，赴永联村开展为期一周的集中办公，双方就前期合作需求进行交流并达成共识。经双方技术团队的努力，12月10日，“永联钱包”正式上线，为村民提供包括在线开立II类账户、办理定期存款、投资消费等在内的多项金融服务，村民可通过智能移动设备完成存款、缴费和理财，并可扫描任意渠道（微信、支付宝等）的付款码，完成相关支付操作。

【全市首张电子不动产登记证明颁发】 11月28日，全市首张电子不动产登记证明由市不动产登记中心通过专网发送给市建行，标志着“互联网+不动产抵押登记”项目成功落地。电子证照具有非人工识读性、信息存储的高密度性、多种信息媒体的集成性和信息的可操作性等优点，在大幅提升不动产登记效率的同时提升金融风险防范能力。电子证照措施实施后，通过“互联网+不动产登记”平台，银行可选择电子不动产登记证明，市不动产登记中心在审核登簿的同时就将电子登记证明通过专网发送到银行，银行通过验证存储后即可放款，方便企业和群众，打通了便民服务的“最后一公里”。

（范天煜 黄 雯 沈 阳）

保 险

【概况】 2018年，全市有保险公司46家，其中财险公司23家、寿险公司23家，另有保险代理公司5家。全市保险机构实现标准保费收入63.05亿元，比上年增10.74%，其中财险收入20.05亿元、寿险收入43亿元。全年赔付支出17.81亿元，比上年增3.23%，其中财险支出11.48亿元、寿险支出6.34亿元。年内，张家港市获“中国百强县市保险竞争力排行榜”第2名，水蜜桃综合气象指数保险试点入选全国农村改革试验区新增试验任务，科技保险风险保障额度366亿元，创历史新高。

2018年张家港市主要保险公司经营情况表

表49

公司	项目	保费收入（万元）	比上年增长率（%）	理赔支出（万元）	比上年增长率（%）
财产险公司	中国人民保险公司	77457.00	7.24	50129.00	9.48
	太平洋财产保险公司	55473.00	15.95	30402.00	10.84
	平安财产保险公司	39833.00	5.29	23536.00	12.96
	中国人寿财产保险公司	4552.00	−5.48	2817.00	−22.40
	紫金财产保险公司	4724.00	−0.46	1815.00	−26.10
	太平财产保险公司	5039.00	43.07	2329.00	27.97
	阳光财产保险公司	2580.00	−21.08	1112.00	44.04

续表49

公司	项目	保费收入（万元）	比上年增长率（%）	理赔支出（万元）	比上年增长率（%）
财产险公司	大地财产保险公司	1538.00	21.97	785.00	-16.40
	中华联合保险公司	1024.00	-3.67	500.00	-45.30
人身险公司	平安人寿保险公司	117114.00	13.45	17771.00	51.69
	中国人寿保险公司	101824.00	1.98	23921.00	-21.39
	太平人寿保险公司	97881.00	18.94	9201.00	36.03
	太平洋人寿保险公司	80985.00	10.64	9186.00	3.49
	友邦保险有限公司	10611.00	33.02	727.00	51.14
	中国人民人寿保险公司	8033.00	13.88	1188.00	-74.52
	东吴人寿保险公司	6056.00	69.97	438.00	172.05
	利安人寿保险公司	215.00	-87.62	—	—
	华泰人寿保险公司	1405.00	-1.26	—	—
	富德生命人寿保险公司	1101.00	-9.23	70.00	-28.57
	泰康人寿保险公司	952.00	-11.28	—	—

说明：表中数据由苏州保监会提供，保费收入指标准保费收入，理赔支出包含理赔给付及其他各类给付，因而与文中数据有所不同

【财产险公司】 全市有财产险公司23家，其中规模较大的有9家，保费收入192220万元，理赔支出113425万元。

人保财险　中国人民财产保险股份有限公司张家港中心支公司下设城中、金港、塘桥、大新等7个营业部和26个营销服务部。有从业人员648人，比上年增8人。年内新增职业责任保险、人人安康百万医疗保险、商业性小麦收割期间降水指数保险共3个险种，累计设10个大类200余个险种。全年完成保费收入79126万元，比上年增9.55%。其中，车险收入56567万元、非车险收入21048万元、农险收入1510万元。保费收入中，车险占比最大，为71.49%。全年累计处理赔案55987件，理赔支出49962万元，赔付率71.04%，其中车险理赔支出38394万元、农险理赔支出1185万元、非车非农险理赔支出10382万元。理赔支出中，车险占比最大，为76.85%。

太平洋财险　中国太平洋财产保险股份有限公司张家港中心支公司下设总经理室、综管部、财务部、销管部、车意险理赔部、非车险理赔部、营销部等部门，下辖1个支公司、8个营销服务部。有从业人员522人，比上年增9人。年内，公司签下太平洋保险全国首单银关保、江苏首单关税履约保证保险、全国非个信保类首单担放保、苏州首单太阳能光伏质量保证保险。5月，公司启用全市第一台交通事故快速处理自助机，车险客户可在客服大厅实现承保、理赔、事故处理一条龙服务。11月，公司迁址杨舍镇人民中路151号金城中银大厦B104室、B601室、B701室。全年完成保费收入55473万元，比上年增15.95%。其中，机动车辆险收入40509万元，占比为73%；非车险收入14964万元。全年累计处理赔案166996件，比上年增294%；理赔支出30447万元，比上年增11.02%，赔付率54.9%。理赔支出中，机动车辆险支出23419万元，占比为76.9%；非车险支出7028万元。公司市场占有率27.67%。

（李　超　刘　恺）

【人身险公司】 全市有人身险公司23家，其中规模较大的有11家，保费收入810617万元，理赔支出289352元。

人保寿险　中国人寿保险股份有限公司张家港支公司下设综合管理部、客户服务中心、个险销售部、团体业务部及银行保险部，下辖塘桥、乐余、金港、杨舍等4个营业部和7个营销服务部。有从业人员1475人，比上年减175人。年内新增国寿盛世御享年金保险、国寿鑫彩一生年金保险、国寿鑫耀一生年金保险等3个险种，累计设3个大类361个险种。全年完成保费收入10.18亿元，比上年增1.98%。处理赔案5217件，理赔支出3119.65万元。

太平洋寿险　中国太平洋人寿保险股份有限公司张家港中心支公司下设个人业务部、法人渠道业务部、营运部、财务会计部及行政人事部。下辖市区营业部和金港、塘桥、凤凰、乐余、锦丰、杨舍等6个营销服务部，其中塘桥营销服务部经总公司批准升格为四级机构。有从业人员1635人。年内新增险种8个，分别为金佑人生终身寿险（分红险）B款、金佑人生终身寿险（分红型）A款（2018版）、少儿超能宝两全保险（3.0版）、金诺人生终身寿险（分红型）A款（2018版）、安行宝3.0版两全保险、聚宝盆年金保险（分红型）、鑫满意年金保险（分红型）、利赢年年C年金保险（分红型），累计设5个大类118个险种。全年完成保费收入88512万元，比上年增8.54%。其中，个险期缴15085万元，意外险2578万元，续期64746万元。全年处理赔案6711件，理赔支出3060.5万元，其中，团险理赔5665件，赔付1539.5万元；营销险种理赔1046件，赔付1521万元。综合赔付率39.73%。年内，公司被苏州市文明办评为“2015—2017年度苏州文明单位”。（庞　沁　魏　娟）

【张家港市位列“中国百强县市保险竞争力排行榜”第2名】 11月2日，第十一届中国保险文化与品牌创新论坛暨第十三届中国保险创新大奖颁奖盛典在西双版纳召开，该论坛由保险文化杂志社主办，是保险业内规模最大、层次最高、影响最广的盛会。会上，张家港市获评年度中国百强县市保险竞争力排行榜第2名。近年，全市保险业逆势而上，保险活

力不断激发，保险创新试点工作走在全省乃至全国县级市前列。2017年，全市保险机构全口径保费收入72亿元，保费规模列全国百强县第2名，保险密度和保险深度均列苏州各县市之首。

证券·期货

【概况】 2018年5月，全市新增1家证券公司营业部，为国联证券股份有限公司张家港南苑东路证券营业部。全市累计有证券营业部24家，分别为东吴证券股份有限公司张家港分公司及杨舍镇、杨舍镇沙洲中路、锦丰镇、塘桥镇、金港镇证券营业部，华泰证券股份有限公司张家港杨舍东街、金港镇长江中路证券营业部，南京证券股份有限公司张家港步行街证券营业部、中原证券股份有限公司张家港建农路证券营业部、中信建投证券股份有限公司张家港人民中路证券营业部、华创证券有限责任公司张家港暨阳中路证券营业部、海通证券股份有限公司张家港东环路证券营业部、中泰证券股份有限公司张家港杨舍东街证券营业部、中信证券股份有限公司张家港人民中路证券营业部、中山证券有限责任公司张家港暨阳中路证券营业部、招商证券股份有限公司张家港人民中路证券营业部、中国银河证券股份有限公司张家港东环路证券营业部、光大证券股份有限公司张家港杨舍东街证券营业部、广州证券股份有限公司张家港人民中路证券营业部、国盛证券有限责任公司张家港暨阳中路证券营业部、东方证券股份有限公司张家港东环路证券营业部、安信证券股份有限公司张家港城北路证券营业部、国联证券股份有限公司张家港南苑东路证券营业部。全市有期货营业部6家，分别为江苏东华期货有限公司张家港营业部、东吴期货有限公司张家港营业部、创元期货股份有限公司苏州市张家港营业部、道通期货经纪有限公司张家港营业部、中粮期货有限公司苏州市张家港营业部、红塔期货有限责任公司张家港营业部。

【东吴证券】 2018年，东吴证券股份有限公司张家港分公司下设总经理室、综合部、财务部、信息技术部、业务管理部、财富管理中心等6个部门，下辖杨舍、金港、锦丰、塘桥、杨舍沙洲中路5个证券营业部。该公司及营业部有从业人员66人。分公司提供IPO、中小企业私募债、财务顾问、“新三板”等综合金融业务。各营业部开设沪深A股、B股、权证、期权、港股、期货、国债、企业债券、国债回购、封闭式基金等交易品种，提供融资融券、股票质押回购、小贷宝等融资服务，提供现场交易、电话委托交易、网上交易、手机炒股等交易方式，并与中国银行、农业银行、工商银行、建设银行、交通银行等13家银行建立客户保证金三方存管业务。营业部客服中心实行客户经理制，为客户提供一对一服务，并提供电话咨询、在线咨询、短信、盘中提醒等多种咨询服务，帮助投资者把握投资方向。全年完成交易量1125.03亿元，实现利润3487.38万元。 （肖 贝）

华泰证券杨舍东街营业部 （华泰证券 提供）

【华泰证券】 2018年，华泰证券股份有限公司有张家港杨舍东街、金港镇长江中路2个证券营业部。杨舍东街证券营业部有员工23人，开设A股、B股、债券、基金、权证、新三板、H股、融资融券、个股期权、港股通IB业务等交易品种，提供网上交易、电话委托、磁卡委托、手机炒股、网上页面委托等交易方式，与工商银行、农业银行、中国银行、建设银行、交通银行、浦发银行、招商银行、中信银行、农商行等多家银行建立三方存管业务。年末，华泰公司总部推出涨乐财富通APP6.0版，营业部每日约有2.8万名客户使用该APP交易，覆盖率85%。年内股基证券开户2786户，有效户724户，新增融资融券客户603户。全年实现交易量355.8亿元，理财产品销售额23.15亿元。实现利润4351.2万元。2018年，营业部在全国范围内累计基础市场份额0.62‰，是全国1万余家营业部中的“百强营业部”，综合排名列第63位；在张家港市场占有率38.5%，市场份额排名第1位。 （夏良亮）

【南京证券】 10月，南京证券股份有限公司张家港步行街证券营业部迁至杨舍镇东环路68号，营业部更名为南京证券股份有限公司张家港东环路证券营业部。营业部设有多媒体展示厅、客户体验区、客户区及贵宾区、期货交易专区，从业人员12人。开设A股、B股、港股通、沪伦通、债券、基金、权证、新三板等传统通道业务以及期货IB、融资融券、股票质押式回购融资、各类金融产品代销、股票期权等创新业务。提供现场开户、见证开户、网上开户、手机开户多种开户方式，以及现场交易、电话委托交易、网上交易，手机委托交易等交易方式，与工商银行、农业银行、中国银行、建设银行、交通银行等多家银行建立三方存管转账业务。营业部依托公司的“快乐阳光”网上营业厅、金罗盘掌厅、微信微厅等客户服务平台以及“95386”全国统一客服热线，为客户提供便捷服务。2018年完成交易量215.84亿元，比上年减41.38%；实现收入1112.29万元，比上年减27.38%；实现利润710.15万元，比上年减40.88%。（钱文娟）

【东华期货】 2018年，江苏东华期货有限公司张家港营业部设有经理室、技术信息部、业务部、财务部等部门，有从业人员7人，均持有期货从业资格证书。公司配备文华财经、博易大师、掌上财富、博易五档深度行情、文华高速行情五套行情系统，拥有金仕达、灾备、CTP三套主用交易系统及多套个性化下单系统，为投资者提供互联网交易、互联网转账、电话报单、临柜书面委托、手机下单、程序化交易、第三方API接入等多种交易方式。公司开通了五大国有银行的银期转账业务，并与国内四家期货交易所实时联网，交易结算快捷。至年末，拥有固定客户1036人，成交额241亿元，实现客户保证金收入2290万元。（陆丽华）

其他金融机构

【小额贷款公司】 全市有小额贷款公司13家，分别为张家港昌盛农村小额贷款公司、市华芳农村小额贷款公司、张家港保税区锦泰农村小额贷款公司、市国泰农村小额贷款公司、市广大农村小额贷款公司、市沙钢农村小额贷款公司、市南丰农村小额贷款公司、市亚泰农村小额贷款公司、市中昊农村小额贷款公司、市金生科技小额贷款公司、市长江农村小额贷款公司、市金城泰农村小额贷款公司、苏州港口张家港保税区科技小额贷款公司。年内累计发放贷款3606笔，金额59.94亿元，融资余额8.55亿元。年末贷款余额46.34亿元。

【融资租赁公司】 全市有融资租赁公司2家，分别为江苏金茂融资租赁有限公司和华晟融资租赁有限公司，全年办理租赁业务111笔，租赁余额19.73亿元，累计租赁5.04亿元。其中，江苏金茂融资租赁公司是由国有股东张家港市金茂集体资产经营管理

苏州港口张家港保税区科技小额贷款公司　　（市金融办　提供）

中心控股，永钢集团、酿酒集团、锦昇泰投资等民营企业共同出资设立的台港澳与大陆合资有限责任公司，为企业更新设备、技术改进、产业升级提供专业服务，注册资本人民币3.47亿元。全年办理租赁业务57笔，余额15.86亿元，累计余额4.1亿元。

【投资（基金）类机构】 2018年，全市引进注册产业基金（投资）类机构77家，注册资本总额241.1亿元。至年末，全市形成由政策机制、政府产业基金、私募基金、市场需求等元素构成的基金生态圈，发挥产业引领、示范和支撑作用。

【融资担保公司】 全市有融资性担保公司6家（含2家分公司），注册资本10.51亿元，全年为564户企业提供641笔担保业务，担保金额31亿元，年末在保余额31.98亿元。年内，经自愿申报，市金港投资担保有限公司、市农业担保有限公司、市金茂机械担保投资有限公司3家担保公司获省、市风险补偿金共1055万元。

【典当公司】 全市有典当机构12家，其中实际开展业务的有8家，分别为张家港保税区宝盛典当有限公司、苏州鼎丰典当有限公司、苏州亿通典当有限公司、苏州华富典当有限公司、张家港市铭达典当有限公司、张家港市锦泰典当有限公司、张家港市鸿笙典当有限公司、江苏广聚源典当有限公司。年末累计典当总额7.76亿元，比上年增4%；典当余额2.12亿元，比上年减7%。

【拍卖公司】 全市有正常开展业务的拍卖机构6家，分别为苏州天润拍卖有限公司、苏州市富城拍卖有限公司、江苏广聚源拍卖有限公司、苏州泓泰拍卖有限公司、苏州正泰拍卖有限公司、江苏康力拍卖有限公司。全年共举办拍卖会140场，比上年增19.7%；拍卖成交额69406万元，比上年增26.5%。

【保理公司】 全市有商业保理公司2家，分别是江苏金茂商业保理有限公司、江苏华程商业保理有限公司。金茂商业保理有限公司主营业务为以受让应收账款的方式提供贸易融资，应收账款的收付结算、管理与催收，销售分户账管理，与公司业务相关的信用风险担保等。2018年开展保理19笔，保理金额3.55亿元，实现保理收入4807.88万元；累计开展保理98笔，保理金额22.28亿元，保理余额6.82亿元，实现保理收入1.53亿元。华程商业保理有限公司业务对象主要是中央企业、大型商业超市、其他上市公司、保税区仓储。2018年开展保理5笔，保理金额940万元，实现保理收入95万元；累计保理378笔，保理金额64369万元，保理余额5289万元，实现保理收入3562万元。

（程　鑫　杨　璐　邹理伟）

【编辑　陆文琰】

苏州市住房公积金管理中心张家港分中心

2018年，苏州市住房公积金管理中心张家港分中心以公积金扩面增资为重点，强化规范资金使用管理，全面提增管理服务质效。全市新增开户职工40219人，净增缴存职工17271人，期末缴存人数25.02万人。归集住房公积金34.26亿元，职工人均月缴存1141.22元，月归集额2.86亿元；历年累计归集244.92亿元，归集余额84.2亿元；各类提取公积金27.67亿元，历年累计提取160.23亿元。历年累计发放贷款145.84亿元，5.57万户家庭得到公积金优惠政策支持。分中心通过强化部门联动、推进法治进程、优化营商环境，规范缴存扩大受益面。全市基数调整率85.27%，月缴存额增加2990万元，位列苏州市公积金系统第一。综合施策用足用好铺开使用面，支持在苏州地区工作的港澳台同胞缴存和使用公积金，设立高层次人才公积金办理专柜，参与推进新市民住房专项问题调研，对中等偏低收入家庭贷款贴息，全面完成640笔预抵押转正式抵押清理工作，加码对贷款逾期户催收管控，资金运行率97.66%。精耕细作提优服务面，上线运行第三代业务系统，取消公积金纸质卡，推广苏州公积金APP，融入市行政审批局“3550”集成化大数据平台，为职工提供便利。提炼“崇文、睿智、廉洁、引领”分中心精神，强化“四检”“八制”制度，倾力打造市民服务中心“第一窗口”。分中心获评“2015—2017年度苏州市文明单位”，在苏州市住房公积金系统贷款提取业务技能竞赛中获优秀团队奖，被张家港市绩效管理委员会授予“服务地方优胜奖”，被张家港市精神文明建设委员会授予“2018年度优秀文明机关”称号。

1 公积金服务大厅

2 全市扩面推进会

3 民生讲堂政策宣讲

4 “春风行动”送政策

5 使用科工作人员业务交流探讨

市总工会

2018年，全市各级工会以习近平新时代中国特色社会主义思想为指导，深入学习贯彻中国工会十七大精神，紧紧围绕市委、市政府中心工作，锐意改革创新，全面履行职能，切实发挥工会作用，各项工作取得新的进展和成效。

坚持围绕中心、服务大局，组织技能比拼，引领职工创新，大力弘扬新时代劳模精神，工人阶级活力竞相迸发。坚持强化教育、繁荣文化，选树先进职工典型，打造线上教育阵地，开展职工文体活动，职工队伍素质有效增强。坚持维护权益、精准服务，构建和谐劳动关系，保障职工合法权益，提升帮扶服务水平，劳动关系更加和谐稳定。坚持改革创新、夯实基础，深入推进工会改革，加强工会组织建设，狠抓干部队伍建设，工会组织作用不断凸显。

1 市委书记沈国芳调研市职工文体中心
2 张家港市劳动模范命名仪式
3 张家港市工会第十二次代表大会
4 “张家港职工驿站”第三方应用程序上线
5 市总工会主席季洪良慰问劳动模范
6 劳模法律服务项目启动仪式
7 首批工会会员特约服务单位上线
8 职工才艺小课堂
9 新建的张家港市职工文体中心

5

6

7

8

9

共青团张家港市委员会

2018年，团市委紧密围绕市委、市政府中心工作，以“打造青年身边不可或缺的共青团”为主要目标，凝心聚力，奋勇争先，共青团事业取得了较好发展。

双创工作成效显著。举办第五届“创业张家港”青年精英创业大赛暨张家港市首届“沙洲创客”创业大赛，共有13个项目申报领军人才，2个项目落地。承办团中央第17期中国青年创新创业人才训练营。与泰隆银行合作实施“团建+金融”共建项目，至2018年年末发放“青创贷”146笔4136万元，发放“青创卡”235张，授信1400万元。与市人才办合作，选聘首批22名“青聚港城”校园大使，为全市人才工作增劲助力。

志愿服务别出心裁。举办“争当‘河小志’ 助力河长制”青年党团员护河志愿服务行活动，2018年全市共建立107支巡河护河志愿团队，2800余名青年党团员参与，全年累计巡河次数2953次。省“保护母亲河，争当‘河小青’”活动试点项目发布会暨“美丽江苏行，志愿河小青”网络公益健步行启动仪式由张家港市承办。开展“快乐暑假”青少年暑期社会实践、“35学雷锋”广场服务等大型志愿服务项目。完成市步行街青年志愿服务站改造工作，全年共服务5万余人次。

组织基础持续夯实。组织开展全市各级团组织集中换届，在此基础上召开市第十六次团代会和第七次少代会，扩大基层一线比例，充实团的工作力量。优化机关部门设置，成立办公室，增挂青年发展部牌子，制定完善规章制度27项，强化内部管理，提高工作效能。启动实施共青团“1010”工程，成立镇（区）团（工）委书记联合团支部，下发基层团组织考核办法及宣传工作管理办法，引导各级团组织优化服务、争创佳绩。逐步构建年轻干部“引育用管”培养体系，举办5期青年干部轮训班、3期青年大讲堂和优秀大学生村干部、青年干部，优秀青年人才，少先队辅导员等3个培训班，召开2期优秀青年干部座谈会。

扶贫帮困传递大爱。成立全国首家县级青少年发展基金会——苏州市阳光港城青少年发展基金会。持续实施“希望之光”助学工程，2018年度实行的“暖冬行动”“青商助学金”“圆梦行动”“国泰奖学金”共帮助困境学生299人，资助金额49.44万元。同时，赴贵州省沿河土家族自治县和新疆维吾尔自治区巩留县开展对口帮扶活动，捐赠校园改造资金4万元、鼓号队器材2套，发放价值20万元的爱心包裹，帮扶困境家庭1户。

特色活动精彩纷呈。举办首届青年体育运动会、首届青年文化季，联合举办“青歌赛”“五四青春嘉年华”等活动，鼓励青年展示自我，展现个人风采。发布张家港市青年之歌《喝彩青春》，提振青年精气神。开展机关开放日、“游家乡、看变化、谈成长”主题活动，联合南京大学开展“青年思想大调研”，让青年、城市、共青团彼此熟悉。

1 中国共产主义青年团张家港市第十六次代表大会
2 团省委书记王伟调研张家港共青团工作
3 第五届“创业张家港”青年精英创业大赛暨首届“沙洲创客”创业大赛
4 省“保护母亲河，争当‘河小青’”活动试点项目发布会暨“美丽江苏行，志愿河小青”网络公益健步行启动仪式
5 苏州市阳光港城青少年发展基金会成立仪式
6 中国少年先锋队张家港市第七次代表大会
7 张家港市首届青年体育运动会
8 开展东西部对口协作工作，组织爱心物资捐赠
9 2018年全市优秀大学生村干部、青年干部培训班
10 “争做新时代好队员——你好，新时代”主题队日活动暨张家港市少先队新队员入队仪式

市工商业联合会

2018年，市工商联全面贯彻全国工商联十二大精神，紧扣市委、市政府工作主题，不断完善和优化服务载体，立足薪火计划、双心服务、青蓝工程、匠心筑梦四大服务品牌，全力助推民营经济高质量发展。

坚持政治立会，以“不忘创业初心，接力改革伟业”为主题，扎实开展非公经济理想信念教育，开展“弘扬企业家精神，争做新时代表率”和“改革开放40年港城企业家”两大主题宣传，展示全市非公经济敢为人先、奋发进取的干事创业精神状态。实施“青蓝工程”，加强年轻一代企业家教育培养，举办青年企业家特训营，帮助青年企业家构建顶层商业思维。坚持团结立会，带领非公经济代表人士建言献策，能力水平不断提升，引领企业投身社会公益、精准扶贫初见成效。坚持服务兴会，深入开展近商、亲商、爱商系列服务活动，组织多场政企对接主题沙龙活动，有效营造“亲、清”良好政商氛围。坚持改革强会，充分激发商会组织活力，全市各基层商会组织创新思路、提升服务，大新、锦丰、兆丰、建筑装饰、电子商务、塑饮机、色织、安徽、浙江等9家商会获评苏州市级示范商会。

市工商联连续5年获评全国“五好县级工商联”，成为全省唯一的县级全国工商联信息直报点，获评“构筑非公经济舆论阵地先进单位”。

1 4月18日，全国工商联副主席谢经荣到张家港市调研

2 4月24日，“匠心筑梦”启动暨“青年企业家特训营”开班仪式

3 4月25日，“弘扬苏商精神、助力企业远航——税收服务走进张家港”活动

4 6月6日，市非公经济代表人士理想信念教育培训班开班

5 12月28日，2018年市总商会年会召开

市科学技术协会

2018年，市科协拓展和延伸“四服务一加强”工作内涵，谱写新时代科协高质量发展新篇章。拓宽路径，切实服务创新驱动发展。军民融合项目“商业运载火箭结构低成本制造”获批中国科协创新助力工程示范项目；举办张家港市首届“军民融合产业化项目推介会”；邀请干勇院士、范滇元院士等专家学者到市参加2018钢铁行业创新发展大会、2018先进激光制造产业发展大会并作学术报告；开展2016—2017自然科学优秀学术论文评选活动，评选优秀论文168篇；完成科技查新617项，科技文献下载4.5万页；举办科技工作者运动会、科技鹊桥、双月科技沙龙、科技讲座等主题活动。创新举措，切实服务全民科学素质提升。举办第30届科普宣传周、第三届青少年科技创意嘉年华、全国科普日主场活动、第七届张家港市青少年科技创新市长奖、首届张家港市家庭机器人创意大赛、科普小记者团、科普体验行、科普剧会演、青少年科技运动会等系列品牌活动。开展“科普新干线”巡展100场，举行“科普细胞工程”活动252场，举办科普讲座92场，全市公民科学素质比例达到13.4%。创新思路，切实加强自身建设。扎实推进江苏省加强科协组织建设“四+一”首批试点工作，新增市、镇两级兼职副主席39人。启动科协改革，市委于8月下发《张家港市科协系统深化改革实施方案》。12月25日，市科协召开第八次代表大会，选举产生市科协第八届委员会，新一届科协组织政治性、先进性、群众性更加突出，开放型、枢纽型、平台型特色更加鲜明。

1 市科学技术协会第八次代表大会

2 汪集旸院士地热科普工作站揭牌仪式

3 商业运载火箭低成本制造研讨会

4 科技工作者日运动会

5 首届家庭机器人比赛

市归国华侨联合会

2018年，市侨联学习贯彻中共十九大精神，以深化侨联改革为动力，按照第十次全国归侨侨眷代表大会关于做好新时期侨联工作的要求和部署，紧扣中心大局、聚焦侨界发展、引导侨心向党，注重擦亮品牌、强化基础，坚持“两个并重”“两个拓展”，为践行“四大路径”、建设“四个港城”，全力争当“两个标杆”建设排头兵贡献了侨界力量。

发挥侨联优势，全方位服务侨界创新创业。实施2018年“侨聚港城，智汇发展”工程，举办“创赢未来，侨智助力”市智能装备产业高层次人才对接会、海外侨商乐余行暨对接交流会等活动，推荐布拉格光纤光栅传感器、高性能锂电池复合材料等海外人才项目参加张家港领军人才项目评比，组织多家企业负责人参加“响应‘一带一路’，促进合作共赢”柬埔寨大成·苏州产业园建设项目推介等活动，举办侨界青年创业智慧分享会、留学生留学经验分享会等活动。

坚持以侨为本，持续打造温馨和谐侨界。开展侨界人士庆元宵、侨界迎新年系列活动、“月是故乡明”侨界中秋联谊会、侨界读书节、“走进基地、感知港城、凝聚力量”等“亲情中华，爱我港城”品牌活动。开展“博士大讲堂”“爱心义诊”和新市民学校公益授课等活动，在省华侨公益基金签约成立张家港市侨爱心专项基金，联合市法院等单位共同成立苏州县市首家涉侨纠纷调解中心，为全市侨界群众搭建了法律援助“绿色通道”。

弘扬优秀文化，运用侨联文化魅力凝心聚侨。举办“定格曾经”油画学术邀请展，开展张家港侨界纪念改革开放40周年摄影、征文比赛，拍摄《向奋斗致敬》侨界主题宣传片，举办侨界大型图片展巡展活动。推荐香山历史文化馆、幸运艺术馆等获评苏州市华侨文化交流基地；推荐博士陶军华获评江苏省留学归国先进个人，推荐博士江扬清参与评选“中国好人”。

1 “创赢未来，侨智助力”市智能装备产业高层次人才对接会与会人员合影

2 乐余镇侨界联合会成立大会召开

3 市涉侨纠纷调解中心揭牌仪式

4 “广和杯”市第七届侨界运动会举办

市残疾人联合会

2018年，市残联继续完善社会保障体系，为8796名重度残疾人发放护理补贴1248万元，为811名重残对象和精神（智力）三级、四级残疾人发放社会保险补贴446.6万元，为333名残疾学生及贫困残疾人家庭子女发放助学金47.1万元，为2.6万人次残疾人购买残疾人团体人身意外伤害险和免费乘车险98万元。多措施提升就业服务能力，组织就业招聘会10场，295名残疾人参加招聘，84人与单位达成就业意向。新增残疾人实名制就业80人，开发残疾人公益性岗位90个，安置残疾人11人。建成“残疾人之家”5家，累计17家，200名残疾人在各级残疾人之家及残疾人工疗、农疗站进行辅助性就业。有序推进康复服务项目，市儿童康复基地（市妇幼保健所）全年开展儿童功能检测74099人次，全市少年儿童定点康复机构有在训儿童244人，市肢体康复技术指导中心在训康复对象174人，全市5家白内障复明手术定点医院共完成复明手术1540例。为6800余名儿童青少年提供脊柱侧弯和斜弱视筛查服务，为2121名14周岁及以上持证残疾人提供精准康复服务。市残联为1583名残疾人适配假肢、助行、生活自理及康复护理类辅具3980件，为98名残疾人实施家庭无障碍改造。搭建文体活动平台，举办第28次“全国助残日”残疾人作品展、“残健共融，同筑美好中国梦”残疾人文艺汇演、“新时代，我参与，我共享”主题宣讲、“喜看家乡新变化，残疾人游港城”、“我是你的眼”盲人“看”电影、“萤火虫”困境残疾儿童关爱项目等活动。残联基层建设得到加强，多名专职委员推举为区镇残联副理事长；协会力量得到补充，市肢残人协会增补调整11名理事；残疾人参政议政取得突破，推荐市肢协副秘书长钱晓春为市政协委员。

1 市领导走访调研残疾人集中就业企业

2 市第七届体育运动会残疾人组比赛启动仪式

3 残疾人之家开展辅助性就业活动

4 “残健共融，同筑美好中国梦”残疾人文艺汇演暨第二届“双十佳”授牌活动

5 市残疾人联合会第六次代表大会

1

2

3

4

5

市城市投资发展集团有限公司

2018年，市城投集团有序推进新城区开发、安置房及市政基础设施建设三大基础任务。新城区开发方面，城东以高铁新城枢纽区和黄泗浦生态公园建设为重点，高铁枢纽区建设年内完成土方开挖和人行通道主体结构，完成投资额1.8亿元。黄泗浦生态公园东湖区域景观绿化工程基本完成，初步具备入园观赏条件，公司组建黄泗浦旅游发展公司，负责运营管理。城北职工文体中心、国际教育交流中心两个重点项目进入竣工收尾阶段，年内完成总投资额2.35亿元。城西重点推进泗港集镇区、泗港路沿线企业、警务中心、泗港老菜场及周边门店等地块动迁工作，加快新区拓展延伸。安置房建设方面，竣工小菜巷二期、丽新花苑二期两个项目，总建筑面积7.95万平方米，440套房。年内完成销售合同签订2521套，开票金额6.94亿元。道路建设方面，开工南苑东路改造三期、华昌路改造、泗港路改造等3个项目，总里程5.11千米，总投资1.35亿元。推进城建中心工作同时，充分发挥党建引领作用，以创建党建品牌为抓手，以为民服务为宗旨，持续推动党组织标准化、规范化建设。把加强“不忘初心、牢记使命”理想信念教育作为重大政治责任，组织演讲比赛、重温入党誓词等活动，组织党员围绕“学习贯彻党的十九大精神”“以思想大解放引领发展高质量”等主题开展大讨论，坚持弘扬开拓进取的奋斗精神。以党委下属各党支部为主体，创建“圆梦安居”“高铁先锋”“三Q三有”等党建服务品牌，以“沪通铁路张家站地方配套工程EPC项目”为基础，与中铁四院张家港项目部党工委联合开展组织生活开放日活动。年内，集团党委书记获评苏州市国有企业优秀基层党组织带头人，下属城投置业支部获评市先进基层党组织等称号。

1 苏州市委常委、市委统战部部长姚林荣调研黄泗浦生态公园建设情况

2 市委常委赵建明调研城投集团重点工程

3 城投集团党委书记、董事长邵建芳调研高铁枢纽站房建设

4 机关党建工作会议在城投集团召开

5 黄泗浦生态公园

6 丽新花苑安置房

7 小菜巷安置房

8 华昌路

9 南苑路

5

6

7

8

9

保税区（金港镇）占文村

占文村位于张家港保税区（金港镇）西南部，东与港西村相连，东南部与江阴市周庄镇稷山村相邻，西部、西南部与江阴市澄东办事处相望，北与东山村相依，距镇区6.1千米。2018年，村域面积2.41平方千米，下辖26个村民小组，居民1371户4266人。村党委下设5个支部，党员172人。村级可用财力1432万元，总资产7658万元。

近年，占文村紧紧围绕创建“文化占文”“和美占文”“幸福占文”为总目标，科学谋划，凝智聚力，锐意创新，村级经济、城乡一体、乡村环境、民生福祉等各项事业都取得长足进步。2016年起，加强河南巷美丽村庄建设，新建村民活动室、健身广场和特色文化墙，先后成立“四家”“四校”“四室”，即妇女之家、老年之家、书法之家、民兵之家，人口学校、市民学校、健康教育学校、居民文化技术学校，影视室、健身室、居民议事室和老年活动室。占文村先后获张家港市文明单位、苏州市先锋村、江苏省卫生村、江苏省民主法治村等荣誉。

1 村党委书记顾凯洪
2 占文村委办公楼
3 村两委班子会议
4 美丽新农村——河南巷
5 “文明占文，环保助力”活动
6 香稷书社送春联活动
7 新农村广场

保税区（金港镇）朱家宕村

朱家宕村位于市区西侧，处在张家港市双山香山旅游度假区旅游带上。辖区总面积2.36平方千米，下辖14个自然村，18个村民小组，有居民1106户，户籍人口3307人，外来暂住人口1050人。2018年，全村工业销售收入9.3亿元，工业利税总额2715万元，工业入库税收总额1218.6万元，村民年均收入3.5万元。

近年，朱家宕村始终坚持以习近平新时代中国特色社会主义思想为指导，按照“抓党建，促经济，惠民生”的工作目标，抢抓机遇，开拓创新，锐意进取，大力发展村级经济。同时，不断加强新农村建设，努力打造“生态优美、产业兴旺、乡风文明”的美丽乡村。村内建有东西朱家宕三星级康居乡村、蔡港特色田园乡村，成为苏州市级现代农业示范园的核心区。朱家宕村先后获江苏省文明村、苏州市新农村建设示范村、张家港市文明村等称号。

1 村党总支书记高峰
2 村委会办公楼
3 特色田园乡村示范点——蔡港
4 朱家宕现代农业示范园
5 大棚基地
6 朱家宕村庆祝新中国成立 70 周年晚会

保税区（金港镇）永兴村

永兴村位于保税区（金港镇）德积办事处东北部，与德积集镇毗邻，东、南与小明沙村相依，西与双丰村以护漕港为界，北临长江。2018 年，区域面积 2.9 平方千米，其中耕地面积 145.4 公顷，下辖 16 个村民小组，居民 1243 户 3475 人。村党总支下设 6 个党支部，党员 112 人。年内完成总产值 7.2 亿元，实现村级可用财力 602 万元，农民人均纯收入 2.98 万元。

近年，永兴村始终坚持以“实施乡村振兴战略”为总目标，牢牢把握“看得见绿水清滩、记得住乡愁乡情、听得到红色故事”发展理念，深入挖掘文化元素助推“文旅融合”发展，全力打造长江生态旅游第一品牌和沿江最美风景线。域内拥有延绵 3 千米的长江芦滩自然风光，还有集旅游、休闲、垂钓、餐饮为一体的永兴生态园，也有传承红色故事的新四军地下交通站、张国珍烈士牺牲地。辖区内有工业企业 40 余家，以氨纶纺纱为主导产业，兼有机械五金、针织精漂、物流等行业。农业则以稻、麦种植为主，副业以蔬菜、果木种植以及家禽养殖为辅。

永兴村先后获江苏省卫生村、江苏省民主法治示范村、苏州市农村现代化建设示范村、苏州市先锋村、张家港市文明村等称号。2017 年，永兴生态园被评为“江苏省四星级乡村旅游区”；2018 年，获“苏州市五星级农家乐”称号。

1 市委书记沈国芳调研永兴生态园
2 村党总支书记黄学贤
3 村委会办公楼
4 江苏省四星级乡村旅游区牌楼
5 永兴生态园农业示范区
6 永兴生态园全景图
7 江上鲜土菜馆

冶金园（锦丰镇）建设村

建设村位于冶金园（锦丰镇）工业东区，由建设、锦西、元兴三村合并而成，区域面积 5.01 平方千米，耕地面积 199 公顷。有 38 个村民小组，居民 1772 户，户籍人口 4931 人，外来暂住人口 3200 余人。

2016 年 11 月，建设村升格为党委村，成为锦丰镇三个党委村之一。村党委下设 10 个党支部，有党员 195 人。全村有私营企业 40 余家，主要以玻璃深加工、五金制造、骨科器械制造为主。2018 年，村整合资源，清理闲置低效用地，通过三优三保实现了土地“腾笼换凤”。同时，收购原华尔润部分厂房发展经济，可用财力进一步增长，至 2018 年年末，村级可用财力突破 840 万元。在发展村级经济的同时，村重视党建精神文明工作，创建了“锦丰小当家”“扫码助我回家”等一批颇有影响力的党建服务品牌，先后获江苏省标准化居民学校、江苏省远程教育示范基地、苏州市先锋村、苏州市文明村、张家港市廉洁文化建设示范点、张家港市先进基层党组织等称号，连续四年获评张家港市文明村标兵。

1 村委会办公楼
2 党员创意全家福
3 “沙上清风”廉政教育基地
4 参加“沙洲新城美·网格群英会”特色文艺团队PK赛
5 党建书记项目“锦丰小当家”

冶金园（锦丰镇）西界港村

西界港村位于锦丰镇东北部，由原菁圩、西界港二村合并组建而成，东靠202县道，南依耕余村，西靠新港村，北临长江，沪通铁路、锡通高速穿村而过。全村面积3.63平方千米，耕地面积187.2公顷。2018年有28个村民小组，居民1255户，户籍人口3728人。村党总支下设党支部6个，有党员94人。

近年，西界港村经济、社会保持了持续、快速、全面发展的态势。通过新建标准型厂房、收购华泰玻璃资产、红叶视听资产、合兴门面房等多途径增产增收，村可用财力由2006年的不足10万元逐步增长到2018年的466万元。村设有“一站式服务大厅”、居家养老服务站、港邻议事厅、法治型党组织等阵地，组建了象棋、乒乓球、舞蹈等体育健身队伍，先后获苏州市文明村、苏州市乡风文明志愿岗优秀岗位、张家港市文明村、张家港市先进基层党组织、村居治理先进集体、社会治安“安全村”等称号。

1 村委会办公楼
2 法治型党组织阵地
3 西界港村原创节目祥龙舞动参加锦丰镇“一村一品”PK赛
4 建设中的沪通铁路
5 3月26日，市委书记朱立凡到西界港村考察调研

冶金园（锦丰镇）悦来村

锦丰镇悦来村位于一干河清水走廊东岸，东邻洪福村，南接合兴街、常家村，西依南港村、光明村，北邻福利村。悦来村村民委员会驻在合兴路最北端原悦来横套，北距锦丰镇人民政府约 3 千米，南距张家港市政府 8.5 千米。悦来村于 2003 年 7 月由悦来、勤屏 2 个村合并而成，区域面积 3.34 平方千米。2018 年有户籍人口 3863 人，27 个村民小组。村党总支下设党支部 5 个，有党员 127 人。

近年，悦来村经济、社会保持了持续、快速、全面发展的态势。村通过新建民宿、安置小区周边门面房、收购红叶视听资产等多途径增产增收，可用财力增长到 2018 年的 397 万元。村有“一站式服务大厅”、 20 余个活动功能室、悦善乐邻生活广场等基础阵地，组建了义务巡逻队、乐邻管家服务队、文体服务队等 5 支党员队伍，成立了悦善乐邻志愿服务队、培育了 10 余个居民组织，先后获江苏省和谐社区、苏州市文明社区、苏州市最佳“金乡邻”志愿服务社区、苏州市青少年综合服务平台等荣誉。

1 中宣部副部长孙志军一行参观悦来村

2 村党群服务中心

3 保留村庄村容村貌

4 2018年悦来社区志愿者年会

5 悦来社区元宵节活动

塘桥镇韩山村

韩山村位于塘桥镇东部，地处张家港高铁站核心区域，沪通铁路、苏南沿江铁路和通苏嘉城际铁路在此交会。2018年年末，全村总面积5.22平方千米，设45个村民小组，户籍人口5117人，另有外来暂住人口4500人，村级可用财力达到1095.59万元。韩山村先后被评为江苏省文明村、江苏省社会主义新农村建设示范村、江苏省生态村、江苏省卫生村、江苏省康居示范村，韩山社区先后被评为江苏省文明社区、江苏省绿色社区、江苏省民主法治示范社区。近年，韩山村全力打造福民韩山，通过产权制度改革、回购企业等路径，村级经济实力不断壮大。城镇化建设步伐加快，人居环境焕然一新。建成高层小区韩山花苑，总居住人口达到1万余人。村党委以党建为引领，打造党员教育红堡阵地，以新时代文明实践为抓手，创办福民基金、福民志愿、老年公寓、文化惠民等公共事业，增强百姓的获得感、幸福感。随着新城区东扩和铁路枢纽站建设，韩山村进入高铁新城新时代。

1 韩山村一景

2 村党委书记顾惠明

3 韩山老年公寓

4 公益文化巡演走进韩山村

5 韩山寺

塘桥镇金村村

金村村位于塘桥镇东南部，妙丰公路、走马塘横贯全境。总面积10.32平方千米，设63个村民小组。金村村坚持走“党建领村、经济强村、文化立村、旅游兴村、生态美村”之路，先后被评为江苏省三星级康居乡村、江苏省生态村、江苏最美乡村、江苏水美乡村、苏州市美丽村庄示范点。金村庙会被列入国家级非物质文化遗产名录。2018年，全村工业销售收入超过10亿元，村级可用财力850.99万元。针织服饰、工艺编织帽畅销国内外市场，电梯配件、金属光亮管、太阳能配件等绿色产业发展迅速。全村有耕地526.67公顷，农业生产实现全程机械化作业，华田家庭农场被评为全国农机合作示范社，金村大米获评无公害农产品、“江苏好大米”特等奖。村委会修复了文化老街区，建设具有江南民居风格的金村苑，编写江苏省名村志《金村村志》，新建金村村史长廊、金村庙会陈展室，开辟核心价值观、古今乡贤事迹、家风家训、文明金村“三字经”等宣传墙廊20余处，并成立慈燕志愿服务队、慈燕农民艺术团，民俗表演、戏曲专场、网格文化丰富多彩。在实现历史文化与人居环境、自然生态有机融合中，金村人民打造了具有江南古村风格、水乡鱼米风情、生态田园风光、民俗风味浓郁、乡风民风淳厚的现代化新农村典范。

1 俯瞰金村

2 村党委书记钱敏峰在江苏省名村志《金村村志》终审会上发言

3 金村庙会出会巡游

4 霞光中的金村苑

5 华田农场农机库

凤凰镇凤凰村

凤凰村位于凤凰镇中部，东临双塘村，南与杨家桥村交界，西与支山村交界，北连金谷村，地理环境优越，交通便利，北枕凤恬路和常合高速公路，南靠张家港塘，东接204国道，主干道凤南路贯穿其间。

凤凰村由原凤凰村、小市村、小庄村三村合并而成，总面积5.42平方千米，耕地面积124公顷，有36个村民小组，居民1281户，户籍人口3869人，党员212人，外来暂住人口2082人。近年，凤凰村通过参与政府公共项目建设、收购优质社会资源、盘活土地资源、新建标准型厂房等举措发展村级经济。全村有3处村级工业集中区，有个私企业55家，涉及建材、五金、化工、纺织等行业，其中外资企业1家。销售超3000万元企业2家，超1000万元的规模企业10家。2018年完成工业开票销售收入4.03亿元，集体经济总收入2483万元，总资产1.19亿元，村级可用财力2384万元，人均纯收入4.5万元。与此同时，凤凰村大力发展凤凰村志愿者团队，设立乡风文明志愿岗，制定相应的志愿服务制度、志愿者守则以及志愿服务保障激励工作制度，贯彻“奉献、友爱、互助、进步”的志愿服务精神，开展“情暖夕阳”“凤凰来仪”“记忆中的凤凰味道”等系列志愿服务，满足村民多元化需求，间接受益人数1500余人。该村先后获江苏省生态村、苏州市健康社区张家港市文明村、张家港市关心下一代工作先进集体等称号。其党组织获评苏州市先锋基层党组织。

1 村委会办公楼
2 凤凰村村组风光
3 凤凰村三星康居乡村点位——油车里
4 市凤翔投资发展有限公司（兰生智造产业园）
5 市文丰纸业有限公司

凤凰镇金谷村

金谷村位于凤凰镇东北部，紧靠镇区，东临204国道，南靠凤凰山风景区，常合高速公路、内河航道新西河穿村而过。1999年11月和2004年3月，金谷村先后与原凤星村、五联村合并成为新的金谷村。全村区域面积6.3平方千米，耕地面积84.35公顷，有45个村民小组，户籍人口4175人。金谷村党委下设9个党支部，党员202人。

近年，金谷村贯彻落实习近平新时代中国特色社会主义思想和中共十九大精神，开展各项富民便民惠民利民服务，努力做到民主自治、民主监督、民主管理，依法治村。2006年8月、2009年8月，先后组建村股份合作社和村水蜜桃专业合作社，2009年10月组建江苏省首家以村为经营主体的农村土地股份合作社，并成立农村承包土地管理（流转）服务站，村土地流转实现当地大农户招标管理。2015年2月，金谷村与位于韩国工业园的江苏现代威亚有限公司成立党建联盟。2018年，全村有企业100余家，完成工业开票销售收入115410万元，入库税金3460万元，村级可用财力860万元。至年末，村内建有“朱家弄”及“须家堂”2个江苏省三星康居乡村点位。

金谷村先后获江苏省卫生村、江苏省生态村、江苏省绿色社区、江苏省文明村、江苏省民主法治示范村、江苏省水美乡村、苏州市文明村、苏州市加强农村现代化建设示范村、苏州市文明社区、苏州市美丽村庄等称号。其党组织获评苏州市先锋基层党组织。

1 村委会办公楼
2 三干河南延金谷村段
3 市龙利鑫针纺有限公司
4 金谷村集中居住区
5 金谷村三星康居乡村点位——朱家弄

大新镇新海坝村

新海坝村位于市大新镇东北部，北靠长江，东邻锦丰镇，港城大道、沿江公路贯穿而过。区域面积3.1平方千米，于2005年9月由原新海坝、老海坝两个村合并而成，2012年10月成为党委村。2018年，全村有28个村民小组，居民548户，户籍人口1369人，党员92人。新海坝村深入贯彻落实中共十九大精神，全面推进乡村振兴战略，按照“产业兴旺、生态宜居、乡村文明、治理有效、生活富裕”的总要求，创造条件优化环境，充分展示新海坝村典型沿江沙上民居风貌和人文习俗，带动村民发展经济，实现“三新一带动”，即全村土地创收新发展，农民生活新提高，村容村貌新变化，美丽乡村建设取得显著成效。先后获江苏省文明村、苏州市文明村、苏州市美丽村庄建设先进单位、张家港市文明村标兵、张家港市文明村等称号。其党组织被评为苏州市先锋基层党组织。

1 村党委书记顾官兴
2 村党群服务中心
3 新海坝村村史长廊
4 新海坝村美丽村庄
5 “活力新海坝·筑梦新时代”迎“七一”文艺晚会

大新镇长丰村

长丰村位于大新镇新老镇区结合部，由原长新、长青、年丰3个村和安置小区长新社区合并而成，属“村社合一”管理模式。全村面积约4平方千米，有34个村民小组及农科队，居民1818户，户籍人口5080人，常住人口6437人，党员191人。拥有300余年历史的双杏寺也坐落在村域范围内。2018年，全村有企业58家，村级稳定性收入419.64万元，主要来源于厂房、土地租金、电力设施盈利及利息收入等。在推动全村经济稳步增长的同时，长丰村大力开展“双学双比”“两学一做”等学习教育活动，不断提高村“两委”班子的综合素质和履职能力。通过开展以“支部书记门诊日服务群众最后一公里”为主题的特色党建项目，在“摆摊”现场，采用接、转、办、答、评“五步工作法”服务群众，变“关门学文件”为“开门办实事”，增强为民服务的现场感、实境感、体验感，发挥党建引领和党员先锋作用。

1 村党总支书记李忠华
2 村委会办公楼
3 长丰村工业集中区
4 开展“支部书记门诊日”活动
5 长丰村美丽乡村——肖家埭
6 丰沁商贸楼规划图

1

2

3

4

5

6

南丰镇和平村

和平村位于南丰镇中东部，东至七干河与乐余镇东林村接壤，西倚五干河与建农村为邻，南临永丰支港与永丰村交界，北隔泗兴港与乐余镇振丰村相望。2005年后，安乐、东胜、东红3村先后并入和平村。2018年，全村区域面积5.08平方千米，下辖49个村民小组，户籍人口6213人。村党总支下辖6个党支部，有党员203人。和平村种植稻麦265.3公顷，有永联天天鲜蔬菜基地8.67公顷。2012年，和平村成立“五老”关爱基金互助会。2014年，实施“红色驿站，党群之家”党建服务项目。2015年，在全镇率先建设农村生活污水管网。2015年至2018年，勤丰圩、渐丰圩和润丰圩先后创建成苏州市康居乡村三星级示范点。该村先后获江苏省卫生村、江苏省民主法治示范村、“2006—2008年创建文明村工作先进村”、“2015—2017年度苏州市文明村”、苏州市民主法治村、苏州市充分就业村等称号。中国科学院南京土壤研究所原研究员、享受国务院特殊津贴的王明珠是和平村人。

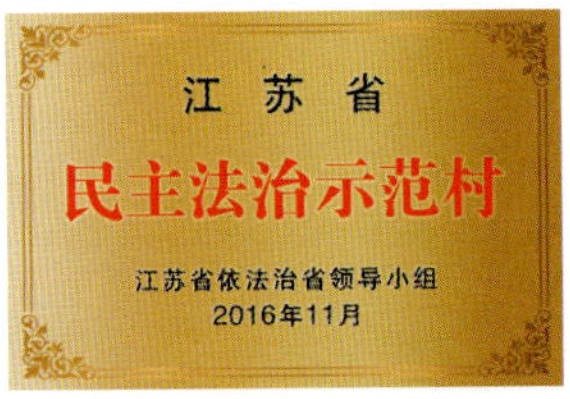

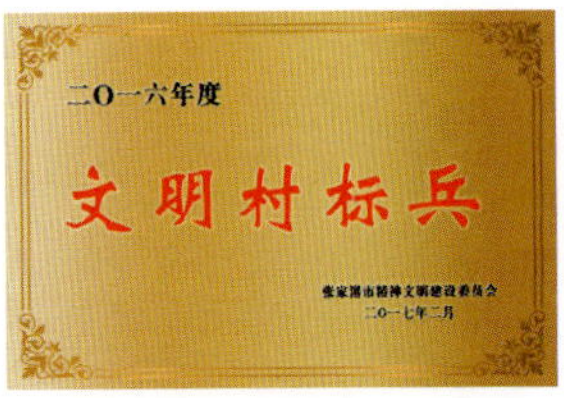

1 村委会办公楼
2 党员干部学习
3 市博扬五金公司
4 美丽河道建设
5 村舞蹈队

综合经济管理

Comprehensive economic Administration

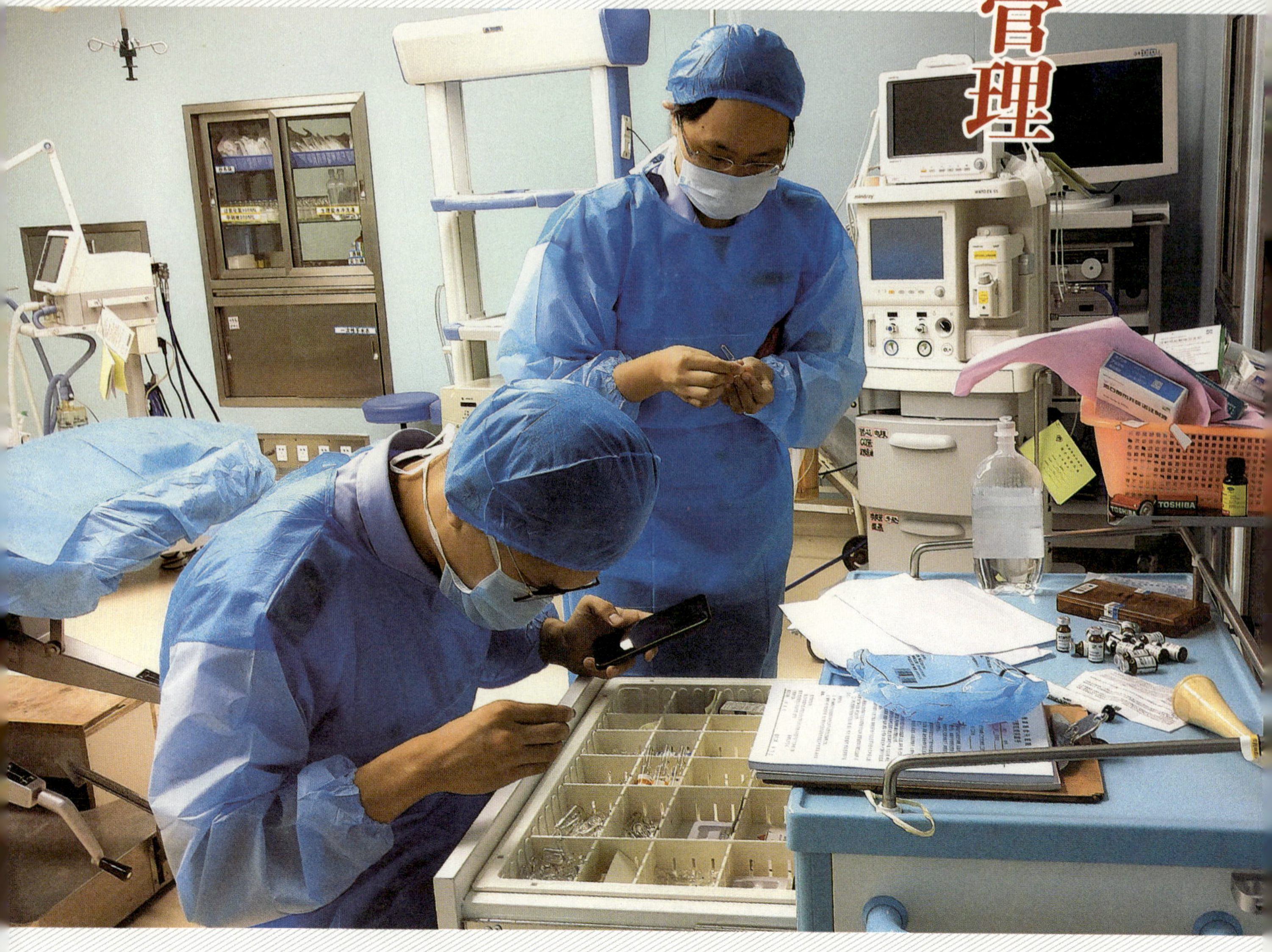

市市场监督管理局开展医疗机构药品、医疗器械检查　（市市场监督管理局　提供）

宏观经济管理

国有资产经营管理

国土资源管理

市场监督及检验检测

物价管理

审　计

统　计

安全生产监督管理

住房公积金管理

張家港年鑑(2019)

宏观经济管理

【概况】 2018年，市发改委聚焦经济高质量发展，提优发改服务供给侧，助推全市经济社会发展。全市地区生产总值比上年增6.7%，服务业增加值占地区生产总值比重为46.5%。全社会固定资产投资389.8亿元，其中服务业投资260.6亿元。社会消费品零售总额比上年增6.6%。年内，市发改委获评市级机关单位绩效考核“综合贡献奖”。

规划实施与研究　统筹推进“十三五”规划实施，系统组织“十三五”规划中期评估工作，评估报告经市十四届人大常委会第十七次会议审议通过。印发《张家港市“十三五”人口发展规划》。围绕结构优化、载体增效、企业提升、创新塑核、环境创优、开放融合，牵头推动实施产业升级三年行动计划，全市产业发展质效有效提升。年内，新兴产业产值占规模以上工业总产值的比重为47.5%，比上年提高1.6个百分点。对照省高质量发展监测评价指标体系、苏州市高质量发展考核指标体系，系统开展高质量发展评价指标对标分析研究，逐一对口归类、对比剖析、对标找差。根据国家《“十三五”控制温室气体排放工作方案》及《江苏省“十三五”控制温室气体排放实施方案》，全省县级市首家完成编制《张家港市低碳控制方案和实施意见》，探索以消费端低碳需求带动生产端自愿减排，构建“政府引导、市场运作、社会参与”的长效发展机制。研究提出《关于提升全市产业用地综合利用水平的实施意见》，提高新增用地项目的单位面积投资、产出、税收等综合效益。围绕优化提升传统产业、发展新兴产业和实施长江大保护战略的工作部署，积极开展氢能、钢铁和沿江岸线利用及产业布局规划等课题研究。其中，“张家港市沿江岸线利用及产业布局对策研究”“张家港市氢能产业发展路径研究”2项课题，获评市社科应用课题优秀成果。“培育小巨人企业策略研究”“抢抓长三角一体化战略机遇”等建议得到市主要领导肯定，相关研究成果直接转化为全市发展的政策意见。系统研究《关于优化调整全省化工钢铁煤电等重点行业布局的实施意见》《全省钢铁行业转型升级优化布局推进工作方案》等文件，及时反馈意见，反映企业呼声，为全市钢铁产业转型升级高质量发展争取有利条件。健全月中提前预判、月底深度分析的“双监测”制度，关注宏观经济运行情况，加强经济形势分析研判，重点跟踪全市落实“三去一降一补”任务进展情况，为市委、市政府提供决策参考。年内，全市主要经济指标基本完成年度目标任务，年度高质量发展指标实现预期。紧扣经济发展、改革开放、城乡建设、文化建设、生态环境、人民生活“六个高质量发展”要求，系统规划2019年主要经济指标、三级重大项目以及民生实事项目等年度计划。

政策落实及推进　牵头推进“263”减煤专项行动，系统实施11项“减煤清单”，全市非电行业煤炭消费量削减142.22万吨，完成年度基本任务的112.5%。围绕全市能源消费总量控制，结合市“十三五”期间能源消费增量控制目标，制定“百千万”企业行动计划（2018—2020年），全面落实能源消费增量目标。贯彻落实总书记习近平“共抓大保护、不搞大开发”指示，部署推进长江经济带建设，推进长江环保大整治、环保大提升“百日攻坚”行动，基本实现“岸线功能优、通航秩序佳、港容形象好、沿江环境美”年度目标。东沙化工区全省首家实现整建制关停，作为产业转型升级典型，被中央电视台《新闻联播》报道。推进供给侧结构性改革，完成玻璃去产能684万重量箱，整治淘汰低效落后产能企业276家。保税区成为全国首家海关总署批准的汽车同业联合担保试点口岸和国家非自贸区汽车平行进口试点口岸。凤凰、塘桥经济发达镇行政管理体制改革试点有序实施，凤凰镇高分通过苏州市经济发达镇行政管理体制改革领导小组评估，在试点镇中排名第3位。打好精准脱贫攻坚战，在全国东西部扶贫协作中率先创新构建市、镇、村、园区、企业“五位一体”全面结对帮扶体系，援建实施43个项目，投入1.01亿元，出列贫困村83个、脱贫人口3.01万人。

服务深化与创新　围绕高质量发展、重大项目推进、长三角一体化等重点，提出系统化工作建议，推动搭建协同化工作班子。系统开展重大项目对上申报、集中开工投产等活动，探索推行项目代办、容缺审批、全链服务制度，协同打好投资组合拳。年内，总投资428.5亿元的4个省级重大项目完成投资40亿元。中科院纳米研究院、沙钢轧钢转型升级、康得大飞机碳纤维构件项目有序推进；长城宝马新能源项目加快推进，被列为国家重大外资推进项目计划（第二批）。23个苏州市重点项目、50个张家港市级重大项目，年内分别完成投资117亿元和107亿元。深化“放管服”改革，推进“不见面审批”制度。围绕“不见面审批”项目、流程、时限、材料，推进“不见面审批”标准化建设。窗口设立实行代办员制度，工作人员挂牌上岗提供一站式服务，确保服务质量的同时做到业务咨询“一口清”。推进民生实事项目库，对项目库进行动态更新和维护。建立“季度报”机制，开展“人人选”活动，构建民生项目“推荐形成—协同推进—绩效评价”工作闭环。针对近两年投运项目，由市民投票选出首届市十大民心工程。跟踪富民举措落实情况，与30余个富民任务责任部门保持对接，确保全市富民增收工作取得实效，2018年全体居民人均可支配收入比上年增8.4%，高于GDP增速1.7个百分点。7月，沙洲电力因控股股东永泰能源债务违约，一度面临缺煤及停机风险，为保障全市供电、供热不受影响，紧急制定《张家港沙洲电力有限公司煤炭储备分级管控应急预案》，对上积极协调省电力公司，由市政府指定金城公司实施应急财务托管，在迎峰度夏期间加强储煤量调度，维护生产安全、机组平稳运行、职工队伍稳定，确保张家港区域电网安全和供热稳定。

对上衔接与报批　年内，张家港市入选全国供应链创新与应用试点城市（全省2家），蝉联中国城市全面建成小康社会5A+县级城市，成为新时代中国全面建成小康社会范例城市。张家港经济技术开发区、张家港保税港区保税区、张家港高新技术产业开发区分别入选《中国开发区审核公告目录》(2018年版)中国务院批准设立的开发区、国务院批准设立的海关特殊监管区域和省(区、市)人民政府批准设立的开发区名单。张家港经济技术开发区第二批获评省双创示范基地。全市新增规划建设特色小镇3家,累计12家,永联江南田园风情小镇入围省创建名单,获奖励资金600万元。氢能产业创新中心成立,成为苏州氢能产业发展核心区。玖隆物流、国泰国际集团、东华能源、沃丰贸易、旭江贸易等11家服务企业获评全国服务业500强,入选数量位居全省县级市第1名。港务集团获评省级生产性服务业领军企业,玖隆物流获评全国优秀物流园区,沙洲湖科创园获评苏州现代服务业集聚区(累计12家)。先后组织311家次企业申报"直购电",降低企业用电成本6亿元;沙钢境外发债获国家发改委备案,23个项目获境外投资项目备案。全年申报获批国家农产品进口配额13.8万吨。其中,棉花进口配额9155吨(一般贸易配额1920吨、加工贸易配额7235吨);粮食进口配额11.24万吨(一般贸易配额1.19万吨、加工贸易配额10.05万吨);下半年获棉花滑准税配额16373吨。

【"十三五"规划纲要中期评估】 按照国家发改委《关于开展"十三五"规划实施情况中期评估工作的通知》,根据省、苏州市发改委工作部署要求,5月起,张家港市发改委牵头组织开展市"十三五"规划纲要中期评估工作。委托中国社科院财经战略研究院县域经济课题组作为第三方评估机构,对市"十三五"规划执行情况进行课题研究,并形成中期评估报告。"十三五"规划纲要实施后,张家港市面对外部复杂严峻的宏观环境和内部转型闯关的主动追求,在市委、市政府领导和全市上下共同努力下,坚持"稳中求进、争先率先"总基调,顺应长江经济带、苏南自主创新示范区、"中国制造2025"、长三角一体化等宏观战略,紧扣"强富美高",以践行"四大路径",建设"四个港城"为主线,深入推进"两聚一高"新实践,全市经济社会实现持续健康发展,稳步迈向高质量。规划主要目标基本实现时间任务"双过半",整体质态好于预期。"强富美高"4个方面42项指标,除现代农业发展水平、规模以上工业企业研发机构覆盖率和城乡居民收入达标水平3项指标因上级不再考核公布外,有35项快于或符合中期进度要求,其中提前完成规划目标的有10项。 (余彩虹)

国有资产经营管理

【概况】 2018年,市国资工作紧扣深化国资国企改革主线,不断加强党对国有企业的领导,完善国有资产监管体制,加强国有资产监管,推进薪酬改革,提高国资服务水平,为全市经济社会发展贡献力量。市国资办召开全市国资国企工作会议,组建国资国企共建联盟,组织召开国有企业党建工作座谈会,举办"永远跟党走,唱响新时代"唱红歌比赛,推动国有企业党建工作要求写入章程,着力国资国企改革顶层设计,出台《张家港市深化国资国企改革实施方案》,积极推进国泰集团整体上市,制订国泰集团整体上市第二步实施方案。做好产权登记、资产评估等基础性工作,促进国有产权规范流转,严格国企投资审核,2018年国有资本经营入库收益5811.83万元。推进经营业绩考评,完善薪酬激励机制。至年末,全市有一级国资公司16家、二级国资公司54家,总资产2094.33亿元、净资产837.18亿元,实收资本177.37亿元。全年全市国资公司总营业收入545.74亿元,营业利润22.35亿元,实现净利润19.88亿元。 (高洪刚)

2018年张家港市一级国资公司主要经济指标一览表

表50 单位:亿元

企业名称	资产总计期末余额	所有者权益	实收资本	营业总收入	营业利润	净利润
张家港市沙洲宾馆	3.76	3.58	3.77	0.46	−0.14	−0.12
张家港市城市投资发展集团有限公司	431.74	146.46	26.00	13.57	−0.43	−0.42
张家港市给排水公司	23.53	14.16	0.45	4.88	0.31	0.24
张家港市粮食购销总公司	5.90	3.38	0.20	3.48	−0.30	0.00
江苏国泰国际集团有限公司	193.02	98.65	8.00	385.73	15.97	12.86
江苏省张家港经济开发区实业总公司	152.12	84.43	17.00	1.10	−0.29	0.01
张家港市悦丰投资开发建设有限公司	42.72	17.64	10.00	8.71	−0.06	−0.03
张家港保税区金港资产经营有限公司	465.01	160.69	58.50	24.78	2.68	2.56
张家港市金城投资发展有限公司	127.77	65.04	15.21	15.41	3.52	2.79
张家港市通洲沙西水道综合整治有限公司	34.68	5.23	6.00	0.05	−1.10	−0.60
张家港市交通控股有限公司	49.90	41.41	4.44	0.03	0.22	0.21
张家港市暨阳湖开发发展有限公司(集团)	79.53	59.29	6.30	0.21	−0.78	−0.79
张家港市金茂投资发展有限公司	43.12	15.31	3.00	1.59	−0.64	0.69
江苏华昌(集团)有限公司	97.74	44.60	0.94	65.01	4.67	4.13
张家港市金厦房地产开发公司	67.01	12.08	1.10	20.52	1.66	1.29
张家港市直属公有资产经营有限公司	276.79	65.24	16.46	0.21	−2.93	−2.94

【城投集团年产值22亿元】2018年，市城市投资发展集团有限公司（简称市城投集团）履行城建职责，经营管理国有资产，实现产值22亿元，资产总额455亿元。全年完成投资8.12亿元。出让土地6块，总面积29.67公顷，实现交易额55亿元。城东以黄泗浦生态园及高铁新城枢纽区域建设为重点，黄泗浦生态核心区年内完成投资额1.85亿元，东湖区域景观绿化工程基本完成，初步具备入园观赏条件。高铁枢纽建设围绕2020年6月沪通铁路通车目标，推进站房工程建设，完成投资额1.8亿元。城北职工文体中心和国际教育交流中心均进入竣工收尾阶段，分别完成投资额1.6亿元和7500万元。城西重点推进泗港集镇区、泗港路沿线企业、警务中心地块、泗港老菜场及周边门店等地块动迁，56户民宅、4家企业签订拆迁协议。安置房建设完成投资额1.2亿元，小菜巷二期、丽新花苑二期2个项目竣工，总建筑面积7.95万平方米，440套房。完成销售合同签订2521套，开票金额6.94亿元。市政道路建设有南苑东路改造三期、华昌路改造、泗港路改造等3个项目，总里程5.11千米，总投资1.35亿元，前2个项目10月竣工通车，年内完成投资额9200万元。（韩　露）

【金茂公司连续五年纳税超5000万元】2018年，市金茂投资发展有限公司发挥市属国资公司在服务经济转型升级、维护金融生态稳定、服务社会民生事业方面的作用，实现投资收益1.05亿元，全口径入库税金6578万元，连续五年进入纳税超5000万元企业行列，人均入库税收超50万元。至年末，公司系统总资产80.58亿元、净资产30.51亿元。股权投资规模不断扩大，公司参与管理股权投资基金规模39.88亿元。年内，出资3976万元参与设立市新兴产业引导基金、保税区芯汇基金、西姆智汇港城创投基金，继续向国弘智能制造、韩投二期、以诺二期、大唐汇金、松禾成长等基金出资3300万元。考察项目176项，完成投资15项，金额6.56亿元。其中，投资江苏古德乐公司445万元，通过市服务业基金投资华夏检验公司400万元、绿岩生态500万元，通过金锦联城、乐鑫基金新增投资10项4.2亿元，参与澳洋科技、天沃科技定增项目2.23亿元。下属金港、农业、机械3家担保公司年末在保余额30.2亿元，在保户数737户。加大向普惠金融领域的倾斜力度，信保贷、创业贷、科技贷等小微金融业务体量持续提升。农业担保、机械担保合并重组取得实质性进展，为化解业务结构重叠，强化内部资源整合，降低综合管理成本提供了基础样本。放大准金融业务盈利能力。供应链金融业务模式进一步成熟，业务模块涉及冷链、贸易等多方面，投融联动合作业务平台搭建初显成效。社会职能履责奋进，筹措资金8000万元，高标准推进第一集贸市场“菜篮子”民生工程改造升级。投资建成全市唯一的转改制企业档案查询中心，收录94家原市属转改制企业员工档案资料4.3万余册。投资100万元推进贵州沿河暗塘村“金引工程”产业扶贫开发项目。存量资产提质增效，存量资产拍租和租金递增制全面推行，资产出租率100%，资产收益增幅超过5%，租金收入2011万元。太平洋保险、工商联企业家俱乐部签订入驻金茂大厦协议，新增租售面积8000平方米，回笼资金5000余万元，大厦整体入驻率超80%。（邵振峰）

【金城公司资产增值23.9亿元】2018年，市金城投资发展有限公司（简称市金城公司）新增投资4.67亿元，实现投资收益2.57亿元，上缴国资收益3035万元，实现全口径税收1.57亿元。至年末，公司总资产133.9亿元，净资产66.4亿元，分别比上年增21.7%和16.5%。股权管理加强。市沙洲电力公司因控股股东擅自划转资金导致生产经营资金短缺，面临停机风险，市金城公司督促沙洲电力公司修改企业章程、规范运作，7月19日起对沙洲电力公司实施应急财务监管，提供救助资金3.5亿元，支付各类款项32.8亿元，协助采购煤炭363万吨，沙洲电力公司全年发电167.3亿千瓦小时。市外国语学校按期召开股东会、董事会，修订学校章程，选举产生新一届董事会、监事会及经营班子。彩虹永能公司2000兆瓦高效太阳能光伏组件生产项目完成前期规划、设计、论证，启动施工招标。苏州华兴售电公司开始售电业务，开发客户200家，销售电量2.74亿千瓦小时。华兴热力管网公司销售蒸汽量119.43万吨。金城阳光教育培训中心完成筹建，年招生2.3万人。原燃气总公司花园浜供应站完成拆迁，存量资产实现出租收益25万元。拓展基金、定向增发、股权投资等资本运作方式，投资金额3.3亿元。其中，参与设立规模8亿元的乐鑫基金、规模3亿元的富力基金，公司累计参与基金项目总规模超100亿元，全年完成项目投资51项。将自主投资与基金团队投资相结合，参与认购天沃科技、澳洋健康非公开发行股票，投资金额8880万元，出资265万元认购江苏古德乐公司股权159万股。减持紫金矿业股票3215.43万股，实现股权转让收益1.2亿元，落实张家港行、东华能源、富瑞特装、江苏国泰、紫金矿业、鹿港文化、苏州锴威特等投资项目分红款1485万元。参与申购张家港农商行可转换债券，投资金额1907万元，实现收益59万元。开展网下打新、资金转融通等业务，实现收益180万元。江苏联嘉资产公司及下设2个特殊资产处置基金全年化解不良资产13.1亿元，实现利润3728万元。置业开发成效显现。人民路金城大厦新增业主5户，至年末租售面积3.5万平方米，租售率78%，进驻业主43户。沙洲湖金城大厦市政工程等配套设施基本完工，具备交付条件。人民东路商务用房项目（暂定名）完成土地挂拍，启动设计招标；凤凰春晓、凤凰印象等项目建设有序推进。金城物业新增项目3项，实现营业收入800万元。资金需求全面保障。发行13亿元私募公司债券，落实银行展期贷款1600万元。新增融资担保24.82亿元，逐步压缩担保总额，至年末担保余额下降34.4%。双山存量债务周转累计还本付息3.47亿元。（曹网云）

国土资源管理

【概况】 2018年,市国土资源局突出精明调控、精细保护、精准保障,推进国土资源节约集约和循环高效利用,提升要素供给质量,优化资源配置结构,保障全市各类用地需求。市国土资源局获评苏州市文明单位、张家港市市级机关绩效考核综合贡献奖。11月28日,市土地利用总体规划修改方案获省政府批准。全年对上争取专项流量指标661.9公顷。开展土地指标有偿交易活动4期,173.2公顷计划指标实现市场化配置,涉及金额17.35亿元。累计对上报批26批,总面积537.3公顷,静脉产业园、黄泗浦园区配套设施等重大项目顺利落地。落实供地231宗、809公顷,出让供地113宗、375.5公顷,划拨供地118宗、433.5公顷。在出让供地中,工业(仓储)用地58宗、176.1公顷,房地产项目用地34宗、93.5公顷,安置房用地16宗、52.9公顷,公共管理与公共服务用地2宗、2.4公顷,港口码头用地3宗、50.6公顷。在划拨供地中,公共管理与公共服务用地55宗、128.3公顷,安置房用地10宗、52公顷,公租房用地2宗、2.9公顷,宅基地用地11宗、8.9公顷,交通运输用地34宗、231.3公顷,水利设施用地2宗、7.7公顷,特殊用地4宗、2.4公顷。

耕地资源　市国土资源局严守2.83万公顷永久基本农田保护红线和3.17万公顷耕地保有量。推进数量、质量和生态“三位一体”保护。坚持早发现、早制止、早报告和早查处联动,立案违法用地66宗、48.4公顷,下达处罚决定书34宗、33.8公顷,处罚款288.9万元、到位194.7万元,处没收建筑面积5000平方米,处拆除建筑面积1.26万平方米。推动16家45.2公顷无合法手续钢渣企业用地全部拆除建构筑物,恢复土地原状。围绕918家环保污染重点行业企业名单,明确拆旧复垦地块必须开展土壤检测,确保新增耕地质量安全。开展耕作层剥离再利用,提升新增耕地质量。累计331.13公顷耕地占补平衡指标通过苏州市级验收。

集约用地　在企业自愿前提下,重点推进缩短出让年限的工业用地年限“6+24”出让模式,明确6年监管期限,将投入、产出等写入监管协议作为合同附件,强化“出让合同+监管协议”的“双合同”监管模式。全年签订30年弹性出让合同34宗、52.4公顷。加强动态巡查,严格落实开竣工申报制,办理开工申报80宗、竣工验收108宗、延期开竣工27宗。加快存量土地盘活利用,处置批而未供土地391.7公顷,闲置土地14宗、31.7公顷。通过实施流转、收购储备、退二进三、增容技改等方式实现城镇低效用地再开发115宗、344.5公顷。落实板块责任,对区镇实施节地集地综合评价,冶金工业园(锦丰镇)、南丰镇、大新镇获得前3名,分别获得3.3公顷、2.7公顷和2公顷指标奖励。

2018年张家港市一级类土地利用详细构成情况表

表51　　单位:公顷

土地类别	年初面积	年末面积	变化情况	
			增加面积	减少面积
耕地	29865.84	30272.92	407.08	—
园地	3411.31	3364.84	—	46.47
林地	201.51	201.44	—	0.07
城镇村及工矿用地	30125.55	30114.75	—	10.8
交通运输用地	6397.47	6446.54	49.07	—
水域及水利设施用地	28255.73	27861.00	—	394.73
其他土地	415.13	411.05	—	4.08
总面积	98672.54	98672.54	—	—

【土地储备交易】 市土地储备中心科学推进土地储备、土地交易、拆迁安置等工作。全年储备经营性用地37宗,总面积97.05公顷。按收储区域划分:市区储备9宗,面积31.3公顷;镇区储备28宗,面积65.75公顷。全年出让经营性用地36宗,总面积94公顷,成交总价111亿元,规划总建筑面积132.93万平方米。其中,市区出让14宗,面积57.2公顷,成交价85亿元,规划总建筑面积86.58万平方米;镇区出让22宗,面积36.8公顷,成交价26亿元,规划总建筑面积46.35万平方米。全年出让安置房用地16宗,总面积55.19公顷,成交总价3.07亿元。通过公开挂牌、拍卖方式出让工业用地55宗,总面积162.33公顷,成交总价8.2亿元;出让仓储、港口码头、科教用地等其他类型用地8宗,总面积58公顷,成交总价2.74亿元。完成小莱巷二期4幢160套,共2.7万平方米安置房建设,小区配套设施完善到位;完成范庄花苑南区1034户动迁户车位分配工作,完成前溪锦苑、范庄花苑12户共19套安置房分房工作。通过举办张家港经营性用地恳谈会、参加中国(上海)城市土地展等开展多层次、广领域的土地推介活动,吸引诸多品牌房企到张家港市参加土地竞拍,旭辉、石榴、佳兆业等7家房企首次进驻张家港,祥生、建发等房企再次补仓。

【“三优三保”行动】 年内,全市积极开展以“优化建设用地空间布局保障发展,优化农业用地结构布局保护耕地,优化镇村居住用地布局保护权益”为主要内容的“三优三保”行动。在原有“1+3”政策基础上,市国土局牵头制定《市基本农田有偿调剂实施意见》,明确复垦地块补划为基本农田的,可给予水田每公顷300万元、旱地每公顷150万元的补偿。出台《市耕地占补平衡指标使用管理意见》,瞄准用补双向发力,收取使用主体每公顷375万元的占补指标费,对产生占补指标的区镇给予每公顷300万元的补助。优化《市土地指标交易与指标费管理办法》，进一步引入市场机制，各区镇政府可确定实施主体（含企业），并参与土地指标有偿竞购，为支持“三优三保”项目贷款创造条件。9个板块“三优三保”专项规划全部获批，并率先在苏州市范围内实现全覆盖，乐余镇成为苏州市首个完成第二轮“三优三保”专项规划的地区。加大拆旧复垦力度，结合“263”专项行动、“331”专项整治等，完成拆旧复垦278.3公顷。

【不动产登记改革】 年内，依托“四全”（即全流程优化审批、全区域便民服务、全业务网上办理、全节点效能监察）服务系统，张家港市9个不动产登记受理点在苏州市率先实现交易、纳税、登记“一窗受理、集成服务”模式，100%实行“同城通办”。巩固“3550”改革成果，优化提升登记流程环节，一般登记业务由5个工作日缩短至3个工作日，实际半天办结量占到50%以上，其中新购商品房办证、新证过户业务在苏州率先实现立等可取。加大对实体企业的支持力度，抵押登记当天办结。免收小微企业、个体工商户登记费用。推进“互联网+不动产登记”，颁发电子不动产登记证明，在银行设立不动产抵押办理点，最大程度便民利民。妥善化解历史遗留问题，纵深推进农村宅基地和农房统一登记。全年办理不动产登记11.24万件，接待社会各界人士查档4万人次，出具有效不动产登记信息查询证明约5万份、协助地税开具首套房、无房证明4.6万份。

（黄　喆　王翠翠）

市场监督及检验检测

【概况】 2018年，市市场监督管理局着力实现高质量服务、高科技监管、高精准执法、高标准惠民的“四高”目标，全力服务“四个港城”建设，整体工作成效显著，获评市级机关绩效考核突出贡献奖。根据国务院、省政府、苏州市政府关于盐业体制改革相关要求，6月起，原由盐业主管部门行使的盐业行政管理方面的法律、法规、规章规定的全部行政处罚权及有关行政强制措施权改由县级市场监管部门集中行使。5年内由市盐务局选派具有盐政执法经验的人员到市场监督管理局协助相关工作，市政府以购买服务的方式，按年支付服务费用。5月，市盐务局2名工作人员即进驻市市场监督管理局综合执法大队，开始盐业管理体制改革过渡期传帮带工作。6月，原金港分局整建制划转至保税区市场监督管理局。9月，市行政审批局正式挂牌成立，原由市市场监督管理局承担的市场主体登记注册职能划转至市行政审批局，局机关行政监管科开始实体运作，主要负责就行政许可事项与审批局的对接工作、作风效能督察与绩效管理工作。

合同管理　做好动产抵押登记工作，为涉农企业和金融机构、担保公司牵线搭桥，办理动产抵押登记269件，帮助企业融资188.45亿元。9月，动产抵押登记全面开展网上受理申报工作，全年网上办理动产抵押登记71件，融资85.48亿元。6月，联合市住建局、市给排水公司修订格式合同条款，开展居民生活用水合同规范文本推广工作。加强合同帮农工作，根据涉农企业具体情况，在凤凰、塘桥、锦丰、乐余、南丰试点设立5家合同示范指导站，并下发合同示范指导工作制度和管理规则。开展重合同守信用企业评审认定工作，采取与企业面对面的交流形式对企业进行培训和辅导，帮助企业建立健全合同信用管理制度，加强信用体系建设，对380余家企业开展培训指导工作，经过信用征询、信用评估和公示程序，以市政府名义对符合要求的278家企业进行认定。围绕群众关注的热点、难点问题，开展美容美发、干洗店等预付费卡行业，汽车4S店销售行业，民办非学历教育培训机构等行业的格式合同专项整治行动，立案查处13起。

商标和广告管理　实施商标战略，提升企业自主品牌意识，推进品牌国际化。组织120家出口品牌企业参加商标国际注册与保护培训，年内出口企业马德里商标国际注册申请41件，位列苏州市第一。全市新增注册商标4377件，累计注册商标2.71万件，其中中国驰名商标20件、江苏省著名商标152件、苏州市知名商标143件、地理标志证明商标2件。强化商标权运用，开展全市商标使用情况调研，分析企业商标注册、运用和保护状况，结合贯标工作了解行业品牌发展情况和保护需求，为精准化指导服务提供依据。加大商标专用权保护力度，开展商标权保护“溯源”、商标使用“净化”专项行动，建立重点商标保护名录，汇编商标权保护案例。查处商标侵权假冒案件44件，罚没款57.8万元。对百家骨干企业网上广告宣传内容进行监测，对发现风险及时预警，持续监测电台、电视台等媒体广告，对张家港广播电台开展走访送法活动，培训《中华人民共和国广告法》《互联网广告管理暂行办法》相关内容，讲解典型案例，赠送广告相关法律书籍。履行广告监管职能，开展校外培训机构广告、类金融广告、房地产广告专项整治工作以及网络平台涉嫌非法集资广告资讯信息排查清理工作。加强执法检查，打击虚假违法广告，共查处食品、房地产、医疗广告、保健品、校外培训机构、金融广告等广告案件72件，罚没款147万元。

特种设备安全监管　建立以“12345”为应急报警号码的电梯应急处置服务中心，建成以电梯签约维保单位为救援主体、网格救援站就近应急救援点为支持、消防专业救援队伍为保障的三级救援响应机制，实现实时服务、实时管理、实时跟踪、实时记录的电梯应急处置全流程综合管理。依托镇、村（社区）两级社会综合治理网格，将特种设备安全监管工作下沉到村居、工厂，延伸特种设备安全监管触手，提升安全监管效能，全年排查安全隐患1283个，形成监管闭环1212个，闭环率94.5%。引导沙钢集团、沙洲电力、沪通长江大桥项目部等特种设备多的单位开发智能管理系统，实现特种设备管理全过程的数字化与智能化，有效预防和减少事故发生。

标准化工作　按照《百城千业万企对标达标提升专项行动方案》，在饮塑机行业全面开展对标达标专项行动，通过对比国际国内先进标准和高水平技术，查找差距和发展突破点，实现产业提档升级。4月，由市市场监管局主导，华程制管公司牵头组建的全国钢标准化技术委员会钢管分技术委员会汽车用钢管工作组（SAC/TC183/SC1/WG3）落户张家港。5月，省质监局公布2018年省级标准化试点建设承担单位名单，善港农业科技有限公司成为苏州市唯一一家省级农业标准化试点承建单位。完成国泰新点软件公司省级标准化试点验收工作的申报、确定市家政协会为下年度省级标准化试点申报对象，着手进行申报指导工作。先后组织相关企业参加苏州新一代信息技术标准化论坛、电动自行车新国标宣贯会、高质量发展机器人产业提升大会、团体标准宣贯会、危化品标准宣贯会等技术标准会议。11月24日，由市市场监督管理局、市文明办、市检验检测中心联合起草的市志愿者协会团体标准《志愿服务站（点）建设与服务规范》发布，同时对6家首批获评的标准化志愿者服务站进行授牌。《志愿服务站（点）建设与服务规范》规定志愿者服务站（点）的分类、建设要求、服务规范及服务过程，为志愿服务站（点）建设提供行之有效且可复制的操作流程。此团体标准为全国首个志愿者服务站点标准，也是全市第一个公共服务类的团体标准。

计量工作 统筹社会公用计量标准建设，在原有106项社会公用计量标准基础上，针对涉及民生计量器具检定的新形势新要求，新建包含电子停车计时计费器检定装置等3项计量标准。发挥计量校准对全市量值溯源的补充作用，逐步放开校准市场限制，引导社会资源投入计量事业，批准社会校准机构建标申请，提供计量校准服务。会同市检验检测中心对计量标准和检测能力进行全面梳理，针对市检验检测中心缺失的水表检定标准，授权市给排水公司建立全口径水表计量标准，作为全市最高社会公用计量标准。加强与各级技术机构对接沟通，完善强检计量器具备案、委托、送检、服务等程序，打造高效便捷监管模式。全市加油机周期检定率、燃气表、水表首检率和停车场计时计费装置、粮库称重设备检定率均为100%。突出贸易结算领域的计量监管，严厉打击超市、餐饮店、水果店、眼镜店等场所的计量违法行为。全年查处各类计量违法案件140起，移送公安机关1起，主要集中在使用未经强制检定的计量器具和破坏计量器具准确度领域。为更好开展计量监管，各分局均配置标准砝码组合。广泛发动商场、餐饮饭店、加油站、医院、集贸市场等民生重点关注的行业经营单位开展诚信计量示范单位创建活动，共培育16个单位参与创建。实施“两免费”等计量惠民检定，对15个社区卫生服务中心、乡镇医院、计生指导站的在用医疗计量器具进行检定，免费检定医疗计量器具317台件；全面开展集贸市场“五统一”（对农贸市场电子秤统一配置、统一管理、统一检定、统一轮换、统一维修）电子计价秤周期检定，“五统一”电子计价秤配置率纳入对区镇食品安全工作考核。开展计量器具“你点我查”活动，通过微信公众号开展燃油加油机“你点我查”，并将结果向社会公布。针对市民反映较多的瓶装液化气充装量问题，以办理人大代表建议和政协委员提案为契机，出台相关技术和行政处理方案，通过调整充装量、加强充装量和燃气质量抽检等方式，保证瓶装液化气在安全条件下的充装量。推进计量惠民工程，开展“关爱视力，关注成长”光明计量进校园活动，对39所中小学校135间教室照明情况进行检测，并提出合理化改进建议，相关意见建议被市委、市政府和教育主管部门采纳。

药品、医疗器械安全监管 完成受理执业药师注册134份，外市中药材及中药饮片登记备案企业14家，受理并办结药品经营许可筹建15家、核发12家、变更111家、换证4家、注销4家，受理医疗器械经营许可申办23家、变更27家、换证9家、注销1家，办理第二类医疗器械经营备案首次备案41家、变更备案42家、取消备案2家，医疗器械网络销售备案6家，办理第一类医疗器械生产企业首次备案12家、变更备案27家、取消备案1家，出口备案产品83种。完成医疗器械批发企业许可现场检查21家次，完成医疗器械零售企业许可现场检查10家次。完成张家港市医疗器械生产企业GMP检查40家次，日常检查2家次。对外市医疗器械生产企业进行体系检查10家次。组织分局开展一类医疗器械生产企业备案后检查11家。完成药品批发企业麻醉药品和精神药品等特殊药品日常检查5家次，药品批发企业监督检查2家次。完成零售药店GSP认证2家。完成药品生产企业日常检查7家次，GMP检查2家次。完成医疗机构制剂室检查1家次。组织分局检查零售药店384家，医疗机构日常检查103家，医疗器械经营企业388家。年内，接受国家级检查组对药品批发企业飞行检查1次，省级检查组对医疗器械生产企业飞行检查4次，苏州级检查组飞行检查12次，检查中发现未能按GMP要求进行生产的三类器械及化妆品生产企业进行停产整改。开展保健食品、化妆品生产企业日常检查，检查保健食品生产企业3家、化妆品生产企业9家，接受苏州级化妆品飞行检查3家，完成保健品化妆品经营企业日常监管1985家次。完成938例药品不良反应报表评价，其中新的严重的255例，占27.19%；完成347例医疗器械不良事件上报和评价工作。完成化妆品非特备案资料审查145例，现场核查42例，退回15例，注销复核4例。按照分级分类监管要求开展日常监管工作，未发生源头性安全质量事故。开展一对一“送法上门”活动，采取现场监督检查与普法相结合的方式，督促企业学习法规，依法依规组织生产。组织全市医疗器械生产企业开班培训，重点培训一、二类医疗器械生产企业管理人员，提升医疗器械生产企业质量管理水平。结合医疗器械不良事件及时组织预警式行政约谈，落实企业主体责任。采取每年对四级监管企业开展不少于一次的现场检查，以日常监督检查为手段，以整改复查为保障，坚持问题导向，确保药械监管落到实处。紧盯监管重点，围绕特殊药品、隐形眼镜、中药饮片合法购进、保健食品质量安全、保健食品生产企业标签标识、高风险化妆品生产企业、化妆品经营使用安全治理等方面开展专项整治。7月17日，与市卫生和计划生育委员会对接，启动疫苗质量管理风险排查行动。对市疾病控制中心狂犬病疫苗、百白破疫苗采购情况、生物制品批签发记录、冷链运输记录、疫苗储存设备及在库温湿度监测进行排查。组织69个疫苗接种单位开展疫苗流通和预防管理自查，抽查17家疫苗接种点，对存在问题进行书面反馈，由卫计委督促落实整改。在各预防接种门诊张贴相关通告，通过媒体及时向社会公众通报全市疫苗购进渠道及使用情况，消除公众疑虑。药械保化科接到缬沙坦药品举报投诉32例，开展涉事批次调查和召回工作，对举报较集中的张家港中心医院展开实地检查，协调患者办理退、换货及退款事宜。加强涉药单位从业人员培训，规范药品、医疗器械经营企业诚信守法。全年组织药品生产经营企业、医疗器械生产企业培训3次，培训涉药人员100余人次。建立诚信分级管理制度，实施零售药店药品安全信用分类管理。将企业诚信等级划分为守信（A级）、一般失信（B级）、较重失信（C级）、严重失信（D级）四个等级，评选出零售药店守信（A级）452家、一般失信（B级）38家。制定并建立企业分类诚信标准，建立健全企业诚信档案，完善药品经营企业诚信评价监督制约机制，并将信用等级评定结果在双公示系统和政府门户网站上公示。

【食品安全监管】 6月，苏州市小作坊示范点建设推进会在张家港市召开。至年末，全市有食品小作坊示范点30家，登记证发放数量和示范点数量均位列全省首位。餐饮服务集中示范区建设成效明显，永联小镇江鲜美食街、新城吾悦广场获评苏州市首批“A级示范点”，曼巴特和杨舍老街两个餐饮集中示范区通过苏州验收。率先在苏州地区实行小微餐饮报告积分管理，发放公示卡290家，改造达标后转发食品经营许可证105家，主动关停112家，经劝导转行35家，取缔27家，累计整改落实小微餐饮单位569个，无证小微餐饮整改落实率91.1%。在省内率先建成互联网自查报告系统，实现食品生产企业和学校食堂自查结果及整改报告填报上传全覆盖。建立民间厨师电子档案库，实时上传农村集体聚餐登记备案情况，在苏州地区率先实现网格化管理、实时化上报，全年农村家宴网上备案数5124起。探索“食安专家进网格”社会共治新模式，在综治网格中引入专家、志愿者、食品安全信息员，打造食品安全信息网络，形成监管合力。率先在全省开展深化食品安全示范城市建设区镇达标评估工作，区镇评估通过率66.7%，巩固了省级食品安全示范城市验收成果。健全食品安全风险防范化解体系，推行食品安全责任险，实现学校食堂食品安全责任险全覆盖。打造“港城食博士”品牌形象，通过多种形式集中曝光和整治一批鲜榨果蔬汁店、用餐配送单位、特大型餐饮单位和网红外卖店，形成市场倒逼机制，“港城食博士”项目获得市2018年度新媒体应用创新奖。

【检验检测】 2018年，市检验检测中心完成食品、农产品、工业产品等检验检测1.05万批，各类计量器具检定、校准21.05万台件。保障舌尖上的安全，完成各级政府交办的食品、农产品监督检验检测任务2222批，检出不合格样品24批。做好涉及安全生产、贸易结算、医疗器械、环境监测等强制检定计量器具检定工作，共强检57449台件，确保菜篮子、就医看病、汽车加油等民生计量器具量值准确。落实“331”整治火灾隐患百日专项行动要求，配合市市场管理局开展流通领域电动自行车专项监督抽查。做好定量包装商品、加油机“你点我检”、中小学教室光照度检测等监督抽检任务。新建3个社会急需的公用计量标准，着力解决如停车场电子计时计费系统等涉及民生的典型问题，中心累计拥有计量标准109个。江苏省油脂产品质量监督检验中心继续服务好东海粮油、益江粮油等油脂企业，推进省五金工具中心、省石化装备中心与振华重工金属检测实验室共享项目。以满足政府监督抽检任务需求和预防食品公共安全突发事件为目标，做好食品、农产品新项目检测参数拓展。食品检测范围从中心成立之初的341个参数扩展到634个参数。参与各类技术交流活动，年内完成中实国金国际实验室能力验证研究中心、省农委、苏州市食品安全委员会、苏州市质监局等单位组织的能力验证29个。中心工作人员谢佳平作为主要起草人之一起草的《隧道式洗涤机组》作为轻工行业标准发布，中心参与起草的市志愿者协会团体标准《志愿服务站（点）建设与服务规范》发布。11月25日，锦丰镇食品（农产品）快速检测中心投入运行。这是全市乡镇首家规范化食品及农产品快速检测中心，中心位于沙洲大厦4楼，面积120平方米，配备通风柜、氮吹仪、多参数食品安全分析仪等多种硬件设施，可对流通环节食品中含有的二氧化硫、硫酸铝钾、吊白块、亚硝酸盐，水产品的孔雀石绿、氯霉素、呋喃四项等进行快速筛查检测。市市场监督管理局委托中检集团张家港检验认证有限公司负责检测工作，至年末共检测138批次，未发现问题。全市规范市场农产品农残快检工作，完成集贸市场快检58.35万批。委托第三方检测机构对农产品生鲜超市、农产品平价商店和蔬菜基地直销店（点）等开展行政快检1573批，合格率高于99%。全面推进集贸市场（批发市场）食用农副产品监督抽检，完成抽检765批，合格率97.52%。深化食品流通、餐饮环节食品抽样工作，先后对糖果制品、速冻食品、肉制品、水果制品、蔬菜制品、豆制品、餐饮食品（羊肉汤、集体配送膳食）、蔬菜、水果、水产品、畜肉和蛋类等食品品种及餐具进行抽检，全年共抽检各类食品6347批，合格6194批，合格率97.59%。加大产品监督抽查力度。以儿童用品、居家用品等消费品，涉及支柱产业、地方特色工业品为重点，开展产品质量监督抽查，样本共452批，其中生产领域290批，流通领域162批。开展“331”电动自行车专项监督抽查，向上级市场监管部门争取流通领域电动自行车抽检任务20批，其中电动自行车5批、充电器5批、电池10批。

【质量提升行动开展】 12月，市政府制定《张家港市质量提升三年行动计划》，重新修订《张家港市市长质量奖管理办法》，开展质量提升行动。市市场监督管理局做好质量强市创建特色指标的规划提升，创新开展区镇文明质量指数研究，“张家港市城市发展质量指数评价”课题列入苏州市社科课题项目立项。发布全市第一个公共服务类团体标准，推广志愿服务标准化站（点）建设，志愿服务实现从制度化到标准化转变。发挥标准化基础引导作用，结合全市产业特点，在饮塑机行业全面开展对标达标提升专项行动。加大引标工作力度，4月，全国汽车用钢管标准化工作组落户张家港市。鼓励企业积极参与标准制订，全年全市企业参与制修订国家标准44项、行业标准24项，一家省级标准化试点成功立项，一家省级标准化试点项目获验收，产品采标59项，兑现标准化战略资助729.5万元。加强质量奖培育，获评苏州市质量奖5家，申报江苏省高端制造品牌产品及江苏日用消费品优质品牌产品“双百品牌”8个。推进大气污染防治和减煤工作，开展重点耗煤企业燃煤质量专项监督检查，对11家重点耗煤企业燃煤质量进行抽样检验。畅通渠道，助企融资，办理动产抵押登记269起，帮助企业融资188.45亿元。开展“331”专项整治行动，加强生产流通领域电动自行车整治工作，抽查检测电动自行车35批，充电器、电池各15批，立案查处38件。对区镇电动自行车销售、维修经营户进行安全知识和法律法规专题培训7场，培训578人次。

【市场主体事中事后监管】 市市场监管局深化探索“双随机、一公开”抽查模式，联合市公安局、市文广新局、市卫计委等部门开展跨部门联合抽查，设计了包含两库建立、抽取规则、交接方式、公示途径等内容的双随机工作流程，初步形成“分类建库、统一抽取、同时检查、一并公示”的跨部门双随机联合抽查模式，对从全市旅馆业、歌舞娱乐业、游戏游艺业和印刷行业随机抽取的49户经营主体实现跨部门双随机联合检查，试点工作获得省市场监督管理局高度肯定。对长期停业未经营的市场主体开展清理工作，分两批吊销973户市场主体营业执照，加速“僵尸户”退出速度。启动医疗器械经营集聚区建设，推进医疗器械经营企业集中登记、集中仓储和集约监管。

【市场执法与维权】 年内，市市场监管局围绕重点领域、重点行业，开展集中整治，一般程序违法案件立案1134件，办结885件，简易案件办结323件，罚没入库1104.9万元。强化行刑衔接，查获一批涉嫌犯罪案件，依法向公安机关移送案件29件。查处“波立维”系列假药案、假冒长城润滑油系列案、假冒SKF轴承案、擅自变更医疗器械组分案等一批重大、新型案件，保障公平有序的市场环境。牵头组织查办汉酶生物技术有限公司商业秘密被侵害案、弘晨房产商业诋毁案等案件，保护民营企业的知识产权和商业信誉。受理各类投诉举报及咨询建议6438件，其中投诉3128件，调解成功1253件，办结2941件，为消费者挽回经济损失111.84万元；接到举报1607件，办结1464件，接到咨询建议等1703件。开展“苏式服务品牌，让消费生活更美好”主题活动，培育诚信企业，4个单位获评苏州市消保委系统“零投诉企业”称号，19个单位获评消费者满意单位，9个单位获评省放心消费创建先进（示范）单位、区域。

2018年质量月启动仪式　（市市场监督管理局　提供）

【农村家宴会所管理规范化建设】 年内，张家港市在苏州地区率先出台《张家港市农村家宴会所规范化建设标准》，从基础要求、设施设备、服务人员、鼓励项四方面，对农村家宴会所的场所规范、管理制度、宣传公示、基本设施、加工用餐设施、清洗消毒设施、餐桌板凳数量、布局合理、服务队伍、阳光公示提出规范化建设的29项标准要求，其中关键项14项、重点项7项。关键项为一票否决项，明确农村家宴会所的建筑面积、用水、民间厨师定期体检且持有健康证等必须全部达到的要求；重点项总分75分，要求得分不得低于65分；一般项总分16分，要求得分不低于8分。根据评分结果，90分及以上为A类，80分及以上为B类，70分及以上为C类，不满70分必须整改。在全省率先尝试推进信息化实时上报，由食品安全信息员将农村集体聚餐的举办人、承办厨师、就餐时间、地点、人数、场所卫生情况、菜肴清单等基本情况进行信息登记，对集体聚餐的举办者和承办者进行食品安全风险提示，并按规定做好农村家宴分类指导。报告登记、督促指导等形成的资料以照片形式实时上传“食安治联”食品安全信息平台。民间厨师健康体检、培训等情况也将上传平台，实现信息化管理。拓展推广食品安全责任险，在全省率先推行农村集体聚餐食品安全责任保险，借助社会力量，发挥保险助推功能，化解食品安全事故风险。全市10个区镇全部签订农村（社区）集体聚餐食品安全责任险，总保额6400万元，受益群众近100万人次。

【微型餐饮备案和监督管理试点启动】5月，全市启动微型餐饮备案和监督管理试点工作，探索制定微型餐饮实施备案的经营品种目录，实现备案管理标准化和程序化，完善事中事后监管措施，为在全市推进微型餐饮审批改备案积累可复制、可推广经验。此次试点范围为张家港保税区、张家港经济技术开发区内面积60平方米及以下、从业人员较少、经营品种风险较低、符合食品安全基本条件的餐饮服务提供者。试点方案指出，必要时，备案微型餐饮需征求村居委、周围居民和物业意见。对于符合条件、备案材料齐全的，由所在辖区市场监管分局给予备案，并发放《微型餐饮备案通知书》，备案有效期最长不超过2年。市场监管分局在备案后的30个工作日内开展首次监督检查，并根据不同类型微型餐饮的食品安全风险，制定分类监管工作要求，规定各类微型餐饮的监督检查重点内容和频次，按要求开展监督检查。同时建立微型餐饮专用主题信息基础数据平台，记录微型餐饮备案、监督检查、行政处罚等信息，建立每户备案微型餐饮的诚信档案，并向社会公布。搭建信息沟通平台，建立包括市场监管、公安、消防、环保、房管、城管、商务等部门在内的微型餐饮备案（试点）事中事后监管联合惩戒机制。

（钱建新　杨志伟）

物 价 管 理

【概况】 2018年，市物价部门坚持市政府领导下的价格调控目标责任制，研究制定全市年度价格调控目标责任制实施意见，并与相关单位签订责任书。全市农产品平价商店销售蔬菜275万千克，为市民节约开支279万元。年内，列入价格调控的12种主要商品价格和服务收费水平低于预期目标，完成价格调控任务。

价格管理　贯彻分类调控、因城施策要求，稳控房地产市场价格。加强与房管部门协调，强化对房地产企业行政指导，引导企业合理申报。全年受理备案商品住房价格56批，备案面积288.9万平方米、19439套，备案均价每平方米14388元，平均核减每平方米1452.37元。落实煤热联动政策，2月、6月，根据热电企业购煤价格，两次调整蒸汽价格，利用价格杠杆推动绿色节能发展。严格农产品平价商店准入、考核等制度，优化平价商店结构。

收费管理　落实普遍性降费政策，共取消1项、停征1项、降低4项收费项目，1项行政事业性收费实行费改税，全年减轻企业负担3973万元。实施收费项目动态管理。4月，分级公布市级政府定价经营服务性收费目录清单。6月，公布市行政事业性收费目录清单。11月，公布张家港口岸进出口环节收费目录。实施基层公立医疗卫生机构医疗服务价格改革，会同市卫计委、市人社局、市财政局等部门，开展调研、模拟测算等，拟定张家港市基层公立医疗卫生机构医疗服务价格改革实施方案，报苏州市物价局、卫计委、人社局、财政局同意，并经张家港市人民政府审核同意，7月1日实施。建立医疗服务价格监管指标报告制度。明确10家公立医院为报告单位，强化对医疗总费用、门诊次均医药费用等控制性指标监测。完善城市交通领域价格改革。出台《张家港市机动车停放服务收费管理办法》《张家港市机动车停放服务收费标准》，4月1日起实施。推进教育收费改革。贯彻《江苏省幼儿园收费管理办法》，经专题调研、与市教育局等多部门会商，上调差额事业性质的市机关幼儿园保教费25%。贯彻《关于明确苏州市幼儿园收费管理政策的通知》，明确张家港市营利性民办幼儿园、非营利性民办幼儿园及已开办的民办非企业性质幼儿园收费机制。

成本监审　履行成本监审调查工作职责，先后开展公共文化体育设施收费标准成本、民办中小学教育收费定价成本等成本监审、调查。全年完成成本调查4项、成本监审4项，核减8.4亿元，核减率59.61%。开展国家级景区成本调查，按照省物价局成本调查监审分局要求，调查香山景区、凤凰山景区（杨氏宅第、河阳山歌馆）成本。

价格检查　强化市场价格监督检查，先后开展供气价格、电信价格、烟酒市场价格、供水价格、社会化培训机构收费等专项检查。规范处理各类价格举报投诉，全年受理各类举报咨询538件，约谈2个单位，行政警示10家，行政处罚4家，退还消费者43人次，退款8.46万元，罚款61.2万元，按期办结率100%。继续推进价格诚信体系建设，红星美凯龙等7个单位获评苏州市价格诚信单位，杨舍老街、大南水街获评苏州市明码标价诚信经营示范街，联发汽贸等5个单位获评江苏省价格诚信单位。

价格服务　优化“张家港相知价格”信息服务，通过“中国张家港”网站、“张家港相知价格”微信、“张家港发布”政务微博、居民小区显示屏等多个平台，公示各类民生价格信息7.3万条，发布《重要民生商品价格采集公布简报》47期，推送微信157条。依托张家港重要民生商品价格监测公布预警系统，加强粮油等与群众生活密切相关的主副食品价格监测，做到“日有报价、周有价情、月有分析、年有综述”，预防价格异动。搜集上报各类常规价格监测524篇，上报月度监测分析12篇、动态分析50篇。立足价格认定公共服务职能，推进价格争议调处，共完成价格认定3635件，认定金额47.15亿元。

【公平竞争审查制度实施】 3月，市物价局根据省、苏州市公平竞争审查相关文件精神，牵头起草张家港市《关于在市场体系建设中建立公平竞争审查制度的实施意见》，发函征求多方意见后，提请市政府批准。6月7日，实施意见经市政府第十四次常务会议审议通过。7月，市政府出台实施意见，明确全市公平竞争审查工作的总体要求、基本原则、主要内容。7月12日、8月15日，市政府办公室两次发出通知,要求各单位开展政策措施的存量清理和增量审查工作,全市公平竞争审查工作启动。8月10日,《市政府办公室关于建立张家港市公平竞争审查工作联席会议制度的通知》印发,建立由24个市级部门组成的公平竞争审查工作联席会议,联席会议办公室设在市物价局。8月22日,联席会议第一次全体会议召开,通报全市落实公平竞争审查制度落实情况,提出改进工作建议。年内共完成审查政策措施2268件,其中存量文件2041件、增量文件227件。（张亚蓉）

审　计

【概况】 2018年,市审计局完成财政审计项目15项、经济责任审计项目6项、专项审计调查项目1项,审计发现问题130个,出具审计决定书6份,出具审计移送书5份,移送审计线索13条,查出管理不规范资金18.9亿元、违规金额17万元,提出审计建议84条。基建工程项目造价审核定案数223个,送审金额10.8亿元,核减7458万元,平均核减率6.88%。根据上级审计机关统一部署,先后实施张家港市2017年商务发展专项资金、江阴政府债务和隐性债务、常熟市2017年保障性安居工程等专项审计,其中参与江阴政府债务和隐性债务审计的审计组在该项目质量评比中获评苏州市唯一的全省审计系统先进集体。发挥审计监督专业优势,抽调10人次参加市委巡察、区镇绩效工资专项检查、公务接待规定执行情况专项督查工作等。11月14日,苏州审计系统科技强审现场推进会在张家港市召开,重点推广张家港市审计局审计信息化建设经验。年内,市审计局获市级机关绩效考核综合贡献奖等荣誉。

财政审计　财政同级审充分利用财政大数据,增强分析比对,对纳入市本级财政预算管理的全部预算单位预算编制、执行、资金支付等情况进行全覆盖审计,较为全面摸清一般公共预算执行、政府性基金预算执行、国有资本经营预算执行、社保基金预算执行、推进财政改革和管理情况等全口径预算管理情况。同级审报告对6个大类59个问题首次以表格形式进行梳理,方便阅读和理解,报告得到市人大主任会议充分肯定,认为年内同级审涉及面广、信息量大、内容丰富、问题反映立体全面,体现了新时代审计的力度和高度。

经济责任审计　在进行经济责任审计同时,聚焦重点地区和重点资源,围绕责任落实,重点跟踪重大资源毁损、重大生态破坏、重大环境污染、重大职责履行不到位等问题,完成塘桥镇党政主要领导自然资源资产离任审计,对25项生态环境责任审计主要评价指标进行量化分析。着手调研张家港市级文件与中办、国办关于领导干部自然资源资产离任审计相关规定的对接落实问题。

工程审计　加强对政府投资为主,关系全局性、战略性、基础性的重大公共基础设施工程的审计监督,重点对职业技能实训基地、法院大楼、晨丰公路一期及204国道改线工程一期、港丰公路快速化疏港高速互通节点改造工程、环城河沿线景观提升工程等项目开展造价审核。根据省审计厅统一安排,市审计局和新疆巩留县审计局联合派出审计组,对张家港市对口支援巩留县工作组和巩留县相关部门组织实施的2018年度对口支援巩留县发展资金和项目进行跟踪审计。对3个开发区(镇)开展政府性投资工程管理情况专项审计调查,了解相关区(镇)管理制度制定及执行情况、建设程序执行情况,指出建设程序执行、招投标、合同管理、工程现场管理等方面存在的12个问题,并将相关情况以专报形式报送市领导。

内部审计　梳理三年中市级机关审计发现问题的清单,联合市级机关党工委对相关人员进行集中辅导,邀请全国计算机审计领军人才、南京审计大学客座教授汪金满为全市50余名企业内部审计人员进行专题授课。组织内审人员赴周边市(区)企业进行对口考察交流。召开内审指导与经验交流会,解读2018年版《审计署关于内部审计工作的规定》,剖析审计优秀项目案例,汇总分析历年审计发现问题。

【审计整改工作被纳入绩效考核】 年内,市绩效办将审计整改与年度绩效考核挂钩,将"审计发现问题的整改"作为扣分项目纳入年度市级机关(单位)及区镇绩效考核指标体系,由市审计局负责监测考核计分。监测内容为审计检查中发现问题的整改情况,主要通过审计部门对审计发现问题的整改情况进行回访、跟踪督察,并进行考核的方式,来监测相关单位是否在审计报告规定的整改期限内,按要求将审计发现问题整改到位。6月30日,市审计局出台《张家港市审计发现问题整改销号暂行办法》,完善审计发现问题整改跟踪机制,将审计报告中反映的问题逐项编制整改销号清单台账,列出整改应完成时间,以科室为单位,督促被审计单位对照问题逐条逐项进行整改,整改一项销号一项,确保审计查出的所有问题整改落实无遗漏。（陆　维）

统　计

【概况】 2018年,市统计部门学习贯彻国家统计方法制度,树立统计数据质量意识,结合市情,推进投资、科技、贸易、服务业等专业统计改革,按时完成各项年定报任务,如期公布各项统计资料。根据国家统计局对月度劳动力调查、"四下"企业抽样调查等统计专业分工调整精神,市统计局与国家统计局张家港调查队从人员、时间、经费、历史资料等方面进行对接。年内,市统计局获评市级机关绩效考核优胜贡献奖。

统计监测　围绕"两个标杆"(勇当高水平全面建成小康社会的标杆,勇当探索具有时代特征、江苏特点的中国特色社会主义现代化道路的标杆)、"高质量发展"等评价指标,做好监测统计和比较分析。围绕"263"行动,做好能耗、煤炭监测工作。围绕"GDP19项指标",做好趋势性分析。加强部门和专业联系,为质量强市示范市、金融生态环境建设等创建评比,百强县市考核等提供百余项指标依据。全年撰写各类统计分析报告30篇,统计信息、动态300余条,其中《领航大数据，占领智高点》获市第八届哲学社会科学优秀成果奖。按季度召开新闻通气会，并通过微信公众号、政府门户网对外发布统计监测相关数据。

依法治统　通过省统计依法行政管理系统"双随机"平台，随机抽取张家港经济技术开发区、张家港保税区和塘桥镇作为2018年度"双随机"检查地区，完成对随机抽查的24家企业的统计执法检查，并对统计行政执法全过程进行记录。编印3000余份《统计工作常用法律法规及文件汇编》《中华人民共和国统计法》和《江苏省统计条例》宣传折页，宣传统计法和江苏省统计条例等相关内容。把统计法律法规纳入市委党校、市行政学院领导干部教育培训必修课。

统计基层基础建设　年内通过告知500家、辅导50家、提示2000余家次、约谈10家企业，规范全市"四上"企业（规模以上工业企业、资质等级建筑业企业、限额以上批零住餐企业、国家重点服务业企业）统计基础工作。启动"我行我塑大舞台"统计基层基础建设巡礼活动，对全市所有镇村（社区）统计基层基础建设进行上门指导。培育并推荐17个村（社区）作为规范化标杆"千家单位"，并通过省统计局验收。对100个统计规范化达标单位进行"回头看"检查。

【第四次经济普查前期工作完成】 年内，全市第四次全国经济普查前期工作高效完成。完成第四次全国经济普查人员聘用、经费预算工作，成立市第四次全国经济普查筹备领导小组及办公室，后由市政府正式发文成立张家港市第四次全国经济普查领导小组及办公室。完成购物公园区域170个单位的普查试点工作。编制清查基础资料，共划分成281个普查区、570个普查小区。整理完成全市清查底册，单位数为63160个，个体户数为91528户。通过电视、广播、报刊、公交车身、广告横幅、微信公众号、门户网等方式多维度开展普查宣传。对全市1400余名"两员"（普查员和普查指导员）进行清查业务培训。作"地毯式"单位清查，完成底册6.3万个单位和6.3万户个体经营户的清查登记工作。（陈　莉）

安全生产监督管理

【概况】 2018年，市安全生产监督管理局以事故压降为总目标，以落实企业安全生产主体责任为工作主线，开展安全生产"百日行动"，做好重点行业领域专项整治，加大日常监管和执法力度，不断强化安监队伍建设，全市安全生产形势保持平稳，没有发生较大及以上事故。市安监局获评省冶金等工贸行业安全生产工作先进集体、市文明机关，获市级机关绩效考核综合贡献奖。

安全监察　年内，市安监局开展"执法提升年"活动，重点打击"六防（防机械伤害、防触电、防高处坠落、防坍塌、防物体打击、防厂内专用机动车辆事故）和委外作业"相关违法行为，共实施事前处罚676起，罚款金额2023.32万元，移送司法机关追究刑事责任16人，党纪政纪处分3人，4家企业列入安全生产"黑榜"，在《张家港日报》曝光典型违法案件16起。加大标准化一级、二级企业创建力度，提升标准化运行质量，推动小微企业标准化扩面，全年完成工贸领域新创建二级标准化17家，三级标准化复审335家，三级标准化审计450家，小微企业创建标准化1072家，对24家标准化运行不达标企业予以摘牌；化工领域中，97家化工生产、储存企业申请二级标准化，77家通过验收。冶金园（锦丰镇）和南丰镇成功创建标准化示范镇。重大隐患整改方面，坚持监督检查和跟踪督办并重，67个三级挂牌重大隐患按时保质完成整改。以所有规模以上企业、危化企业、近两年发生事故企业为重点，推进双重预防机制建设工作。召开现场推进会，组织重点企业学习先进样板，评选双重预防机制建设先进企业67家，全市共创建双重预防机制企业1288家，对103930处安全风险实施有效管控。

安全宣传教育　全年举办企业法人、安全管理员和特种作业人员培训班441期，培训人员29203人次。利用电视、电台、报纸、微信等媒体平台，常态化开展安全知识宣传。自主编印企业安全管理工作指南，制作安全警示教育光盘，为企业做好安全管理和员工安全教育提供新路径。组织执法人员赴北京、青岛开展脱产培训。通过以老带新模式，使新进人员及时进入执法角色。借助每周"安全大课堂"，针对执法过程中存在的疑难问题，邀请法律专家进行培训和答疑解惑。不定期组织执法业务座谈会，对执法遇到的个案疑问进行解答，提升执法人员解决实际问题的能力。建立健全执法人员的系统化执法档案，汇总分析执法人员的办案质量、执法培训、考核结果、执法过错责任追究等情况，将其作为执法绩效考核、评先评优、晋职晋级重要依据，实现执法工作与队伍管理有机融合。建设完成"智慧安监"二期项目，基本实现重大危险源监控、移动执法、移动办公以及企业"一企一档"，并结合重点工作，开发双重预防机制信息系统，及时掌握工作推进情况。

应急救援　市安监局结合工作重点及常见事故类型，先后组织开展危化品关停企业突发事故、化工仓储企业突发事故等类型的演练，进一步检验预案的针对性与可操作性，锻炼、提高各应急队伍实战能力。同时配合交警大队、保税区等部门，开展全市性综合演练5次，做好保税区盐酸罐车泄漏事故、338省道LNG罐车追尾事故、安庆路液氧罐车侧翻事故等5起突发事故的应急处置工作。

【六大重点领域专项整治】 市安监局先后开展六大重点领域突出问题专项整治、危化品安全综合治理、安全生产"百日行动"、"六防和委外作业"安全生产大排查、易燃易爆有毒有害危化品生产装置和储存装置专项检查等一系列专项行动，重点针对危化品、冶金、烟花爆竹、工贸企业使用危化品、工贸企业自建自用燃气等重点领域开展全面整治。推进危化品安全综合治理，推动51家化工企业完成自动化升级改造，对66家化工企业和4家化纤企业开展本质安全诊断治理，对23家涉及自身爆炸性物质的化工企业进行全面评估，对18家涉及高危区域设置人员聚集场所的企业开展专项整治。吸取张家口"11·28"事故教训，做好易燃易爆有毒有害危化品生产装置和储存装置的专项检查。冶金等工贸领域突出重点冶金企业安全监管，与中钢集团武汉安全环保研究院合作，由5名行业顶尖专家长期驻厂，对沙钢开展为期一年的托管式检查，并由中钢集团武汉安全环保研究院对永钢、浦项、广大三家钢铁企业高标准开展安全隐患排查。做好粉尘涉爆企业“回头看”检查，开展“十大重点问题和隐患”专家核查，并完成全部粉尘涉爆企业视频监控提档升级。开展有限空间作业专项整治，对100家重点企业开展第三方机构专家核查，并举办两期专题培训。加大企业职业卫生工作检查力度，对1139家企业开展职业病危害因素检测，督促1160家企业开展职业健康检查。推进重点职业病危害专项治理工作，针对涉及高危粉尘、噪声和有机溶剂的300家重点企业进行整治，对42家汽车修造企业开展专项治理，对72家铸造企业开展职业卫生帮扶，成功创建职业病危害治理示范企业4家。会同市公安局、市市场监管局等部门开展联合行动，对全市烟花爆竹零售店开展专项检查，重点查处无证无照经营、非法储存烟花爆竹等违法行为，检查单位149个次，实施行政处罚9起，移交公安机关处理13起，提出整改意见355条，收缴非法产品919件，并集中销毁非法烟花爆竹。对全市253家使用危化品的工贸企业严格规范管理，对其中存在“两重点一重大”（政府安监部门重点监管的危险化工工艺、重点监管的危险化学品和重大危险源）、剧毒品、危化品储罐以及危化品储存量超过1吨的201家工贸企业进行重点监管。市安全生产委员会办公室开展安全生产督查巡查，对各区镇以及住建、商务、交通、港口等重点部门进行专项巡查，配合市委巡察办，对10个板块和17个行业部门开展安全生产巡察，推动各单位履职尽责。推进工贸企业自建自用燃气专项整治，会同住建部门摸排出202家违规使用燃气的工贸企业，强力督促企业改用替代能源，消除安全风险。针对餐饮行业燃气安全问题，联合商务部门对174家大型餐饮场所进行集中检查。（侯　燕）

住房公积金管理

【概况】 2018年，苏州市住房公积金管理中心张家港分中心以保障人民“住有所居”为工作主线，在扩面增资、控逾保安、服务提效上求突破。向全市尚未建缴公积金的1万余个用人单位寄发公开信，走进“春风行动”招聘会现场进行13场政策业务咨询解答，营造浓厚扩面氛围。首次对承办银行进行净增人数和新开户单位自主扩面双考核，对归集扩面进度每月通报，形成对区镇扩面任务倒逼机制。做实公积金基数调整工作，基数调整率85.27%，月缴存额增加2990万元，位列苏州市公积金系统第1名。对最后一户到期未转正式抵押的当事人启动司法程序，确保640笔预抵押转正式抵押清理工作全面完成。对贷款没有实行保证担保的1.2万余户27亿贷款余额，加大清逾力度，实现年末三个月以上逾期率为零。把握资金使用和流动情况，资金运行率97.66%。巩固一季一回访、一季一通报、一季一整改的内控纪检制度，邀约便民服务中心每月抽调40笔大厅业务类进行服务回访，动态把控廉政风险。探索利用市政务服务中心“3550”集成化大数据平台的电子证照库验证材料真伪，从集成平台获取二手房交易信息及相关资料，推送贷款信息。自市二手房交易全面采用资金托管方式后，与房产交易中心对贷款材料及放款流程达成共识，在确保手续合规同时为职工提供便利。取消公积金纸质卡，推广苏州公积金APP，上线运行第三代业务系统。年内，分中心获苏州市公积金系统“惠民杯”首次流动红旗。

公积金归集　全市新增缴存公积金开户职工40219人，净增缴存职工17271人，年末缴存人数25.02万人。全年实现归集住房公积金34.26亿元，比上年增4.48亿元。历年累计归集244.92亿元，归集余额84.2亿元。年均归集率101.32%，职工人均月缴存1141.22元，月归集额2.86亿元。

公积金使用　全年全市发放公积金贷款3420户、12.44亿元，户均36.37万元，职工提取公积金27.67亿元。全市历年累计发放贷款145.84亿元，5.57万户家庭得到公积金优惠政策支持；历年累计提取160.23亿元。

【住房公积金政策调整】 2月8日起，在苏州大市范围内单位工作的港澳台职工可以缴存住房公积金，并按政策规定使用住房公积金。与用人单位解除或终止劳动（聘用）关系并返回港澳台的，凭与所在单位解除或终止劳动关系证明、台湾居民来往内地通行证或港澳居民来往内地通行证等材料提取个人住房公积金账户余额。在内地跨城市就业的，可以办理住房公积金异地转移接续。7月1日起取消住宅公积金纸质卡，建立以身份证号码为个人唯一认证码机制。根据苏州市住房公积金管理中心《关于开展治理违规提取住房公积金工作的实施意见》，7月1日起，缴存职工与单位解除或终止劳动关系的，先办理个人账户封存。账户封存期间，在异地开立住房公积金账户并稳定缴存半年以上的，办理异地转移接续。封存满半年后，未在苏州市正常就业且未在异地继续缴存的外地户籍职工可以办理销户提取手续。缴存职工申请将缴存在苏州大市范围外的住房公积金转入苏州市的，须在苏州大市稳定缴存住房公积金满6个月以上。7月1日起，办理归还各类住房贷款提取住房公积金（含委托提取业务）的缴存职工，个人住房公积金账户留存金额从原来的1000元调整为按最新缴存基数留存一个月的缴存额。7月16日，全市住房公积金缴存基数调整及缴存单位基础信息核对工作启动，2018年度缴存基数从7月起执行。缴存基数调整按职工本人2017年度月平均工资收入（工资总额）核定。缴存基数最高不超过2.19万元，职工月平均工资高于最高限额的按最高限额计算，不到最高限额的按实计算；调整后的职工缴存基数不得低于市社保最低缴费基数。企业缴存比例仍为单位和职工各8%至12%，不到各12%的可继续上调。对于7月至调整月之间少缴部分的住房公积金，单位在调整汇缴时做一次性补缴。（李　玲）

【编辑　朱永平】

科学技术

Science and Technology

江苏冶金技术研究院 （市科技局 提供）

科技创新

科技载体

科技人才

高新技术产业

科技项目

科技成果

知识产权保护

科普工作

气象科技

防震减灾

張家港年鑑(2019)

科技创新

【概况】2018年，张家港市委、市政府出台《践行“四大路径”，建设“四个港城”——推动高质量发展十一项三年行动计划（2018—2020年）》《张家港市鼓励支持企业加大研发投入实施办法》《关于加快推进张家港市先进特色半导体产业发展若干政策的意见》，并配套制定《张家港市科技计划项目管理办法（修订）》《关于加强张家港市知识产权服务机构绩效评价管理的实施意见（修订）》《张家港市企业研究院绩效评估办法》《张家港市关于建设众创空间推进大众创业万众创新的实施意见操作细则》《张家港市企业科技创新积分管理计分标准（2018年修订）》等政策文件，推进科技创新。市财政科技支出13亿元，占市级财政一般预算支出的6.1%。新认定高新技术企业184家，新增省级以上企业研发机构51家，省企业研究生工作站总量达到295家，“十大新型研发机构”启动建设，集体揭牌并建成运行3家。全市新增省科学技术奖3项，其中一等奖1项、二等奖1项、三等奖1项，累计109项。万人发明专利拥有量42.3件。新增产学研合作项目240项，新建成各类政产学研联合体45家，新合作的高等院校、科研院所1家；建成张家港市产学研综合信息平台，发布技术成果1058项、企业需求115项。全社会研发投入占地区生产总值比重达到2.82%，高新技术产业产值占规模以上工业总产值比重达到25.9%。7月，第九批“科技镇长团”结束挂职。挂职期间，促成签订产学研合作项目29项，合同金额2795万元。8月，第十批“科技镇长团”10名成员到张家港市挂职。挂职期间，促成签订产学研合作项目31项，合同金额3431万元。张家港市以全国县市第三名的成绩入围首批全国创新型县（市）建设名单，居“全国科技创新百强县市”榜单第4位，通过国家知识产权示范市复核并蝉联年度考核全国县市第1名。

【科技·人才活动周】6月30日至7月10日，以“坚持创新引领，聚焦产业升级”为主题的2018年张家港市“科技·人才活动周”举办。其间，举办开幕式、重点高校（院所）高新技术成果项目路演、第三代半导体产业技术创新发展大会暨创新创业大赛启动仪式、冶金先进技术与新材料高峰论坛、中国氢能燃料电池论坛张家港峰会、“一带一路”（独联体国家）国际科技成果对接会、纺织行业智能制造报告会、中国青年创新创业人才训练营第17期开营仪式暨第五届“创业张家港”青年精英创业大赛、首届“沙洲创客”创业大赛闭幕式、首届军民融合产业化项目推介会、“资本金融·科创人才”对接路演推介会、首届“智汇张家港”创新创业大赛总决赛、创新中国·县域创新发展论坛暨高端研讨会、“张家港市科技创新体系规划”中期论证会等活动13场。中国工程院院士、中国金属学会理事长、中国工程院原副院长干勇，中国工程院院士、长春理工大学原校长姜会林，中国科学院院士吴培亨，中国工程院院士衣宝廉，中国科学院院士刘忠范，美国国家工程院院士帕勒布·巴塔查里亚等出席开幕式。“十大新型研发机构”集中揭牌，首次表彰24家科技研发标兵企业，集中签约14个科技创新重点项目，聘任12位张家港“引才大使”。共有40位嘉宾作专题报告，40个创业项目获创业大赛奖励。

【企业科技创新积分管理】5月，根据《张家港市企业科技创新积分管理办法》，市科技局、财政局联合发文，对2017年度获得科技创新积分的企业进行资助。2017年度达到科技创新积分兑现标准的企业有834家，涉及45271.4个创新积分，按照每分2000元的资助标准，合计资助9054.28万元。6月，为张家港康得新光电材料有限公司、江苏永钢集团有限公司、苏州海陆重工股份有限公司、江苏沙钢集团有限公司、江苏新美星包装机械股份有限公司、江苏索尔新能源科技股份有限公司、江苏天鹏电源有限公司、江苏多维科技有限公司、江苏海狮机械股份有限公司、江苏省沙钢钢铁研究院有限公司等达到积分标准的企业下达资助资金。11月，印发《张家港市企业科技创新积分管理计分标准（2018年修订）》。在保持基础分、附加分、扣减分三部分总体框架不变的基础上，新增新产品积分、研发经费积分、优秀技能人才积分、环保信用评价扣减分等34个积分项，调整软件产品（限软件企业产品）、省企业院士工作站、国家专利优秀奖、苏州技能大奖等10个积分项，取消省高新技术产品、省企业研究院、省工程实验室、姑苏高技能突出人才等25个积分项。

【张家港市入选国家创新型县（市）建设名单】按照国家对创新型县（市）建设战略部署，根据自身特点和发展定位，张家港市以“科技支撑产业发展”为建设主题，经过申报、争取，以全国县市第3名的成绩首批入围52个国家创新型县（市）建设名单，并列2018年度全国科技创新百强县（市）第4名。创新型县（市）建设周期为3年。按照规划，张家港市计划实施十大新型研发机构建设、创新型企业培育、人才引进培育、人才发展服务、新兴优势产业培育布局、优势产业核心技术研发、创新扶持政策落地、参与“一带一路”建设、开发区集聚引领作用、生态环境优化、市民幸福指数提升等22项重点任务，全面推进张家港高新区生态环境提升及公共服务配套项目、苏高新张家港节能环保创新园、纳米科技研究院、长顺·创谷工业园、沙钢钢铁研究院研发及产业化项目、长城汽车和宝马公司整车合资项目、苏州市氢能产业创新中心、5G通信用微波介质波导滤波器项目、上海微技术工业研究院张家港磁传感器创新中心等14项科技支撑产业发展重大项目建设，力争到2020年建成“科技创新引领转型升级的全国样板”和“高质量发展的创新型县（市）”。（韦慧杰）

科技载体

【概况】年内，沙洲湖科创园获评省级科技创业孵化链条试点。张家港市10家省级科技企业孵化器全部通过省科技厅绩效评价，其中张家港市高新技术创业服务中心、沙洲湖科创园、凤凰科创园、张家港保税区科创园取得优秀成绩。新增省级优秀研究生工作站1家，累计9家。新增省企业研究生工作站42家，累计295家。新增省工程技术研究中心7家，累计109家。新增省级企业院士工作站1家，累计13家。新增省级众创空间4家、苏州市级众创空间2家、张家港市级众创空间12家，张家港市级以上众创空间累计26家，其中国家级2家、省级13家。新增苏州市企业重点实验室1家，累计6家。新增苏州市工程技术研究中心21家，累计304家。新增张家港市企业研究院4家，累计13家。新增张家港市工程技术研究中心25家，累计278家。至年末，全市累计建有省级以上科技企业孵化器10家，省重点实验室2家、省重点企业研发机构30家、省科技公共服务平台4家。"十大新型研发机构"集体揭牌，3家已建成运行，分别是江苏冶金技术研究院、霍尼韦尔UOP中国研发及工程中心和张家港氢云新能源研究院。

2018年张家港市新增科技载体平台一览表

表52

类　别	载体平台名称	承担单位
省级科技创业孵化链条试点	沙洲湖科创园	张家港沙洲湖科创园发展有限公司
江苏省众创空间	71号工坊	张家港柒壹工坊创业服务有限公司
	清研智能制造众创空间	张家港清研智能制造协同创新中心有限公司
	"青柚智慧客厅" 众创空间	南京邮电大学张家港研究院
	智电能源谷	张家港智能电力研究院有限公司
江苏省工程技术研究中心	江苏省宝时得电动工具工程技术研究中心	宝时得机械（张家港）有限公司
	江苏省创基电动工具工程技术研究中心	张家港市创基机械设备制造有限公司
	江苏省国泰新点软件工程技术研究中心	江苏国泰新点软件有限公司
	江苏省光伏组件智能制造工程技术研究中心	苏州爱康光电科技有限公司
	江苏省（朗信）汽车热系统工程技术研究中心	江苏朗信电气有限公司
	江苏省摩擦材料工程技术研究中心	张家港大塚化学有限公司
	江苏省合成纤维改性材料工程技术研究中心	张家港市德宝化工有限公司
江苏省企业院士工作站	张家港华裕有色金属材料有限公司院士工作站	张家港华裕有色金属材料有限公司
江苏省优秀研究生工作站	江苏贝尔机械有限公司研究生工作站	江苏贝尔机械有限公司
江苏省企业研究生工作站	张家港市江南锅炉压力容器有限公司研究生工作站	张家港市江南锅炉压力容器有限公司
	张家港大塚化学有限公司研究生工作站	张家港大塚化学有限公司
	长华化学科技股份有限公司研究生工作站	长华化学科技股份有限公司
	信东仪器仪表（苏州）有限公司研究生工作站	信东仪器仪表（苏州）有限公司
	江苏科幸新材料股份有限公司研究生工作站	江苏科幸新材料股份有限公司
	张家港市鋐荣金属科技有限公司研究生工作站	张家港市鋐荣金属科技有限公司
	江苏立万精密制管有限公司研究生工作站	江苏立万精密制管有限公司
	张家港欣欣高纤股份有限公司研究生工作站	张家港欣欣高纤股份有限公司
	张家港天宇精梳羊毛有限公司研究生工作站	张家港天宇精梳羊毛有限公司
	张家港中天达工具有限公司研究生工作站	张家港中天达工具有限公司
	张家港广大特材股份有限公司研究生工作站	张家港广大特材股份有限公司
	张家港市亨昌焊材有限公司研究生工作站	张家港市亨昌焊材有限公司
	张家港国龙光伏科技有限公司研究生工作站	张家港国龙光伏科技有限公司
	江苏欣诺科催化剂有限公司研究生工作站	江苏欣诺科催化剂有限公司

续表52

类　别	载体平台名称	承担单位
江苏省企业研究生工作站	苏州东杏表面技术有限公司研究生工作站	苏州东杏表面技术有限公司
	张家港清研首创再制造科技有限公司研究生工作站	张家港清研首创再制造科技有限公司
	江苏能华微电子科技发展有限公司研究生工作站	江苏能华微电子科技发展有限公司
	江苏和腾热工装备科技有限公司研究生工作站	江苏和腾热工装备科技有限公司
	张家港市神园葡萄科技有限公司研究生工作站	张家港市神园葡萄科技有限公司
	江苏善港生态农业科技有限公司研究生工作站	江苏善港生态农业科技有限公司
	苏州海陆重工股份有限公司研究生工作站	苏州海陆重工股份有限公司
	张家港中天精密模塑有限公司研究生工作站	张家港中天精密模塑有限公司
	苏州东大金点物联科技有限公司研究生工作站	苏州东大金点物联科技有限公司
	苏州晋宇达实业股份有限公司研究生工作站	苏州晋宇达实业股份有限公司
	江苏新羽信息技术有限公司研究生工作站	江苏新羽信息技术有限公司
	江苏彩虹永能新能源有限公司研究生工作站	江苏彩虹永能新能源有限公司
	张家港扬子纺纱有限公司研究生工作站	张家港扬子纺纱有限公司
	张家港工领信息科技有限公司研究生工作站	张家港工领信息科技有限公司
	张家港市立业机械有限公司研究生工作站	张家港市立业机械有限公司
	苏州普洽吹瓶科技有限公司研究生工作站	苏州普洽吹瓶科技有限公司
	张家港汇普光学材料有限公司研究生工作站	张家港汇普光学材料有限公司
	江苏优轧机械有限公司研究生工作站	江苏优轧机械有限公司
	张家港兴宇机械制造有限公司研究生工作站	张家港兴宇机械制造有限公司
	宝时得机械（张家港）有限公司研究生工作站	宝时得机械（张家港）有限公司
	张家港市创基机械设备制造有限公司研究生工作站	张家港市创基机械设备制造有限公司
	贝利化学（张家港）有限公司研究生工作站	贝利化学（张家港）有限公司
	张家港天工机械制造有限公司研究生工作站	张家港天工机械制造有限公司
	张家港海锅新能源装备股份有限公研究生工作站	张家港海锅新能源装备股份有限公司
	江苏省沙钢钢铁研究院有限公司研究生工作站	江苏省沙钢钢铁研究院有限公司
	张家港中环海陆特锻股份有限公司研究生工作站	张家港中环海陆特锻股份有限公司
	张家港白熊科美机械有限公司研究生工作站	张家港白熊科美机械有限公司
	张家港市金立纳米高弹材料有限公司研究生工作站	张家港市金立纳米高弹材料有限公司
苏州市众创空间	绿芽众创空间	张家港市绿芽创业孵化管理有限公司
	沙洲box众创空间	苏州豹客文化产业有限公司
苏州市企业重点实验室	苏州市光伏电池组件及材料应用重点实验室	苏州爱康光电科技有限公司
苏州市工程技术研究中心	苏州市大尺寸蓝宝石晶体材料工程技术研究中心	苏州恒嘉晶体材料有限公司
	苏州市新能源材料工程技术研究中心	江苏国泰超威新材料有限公司
	苏州市液晶显示面板薄化工程技术研究中心	惠晶显示科技（苏州）有限公司
	苏州市光学级PMMA制备工程技术研究中心	苏州双象光学材料有限公司
	苏州市特种织物工程技术研究中心	江苏格玛斯特种织物有限公司
	苏州市万吨级轮胎工业用功能性树脂工程技术研究中心	华奇（中国）化工有限公司
	苏州市船舶与港口节能减排技术与设备行业工程技术研究中心	张家港耐维思通电子科技有限公司
	苏州市集成电路光刻生产装备工程技术研究中心	苏州晋宇达实业股份有限公司

续表52

类 别	载体平台名称	承担单位
苏州市工程技术研究中心	苏州市(优贝特)骨科医疗器械工程技术研究中心	苏州优贝特医疗器械有限公司
	苏州市铝蜂窝板工艺及自动生产装备工程技术研究中心	张家港市弘扬石化设备有限公司
	苏州市园林景观水土生态修复工程技术研究中心	江苏澳洋生态园林股份有限公司
	苏州市通讯电子连接器工程技术研究中心	苏州骏昌通讯科技股份有限公司
	苏州市LED植物生长照明系统工程技术研究中心	苏州瑞腾照明科技股份有限公司
	苏州市陶瓷基薄膜电路工程技术研究中心	苏州华博电子科技有限公司
	苏州市汽车用胶黏剂及特种密封材料工程技术研究中心	张家港爱科思汽车配件有限公司
	苏州市大型环形特种锻件锻造工程技术研究中心	江苏荣程锻造股份有限公司
	苏州市高强度超细高碳钢丝工程技术研究中心	张家港市骏马钢帘线有限公司
	苏州市环保汽车内饰材料工程技术研究中心	贝内克—长顺汽车内饰材料(张家港)有限公司
	苏州市锂电池用超高纯度六氟磷酸锂工程技术研究中心	森田新能源材料(张家港)有限公司
	苏州市LNG液位测量装置工程技术研究中心	苏州赛智达智能科技有限公司
	苏州市智能防夹汽车玻璃升降器工程技术研究中心	张家港万诚科技股份有限公司
	苏州市大尺寸蓝宝石晶体材料工程技术研究中心	苏州恒嘉晶体材料有限公司
张家港市众创空间	“青柚智慧客厅”众创空间	南京邮电大学张家港研究院
	张家港酷立方众创空间	张家港酷立方众创空间管理有限公司
	张家港市联侨乐创空间	张家港市乐余科创园投资发展有限公司
	张家港市新光工场	张家港市新大新科技投资发展有限公司
	清研智能制造众创空间	张家港清研智能制造协同创新中心有限公司
	澳洋蒲公英孵化器	张家港澳洋蒲公英孵化器管理有限公司
	张家港东城众创空间	张家港市东城科技创业发展有限公司
	飞翔众创空间	苏州飞翔农林科技有限公司
	六度众筹咖啡馆众创空间	张家港市六度空间餐饮管理有限公司
	云企易站	苏州云企易站科技服务有限公司
	北工4.0 space	西北工业大学(张家港)智能装备技术产业化研究院有限公司
	IC咖啡(张家港)	苏州芯汇百诚科技咨询有限公司
张家港市企业研究院	张家港市成套工业洗涤机械企业研究院	江苏海狮机械股份有限公司
张家港市企业院士工作站	张家港市特种金属材料研究院	张家港广大特材股份有限公司
	张家港市废气处理设备企业研究院	江苏保丽洁环境科技股份有限公司
	张家港市高技术差别化纤维企业研究院	苏州龙杰特种纤维股份有限公司
张家港市工程技术研究中心	张家港浦项高品质不锈钢工程技术研究中心	张家港浦项不锈钢有限公司
	张家港市低温蒸纱工程技术研究中心	张家港扬子纺纱有限公司
	张家港市高端呢绒面料绿色制造工程技术研究中心	张家港市澳洋呢绒有限公司
	张家港市超精密智能化金属端加工成组设备工程技术研究中心	苏州金凯达机械科技股份有限公司
	张家港市新型PVC超木建筑材料工程技术研究中心	张家港市易华润东新材料有限公司
	张家港市特种精密异型钢管工程技术研究中心	张家港华程特种材料股份有限公司

续表52

类　别	载体平台名称	承担单位
张家港市工程技术研究中心	青蒿素工程技术研究中心	张家港威胜生物医药有限公司
	张家港市（钰特）耐磨材料工程技术研究中心	江苏钰特耐磨科技有限公司
	张家港市海洋应用装备工程技术研究中心	张家港富瑞重型装备有限公司
	高端磁传感器芯片技术研究中心	江苏多维科技有限公司
	张家港欣诺科催化剂工程技术研究中心	江苏欣诺科催化剂有限公司
	张家港市半导体沉积设备再制造工程技术研究中心	苏州赛森电子科技有限公司
	张家港市轻量化纯电动汽车工程技术研究中心	牡丹汽车股份有限公司
	江苏省医药工程技术研究中心	江苏哈工药机科技股份有限公司
	张家港市废PET资源化利用工程技术研究中心	江苏宝田新型材料科技股份有限公司
	张家港市油脂改性及综合利用工程技术研究中心	苏州丰倍生物科技有限公司
	张家港市钢铁行业工业大数据工程技术研究中心	江苏恒创软件有限公司
	张家港市环保型聚氨酯材料工程技术研究中心	江苏奥斯佳材料科技股份有限公司
	张家港市沟槽肖特基工程技术研究中心	张家港意发功率半导体有限公司
	张家港市铝箔双绞线通讯电缆工程技术研究中心	张家港特恩驰电缆有限公司
	液化天然气（LNG）产业物联网技术工程技术研究中心	云顶科技（江苏）有限公司
	张家港市发动机专用高压油管工程技术研究中心	张家港市圣鼎源制管有限公司
	高端电镀金刚石线锯生产设备工程技术研究中心	张家港天工机械制造有限公司
	张家港市汽车内外饰精密铝合金配件工程技术研究中心	张家港市旭骏机械部件有限公司
	新型高效智能配电工程技术研究中心	江苏金和电气有限公司

【沙洲湖科创园】 年内，沙洲湖科创园获评省级科技创业孵化链条试点。科创园位于张家港高新区核心区内，孵化器使用面积5.4万平方米，在孵企业91家，先后引进清华大学江苏华东锂电技术研究院、哈尔滨工业大学（张家港）智能装备及新材料技术产业化研究院、西北工业大学（张家港）智能装备技术产业化研究院、轻工业化学电源研究所（苏州大学化学电源研究所）等5家研发机构，成长为项目孵化、科技创新、成果转化、创业服务等为一体的综合性孵化园区，成为全市重要的科技创新载体。

【众创空间建设】 年内，71号工坊、清研智能制造众创空间、“青柚智慧客厅”众创空间、智电能源谷4家众创空间获评省级众创空间。累计省级以上众创空间15家，在孵项目217项，在孵企业86家。其中，国家级众创空间“今园1号”创客空间确立的孵化产业方向聚焦于以工业设计为重点的创意设计产业。至年末，该众创空间聘请创业导师31人，累计服务创业团队44个，服务初创企业34家，举办创新创业活动33场，开展创业教育培训18场，传播创新创业资讯800余篇，提炼出12项主要服务内容，形成“以创客孵化型为主，兼具培训辅导型、专业服务型、投资促进型”的复合型孵化服务模式。

【华裕金属公司获批省企业院士工作站】 12月，江苏省科技厅网站公示省企业院士工作站立项名单。位于经开区的张家港华裕有色金属材料有限公司入选，这是2018年张家港市唯一获批的省企业院士工作站。该公司是专业从事稀有金属钛及钛合金、镍基合金等高耐蚀金属管材产品的研发、生产和销售的国家高新技术企业。2016年，华裕金属公司与中国工程院院士何季麟合作共建院士工作站，围绕高端合金管材的技术研发，集聚高水平创新人才资源，打造国际领先的高端钛合金产品。其间，参与国家重点研发计划项目——低成本高耐蚀钛及钛合金管材与高品质钛带制造技术开发及应用。至2018年年末，经开区累计获批6家省企业院士工作站，33家省工程技术研究中心，69家省企业研究生工作站，17家省级以上博士后工作站；获批国家科技项目98项，省级科技项目105项；拥有有效发明专利1652件。

（马玉琳　赵　佳　张　蕾）

科技人才

【概况】 年内，张家港市组织4批市领军型创新创业人才项目评审，引进人才项目85项，累计735项；新增自主培育科技部科技创新创业人才1人，累计6人；新增省高层次创新创业人才引进计划5人，累计113人；新增省高层次创新创业团队1个，累计7个；新增姑苏创新创业领军人才计划28人，累计189人。全市领军人才企业实现年销售45亿元，纳税1.68亿元，销售收入超1000万元的领军人才企业有110家。

2018年张家港市新增苏州市级以上高层次创新创业人才一览表

表53

类　　别	姓　名	引才(或创办)企业
科技部科技创新创业人才	徐文良	苏州同大机械有限公司
省高层次创新创业人才计划	易修强	苏州威尔阳光智能科技有限公司
	陈　平	苏州思源科安信息技术有限公司
	苏　旭	张家港九力新材料科技有限公司
	安　静*	江苏七洲绿色化工股份有限公司
	孙　嵘	苏州星帆华镭光电科技有限公司
省高层次创新创业团队	李鹏团队	华灿光电(苏州)有限公司
姑苏创新创业领军人才计划	史军霞	苏州能聚半导体有限公司
	李留臣	江苏星特亮科技有限公司
	陈正勇	江苏旭龙环境科技有限公司
	邢　巍	苏州朗泰新能源科技有限公司
	徐乾耀	苏州超乾信息技术有限公司
	王　匀	张家港市迈迅智能科技有限公司
	沈理达	苏州云植医学技术有限公司
	徐晓东	苏州赛德福科学仪器有限公司
	王秦峰	江苏同杰祥生物材料有限公司
	王洪宇	江苏科琪高分子材料研究院有限公司
	陈海英	张家港展博电子科技有限公司
	方　谋	苏州朔景动力新能源有限公司
	周　煌	英谱光(苏州)激光科技有限公司
	严军华*	江苏启能新能源材料有限公司
	王　盟	英世光(苏州)光电科技有限公司
	尹志军	张家港志辰光学科技有限公司
	沈云祥	瑞凯企业管理服务(张家港)有限公司
	高少龙	苏州软体机器人科技有限公司
	LIUJINBO	劲开环境科技(苏州)有限公司
	王治平	桃芯科技(苏州)有限公司
	刘洪刚	苏州闻颂智能科技有限公司
	王永谦*	江苏爱康实业集团有限公司
	杜　平*	江苏沙钢集团有限公司
	朱　雯	苏州布罗安电子科技有限公司
	马贤好	苏州保邦电气有限公司
	宋卫民	苏州多瑈新材料科技有限公司
	赵奉东	苏州迈德焊接科技有限公司
	张　琦	苏州曼德特光电技术有限公司

说明：表内标有*的为创新人才，其余为创业人才

【特色半导体获姑苏领军人才"区域重点引才专项"】 年内，针对张家港市半导体产业人才集聚效应初显，为进一步提升半导体产业项目集聚，推进半导体产业建设成张家港市先导新兴产业，张家港市科技局首次以"特色半导体器件及系统"领域向苏州市科技局申请，并获得姑苏领军人才"区域重点引才专项"资格。英谱光（苏州）激光科技有限公司、英世光（苏州）光电科技有限公司、劲开环境科技（苏州）有限公司、桃芯科技（苏州）有限公司、苏州闻颂智能科技有限公司、江苏爱康实业集团有限公司、苏州曼德特光电技术有限公司等7家企业获得姑苏领军人才"区域重点引才专项"立项，获得项目经费700万元。至2018年年末，全市集聚有半导体企业73家，实现销售收入30.36亿元，纳税5978万元，其中销售收入超1亿元的企业3家、1000万元至1亿元的企业21家。有领军人才企业70家，占半导体企业总数的95.9%，销售收入10.59亿元。

【徐文良获评科技部科技创新创业人才】 年内，苏州同大机械有限公司董事长徐文良获评科技部科技创新创业人才，全市累计6人。徐文良作为高级工程师、中国机械专家委员会成员，承担过国家"863"攻关项目、国家火炬计划项目、省科技成果转化项目等，参与的项目累计获得资助资金1100余万元。苏州同大机械有限公司专业从事塑料挤出中空吹塑成型装备的研发与产业化，2018年实现销售2亿元，连续多年列细分行业第1位。此次获评的高效节能中空成型装备项目在高效、快速、精密、节能、智能化和低噪音等方面具有优势，与国外同类产品相比，具有低成本、高生产速度、低维护成本等特点，产品可广泛应用于航空航天、国防、海洋、国家抢险救灾、物流、石油化工、汽车等领域，具有很好的市场前景。 （张晓岚）

高新技术产业

【概况】 年内，张家港市新认定高新技术企业184家，净增高新技术企业65家。至年末，全市有效高新技术企业458家，有效高新技术企业占苏州市高新技术企业总数的8.44%。高新技术产业产值占张家港市规模以上工业总产值的比重达到25.9%。全年新确认张家港易之特机械有限公司等省民营科技企业237家。

【研发费激励政策实施】 2018年，张家港市制定并实施《张家港市鼓励支持企业加大研发投入实施办法》，设立张家港市企业研发投入扶持专项资金。每年6月（当年所得税汇算清缴结束），市科技局根据税务局提供的当年企业自主申报享受的上年度研发费用加计扣除情况，根据《张家港市鼓励支持企业加大研发投入实施办法》，编制奖励分配方案，并将奖励名单向社会公示。专项资金以"科技积分"形式兑现。在坚持公平普惠原则下，更加突出高质量发展要求，坚持"示范引领、兼顾投入产出"两个导向。2018年，江苏康得新复合材料股份有限公司、华昌集团、长顺集团、国泰集团、澳洋集团、沙钢集团、永钢集团、江苏多维科技有限公司、华灿光电（苏州）有限公司、江苏银河电子股份有限公司等24家企业被列入张家港市科技研发标兵企业，共获表彰资金1440万元；江苏海陆重工股份有限公司、江苏新美星包装机械股份有限公司、苏州晶台光电有限公司、张家港爱科思汽车配件有限公司、张家港中环海陆特锻股份有限公司、张家港鸿盛电子科技股份有限公司、江苏贝尔机械有限公司、苏州同大机械有限公司等214家企业享受研发费补助资金2000万元。

【高新技术企业选介】 2018年，张家港友诚新能源科技股份有限公司实现"新三板"挂牌，被评为江苏省民营科技企业、苏州市"两化融合"试点企业等，获战略客户江淮汽车年度供应商"质量贡献奖"和"量产贡献奖"。布局电动汽车无线充电技术领域，与江苏大学等合作，设立苏州电动汽车连接技术研究院，推动电动汽车大功率充电连接器等新产品开发，取得"一种大功率直流充电连接器的冷却系统"等11项专利。苏州富森膜科技有限公司投入研发经费2600余万元，立项研发项目13项，申请专利20件，同时与中国石油大学、华东理工大学等院校合作，获评2018年省博士后创新实践基地、省企业技术中心，"高效低成本可生化污水超低排放成套技术与装备研发及产业化"项目获评江苏省科技成果转化项目，"非线性聚丙烯酰胺"项目获评2018年苏州市科技成果转化项目，企业信息化智能提升项目获省产业转型升级专项资金扶持。 （李裕芬）

2018年张家港市高新技术企业一览表

表54

序号	企业名称	序号	企业名称
1	东方宏海新能源科技发展有限公司	8	江苏汉旭建材科技有限公司
2	海龙（张家港）实业有限公司	9	江苏合丰机械制造有限公司
3	箭牌智能科技（张家港）有限公司	10	江苏黑森林环保科技有限公司
4	江苏佰迪凯磁性材料有限公司	11	江苏辉河包装机械有限公司
5	江苏德尔科测控技术有限公司	12	江苏嘉斯康医疗科技有限公司
6	江苏飞力机械科技有限公司	13	江苏建发科技有限公司
7	江苏国朗机械制造有限公司	14	江苏建业化工装备有限公司

续表54

序号	企业名称	序号	企业名称
15	江苏捷达离心机制造有限公司	57	张家港凯斯机械有限公司
16	江苏金帆新程装备有限公司	58	张家港奇点光电科技有限公司
17	江苏旌航汽车有限公司	59	张家港全智电子科技有限公司
18	江苏联峰工业装备科技有限公司	60	张家港荣盛炼钢有限公司
19	江苏联冠机械有限公司	61	张家港市阿莱特机械有限公司
20	江苏绿洁节能有限公司	62	张家港市艾罗执行器有限公司
21	江苏普华盛包装科技有限公司	63	张家港市奥神科技有限公司
22	江苏青诚信息科技有限公司	64	张家港市邦诚环保机械科技有限公司
23	江苏申洲毛纺有限公司	65	张家港市邦威金属制品有限公司
24	江苏泰顺园林景观工程有限公司	66	张家港市港威超声电子有限公司
25	江苏天港箱柜有限公司	67	张家港市宏基精密铝材科技有限公司
26	江苏亚楠电子科技有限公司	68	张家港市华孚实业有限公司
27	江苏永钢集团有限公司	69	张家港市金帆箱柜有限公司
28	江苏优轧机械有限公司	70	张家港市金秋环保科技有限公司
29	江苏雨辰柯林清洁设备有限公司	71	张家港市立业机械有限公司
30	江苏钰特耐磨科技有限公司	72	张家港市骑士机械有限公司
31	江苏云上电力科技有限公司	73	张家港市锐正精密工具有限公司
32	江苏卓易环保科技有限公司	74	张家港市瑞特金属材料有限公司
33	三石量子（苏州）信息科技有限公司	75	张家港市三林金泰新能源有限公司
34	苏州爱康薄膜新材料有限公司	76	张家港市沙工医疗器械科技发展有限公司
35	苏州德瑞姆超声科技有限公司	77	张家港市舜辰机械有限公司
36	苏州凡赛特材料科技有限公司	78	张家港市塘桥镇污水处理有限公司
37	苏州富淼膜科技有限公司	79	张家港市天源机械制造有限公司
38	苏州沪港科技股份有限公司	80	张家港市天运建筑机械有限公司
39	苏州吉润汽车零部件有限公司	81	张家港市五合机械有限公司
40	苏州乐天防护用品有限公司	82	张家港市新港星科技有限公司
41	苏州禄丰检测科技有限公司	83	张家港市兴隆达机械有限公司
42	苏州普洽吹瓶科技有限公司	84	张家港市易华润东新材料有限公司
43	苏州塞罗尔医学影像科技有限公司	85	张家港市意久机械有限公司
44	苏州同大机械有限公司	86	张家港市永达机械制造有限公司
45	苏州正和保健品有限公司	87	张家港市浙华科技有限公司
46	天合汽车安全技术（张家港）有限公司	88	张家港市志益医材有限公司
47	威士达半导体科技（张家港）有限公司	89	张家港市中联建设机械有限公司
48	张家港艾普能源装备有限公司	90	张家港扬子染整有限公司
49	张家港奥尼斯信息科技有限公司	91	张家港艺新金属材料有限公司
50	张家港保税区创典炉窑通风设备有限公司	92	张家港英华材料科技有限公司
51	张家港飞腾铝塑板股份有限公司	93	张家港优全汽配有限公司
52	张家港富瑞阀门有限公司	94	张家港友诚新能源科技股份有限公司
53	张家港富瑞氢能装备有限公司	95	张家港正汇汽车配件有限公司
54	张家港华捷电子有限公司	96	张家港卓软信息技术有限公司
55	张家港嘉泰超纤科技有限公司	97	宝时得机械（张家港）有限公司
56	张家港九力新材料科技有限公司	98	贝内克—长顺汽车内饰材料（张家港）有限公司

续表54

序号	企业名称	序号	企业名称
99	华灿光电（苏州）有限公司	142	苏州浩波科技股份有限公司
100	惠晶显示科技（苏州）有限公司	143	苏州华博电子科技有限公司
101	江南载福粉末涂料（张家港）有限公司	144	苏州聚晟太阳能科技股份有限公司
102	江苏阿尔特空调实业有限责任公司	145	苏州莱士格车业有限公司
103	江苏百易得医疗科技有限公司	146	苏州良辰生物医药科技有限公司
104	江苏贝尔机械有限公司	147	苏州瑞腾照明科技股份有限公司
105	江苏彩虹永能新能源有限公司	148	苏州赛智达智能科技有限公司
106	江苏德旺化工工业有限公司	149	苏州欣荣博尔特医疗器械有限公司
107	江苏东方四通科技股份有限公司	150	苏州优贝特医疗器械有限公司
108	江苏富丽华通用设备股份有限公司	151	苏州中塑再生机械有限公司
109	江苏广川线缆股份有限公司	152	信东仪器仪表（苏州）有限公司
110	江苏国新金属制品有限公司	153	张家港保税区恒隆钢管有限公司
111	江苏哈工药机科技股份有限公司	154	张家港大塚化学有限公司
112	江苏宏宝锻造股份有限公司	155	张家港电子口岸有限公司
113	江苏沪江离心机制造有限公司	156	张家港富朗特重工有限公司
114	江苏华青流体科技有限公司	157	张家港富瑞深冷科技有限公司
115	江苏金陵体育器材股份有限公司	158	张家港格林沙洲锅炉有限公司
116	江苏利柏特股份有限公司	159	张家港海锅新能源装备股份有限公司
117	江苏联宏纺织有限公司	160	张家港鸿盛电子科技股份有限公司
118	江苏绿岩生态技术股份有限公司	161	张家港锦亿化纤有限公司
119	江苏牡丹离心机制造有限公司	162	张家港力勤机械有限公司
120	江苏耐维思通科技股份有限公司	163	张家港三丰机电开发有限公司
121	江苏瑞铁轨道装备股份有限公司	164	张家港圣美意机械有限公司
122	江苏沙洲电气有限公司	165	张家港市艾尔环保工程有限公司
123	江苏神农灭菌设备股份有限公司	166	张家港市海星集装箱制造有限公司
124	江苏双腾管业有限公司	167	张家港市恒强冷却设备有限公司
125	江苏水木天蓬科技有限公司	168	张家港市弘扬石化设备有限公司
126	江苏天鹏电源有限公司	169	张家港市泓溢电源科技有限公司
127	江苏维达机械有限公司	170	张家港市江南锅炉压力容器有限公司
128	江苏物润船联网络股份有限公司	171	张家港市金邦铝业股份有限公司
129	江苏欣诺科催化剂有限公司	172	张家港市金陵纺织有限公司
130	江苏薪泽奇机械股份有限公司	173	张家港市锦明机械有限公司
131	江苏星A包装机械集团有限公司	174	张家港市圣鼎源制管有限公司
132	江苏英瑞世家实业有限公司	175	张家港市盛港绿色防火建材有限公司
133	江苏永发医用设备科技股份有限公司	176	张家港市天江精密模具制造有限公司
134	江苏正基电梯部件有限公司	177	张家港市新华化工机械有限公司
135	江苏中科晶元信息材料有限公司	178	张家港市益成机械有限公司
136	杰华特微电子（张家港）有限公司	179	张家港市友成高新材料有限公司
137	科泰科技（张家港）机械有限公司	180	张家港特恩驰电缆有限公司
138	苏州灿勤通讯技术有限公司	181	张家港天乐橡塑科技股份有限公司
139	苏州东大金点物联科技有限公司	182	张家港宇新羊毛工业有限公司
140	苏州飞驰环保科技股份有限公司	183	张家港长泰汽车饰件材料有限公司
141	苏州氟特电池材料股份有限公司	184	张家港智电柔性输配电技术研究所有限公司

科技项目

【概况】 年内,全市有11个项目列入省级科技计划。其中,省重点研发计划项目6项;省重大科技成果转化项目2项,累计27项;省国际科技合作计划项目3项,累计22项。组织实施张家港市级科技计划项目108项。取消张家港市科技支撑计划(工业),首次设立重大研发产业化后补助项目,对通过验收的研发项目给予50万元至100万元补助,作为省科技成果转化专项资金项目的项目源,重点推进重大关键技术研发及产业化,以攻克产业核心技术为突破口,支持战略性新兴产业高端环节和关键节点的前瞻性、原创性、标志性科技创新成果转化,形成一批高附加值核心单元、关键材料、重大整机的标志性产品,着力提升产业技术创新能力和整体发展实力。

【广大特材项目获省科技成果转化专项资金奖励】 围绕国家重点攻关的"两机"(航空发动机及燃气轮机)工程,张家港广大特材股份有限公司研发的高温合金锻件均质高纯净控晶关键技术研发及产业化项目获得2018年省科技成果转化专项资金奖励。项目针对高温合金冶炼中超纯净合金成分控制难度高、合金组织偏析严重这一技术难题,研发"VIM+ESR+VAR"三联工艺、扩散退火均匀化工艺、均质细晶高温合金制品热加工工艺等核心工艺技术;从矿源、伴生、冶金方法选择入手,提高材质纯净度,优化真空感应搅拌工艺,降低夹质元素含量,准确控制合金成分;研究重熔速率、熔池深度、惰性气体流量等因素对杂质元素含量、夹杂物含量和尺寸的影响规律;完善产业化生产高纯净均质控晶高温合金锻件的静压开坯—自由锻的综合成形技术,提高锻坯尺寸精度和质量,实现多工序变形量、变形温度以及冷却速率的匹配;研究静压开坯和自由锻各环节坯料表面局部损伤行为,分析缺陷现成机理,研究制品中微小缺陷探伤技术,实现高纯净变形高温合金的产业化生产,合金的化学成分、晶粒度及力学性能等指标达到国际同类产品标准。该项目申请发明专利6项,总投资1.2亿元,预计量产后可实现年销售2.5亿元,利税6500万元。

【恩达通讯项目获批省国际科技合作项目】 张家港恩达通讯科技有限公司的基于石墨烯等新型材料的电子器件钝化层材料与工艺研发项目获批省国际科技合作项目。该公司与芬兰PiBond Oy公司合作,开发针对III族至V族化合物传感芯片的高温(相对)钝化材料及工艺,具备极佳防水性能及防电磁干扰性能。创新开发针对石墨烯传感芯片的低温钝化材料及工艺,使钝化工艺温度降至150摄氏度,改善石墨烯生长转移和微处理工艺,石墨烯等新型材料霍尔元件的灵敏度、分辨率等各项指标达到商用水平。该公司已完成石墨烯电子器件等新材料传感器件的材料制备、工艺流片等制程开发工作,形成高灵敏度传感芯片特别是钝化工艺完整生产线1条。申请相关发明专利3项,实用新型专利4项。开发新产品2件,新工艺2项。项目预计年销售600万元,利润100万元,入库税金40万元。(韦慧杰)

2018年张家港市新增省级科技计划项目一览表

表55

项目类别	项目名称	承担单位
省重点研发计划项目	蓝宝石基高可靠GaN-HEMT器件制备及应用关键技术研发	江苏能华微电子科技发展有限公司
	提高全麦粉营养与食用品质技术研究及产品开发	中粮东海粮油工业(张家港)有限公司
	全麦营养烘焙食品酸面团乳酸菌发酵技术研发与应用	张家港福吉佳食品股份有限公司
	葡萄新品种"藤玉""早夏香"的选育与示范推广	张家港市神园葡萄科技有限公司
	新型纳米电吸附除砷材料的设计原理及制备技术研究	张家港格林台科环保设备有限公司
	基于微流控抗体捕获筛的CTC快速分选系统	苏州博福生物医药科技有限公司
省科技成果转化项目	高温合金锻件均质高纯净控晶关键技术研发及产业化	张家港广大特材股份有限公司
	高效低成本可生化污水超低排放成套技术与装备研发及产业化	江苏富淼科技股份有限公司
省国际科技合作计划项目	全自动太阳能跟踪控制和大数据智能处理系统的合作研发	苏州聚晟太阳能科技股份有限公司
	航空碳纤维用阻燃特种树脂产品的联合开发及产业化	张家港康得新光电材料有限公司
	基于石墨烯等新型材料的电子器件钝化层材料与工艺研发	张家港恩达通讯科技有限公司

科技成果

【概况】 年内，全市新增省科学技术奖3项，其中一等奖1项、二等奖1项、三等奖1项，累计109项。《张家港市产学研预研资金实施细则》发布。市产学研预研资金是政府引导类专项资金，市政府为引导国内外高等院校和科研院所与张家港市工商企业等单位开展产学研合作而设立的，政府引导企业主体产学研相结合，促进高校院所的创新资源与市产业发展、企业需求的有效对接。市政府在财政预算中给予年度定额安排，滚动使用。市科技局组织预研资金项目首次申报，共立项47项，向东南大学、东北大学、江苏冶金技术研究院、江苏科技大学张家港产业技术研究院等19家高校院所发放项目资助经费423万元。

【沙钢集团一项目获省科技奖一等奖】 年内，江苏沙钢集团有限公司的转底炉处理含铁、锌尘泥资源循环利用关键技术及示范项目获省科学技术奖一等奖。该项目首创蓄热式转底炉直接还原技术，采用特殊设计的扁焰蓄热式烧嘴，确保高温还原区的强还原性气氛，提高了球团的金属化率。对转底炉内的温度实行严格分区，精确控制各区的还原温度和还原时间，确保各区域的温度场稳定性和均匀性。采用数值计算手段模拟蓄热式转底炉内复杂工况及化学反应，不断优化工程设计。同时，采用蓄热式燃烧技术，提高热利用率和高温区反应温度，相比国内外使用天然气、焦炉煤气、混合煤气等高热值燃料的转底炉，在确保还原温度情况下降低燃料成本，系统热利用率在90%以上，降低了转底炉的整体能耗。项目完全由国内自主研发，设计和制造转底炉本体、装出料设备、炉底机械、DRI冷却系统、锌回收系统等大型关键设备。该项目年处理量大于30万吨，是全球最大的含铁、锌尘泥转底炉生产线，作业率超过92.5%。在确保铁、锌元素的高还原率、蓄热式燃烧技术、转底炉国产化等方面取得重大技术突破，达到国际先进水平。项目总投资2.5亿元，2年收回投资。累计新增产值9.15亿元，新增利税4.22亿元。项目同时建成全球最大的蓄热式转底炉处理含锌粉尘示范工程，实现钢铁厂固废的"资源化、减量化、无害化"。 （薛冠愚）

2018年张家港市获省级科学技术奖励情况表

表56

获奖项目名称（获奖人）	申报（参与）单位	获奖类别	等级	授奖部门
转底炉处理含铁、锌尘泥资源循环利用关键技术及示范	江苏沙钢集团有限公司	江苏省科学技术奖	一等奖	江苏省政府
重大防护工程用超高强抗大变形热轧钢筋核心技术及应用	江苏沙钢集团有限公司	江苏省科学技术奖	二等奖	江苏省政府
海陆大功率能源装备高参量轴承套圈受控成型关键技术及产业化	张家港海锅新能源装备股份有限公司、江苏永钢集团	江苏省科学技术奖	三等奖	江苏省政府

知识产权保护

【概况】 年内，张家港市位列2017年度国家知识产权示范市考核全国县市第1名；高新区获批江苏省知识产权试点园区。全市申请专利10958件，其中申请发明专利4858件，创历史新高；新增授权专利5658件，其中授权发明专利983件；申请国外专利（PCT）145件；万人发明专利拥有量达到42.3件。张家港康得新光电材料有限公司、江苏骏马集团有限责任公司、江苏金陵体育器材股份有限公司被认定为国家知识产权示范企业，累计4家；张家港市盛港绿色防火建材有限公司、苏州金凯达机械科技股份有限公司、江苏新美星包装机械股份有限公司、江苏索尔新能源科技股份有限公司被认定为国家知识产权优势企业，累计11家。新增苏州市企业专利导航计划8项，累计28项；首次新增苏州市高价值专利培育计划1项；新增江苏省企业知识产权管理标准化示范创建备案单位20家，累计180家；江苏彩虹永能新能源有限公司、张家港友诚新能源科技股份有限公司、苏州双象光学材料有限公司、苏州长鼎兴智能科技有限公司、张家港市华地机械装备有限公司、贝内克—长顺汽车内饰材料（张家港）有限公司、苏州赛智达智能科技有限公司、江苏红人实业股份有限公司、江苏广川线缆股份有限公司、江苏澳洋生态园林股份有限公司、江苏远大信息股份有限公司、张家港市铭斯特光电科技有限公司、张家港鸿盛电子科技股份有限公司等13家企业通过企业知识产权管理规范（GB/T29490—2013）认证。新增中国专利优秀奖6项，累计30项；新增苏州市优秀专利奖3项，其中，一等奖1项、二等奖2项，累计25项。新增专利执行险47笔，累计239件专利投保专利执行险。举办知识产权工程师、专利信息分析、专利布局等培训沙龙活动8场，培训企事业单位人员500余人次；新增省知识产权骨干、领军人才2人，省知识产权工程师高级职称1人、中级职称9人。

【新增中国专利优秀奖6项】 年内，市政府积极发动全市企业参与中国专利奖的申报工作，鼓励有条件的单位通过行业协会或者院士推荐参评，共有江苏金帆电源科技有限公司"蓄电池化成充放电主电路结构（ZL201110279895.3）"、张家港市艾克沃环境能源技术有限公司"高含盐有机废水的超临界水氧化处理系统（ZL201210120217.7）”、江苏新美星包装机械股份有限公司“一种底模升降、单边锁定联动机构（ZL201310088983.4）”、苏州金凯达机械科技股份有限公司“一种管材切割上料输送装置的平头机构（ZL201511027496.2）”、张家港AAA精密制造股份有限公司“一种快速接头型滚珠轴承（ZL201410237304.X）”、华灿光电（苏州）有限公司“一种发光二极管外延片及其制造方法（ZL201410222155.X）”等6项专利获第二十届中国专利优秀奖。

【知识产权执法维权】 年内，市知识产权局围绕全面建设国家知识产权示范市，不断完善知识产权维权执法工作机制，进一步健全知识产权执法协作体系，制定《张家港市2018年知识产权执法维权“护航”“雷霆”专项行动方案》，推动中国（苏州）知识产权维权援助中心张家港分中心进入实体化运营。当年为企业提供维权援助、应对知识产权纠纷公益服务48家次。保税区、经开区申请设立维权援助工作站，新增专利行政执法人员1人。为营造知识产权保护氛围和净化市场环境，面向企业、市民开展知识产权宣传培训及普法活动，编印《张家港知识产权服务指导手册》《知识产权维权服务指导手册》500余册，设计宣传海报6幅，投放户外电子大屏4个，组织维权援助培训2场。联合江苏省知识产权行政执法总队、苏州市知识产权行政执法支队，开展省市县三级知识产权联合执法行动，对辖区内商贸场所开展专项抽查，抽查商品800余件，查获涉嫌假冒、标注不规范专利产品77件，涉及专利87项。

（黄晓刚）

2018年张家港市各区镇专利申请、授权情况表

表57 单位：件

区镇名	申请情况		授权情况	
	专利申请	发明申请	专利授权	发明授权
保税区（金港镇）	2360	1193	1085	213
经开区（杨舍镇）	3677	1714	1949	370
冶金园（锦丰镇）	1293	575	552	99
塘桥镇	824	354	437	36
乐余镇	925	305	500	81
凤凰镇	810	307	392	49
南丰镇	489	205	370	87
大新镇	305	102	233	30
常阴沙现代农业示范园区	275	103	140	18
合　计	10958	4858	5658	983

科普工作

【概况】 至年末，全市有区镇科协9个、街道科协21个、村（社区）科协143个、企业科协85个、高校科协2个、市级学会21个、科普志愿者团队32个，科普志愿者5718人，其中在江苏省科普志愿者网登记5498人；有科普教育基地54个，其中国家级1个、江苏省级9个、苏州市级10个；有科学教育特色学校24所，其中江苏省级5所、苏州市级9所。年内，市科协起草科协系统深化改革实施方案，围绕“提升服务创新驱动发展战略的能力水平”等六方面，提出19项改革举措。经市委深化改革领导小组会议审议通过，市委办、市政府办于8月下发《张家港市科协系统深化改革实施方案》。3月，张家港市被列入江苏省加强科协组织建设“四+一”首批试点单位，成立“四+一”试点工作领导小组，联合市委组织部下发《加强科协组织建设“四+一”试点实施方案》。在各区镇科协换届和市科协召开第八次代表大会时，吸纳医院院长、学校校长、农技站站长、科技企业家“四长”担任兼职副主席，进一步提升基层科协组织建设和工作水平，全市新增市、镇两级兼职副主席39人。2018年，市科协获评中国科协2018年全国科普日活动优秀组织单位、全国科技活动周暨江苏省第30届科普宣传周活动优秀组织单位、江苏省2018年度实施“县级科协创新发展能力提升计划”优秀单位。市青少年社会实践基地被评为2018年江苏省青少年特色科学工作室及江苏省青少年科技创新基地，市鸿屹水产养殖有限公司获评2018年江苏省科普惠农服务站，张家港丰裕德浅膜水培蔬菜基地、江苏善港生态农业科技有限公司获评苏州市科普惠农服务站，保税区（金港镇）德丰社区获评江苏省科普示范社区，保税区（金港镇）中德社区、经开区（杨舍镇）锦绣社区、塘桥镇镇中社区获评苏州市科普示范社区。

【市科协第八次代表大会】 12月25日在馨苑度假村召开，268名代表参加会议。大会听取、审议通过《张家港市科协第七届委员会工作报告》，讨论提出未来五年工作建议：要建设新时代政治引领的科技社团、提升服务创新驱动发展战略的能力水平、优化服务科技工作者的体制机制、创新服务全民科学素质提高的方式方法。大会通过《关于张家港市科学技术协会第八次代表大会决议》，选举产生市科协第八届委员会委员50人，其中常委25人，董建刚当选为主席，徐松林、孙利婵当选为副主席，新增施一新、孟

凡珍、王树生、谈雅琴为兼职副主席。第八届科协组织代表中，企业、高校、科研院所、区镇、社会组织等基层一线科技工作者的比例占70%，45岁以下青年科技工作者占三分之一以上；基层一线的委员、常委比例在三分之二以上。

【科普宣传】 5月，市科协举办以“科技创新，强国富民”为主题的张家港市第30届科普宣传周暨第三届青少年科技创意嘉年华活动，通过“创意梦工厂”的形式，开设“玩转机器人”“炫目科学秀”等17个展位，6000名青少年参与。9月，举办以“创新驱动发展，科学破除愚昧”为主题的2018年全国科普日张家港市主场活动，举办青少年科技创新成果展，展示28个科技创新成果项目。改版“科普新干线”，新增“人工智能”“虚拟现实”等互动项目，深入社区、学校、企业巡展100场；“科普细胞工程”创新屋、健康屋、安全屋落地社区增至16家，全年开展活动252场；开展科普讲座92场，15名张家港市领军人才加入“科普讲师团”，并以“科技精英话科普”为主题，推出“科普专家进校园”专场。再版《科普零距离》一书，推出46个新时代文明实践点以及由39位张家港首席科技传播专家组成的科普人才智库，张家港籍中国科学院院士薛永琪为该书作序。组建由市、区镇、社区（村）三级联动的758名科普信息员队伍，全市85块科普信息电子大屏精准推广科普知识，39个科普书架24小时开放。《科普零距离》电视节目、《科普中国》电台栏目、“科普零距离”微信公众平台、张家港市科普网等媒体及时报道和更新科普资讯。开展第七届市青少年科技创新市长奖评选活动，评出5名市长奖、5名耕耘奖及4个摇篮奖。承办江苏省科技模型、电子技师、普及机器人、金钥匙四场分赛区比赛，全市4000余名学生参与竞赛。举办首届市家庭机器人创意大赛，开设弹力小车、春游港城、快乐足球等比赛项目，全市300个家庭参赛。举办第八届市科普剧会演，全市21所学校的剧目参演。举办市第八届青少年科技运动会，开设益智、模型、电子、结构4个大类9个比赛项目，全市54所中小学、62个参赛队、1028名学生参赛。

【学术交流】 年内，市科协开展2016—2017年自然科学优秀学术论文评选活动，收集论文342篇，评选出优秀论文168篇，市政府于9月发文表彰，另有4篇论文在苏州市自然科学优秀学术论文评选中获奖。成立张家港市众创空间协会及张家港康得新光电材料有限公司科协、澳洋医院科协等4家企业科协，指导市计算机学会、市水利学会等进行换届选举。各学会举办各类专业技术培训100余场，各类学术交流活动200余场，开展科技工作者进社区、进校园、进农村等活动100余场。举办军民融合产业化项目推介会，进行项目推介、科技成果对接，达成2项合作意向。邀请中国工程院院士干勇、范滇元等专家到张家港市分别参加2018年钢铁行业创新发展大会、先进激光制造产业发展大会并作学术报告。

【科技工作者之家】 年内，市科技工作者之家完成科技查新617项，科技文献资料下载4.5万页，为科技工作者科技创新、项目申报、论文写作提供智力支持，全年有49个企业取得科技创新成果90余项。开展2018年度科技工作者日主题运动会、科技鹊桥、企业家读书会、双月科技沙龙、科技讲座等活动，近2000名科技人员参加。新增张家港清研检测技术有限公司、长江润发集团、永钢集团等科技工作者调查站点和独立信息员。

【创新驱动助力工程】 年内，市科协贯彻实施中国科协创新驱动助力工程。由中国机械工程学会推荐的商用航天产业化项目，经前期对接，3月21日至22日，由中国运载火箭技术研究院总体设计部、中国航天科技集团第一研究院703所等12位领导和专家组成的商业运载火箭结构低成本制造能力考察组，对张家港市进行考察，与苏州海陆重工股份有限公司合作开展商业运载火箭结构低成本制造技术的研发和产业化。5月，双方签署产学研合作协议。该项目获批中国科协创新驱动助力工程示范项目，获奖补经费50万元。应贵州省沿河土家族自治县工业商务局邀请，市科协邀请中国制冷学会和中国科学院理化技术研究所冷链技术与装备专家赴沿河土家族自治县考察，并编制《沿河冷链物流总体规划》。经开区（杨舍镇）、大新镇获评苏州市创新驱动助力工程示范镇。 （吕静茹）

气象科技

【概况】 年内，市气象局提升气象业务和服务水平，推进气象现代化能力建设，高标准完成中央财政“三农”气象服务专项工作，依法履行气象管理职能。3月15日，联合市邮政局举办“智慧气象”邮票设计大赛；17日，在经开区（杨舍镇）民丰社区开展“3·23”气象科普宣传暨学雷锋进社区活动；23日，开展“3·23”世界气象日“智慧气象”主题知识竞赛。5月11日、12日，分别参加在保税区（金港镇）德丰社区、冶金园（锦丰镇）新天地广场开展的社会救助宣传日活动，现场发放气象防灾减灾宣传册500册。6月29日，张家港市气象局代表队获得2018年度苏州市气象行业职业综合技能竞赛团体第2名。8月7日，开展《二十四节气（三）》邮票发行式，并邀请气象专家宋英杰做“节气风云”专题讲座。12月1日，“张家港气象”微信公众号上线运行。市气象科普馆全年接待68批2300名余学生参观。年内，市气象局对观测场进行规范化改造。1月23日，风向风速传感器从风杆移至风塔；7月，观测场范围边界调整为长25米、宽25米，重新布局观测仪器；9月增设两支独立避雷针；10月安装日照自动观测仪，10月末完成观测场规范化建设。5月1日起，主站启用DNQI型能见度观测仪进行能见度自动观测。11月22日，完成业务机房UPS升级改造。5月、11月分别对主站、备站的能见度观测仪进行半年度校验，确保各观测仪器规范、正常使用。2月5日、12月20日分别升级地面气象观测业务软件。全年气象窗口受理办结防雷设计审核10件,竣工验收25件,施放气球活动许可144件,气象理赔证明47份,开展行政指导2件。10月30日起,气象灾害性质等级确认(气象证明)实行网上不见面审批。市气象局开展对危险化学品暨粉尘涉爆企业专项检查,共检查相关单位268个,出动检查人员536人次,发现隐患62个,开具防雷安全生产现场执法检查意见书31份,整改关闭31家,实现防雷安全隐患排查整改闭环管理。根据《关于加强无人驾驶自由气球(气模)和系留气球(气模)安全管理的通告》,执行“不得使用氢气等易燃易爆气体”作为气球施放气体,处理2起投诉。市气象局获评“2015—2017年度苏州市文明单位”。

【气象预报】 2018年,市气象局做好汛期气象服务、决策气象服务、公众气象服务、为农气象服务及沿江气象服务工作。全年制作《重要天气报告》6期,《专题气象服务》75期,发布预警信号55次,发送气象短信,接收188万余人次。1月24日夜至28日晨出现2次暴雪天气过程。其中,25日降雪量10.8毫米,最大积雪深度10厘米;27日8时至28日8时累计降雪量13毫米,最大累计积雪深度11厘米(含新增积雪深度7厘米)。针对这次降雪天气,气象部门提前做出预报,制作2期重要天气报告、5期专题服务材料。做好“5·25”大暴雨及“安比”等接连4个台风的预报预警服务,为全市安全度汛提供气象保障。8月12日,受台风“摩羯”影响,南丰镇区域自动气象站测得极大风速每秒29.3米(十一级),部分农业设施大棚遭到破坏。11月25日到12月4日,受静稳天气影响,张家港市出现影响范围广、持续时间长的大雾天气,其中11月25日、27日、28日最小能见度均低于50米。自2007年气象灾害预警信号发布后,2018年11月25日市气象局首次发布大雾红色预警信号。在此次持续大雾天气过程中,共发布大雾预警信号9次,包括大雾红色预警3次、大雾橙色预警3次、大雾黄色预警3次,及时提醒相关部门做好应对防范措施,提醒广大市民注意出行安全。

【“三农”气象服务专项建设】 年内,市气象局组织实施中央财政“三农”气象服务专项工作。完成5个各有侧重点的为农服务气象监测站建设,分别为经开区(杨舍镇)善港蔬菜基地、冶金园(锦丰镇)香草园、乐余镇汇丰源蔬菜基地和常阴沙现代农业示范园区鸿屹水产基地四个区域气象站和永联稻麦基地农田小气候观测站。制定和完善周年服务方案,更新全市大农户名单,开展直通式气象服务工作。编制台风、暴雨、高温、干旱四种气象灾害的风险区划,编制水稻、小麦、水蜜桃三种农作物的气候区划。在常阴沙现代农业示范区开展预警信息发布公共服务功能配置标准化建设,与市民政局、地震局对保税区(金港镇)德丰社区创建全国减灾社区进行指导。制定和完善“一规二图三台账”(一套预警服务业务规范,气象灾害预警信号制作发布流程图、主要气象灾害风险区划图和重点防御单位位置图,气象灾害预警发布对象台账、基层台站预警服务台账、气象预警服务信息发布台账)、预警信息发布流程等规章制度,收集防灾减灾信息数据,编制防灾减灾作战指挥图。联合市农委等对塘桥镇牛桥村、蒋桥村、金村村及华田家庭农场开展田间联合调查,对南丰镇受灾大棚开展灾情调查,并开展气象保险指数理赔服务。12月13日在江苏省气象局召开的“三农”气象服务专项集中验收会议上,通过了项目验收,全市气象服务农业生产和服务基层防灾减灾的能力得到增强。 (张育萍)

防震减灾

【概况】 年末,张家港市域有地震微观监测站(二氧化碳前兆观测)2个,宏观监测站(动物异常行为观测)10个,数字地震台1个,强震台4个,其中省属强震台1个。市地震局强化地震监测基础,加强对前兆台站、测震台站、强震台站的管理,定期巡查,及时排除隐患和故障,每季度检测台站接地电阻,确保各项地震监测手段的正常运行。全年人工前兆观测台站观测完整率100%,数字测震、强震台站连通率连续多年在苏州市名列前茅。1月,与各台站工作人员签订工作责任状,并组建地震宏观观测点微信群,通过网络及时反馈宏观异常信息。2月,制订地震监视和短临跟踪方案。5月,完成南丰地下流体观测台站土地租赁协议的签订工作。6月,完成南丰地下流体观测台站立项工作。11月,完成思科视频会议系统的采购和安装。

【地震应急演练和教育】 年内,市地震局指导全市中小学开展地震应急演练活动,全市中小学师生地震应急意识和能力明显提升。4月30日,组织市三兴学校、沙洲中学学生代表苏州市参加在南京举行的全国防震减灾知识大赛江苏省初赛,市三兴学校和沙洲中学分别获初中组和高中组三等奖。5月,组织防震减灾志愿者骨干成员在梁丰生态园进行地震应急演练。8月,委托无锡市建筑设计院对梁丰生态园按照规范标准进行改造提升设计。该项目预算投资金额150万元,已列入市2019年度基本建设项目计划。“5·12”防灾减灾日活动周、“7·28”唐山地震纪念日、全国科普日期间,采用多种形式开展防震减灾科普宣传活动。委托市邮政局,向市区各中小学及幼儿园发放少儿书信大赛本册3.6万份,以公益广告插页的形式向少年儿童宣传防震减灾知识。租用全市约250台公交车尾LED显示屏,每天滚动播放加强防震法制建设相关内容的文字,并选择3条公交线路,定制印有避震知识内容的公交拉手。通过由全市中小学骨干地理教师加盟的校园宣传团队QQ群,向各学校提供防震减灾科普宣传电子展板、PPT课件、科普视频等,广泛开展宣传。依托市青少年社会实践基地防震减灾科普教育馆,每年对全市4万余名师生进行教育,提高全民综合防震减灾能力。 (孙宝权)

【编辑　沈立平】

教育

Education

11月20日，市第六届全民终身学习活动周开幕式举办　（市教育局　提供）

教育综情

基础教育

职业教育

高等教育

社会教育

教师队伍

張家港年鑑(2019)

教育综情

【概况】 2018年，全市有各级各类学校168所，其中高等院校3所、普通高中9所（含完全中学2所）、职业院校5所（含开放大学）、初中34所、小学38所、幼儿园69所、特殊教育学校1所、国际学校1所、民办新市民子女学校8所。另有社区教育中心9所。全市教育系统教育经费总投入45.95亿元，其中公共预算教育经费33.6亿元。招收新生5.87万人，毕业生4.74万人。年末在校学生20.71万人，比上年增11673人，吸纳新市民子女9.35万人（不含3所高校）。张家港市先后获评第二批全国中小学校责任督学挂牌督导创新县（市、区）、全国家长学校建设实验基地和江苏省普通话基本普及县域。在全省教育现代化建设监测中，张家港市综合得分88.83，列苏州各县（市）第一、全省同类县（市）前列。

教育资源配置优化　年内，张家港市制定并印发《张家港市优质学校建设三年行动计划》。推进义务教育学校建设标准进一步提档升级。建成世茂幼儿园、北庄幼儿园、暨阳湖幼儿园、闸上幼儿园及外国语学校北校区等5所学校并投入使用，世茂小学、暨阳小学南校区、市二中南校区等13个项目在建，梁丰初中西校区、实验小学西校区、赵庄小学等6个项目完成前期建设相关手续；高职园区中专学校新建工程启动，职教资源整合规划基本完成。其中，中专学校新建工程、外国语学校北校区、市一中地下停车场和“四点半”学校建设等4项工程被评为首届“张家港市十大民心工程”。推动资源配置7项指标合格率不断提升，其中小学由9.26%上升到81.5%，初中由40.6%上升到84.4%，全市达标学校（按拆分统计）占比82.6%。大班额情况得到有效缓解，全市标准班额达标率小学由29.1%上升到60.13%，初中由73.2%上升到87%。

教育装备水平提升　年内，对照《全国义务教育优质均衡发展县（市、区）评估标准》，通过实施对学校教学楼（实验楼）改扩建，合理改变相关用房和场地用途，与文化、体育、艺术等专业机构签订双向合作办学协议，挖掘学校内部场馆潜能，增加生均体育运动场馆面积，增加生均教学辅助用房面积，提升教育装备水平。全市中小学、幼儿园新增交互式多媒体设备91套、电脑655台、云教室1个、图书98456册，投入经费950万元；推进教育城域网升级、教育云数据中心建设；完成9所直属学校的无线校园建设和6个智慧课堂、3所高中基于大数据分析的设备采购及平台部署等工作。有序为全市幼儿园所有教室添置新风系统，在全市幼儿园每个教室配备2台柜式洁净新风机组合。12月，直属及部门办学和塘桥镇、锦丰镇20所幼儿园的设备全部安装调试到位。11月3日，东渡实验学校、实验小学（东校区、南校区）、中等专业学校等7所学校（含校区）运动场所开始对社会开放。7所学校（含校区）先后进行围栏工程、围墙新开门、通道施工、安装岗亭、管理系统、监控系统施工，运动场开放区均安装简易厕所，统一制作公开信和管理规定，统一购置社会公众意外伤害险。开放首月有6000人次进入运动场地健身。

教育人事管理完善　推进校长职级制，以张家港市委、市政府名义下发《关于推行中小学校长职级制的意见》，颁布实施《中小学校长职级评审认定办法》，开展第一批普高、义务教育学校校长职级制认定工作。完善“系统人”管理，完成对557名新录用教师的基地学校培养和农村学校顶岗任务，加快青年“系统人”教师成长步伐。实施备案制教师招录，与市编办、人社、财政等部门研究制定并印发《张家港市备案制教师管理实施意见》，完成139名幼儿园备案制教师的招聘工作。创新实施校园招聘，年内招聘“双一流”学校、“双一流”专业及研究生以上高层次优秀毕业生46人。规范选人用人举措，完成27名副职干部试用期跟踪考察、8所学校班子全面考察、59人提拔考察工作，举办第20期中青年干部培训班，30名中青年干部参加培训。先后选派24名教师赴新疆维吾尔自治区巩留县、阿图什市等地支教，10名教师及14名中青班学员赴贵州省沿河土家族自治县支教。加速跟进“百千万”大走访活动，“机关干部访百校”实现学校全覆盖，“学校行政访千师”走访在职在岗教师1.4万次，“学科教师访万家”走访贫困生超过7000人次。

【校外培训机构专项整治】 7月至10月，市教育局联合市市场监管局、市城管局、市公安局、市物价局、市消防大队等部门对市区办学机构进行校外培训机构专项整治，260家含有学科培训的机构（包括部分有许可证，但有不规范办学行为的机构）列入校外培训机构重点整治和规范对象。11月21日，市政府召开全市教育领域人民群众反映强烈突出问题专项治理工作推进会。11月30日，市政府召开常务会议，对校外培训机构专项治理工作做专题研究。是月，张家港市校外培训机构专项治理工作市级联席会议办公室专办人员到各个培训机构进行现场督导和检查，累计执法32批次，现场检查培训机构200余家，开具处罚决定书64份，整改通知书150余份，对130余家培训机构进行回头看和整改情况再检查，确保有问题机构都整改到位。专项治理工作期间关停无证机构95家，吊销办学许可证8家，缩减和取消有学科类办学资质的有证机构10家。

【做强做优“四点半学校”品牌建设】 “四点半学校”建设工程于2017年4月在云盘小学、梁丰小学、沙洲小学、青龙小学、乐余中心小学、凤凰中心小学、大新中心小学、旭东学校、锦秀学校率先开始。2017年9月，实现全市小学全覆盖后，2018年进一步扩大服务面、丰富活动项目，细化活动服务管理，形成看护和特长发展项目“1+1”、学校和社区定点服务“1+1”、老师和志愿者定岗服务“1+1”的三大特点。全年全市各校“四点半学校”累计开设看护班级968个，服务学生23910人，其中新市民子女和低保边缘家庭子女13368人，受益学生数占全市小学生数的14.95%。　（陈红兰）

基础教育

【概况】 全市有基础教育类学校151所,含特殊教育学校1所。创建成全国青少年校园足球特色学校28所(新增6所),全国青少年校园篮球特色学校3所,中华优秀文化艺术传承学校1所,国家级绿色学校(幼儿园)1所,江苏省绿色学校50所(新增2所),江苏省语言文字规范化示范学校3所(新增1所),江苏省中华经典诵读基地学校1所,江苏省规范汉字书写教育特色学校1所,江苏省优质幼儿园42所,江苏省科技教育特色学校5所,江苏省体育传统项目学校3所(新增1所),江苏省青少年足球特色幼儿园3所,江苏省青少年校园篮球特色学校1所,江苏省艺术特色学校3所,江苏省健康促进金奖学校3所(新增1所)、银奖学校33所(新增8所)、铜奖学校50所(新增1所),苏州市科技教育特色学校12所,苏州市艺术特色学校4所,苏州市艺术教育项目学校7所,苏州市体育传统项目学校24所,苏州市德育先进学校68所,苏州市优质幼儿园54所(新增4所),苏州市绿色学校102所,苏州市语言文字规范化示范学校40所(新增9所),苏州市中华经典诵读基地学校3所,苏州市规范汉字书写教育特色学校9所。

学前教育　全市有幼儿园69所(新增世茂幼儿园、北庄幼儿园、暨阳湖幼儿园、闸上幼儿园、港区幼儿园、向阳幼儿园有限公司、凯斯幼儿园有限公司、乐融幼儿园有限公司)。在园幼儿4.61万人(含新市民子女20390人),比上年增3428人。其中,0周岁至3周岁婴幼儿入园(所)人数325人,适龄幼儿入园率100%。在公办幼儿园中,优质园的比例为77%。年内,崇真幼儿园创建成江苏省优质幼儿园。福前实验幼儿园、东湖苑幼儿园、南丰幼儿园创建成苏州市课程游戏化建设项目园。

小学教育　全市有小学38所(含村校1所)。在校学生88113人(含新市民子女50758人),比上年增5068人。小学适龄儿童入学率、巩固率、跟踪毕业率、升学率均为100%。年内,实验小学获评全国中华优秀文化艺术传承学校;东莱小学获评全国书法教育示范学校;实验小学"儿童定制学习"行动计划项目被确定为2018年基础教育前瞻性教学改革实验项目;合兴小学"基于核心素养的'适学课程'特色文化建设"项目获批2018年江苏省中小学课程基地建设项目;福前实验小学、暨阳实验小学、塘市小学和合兴小学创建成苏州市小学特色文化建设项目学校,金港中心小学获2017年立项的小学特色文化建设项目现场视导调研示范;白鹿小学获评苏州市国际理解教育品牌项目;万红小学、江帆小学获评苏州市义务教育学校管理标准示范校,乐余中心小学获评苏州市义务教育学校管理标准特色校。

中学教育　全市有中学43所,其中初中34所、普通高中9所(含完全中学2所)。在校学生47417人,其中初中生34471人、高中生12946人。初中生年度巩固率、毕业率、升学率分别为100%、99%和99%。梁丰高级中学课程建设项目列入2018年江苏省课程基地建设项目,暨阳高级中学、张家港高级中学课程建设项目列入苏州市初高中课程基地建设项目,外国语学校、常青藤实验学校课程建设项目列入苏州市课程基地培育项目。三兴学校课程建设项目被评为2018年苏州市课程视导示范项目,塘桥高级中学课程建设项目被评为2018年苏州市课程视导优秀项目。梁丰高级中学被中国教育学会认定为中国大学先修课程试点项目学校,被中国教育科学研究院认定为STEM教育研究基地种子学校,第八中学被中国科协青少年科技中心认定为全国青少年人工智能活动特色单位。

【省基础教育前瞻性教学改革实验项目启动研讨会在市召开】 10月27日至28日,江苏省基础教育前瞻性教学改革实验项目暨"物型课程建设研究与推广"启动研讨会在实验小学举行。国家基础教育课程教材专家工作委员会主任王湛,江苏省教育厅、江苏省教育学会、南京大学教育研究院专家和江苏教育报刊总社、上海教育报刊总社、浙江教育报刊总社、江苏教育电视台等多家媒体单位以及省内外200余名代表参加活动。会上,实验小学教育集团总校长刘慧就学校物型文化建设做题为《小径分岔的花园——一所小学校园的美学散步》的主题演讲。江苏省物型课程项目领衔人孙其华博士现场发布项目实施方案,并对项目情况进行介绍。江苏省教育厅师资处处长马斌主旨演讲厘清物型课程的概念界定、内涵要义以及它将带来的变革与创新;王湛从江苏教育的历史背景和发展优势来看,美好教育生活的追求应从"学有所教"到"学有优教"。"物型课程"的未来走向,要牢记"立德树人"的根本目的,全面育人、全程育人、全方位育人。

【苏州市"新时代有效教学研究"活动在市举行】 12月26日,张家港市整体推进有效教学实践研究暨苏州市"新时代有效教学研究"活动在凤凰中学举行。活动主旨为以时代发展为导向,以学习者为中心,在立德树人的使命担当中,在返璞归真的行动中,坚守课堂,深耕课堂,进一步构建好适合当地、本校的教学样态。苏州市教育局、张家港市教育局领导、张家港市初中学校校长以及苏州大市基础学科近300名老师参加活动。张家港市16名教师进行初中学段各学科的课堂展示。凤凰中学做"基于仁文化引领下的有效教学课堂实践研究"的汇报,上海市普陀区教育学院副院长徐寿昌教授做题为"影响课堂有效教学的若干因素与解决策略"的讲座。

【梁丰高中与上海交大机械与动力工程学院合作签约】 1月1日,梁丰高级中学与上海交通大学机械与动力工程学院"拔尖创新人才早期培育合作项目"签约仪式在梁丰高中报告厅举行。上海交通大学、张家港市政府、招生办等相关负责人,梁丰品牌学校主要负责人以及梁丰高中教师代表、学生代表、家长代表200余人参加签约仪式。上海交大副校长徐学敏,梁丰校友、国家级教学名师王如竹教授在仪式上发表讲话。签约后，梁丰高中在上海交大机械与动力工程学院等院系的具体指导下，共建高品质创新实验中心，共建“梁丰高中科学院”，共同开展梁丰高中“创新优才实验班”课程教学，组织学生赴上海交大开展创新实践教育活动，参加上海交大自主招生，共同探索创新人才早期培养模式，共同培养适合时代发展需求的拔尖创新人才。

【苏州市小学特色文化建设项目推进会在市召开】 6月12日，苏州市小学特色文化建设项目推进会在德积小学举行。该项目推进会旨在推进苏州市小学特色文化建设，优化建设过程，提升建设效果。苏州市范围内江苏省、苏州市特色文化建设的65所学校、150余位校长及骨干代表参加。德积小学开设语文、数学、德育和综合实践4门学科展示课，并做“德积文化背景下‘儿童农场’课程开发与实施”主题汇报，苏州市教师发展中心主任唐爱民进行主题点评，江苏省教科院博士王彦明做“课程基地建设的理论与实践”专题讲座。

【高考达线率居苏州前茅】 2018年，全市普通类高考实考人数3414人，一本达线1682人，达线率49.3%，列苏州市前茅；本科以上达线3341人（不含保送生和体艺类达本科学生），二本以上达线率为97.9%，继续居苏州市第一。其中，梁丰高中穆飏获苏州市文科第1名，外国语学校岳叙、纪洛洛分获苏州市文科第2名和第4名。该届高三学生有46人获得江苏省、苏州市三好学生和优秀学生干部称号。梁丰高级中学在学科竞赛中，有20名学生获全国一等奖，其中4名学生获五大学科全国一等奖，有超过300人次学生获省级以上奖项，1名同学获“苏教国际杯”中学生作文大赛特等奖，1名同学通过海军飞行员定选。梁丰高中国际部、常青藤实验中学国际部、外国语学校国际部和梁丰双语实验学校国际部共有207名学生被美国加州大学、华盛顿大学、纽约大学、悉尼大学等知名大学录取。　（陈红兰）

职业教育

【概况】 全市有职业类院校5所，其中公办职业院校4所，民办职业院校1所。年内，职业院校招收新生79个班3096人，普职比55∶45。全市职业院校在校生12090人，毕业生2748人。至2018年年末，开展“中职和本科3+4”合作项目的有苏州理工学院合作2个专业、与苏州大学应用技术学院合作1个专业。3所公办职业学校均与沙洲职业工学院开设“中职和大专3+3”合作项目，涉及专业包括机电、计算机、汽修、服装等7个大类，“3+4”合作项目共有在校班11个、在校生373人，“3+3”合作项目共有在校班27个、在校生971人。618名中职学生参加2018年江苏省普通高校对口单招考试，本科达线人数339人，达线率54.85%。职业学校对口单招本科达线人数连续18年位居苏州市榜首，3名学生分获3个专业苏州市单招考试第1名。在江苏省职业教育技能大赛中，获一等奖6个、二等奖12个、三等奖22个。在全国职业院校技能大赛中，获一等奖6个、二等奖1个。在2018年8月举办的“一带一路”暨金砖国家技能发展与技术创新大赛中，市中专校有2名学生获“数字化控制技术”赛项银奖。在2018年江苏省职业院校创新大赛中，获创新作品项目二等奖1个、三等奖4个；机器人项目一等奖1个、二等奖4个、三等奖2个，其中三职中的“可夹持多种尺寸硅片盒的长行程气动机械手”获创新大赛中职组唯一一个特等奖。

【职业教育党建联盟成立暨“阳光义站”启动】 5月15日，市职业教育党建联盟成立暨“阳光义站”启动仪式在张家港中等专业学校举行。市委组织部、市教育局、市职教党建联盟单位、社区代表、企业代表等300余人参加启动会。“阳光义站”是2018年张家港市委教育工委围绕“职教富民、职教惠民”重点打造的特色品牌项目，是继市教育系统“阳光之路”“阳光领show”后的又一个子项目，项目成立由市教育局局长任组长，副局长任副组长，各职业学校校长、社区教育中心及相关企业负责人为组员的领导小组。“阳光义站”党建联盟成员单位包括市中专校、二职中、三职中、市舞蹈学校、张家港开放大学等5所职业院校，以及南丰镇、清水湾等9个社区教育中心。“阳光义站”服务基地设在市中小学、社区和企业，有职业启蒙、技能培训、技能志愿服务、技术指导等各类服务基地33个。年内开展进入清水湾等社区的技能志愿服务、进入东海粮油等企业的技能培训以及进入白鹿小学等中小学的职业启蒙教育活动，参与人数900余人次。

【全国职业院校技能大赛“星科杯”制冷与空调设备组装与调试赛在市举行】 6月4日至6日，2018年全国职业院校技能大赛“星科杯”制冷与空调设备组装与调试赛在张家港中等专业学校举行。全国31个省、直辖市、自治区的112支代表队参赛。市中专校13位学生参与7个项目的角逐，10位学生获金牌，3位学生获得银牌，名列江苏省同类县市第1位。同时，市中专校承办2018年全国职业院校技能大赛中职组“星科杯”制冷与空调设备组装与调试赛项工作，开全国县级市中职校承办该级别赛事之先。

【第六届“行行出状元”职业技能大赛学生组比赛】 10月11日，市第六届“行行出状元”职业技能大赛（学生组）在张家港中等专业学校开赛。比赛共设数控车、机电一体化设备组装与调试、数字影音后期制作技术、动画片制作、会计电算化等5个赛项，沙洲职业工学院、张家港开放大学、中专校、二职中、三职中的97名选手参加。其中，中专校获4个一等奖、7个二等奖、5个三等奖；二职中获2个三等奖；三职中获1个一等奖、3个二等奖、6个三等奖；张家港开放大学获2个三等奖。

【开放大学启动首届“畅捷通·国脉杯”财会技能节】 江苏城市职业学院张家港办学点，又名张家港开放大学。2018年开设30个专业，有各类学历教育班162个，其中全日制班51

个。年内,招收新生1158人,其中全日制新生343人。毕业学生925人,其中全日制毕业生495人。年末有在籍生3758人。全年开展社会培训2万余人次。有教职员工190人,其中专任教师150人,包括副教授59人、讲师68人、助理18人。5月4日,张家港开放大学与苏州市畅捷通信息技术股份有限公司举行"产教融合、校企合作"大型签约仪式,同时启动首届"畅捷通·国脉杯"财会技能节。技能节以会计电算化项目比赛为主,组织200余名学生参加初赛选拔,筛选成绩前6名学生参加决赛。评选出个人一等奖1人,个人二等奖2人,个人三等奖3人及团体一、二、三等奖各1个。（陈红兰　叶　虹）

高等教育

【概况】 2018年,全市有沙洲职业工学院(简称沙工)、江苏科技大学张家港校区(简称江科大张家港校区)、江苏科技大学苏州理工学院(简称江科大苏州理工学院)3所高校。其中,江苏科技大学张家港校区和江苏科技大学苏州理工学院实行统筹管理,即两块牌子、一套班子。年内,3所高校在校学生12842人、毕业学生2825人。3所高校教职工638人、专任教师432人,其中教授21人、副教授157人、讲师259人、助教68人。

沙工　11月,原动力工程系和机电工程系合并运行,对外称机电工程系。设有建筑工程、纺织工程、电子信息工程、机电工程、经济管理、基础科学、思想政治理论教研部等7个系(部)31个专业。教职工301人,专任教师226人,其中教授13人、副教授等副高职称110人、中级职称133人、初级职称22人。全年学院获省高等职业院校技能大赛二等奖3项、三等奖7项,省优秀毕业论文优秀团队奖2项、优秀毕业论文三等奖2项;3本教材获批省重点教材立项。成功申报省级大学生创新创业训练计划项目14项。获苏州市教学成果一等奖,苏州市政府高技能人才经费资助60余万元,苏州市政府高技能人才公共实训基地建设经费20万元。"产学研协同创新"案例入选《江苏省高等职业教育质量年度报告(2018)》落实教育帮扶政策部分。2018年,学院计划招生2230人,录取2140人(录取率96%);实际报到1945人(报到率93%);毕业学生1016人,年终就业率95.47%。全日制在校学生4440人。学院获张家港市文明校园标兵单位、苏州市文明校园、江苏省平安校园建设示范高校等称号。

江科大张家港校区和江科大苏州理工学院　设二级学院6个。江科大张家港校区有冶金工程一级学科硕士点1个,本科专业8个;苏州理工学院有本科招生专业22个。2018年,江科大张家港校区实际录取新生487人,录取硕士研究生13人。苏州理工学院实际录取新生1809人,文理科各批次投档分数线均高于省控线,总报到率93.94%。年末两校有在校学生8402人,其中江科大张家港校区学生1943人、苏州理工学院学生6459人。两校毕业生数1809人。两校有教职员工337人,其中专任教师206人,包含教授8人、副教授47人、讲师124人、助教46人。江科大张家港校区2018届毕业生毕业率为87.25%,学位授予率99.79%,就业率98.26%。苏理工毕业率89.94%,学位授予率100%。年终总就业率92.05%。毕业生考取研究生274人、公务员2人、事业单位13人、"苏北计划"4人、大学生村干部4人。2018年,学生在省级竞赛获奖386项,其中特等奖6项、一等奖58项、二等奖133项、三等奖187项。在"创青春"全国大学生创业大赛江苏赛区中,苏理工获一等奖1项、二等奖1项,位列全省独立学院第一。中外合作办学新建友好合作学校5所,签署合作协议7项,新增经济学专业"2+2"联合培养(双学位项目,两年国内,两年国外)、土木工程"3+1+1"本升硕(四年国内本科,一年国外硕士)和交流生等合作项目7项。2018年获批国家自然基金项目2项,地市级以上项目15项,张家港市项目38项(其中产学研预研基金项目24项,全市占比51%),校区及学校项目20项。科研经费到款682万元。获江苏省科学技术奖二等奖1项,其他地市级奖励5项,张家港市级奖励20项。发表论文245篇,ESI(基本科学指标数据库)被引论文8篇,申请发明专利43项,授权16项。各项专利获张家港市财政资助共17万元。5月,在由共青团江苏省委、省教育厅等部门重点打造的"创青春"大学生创业大赛中,由江苏科技大学苏州理工学院学生申报的创业计划竞赛专项作品"泊王智能软硬件一体化共享停车平台"获金奖,"医疗垃圾自动收集及监控系统"获银奖,总成绩位列全省独立学院第1名。年内,香樟树众创空间在张家港市市级众创空间绩效考核工作中排名第2位,在2018年张家港市级创业孵化项目中立项8项。

12月1日,沙洲职业工学院举办2019届毕业生就业双选会(沙工　提供)

【沙工“华灿学院”建立】 5月，沙工与华灿光电（苏州）有限公司共建“华灿学院”。华灿学院开设“电子信息工程技术班”，招收学生36人，其中有22人系贵州省沿河土家族自治县籍。学院与华灿公司共同制定人才培养方案，2年在沙工上课，1年在华灿公司上课与实训。师资队伍由校内专任教师10人、华灿公司专任教师5人、校外兼职教师10人共同组成。课程主要是电子信息工程技术专业课程与华灿公司的LED相关技术课程结合，其中光学技术基础、LED光电检测技术、LED制造与应用技术、华灿光电产品及技术、华灿企业文化与质量管理等5门课程由华灿公司负责。

【沙工精准招录沿河学子】 1月至11月，沙工学生处、教务处及相关系部人员30余人次先后5次赴贵州省沿河土家族自治县，在沿河三中、二中、沿河民族中学、新世纪中学及洪渡中学，与学生面对面，进行“张家港—沿河”大学生培养专项情况说明与实地宣传。沙工为沿河学生量身定制“精准招生、精准培养、精准资助、精准就业”的“四精准”专项教育帮扶方案，遴选出11个国家级、省级高水平骨干专业，供沿河籍考生选择报考；完善沿河县学生的人才培养方案，把张家港独特的城市精神融入学生培养中，并通过深入推进校企合作育人、两地教育交流、暑期社会实践、300余课时实施提优补差等精准帮扶举措，使沿河籍沙工学子成长成才，也为全市企业提供优质的技能人才储备。2018年沙工共招收沿河籍学生214人，落实资助金149.3万元。

【国际金钥匙学院张家港分院落户沙工】 12月6日，国际金钥匙学院张家港分院落户沙洲职业工学院，这是沙工实施国际化教育战略，推进产教用深度融合，促进教育链和旅游服务产业链互动发展的重要举措。国际金钥匙组织起源于法国巴黎，自1929年诞生起，已发展成为全球唯一拥有89年历史的遍布40余个国家及地区的网络化、个性化、专业化、国际化的服务品牌。金钥匙自1995年正式引入中国，已覆盖全国300余个城市，2900余家高星级酒店、高档物业及服务企业，拥有4500余名“金钥匙”会员，是国内最庞大的服务协作网络。国际金钥匙学院在国内培养了2.1万名高端服务管理人员。　（陈　琛　刘　扬）

社会教育

【概况】 2018年，市社区教育工作贯彻《关于加强社区教育工作推进学习型苏州建设的意见》《省教育厅等部门关于加快发展社区教育的实施意见》《2018年苏州市社区教育工作要点》等文件精神，推动社区教育治理体系改革创新，实现教育惠民。金港镇“金港大讲堂”获评“全国终身学习品牌项目”称号（苏州市唯一），大新镇“幸福夕阳移动课堂”获评“苏州市终身学习品牌项目”称号，乐余镇获“全国社区居民学习共同体区域推进实验基地”称号，杨舍镇的“暨阳大学堂”等社区教育品牌建设水平和社会影响力不断提升。

社区居民教育　2018年，社区教育保障机制不断完善，制定《2018年度张家港市社区教育工作要点》，修订《镇（区）社区教育中心常规工作测评标准》和《张家港市社区教育项目绩效评估标准（试行）》。从2017年起，将市财政社区教育专项经费由常住人口年人均2元增加到4元（含市老年大学办学经费），镇财政社区教育专项经费也按同等比例配套增加，并每年列入预算，实现专款专用。全年选派社区教育从业人员23人参加苏州市2018年第二期社区（村）市民学校负责人业务提升培训班，选送5名骨干人员参加苏州市社区教育资源建设管理干部培训班等。全市专职人员年培训率90%以上。年内，锦丰镇社区教育中心的“锦丰镇‘百名教师进社区’的实验”获江苏省社会教育（教学）成果奖二等奖；凤凰镇社区教育中心的“苏州‘三叶草’联盟”、南丰镇社区教育中心的“百姓学堂”获评2018年省级社区教育品牌项目；锦丰镇社区教育中心刘海平获评2018年省级社区教育先进工作者；锦丰中心小学顾雪梅获评2018年省级社区教育优秀志愿者；凤凰镇社区教育中心获评2018年省级优秀成人继续教育院校；凤凰镇社区教育中心的“江南美凤凰”传统文化游学体验项目入选苏州市首批10家社区教育游学立项项目。

成人高考和自学考试　2018年，全市有3915人报名参加全国成人高校招生考试，其中退役士兵21人，免试911人（含二学历、成绩转入、推荐考核），占23.27%；专科起点升本科2612人，占66.72%；高中起点升本科123人，占3.14%；高中起点升专科1180人，占30.14%。全市设106个考场。应考人数2983人，实际参加考试2837人，参考率95.11%。录取3450人，录取率86.62%，其中专科起点升本科录取2316人，高中起点升本科录取107人，高中起点升专科录取1027人；全年有3848人报名参加江苏省自学考试，全年毕业111人，其中专科毕业18人、本科毕业93人；参加全国计算机等级考试人数5064人；参加全国公共英语等级考试人数893人；参加江苏书法水平等级证书考试人数20848人，18644人取得证书；参加教师资格证面试1766人。

青少年校外教育　2018年全市新审批民办教育非学历教育机构95家，其中市教育局审批4个批次79家民办教育非学历教育机构，保税区（金港镇）行政审批局审批2个批次16家民办教育非学历教育机构。全市审批民办教育非学历教育机构206家，其中星级诚信单位38家（四星级11家、三星级15家和二星级12家）。市少年宫开展书画、器乐、舞蹈、语言表演、声乐等43个项目的培训，年培训36390人次。参加中央音乐学院音乐考级844人次，通过率87.7%，优秀率3.7%；参加中央音乐学院基础知识考级427人次，通过率75.8%；参加中国舞蹈家协会的舞蹈考级2417人次，通过率100%，优秀率48%。组织学员个人或社团参加各类艺术赛事，获国家级一等奖46个、二等奖18个、三等奖5个；获省级一等奖18个、二等奖22个、三等奖5个；苏州市级一等奖5个、二等奖10个、三等奖3个。

【老年大学布点扩面】 2018年全市新增镇街老年大学4所，累计23所。市、镇、街三级18所老年大学全年在读老年人1.9万人次，社区（村）居民接受社区教育服务人数占全体成员的30%。新增4所老年大学分别为杨舍镇城东、城南、城西、城北街道老年大学。城东街道老年大学中心点位于前溪锦苑综合文化服务中心，下设梁丰花园、向阳社区2个办学点，有学员897人，开设课程15门。城南街道老年大学中心点位于中港花苑馨港工作站，下设永安社区1个办学点，有学员188人，开设课程6门。城西街道老年大学中心点位于景巷花园社区，下设梁丰俱乐部、万红居家、金城花园、西门社区4个办学点。有学员516人，开设课程11门。城北街道老年大学中心点位于锦绣花苑，下设田垛里村1个办学点，有学员288人，开设课程9门。

【农村积极老龄化培训与研讨会在市召开】 9月18日，由中国教科文全委会秘书处、联合国教科文组织驻华代表处、中国成人教育协会、苏州市教育局主办，中国成人教育协会终身教育与学习研究中心、农村（CLC）终身学习研究所、苏州市终身教育学会、张家港市金港镇政府承办的“农村积极老龄化培训与研讨会”在保税区（金港镇）召开。全国各地社区学习中心（CLC）老年教育项目组的专家、学者、各子项目点负责人及广大老年教育工作者150余人参加研讨会。会议明确国际国内人口老龄化快速发展的严峻形势，肯定各地在老年人教育工作中取得的成绩，指出中国当前老年教育在体制机制建设、资源整合、提高参与率等方面的短板，要求各地立足实际，正视老年人特别是农村老年人教育存在的问题，坚持以人民为中心的发展理念，借鉴国内外经验，寻求创新点，探索新模式，提升国际化水平。研讨会安排专家报告、经验交流、汇报展示、小组讨论、实地考察等环节。19日，与会人员实地参观考察晨阳村和金都社区老年教育情况，对保税区（金港镇）教育成效给予高度肯定。近年，保税区（金港镇）以满足人民群众对美好生活的向往为目标，落实市、镇老年教育发展规划，坚持老年教育的公益性，加大对老年教育的投资。2018年投入68万元用于CLC农村积极老龄化培训与研讨、老年大学教学以及自编教育读本和各类老年人活动等，实现老年教育城乡一体化的全覆盖。

【市第六届全民终身学习活动周】 11月20日，市第六届全民终身学习活动周开幕式暨老年教育艺术节活动在凤凰镇文化中心举行。活动周的主题为“推动终身学习，服务美丽港城”。开幕式上，举行南丰、金港、乐余、凤凰四镇社区教育品牌提升工作室授牌仪式和老年教育艺术节文艺演出。活动周上，全市9所社区教育中心和张家港开放大学、市老年大学等终身教育机构推出19个互动项目、40块成果展板。各区镇举办全民终身学习活动40余项，参与市民15万余人。

（陈红兰　邱亚峰）

教师队伍

【概况】 年内，全市教育系统教职员工9611人，专任教师9318人。专任教师中，普通高中1327人，职业学校930人，初中2230人，小学3539人，幼儿园1124人，特殊教育学校40人，市少年宫、青少年社会实践基地等校外教育机构128人。全市幼儿园、小学教师大专及以上学历比例分别为99.74%和99.38%，初中、高中教师本科及以上学历比例分别为99.1%和99.7%，高中教师中具有研究生学历、教育硕士学位的比例为24.94%。正高级职称教师新增2人，累计11人；新增副高级职称102人、中级职称164人。“江苏省人民教育家培养工程”培养对象4人；省特级教师新增4人，累计32人；“姑苏教育人才”25人；苏州市名校长名教师52人；苏州市学科教改带头人新增34人，累计164人。张家港市学科教改带头人、教学能手、教坛新秀及以上骨干教师新增779人，累计3149人，占专任教师总数的33.79%。职业类学校“双师型”教师占专业专任教师的比例76.21%。

【名师队伍建设】 年内，市政府出台《张家港市教育系统名师工作室管理办法（试行）》，成立并启动名校长工作室2个、名师工作室23个、德育名师工作室7个，230名骨干教师成为工作室成员。市教育局组织2018年张家港市级骨干教师评审工作，完善骨干教师梯队，新评教坛（德育）新秀159人、教学（德育）能手489人、学科带头人131人。新评中小学、幼儿园正高级职称2人，高级职称91人，中级职称158人；职教高级讲师11人、讲师6人。朱治国入选省第五期“333高层次人才培养工程”第二层次培养对象增选名单，施坚、陈一叶、许丽萍等3人入选省第五期“333高层次人才培养工程”第三层次培养对象增选名单，任小文入选“2018年江苏省有突出贡献中青年专家”名单，张林、陈芳、陈惠芳、徐芳等4人被评为江苏省特级教师，34人被评为苏州市中小学学科带头人。2人获评苏州市中等学校第七届青年教师“双十佳”，8人获评第五届苏州市中小学教师教坛新苗，1人获评苏州市幼儿园第十二届青年教师教坛新秀“双十佳”。继续开展优质师范生签约与培养工作，2018年签约37名优质师范生，两年累计签约77人。

【“守望田园最美教师”评选】 7月，“守望田园最美教师”评选启动，活动面向市区二环路以外中小学、幼儿园教师。在学校初评、评审委员会评选的基础上产生候选人，通过集中展示、网络投票、专家评审等环节，最终选出“守望田园最美教师”10人，分别为福前实验小学马文超、南沙幼儿园马娟、大新中心小学邓启萍、妙桥中学杨斌、塘桥高级中学周建华、南丰小学顾丽萍、凤凰中学钱芳、常阴沙学校曹树坤、三兴幼儿园谭静、乐余高级中学樊孟英；“守望田园最美教师”提名奖10人，分别为后塍学校由岩、港口学校朱丽萍、鹿苑幼儿园朱海宏、东莱幼儿园余娟、三兴学校张艳、护漕港中学范恒、青龙小学季丽梅、崇真小学蒋云虎、东莱小学蔡建东、南丰幼儿园翟海燕。

（陈红兰）

【编辑　景力颖】

文化·新闻

Culture & News

10月31日，2018年中国（张家港）长江文化艺术节、国际幽默艺术周开幕　（市文广新局　提供）

文化综情

文物博物·图书·
遗产保护

文化市场

文学艺术

社科工作

文化中心

融媒体

中国（张家港）长江文化艺术节

張家港年鑑(2019)

扫码欣赏

张家港画册

文化综情

【概况】 年内，市文广新系统围绕提升公共文化服务水平、完善文化设施网络体系、开展丰富文化民生品牌活动、促进艺术生产繁荣发展、加强文化遗产保护传承等工作，推进各项文化事业建设。新建成24小时图书馆驿站3家，累计36家。至年末，全市人均公共文化设施面积0.53平方米。全年购买文艺演出服务30场。全市拥有市锡剧艺术中心、市评弹艺术传承中心、市文化馆东方艺术团3个专业艺术团体，成员137人，其中国家一级演员（编剧）6人、国家二级演（奏）员12人，具有中级以上职称35人。3个团体围绕“中国梦”、社会主义核心价值观创作文艺作品近200件，涵盖戏剧、曲艺、音乐、舞蹈、美术等门类，包括锡剧《幸福港湾》、小锡剧《蝴蝶的梦想》《二嫂斗气》《嫂娘》、中篇评弹《永联之路》、评弹书戏《如此孝道》、表演唱《渔村摇篮曲》、吴韵说唱《守护神》、评弹组合《讨薪风波》、中篇弹词选回《情在深处》、小品《找钥匙》《人在旅途》《父子情深》、沙龙剧《港城梦工厂3》等文艺作品。中篇评弹《焦裕禄》、小品《人在旅途》，分获第十届中国曲艺牡丹奖“文学奖”节目奖提名；戏剧小品《幸福指数》入选2018年度国家艺术基金资助项目，7件作品入选2018年度江苏艺术基金资助项目，3件作品获江苏省群众文艺政府最高奖“五星工程奖”；5件作品获评第八届全国少儿曲艺展演优秀节目；3人获第二十一届中国少儿戏曲小梅花荟萃“金花”称号，3个节目获评最佳集体节目；中篇弹词《永联之路》入选江苏省文联重点中长篇创作资助项目，首次入选苏州市文华奖“文华美术奖”现实题材创作奖。市文广新局获评2018年全国“扫黄打非”先进集体。

【公共文化服务】 2月，市政府出台《关于加快推进村（社区）综合性文化服务中心标准化建设的实施意见》，至年末，全市村（社区）综合性文化服务中心标准化建成率97%。5月，《张家港市民办美术馆管理办法》出台。8月，2016年度国家文化创新工程“县域文化馆总分馆体系探索与示范”项目通过文化和旅游部验收。12月，张家港市通过“书香城市（区县级）”发现活动国家级复核。市图书馆、市少儿图书馆再次获评国家一级馆。全市24小时图书馆驿站和森林书屋入选2018年度江苏省共享阅读空间认证扶持名单。“行走中·美的力量”移动美术馆进校园系列活动获2017年度全国美术馆优秀公共教育项目提名奖，特色广场舞推广项目入选全国“欢跃四季”百姓广场舞普及推广活动优秀案例。全年市文化馆、市锡剧艺术中心、市评弹艺术传承中心、市巨星影演公司等举办“村村演”294场、“月月映”5000场、“周周演”106场、“天天说”3707场、“暨阳艺术大讲堂”240余课时。

【群众文化】 全市有专职群众文化工作人员275人，业余创作骨干200人，业余演出骨干600余人，群众文艺团队800余个。推出“幸福港城”2018年张家港市网格文化系列活动，全年围绕“汇聚·港城”文化相约你我、“激情·港城”文化点燃青春、“温暖·港城”文化关爱民生、“创意·港城”文化引领风尚、“接力·港城”文化传承薪火五大主题，举办“群星璀璨”星级群众文艺团队PK赛、“中国梦·港城梦·我的梦”张家港市第五届小戏小品大赛、“沙洲故事汇”第三届张家港故事讲演大赛、“放歌”张家港市第六届“诗歌里的城”诗歌朗诵会、“唱响中国梦”张家港市第三届青年歌手大赛、“我在绘本遇见你”张家港市少儿原创绘本创作大赛、“七彩的夏日”张家港市少儿钢琴大赛、“为你而来，共筑梦想”文化志愿服务行动、“行走中·美的力量”移动美术馆进校园系列活动、“港城绝技”张家港首届创意设计大赛、“沙洲之春”张家港市新人新作大赛（舞蹈类）、“书香港城·阅读汇”悦读思维擂台赛、“我心飞翔”张家港首届无人机摄影大赛、“百花迎春”张家港市戏曲曲艺春晚、“东方好少年”张家港市首届少儿戏曲曲艺大赛、“乡音袅袅”张家港市少儿方言大赛、“沙洲记忆：改革开放张家港年轮”主题系列活动等17项。全年市文化馆举办演出活动300余场，市锡剧艺术中心举办演出活动250余场，市评弹艺术传承中心举办演出活动3000余场，各区镇举办文化活动超过5000场，参与群众500万人次。

【文化志愿服务】 2018年，市新时代文明实践文化文艺志愿服务支队成立，下设小分队87个，在册文化志愿者5160人，全年开展“筑梦大舞台”进基层演出（文艺小分队下基层类）、“松鼠阅读E站”新时代智慧阅读交流活动（阅读推广类）、“清新夏日·文化同行”暑期青少年文化志愿服务（艺术辅导类）、“我的长江情”大型文

文明百村欢乐行　　（市文广新局　提供）

化活动服务保障活动(文化惠民类)、“国学子弟·才艺少年”张家港市电视台主持人引领新市民子女服务项目(关爱重点群体类)、“庆祝新中国成立70周年”主题活动(节日主题类)、“长江文化艺术节”文化志愿者成长计划(孵化培育类)等七大主题100个文化文艺志愿服务项目,年内开展文化志愿服务活动1500次。市文化志愿者协会作为全省唯一县(市)团队获评2018年中宣部学雷锋志愿服务“四个100”先进典型活动“最佳志愿服务组织”。在2018年第二十二届“中国少儿戏曲小梅花荟萃”中,被授予优秀文明单位。“国学子弟·才艺少年”新市民子女文化志愿服务项目获评苏州市文化志愿服务引导扶持一类项目。（孔　鹏）

2018年张家港市文化产品主要获奖情况表

表58

获奖项目	主创部门(人员)	获奖情况	颁发机构
中篇弹词《焦裕禄》	市评弹艺术传承中心	第十届中国曲艺牡丹奖文学奖	中国文学艺术界联合会、中国曲艺家协会
弹词开篇《中国娃》	市评弹艺术传承中心	2018年第八届全国少儿曲艺展演优秀节目	中国曲艺家协会
苏州评弹《春江花月夜》	市评弹艺术传承中心	2018年第八届全国少儿曲艺展演优秀节目	中国曲艺家协会
苏州评弹《父女梦会》	市评弹艺术传承中心	“中华颂,长丰杯”第九届全国小戏小品曲艺大展优秀剧目(金)	中国民间文艺家协会民间戏曲艺术委员会
快板《江姐闯关》	市文化馆	2018年第八届全国少儿曲艺展演优秀节目	中国曲艺家协会
		第十三届江苏省“五星工程奖”	江苏省文化和旅游厅
少儿快板《江姐闯关》	彭裕恒	2018年第八届全国少儿曲艺展演优秀节目	中国曲艺家协会
		第七届江苏省少儿曲艺展演节目金奖	江苏省曲艺家协会
少儿唱春《我哩塘桥好风光》	市文广新局	2018年第八届全国少儿曲艺展演优秀节目	中国曲艺家协会
少儿宝卷《送给远方的礼物》	市文广新局	2018年第八届全国少儿曲艺展演优秀节目	中国曲艺家协会
锡剧《江姐·绣红旗》	市锡剧艺术中心	2018年度第二十二届“中国少儿戏曲小梅花荟萃”最佳集体节目	中国剧协、中国戏曲小梅花荟萃组委会
锡剧《灯赋》	市锡剧艺术中心	2018年度第二十二届“中国少儿戏曲小梅花荟萃”最佳集体节目	中国剧协、中国戏曲小梅花荟萃组委会
锡剧《戏曲联唱》	市锡剧艺术中心	2018年度第二十二届“中国少儿戏曲小梅花荟萃”最佳集体节目	中国剧协、中国戏曲小梅花荟萃组委会
锡剧《独角兽之夜》	市锡剧艺术中心	全国优秀现实题材舞台艺术作品展演入选作品	江苏省文化和旅游厅
锡剧《三三》	市锡剧艺术中心	江苏艺术基金2018年度传播交流推广资助项目	江苏艺术基金管理中心
小品《人在旅途》	市文化馆	第十届中国曲艺牡丹奖节目奖提名	中国曲艺家协会
		第十三届江苏省“五星工程奖”	江苏省文化和旅游厅
戏剧小品《幸福指数》	市剧目创作室	国家艺术基金2018年度小型剧(节)目和作品创作资助项目	国家艺术基金管理中心
独幕剧《幸福指数》	市剧目创作室	江苏艺术基金2018年度大型舞台剧和作品创作资助项目	江苏艺术基金管理中心
话剧《我要见市长》	市文化馆	江苏艺术基金2018年度大型舞台剧和作品创作资助项目	江苏艺术基金管理中心
民乐合奏《烟雨江南》	市文化馆	第十三届江苏省“五星工程奖”	江苏省文化和旅游厅
歌曲《扬帆起航》	市文化馆	江苏艺术基金2018年度小型剧(节)目和作品创作资助项目	江苏艺术基金管理中心
歌曲《三生相思》	市东方礼仪演艺中心	江苏艺术基金2018年度小型剧(节)目和作品创作资助项目	江苏艺术基金管理中心
歌曲《芦花靴里述乡情》	南丰镇文体服务中心	江苏艺术基金2018年度小型剧(节)目和作品创作资助项目	江苏艺术基金管理中心
群舞《斫竹舞》	市东方礼仪演艺中心	江苏艺术基金2018年度小型剧(节)目和作品创作资助项目	江苏艺术基金管理中心

文物博物·图书·遗产保护

【博物馆】 2018年，张家港博物馆被评定为国家三级博物馆。完成馆藏文物定级，确定等级文物594件。全年收到7位市民捐献文物12件，其中“董香光行书真迹”“蒋廷锡花卉图册页”和“王石谷仿荆关董巨四家笔意卷”3件古代字画具有重大历史艺术价值。至年末，博物馆共有藏品5753件（套），其中一级文物1件、二级文物8件、三级文物588件。全年举办特色临展11个，参观人数超12万人次。引进“水墨·粉墨——中国昆曲博物馆藏高马得戏曲人物画精品展”等省级巡展项目4个；策划举办“博征雅集——张家港博物馆征集文物展”等原创展览5个；引进兄弟博物馆交流展“娄墨镌华——太仓历代碑刻拓片展”等2个。参展“流韵——江苏大运河文化带出土文物精粹展”等2个省内特展。全年累计开展14个社教活动项目，287次活动，受益人数1.53万人。其中，结合“国际博物馆日”“国际古迹遗址日”等节日，开展“我们的文明·我们的节日”等系列活动24场。依托市文明办牵头的“三色花开·快乐成长”未成年人社会实践驿站阵地平台，开展“展厅游学记”“趣探东山村”“七彩的假日”“博物馆奇妙夜”“绘生活”等未成年人活动40余场。全年持续开展“小小历史讲解员”等志愿服务活动198次。编印《张家港文博》2期。

【图书馆】 至年末，全市有市级公共图书馆1个、市少年儿童图书馆1个，镇级（含办事处）分馆27个，24小时图书馆驿站36家，总藏书量240万册。年内，市图书馆采购新书8.6万册、音像制品1012盘，订阅报刊2041种。新办借阅证13525张，持证读者总数23.7万人，年到馆读者215万人次，外借书籍227万册次。市图书馆和少儿图书馆全年举办读书活动1773场，基层图书馆举办读书活动1308场。沧江市民大讲堂面向社会举办民俗共赏季、自塑修养季、亲子阅读季、青春绽放季、品文养生季、智慧生活季等主题培训班48期，参与6300人次。编印《决策参考》12期1920册，编印《港城读书》6期6000册，出刊《静观》6期3000册。《静观》获第二届江苏全民阅读“五十佳”推选活动“十佳推广栏目（节目）”奖。根据读者需求，年解答咨询1620例，收集服务成果66例。“科技工作者之家”为企事业单位提供科技查询服务617例。市图书馆“悦读先锋”文化志愿服务项目开展各类公益活动22场，出动志愿者383人次，提供志愿服务568小时。举办“精彩假期·寒暑假”、周末“快乐益读”文化小志愿者活动215人次，累计志愿服务时间2892小时。市图书馆、市少年儿童图书馆通过第六次全国县级以上公共图书馆一级馆评估定级，市图书馆实现一级馆“五连冠”；市少年儿童图书馆绘本馆被评为“2018年十佳绘本馆”。

【新华书店】 2018年，市新华书店完成销售总额13838.21万元，比上年增4.19%；实现利润1150.53万元，比上年增21.56%。全年发行《习近平新时代中国特色社会主义思想三十讲》《习近平谈治国理政》等重点政治理论读物6.18万册，销售金额213万元。发挥国有书店在传播大众优秀出版物方面的导向作用，举办2018年新春主题图书展、2017年大众最喜欢的50种图书展、“书比天大”——凤凰传媒精品图书展等各类图书展销12次，展销品种超过1500种。配合市委推进书香城市建设的要求，开展阅读推广活动，打造新颖店堂阅读文化体验场所，全年张家港书城及下属各门店共举办“书香港城朗读者计划”、阅读公益讲座等活动超过50场，有效引导广大读者回归实体书店。组织开展名作家校园人文行活动，先后邀请伍美珍、王开岭等4名作家深入到全市中小学校举办阅读公益讲座12次，听众超过6000余人次；举办流动文化进校园及大型会议设摊服务活动，全年深入中小学开展校园设摊服务50余次，投入人次超过200人次，参与全市各种大型会议设摊服务7次，投入30余人次。配合政府职能部门开展主题读书活动，配合市委组织部开展“突破四大路径·助力全面小康”“全面增强执政本领·助力建设四个港城”读书活动，配合市级机关工委开展各类读书活动，配合市教育局推进中小学生“打开一本书”阅读行动。年内，凤凰新华张家港分公司被评为“2015—2017年度苏州市文明单位”“2017—2018年度苏州市优秀实体书店”。

【物质文化遗产保护利用】 4月，苏州被列入海上丝绸之路联合申遗城市，张家港市黄泗浦遗址成为苏州推荐的“海上丝绸之路”申遗点位之一。市文管办与大地建筑事务所签订黄泗浦考古遗址公园规划合同；与中国文化遗产研究院赵云团队签订《黄泗浦遗址海上丝绸之路保护与申遗总体方案》项目合同；与南京博物院签订黄泗浦遗址第六次考古发掘合同、多学科合作研究合同。黄泗浦遗址完成上一阶段考古发掘工作并编写完成遗址阶段性完工报告，新一轮考古发掘继续发掘遗址东区南大棚附近的唐代建筑和东区北部的黄泗浦河道，发掘面积约1000平方米。11月，邀请省内考古专家召开黄泗浦遗址考古成果研讨会。12月，黄泗浦遗址获评“中国社会科学院考古学论坛·2018年中国考古新发现”入围项目，《东山村遗址保护与展示设施建设方案》获国家文物局批复通过。年内，省文保单位弘济桥修缮方案顺利通过江苏省文物局批复，完成市文保单位萧家桥和江苏省抗战文物“锦丰、鹿苑抗日碉堡群”的抢救保护工程项目迎检工作。第六批市级文保单位保护标志牌挂牌完成，梳理完善45处市级文保单位记录档案，对江苏科技大学张家港校区东侧一工地发现的两处清代墓葬和杨舍镇庆安村村民发现的两块牌坊构建展开抢救性考古发掘。至年末，全市累计有3处国家级文保单位、3处省级文保单位、45处苏州市和张家港市级文保单位。

【非物质文化遗产保护利用】 张家港市有“非遗”名录项目87项，其中国家级项目4项、省级项目11项、苏州市级项目13项。年内，公布张家港市第五批“非遗”项目代表性传承人，总数88人（其中去世14人，健在74人）。组建张家港市“非遗”专家库，32位专家获聘。命名陶永飞竹编工作室、陆氏中医儿科诊所、冯太根风筝工作室、西门社区剪纸室、凤凰菊花酒坊、沙洲琴社、錾刻工作室和东山村石锁演习场8个场馆为首批张家港市“非遗”传习所。年内，围绕2018年“文化和自然遗产日”，启用全国首个流动“非遗”展车，创新开展文化创意设计大赛、“非遗”亲子体验一日游等主题活动10余场。

【土家书房建成开放】 由张家港市人民政府赠建，市文广新局设计承建的24小时土家书房是张家港市为结对帮扶城市贵州省沿河县实施的一项文化赠建工程，是全国首个以土家文化为特色的24小时自助图书馆，位于沿河县民族文化广场，8月建成开放。书房总投资60万元，建筑面积26.25平方米，藏书3000册，内设土家族文献专柜以及土家族文献数据库等，是学习、研究、展示土家文化的新窗口。书房在全国首创人脸识别智能管理系统，同时还具备自助借还、自助办证、自助照明、智能空调、远程监控等各种功能，是新一代无人值守智能书房。至年末，书房累计接待44943人，外借图书数量6855册次。（孔 鹏）

文化市场

【概况】 2018年，全市新增许可和备案登记文化经营单位46个，比上年减19个。其中，新增互联网上网服务营业场所6个，娱乐场所经营单位5个，电影放映单位2个，印刷复制类经营单位19个，营业性文艺表演团体1个，音像书报刊等出版物经营单位13个。至年末，经市文广新局许可或备案登记的文化市场、新闻出版经营单位955个。其中，音像、书报刊经营单位195个，出版物批发经营单位3个，印刷企业（含打字复印）354个，娱乐场所经营单位190个，网吧157个，电影放映单位21个，演出经营单位1个，演出经纪机构6个，营业性文艺表演团体11个，艺术品经营单位17个。市文化市场行业协会下辖印刷、出版物、网吧、歌舞娱乐、电影演艺、版权6个分会，团体会员930个，经营单位入会率超过95%。全市新办娱乐经营单位5个，总投资1000余万元。新办印刷复制经营单位19个，总投资近2500万元。

【文化产业】 2018年，全市文化及相关产业增加值113.98亿元。智慧软件园二期工程项目、《酷宝家族之小兔西欧》系列、智慧篮球装备DNC制造中心和万达院线4个项目获评2018年度苏州市文化产业重点项目。组织各类交流培训活动9次。举办首届张家港市文化产业发展高级研修班，分别组织企业参加苏州创博会、（杭州）国际动漫节、（常州）国际动漫艺术周、（上海）国际进口博览会、（苏州）国际设计周、铜仁对口帮扶等活动，推进企业产品宣传和形象展示，企业知名度进一步扩大。市文广新局获第七届苏州创博会优秀组织奖；张家港幸运金属工艺品有限公司被苏州市归国华侨联合会评为“苏州市华侨文化交流基地”；江苏如意通动漫产业股份有限公司《如意酷宝之西欧兔》获2017—2018年度江苏电视文艺奖动画节目三等奖；苏州市磐石卡通有限公司《逐梦沧海》获社会主义核心价值观动画短片创作大赛“优秀创意提名奖”，《环球大冒险之中国篇》获2018年度苏州市广播电视少儿精品扶持项目少儿电视栏目三等奖。11月，张家港市文化产业联合会成立，66个文化企业单位成为联合会首批会员。江苏如意通动漫产业股份有限公司项目《如意酷宝之西欧兔》、苏州市磐石卡通有限公司项目《小主人之正义联盟第二季》均获2018年度省级现代服务业（新闻出版广播影视）发展专项资金奖励100万元；江苏如意通动漫产业股份有限公司、苏州市磐石卡通有限公司获张家港市动漫播出奖励600万元；13家文化企业获275万元市级引导资金补贴。

【文化市场管理】 全年市文化市场管理部门出动执法人员7947人次，检查经营单位3365个次，查处无证经营场所36家，收缴各类非法文化制品2万余件。开展文化市场管理和“扫黄打非”“清源2018”“净网2018”“护苗2018”“秋风2018”系列专项整治行动25次。联合区镇开展非法销售安装“小耳朵”专项整治行动28次，拆除非法安装“小耳朵”2418套，查处非法销售窝点58个，全年立案查处各类违法违规案件161起。查处的“4·28”侵犯著作权案被国家版权局列为挂牌督办案件，查处的“一本读小说网”侵犯著作权案、张家港

3月30日，“新时代张家港文化产业发展战略建议”专题讲座举办
（市文广新局 提供）

"开心盒子"被侵犯著作权系列案被列为省版权局挂牌督办案件。以查办微领域案件为突破口，狠抓案件查处，全年查处各类微领域传播淫秽物品案件8起，其中"6·21"微领域传播淫秽物品牟利案被省"扫黄打非"办公室列为督办案件。推进"扫黄打非"基层工作站规范化、标准化建设工作，全市267个村社区中222个基层站点已完成规范化、标准化建设，达标率82.53%。市文广新局获评2018年全国"扫黄打非"先进集体，连续五年获评"全国查处侵权盗版案件有功单位"。张家港市获评2018年全省境外电视传播秩序专项整治工作先进单位。

【版权工作】 2018年，全市受理版权登记作品25667件，数量居全国县市首位。立案查处各类文化市场违法违规案件161起，查处侵权盗版案件12起。举行2018年非法文化制品集中销毁暨"护苗行动"启动仪式，销毁盗版及非法出版物9.15万件。鼓励版权创优，连续举办七届张家港优秀版权评选活动。新增张家港市美术馆版权工作站。推进版权示范创建工作。江苏国泰新点软件有限公司获"中国版权金奖"推广运用奖。张家港幸运金属工艺品有限公司获"2018年度中国版权新锐企业"。江苏张家港酿酒有限公司、张家港幸运金属工艺品有限公司以及江苏如意通动漫产业股份有限公司获评江苏省版权示范单位。2018年，4件版权作品分别获江苏省优秀版权文字类作品二等奖、摄影和美术类作品二等奖、软件类作品三等奖。

【"4·28"侵犯著作权案被列入省打击侵权盗版十大案件】 4月，市文化市场综合执法大队在日常巡查中发现杨舍镇一场所涉嫌制售盗版音像制品，现场查封音乐光盘3839张、刻录母盘91张、4台办公主机和3台刻录机。经查，该场所负责人方某通过"香蕉数码旗舰店"淘宝网店，从事光盘定制、制作、复制等业务，售价为每张8元或18元。自2017年10月21日至2018年4月24日，当事人从事淘宝网店的交易记录1400余条，涉嫌侵权作品6万余部。2018年6月，市文化广电新闻出版局对当事人方某作出罚款10万元，并没收刻录的侵权复制品885张音乐CD和刻录使用的电脑、刻录机的行政处罚。12月，该案被国家版权局列为挂牌督办案件。

（孔 鹏）

文学艺术

【概况】 至年末，市文学艺术界联合会下设作家协会、书法家协会、摄影家协会、美术家协会、戏剧家协会、音乐家协会、舞蹈家协会、影视家协会、曲艺家协会、民间文艺家协会、国标舞工作者协会11个专业协会、19个二级文艺家分会，1个艺术指导委员会，市书画院1个事业单位和塘桥、金港、锦丰、南丰、凤凰、乐余和永联7个镇（村）文联。有国家级会员146人，比上年增2人；省级会员356人，比上年增15人；苏州市级会员508人，比上年增30人；张家港市级会员1316人，比上年增166人。年内，市文联及各协会相继举办各类大赛、展览、展示及文艺惠民活动100余次。持续开展"文艺进万家""艺术进家庭·生活更美好""走进·共享"等文艺惠民活动，参加活动的文艺志愿者超1万人次，惠及群众超100万人次。"春联大放送"公益活动累计开展活动25次，送出春联1万余对。年内，市文联被评为苏州市文联系统优秀集体。

【书画影类活动】 3月，市文联主办首届"张家港市美术写生双年展"，共展出40位画家近期写生作品68幅；主办舟山渔民画展暨徐锋美术工作室作品展。5月，主办"大美石台进都市"（张家港）摄影展，展出近100幅富有石台山乡清新之风的原生态摄影作品。7月，主办"静、净、敬、境"——桂兆海山水画展。8月，主办"长江水·乌江情"——张家港·沿河两地文化交流周美术作品展，展出张家港和沿河县共80余件两地优秀的美术作品。9月，主办2018年第二届张家港市中小学美术教师视觉艺术双年展，展出获奖作品100余件；与市文明办联合举办"'文明张家港'中国画·画好人"作品展，展示近年全市"中国好人"、道德模范、最美人物；主办"如画暨阳"40周年校庆书画作品展，展出作品200余件。10月，与市委组织部、宣传部联合举办"不忘初心·抒写新时代"全市党员干部书法大赛作品展，展出作品63幅。12月，主办"一念花开"——江苏省花鸟画名家邀请展，展出60余位艺术家精品。举办张家港2018年"中国电信天翼杯"全民手机摄影大赛，历时一年，活动共推出6期不同主题的系列赛，吸引了全市几百名摄影爱好者参与，作品网络投票点击量超100余万次。全市书画考级共有8个科目5050名考生参加，全部通过。

【文学类活动】 市作家协会承办"我们的节日"清明、端午、中秋、重阳2018年张家港市诗词品鉴大会。市作家协会全年持续开展本土作家"进校园""进社区""进企业"三进公益阅读推广活动，先后走进常青藤实验中学、杨舍实验小学、鹿苑小学以及大新镇新南社区、塘桥文化中心等地，累计20余场，惠及学生及市民群众5000余人次。年内，会员共出版作品集18部。其中，中长篇小说有徐玲"美味校园"系列、《我想有个家》等6部；寓言集有钱欣葆《小鸵鸟的飞翔梦》等4部；童话有孙丽萍《来自云朵的女孩》等4部；散文集有李帆《日暮乡关》、孙雁群《岭上多白云》2部；诗集有周艳波《且将风月作笔辞》；随笔集有钱志芳《智慧之爱》。徐玲长篇小说《如画》获评"2018年上海好童书"，并入选国家新闻出版署全国青少年推荐百种优秀出版物和中国童书博览会"年度好书榜TOP80"。孙丽萍的诗歌作品《春天课堂》（外三首）获"冰心儿童文学新作奖"大奖，这是孙丽萍继童话作品《朵拉和它的宝贝们》获"2007年冰心儿童文学新作奖"佳作奖后，再次获此奖项。

【文艺创作】 市文艺工作者全年在市级以上报刊发表各类文艺作品2200余件（幅），省级以上发表、入展（选）、展演、获奖95件。出版图书及画册近30部,发表、出版总字数在300万字左右。多件文艺精品获国家级、省级奖项。书法创作上,刘山林作品获第二届江苏书法奖提名奖、陆华作品入展。季雪忠、张亚彬、肖永录3人入展全国第二届大字书法艺术展,6人入展江苏省第十一届新人书法篆刻作品展,2人获优秀作品奖。美术创作上,刘振新作品入选“天地大美——新时代中国艺术名家作品邀请展”,陈三石作品入选“水墨融情海丝梦”首届全国中国画作品展。侯晓云作品入选江苏省庆祝改革开放40周年主题美术创作草图。丁亚忠山水画作品展在中国国家画院(国展)美术中心举办。摄影创作上,谢卫东作品入选全国摄影大展,苏玉琦作品获“最美中国人”——各族群众笑脸征集入选并展出。其他艺术创作上,3件作品获中国图书馆学会“寻找图书馆最美阅读空间、人文阅读”摄影作品公益展征集活动入围展览奖。3件公益广告作品获2018年中国公益广告黄河奖(国内公益广告最高奖)。凤凰镇文体中心、河阳山歌馆被命名为2018年度苏州市特色文艺创作基地。

【第七届“长江杯”江苏文学评论奖在市开奖】 11月17日,第七届“长江杯”江苏文学评论奖暨第六届扬子江诗学奖颁奖仪式在张家港市举行。“长江杯”江苏文学评论奖由江苏省委宣传部、江苏省作家协会、张家港市人民政府主办,张家港市委宣传部、张家港市文联承办。该奖旨在通过评选、表彰优秀文学评论作品,发挥文艺批评引导创作、多出精品、提高审美、引领风尚的重要作用,推动全省文学事业健康发展。该届江苏文学评论奖评比收到参评作品50篇(部),经实名投票,16篇(部)作品进入终评。杨学民的《汪曾祺及里下河派小说研究》等2篇作品获一等奖;吴周文、张王飞的《俗话体:当下散文的一种选择——以叶兆言为例》等6篇作品获二等奖;高兴的《汪曾祺的江苏城市记忆研究之构想》等8篇作品获三等奖。扬子江诗学奖由江苏省作家协会和张家港市人民政府联合主办,《扬子江》诗刊、张家港市委宣传部、张家港市文联承办。该奖设立于2013年,每年评选一次。从第三届开始,评选面向国内公开出版的书报刊上发表的诗歌和诗歌评论展开,参评作品数量更多,质量更优,影响更大,奖项的权威性和包容性进一步增强,有力推动中国当代新诗和诗歌批评的发展。该届扬子江诗学奖获奖作品有:江非的《我的梦》(组诗)、李元胜的《无限事》(组诗)、叶辉的《叶辉诗选》获诗歌奖,姜涛的《从“蝴蝶”“天狗”说到当代诗的“笼子”》、燎原的《百年新诗,与时代相互激活的生长史》获评论奖。

【市文联第六次代表大会召开】 12月21日,市文学艺术界联合会第六次代表大会在馨苑度假村召开。苏州市文联党组书记、副主席陆菁,张家港市领导沈国芳、黄戟、王亚方、徐仲高、黄雪元、陆德峰等出席会议。会议听取并审议市文学艺术界联合会第五届委员会工作报告,修改通过《张家港市文学艺术界联合会章程》,选举产生第六届委员会委员23人,钱晓东当选为市文联第六届委员会主席,高卫平、董红当选为副主席,委员会聘任陈忠海为秘书长、翟诚为副秘书长。

(翟　诚)

12月21日,市文学艺术界联合会第六次代表大会召开　(市文联　提供)

社科工作

【概况】 年末,市哲学社会科学界联合会下辖社科类学术团体32个,涵盖政治、经济、教育、文化、金融、财税等各个领域。年内,下辖市人力资源管理学会解散,市工运研究会退出社科联,新增市政协理论研究会、江苏科技大学苏州理工学院长三角社会发展研究所2个单位。市社科联加强与中国社科院新闻与传播研究所等高层学术研究机构的交流合作,推出的《高质量协调发展的样本——张家港篇》入选中宣部《改革开放40周年县域发展》一书。张家港市被确定为中国社科院新闻与传播研究所国情调研基地。张家港作为全省唯一的县(市、区)代表在江苏省社科界学习习近平总书记全面深化改革重要思想座谈会上作主题发言,在苏州市社科界学习习近平总书记全面深化改革开放重要论述研讨会上作重点发言。确立市级社科应用研究课题66项,其中立项课题54项,重点立项课题12项。“江苏县域公共文化服务标准化问题研究——以张家港‘一中心、双总分、数字化’公共文化服务模式为例”获江苏省第十五届哲学社会科学优秀成果奖三等奖,“‘乡村记忆’——乡村振兴战略中形成的档案管理研究”“县域乡村文化振兴路径研究——以张家港市为例”“构建江苏智能制造产业技术创新联盟机制研究”“基于云班课平台的高职公共英语混合式教学的应用与探究”“东西部扶贫机制研究——以江苏省对口帮扶贵州铜仁市为例”等5项课题纳入2017年度“江苏省社科应用研究精品工程”课题，“规范重大行政决策档案，助力法治政府建设”获2017年度“江苏省社科应用研究精品工程奖”二等奖。“江苏县域公共文化服务标准化问题研究——以张家港市为例”获苏州市第十四次哲学社会科学优秀成果奖二等奖，“居民消费结构、产业机构与经济增长”“高铁时代张家港市产业优化升级策略研究”“永联乡村治理模式的探索与实践”等3项成果获三等奖，“苏州市国际化建设中语言景观认知研究”等5个项目纳入2018年度苏州市社会科学基金项目，《兴解放思想之风，扬改革开放之帆》等3篇文章入选苏州市社科界学习习近平总书记全面深化改革开放重要论述研讨会论文集。年内，组织召开全市社科理论界深入学习宣传贯彻中共十九大精神座谈会、全市社科界解放思想大讨论座谈会。联合思政工作研究会组织开展“解放思想我先行，改革开放再出发”主题征文活动，征集90余篇征文，评选出10篇优秀作品。组织开展“与时俱进赋予张家港精神新的时代内涵”课题研究。持续打造“思想汇”社科普及惠民品牌，举办沧江市民大讲堂社科类讲座44场、社科访谈节目“社科之声”43期，“张家港社科”微信公众号累计推动微信460条。“致敬新时代·献礼四十年”改革开放专题系列活动获评2018年度江苏省社科联社科普及项目。“千年黄泗浦·港城新东城”文化探寻项目入选2018年度苏州市社科普及创新引导一类扶持项目，“文博大讲堂”互动体验式讲座、《张家港市非物质文化遗产荟萃》社科普及读本纳入三类扶持项目。全年编发4期社科刊物《暨阳论丛》和46期《港城思享会》专版，5条工作信息在“江苏社科网”和《江苏社联通讯》市县传真栏目刊发。

【第十三届社科普及宣传周】 9月15日至10月31日，张家港市举办第十三届社会科学普及宣传周。社科普及周为期一个半月，包括“社科知识进万家”、社科知识有奖竞答、“社科万花筒”主题讲座、“社科大家说”读者沙龙等项目，涵盖了社科知识广场宣传咨询、非遗保护与传承、主题征文、图书推荐等18项重点活动，全市各镇（区）覆盖率达100%，服务群众近10万人次。线下组织“红蜻蜓·骏马少儿广播艺术团”20余名小记者走进社科普及基地，分享参观社科普及基地、参与社科普及活动的体会与感悟，交流习得的社科普及知识；线上通过“张家港社科”微信公众号开展基地巡礼活动，面向全市推介基地概况、特色展示和品牌活动，累计推送微信10余条。

【民生讲堂巡讲】 年内，市社科联组织策划2018年“理论氧吧”宣讲志愿者理论巡讲暨“张家港民生讲堂”活动，选拔30名理论宣讲志愿者分赴基层及首批“理论氧吧”点位，开展基层宣讲30场，宣传习近平新时代中国特色社会主义思想及中共十九大精神，宣传与群众紧密相关的民生类理论难点、热点和重点问题。开设“空中理论氧吧”，录制12期“百姓名嘴对对碰”及10期“特色点位个个看”专题访谈节目，以丰富宣教形式，拓展传播渠道，扩大社会影响。（余亦维　秦振芳）

文化中心

【概况】 年内，市文化中心联合市新时代文明实践中心办公室、市文明办、市委接待办举办全市讲解员培训班、全市讲解员业务技能比赛，应邀为有关区镇、社区、村、企业等10余个单位作讲解指导，接待中宣部等党政代表团1150余批，累计接待80余万人次。推进展馆提档升级，12月，“数字科技馆”进入试运行，城市展示馆完成改造，“艺书房”完成项目建设。巩固品牌优势，组织“移动的文化中心”活动41场，“万人科普游”10场，惠及群众3.8万人次；开设“幸福E家”家庭教育系列活动，通过线上微课、集中讲座、个案咨询等形式促进未成年人健康成长；与市文明办、市教育局等单位联合举办千名小画家同绘港城绘画活动、第三届张家港市少儿钢琴大赛；针对老党员、残疾人、贫困学生等群体开展志愿服务活动133场，服务时长2879.5个小时。依托保利院线资源，打造献礼改革开放40周年、第三届张家港市话剧节、市民音乐会、打开艺术之门等系列演出，引进大型原创黄梅戏《太白醉》、话剧《雷雨》等优秀剧目65场。年内，获评江苏省节能示范单位、“2015—2017年度苏州市文明单位”。

【数字科技馆改造】 该项目是市民生实事工程项目，在原科技馆内改建，总建筑面积4300平方米，常设展厅面积2000平方米，总投资860万元。7月中旬开工，12月初进入试运行。改造后的场馆设有童趣的智慧、好玩的

5月，全市讲解员业务技能比赛举办　（市文化中心　提供）

科学、创新的力量3个主题展厅，共43个展品展项，其中新展品32项，升级展品11项。展厅内每一项展品都有二维码，扫一扫即可获知该展品的所有信息，并可在“张家港AR”APP上体验展品。

【城展馆改造】 张家港市城市展示馆改造工程于3月正式施工，12月基本竣工，建筑面积3211平方米，投资近900万元。改造后的展馆分为城市印象厅、城市记忆厅、城市经济厅、城市建设厅、城市未来厅和公示厅6个部分，是市民了解城市发展、参与城市规划的重要载体，也是展示城市形象、对外交流、接待到访的重要场所。

【市讲解员培训班】 5月21日至25日在上海科技管理干部学院举行，全市35个部门及单位的50名学员参加培训。培训采取专家授课、现场教学、互动交流、展厅实训等形式，内容涵盖讲解理念与实务、讲解技巧、化妆技巧、接待服务礼仪、涉外礼仪、形体训练等方面，助推了全市接待讲解事业的发展。该活动被纳入2018年全市干部教育培训办班计划。

（茆玉月）

融 媒 体

【概况】 市广播电视台完成全国两会、春节、国庆等重要保障期安全播出，实现全年安全播出无事故、无差错。技术装备全面升级，电台流动直播车、电视高清转播车和网络高清直播车投入使用。广播完成录音棚、录制室及融媒体直播间等基础硬件设施建设。2018年元旦，张家港新闻综合高清频道开始试播。4月18日，张家港市广播电视台获国家广播电视总局批复，成为全国第二家获批高标清同播电视频道的县级电视台。7月1日高清频道播出，有线网频道号为174。“无线张家港”新闻客户端5.0升级改版上线。年内，市广播电视台策划推出《践行“四大路径”、建设“四个港城”》《解放思想大讨论》等69组1300余集主题报道。“张家港在线”新闻网站和“无线张家港”新闻客户端联合开设“2018张家港两会”等43档专题专栏和11个重大主题报道。104件作品在2017年度苏州市优秀广播电视节目奖、第二十二届“苏州新闻奖”等苏州市级评比中获奖；15件作品在2017年度江苏省优秀广播电视节目奖、江苏省广播电视少儿精品评选等省级评比中获奖；12件作品在第十九届全国电视外宣“彩桥”节目创优评析活动、首届全国优秀公益电视节目推选等国家级评比中获奖。7件作品获2018年度江苏省广播电视节目技术质量奖。《江苏省县级应急广播体系建设试点（张家港）的探索与实践》项目获2018年度全国广播电视科技创新奖三等奖。4个项目获2018年度江苏省广播电视科技创新奖。市广播电视台获“2017—2018年度新闻融合创新银荔枝奖”，电视传媒中心蒋晓峰、广播传媒中心严小娟获“2017—2018年度新闻融合创新先进个人”。全年编辑自办节目评议内刊《收听收看》21期。

张家港日报打造“暨阳谈”“港城思享会”“港城会客厅”“港城新视界”等深度报道栏目，满足受众对新闻信息的深层次需求。“暨阳谈”刊发评论20篇，其中“弘扬张家港精神”“解放思想”“市委三项机制”等系列评论引起了广泛社会反响，引领主流舆论。完成40期“港城思享会”专版，子栏目“红色微讲坛”“社科悦读”，邀请部门领导、高校教授等对习近平新时代中国特色社会主义思想、中共十九大精神、改革开放40年等进行解读和阐述。“港城会客厅”推出20期，围绕政务大数据应用、智能制造、食品安全等热点话题展开观点交流与思想碰撞，为受众提供高端智慧。“港城新视界”推出18篇深度报道文章，对经济、社会等领域的热点焦点进行深度分析报道。

【广播】 张家港市广播电视台广播传媒中心有记者12人、播音员21人，中高级职称28人。年内，推出年度重大主题报道《践行“四大路径”·建设“四个港城”》以及庆祝改革开放40周年大型融媒新闻行动《壮阔东方潮·奋进新时代——大江飞舟张家港》《思想大解放·发展高质量》《乡村振兴·港城田园》《聚焦“263”专项行动》《“331”整治火灾隐患百日行动》等30个挂牌专栏和策划栏目。全年被中央台用稿76条，其中《新闻和报纸摘要》《全国新闻联播》用稿8条；省台用稿185条。3件作品获2017年度江苏省优秀广播电视节目奖，39件作品获2017年度苏州市优秀广播电视节目奖。公益广告累计播出超过1万分钟、逾2万条次。原创公益广告60条，4件公益广告作品获全国奖，其中1件作品获2018年中国国际广告节黄河奖创作类银奖，1件作品获首届交通运输公益广告大赛铜奖，1件作品获2017年全国敬老养老助老公益广告作品征集活动广播类扶持作品（三类）。“张家港广播”拥有忠实听众近20万人，综合排名居全国县级广播电台微信公众号排行榜前五名。全年策划举办第七届七夕婚庆文化节、第七届重阳健康养生文化节等各类品牌活动35场。开展“我是你的眼——我带盲人看电影”等文化志愿服务活动30次。累计安全优质播出1.6万小时。尤炜盛被评为2018年度苏州市优秀新闻工作者。

【电视】 张家港市广播电视台电视传媒中心有记者81人、编辑21人、播音员15人。有各类专技人员168人，其中高级职称21人、中级职称51人。10月，全新启用高清转播车录制长江文化艺术节，节目生产实现拍摄、录制、制作、存储、播出、传输的全流程高清化。年内，《张家港新闻》栏目推出《践行“四大路径”·建设“四个港城”》《提振精气神·奋进正当时》等29个挂牌专栏、668集主题报道，《第一视线》栏目推出《331专项行动》《夜幕下的劳动者》等11个专栏和18组系列报道；《城事》摄制《张家港干河》《生于1978》等22部专题片。影视制作部摄制《我们的张家港》《担当好单位·好干部》《一代名医缪希雍》等宣传片、专题片、汇报片34部520分钟。全年，被中央电视台录用新闻60条，其中《新闻联播》9条。被江苏省台录用新闻442条。64件作品获2017年度苏州市优秀广播电视节目奖和协会奖，16件作品获2017年度江苏省优秀广播电视节目奖，4件作品获国家级奖项。其中，《援梦》获评首届全国优秀公益电视节目推选活动公益栏目类好作品（优秀）奖；公益广告《关心》获评2017年全国敬老养老助老公益广告作品征集活动电视类扶持作品（入围奖），这是全国县级台唯一一件获奖作品；公益广告《保护方言·留住乡音里的乡情》获第25届中国国际广告节黄河奖铜奖，也是全国唯一县级台视频公益广告获奖作品；《棋童》获第十九届全国电视"外宣彩桥"节目创优评析活动三等奖和第八届中国纪录片学院奖。杨溢被评为2018年度苏州市优秀新闻工作者。

2018年张家港市广播电视作品主要获奖情况表

表59

作品名称	主创单位（人员）	获奖情况	颁发机构
公益广告《考进来的》	非凡、朱莹	第25届中国国际广告节黄河奖银奖	中国广告协会
公益广告《保护方言，留住乡音里的乡情》	市广播电视台电视传媒中心	第25届中国国际广告节黄河奖铜奖	中国广告协会
公益广告《扶贫先扶志，治穷先治心》	非凡、朱莹	第25届中国国际广告节黄河奖优秀奖	中国广告协会
公益广告《援梦》	市广播电视台电视传媒中心	首届全国优秀公益电视节目推选活动公益栏目类好作品	中国电视艺术家协会、全媒体公益专业委员会
公益广告《母亲节你给婆婆打电话了吗》	市广播电视台广播传媒中心	2017年全国敬老养老助老公益广告作品征集活动广播类扶持作品（三类）	国家广播电视总局、全国老龄工作委员会办公室
公益广告《关心》	市广播电视台电视传媒中心	2017年全国敬老养老助老公益广告作品征集活动电视类扶持作品（入围奖）	国家广播电视总局、全国老龄工作委员会办公室
公益广告《掌控生命时速，把握命运方向》	市广播电视台广播传媒中心	首届交通运输公益广告大赛广播类铜奖	交通运输部
广告类《孝爱父母，好好说话》	黄爱萍	2018年江苏省广播节目技术质量奖二等奖	江苏省广播电影电视协会
长纪录片《棋童》	市广播电视台电视传媒中心	第十九届全国电视外宣"彩桥"节目创优评析活动三等奖	中国广播电视协会学术委员会、中国黄河电视台
电视栏目《花开朵朵》	市广播电视台电视传媒中心	江苏省广播电视少儿精品评选电视栏目组二等奖	江苏省文明办、江苏省新闻出版广电局
高清综艺节目《2018年〈春满港城〉张家港电视春节晚会》	宋亚平、张平、邵晓春、任重远、李华、张贤	2018年江苏省电视节目技术质量奖二等奖	江苏省广播电影电视协会
高清片头类《吴韵丝桐》	宋亚平、张平、张志刚		
动画节目《如意酷宝之西欧兔》	江苏如意通动漫产业股份有限公司	2017—2018年度江苏电视文艺奖动画节目三等奖	江苏省新闻出版广电局、江苏省广播电影电视协会
综艺节目《"梨园争春"张·虞·澄三地票友邀请赛》	张璇、庞晓丹、陈型、姚翀、蔡雷鸣、花飞	2017—2018年度江苏电视文艺奖戏曲节目三等奖	江苏省新闻出版广电局、江苏省广播电影电视协会
语言类节目《江城子·乙卯年正月二十日夜记梦》	陈梅红、徐冈	2018年江苏省广播节目技术质量奖三等奖	江苏省广播电影电视协会
广播剧《烟囱之城》	陶利国、刘玲		
标清新闻类《张家港新闻》	宋亚平、张平、刘琳	2018年江苏省电视节目技术质量奖三等奖	江苏省广播电影电视协会
高清专题类《城事——最浪漫的事》	宋亚平、邵晓春、任重远、夏宏伟		
论文《立体声拾音技术之于广播的重要性》	非凡	第三届"广播创新发展"主题征文优秀奖	中国广播电影电视社会组织联合会

续表59

作品名称	主创单位(人员)	获奖情况	颁发机构
技术创新项目《江苏省县级应急广播体系建设试点(张家港)的探索与实践》	陈世海、周国柱、俞刚、朱健、高建峰、陶利国、郑金龙、刘玉鹏	2018年江苏省广播电视科技创新奖二等奖	江苏省广播电影电视协会
技术创新项目《充分运用云架构、模块化等前沿技术构建城市云媒平台》	赵强、杨春伟、张敬刘	2018年江苏省广播电视科技创新奖三等奖	江苏省广播电影电视协会

(孔　鹏)

【张家港日报】《张家港日报》每周出报6期，每期8个版，报纸日发行量4万份。日报社有员工117人，其中采编人员71人，拥有副高职称的5人、中级职称16人。年内，重点推出“学习贯彻十九大，创造发展新业绩”“在习近平新时代中国特色社会主义思想指引下——新时代新气象新作为”“推进思想大解放，推动发展高质量”“乡村振兴港城行”“党建项目进行时”“寻找老支书精神”等12个专栏，刊发消息、通讯、图片等400余篇(幅)。推出《志愿服务，生活新态度》《五一特刊》两大主题特刊。其中，3月2日A5版至A8版的特别策划《志愿服务，生活新态度》，通过采访双山岛志愿军、市家庭教育志愿者团队等6个志愿团队以及3名优秀的志愿者，关注城市向善的力量。4月27日A5版至A8版的“五一特刊”，通过报道11位不同岗位上一线工人的故事，致敬这座城市里最美的劳动者。在江苏省、苏州市、张家港市新闻作品评选中，获奖66篇次。记者李燕被评为2018年度苏州市优秀新闻工作者，新媒体记者徐娅在全国网站平台知识技能竞赛中获一等奖，摄影记者褚珊珊入围全省好记者讲好故事决赛，记者钱超新当选江苏省妇女代表大会代表。日报社获市级机关绩效考核“综合贡献奖”、全省县市报先进集体。

【电影】年内，全市新增4家影院，分别位于市区香港城、万达广场、锦丰镇五月花广场和金港镇锦隆大厦。年末，全市拥有11条院线、21家影院、133座厅、17196个座位，平均每10万人拥有屏幕数11块、座位143个。影院数量排名全省各县市第3名。全年实现票房收入9530万元，放映21.92万场，观众317万人次，票房收入比上年增6.6%。持续推进江苏省农村电影提升试点工程，指导金港镇后塍文体中心建成室内公益电影放映点，实现镇级公益电影室内放映点全覆盖。继续组织开展“千场优秀电影进社区”活动，全年走进288个村(社区)、9家敬老院，放映公益电影5900场。

7月28日，“壮阔东方潮，奋进新时代——大江飞舟张家港”大型融媒体新闻行动启动仪式举行　　(张家港日报社　提供)

【网络新媒体】年内，“张家港在线”网站、“无线张家港”新闻客户端制作发布图文及音视频资讯3万余条，推出《思想大解放，发展高质量》《寻访港城传统手艺人》《践行“四大路径”，建设“四个港城”》《“331”火灾隐患整治专项行动》《拾秋张家港》《生于1978——寻找改革开放同龄人》等43档专题栏目。完成“张家港两会”“2018张家港市网络文化季启动仪式”“2018年中国(张家港)长江文化艺术节”等113场网络直播，超280万人次观看。举办“回家的故事”、“网络暖心故事”、“绿动港城”优质农产品基地开放日、“爱在张家港——春蕾宝贝踏春”“我眼中的健康港城”全市中小学生绘画大赛、“控烟联盟”等活动。“无线张家港”新闻客户端5.0全新改版。客户端用户总量近8万户。投入使用新媒体网络直播车及高清摄录设备。代运营的微信号由原先的11家增至19家。其中，“张家港城事”微信粉丝超16万人，综合影响力在苏州市政务微信排行榜列前三位，获2018江苏党政新闻新媒体权威发布奖。“文明张家港”微信公众号被中国文明网授予“文明先锋号”称号。　　(孔　鹏)

【“纸媒+官微”融媒体传播】年内，张家港日报社在《张家港日报》、张家港日报微信公众号打造两会直播、融媒版“港城会客厅”等融媒新闻产品，实现“纸媒+官微”的融媒体传播。在庆祝改革开放40周年之际，策划推出“壮阔东方潮，奋进新时代——大江飞舟张家港”融媒体新闻行动，统筹用好全媒体资源，在《张家港日报》、张家港日报公众号、张家港新闻网同步开设述说篇、足迹篇、影像篇等五大系列，“致敬40年——寻访港城峥嵘岁月的亲历者”“40年，港城这样走过”“小文数说40年变化”等7个栏目。利用人才、技术优势，以报纸、网站、微信等多种载体，以联办版面、栏目，代理维护微信公众号、刊物等多种形式，为经开区（杨舍镇）、市商务局等40余个单位提供“融媒+”的政务宣传服务。年内，与市政府办公室合办的融媒体版“港城会客厅”获2018年度新媒体应用创新奖。

【凤凰文化协助出版4种7本图书】 2018年，张家港日报社下属企业张家港凤凰文化发展有限公司共协助凤凰出版社出版4种7本图书。3月，出版《占文村志》（2000册），计53.6万字；4月，出版《吕大安自选集》一册3本（500册），包括《纽扣集》《分贝集》《踊跃集》，计129.6万字；4月，出版《香樟文丛》一册两本（500册），分别为《岸柳成行》《钢铁报告》，计72.7万字；6月，出版《田垛里村志》（2000册），计43.1万字。

2018年张家港日报社新闻作品获省级以上奖项一览表

表60

作品标题	作者	体裁（形式）	获奖情况
《我市完成全省首个“只跑一次”股权转让业务》（2017年12月15日A2版）	曹益珠 游　优	消息	江苏报纸优秀作品三等奖 中国县市区域报新闻奖二等奖 江苏省县市报新闻奖三等奖
《我市在全省率先推行电子证照共享应用》（2017年12月21日A1版）	钱海燕 余继峰	消息	中国县市区域报新闻奖一等奖
《港城资本加速布局全球经济版图》（2017年12月26日A1版）	唐红宇	消息	中国县市区域报新闻奖二等奖 江苏省县市报新闻奖一等奖
《我市“微信庭审”第一案落槌》（2017年11月15日A2版）	黄希彤 李　燕	消息	中国县市区域报新闻奖二等奖
《从保安到准律师——一名老兵的传奇逆袭》（2017年11月24日A5版）	郭晓红 钱超新	通讯	江苏报纸优秀作品二等奖 中国县市区域报新闻奖三等奖 全国报纸副刊年度佳作三等奖
《“河长制”带来河长治》（2017年1月16日A6版）	游　优	通讯	中国县市区域报新闻奖一等奖
《一只候鸟与张家港的三年“情缘”》（2017年9月27日A2版）	顾珊珊 陆　欢	通讯	中国县市区域报新闻奖二等奖
《663名新生递交入党申请书的背后》（2017年11月7日A1版）	李　燕 郭晓红	通讯	中国县市区域报新闻奖二等奖 江苏省县市报新闻奖三等奖
《轮椅上的斑斓世界》（2017年9月22日A5版）	王敏悦 钱超新	通讯	中国县市区域报新闻奖三等奖 江苏省县市报新闻奖二等奖 江苏省第28届报纸副刊好作品三等奖
《85后“工科男”的有机农场梦》（2017年12月1日A5版）	朱海燕 钱超新	通讯	江苏省第28届报纸副刊好作品二等奖
《高晓新，做一枚串起乡愁的邮票》（2017年12月8日A5版）	曾　钦	通讯	江苏省第28届报纸副刊好作品三等奖
《一个农民家庭的善举》（2017年4月5日A3版）	王会信	通讯	江苏省县市报新闻奖二等奖
《垃圾分类》	高　燕 庞小嬰	系列报道	中国县市区域报新闻奖三等奖
《新闻110》	高　燕	专栏	江苏报纸优秀作品三等奖
《社科“悦”读》	集　体	专栏	中国县市区域报新闻奖二等奖
《用“金钥匙”开启新境界》（2017年4月5日A1版）	马狄武 高　燕	言论	中国县市区域报新闻奖一等奖 江苏省县市报新闻奖二等奖
《争做“学习型”干部开展“研究型”工作》（2017年9月5日A1版）	马狄武 高　燕	言论	中国县市区域报新闻奖二等奖 江苏省县市报新闻奖三等奖
《“让残疾人有学上”体现教育平等》（2017年9月9日A4版）	井维娥	言论	中国县市区域报新闻奖二等奖

续表60

作品标题	作者	体裁(形式)	获奖情况
2017年8月8日要闻版A1版	殷　虎	版面	中国县市区域报新闻奖一等奖
《一粒粒种子在科技沃土里发芽》(2017年7月3日A1版)	朱茂华	标题	江苏省县市报新闻奖好标题
2017年9月30日6版	施佳蔚	版面	江苏省县市报新闻奖好版面
2017年1月20日5至7版	集　体	版面	江苏省县市报新闻奖好版面
《燃！张家港有个“无人车间”，里面分分钟都是科幻大片！》(2017年9月5日微信公众号)	沈小恒	微信	中国县市区域报新闻奖一等奖
《80万人的终极角逐，这10个张家港孩子，居然赢了！》(2017年8月25日微信公众号)	王敏悦 顾珊珊	微信	中国县市区域报新闻奖二等奖
《〈新闻联播〉1分48秒，5次提到张家港，文明老典型受全国关注！》(2017年4月8日微信公众号)	李　燕 陆　欢	微信	中国县市区域报新闻奖三等奖
《也许，刀鱼将会成为舌尖上的记忆》(2017年5月15日A5版)	庞瑞和 褚珊珊	新闻摄影	中国县市区域报新闻奖二等奖 江苏省县市报新闻奖二等奖
《“悟空”赶集》(2017年2月20日A5版)	褚珊珊 王苗苗	新闻摄影	中国县市区域报新闻奖二等奖
《佳佳之“家”》(2017年4月17日A5版)	褚珊珊	新闻摄影	中国县市区域报新闻奖二等奖
《盲人于涛的推拿人生》(2017年6月12日A5版)	王苗苗	新闻摄影	中国县市区域报新闻奖二等奖 江苏省县市报新闻奖三等奖
《盛夏有“梅”香满城》(2017年8月7日A4版)	褚珊珊 王苗苗	新闻摄影	中国县市区域报新闻奖二等奖 江苏省县市报新闻奖三等奖
《农事体验乐趣多》(2017年6月12日A1版)	李立峰	新闻摄影	中国县市区域报新闻奖三等奖
《迎春斗鸟友谊赛》(2017年3月20日A2版)	王苗苗	新闻摄影	中国县市区域报新闻奖三等奖

(杨　洁　赵一蓉)

中国(张家港)长江文化艺术节

【概况】 2018年中国(张家港)长江文化艺术节于10月31日至11月17日举行，主要活动包括第六届国际幽默艺术周、第八届(张家港)长江流域戏剧艺术节、长江流域戏剧家协会座谈会、长江流域群文学会座谈会、长江文化促进会座谈会、“长江杯”江苏文学评论奖、第六届扬子江诗学奖活动暨张家港市第六届“诗歌里的城”诗歌朗诵会、“在希望的田野上”首届“中国农民丰收节”开幕式活动。10月31日晚，2018年中国(张家港)长江文化艺术节、第六届国际幽默艺术周开幕式在张家港保利大剧院举行。11月14日晚，2018中国(张家港)长江文化艺术节、第八届长江流域戏剧艺术节闭幕式在张家港保利大剧院举行。开、闭幕式由国家公共文化云、新华社“现场云”、“无线张家港”等平台进行全程网络直播，观看40万人次。

【第六届国际幽默艺术周】 10月31日至11月3日举行，由中国文联指导，中国曲协、中国杂协、江苏省文联、张家港市政府主办，江苏省曲协、张家港市委宣传部、张家港市文化广电新闻出版局承办。以“幽默丰富生活，欢笑连接世界”为主题，包括开幕式、国际幽默艺术大师专场、曲艺名家新秀送欢笑专场、全国曲艺幽默小段专场、全国戏剧幽默折子戏专场、张家港优秀曲艺专场等6场演出，搭建互联互通的中外人文交流平台，集中展示改革开放40年文艺发展成果。

【第八届(张家港)长江流域戏剧艺术节】 11月4日至14日举行，由中国戏剧家协会、张家港市政府主办，江苏省戏剧家协会、张家港市委宣传部、张家港市文化广电新闻出版局承办，通过前期征集评选，最终选定上海市长宁区沪剧传承中心(长宁沪剧团)、马鞍山四季剧院有限公司、贵州省都匀市文化馆、青海省演艺集团京剧团等专业、群众文化、社会和企业各界演出单位12个，走进张家港保利大剧院、塘桥文化中心剧场、凤凰文化中心剧场、锦丰文化中心剧场、乐余文化中心剧场、南丰文化中心剧场等剧场，表演节目12场，包括沪剧《青山吟》、黄梅戏《江姐》、水族舞剧《木楼古歌》、锡剧《幸福港湾》、京剧《七个月零四天》、楚剧《乡里乡亲》、滑稽戏《连升三级》7场精品大戏展演，庐剧小戏《陈三两爬堂》、淮剧小戏《秀才审妻》等4场地方折子戏巡演和“姹紫嫣红”戏曲名家名段文艺志愿惠民演出。市锡剧艺术中心原创锡剧《幸福港湾》作为闭幕式演出在保利大剧院进行演出。(孔　鹏)

【编辑　景力颖】

卫生和计划生育

Health and Family Planning

市第四人民医院外景　（市卫计委　提供）

扫码欣赏

“健康港城,全民共享”
——张家港市建设
国家慢性病综合防控
示范区巡礼

扫码欣赏

为了港城人民的健康

卫生计生综情

【概况】 年内，市卫计委紧扣“建办群众满意卫生计生”目标开展工作，张家港市高标准通过国家慢性病综合防控示范区复审，市第一人民医院建成全国县级首家“血栓防治基地”，市第一人民医院5个项目列入国家自然科学基金青年科学基金项目，全市实现“零”的突破。公立医院出院患者满意度在苏州市继续领先，市卫计委获“全省卫生计生系统先进集体”称号。

卫生体制改革 5月，市卫计委制定《张家港市卫生与健康三年提升行动计划（2018—2020）》，确定到2020年基本建成与经济社会发展相匹配、与城乡居民健康需求相适应的现代卫生与健康服务体系，主要健康指标基本达到发达国家水平的目标。年内，继续深化公立医院改革，落实药品采购“两票制”，耗材（试剂）全面实现网上阳光采购，节约采购成本2500余万元。深入推进多种形式紧密医联体建设，市第一人民医院与大新镇人民医院、市中医医院与南丰镇人民医院分院制挂牌运作。组建重症医学专科医联体和胸痛、卒中2个专病救治联盟，启动中医医联体建设，锦丰、金港、妙桥社区卫生服务中心分别与辖区公立医院实施一体化管理。推动基层工作室建设，在一级医院、社区卫生服务中心（站）建设启用工作室18个。推进基层首诊双向转诊，一键式信息化双向转诊模式覆盖大部分一级以上医疗机构和全部社区卫生服务中心（站）。全年上转7388人次，下转26410人次。

社区卫生 年内，全市新建、改造社区卫生服务机构14家，其中5家投入使用。新建“江苏省示范村卫生室”8家，分别为杨舍镇东兴苑、金港镇长山、锦丰镇登瀛、塘桥镇金村、乐余镇乐江、凤凰镇恬庄花苑、南丰镇东风、大新镇新东社区卫生服务站。杨舍、金港、锦丰、南丰、大新5家社区卫生服务中心通过苏州市市民健康管理综合服务平台验收。南丰镇社区卫生服务中心被确认为全省家庭医生服务创新建设单位，南丰镇人民医院糖尿病科建成苏州市基层医疗卫生机构特色科室。强化社区卫计队伍，与22名应届高中毕业生签订定向资助培养协议，对567名社区卫技人员、40名社区医生骨干开展全科知识轮训和实用技能提升培训，遴选新一轮“江苏省基层卫生骨干人才”24人、“张家港市基层卫生骨干人才”61人，评选“首届优秀家庭医生”11人，获评苏州市首届“十佳”全科医生1人、苏州基层技能竞赛一等奖全科医生1人，家庭医生团队获苏州市家庭医生健康传播技能竞赛团体二等奖。

科教兴卫 8月19日，市卫计委举办“科教兴卫”三年行动成果展示暨首个“中国医师节”主题活动，展示两轮“科教兴卫”三年行动工作成效。9月，市第一人民医院的研究项目去泛素化酶Otub1调控转录因子C-Maf稳定性的机制及其在多发性骨髓瘤发生中的作用研究、PINK1-AS-miR-200a-Gαi1通路在胃癌中表达及功能研究、Hippo-YAP/TEAD信号通路在创伤性脑损伤中的作用与机制研究、miR-29b靶向TET3参与慢性内脏痛敏的脊髓胶质细胞机制研究、ALKBH5通过调节TRPV1的m6A去甲基化介导慢性胰腺炎痛觉过敏的机制研究等5个项目列入国家自然科学基金青年科学基金项目。全市全年获评江苏省中医重点专科2个、苏州市医学重点学科2个，新增张家港市医学重点学科4个、张家港市临床重点专科9个、张家港市临床重点专科建设单位11个，获评省卫计委立项课题2项、苏州市科技局立项课题16项、苏州市卫计委临床重点病种立项课题2项、青年科技项目立项4项、张家港市科技局立项课题31项，评出张家港市卫计系统青年科技项目27项。市第一人民医院获评江苏省新技术引进奖二等奖1项，市中医医院获评江苏省中医药科学技术奖二等奖1项；市第一人民医院获评苏州市卫计委医学新技术项目一等奖1项，市中医医院获评苏州市卫计委医学新技术项目二等奖2项，6个单位获评张家港市医学新技术项目48项。市第一人民医院获江苏省卫计委妇幼项目1项。市疾控中心获评江苏省卫计委血寄地防项目1项。市第一人民医院、市中医医院、澳洋医院获评苏州市科技局项目16项，市第一人民医院获苏州市临床重点病种诊疗专项2项，市第一人民医院、市中医医院获苏州市青年科技项目4项。全年累计发表各类论文680篇，其中SCI（科学引文索引）论文44篇，是上年的2.3倍。全年举办国家级学术活动5项、省级学术活动6项、苏州市级学术活动70项。

公共卫生 全市人均基本公共卫生服务经费提高至80元，基本、重大公共卫生服务项目绩效名列苏州市前茅。全面加强重大传染病防控，艾滋病、结核病防治完成苏州市目标任

11月20日，市第一人民医院大新分院揭牌仪式 （市卫计委 提供）

务;加强疫情监测、预警,规范处置学校水痘、手足口病等传染病疫情。组建全市疫苗管理委员会,推进疫苗安全工程建设。市卫监所获评全省唯一的基层卫生监督工作先进单位,市血站执业考评成绩列全省县级市第二。

计划生育　市卫计委实行分级服务,逐步在全市形成基层首诊、分级诊疗、双向转诊的妇幼健康服务格局。"全面二孩"政策纵深推进,全年共受理生育登记5739例。全面落实计划生育家庭利益导向政策,部门协同落实延长生育假和实行配偶陪产假等奖励政策,对生育政策调整前的独生子女家庭继续实行各项奖励扶助政策。金港镇金都社区连心家园获省优秀示范项目点,塘桥镇连心家园通过苏州市示范点评估。流动人口社会融合再创佳绩,市卫计委获评全国流动人口动态监测优秀单位,张家港市获评省级流动人口基本公共卫生计生服务均等化示范县(市、区);塘市小学创成全国第二批流动人口健康促进示范学校,浦项不锈钢有限公司创建成省级流动人口健康促进示范企业。流动人口基本公共卫生计生服务项目目标人群实现全覆盖。在苏州市级妇幼健康技能竞赛活动中,张家港市代表队获团体三等奖,市卫计委获优秀组织奖;市中医医院赵莹琰获个人奖项优秀奖和产科医师组三等奖,市第一人民医院金少娟获儿科医师组三等奖。

行风建设　市卫生系统持续优化服务,推出"卫生计生十大健康惠民举措",深入开展"优化服务,从细节做起"主题活动。开展新时代医疗卫生职业卫生精神大讨论活动,举办"5·12"国际护士节、"首届中国医师节"等主题活动,开展张家港市"十佳优秀护士""港城医师""身边好医生·好护士""最美公共卫士"等先进典型的宣传学习活动。加强卫生计生系统廉政风险排查和防控工作,梳理委机关科室廉政风险点23个、制定防控措施29条,梳理18家医疗卫生单位廉政风险点68个、制定防控措施84条,形成卫生计生系统廉政风险防控工作闭环。

【慢性病防控】　年内,市卫计委推进张家港公园健康主题公园和健康社区、学校、餐厅(食堂)、单位等健康支持性环境建设,落实工间操制度、"三减三健"(减盐、减油、减糖,健康口腔、健康体重、健康骨骼)行动等。全市建成健康主题公园1个、健康知识一条街2条、健康小屋1座;建设慢性病患者自我管理示范小组8家;创建健康餐厅食堂14家。推进自助健康检测点医疗机构全覆盖,社区(村)覆盖率83.49%。完成国家慢性病与营养调查及医学体检工作279户、638名家庭成员,完成居民骨质疏松及COPD高危人群筛查基线调查3170人,开展慢性病防控社会因素调查10556人。12月,张家港市通过国家慢性病综合防控示范区复审,并获国家卫健委通报表扬。

【重大疾病救治】　为增强危重大疾病专业预防和救治能力,提升医疗卫生服务水平和人民群众健康水平,9月,市卫计委下发《张家港市胸痛、卒中救治分中心建设方案》,全面启动张家港市级胸痛、卒中分中心建设。至年末,全市建成国家级胸痛救治中心2个,苏州市胸痛、卒中救治中心,创伤救治中心建设单位各1个。市第五人民医院、市中医医院先后通过基层版国家级胸痛中心评审,市第一人民医院通过苏州市级胸痛、卒中、创伤、危重新生儿、危重孕产妇分中心评审,市中医医院通过苏州市级胸痛、卒中分中心评审,澳洋医院建成苏州市级创伤救治分中心建设单位。完成心脑血管疾病高危人群筛查9.93万人,初筛发现脑卒中高危6100人、心脏病高危6100人。通过进一步医学检查,发现脑卒中阳性979人、心脏病阳性429人。开展健康教育专题讲座31场,参与1221人次。　(黄希彤)

医　疗

【概况】　年末,全市有医疗卫生机构447个,其中医院37个(综合医院21个、中医医院1个、中西医结合医院1个、专科医院12个、护理院2个),基层医疗卫生机构403个(镇公立医院7个、社区卫生服务机构222个、门诊部22个、卫生室及诊所152个),专业公共卫生机构6个(卫生监督所、疾病预防控制中心、妇幼保健所、红十字血站、健康促进中心、120急救指挥中心),其他卫生机构1个(医学检验所)。中心医院通过二级医院评审。全年总诊疗1091.85万人次,比上年增加19.95万人次,增1.86%;病床使用率87.53%;入院病人31.37万人次,医院住院手术52786人次,平均住院日9.3天;全市医院门急诊均次医疗费用210.8元,比上年减6.1%;出院病人平均每次医疗费用8501.7元,比上年减4.7%。全年"120"急救体系出车28997次,接送病人23281人次,其中救治危重病人1835人次。

医疗队伍　年末,全市医疗卫生机构总人数11673人,比上年增加147人,增1.3%,其中卫生技术人员9753人,占83.55%。卫计人员中,医疗人员3915人、护理人员4168人、药剂人员527人、医技人员499人。按常住人口计算,每千人口卫生技术人员7.7人、执业(助理)医师3.11人、注册护士3.3人,每万人全科医生数达到4.2人。新增江苏省"双创博士"1人、江苏省"333"高层次人才2人、新增"姑苏卫生重点人才"2人、"姑苏卫生青年拔尖人才"4人。在苏州市创新建立"张家港市医学智库"平台,聘任10名医疗卫生及医院管理领域专业人才作为全市卫生健康事业发展的智囊团。市第一人民医院和市中医医院分别引进江苏省人民医院普外科院士王学浩和江苏省中医医院肾病科教授孙伟2个临床医学专家团队,市中医医院引进夏桂成、邹燕勤国医大师工作室传承工作站和江苏省人民医院励建安院士2个工作站。实施苏州市卫生青年骨干人才"全国导师制"培训项目7项。

医疗设施设备　年内,根据《张家港市医疗卫生服务体系规划》《张家港市医疗机构设置规划》,市卫计委不断完善医疗资源配置。市第二人民医院新建工程完成装修,市第四人民医院及港城康复医院正式投入使用,凤凰医院易地新建工程建设有序推进。先后出台《关于加强全市公立医疗卫生机构药品耗材（试剂）采购管理工作的通知》《关于进一步加强市属医疗卫生单位医用设备采购管理工作的通知》，规范药品耗材设备采购管理，完成2018年度社区医疗机构药品目录的遴选、增补报量工作，药品外配服务站点扩展至49家，推动自动化发药机外配服务。全市批准设置民营医疗机构32个，其中门诊部5个、诊所25个、护理站1个、体检中心1个。年末，全市核定床位总数8261张，实际开放床位数9721张；核定常住人口千人床位数6.57张，实际开放7.71张；全市共有乙类大型医用设备22台。

重点专科 市中医医院肺病科、肛肠科建成江苏省中医重点专科。市第一人民医院肿瘤学、市中医医院中医妇科学建成苏州市医学重点学科。市第一人民医院妇科学，市中医医院中医呼吸病学、中医妇科学，市妇保所妇女保健学建成张家港市级医学重点学科。市第一人民医院儿科、医学影像科、医学检验科、临床药学科，市中医医院脑病科、麻醉科、皮肤科、医学影像科，澳洋医院中西医结合科建成张家港市级临床重点专科。至年末，全市累计有各级重点学（专）科53个。

行业监管 年内，市卫计委下发《2018医疗服务质量落实年活动实施方案》《张家港市医院“三合理”突出问题专项整治行动方案的通知》，建立健全集中整治与常态长效相结合的“三合理”监管机制，纠正一批不规范医疗服务行为，严肃处理不符合规定的医疗机构，全年注销10家，暂停相关诊疗科目5家。年内下发《医疗纠纷风险监测信息》4期。开展全市各级各类医疗机构的医疗废物管理专项督察，联合市环保局制定《关于切实加强全市医疗卫生机构医疗废物管理工作的通知》，规范医疗废物管理工作。

【家庭医生签约服务扩面】 年内，家庭医生签约服务被列为市政府民生实事项目。在以往签约对象基础上，扩面开展白血病儿童和离休住家干部签约服务，全市高血压、糖尿病等慢病重点人群家庭医生签约覆盖率43.81%，计生特殊困难家庭和大病困难群众家庭医生签约覆盖率99.35%，计生特殊困难家庭签约1378户，白血病儿童和离休住家干部实际签约率100%。社区医生开展家庭访视24426户次，提供健康咨询服务35214人次，提供常见病多发病诊断指导29653人次，发放健康科普读物17310份，提供常规检查8146项次，提供转诊服务124人次；二级以上医院专科医生提供面对面服务8159人次，提供健康咨询8296人次，开具个性化健康处方4842张；医院组织家庭护理培训46场、培训1733人次，优先预约就诊3672人次，检查1933人次，住院97人次，健康服务卡刷卡11365次、发生费用2202902.1元。在全市35个实事项目“人人评”活动中，家庭医生签约服务项目获评“张家港市十大民心工程”。

家庭医生签约 （市卫计委 提供）

【中医药服务能力提升】 年内，全市贯彻实施《中华人民共和国中医药法》和《中医诊所备案管理暂行办法》等法律法规，备案中医诊所14家。持续推进中医综合服务区建设，建设中医馆、中医阁（室）107家。市卫计委制定出台《张家港市基层医疗机构中医药适宜技术推广实施方案》，在市健康促进中心、市中医医院分别建成中医药适宜技术培训理论基地和临床实践基地，开展中医药适宜技术理论轮训6期、中医适宜技术临床实践28期，培训社区医务人员210余人，实现中医药适宜技术培训基层社区全覆盖。制定《张家港市基层医生、护士及中医适宜技术推广工作室建设方案》，成立首批中医药适宜技术推广工作室5个，提供针灸、推拿、拔罐等中医药适宜技术服务6类，缓解基层优质医疗资源的供需矛盾。实施《苏州市中医药文化建设发展行动计划（2017—2020年）》，组织开展中医中药中国行——2018年江苏省中医药健康文化大型主题活动张家港站活动，举办第八届“中医药就在你身边”中医药健康巡讲活动及岐黄校园行活动16场。

【智慧医疗平台建设】 年内，张家港市在江苏县级市中率先建成全民健康信息平台，建成人口资源、电子健康档案、电子病历三大数据库，实现县域范围内医疗健康信息互联互通、数据实时调阅，居民就诊实现“一卡通”“无纸化”。创新建设“医疗服务云”“公卫服务云”等“云”系统，覆盖全市10家公立医院、214家社区卫生服务机构、20家民营医疗机构。统一建立居民电子健康档案库，打造“3600电子健康档案浏览器”，居民电子健康档案建档100余万份，实现电子健康档案“记录一生、管理一生”的功能，率先试点向公众开放。全面推进信息系统普及化、卫生管理数字化、业务服务协同化、健康信息共享化。建立全市心电、影像会诊中心，每日远程会诊服务量百余人次，年会诊量近3万人次。实现慢病管理全流程互联互通，慢病从确诊到纳入管理时间从2个月缩短至1天。拓展“互联网+健康”服务，全面推行移动化应用，全市所有镇级医疗机构和部分民营医院建成移动查房、移动护理工作系统，实现床边心电检查和跨院诊断，医疗服务更便捷、高效；开发“先诊疗后付费”“一站式”门诊医技检查等便民服务系统；推广应用网络、微信、APP预约挂号服务，年度预约量超20万人次，开展支付宝、微信等快捷支付，全面覆盖基层医疗机构。年末，张家港市全民健康信息平台获评“数字江苏”优秀实践成果。

【市第四人民医院新建完工】 6月6日，位于芙蓉大道与疏港高速交叉口的市第四人民医院新建工程全面完工并投入使用。工程于2014年9月开工建设，并被列为当年度市政府实事工程。2018年4月23日完成基础建设和装修，6月6日完成搬迁。新院占地面积5.33公顷，建筑面积3.3万平方米，开放床位由300张增加至500张。建有门诊综合大楼、临床心理科住院楼、精神科住院楼、后勤楼及配套辅助用房，并增添CT、DR等医疗设备，总投资2.2亿元。市第四人民医院是全市唯一的集医疗、教学、科研、预防、康复于一体的公立二级精神专科医院，主要收治各种心理障碍、精神障碍性疾病患者，同时承担全市严重精神障碍项目管理、心理健康教育宣传等公共卫生服务，是张家港市心理检测中心、心理咨询中心、精神康复中心。年末，全院有医护人员142人。全年诊疗82802人次，其中6月至12月诊疗5万余人次。医院前身为位于小河坝路的市康乐医院，2015年更名为市第四人民医院。

（刘浩哲　胡慧勤　侯　坤）

【港城康复医院建成】 10月25日，由江苏澳洋健康产业股份有限公司投资建设的张家港港城康复医院正式开业，成为全市首家集医疗、康复、健康管理于一体的专业康复医疗机构。医院位于暨阳湖大道166号，2016年7月开工建设，建筑面积2.2万平方米，总投资1.5亿元。按照二级康复医院的标准，引进德国、美国、瑞士、法国、加拿大等医疗品牌的专业康复设备，并与江苏省人民医院、北京301医院、南京鼓楼医院、上海交通大学附属瑞金医院及复旦大学附属华山医院等建立战略合作关系，被江苏省体育局授予“国民体质监测与科学健身指导站”（国家级）。医院采用BOBATH（神经发育）治疗法、GCT绳带与手法治疗等先进的康复评定和治疗技术同时辅以中西医结合的辩证、传统的康复评定与治疗方法，重点开展神经康复、骨关节康复、运动损伤康复、重症康复、心肺康复、中医康复、疼痛康复、儿童康复等医疗项目，开放床位150张，建有2500平方米康复治疗区域，配有全套椎间孔镜影像动力系统、美国杰西等离子、加拿大Baylis射频、冲击波治疗仪等治疗设备。年末，全院有医护人员143人，收治住院患者349人。全年实现业务总收入757万元。

（何晓璞）

新建成的港城康复医院　　（市卫计委　提供）

预 防 保 健

【概况】 2018年，全市人均期望寿命82.89岁，全市非产科原因孕产妇死亡率每10万人9.5例，产科原因死亡率每万人0例，婴儿死亡率2.66‰，出生缺陷率4.15‰；传染病总发病率每10万人508.43例，全市未发生重大传染病疫情。疾病防控、妇幼卫生主要指标在全省持续领先，市妇幼保健所作为全省唯一一家县级妇幼保健机构被中国妇幼保健协会授予儿童眼保健示范单位。

疾病预防控制　全市全年报告乙、丙类传染病8394例，未发生重大传染病疫情。发现活动性肺结核397例，报告伤害监测病例42878例、慢性病28896例、肿瘤6604例，死亡报告7460例。开展企业退休人员和非社会化管理65岁以上老年人健康体检14.3万人，高血压健康管理13.81万人、糖尿病健康管理3.93万人。成立市疫苗管理委员会，规范疫苗采购储运全过程管理，有序推进疫苗安全工程建设。全市完成扩大免疫规划疫苗免费接种34.4万人次，一类疫苗接种率99.09%，新生儿乙肝疫苗及时接种率93.83%。完成适龄儿童水痘疫苗免费接种17372人，65岁以上户籍老年人肺炎疫苗免费接种18957人，初三学生麻腮风疫苗免费接种8715人。编印《职业危害与职业病防治手册》，完成职业病危害因素企业监测62家次，市疾病预防控制中心获评苏州市重点职业病监测与职业健康风险评估先进单位。实施空气污染（雾霾）人群健康影响监测项目，定期做好监测点空气$PM_{2.5}$采样分析，组织社区人群和学生健康影响调查。实施苏州市食源性疾病监测与食品安全风险监测项目，开展食源性疾病主动监测工作，全市完成采样811份，其中阳性178份、阳性率21.95%，完成食品污染物监测送样56份。开展生活饮用水采样监测，水样检测合格率100%。对40家医疗机构、16家托幼机构开展消毒效果监测，合格率分别为95.08%、95.97%。组织全市中小学校完成学生体检11.99万人；规范学生因病缺课监测网络直报工作，监测学校、学生覆盖率保持100%。继续实施江苏省儿童口腔疾病干预项目，2017—2018学年共对62所小学（含分校）11041名三年级学生进行口腔检查和窝沟封闭。

妇幼健康体系建设　年内，推进全市妇幼健康体系规范化建设，对全市申报母婴保健技术服务的机构进行梳理和现场评审，完成11家助产机构和27家计划生育技术服务机构评审。市第二人民医院被确认为苏州市基层医疗机构妇幼健康规范化门诊。全市0至3岁儿童系统管理率97.47%，7岁以下儿童保健覆盖率99.01%，孕产妇系统管理率96.01%，出生缺陷发生率4.15‰。向孕产妇免费发放叶酸2495人，开展预防艾滋病、梅毒、乙肝母婴传播项目免费检测12208人，对发现的3例艾滋病孕产妇、23例梅毒孕产妇实施母婴阻断，对421例乙肝表抗阳性孕妇所生新生儿注射乙肝免疫球蛋白。全年完成免费孕前优生健康检查4566人。加强避孕药具不良反应监测，上报良反应729例。落实避孕免费药具"两进"（医疗机构、高校）工作，设置自助发放机83台，实现全市避孕药具自助发放机公立医院和高校全覆盖。规范开展妇幼健康项目分级服务，全年妇幼健康六大服务项目基层服务量占全市总量的78.1%。深入推进儿童保障工程，开展儿童脑发育初步筛查6283人，转诊至市儿童功能检测中心进一步筛查704人，发现脑发育落后201人；开展0至6岁儿童视力筛查34998人，发现视力异常儿童4392人；开展儿童听力筛查36469人，经复筛发现听力可疑儿童45人，转上级机构确诊为听力异常儿童17人；开展儿童髋关节发育筛查5951人，发现发育异常儿童139人，均予干预治疗；开展学龄前儿童氟离子导入预防龋齿项目，完成氟离子导入预防龋齿服务4万余人次。妇儿健康工程服务118.5万人次，服务经费2710万余元。市妇幼保健所作为全省唯一县级妇幼保健机构被中国妇幼保健协会授予儿童眼保健示范单位称号。

健康教育　年内，全市发放健康教育宣传资料127种，播放健康教育视频49278次，设置健康教育宣传栏237个，更新宣传栏内容2844次，开展公众咨询活动142场，举办健康知识讲座1530次。市卫计委创新开发"健康张家港"视频联播平台，在176家社区卫生服务站及张家港公园健康小屋安装视频联播机顶盒，统一播放《健康之路》等健康宣教内容；在张家港交通广播开设《健康生活》专题节目，全年共播出238期。组织开展健康教育进社区、进学校、进企业、进机关巡讲活动，巡讲193场。开展健康科普作品比赛、微信及日报健康科普知识竞答活动、小学生健康素养知识竞赛、市第一人民医院健康素养知识竞赛，组织参与"健康苏州杯"家庭医生健康传播技能竞赛并获团体二等奖及个人二等奖。开展居民健康素养与烟草流行入户监测，全市9个区镇24个监测点完成调查1200户，完成教师调查问卷150份、学生调查问卷120份。

【精神卫生综合管理】 10月，由江阴市第三人民医院、海安县第三人民医院、张家港市第四人民医院联合举办的第三届"江海港"精神卫生论坛在市第四人民医院举行，张家港市、江阴市、海安县的200余名精神专科医生参加活动。年末，全市登记在册严重精神障碍患者5789人，报告患病率4.56‰；管理患者5438人，管理率93.94%，规范管理率93.87%；面访率87.01%；服药率95.4%，规律服药率73.33%，其中精神分裂症患者服药率85.87%；严重精神障碍管理质控指标位居苏州市第2名。年内，全市开展严重精神障碍患者联合排查，上报疑似患者312例，确诊98例；加强严重精神障碍患者信息管理，上报门诊确诊患者信息21例，出院信息332例。实施大病困难患者家庭医生签约服务民生实事工程，签约服务贫困精神障碍患者家庭332户。继续落实严重精神障碍患者免费服药、免费体检等优惠政策，实现免费服药5438人，免费体检4300人，体检率79.07%。开展产后抑郁早期筛查和干预，全年筛查2382人次。试点开展严重精神障碍患者亲情照护项目，全年开展家属课堂11次、情景模拟课程2次，受益

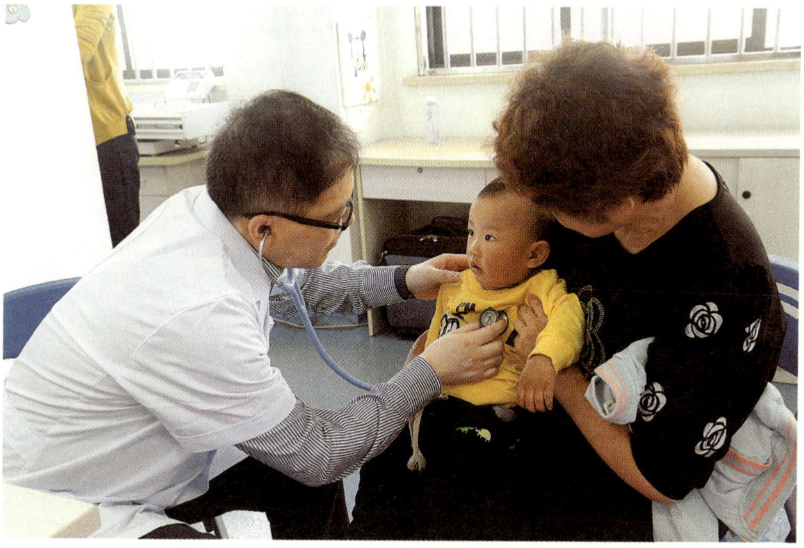

新生儿健康体检　（市卫计委　提供）

600余人次。实施精神卫生技术服务“门诊前移”，在市第五人民医院开设精神科门诊，服务506人次。深化“心语桥工作室”心理健康服务，举办心理健康免费讲座21次，受益1500余人次。组建市红十字心理援助志愿服务团队，成立心理成长小组，开展多种类活动30余次，受益500余人次。

【妇幼健康惠民工程】 年内，为进一步降低妇女儿童疾病死亡率和致残率，提高妇女儿童健康状况，市卫计委深入推进“妇幼健康惠民工程”，在全市组织开展新周期“两癌”（乳腺癌、宫颈癌）筛查、户籍高危妇女盆底功能免费检查、常住流动孕产妇孕期基本保健免费服务、户籍新生儿先天性心脏病免费筛查、户籍新生儿29种遗传代谢性疾病免费筛查及新生儿耳聋基因筛查等惠民服务项目。全年完成妇女病“两癌”筛查44981人次，发现宫颈癌20人、乳腺癌30人、宫颈癌前病变575人；开展29项新生儿代谢性疾病免费筛查10868例，确诊异常9例，全市新生儿疾病筛查率97.51%；开展新生儿先天性心脏病筛查10718人，其中免费筛查张家港市户籍新生儿5988人，确诊先天性心脏病76人；开展新生儿耳聋基因检测筛查7027人，发现携带药物性耳聋基因新生儿27例、携带其他耳聋基因新生儿255例；免费开展高危妇女盆底功能筛查700人，发现盆底功能异常的妇女540人；为外来常住孕产妇提供免费基本保健服务625人。

（王晓飞　杨增芳　黄希彤）

人口计生

【概况】 年内，全市户籍人口出生6362人，出生率6.7‰，人口自然增长率-0.45‰。常住人口出生政策符合率99.29%，常住人口出生性别比年均103.38。实施“全面二孩”政策，二孩及以上出生人数3156人，占出生总数的49.61%。全市核发独生子女父母光荣证1923本。全年市、镇两级财政共投入人口计生事业经费8705.77万元，人均计生经费69.34元。年内，市卫计委获评全国流动人口动态监测优秀单位。

计生服务　5月，市人口计生委下发《关于加强我市基层计划生育服务管理的实施意见》，推动计划生育服务管理工作转型升级。全面落实计划生育家庭利益导向政策，发放2018年农村部分计划生育家庭奖励金1559.72万元，企业退休人员一次性奖励金4755.6万元，计划生育特别扶助金1958.77万元。登记养老帮扶志愿者983人，开展帮扶活动37686次；登记单亲、失独等计划生育家庭特别扶助对象2271人，走访慰问18418人次，发放生育关怀基金265.6万元，其中发放计划生育特别扶助家庭社会保险补贴、养老保险补贴147.7万元。联合太平洋寿险张家港支公司开展“计生家庭健康保险”，参保对象包括0周岁至16周岁、符合计生政策的子女，累计投保6万余人；推进住院护工保险，为2271名计生特别扶助对象团购住院护工服务保险。

计生宣传　做好“全面二孩”政策宣传和舆论引导，依托多种媒介开展形式多样的宣传活动，组织健康专题讲座、健康服务咨询活动300余场次，发放健康科普知识折页、书籍、健康礼包1.5万份。完善“一站式”卫计服务，组织计生业务现场培训指导9场次，参训400余人。将生育登记服务与孕前优生健康检查、健康手册发放等工作有机结合，提高生育登记吸引力；设立计生咨询投诉电话，畅通监督渠道，规范计生服务管理。全面开展青春健康教育校企行活动，开展同伴教育70余场，受教育4300余人。虚拟养老服务平稳运行，将1456名计生特殊困难家庭成员纳入市“亲情”虚拟养老院，为981名65周岁以下计生特殊困难家庭父母开展免费体检。联合多家单位，以千场电影进社区、幸福家庭创建、家庭文化节、走基层送健康志愿服务等形式开展婚育新风进万家宣传服务活动，构建“促进家庭文明、守护家庭健康、促进家庭发展、维护家庭稳定、守护家庭幸福”的家庭发展体系。

【流动人口社会融合与健康促进】 为提高流动人口健康意识和健康素养，市卫计委持续推进流动人口社会融合示范创建，简化流动人口生育登记材料与办理流程，提升新市民满意率。2月28日，以“关注流动人口健康，人人参与共建共享”为主题的“新市民健康城市行——张家港在行动”启动仪式在塘桥镇举行。继续落实流动人口动态监测及新市民积分工作，44066名新市民积分入医、入学，7100名新市民子女获得积分参加居民基本医疗保险资格，27992名新市民子女获得续保资格。进一步完善基本公共服务均等化系列措施，流动人口基本公共卫生计生服务项目目标人群实现全覆盖。9月，国家卫健委项目资金监管服务中心作为第三方评估机构对全市流动人口基本公共卫生计生服务均等化示范创建进行实地检查评估。

（李卫军　黄希彤　朱长明）

卫生监督

【概况】 年内，市卫生监督所组织开展执法检查20次、临时性执法检查24次，检查单位7161个次；查处违法案件107起，罚没款38万余元；监督抽检健康产品样品694份；处置投诉举报77起；完成重大活动卫生保障任务7项次；举办各类培训班14期，培训管理相对人1100余人次；完成再生育（服务）审批231例，发放再生育证231张。成为江苏省卫生监督信用评价和在线监督监测唯一的县级市试点单位，创新推行新发证医疗机构运行满月“首评制度”，试点实施公共场所卫生许可告知承诺制。完成全国文明城市和国家卫生镇省级、国家级复审迎检任务。建立市卫生监督所与市卫计委机关医疗卫生行业综合监管重大事项联合会商等制度，探索启动卫生监督所与卫计委“扁平化”管理。推进国家“双随机”（监管过程中随机抽取检查对象，随机选派执法检查人员）和市级“跨部门双随机”抽查工作，“医疗机构执业信用评价管理”入选张家港市依法治市领导小组办公室开展的2018年“关爱民生法治行”重点项目。在“三合理”、有责任医疗事故、病历书写等方面医师不良执业行为记分常规执法中，以“光盘”形式附入案卷的做法得到国家卫健委综合监督局调研组的高度评价。

医疗机构监管　市卫生监督所依托“扁平化”管理，建立医疗卫生行业综合监管重大事项联合会商制度，参与春节前医疗质量安全暗访、“两非”（非医学需要的胎儿性别鉴定和非医学需要的选择性别的人工中止妊娠）专项监督、一级以上医疗机构监督执法等各类检查活动20次。组织180名医疗卫生管理干部、326名依法执业管理员开展专题培训。健全医疗机构审批管理、中医诊所备案管理与事中事后监管的衔接机制。结合“263”专项整治行动，建立医疗废物规范处置承诺机制，集中约谈医疗废水监督检测不合格医疗机构12户次。全年查处医疗机构14户次，医疗机构不良执业记分21户次、114分，医师不良执业记分131人次、336分。3家医疗机构在同一个校验周期内不良执业行为记分累计超过12分，1家专科医院被市卫计委暂缓校验，1家个体诊所和1家厂矿医务室申请注销。开展非法行医专项整治月活动，取缔和查处无证行医点23个，其中非法医疗美容6个，没收药品13箱、器械15件，罚款25.44万元，向公安部门移送涉嫌犯罪的非法行医人员5人。依法做好违法生育社会抚养费征收工作，稳步提升计划生育监督执法水平。

公共场所监管　4月，市卫计委印发《张家港保税区和张家港经济技术开发区内公共场所卫生许可实施告知承诺制试点工作实施方案》，试点开展公共场所单位卫生许可告知承诺制度；配合保税区（金港镇）等区镇实施相对集中行政许可权改革试点工作。应对“证照分离”改革，完善工商登记、行政许可和卫生监管信息共享机制，推进公共场所“宽进严管”。加强重点行业监管，组织开展住宿场所、美容美发场所等专项行动9次，完成冬季浴室、夏季重点公共场所卫生等临时性专项检查2项，对5个单位的集中空调通风系统清洗消毒工作进行现场督察。会同市市场监管局开展“尚德守法，共治共享，食品安全”宣传等活动。做好全国文明城市，国家卫生城市省级、国家级暗访复审迎检工作，凤凰、塘桥等4个区镇通过苏州市级督察验收。在全市营业面积500平方米以上的住宿场所中推行“分色管理”；组织游泳池开展定期和不定期抽检7轮次，开展泳池“你点我检”活动，监测泳池水样206份。

游泳池水样监测　（市卫计委　提供）

学校卫生监管　年内，继续推进以教学环境卫生、饮用水卫生、传染病防控和内设卫生（保健）室为重点的学校卫生监督工作。对乘航小学、张家港外国语学校北校区等新建学校开展预防性卫生监督，联合市疾控中心开展学校教学环境监测，抽检学校饮用水70份，完成20所中小学学校卫生综合评价，联合市教育局开展学校卫生春季和秋季专项监督执法检查，开展学校结核病防治执法监督、艾滋病法律法规检测等宣传工作。

生活饮用水监管　规范开展日常监督检查、季度巡查和水质快检等饮用水监督监测工作，推动老旧二次供水设施的改造工作。与市给排水公司建立信息共享机制，实施每季度水质自检上报机制，及时掌握水质动态。强化对生活饮用水供水单位、涉水产品生产企业的监管，查供水单位67户次，涉水产品生产企业和经营销单位42户次，实施水质监测2次，公示检测结果。开展“饮用水宣传周”“卫生宣讲进社区”等主题宣传活动。发放宣传资料、手册1000余份，提升市民群众安全用水意识。

【新发证医疗机构“首评”制度建立】 年内，为加强新发证医疗机构管理，市卫生监督所制定医疗机构首次监督检查评价标准，推行新发证医疗机构运行满月“首评制度”。首评工作以现场评查的方式，对新发证医疗机构的人员资质、消毒隔离、医疗废物处置等方面进行全方位评查。全年共开展新设医疗机构首次监督检查12户次。现场检查发现，受检查单位都能按照规定亮证执业，相应工作制度、消毒隔离制度能规范上墙，不违规发布医疗广告，但存在灭菌器械包装不符合要求、医疗废物与生活垃圾混放、人员未佩戴执业信息卡等问题。针对发现的问题，市卫生监督所现场出具卫生监督意见书，责令限期整改。对新发证医疗机构建立“首评制度”，是服务性执法与依法监管的创新举措，有利于提高新发证医疗机构的依法执业意识，加强依法执业的责任感，提升自我管理的能力，从而净化医疗服务市场，保障群众就医安全。

（蒋　敏）

环境卫生

【概况】 年内，市城乡环境卫生指导中心以实施乡村振兴为契机，推进美丽乡村（美丽河道）建设，以国家卫生城市（镇）复审迎检为抓手，巩固提升创卫成果，以“健康+”为主线，丰富健康城市建设内涵，各项工作有序开展。国家卫生城市、7个国家卫生镇高分通过国家、省、苏州市级明察暗访，病媒生物防制单项达标先进市通过省级复审考核；美丽乡村（美丽河道）建设质效一直在苏州市范围领先，举办“文明引领筑梦乡村”美丽乡村健康行活动，《健康报》等多家媒体作专题报道。张家港市健康城市工作在第八届健康城市联盟大会获世界卫生组织健康城市最佳实践奖，并在全省推广，健康中国行·江苏站活动在张家港市启动。

卫生城市创建　2018年是张家港市国家卫生城市、金港镇等7个国家卫生镇复审之年。1月22日，市委、市政府召开国家卫生城市（镇）暨城乡环境大整治大提升动员大会，明确时间节点，落实管理责任，强化工作重点。3月9日，市城乡环境卫生中心组织开展国家卫生城市（镇）复审迎检专题培训会，加强相关人员对国家卫生城市（镇）标准的把握，切实提高业务水平和监督指导能力。7月11日，市委、市政府召开国家卫生城市（镇）复审迎检工作推进会，查找薄弱环节，落实整改措施。市城乡环境卫生指导中心联合城管、教育、卫计、市场监督等12个条线主管单位以联合督察、重点场所专项督察等形式，加强明察暗访。全市按照区域及重点行业成立13个工作督察组，实行定人、定片、定任务，集中开展拉网式督察，列出“问题清单”，逐项制定解决方案，逐一落实整改措施。参与单位共抽调80余人，分成12个小组检查门店293个、学校80个、居民小区（城中村）42个、建设工地23个、集贸市场19个，编发督察通报14期。张家港市和7个国家卫生镇先后通过苏州市级、省级、国家级明察暗访。在接受复审的全国93个城市（区）中，张家港市以全省第1名891分的高分通过暗访检查（总分1000分），实现“九连冠”，并作为唯一的县级市获全国爱卫会通报表扬。

病媒生物防制　年内，紧扣国家卫生城镇、病媒单项达标先进市复审考核等重点工作，积极推进病媒防制设施规范化建设，探索启动毒饵站鼠药定量投放管理，全市共计投放溴鼠灵、溴敌隆灭鼠毒饵4.4吨，新改建各类毒饵站1200余个，投放新型捕蝇袋1500余个。4月、6月，联合市疾控中心邀请省疾控中心专家、一线厂家技术人员举办两期专题培训班，对各基层联络人，业务骨干100余人次进行系统培训。开展“健康港城灭蚊行动”，先后会同市疾控中心、各（镇）区爱卫办开展灭蚊周公益宣传活动5场，采取标本科普展示等模式，宣传蚊虫防制科学知识，免费发放气雾剂、粘蝇纸等防制药械10余箱，宣传知识折页2000余份。围绕控制登革热虫媒传染病为主题，组织锦丰镇鼎盛村、乐余镇乐江社区等进行现场消杀演练试点，累计投入人力100余人次，派发宣传折页、告居民书1000余份，清理杂草堆积地30余处、各类废弃物、水缸瓶罐等100余处，整治河道10条，进行超低、滞留、烟熏等消杀作业6次，合计使用菊酯类等杀虫剂100余千克。区域布雷图指数、账诱指数等指标快速下降，区域蚊种密度显著降低。创新推进城区、凤凰、金港、南丰、常阴沙现代农业示范园区等5个监测评估试点，初步完成“东南西北中”城乡全覆盖监测评估点布局。8月17日，张家港市以鼠类B级、蜚蠊A级、蝇类C级、蚊虫B级的现场考核成绩，通过省级病媒生物防制单项达标先进市复查考核。

【健康城市建设】 全市以“张家港首届全民健康节”为总领，项目化推进“健康知识大比拼”“全民健身总动员”“健康家庭风采展”等活动。3月至10月，市城乡环境卫生指导中心与市旅游局联合举办以“学健康知识，游美丽港城”为主题的健康知识大比拼活动，累计千余人参加活动，共送出80张旅游年卡。4月16日，副市长周斌伟在全省爱卫办主任会议上作健康城市建设交流发言。5月，与市妇联联合开展第二届健康家庭评选活动，以“5·31”世界无烟日活动为契机，招募12名志愿者分东南西北4个小组，对医疗卫生机构、学校、网吧等9类110家公共场所控烟情况进行暗访督察。在机关、医院、学校、车站、社区等重点场所，开展“我为控烟发声”公益接力活动，形成控烟理念的传递。6月4日，全省“健康中国行”活动在张家港市启动。9月，与市教育局联合举办“我眼中的健康港城”绘画大赛。10月1日起，单位和个人可通过“12345”便民服务热线或者相关行业监管热线，对违反控烟规定的行为进行举报。10月23日至24日，全市43家健康场所通过苏州市级评估。加强“社工+青年志愿者”联动，首批5个健康城市公益服务项目完成，累计开展各类健康促进活动140次、健康讲座125场，参与群众5万余人次。年内，金港镇创建成江苏省健康镇，金港镇南沙办事处、市粮食局、江苏港城汽车运输集团有限公司、沙洲宾馆、锦丰镇社区卫生服务中心、塘桥中心小学、乐余镇文体服务中心、凤凰中心小学、南丰镇文体服务中心、大新镇文体服务中心等10个单位建成江苏省健康单位，金港镇塍德社区、金港镇小明沙村、杨舍镇云盘社区、锦丰镇南港村、锦丰镇大南社区、塘桥镇金村村、乐余镇红闸村、南丰镇永合社区、常阴沙现代农业示范园区常东社区等9个单位创建城江苏省健康社区（村）；张家港公园等10个单位创建成苏州市健康单位，金港镇金润社区等10个单位创建成苏州市健康社区（村）。

【美丽乡村建设】 年内，全市美丽乡村建设新建拓宽村庄道路51.35千米，清淤疏浚村组河道112条、49.87千米，建设生态护坡65.51千米，拆除违章3.56万平方米，新建停车场1.52万平方米、活动场所3.83万平方米，清理垃圾废弃物2.04万吨。美丽乡村建设进度和成效在苏州大市范围内处于领先，省定高质量发展指标“美丽

百家桥村 （袁忠艳 摄）

宜居乡村建设达标率”在苏州市排名第一。3月24日，在冶金园（锦丰镇）举办“文明引领，筑梦乡村”美丽乡村健康行。4月11日，副市长周斌伟对全市美丽河道建设工作开展专题调研，统筹推进全市美丽乡村、美丽河道和无违村（社区）建设工作。5月至11月，与张家港市摄影家协会联合在无线张家港客户端、张家港在线微信公众号开展“文明引领，筑梦乡村”美丽乡村随手拍大赛。共征集照片千余张，评选出一等奖1名、二等奖2名、三等奖3名、优秀奖30名。5月至6月，市委、市政府分2批召开美丽乡村、美丽河道建设规划评审会。6月至7月，市人大、政协调研全市美丽乡村建设。8月，市城乡环境卫生指导中心与市文广新局联合，邀请乡村建设专家、省文化馆副馆长戴恒举办美丽乡村建设分享会，活动全程通过张家港在线直播，2万人在线观看。8月31日，苏州市美丽村庄建设工作会议在张家港市召开。11月14日，市委、市政府召开美丽乡村（乡村旅游）建设现场推进会。至年末，杨舍镇福前村、锦丰镇南港村、常阴沙现代农业示范园区常西社区建成苏州市康居特色村，全市累计建成苏州市三星级康居乡村97个、美丽河道30条。

【2018年健康中国行江苏站活动启动】 6月4日，由江苏省卫计委、省体育局等部门主办的2018年健康中国行·江苏站——科学健身主题宣传活动在张家港市启动。江苏省卫计委副主任、爱卫办主任汪华，张家港市委常委、市委政法委书记黄亚平等参加活动。“健康中国行”是一场全国大型健康传播活动，自2013年开展后，每年选定一个群众普遍关心的健康主题，面向广大公众进行健康科普促进活动，旨在充分调动各方面的宣传资源，开展丰富多彩的健康促进活动，提高人民群众健康素养，推进健康中国建设。2018年“健康中国行”的主题是“科学健身”，结合健康中国和全面健身国家战略等内容，倡导形式多样的健康教育和科学健身活动。活动现场，张家港首届全民健康节也同步启动。全市以“健康+”为主线，促进健康与体育、卫生、环境、公益等深度融合，先后开展“全民健身总动员”“健康知识大比拼”“美丽乡村健康行”“健康家庭风采展”等活动。

（李芳芳）

红十字救护

【概况】 年内，全市共有红十字会基层组织119个，其中区（镇）红十字会9个、学校红十字会73个、红十字会团体会员单位37个（其中红十字冠名医疗机构4个）；新增红十字心理援助志愿服务队，共有红十字健康关怀、应急救援、无偿献血、捐献造血干细胞、心理援助、养老照护等专业志愿服务队6个，红十字志愿者近700人，红十字会员176人。市红十字会全年接收捐赠款物69.67万元，捐款使用45.8万元。开展“红十字博爱送万家”贫困家庭新春慰问活动，覆盖全市9个区镇740户困难家庭，发放物资22.2万元。联合团市委、国泰集团开展“希望之光”助学活动，资助全市19所学校114名学生。实施重大疾病、罕见病困难家庭救助5人，开展当地定向助学34人次。参与“爱满港城”慈善募捐活动，捐赠衣物2659件，价值70755元。开展“金秋助学圆梦行动”公益项目，发动爱心企业、爱心组织和爱心人士捐款9.4万元，资助贵州省沿河土家族自治县高一年级贫困学子47人。捐赠5万元援建沿河县七完全小学“博爱书屋”。筹集爱心物资价值2.8万元，向沿河中寨镇基层医疗机构捐赠医疗小器械61件，向沿河中界镇银山村贫困家庭捐赠羽绒被27床。实施公益性应急救护百万培训项目，在社区居民、高一新生、企业职工、机关干部、医务人员等群体中组织应急救护知识培训，培训初级救护员1617人，完成省培训计划的109.26%，开展普及培训23360人，完成省培训计划的185.4%。分2批组织7名救护培训师赴贵州沿河县开展对口精准帮扶，面向当地医务人员、高中学生、社区居民以及农村致富带头人举办观摩会1场和现场救护培训6场，参训600余人。首次在张家港客运站、政务服务中心等6个公共场所投放自动体外除颤器（AED），增强

9月8日，世界急救日主题活动开展　　（市红十字会　提供）

公共场所应急保障能力。举办应急救援演练，提高应急救援队伍专业水平。实施救护培训师资注册管理和星级评定，组织救护培训师教学观摩活动。在苏州市应急救护技能竞赛中，张家港市代表队获团体二等奖。会同市卫计部门建成市民急救体验馆并对外开放，提升市民应急素养。在香山风景区新建红十字应急救护点，为景区游客提供应急保障服务。在锦丰镇大南邻里中心新建“博爱家园”，为社区居民提供复合型人道服务。

【无偿献血】　年内，全市无偿献血17009人次，献血量5123640毫升。造血干细胞血样新增入库155例，总数达到3102例，成功捐献志愿者新增3例，累计达到17例，位居苏州县市第二。遗体捐献登记27例，成功捐献6例，出现首例夫妻成功实现双捐的家庭。器官登记30例，眼角膜登记30例，成功捐献1例。市红字会组织开展“世界骨髓捐献者日”、无偿献血宣传月、捐献遗体（器官）志愿者集体悼念、捐献造血干细胞志愿者春节慰问、献血捐髓微信知识竞赛等活动，调整红十字志愿服务团队，新建红十字心理援助志愿服务队。组织志愿者业务培训，举办骨干志愿者户外拓展训练。整合优势资源和服务功能，在步行街爱心献血屋成立“红十字无偿献血（捐髓）志愿服务基地”，在市心理咨询中心成立“红十字心理援助志愿服务基地”，定期组织志愿者开展献血捐髓宣传动员、心理健康咨询等志愿服务活动，同时为志愿者搭建学习交流平台。开展星级志愿者评定，63人晋升星级；评选全市红十字优秀志愿服务队2个、优秀志愿者10人；2人获评苏州市“最具影响力慈善楷模”，1人获评2018年“苏州好人”；2人获评港城季度“最美职工”，1人获评“港城最具爱心慈善行为楷模”。先后与市卫计委、市教育局联合开展全市卫生应急素养暨自救互救情景剧集中会演、“红十字博爱周”宣传、“纪念第71个世界红十字日”广场活动、红十字特色志愿服务、防灾避险网络有奖知识竞赛、“珍爱生命·健康成长”红十字青少年夏令营等活动。联合市献血办举办“世界献血者日”广场主题宣传活动。举办“世界急救日”系列活动，组织广场演示和亲子急救体验活动。

【“交通安全‘救’在身边”主题活动】9月8日是第19个“世界急救日”。市红十字会在世纪广场举办交通安全‘救’在身边”主题活动，普及救护知识和技能，提高群众自救互救意识。活动现场，红十字应急救援志愿服务队通过形式新颖的情景模拟剧、救护技能现场演示，宣扬红十字精神，普及急救知识。现场还举行自动体外除颤器（AED）发放仪式，市行政审批局（政务服务中心）、张家港客运站、步行街（诚信驿站）、暨阳湖公园、购物公园及吾悦广场6个单位的代表上台接收AED。救护培训师现场演示并讲解AED使用方法，开展心肺复苏、气道异物梗阻急救演示。市中医医院红十字会会员表演急救健身操“海姆立克的拥抱”。现场还举行爱心义诊、应急救护互动体验、无偿献血和捐献造血干细胞登记以及养老照护知识宣传等活动。急救日期间，各基层红十字会通过开展救护知识讲座、校园广播、宣传橱窗以及应急疏散演练等宣传应急救护知识。　（孙　雯）

【市民急救体验馆建成】　为普及急救知识，减少意外伤害，市政府在市公共卫生中心设立市民急救体验馆，总投资200万元，面积约500平方米。体验馆集急救知识科普、急救培训、急救互动体验为一体，实现科普、科技的深度融合。馆内分为情景模拟区、互动体验区、互联成长区三大区域，涵盖事故安全（交通、火灾、踩踏）、自然灾害（地震、台风、雪灾）、意外伤害（触电、中暑、溺水）、公共卫生（动物咬伤、禽流感）等多方面急救内容。12月28日，市民急救体验馆正式开馆，免费对公众开放。

【“120”急救指挥中心独立运行】　5月，张家港市“120”急救指挥中心建成并独立运行。急救中心位于职中路18号，总建筑面积800余平方米，有工作人员17人。指挥中心引进国际先进的急救优先调度系统（MPDS），遵循“就近、就急、专业、自愿”的原则，指挥调度市第一人民医院、市中医医院、市第二人民医院、市第三人民医院、市第五人民医院、市第六人民医院、澳洋医院、广和中西医结合医院、博爱医院、香山医院10个急救站的急救资源，急救网络覆盖全市八镇二区。全年救护车出警2.9万车次，接送病人2.3万人次，救治危重病人2000余人次，完成年度大型保障任务50余次。　（黄希彤）

【编辑　陆正芳】

体育

Sports

11月9日，市第七届体育运动会开幕展演　（市体育局　提供）

体育综情

竞技体育

青少年体育

体育产业

群众体育

张家港年鉴（2019）

扫码欣赏

第七届体育运动会
开场视频

体育综情

【概况】 3月，市政府召开全市体育工作会议，要求运用全局思维谋划体育事业发展，突出公共服务，深化共享理念补齐体育民生短板，着眼项目推进，积极探索创新促进体育资源整合。9月，市体育总会被江苏省体育局评为“2014—2017年度江苏省群众体育先进单位”。10月，市体育运动学校被江苏省体育局命名为江苏省高水平体育后备人才单项训练基地。12月，市体育总会以总分第1名蝉联全省县级体育总会重点工作督察第1名。在2018年度江苏省县级体育工作重点工作督察中，张家港市体育局获全省第3名。

体育设施　全年新建和更新全民健身路径130套、篮球架80副。至2018年年末，全市有公共体育健身场地设施2888个，市村（社区）实现“两室一场一路径”全覆盖并向自然村巷（宅基）延伸，90余个村（社区）达到省定一类标准，体育设施1万人拥有量30.4个，人均占有体育场地面积3.97平方米。张家港体育公园获评省级一类体育公园，杨舍福前体育公园获评省级三类体育公园。全年新建成便民健身步道23条，共计41.05千米。健身步道总数349条，合计544.9千米。全市“城市5分钟、中心镇（区）10分钟”体育健身圈进一步优化。

业余训练　市体育业余训练格局由体育运动学校、体育特色项目学校、传统项目学校、训练基地学校组成。至年末，全市有市体育运动学校1所（为国家田径单项奥林匹克后备人才基地、省五星级业余体校）、举重国家级体育后备人才基地1所（南沙中学）、全国青少年校园足球特色学校20所、江苏省体育传统项目学校3所、江苏省示范性体育传统项目学校1所、江苏省青少年奥林匹克体育俱乐部5所、江苏省青少年校园篮球特色学校1所（泗港小学）、江苏省青少年校外足球活动中心1所、江苏省足球后备人才示范学校1所、苏州市级传统体育项目学校24所、张家港市级单项业余训练基地12个，有苏州市手球学校5所、苏州市足球学校6所。全市业余训练项目有田径、篮球、足球、排球、乒乓球、棋类、举重、游泳、武术、航模、羽毛球、自行车、跆拳道、网球、柔道、击剑、手球、高尔夫。市体育运动学校有在训学生330人，教练员21人。

人才培养　2018年，市体育运动学校招生85人，涉及田径、游泳、武术、羽毛球、网球、足球等项目。全年向省以上训练单位输送网球运动员3人，冲浪运动员1人。向苏州市级体校输送24人，涉及田径、游泳、武术、网球、足球等项目。年内，举办1期体育舞蹈三级裁判员培训班，17人通过考核。选派人员参加主管部门组织的等级裁判员培训班，8人被批准为国家一级裁判员。至年末，全市累计有国家级裁判员6人，一级裁判员84人。体育社会组织方面，年内新成立3家市级民办非企业俱乐部，至年末，全市有27家体育社团、53家民办非企业俱乐部。

【全市首条健身智道步道亮相】 9月，张家港市首条健身智道步道正式上线。以张家港公园为试点，步道长度约1800米，周围布置有7个智能工作站及3块65寸的电子互动大屏，电子大屏可通过铁人智道APP，联合张家港公园全覆盖的蓝牙系统，进行数据传播，任一智能工作站点位均可作为智能步道在手机APP端的起点或终点，方便群众随时开启智能运动模式。市民通过手机扫码下载APP后，可在手机上和沿途的智能互动大屏上即时了解在步道上运动的距离、速度、消耗热量及运动排名等信息，真正实现运动数据实时反馈。该APP还可根据市民的身高、体重、运动量制定科学的运动量，从而引导群众合理运动、科学健身。智能步道的实施真正让科学健身成为人民群众日常生活的一部分，让市民真正感受智慧科技带来的全新健身体验。（汤宇楠）

青少年体育

【概况】 全市中小学继续围绕两个“百分之百”的目标（百分之百的中小学生实施国家学生体质健康标准，百分之百的中小学生每天锻炼1小时）开展体育活动。所有中小学均施行《国家学生体质健康标准》。各校充分利用课间操（跑）时间，结合大课间活动和课外文体活动时间开展阳光体育活动。2018年，全市招考高中学段的应、往届初中毕业生共9362人参加升学体育考试，其中7503人得到满分40分，占总人数的80.14%。年内，承办苏州市级竞赛3项（举重、篮球、网球）、张家港市级6项；参加苏州市级竞赛获62金、54银、31铜。

【苏州校园足球联赛总决赛在市举行】 3月22日至26日，由苏州市教育局、体育局主办，苏州市青少年校园足球工作领导小组办公室、张家港市教育局、张家港市体育局、张家港市足球协会共同承办的苏州市“市长杯”青少年校园足球联赛（初中组）总决赛在张家港中等专业学校举行。苏州各市（区）34支代表队600余名运动员参赛。男子组决赛中，苏州高新区实验初级中学战胜苏州市学府中学，获男子组第一名。苏州工业园区星洲学校、吴江经济技术开发区实验初级中学、张家港市梁丰初级中学、南京师范大学附属苏州石湖中学、吴江区笠泽实验初级中学、张家港市第二中学分获男子组第3至第8名。女子组决赛中，张家港市凤凰中学力克苏州工业园区第十中学，获女子组第1名。苏州市南环实验中学校、太仓市新区中学、苏州工业园区第一中学、张家港市梁丰初级中学、苏州高新区实验初级中学、苏州大学附属尹山湖中学分获女子组第3至第8名。

【“贝贝杯”青少年足球赛在市举行】 8月10日，2018年中国足球协会第二十一届“贝贝杯”青少年（12岁男子组）足球赛开幕式在凤凰中心小学举行。中国宋庆龄基金会主席王家瑞出席活动。该届“贝贝杯”青少年足球赛从8月10日持续至16日，有各省市32支青训中心足球队近600名运动员参加。比赛分小组单循环、交叉排位赛2个阶段，合计112场比赛。经过一周的激烈角逐，青岛队获得第1名，江苏二队、江苏三队分获第2、第3名。张家港贝贝队获第7名。

【中国桌式足球公开赛暨全国青少年桌式足球赛在市举行】 11月16日至18日，由国家体育总局社会体育指导中心、张家港市人民政府主办，江苏省社会体育管理中心、江苏省学生体育协会、张家港经济技术开发区管委会、张家港市体育局、张家港市教育局联合承办的“福前杯”2018年中国桌式足球公开赛暨全国青少年桌式足球赛于在张家港市福前小学举办。阿尔及利亚、德国、伊朗、日本、立陶宛、马来西亚、荷兰、波兰、瑞典、美国、中国（含中国香港、中国台北）的13个国家和地区的成人选手和国内28所学校的青少年运动员共450余人参赛，其中青少年选手380余人。各代表队在3天的比赛中争夺成人组3个组别单打、双打项目和青少年组中学生、小学生单打和双打、团体项目的奖牌。经过激烈角逐，张家港市福前实验小学代表队获小学组公开单打冠、亚军，小学组专业单打冠军，小学组公开双打亚、季军，小学组半专业单打亚军，小学生组团体冠、季军。张家港市第三中学代表队获中学组公开单打亚军，中学组半专业单打亚军，中学组新手单打冠军，中学组公开双打季军，中学组半专业双打冠、亚军，中学新手双打项目冠军，中学生组团体季军。德国选手Raphael HAMPEL获成人组公开单打冠军，马来西亚选手Melvin YAP和Samantha CHIEW组合获公开双打冠军，中国选手庄开妙获女子组单打冠军，中国选手苏静和庄开妙组合获女子组双打冠军。

【全国五人制足球少年（U15）锦标赛在市举行】 7月27日至8月4日，由中国足球协会、江苏省足球协会、张家港市人民政府主办，张家港市体育局承办的中国足球协会“凤凰贝贝杯”2018全国室内五人制足球少年（U15）锦标赛在市体育馆举行。有16支队伍200余名运动员参赛。7月27日至31日进行40场小组赛，8月2日至4日进行淘汰排位赛。经过角逐，新疆新大附中队获得冠军，深圳中学获得亚军，青岛U15队获得季军。第四名至第八名分别为张家港凤凰贝贝队、青岛崂山体校队、南京队、江西队、甘肃队。张家港凤凰贝贝队10号选手周敬哲获评最佳运动员。

（汤宇楠）

群众体育

【概况】 张家港市全年承办江苏省一线社会体育指导员技能再培训2次，300余人参加。承办江苏省社会体育指导员工作会议。举办市群众体育干部和体育社团负责人业务培训班2期。举办三级社会体育指导员培训班10期，完成审批注册190人。全市有社会体育指导员6623人，全年向上送训国家级社会体育指导员9人，一级30人。继续为1000名区镇机关工作人员和1000家骨干企业领导及职工代表进行体质跟踪监测，全年累计体质监测人数1.2万人。各区镇完成对1000名居民的体质测试。年内，张家港市组队参加马来西亚桌式足球公开赛、全国社会体育指导员健身技能交流展示大会、全国广场舞大赛总决赛、世界华人篮球邀请赛、江苏省第十九届运动会群众比赛项目毽球和广场舞比赛、江苏省广场舞精英赛、第七届环太湖城市联盟篮球比赛、全国大漠运动会、长三角体育圈全民健身大联动活动、苏州市健身气功和太极拳比赛等活动。年内，开展“跑进新时代”为主题的市级短程马拉松系列赛事，香山风景区、常阴沙花海、凤凰湖、一干河体育公园、双山岛5站赛事，直接参与人数超过1.2万人次。继续开展市第五届全民健身大展示活动，分健身秧歌、太极拳、体育舞蹈、健身气功、柔力球、柔乐球等6个项目，其中6月9日在锦丰镇（柔力球、柔乐球）、7月7日在杨舍镇（健身秧歌）、7月21日在金港镇（太极拳）、10月27日在塘桥镇（体育舞蹈）、11月20日在南丰镇（健身气功）举办，每期直接参与人数均超过1000人。

【第八届全民健身大联赛启动】 6月9日，由张家港市人民政府主办，张家港市体育局、冶金工业园（锦丰镇）、张家港市体育总会共同承办的张家港市第八届“冶金园（锦丰镇）”杯全民健身大联赛、江苏省第十三届“长江经济带”全民健身大联动张家港会场启动仪式暨市第五届全民健身大展示（柔乐球、柔力球套路）活动在市锦丰文化中心羽毛球馆举行。市人大常委会副主任应梓，市人民政府副市长李兆玮，市政协副主席丁学东，冶金工业园党工委书记、锦丰镇党委书记常征等出席开幕式。现场13支柔乐球表演队和10支柔力球表演队共400余人进行集中展演。各区镇、村（社区）的45支参赛队，分别进行柔乐球《绿旋风》套路、柔力球《五星红旗》长绸套路的比赛。经过比拼，杨舍镇龙潭心恬健身队、金港镇博雅健身队、常家村乐邻健身队、合兴社区悦美健身队等7支队伍获柔乐球项目最佳表演奖，店岸村星飞亚健身队、向阳村俏夕阳健身队、乐余镇柔力球队、塘桥镇柔力队等8支队伍获柔力球项目的最佳表演奖。第八届“冶金园（锦丰镇）”杯全民健身大联赛共吸引170个俱乐部、3000余名注册运动员参加足球、篮球、乒乓球、羽毛球、网球5个项目，全部赛程共1500场比赛，活动历时6个月，超过5万人次参与。

【中国业余网球公开赛在市举行】 5月12日至13日，由中国网球协会、江苏省体育局和张家港市人民政府主办，张家港市体育局承办的2018年中国业余网球公开赛（CTA-OPEN）“港华燃气杯”张家港白金赛在中国网球学院张家港分院举行。全国各省市58名业余网球爱好者报名参赛。比赛设男单、女单，青年组男双、女双、混双，常青组男双、女双、混双8个组别。经过角逐，江苏南京选手陈嘉麟获得男单冠军，浙江杭州选手张小甜获得女单冠军。青年组中，江苏南京的王可、陈嘉麟组合获男双冠军，湖南的彭馨谊、浙江的张小甜组合获女双冠军，江苏的王可、四川的侯闻迪组合获混双冠军。常青组中，江苏江阴的冯定宇、广东广州的吴文闯组合获男双冠军，江苏的凌文楠、山西的李凤贤组合获女双冠军，安徽合肥的郑旭辉、王云组合获混双冠军。

【全国拔河锦标赛举行】 8月3日至6日，由国家体育总局社会体育指导中心、中国拔河协会、张家港市人民政府共同主办的2018年全国拔河锦标赛在张家港保税区（金港镇）举行。全国各省、市、自治区的35支代表队共260余名运动员参赛。此次比赛设硬地比赛和室外（草地）比赛。在硬地比赛中，鞍钢股份有限公司炼钢总厂拔河队获公开男子组560千克级、600千克级冠军，莱钢拔河队、鞍钢集团众元产业发展有限公司拔河队分获公开女子组500千克级、540千克级冠军，江苏利民化工股份有限公司拔河队获大众男子组600千克级冠军。在草地比赛中，莱钢拔河1队获女子组540千克级、男子组600千克级、男子组640千克级以及混合组580千克级冠军。

【全国广场舞大赛（江苏张家港站）举行】 10月11日至12日，由国家体育总局社会体育指导中心、张家港市人民政府主办，全国广场舞推广委员会、江苏省社会体育管理中心、张家港市体育局、张家港市体育总会、张家港经开区（杨舍镇）、共舞体育共同承办的“杨舍杯”2018年全国广场舞大赛（江苏张家港站）在张家港市体育馆举行。比赛以“共舞新时代、健康迎未来”为主题，设置自编及规定套路2个项目。全国各省、区、市25支代表队共425名运动员参赛。经过角逐，徐州市汉韵广场舞队、苏州甪直水乡广场舞队获特等奖；安徽省天长市广场舞队，张家港市金港青年广场舞队、经开区群星广场舞队、塘桥love广场舞队、高新区锦绣广场舞队、锦丰金沙洲广场舞队、南丰镇广场舞队、杨舍戴巷广场舞队8支队伍获一等奖。此次比赛特等奖队伍获得参加11月在武汉市举办的全国广场舞大赛总决赛参赛资格。

【江苏省友好城市网球邀请赛在市举行】 6月16日至17日，由江苏省网球协会、张家港市体育局主办，张家港市体育中心、中国网球学院张家港分院承办的“攀华国际广场杯”2018年江苏省友好城市网球邀请赛在中国网球学院张家港分院体育训练基地举行。南京、无锡、扬州、盐城等地15支代表队近200名运动员参赛。经过角逐，南京市代表队获团体赛冠军，无锡市代表队获亚军，泰州市代表队与徐州市代表队并列季军。江苏省友好城市网球邀请赛是省网球运动协会主办的一项传统赛事，也是全省业余网球最高水平赛事，于2002年在南通市发起，是江苏球友聚会，交流展示球艺，推广网球的载体。此次是张家港市首次承办省友好城市网球邀请赛。

【省足球青训俱乐部联赛暨“我爱足球”民间争霸赛举行】 10月4日至6日，由江苏省足球运动协会主办，各赛区足球协会、江苏常奥体育发展有限公司承办的2018年“梁丰杯”江苏省足球青训俱乐部联赛暨“我爱足球”民间争霸赛江苏赛区总决赛在张家港市凤凰镇举行。全省15家足球青训俱乐部的30支球队，近350名运动员参赛。比赛分甲乙两组，共进行37场对决。经过角逐，常州喜悦足球俱乐部获得甲组冠军，昆山启航足球俱乐部获得亚军，无锡恒星足球俱乐部获得季军；张家港贝贝俱乐部获得乙组冠军，泗洪青少年足球俱乐部获得亚军，扬州华奥风云足球俱乐部获得季军。获冠军的两支队伍有资格代表江苏省参加于10月26日至30日在上海举行的“我爱足球”民间争霸赛南一赛区大区赛。

【中国名校EMBA高尔夫联谊赛在市举行】 11月6日至8日，由张家港市体育局、市旅游局、双山香山旅游度假区（筹）管委会主办，张家港市体育中心、双山高尔夫俱乐部、上海五忻文化传播有限公司承办的2018年“双山论剑”中国名校EMBA高尔夫联谊赛在张家港市双山岛举办。北京大学、上海交通大学、复旦大学、同济大学、长江商学院、上海高级金融学院等高校的7支EMBA学员代表队及张家港本土企业家代表队的共86名球友参赛。经过激烈比拼，北京大学EMBA代表队获团体总杆冠军，张家港本土企业家代表队获亚军，上海交通大学CEO代表队获季军。上海交通大学CEO代表队的俞冲获个人净杆冠军，上海高级金融学院EMBA代表队的汤勤获亚军，北京大学EMBA代表队的邢星获季军。（汤宇楠　俞　峥）

竞技体育

【概况】 2018年，全市承办国际级赛事4项、国家级比赛5项。在江苏省十九届运动会上，张家港市参加青少年部竞技体育运动（个人项目）的运动员中有34人在39个项目的比赛中，共夺得15金、10银、14铜。参加青少年部竞技体育运动（团体项目）的运动员中有86人在41个项目的比赛中，共获得19金、9银、13铜。

【张家港市第七届体育运动会举行】 此届市运会各项比赛于4月至11月在全市陆续进行，共有230支代表队7000余名运动员参赛。比赛分学生部、成年部两个组别，设有田径、球类、游泳、棋类、牌类等20个项目。学生部包括小学生组、初中组、高中组、高校组，成年部包括系统组、镇区组、职工组、外企组、老年组、残疾人组、新市民组。此届市运会的成人组增加了掼蛋项目，老年组增加了42式太极拳项目，学生组增加网球项目，新市民组增加大众体育项目（踢毽、跳绳、平板支撑）。

【袁琦琦在国际级、国家级比赛中获佳绩】 2018年，张家港市籍运动员袁琦琦在国际级、国家级各类比赛中获佳绩。其中，在3月7日至8日的全国室内锦标赛（南京站）的比赛中，袁琦琦以7.25秒的成绩获女子60米第1名；3月23日，在北京体育大学举行的全国室内田径锦标赛总决赛中，袁琦琦以7.25秒的成绩获女子60米第2名；4月10日，在广东肇庆的全国田径大奖赛比赛中，袁琦琦以11.52秒的成绩获得女子100米第2名。5月12日，在2018年国际田联钻石联赛上海站中，袁琦琦和队员们以43.51秒的成绩取得女子4×100米接力第1名。8月18日，在印度尼西亚雅加达举行的第十八届亚洲运动会中，袁琦琦与队友获女子4×100米接力第2名，取得张家港籍运动员在亚运会的历史最好名次。

【国际男子职业网球挑战赛张家港站赛事举行】 9月2日至9日，由国际职业网球联合会(ATP)、中国网球协会(CTA)、江苏省体育局和张家港市人民政府主办，张家港市体育局承办的2018年“暨阳府杯”国际男子职业网球挑战赛在中国网球学院张家港分院举行。有39个国家、地区的140余名球员参赛，其中118名为外籍选手。比赛历时8天，分预选赛和正选赛，设单打、双打两个项目，采用五局三胜制。经过激烈角逐，日本选手内山靖崇获得单打冠军、中国台北选手庄吉生获得亚军。中国选手公茂鑫、张择组合获得双打冠军。

【中国女子职业高尔夫球巡回赛在市举行】 4月26日至28日，由国家体育总局小球运动管理中心、中国高尔夫球协会、江苏省体育局、江苏省高尔夫球协会和张家港市人民政府主办，张家港市体育局、中女职业高尔夫赛事(北京)有限公司和张家港市双山岛旅游度假区管委会联合承办的2018年中国女子职业高尔夫球巡回赛——张家港挑战赛在双山高尔夫俱乐部举行。比赛总奖金80万元，中国、泰国、新加坡等国家及地区的120名运动员参赛。此次赛事采用三轮54洞个人比杆赛，前两轮排列前60位的职业球员可以晋级到最后一轮比赛。所有晋级职业球员都将获得奖金。最终，泰国名将萨兰朋成绩为71杆(-1)，以三轮低于标准杆5杆，1杆优势赢得个人女子中巡的第4个冠军，同时获12万元冠军奖金。中国业余选手刘文博以1杆之差位列亚军，中国业余选手张玥获季军。

【亚洲东区女子排球锦标赛在市举行】 7月10日至15日，由亚洲排球联合会、中国排球协会、江苏省体育局、张家港市人民政府主办，张家港市体育局承办的2018年“华昌杯”亚洲东区女子排球锦标赛在市体育馆举办。有中国浙江女排、中国澳门女排、日本女排、朝鲜女排、中国台北女排、中国香港女排、蒙古女排、韩国女排8支队伍参赛。此次锦标赛历时5天，共计20场比赛。8支球队分成2个小组，先分别进行小组单循环。每个小组前2名进入四强，后2名进行第5至第8名的争夺。经过角逐，日本女排、中国浙江女排、朝鲜女排分获前3名。 (汤宇楠)

体育产业

【概况】 全市共有体育产业单位868个。年内，江苏金陵体育器材有限公司智慧体育器材云平台，张家港港城康复医院有限公司运动损伤康复与体质监测中心，市海尔斯体育文化有限公司健身俱乐部3个项目获省级专项资金奖励280万元。凤凰镇贝贝足球小镇顺利通过省体育健康特色小镇中期评估，获省级资助资金200万元。市金立纳米高弹材料有限公司高耐磨、免填充人造草丝项目等9个项目获张家港市级体育产业专项资金资助208万元。永联农耕园被评为2018年苏州市体育旅游示范基地，成为苏州市推荐的20个户外时尚体育好去处之一。金陵体育产业园项目入选国家体育总局383个优选体育产业项目之一。金桥塑胶有限公司获苏州市体育产业示范单位骨干企业。全市10家游泳场馆取得经营高危险性体育项目许可。组织64名救生员参加技能鉴定，97名游泳救生员年审。全市各游泳场所实行救生员从业资格全覆盖。5月，召开市游泳场所开放工作会议，编制游泳场馆安全管理台账。7月至9月，与市公安局、市卫计委等部门联合执法，对10家场馆下发限期整改通知书，责令3家游泳场所停业整顿。市体育中心在承办各项大型赛事的同时，协助市级机关部门开展公益性活动，推出体育场馆免费、低收费开放优惠措施。

【体彩销售】 全市有体育彩票销售网点257个，其中开通竞彩销售权限的销售网点107家，其他销售网点150家。年内，按照省体彩中心《关于开展2018年江苏体彩销售网点星级评定工作的通知》要求，共评定星级站点84家，其中，三星级34家、四星级38家、五星级12家，指导206家网点进行形象更新。全年体育彩票销售收入7.17亿元，其中“大乐透”、7位数玩法销售收入6665万元，高频玩法销售收入8683万元，竞彩玩法销售收入52452万元，即开型销售收入1260万元。全年中出100万元以上大奖2个。

【体彩公益金支出】 2018年，全市共筹集体育彩票公益金4707.24万元，支出体育彩票公益金2388.42万元。开展全民健身大联赛、元旦万人健步行、红红火火过大年、快乐中秋、喜迎国庆假日体育嘉年华、体育文化宣传等各类群众体育活动248.96万元。资助社区及区镇健身路径更新与维修、健身步道建设等支出210万元。开展青少年传统体育项目比赛、资助学生训练、学校外出参赛、业余训练基地补助、省队县办、市队县办、贝贝足球小镇等项目支出、教练员及运动员伙食补助652.83万元。用于体育场馆维修改造、城中老年健身综合基地建设、中国网球学院张家港分院建设、东城体育公园门球场维修等支出122.2万元。承办张家港国际马拉松比赛、全国广场舞大赛、中国女子职业高尔夫球巡回赛、业余网球公开赛、国际网联男子挑战赛、东亚女排大奖赛等品牌赛事支出1088.02万元。体育产业项目及评审费等支出66.41万元。

【全市首个智能科学健身指导站“悦动先锋站”开放】 悦动先锋站是市体育局围绕“红色引领，立体服务，方寸聚力”的服务宗旨，利用百姓身边公共体育服务场所的闲置用房，打造的集宣传、服务、学习、健身于一体的微型体育服务综合体，承载着普及科学健身知识、宣传体育文化、体验快乐运动、服务周边人群等功能。市人民路站点为智能科学健身指导站首个试点，于6月正式对外开放，面积约220平方米，内部设有志愿互动区、智能体测区等功能区。市民在此不仅能实时交互满足健身锻炼、智能体测、文化鉴赏等多样化的需求，还能参与志愿服务，感受先锋魅力。 (汤宇楠)

【编辑 宋佳辰】

居民与社会民生

Residents and People's livelihood

“12345” 便民服务热线话务大厅　（市便民服务中心　提供）

居　　民

人力资源与开发

人事与劳动就业

劳动维权

社会保险

慈善与救助

民政专项事务

社区治理

民族宗教事务

养老事业

关心下一代工作

残疾人事务

新市民服务

便民服务

社会调解服务

张家港年鉴(2019)

居　民

【概况】 全市有居民32.33万户，比上年减3044户；户籍总人口92.94万人，比上年增411人。其中，有女性47.51万人，小学阶段在校儿童88113人，60周岁及以上老年人25.38万人，持证残疾人20820人。有常住人口126.06万人，其中城镇人口86.28万人，另有外来暂住人口72.17万人。户籍人口中，姓氏以陈姓数量为最，有62785人，其次分别为张姓53569人、王姓44090人、徐姓37873人、朱姓36539人、李姓33532人、钱姓30037人。全年出生6362人，人口出生率6.7‰，其中一孩生育3206人、二孩生育2964人、多孩生育192人。全年死亡6788人，其中车祸死亡85人。疾病死亡中以恶性肿瘤为最，占比31.31%；其次为脑血管病，占比25.45%。平均期望寿命82.89岁，其中男性80.25岁、女性85.57岁。有农村从业人员31.77万人，其中第一产业3.12万人、第二产业22.54万人、第三产业6.11万人。有城镇非私营单位从业人员26.03万人。其中，制造业从业人员最多，为14.42万人；建筑业从业人员次之，为2.73万人。从业人员平均工资90685元。其中，金融业从业人员平均工资最高，为16.81万元；公共管理及社会组织从业人员其次，为16.25万元；居民服务、修理等从业人员最低，为3.14万元。居民全年用电13.74万千瓦小时，比上年增9.9%，每日人均生活用电2.99千瓦小时。人均住房面积58.4平方米，其中城镇居民50.8平方米、农村居民73.3平方米。年末住户有存款1124.75万元，比上年增8.2%。

【居民可支配收入】 城镇居民人均可支配总收入64055元，比上年增8.2%。其中工资性收入41832元、经营净收入6477元、财产净收入7642元、转移净收入8104元，分别比上年增7.64%、6.69%、10.32%、10.39%。农村居民人均可支配总收入32664元，比上年增8.2%。其中工资性收入18318元、经营净收入6533元、财产净收入3375元、转移净收入4438元，分别比上年增7.92%、6.5%、9.97%、10.65%。

【居民生活消费支出】 城镇居民人均消费支出35491元，比上年增6.5%。其中食品烟酒支出10029元、衣着支出2094元、居住支出6776元、生活用品及服务支出1833元、交通和通信支出7405元、教育文化娱乐支出5246元、医疗保健支出1269元，分别比上年增5.69%、5.39%、7.49%、6.14%、6.15%、9.25%、7.45%。农村居民人均消费支出21645元，比上年增7%。其中食品烟酒支出6055元、衣着支出1303元、居住支出4485元、生活用品及服务支出1261元、交通和通信支出3423元、教育文化娱乐支出3163元、医疗保健支出1451元，分别比上年增6.04%、5.76%、7.63%、6.41%、7.57%、9.45%、6.53%。

【居民耐用消费品拥有量】 每百户居民拥有家用汽车66辆，其中城镇居民拥有78辆、农村居民拥有43辆，分别比上年减7%、32%。拥有电冰箱（柜）111台，其中城镇居民拥有108台，比上年减2%；农村居民拥有117台，比上年增1%。拥有洗衣机107台，其中城镇居民拥有105台、农村居民拥有110台，分别比上年减5%、增6%。拥有空调276台，其中城镇居民拥有282台、农村居民拥有264台，分别比上年增2%、22%。拥有彩色电视机191台，其中城镇居民拥有192台，农村居民拥有190台，分别比上年减15%、5%。拥有移动电话259台，其中城镇居民拥有264台，农村居民拥有250台，分别比上年减4%、2%。拥有空气净化器（含新风系统）13台，其中城镇居民拥有18台，比上年增350%；农村居民拥有3台，与上年持平。（统计局）

人力资源与开发

【概况】 2018年，全市评定各级各类职称3717人，其中初级职称1298人、中级职称1602人、高级职称817人。核发职业资格证书9108份，其中高级工2530人、中级工3083人、初级工3495人；核发就业培训合格证2092份。由省职业技能鉴定中心等单位核发技师、高级技师证158人。至年末，全市有管理、专业技术人员408671人。其中，研究生16285人，本科生158313人，大专生161517人，中专生、高中及以下人员72556人；高级职称13961人，中级职称61062人，初级职称141079人。市人才办组织参与上级人才项目评审，并举办市领军人才（项目）评审活动4批，新增科技部创新创业人才计划1人，新增省“双创计划”人才（团队）6人、累计120人，新增苏州“姑苏计划”人才28人、累计208人，新增张家港市领军人才（项目）85个、累计735个。至年末，全市人才企业年销售总额45亿元、纳税1.68亿元，其中销售超1000万元的有110家，销售超1亿元的有6家。年内，全市人才工作强化政策支撑，市人才办研究制定《张家港市人才引领智汇港城计划实施意见》《张家港市人才礼遇办法》《张家港市创新创业人才资助扶持办法》等人才工作新政，并对《张家港市社会化招才引智管理办法》《张家港市重大创新创业团队引进培育实施办法》《张家港市领军人才项目申报规定》《张家港市领军人才项目管理办法》等配套文件细则修订完善，确保与新政无缝衔接。探索“离岸孵化”引才模式，出台《张家港市人才项目联合孵化管理办法》，与众创空间、埃米空间等5个单位签订人才项目联合孵化合作协议。探索“能人荐才”模式，在第十二届张家港市科技·人才活动周上，聘任包括两院院士、海外院士、重点高校领导、知名投资机构负责人及企业家在内的首批12名引才大使。全市先后举办首届“智汇张家港”全国创业大赛、精英周张家港分会场活动、区镇特色招才引智专题推介会、“沙洲创客”创业大赛、“创业张家港”青年精英创业大赛等活动，吸引创新创业项目落户；组织区镇参加中国国际人才交流会、2018年中国留学人员广州科技交流会，第十三届“春晖杯”中国留学人员创新创业大赛等活动10

余场，征集高质量项目信息1000余条。建设市领军人才项目管理系统、“一站式”招聘服务平台，形成“一系统一平台”的集成式服务；通过购买各类专业机构服务，探索专业高效的市场化服务；举办创业服务联盟进园区、创业服务联盟大讲堂、创业服务联盟微沙龙等系列活动，为人才企业搭建共享开放的互助式服务；把服务延伸到人才的工作、生活、学习等各方面，为人才干事创业提供综合立体的关爱式服务。开展高校“张家港日”活动，走进长春理工大学，通过招才引智推介会、科技人才对接会、人才招聘会、校地合作恳谈等活动，全面对接高校院所创新创业资源。同时，在长春理工大学设立奖学（教）金，推动科技人才项目合作、吸引优秀人才落户。年内，3个单位入选首批“江苏省外国专家工作室”，18个单位27名专家入选苏州市“海鸥计划”，1人被省委、省政府授予“江苏留学回国先进个人”称号，1家企业获批人社部“最具成长潜力的留学回国人员创业企业”称号。

【首届“智汇张家港”全国创业大赛】年内，市人才办、市人社局、市科技局、团市委等部门联合举办首届“智汇张家港”全国创业大赛。大赛分为报名、初选、分会场决赛、总决赛4个阶段。2月至4月，征集到智能装备、人工智能、激光装备、半导体芯片、新材料、新能源、现代农业等13个产业类别381个项目报名；4月至5月，通过初选，共筛选出60个项目参加北京、上海、深圳3个分赛区决赛；5月至6月，3个分赛区决赛中，30个项目入围，25个项目参加总决赛；7月，在张家港进行总决赛，共评出20个获奖项目，“智能康复护理系统”项目获总决赛特等奖。获奖项目中，5个项目已在张家港办理注册落户。

【苏州国际精英创业周张家港专场】7月10日至14日，张家港市举办2018年首届“智汇港城”人才峰会暨第十届苏州国际精英创业周张家港专场活动。此次人才峰会和创业周张家港专场活动以“张家港创业港”为主题，活动期间，组织各部门、科技载体及63家科技企业的近100名代表赴苏州参加2018年（第十届）苏州国际精英创业周主会场系列活动，举办高层次人才创新创业国际合作洽谈会、区镇重点产业高层次人才创新创业精细化对接会、领军人才企业投融资对接会、2018年夏季大型人才交流会等10项系列活动，邀请300余名海内外高层次人才、知名专家、组织代表到张家港考察、洽谈对接。此次精英周新增落户项目105项。

【人力资源线上产业园上线】年内，为解决企业中高级人才招聘难、信息获取渠道单一的困境，市人社局启动开发人力资源线上产业园。年初调研100余家重点企业，了解中高级人才需求，初步规划线上系统模块。7月13日，张家港市人力资源线上产业园启动仪式暨高端猎头和人力资源合作洽谈会举行，洽谈对接国内著名猎头公司，并与深圳千里马国际猎头有限公司、智联招聘、科锐国际等19家人力资源服务机构签订战略合作协议，入驻线上产业园。全市有29家企业通过线上产业园发布猎头岗位91个，其中通过审核86个。针对年薪低于20万元的中端岗位或蓝领岗位，11月开发上线RPO项目服务平台，降低企业招才费用。12月，以劳务输出服务、人才派遣及服务外包为主的服务外包平台上线运行。

（谢心璇　袁小琳）

【市留学生创业园获评省级示范基地】4月，张家港市留学生创业园被授予“江苏省留学回国人员创新创业示范基地”称号。市留创园有孵化面积6万平方米，入驻企业产业涵盖新能源、新材料、智能装备、生物医药、节能环保、电子信息等，企业从入驻、研发到产业化形成良性循环。至2018年年末，累计孵化企业243家，其中在孵企业98家，历年累计吸引留学人员150人；培育高新技术企业31家，获批省级以上高新技术产品91种，3家企业上市；承担国家、省、市科技型中小企业技术创新项目分别为15项、28项、67项；拥有“国家级重大人才引进工程”专家8人，江苏省“双创人才”23人、姑苏领军人才37人、张家港市领军型人才141人。（张　蕾）

人事与劳动就业

【概况】2018年，市人社局提供就业岗位90251个，城镇新增就业数17155人，开发公益性岗位1135个，帮助城乡就业困难人员实现就业5901人，城镇失业再就业人员21202人，城镇登记失业率1.78%。发放就业困难人员灵活就业社会保险补贴7432.19万元，发放就业困难人员自主创业享受一次性创业补贴287.1万元。发放稳岗补贴1074.97万元，失业保险总费率阶段性降至1%。年内新增领取失业保险1614人，发放失业保险金2235.55万元，征缴失业保险费基金1.67亿元，期末在领失业保险金1293人。受理企业稳岗补贴申请77家，涉及金额417.9万元，发放稳岗补贴1074.97万元。出台《关于失业保险支持参保职工提升职业技能有关问题的通知》，受理技能提升补贴申请209人次，发放补贴36.8万元。持续优化就业创业环境，8月，市政府印发《关于做好当前和今后一段时期就业创业工作的实施意见》，从实施就业优先战略、扶持重点群体就业、鼓励创业带动就业、优化职业教育培训和公共就业服务、强化组织保障等五个方面提出21条政策措施。开展“创业政策落实年”活动，推进创业担保贷款政策落实，张家港市创业担保贷款业务在苏州地区率先接入苏州市“创e贷”平台，年内发放小额贷款241笔2530万元。组织申报江苏省大学生优秀创业项目，“基于机器视觉的高精度定位系统”“新型日光温室开发与应用推广”“新一代智能节能遮阳窗产业化项目”等5个项目获评优秀创业项目；推荐“免疫系列检测产品的研发及产业化”“世界A级医用材料生物玻璃研发及产业化”和“光学分子光谱影像导航”3个项目参加第三届“中国创翼”创业创新大赛江苏省选拔赛暨“创响江苏”创业创新大赛苏州市分赛，其中“免疫系列检测产品的研发及产业化”获创业组第二名，“世界A级医用材料生物玻璃研发及产业化”获创业组第5名。加强基础公共服务能力建设，提升镇、社区（村）创业服务能力，张家港保税区获评江苏省创业型园区，塘桥镇和南丰镇获评江苏省创业型乡镇，永合社区、长江村等73个社区（村）创建成为江苏省创业型社区（村）。张家港保税区科技创业园、张家港清研慧谷创业孵化基地获评苏州市创业孵化示范基地。根据“凡进必考”要求，抓好公务员招录工作，录用担任科员及其他相当职务层次的非领导职务公务员（参公人员）98人。全年举办公务员（参公人员）培训班3期、各类专题讲座5场，共培训科级以下公务员5600余人次。完成53名军转干部和3名驻军干部随军家属安置工作。

【新录用公务员下基层锻炼意见出台】 年内，市委组织部、市人社局联合出台《关于市级机关新录用公务员到基层锻炼的实施意见》，明确从2018年起，试用期内的新录用公务员（含参照公务员法管理单位工作人员），必须到基层一线或直接服务群众的岗位实践锻炼。锻炼对象的选择综合考虑其来源、经历、职位等因素，对录用时基层工作经历不满一年的安排锻炼6个月，对基层工作经历满一年、不满两年的安排锻炼3个月，突出选择从家门、校门到机关门的“三门干部”。锻炼岗位侧重行政审批局服务窗口、信访局信访窗口和村、社区等基层一线。跟踪培养采取结对帮带、工作纪实和专题调研“三种模式”，即在基层锻炼期间，接收单位必须为锻炼人员指定业务骨干担任培养联系人，一对一开展结对帮带；锻炼人员必须结合平时考核，记好实践锻炼日记，撰写月度小结；锻炼人员必须围绕社会热点、改革难点、民生重点开展调查研究，完成一篇调研报告。全年共安排25名新录用公务员到市行政审批局、市场监管局、城管局等单位锻炼。

【重点群体就业服务】 年内，市人社局对4220名张家港市籍需就业的高校毕业生实名制管理，通过实名制信息录入、更新，动态掌握高校毕业生就业创业情况。举办春、夏两季“高校毕业生公益性就业双选会”，提供毕业生岗位12905个，达成意向2884人次。开展促进高校毕业生就业创业服务百日行动，举办毕业生小型专场招聘会5场，提供岗位5503个，达成初步意向443人次。组织93名高校毕业生参加就业见习活动，见习期满留用率90.32%。开展“莘莘学子看港城”活动，邀请北京大学、复旦大学、浙江大学等31所高校近300名师生到市参观。全市高校毕业生就业率99.79%，特困家庭毕业生就业率100%，离校未就业高校毕业生实名登记率、就业服务率均为100%。开展“就业援助月”活动，通过“走访户户到访、岗位推荐到手、政策落实到位、援助服务到家”的“四到”服务，走访就业困难人员和零就业家庭1130户，登记认定的未就业困难人员481人，帮助就业困难人员实现就业477人，帮助就业困难人员享受政策441人。

【企业用工服务】 为解决企业用工难问题，市人社局组织企业到国内30余所知名高校开展校园引才活动，提供就业岗位4986个，达成意向1319人次。举办“春风行动”“民营企业招聘周活动”“残疾人就业援助”专场招聘会等各类招聘会62场，提供岗位64645个，达成意向15190人次。组织当地企业赴外地招聘。组织东渡集团、澳洋集团等企业分赴河南许昌、陕西宝鸡等地参加劳务协作大型专场招聘会和校企合作洽谈会；组织永钢集团等企业赴四川泸州开展校园招聘和校企合作活动，与泸州职业技术学院初步达成校企合作协议；组织澳洋医药物流有限公司赴贵州，与铜仁职业技术学院初步达成医药类专业人才合作意向；组织华灿光电有限公司赴江西省电子信息技师学院对接，初步达成校企合作协议。市人才网为3267家单位开通会员招聘服务，网站日均访问量超9万人次。

【第六届“行行出状元”职业技能大赛】 9月11日至12月12日，市第六届“行行出状元”职业技能大赛举行。经选拔，全市168家企业单位、5个职业院校共554名选手进入总决赛。大赛设职工组和学生组2个组别。职工组设中式烹调师、汽车维修工、网络与信息安全管理员、消防设施操作员、建筑塔吊司机、食品检验工、焊工、加工中心操作工、轧钢工（线材）、污水处理工10个竞赛项目，学生组设车工、机电一体化设备组装与调试、数字影音后期、动画片制作、会计电算化5个竞赛项目。组委会鼓励职业院校学生以个人名义参加职工组项目比赛，并根据学生报名情况和参赛成绩设立特别奖励。最终，职工组评出一等奖10人、二等奖20人、三等奖30人，学生组评出一等奖8人、二等奖13人、三等奖20人，17名教师获评优秀指导教师奖，11个单位获评高技能人才培养先进单位，4个单位获评优秀组织奖。

【东西部对口帮扶劳务协作】 年内，张家港市与贵州省沿河县建立对口帮扶劳务协作，两地分别举行对口帮扶劳务协作座谈会，东西部劳务协作服务站等机构挂牌运作。市人社局组织相关企业赴沿河举办招聘会3场，累计提供就业岗位14805个，184名沿河籍人员到张家港市务工，其中建档立卡贫困劳动力59人，年度就业帮扶援助资金125万元。组织6期565人次参加技能培训班培训，补贴培训资金10.5万元。7月，在沿河县开展张家港沿河劳务协作宣传月，设立张家港·沿河人力资源市场，组织张家港市3家企业及技能学校与沿河县中等职业学校签订校校（企）合作协议，该校至东渡纺织集团实习的103名学生中有9人留用。

劳动维权

【概况】 2018年，市人社局走访、检查用人单位2472个，受理各类投诉、举报共985件，其中工资纠纷640件，涉及金额3797万元，立案查处199

件。劳动保障监察举报投诉案件结案率100%，劳动保障监察人员在岗率61%，人均"双随机"（随机抽取用人单位和执法人员）执法检查用人单位19个。全市有"劳动关系和谐企业"471家，占已建工会企业的29%，其中"和谐劳动关系示范企业"20家。有A级以上劳动保障诚信企业759家，其中A级759家、AA级28家、AAA级14家、AAAA级5家、AAAAA级2家。全年受理劳动人事争议案件2296件，调解1657件，总调解率72.77%，其中网上调解平台收到案件819件，比上年增123.16%。引导劳动者依法维权，通过法律援助服务申请仲裁483件，总标的1585.01万元，结案482件。各区镇仲裁庭自有仲裁员办理辖区内劳动人事争议案件78起。明确工伤预防重点企业和领域，为28家代表性企业开展工伤预防培训。开展劳动能力鉴定3512人次，工伤认定4112人次，核定工伤待遇4562人次。一审工伤诉讼率下降30%。年内，市人社局完成第二批优秀基层调解组织建设评估，全市共有区镇街道调解组织9个，行业（商会）调解组织1个，规模以上企业调解组织145个，覆盖全市区镇、街道和大多数大中型企业。其中，南丰镇劳动人事争议调解中心成为江苏省两大体系建设中的第一批示范建设单位。

【省级和谐劳动关系综合试验区建设】 4月，张家港市被省人社厅确定为省级和谐劳动关系综合试验区建设地区，成立由分管副市长任组长、46个部门参与的创建工作领导小组，研究制订《关于建设省级和谐劳动关系综合试验区的实施意见》，明确"1520"建设路径，即突出"党建引领，和谐共建"的主旨，完善"组织保障、预防治理、动态管理、信用奖惩、矛盾化解"五项机制，在20项重点、难点、热点问题上求突破、出成效。各参与部门根据职能分工开展工作，市委"两新"工委依托区域党建工作站，在全市首批建立8个和谐劳动关系先锋驿站；市综治办将劳动关系排查预警主要职责列入市"综治一网化"网格考核范围，推动建立集体协商、民主管理、劳动争议调处等三方机制专业委员会或工作小组，着力打造乡镇、行业、企业互为补充的基层调解平台。市总工会牵头已建工会的企业普遍签订集体合同，合同签订率99%以上；加大推行区域性、行业性集体协商劳动合同工作力度，签订区域性集体合同193份，覆盖中小企业10960家。12月29日，省协调劳动关系三方委员会评估确认张家港市为省级和谐劳动关系建设综合试验区。

【职工工资支付保障行动】 年内，市人社局建立及完善各项制度，保障职工工资支付。3月，市政府办印发《张家港市保障农民工工资支付工作考核办法》及考核方案；4月和9月，市人社局对各区镇"治欠保支"工作进行监督检查，对保障农民工工资支付工作开展考核督察。年内，市人社局联合市住建局、市交通运输局、市水利局等部门，督促工程建设领域设立劳资专员，开展劳动保障法律法规专题培训，推进"四项制度"（工资支付保证金、实名制劳动用工管理、工资支付专用账户管理、农民工工资直达管理）的落实。至年末，全市170个在建工程项目均实行实名制管理和工资保证金制度，按月足额发放工资覆盖率100%、工资专用账户覆盖率96%。完善欠薪案件快查快处机制，落实人社部下发的《关于进一步加强劳动保障监察执法与刑事司法衔接的通知》，全年向公安机关移送欠薪案件16起。年内，张家港市在苏州2017年度保障农民工工资支付工作考核中被评定为A级。

社会保险

【概况】 年内，全市社会保险继续扩大覆盖面，社保扩面新增6.5万人。至年末，全市参保单位3.6万个，参保缴费53万人，征收社保基金（五险）97.46亿元，征缴率99%以上。建立"事改企"人员信息动态数据库，为改制主管部门对享受补助人员实行滚动调整提供信息支撑。书面审查职工人数在50人以上、参保率50%以下的用人单位，在区镇各挑选3至5个单位重点走访，对行政督促效果不明显的单位加强行政执法力度，依法保障职工的社保权益。先后制定下发《张家港市大病保险实施方案》《张家港市长期护理保险试点实施方案》《张家港市社会医疗救助实施细则》等政策措施，构建社会基本医疗保险、社会医疗救助及大病保险"三位一体"的医疗保险体系。

【退休人员养老金调整】 市人社局全年为企业退休人员、城乡居民保险参保人员35.78万人调整退休待遇。1月1日起对23.36万名企业退休人员调整基本养老金，调整后人均养老金水平为每月1854元；7月1日起对6581名上半年退休的企业退休人员调整基本养老金，调整后人均养老金水平为每月1345元。7月1日起对8.33万名城乡居保待遇领取人员调整基础养老金，调整后人均待遇水平为每月347元；对3.38万名征地保养金领取人员调整征地保养金，调整后征地保养金标准为460元，另外，调整后征地保养金和其他养老待遇的合计数低于每月840元的，补足至840元；对529名征地补助金领取人员调整征地补助金，调整后征地补助金标准为每月705元，与省定最低基础养老金合计为每月840元。

【"三位一体"医疗保险体系构建】 年内，相继出台各项政策措施，完善社会基本医疗保险、社会医疗救助以及大病保险"三位一体"的医疗保险体系建设。2月，市政府办印发《张家港市大病保险实施方案》，张家港市正式建立大病保险制度，参保对象为参加全市职工基本医疗保险、居民基本医疗保险并享受待遇的人员。7月26日，发放首批大病保险补偿金，至年末共发放补偿金7097万元，惠及12828人。5月，市政府印发《张家港市长期护理保险试点实施方案》，通过试点探索建立长期护理保险制度，促进社会化长期护理服务市场发展，保障公民因年老、疾病、伤残等导致长期失能时及时获得长期护理服务。至年末，受理评估612人，享受待遇526人。7月，《张家港市社会医疗救助实施细则》出台，救助对象增至临时救助大病人员、精减退职职工、参核退役人员、建档立卡人员、低保大学生、困难残疾学生、重度残疾人等7类，同时提高救助标准，增加自费救助及专项救助。至年末，保费补助惠及11616人，实时救助惠及13295人。

【"智慧社保"推进实施】 年内，市人社局着力推进"智慧社保"工作，在全省率先上线运行电子社保卡APP，电子社保卡具有身份凭证、信息记录、自助查询、医保结算、灵活就业人员缴费等功能，参保人员通过掌上设备即可自助完成社保查询、管理、支付等操作；推广"张家港人社"微信公众号、"张家港市民卡"APP等"掌上社保"平台，提升社会保障信息化水平；张家港医保脱卡支付项目通过"阳光医保"APP上线运行，市第一人民医院和市中医医院2家重点医院医保移动支付业务开通并完成上线，上线后可实现线上挂号、线上付费、线上查询检查报告和管理个人健康档案等便捷功能，解决"看病难、看病慢"的就医难题。拓展各区镇人社服务中心的业务经办范围，可办理城镇职工养老保险业务、就业创业证申请、创业补贴申请等，方便市民就近办理社会保险业务。 （谢心璇）

2018年张家港市参加社会保险情况表

表61

项　　目	参保单位数（个）	参保人数（人）	人员参保率（%）	基金收缴率（%）	支付情况（万元）
机关事业单位养老保险	525	20550	100.00	100.00	93383.00
企业养老保险	31911	526892	99.70	99.00	568534.00
医疗保险	31798	742834	100.00	99.90	238436.00
失业保险	31500	431743	100.00	100.00	16290.57
生育保险	31741	437931	100.00	99.80	14275.00
工伤保险	31702	438550	100.00	99.80	23996.00

慈善与救助

【概况】 2018年，市民政局创新开展社会救助、社会福利、慈善工作，在全国率先构建起"因病致贫"支出型困难家庭精准帮扶体系，集成创新做法获民政部认可，张家港市成为苏州唯一入选的全国社会救助综合改革试点地区。年内，大救助综合改革项目"弱有所扶"列入中国—欧盟社会保护项目试点，获评全国社会救助领域创新实践案例提名奖及2018年度全省现代民政建设优秀成果。"杨舍镇推广村级医疗互助模式"获评2018年度苏州市现代民政建设优秀成果。全市18个单位、项目、个人获第三届"苏州慈善奖"，获奖总数居苏州各县市（区）首位。

【社会救助】 全年救助各类困难群众57.74万人次，发放资金4.25亿元。全市组织春节慰问19个大类近10万户困难群众，发放资金1.2亿元。在劳动节、国庆节前对低保、低保边缘、孤儿等困难对象1.3万人次按每人100元发放"节日红包"，共发放130.38万元。配合市委组织部对3703户低保、低保边缘、孤儿等困难对象发放党员关爱基金509.4万元。7月1日起，城乡低保标准由每月875元调整为每月945元。年末在册低保对象2507户、3659人，低保边缘重病困难对象841户、889人，特困对象427户、427人。全年发放低保（含低保边缘、特困人员）补助金5271.3万元，为低保对象发放水费补贴87.69万元。落实孤儿、重残人员、特殊残疾人以及三、四级精神和智力残疾人救助（生活补贴）标准与低保标准联动机制，累计发放救助金（生活补贴）3812万元。实施少儿大病和临时救助制度，发放救助金47.63万元。发放困难残疾人生活补贴，为4703名困难残疾对象发放救助金3783.3万元。建立低收入人群信息库，将生活、医疗、教育、住房等政策覆盖到相对贫困的低收入人群。在锦丰镇试点的基础上在全市各镇全面启动第二期社会救助关爱援助项目。推进实施村级医疗互助项目，至年末，有15个村正式开展该项目。继续开展救助申请家庭经济状况核对工作，全年核查生活救助、安居工程等各类救助申请对象11779户、20370人，预警2155户，预警率为18.3%。为36户困难家庭补助安居资金103.94万元，其中帮建（修）户33户，拆迁（预拆迁）安置3户。自然灾害民生保险全年理赔因雷击、龙卷风等自然灾害和溺水、火灾造成的人身、房屋损毁事件1094人次，赔付623万元。开展"寒冬送温暖""夏季送清凉"专项救助行动，全年救助生活无着流浪乞讨人员466人次，完成23名长期滞留流浪乞讨人员落户安置工作，发布全市生活无着流浪乞讨人员救助管理工作三年行动计划，走访了解15名农村留守儿童生活学习、居住安全等情况。

【慈善事业】 年内，市慈善总会（基金会）各项收入8575.12万元，募集善款8532.19万元。其中，开展

"爱满港城"慈善募捐活动，募集善款6986.65万元。年度支出善款2171.49万元。其中，"共享阳光"慈善助学项目为1014名贫困学生发放慈善助学金306.2万元，"因病致贫"系列项目为57名血液病患者、140名尿毒症患者、12名克罗恩病患者提供救助金72.6万元，"走在阳光下"脑瘫儿童慈善援助项目为16名脑瘫儿童提供援助金24.8万元。开展"为爱行走·悦动港城"大型徒步公益活动，9745人次参与爱心捐赠，累计募集善款30万余元。梁丰慈善工场开展活动70场，服务周边群众3500余人次。年内，张家港市慈善综合指数跻身"第五届中国城市公益慈善指数百强榜"，在县级市综合指数得分中列第4位。

【社会福利】 年内，继续实行特困人员供养对象、孤儿供养标准自然增长机制，全市有特困人员427人，其中集中供养417人，分散供养10人，供养标准由每月1225元调整为1323元。集中供养"三无"人员36人，供养标准为每月1323元。有孤儿50人，其中机构供养37人，散居供养13人，集中供养标准由每月2210元调整为2360元，散居供养标准由每月1660元调整为1880元。年内，安排200万元儿童福利经费用于开展困境儿童个案服务、发放儿童福利载体补助等专项活动。完善困境儿童关爱平台，152名困境儿童进入个案管理服务系统。儿童保护热线接听3例，提供临时庇护6例。开展第四届"童心同行，爱伴成长"亲子嘉年华宣传活动，300余名儿童参与。开展首届"小候鸟夏令营"，流动留守儿童526人次参与活动。推动各区镇儿童福利载体建设，评估56个儿童福利载体，差额发放补助金69.5万元。全年销售福利彩票48431万元，完成苏州下达任务数的119%，居苏州市第2位。

【"缓解因病致贫"配套措施出台】 2018年，"缓解因病致贫"纳入年度政府实事工程。5月，市委办、市政府办出台《关于进一步做好因病致贫家庭帮扶工作的实施意见》，构建起以实施意见为总领，以大病保险、社会医疗救助、长期护理保险为支撑的因病致贫群体精准帮扶救助政策机制。市民政局、市人社局、市财政局联合下发《张家港市因病支出型贫困家庭生活救助实施意见》《关于做好临时救助对象中的大重病患者享受医疗实时救助资格审核工作的通知》《关于适当延长部分因病因残困难人员社会医疗救助期限的通知》3个配套文件，对因病致贫家庭生活及医疗等问题拟定专项帮扶措施。在成立社会救助服务中心的基础上，搭建社会救助综合管理系统，实现社会救助信息大数据管理、完善"一户一档一策"工作机制、推进社会资源和政府资源的统筹运用。建立困难群众大病风险预警机制，通过市人社局、市卫计委、市民政局三部门联动，对特定病种和医疗费用支出情况进行定向跟踪，实施主动救助。

【永钢集团、"关爱老兵"项目获江苏慈善奖】 9月5日，代表全省慈善领域政府最高奖的第四届"江苏慈善奖"表彰大会举行，永钢集团和市爱心义工协会"关爱老兵"项目获奖。永钢集团长期致力于爱心奉献、扶贫帮困、助学助医等公益慈善事业，获评"江苏慈善奖"最具爱心慈善捐赠企业(单位)；市爱心义工协会的"关爱老兵——优抚服务进社区"项目对张家港市20名抗战、退伍老兵提供相应支持性、关怀性服务，获评"江苏慈善奖"最具影响力慈善项目。

民政专项事务

【概况】 年内，市民政局以规范化、均等化为重点，全面推进双拥工作、优抚安置、婚姻和儿童收养登记、殡葬管理、烈士陵园管理、地名勘界等专项行政事务，提高民政公共服务供给质量。在苏州市民政工作综合评估中，张家港市综合成绩位列各县市(区)首位，被评为优胜单位。

【双拥活动】 春节、八一建军节期间，市委、市政府走访慰问15个驻军单位，赠送慰问金及物资206.3万元。市民政局协调安置9名随军家属，其中3名落实岗位，6名选择自谋职业，为27名随军家属发放自谋职业补助56.57万元。解决11名部队军人子女入学、入托问题。为全市18名荣立军功的张家港籍现役军人家庭送去奖金9.59万元。冶金园(锦丰镇)成立裕景泰"关爱功臣"慈善基金，捐赠30万元用于关爱该镇113名老兵；大新镇龙潭村建成全市首家村级双拥展示馆。推进社会化双拥工作，依托市、镇两级公益创投平台，开展"别样年华在军营"等创投项目；为全市享受国家抚恤补助的优抚对象和企业退休"两参"退役人员开通市民卡持卡免费乘车业务；5月9日，《中国社会报》双拥版头条刊登张家港市社会化拥军工作纪实。市人武部、张家港边防检查站等驻军部队勇于承担抢险救灾等各种急难险重任务，妥善处置突发事件；军警民联防联治，开展植树造林、义务献血、爱心捐赠等活动。年内，张家港市再次获评江苏省"双拥模范城"，永联村党委书记、永钢集团常务副总裁吴惠芳获评全国"最美退役军人"。

【优抚安置】 全市有享受抚恤补助的优抚对象2035人、优抚对象遗属670人、专项慰问的企业退休"两参"退役人员179人、生活困难补助的下岗失业转业志愿兵(士官)63人。重点优抚对象抚恤补助标准实行自然增长机制，年内发放抚恤补助金3540万元。为673户义务兵家庭发放优待奖励金3424.2万元。接收安置2017年秋冬季退役士兵，发放一次性退役金共计3108.2万元。为2名符合条件的退役士兵安置岗位，196名退役士兵自愿报名参加职业教育与技能培训。市委组织部印发《关于实施退役士兵村干部培养工程的指导意见的通知》，落实退役士兵就业服务措施，拓宽退役士兵就业渠道，帮助退役士兵稳定就业。全年采集34580条退役军人和其他优抚对象信息，组织开展"9·30"烈士纪念日公祭活动，安排60名重点优抚对象赴无锡荣军医院短期疗养，军队离退休干部"两个待遇"落实到位，"幸福在敲门"军休干部居家保洁服务持续推进。

【婚姻和儿童收养登记】 市民政局婚姻登记处全年办理结婚登记5893对，离婚登记2198对；补发婚姻登记证2378对。查档服务3243人次。年内，取消当事人身份证、户口簿等婚姻登记材料复印环节，简化材料，减省群众办证时间和费用。全年为10469余对婚姻当事人免去复印件5万余份。引进"婚姻登记小助手"服务软件及"自助服务终端"婚姻登记系统，《结婚登记声明书》由当事人手工填写简化成身份证读卡一键打印。同时，在原婚姻信息补录基础上，将市档案馆现存20世纪80年代前的7000余条历史婚姻档案记录补录入全国婚姻信息系统。开展婚姻家庭辅导209对，劝和成功177对，劝和率84.7%，有效减少非理性离婚现象。依法完成收养登记58件，对58个家庭开展收养评估并签订回访协议。办理解除收养关系证明2件。全年婚姻、收养登记无违法登记事件发生，登记合格率100%。

【殡葬管理】 2月，投资4500余万元的锦丰镇安息堂二期启用，随后该镇启动散坟整治搬迁工作，搬迁散坟15349穴，其中2918穴采取了不保留骨灰的生态葬法。清明节期间，随着高峰墓区焚烧炉建设完成，"两禁两集中"（禁止随地焚烧祭祀用品、禁止随地燃放烟花爆竹，实行祭祀用品集中焚烧、烟花爆竹集中燃放）措施在全市全面推行。全市殡葬服务场所累计接待祭扫市民88万人次，车辆16万余辆，祭扫活动继续保持零事故。全市搬迁散坟16014穴，累计搬迁32.3万穴，整治搬迁率98%。全年实施绿色生态安葬2920例，集中文明办丧185例。经市财政核定下发殡葬设施建设及散坟搬迁以奖代补资金1327.52万元，免除基本殡葬服务费用925.05万元，惠及6986人。

【烈士陵园管理】 年内，市烈士陵园纪念馆内陈列展示470名张家港市籍烈士的英雄事迹，其中大革命和土地革命战争中牺牲46人、抗日战争中牺牲115人、解放战争中牺牲96人、社会主义建设时期牺牲213人。全年接待瞻仰团体266个1.5万余人次，接待烈士亲属及战友160批1400人次。

【地名勘界】 全年完成道路命名13条、明确市内跨界道路6条、调整延伸4条、更名1条，小区命名35个、调整归属2个，商务楼、广场、大厦命名6个，更名1个，桥梁命名3座。协助审核批复新成立社区6个、调整范围2个。利用第二次全国地名普查成果，完成《张家港市标准地名图集》初稿编辑。完成《苏州市吴文化地名保护名录（张家港卷）》约30万字的出版前最终稿编撰和照片筛选。完成第四轮（常张线）行政区域界线联合检查工作，完成常张线、锡苏线、苏泰线、苏通线界线界桩委托管理责任书签订，完成常张线新更换界桩的测绘。

【永联、农联殡仪服务中心建成】 5月，南丰镇永联殡仪服务中心建成运营，可容纳5户居民同时办丧礼；10月，杨舍镇农联殡仪服务中心建成运营，可容纳2户居民同时办丧礼。全市全年投入近3000万元建设骨灰堂、焚烧炉、殡仪服务中心，提升基本殡葬服务能力；组织开展殡葬领域突出问题专项整治行动和排查整治违规建设殡葬设施，推动殡葬行业规范化管理。至年末，全市有殡仪服务中心8个，其中镇级殡仪服务中心7个。

社区治理

【概况】 全市有村委会153个；有社区居委会144个，比上年增6个（金港镇马桥社区、镇山社区、文昌社区，南丰镇瑞丰社区，乐余镇稻麦场社区、畜禽场社区）。年内，完成全市村、居民委员会统一赋码并发放基层群众性自治组织特别法人统一社会信用代码证书。推进社区工作者职业化体系建设，市委办、市政府办印发《关于加强社区工作者队伍建设的实施意见（试行）》，面向社区工作者建立"三岗十八级"等级绩效薪酬制度。文件规定社区工作者岗位分为社区正职、社区副职和工作人员，各岗位按照在社区的工作年限、受教育程度等因素设置相应等级，其中社区正职为7至18级、社区副职为4至15级，工作人员为1至12级。举办2018年度社区干部综合能力提升培训班2期。探索"全科社工"机制，在社区设立综合受理窗口，取消一站式服务大厅按条线设置岗位，实现"一口受理、全科服务"，综合受理窗口覆盖率为74%。"三社联动"覆盖面达到60%。发挥市社区发展基金会的作用，多渠道推动政府、企业和社会组织跨界合作，不断开拓社区治理资金"蓄水池"，2018年新增2家社区级的社区发展基金会（金港镇后塍社区、杨舍镇城西社区），丰富了社区服务资金来源。年内，张家港市"一核四元"社区治理新机制获"2017—2018年度江苏基层社会治理创新成果提名奖"。市民政局获评"2015—2018年全省社会治安综合治理先进集体"，经开区（杨舍镇）李巷村村规民约入选全国百篇优秀村规民约。

【社工队伍建设】 年内，全市有456人通过全国社会工作者职业水平考试。至年末，全市持证社会工作者2547人，其中社会工作师688人、助理社会工作师1859人。每万人拥有持证社工20.2人。选拔认定第二批本土社工督导人才27人，升级认定初级督导2人，组织34名优秀社工赴深圳研修。为2家新增的民办社工机构发放开办补贴8万元。3月，市民政局、市文明办联合举办"国际社工日"系列活动。11月，举办一期"共筑幸福养老社区"为老服务社会工作增能特训营。12月，为新持证社工举办社工实务培训班，投入2.93万元为148名民办社工机构持证社工投保社会保险。

【社会组织管理】 2018年，新增社会组织49家，其中社会团体10家，民办非企业单位39家；注销社会组织47

家，其中社会团体15家，民办非企业单位32家。至年末，全市有登记注册社会组织1007个，其中社会团体489个（行业性社团61个，学术性社团55个，联合性社团78个，专业性社团295个），民办非企业单位497个（教育类107个，卫生类9个，文化类9个，科技类8个，体育类53个，人社类24个，社区服务类171个，其他类116个），基金会18个，异地商会3个。备案的社区社会组织2260个，每万人（户籍人口）拥有登记社会组织11个。全市有等级社会组织420家，等级社会组织数占应评总数的50.5%；有已认定的慈善组织8家，慈善组织数位居苏州县级市第2名。年内，举办社会组织公益创投活动2期，投入240.88万元资助17家社会组织的35个公益项目；委托会计师事务所抽查9家社会组织的9个公益创投项目，规范公益项目财务管理。成立中共张家港市社会组织综合委员会，发挥社会组织党组织的政治核心和战斗堡垒作用。建立市社会组织管理联席会议制度，统筹规划、协调指导全市社会组织工作。开展行业协会商会脱钩改革回头看，对少量尚未完成的协会商会提出限时完成要求。实施打击整治非法社会组织专项行动，劝散非法社会组织3家。建立社会组织异常名录。首次开展社会组织年度抽查工作，对17家社会组织提出整改意见。探索开展民办学校营利属性变更工作。

2018年张家港市新核准登记社会团体一览表

表62

社会团体名称	法定代表人	业务主管部门	登记日期
市版权协会	刘　峻	市文广新局	1月5日
凤凰镇双龙商会	许建江	市工商联	3月5日
市益启读书协会	钱振华	市文广新局	3月23日
市环保志愿者协会	王燕飞	市环保局	5月28日
锦丰镇星火村老年协会	袁东耀	锦丰镇	5月28日
市民营医疗机构协会	徐建华	市卫计委	8月20日
锦丰镇网球协会	黄　飞	市体育局	10月9日
市快递行业协会	朱伟民	张家港邮政管理局	10月22日
市玖恒志愿者协会	祝建军	市残联	11月26日
市社矫安帮与损害修复协会	陆　阳	市司法局	12月5日

2018年张家港市新核准登记民办非企业单位一览表

表63

单位名称	法定代表人	业务主管部门	登记日期
市颐和社会服务社	张　旗	市民政局	1月17日
市澳洋企业金融研究院	沈学如	市金融办	1月19日
市邦尼职业培训学校	陈国良	市人社局	2月2日
锦丰镇光明弘宇社会服务社	董颢洁	锦丰镇	2月13日
市青柠社会工作服务中心	吴亚萍	市民政局	3月5日
市金港镇云海舞蹈团	朱阿云	金港镇	3月6日
乐余镇临江福地法治服务社	陈　娟	市司法局	3月23日
金港镇乐橙社会服务社	郁黎芳	金港镇	4月4日
金港镇廊桥社区爱晚亭社会服务社	倪诚龙	金港镇	4月23日
市弘德社会工作服务中心	陈　航	市民政局	4月26日
凤凰镇桃源社区爱之源志愿者服务队	孙丽萍	凤凰镇	4月26日
乐余镇蓝色天空社会服务中心	倪锦平	乐余镇	5月9日
市启爱社会工作服务中心	李　琴	市民政局	5月10日

续表63

单位名称	法定代表人	业务主管部门	登记日期
塘桥镇何桥村高歌戏曲艺术团	施叙林	塘桥镇	5月16日
金港镇朱家宕村乐汇社会服务社	缪海平	金港镇	5月16日
市慧成教育培训中心	张亦栋	市教育局	5月28日
善港农村干部学院	葛剑锋	市委党校	5月28日
市凤凰社会工作服务社	朱梦佳	凤凰镇	6月22日
市帆腾街舞俱乐部	谢　煜	市体育局	6月28日
市启慧社会工作服务中心	范永香	市民政局	7月13日
乐余镇利民社会服务中心	陈振平	乐余镇	7月13日
市东方锦程职业培训学校	任卫忠	市人社局	8月1日
市益友不动产权益保护咨询服务中心	何海东	市司法局	8月1日
市博览长江文化交流中心	尹　凡	市文广新局	8月15日
市南丰镇永联殡仪服务中心	戴志刚	市民政局	8月15日
市沙洲当代艺术创作研究院	朱阳洋	市文广新局	9月15日
市武韵乡村太极文化研究中心	胡建丰	市体育局	10月9日
锦丰镇德远社会服务社	陈　玲	锦丰镇	10月22日
锦丰镇益沙洲社会服务社	姚卫红	锦丰镇	10月22日
市苏华美术馆	王苏华	市文广新局	11月2日
市葵芝家青少年服务社	许致华	团市委	12月5日
市益禾社会服务发展中心	江伟伟	市民政局	12月5日
市美好社会工作服务中心	张　妍	市民政局	12月6日
市名厨烹饪技术培训中心	马海红	市人社局	12月17日
乐余镇民悦社会服务中心	蔡悦恺	乐余镇	12月17日
市艺品群众文化服务社	王　莉	市文广新局	12月24日
市攀华万里行网球俱乐部	黄利虎	市体育局	12月24日
凤凰镇湖滨残疾人之家	吴建新	市残联	12月24日
市爱乐爱心艺术团	唐晓红	市文明办	12月29日

【农村社区治理“三大试点”】 年内，市民政局以村民自治国家级试点、省社区治理和服务创新实验区、全国农村社区治理实验区“三大试点”工作为抓手，融合推进社区治理工作。1月，市委办、市政府办印发《关于加强城乡社区协商的实施意见》，在全市推广村居民自治模式，推行以村居民议事会为主要形式的议事协商平台。至年末，有287个村（社区）建成以议事会为主要形式的议事协商平台，覆盖率96.63%，共推选议事员2266人，通过社区协商，有效解决群众关心的纠纷调解类、环境整治类、基础设施类、社区治理类、社区活动类五大类共2000余件具体问题。4月，全国社区建设专家委员会成员、华东师范大学社会发展学院院长文军专题调研张家港市创建全国农村社区治理实验区情况。6月，全国农村社区治理实验区建设动员会召开，市委、市政府全面部署实验区建设各项工作任务，明确时间和任务。7月，市委、市政府印发《关于开展全国农村社区治理实验区建设的实施意见》；苏州市城乡社区治理现代化建设暨张家港“村民自治”经验交流会在南丰镇永联村召开，总结推广以张家港“村民自治”为代表的试点经验，《中国社会报》刊登《议事会何以搅动张家港基层群众自治一池春水》专题文章。健全完善村治工作机制，深化推进社区协商，发挥村民自治章程、村规民约的道德约束作用，同时配备法律顾问等措施，提升村民自律意识，初步形成“自治、法治、德治”三治融合的乡村治理格局。

【“民生微实事”实施】 年内，全市以“群众点菜、政府买单”的方式全年实施民生微实事项目。“民生微实事”与村居民议事协商相结合，为居民解决身边的小、急、难事，提升群众幸福指数。市级财政每年安排1000万元民生微实事专项引导资金，镇财政按照实际项目投入不低于1∶1的比例配备资金。全市8个镇年内全部实施民生微实事项目，90%的社区征集项目建议536个，确定项目216项，其中工程类项目179项，服务类项目37项，总资金961.7万元。市民政局挑选40个项目建立第一批市民生微实事项目库，评选出2018年度优秀项目8个。年内，“民生微实事”入围苏州市十大民心工程，获评苏州市民政局“2018年度全市现代民政建设创新成果”。 （尹 娴）

民族宗教事务

【概况】 年末，全市有常住少数民族人口3777人（含穿青人10人、革家人2人），比上年增110人，含少数民族成分38个（不含穿青人、革家人），比上年少1个。有暂住少数民族人口16301人，比上年增870人，含少数民族成分43个，与上年持平。有宗教活动场所25处，其中佛教14处、道教1处、天主教3处、基督教7处，有宗教教职人员127人（备案82人），与上年持平。年初，市民宗局根据《关于在全市开展民族宗教事务网格化管理工作的意见》精神，召开年度民族宗教工作领导小组成员单位（扩大）会议，部署工作任务。与各区镇签订《2018年度民族宗教工作目标管理责任书》，制定《2018年度民族宗教工作考核细则》《区镇“民族宗教工作”扣分项目监测细则》，下发2018年度民族宗教网格化管理工作专项资金；指导各区镇严格落实属地管理职责，邀请省民委、省宗教局原党组副书记、巡视员顾传勇为全市党政领导、民宗干部、基层网格员等700余人开展政策法规培训讲座，全市组织评选出优秀民宗网格21个、优秀网格员26人。6月，市委、市政府出台《关于加强和改进新时代民族工作的实施意见》《关于加强和改进新时代宗教工作的实施意见》。《中国民族》杂志2018年第11期以《融情港城，石榴花开》为题，刊发张家港市民族工作经验。

【民族工作】 年内，市民宗局继续依托宣传教育、联谊活动、示范创建、政策服务、扶贫济困“五个平台”，做好全市少数民族群众的服务管理工作。宣传教育方面，投入5万元改造和完善市青少年社会实践基地民族团结进步主题教育馆，创设培育“红石榴培育行动”统战品牌。利用微信公众号、公众媒体广告、横幅、LED显示屏以及发放宣传手册等方式宣传民族宗教政策法规，全年在媒体报道8篇次，举办培训、讲座80余场，发放民族宗教政策法规宣传材料5800册，开展宣传教育活动50余次，参加人数1.4万人。联谊活动方面，组织民族家庭参加“缤纷的冬日”未成年人寒假志愿服务活动，举办市第五届“尝尝我的拉面”才艺比赛暨民盟张家港市委健康义诊活动，会同体育局举办第十三届民族体育比赛、承办江苏省第十九届运动会群众比赛毽球项目，开展“我爱我家手工艺品”民族特色手工艺品征集活动，举办首届新疆风味烧烤大赛，组织开展“七彩阳光、石榴果香”民族家庭社会实践活动，举办第七届民族文艺会演等活动。开展“爱港城、话幸福、讲团结、促和谐”观摩等民族联谊活动42场，参与的各族群众有7000余人次。示范创建方面，指导市民族团结促进会按照AAAA级社团标准开展工作，指导永钢集团、塘桥镇青龙小学开展民族团结示范创建活动，其中青龙小学创成民族团结示范学校，永钢集团于11月完成创建验收授牌。政策服务方面，协助民族特需商品定点生产企业大新毛纺有限公司从银行落实国家年度贴息贷款1.08亿元，预计贴息近311.04万元。为118名参加中考的少数民族学生出具民族成分证明，为4名少数民族群众进行更改民族成分审核。引导外来少数民族群众参与新市民积分管理。扶贫济困方面，完善扶贫济困基础台账，对贫困少数民族家庭进行动态管理。继续完善少数民族救助专项资金发放机制，对外来少数民族困难家庭、特殊家庭等进行专项救助。走访慰问100户少数民族困难群众家庭，发放补助金10万元。指导市佛教慈善协会开展少数民族困难学生金秋助学活动，走访慰问15名困难学生，发放慰问金1.5万元。各区镇开展少数民族群众扶贫帮困126人次，发放慰问金10.95万元。根据省民委对新疆等民族地区的帮扶要求和“港城巩留一家亲”爱心援疆帮扶活动，持续加强对民族地区的支持和帮扶。

【宗教工作】 年内，市民宗局对宗教界加强教育引导，邀请苏州市民宗局政策法规处处长欧阳贤标到市为宗教工作干部及宗教界人士90余人开展培训。发放新修订的《宗教事务条例》单行本1500本，条例释义100本，组织各宗教团体、场所利用橱窗、横幅、宣传海报开展条例宣传。开展国旗、宪法、法律法规、社会主义核心价值观和中华优秀传统文化进场所的“四进”活动，全市有14处宗教场所已悬挂国旗。10月1日，市佛教协会组织全市教职人员和信教群众70余人在河南禅寺开展升挂国旗活动。年内，组织市佛协理事到中共一大会址、嘉兴南湖、杭州G20峰会会址等地参观学习，组织宗教界人士开展“学习宣传贯彻十九大开启改革开放新征程——走基地、看变化、聚力量”主题教育实践等活动。加强宗教场所安全管理。做好春节期间常态化安全工作，继续推行“文明敬香”活动，全市14个佛教活动场所、约8万名信众烧香活动安全有序。配合乐余镇、塘桥镇做好长安寺、金村庙会相关工作，协助杨舍镇章卿寺举办大雄宝殿开光庆典。做好天主教、基督教各项安全稳定工作，确保复活节、圣诞节活动安全有序。提前与上海松江民宗委联系，完成天主教赴上海佘山朝圣保障工作。督促各宗教活动场所根据安全隐患排查“50看”要求，每月开展自查自纠；协同安监、消防、供电对全市25个宗教活动场所进行消防安全工作大排查。加强宗教事务规范化管理。指导杨舍、塘桥基督教堂成功创建省三星级宗教活动场所，兴教寺、长安寺成功创建省四星级宗教活动场所；指导基督教三自爱国会成功创建省三星级档案单位。为宗教团体争取到在原财政拨款基础上每年增拨25万元的工作经费。继续推进杨舍天主教堂、杨舍基督教堂、塘桥基督教堂、金港基督教堂等宗教场所建设。组织市佛协、佛教慈善协会开展“宗教慈善周”活动，募集善款40.5万元，开展扶贫、济困、助学、助医、敬老等慈善活动。

【新疆籍人员服务管理张家港工作站成立】 根据中办、国办《关于加强和改进少数民族流动人员服务管理工作的意见》文件要求，3月，张家港市成立全省首个县级市（区）新疆籍人员服务管理工作站，办公地点设在市民族团结进步促进会。工作站借助新疆驻江苏工作组在地域、语言等方面优势，强化属地联系，依托驻地在信息、服务等方面的资源优势，开展党的基层组织建设、建立流动人员信息台账、构建宣传教育平台、完善矛盾纠纷化解机制等工作。工作站先后接待青海省人大、西宁市化隆县，新疆维吾尔自治区委宣传部、伊犁哈萨克自治州、巩留县，西藏林周县等考察团；接待内地新疆籍党务工作者骨干培训班、东部沿海城市创建活动互观互检调研组、江苏省人大外事民宗侨台工委干部培训班、苏州市人大少数民族流动人口管理工作调研组等，同时开设国家通用语言培训班，举行升国旗仪式，开展新疆风味烧烤比赛和各类参观实践活动，引导在张家港市生活的新疆籍人员发展生产、改善生活、优化环境、增进团结。

【市佛教协会第四次代表会议召开】 12月4日，市佛教协会第四次代表会议召开。全市佛教界僧众、居士代表97人参加会议。会议回顾总结市佛协第三次会议以后的各项工作，听取并审议《张家港市佛教协会第三届理事会工作报告》，修改并通过《张家港市佛教协会章程》，明确市佛教协会要团结带领全市佛教徒正信正行，建立健全相关规章制度，开展文化艺术交流活动，发展社会公益慈善事业，开展与全国佛教界、国际佛教组织的友好往来等。会议选举产生新一届理事会和领导班子，法禅法师继续被推选为会长，秋林法师和弘如法师被聘为名誉会长。

【民族团结进步促进会第二次会员代表大会召开】 12月16日，市民族团结进步促进会第二次会员代表大会召开。全市各行各业的107名个人会员、11个单位会员参会。会议回顾总结市民促会第一届理事会各项工作，听取并审议《张家港市民族团结进步促进会第一届理事会工作报告》《张家港市民族团结进步促进会章程（修订稿）》《第一届理事会监事工作报告》，财务工作情况、会员管理办法、会费管理办法以及会址变更等事宜，明确以后五年努力方向和工作目标。会议选举产生新一届领导班子，格桑曲宗（藏族）任会长，王永清被聘为名誉会长。 （姜　科）

养老事业

【概况】 至2018年11月30日，全市有60周岁及以上老年人25.38万人，比上年增5733人，占全市户籍总人口的27.31%。其中，70周岁及以上老年人118197人，比上年增6200人，占全市老年人口的46.57%；80周岁及以上老年人37815人，比上年增1964人，占全市老年人口的14.9%；90周岁及以上老年人5578人，比上年增492人，占全市老年人口的2.2%。全市有百虚岁（99周岁）及以上老人270人，其中100周岁及以上116人。年内，市民政部门进一步健全养老服务体系，增强养老服务保障能力，推进养老服务社会化，开展多种形式的孝亲敬老活动。年内，市老龄办获评2018年度省老龄宣传工作先进单位和省“安康关爱行动”先进单位，江苏新泰克软件有限公司被第二批认定为省级养老服务业创新示范企业，张家港市“社会养老服务体系建设”绩效考核列全省第2名。

【养老服务体系建设】 全市有养老机构39家，拥有床位数9563张；有社区养老床位3737张，各类养老床位合计1.33万张，每千名老年人拥有各类养老床位数52.4张。年内新建35家居家养老服务中心（日间照料中心）、35家老年人助餐点、2家助浴点，全市有居家养老服务中心（站）219家、老年人助餐点219家、中央厨房1家。12月，市老年活动中心城南分中心建设项目完成主体工程建设。开展养老机构能力提升专项行动，为16家养老机构进行消防、医疗康复、无障碍等安全和适老性改造，其中7家养老机构完成消防改造，3家养老机构进入招投标阶段，2家改造方案待审核，2家拟易地新建，2家关停。1月，市民政局等六部门联合印发《新建住宅区居家养老服务用房建设管理实施细则》，明确新建住宅区养老服务用房建设标准、产权归属、管理办法等内容。至年末，全市有39家开工建设的住宅区配套居家养老服务用房，总面积7500平方米，其中有3家通过验收。市亲情（虚拟）养老院入院总人数3.87万人，总服务432.69万人次，综合满意度99.47%。年内完成功能升级，与人社局共同建立老年人脸部识别数据库，完成亲情（虚拟）养老院95%老年人的人脸信息采集，在全市各区镇全面实行人脸识别服务。5月，“12349”养老服务热线平台组建完成并试运行，市民可拨打热线进行养老服务咨询、服务预约、投诉反馈等。拓展护理辅具租赁服务，7月起推出卧床、助行等2个大类7项康复辅具租赁服务，根据老年人需求，灵活采用日租、月租、年租等方式，并对租赁金额设置上限，通过资源循环利用降低家庭养老成本，解决失能、半失能、术后康复等家庭购买生活辅具一次性投入较大且使用时间不长的市场痛点，逐步推进辅具租赁共享服务。

【养老服务保障】 市财政全年为80周岁及以上老人发放尊老金3251.68万元。其中，发放百岁老人敬老金19.1万元，尊老金125.33万元；发放90周岁及以上不满虚百岁老年人尊老金

1234.66万元；发放80周岁至89周岁老年人尊老金1891.69万元。5月，由政府投保的“幸福港城·惠老保险”到期，市民政局继续与中国人寿张家港支公司合作续保，保费与赔付标准保持不变，总保费620.24万元；年内理赔2305起，赔付670.76万元，累计受益超2300人次。自7月1日起，市人社局、市民政局联合中国人寿张家港支公司，在张家港市2家养老机构、14家医疗机构内开展长期护理保险试点；年内，16家试点机构有161名老年人接受专业长护险评估服务公司的失能评定和资格认定，其中有142人被评定为中度、重度失能人员，分别享受每人每天20元和每人每天26元的长期护理补贴。加强养老人才队伍建设，7月，举办张家港市2018年度养老护理员技能竞赛，参赛护理员24人，评出一、二、三等奖10人，组织获前三名的护理员参加苏州市养老护理员技能决赛，1人获三等奖；10月，举办全市养老护理员职业技能培训，免费培训初级养老护理员176人，中级养老护理员41人。至年末，全市已培训养老护理员1570人，持证上岗率95.3%。强化安全生产管理，结合全国养老院质量建设专项行动与苏州市“331”行动要求，全年对全市28家养老机构开展4次全面的安全评估；联合消防、安监、市场监督管理等部门开展9次养老机构安全检查，下发15份整改通知书；在全市养老服务机构大排查、大整治期间，采取明察暗访、监督检查的方式每周对全市养老服务机构检查不少于1天，数量不少于5家；督促养老机构安全生产工作常态化，针对存在问题的养老机构提出整改意见并责令期限落实。经整治，各单位消防安全责任明确、管理制度落实、人员消防安全素质等得到提高。

【养老服务社会化】 全市推进公办养老机构改革，吸引湖南普亲、上海中博宜康等知名养老服务企业入驻，年内有6家农村敬老院实现“公建民营”社会化运作，占农村敬老院总数的75%。加快社区居家养老服务社会化进程，4月，举办市第二届社区居家养老服务社会化推介会，全市有99个村（社区）负责人以及省内外17家为老服务企业和社会组织代表参会；会后，养老服务企业和社会组织主动与村（社区）对接，签约8个项目，洽谈40余个项目。至年末，金港镇、凤凰镇、南丰镇的村、社区基本实现居家养老服务社会化全覆盖，全市居家养老服务设施与为老服务企业及社会组织签约136家，社会化占比62%，共有12家社会组织参与社区养老服务设施社会化运营，其中3家社会组织已分别实现连锁运行10家以上居家养老服务中心（站）。

【孝亲敬老活动】 5月，全市启动开展中老年人学习中共十九大精神暨人口老龄化国情教育宣讲活动，由45人组成的宣讲团在全市各区镇开展宣讲活动50场，受众3000余人；各区镇开展中老年人防诈骗知识宣讲25场，受众2000余人；开展老年人维权服务，收集维权服务项目案例96个，最终核实案例37个，通过法律志愿工作者等专业人员为老年人开展维权服务；开展全市“为老助餐服务”社会调研，关注为老助餐服务现状、老年人用餐需求等情况。10月，全市开展以“营造敬老爱老社会氛围、纪念改革开放40周年”为主题的敬老月活动。市老龄办举办庆祝第31个老年节文艺演出，大型魔术表演和传统戏剧专场演出，全市老年书画、摄影、剪纸、诗词作品展及乒乓球赛等活动，与市电台联合开展“第七届重阳健康养生文化节”主题活动和“中国梦我的梦——重阳圆梦微心愿”活动，与市退休教师协会联合举办纪念改革开放40周年老园丁门球赛、诗会以及“百名教师看港城”活动，与市体育协会联合开展第四届老年人“返老还童”传统体育项目运动会，与市老年公寓联合开展“重阳金秋敬老情”系列活动，与市亲情（虚拟）养老院联合开展“养老共同体，服务嘉年华——‘12349’热线服务体验进社区”等系列敬老爱老公益活动。市老干部局举办全市老干部“走进新时代，舞动夕阳红”文艺会演，市人社局举办第六届“人社杯”门球赛，市法院开展社区老年人法律宣讲等活动。全市各涉老部门、窗口单位、社会组织先后开展走访慰问送温暖、老年文体活动、老年人健康关爱、老龄国情宣教等536项适合老年人特点的活动，各区镇均走访慰问高龄、失能、失智、困难老人和敬老院老人，开展文娱演出、趣味运动会、法律咨询、送戏下乡、义诊、重阳节茶话会、集体生日会等活动。敬老月期间，全市有10694人参与走访慰问送温暖和为老服务志愿活动，投入金额1659万元，惠及老年人22.13万人。（陈　瑶）

【新泰克软件公司获评省养老服务创新示范企业】 9月，江苏省发改委和江苏省民政厅联合发文，江苏新泰克软件有限公司被第二批认定为省养老服务创新示范企业。江苏新泰克软件是省经信委认定的软件企业和科技厅认定的高新技术企业，在智慧养老、智慧水利、智慧农业、企业智能化等行业和领域有丰富的研发经验。公司先后与中科院上海微系统研究所、中科院上海物联网中心签署战略合作协议，联合开展智慧养老服务领域软硬件产品的研发工作，将AI、传感器、物联网、大数据等技术引入到产品和解决方案中。公司为市民政局定制开发的市亲情虚拟养老院智慧管理平台稳定运行近五年，为2500名居家老人提供服务。（张　蕾）

关心下一代工作

【概况】 2018年，全市有关心下一代工作委员会（简称关工委）组织1145个，其中区镇、办事处29个，社区（村）276个，教育系统85个，民企系统711个，市级机关、系统44个。从事关工工作的“五老”（老干部、老战士、老专家、老教师、老模范）及志愿者5856人。1月22日，市委组织部转发苏州市委组织部、关工委《关于进一步加强全市关工委基层组织建设的意见》，要求全市各级党组织和关工委进一步把关工工作纳入党政工作重要议事日程。1月24日，市委办转发《张家港市关心下一代工作委员会2018年工作意见》，各基层关工委按要求制订全年工作计划，并以党委办文件名义转发关工委年度工作意见。年内，各区镇根据苏州市关工委意见，对校外教育辅导站、网吧义务监督员、主题教育宣讲员和结对帮教员等四类“五老”志愿者以“以奖代补”形式给予工作补贴，全市198名“五老”志愿者每人获500元补贴，由苏州市和张家港市两级财政提供资金。开展优秀“五老”志愿者工作站建站工作，杨舍镇锦绣社区和锦丰镇书院社区的“五老”志愿者工作站首批成为苏州市优秀“五老”志愿者工作站并挂牌。市非公企业关工委培育江苏梁丰集团有限公司等9家企业关工委典型，江苏培达塑料有限公司被评为苏州市民营企业关心下一代工作先进企业，并在现场会上作交流发言。市关工委关工网站全年刊发文章1120篇，每月一期《关工委工作简讯》共刊发文章400余篇，被省级报刊录用文章3篇，市级报刊录用148篇，被媒体录用299篇。省关工委主办的《薪火》杂志第8期刊发市关工委主任钱根祥署名文章《弘扬张家港精神，创新关工委工作》，第12期刊发市关工委副主任陆玉生署名文章《用张家港精神抓教育、育新人——记改革先锋奖章获得者、张家港市关工委名誉主任秦振华关心教育的事迹》。

【“传红色基因，共话新时代，放飞青春梦”主题教育活动】 3月19日，市文明办、市关工委等5个单位联合下发《关于开展“传红色基因，共话新时代，放飞青春梦”主题教育活动的意见》文件，全市开展宣讲、参观、征文等主题教育活动。3月30日联合举办学习中共十九大精神培训班；各基层关工委以“五老”、大学生村干部、在职教师为主，组成宣讲团，通过故事、演讲、知识竞赛等形式宣传中共十九大精神及改革开放40年成就，全年共举办主题教育培训班59期，参加培训的骨干3342人，共组织宣讲员451人，编写宣讲材料147份，宣讲352场，受众10.5万人次。各中小学校和社区（村）关工委组织青少年学生参观沙洲抗日民主政府纪念馆等红色基地和纪念场馆191次，开展看红色基地夏令营活动47次，组织社会实践活动171次。乐余各社区（村）组织青少年参观新落成的红色新沙洲党史教育馆，《新华日报》4月19日以“张家港市乐余镇青少年上好党史课”为题报道这一活动。各中小学校关工委利用传统节日、纪念日组织学生开展主题教育活动。3月，组织开展“雷锋在我心中，我是践行者”“学习八礼四仪，争做美德少年”活动，开展以“启梦”“种梦”“逐梦”为主题的十岁成长仪式，以“为青春引航，与责任同行”为主题的十四岁青春仪式，以“为青春喝彩，让梦想起航”为主题的十八岁成人宣誓仪式。清明节期间，组织开展“我们的节日——清明”主题活动，网上祭英烈，观影讲故事，诵读经典诗文等，全市有9813名中小学生参加网上祭英烈活动，5098人到香山烈士陵园祭扫烈士墓。“六一”儿童节，各基层关工委开展以“童心同乐，为爱飞扬”为主题的亲子趣味游园会等活动。同时，全市举办演讲比赛194场，文艺演出105场。各基层关工委组织青少年参加省关工委“走进新时代，共话强国梦”读书征文活动，收到征文221篇，82篇获奖；组织全市小学高年级和初中学生参加“阳光少年网”组织的“童心向党，争做新时代美德好少年”征文活动，59篇获奖，市关工委被省关工委评为优秀组织奖。

【校外教育辅导站建设】 全市有校外教育辅导站312家，工作人员4288人，其中“五老”2360人，在职教师839人，大学生村干部505人，其他志愿者584人。参加辅导站活动的学生14.9万人次。各辅导站以“七彩的夏日”和“缤纷的冬日”为主题，开展安全讲座、道德法制教育和传统经典诵读活动，以及琴棋书画、音乐舞蹈、文艺演出和体育比赛等培训辅导。各辅导站电子阅览室共有1064台电脑安装全省统一的客户端软件，全年利用电子阅览室开展“阳光少年网”主题征文比赛等活动2313次，参加学生5.94万人次。年末，杨舍镇金城社区图书馆驿站电子阅览室和锦丰镇悦来社区校外教育辅导站电子阅览室被省关工委评为先进电子阅览室。各校外教育辅导站不断创出品牌。金港镇“徐玲公益书屋”和“丁老师心灵氧吧”品牌已引入社区（村），凤凰镇教师勇德元的手工剪纸等民俗技艺成为传承当地非遗文化的品牌，乐余镇的“足迹·乐娃成长录”未成年人建档活动成为苏州校外教育品牌。在全省校外教育辅导站优秀活动推广项目和特色活动品牌征集活动中，锦丰镇书院社区校外教育辅导站制作的“全仿真橡筋动力模型飞机”获优秀活动推广项目一等奖，杨舍镇锦绣社区校外教育辅导站制作的“育心未央”获优秀特色活动品牌项目。同时，全市“四点半学校”作为市政府实事工程，市财政每年提供1000万元专项经费用于建设和运行。全市56所小学全部举办“四点半学校”，共办班986个，参加学生23910人。另有20余个离学校较近的社区（村）建办“四点半学校”，为双职工家庭解决实际困难。

【预防和减少青少年违法犯罪】 全市建立法制教育报告团、宣讲团55个，宣讲员351人，全年宣讲529场，听报告学生18万人次。建有关爱工作团231个，参加关爱工作的志愿者2496人。政法系统各部门挑选155名优秀政法干警担任学校兼职副校长，全年为师生上法制课300余场，受教育师生6.2万人次。各区镇关工委与司法所、派出所及文明办、工青妇等部门联合开展“关爱明天，普法先行”青少年普法教育活动，开展法治讲座等。各社区（村）关工委组织青少年开展“宪法知多少”竞猜和“宪法在我心中”签名活动，开展模拟法庭、“学宪法，讲宪法”知识大比拼等活动。全市各级关工委对“五失”（失足、失业、失亲、失管、失学）重点青少年排查、建档、落实帮教措施。全年建立帮教小组185个，参加帮教的“五老”631人，68名帮教对象有明显转化。各级关工委把困难家庭、问题家庭、单亲家庭、流动儿童、孤儿和病残学生作为关爱重点，全年扶贫助学

1984人，筹集助学助困资金629.9万元。各级关工委组织215名“五老”义务监督员，对全市156家网吧、游戏机房等文化娱乐场所加强义务监督检查。年末，有12名“五老”被评为苏州市优秀文化市场义务监督员，10名“五老”被评为张家港市优秀文化市场义务监督员。全市有272个社区(村)实现未成年人“零犯罪”，零犯罪率98.6%。（陆玉生）

残疾人事务

【概况】 2018年年末，全市有持证残疾人20820人，占户籍人口的2.2%。其中，肢体残疾11151人，占持证残疾人的53.7%；智力残疾2668人，占12.7%；精神残疾2248人，占10.7%；视力残疾2164人，占10.6%；听力残疾1615人，占7.7%；言语残疾145人，占0.7%；多重残疾829人，占3.9%。加强工作宣传，市残联微信公众号每周发布，残疾人工作简报每月编印，与张家港电视台《一样的阳光》栏目合作，宣传政策法规和重点工作；结合爱耳日、爱眼日等节日，开展“减少噪声，保护听力”“看见未来，从预防开始”等主题宣传活动。组织丰富活动，5月29日，组织开展“新时代我参与我共享”主题教育活动；6月21日至27日，举办市第七届体育运动会残疾人组比赛，287名残疾人运动员参加田径、游泳、举重、门球、棋牌、羽乒等7个大类比赛；各区镇、协会开展“香山梅韵”残疾人书画摄影采风活动、“不忘初心跟党走牢记使命唱红歌”歌咏比赛、“残健共融同享一片蓝天”爱心助跑等活动。开展助残志愿服务，启动“我的小康梦”主题读书活动，为残疾人提供读书交流、无障碍视听阅读等服务；举办“勇敢爱·只为遇见你”第二届残健人士公益相亲会；联合市爱心义工协会举行“喜看家乡新变化残疾人游港城”活动，带领残疾人参观城市风光；联合市广播电台志愿者组织无障碍观影活动，帮助视障朋友以特殊方式欣赏电影；携手困境儿童关爱中心启动“萤火虫”困境残疾儿童关爱项目，对3名困境残疾儿童进行个案服务。残联基层建设得到加强，多名专职委员推举为区镇残联副理事长；协会力量得到补充，市肢残人协会增补调整11名理事；残疾人参政议政取得突破，推荐市肢协副秘书长钱晓春为全市政协委员。

【残疾人康复服务】 年内，全市定点康复机构稳定开展服务，市儿童康复基地(市妇幼保健所)开展儿童功能检测74099人次，有31名脑发育异常儿童在机构进行康复治疗，12名儿童经治疗后康复。全市少年儿童定点康复机构有在训儿童244人，市残联提供康复补贴420.9万元；市肢体康复中心在训成人174人，市残联提供康复补贴46.6万元。全市5家白内障复明手术定点医院完成手术1540例。康复服务项目精准化推进，在杨舍镇、凤凰镇开展儿童青少年脊柱侧弯和眼视力筛查试点工作，为6800余名青少年开展筛查，发现脊柱侧弯异常221人，视力异常1704人。对14周岁以上持证残疾人开展康复需求调查，有需求对象为2251人，已为2121人提供精准康复服务。辅具适配服务不断完善，市残联为1583名残疾人适配假肢、助行、生活自理及康复护理类辅具3980件，补贴额229.49万元；为98名残疾人实施家庭无障碍改造，补助额19.3万元；为定点康复机构在训的215名患者发放辅具448件，补贴额11.2万元。

【残疾人就业服务】 年内，市残联与各区镇共同组织就业招聘会10场，295名残疾人参加招聘，84人与单位达成就业意向。新增残疾人实名制就业80人，开发残疾人公益性岗位90个，安置残疾人就业11人。对256家用人单位进行年审，累计安置残疾人就业2211人。对20名自主创业人员发放一次性自主创业补贴10万元。出台《张家港市“残疾人之家”建设实施意见(试行)》《张家港市“残疾人之家”考核管理办法(试行)》，建成“残疾人之家”5家，累计17家；200名残疾人在各级残疾人之家及残疾人工疗、农疗站进行辅助性就业。以赛代训促进残疾人就业，选送13名残疾人参加苏州、省残疾人职业技能比赛，共12人次获奖。其中，2人获江苏省第六届残疾人职业技能比赛第1名；2人获苏州市职业技能比赛第1名，张家港市代表队获团体第1名。

【残疾人补贴发放】 年内，市残联为8796名重度残疾人发放护理补贴1248万元，为811名重残对象和精神(智力)三、四级残疾人发放社会保险补贴446.6万元，为333名残疾学生及贫困

市盲人协会爱心视障跑团参加“活力奔跑·悦动港城”香山麓院短程马拉松健康跑 （市残联 提供）

残疾人家庭子女发放助学金47.1万元，为2.6万人次残疾人购买残疾人团体人身意外伤害险和免费乘车险共计98万元。春节期间走访慰问特殊贫困残疾人362人，发放慰问金72.4万元。

【"全国助残日"系列活动】 为纪念第28个"全国助残日"，市残联组织开展系列活动。5月16日，市领导及相关部门负责人走访慰问贫困残疾人、残疾人集中就业企业、残疾人自强模范和助残先进个人，调研残疾人康复机构和残疾人工作。5月18日，市残联在美术馆举办残疾人作品展暨残疾人书画作品集首发活动，116件作品参展并入册；在星海剧场举行"残健共融，同筑美好中国梦"残疾人文艺会演暨第二届市"十佳残疾人自强模范"和"十佳助残先进"授牌活动。5月21日，举办《全国助残日》纪念邮票首发活动。

【市残疾人联合会换届】 2月27日，市残疾人联合会第六次代表大会在馨苑度假村召开，大会应到正式代表120人，实到117人。苏州市残联理事长蔡建军，张家港市领导朱立凡、黄戟、王亚方、黄雪元、陆德峰等出席会议。理事长曹跃飞代表市残联第五届主席团作《牢记使命，砥砺奋进——为实现残疾人高水平小康目标而努力奋斗》的工作报告。大会选举产生市残联第六届主席团委员32人，李兆玮当选主席，阳曦、樊建兵、曹跃飞、范一明、许啸文、钱洁雅、蔡贤、金雳当选副主席，推举执行理事会成员3人，曹跃飞当选理事长，王新法、姚红梅当选副理事长，大会通过了出席苏州市残疾人联合会第六次代表大会代表名单。 （赵丹萍）

新市民服务

【概况】 至年末，全市登记出租房屋8.27万户，流动人口（新市民）72.17万人。其中，就业人数52.29万人，流动党员1203人。发放居住证3.75万张，新增登记16.14万人，年审27.23万人，变更72.68万人次，注销72.09万人次。市新市民事务中心协助破获治安案件413起、刑事案件327起，协助抓获行政处罚人员763人，抓获刑事拘留以上人员540人；提供线索取缔黑网吧、黑诊所、黑作坊等场所45家，协助处理计划外怀孕151起。2月至3月，市新市民事务中心联合人社部门开展"春风行动"新市民就业大型公益活动，发放宣传资料1.05万份，为4679人提供免费职业介绍。3月至11月，继续联合市电视台走进全市10所新市民子女学校，举办"国学子弟、才艺少年"文化志愿服务活动，开设国学堂课程10期，由电台主持人志愿者以授课形式带领新市民子女学习国学文章；参与录制电视台少儿节目《花开朵朵》2期。12月11日，举办"国学子弟、才艺少年"新市民子女演讲大赛，10所新市民子女学校的11名选手参赛，蓝天学校学生李雅慧演讲的《以经典为伴与智慧同行》获特等奖。4月至6月，联合市金融办开展"同创共建平安金融——百名协管员千家万户'面对面'"宣传活动，发放防范非法集资宣传资料1.6万余份，提升新市民法治观念和安全防范意识。4月至11月，承办全市第七届体育运动会新市民组11项赛事，近400名新市民运动员以区镇为单位参赛，杨舍镇、锦丰镇、金港镇代表队分获团体前3名。参与出版《入乡随俗——新市民学张家港话》，并于10月至12月联合市老年大学方言俱乐部，陆续把方言培训送入金港、杨舍、锦丰、塘桥、凤凰等镇的6所新市民子女学校。11月19日，首届"心连新"欢乐健步行在香山公园举行，全市10支代表队、400余名健步行爱好者参与活动。年内，持续发挥特困新市民救助政策和新市民意外保险作用，救助特困新市民39人、发放救助金18.8万元，成功理赔51例、赔付175.4万元。发挥协管员志愿者队伍作用，帮助新市民调处各类矛盾598起，追讨拖欠工资38人次，涉及金额72万元。优化新市民积分管理服务，全市7100名新市民子女获得积分参加张家港市居民基本医疗保险资格，28018名新市民子女获得继续参加张家港市居民基本医疗保险资格，5117名新市民子女获得积分入读公办学校资格。

2018年张家港市流动人口分布情况表

表64 单位：人

区镇	流动人口登记数	16周岁及以上男性登记数	16周岁及以上女性登记数	未满16周岁人数	就业总人数	第一产业人数	第二产业人数	第三产业人数	投资经商人数	无业人员数
保税区（金港镇）	144874	73672	50952	20250	107634	738	74608	26437	5851	1748
经开区（杨舍镇）	264751	130203	97758	36790	185837	901	113663	63088	8185	1056
冶金园（锦丰镇）	72488	39327	21710	11451	52799	1083	38437	10257	3022	247
塘桥镇	95926	43978	37800	14148	72029	806	58717	11015	1491	1022
乐余镇	20612	10148	6706	3758	14121	818	10352	2481	470	26
凤凰镇	57053	28080	21343	7630	44072	522	37753	4442	1355	507
南丰镇	26796	14082	8084	4630	18317	578	14120	3085	534	24
大新镇	35249	17044	12335	5870	24787	393	20202	3250	942	133

续表64

区镇	流动人口登记数	16周岁及以上男性登记数	16周岁及以上女性登记数	未满16周岁人数	就业总人数	第一产业人数	第二产业人数	第三产业人数	投资经商人数	无业人员数
常阴沙现代农业示范园区	3982	2005	1335	642	3339	264	2533	410	132	1
合计	721731	358539	258023	105169	522935	6103	370385	124465	21982	4764

【新市民积分管理启用网上申请"微模式"】 1月，市新市民事务中心在全市范围正式启用新市民积分"微模式"。新市民申请人可通过"张家港市新市民事务中心"微信公众号提出积分入医、入学、续保预申请，在提交的材料经审核通过后再至居住区镇积分窗口正式申请。同时，中心加强与市公安局、市教育局、市卫计委、市人社局等新市民积分重点评分单位的沟通协调，通过数据比对的方式，实现年龄、社保、志愿者服务、献血等加分材料的自动评分。新市民在积分窗口提出积分管理申请时，无须再提供相应项目的纸质证明材料，提升了办事效率。全年有8196名申请人通过微信进行积分管理预申请，19830人通过微信申请续保。

【《居住证暂行条例》实施意见制定】 年内，市新市民事务中心深入贯彻落实国务院发布的居住证暂行条例精神，在调研张家港市现实情况、借鉴外地做法以及开展问卷调查的基础上，8月，起草《张家港市深入推进〈居住证暂行条例〉的实施意见》初稿，通过召开新市民代表、重点企业人员、共进协会代表及成员部门座谈会，征求各方意见和建议。经过风险评估、专家论证、合法性审查、廉洁性评估等程序，11月形成实施意见送审稿。实施意见对居住证的申领、管理、使用，居住证制度的执行及工作职责等方面进行明确，有效拓展了居住证的功能和应用。 （李聪慧）

便 民 服 务

【概况】 市便民服务中心暨"12345"便民服务热线全年受理市民电话（含网络邮件）求助264.39万个，比上年增近20%。平均每天7244个，正式受理2021464个，占总量的76.5%，其余为重复和骚扰电话。受理电话中，政务咨询类407285个，占20.1%，主要为住房公积金政策、新市民积分、公共服务信息、行政许可办理、社保和其他相关政策的咨询；市民求助类1525617个，占75.5%，主要是家庭生活服务、出租车电召、预约挂号、居家养老、订餐订票等方面的求助；监督投诉类88562个，占4.4%，主要是拆迁、征地补偿、环境污染、物业管理、劳资纠纷、公共设施维修、违章搭建等方面的意见和投诉。至年末，电话求助事项办结率100%，回访综合满意率99.9%。年内，编发《"12345"便民服务热线工作周报》43期，市委、市政府主要领导批示15次，推动了热点、难点问题的解决。对外交流取得突破，和德国劳恩堡市"115"政府热线签订合作备忘录。在苏州市组织的第三方服务质量测评中，张家港市总分在苏州10个板块中获第1名。

【《"12345"进行时》栏目开办】 年内，市便民服务中心与市人民广播电台合作开办《"12345"进行时》专题栏目，双方抽调力量成立栏目组，采编群众最关注的民生问题，追踪部门办理过程，定期在该栏目播出，充分发挥行政监督和媒体监督的各自优势，提高民生问题的解决实效。全年共播出135期，邀请市农委等47个部门走进《"12345"进行时》，受理市民线上和线下诉求近1000个，诉求解决率85%以上。

【"便民服务综合业务系统"升级】 市便民服务中心"便民服务综合业务系统"智能化升级项目是2018年政府信息化重点项目之一，该平台运用智能化综合算法对知识库内容进行优化，打通政务服务平台与"12345"信息平台渠道，实现两大平台无缝对接。该平台具体建设内容包括呼叫中心智能知识库系统建设、智能应答系统建设、对接市政务大数据平台开展大数据示范应用系统建设。该系统升级后可有效缓解"12345"热线接线压力，提高政府行政效能和公共服务水平，扎实推进政务服务"一张网"，配合"放管服"改革，实现政务服务"一号答"。同时，"张家港12345"微信公众号平台年内完成升级，实现微信客户端即时推送诉求处理进程，求助市民也可通过微信公众号自助查询求助件办理进程及答复内容。至年末，公众号关注人数26652人。（何　威）

社会调解服务

【概况】 2018年，市社会调解服务中心接待到访172批291人次；接待司法调处54起291人次，涉及金额911.08万元；市医患纠纷调解办公室接待调处医患纠纷56起，其中形成卷宗的有34起，涉及434人次，涉及金额692.45万元。全年接待群众集体上访6批67人次。

【学生意外死亡事件调解】 8月25日，市崇真中学高一新生朱某某在军训中晕倒，经南京等医院抢救治疗近一月后无效去世，治疗期间花费医药费80余万元，爱心众筹后仍欠40余万元。死者家属要求市教育局和崇真中学给予帮助，并向市社会调解服务中心请求调解。调解中心随即与死者家属面谈，了解具体诉求；同时联系市教育局和崇真中学相关负责人，了解补偿能力及原则。经四天四轮协调商议，调解中心从社会角度、舆论角度、人道主义角度做各方工作，最终崇真中学同意帮助死者家属清欠医疗费，并支付人道主义补偿款。一起学生意外死亡事件得到妥善解决。 （张　丽）

【编辑　陆文琰】

区镇

Zones and Towns

沙洲新城　（华晓忠　摄）

保税区（金港镇）

经开区（杨舍镇）

冶金园（锦丰镇）

高新区

塘桥镇

乐余镇

凤凰镇

南丰镇

大新镇

常阴沙现代农业示范园区

双山香山旅游度假区

張家港年鑑(2019)

扫码欣赏

乐余赞歌

保税区（金港镇）

【概况】 保税区（金港镇）位于市域西部，是张家港港和张家港保税港区所在地。总面积131.62平方千米（统计指标含双山岛旅游度假区），耕地面积2930.38公顷。4月，增设马桥社区、镇山社区；12月，增设文昌社区。年末，辖3个办事处、26个行政村、28个社区（其中11个为“村社合一”体制，分别为长江、巫山、安利、金桥、滩上、镇山、马桥、香山、金丰、文昌、学前社区）。有户籍66195户，户籍人口179953人，另有外来暂住人口144874人。全年实现地区生产总值744.13亿元。一、二、三产业增加值分别为3.7亿元、367.72亿元、372.71亿元。完成全口径财政收入114.5亿元，其中公共财政预算收入59.47亿元，入库税收110.64亿元。完成全社会固定资产投资79.3亿元，其中工业投资42.76亿元、服务业投资36.53亿元，新兴产业投资47.26亿元。保税区在全省开发区科学发展综合考核中进入前十强。金港镇跻身全国千强镇第5名，获评江苏省生态文明建设示范镇和江苏省健康镇。

经济建设　年末，有企业14426家，其中工业企业2248家。工业总产值1441.02亿元，工业开票销售收入1614.45亿元。350家规模以上工业企业全年实现工业总产值1224.87亿元，主营业务收入1412.62亿元，工业利税112.3亿元。区（镇）销售收入超1亿元企业116家，其中超10亿元企业27家、超20亿元企业15家；利税超5000万元企业33家。商品销售总额6299.08亿元。外贸进出口总额171.21亿元，其中出口额34.84亿元。新批外资及港澳台资企业12家，注册外资及港澳台资3.94亿美元，到账外资及港澳台资2.2亿美元。新增私营企业2097家，新增注册资本94.53亿元；新增个体工商户2088户，新增注册资本3.21亿元。新增“新三板”挂牌企业2家，累计18家。总投资超100亿元的PPG三期、庄信万丰汽车催化剂、贝内克长顺、胜牌润滑油等20个项目开工。总投资超60亿元的霍尼韦尔UOP工程研发中心、陶氏新材料、芬美意、长华科技等18个项目竣工。总投资超80亿元的杜邦中国制造基地、中车氢能源、丹麦海虹老人高性能防护涂料、龙蟠科技等8个项目落户。国际消费品大楼、郑明温控产业园、巴士物流、江苏珍鲜、港务集团集装箱码头改扩建工程等重点项目顺利推进。国际汽车城建成投运，改装基地实现产值12亿元，汽车口岸完成整车进口6007辆，在全国新批口岸中排名第2位。保税区专业市场完成商品销售总额6299.08亿元，其中，化工品交易所线上线下交易额1670.94亿元。服务业入库税收50.22亿元。新兴产业产值804.04亿元，占工业总产值的55.8%。区（镇）累计引进“国家级重大人才引进工程”人员27人；获评省“双创计划”人才2人，累计30人；获评姑苏创新创业领军人才8人，累计42人；获评张家港市领军型创新创业人才18人，累计162人。累计列入国家“863”计划项目7项；累计国家级科技项目61项；新增省级科技项目5项，累计37项；新增省高新技术企业17家，累计105家。国家火炬计划张家港锂电特色产业基地通过复核。各类人才企业实现销售超10亿元，其中超1000万元企业21家。新增苏州市“独角兽”培育企业（体素科技）和“瞪羚计划”企业（国泰超威）各1家，获评国家知识产权示范企业1家。科创园入围江苏省小型微型企业创业创新示范基地、苏州市创业孵化示范基地。国家非自贸区汽车平行进口试点政策生效，助推张家港市入选全国供应链创新与应用试点城市（江苏省仅2家）。物润船联成为全国第一家获得授权代开增值税专用发票的无车无船承运试点企业。永嘉码头获启运港退税政策，成为全国5个新增启运港之一。区（镇）全年实现农、林、牧、渔业总产值8.32亿元，粮食、油菜籽和水产品总产量分别为19758吨、237吨、2797吨。完成130公顷标准化农田建设，新增高效农业1200公顷，大棚设施栽培种植100公顷。土地规模经营面积281.13公顷。农业基地认定总面积700公顷。有无公害农产品7种，绿色食品16种，有机食品1种，苏州市级以上名牌农产品5种。

社会事业　年末，有中小学校14所，其中中学5所、小学9所，教师838人。有幼儿园13所。中学、小学、幼儿园在校学生分别为5044人、15931人和8279人。苏州外国语学校保税区校区签订合作办学协议。“金港大讲堂”被评为全国终身学习品牌。金港中心幼儿园被评为全国“家园共育”示范幼儿园，崇真中学高考本科上线率达到88%。金港文化中心内部装修加快推进，滨江集贸市场正式投用。区（镇）有医疗卫生机构62个，其中医院5家、社区卫生服务站35家，执业医师519人。有体育场馆2座、公园健身广场8片、健身房41个，村、社区有篮球场63个、3.62万平方米。社区卫生服务站均创建成市慢性病防治社区卫生服务站，18家卫生服务站创建成苏州市示范社区卫生服务站，其中4家卫生服务站创建成省示范村卫生室。南沙社区卫生服务分中心开工建设。区（镇）滨河健康主题公园建成。金香花苑超100万平方米安置小区竣工。总投资超1亿元的老旧小区综合整治完成，老安置小区天然气进村入户。全年区（镇）完成安置房分房1400余套。承办全国农村积极老龄化培训与研讨会、全国拔河锦标赛、“香约·香山”山地短程马拉松赛、第三届香山梅花节国际灯谜大赛等市级以上比赛。举办第四届全民健身运动会暨全民健身节系列活动。开展群文课堂“月月送”、公益文艺“周周演”、文明书场“天天说”、优秀电影“村村映”系列活动。出版发行《中国名镇志丛书·金港镇志》。推行“区镇—办事处—村（社区）—网格”四级党群服务中心标准化建设，张家港市“红堡工程”优秀点位19个，金都社区首批入围苏州“海棠花红”先锋阵地。举办“走进红色岁月·回顾光辉历程”七一建党主题活动、“唱响新时代·共筑中国梦”金港文化志愿者演唱会、“我与新时代共成长”讲故事比赛等系列活动。开展以“我们的节日”为主题的新春文化月、元宵登山、清明诗歌鉴赏大会、端午民俗集市、中秋最美家庭表彰等活动。完成保税物流园区西区、朱家宕村特色田园村庄、总部经济园等8个地块的控制性规划调整。朱家宕村、高桥村、东山村等9个三星级康居乡村工程通过苏州市级验收。查处违法用地15宗7.8公顷。实施“三优三保”拆旧复垦工程，复垦面积15公顷。清理乱堆放建筑装潢垃圾2.5万吨。整治农户违章建筑61户、4800余平方米，查处企业违建37家、2.5万平方米，清理非法占用地块2起、1.49万平方米。木材行业关停企业17家，剩余88家完成整治。排查“散乱污”企业1389家，关停取缔133家，整治提升1228家，完成率98%。通过“腾笼换凤”淘汰低效落后企业36家，其中化工企业8家。推进燃煤锅炉整治和火电行业超低排放改造，加快推进化工、仓储、涂装等行业130家企业VOC(挥发性有机化合物)综合整治。完成5家颗粒物无组织排放企业治理，落实15家重点企业重污染天气减排任务，督促华昌化工等5家重点企业压降煤炭消耗超15万吨。完成隔离墙、铁栅栏、违建拆除超47万平方米。

福民工程　全年区(镇)村均可用财力1404.54万元。总投资14亿元的6个大类45项民生实事工程扎实推进。华达路、天霸路、长欣路等18个道路工程完成建设，港西路、柏林南路改造、晨丰公路改造等10个道路工程开工，镇山大桥完成引桥工程。新增公共自行车点位10个、锁柱176个，累计点位59个、锁柱1316个、投放自行车1052辆。整体转换数字电视74012户，整转率99.97%。全年提供就业岗位9506个，开发公益岗位147个。办理灵活就业人员银行代缴养老保险3269人、中断补缴2194人和中断缴费1870人。办理异地退休认证287人。办理居民养老保险退休142人，申请基础养老金99人。办理一次性退费77人，办理居民养老保险退休死亡43人。年末参加居民基本养老保险63678人、居民基本医疗保险295992人。全年市、镇两级财政补贴6882.67万元。就医门诊结报55.15万人次，报销1941.4万元；住院结报13554人次，报销6627.6万元；救助21241人次，救助金额499.9万元。春节慰问2万户，发放慰问金1900万元。发放低保(含低保边缘重病困难对象、一户多残)补助金、临时救济金34万元，财政补贴997万元，保障499户、723名低保人员及180名低保边缘重病等困难群众基本生活。完成69例民生保险理赔案件，赔付金额127.66万元。大病困难群众和计生特殊困难家庭医生签约覆盖率达到99.39%。计生特殊家庭“连心家园”建设获评国家级项目示范点。有养老服务机构4家，床位1124张。居家养老服务中心8家，居家养老服务站31家，老年人助浴点2个，规范化助餐点1家。年内为6364名80周岁及以上老年人发放尊老金475.5万元。有虚拟养老服务对象6308户，“智慧养老”服务120人。为261户老年人、残疾人家庭进行入户个性化安装辅助器具。有10个村(社区)试点开展村级医疗互助，受益群众1902人，发放补助101.16万元。“民生微实事”投入301.22万元，实施项目60个。新增老年农(居)补贴124人，社保扩面14469人，住房公积金扩面3491人。为4户困难户提供“安居工程”救助，补贴10万元。“爱满港城”慈善募捐1550万元，市、镇两级慈善助学185人，发放助学补助金59.7万元。

2018年张家港保税区(金港镇)办事处基本情况表

表65

名　称	所在集镇面积(平方千米)	党工委书记	主任	党工委副书记	副主任
南沙办事处	2.05	孙永华	朱启彦(12月免)	朱启彦(12月免) 谭晓维	谭晓维　方建良
后塍办事处	3.80	王卫东	毛东兴(12月免) 朱启彦(12月任)	毛东兴(12月免) 朱启彦(12月任) 李杏珍(女)	孟　伟
德积办事处	1.98	龚锦乾	丁萍芬(女)	丁萍芬(女)	王　湞(女)　丁向阳 宋　波(女)

2018年张家港保税区(金港镇)各村(社区)基本情况表

表66

村(社区)名	面　积(平方千米)	户数(户)	人口数(人)	集体经济总收入(万元)	可用财力(万元)	总资产(万元)	村(社区)党委(总支、支部)书记	村委(社区)主　任
长江村	5.20	2725	7898	4129	4101	18754	郁霞秋(女)	黄忠和
巫山村	2.62	1715	4985	4719	4673	28916	李跃进	杨惠忠
张家港村	1.53	1490	5385	548	275	6537	施忠法	朱阿云
滩上村	4.15	1952	6038	5976	5664	16817	戴丽君	郁　兴
长山村	6.90	2055	7756	4354	3515	23170	郁江清	陈　强
山北村	4.20	2091	6052	2148	1420	6376	庞建华	孙瑞龙
柏林村	4.70	2892	8130	1694	1429	13682	殷品龙	谢建兴

续表66

村(社区)名	面　积(平方千米)	户数(户)	人口数(人)	集体经济总收入(万元)	可用财力(万元)	总资产(万元)	村(社区)党委(总支、支部)书记	村委(社区)主　任
占文村	2.41	1371	4266	1651	1432	7658	顾凯洪	何　华
东山村	3.21	1194	3330	1530	887	6348	朱启彦(12月免) 宋国芳(12月任)	邬曦忠
港西村	2.60	1136	3563	1151	768	5634	顾永仁	许国平
新塍村	3.01	1583	4676	1444	915	10804	陆建新	肖云星
高桥村	4.80	2169	6224	1124	1019	8309	向　一	陈　良
袁家桥村	3.50	1757	5224	1462	746	2396	李永奇	张　海
晨阳村	8.54	3327	8484	2076	1590	15092	刘荷英(女)	黄　轩
朱家宕村	2.36	1106	3307	1090	937	4905	许海东	缪海平
封庄村	4.30	1645	4606	984	485	4112	奚　涛	沈网良
三角滩村	4.50	1611	4299	645	416	4130	尤正良(9月免) 叶浩翔(9月任)	唐献忠
学田村	4.30	1825	4760	917	632	7694	唐向阳	吴品良
福民村	5.24	1586	4090	1462	1320	14605	陈兰清	张亚华
小明沙村	4.50	1916	5108	1339	543	4975	赵新浩	姚金全
朝南村	5.64	1958	5182	1714	695	5786	陈国平	黄剑锋
新套村	3.06	613	1454	823	650	6989	朱松山(12月免) 李云才(12月任)	李云才
德积村	3.24	1031	2514	850	589	7811	陈春芬(女)	陆晓峰
永兴村	2.90	1243	3475	986	602	4217	黄学贤	黄照平
双丰村	2.92	1266	3353	801	654	3107	陈永法	王巧芬(女)
北荫村	2.18	1221	2972	799	562	7935	陈　娟(女,12月免) 王建军(12月任)	朱卫国
中德社区	0.18	1670	4842	397	256	2431	黄秀娟(女)	李　兰(女)
中港社区	0.42	1310	3376	299	167	1741	朱建龙	朱建龙
中南社区	0.15	1540	5250	337	242	2239	李增宝	李增宝
中苑社区	2.55	2097	4448	422	280	2114	朱建刚	居正平
中兴社区	0.05	632	2010	319	163	1313	顾永建	顾永建
安定社区	0.08	1098	3818	314	154	1040	凌国良(12月免) 黄建忠(12月任)	黄建忠
中圩社区	0.09	1540	4671	591	410	3291	朱建良	何晓东
海港社区	0.06	1026	2543	—	—	—	徐相兰(女)	徐相兰(女)
金润社区	0.58	4623	12338	—	—	—	宋国芳(12月免) 李　兰(女,12月任)	陈校丰
金都社区	0.42	3660	12000	—	—	—	高燕晓	沙　尧
南沙社区	0.80	2136	7185	—	—	—	张丽琴(女)	张丽琴(女)
廊桥社区	0.23	946	3100	—	—	—	陈　圆(女)	陈　圆(女)
后塍中心社区	4.00	5954	18883	547	242	1566	沈其明	陶　慧(女)
塍德社区	0.50	3500	8000	—	—	—	高　峰	沈　辰
塍丰社区	0.79	2765	9562	—	—	—	孙　清	孙　清
元丰社区	0.13	586	1854	599	228	2120	曹　俊	曹　俊
德丰社区	0.33	4533	13500	—	—	—	张　华(12月任) 丁萍芬(女,12月免)	丁萍芬(女)

2018年张家港保税区(金港镇)投资1亿元以上开工项目情况表

表67

投资企业名称	项目名称	投资金额(万元)
张家港康得新光电材料有限公司	年产6000吨高档亚克力板及20套海洋馆系统项目、年产1亿片裸眼3D模组产品项目	248596
江苏华昌化工股份有限公司	氮肥生产装置节能减排技术改造项目(原料结构调整技术改造项目II期)	28678
芬美意香料(张家港)有限公司	食品用香精香料项目	18838
国际香料(张家港)有限公司	食品用香精香料项目	15593
瓦克化学(张家港)有限公司	扩建年产1.4万吨硅橡胶项目	12407
市华昌新材料科技有限公司	扩建年产3万吨新戊二醇及10万吨聚酯树脂项目	11976
怡成屏障(张家港)科技有限公司	年产12万吨超精密耐指纹铝锌硅项目	10500

【金港镇获评“中国氨纶纱名镇”】 9月,金港镇被中国纺织工业联合会授予中国氨纶纱名镇称号,成为江苏省唯一获此称号的区镇。金港镇同时获得江苏纺织服装百亿(千亿)名镇贡献奖。氨纶纱产业是保税区(金港镇)支柱产业之一,德积是全国重要的氨纶纱线集群生产基地。金港镇境内有规模以上氨纶纱企业50余家,总纱锭接近300万锭。氨纶纱产品包括纯棉、纯麻氨纶包芯纱,涤棉混纺、涤粘混纺、麻棉混纺、麻粘混纺氨纶包芯线、兔毛纱、包覆丝、并线等九大类100余种纱线品种,年总产量在35万吨以上,占全国氨纶纱总产量的30%左右。

【霍尼韦尔UOP全新催化剂生产线投产】 1月23日,霍尼韦尔张家港生产基地全新催化剂生产线投产,用于生产霍尼韦尔UOP煤制塑料工艺中的专有催化剂。霍尼韦尔张家港生产基地于2015年投入运营。霍尼韦尔这条全新的催化剂生产线用于生产霍尼韦尔UOP突破性甲醇制烯烃(MTO)工艺中使用的高性能催化剂,该工艺可从煤或天然气中提取的甲醇高效转化为生产塑料树脂和纤维所需的烯烃,此专有催化剂是该工艺的核心。这条新生产线的启用能够利用地产的原材料,在中国本土生产用于甲醇制烯烃工艺的催化剂。

【保税区携手安创加速器打造现代供应链创新中心】 2月7日,张家港保税区宣布与安创加速器公司(Arm Accelerator)签署战略合作框架协议。双方将携手在张家港保税区打造具有全球影响力的现代供应链创新中心。安创公司(Arm)总部位于英国剑桥,主要业务涵盖半导体知识产权授权与技术服务等,先进的高能效处理器设计已应用于超过1000亿片芯片。安创加速器公司于2015年由安创公司和中科创达共同组建,是全球第一家也是唯一基于安创全球生态系统且聚焦于人工智能和物联网产业的创新加速平台。张家港保税区与安创加速器双方的合作主要围绕“为张家港引入全球顶尖的高科技企业,将先进的物联网、人工智能技术融入张家港智慧供应链创新与发展中”两大主题。双方将合作开展科技驱动智慧供应链、Workshop创新工坊、创客大赛等一系列创“芯”主题活动。在高科技运用于实体经济的基础上,每年将发布全球智慧供应链白皮书。为张家港保税区对接更广泛的国际性合作资源和全球性市场资源,为张家港市的港、产、城融合转型升级注入新的活力。

【“香约·香山”山地短程马拉松挑战赛举行】 3月4日,2018年“香约·香山”张家港香山山地短程马拉松挑战赛在香山风景区开赛。从2015年起,保税区(金港镇)已连续3年举办这个群众喜闻乐见、广泛参与的马拉松运动项目。此次挑战赛全长15千米,分男、女两个组别,参赛选手2000余人,赛道以环山路(梅园大门)为起点,沿着望湖路、望江路、樱花园路、江海南路、香南西路、环山路绕圈2

霍尼韦尔UOP工程研发中心　　（市科技局　提供）

圈，终点回到梅园大门。短程马拉松挑战赛提前制定详细的竞赛组织方案，落实各项竞赛筹备工作，共有志愿者和安保人员1000余人助力赛事。在赛事设置上，设置了比赛路线、提醒标语、赛道指示牌、分时段封闭道路，提供完赛姜汤、功能饮料。在参赛物料保障方面，补给包中除常规能量食物外，还提供湿纸巾等温馨小物。在现场布置方面，设置补给点、医疗点、志愿服务驿站等为选手提供暖心服务。同时在梅园健步行活动中，香山梅花节期间的赏梅有礼、全民大寻福、多彩梅花绘、汉文化演出等互动活动也同步上演。活动还特邀保税区（金港镇）特色品牌团队和专业健身教练带领大家做赛前热身和闹场表演。男子选手林鑫用时52分34秒跑完全程获第1名，女子组第1名张妮用时1小时10分32秒。

【投资418亿元的23个项目集中开竣工】10月20日，张家港市举行“打造产业新高地，助推发展高质量”集中开工投产月活动。保税区（金港镇）有23个项目集中开工、投产。PPG涂料（张家港）有限公司涂料项目开工，公司由PPG涂料（香港）有限公司出资设立，注册资本6230万美元，主要生产高性能涂料树脂、水性树脂、黏胶剂等产品，2017年销售收入12.44亿元。公司总投资1.5亿美元，占地11.6公顷，建筑面积5万平方米，年内新项目投资6063万元，计划2020年12月完工。项目达产后，将形成年产14.5万吨高性能涂料和5000吨PVC密封胶的生产能力，预计增加年销售收入20亿元、入库税收1.7亿元。芬美意香料（张家港）有限公司香精香料项目竣工，公司由芬美意香料（中国）有限公司与芬美意贸易公司共同出资设立，注册资本3500万美元，主要从事香精原料和食品添加剂的生产加工和研发销售。公司总投资48975万元，占地18公顷，建筑面积4.47万平方米，2018年12月完工。年内新项目投资18838万元，达产后，将形成年产2.5万吨食品用香精香料的生产规模，预计年销售收入9亿元。张家港保税区国际汽车城项目竣工，汽车城由江苏港通投资发展有限公司、力帆集团、苏州恒兆公司三方投资建设，注册资本3.3亿元。该项目占地6.67公顷，总投资5亿元，建有1.8万平方米展示交易中心、8800平方米售后维修中心、2000平方米办公区及2万平方米的汽车堆场，9月正式对外营业。年内开证综合授信总额近10亿元，是口岸汽车进口全产业链的综合服务平台，提供包括海外集采、金融开证、关税垫付、物流报关、展示展销、库存融资、售后三包等一站式专业化服务。张家港市华昌新材料科技有限公司扩产项目开工，公司是江苏华昌化工股份有限公司的全资子公司，注册资本2.64亿元，主营业务为化工新材料产品的开发和生产，2017年销售收入9.23亿元。公司总投资3.04亿元，新项目投资11976万元，达产后预计增加年销售收入7.4亿元。23个项目还包括康得新的碳纤维航空复合材料项目、保税区科创园二期工程、江苏物润船联的数字供应链·智慧物流研发运营中心、中集圣达因的低温装备基地、霍尼韦尔的合成蜡项目等，总投资超418亿元。　（邱亚峰）

经开区（杨舍镇）

【概况】经开区（杨舍镇）位于市域西南部，是市委、市政府所在地。总面积153.09平方千米，其中城区面积34平方千米，耕地面积3400公顷。年末，辖城郊5个办事处、城区4个街道办事处、29个行政村、76个社区。有户籍97306户，户籍人口284378人，另有外来暂住人口264751人。全年实现地区生产总值784.1亿元，比上年增4.4%。一、二、三产业增加值分别为4.81亿元、263.16亿元和516.13亿元。完成全口径财政收入105.25亿元，其中公共财政预算收入52.24亿元，比上年增4.3%。入库税收102.18亿元。完成全社会固定资产投资143.25亿元，其中工业投资30.57亿元、服务业投资112.68亿元。综合实力位居全国千强镇第3名。年内，经开区获评国家级绿色园区、省级大众创业万众创新示范基地，杨舍镇获评苏州创新驱动能力工程示范乡镇、苏州市文明镇。

经济建设　年末，有企业11729家，其中工业企业3403家。300家规模以上企业全年实现工业总产值720.4亿元，主营业务收入715.69亿元，工业利税50.11亿元。百家骨干企业销售收入608.65亿元，比上年增2.34%，占区（镇）经济总量的73.75%。全年区（镇）外贸进出口总额89.01亿美元，其中出口79.97亿美元。新批办外资及港澳台资企业19家、增资项目8项，新增注册外资及港澳台资1.95亿美元，新增到账外资及港澳台资1.64亿美元。新批办私营企业3302家，新增注册资本228.31亿元；新批办个体工商户6740户，新增注册资本9.55亿元。全年实现太阳能光伏、LED、汽车零部件、机器人等新兴产业产值503亿元。投资超1亿元项目竣工8项、在建9项。总投资50亿元的华灿光电四期外延芯片项目、投资11.8亿元的日本加特可自动变速箱项目、投资3亿元的晶台照明项目、投资3300万美元的日本那智不二越二期机器人项目、投资3000万美元的日本爱汽科技变速箱关键部件项目等10个重大项目成功签约。所有项目均完成年度计划任务，建设进展顺利。软件（动漫）产业园累计入驻企业270家、电子商务产业园入驻企业70家，年平台交易额突破100亿元。新点软件公司获国内版权领域最高奖项——“中国版权金奖”推广运用奖，如意通动漫、幸运金属工艺品企业获评江苏省版权示范企业，云顶科技公司获评苏州市平台经济示范企业。净增高新技术企业26家、新增省级以上研发平台17家、国际科技合作项目6项。新增“新三板”挂牌企业2家、主板上市企业1家。区（镇）实现农、林、牧、渔业总产值9.11亿元，粮食、蔬菜、肉类、禽蛋、水产品总产量分别为16719吨、15171吨、258吨、35吨和669吨。

社会事业　年末，有中小学校54所，其中中学28所、小学26所，教师6996人，在校学生84874人。有幼儿园31所。年内新改扩建学校10

所，闸上幼儿园、暨阳湖幼儿园正式开园。投入1353万元，为市二中、三中等32所学校添置设备；投入480万元完成22所学校"温水进校园"改造工程；投入372万元为中小学、幼儿园添置电子白板117套，新增电脑463台、更新电脑房2个、新设云机房1个、更新学生课桌椅3030套。中小学、幼儿园扩班56个，吸纳新市民子女入校1214人。区（镇）有医疗卫生机构187个，执业医师2308人；有体育场馆32座，公园健身广场44片。新建社区卫生服务站2家，社区门诊全年突破68万人次。完成新航花苑、新旺花苑便民餐厅，南新花苑便民餐厅、卫生室、老年活动室，勤星花苑便民餐厅、老年活动室装饰工程并投入使用；启动12个社区阅读空间建设，配置乒乓球桌30张、桌式足球桌48张、健身路径46套；新建篮球场5片，铺设塑胶场地6981平方米。群星舞蹈队获全国广场舞大赛（江苏张家港站）规定套路特等奖、自选套路一等奖，全国广场舞总决赛三等奖；11支文艺团队获市五星团队称号，19支文艺团队获市四星团队称号。持续推进重点行业VOC、工地扬尘、汽车尾气治理；关停畜禽养殖场7个，推行"三位一体"保洁模式，提高农村环境洁净度；指导100家企业规范工业固废、危化品管理，改善土壤环境质量。建成省级生态河道12条，新增绿化面积15.6公顷，建成福前等美丽村庄16个，1292户农村群众生活环境发生改变。破获刑事案件1009起，刑事拘留834人，行政拘留1161人；刑事案件发案2748起，比上年降8.49%，公众安全率为97.5%。

福民工程　全年区（镇）村级可用财力5.6亿元，村均1374万元。城镇居民年人均可支配收入6.4万元，农村居民年人均纯收入3.75万元，分别比上年增8.2%和8%。新增就业岗位14785个，其中开发就业援助岗位3170个。特困家庭劳动力就业达到100%。家庭医生签约6700户，11个村建立村级医疗互助会，1587人从中获益。居家养老、虚拟养老全年服务老年人超30万人次。推进大病困难群众和计生特扶困难家庭家庭医生签约服务，签约大病困难群众371户、计生特扶家庭342户。开展家庭访视7823户次，提供健康咨询服务15709人次，提供常见病多发病诊断指导13882人次，发放健康科普读物9695份，提供常规检查6869项次，提供转诊服务51人次。稳步推进健康城市"531"工程，全年开展心脑血管疾病筛查22147人次，筛查出高危人群4869人，高危人群转定点医院复查350人。年末参加居民基本养老保险312564人，参加居民基本医疗保险408418人。全年开展"阳光扶贫"大走访、"爱满港城"慈善劝募活动，精准帮扶各类受助人群，发放救助金5500余万元。

2018年张家港经济技术开发区（杨舍镇）办事处和街道办事处基本情况表

表68

名　称	所在集镇（街道）面积（平方千米）	党工委书记	办事处主任	党工委副书记	办事处副主任
塘市办事处	2.50	魏　立	邹丽萍（女）	陈韵红（女）	—
乘航办事处	1.50	郭广益（兼）	刘　忠	—	徐　一　葛卫荣　李雪东
东莱办事处	2.00	—	秦建洋	—	王　蕾（女）
泗港办事处	2.10	蒋　炜	—	徐　波（女）	吕　浪
晨阳办事处	0.80	—	金　忠	金　忠	丁伟民
城东街道办事处	12.23	杜永健	沈　敏（女）	—	耿永红（女）　曹　峰（女） 陈　静（女，10月退休） 孙惠英（女）
城南街道办事处	7.00	赵琦萍（女，兼）	—	陶振祥	孙金方　王　献　徐燕萍（女）
城西街道办事处	6.30	许志贤	唐　宏	薛　燕（女） 蔡　健	梅丽玉（女）　葛　苏（女） 黄　英（女）
城北街道办事处	13.17	周　军	—	—	许利刚　朱忠莲（女）　钱得栋

2018年张家港经济技术开发区（杨舍镇）各村（社区）基本情况表

表69

村（社区）	面积（平方千米）	户数（户）	人口数（人）	集体经济总收入（万元）	可用财力（万元）	总资产（万元）	村（社区）党委（总支、支部）书记	村委（社区）主任
旺西村	1.82	602	2111	1930	1805	12850	顾剑平	徐国华
斜桥村	3.91	1698	4718	1953	682	11174	许利刚	许立东
田垛里村	5.96	1941	6906	9026	3808	24927	郭建锋	陈希超
闸上村	2.41	834	2562	1928	1531	9347	唐　宏	李　华

续表69

村（社区）	面积（平方千米）	户数（户）	人口数（人）	集体经济总收入（万元）	可用财力（万元）	总资产（万元）	村（社区）党委（总支、支部）书记	村委（社区）主任
章卿村	5.08	1661	5585	1594	1152	10337	吴　坚	赵兴华
善港村	7.17	2318	6979	3441	2150	20746	葛剑锋	—
百家桥村	4.71	1335	4109	2614	907	12221	王利明	惠晓东
七里庙村	4.41	1398	5320	2592	2395	19839	张建春	—
李巷村	7.01	1785	6430	3118	1677	11122	孟雪春	李　成
河北村	5.23	1199	3592	1447	930	10923	钱　旻（女）	陆惠良
南庄村	2.30	579	2151	1354	552	11361	徐海栋	徐　达
棋杆村	2.96	476	1429	1669	968	11221	陈　云	陈　云（兼）
河南村	2.22	364	1276	1045	595	7520	缪永高	吴国洪
汤联村	1.92	170	418	1092	703	7254	徐　江（主持工作）	李金城
蒋桥村	3.09	762	2001	2102	1280	23664	钱建飞	支益明
庆安村	6.23	1675	5114	2005	1481	15475	李雪东	魏春雷
农义村	2.41	544	1763	954	427	4683	周正星	虞建石
双鹿村	3.29	816	2439	445	162	4184	季建飞	陈海江
新民村	3.44	911	3100	1044	756	7757	徐建达	陆正东
民丰村	5.24	1649	5532	2636	1202	22124	孟建东	陈卫佳
农联村	6.02	2158	6390	6148	5806	63470	赵建军	钱文伟
东莱村	6.89	2465	7057	9326	932	15221	季　刚	刘　兵
福前村	6.37	2293	6548	5228	1565	27163	赵国忠	张　园
徐丰村	1.46	400	1081	1057	838	11315	唐永德	季安平
西闸村	3.55	1241	3675	1811	533	6843	戴晓华	徐显法
黎明村	4.90	1487	4386	857	644	12237	季祖德	徐　益
晨新村	4.37	1413	3821	920	693	9559	卢向华	陆建东
晨南村	3.94	1326	3711	2896	559	6573	丁耀平	刘　华
南新村	6.14	1947	5467	837	544	5264	东国平	朱永安
城东社区	1.63	995	2591	2084	1816	19357	郭冠平	郭新贤
花园社区	1.38	4046	6135	—	—	—	许品洁（女）	许品洁（女）
新城社区	1.02	3450	4554	—	—	—	张彩英（女）	张彩英（女）
梁丰社区	1.10	4970	8590	—	—	—	丁凤英（女）	陶润珂（女）
东苑社区	1.40	1238	3081	—	—	—	赵　英（女）	赵　英（女）
向阳社区	0.50	2720	4760	—	—	—	陈瑗瑗（女）	陈瑗瑗（女）
园林社区	1.00	2566	3267	—	—	—	周　艳（女）	周　艳（女）
前溪社区	1.50	663	2753	749	666	24936	唐建新	葛惠强
振丰社区	1.20	1628	7043	—	—	—	王晓英（女）	王晓英（女）
明珠社区	1.30	2678	7803	—	—	—	李　忠	李　忠
中昊社区	0.60	620	1762	—	—	—	陈宇红（女）	陈宇红（女）
勤丰社区	1.20	1027	5567	—	—	—	钱雪峰	钱雪峰
帝景社区	0.80	379	1471	—	—	—	潘艳丽（女）	潘艳丽（女）
范庄社区	1.64	535	2096	513	510	6886	杜永健	缪立新

续表69

村(社区)	面积(平方千米)	户数(户)	人口数(人)	集体经济总收入(万元)	可用财力(万元)	总资产(万元)	村(社区)党委(总支、支部)书记	村委(社区)主任
君临社区	0.40	743	4276	—	—	—	朱卫平(女)	朱卫平(女)
城南社区	3.65	1504	5459	3324	3203	25818	陶振祥	陆晓峰
沙工社区	0.50	2170	6500	—	—	—	钱玉芳(女,5月起主持工作)	常　磊(兼)
聚龙社区	0.35	1131	3632	—	—	—	陈红静(女)	陈红静(女)
惠丰社区	0.29	2126	6364	—	—	—	陆彩萍(女)	陆彩萍(女)
东湖苑社区	3.00	3204	9888	—	—	—	张晓红(女)	张晓红(女)
西湖苑社区	0.48	2077	5184	—	—	—	许　娟(女)	许　娟(女)
南苑社区	1.50	2589	7426	—	—	—	徐　强	徐　强
清水湾社区	0.52	2699	8933	—	—	—	杜汉妹(女)	杜汉妹(女)
暨阳湖社区	0.65	3200	7253	—	—	—	徐　敏(女)	徐　敏(女)
绿洲社区	0.34	1668	3426	—	—	—	徐　炜(女)	徐　炜(女)
江联社区	0.76	2433	6693	—	—	—	殷红燕(女)	殷红燕(女)
馨港社区	2.58	2336	1098	—	—	—	蔡文娅(女)	蔡文娅(女)
小城市社区	2.25	668	2494	1676	1480	12137	陶建刚	朱　磊
包基社区	2.06	558	2165	984	853	9216	惠　扬	叶　文
赵庄社区	3.85	1408	4645	1134	1101	20178	徐金宝	徐金宝(兼)
新旺社区	0.40	3088	4872	—	—	—	张　健(主持工作)	—
城西社区	1.93	696	1726	7545	7071	26040	蔡　健	赵石平
邵巷社区	0.43	2295	6400	—	—	—	匡卫祥	刘　卫(女)
龙潭社区	0.19	2036	4750	—	—	—	葛　新(女)	葛　新(女)
庆丰社区	0.35	2016	5492	—	—	—	王雅芳(女)	王雅芳(女)
长安社区	0.12	1372	3505	—	—	—	路　敏(女)	路　敏(女)
西门社区	0.36	2735	7231	—	—	—	夏军芬(女)	夏军芬(女)
暨阳社区	0.45	2133	5600	—	—	—	张玉妹(女)	张玉妹(女)
云盘社区	3.16	3292	9251	—	—	—	汪秀琴(女)	汪秀琴(女)
万红社区	1.61	730	2366	552	443	8238	潘永华	潘永华
汇景社区	0.62	2423	6096	—	—	—	王佩华(女)	王佩华(女)
四季社区	0.40	2022	4780	—	—	—	石扣萍(女)	石扣萍(女)
金城社区	0.45	2429	6230	—	—	—	沈丽红(女)	沈丽红(女)
悦盛社区	0.08	540	1720	—	—	—	陈　亮(女)	王季芳
城北社区	1.88	766	2688	852	761	13090	许国兴	任建刚
通运社区	0.72	2558	6494	—	—	—	庄丽萍(女)	庄丽萍(女)
横河社区	2.25	679	2367	915	837	4223	钱志杰	陈文晓
东渡社区	1.40	2077	6197	—	—	—	徐　虹(女)	徐　虹(女)
扬帆社区	1.38	2616	7325	—	—	—	陈　洁(女)	陈　洁(女)
锦绣社区	0.60	2677	6575	—	—	—	许颂艳(女)	郭仕标
悦丰社区	0.90	2645	6300	—	—	—	钱蔡荣	钱蔡荣
体育社区	1.30	1619	4289	—	—	—	李晓晓(女)	李晓晓(女)
仓基社区	2.50	384	1367	517	334	8353	孙　斌	许春芳(女)

续表69

村（社区）	面积（平方千米）	户数（户）	人口数（人）	集体经济总收入（万元）	可用财力（万元）	总资产（万元）	村（社区）党委（总支、支部）书记	村委（社区）主任
陈东庄社区	0.50	2016	4250	—	—	—	黄　芳（女）	黄　芳（女）
戴巷社区	1.10	1848	4369	—	—	—	周海燕（女）	周海燕（女）
泗港社区	1.20	1627	6436	—	—	—	黄　琴（女）	张　徐（女）
七里庙社区	5.40	3780	9419	—	—	—	瞿　芳（女）	瞿　芳（女）
白鹿社区	0.11	1166	3800	—	—	—	惠志芳	刘静华（女）
景巷社区	0.15	985	2300	—	—	—	徐　浩	朱　萍（女）
悦杨社区	0.12	2210	5200	—	—	—	—	—
通桥社区	0.22	2461	3855	—	—	—	惠利波（主持工作）	—
塘市社区	0.38	1729	5779	—	—	—	徐立峰	徐立峰
北海社区	0.13	960	3528	—	—	—	孙　滟（女）	徐　惠（女）
南湖苑社区	0.23	1434	5021	—	—	—	戴　宇	顾彩云（女）
东兴苑社区	0.34	1567	8412	—	—	—	程　亚（女）	钱彬慧（女）
金塘社区	0.27	2374	8105	—	—	—	高丽萍（女）	高丽萍（女）
香蜜湖社区	0.41	657	2245	—	—	—	陈　琳（女）	张炜浩
乘航社区	2.00	1510	3827	—	—	—	钱建刚	钱　红（女）
老宅社区	1.70	1041	3125	—	—	—	李文艳（女）	李文艳（女）
江南社区	0.41	160	586	—	—	—	徐宇洲（女）	徐宇洲（女）
农鹿社区	0.30	116	379	—	—	—	钱晓红	—
东莱社区	3.80	6634	19958	—	—	—	姚雪青（女）	张小燕（女）
江帆社区	2.28	5589	9486	—	—	—	许　春	季利本
福新苑社区	1.00	6548	17430	—	—	—	黄海峰	张卫兴
青草巷社区	3.12	1566	5011	—	—	—	何永贤（女）	何永贤（女）
晨阳社区	1.00	406	791	—	—	—	匡浩博	丁　静（女）

2018年张家港经济技术开发区（杨舍镇）投资1亿元以上开工项目情况表

表70

投资企业名称	项目名称	投资额（万元）
华灿光电（苏州）有限公司	外延片芯片四期项目	250001
天合汽车安全技术（张家港）有限公司	汽车电子转向系统项目	52616
张家港富瑞特种装备股份有限公司	氢能源汽车供氢系统产业化项目	30000
张家港富瑞特种装备股份有限公司	低温阀门自动化生产项目	16494
市高新投资发展有限公司	纳米产业园项目	30000
市金帆箱柜有限公司	精密钣金数控机床部件生产项目	25000
天合汽车安全技术（张家港）有限公司	汽车零部件生产项目	20930
市易华润东新材料有限公司	年产600万平方米SPC墙地板、2400万平方米WPC墙地板后道工序生产项目	17800
万都博泽（张家港）电机有限公司	汽车电子马达项目	16425
苏州海陆重工股份有限公司	大容量IGCC/CCPP燃气轮机余热炉绿色设计及制造项目	12000
江苏新美星包装机械股份有限公司	无菌吹灌旋一体化智能成套装备项目	10000
江苏合志新能源材料技术有限公司	锂电池正极材料生产项目	17000
张家港格林沙洲锅炉有限公司	压力容器工业锅炉扩建项目	15000

【总投资216亿元的55个项目集中开竣工】 3月12日，全市举行“集聚转型新动能，推动发展高质量”项目集中开工月活动，经开区（杨舍镇）、高新区“一镇两区”有以华灿光电为代表的26个重大项目参与，总投资138亿元。其中，开工项目19项，总投资126亿元；竣工项目7项，总投资12亿元。华灿光电（苏州）有限公司半导体照明（张家港）产业基地项目（四期项目）用地6.67公顷，总建筑面积13.8万平方米，第一阶段投资25亿元。项目建成后，将新增销售收入18亿元、利税6亿元，届时企业满产产能相当于月产250万片2英寸外延片。华灿光电（苏州）有限公司是2005年创立于武汉东湖国家自主创新示范区的华灿光电股份有限公司的全资子公司，在张家港市已建成LED外延片三期工程，具备红、蓝、绿全色系高亮外延和芯片加工能力，拥有MOCVD设备101台及配套芯片生产设备，年产2英寸LED外延片900万片及芯片1100万片，是国内从事LED外延片芯片制造单体规模最大的生产基地。10月20日，全市举行2018年“打造产业新高地，助推发展高质量”集中开工投产月活动，经开区（杨舍镇）、高新区有29个项目集中开竣工，总投资超78亿元。29个项目中包括有加特可变速箱基地项目，苏州凯毅斯智能驱动技术有限公司三电模块系统研发、电动车动力系统总成制造项目，麦格纳电子（张家港）有限公司汽车电子、新能源汽车逆变器生产项目，苏州九百锂网络科技有限公司新能源物流车平台项目，福前村特色田园乡村项目，高新区沙洲湖科创园A1幢双创大楼项目等，涵盖产业发展、科技创新、社会民生等多个领域。加特可变速箱基地项目由2018年6月加特可株式会社与张家港经开区合作投资设立的加特可（苏州）自动变速箱有限公司建设。项目一期10月动工，预计2019年9月竣工，总投资约2亿美元，规划48万台产能，主要生产中、大型FF车型用Jatco CVT8产品，后期将追加产能并不断推出满足排放要求的新产品。项目拥有核心技术和自主品牌，有利于完善经开区精密机械装备业和提高其产业层次，提高精密机械关键装备部件的生产技术水平。

【采埃孚全球共享服务中心在经开区开业】 3月22日，由世界500强企业、2017年全球汽车零部件百强排名第2位的采埃孚集团投资设立的功能性总部——采埃孚（亚太区）全球共享服务中心在张家港经开区正式开业。采埃孚亚太区首席财务官兼高级副总裁汪润怡，张家港市副市长陆崇珉，经开区党工委委员、管委会副主任李良和顾卫彬等为开业剪彩。采埃孚全球共享服务中心亚太区先期租赁城南国际商务区商务中心办公用房1100平方米，雇佣员工110人，进驻财务共享服务中心业务，从事采埃孚亚太区15个国家、地区55家公司财务账户处理和结算业务。项目全部建成后，将成为采埃孚亚太区规模最大的共享服务中心，采埃孚全球第二大共享服务中心。采埃孚集团于2014年进驻张家港开展投资，采埃孚张家港基地一期投资1.5亿美元，生产汽车制动控制系统和乘员安全系统，2015年11月投产，2018年销售额3.2亿美元。基地二期投资建设的电子助力转向系统生产线于2019年4月开工，达产后预计实现年销售额6亿美元。采埃孚全球共享服务中心是优质的功能性总部项目，将成为经开区总部经济的新标杆。

福前村特色田园乡村　　（袁忠艳　摄）

【全国首家再制造汽车零部件产品质检中心揭牌】 5月13日，“发展循环经济、建设美丽中国”2018年智能制造与再制造检测认证技术发展交流会在张家港市举行。各地行业专家、学者，行业协会、检测机构、行业领军企业代表集聚一堂，围绕中国再制造和新能源产业发展、检测认证技术发展，展开交流与探讨。会上，全国首家国家再制造汽车零部件产品质量监督检验中心揭牌。该检验中心设在张家港国家再制造产业示范基地，由张家港市和清华大学共建，总投资1.2亿元，建筑面积9000平方米，于2015年11月开始筹建。中心有专业领域的博士5人、硕士10人，本科及以上学历达到80%，形成由博士生导师、大学教授为学术带头人，高级工程师、专业技术工程师为核心的技术研发与检测技术团队。中心从美、英、德、日等国引进120余台（套）先进检测设备，建成机械零部件和新能源两大实验室，在智能制造、再制造和新能源领域具备168项检测能力。（补记：2019年2月27日，中国国家认证认可监督管理委员会向中心颁发《资质认定授权证书》，正式对外开展国家质量检验、产品认证、质量鉴定和质量监督工作。）

【善港蔬菜科技综合示范基地获评江苏现代农业科技综合示范基地】 2月，江苏善港生态农业科技有限公司的江苏省蔬菜科技综合示范基地被省农委第三批评为江苏现代农业科技综合示范基地。近年，该基地试验示范引进蔬菜新优品种25个，引进牧草固氮、叶菜肥药减施生产等新技术8项，引进物联网等新设备6项。为加强四新技术推广应用，落实周边农户增产增收，基地与南京农业大学、江苏省农科院以及日本农文协等国内外知名科研单位建立长期稳定的合作关系，拥有一支由行业知名专家、资深蔬菜专家、专业技术人员组成的技术团队，承担和完成了多项江苏省级和苏州市级农业项目，发布蔬菜生产技术规程6项，申请专利10项，在国内专业学术期刊发表论文5篇。

【新点软件获“中国版权金奖”推广运用奖】 10月，由国家版权局主办、江苏省版权局、苏州市人民政府承办的第七届中国国际版权博览会在苏州国际博览中心举办。国泰新点软件、幸运金属工艺品、北斗星数字图像设计、趣读文化、如意通动漫、磐石卡通、天艺兄弟动漫等7家企业参展。在博览会开幕式暨中国版权金奖颁奖典礼上，江苏国泰新点软件有限公司获“中国版权金奖”推广运用奖。“中国版权金奖”由国家版权局和世界知识产权组织（WIPO）共同主办，2016年起纳入政府常设评奖项目，每两年评选一次，是中国版权领域内评选的唯一国际性奖项，也是国内版权领域的最高奖项。此次活动设“作品奖”“推广运用奖”“保护奖”和“管理奖”4个奖项20个受奖对象。江苏国泰新点软件有限公司坚持自主创新和版权保护并驾齐驱，利用版权资源，运用网络和数字环境，大力推进版权作品的创作与传播；转化版权资源，推进版权运用，实现版权作品市场价值，创造社会经济效益。公司拥有自主研发的软件著作权238件，版权推广运用案例遍布全国各地，27个省级、600余个公共资源交易中心客户群，有300余个政务服务中心客户群，承接90余个区域政府电子政务大平台。2018年，公司实现销售11.2亿元，净利润2.5亿元，入库税金1.6亿元。

【长城宝马光束汽车项目落户】 7月10日，在中德两国总理的见证下，长城与宝马公司正式签署合资经营合同，光束汽车应运而生。长城汽车旗下拥有哈弗、长城、WEY和欧拉4个品牌，曾先后获“中国十佳发动机”和“世界十佳变速器”称号，在“2018中国品牌价值百强榜”上获汽车行业第1名。宝马公司被誉为高档汽车生产业的先导，创建于1916年，有着百年历史，业务遍及全世界120余个国家，是全球声誉极高的企业之一。光束汽车项目为基于宝马MINI系列的新能源汽车（包括纯电动乘用车）、内燃机汽车整车研发与生产及相关零部件生产。项目投资总额51亿元，注册资本17亿元，规划产能为16万辆新能源整车。项目落户于经开区新能源产业基地，选址于国泰北路以东、港城大道以西、彩虹路以北地块。8月13日，长城汽车股份有限公司、张家港市政府在南京签署新能源汽车项目合作协议，联合宝马公司打造汽车新品牌“光束”。江苏省委副书记、省长吴政隆出席签约仪式并会见长城汽车董事长魏建军一行。江苏省委常委、苏州市委书记周乃翔，副省长马秋林，省政府秘书长陈建刚，苏州市委常委、副市长王翔，张家港市委书记朱立凡，张家港市委副书记、市长黄戟，以及长城汽车副总裁郝建军、赵国庆，宝马集团授权代表耿康等参加会见和签约活动。江苏张家港整车合资项目是长城汽车真正意义上产品全球化的里程碑，张家港市将在项目建成后成为长城宝马新能源汽车在亚太乃至全球的制造和研发中心。　（张　蕾）

冶金园（锦丰镇）

【概况】 冶金园（锦丰镇）位于市域北部，与南通如皋市、通州市隔江相望。有沿江岸线13.8千米，是省内首家特色产业园区，是以钢铁冶炼为核心，加工、贸易、仓储、物流全面发展的新型工业基地，拥有高端产业集聚区、科技创业园、新兴产业园、玖隆物流园、医疗器械产业园等产业载体。区域总面积114.32平方千米，耕地面积2644公顷。年末，园（镇）辖2个办事处，24个行政村，11个社区（其中4个为“村社合一”体制，分别为大南、悦来、天福、联兴社区）。有户籍42057户，户籍人口114528人，另有外来暂住人口72488人。全年实现地区生产总值649.4亿元，按可比价比上年增6.8%。按户籍人口计算，人均生产总值56.7万元。一、二、三产业增加值分别为4.17亿元、478.75亿元、166.44亿元。完成全口径财政收入92.97亿元，其中公共财政预算收入48.43亿元，比上年增49.3%。入库税金90.59亿元，比上年增52.9%。全社会固定资产投资69亿元，其中工业投资31.75万元、服务业投资37.25亿元。综合实力位列全国千强镇第23位。顺利通过国家卫生镇复评，先后获江苏省社会治安综合治理先进集体、苏州市文明镇、苏州市无偿献血先进集体、苏州市食品安全工作先进集体等荣誉，在2018年张家港市区镇绩效考核、张家港市文明镇标兵考核中双夺冠。联兴村成为村级档案工作省四星级单位。7月9日，冶金园（锦丰镇）内设机构和下属科室设置及职能调整。党政办公室下属科室合并设立综合科（机要科），增设政务服务中心办公室、公共资源交易中心办公室；发展改革局更名为科技招商局（发展改革局），增设项目服务科、科技科（科协）、人才科、冶金产业发展服务中心；经济服务局（安全环保局）下属改设综合科（上市办）、企业服务科（转型升级办），增设统计站；物流贸易局旅游服务科调整职能改设商业开发科；规划建设局增设农村建设科、工程审计科；财政和资产管理局个私办更名为纳税服务中心；社会事业局下属科室合并设立民政办公室（社区办公室）、农经办公室（村级经济管理办公室），劳动和社会保障所更名为人力资源和社会保障服务中心，爱卫办公室增挂食品安全办公室牌子；政法和社会管理办公室综治办公室改设为综治办公室（网格化管理中心）；纪工委（监察室）审计监督科改设为审计监督科（督审办公室）。

经济建设　年末，园（镇）有企业4578家，其中工业企业1547家。93家规模以上企业全年实现工业总产值1761.24亿元，主营业务收入2035亿元,工业利润181.82亿元。有销售收入超1亿元企业35家,其中10亿元至50亿元企业有3家,50亿元至100亿元企业有1家,100亿元以上企业3家;入库税收超5000万元企业11家。年内投资超1亿元项目25项,完成工业技改投入18.65亿元。新兴产业投资28.4亿元,比上年增13.1%,实现新兴产业产值574.66亿元。沙钢集团环保技改、信义集团锂电池储能等7个项目启动建设,沙钢集团冷轧硅钢、优易机器人电缆制造等6个项目竣工投运。玖隆物流园吸引岳林钢管、哥林曼特涂膜等一批实体企业入驻,引入建华集团管桩销售、建材租赁、矿业、物流四大板块,全年实现开票销售2200亿元,入库税收5亿元。新批外资及港澳台资企业3家,累计96家。新增注册外资及港澳台资1.3亿美元,累计14.09亿美元。新增到账外资及港澳台资5177万美元。外贸进出口总额55.59亿美元,其中出口总额27.4亿美元。新批办私营企业1566家,新增注册资本25.9亿元;新批办个体工商户1401户,新增注册资本2亿元。江苏冶金技术研究院与多家钢企签订技术开发协议,高品质特殊钢冶金与制备国家重点实验室张家港产业中心进入试运行阶段,锦丰科技创业园获评国家级科技企业孵化器,青柚智慧客厅获评省级众创空间。园(镇)有高新技术企业45家,省研究生工作站37家。引进市领军型创新创业人才10人,获评苏州市“姑苏计划”人才1人,获批省“双创计划”人才项目1项。完成发明专利申请575件,新增有效发明专利99件。关停、淘汰低效产能企业40家,腾出发展空间20.53公顷,复垦土地51.53公顷。全年水稻种植2214.87公顷,小麦种植1237.35公顷,秸秆综合利用率100%,机械化还田面积95%以上。园(镇)实现农、林、牧、渔业总产值9.1亿元,粮食、油菜籽、水产品总产量分别为31685吨、719吨、1288吨。

社会事业　9月,张家港外国语学校北区建成启用。年末,园(镇)有中小学校7所,其中中学3所、小学4所,教师663人,在校学生10938人。新市民子女9087人有7200人在公办学校入学,新市民积分入学率达到79.23%。有幼儿园5所。沙洲幼儿园、合兴初中综合楼等新改建项目开工建设,幼儿园温水工程和新风系统按期完工。与南京师范大学联合办学拓展到学前教育,并覆盖园(镇)各校。“金沙洲学科发展联盟”教师获评市级骨干教师比例达到85%,江苏省和苏州市级以上课程基地总数名列全市前茅。园(镇)有体育场馆5座,公园健身广场19片,室外球场36片,晨、晚练健身点140个,健身步道34.4千米,书场3个,24小时图书驿站4家。有文体团队近70个,社会体育指导员721人。承办2018年张家港市短程马拉松系列赛、第五届公开水域游泳赛等系列赛事,举办“金沙洲艺术团”文化志愿行、“品读经典文明·书声远播沙上”全民阅读活动等各类文体活动100余场,惠及群众超5万人次。培育市五星级群众文艺团队2支、四星级2支、三星级10支,创编文艺作品300余件。版权作品登记1522件。园(镇)有医疗卫生机构45家,其中医院4家,执业医师273人。“1+1+X”医联体管理模式持续深化,社区诊疗人次提升至54.91万人次。家庭医生签约服务明显改善,累计签约服务居民19140人,构建15分钟健康圈。计划免疫门诊接种35794人次,179个公共场所单位持有效卫生许可证率100%。完成27个项目的风险评估,化解信访积案9件,消除治安挂牌督办隐患13处、政府挂牌督办隐患10处、其他各类安全隐患和问题8000余个。累计排查“三合一”、出租房(群租房)、电动自行车三类安全隐患近1万处,整改8483处,拆除违章建筑8.3万平方米。全年办理人大代表建议53件,办复率、满意率100%。通过“12345”便民服务热线,办理群众意见、建议、诉求3700余件,办结率100%。成立“法润锦丰”普法讲师团,组织专题法治宣传372场,建成村(社区)法治文化广场10个。完成政务服务中心规范化建设,实现清单之外无审批,入选全市首批三级体系建设试点镇。全年整治、关停“散乱污”企业620家、关停畜禽养殖户47户,完成67家企业VOC专项治理。削减化学需氧量51吨、氨氮5.1吨、二氧化硫800吨、氮氧化物4000吨。“十三五”期间去玻璃产能目标任务提前完成,该项目被推荐为江苏省去产能示范项目。全年园(镇)投入2570万元治理北中心河等8条黑臭河道,完成102家工业企业生活污水收集处理。审批农村建房103户、面积16977平方米,处理违章251户、6783平方米。安置小区安防工程投入1200余万元,安装高清视频监控探头1500余个,完成辖区35个安置小区技防改造。3个派出所建立可视化应用研判平台,实现安置小区技防与派出所的无缝对接。

福民工程　园(镇)全面推动土地确权、股权固化工作,对24个行政村及1个涉农社区的集体资产、资源实行线上交易。农村集体总资产180838万元,净资产65419万元,年实现村级可支配收入12378万元,比上年增9.71%。南港、洪桥等8个村投入资金4650万元,成功竞拍龙潭湾红叶视听公司不动产、设备等资产;郁桥、店岸等7个村投入资金5393万元,成功竞拍杨锦公路东侧红叶视听、世纪联合公司资产。全年发放涉农资金2591.1万元。其中,2017年秋熟秸秆还田农户补贴1130户66.4万元,稻谷收购价外补贴农户94户127.5万元;2018年农机户227户农机637台补贴136.2万元,耕地地力保护农户补贴18268户648.7万元,23个村生态补偿资金1612.3万元,包括水稻田生态补偿1452.3万元、水源地生态补偿160万元。新增城镇职工养老保险参保人数5676人,户籍人员参保率99.6%。年末参加居民基本养老保险48753人,参加居民基本医疗保险46708人。新增住房公积金扩面1813人;新增享受老年补贴11人。组织沙钢集团等企业进行岗位培训1.46万人,职业技能培训约5000人。举办创业指导培训班,培训180人,为141人办理开业扶持补贴,为570人办理自办实体补贴。举办招聘会24场,提供就业岗位5539个;发布就业岗位信息1.2万个。帮助616名就业困难人员申领政策性补贴,78名特困劳动力实现就业,特困家庭劳动力实现100%就业。全年发放各类民政经费6638.28万元。投入20.6万元帮助7户困难户建房。发放计划生育奖励、补助金77.9万元，2164人受益。有养老床位1430张，千名老人拥有床位数40.5张，民营床位占94.4%。持证社会工作者304人，其中社工师83人、助理社工师221人。有低保户438户579人，低保边缘重病困难对象116户118人，五保户72人，重残救助对象683人，贫困学生178人，发放保障金、救助金等1839.69万元。有优抚对象290人，发放抚恤金537.39万元，退役士兵33人、退役士官6人，发放一次性补助费391.34万元。发放春节慰问金802.3万元，惠及困难群众3.56万户。给63660人次80周岁及以上老年人发放尊老金459.08万元，购买虚拟养老服务计262.81万元。受理民生保险155起，理赔金额57.4万元。

2018年江苏扬子江国际冶金工业园（锦丰镇）办事处基本情况表

表71

名　　称	所在集镇（街道）面积（平方千米）	党工委书记	主　任	党工委副书记	副主任
三兴办事处	2.20	惠正刚	—	陆海燕（女）	樊祥忠
合兴办事处	2.80	陈　英（女）	—	徐乐涛（女）	许天明

2018年江苏扬子江国际冶金工业园（锦丰镇）各村（社区）基本情况表

表72

村（社区）名	面　积（平方千米）	户数（户）	人口数（人）	集体经济总收入（万元）	可用财力（万元）	总资产（万元）	村（社区）党委（总支、支部）书记	村委（社区）主　任
店岸村	8.23	2112	6558	1083	720	10278	叶海平（兼）	—
联兴村	9.96	2089	4903	2042	1612	22196	沈晓燕（女）	杨德芳
向阳村	4.21	1035	2986	851	517	5754	魏天明	丁　浩
郁桥村	2.31	641	1919	479	406	9603	张　彬	姚理伟
建设村	5.01	1772	4931	1227	841	6704	程　刚	—
协仁村	4.32	1333	4115	684	437	5470	袁　莺（女，主持工作）	陆　林
西港村	3.97	1279	3764	693	284	4247	巩谆贤	邵燕军
福利村	5.72	1596	4600	729	401	5476	肖正才	蒋正华
交通村	4.94	1384	4064	848	465	5161	张小平	蔡正平
厚生村	4.29	1763	4496	620	330	4626	陆　杰	倪玉琴（女）
新港村	4.00	1385	4149	773	466	6369	黄卫平	—
西界港村	3.63	1255	3728	938	466	6359	朱海峰	杜建林
登瀛村	4.36	1474	4288	1039	341	5611	王　飞	袁　洁
耕余村	3.24	1132	3053	848	395	7075	孙晓平	—
鼎盛村	4.97	1612	4520	1077	399	7854	姚兴兵	朱建华
乐杨村	4.74	1699	4809	624	348	3945	吴建清	陈建华
久生村	4.50	1255	3351	524	293	2668	徐　萍（女）	陶小贤（女）
星火村	6.01	1676	5288	1659	926	13818	王海峰	丁建军
洪桥村	4.00	1098	3427	800	401	5155	毛　虎	—
洪福村	5.19	1512	4065	597	363	4610	钱李军	—
悦来村	3.34	945	2863	740	397	6084	徐　萍（女）	高成龙
光明村	3.63	1117	3039	805	299	4302	聂恩峰	倪春军
南港村	4.02	1228	3541	581	245	10294	钱　萍（女）	赵　锋
常家村	4.14	1300	3818	1438	1026	17178	张　涛	张剑平
镇北社区	1.59	689	1796	344	144	1790	樊　红（女）	费　红（女）

续表72

村(社区)名	面　积(平方千米)	户数(户)	人口数(人)	集体经济总收入(万元)	可用财力(万元)	总资产(万元)	村(社区)党委(总支、支部)书记	村委(社区)主　任
滨江社区	—	—	—	—	—	—	黄　飞(主持工作)	—
三兴社区	—	—	—	—	—	—	倪海洋	—
合兴社区	—	—	—	—	—	—	陆　静(女)	陈晓敏(女)
永新社区	—	—	—	—	—	—	翟卫华	—
书院社区	—	—	—	—	—	—	茅惠慧(女)	—
沙洲社区	—	—	—	—	—	—	孙陈洁(女)	孙陈洁(女)

2018年江苏扬子江国际冶金工业园(锦丰镇)投资1亿元以上开工项目情况表

表73

投资企业名称	项目名称	总投资额(万元)
江苏沙钢集团有限公司	环保技改项目	780000
江苏沙钢集团有限公司	硅钢深加工项目	110000
苏州新赫房地产开发有限公司	石榴江南院子项目	260000
江苏港顺工地地产开发有限公司	长顺·创谷工业园项目	75000
优易电缆(张家港)有限公司	优易机器人电缆项目	13000

【市医疗器械贸易集聚区建成】 冶金园(锦丰镇)面对传统产业结构偏重、能耗环保“红灯”频闪、土地指标瓶颈制约加剧的实际,与市市场监管局合作,试点打造张家港市医疗器械贸易集聚区,得到苏州市食品药品监管局的批准。经过一年筹建,年末该集聚区运营,并成功吸引40余家医疗器械贸易企业入驻。作为全国骨科医疗器械产业发源地之一,冶金园(锦丰镇)在医疗器械产业界被誉为“小医谷”。辖区内拥有艾迪尔医疗、欣荣博尔特、爱得科技、日新医疗等38家医疗器械企业,市值超50亿元。依托医疗器械产业链,园(镇)拥有一大批专业从事医疗器械销售的人员和遍布全国的医疗器械销售网络,在做大做强医疗器械产业上有优势。同时,随着医疗器械“两票制”试点及国家国地税合并,全国税收征管一盘棋,相关产业面临发展“痛点”,急需专业化经营平台支撑。冶金园(锦丰镇)创新打造市医疗器械贸易集聚区,促使实体企业与经营企业形成利益共同体,集群发展,实现双赢。为增强集聚区的品牌竞争力,园(镇)通过搭建合法合规平台、出台优惠扶持政策、组建专业服务队伍、进行集约登记和集中管理的创新模式试点,形成贸易集聚。冶金园(锦丰镇)行政服务中心对前往落户的医疗器械贸易企业提供“一站式”“保姆化”服务,推行服务承诺、限时办结。11月22日,冶金园(锦丰镇)、市市场监管局在厦门联合举办市医疗器械贸易集聚区推介会,张家港市10家骨科医疗器械生产企业负责人及60余名在外地的张家港籍医疗器械经营者参会,有20余家经销商现场发出回乡发展创业意愿。冶金园(锦丰镇)将导入集中采购、物流配送、供应链金融等增值配套服务,使集聚区产业、政策、服务、资金优势完美结合,着力打造“千百十”基地(引入1000家医疗贸易企业,实现100亿元以上销售额、10亿元以上入库税金),力争把集聚区缔造为全国标杆示范区。

【“七彩沙洲”党群共建项目发布】 3月5日,冶金园(锦丰镇)第三届“十佳志愿者”表彰大会暨“七彩沙洲”党建共建项目发布会在冶金园举行。会上为十佳志愿者颁发证书和奖杯,为机关党群联盟揭牌,启动2018年志愿服务项目发布球,为新成立的政务服务联心志愿者服务队、“暖心暖意”俱乐部、“同趣同享”俱乐部、“青力青为”俱乐部的负责人授旗。“七彩沙洲”党建共建项目以服务园(镇)政治、经济、文化、社会、生态建设为目标,全面推进机关及基层党群工作,“红、橙、金、绿、青、蓝、紫”七大生态圈46个项目稳步运营,涌现出了一批有亮点、做法实、可复制的优秀项目。年末,根据项目运营情况,评出10个优秀项目。全年共计发布志愿服务项目32项,其中以“幸福银龄,关爱夕阳”为代表的17个项目获社会爱心人士、企业资助23万元。各项目运行正常,参与项目活动的志愿者达到623人,累计志愿服务时长约2万小时,“锦丰小当家”项目获2018年度市优秀志愿服务项目。

【总投资213.92亿元的36个项目集中开竣工】 3月12日,在张家港市2018年项目集中开工月活动中,冶金园(锦丰镇)共有开竣工项目24项,总投资92.8亿元。其中,开工项目有沙钢集团中美超薄带项目、长顺·创谷工业园项目等16项,总投资77.2亿元;竣工项目有通用汽车城、金沙洲学校等8个,总投资15.6亿元。项目涉及工业地产、科技研发、高新材料、医疗器械、社会事业等多个领域。10月20日，在全市集中开工投产月活动中，园（镇）有12个项目集中开竣工，总投资121.12亿元。其中，沙钢集团环保技改项目、信义电源锂电池储能项目、金朋智能化装配式建筑项目、爱吉亚智能物联制造项目等集中开工项目7项，优易机器人电缆、金沙洲外国语学校、京华置业五月花广场等集中竣工项目5项。项目涉及涵盖高端装备、科技研发、环保技改、现代服务业等产业领域。两次集中开竣工项目具有辐射面广、技术含量高、附加值高和规模效益显著的特点。

【冶金园与沙钢集团深度融合“618”共建计划启动】 6月15日，冶金工业园·沙钢集团深度融合“618”共建计划启动仪式暨“情暖锦丰”慈善大会在锦丰文体中心举行。该计划以“实力、美丽、人文、活力”为主题，通过创新党建方式和工作机制，开展“转型发展共推进、创新驱动共实施、生态文明共发力、发展成果共分享、人文锦丰共涵养、党建引领共推动”六大行动18个方面的共建内容，努力实现组织战斗力好、共建示范带动性好、群众反映好，走出一条把党组织政治优势转化为构筑园企发展优势的新路子。沙钢集团的锦善益家志愿服务队、浦项集团、苏州裕景泰贸易有限公司的代表分别就“锦善益家，和谐一家”项目、“爱和你在一起·浦项与你同行”项目、“关爱功臣”项目进行分享。会上，表彰了部分乐善好施的企业、个人以及热心公益、文明有爱的慈善项目、慈善组织。爱心企业向园（镇）慈善总会开展捐赠活动，其中沙钢集团捐资1500万元。“绿色同行，和美悦来”“优秀学子奖学金”“村民医疗互助基金”等5个项目签约。其中，“党群睦邻坊建设”及“沙钢教育发展基金”为“618”共建计划的重点项目。8月23日，冶金园（锦丰镇）举行“百名学子看沙钢·爱心浇铸希望路”活动暨2018年“共享阳光”慈善助学沙钢助学金发放仪式，全镇百余名学子领到沙钢助学金。9月7日，在园（镇）庆祝第34个教师节暨“沙钢教育发展基金”颁奖典礼上，宣布振兴和促进园（镇）教育事业发展的“沙钢教育发展基金”正式成立，沙钢教育发展基金“优教优学”项目启动，沙钢集团将先期捐资1200万元实施教育奖励项目。

【龙潭湾新时代文明实践站揭牌】 12月18日，龙潭湾企业联盟成立大会暨合兴区域党群工作站、龙潭湾新时代文明实践站揭牌仪式在合兴龙潭湾家园举行。大会审议通过《龙潭湾企业联盟章程》，选举产生龙潭湾企业联盟理事会成员。相关领导为龙潭湾企业联盟、合兴区域党群工作站和龙潭湾新时代文明实践站揭牌。龙潭湾新时代文明实践站作为全市新时代文明实践站示范点，立足“共融、共治、共创、共享”模式，链接市、镇、村三级单元，盘活政府、企业、群众三大维度资源，为全市新时代文明实践站建设和推广贡献锦丰智慧。11月30日，中宣部副部长孙志军在张家港市调研新时代文明实践中心建设工作时，合兴街道悦来村（社区）新时代文明实践站就作为点位之一接受考察。该实践站由青少年活动阵地、困境儿童服务阵地、志愿者服务站、新时代文明实践讲堂及居家养老服务中心等组成，悦来村（社区）文明实践站负责人介绍了工作方法、工作内容和保障措施等，得到了中宣部领导的高度肯定。

6月15日，冶金工业园·沙钢集团深度融合“618”共建计划启动仪式举行
（沙钢集团　提供）

【“一村一品”群众文化展示活动】 9月12日晚，锦丰文化中心广场歌声嘹亮，冶金园（锦丰镇）文化品牌活动——“沙洲新城美，网格群英会”特色文艺团队PK赛暨“一村一品”群众文化展示活动启动。首场PK赛由联兴村、店岸村、建设村、向阳村4个参赛单位选送的16个精彩节目参与。它们具有浓郁的地方气息，其中有欢快的特色节目《情满联兴》《老沙婚俗》等，有让人振奋精神的沙上革命故事讲演和非遗小品《传承》，更有群众喜闻乐见的表演唱沙上山歌《唱新居》《新十二月花名》等。活动共分8场，由各办事处安排3个至4个村（社区）整合进行PK，内容主要围绕特色舞蹈表演、沙上故事演绎、沙上山歌传唱、“一村一品”展示4个环节进行。PK赛邀请市有关专家担任比赛评委，各办事处分管领导、村（社区）负责人、文体站长等观看比赛。该活动给观演群众送上了一份具有沙上味道的文化大餐。　　（俞　峥）

高新区

【概况】 2月26日，张家港高新技术产业开发区经国务院批准列入《中国开发区审核公告目录（2018）》。9月21日，经省政府批复同意，成为省级开发区。高新区按照“一区多园”发展模式，由“一城四园”组成。“一城”指沙洲湖科教新城，即高新区核心区，位于主城区北部，东至二干河、杨锦公路，西至杨新公路、朝东圩港，南至张杨公路，北至晨丰公路、兴南路，规划面积23.1平方千米。“四园”包括凤凰

镇韩国工业园、塘桥镇新能源产业园、大新镇先进激光（装备）产业园、南丰镇东南工业园4个专业特色科技园区。高新区坚持实施创新驱动发展和产城融合发展“两大战略”，是全市创新创业的策源地。年内，全区实现地区生产总值365亿元。获批江苏省知识产权试点园区、省华侨华人创新创业服务中心，在江苏省省级高新区创新驱动发展综合评价中列第9位。

新兴产业发展 全区重点发展化合物半导体、绿色能源、智能装备和再制造、新经济等战略性新兴产业，着力打造“化合物半导体世界之都”“中国氢港”和“新能源汽车城”。全年完成工业总产值1150亿元，规模以上工业总产值1050亿元，营业收入1480亿元，高新技术产业产值330亿元，高新技术产业产值占规模以上工业总产值32%。年内，与第三代半导体产业技术创新战略联盟合作，完成张家港化合物半导体产业规划编制。总投资50亿元的华灿光电半导体照明（张家港）产业基地项目启动建设，月产约250万片2英寸LED外延片芯片。总投资25亿元的封装龙头企业晶台光电二期投产，装备自动化LED封装生产线1530条，月产LED芯片110亿片。全国首家氮化镓（GaN）材料专业研发生产企业能华微电子8英寸氮化镓芯片生产线投产。完成“国家火炬化合物半导体特色产业基地”申报。再制造基地产业示范基地中期评估及方案调整获国家发改委批复，建成全国首家国家再制造汽车零部件产品质量监督检验中心。九次方大数据项目落地。总投资1.8亿元的国泰新点软件二期启动建设。长城宝马光束汽车落户。

创新体系建设 年内，沙洲湖科创园获评国家级优秀科技企业孵化器、省级科技创业孵化链条试点、苏南自主创新示范区优秀科技园区、苏州市现代服务业集聚区。总投资4.5亿元的中科院张家港纳米产业园（化合物半导体协同创新平台和孵化器）启动建设，被列入2018年度省重大项目。华夏科技园（战略性新兴产业孵化器）完成一期工程。苏州市氢能产业创新中心、张家港市集成电路产业促进中心、张家港新能源动力产业公共服务平台、南理工军民融合研究院、南工大产业学院等创新平台落户，天齐锂业锂技术与锂资源循环研究中心建成投运。设立总规模1亿元的东证华经产业基金，参投总规模5亿元的中科院成果转化基金。新增市级以上众创空间5家，张家港智能电力研究院获评省众创空间，沙洲BOX、清研慧谷、智能装备与再制造之家获评苏州市级众创空间，张家港酷立方众创空间、云企易站、北工4.0 space、IC咖啡（张家港）获评张家港市级众创空间。新增省研究生工作站3家，贝尔机械公司研究生工作站获评省优秀研究生工作站。新增高新技术企业18家、省科技型中小型入库企业138家、省科技小巨人企业3家、苏南自创区瞪羚企业5家。新增发明专利申请1418件、发明专利授权359件。

产城融合发展 1月19日，高新区与中国领先的城市运营商中国金茂控股集团有限公司签署《产城融合项目合作框架协议》。8月21日，双方在北京签约，核心区11.36平方千米，东至杨锦公路、西至一干河、南至张杨公路、北至北二环路，由中国金茂整体开发、建设和运营，打造“张家港智慧科学城”。坚持走“国际视野、高端定位、绿色生态”的精品路线，委托浙江省城乡规划设计研究院编制总体规划，美国AECOM公司负责城市设计。南区沙洲湖中央商务区（CBD）计划总投资320亿元，将建设1座高端智能摩天大楼（220米）、1个高端国际连锁酒店（希尔顿酒店）、1个高端城市商业综合体（金茂览秀城）、1个高端国际品质社区（金茂府、金茂悦、金茂墅系列产品线优化组合），目标打造张家港未来城市新地标和繁华中心。12月29日，首批6宗34.13公顷产城融合用地正式挂牌公告，计划2019年一季度全面开工建设。北区南横套滨水生态廊道（RBD）计划总投资31.84亿元，期限15年，将采用PPP模式，对西起朝东圩港，东至二干河，总长7.5千米河道进行拓宽改造、生态再造，精心打造沙洲之眼、古港新韵、福带公园、运动花园、沙洲湿地、乐活水街、城市甲板、悦动水岸等8个景区功能板块，沿线布局研发孵化、创新创业、总部办公、高端医疗、国际学校、品质住宅和特色文化、体育、餐饮、娱乐、休闲、旅游、商务服务等各种现代新兴业态，目标打造宜居、宜业、宜学、宜游的滨水特色文化街区。7月17日，该PPP项目列入省财政厅公布的《江苏省2018年度第二批PPP入库项目名单》。年内，PPP项目实施方案编制完成并上报市政府，福前人才公寓二期主体工程完工。

【中科院张家港纳米产业园开建】 3月12日，中科院张家港纳米产业园开工建设。项目列为2018年度江苏省重大项目，由中科院苏州纳米技术与纳米仿生研究所与张家港市合作建设，占地3.67公顷，总投资4.5亿元，建筑面积7.1万平方米，建设内容包括中科院张家港纳米研究院、化合物半导体先进外延技术平台、化合物半导体和集成电路产业孵化器。计划年内完成研究院办公场地和半导体先进外延技术平台、半导体测试封装及其服务平台建设，同步组建研究院核心团队、运营团队和育成中心；3年内引进化合物半导体相关企业50家，高层次专业人才超800人。目标打造全球领先的化合物半导体协同创新平台，全球最大的半导体照明（LED）产业基地，全球知名的化合物半导体和集成电路产业基地。至年末，纳米产业园主体工程完工。

【中国创新创业大赛第三代半导体专业赛在高新区启动】 第三代半导体材料是近年迅速发展起来的以GaN、SiC等化合物半导体为代表的新型半导体材料，具有禁带宽度大、击穿电场高、热导率高、电子饱和速率高及抗辐射能力强等优点。张家港高新区成立后，把化合物半导体作为“一区一战略”产业，以“一平台两基地”为重点，全力打造“化合物半导体世界之都”。6月30日，在第三代半导体产业技术创新战略联盟、国家半导体照明工程研发及产业联盟、亚欧第三代半导体科技创新合作中心的支持下，2018年第三代半导体产业技术创新发展大会在高新区举行，大会围绕第三代半导体发展趋势、创新战略、技术应用、投资分析等主题深入交流，南京大学物理系教授、院士郑有炓，中科院微电子研究所微电子器件与集成技术重点实验收主任、院士刘明，科技部高新技术发展及产业化司副司长曹国英，以及第三代半导体产业领域的专家、学者和企业代表参加会议。会上，2018年中国创新创业大赛第三代半导体专业赛（东部赛区）正式启动。大赛期间，报名参赛项目超140个。9月7日，第三代半导体专业赛（东部赛区）总决赛暨颁奖典礼在高新区举行，苏州锴威特半导体有限公司获企业组一等奖，祝晓钊团队获团队组一等奖。　　（吴　军）

塘桥镇

【概况】 塘桥镇位于市域东南部，与常熟市海虞镇交界。总面积94.26平方千米，耕地面积3892公顷。辖2个办事处、14个行政村、7个社区（其中2个为“村居合一”体制，分别为周巷、青龙社区）。有户籍28431户、人口92935人。另有外来暂住人口95926人。全年实现地区生产总值189.59亿元，一、二、三产业增加值分别为3.27亿元、101.06亿元和85.26亿元。按户籍人口计算，人均生产总值20.4万元。完成全口径财政收入15.1亿元，其中公共财政收入8.91亿元，入库税金14.56亿元。完成全社会固定资产投资28.45亿元，其中工业投资6.2亿元、服务业投资22.25亿元。年内，塘桥镇获省级创业型街道（乡镇）、2017年度全省基层党员冬训工作示范乡（镇、街道）。

经济建设　年末，有企业2296家，其中工业企业2627家。135家规模以上工业企业全年完成总产值203.19亿元，主营业务收入202.9亿元，工业利税10.21亿元，利润6.32亿元。有主营业务收入超1亿元的企业42家。华芳集团主营业务收入32.82亿元，鹿港科技公司27.39亿元，新东旭纺织、华鹿毛纺公司超10亿元，华程钢管、普坤纺织、银河电子、联宏纺织等4家企业超5亿元，逸臣钢管、钰润铜业、康大纺织、新沪毛纺、龙之杰纺织、巨桥毛纺、薪泽奇机械、友诚科技等34家企业超1亿元。加快企业创新发展步伐，苏高新科技产业园建设进展顺利，竣工厂房面积12.8万平方米，签约新兴产业类项目26项，投资总额5.8亿元。索尔新能源、鸿顺电子、箭牌科技等21个智能制造和重点技改项目有序推进；东望地产、中锐地产等9个商业地产项目完成投资54.5亿元，完成建筑面积112.8万平方米；长城华兴天然气和兰生新能源装备产业园2个项目落户。全年完成市领军人才项目11项，其中8个项目为新能源和智能装备领域；完成姑苏天使和姑苏人才项目各2项；迈迅智能科技公司等7家科技人才企业销售超500万元。新增高新技术企业8家，新增市级众创空间1家，发明专利申请310件。友诚科技公司在“新三板”挂牌。银河电子集团投入1.5亿元攻克电动汽车空调压缩机技术难题，产品性能国内领先，华芳集团获国家级“两化融合”体系贯标认证，金田公司精品纱车间获评省级智能车间，联宏纺织公司获第七届全国纺织行业管理创新奖，薪泽奇机械和天江模具公司建成苏州市企业技术中心。塘桥镇完成进出口总额9.26亿元，其中出口7.71亿元。新批外资企业1家，新增到账外资608万美元。新批办私营企业408家，新增注册资本10.95亿元；新批办个体工商户2045户，新增注册资本3.47亿元。全镇完成服务业税收7.7亿元，完成社会消费品零售总额28.28亿元。重点商贸企业大润发塘桥店零售总额2.8亿元，华芳金陵国际酒店营业收入9773万元，塘桥国际针纺城市场成交额6.98亿元，塘桥综合市场成交额5亿元。加快现代农业建设，不断提高农业机械化水平，新添高效植保机械44台套，完成7个基地粮食烘干设备的环保升级改造；推广高效养殖模式，实施稻鸭共作、鱼池标准化改造；完成华田、启园等农业物联网和维良智慧大棚等建设。全年完成“三优三保”复垦面积28.63公顷，“腾龙换凤”盘活土地资源24.17公顷。全镇农、林、牧、渔业总产值6.56亿元，粮食、油菜籽和水产品产量分别为62962吨、255吨和1061吨。

社会事业　年末，全镇有公办中小学校10所，教师649人，在校学生12905人。有幼儿园5所。另有新市民子女学校4所，教师216人，在校学生（幼儿）4395人。投入300余万元完成学校暑期维修工程，投入400万元完成扩建和改造塘桥初级中学运动场馆工程，投入2000万元新建鹿苑中学综合楼和报告厅、扩建鹿苑小学教育楼、改造青龙小学多功能报告厅。投入400余万元提升学校的教育设施设备，更新学校教室多媒体设备63套，新添教师手提电脑和办公电脑150台；为塘桥初中、妙桥中学新建电脑教室各1间，添置学生电脑100余台；为全镇中小学、幼儿园安装建设“温水进校园”“教室新风系统”工程。公开向社会招聘34名师范院校毕业或有教学经验的代课教师。调整优化教育资源，严格执行新市民子女上学积分制，各公办学校、幼儿园吸纳新市民子女1503人，使义务教育阶段公办学校吸纳率达到69.5%。全镇有医疗卫生机构41个，其中医院4家、社区卫生服务站20家，执业医师529人，医疗卫生机构床位680张。镇社区卫生服务中心和妙桥分中心依托市第三人民医院资源，推进一体化管理模式。金村社区卫生服务站创建成省级示范卫生室，韩山、蒋家社区卫生服务站创建成市中医药工作示范点，何桥社区家庭医生团队获市科教文卫三年行动成果奖——卓越团队奖，胡同社区医生牛超杰获省优秀基层卫生骨干人才、“苏州市十佳全科医生”称号。建成巨桥、胡同2个慢性病者自我管理示范小组，设立自助式健康检查点15个。建设大健康宣传教育服务平台，全年组织开展卫生知识讲座、义诊31场，受益群众1885人次；完善各类人群电子档案，建档率82.4%；完成老年人体检9703人次，体检率77.14%；完成“两癌”筛查4813人，进一步转诊474人；开展老年人肺炎疫苗免费接种1426人次，免费为疑似肺结核病人提供转院服务。开展家庭医生签约宣传，签约大病困难群众、计生特殊困难家庭339户，签约率100%，服务满意率96.5%；个性化家庭医生签约4240户，签约率32.34%。全年组织开展18场中医适宜技术推广村村行义诊活动，规范化管理高血压患者17334人，规范化管理率63.66%；规范化管理糖尿病患者4366人，规范化管理率70.5%。1015名孕产妇住院分娩率100%。全年为0岁至3岁婴幼儿健康检查3380人，开展科学育儿主题活动2次；为1周岁及以下儿童基础免疫接种1429人，为1周岁以上儿童生物接种9861人。完成健康城市“531”行动计划扩大免疫规划，初三学生麻腮风疫苗接种834人次，适龄儿童水痘疫苗免疫接种1731人。开展居民健康素养网上测评7245人，民调显示健康素养知晓率95%。开展“一镇一品”健康教育品牌项目，自制微电影“服务永远在路上”，开展“健康进万家”公益巡演20场，惠及6000余人。实施关爱失独空巢家庭“萤火虫”社工项目，开展计生特殊家庭代表香山一日游、“爱心烘焙，情暖夏日”DIY座谈会、“爱的陪伴，情暖人心”感恩节祝福等系列活动，创建成苏州市“连心家园”示范点。规划和启动钱昌照故居、袁毅平作品陈列馆、围棋文化陈列馆建设，指导馨塘社区、青龙村、金村村第三批村（社区）综合性文化服务中心标准化建设，推进塘桥小学锡剧校园基地和妙桥小学故事、讲演、相声、快板基地建设，并与塘桥小学联动，共建课外加油放心驿站——“四点半”学校。全年塘桥、鹿苑文化中心接待参观、考察团73批。开展文化主题活动，举办“唱响新时代、共筑中国梦”新春音乐会、“领航新时代、筑梦新塘桥”庆祝建党79周年文艺会演、纪念改革开放40周年暨2018公益巡演（共20场）、国家级“非遗”金村庙会等活动，开展“逐梦新时代、开启新征程”东渡诗会、钱氏家风家训宣传教育、“我哩塘桥好风光”江南家乡话比赛以及元宵、清明、端午、妇女节等传统节日庆祝活动。承办第二届苏州市群众文化“繁星奖”张家港获奖作品惠民展演、“中国曲艺名城”张家港市本土曲艺作品专场演出、“唱响中国梦”第三届市青年歌手大赛、“沙洲之春”市新人新作舞蹈大赛、市第三届中小学艺术节合唱比赛、“群星璀璨”市网格文化明星团队才艺PK赛、市电视台“迈进新时代、幸福舞起来”广场舞大赛等。继续打造“善美新塘桥，周末大舞台”文化品牌，邀请省演艺集团、上海宝山沪剧团、苏州歌舞剧院、苏州昆剧院、无锡文化艺术学校等团体开展惠民演出21场，组织公益电影播放48场，惠及10万余人次。推进全民阅读，开展“好书共读畅梦想”“书香赠送暖人心”“童言讲童话、童声唱童歌”“解谜析字闹元宵”及手抄报比赛、阅读之星评选、本土作家诗会等系列阅读活动。推进多功能运动场、智慧体育指导站、围棋陈列馆、健身步道等项目建设，其中智慧体育指导站已建成。全镇有体育场馆4座、公园健身广场5片。完善塘桥、鹿苑、妙桥3个片区体育阵地晚间安装照明灯及节假日开放制度，完善“10分钟体育健身圈”设施，为19个村、社区更新健身路径20套、乒乓球台16套、篮球架2套、室内健身器材1套。举办系列“假日活动”，开展迎元旦篮球友谊赛、元宵门球友谊赛、“五一”亲子运动会和乒乓球友谊赛、第十二届围棋文化节、“快乐中秋”体育舞蹈培训等活动。其中，体育舞蹈培训共办成人班26期、少儿班45期。先后承办全国围甲联赛、市第三届气排球赛、市第四届划菱桶精英赛、市第四届全民健身体育舞蹈展示，组队参加全国广场舞赛、围棋之乡联赛、全国青少年围棋锦标赛和市第五届全民健身大展示、第二届龙舟赛、马拉松系列赛、第七届运动会、首届沙上运动会等。在全国广场舞比赛中，获自选套路一等奖、规定套路一等奖。开展太极拳、柔力球、健身舞、健身秧歌、体育指导员等培训23期。新建体质监测指导站，对全镇1000名不同人群进行国民体质监测。推进“263”“蓝天保卫战”“清江行动”，开展督察23次，整改上级曝光问题28件，治理VOC废气排放单位44个，关停化工企业2家，完成年减煤任务2.4万吨，排查并整治“散乱污”企业（作坊）680家，其中关停246家、整改434家。全年投入1.2亿元开展环境整治，疏浚河道80条，新建生态河道5千米，拆坝建桥11座，治理黑臭河道10条，关停污染畜禽养殖场16家，改造企业废水处理设施17家。完成重点企业全国污染源普查1077家，排查、整改重点涉污企业123家，环境搬迁农户75户。规范生态文明建设细则，编制完成263个工作目标任务和考核细则，规范各级河长巡河、治河、护河工作，全年巡河696次，协调处理问题123处。完成15个美丽村庄建设。公共安全指数提升，新增辅警人员40人，配备专、兼职网格员80人，科学划分网格71个，累计完成民情走访2000余次，上报事件1800余件。全镇刑事发案率与前三年平均数相比下降22%，涉娼涉赌警情下降42%。受理“12345”市民热线电话3100余个，处理满意率99.9%；办理人大代表反馈意见47件、政协建议15件。发挥驻村法官工作室、老娘舅调解事务所功能，完成基督教堂、沪通铁路张家港站等25个项目稳评。推进“331”行动，累计排查消防安全隐患7060处，拆除违章建筑6.9万平方米，整治方圆宿舍、回字楼等历史重点隐患区域；开展扫黑除恶、严打涉众非法集资等专项行动，收集线索32条，拘留涉黑涉恶嫌疑人59人，查处违法犯罪嫌疑人601人，收缴赌博机85台。

福民工程 塘桥镇修订完善《关于加快发展提升村级经济综合实力的实施意见》和《村（居）绩效考核工作实施意见》，加强村级资产梳理和推进村级经济发展，各村（居）共投入2亿元，新增经营性建筑面积12.3万平方米，增加租赁收入1700万元；新增委托管理资产11项，增加村级受益240万元。村级经济可用财力达到1.27亿元。发放耕地地力保护443万元、土地规模经营补贴44万元、小麦水稻良种补贴69万元、秸秆还田补贴122.86万元、大棚蔬菜设施补贴45万元、农业受灾补贴158万元、农民购买农机具补贴103万元、其他涉农补贴85万元。年内，完成社保扩面6522人、公积金扩面762人。收缴居民医保基金1116.88万元，市、镇两级财政补贴4136.6万元；医保结报3309人次、1697.5万元。年末，参加居民基本养老保险41189人，参加居民基本医疗保险71685人。全年为424名农保转城保灵活就业到龄人员和275名农保人员办理退休手续，对1645名持外地身份证人员参加居民养老保险进行资格认证，开展冬送温暖等慰问活动，慰问人员1290人，为18726名退休人员健康体检。建立失业人员基本情况档案信息，对失业人员实行动态管理。开展"春风行动"和各类主题招聘会25场，提供岗位6046个；组织华芳、联宏、逸洋等企业赴贵州沿河县招聘洽谈；组织失业人员、高校毕业生等参加免费技能培训，全年有368人参加创业培训，226人开办实体，235人参加焊工、电工、中级育婴员等技能培训，并取得合格证书。实施就业扶持措施，认定就业困难人员405人，其中396人享受保险补贴；45家企业完成就业援助单位资格年审，提供1141个就业援助岗位，吸纳175名就业困难人员就业，为129人办理创业补贴和技能补贴。为238户农村居民低保户和低保边缘户发放最低生活保障金343.42万元，为33户城镇居民低保户和低保边缘户发放最低生活保障金43.19万元，为258名优抚、奖励人员发放优抚和奖励金447.16万元，为161名贫困生发放助学金40.15万元，为5名退休工人发放定补款44.47万元，为631名重病人员发放救助金63.1万元，为64名临时救助者发放救助金15.2万元，为4157名80周岁及以上老人发放尊老金337.64万元，为5333名60周岁及以上老年人发放老年补贴370.51万元。走访和慰问特困家庭、特困职工、特困党员、残疾人员、拆迁户等，发放慰问金（品）257.77万元，春节慰问低保户及低保边缘户、优抚对象、精减退休老职工，发放慰问金116.28万元。累计创办养老服务站（中心）12家、助餐点12个、养老床位680张。全年社会募捐358.67万元用作慈善。

2018年塘桥镇办事处基本情况表

表74

名　称	集镇面积（平方千米）	党工委书记	党工委副书记	主　任	副主任
鹿苑办事处	4.00	曹　健	李志新（1月任）	李定廪	钱　益　王爱国（1月任）
妙桥办事处	5.00	朱俊峰	—	张萍华（女）	秦朝华（女）

2018年塘桥镇各村（社区）基本情况表

表75

村（社区）名称	面　积（平方千米）	户数（户）	人口数（人）	集体经济总收入（万元）	可用财力（万元）	资产总额（万元）	村（社区）党委（总支、支部）书记	村委（社区）主任
周巷村	7.03	2717	8791	1752.29	1081.63	7481.05	欧义光	王晓峰
何桥村	7.31	1917	6546	2615.82	1507.76	18769.67	钱腾冰	蒋卫新
青龙村	3.88	1386	4602	1941.03	753.33	6787.04	郑启伟（1月免） 马卫锋（1月任）	马卫锋
韩山村	5.22	1490	5117	1397.99	1095.59	28384.91	顾惠明	黄　伟
顾家村	4.46	1046	3746	808.06	309.13	4037.13	言建国	陈　波
横泾村	7.60	2001	7098	1157.79	773.94	12007.93	陆学军	姜卫义
金村村	10.32	2211	7992	2186.51	850.99	31744.75	殷建刚（1月免） 钱敏峰（1月任）	钱颂扬
欧桥村	7.01	1709	6072	1361.08	716.05	8835.53	张小飞	田建林
蒋家村	5.58	1287	4617	1205.01	309.24	5475.50	曹晓明	田建东
花园村	5.59	1488	5177	2261.03	1329.09	11006.83	钱　益	钱伟东
滩里村	6.79	1839	5874	4271.70	1643.99	13594.08	钱再飞	钱再飞
牛桥村	6.20	1534	4789	1714.51	676.94	6389.85	王爱国	钱正龙
巨桥村	5.84	1735	5535	1421.06	686.35	6205.89	李志新	钱国群
刘村村	4.88	1169	3606	748.08	362.40	10987.07	郑卫兵	陈正江
镇中社区	1.70	1966	5323	885.70	139.10	5629.96	庞利新	朱颂伟
妙桥社区	3.76	1444	3920	619.86	285.88	1355.21	朱建江	卢宏伟
鹿苑社区	1.25	1078	2669	475.42	137.07	2534.32	钱惠星	钱震杰
胡同社区	—	1750	6582	—	—	—	陈向东	陈向东
馨塘社区	—	2365	6938	—	—	—	王伟芳（女）	—

【钱昌照故居修复启用】 8月27日，钱昌照故居启用仪式在塘桥镇鹿苑文化中心举行。民革江苏省委副主委，民革苏州市委主委、苏州市人大常委会副主任王鸿声，苏州市委统战部副部长钱培华，张家港市人大常委会副主任顾放，塘桥镇党委书记徐华东等领导和钱昌照后人及部分群众代表参加。王鸿声、顾放和钱昌照之子钱士湘先后讲话。王鸿声肯定塘桥镇在统战工作领域以及保护文化遗产方面的努力，希望利用这一平台为新时代东城区建设发挥更大贡献。钱昌照是塘桥镇鹿苑人，曾任全国政协副主席、民革中央副主席，是一位有影响的爱国民主人士。他在抗日战争期间主张国共合作、团结抗日、和平建国；中华人民共和国成立后为恢复和发展国民经济建言献策，对开发海南岛、发展教育事业提出了很多意见和建议。钱昌照故居位于塘桥镇鹿苑弘济老街，为传统四合院式建筑，占地面积197平方米，建筑面积223平方米。修建工程2016年10月开工，2017年下半年初步竣工。展览区分“负笈越洋，探求强国之路”“调处学潮，政坛崭露头角”“为御外侮，致力实业救国”等九大篇章。是市、镇两级爱国主义教育基地和宣传爱国统一战线的重要平台。钱昌照后人及其亲友为故居捐献了一批其生前用过的物品和书籍。

【新能源汽车装备产业园项目签约】 8月1日，塘桥镇与苏州兰生集团签署《张家港塘桥新能源汽车装备产业园项目投资合作协议书》。塘桥镇党委副书记、镇长沙立平及镇相关职能部门负责人，兰生集团总经理邹伟等核心管理层出席了签约仪式。装备产业园位于苏高新节能环保产业园内，占地4.5万平方米，由苏州兰生集团负责开发、建设与运营。项目以绿色智能为核心定位，主要引入新能源汽车装备、高端智能装备等优质项目入驻，最终建成集研发、生产、销售以及企业投融资功能为一体的现代化产业基地，建成运行后年税收将不低于2500万元。

【“云植”3D打印技术达到国际先进水平】 1月上旬，陆军中医大学西南医院关节外科实施了全球首例个体化3D打印钽金属垫块修复巨大骨缺损膝关节手术，患者第二天在亲戚帮助下即可下床行走。而患者使用的钽金属垫块是由苏州市康力医疗集团用“云植”3D打印的产品。该集团拥有全资收购的上海晟实医疗器材科技有限公司，依托上海交通大学医学院附属第九人民医院、南京大学鼓楼医院、国家增材制造产品质量监督检验中心等优质科研资源，引进上海硅步科学仪器有限公司、南京航空航天大学等战略伙伴，成立了苏州市云植医学技术有限公司，构建骨科精准医疗服务新生态，形成以康力医疗集团属下的上海晟实医疗器械科技有限公司（全国唯一定制式关节生产许可证单位）生产定制式产品为核心，提供骨科精准医疗系统解决方案的产业链布局。康力医疗集团拥有德国德玛吉五轴加工中心群组、美国哈斯五轴加工中心群组、日本西铁城纵切车削群组等一流加工设备，建有智能化车间，先后通过美国FDA认证、欧盟CE认证、“13485”医疗器械质量管理体系认证、GMP生产质量管理规范认证。集团的3D打印增材平台，引进世界最先进的金属粉末激光打印设备以及高科技医学软件，3D打印植入物临床应用处于国际先进、国内领先的水平。通过“云植”来实现3D技术的快速导入，为患者、医生及相关人士提供“互联网＋3D打印＋精准医疗”融合的智能化、专业化、系统化解决方案，建立世界一流的骨科精准医疗服务云平台，业务涵盖定制式骨科器械设计、手术方案规划、专用辅助导板设计、3D打印装备及耗材提供等数字化技术的创新服务。“云植”的核心服务包括关节、创伤、脊柱、运动医学、骨肿瘤、颅颌面等多个临床领域。康力医疗集团用3D打印的钽金属垫块等产品修复骨缺损关节手术，优于用传统的骨水泥、异体骨或自体骨来填充的关节手术。利用3D打印出来的骨植部件，不仅制造速度快，而且吻合度高、韧性好、成本低、使用寿命长，得到国内外患者、各大医院的欢迎。2018年，公司营业收入1.19亿元，比上年增5.1%。

康力医疗集团3D打印中心 （塘桥镇 提供）

【新能源产业高层次人才推介会举办】 4月21日，20余名海内外新能源产业科技人才项目（企业）代表齐聚塘桥镇第一会议室，参加2018年张家港市新能源产业（上海）高层次人才推介会活动。活动由市人才办、人社局和塘桥镇共同举办，镇长沙立平在会上致辞。塘桥作为张家港城市副中心、未来的高铁新城，建有新能源产业园、苏高新创新园，已签约兰生产业园等项目，为新兴产业发展提供了优质平台，将会带来更多人才的集聚。市委组织部代表对市创新创业政策进行专题推荐。塘桥镇新能源企业代表介绍了企业及产业发展形势，并和与会人员进行互动。部分新能源产业人才代表进行项目路演，与会人才代表纷纷表示希望到塘桥镇实地考察，寻求进一步合作。会前，相关职能部门走访了东华大学科创园部分企业、中科院上海微系统与信息技术研究院等科研院所，主动对接人才项目。会后，塘桥镇整合走访与推介会获取的项目资源，邀请5名相关人才到塘桥实地考察，深入洽谈。至年末，已有黄华、黄志强两位新能源科技人才落户新能源产业园。

（唐林康）

乐余镇

【概况】乐余镇位于市域东北部，隔长江相望南通，有全市唯一保存完好的民国老街。总面积78.58平方千米，沿江岸线17.84千米，耕地3906公顷。12月，稻麦良种场、禽畜良种场改为稻麦良种场社区、禽畜良种场社区。年末，辖1个办事处，19个行政村，6个社区。有户籍25296户，户籍人口73984人，另有外来暂住人口20612人。全年完成地区生产总值48.91亿元。按户籍人口计算，人均生产总值6.6万元。一、二、三产业增加值分别为3亿元、26.37亿元、19.54亿元。完成全口径财政收入8.66亿元，其中公共财政收入4.4亿元，比上年增15.2%。完成全社会固定资产投资5.36亿元，其中工业投资2.91亿元、服务业投资2.45亿元，新兴产业投资2.68亿元。社会消费品零售总额24.61亿元，比上年增8.7%。年内通过国家卫生镇复审，获评2017年度江苏省和谐社区建设示范乡镇（街道）、苏州市文明镇、苏州市平安镇（街道）、张家港书香之镇。施玉其获2018年度“苏州好人”称号。李汝龙家庭获评“全国最美家庭”称号。

经济建设　全镇有企业2556家，其中工业企业1581家，完成工业开票133.24亿元，比上年增11.41%。70家规模以上工业企业全年完成工业总产值77.11亿元，主营业务收入77.09亿元，工业利税6.94亿元。全镇完成进出口总额3.38亿美元，其中出口3.32亿美元。新批外资企业1家，新增到账外资1027万美元。新批办私营企业281家，新增注册资本9.88亿元；新批办个体工商户861家，新增注册资本1.45亿元。全年实施重点项目14项，总投资18.22亿元，其中超1亿元项目8个。牡丹汽车公司扩建、优鼎医疗高端医药耗材制备等4个项目竣工；海狮机械大型洗涤剂组生产基地二期、苏州新城万斯达装配式建筑、飞驰水域环保清洁特种船舶标准化生产线3个项目基本完工；乐余建筑高强度预制件、荣顺建筑工程仓储等3个在建项目顺利推进。海狮机械工业用高效节能隧道式洗衣龙获评2018年江苏省工业设计产品金奖。永道科技、华为电子等4家企业获开发新产品项目补助资金376万元。启动“净谷小镇”产业招商，项目总投资超30亿元，其中投资5亿元的上驰（益茂）特种车辆及零部件扩建生产项目成功落户，投资15亿元的VOC环境科创产业项目签署合作协议。储备凯浩汽车零部件、亿承兴业、晶连汽车线束等项目信息25项，有效对接项目15项，其中超1亿元项目11项、外资项目5项。成立张家港智慧清洁产业技术研究院、乐余联侨创新交流中心，与长安大学汽车工程研究院形成“两院一中心”创新平台格局，助推高新技术产业发展。全年完成市领导型创新创业人才项目7项，完成年度目标任务的175%，“姑苏计划”人才1人，省“双创计划”人才1人，新增高新技术企业12家，销售超1000万元领军人才企业6家，新增发明专利申请290件，新增有效发明专利70件，新增市级以上众创空间1家，“先评审、后落户”专场人才项目落户率100%，研发投入占地区生产总值2.85%，企业研究与试验发展经费投入增长10%，高新技术产业产值占规模以上工业总产值的比重增加0.9%。全镇完成“三优三保”拆旧复垦土地41.33公顷，建成高标准农田96.6公顷，池塘标准化改造3.33公顷，增加各类农机具29台（套），夏秋熟秸秆还田和综合利用率达到99.5%以上。社会化服务合作联社中标承担长江西水道666.67公顷良田土壤改良、改造任务，地产农产品质量安全保持100%。开展职业农民培训5批320人次，成功申报省级家庭农场3家。全年实现农、林、牧、渔业总产值6.33亿元。粮食、油菜籽和水产品产量分别36371吨、799吨、1237吨。

社会事业　年末，有中小学校4所，教师470人，在校学生6081人。有幼儿园2所。学生中有新市民子女2566人。年内，乐余中心小学完成扩班改造，飞鱼幼儿园动工兴建，社区教育“乐学共同体”品牌日渐成熟，实施项目23项，“居民学习共同体的培育”获苏州市社会教育成果一等奖。乐余镇举办第十二届阅读节。“海狮悦读e站”项目获第十三届苏州阅读节优秀活动奖、张家港市新媒体应用创新奖。全镇有体育场馆4座，公园健身广场2片。投入80万元实施文化体育设施提升项目，完成乐余广场篮球场建设和乐江社区室外运动场地改造。乐余文化中心图书馆、乐余风筝馆等镇级文化设施免费对外开放，乐余风筝馆被认定为“2017—2019年张家港市社会科学普及示范基地”。全镇举办村村演23场，锡剧送戏下乡20场，公益文艺巡演8场，放映公益电影353场，乐余书场演出180场。有医疗卫生机构30个，执业医师198人。建成省级示范卫生村1个。强化“两违”治理，拆除违章建筑428起92390平方米，办结“263”专项行动督办单13件，投入1.6亿元启动四干河—六干河沿江地块修复工作，清运钢渣371.8万吨，超额完成50%减量目标。淘汰整治低端低效产能企业（作坊）30家，关停化工企业3家，整治“散乱污”企业420家，“腾笼换凤”土地7.2公顷。进一步规范23家重点产废企业的固废存储、转移、处置行为，关停畜禽养殖污染户15户。投入725万元实施防汛能力提升工程，新改建排涝站3座、涵闸6座，建成全市首座镇级标准化防汛仓库，40座村级排涝站实现信息化监测全覆盖。乐余镇法治广场获评苏州市第七批“法治文化建设示范点”。在苏州率先实施全要素专职网格员建设，实现网格实体化运作。开展“331”

整治火灾隐患专项行动和安全生产“百日行动”，排查“三合一”场所、出租房（群租房）、电动自行车等安全隐患5027项，开展联合执法，责令停产停业5家，行政处罚121.2万元，检查企业安全生产1965家次，发现各类问题和隐患7476条，约谈企业10家。

福民工程 加快推进农村制度改革，农村土地承包经营权确权登记颁证率达到97.6%。通过完善社区股份合作社“三会”运作制度，建立起“产权明晰、权属稳定、政经分离”的社区股份合作社管理运行机制，提高股份分红水平。年内，村级经济工业园二期建成投用，新增年稳定性收入320万元，通过“三优三保”获得奖补资金1.7亿元。整合资源，鼓励各村利用奖补资金进行投资再发展，乐西村、联丰村联合投资2000万元，启动乐余老菜场地块的商业开发。19个村全年稳定性收入7868万元，村均超400万元，比上年增7.15%。接通840户生活污水管网。全镇举办就业招聘会20场，提供就业岗位2628个，开发就业援助岗位624个。社会保险扩面2119人，完成年度目标任务的100.9%，住房公积金扩面净增405人，完成年度目标任务的162%。年末，参加居民基本养老保险38879人，参加居民基本医疗保险26348人。在乐余村试点开展村级医疗互助，全镇家庭医生签约服务扩面提质，大病困难群众、计划生育特殊困难家庭免费签约率100%，慢病重点人群签约率超过40%。政府发放各类救助金1800万元，募集爱满港城善款264万元，帮建危房5栋，发放尊老金238万元。

2018年乐余镇办事处基本情况表

表76

名　　称	所在集镇面积（平方千米）	党工委书记	主　任	党工委副书记	副主任
兆丰办事处	31.25	吴永兵	陈利民	—	—

2018年乐余镇各村（社区）基本情况表

表77

村（社区）名	面　积（平方千米）	户数（户）	人口数（人）	集体经济总收入（万元）	可用财力（万元）	总资产（万元）	村（社区）党委（总支、支部）书记	村委（社区）主任
乐余村	4.00	1600	4414	605	517	4245	杨　斌	张兴祥
乐西村	1.70	812	2409	490	251	2473	闻忠贤	张　宇
永利村	2.26	1005	3156	1670	1355	9067	许文生	许文生
永乐村	1.50	729	2252	965	641	3718	余　刚	姚叶平
庙港村	0.98	811	2478	449	280	3393	何文忠	—
扶海村	3.48	1092	3370	592	422	4271	张永清	—
向群村	2.40	877	2719	337	338	4900	陈　洪	—
双桥村	2.98	1716	5148	380	391	3913	刘亚飞	沙小康
闸西村	2.00	1040	3075	367	275	3035	吴玉平	马　泉
登全村	2.25	732	2250	324	205	1707	郭晓波	王　征
东兴村	2.80	1335	4077	646	519	4883	朱建中	张晓波
齐心村	3.70	1738	5242	617	565	5511	司　健	司　健
常丰村	4.95	1541	4523	1020	739	4814	张　勇	张　勇
庆丰村	5.28	1168	3366	418	315	3461	钱耀华	龚利平
联丰村	2.66	1251	3647	369	229	2315	樊益东	樊益东
红闸村	3.50	1070	3085	443	287	3823	张　涛	严　超
红星村	4.00	1361	4058	329	330	3515	胡志明	—
红联村	5.24	1555	4485	226	358	2234	闻　彬	—
东林村	2.90	1483	4310	607	330	2913	俞　萍（女）	俞　萍（女）
稻麦良种场社区	1.21	316	865	330	283	1626	陈　峰	—
畜禽良种场社区	0.42	63	172	227	230	1016	曹亚忠	—
乐余社区	3.50	1517	3770	—	—	—	龚永芬（女）	—

续表77

村（社区）名	面　积（平方千米）	户数（户）	人口数（人）	集体经济总收入（万元）	可用财力（万元）	总资产（万元）	村（社区）党委（总支、支部）书记	村委（社区）主任
兆丰社区	1.60	446	875	—	—	—	李　民	—
乐江社区	1.10	94	386	—	—	—	范祎冰	—
乐海社区	1.00	7	24	—	—	—	黄锦贤（女）	—

2018年乐余镇投资1亿元以上开工项目情况表

表78

投资企业名称	项目名称	总投资额（万元）
苏州新城万斯达住宅工业有限公司	装配式建筑产业化项目	38600
江苏古德乐环保科技有限公司	扩建相变节能硅藻板项目	12000

【“红色新沙洲”党史教育展览馆开馆】 3月9日，投资270万元、面积350平方米，设在乐余镇文化中心二楼的“红色新沙洲”党史教育展览馆揭牌。展馆定位为苏南地区集党性教育、现场体验于一体的综合性党史教育基地，张家港市党员党性教育现场教学基地和群众爱国主义教育基地。展馆主展区分“革命惊雷，播下火种”“抗战铁流，驰骋南北”“坚持斗争，迎接黎明”“红色记忆，燃情岁月”“丰碑永存，光照大地”五大篇章，以丰富的图文资料和“声光电”、VR（虚拟实境设备）等现代化技术手段，多视角、多维度展示以乐余为代表的新沙洲人民在中国共产党领导下，前赴后继、奋斗牺牲的红色历史。其中，还配有当地老兵陆文华、顾鹤年、邵学海接受采访的视频。陆文华，1924年生，1942年1月入党，16岁参加新四军，在抗战中曾扛起炸药包，炸毁日军好几个碉堡，胸口留有一颗敌人的子弹未取出。顾鹤群，1927年生，1948年1月入党，16岁参加苏北抗日游击队，后在解放战争渡江战役中左肩中敌人3颗子弹，一直未取出，2015年他获得国家颁发的“中国人民抗日战争胜利70周年纪念章”。邵学海（1929—2018），1948年11月入党，17岁参加人民解放军，参加过四平战役、辽西战役等，解放战争中获二等功，1952年参加抗美援朝战争。至2018年年末，展览馆共接待参观团260余批，包括乐余小学、崇实初中、乐余高中等学校的师生，参观人数1.3万人。

【乐歌集团张家港现代供应链管理中心落户】 10月30日，乐余镇与由世界500强企业澳大利亚麦格理集团（排名第389位）和加拿大亿万豪剑桥集团联合组建的乐歌集团完成乐歌张家港现代供应链管理中心项目签约。项目拟选址在乐余镇乐坤路以北、乐中路以西，占地12.53公顷，总投资1亿元，按照“一次规划，一期供地”的方式实施开发建设。计划建设12.5万平方米的现代供应链管理中心及配套办公中心，引入互联网商户平台和国内外知名零售商、供应链管理服务商、冷链生鲜配送方等优质客户，实现综合运营中心、供应链管理平台、冷链服务中心、电商集聚区和创投孵化器五大平台。

【“东方净谷”在乐余打造“中国绿都”】 11月8日，乐余镇与苏州东方净谷企业管理有限公司就“VOC环境科创产业园”项目签署合作协议。项目投资约10亿元，旨在打造中国环境大数据中心，中心是集研发、生产、数据分析和呼叫中心为一体的高科技专业产业园平台。平台以Moral公司为龙头，邀请产业链上下游企业入园孵化、发展，带领包括空气净化、空气环保、环境辐射、加湿除味、科技研发机构、土壤监测治理、水监测治理、金融平台、物流平台、智能制造等系列的更多品牌形成与环境产业相关的集监测、标订与收益于一体的品牌孵化平台，构筑新型环境产业生态链，提升地方产业结构的转型，建设乐余净谷小镇，成为世界领先、国内一流的“中国绿都”。

【李汝龙家庭上榜年度全国“最美家庭”】 5月14日，2018年度全国“最美家庭”评比揭晓，乐余镇李汝龙家庭上榜。李汝龙家庭注重以书为友，书香润家，阅读卓有成效。李汝龙在理工专业工作上取得了授权发明专利10项，获得过中国纺织工业联合会科技进步奖和苏州市技术发明奖等。他也广泛涉猎文史哲领域，出版了哲学专著《追求美好人生的根本之道》，受到专家好评，获市哲学社会科学优秀成果一等奖。李汝龙妻子李世珍支持丈夫的工作和业余研究，勤俭持家，尊老爱幼。儿子李佳翰在父母言传身教的熏陶下，也爱好阅读、知书达礼、热心公益，曾获全国中小学生作文大赛一等奖、苏州市语言类比赛八连冠，还作为中央人民广播电台第三届朗诵大赛江苏省唯一青少年代表进入总决赛。李汝龙家庭在2014年、2015年、2017年和2018年分获张家港市“十佳书香家庭”、张家港市“十佳最美家庭”、江苏省“最美家庭”、江苏省“书香家庭”称号。

【河长制主题公园和水情教育馆建成】 12月22日，乐余镇建成江苏省首个河长制主题公园。公园南邻乐坤路，北依乐港河，沿河而建，占地1万平方米，以“水润乐余”为设计主题，采用景观小品与文化长廊相结合的方式，全面展示河长制历史文化、当前国策及河长制特色工作。是日，乐余镇水情教育馆建成，教育馆位于乐红路常丰西排涝站内，上下两层建筑面积200平方米。展馆以“水润乐余、惠泽千秋”为主题，主要从水问世界、水美华夏、水利大观、水主沉浮、水泽万世和水思课堂等6个篇章，将水资源教育、水文明展示、水利科普、水情教育融为一体，旨在传承长江文明和水乡文化，广泛传播水安全、水资源、水环境、水生态、水文化等，唤醒人们护母亲河、爱家乡水的情结。（秦　香）

凤凰镇

【概况】 凤凰镇位于市域南部，总面积78.79平方千米，耕地面积2705公顷。年末，辖15个行政村、6个社区。有户籍20555户，户籍人口66483人，另有外来暂住人口57053人。全年实现地区生产总值115.82亿元，比上年增6.5%。一、二、三产业产值分别为3.58亿元、66.02亿元、46.22亿元，分别比上年减3.3%、增3.1%、增10.8%。按户籍人口计算，人均生产总值17.42万元，比上年增4.12%。完成全口径财政收入15亿元，其中公共财政预算收入8.49亿元，比上年减11.4%。完成入库税金14.44亿元，比上年减14.9%。完成全社会固定资产投资21.25亿元，比上年增2.5%。其中，工业投资7.18亿元、服务业投资14.07亿元，新兴产业投资6.68亿元。完成社会消费品零售总额21.61亿元。年内，凤凰镇通过苏州市文明镇复评，在苏州市经济发达镇行政管理体制改革试点评估中位列第3名，并获评张家港市2017年度文明镇标兵。

经济建设　年末，全镇有企业2310家，其中工业企业1519家，完成工业开票销售收入359.58亿元，比上年增4.6%。126家规模以上工业企业主营业务收入245.17亿元，比上年增0.1%。实现工业利税11.53亿元，比上年减11%。有销售超1亿元企业58家，其中超10亿元企业6家、超20亿元企业2家，规模经济总量占全镇经济总量的69.8%。新批办私营企业282家，注册资本6.2亿元；新批办个体工商户945家，注册资本1.09亿元。新建、改建、扩建工业项目26项。总投资16亿元的国一三期、兰生智造、澳洋药业等项目签约落地。3月集中开工月期间开工项目9项，总投资17.37亿元。其中，工业项目5项，总投资12.99亿元，达产后预计新增销售收入22.5亿元；载体项目2项，总投资1.28亿元；民生项目2项，总投资3.1亿元。全镇年完成进出口总额14.37亿美元，比上年增10.5%，其中出口总额9.48亿美元，比上年增16.9%。新批外资及港澳台资企业7家，新增到账外资及港澳台资3665万美元。新增姑苏领军人才3人、市领军人才6人。新增销售超1000万元人才企业4家，累计16家。人才企业实现开票销售15亿元，比上年增15%；实现入库税金6000万元，比上年增9%。有“新三板”挂牌企业6家。新增省高新技术企业7家，累计42家，高新技术产业产值99.2亿元。新增省级以上研发平台7个，累计39个。获苏州市级以上科技项目及奖励11项。新增发明专利47件，累计365件。江苏富淼科技股份有限公司、张家港广大特材股份有限公司获省重大科技成果转化项目扶持。苏州矩阵光电有限公司、张家港万众一芯生物科技有限公司入选苏州市“独角兽”企业培育名单。凤凰科创园入选全市乡镇首家苏州市留学回国人员创新创业园。苏州同大机械有限公司徐文良获张家港市唯一的“国家科技创新创业人才”称号。张家港万众一芯生物科技有限公司获评人社部最具成长潜力留学人员创业企业。21个工业项目通过先进制造业领导计划专家评审，获专项补助资金2507.13万元。全镇实现农、林、牧、渔业总产值7.58亿元。有高效设施农业面积739公顷。粮食、蔬菜、水产品总产量分别为1986吨、368吨、1770吨。新增高标准农田68.07公顷。新增农机设备32台，累计1063台，农业现代化水平90%。有无公害农产品2种、绿色食品15种。新增苏州市名牌农产品1个，累计3个。绿色优质农产品比重17%。“三品”种植面积171.33公顷。推广立体种养殖面积25.33公顷。提标改造粮食烘干中心1个。凤凰水蜜桃、七彩明珠葡萄等特色农产品先后获市级以上荣誉10项。全镇上市农产品合格率100%。

社会事业　有公办中小学校6所，教师424人，在校学生6858人。有幼儿园5所，教师149人，在校幼儿2271人。张家港市级以上骨干教师138人，占教师总人数的24.3%。另有新市民子女学校1所，教师47人，在校学生1071人。公办学校接纳新市民子女中小学就读3549人、幼儿园就读890人。中小学经费总投入1.6亿元，其中2833万元用于购置教学设备及房屋修缮改造。凤凰中心小学档案室创成全市首家省四星级小学档案室。凤凰镇承办全市第六届全民终身学习周开幕式。镇社区教育中心获评2018年江苏省优秀成人继续教育机构。河阳山歌艺术团新创作艺术作品23个，作品获市级以上奖项16个，艺术团获苏州市级“五个一百”荣誉团队及张家港市明星团队称号，推出首部原创河阳山歌剧《情系河阳》，讲唱河阳宝卷《送给远方的礼物》获江苏省少儿曲艺大赛银奖并受邀参加全国第八届少儿曲艺展演。凤凰镇获全市首家“苏州市特色文艺创作基地”称号。有体育场馆1座，公园健身广场10片。新增国家级、一级、二级、三级社会体育指导员2人、3人、28人、22人，累计分别为12人、31人、267人、239人。举办“贝贝杯”足球赛、非遗文化节、凤凰桃花节等文体活动。江苏省0304年龄组女子足球队落户凤凰。“江苏苏宁·张家港贝贝青少年足球精英训练基地”挂牌。贝贝足球特色小镇通过中期验收。凤凰新城“多彩凤凰”跑步线路获评全省“最美跑步线路”，生态健身步道总里程45千米。镇新时代文明实践所（站）正式挂牌。有医疗卫生机构24个，其中公立医院1家、民营医院2家，有执业医师90人。新增预防接种卡965份，共6206份，其中一类疫苗接种20659人次，强化免疫526人次。新建居民健康档案391份，共78096份。有产妇579人，新生儿585人，早孕建卡率97.09%，住院分娩率100%，42天检查率100%，儿童建卡率100%。新增社区自助式健康检测点18个，累计19个。创建“江苏省示范村卫生室”1个，累计4个。社区卫生服务门诊量32.61万人次，比上年增10.77%。15个村实现农村卫生长效管理市场化运作，农村生活垃圾分类试点覆盖率提升至100%。建成餐饮行业“视频式”阳光厨房15家，共23家，整治提升食品生产作坊3家。完成韩国工业园区、凤凰山风景区重点区域规划编制，全镇控规覆盖率85%。凤凰人民医院、便民服务中心、社会福利服务中心、科创园二期等一批新城配套服务项目启动建设。整改中央、省环保督察反馈问题5件、上级“263”转办问题22件，立案查处环境违法行为61起，治理VOC排放企业54家，整治燃煤锅炉3台，关停3吨以下冲天炉6台，削减煤炭消费总量7.72万吨，关停区外化工企业11家、畜禽养殖场16家，关停整治“散乱污”企业411家，关停低效产能企业43家，“腾笼换凤”盘活土地20.63公顷。挂牌出让土地3.17公顷。整治黑臭河道16条，建成美丽河道9条，重点断面Ⅲ类水质达标率66.7%。取缔内河非法港口码头19家、优化提升8家。环境信访总量比上年降26.94%。飞翔化工集中区整治提升方案获苏州市政府批准并启动实施。开展安全生产百日行动，整改5家政府挂牌督办安全隐患企业，查处55起安全生产违法行为。“331”整治火灾隐患百日行动正式启动，排查“三合一”隐患807家、出租房（群租房）隐患4245家、电动车违规停放和充电隐患939处，新建电动车集停放充电停放点位121处，劝离违规居住人员1100人。拆除违章建筑172处。新增各类绿化面积27.07公顷，城镇绿化综合覆盖率40.1%。建成苏州市三星康居乡村点位12个，整治提升自然村庄109个。新开工安置房面积3.1万平方米。农村公路路域综合评分进入全省十佳，获评苏州市“四好农村路”示范镇。开展“扫黑除恶”专项行动。开展治安专项整治23次，刑事发案率下降4.43%。办理行政审批服务项目208282件，办结率99.98%。推行容缺审批和陪代办服务及企业开办“一窗融合”，“2440”改革在原有基础上实现提速增效。完成工程招标、政府采购项目141件，成交金额1.77亿元，节减资金5049万元，节减率22.21%。启动党建引领网格化社会治理。成立凤凰镇集成改革综合管理服务指挥中心，通过整合网格，基本实现“一网掌控、系统调度、动态管控、联动联控”。开展镇容整治112次。办结各类违规经营案件113起。数字化指挥平台办理整改事件6900件。分片区推行区域全能型执法队伍建设，实现有限执法力量的最大优化。建成镇级公共法律服务中心，调节矛盾纠纷815件，党政干部下访20人次，包案化解社会矛盾和群众诉求事项6件。办复人大代表建议11件、政协提案1件，人大代表建议满意率100%。

福民工程　全年农民人均纯收入3.73万元，比上年增6%。6月，村级集体资金管理系统开始在魏庄村、双龙村试运行，8月全面上线。全镇完成1506.67公顷到期土地集中流转，土地适度规模经营比例97.5%。村级总资产11.78亿元，比上年增11.6%。集体经济总收入2.26亿元，比上年增8.7%。村均可用财力984万元，比上年增6.1%。发放各类涉农补贴10789.53万元，农业保险66.73万元。“三优三保”动迁农户5户、企业132家、复垦土地31.6公顷，自“三优三保”开展起复垦71公顷，争取项目资金2.3亿元。5个村级抱团发展平台投资资金1.6亿元，新建标准型厂房6.1万平方米，新增资产性收益1500万元。农村集体资产管理平台正式启用。新增就业岗位2000个，帮助特困家庭解决劳动就业56人，特困家庭劳动力就业率达到90%。组织开展各类培训167人，开展招聘活动4次，提供就业岗位2500个。提供职业指导和推荐大学生就业355人。企业吸纳就业1000人，应届高校毕业生首次就业率100%。新增社保参保人员4430人、公积金开户缴存1200人，年末参加居民基本养老保险55636人、居民基本医疗保险84571人，在岗职工城保参保率99%。为365名灵活就业人员办理自主选择险种和缴费。调节劳资纠纷200起，涉及374人、550万元。组织14254名城镇退休人员免费体检。为3072名80周岁及以上老人发放尊老金256万元。安置退伍军人22人，兑付安置费200.69万元。为137户家庭办理民生保险，获理赔金28.4万元。发放春节慰问金740万元，惠及困难户8391户、12568人。发放慈善助学金30.1万元，惠及贫困学生108人。为12409名老年人开展健康评估。大病困难群众和计生特殊家庭医生签约率99.52%。走访慰问90周岁及以上老人和2个养老机构内老人67人，发放物资7.53万元。提档升级村级居家养老服务中心2家，开展为老服务2.3万人次，服务满意度98%。补助5万元帮助2户居民改造危房。为179名优抚人员发放补助金223.6万元。“爱满港城”募集善款514万元，“村企结缘·益企强村”项目获第三届苏州市慈善奖“最具影响力慈善项目”称号。新增公益性创投项目19项，累计32项。引进永联惠邻服务中心、华夏启创服务中心、益启读书协会等专业社工机构13个。出台《凤凰镇民生微实事实施细则》，启动民生微实事项目25项。村级便民服务“三规范、两服务、一提升”经验在中央编办网站登载。受理群众诉求事项339批，结案率96%。“12345”热线批转受理各类救助2171件，办结率98.5%。

2018年凤凰镇各村（社区）基本情况表

表79

村（社区）	面　积（平方千米）	户数（户）	人口数（人）	集体经济总收入（万元）	可用财力（万元）	总资产（万元）	村（社区）党委（总支、支部）书记	村委（社区）主任
双龙村	8.36	1363	4432	3745	2371	24972	许建江	许建江
安庆村	4.42	1305	4269	2203	941	5805	周　忠	肖弟良
金谷村	6.30	1271	4175	1145	860	5475	陆惠东	徐　卫

续表79

村(社区)	面　积(平方千米)	户数(户)	人口数(人)	集体经济总收入(万元)	可用财力(万元)	总资产(万元)	村(社区)党委(总支、支部)书记	村委(社区)主任
魏庄村	4.30	908	3117	1138	854	6550	程建华	彭仲贤
西参村	3.28	840	2863	969	788	3933	钱仲刚	钱仲刚
程墩村	5.10	937	3059	1884	1330	11967	吕亚平	吕亚平
恬庄村	5.16	1074	3653	1832	821	4986	陈利新	陈海荣
双塘村	5.51	979	3224	1834	1020	8317	夏丽萍(女,11月免) 李　新(11月任)	陆志斌(7月免)
清水村	6.60	1148	3699	1383	856	7756	杨正元	周建平
杏市村	2.13	458	1621	619	379	3558	张志强	张志强
凤凰村	5.42	1281	3869	2483	2384	11884	陆建东	周文进
支山村	6.12	1238	3919	1363	902	5363	徐云飞	徐卫龙
杨家桥村	5.83	889	2778	637	477	5343	卢月萍	唐月忠
高庄村	7.33	1461	4833	669	344	5967	肖　安	冯建东
夏市村	2.95	642	2114	685	430	5969	钱敏刚	钱敏刚
西张社区	—	1929	6205	—	—	—	孙志明	孙志明
凤凰社区	—	966	3040	—	—	—	杨月明	陈　芳(女)
港口社区	—	1865	5613	—	—	—	夏卫东	—
湖滨社区	—	—	—	—	—	—	肖春霞(女)	肖春霞(女)
桃源社区	—	—	—	—	—	—	孙丽萍(女)	孙丽萍(女)
恬源社区	—	—	—	—	—	—	钱静芳(女,7月免) 朱绍成(7月任)	钱静芳(女,7月免)

2018年凤凰镇投资1亿元以上开工项目情况表

表80

投资企业名称	项目名称	投资额(万元)
可隆科技特(张家港)特种纺织品有限公司	年产1220万平方米汽车内饰用材料扩建项目	21000
张家港华程特种材料股份有限公司	新能源汽车用特种材料迁建项目	20000
苏州富淼膜科技有限公司	膜分离水处理设备制造项目	36500
张家港思淇科技有限公司	特种高性能劳防手套项目	14000
江苏达丽建筑材料有限公司	年产4亿平方米印花膜项目	36234
凤凰镇人民医院	凤凰镇人民医院易地新建项目	25000
张家港中昂地产有限公司	中昂朗樾一期房产项目	40000
市金厦房地产开发公司	凤凰印象房产项目	53800

【华理—富淼生态技术实验室揭牌】 5月,江苏富淼科技股份有限公司与华东理工大学联合成立的“华理—富淼生态技术实验室”揭牌仪式在富淼公司举行。富淼公司是一家针对水基工业领域,提供工业废水深度处理与循环利用综合解决方案以及运营服务等的高新技术企业,华东理工大学化工学院在材料化工、化工过程技术开发与应用等领域具有坚实的理论与应用基础,特别在工业反应过程和反应器领域具有突出的优势。两家共建华理—富淼生态技术实验室,旨在发挥华东理工在聚电解质功能高分子材料创制上的研发优势,结合富淼公司在生产制造和市场推广上的优势,在城镇污水处理、重金属污染水治理领域,特别是在沙漠地区绿色生态固沙新技术领域进行合作开发,推进相关生态治理技术和产品的研发和产化业。年内,依托该实验室,富淼公司开发出了水处理膜配套产品——膜阻垢剂小试产品。全年完成销售8.7亿元,利税3800万元。

【凤凰科创园连续两年在全省孵化器绩效评价中获得优秀】 6月,苏州市科技局公布2018年度省科技型创业企业孵育计划资金拟资助单位名单,凤凰科技创业园(简称科创园)连续两年在省科技厅组织的全省孵化器绩效评价中获得优秀(A类),省财政拟给予资助资金35万元。近年,凤凰镇高度重视科创载体建设,科创园先后获评江苏省高新技术创业服务中心、国家级科技企业孵化器、江苏省侨界创新创业基地、苏州市留学回国人员创新创业园等

张家港广大特材股份有限公司车间 （龚晓东 摄）

称号，累计引进并培育高层次人才项目50余个，形成了较好的产业化成果。年内开工建设的科创园二期项目更提高了科创园载体配套能力。在注重政府载体平台建设的同时，凤凰镇积极引导企业加强与高校科研院所开展产学研合作，共同研发高新技术。在省教育厅公示的2018年江苏省研究生工作站名单上，科创园的张家港广大特材股份有限公司、江苏欣诺科催化剂有限公司、苏州东杏表面技术有限公司、张家港市亨昌焊材有限公司以及张家港国龙光伏科技有限公司等5家企业研究生工作站成功获评，获评数量为历年最多。至此，园内企业累计建成省研究生工作站16家、省级以上企业研发平台总数37家，实现高校、合作单位及其联合培养的研究生三方共赢。

【广大特材冠名京沪高铁列车】 8月，为进一步扩大企业影响，张家港广大特材股份有限公司联合上海铁路局、华铁传媒，在上海虹桥站举行京沪线高铁列车“广大特材 · 张家港”冠名剪彩仪式。高铁动车头、小桌板、海报、车身外玻璃门、车厢内LED滚动显示屏、车外身等都贴上了“广大特材 · 张家港”字样。广大特材公司主要生产特种合金材料，2018年完成销售18亿元，利税1.1亿元。

【“多彩凤凰”线路获评全省最美跑步线路】 凤凰新城“多彩凤凰”跑步线路是凤凰镇近年在构建凤凰新城中为百姓打造的集运动与公共服务、生态环保、城市历史、人文相结合的跑步线路品牌，线路起点和终点为映山路、汉江路交界，经中山路、凤恬路、凤凰大道等凤凰新城主干道，紧紧围绕贝贝足球特色小镇主题，高标准进行氛围布置，沿线设置健身路径20余条、健身小广场8处、体育健身公园2个，3千米长的高标准健身步道，安装有健身标识、健身知识牌等。2018年最美跑步线路是从全省13个省辖市征集而来的22条线路中，分别按路线特色、交通情况、辐射人群、配套设施、生态环保、赛事活动和知名度影响力等方面，采用大众投票和专家评审两轮评选综合评比选出。11月，“魅力江苏，最美体育”2018年全省最美跑步线路年度评选结果出炉，凤凰新城“多彩凤凰”跑步线路榜上有名，并获2018年全省最美跑步线路网络人气奖。 （方天闪）

南丰镇

【概况】 南丰镇位于市域东北部。总面积62.47平方千米，耕地面积2694公顷。12月，增设瑞丰社区。年末，辖1个办事处，12个行政村，2个社区。有户籍21599户，户籍人口58036人，另有外来暂住人口26796人。全镇实施“园区项目建设年”“民生实事深化年”“党建品牌提升年”三大行动，统筹抓好转型升级、创新驱动、生态环保、城乡建设、民生改善等工作，经济持续健康发展。全年实现地区生产总值138.12亿元。一、二、三产业增加值分别为3.76亿元、93.55亿元、40.81亿元。按户籍人口计算，人均生产总值63.95万元。完成全口径财政收入31亿元，其中公共财政预算收入15.22亿元，比上年增50.7%；入库税金30.61亿元，比上年增68.09%。完成全社会固定资产投资7.88亿元，其中工业投资7.01亿元、服务业投资8700万元，新兴产业投资4.85亿元。在全国千强镇中的排名由上年的197位上升至150位，成为市“四个中心镇”之一。南丰镇通过国家卫生镇复审，创建成为江苏省健康单位和江苏省创业型乡镇，纳入首批“江苏省生态文明建设示范镇”行列。获评“2015—2017年度苏州市文明镇”、苏州市卫生应急工作规范镇、2018年度苏州市平安镇、苏州市综合治理工作先进镇。镇党委被评为苏州市先锋基层党组织，镇调委会被评为苏州市劳动人事争议优秀基层调解组织。建农村获评江苏省生态文明建设示范村，永联村获评省乡村振兴旅游富民先进村。

经济建设 年末，南丰镇有企业1243家，其中工业企业781家。24家规模以上企业总产值490.25亿元，比上年增10.5%；主营业务收入514.59亿元，工业利税68.72亿元。有销售收入超1亿元的工业企业12家。新批办外资企业2家，注册资本2865万美元，到账外资1296万美元。全镇完成进出口总额19.89亿美元，其中出口10.52亿美元。新批办私营企业186家，注册资本3.73亿元；新批办个体工商户664户，注册资本9031万元。永钢集团“十三五”期间转型升级示范工程推进，以“高端化、高新化、高附加值”产品定位，实施产能置换，调优产品结构，总投资1.58亿元的联峰实业PC预制构件项目一期于6月竣工投产，与上海宝冶集团签订战略合作协议，启动张家港装配式基地项目建设，企业利税再创新高，获评“钢铁行业改革开放40周年功勋企业”，入选工信部第二批“绿色工厂”名录。总投资3.61亿元的金陵体育产业园项目一期厂房基本建成，投资1.88亿元的金陵体育“智慧篮球装备DNC制造中心”项目于6月竣工投产，投资1800万美元的博朗能源装备特种装备项目于9月竣工投产，投资2.5亿元的海陆锅炉新能源“深海采油装备用高端锻件深加工”项目于12月竣工投产。南丰镇持续优化服务效能，帮助企业对上争取扶持资金超2000万元。淘汰落后企业，“腾笼换凤”腾出低效土地58.4公顷，淘汰落后企业30家。加快园区建设，市静脉科技产业园基础设施项目进展有序，加快推进固体危废填埋场项目入园立项、生活垃圾焚烧发电项目落地。东沙物流园LNG综合能源项目完成公司组建，国家长江沿江布点工作协调推进。原东沙化工区37家化工企业全部完成关停转型，后续工作持续推进，面向智能装备、新材料、汽车零配件等优质产业加快完善规划和招商选资。南丰镇冶金产业园区、精密机电产业园区、现代农业园区发展水平提升。招才引智卓有成效，获评苏州姑苏领军人才1人，张家港市领军型创业人才项目5项；新增高新技术企业6家，省级研究生工作站8家，省工程技术中心2家；全年新增发明专利210件，新增授权发明专利50件；张家港市级以上众创空间、市级重点研发计划、工程技术中心、国际合作项目建设数量均完成上级下达指标。发挥东南大学工研院平台作用，推进产学研深度融合。高标准推进生态农业建设，653.33公顷土地休耕，标准化池塘改造23.87公顷。全镇实现农、林、牧、渔业总产值6.18亿元，粮食、蔬菜和水产品总产量分别为2.14万吨、2.32万吨、578吨。

社会事业　年末，有中小学校2所，教师252人，在校学生4077人。有幼儿园1所，教师104人，在园幼儿1618人。有成人教育中心校1所，教师10人。持续推进“教育引智”项目，推行教育工作三年行动计划，启动年丰新村幼儿园、南丰中学体育馆建设。推进艺术、田径等特色品牌教育，南丰小学女排、男排分别在苏州市青少年排球联赛中获冠、亚军。全镇有体育场馆2座，公园健身广场12片。进一步做好文化惠民实事工程，开展书场送演13批195场，影片送映100余场，群众文艺团队“优扶”计划近百次，各级网格文化活动500余场。全镇有医疗机构19个，其中医院2所，执业医师70人。12月26日，市中医医院南丰分院揭牌。南丰分院利用中医医院平台，从基础管理、医疗业务、学科建设、人才培养等方面实施同质化管理，进一步构建基层首诊、双向转诊、急慢分治、上下联动的分级诊疗模式，让居民在家门口就能享受到三级医院的优质医疗服务。深入开展“263”专项行动、三大“百日行动”、“清江行动”、“蓝天保卫战”等行动，抓紧推进中央环保督察“回头看”交办问题和沿江重点企业环境问题排查整改工作，完成“263”督办和热线举报问题19件，关停整治“散乱污”企业（作坊）351家，完成钢渣行业关停清场工作，实现秸秆禁烧“零火点”目标。$PM_{2.5}$比上年降9.3%。投入1500万元，建设苏州市三星级康居乡村点位8个、美丽河道3条。规范建设镇建筑垃圾分拣中心，制订垃圾分类处置实施方案，实行垃圾分拣市场化运作，垃圾终端处置压力得到缓解。河道生态持续改善。镇政府研究出台河长制考核细则，投入水利工程建设资金3600万元，为历年最多。疏浚河道95条，整治黑臭河道13条，拆坝建桥59座，新建省级农桥5座，建设生态护岸2.8千米，新建排涝闸站1座，改造圩口闸7座。镇区污染河道全部消灭，重点河道断面Ⅲ类水质比例达到100%。抓好“三优三保”拆旧复垦工作，盘活存量土地34.13公顷。以“党建引领”为核心、“2+2G”（2是指网格长和网格员，2G指网格指导团队和网格服务团队）为模式，依托区域党建工作站，打造网格先锋服务站2个，按照一元多用思路，实现全镇网格化治理全覆盖，探索形成“985”网格工作法等综合治理先进经验。持续提升居民法治意识，开展“法律六进”活动，常态化推进机关干部学法用法培训，落实法律顾问制度，规范合同管理及依法行政档案管理工作，永丰村、东港村通过省级民主法治示范村考核。全面推进政务公开，全年新增并办理完结依申请公开政府信息11件，处理行政诉讼案件6件。落实安全生产责任制，健全监管体系，深化安全生产专项整治，全年未发生安全生产死亡事故。抓好微型消防站建设和消防安全监督检查，未发生有重大影响的火灾。纵向推进“331”专项行动，全面排查各类火灾隐患8411处，拆除违章建筑11.7万平方米，设置电动自行车集中停放点及充电设施209个。加快推进镇总规较大修改和区域控规修编，保障永联江南田园风情小镇、东沙产业园区等重大区域性基础设施建设。推进9.1万平方米674套年丰新村二期（A区）、聚成苑二期安置房建设，完成2015年至2017年3年农村生活污水管网的收尾工作。完成镇域景观绿化、沪通铁路两侧生态林种植和东福路、常福路绿化提升工程，新增绿化7.33公顷；推进永联小镇景区综合改造和永联小镇中央公园建设；做好道路及市政设施养护管理，镇、村道路综合好路率达到90.85%，市政设施完好率达到98%以上。

福民工程　通过抱团发展、参与企业股权投资等形式，村集体资产实现保值增值，全镇村级可用财力超2亿元。推进农村产权制度改革，理顺土地收益分配制度。开发“农村集体资产管理系统”，实现资金往来结算全程留痕可追溯的管理模式。全面推行“阳光扶贫·智慧e农”监管系统，切实做好惠民利民工作。全力抓好就业创业保障，举办“春风行动”等招聘活动8场，提供岗位3500个，落实“阳光扶贫”，做好民生保障兜底工作；实施民生微实事工作，解决好社区群众“小急难”问题。扎实开展“六个一”基层走访调研活动，全年走访572次，收集社情民意167条。在建农村、东风村、永合社区等10个村（社区）开展“民生早市”5场，解决各类民生诉求45条。做好新市民人员信息采集管理，严格积分管理制度，476人成功申请入学资格，414人成功申请入医保资格，使新市民在南丰更有归属感。推进卫生医疗改革，慢性病重点人群家庭医生签约率44%以上，大病困难群众和计生特殊困难家庭家庭医生签约率100%，社会化居家养老服务基本实现全覆盖，虚拟养老年服务量2.8万人次。组织1.2万名退休人员免费健康体检，南丰社区卫生服务中心获评省级家庭医生服务模式创新单位，东风社区卫生服务站创成省示范村卫生室。年末，参加居民基本养老保险和医疗保险20501人，收缴率98%。全年市、镇两级补助合作医疗经费2283.7万元，镇、村两级补贴居民医保资金1198.44万元。新建居民电子健康档案355件，累计60675件。发放低保金、困难残疾补助金、退役士兵安置费、尊老金719.13万元。组织走访慰问，发放慰问金或慰问品835万元，对14名残疾学生和7名困难残疾人家庭子女发放助学金1.05万元。

2018年南丰镇办事处基本情况表

表81

名　称	所在集镇面积（平方千米）	党工委书记	主　任	副主任
东沙办事处	0.70	朱建明	黄　珮（12月免）	曹志忠　陈洪斌 卢　豪（2017年12月任，2018年11月免）

说明：卢豪任职时间为补记

2018年南丰镇各村（社区）基本情况表

表82

村（社区）名	面　积（平方千米）	户数（户）	人口数（人）	集体经济总收入（万元）	可用财力（万元）	总资产（万元）	村（社区）党委（总支、支部）书记	村委（社区）主　任
民乐村	3.01	1129	3086	1447.59	253.15	5193.80	匡亚军	顾慧华（女）
南丰村	4.96	2683	6614	703.24	500.80	5020.56	徐　晋	陆　琴（女）
民联村	3.02	1197	3391	451.43	310.25	4179.91	马亚萍（女）	秦　欢（主持村委工作，10月免）
东港村	3.38	1710	4729	443.95	270.61	3765.79	曹　红（女）	蔡东平
海坝村	3.75	1523	4108	543.52	323.24	4124.19	陈　健（1月任）	顾吴洪（7月辞） 展　军 （7月主持村委工作）
建农村	2.76	917	2564	984.94	925.21	5607.59	施建章	钱晓萍（女）
和平村	5.08	2214	6213	574.66	327.09	4733.54	耿晓斌	展军（8月辞）
永丰村	5.08	1581	4378	520.85	322.94	4224.59	蒋莉萍（女）	盛黎燕（女，8月辞）
新德村	3.71	1433	3891	537.65	262.00	3516.70	赵　君	张　欣 （女，主持村委工作）
永联村	10.50	4397	11211	16942.15	16552.87	239762.00	吴惠芳	—
东风村	7.06	1802	4986	539.47	368.86	4365.27	王春华（女，7月免） 周　华（7月任）	周　华
东联村	2.63	1013	2865	363.38	219.82	2300.79	张　琪	陈海琴（女）
振兴社区	2.20	905	1766	—	—	—	王在栋	顾吴洪（7月任）
新丰社区	—	112	340	—	—	—	曹　娟（女）	陈栋梁
永合社区	—	1147	3583	—	—	—	陈洪斌	周智岗
东沙社区	0.70	154	331	—	—	—	周　华	陈　燕（女）

说明：表格中东联村含畜牧场、水产养殖场

【建农村“四德”积分促文明】“四德”积分管理是建农村在村民公约基础上的一种探索和创新，其管理对村民是约束，更是激励。“四德”指个人品德、社会公德、家庭美德、职业道德，村里以各家庭户为单位，将家庭成员的日常表现归纳于“四德”的4个大项22个小项，做到其中任何一项有相应得分，积分和村里的股权固化分红挂钩，到年终根据得分可得分红表彰。建农村完善村民自治手册，将每一条评分标准都清晰地列举在表格内，旁边有对应的分值。例如：村民自觉维护村内的和谐安定得5分，主动配合村党委和村委员会工作得5分，自觉维护公共场所卫生得10分，邻里和睦相处、团结互助得10分，尊重他人、互相礼让、信守承诺得10分。每户积分由21名村民小组长记录，并在每月15日上报村委会统计，每季度进行一次公示，村民对积分可以提出异议。除“四德”加分外，参加志愿服务活动、被评为镇级以上先进、无偿献血和参与抢险救灾等都有额外加分。开展“四德”积分管理后，涌现出一心为民的党员中心户倪平华、悉心照顾瘫痪丈夫多年的钱美兰等一批先进典型。

【金陵体育产业园建成】 8月，位于南丰镇兴园路的金陵体育产业园一期工程厂房基本建成。金陵体育产业园项目是张家港市年初集中开工的重点项目之一，也是江苏金陵体育器材股份有限公司上市后打造的共享经济体育产业园区。园内计划新建厂房、办公楼8万平方米，建设周期24个月。拟生产预制型塑胶跑道、人造草坪、教学仪器装备、舞台装备、智能化全民健身器材等。项目竣工投产后预计可实现年销售收入约3亿元，新增就业约380人。该共享经济产业园实际上是一个创业孵化器与体育产业资源的集聚平台，用以培育有成长潜力的体育企业。项目建成后，园区将吸纳、聚集海内外优质的体育产业资源，依托“金陵体育”品牌、技术优势以及丰富的行业经验资源，为创业公司提供品牌支撑和技术支持，为体育科技成果转化提供优越的成长环境，拓宽“金陵体育”的产品品种和规格，从而进一步提升金陵体育器材公司的核心竞争力和品牌影响力，为公司高速发展提供新的增长引擎。

【永联村乡村振兴经验在全国交流】 12月13日，以“乡村振兴、美丽共享”为主题的2018年美丽乡村博鳌国际峰会在海南博鳌开幕。永联村作为中国美丽乡村代表亮相峰会，获评“全国百佳乡村旅游目的地”。永联村党委书记吴惠芳作为“美丽乡村”代表作交流发言，向与会的300余名专家学者和业界嘉宾介绍了永联乡村振兴的三点启示和经验。一是实现产业兴旺，坚持“五湖四海”用人，按市场经济规律办事，共建共享、共同富裕；二是实现乡风文明，把村民培养成文明市民、职业农民和合格公民，进一步提高其就业能力和文明素养，培育共建共治的公民意识，强化自治能力；三是实现治理有效，创新和转变治理机制，由村民自治向居民自治转变，由小村庄社会管理向公共管理、公共服务均等化转变，实现区域内各个单位既各司其职、依法治理，又密切配合、协同治理的局面，形成有效治理的机制模式。

【探海科技让水下机器人挺进大洋深处】 近年，海洋科技发展迅猛，作为走向深海的战略装备，水下无人机、水下机器人等高精尖领域成为全球海洋强国“角力场”。2015年，由国内高端海洋装备领域领军人才团队在南丰镇创立了一家以“助力海洋强国梦、探索全球四大洋”为发展目标的海洋科技公司——中科探海（苏州）海洋科技有限责任公司（简称中科探海）。公司融合先进智能机器人技术、高分辨率水声成像技术及海洋大数据技术，以高清、智能、载体载荷融合为发展轴线，研发海洋智能高清探查装备的全系列产品，为用户提供国际一流水平的海洋智能高清探查产品、水下环境探查和目标搜索等服务。至2018年，中科探海公司有员工30人，其中博士2人、硕士8人，已通过GJB 9001B、ISO 9001、ISO 24001、ISO 28001等体系认证，年产品销售及意向订单达到3000万元。

（黄云霞）

大新镇

【概况】 大新镇位于市域北部江滨，与南通如皋市隔江相望，有长江岸线7.9千米。总面积40.48平方千米，耕地面积1682公顷。辖10个行政村、4个社区（其中长新社区为“村社合一”体制）。有户籍14177户，户籍人口38674人，另有外来暂住人口35249人。全年实现地区生产总值39.57亿元，一、二、三产业增加值分别为1.94亿元、21.85亿元、15.79亿元。按户籍人口计算，人均生产总值10.23万元。完成全口径财政收入5.4亿元，其中公共财政预算收入3.07亿元；入库税金5.2亿元。完成全社会固定资产14.27亿元，其中工业投资4600万元、服务业投资13.81亿元。年内，获评“2015—2017年度苏州市文明镇”、苏州市土地执法模范乡镇。

经济建设　年末，有工业企业812家，完成工业开票销售收入85.55亿元。50家规模以上企业总产值48.3亿元，主营业务收入50.32亿元，利税4.56亿元。有销售收入超1亿元工业企业13家，税收超5000万元企业3家。新批办私营企业297家，注册资本6.27亿元；新批办个体工商户594户，注册资本8937万元。全镇进出口总额1.63亿美元，其中出口1.59亿美元。新增到账外资62万美元。宏宝集团入围国家制造业单项冠军培育企业，被评为苏州市“专精特新”培育企业。新批省高新技术企业2家，新增产学研合作项目12项，新增授权专利102件，其中授权发明专利30件。引进市领军人才项目4项，获评姑苏领军人才项目1项、省“双创计划”项目1项。承办先进激光制造产业发展大会、张家港智能装备产业对接会。先进激光（装备）产业园有24家企业进驻运行，其中光电类产业企业12家。新增高效设施农业面积42公顷，新建龙潭村高标准农田42.4公顷，秸秆综合利用率100%，新置各类农机具17台套，粮食生产实现全程机械化。全镇实现农、林、牧、渔总产值3.06亿元，水产品产量934吨。有各类农业示范基地10个，绿色、无公害农产品占全镇农产品的92%，规模经营面积734.1公顷，农业电商交易额突破1000万元。荣德利农牧科技牧场获评苏州市首家美丽生态牧场。

社会事业　年末，有中小学校2所，筹建2所，教师188人，在校学生4885人。有幼儿园3所，新镇区幼儿园开始装修。实施“温水进校园”工程，为中心幼儿园引入“新风系统”；打造“幸福夕阳”移动课堂特色品牌，新增市级社区教育十佳品牌项目2个。全镇有医疗机构16个，其中医院1所，执业医师68人。大新医院与市一院实施分院制挂牌运作。11月20日，市第一人民医院大新分院揭牌。分院制实施后，市第一人民医院将定期安排18名医疗专家到大新医院开设呼吸内科、消化内科、普外科、儿科、中医康复等专家门诊，与大新医院心内科、手足外科成立“协作病区”，构建电子信息平台，建成影像、心电远程会诊，实现医联体内网络会诊及检查报告等资料互认共享。深化新市民积分管理，积分入医462人、入学343人。全年举办新春联欢晚会、百姓群星大舞台、“我们的节日”等文艺活动25场。有体育场馆1座，公园健身广场5片。开展市首届沙上运动会，形成“10分钟体育健身圈”。开展扫黑除恶、“331”“263”“清江行动”“蓝天保卫战”和安全生产等专项行动，整治出租房（群租房）2572户、“三合一”场所431家，有效消除火灾隐患，火灾发生数量比上年降12%。完成减煤7708吨，关停区外化工企业1家，实施淘汰整治低端低效产能企业（作坊）11家。全面完成712家“散乱污”企业（作坊）的整治关停。完成VOC企业治理16家。全年$PM_{2.5}$平均浓度比上年降11.1%，环境空气质量优良率比上年升12.2%。创新举办“河长大比拼”活动，河长巡河、治河、护河常态化开展，“河小志”巡河“五步诀”（一“记”，对河段各重要排水口、沿河两岸每周进行一次巡查协查，建立“河小志周记”制度；二“巡”，对河道周边企业、小区和农户截污纳管落实情况进行监督，每月两次将落实情况反馈至河长；三“清”，每月开展一次护河行动，清理河道内的垃圾、植绿护绿；四“测”，每季将所管辖河道的水质送相关部门检测，了解和掌握河道水质变化情况；五“诉”，及时将巡查情况、工作信息等内容，反馈至河长及相关职能部门）在全省推广。

福民工程　村均年稳定性收入达到407万元，比上年增10%。年内，全镇提供就业岗位3729个，开发公益性岗位89个，社保扩面2003人，公积金扩面460人。调处各类工资纠纷42起，涉及金额331.7万元。年末，参加居民基本养老保险15802人，参保率99.6%；参加居民基本医疗保险18131人，收缴率99%以上。推行家庭医生签约服务，大病困难群众和计生特殊困难家庭签约服务覆盖率达到98.6%，个性化家庭医生签约服务覆盖率45.9%。推进居家养老服务站社会化运作，年内完成大新敬老院消防改造和养老综合服务中心装修，建成桥头养老院。发放涉农补贴和奖农资金1483万元，惠及农户7796户。举办创业培训、免费技能培训164人次，特困家庭，高校毕业生就业率100%，被征地劳动力就业率99%。为全镇158户低保户、75户低保边缘户家庭发放低保补助307.16万元，贫困学生补助41.04万元（74名贫困学生享受慈善助学金，110名学生享受阳光午餐，12名学生享受优秀学生奖学金），为27名现役军人发放优待金补助108.96万元，为15名退役士兵发放自谋职业和自主就业补助金124万元，发放各类优抚对象经费212.7万元。完善社会救助体系，开展安居工程、儿童大病医疗救助、镇级医疗费用支出型困难家庭救助等专项救助，全年累计发放补助资金2065万元。

2018年大新镇各村（社区）基本情况表

表83

村（社区）	面　积（平方千米）	户数（户）	人口数（人）	集体经济总收入（万元）	可用财力（万元）	总资产（万元）	村（社区）党委（总支、支部）书记	村委（社区）主任
新凯村	3.10	1286	3611	889.00	286.00	5770.00	李　萍（女，7月免） 秦燕军（7月任）	朱耀祥
长丰村	4.00	1818	5080	7242.01	419.64	1232.64	李忠华	王国平
桥头村	3.24	1258	3543	514.36	238.60	4154.01	谢　玲（女）	孙浩明
段山村	4.15	1309	3561	533.00	369.00	6324.00	张小平（12月免）	严亚新
朝东圩港村	4.10	1315	3541	566.20	398.00	4139.08	陆　军（7月免） 肖　斌（7月任）	陈　建
新闸村	3.60	828	2201	450.00	216.00	1978.00	蒋　军	张国强（7月免）
大新村	3.00	1184	3040	1006.10	909.20	14101.60	肖　斌（7月免）	王晓勇
新海坝村	3.10	548	1369	668.10	536.20	4617.00	顾官兴	—
中山村	5.00	1575	4468	556.00	332.00	4164.00	刘　钧	刘　钧
龙潭村	4.87	1509	4251	748.00	364.00	4854.00	秦燕军（7月免） 秦永彬（7月任，12月免） 孙　涛（12月任）	顾　惠（女）
大新社区	1.30	1411	2525	—	—	—	张玉丽（女）	张玉丽（女）
新东社区	1.00	995	2964	—	—	—	任亚超（12月任）	陈　佳（女，12月免）
新南社区	0.48	66	190	—	—	—	李　萍（7月免） 秦燕军（7月任）	陈冬梅（女）

【中宣部领导调研大新镇新时代文明实践所建设】 11月30日，中宣部副部长孙志军至大新镇调研新时代文明实践中心建设工作。大新镇新时代文明实践所占地1.2公顷，为全市首家镇级新时代文明实践所，建筑面积7800平方米，工程总投资6000万元，建有新时代讲堂、双杏书院、图书馆、体育馆、崇德馆、区域党建服务中心、志愿者指导中心、老沙记忆孵化中心等，是综合协调大新镇文明实践资源、指导文明实践活动的枢纽，是聚群众、聚力量、聚思想的宣传教育阵地。大新还建成行政村（社区）新时代文明实践站、点，形成镇、村两级文明实践网络。孙志军仔细询问大新镇新时代讲堂的师资，24小时图书馆、志愿服务的运作模式等情况。当他了解到大新镇出台有《大新镇志愿者礼遇办法》，年内开展16个志愿服务伙伴项目，部分志愿服务项目需要志愿者"抢单"时给予了充分肯定，希望张家港市继续精准对接群众需求，提供更加专业化、规范化的志愿服务，真正将志愿服务做到群众心坎里。

【新湖生态公园获评市首届"十大民心工程"】 大新镇新湖生态公园位于大新镇新镇区中心区域，四至新湖东、南、西、北路，国泰北路穿湖而过。湖内设有3座人工小岛，湖形设计似葫芦状，取"福""禄"之意。公园于2016年6月开工建设，总投资4000万元，由上海亦境建筑景观有限公司设计，张家港市园林建设工程有限公司负责绿化工程，张家港市力合市政工程有限公司负责市镇工程，江苏港通路桥集团有限公司负责景观工程。2018年1月，公园建成启用，占地20公顷，其中湖面11.33公顷，水质达到Ⅲ类水，为居民提供了一个集运动健身、休闲娱乐、生态体验等于一体的场所。12月，新湖生态公园获评市首届"十大民心工程"。

【北横套河获市美丽河道示范奖】 北横套东与清水走廊朝东圩港相接，西至太字圩港，是大新镇西南片区最为重要的东西向主干河道。大新镇依托"三会三解"党建项目的开展，发挥党员示范引领作用，把美丽河道建设作为民生重点工程来抓。年内，北横套全线沿河违章均已拆除，沿线风景带、1千米环水健康步道等配套建成，"河畅、水清、岸美"的乡村环境进一步形成。同时，配套优化完善北横套周边规划设计，探索建立田园乡村、特色农业、乡村旅游相融合的农村治理模式。在2018年度的市美丽河道考核中，北横套河获美丽河道示范奖。

【首届沙上体育运动会举办】 10月14日，"友恒杯"首届沙上体育运动会在新湖湖畔举行。运动会设有拔河、稻场晒谷、弹弹珠、套圈、丢沙包、铁环、毽子和摸鱼等8项充满沙上文化趣味的运动项目，全市各个区镇共500余人参加活动。比赛设团体奖，以项目为单位评出一、二、三等奖各1个。该运动会既是一场有趣味的体育运动会，更是一场有意义的文化传播会。它的举办既为传承沙上文化搭建了有力载体，也为完善公共体育服务体系建设、丰富群众文体生活提供了良好平台。 （邹　颖）

大新镇新时代文明实践所 （大新镇　提供）

常阴沙现代农业示范园区

【概况】 常阴沙现代农业示范园区位于市域东南部，东临长江，与南通市隔江相望。有沿江岸线9.7千米。总面积37.45平方千米，其中耕地面积2399公顷。辖7个社区、1个居委会。有户籍7709户，户籍人口20458人，另有外来暂住人口3982人。全年实现地区生产总值10.54亿元。一、二、三产业增加值分别为2.41亿元、5.2亿元、2.97亿元。按户籍人口计算，人均生产总值5.15万元。完成全口径财政收入1.43亿元，其中公共财政预算收入8000万元。入库税金1.38亿元，其中服务业税收1531万元。全社会完成固定资产投资1.05亿元，其中工业投资3100万元、服务业投资7400万元。常西社区获评苏州市康居特色村、"苏州市十佳最美乡村称号"，常北社区被评为2018年度江苏省"一村一品一店"示范村、2018年度苏州市健康社区，常东社区被评为2018年度江苏省健康社区，常南土地股份专业合作社获省级巾帼示范专业合作组织称号，常兴社区被评为2018年江苏省休闲农业精品村。

经济建设　园区有企业487家，其中工业企业392家，全年完成工业开票销售收入28.23亿元，税收1.38亿元。20家规模以上工业企业实现总产值15.57亿元，主营业务收入15.71亿元，工业利税9100万元。有销售收入超1亿元企业3家。新兴产业实现产值10.14亿元，占规模以上工业总产值的65%。新批办私营企业58家，新增注册资本1.54亿元；新批办个体工商户261户，新增注册资本3400万元。完成“腾笼换凤”土地面积1.53公顷。获评江苏省信用贯标企业5家、江苏省星创天地1家、江苏省科普惠农服务站1家、苏州市企业技术中心1家、苏州市科普惠农服务站1家。新增省高新技术企业4家、省民营科技企业12家。获批苏州市科技计划项目1项、张家港市科技支撑计划4个。举办“现代农业”专场招才引智推介会1场，聘请常阴沙首届招才引智顾问5人。认定张家港市领军型创新创业人才（团队）3个，落户苏州国际精英创业周项目2项，获评江苏省留学回国人员创新创业计划1人。成立企业科协2家，成立南京农业大学水产微生物技术专家工作站、江苏科技大学企业实习实训基地各1个。新增发明专利申请103件，新增有效发明专利12件。推进省级现代农业产业示范园创建，新增高效节水灌溉农田41.87公顷，改造提升稻米基地86公顷，常沙粮食烘干中心建成投入运营，完成占地52公顷的农创园规划并启动3万平方米联栋大棚及部分配套设施建设。推广农业实用技术8项，其中高效栽培新技术5项。推广农业种植新品种15种。新增绿色食品4种，累计18种。“三品”种植面积占食用农产品面积比重为93.05%。新增市级农业产业化龙头企业1家。新增家庭农场4家，专业合作社1家。新增农业机械45台套，农机化总投入335.1万元。全年实现农、林、牧、渔业总产值5亿元，粮食、蔬菜瓜果、油菜籽、水产品总产量分别为24514.4吨、5728吨、132.5吨、1129吨。秸秆还田率保持100%。稻麦高产创建示范方通过苏州市实割实测验收，稻麦周年项目小麦项目通过省级中期实地检查。6月10日，《张家港市常阴沙现代农业示范园区控制性详细规划》顺利通过市政府审批，规划范围为园区内城镇建设用地，主要分为集镇中心区、青少年活动中心区和外围区域等三部分，规划范围304.27公顷。

社会事业　年末，园区有九年一贯制学校1所，教师75人，在校学生786人，其中新市民子女628人。义务教育学龄人口入学率100%，初中升学率100%。有幼儿园1所，教师40人，在园幼儿314人，其中新市民子女125人。有医疗卫生机构8个，其中民营医院1家、社区卫生服务站7家，执业医师46人。新建预防接种卡66份，一类接种疫苗3628人次。建立居民健康档案19758件，完成老年人健康评估6955人，对65周岁及以上老年人开展中医体质辨识服务3490人次。园区纳入妇幼保健管理产妇88人，新生儿91人，住院分娩率、儿童建卡率均为100%。开展35周岁至64周岁育龄妇女“二癌”筛查，服务1521人次。社区卫生服务站全年诊疗4.64万人次，比上年增25.74%，其中中医诊疗16618人次，占比38.2%；药品收入285万元，比上年增35.7%。全年出生125人，死亡176人，计划生育率100%。开展“七五”普法，建成常南四季果园“法润春芽”青少年普法阵地，组织开展法律早市、“4·15”国家安全日、校园“开学第一课”等法治安全宣传教育活动14场。完善社会治安防控体系建设，加强社区（居委会）专职治安巡逻防范，深入开展“扫黑除恶”专项斗争，“八大类”案件继续保持零发案，群众安全感和法治满意度不断提升。深入推进“263”、清理整顿沿江环境污染攻坚战、环境保护“百日行动”“蓝天保卫战”等专项行动，完成挥发性有机物治理企业22家，关停整治“散乱污”企业（作坊）133家、畜禽养殖场7家，全面完成科艺炉料钢渣场清理，完成农村生活污水治理27户、改造提升242户，企业生活污水接管49家。深入开展“331”专项行动以及各类安全生产等专项督察，开展联合执法27次，整改隐患1660处，企业停产停业13家，拆除影响消防通道的违章建筑2.1万平方米，约谈当事人40人。安全生产标准化和双重预防机制建设有序推进，完成小微企业标准化创建51家，三级标准化复评4家，新增双重预防机制企业20家。

福民工程　新增城镇职工养老保险人数635人，累计6751人。城乡居民基本医疗保险参保人数3680人。新增住房公积金缴费企业5家，累计107家，住房公积金扩面125人，累计2314人。年内新增就业岗位1200个。1046名80周岁及以上老人享受由政府提供的每户70元标准上门居家养老服务，年服务7767人次，支出服务费用52万元。全年为80周岁及以上老人发放尊老金92万元。“老有颐养·幸福晚年”养老服务品牌持续深化，利用居家养老服务中心（站）开展老年文化活动、健康教育、烘焙技术培训等活动，每月吸引3500余名老人参与。举办“手牵手·情暖夕阳红”文艺巡演活动4场。开展家庭医生签约服务扩面工程，其中大病困难群众、计生特殊家

常阴沙现代农业示范园区常西社区　（周素荣　摄）

庭签约74户182人，个性化签约895户2438人，重点人群覆盖率71%，超额完成上级要求40%的覆盖率。为持独生子女父母光荣证的企业退休人员办理一次性奖励356人次，发放奖励金128.16万元。2018年新增农村部分计划生育家庭奖励人数53人，新增独生子女伤残死亡家庭扶助对象12人，落实农村部分计划生育家庭奖励扶助、计划生育家庭特别扶助950人次，合计发放127.2万元。全年发放农业支持保护补贴394.79万元、农机购置补贴122.62万元；粮油、高效设施农业保险参保率均达到100%，出险定损理赔192.3万元。全年发放低保金、低保边缘生活补助金160万元，发放低保户水费补贴2.8万元。临时救助26人，发放市、镇两级救助金3.65万元。开展"共享阳光"慈善助学活动，12.65万元资助41名贫困学子入学。对各类慰问对象发放慰问金120万元，惠及1416户困难群众。实施"红堡关爱计划"保障项目，为低保家庭、低收入家庭及困难党员家庭等329人再增保障，慈善支出2.8万元。实施"扬帆起航·挑战自我"关爱青少年成长项目，接受社会定向捐赠3.5万元，惠及困难家庭青少年20人。实施困境儿童个案管理项目，成立常阴沙困境儿童关爱工作室3个，扶持孤贫儿童3人，上门开展亲情式关爱活动。解决危房改造2户，投入建设资金3万元。发放重残生活补贴43.4万元、无业精神智力残疾人生活补贴6.1万元、一户多残补贴2万元、重残护理补贴28.66万元。组织第四届"残健融合"趣味运动会，开展"拈花湾禅意静心之旅"助残志愿服务活动。以居家养老服务中心为基地，合署设立"残疾人之家"进行日常助残服务工作。继续开展"爱·从头开始"残疾人免费上门理发项目，惠及51名重度残疾人。

2018年常阴沙现代农业示范园区各社区（居委会）基本情况表

表84

社区（居委会）名	面　积（平方千米）	户数（户）	人口数（人）	集体经济总收入（万元）	可用财力（万元）	总资产（万元）	社区（居委会）党总支书记	社区（居委会）主任
常东社区	4.60	855	2280	678	493	3400.00	范兴华	杨　红（女）
常南社区	5.48	1362	3689	948	458	2643.00	陶洪祥	盛振清（1月免）
常西社区	4.11	830	2234	613	426	2234.00	丁益宇	刘青松（1月免）
常北社区	5.20	1082	2953	1075	440	3107.00	徐卫华	朱鑫刚
常红社区	4.89	1110	2972	587	452	2994.00	沈维良	陈　东
常兴社区	5.19	735	1990	582	450	3034.00	陈志华	茅建红（女）
常沙社区	4.98	1204	3168	664	481	2781.00	李　平	朱金法（1月免）
集镇居委会	1.56	456	999	—	—	35.52	陆　燕（女，1月免） 李义楼（1月任）	陆　燕（女，1月免） 刘　燕（女，1月任）

【园区首家企业科协成立】 1月24日，江苏赛康医疗设备股份有限公司举办科学技术协会成立暨首届会员大会，成为常阴沙现代农业示范园区首家拥有企业科协的工商企业。张家港市科协主席董建刚讲话，要求赛康科协围绕科技创新中心工作不断强化组织能力建设，提高工作实效，打造协会品牌。园区党工委副书记、管委会主任钱晓锋对赛康公司科协提出希望，希望协会按章程规定履职，发挥桥梁纽带作用，加速科技成果转化，实现更高水平经济效益和社会效益。会后，与会人员参观了赛康医疗成品展示馆，就赛康下一代产品开发定位进行现场交流。赛康成立企业科协起至年末，科协会员由15人发展至21人，新建了图书室、专利墙。同时，针对科技创新工作表现突出的员工设立一系列奖项，如技改奖励、精益化奖励、合理化建议、培训奖励等，不断激发员工的工作积极性和创新热情。年内，公司新增发明专利授权、实用新型专利授权、外观专利授权各1项。

【省重点研发计划稻麦周年优质高产示范项目通过中期检查评估】 3月13日，扬州大学张洪程院士及其项目专家组一行到常阴沙现代农业示范园区召开"稻麦周年优质高产高效机械化信息化技术集成创新示范"项目2018年度中期现场检查评估会。评估会由现场考察和专题汇报两部分组成。园区党工委书记陈雪明、副主任虞伟明陪同张洪程一行先后前往常西社区小麦大田高产示范方、常兴社区稻麦千亩丰产方、常南优质小麦品种推广大田及区域实验展示方考察。随后召开项目中期交流讨论会。在项目下一步发展方向上，张洪程提出，要继续紧扣品种搭配、机械选型、信息化、智能化等关键技术，进行创新集成，为江苏乃至全国稻麦两熟周年优质高产高效生产提供有效的支撑。最后，专家组全体成员一致通过该项目中期检查报告的评审。

【市招才引智推介交流会“现代农业”专场举办】 4月1日，常阴沙现代农业示范园区承办的2018年张家港市招才引智推介交流会（“现代农业”专场）在美丽的油菜花海拉开帷幕。此次招才引智推介交流会由市人才办、市人社局主办，常阴沙现代农业示范园区承办，江苏省农科院、南京农业大学、扬州大学、南京林业大学等国内知名农校科技推广处负责人以及欧美、新加坡等国家和地区的23位高层次创新创业人才近50人参加活动。上午，与会代表先后考察了张家港丰裕德农业科技有限公司水培生菜基地、苏州普兆农业科技有限公司苏南设施农业标准化研究生产示范基地、顺达康（苏州）农业科技发展有限公司全国现代物理农业工程技术应用基地等园区创新创业环境。下午，专场推介交流会在常阴沙震宇生态园举行，全体与会代表观看张家港城市宣传片及人才工作宣传片，直观了解了张家港市的创业氛围及环境，常阴沙现代农业示范园区党工委副书记、管委会主任钱晓锋代表园区介绍园区经济社会发展概况，对人才到园区落户创业发出诚挚邀请。另外，园区还聘请西北农林科技大学“万人计划”专家邹志荣、荷兰华人专业协会执行会长黄江等5人为常阴沙首届招才引智顾问，江苏省“双创计划”人才高宇、张家港市领军人才刘凯分别做了创业经历经验分享，张家港市领军人才创业服务联盟理事长于年中就如何做优做实人才服务进行交流发言。最后，会议就部分项目做了路演展示，并进行政策答疑。会议取得一定成效，与会代表与园区保持常态化互动联系并达成良好合作关系。至年末，马莹、侯平等7名高层次人才申报市领军型创新创业人才计划，其中庞俊兰入围面试并通过项目评审。

【农旅融合闲心公社田园文化旅游区综合体项目落户】 5月9日，“闲心公社”田园文化旅游度假综合体项目签约暨开工仪式在常阴沙生态农业旅游度假区举行。市政府副市长李兆玮，“闲心公社”项目投资人金林才、张先汉，市旅游局局长蔡彩虹，市文广新局分管领导，常阴沙现代农业示范园区领导班子全体成员及机关干部参加活动。园区党工委副书记、管委会主任钱晓锋和张家港闲心公社文化旅游发展有限公司总经理张先汉签订了合作协议并合影留念。项目本着保护性利用自然资源的原则，在兼顾环境效益、合理利用生态资源、统筹城乡发展的基础上，打造一个集亲子度假、自然教育、生态体验和休闲娱乐为一体的多功能综合性文化旅游度假区。“闲心公社”项目建设共分两期实施。一期工程建设周期为2018—2020年，占地面积36.67公顷，预计投资1.5亿元。

【市道德模范、身边好人交流活动暨首届常阴沙“新时代好少年”颁奖仪式举行】 12月24日，张家港市道德模范、身边好人交流活动（常阴沙站）暨首届常阴沙“新时代好少年”颁奖仪式在常阴沙现代农业示范园区文化中心举行。市委宣传部副部长、市文明办主任何俊，常阴沙现代农业示范园区党工委书记陈雪明，园区党工委副书记、管委会主任钱晓锋等出席活动。活动现场交流了张家港市见义勇为道德模范刘荣芳、张家港市孝老爱亲道德模范毛忠华、常阴沙孝老爱亲道德模范龚永芬、常阴沙爱岗敬业道德模范马阿玉4位道德模范的感人事迹。随后举行首届常阴沙“新时代好少年”颁奖仪式。活动让240名观众近距离感受道德模范的榜样力量，弘扬了社会主义核心价值观，受到与会干部群众的欢迎。

（徐丽春　施怡君）

双山香山旅游度假区

【概况】 双山岛旅游度假区位于市域西北郊、地处张家港作业航道与长江主航道之间，与苏州、无锡、泰州和南通四市的长江水域相连接，与张家港保税区隔江相望仅1千米。区域总面积约20平方千米，其中堤坝外滩涂湿地面积约4平方千米，堤坝内面积16平方千米，环岛岸线长16.8千米，耕地面积400公顷，土地规模经营面积272.9公顷。辖4个行政村、1个社区（渡口社区，为“村社合一”体制）。区内主要以农业经济为主，无工业，主要发展特色为生态旅游和休闲度假，是长江中下游地区“生态岛”之一。6月19日，市委、市政府为整合双山、香山人文山水资源，全力打造“一山一岛”西线旅游品牌，决定对双山岛旅游度假区和香山风景区实行一体化运作，成立张家港双山香山旅游度假区（筹）。双山香山旅游度假区（筹）为市委、市政府派出机构，委托张家港保税区党工委、管委会代为管理。是日，双山香山旅游度假区（筹）党工委、纪工委、管委会宣布成立。12月30日，省政府办公厅函复同意张家港双山岛旅游度假区更名为张家港双山香山旅游度假区。度假区规划面积23.32平方千米，分两个片区，其中双山岛片区20平方千米、香山片区3.32平方千米。

经济建设　年内，全区粮食、水产品产量分别为1536吨及414.4吨，4个村集体获粮食价外补贴30.7万元，土地规模补贴40.9万元。有以村为经营主体的土地股份合作社4家，全区土地规模经营率100%。农产品中，实现大米种植、包装和销售一条龙服务。全面启动岛内交通、水系、绿化景观等基础设施建设，并提升至市级重点项目层面，计划通过2018年至2020年3年时间，投入14.8亿元完成双山岛基础设施建设。至年末，完成投入1.2亿元，启动中心环路等4条全长11.5千米的道路及13座桥梁建设，启动环岛河等全长20千米的岛上主要河道开挖，形成40米至70米宽的岛上主要河网水系。对景观大道、西滩公园、渡江战役纪念园等总面积68.5万平方米的绿化景观进行提档升级。

社会事业　年末,全区有社会卫生服务站1所,总面积380平方米,有医护人员5人,病床6张,家庭医生签约11户,另签约计生特困家庭4户。新开游客特色餐饮店1家和旅游商品崇物店1家,成立慢岛双山旅行社。新建AAA级旅游厕所1所,完成岛内垃圾中转站建筑主体框架建设,推进船舶整治、江堤滩涂垃圾清理、滩涂芦苇轮割、老街美化等中心区域环境卫生提升、内河清理等治理工作,岛内环境面貌明显提升。完成南沙工业集中区17家企业双重预防机制建设,全年开展安全生产专项检查12次,组织安全培训3次。5月10日起,知名酒店品牌"涵田"正式入驻双山高尔夫酒店,以委托运营管理的方式经营高尔夫酒店。

福民工程　年内,双山岛各村均可用财力426.8万元,离岛拆迁安置分配房屋305套,岛内安置房一期357套房屋分配,启动岛内安置房二期建设。年内居民集中参保4234人,为辖区10460人购买31.38万元的"港城惠民"意外重疾险,为双山岛户籍及辖区内住房购买自然灾害民生险3.38万元,发放临时救助金13万余元,发放其他补贴、补助237.02万元。举办免费涉农培训,60余人次。

2018年双山香山旅游度假区各村基本情况表

表85

村　名	面积(平方千米)	户数(户)	人口数(人)	集体经济总收入(万元)	可用财力(万元)	总资产(万元)	村党支部书　记	村委主任
渡口村	2.08	953	2420	1190	482	9942	杜国平	王建芳
双中村	3.73	508	1378	537	407	4308	高金荣	杜　琳
老圩村	3.71	1091	2970	648	435	4289	夏龙华	林　源(主持村委工作)
新圩村	3.28	878	2433	612	383	6031	陈建强	陶进良

【重庆冠达游轮"世纪天子号"首泊】4月9日,重庆冠达公司"世纪天子"号游轮首次停靠双山码头,并于每周一、周五进行常态化停靠,开启游轮经济发展序幕。结合靠泊,双山岛旅游度假区推出"长江大保护"游客林生态植树、环岛骑行、田园采摘、民俗展演等活动。游轮全年成功停靠43次,接待游客1.2万人次。江苏卫视新闻《江苏新时空》5月7日开始推出的系列报道《共抓大保护,不搞大开发——沿江各市绿色发展巡礼》开篇报道了双山岛打造长江水域生态高地的特色发展之路。

【乡伴双山岛理想村项目建设启动】9月27日,双山香山旅游度假区(筹)举办乡伴双山岛理想村项目开工仪式暨灯塔民宿大赛启动仪式,标志着乡伴双山岛理想村项目正式开工。该项目占地40公顷,建筑面积6.5万平方米,总投资5亿元。项目围绕"慢岛双山、生态之旅"的主题,突出生态资源、长江文化等内容,集文旅、康养、度假为一体,将陆续建设精品民宿、餐厅、茶室、咖啡馆、乡村图书馆、儿童游乐园、个人工作室、匠人工坊、双创中心、乡创学院、乡村风物馆、农业休闲体验、户外运动基地等设施。10月至12月,双山香山旅游度假区(筹)联合乡伴文旅集团举办双山岛灯塔民宿国际设计大赛。49家国内外设计机构、乡村文旅开发经营企业和优秀设计团队参加比赛。12月2日,经双山岛灯塔民宿国际设计竞赛专家评审,上海契道建筑设计有限公司设计的《丛岩竞秀》等6件参赛作品获奖,福建省一村文化创意有限公司设计的参赛作品《园野》获最受大众欢迎奖。经多方比选,由软营工坊团队设计的《扬帆》作为双山岛灯塔民宿落地实施方案。

【四大国家级赛事在双山举办】4月23日,盛大汽车·张家港双山精英赛在张家港双山高尔夫俱乐部开幕。吸引了中国、日本、韩国、马来西亚、新西兰、库克群岛、新加坡、泰国等10个国家及地区的120位选手出战。此赛事首次实现视频直播,通过爱奇艺、新浪高尔夫、凤凰高尔夫、旅游网视、中国高尔夫网络电视台、今日头条以及女子中巡官网全网直播,让世界看到了逐渐崛起的"中国力量"。5月4日,第132届茅台股份高尔夫酒杯邀请赛暨奥运选手·欧巡赛冠军吴阿顺双山挑战赛在双山高尔夫俱乐部举办。7月23日至26日,由国家体育总局小球运动管理中心、中国高尔夫球协会主办,超级荔枝(北京)体育文化有限公司承办的一项同时拥有青少年和业余积分的全国性赛事2018年超级荔枝全国高尔夫系列赛(江苏双山站)在双山高尔夫俱乐部举办。9月24日至30日,由中国高尔夫球协会和张家港市政府主办,江苏省高尔夫协会、张家港市体育局以及双山香山旅游度假区(筹)承办,张家港市体育中心和双山高尔夫俱乐部协办的2018年双山全国青少年高尔夫球比洞赛开赛,该赛事作为国内高级别青少年比洞赛,是双山高尔夫俱乐部打造的极具影响力的品牌赛事。

(沈　涛)

【编辑　汪丽菁】

人物·先进集体

Personages & Advanced Collectives

2019年1月13日，“改革先锋”秦振华应邀赴苏州大学作报告。图为报告会前和大学生亲切交谈　（文化中心　提供）

新任市领导

新闻人物

先进个人

先进集体

張家港年鑑(2019)

新任市领导

沈国芳

1964年11月生，江苏苏州人，省委党校研究生学历，中共党员。中共张家港市委书记、张家港保税区党工委书记。

1981年9月参加工作。1981年9月至1984年12月，任吴县横泾粮管所农村专管员。1984年12月至1992年7月，任吴县统计局农调队专职队长。1992年7月至1996年1月，任吴县县（市）委办公室综合一科副科长、科长、副科级秘书，1996年1月至1998年11月，任吴县市委办公室副主任。1998年11月至2001年6月，任吴县市（吴中区）胥口镇党委副书记、农工商总公司总经理。2001年6月至2003年1月，任吴中区胥口镇党委书记。2003年1月至2006年6月，任吴中区副区长。2005年9月至2008年7月，在江苏省委党校政治经济学专业研究生班学习。2006年6月至2008年7月，任吴中区委常委、副区长。2008年7月至2008年9月，任苏州市政府副秘书长、市政府办公室党组成员（正处级）、吴中区委常委、副区长。2008年9月至2010年12月，任苏州市政府副秘书长、苏州市政府办公室党组成员（正处级）。2010年12月至2013年7月，任苏州市经信委主任、党组书记。2013年7月至2013年8月，任苏州市经信委主任、党组书记，吴江经济技术开发区管委会主任（副厅级）。2013年8月至2014年1月，任吴江区委副书记、代区长，吴江经济技术开发区党工委副书记、管委会主任。2014年1月至2017年2月，任吴江区委副书记、区长，吴江经济技术开发区党工委副书记、管委会主任。2017年2月至2017年7月，任吴江区委书记，吴江经济技术开发区党工委副书记、管委会主任。2017年7月至2018年9月，任吴江区委书记、吴江经济技术开发区党工委书记。2018年9月起，任张家港市委书记、张家港保税区党工委书记。

（市委组织部）

潘国强

1974年10月生，江苏宜兴人，省委党校研究生学历，中共党员。中共张家港市委副书记，市政府副市长、代理市长，张家港保税区党工委副书记、管委会副主任，张家港高新技术产业开发区党工委书记。

1997年8月参加工作。1997年8月至1998年12月，任苏州市沧浪区委党校教员，1998年12月至2001年12月，任苏州市沧浪区委办公室科员。2001年12月至2004年5月，任共青团沧浪区委副书记。2003年9月至2006年7月，在江苏省委党校政治经济学专业研究生班学习。2004年5月至2005年7月，任苏州市委组织部党员教育管理处副主任科员。2005年7月至2007年6月，任苏州市委组织部党员教育管理处副处长。2007年6月至2007年12月，任苏州市委组织部办公室副主任。2007年12月至2008年5月，任苏州市委组织部办公室副主任、主任科员。2008年5月至2012年1月，任苏州市委组织部研究室主任、办公室副主任。2012年1月至2012年8月，任苏州市委组织部办公室主任、研究室主任。2012年8月至2013年2月，任苏州市委组织部办公室主任。2013年2月至2015年3月，任苏州市委组织部副调研员、办公室主任。2015年3月至2016年8月，任吴中区委常委、区委组织部部长。2016年8月至2017年2月，任吴中区委常委、区委组织部部长、区委统战部部长。2017年2月至2018年12月，任苏州市委副秘书长、市接待办主任。2018年12月起，任张家港市委副书记，市政府副市长、代理市长、党组书记，张家港保税区党工委副书记、管委会副主任，张家港高新技术产业开发区党工委书记。（补记：2019年1月，任张家港市委副书记，市政府市长、党组书记，张家港保税区党工委副书记、管委会副主任，张家港高新技术产业开发区党工委书记。）

（市委组织部）

新闻人物

吴惠芳

1960年10月生，张家港市南丰镇人，本科学历，中共党员。永联村党委书记、永钢集团常务副总裁。全国“最美退役军人”。

1980年9月考入南京炮兵学院入伍。1983年，从南京炮兵学院毕业后分配到杭州部队工作。1984年参加中越边境自卫还击战。1998年率领部队赴九江抗洪抢险，先后在部队团、师的军事、政工岗位任职。2002年，任南京军区驻浙某师政治部主任。在部队期间，立三等功一次。2005年9月，自主择业到永联村、永钢集团，任永联村党委副书记、永钢集团副总经理。2015年11月，任永联村党委书记、永钢集团副总经理。2018年，任永联村党委书记、永钢集团常务副总裁。在永联的13年，他勇于创新，敢闯敢干，创新新农村建设载体，加快永联小镇建设和现代农业发展，创意发展永联旅游业和江鲜美食产业，同时通过村企分离、政经分离、村社分离、培育社会组织，推动永联村的改革发展，将过去村委会一元治理模式转变为多元、立体的乡村治理结构，为永联的发展提供了机制保障，也提升了永联村的知名度。永联村先后亮相上海世博会、米兰世博会。吴惠芳先后被评为“全国乡村旅游致富带头人”“江苏省劳动模范”“全国新型城镇化突出贡献人物”。2016年6月，被中共江苏省委表彰为江苏省优秀共产党员。8月，被中共江苏省委宣传部、江苏省军区政治部表彰为“最美复转军人”。2017年6月，被中共江苏省委组织部授予江苏省农村基层党建工作突出贡献奖。2018年3月，作为全国人大代表，参加第十三届全国人民代表大会第一次会议。11月，被中共中央宣传部、退役军人事务部表彰为全国“最美退役军人”。（黄云霞）

黄巧琴

女，1968年5月生，张家港市金港镇人，大学学历，中共党员。市司法局安置帮教社区矫正科科长，社区矫正管理教育服务中心主任。“新时代最美法律服务人”。

2002年7月至2005年11月，任市司法局基层工作科办事员。2005年11月至2012年3月，任市司法局安置帮教社区矫正科科员、副科长。2012年3月，任市司法局安置帮教社区矫正科科长，社区矫正管理教育服务中心主任。工作期间，获“张家港市劳动模范”称号，多次公务员考核优秀，立个人三等功和二等功各一次，被评为张家港市“港城十佳社工人物”，当选张家港市首届法治人物；多次被评为张家港市司法工作先进个人。撰写的《社区矫正对象重新犯罪成因及对策》获江苏省社区矫正理论研究优秀论文三等奖；撰写的《社区矫正执法实践问题研究》入选司法部社区矫正研究论文集。2018年1月，她被司法部授予“新时代最美法律服务人”称号。（市司法局）

殷志兰

女，1949年1月生，张家港市南丰镇新德村人。农民。孝老爱亲“中国好人”。

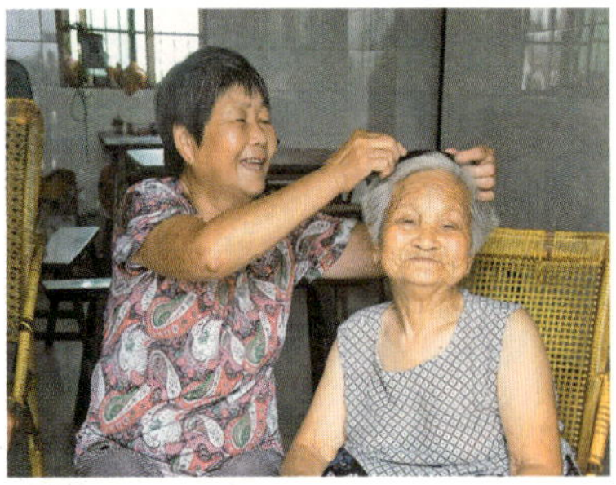

殷志兰，普通农民。7岁时她被过继给没有子女的姨妈家。成年后，她就以一己之力承担起照顾亲生父母、养父母和养父的大哥、大嫂的重任。结婚后，长期照顾公公、婆婆和娘家的6位老人共8位老人。殷志兰数十年如一日赡养伺候八个“爹妈”的孝行谱写了一曲感人至深的爱老敬老之歌。其家人也上行下效，形成了孝老敬老的优良家风。殷志兰还成为一名志愿者，组建“殷志兰志愿服务队”，去帮助更多的困难、孤寡、失独老年人。她先后获评张家港市第二届“道德模范”和“苏州好人”“江苏好人”。2017年，殷志兰家庭被省委宣传部、省文明办、省妇联评为首届江苏省文明家庭。2018年2月，殷志兰被中央文明办授予孝老爱亲“中国好人”称号。（黄云霞）

王明华

1963年9月生，张家港市金港镇双丰村人，中共党员，保税区（金港镇）人大代表，私营企业家，张家港市爱心义工协会名誉副会长，中国扶贫基金会爱心大使。助人为乐“中国好人”。

自1996年起，20余年中，王明华个人累计捐出资金322余万元（不含捐献物资），主要用于敬老、助残、拥军、助学、扶贫帮困，近年慈善捐款年均超30万元；在保税区（金港镇）、市爱心义工协会、双丰村承接3个爱心项目（每个项目年捐5万元）。他还每年为家乡老年人发放慰问金5万余元。他积极组建了“爱心助学”群，带领全家及165位爱心人士加入爱心助学的行列，累计结对资助全国5个省份贫困地区学生620人，在当地及省内产生广泛影响。在他的亲身示范和广泛影响下，加入公益团队的人员不断增加，队伍不断壮大，帮助的困难群体也越来越庞大。2018年2月，王明华被中央文明办授予助人为乐“中国好人”称号。（邱亚峰）

黄卫琼

女，1971年11月生，张家港市乐余镇人，1992年8月参加工作，1998年3月入党，大学学历，市互联网信息办公

室副主任。舆情信息工作优秀个人。

1992年7月参加工作，进入张家港人民广播电台，先后任采编、新闻部副主任。2005年2月至2007年10月，先后任市委宣传部新闻科副科长、科长，市社科联副秘书长、秘书长。2010年12月至2012年1月，任市委外宣办副主任、市政府新闻办副主任。2012年1月至2017年7月，任市文明办副主任。2017年7月，任市互联网信息办公室副主任。作为宣传战线的一名老兵，黄卫琼主要从事新闻宣传和舆论引导工作。工作中，自觉肩负起新形势下宣传思想工作的使命任务，激励斗志干劲、担当作为，讲好张家港故事，传播张家港声音，用响亮的主旋律、强劲的正能量，为张家港高质量发展贡献才智。2018年2月，她被市委、市政府授予"担当作为好干部"称号。4月，被中共中央宣传部授予"舆情信息工作优秀个人"称号。

（市委宣传部）

唐雷刚

1966年2月生，乐余镇人，1994年11月入党，研究生学历，张家港市供销合作总社党委书记、主任。全国供销合作社系统先进工作者。

1985年7月参加工作，在杭州电子工业大学任教。1990年4月至1993年7月，任张家港市乡镇工业局财务科统计员。1993年7月至1994年3月，任张家港市沙锡路指挥部办公室科员。1994年3月至1996年11月，任张家港市沙锡路指挥部办公室副主任。1994年5月至1996年11月，任张家港市南城经济技术总公司工会主席。1996年11月至2001年2月，任张家港市委办公室秘书科副科长。1998年5月至2003年7月，任市委办公室副主任科员。2001年2月至2003年7月，任市委办公室秘书科科长。2003年7月至2006年9月，任市委研究室副主任（正科级）。2006年9月至2009年7月，任张家港市委副秘书长、市委办公室副主任。其中，2007年9月至2009年7月，任张家港市委机要局局长（兼）。2009年7月，任张家港市供销合作总社党委书记、主任。在市供销合作社工作期间，他通过善思笃行、改革创新、负重爬坡，从一个供销合作社的"门外汉"，渐渐变成了为农服务的行家里手。以创建"弘扬供销传统，用心服务'三农'"机关服务品牌为重点，抓龙头、上项目、建网络，发展合作经济，推进基层组织创新，使张家港市供销合作总社实现了从低谷回升并稳定发展的良好局面。2018年1月，被人力资源和社会保障部、全国供销合作总社评为全国供销合作社系统先进工作者。

（市供销社）

陈世海

1966年10月生，江苏省淮安市人，研究生学历，张家港市政协党组成员、市委宣传部副部长、张家港市文体广电和旅游局党委书记，中共沿河土家族自治县委常委、沿河土家族自治县政府党组成员、副县长（挂职），江苏省对口帮扶贵州省铜仁市工作队沿河土家族自治县工作组组长。贵州省脱贫攻坚优秀共产党员。

1983年参加工作。1994年3月，任团市委书记。1997年8月，任市经济体制改革委员会主任。1998年12月，任大新镇党委副书记，镇农工商总公司副董事长、总经理。2001年2月，任南沙镇党委书记、镇农工商总公司董事长。2002年9月，任市发展计划委员会副主任、党组成员。2003年2月，任市委宣传部副部长。2003年7月，任市委宣传部常务副部长、市新闻工作者协会主席。2005年8月，任市委宣传部常务副部长兼市委对外宣传办公室主任。2007年4月至2010年5月，至宿迁市宿豫区挂职区委副书记。2010年5月至9月，任江苏省张家港经济开发区主任助理。2010年10月起，任市委宣传部副部长，市文化广电新闻出版局党委书记、局长。2016年12月起，任政协张家港市委员会党组成员，市委宣传部副部长、市文化广电新闻出版局党委书记、局长（副处级）。2017年10月，挂任贵州省铜仁市中共沿河土家族自治县委常委、县人民政府副县长（挂职），江苏省对口帮扶贵州省铜仁市工作队沿河土家族自治县工作组组长。早在2007年，陈世海就受命到张家港市对口帮扶的宿迁市宿豫区挂职区委副书记。2017年，51岁的他再次踏上了扶贫协作的新征程。他到沿河任职后，为沿河县抢抓东西部扶贫协作机遇，在全国率先实践探索"五位一体"东西部扶贫协作"携手奔小康"全面结对帮扶和深度贫困村全覆盖结对帮扶，形成多层次、宽领域、全方位的东西部扶贫协作新模式，扶贫协作工作取得明显成效。陈世海任组长的江苏省对口帮扶贵州省铜仁市工作队沿河土家族自治县工作组被评为2017年度铜仁市脱贫攻坚先进集体。2018年6月，他被中共贵州省委授予"全省脱贫攻坚优秀共产党员"称号。

（孔　鹏）

先 进 个 人

2018年张家港市获国家级和国家条线表彰的先进个人一览表

表86

姓　名	荣誉名称	授予单位	工作单位
秦振华	改革先锋	中共中央、国务院	市委
沈文荣	改革开放40年百名杰出民营企业家	中共中央统战部、全国工商联	江苏沙钢集团有限公司
吴惠芳	全国“最美退役军人”	中共中央宣传部、退役军人事务部	南丰镇永联村
唐雷刚	全国供销合作社系统先进工作者	人力资源和社会保障部、全国供销合作总社	市供销合作总社
葛剑锋	2018年全国脱贫攻坚创新奖	国务院扶贫开发领导小组	杨舍镇善港村
黄卫琼	舆情信息工作先进个人	中央宣传部	市委宣传部
黄巧琴	新时代最美法律服务人	司法部	市司法局
王明华	中国好人	中央文明办	金港镇
殷志兰	中国好人	中央文明办	南丰镇新德村
殷志兰家庭	全国“五好家庭”	全国妇联	南丰镇新德村
李汝龙家庭	全国“最美家庭”	全国妇联	张家港三得利染整科技有限公司
张根芬	全国流动人口动态监测调查优秀个人	国家卫生健康委员会办公厅	杨舍镇晨南村
张　银	全国流动人口动态监测调查优秀个人	国家卫生健康委员会办公厅	锦丰镇星火村
刘　安	天平奖章	最高人民法院	市法院
唐俊伟	天平奖章	最高人民法院	市法院
王春明	天平奖章	最高人民法院	市法院
俞铁城	天平奖章	最高人民法院	市法院
徐　辉	天平奖章	最高人民法院	市法院
何文彬	长航局系统优秀共产党员	交通运输部长江航务管理局党委	张家港海事局
	长江海事局优秀共产党员	长江海事局党委	张家港海事局
戚　巍	2018年直属海事系统春运水上交通安全监管先进个人	交通运输部海事局	张家港海事局
陈　蒙	直属海事系统优秀青年	交通运输部海事局党组	张家港海事局
曹德新	2017年度长江海事局基建装备管理工作先进个人	长江海事局	张家港海事局
李宗帅	长江海事局2017年度船舶交通管理先进个人	长江海事局	张家港海事局
吴青松	长江海事局2016—2017年度纪检监察工作先进个人	长江海事局	张家港海事局
司亚奇	长江海事局2018年度春运工作先进个人	长江海事局	张家港海事局
金俊伟	长江海事局优秀共产党员	长江海事局党委	张家港海事局
王　洋	长江海事局2017年度优秀团干部	长江海事局团委	张家港海事局

2018年张家港市获省级和省条线表彰的先进个人一览表

表87

姓　名	荣誉名称	授予单位	工作单位
沈文荣	为江苏改革开放作出突出贡献的先进集体和先进个人	江苏省委、省政府	江苏沙钢集团有限公司
陈世海	贵州省脱贫攻坚优秀共产党员	贵州省委	市文广新局
任小文	江苏省有突出贡献中青年专家	江苏省政府	江苏省梁丰高级中学
黄　强	江苏省有突出贡献中青年专家	江苏省政府	张家港港务集团
孙朝枫	全省人大机关系统先进工作者	江苏省人大常委会办公厅、省人社厅	市人大常委会办公室
杨　芳	全省优秀宣传思想工作者	江苏省委宣传部	市委宣传部
沈　坚	个人二等功（2016—2017年度）	江苏省高级人民法院	市法院
洪　春	全省法院联络工作记功（个人三等功）	江苏省高级人民法院	市法院
季雪忠	全省法院援藏援疆工作先进个人	江苏省高级人民法院	市法院
徐兴荣	全省法院援藏援疆工作先进个人	江苏省高级人民法院	市法院
唐奇英	全省“十行百星”巾帼政法之星	江苏省妇联、江苏省城镇妇女“巾帼建功”活动领导小组	市法院
孙霜霜	联创联建“沿江党建带”共产党员	江苏省委组织部、省边防总队	张家港保税港区海关
陈　军	联创联建“沿江党建带”共产党员	江苏省委组织部、省边防总队	江苏宏泰物流有限公司
周　颖	联创联建“沿江党建带”党务工作者	江苏省委组织部、省边防总队	市委组织部
褚兴东	联创联建“沿江党建带”党务工作者	江苏省委组织部、省边防总队	陶氏化学（张家港）有限公司
高福兴	联创联建“沿江党建带”党务工作者	江苏省委组织部、省边防总队	张家港保税科技（集团）股份有限公司
戴雪峰	江苏省优秀志愿者	江苏省委宣传部、省文明办	南沙中学
钱建兵	江苏省五一劳动奖章	江苏省总工会	国网江苏省电力有限公司张家港市供电分公司
冯玉姣	江苏省五一劳动奖章	江苏省总工会	中国银行张家港市支行
沈　琳	江苏省优秀工会之友	江苏省总工会	南丰镇党委
陆德峰	江苏省优秀工会之友	江苏省总工会	市委组织部
张建华	江苏省优秀工会之友	江苏省总工会	张家港经济技术开发区组织人事局
潘　德	江苏省优秀工会之友	江苏省总工会	张家港地方税务局
章长清	江苏省优秀工会工作者	江苏省总工会	江苏永钢集团有限公司
沈　斌	江苏省优秀工会工作者	江苏省总工会	德朗能（张家港）动力电池有限公司
蓝　蔚	江苏省优秀工会工作者	江苏省总工会	中粮东海粮油工业（张家港）有限公司
陈　尤	江苏省优秀工会工作者	江苏省总工会	保税区（金港镇）总工会

续表87

姓　名	荣誉名称	授予单位	工作单位
许卫忠	江苏省优秀工会工作者	江苏省总工会	江苏培达塑料有限公司
耿兴忠	江苏省优秀工会工作者	江苏省总工会	常阴沙现代农业示范园区
黄　凯	江苏省优秀工会工作者	江苏省总工会	市总工会
刘　慧	江苏省优秀工会积极分子	江苏省总工会	江苏新美星包装机械股份有限公司
陈一凡	江苏省优秀工会积极分子	江苏省总工会	张家港海锅新能源装备股份有限公司
叶红莺	江苏省优秀工会积极分子	江苏省总工会	华芳集团有限公司
刘　娟	江苏省优秀工会积极分子	江苏省总工会	江苏海狮机械股份有限公司
钱猛超	江苏省优秀工会积极分子	江苏省总工会	市国家税务局
黄锦锋	江苏省优秀工会积极分子	江苏省总工会	张家港浦项不锈钢有限公司
杨菊芳	江苏省优秀工会积极分子	江苏省总工会	市三兴汇丰机械有限公司
黄莉萍家庭	江苏省“五好家庭”	江苏省妇女联合会	市万红幼儿园
郁霞秋	省三八红旗手	江苏省妇女联合会	金港镇长江村
郁敏芳	省三八红旗手	江苏省妇女联合会	金港镇长江村
杨　玭	省“最美基层妇联干部”	江苏省妇女联合会	市妇儿公益联盟妇联
王文华	省“最美基层妇联干部”	江苏省妇女联合会	杨舍镇妇联
唐奇英	省“十行百星”巾帼创业创新典型	江苏省妇女联合会	市法院
孙　浩	2018年中国国际进口博览会安保工作成绩突出个人	江苏省公安厅	长江航运公安局苏州分局
杨　东	2018年中国国际进口博览会安保工作成绩突出个人	江苏省公安厅	长江航运公安局苏州分局
刘　标	个人二等功	江苏省公安厅	市公安局锦丰派出所
李忠杰	个人二等功	江苏省公安厅	市公安局刑警大队
陈海文	全省公安机关审计工作成绩优秀个人并记个人三等功	江苏省公安厅	市公安局审计科
陈道吉	个人三等功	江苏省公安厅	市公安局战训大队
蔡　敏	全省公安机关侦破命案积案工作成绩突出个人并记个人嘉奖	江苏省公安厅	市公安局刑警大队
陆　斌	全省公安机关进博会安保工作成绩突出个人	江苏省公安厅	市公安局
朱　华	全省技防城建设先进个人	江苏省公安厅	市公安局信科大队
朱亚斌	全省公安机关优秀共产党员	江苏省公安厅	市公安局乐余派出所
黄剑生	全省公安机关优秀党务工作者	江苏省公安厅	市公安局城北派出所
徐增才	江苏省水行政执法办案能手	江苏省水利厅、省人力资源和社会保障厅、省总工会	市水利局水政大队

续表87

姓　名	荣誉名称	授予单位	工作单位
姚　妍	全省水利新闻宣传工作十佳通讯员	省水利厅	市水利局
彭　炜	全省住房和城乡建设系统先进工作者	江苏省人力资源和社会保障厅、省住房和城乡建设厅	市住房和城乡建设局
韦屹东	江苏省墙改系统先进个人	江苏省墙体材料改革办公室	市墙体材料改革办公室
陆君华	江苏省属企业优秀共产党员	江苏省国资委	张家港港务集团
徐　萍	江苏省属企业优秀党务工作者	江苏省国资委	张家港港务集团
王忠林	江苏省交通技术能手	江苏省交通运输厅	张家港港务集团
齐　放	江苏省交通技术能手	江苏省交通运输厅	张家港港务集团
王海荣	江苏省交通技术能手	江苏省交通运输厅	张家港港务集团
曹建才	江苏省交通技术能手	江苏省交通运输厅	张家港港务集团
陶丽英	全国生育状况抽样调查省级优秀个人	江苏省卫生健康委员会	金港镇三角滩村
卢正霞	全国生育状况抽样调查省级优秀个人	江苏省卫生健康委员会	杨舍镇帝景社区
方建良	江苏省第三次全国农业普查先进个人	江苏省第三次全国农业普查领导小组办公室、省统计局、国家统计局江苏调查总队	金港镇
周彩萍	江苏省第三次全国农业普查先进个人	江苏省第三次全国农业普查领导小组办公室、省统计局、国家统计局江苏调查总队	金港镇
陈忠平	江苏省第三次全国农业普查先进个人	江苏省第三次全国农业普查领导小组办公室、省统计局、国家统计局江苏调查总队	金港镇
季建刚	江苏省第三次全国农业普查先进个人	江苏省第三次全国农业普查领导小组办公室、省统计局、国家统计局江苏调查总队	锦丰镇
王丽燕	江苏省第三次全国农业普查先进个人	江苏省统计局、国家统计局江苏调查总队	乐余镇
陈　彦	江苏省第三次全国农业普查先进个人	江苏省统计局、国家统计局江苏调查总队	乐余镇
周卫君	2017年度社会服务工作先进个人	民盟江苏省委	市司法局
周慧敏	2017年度宣传工作先进个人	民盟江苏省委	民盟市委
徐志斌	2017年“安康关爱行动”先进个人	江苏省老龄工作委员会办公室	市民政局
姜莎莎	第四批江苏省社会工作领军人才	江苏省民政厅	市明德公益事业发展中心
陈　蒙	江苏省技术能手	江苏省人力资源和社会保障厅	张家港海事局
	2017—2018年度江苏海事局“我们身边的好青年”	江苏海事局	张家港海事局
沈　瑜	江苏省技术能手	江苏省人力资源和社会保障厅	张家港海事局
贾永康	江苏省技术能手	江苏省人力资源和社会保障厅	张家港海事局

续表87

姓　名	荣誉名称	授予单位	工作单位
段圣新	江苏省技术能手	江苏省人力资源和社会保障厅	张家港海事局
孙金平	江苏省技术能手	江苏省人力资源和社会保障厅	张家港海事局
薛怀稳	2017年度省文明口岸先进个人	江苏省口岸办公室	张家港海事局
张小伟	2017年度省文明口岸先进个人	江苏省口岸办公室	市口岸办
陈解平	2017年度省文明口岸先进个人	江苏省口岸办公室	张家港海关
韦　锋	2017年度省文明口岸先进个人	江苏省口岸办公室	张家港出入境检验检疫局
蔡惠江	2017年度省文明口岸先进个人	江苏省口岸办公室	张家港边防检查站
葛剑平	2017年度省文明口岸先进个人	江苏省口岸办公室	张家港引航站
金俊伟	2017—2018年度江苏海事局“我们身边的好青年”	江苏海事局	张家港海事局
宣　俊	三等功(2015—2017年)	江苏海事局	张家港海事局
	2017—2018年度江苏海事局优秀党务工作者	江苏海事局党组	张家港海事局
卞春华	2017—2018年度江苏海事局优秀共产党员	江苏海事局党组	张家港海事局
李　章	2017—2018年度江苏海事局优秀共产党员	江苏海事局党组	张家港海事局
刘海强	2017—2018年度江苏海事局优秀共产党员	江苏海事局党组	张家港海事局
薛怀稳	2017—2018年度江苏海事局优秀共产党员	江苏海事局党组	张家港海事局
贾亚伯	2017—2018年度江苏海事局优秀党务工作者	江苏海事局党组	张家港海事局
刘海强	长江江苏段水上过驳专项整治工作先机个人	江苏省长江水上过驳专项整治领导小组	张家港海事局
卢　姗	2017年度江苏省优秀共青团员	共青团江苏省委	市人民银行
沈海卫	江苏省青年志愿服务事业贡献奖	共青团江苏省委、省志愿者协会	市龙潭109公益小分队队长
马　杰	江苏省优秀青年志愿者	共青团江苏省委、省志愿者协会	市青年志愿者协会
瞿海燕	江苏省少先队活动辅导技能展示少先队活动辅导项目特等奖	团省委、省教育厅、省少工委	港区小学
朱镕博	2017年度江苏新疆西藏青海少年儿童“手拉手”互助活动先进个人	团省委、省少工委、省邮政公司	团市委
匡慧娟	2017年度江苏新疆西藏青海少年儿童“手拉手”互助活动先进个人	团省委、省少工委、省邮政公司	团市委
张灵波	2017年度江苏新疆西藏青海少年儿童“手拉手”互助活动先进个人	团省委、省少工委、省邮政公司	大新实验学校
朱清姝	2018年度打好污染防治攻坚战宣传工作先进集体和个人	江苏省打好污染防治攻坚战指挥部办公室	市打好污染防治攻坚战指挥部办公室
赵　娟	创建江苏省档案五星级标准先进个人	江苏省档案局	南丰镇
顾　博	创建江苏省档案五星级标准先进个人	江苏省档案局	南丰镇

2018年张家港市获苏州市级表彰的先进个人一览表

表88

姓　名	荣誉名称	授予单位	工作单位
沈　琳	2018年度苏州市担当作为好干部	苏州市委、苏州市政府	南丰镇
郎小丽	苏州市劳动模范	苏州市委、苏州市政府	中粮东海粮油工业（张家港）有限公司
王　胜	苏州市劳动模范	苏州市委、苏州市政府	江苏永钢集团有限公司
徐建忠	苏州市劳动模范	苏州市委、苏州市政府	张家港天达工具有限公司
王　东	苏州市劳动模范	苏州市委、苏州市政府	市粮食购销总公司
朱佳艺	苏州市劳动模范	苏州市委、苏州市政府	张家港农村商业银行
钱洪建	苏州市劳动模范	苏州市委、苏州市政府	江苏沙钢集团有限公司
李　刚	苏州市劳动模范	苏州市委、苏州市政府	中国电信股份有限公司张家港分公司
徐　峰	苏州市劳动模范	苏州市委、苏州市政府	江苏骏马集团
陆亚琳	苏州市劳动模范	苏州市委、苏州市政府	江苏海狮机械集团有限公司
邵永斌	苏州市劳动模范	苏州市委、苏州市政府	江苏港通路桥集团有限公司
孙　凌	苏州市劳动模范	苏州市委、苏州市政府	江苏国泰国际集团
张　雷	苏州市劳动模范	苏州市委、苏州市政府	中国邮政集团公司江苏张家港分公司
孙永华	苏州市劳动模范	苏州市委、苏州市政府	市易华润东新材料有限公司
吴建明	苏州市劳动模范	苏州市委、苏州市政府	银河电子集团投资有限公司
缪德祥	苏州市劳动模范	苏州市委、苏州市政府	江苏兴安建设集团有限公司
沈晓燕	苏州市劳动模范	苏州市委、苏州市政府	锦丰镇悦来村
朱金龙	苏州市劳动模范	苏州市委、苏州市政府	七彩明珠农业合作社
李金华	苏州市劳动模范	苏州市委、苏州市政府	常阴沙常兴社区
秦晓丽	苏州市劳动模范	苏州市委、苏州市政府	市中等专业学校
陈　贤	苏州市劳动模范	苏州市委、苏州市政府	市环保局
周天鹏	苏州市劳动模范	苏州市委、苏州市政府	市纪委
顾献峰	苏州市劳动模范	苏州市委、苏州市政府	市国家税务局
李　明	苏州市劳动模范	苏州市委、苏州市政府	市文化执法大队
刘丽娟	苏州市劳动模范	苏州市委、苏州市政府	市法院
李　蕾	苏州市劳动模范	苏州市委、苏州市政府	市第一人民医院
杨劲松	苏州市劳动模范	苏州市委、苏州市政府	张家港海关
顾国平	苏州市劳动模范	苏州市委、苏州市政府	市人社局
朱劲松	苏州市劳动模范	苏州市委、苏州市政府	江苏金鹿集团有限公司
张　剑	2018年度苏州市打好污染防治攻坚战贡献突出个人	苏州市委、苏州市政府	市环境保护局
林勇健	2018年度苏州市打好污染防治攻坚战贡献突出个人	苏州市委、苏州市政府	市打好污染防治攻坚战指挥部办公室
沈品忠	2018年度苏州市打好污染防治攻坚战贡献突出个人	苏州市委、苏州市政府	杨舍镇打好污染防治攻坚战指挥部办公室

续表88

姓　名	荣誉名称	授予单位	工作单位
吴建华	2018年度苏州市打好污染防治攻坚战贡献突出个人	苏州市委、苏州市政府	南丰镇打好污染防治攻坚战指挥部办公室
龚　秋	2018年度苏州市打好污染防治攻坚战贡献突出个人	苏州市委、苏州市政府	凤凰镇打好污染防治攻坚战指挥部办公室
陈凌霄	2018年度苏州市打好污染防治攻坚战贡献突出个人	苏州市委、苏州市政府	冶金园（锦丰镇）经济服务局（安全环保局）
庞建华	苏州市劳动模范	苏州市委、苏州市政府	金港镇山北村
	苏州市乡村振兴带头人（第五批建设社会主义新农村带头人）	苏州市委	金港镇山北村
郭冠平	苏州市乡村振兴带头人（第五批建设社会主义新农村带头人）	苏州市委	杨舍镇城东村
毛桂法	苏州市乡村振兴带头人（第五批建设社会主义新农村带头人）	苏州市委	锦丰镇店岸村
钱腾冰	苏州市乡村振兴带头人（第五批建设社会主义新农村带头人）	苏州市委	塘桥镇何桥村
杨正元	苏州市乡村振兴带头人（第五批建设社会主义新农村带头人）	苏州市委	凤凰镇清水村
朱瑞栋	苏州市优秀基层党组织带头人	苏州市委	市城市投资发展集团有限公司
	苏州市优秀国有企业党组织带头人	苏州市委	
孙　清	苏州市优秀社区党组织带头人	苏州市委	金港镇塍丰社区
高丽萍	苏州市优秀社区党组织带头人	苏州市委	杨舍镇金塘社区
赵琦萍	苏州市优秀机关事业党组织带头人	苏州市委	杨舍镇城南街道
刘红照	苏州市优秀非公企业党组织带头人	苏州市委	澳洋集团有限公司
孙　豹	苏州市优秀非公企业党组织带头人	苏州市委	中粮东海粮油工业（张家港）有限公司
张耀清	苏州市绿化及环境专项整治先进个人	苏州市委	乐余镇
陆沈鑫	苏州市农村生活污水治理三年行动计划先进个人	苏州市委	乐余镇
吴　丹	二等功	苏州市政府	市人民法院乐余人民法庭
张莉莎	三等功	苏州市政府	市体育局
沈　彬	苏州市杰出人才奖	苏州市政府	江苏沙钢集团有限公司
朱管军	第三届“苏州慈善奖”优秀慈善工作者	苏州市政府	市民政局
王明华	第三届“苏州慈善奖”最具影响力慈善楷模	苏州市政府	金港镇双丰村
林建锋	第三届“苏州慈善奖”最具影响力慈善楷模	苏州市政府	江苏张家港酿酒有限公司
田进军	第三届“苏州慈善奖”最具影响力慈善楷模	苏州市政府	锦丰初级中学
王　东	苏州市见义勇为先进个人	苏州市政府	凤凰镇新市民服务中心
张　璇	二等功	苏州市政府	市物价局
沈　军	二等功	苏州市政府	市公安局城北派出所

先 进 集 体

2018年张家港市获国家条线及国际组织表彰的先进集体一览表

表89

获奖单位	荣誉名称	授予单位
张家港市	健康城市最佳实践奖	世界卫生组织
	国家卫生城市	全国爱国卫生运动委员会
	国家节水型社会达标县	水利部
经开区	绿色园区	工信部
凤凰镇	国家卫生镇	全国爱国卫生运动委员会
南丰镇	国家卫生镇	全国爱国卫生运动委员会
金港镇	国家卫生镇	全国爱国卫生运动委员会
塘桥镇	国家卫生镇	全国爱国卫生运动委员会
锦丰镇	国家卫生镇	全国爱国卫生运动委员会
大新镇	国家卫生镇	全国爱国卫生运动委员会
乐余镇	国家卫生镇	全国爱国卫生运动委员会
市税务局	全国模范职工之家	全国总工会
市供销合作总社	2017年度全国百强县级社	中华全国供销合作总社
市工商联	全国“五好”县级工商联	中华全国工商业联合会
市科协	2018年“全国科普日”优秀组织单位	中国科协
市水利局水政大队	第五届全国文明单位	中央文明委
	全国水利文明单位	水利部精神文明建设指导委员会
市文化志愿者协会	2017年学雷锋志愿服务“四个100”先进典型——“最佳志愿服务组织”	中宣部、中央文明办等11部门
港城车大夫	中国运输领袖品牌	交通运输部
市东渡志愿者协会团支部	2017年度全国五四红旗团支部	共青团中央
市卫生和计划生育委员会	全国流动人口监测调查优秀单位	国家卫生和计划生育委员会办公厅
市塘市小学	第二批流动人口健康促进示范学校	国家卫生和计划生育委员会流动人口计划生育服务管理司
长江航运公安局苏州分局“2016.12.18”长江污染环境案专案组	集体二等功	交通运输部公安局
张家港海事局	2018年直属海事系统春运水上交通安全监管先进集体	交通运输部海事局
	“三防一禁”安全活动先进集体	长江海事局

续表89

获奖单位	荣誉名称	授予单位
张家港海事局船舶监督处	长江海事局2017年度船舶安全监督先进集体	长江海事局
张家港海事局执法督查处	依法行政先进集体	长江海事局
张家港海事局通航管理处	长江海事局2017年度事故管理先进集体	长江海事局
张家港海事局危管防污处	长江海事局2017年度危防管理先进集体	长江海事局
张家港海事局指挥中心	长江海事局2017年度应急搜救先进集体	长江海事局
张家港海事局沪通大桥办事处党支部	长江海事局先进基层党组织	长江海事局党委
张家港海事局锦丰海事处党支部	长航局系统百佳党支部	交通运输部长江航务管理局党委
金港镇德丰社区	2018年度全国综合减灾示范社区	应急管理部风险监测和综合减灾司

2018年张家港市获省级和省条线表彰的先进集体一览表

表90

获奖单位	荣誉名称	授予单位
张家港市	为江苏改革开放作出突出贡献的先进集体	江苏省委、省政府
	江苏省十一届“双拥模范城”	江苏省委、省政府、省军区
	2017年度“平安县(市、区)”	江苏省综治委
	2016—2017年度江苏省法制建设示范县(市、区)	江苏省委办公厅、省政府办公厅
	2017年度江苏省省级社会养老服务体系建设绩效考核县市区综合排名并列第二	江苏省民政厅、省财政厅
	2017年度江苏省福利彩票销售十强县(市)奖	江苏省福利彩票发行中心
市民政局	2015—2018年全省社会治安综合治理先进集体	江苏省委、省政府
	2017年“安康关爱行动”先进单位	江苏省老龄工作委员会办公室
锦丰镇	2015—2018年全省社会治安综合治理先进集体	江苏省委、省政府
市政府征兵办公室	江苏省征兵工作先进单位	江苏省政府、省军区
江苏科技大学苏州理工学院	江苏省征兵工作先进单位	江苏省政府、省军区
江苏永钢集团有限公司	第四届“江苏慈善奖”最具爱心慈善捐赠企业(单位)	江苏省政府
江苏永钢集团有限公司团委	2017年度“江苏省五四红旗团委”	共青团江苏省委
市法院	全省法院援藏援疆工作先进集体	江苏省高级人民法院
市公安局	2018年全国“两会”安保维稳成绩突出集体	江苏省公安厅
市公安局政治处	民警的“好娘家”并记集体二等功	江苏省公安厅
市看守所	集体二等功	江苏省公安厅
市公安局城东派出所	全省优秀公安派出所	江苏省公安厅
市公安局大新派出所党支部	全省公安机关先进基层党组织	江苏省公安厅
市科协	2018年度实施“县级科协创新发展能力提升计划”优秀单位	江苏省科协
市妇联	2018年度江苏省妇联宣传工作县级一等奖第一名	江苏省妇女联合会

续表90

获奖单位	荣誉名称	授予单位
市粮食局	江苏省粮食系统先进集体	江苏省粮食局
	2018年江苏省健康机关	江苏省爱国卫生运动委员会
民盟市委	宣传工作先进集体二等奖	民盟江苏省委员会
张家港边防检查站	2017年度省文明口岸先进单位	江苏省口岸办公室
张家港边防检查站监护一中队党支部	联创联建“沿江党建带”基层党组织	江苏省委组织部、省边防总队
市水利局办公室	全省水利新闻宣传工作先进单位	江苏省水利厅
金港镇	江苏省生态文明建设示范乡镇	江苏省生态环境厅
	2018年江苏省健康镇	江苏省爱国卫生运动委员会
保税区(金港镇)党(工)委	联创联建“沿江党建带”基层党组织	江苏省委组织部、省边防总队
保税区(金港镇)团委	2017年度江苏新疆西藏青海少年儿童“手拉手”互助活动贡献奖	团省委、省少工委、省邮政公司、
金港镇后塍办事处	2017年江苏省健康单位	江苏省爱国卫生运动委员会
金港镇南沙办事处	2018年江苏省健康单位	江苏省爱国卫生运动委员会
金港镇长江村	省三八绿色基地	江苏省妇女联合会
金港镇东山村	2018年度全省“一村一品一店”示范村	江苏省农业农村厅
金港镇封庄村	2018年度全省“一村一品一店”示范村	江苏省农业农村厅
金港镇小明沙村	2018年江苏省健康村	江苏省爱国卫生运动委员会
金港镇金都社区	2017年江苏省健康社区	江苏省爱国卫生运动委员会
金港镇塍德社区	2018年江苏省健康社区	江苏省爱国卫生运动委员会
金港镇长山社区卫生服务站	江苏省示范村卫生室	江苏省卫生计划生育委员会
经开区(杨舍镇)团委	2017年度江苏新疆西藏青海少年儿童“手拉手”互助活动贡献奖	团省委、省少工委、省邮政公司
杨舍镇城西社区	2018年度全省“一村一品一店”示范村	江苏省农业农村厅
杨舍镇云盘社区	2018年江苏省健康社区	江苏省爱国卫生运动委员会
冶金园(锦丰镇)团委	2017年度江苏新疆西藏青海少年儿童“手拉手”互助活动贡献奖	团省委、省少工委、省邮政公司
锦丰科技创业园工会联合会	江苏省模范职工之家	江苏省总工会
锦丰镇农普办	江苏省第三次全国农业普查先进集体	江苏省第三次全国农业普查领导小组办公室、省统计局、国家统计局江苏调查总队
锦丰镇郁桥村	江苏省民主法治示范村	江苏省委全面依法治省委员会
锦丰镇书院社区	江苏省民主法治示范社区	江苏省委全面依法治省委员会
锦丰镇建设村	2017年度江苏省和谐社区建设示范村	江苏省民政厅
锦丰镇交通村	2017年度江苏省和谐社区建设示范村	江苏省民政厅
锦丰镇光明村	江苏省生态文明建设示范村	江苏省生态环境厅
	2018年度全省“一村一品一店”示范村	江苏省农业农村厅
锦丰镇南港村	2018年江苏省健康村	江苏省爱国卫生运动委员会
锦丰镇大南社区	2018年江苏省健康社区	江苏省爱国卫生运动委员会

续表90

获奖单位	荣誉名称	授予单位
锦丰镇社区卫生服务中心	2018年江苏省健康医院	江苏省爱国卫生运动委员会
锦丰镇登瀛社区卫生服务站	江苏省示范村卫生室	江苏省卫生健康委员会办公室
塘桥镇金村村	2018年江苏省健康村	江苏省爱国卫生运动委员会
乐余镇	2017年度江苏省和谐社区建设示范乡镇(街道)	江苏省民政厅
乐余镇永乐村	2017年度江苏省和谐社区建设示范村	江苏省民政厅
乐余镇红闸村	2018年江苏省健康村	江苏省爱国卫生运动委员会
乐余镇文体服务中心	2018年江苏省健康单位	江苏省爱国卫生运动委员会
南丰镇	江苏省生态文明建设示范乡镇	江苏省环境保护厅
	2017年江苏省健康镇	江苏省爱国卫生运动委员会
南丰镇永联村	江苏省乡村振兴旅游富民先进村	江苏省旅游局
	2018年度全省“一村一品一店”示范村	江苏省农业农村厅
南丰镇建农村	江苏省生态文明建设示范村	江苏省生态环境厅
南丰镇和平村	2017年度江苏省和谐社区建设示范村	江苏省民政厅
南丰镇东港村	江苏省民主法治示范村	中共江苏省委全面依法治省委员会
南丰镇永丰村	江苏省民主法治示范村	中共江苏省委全面依法治省委员会
南丰镇永合社区	2018年江苏省健康社区	江苏省爱国卫生运动委员会
南丰镇文体服务中心	2018年江苏省健康单位	江苏省爱国卫生运动委员会
南丰镇社区卫生服务中心	2017年江苏省健康医院	江苏省爱国卫生运动委员会
南丰镇东风社区卫生服务站	江苏省示范村卫生室	江苏省卫生和计划生育委员会
大新镇桥头村	2017年江苏省健康村	江苏省爱国卫生运动委员会
大新镇文体服务中心	2018年江苏省健康单位	江苏省爱国卫生运动委员会
常阴沙现代农业示范园区常东社区	2018年江苏省健康社区	江苏省爱国卫生运动委员会
常阴沙现代农业示范园区常西社区	2017年江苏省健康社区	江苏省爱国卫生运动委员会
常阴沙现代农业示范园区常兴社区	2018年江苏省休闲农业精品村	江苏省农业农村厅
常阴沙现代农业示范园区常北社区	2018年度全省“一村一品一店”示范村	江苏省农业农村厅
市给排水公司	江苏省平安企业	江苏省公安厅
市给排水公司第二污水处理厂	全省城镇污水处理厂运行管理优秀企业	江苏省住建厅
张家港水运口岸	2017年度江苏省文明口岸	江苏省口岸办公室
市口岸办	2017年度江苏省共建文明口岸活动先进组织者	江苏省口岸办公室
张家港海关	2017年度江苏省文明口岸先进单位	江苏省口岸办公室
长江引航中心张家港引航站	2017年度江苏省文明口岸先进单位	江苏省口岸办公室
张家港保税区长江国际港务有限公司	2017年度江苏省文明口岸先进单位	江苏省口岸办公室
张家港港务集团有限公司	2017年度江苏省文明口岸先进单位	江苏省口岸办公室
	省级生产性服务业领军企业(第三批)	江苏省发展改革委
	2015—2017年度全省交通运输行业文明单位	江苏省交通运输厅

续表90

获奖单位	荣誉名称	授予单位
上海红星美凯龙品牌管理有限公司张家港分公司	2017—2018年度江苏省价格诚信单位	江苏省物价局
锦丰镇合兴腾格里饭店	2017—2018年度江苏省价格诚信单位	江苏省物价局
市联发汽车贸易有限公司	2017—2018年度江苏省价格诚信单位	江苏省物价局
江苏金新城物业服务股份有限公司	2017—2018年度江苏省价格诚信单位	江苏省物价局
中国联合网络通信有限公司张家港市分公司	2017—2018年度江苏省价格诚信单位	江苏省物价局
市文化中心	江苏省公共机构节能示范单位	江苏省机关事务管理局
市老龄工作委员会办公室	全省2017—2018年度老龄宣传工作先进单位	江苏省老龄工作委员会办公室
儿童福利院	2018年全省民政标准化建设试点单位	江苏省民政厅
市泰克软件有限公司	省级养老服务业创新示范企业（第二批）	江苏省发展改革委、省民政厅
张家港海事局	2017年江苏省健康单位	江苏省爱国卫生运动委员会
	2017年度省文明口岸先进单位	江苏省口岸办公室
	2017年度江苏海事局“两减六治三提升”专项行动先进集体	江苏海事局
	2017—2018年度江苏海事局党建工作先进单位	江苏海事局党组
张家港海事局党群工作部	江苏海事局2017年度先进集体	江苏海事局
张家港海事局VTS三号工班	江苏海事局2017年度先进班组	江苏海事局
张家港海事局海巡06809艇	江苏海事局2017年度先进班组	江苏海事局
张家港海事局领导班子	江苏海事局2017年度“五好领导班子”	江苏海事局党组
张家港海事局港区海事处党支部	2017—2018年度江苏海事局基层党建工作示范点	江苏海事局党组
张家港海事局海巡执法支队	直属海事系统合格职工小家	中国海员工会江苏海事局委员会
市财政局	全省财政重点工作考核先进市县一等奖	省财政厅
	江苏省五一劳动奖状	省总工会
团市委	2017年度江苏新疆西藏青海少年儿童“手拉手”互助活动优秀组织奖	团省委、省少工委、省邮政公司
市机关幼儿园团支部	2017年度“江苏省五四红旗团支部（总支）”	共青团江苏省委
市东莱小学	2017年度江苏新疆西藏青海少年儿童“手拉手”互助活动贡献奖	团省委、省少工委、省邮政公司
市崇真小学	2017年度江苏新疆西藏青海少年儿童“手拉手”互助活动贡献奖	团省委、省少工委、省邮政公司
市万红小学	2017年度江苏新疆西藏青海少年儿童“手拉手”互助活动贡献奖	团省委、省少工委、省邮政公司
市第三人民医院	2017年江苏省健康医院	江苏省爱国卫生运动委员会
市中医医院	2018年江苏省健康医院	江苏省爱国卫生运动委员会
金凤凰温泉度假村	2017年江苏省健康宾馆	江苏省爱国卫生运动委员会
市沙洲宾馆	2018年江苏省健康宾馆	江苏省爱国卫生运动委员会
凤凰中心小学	2018年江苏省健康学校	江苏省爱国卫生运动委员会
塘桥中心小学	2018年江苏省健康学校	江苏省爱国卫生运动委员会
港城汽车运输有限公司	2018年江苏省健康企业	江苏省爱国卫生运动委员会

2018年张家港市获苏州市级表彰的先进集体一览表

表91

获奖单位	荣誉名称	授予单位
市委农工办	苏州市城乡发展一体化先进集体	苏州市委、苏州市政府
乐余镇	苏州市城乡发展一体化先进集体	苏州市委、苏州市政府
市打好污染防治攻坚战指挥部办公室	2018年度苏州市打好污染防治攻坚战贡献突出集体	苏州市委、苏州市政府
南丰镇党委	苏州市先锋基层党组织	苏州市委
金港镇占文村党委	苏州市先锋基层党组织	苏州市委
杨舍镇善港村党委	苏州市先锋基层党组织	苏州市委
锦丰镇建设村党委	苏州市先锋基层党组织	苏州市委
乐余镇永乐村党总支	苏州市先锋基层党组织	苏州市委
南丰镇南丰村党总支	苏州市先锋基层党组织	苏州市委
金港镇金都社区党支部	苏州市先锋基层党组织	苏州市委
杨舍镇西湖苑社区党总支	苏州市先锋基层党组织	苏州市委
张家港产业资本投资有限公司党委	苏州市先锋基层党组织	苏州市委
陶氏化学(张家港基地)党委	苏州市先锋基层党组织	苏州市委
锦丰镇政府	2017年度苏州市食品安全工作基层先进集体	苏州市政府
经开区(杨舍镇)慈善会	第三届“苏州慈善奖”最具影响力慈善组织	苏州市政府
保税区(金港镇)慈善会	第三届“苏州慈善奖”最具影响力慈善组织	苏州市政府
南丰镇永联为民基金会	第三届“苏州慈善奖”最具影响力慈善组织	苏州市政府
江苏永钢集团有限公司	第三届“苏州慈善奖”最具爱心捐赠企业	苏州市政府
张家港酿酒有限公司	第三届“苏州慈善奖”最具爱心捐赠企业	苏州市政府
张家港农村商业银行股份有限公司	第三届“苏州慈善奖”最具爱心捐赠企业	苏州市政府
江苏澳洋集团有限公司	第三届“苏州慈善奖”最具爱心捐赠企业	苏州市政府
江苏银河电子股份有限公司	第三届“苏州慈善奖”最具爱心捐赠企业	苏州市政府
江苏国泰国际集团有限公司	第三届“苏州慈善奖”最具爱心捐赠企业	苏州市政府
江苏申港锅炉有限公司	第三届“苏州慈善奖”最具爱心捐赠企业	苏州市政府
江苏沙钢集团有限公司	第三届“苏州慈善奖”最具爱心捐赠企业	苏州市政府
	2018年度苏州市地标型企业	苏州市政府
张家港保税港区进口汽车物流园	优秀集聚区	苏州市政府

【编辑　景力颖　陆婷婷】

附　录

Appendix

城北科技新城　（陆江山　摄）

2018 年经济和社会发展统计

文件选录

市委、市政府工作报告

组织机构及其负责人

張家港年鑑(2019)

2018年经济和社会发展统计

2018年张家港市行政区划、面积、人口一览表

表92

项　目	单　位	数　值	项　目	单　位	数　值
一、行政区划			全市人口当年出生数	人	6362
镇	个	8	出生率	‰	6.70
常阴沙现代农业示范园区	个	1	全市人口当年死亡数	人	6788
双山岛旅游度假区	个	1	死亡率	‰	7.15
村	个	153	自然增长率	‰	−0.45
社区	个	144	年内迁入人口	人	3018
二、全市总面积	平方千米	986.73	其中：省内迁入	人	1213
不含长江水域面积	平方千米	791.06	省外迁入	人	1805
三、全市总户数	万户	32.33	年内迁出人口	人	2247
全市总人口	万人	92.94	其中：迁往省内	人	795
			迁往省外	人	1452

2018年张家港市地区生产总值一览表

表93

单位：亿元

项　目	2018年	按可比价计算比上年增长率（%）	项　目	2018年	按可比价计算比上年增长率（%）
地区生产总值（当年价）	2720.18	6.70	建筑业	71.65	−0.80
一、按产业分			批发和零售业	465.83	10.90
第一产业	30.63	−3.10	交通运输、仓储和邮政业	137.59	7.60
第二产业	1423.68	3.30	住宿和餐饮业	45.11	7.40
第三产业	1265.87	10.50	信息传输、软件和信息技术服务业	64.09	14.90
二、按行业分			金融业	134.18	10.70
农、林、牧、渔业	34.47	−2.20	房地产业	118.98	6.40
工　业	1352.35	3.50			

2018年张家港市平均每日数据表

表94

项　目	单　位	数　值	项　目	单　位	数　值
一、每天创造的财富			工农业总产值（当年价）	万元	146006
地区生产总值（当年价）	万元	74525	其中：农业总产值	万元	1638

续表94

项　目	单　位	数　值	项　目	单　位	数　值
工业总产值	万元	144368	农用化肥	吨	882
公共财政预算收入	万元	6395	食用油	吨	4378
社会消费品零售总额	万元	16599	乳制品	吨	75
进出口总额	万美元	9991	饮料酒	吨	153
其中:出口总额	万美元	4799	粮食	吨	619
全社会用电	万千瓦小时	8598	水产品	吨	32
城乡居民人均生活用电	千瓦小时	2.99	出栏生猪	头	149
固定资产投资完成额	万元	10679	出栏家禽	羽	1931
商品房销售面积	平方米	7692	三、每天人口变动		
二、每天主要产品产出			出生人数	人	17
钢材	吨	106714	死亡人数	人	19
铜材	吨	41	迁入人数	人	8
水泥	吨	7695	迁出人数	人	6

2018年张家港市农、林、牧、渔业总产值和增加值一览表

表95　　单位:万元

项　目	总产值	增加值	项　目	总产值	增加值
合　计	597777	344712	其中:水果	74376	—
一、农业	348628	222974	二、林业	76837	41344
1.谷物及其他作物	75676	—	三、牧业	41245	17423
其中:谷物	68814	—	其中:牲畜饲养	10256	—
豆类	3061	—	猪饲养	17064	—
油料	1582	—	家禽饲养	9757	—
棉花	41	—	四、渔业	44941	24568
2.蔬菜园艺作物	197187	—	其中:鱼类	22203	—
其中:蔬菜	158869	—	甲壳类	22246	—
3.水果、茶作物	74801	—	五、农、林、牧、渔服务业	86126	38403

2018年张家港市农作物播种面积和产量一览表

表96

作物名称	面积（公顷）	总产量（吨）	作物名称	面积（公顷）	总产量（吨）
农作物总播种面积	50227.80	—	二、经济作物	11933.60	—
一、粮食作物	33560	226036	1.棉花	30	17
1.夏收粮食	15850	75867	2.油料	840	2104
其中：小麦	15630	75305	其中：花生	120	270
蚕豌豆	210	532	油菜籽	700	1815
2.秋收粮食	17710	150169	3.甘蔗	20	519
其中：稻谷	16210	145039	4.药材	30	—
薯类	130	884	5.蔬菜	9312	266252
豆类	1130	2831	6.瓜果	1701.60	41483
玉米	240	1415			

2018年张家港市工业总产值一览表

表97　　单位：万元

项　目	数　值	项　目	数　值
一、全部工业合计	45197035	3.按登记注册类型	
1.按轻重工业分		国有企业	28239
轻工业	11071098	集体企业	23939
重工业	34125938	股份合作制企业	3651
2.按企业规模分		有限责任公司	10605925
大型企业	22727619	股份有限公司	1746045
中型企业	8408373	私营企业	20763096
小型企业	13849067	港澳台投资企业	1361427
微型企业	211978	外商投资企业	10653753

2018年张家港市规模以上工业企业主要产品产量一览表

表98

产品名称	单　位	数　值	产品名称	单　位	数　值
发电量	亿千瓦小时	261.10	服装	万件	16601.00
小麦粉	万吨	17.39	农用氮、磷、钾化学肥料（折纯）	万吨	32.19
大米	万吨	4.96	化学农药原药（折有效成分100%）	吨	9400.00
饲料	万吨	25.38	化学纤维	万吨	73.35
精制食用植物油	万吨	142.06	橡胶轮胎外胎	万条	614.43
乳制品	万吨	2.75	水泥	万吨	280.88

续表98

产品名称	单 位	数 值	产品名称	单 位	数 值
饮料酒	万千升	5.57	钢化玻璃	万平方米	535.85
纱	万吨	48.90	钢材	万吨	3849.77
布	万米	17413	锂离子电池	万只	15245.11
印染布	万米	28315	自来水	万立方米	16813.00

2018年张家港市规模以上工业企业分行业能源消耗情况表

表99　　单位:吨标准煤

行业名称	数 值	行业名称	数 值
总 计	24822862	非金属矿物制品业	53085
农副食品加工业	135859	黑色金属冶炼和压延加工业	18066998
食品制造业	4333	有色金属冶炼和压延加工业	52888
酒、饮料和精制茶制造业	3175	金属制品业	129737
纺织业	391206	通用设备制造业	37164
纺织服装、服饰业	21510	专用设备制造业	23549
皮革、毛皮、羽毛及其制品和制鞋业	2161	汽车制造业	48239
木材加工和木、竹、藤、棕、草制品业	1873	铁路、船舶、航空航天和其他运输设备制造业	3540
家具制造业	633	电气机械和器材制造业	36020
造纸和纸制品业	31572	计算机、通信和其他电子设备制造业	76185
印刷和记录媒介复制业	13115	仪器仪表制造业	1760
文教、工美、体育和娱乐用品制造业	64045	其他制造业	1098
石油加工、炼焦和核燃料加工业	2380	废弃资源综合利用业	17874
化学原料和化学制品制造业	1887552	电力、热力生产和供应业	3166019
医药制造业	2875	燃气生产和供应业	846
化学纤维制造业	360273	水的生产和供应业	5629

2018年张家港市外向型经济主要指标一览表

表100

项 目	单 位	数 值	项 目	单 位	数 值
一、进出口总额	万美元	3646684	其中:保税区	万美元	39361
其中:三资企业	万美元	975129	五、到账外资及港澳台资	万美元	50247
保税区	万美元	1712090	其中:保税区	万美元	22028
二、出口总额	万美元	1751777	六、当年投产企业	家	13
其中:三资企业	万美元	408170	七、新签境外工程、劳务合同额	万美元	17500
保税区	万美元	348446	八、完成境外工程、劳务营业额	万美元	17500
三、新批三资企业	家	45	九、新派境外劳务人员	人	45
其中:保税区	家	12	十、逐年累积批办三资企业	家	1026
四、注册外资及港澳台资	万美元	81167	十一、年末实有开业三资企业	家	957

2018年张家港市社会消费品零售总额一览表

表101　　单位：万元

项　目	数　值	项　目	数　值
社会消费品零售总额	6058728	二、按行业分	
一、按消费地区分		其中：批发业	656025
1.城镇	5201565	零售业	4429963
其中：城区	2947037	住宿业	72270
2.农村	857163	餐饮业	900470

2018年张家港市全社会固定资产投资完成情况表

表102　　单位：万元

项目	合计	项目投资	房地产
总　计	3897933	1780887	2117046
其中：当年开工	1599976	862027	737949
一、按产业性质分			
第一产业	—	—	—
第二产业	1291673	1291673	—
其中：工业	1291673	1291673	—
第三产业	2606260	489214	2117046
二、按建设性质分			
新建	2515511	398465	2117046
扩建	905749	905749	—
改建	465441	465441	—
其他	11232	11232	—
三、按工程构成分			
建筑工程	1926289	847880	1078409
安装工程	195497	67797	127700
设备工器具购置	700370	681800	18570
其他	1075777	183410	892367

2018年张家港市交通、邮电基本情况表

表103

项　目	单　位	数　值	项　目	单　位	数　值
一、交通基本情况			省道	千米	161
1.公路总里程	千米	1618	县道	千米	253
其中：高速公路	千米	56	2.公路桥梁	座/米	722/55720
一级公路	千米	238	3.航道通航里程	千米	425
二级公路	千米	711	4.张家港口岸吞吐量	万吨	23373
其中：国道	千米	68	其中：外贸货物吞吐量	万吨	5463

续表103

项　目	单　位	数　值	项　目	单　位	数　值
港口集装箱运量	万标箱	103	农村投递路线(单程)	千米	13747
5.机动车总计	辆	423364	3.邮政业务总量	万元	18215
其中:汽车	辆	401636	三、电信基本情况		
农用车	辆	—	1.电信业务总收入	万元	84192
摩托车	辆	17347	2.固定电话用户	户	226331
二、邮政基本情况			3.移动电话用户	户	628467
1.邮政局所总数	处	34	其中:移动互联网电话用户	户	477574
其中:设在农村的局所	处	23	4.互联网用户	户	395705
2.邮路总条数	条	16	四、移动公司移动通信用户数	万户	100
邮路总长度(单程)	千米	967	五、联通公司移动通信用户数	万户	22.70

2018年张家港市预算内财政收入、支出情况表

表104　　单位:万元

项　目	数　值	项　目	数　值
一、财政收入合计	6102510	(12)罚没收入	18801
1.公共财政预算收入	2334288	(13)专项收入	118579
(1)增值税(地方部分)	995401	(14)国有资产经营收益	—
(2)营业税(地方部分)	4571	(15)行政性收费收入	59667
(3)企业所得税(40%部分)	455416	(16)其他收入	2170
(4)个人所得税(40%部分)	115720	2.基金收入	1901869
(5)城市维护建设税	123203	3.中央级财政收入	1860525
(6)房产税	81153	(1)一般消费税	3848
(7)印花税	42591	(2)增值税(75%部分)	995401
(8)城镇土地使用税	45180	(3)企业所得税(60%部分)	683125
(9)土地增值税	100539	(4)个人所得税(60%部分)	173580
(10)车船税	15913	二、财政支出合计	3908372
(11)耕、契两税	85910	1.公共财政预算支出	2119909
其中:耕地占用税	16405	2.基金支出	1788463

2018年张家港市金融机构信贷收支情况表

表105　　单位:万元

项　目	数　值	项　目	数　值
一、各项存款	28101976	(2)定期及其他存款	7509511
(一)境内存款	28054043	2.非金融企业存款	11131607
1.住户存款	11133659	(1)活期存款	3770404
(1)活期存款	3624149	(2)定期及其他存款	7361203

续表105

项　目	数　值	项　目	数　值
3.广义政府存款	5189281	(2)中长期贷款	5761080
(1)财政性存款	307110	消费贷款	5406537
(2)机关团体存款	4882171	经营贷款	354543
4.非银行业金融机构存款	599495	2.非金融企业及机关团体贷款	16423985
(二)境外存款	47933	(1)短期贷款	8800215
二、各项贷款	23240111	(2)中长期贷款	6551062
(一)境内贷款	23225847	(3)票据融资	1065120
1.住户贷款	6801862	(4)融资租赁	—
(1)短期贷款	1040782	(5)各项垫款	7587
消费贷款	524523	3.非银行业金融机构贷款	—
经营贷款	516259	(二)境外贷款	14264

2018年张家港市保险业务情况表

表106　　单位:万元

项　目	数　值	项　目	数　值
一、保险收入	613559	二、赔款和给付	183156
1.财产险	188730	1.财产险	120332
其中:企业财产险	11228	其中:企业财产险	3378
机动车辆险	149890	机动车辆险	94364
货物运输险	2306	货物运输险	1040
家庭财产险	799	家庭财产险	278
2.人身险	424829	2.人身险	62834
其中:寿险	334636	其中:寿险	48575

2018年张家港市科技基本情况表

表107

项　目	单　位	数　值	项　目	单　位	数　值
一、科技经费			(1)国家科学技术奖	项	—
科学技术支出	万元	130000	(2)省科学技术奖	项	3
占财政支出比重	%	6.10	2.省级科技计划项目	项	11
二、高新技术			3.申请专利情况	件	10958
1.高新技术企业	家	458	其中:发明专利	件	4858
2.当年认定高新技术企业	家	184	4.授权专利	件	5658
3.新增省级以上企业研发机构	家	51	其中:授权发明专利	件	983
4.省企业研究工作站	家	295	5.国外专利(PCT)	件	145
5.新增产学研合作项目	项	240	四、技术贸易		
三、科研成果			1.签订各类技术合同	项	237
1.科学技术奖	项	3	2.技术贸易成交额	万元	73000

2018年张家港市人才、人事情况表

表108　　单位：人

项　目	数　值	项　目	数　值
一、管理、专业技术人才	408671	二、工人岗位人才	158431
1. 人才文化结构		（1）本科	1437
（1）研究生	16285	（2）大专	9780
（2）本科	158313	（3）中专	147214
（3）大专	161517	三、公务员	4982
2. 人才职称结构		（1）研究生	512
（1）高级	13961	（2）本科	3665
（2）中级	61062	（3）大专	733
（3）初级	141079	（4）中专及以下	144

2018年张家港市学校基本情况表

表109

项　目	（所）学校	毕业人数（人）	招生人数（人）	在校学生（人）	教职工（人）	专任教师（人）
合　计	89	32871	40979	160962	11299	10332
高校	2	2803	4394	13121	654	429
电大	1	563	343	1687	163	133
中等专业学校	4	3747	2753	10403	920	864
普通中学	43	13331	16666	47422	4158	3889
其中：高中	9	3782	4757	12945	1475	1352
小学	38	12416	16809	88113	5357	4974
特殊教育学校	1	11	14	216	47	43
附：幼儿园	69	14574	17676	46100	2527	2110

2018年张家港市群众文化、广播电视、体育事业基本情况表

表110

项　目	单　位	数　值	项　目	单　位	数　值
一、文化事业			文化经营单位	个	955
24小时图书馆	家	36	版权登记作品	件	25667
群众文化机构	个	11	公益文化活动	场	9347
专职群众文化工作人员	人	275	二、广播电视		
文化志愿者分队	个	87	电视覆盖率	%	100
文化志愿者	人	5160	电视节目	套	1

续表110

项　目	单　位	数　值	项　目	单　位	数　值
有线电视用户	万户	5	年内达到等级标准运动员	人	—
广播电台	座	1	年内输送运动员	人	28
广播节目	套	1	其中：国家队	人	1
广播覆盖率	%	100	省队、省体校	人	3
三、体育事业			苏州市级训练单位	人	24
体育系统体育场（馆）数	个	9	在全国比赛中获得金牌	枚	1
健身步道	条	349	在省级比赛中获得金牌	枚	34
举办运动会次数	次	9	在苏州市级比赛中获得金牌	枚	62

2018年张家港市卫生机构基本情况表

表111

项　目	单　位	数　值	项　目	单　位	数　值
一、卫生机构数	个	447	（1）医生	人	3914
1. 医院	个	37	（2）注册护士	人	4168
综合医院	个	21	（3）药师	人	527
中医医院	个	1	（4）技师	人	499
中西医结合医院	个	1	其中：检验师	人	360
专科医院	个	12	（5）其他	人	645
护理院	个	2	三、卫生机构床位数	张	8261
2. 基层医疗卫生机构	个	403	1. 医院	张	6711
3. 专业公共卫生机构	个	6	其中：综合医院	张	4710
4. 其他卫生机构	个	1	中医医院	张	846
二、卫生机构人员数	人	11673	中西医结合医院	张	300
卫生技术人员	人	9753	专科医院	张	690
其中：执业医师	人	3393	护理院	张	165
执业助理医师	人	521	2. 基层医疗卫生机构	张	1550

2018年张家港市前十位疾病死因以及比重一览表

表112

位　次	合　计		男　性		女　性	
	死　因	构成比（%）	死　因	构成比（%）	死　因	构成比（%）
1	恶性肿瘤	31.31	恶性肿瘤	36.69	脑血管病	29.59
2	脑血管病	25.45	脑血管病	22.02	恶性肿瘤	24.81
3	心脏病	10.38	呼吸系统疾病	9.98	心脏病	12.55
4	损伤和中毒	9.69	损伤和中毒	9.26	损伤和中毒	10.22
5	呼吸系统疾病	7.57	心脏病	8.58	内分泌代谢疾病	7.70
6	内分泌代谢疾病	5.59	内分泌代谢疾病	3.85	呼吸系统疾病	4.65

续表112

位　次	合　计		男　性		女　性	
	死　因	构成比（%）	死　因	构成比（%）	死　因	构成比（%）
7	精神和行为障碍	2.41	消化系统疾病	2.03	精神和行为障碍	3.21
8	消化系统疾病	1.91	精神和行为障碍	1.74	消化系统疾病	1.76
9	神经系统疾病	1.35	神经系统疾病	1.40	神经系统疾病	1.29
10	其他疾病	3.59	传染病和寄生虫病	—	其他疾病	3.50

2018年张家港市城镇非私营单位从业人员及平均工资情况表

表113

行　业	平均工资（元/人）	行　业	平均工资（元/人）
总　计	90685	10.金融业	168091
1.农、林、牧、渔业	137857	11.房地产业	64919
2.采矿业	—	12.租赁和商务服务业	77296
3.制造业	82691	13.科学研究、技术服务业	132094
4.电力、燃气及水的生产和供应业	106033	14.水利、环境和公共设施管理业	88442
5.建筑业	49821	15.居民服务、修理和其他服务业	31434
6.批发和零售业	99108	16.教育	152653
7.交通运输、仓储及邮政业	86213	17.卫生和社会工作	125144
8.住宿和餐饮业	54893	18.文化、体育和娱乐业	122511
9.信息传输、软件和信息技术服务业	124057	19.公共管理、社会保障和社会组织	162476

2018年张家港市居民人均可支配收入情况表

表114　　单位：元

项　目	全体居民	城镇居民	农村居民
可支配收入合计	53456	64055	32664
一、工资性收入	33893	41832	18318
1.工资	32368	40175	17052
2.实物福利	468	454	496
3.其他	1057	1203	770
二、经营净收入	6496	6477	6533
1.第一产业净收入	1224	1004	1655
2.第二产业净收入	2281	2249	2346
3.第三产业净收入	2991	3224	2532
三、财产净收入	6201	7642	3375
其中：利息净收入	880	990	663
红利收入	1215	1562	534
转让承包土地经营权租金净收入	198	62	467
出租房屋净收入	1482	1456	1534
自有住房折算净租金	2128	3213	—
四、转移净收入	6866	8104	4438

文 件 选 录

关于实施乡村振兴战略加快推进城乡融合发展的意见

一、总体要求

（一）重大意义。党的十八大以来，全市上下认真学习贯彻习近平总书记系列重要讲话特别是视察江苏重要讲话精神，全面落实中央、省、苏州加强“三农”工作的决策部署，扎实推进现代农业建设，持续改善农村民生，全面深化农村改革，形成了以工促农、以城带乡、工农互惠、城乡一体的城乡发展新格局，为我市经济社会发展提供了有力支撑。在新的发展时代，张家港要成为高水平全面建成小康社会的标杆，成为探索具有时代特征、江苏特点的中国特色社会主义现代化道路的标杆，最艰巨最繁重的任务在农村，最广泛最深厚的基础在农村，最大的潜力和后劲也在农村。各区镇、各部门必须切实提高思想认识，准确把握实施乡村振兴战略内涵要求，全面落实各项政策举措，推动农业全面升级、农村全面进步、农民全面发展，奋力谱写新时代张家港乡村振兴的新篇章。

（二）指导思想。以习近平新时代中国特色社会主义思想为指导，全面贯彻党的十九大精神，对标习近平总书记视察江苏重要讲话精神，加强党对“三农”工作的领导，坚持稳中求进工作总基调，牢固树立新发展理念，落实高质量发展的要求，紧紧围绕统筹推进“五位一体”总体布局和协调推进“四个全面”战略布局，坚持把解决好“三农”问题作为全党工作的重中之重，坚持农业农村优先发展，坚持系统化思维，注重规律性把握，按照产业兴旺、生态宜居、乡风文明、治理有效、生活富裕的总要求，建立健全城乡融合发展的体制机制和政策体系，统筹推进农村经济建设、政治建设、文化建设、社会建设、生态文明建设和党的建设，协调推进乡村产业振兴、人才振兴、文化振兴、生态振兴、组织振兴，努力率先实现乡村治理体系和治理能力现代化，努力率先实现农业农村现代化，走出一条具有张家港特点、体现标杆水平、城乡融合发展的乡村振兴道路。

（三）总体目标。根据中央、省、苏州确定的“时间表”，我市实施乡村振兴战略的目标任务是：到2020年，乡村振兴率先取得实质性进展，制度框架和政策体系基本完善，现代农业建设取得重大成效，农民生活达到高水平全面小康标准，城乡基本公共服务标准化均等化水平显著提高，城乡融合发展取得积极成效。到2035年，乡村振兴率先取得决定性进展，农业农村现代化展现现实模样，城乡空间布局清晰、功能互补，城乡居民收入和生活水平差距进一步缩小，城乡基本公共服务实现均等化，乡土特色、自然风貌和传统文化得到有效保持。到2050年，乡村全面振兴，农业强、农村美、农民富全面实现。

二、以深化农村改革为发力点，立足制度保障，推进乡村振兴体制机制创新

乡村振兴，城乡融合发展是方向，要以完善产权制度和要素市场化配置为重点，使市场在资源配置中起决定性作用，更好发挥政府作用，加快推动城乡要素自由流动、平等交换，为乡村振兴提供强有力的制度供给。

1.深入开展农村土地制度改革。落实农村土地承包关系稳定并长久不变政策，衔接落实好第二轮土地承包到期后再延长30年的政策，让农民吃上长效“定心丸”。完善土地承包经营权确权登记颁证工作，加强土地确权登记成果后续管理和应用，严格农村土地承包管理，规范土地承包经营权流转。在确保农村稳定的基础上进一步理顺农村承包土地收益分配关系，维护农民合法权益，落实农民土地财产权。推进农村土地承包经营权抵押贷款试点工作，真正实现所有权、承包权、经营权“三权分置”。合理配置城乡资源要素，加大土地增值收益投向“三农”的力度。积极构建城乡统一的建设用地市场，基本形成兼顾政府、集体、个人的资源收益分配机制。全面推进农村宅基地和农房统一登记工作，确保农民取得完整物权。按照上级统一部署，积极探索宅基地所有权、资格权、使用权“三权分置”的具体实现形式，重点结合发展乡村旅游、返乡下乡人员创新创业等先行先试。在坚持和强化宅基地集体所有、保障宅基地农户资格权的基础上，适度放活宅基地使用权，进一步稳定市场预期，促进农村土地市场有序发展。支持具备条件的村试点编制实施村级土地利用规划。坚决破除流转壁垒，充分发挥市场在资源配置中的决定性作用，构建全市统一的“土地指标池”。

2.深化农村集体产权制度改革。坚持农村集体产权制度改革正确方向，发挥村党组织对集体经济组织的领导核心作用。完成农村集体资产清产核资工作，全面查实农村集体资产。推进农村集体资产监督管理平台建设，整理、审核录入清产核资数据。出台张家港市农村集体资产管理办法，建立健全农村资产管理制度。维护进城落户农民土地承包权、宅基地使用权、集体收益分配权，引导进城落户农民依法自愿有偿转让上述权益。提升社区股份合作社改革成效，加强农村社区股份合作社内部管理，完善社区股份合作社制度建设，扩大社区股份合作社股权固化改革成果，规范收益分配机制，保障农民的集体经济收益分配权。完善社区股份合作社股权量化及管理办法，探索股权的赋予、继承、转让、抵押担保等机制，切实增强集体收益分配权的流动性。稳步推进“政经分开”改革试点，进一步理顺村党组织与集体经济组织关系，制定村级基本公共服务开支财政承担标准。规范农村集体产权流转交易管理，拓展交易品种、拓宽宣传渠道、落实分级制度、严格交易程序、规范交易行为，提高农村集体资产流转溢价率，促进农村集体经济健康发展。全面深化供销合作社综合改革。落实农村集体产权制度改革有关税收政策。

3.创新乡村投融资机制。建立健全实施乡村振兴战略财政投入保障制度，加快形成财政优先保障、金融重点倾斜、社会积极参与的多元投入格局，确保投入力度不断增强，总量持续增加。优化财政支农支出结构，建立涉农资金统筹整合长效机制，探索实行“大专项+任务清单”差别化管理。积极拓展财政扶持新模式。在继续采取财政补助、奖励、贴息、保险等多种扶持形式下，尝试探索担保贴息、风险补偿等资金投入新方式，充分发挥财政资金杠杆作用，撬动金融和社会资本更多投向乡村振兴。引导金融资源向农村经济发展的重点领域和薄弱环节倾斜，加强农业科技研发、设施农业、绿色农业等新兴领域的金融支持。加快推进农村“两权抵押”试点工作的扩面推广，加强涉农重点企业上市培育工作，鼓励涉农企业充分利用债券等直接融资产品降低融资杠杆，引导更多涉农企业登录苏州综合金融服务平台满足不同融资需求。力争到2022年底，实现平台向涉农企业授信总规模超2亿元，放款总额超1.5亿元。引导银行业金融机构把普惠金融重点放在乡村，建设产权多元化、规模多层次、产品多类型、可持续、广覆盖的农村普惠金融体系。推进普惠类支农信贷产品创新，推广“整村授信”“强村富民”“金大地”“农保贷”等特色金融产品，力争到2022年年底，全市行政村授信服务覆盖率达95%以上。鼓励金融机构深入村域搭建金融合作平台，不断提升乡村金融服务便利化水平。做好农业保险的“提标、扩面、增品”工作。力争到2022年年底，全市政策性农业保险保费规模超3500万元。推进农业保险实现从传统“保成本、赔损失”向新型的“保收入、补施救”转型；逐步扩大水稻收入保险试点范围，逐步推进气象指数保险在露地果蔬、水产品养殖上的试点应用，重点推进水蜜桃综合气象指数保险试点；扩大村级民生保险覆盖范围及保障力度。

4.鼓励引导工商资本深度参与。坚持规划管控、市场放开，有序引导支持工商资本、社会力量深度参与乡村振兴，加快农村一二三产业融合发展。进一步落实和完善融资贷款、配套设施建设补助、税费减免、用地等扶持政策，明确政策边界，保护农民利益。探索建立工商资本准入负面清单，开展农业领域和乡村建设招商引资引智工作，支持有条件的区镇开展乡村建设招商推介会。政府通过合作共建或购买公共服务等方式，支持企业、社会组织参与农村公益性工程项目建设、管护、运营。设立科学合理的利益联结机制，推动工商企业与农户、合作社建立紧密利益联结，采取股份分红、利润返还等形式确保农户共享乡村发展成果。

三、以实现融合发展为突破口，立足产业振兴，持续激发农村发展新活力

乡村振兴，产业兴旺是重点。要把提高乡村产业发展质量放在更加突出位置，促进农村一、二、三产业融合发展，加快推动农业农村经济发展质量变革、效率变革、动力变革。

5.优化乡村产业布局。推进“多规合一”规划管理机制，优化城乡空间布局和经济地理。坚持农村产业融合与新型城镇化相结合，合理规划城乡产业布局，引导二产、三产向城区、重点乡镇及产业园区等集中，提高综合竞争力和企业经济效益。深入实施藏粮于技、藏粮于地战略，严守“四个百万亩（100万亩约为6.7万公顷）”生态底线，科学布局主业突出、特色鲜明、集约高效的现代农业功能区，“四个百万亩”面积稳定在35866.67公顷左右。通过倒逼和引导同向发力、激励与约束齐头并进、行政和市场有机结合，进一步优化土地资源配置，为乡村产业振兴提供新动能。更加突出“三优三保”战略支撑作用，以整合优化村级工业用地为重点，通过规划中期调整、引入市场力量等措施，持续放大拆旧建新的综合效益。创新农村新产业新业态，不断探索一、二、三产融合发展用地保障机制强化对农村存量建设用地、空闲农房及宅基地的盘活利用。鼓励农业生产和村庄建设等用地复合利用，发展休闲农业、乡村旅游、农业教育、农业科普、农事体验等产业，拓展土地使用功能，提高土地节约集约利用水平。

6.实施质量兴农战略。深化农业供给侧结构性改革，加快推进农业由增产导向转向提质导向。开展“三高一美”示范基地建设，到2022年全市高标准农田达到22666.67公顷，占比达71.5%以上。以工业化理念推进农业园区运营机制改革，鼓励社会资本参与园区建设，实现园区监管分离、建运分离。到2022年全市新增农业园区1333.33公顷以上，建成省级现代农业产业示范园1个。优先完善农业科技创新机制，引导农业企业尤其是农业科技企业积极开展以优质为前提的科技创新，搭建农业科技创新平台，大力提升企业自主创新力和市场竞争力，到2022年产值超亿元的农业龙头企业超过8家。深入推进农业科技入户工程，加强基层农技推广服务体系建设，推动农业科技成果进村入户、落地见效。整体推进粮食生产全程机械化，推广应用现代化、智能化设施装备，到2022年农业机械化水平力争达到93%。开展农业物联网区域试点，促进农业产业与信息技术融合发展，到2022年实现信息进村入户和农业市场主体信息服务全覆盖。坚持质量兴农、品牌强农，着力打造一批农业特色品牌。加快农产品区域公共品牌运营推广，鼓励引导农业经营主体注册农产品商标或申请地理标志证明商标，到2022年计划创建农产品区域公共品牌2个。提升农业标准化生产水平，加强“三品一标”认证管理，保持总量动态平衡。加快农产品质量追溯体系建设，建立健全农业绿色生产技术体系、农产品安全标准体系和监管体系，巩固国家农产品质量安全市创建成果。支持发展潜力大、与农民利益联结紧、经营状况良好的农业产业化龙头企业发展农业产业化联合体。落实粮食安全责任制要求，创新粮油收储加工供应机制，确保全市粮食安全。大力发展粮食产业经济，实施“好粮油”行动计划，提高粮食产品供给质量。贯彻国家藏粮于技战略，加快智慧粮食建设，全面提升粮食安全保障能力。

7.发展壮大集体经济。坚持市场导向，推动集体经济向更高质量、更可持续方向发展，到2022年农村集体总资产突破300亿。探索集体资产集中经营、委托管理等资产运营新机制，通过市场化配置手段实现集体资产资源保值增值。鼓励以市、区镇或办事处为单位联合组建村集体经济发展平台，广泛实施联合异地发展，全面实施多元发展。将城镇化过程中新增的门面房、农贸市场、城镇综合体等优质三产资源，或各类工业园区内的科技创业园、孵化基地等优势资源提供给村集体，增加集体收入。在风险可控的前提下，鼓励有条件的村试点探索集体经济与国有资本、民营资本合作模式，参与市、镇两级重点扶持的蓝筹产业项目投资，优化产业结构，实现转型升级。支持集体经济组织参与政府购买服务，参与风险较低的政府公益性项目建设。对一些特许经营领域，允许集体经济优先进入。鼓励集体经济组织创办休闲观光农业和乡村旅游合作社，或与社会资本联办休闲观光农业乡村旅游产业和农村服务业。支持村集体经济组织以出租、联营、入股等方式，盘活利用空闲的农房及宅基地，在符合规划的条件下建设租赁住房，但不得违法违规买卖宅基地，严格禁止下乡利用农村宅基地建设别墅大院和私人会馆。对利用闲置农房发展民宿、养老等项目，制定完善消防、特种行业经营等领域便利市场准入、加强事中事后监管的管理办法。

8.加快特色小镇和特色田园乡村建设。坚持政府作引导、企业为主体、市场化运作要求，创新建设模式、管理方式和服务手段。根据自身条件，结合文化传承、资源要素、基础设施、生态环境，找准定位、科学规划、彰显特色，引导现代智能、健康、环保、文化、高端服务等产业向特色小镇、特色田园乡村布局。依托区域要素享赋和比较优势，突出核心产业，推动特色小镇规划建设，科学规划镇域生产生活生态空间，促进产城人文深度融合发展。到2022年，全市规划建设特色小镇8个。立足乡村独特优势，注重涉农项目整合升级，着力打造特色产业、特色生态、特色文化塑造田园风光、田园建筑、田园生活，到2022年，培育8至10个市级特色田园乡村。重视挖掘保护传统农耕文化，着力彰显乡土田园风貌特色，吸引更多人才、资源、技术等要素向乡村集聚回流，提升乡村内生发展活力。注重培育乡村规划师和专业设计运营人才团队建设，有序提升乡村整体规划建设品质。

9.培育现代农业新业态。充分发挥资源优势，大力拓展农业多种功能、发展农业新型业态，努力构建一、二、三产业融合发展体系，延长产业链、提升价值链、完善利益链。加快发展农产品加工业，支持龙头加工企业通过集中配送、产地初加工、精深加工、综合利用加工等形式实现集聚发展，到2022年创建省级农产品加工集中区1个。实施“互联网+现代农业”行动，推进现代信息技术应用于农业生产、经营、管理和服务，积极发展农产品电子商务，大力推广“一村一品一店”模式，着力培育水蜜桃等地方特色电商品牌。全力打造覆盖全市的农村电商综合服务体系，加快培育一批商业模式新、创新能力强、发展潜力大的供销合作电商企业，推动农产品线上线下同步销售，到2022年全市农产品电子商务销售额突破4亿元。加快推进农业重点工程建设到2022年，基本完成常阴沙PPP设施蔬菜项目和长江水系中华绒螯蟹精品物流产业园暨亲本储备交换中心项目建设。积极开展农业对外合作，统筹利用国际国内两个市场，推动农业企业走出去。实施优势特色农产品出口提升计划，开展农产品出口示范基地、示范企业创建。加强农业国际交流合作平台建设，提升境外农业合作示范区、农业对外开放合作试验区等载体建设水平。拓展“农业+”，功能，推进农业与旅游、教育、文化、健康养老等产业深度融合。大力发展休闲观光农业和乡村旅游业，建设一批设施完备、功能多样的休闲观光农业园区、康养基地、乡村民宿、农业示范村和精品乡村旅游线路，到2022年创建主题创意农园4个、省级休闲观光农业示范村3个、休闲农业观光景点5个。鼓励发展乡村共享经济、创意农业、特色文化产业。持续推动政府购买农业公益性服务机制创新，完善农资集中配送、粮食良种统供、集中育供秧、动物防疫服务、农机维修、植保统防统治等社会化服务体系，提升农业金融和农业保险服务能力。

四、以激活内生动力为关键点，立足人才振兴，汇聚三农发展新力量

乡村振兴，人才是关键。必须破解人才瓶颈制约，畅通智力、技术、管理下乡通道，造就更多乡土人才，实现跨越发展。

10.拓展乡村人才引进培育渠道。把人力资本开发放在乡村振兴战略的首要位置，实行自主培养和人才引进相结合，建立新型农村人才队伍，落实各项扶持政策，促进各路人才投身乡村振兴。加大新型职业农民培育认定力度，探索开展职业农民职称评定试点，畅通资格认定与扶持政策有效衔接渠道，到2022年培育新型职业农民2000名、认定600名。完善科技镇长团制度，充分发挥桥梁纽带作用，帮助引进和培育农业专家、科技人才，积极为人才科技工作出谋划策，推动乡村产业转型升级。深入贯彻实施乡土人才“三带”行动计划，启动实施“乡土人才”培育计划，培养扎根在基层、活跃在民间，在传统工艺、古建技艺、现代农技等领域掌握特殊技艺技能的能工巧匠、经营能人、生产能手，拓展人才工作覆盖面。将“现代高效农业”列入全市精细化人才产业节点，积极引进农业科技人才，对列入市领军人才计划的农业类人才科技项目给予最高300万元的项目资助，以及最高200万元融资贴息，优先支持农业科技人员进入星创天地创新创业。为乡村农业科技发展提供政策支撑和保障服务。支持返乡下乡人员依法使用农村集体建设用地开展创业创新。

11.培育新型农业经营主体。坚持因地制宜，加强引导，培育各类新型农业经营主体，助力乡村振兴。建立并优化新型农业经营主体名录，实施动态监测管理，加强规范化建设，提升各类新型农业经营主体发展水平。拓宽合作领域，鼓励成立劳务、农机等服务型合作社，推进农业生产全程社会化服务。发展多样化的联合，引导成立以家庭农场为成员的农民专业合作社。注重发挥新型农业经营主体带动作用，打造区域公共品牌，开展农超对接、农社对接、帮助小农户对接市场。强化新型农业经营主体管理，开发建设新型农业经营主体评价体系平台，创新新型农业经营主体培育、服务、管理方式，动态采集、掌握全市新型农业经营主体发展大数据，构建阳光透明的新型农业经营主体信息库，推动全市新型农业经营主体的培育与发展跃上新台阶。探索农民合作社和家庭农场在农村产业融合中更好发挥作用的有效途径。鼓励农民合作社发展农产品加工、销售，鼓励家庭农场开展农产品直销。支持龙头企业和领军企业通过直接投资、参股经营、签订长期供销合同等方式建设标准化、规模化原料生产基地以及营销设施，带动农户和农民合作社发展适度规模经营。引导行业协会和产业联盟发展，加强产业链整合和供应链管理。

12.提升农民就业创业水平。健全公共就业服务体系，拓宽农民增收渠道，坚持把促进农民增收作为“三农”工作的中心任务，巩固工资性收入渠道，扩大经营性收入来源，拓展财产性收入和转移性收入空间。建设覆盖城乡的就业服务信息管理系统，对就业困难人员建档立卡，实施精准就业援助。坚持以创业带动就业，实施农村创业富民行动计划，充分发挥就业专项资金作用，全面落实社保补贴、技能培训、开业补助、租金补贴和贷款贴息等各类创业扶持政策，到2022年新增农民创业2000人。建设创业型区镇、村(社区)，到2022年，全市80%以上的区镇和70%的村(社区)达到省级建设标准。大力发展电子商务、文化创意、全域旅游等现代服务业，拓展高校毕业生就业创业空间。鼓励创业带动就业，进一步优化创业环境，加强创业载体建设，推进创业型乡镇、村创建工作。深入开展创业培训“进高校、进社区、进乡村”活动，引导创建具有地方特色的农村创业孵化基地、创业园，到2022年，认定省级创业示范基地3个，市级创业孵化基地30个。完善就业失业登记制度，全市每年开发32个基层公共服务公益性岗位，用于安排低收入家庭、困难家庭和就业困难高校毕业生就业。建立健全农村职业技能培训体系建设，5年内完成城乡劳动者职业技能培训4万人次，创业培训5000人次。

五、以文化繁荣兴盛为切入点，立足文化振兴，全面焕发乡风文明新风尚

乡村振兴，乡风文明是保障。要坚持物质文明和精神文明一起抓，提升农民精神风貌，留住文化之根和乡村的独特印记，形成文明乡风、良好家风和淳朴民风互促共融的乡村文明新风尚。

13.全面提升农村精神文明水平。大力培育践行社会主义核心价值观，精心设计一批和农村风貌相融的社会主义核心价值观小品雕塑，推动核心价值观融入群众性文化活动、融入人们生活空间。注重家庭、家教、家风建设，广泛开展“好家风好家训”征集活动，扩大优良家风对社会风气的渗透力、影响力。开展“走进新时代美丽乡村行”主题活动，展现农村精神文明建设的显著成效。建设一批乡村文化墙、文化长廊，善行义举榜等宣传阵地，常态化宣传农村道德模范、优秀乡贤代表等先进人物。推动文明区镇、文明村(社区)、文明家庭等群众行精神文明创建，到2022年，各级各类文明村、文明社区占比保持在70%以上，城乡公共文明指数保持在90分以上。

14.健全农村公共文化服务体系。发挥市级公共文化机构辐射作用，推动公共文化资源向基层、向农村倾斜。推进基层综合性文化服务中心标准化建设，至2019年实现全覆盖。积极开展各类公益性惠民展演下乡活动，持续推进中国(张家港)长江文化艺术节、公益文艺“村村演”、广场文艺“周周演”、优秀电影“月月映”、文明书场“天天说”等惠民活动，培育群众文化团队，鼓励、扶持群众自办文化。办好清明诗会、七夕集体婚礼、重阳敬老文化节等“我们的节日”品牌活动，引导村民在慎终追远、缅怀先贤、阖家团圆、孝老敬老中弘扬文明新风。实施全民科学素质行动计划，加强人文社会科学宣传普及，倡导简约适度、绿色低碳、健康文明的生活方式。

15.传承发展农村优秀传统文化。立足乡村文化，实施农村文化保护、传承和提升工程，不断赋予时代内涵、丰富表现形式，深入挖掘农村优秀传统文化的思想观念、人文精神、道德规范，充分发挥其凝聚人心、教化群众、淳化民风的重要作用。深入挖掘、继承、创新优秀传统乡土文化，加大对古镇、历史街区、古村落保护，留住有形的乡村文化；推进乡风民俗、民间艺术、手工技艺等非物质文化遗产的保护发展和创造性转化，着力彰显港城文化特色魅力。将保护传承和开发利用有机结合，将农村文化与现代文明相结合，加大“三农”题材文艺创作力度，持续繁荣农村文化市场。

16.大力开展移风易俗专项行动。坚持问题导向，革除大操大办、厚葬薄养等陈规陋习，遏制人情攀比、铺张浪费等不良风气，扎实推动移风易俗。抓好党员带头、群众自治两个关键环节，突出“红事”“白事”两个重点领域，切实发挥乡规民约、道德评议的约束作用。发挥村民主体作用，组织村民广泛参与村规民约修订，把移风易俗要求纳入其中，以制度形式固定下来。发挥基层道德典型、村组干部、村民代表等示范作用，带头抵制不良风气。增强服务能力，在农村推广建设“邻里服务中心”“便民餐厅”等便民服务中心，为农村群众操办红白事免费提供场地布置、厨具桌椅，实行零利润、规范化服务，引导广大群众合理约定本村本社区红白事礼金标准和办事规模，用“乡里规矩”清朗人际关系。

六、以绿色发展理念为着眼点，立足生态振兴，全力打造美丽乡村新风貌

乡村振兴，生态宜居是关键。良好的生态环境是农村最大优势和宝贵财富，要牢固树立和践行绿水青山就是金山银山的理念坚持尊重自然、顺应自然、保护自然，推行农业绿色生产方式，优化生态补偿长效机制，着力构建人与自然和谐共生的江南水乡风貌。

17.推进乡村生态文明建设。坚持以生命共同体的理念保护山水林田湖，统筹谋划资源开发、产业布局、人口分布，进一步优化乡村资源利用布局，科学划定生产空间、生活空间、生态空间。更加注重发挥土地整治的生态功能，以“宜垦则垦”“宜绿则绿”“宜水则水”“宜林则林”为原则，确保“四个百万亩”面积不减少、质量不降低。按照数量、质量和生态“三位一体”保护要求，严守耕地和基本农田红线，强化区镇政府耕地保护主体责任，鼓励各区镇建立耕地保护补偿机制，对履行耕地保护责任的农民和村集体经济组织予以奖补。改进设施农用地监管，进一步完善不同类型设施农用地的规划安排、选址要求、使用周期、恢复原状等保障措施，确保农地农用。有序推广耕地轮作休耕技术，落实耕地质量监测机制，到2022年全市完成一遍耕地轮作休耕。大力推进农业清洁生产，积极推广使用有机肥和高效、低毒、低残留农药，规范使用饲料添加剂，到2022年主要农作物测土配方施肥技术覆盖率达到98%以上，化肥使用量2020年较2015年减少5%，其后实现零增长。持续扩大农药零差率集中配送覆盖面。以彩色化、珍贵化、效益化为导向，深挖造林绿化潜力，全面提升森林资源质量，到2022年新增绿化造林面积333.33公顷。加强湿地公园、湿地保护小区管理力度，建设湿地公园1个，自然湿地保护率达到60%以上。不断健全生态补偿机制，稳步提高生态补偿标准，落实生态保护主体责任，着力提升生态文明建设水平。

18.科学推进美丽镇村建设。围绕“功能提升、规模控制、挖掘潜力、优化布局、集约土地、增强特色”等特点，明确各撤并乡镇的发展定位，积极推进被撤并镇改造，实现被撤并镇可持续发展。2018年启动镇辖办事处更新规划编制，实现被撤并镇提标优化全覆盖，到2022年，全面完成被撤并镇改造提升。同时，各区镇每年安排1至2个基础设施和环境面貌最薄弱的被撤并村进行全面整治、整体提升，逐步解决村庄建设不平衡的问题。实施新一轮美丽村庄建设。2018起，三年内完成不少于4个康居特色村和189个三星级康居乡村建设，至2022年，全市所有重点村、特色村建成三星级康居乡村。切实转变建设理念，鼓励有条件的行政村整体推进，并结合“水美乡村”和“美丽河道”创建，进一步丰富建设内涵，强化长效管理，至2022年，每个有重点村、特色村的行政村至少建成1条美丽河道。加强对农村古宅、老街、礼堂、民房等古迹、古建筑和传统建筑组群的保护，着力改善农村基础设施和公共环境，实现乡村文化遗产的共护共享。依托美丽乡村建设成果，以点串线、区域推进，积极打造乡村旅游精品线路，到2022年新增乡村旅游精品线路5条。完善村庄环境管理长效机制，加大农村环境突出问题整治，全面提升城乡人居环境品质。

19.加大农村环境整治力度。以农村垃圾、污水治理和村容村貌提升为主攻方向，实施农村人居环境整治提升行动。全力推进农村生活垃圾分类和治理工作，加快建立分类投放、分类收集、分类运输、分类处理的垃圾处理系统。2020年全市行政村生活垃圾分类基本实现全覆盖，2022年实现分类成效的进一步巩固提升。加强农业面源污染防治，实施农业生态环境治理工程，实现投入品减量化、生产清洁化、废弃物资源化、产业模式生态化。全面开展农业废弃物资源化利用，5年内力争回收率达到98%以上。到2022年秸秆综合利用率超过99.5%，规模畜禽场粪便无害化处理与资源化利用率超过98%。深入开展农村水环境综合整治工程，建立健全市、镇、村三级河长体系，强化各级河长巡河护河责任，2018年基本消除城镇黑臭河道，2020年全面消除城乡黑臭水体和劣V类水体。实施城乡生活污水治理提质增效行动，推进农村户用卫生厕所建设和改造，到2022年全市农村生活污水治理率力争达到90%，农村无害化卫生厕所普及率保持100%。推进交通干线沿线环境综合整治“五项行动”，持续提升交通沿线生态环境质量。深入推进“263”专项行动，全力实施污染防治工作，加大城乡“散乱污”企业整治力度，落实清单制、台账式管理机制，强化督察督办，实现长效管理，确保整治不反弹、不回潮。持续开展工业污染源全面达标行动，至2020年底，实现各类工业污染源持续达标排放。

七、以促进乡村善治为支撑点，立足组织振兴，着力构建乡村治理新体系

乡村振兴，治理有效是基础。要把夯实基层基础作为固本之策，构建以党建引领为核心的“一核四元”社区治理新机制。健全完善共建共治共享的乡村治理格局和德治法治自治“三治融合”的乡村治理体系，确保农村社会充满活力、和谐有序。

20.加强农村基层党组织建设。以突出政治功能、提升组织力为重点，推动全面从严治党向农村基层延伸。积极推动村党组织书记通过选举担任村委会主任，持续推进农村基层党建“六强六过硬”，深化农村党建富民先锋行动。深入推进党建引领网格化社会治理“红堡”工程，推进与网格对应的基层党组织设置工作，实现“支部建在网格上”，深入开展“行动支部”建设，完善街道（办事处）—村（社区）—基础网格三级“海棠花红”党群服务阵地标准化建设，充分体现农村支部在基层治理中的核心领导作用。实行农村基层党组织体检常态化机制，全面推行组织生活开放日、党支部“堡垒指数”和党员“先锋指数”、带头人储备培养激励等制度。深入推进农村基层服务型、法治型党组织建设，进一步深化基层党建项目化推进机制，高标准建设基层党群服务中心，切实把农村基层党组织建成坚强战斗堡垒。

21.健全“三治”融合的乡村治理体系。坚持以自治为基础、法治为根本、德治为先导，推进乡村治理体系和治理能力现代化。充分发挥基层党组织引领作用，构建完善党组织领导下的基层群众自治机制。深入推进农村社区以村民小组、动迁小区为单位的“微自治”，2020年底实现农村社区议事协商平台全覆盖，“微自治”机制全覆盖。全面推行“全科社工”机制，实现公共事务一窗受理，为群众提供精准化、多样化服务，2020年实现全科社工机制全覆盖。鼓励引导专业社会组织承接公共服务项目，加快社区服务社会化进程，到2020年底，农村社区三社联动覆盖率超过80%，社区服务社会化覆盖率超过30%。加强乡村法治建设，落实区镇法治政府建设工作措施，指导“强镇扩权”试点镇有效承接下放的行政管理权限，推动乡镇相对集中行政处罚权试点改革。深化以村（社区）党组织为引领的基层“社区协商”实践，积极推广“政社互动”，进一步厘清基层群众自治组织依法履职事项和协助工作事项，培育发展社区社会组织，鼓励通过购买服务机制增强社区服务管理能力和水平。深化市、镇、村（社区）三级公共法律服务工作，全面落实村（社区）法律顾问制度，鼓励引导律师参与调解工作，到2022年实现镇村两级人民调解委员会和村（社区）法律顾问更高水平的全覆盖口加强基层法治宣传阵地建设和法治文化产品创作，充分发挥地方历史文化中重法敬法传统的示范引领作用，健全自治、法治、德治相结合的乡村治理体系。提升乡村德治水平，深入挖掘乡村熟人社会蕴含的道德规范，结合时代要求不断创新，强化道德教化作用，引导农民向上向善、孝老爱亲、重义守信、勤俭持家。注重农村各类先进典型示范引领，大力选树道德模范、“时代楷模”“最美人物”“身边好人”等先进典型，用有形的正能量、鲜活的价值观引领人们向上向善。

加快发展农村志愿服务，营造相互关爱、互帮互助的良好社会风尚。

22.推进平安乡村建设纵深发展。创新乡村社会治理机制，按照“一张网、五统一”要求，整合综治、警务、司法、人民调解等部门力量，加快综治中心、联动工作站及网格化服务管理工作站建设，到2020年基本形成党建引领的“2+2G”网格化社会治理模式，实现全市乡村全覆盖。开展乡村扫黑除恶专项斗争，打击整治横行乡里、欺压百姓、侵蚀基层政权的黑恶势力犯罪，坚决铲除黑恶势力的“保护伞”。到2022年农民群众安全感、法治建设满意度达95%以上，保持全省领先。加强乡村治安防控体系建设，推进视频监控2.0工程，壮大乡村群防群治队伍，到2020年行政村技防建设全部达标。健全乡村心理服务体系，做好刑满释放人员、安置帮教人员、吸毒人员、精神障碍患者、心态失衡人员人文关怀和心理健康服务，强化乡村安全生产监管，加快构建安全风险分级管控和隐患排查治理双重预防机制，到2022年乡村亿元GDP生产安全事故死亡率低于0.06。

八、以提升公共服务为落脚点，立足改善民生，打造共同富裕新格局

乡村振兴，生活富裕是根本。要围绕农民群众最关心最直接最现实的利益问题，统筹城乡基础设施和公共服务，加快补齐农村民生短板，逐步实现城乡服务均等化，持续不断缩小城乡发展差距，提升群众获得感和满意度，让广大农民共享改革发展成果。

23.健全社会保障服务体系。坚持城乡社会保障一体化目标，加快构建基本保障全面覆盖、补充保障协调发展、兜底保障无缝衔接的农村社会保障体系。逐步提高城乡低保标准，构建城乡居民养老保险与职工养老保险有效衔接机制，城乡居民基础养老金年均增幅不低于8%，确保城乡居民平等享受社保待遇，城镇职工社会保险和城乡居民社会养老、医疗保险参保覆盖率均巩固在99%以上。统筹城乡社会救助体系，完善最低生活保障制度，按照不低于上年度居民可支配收入增幅调整救助标准。加大特困人员基本生活保障力度，将符合供养条件的未成年人、老年人、残疾人全部纳入救助供养范围。完善低保边缘困难群体救助机制，不断加大低收入家庭中重大疾病患者生活救助、残疾人生活补贴力度。合理提高城乡居民医疗保险筹资标准和个人缴费比例，全面提升城乡居民大病医疗保障全覆盖水平，有效加强基本医疗保险与医疗救助、大病保险的衔接机制。稳步实施长期护理保险制度，推动护理服务全面向农村社区延伸。

24.加大基层公共服务供给。继续深化改革创新，加快城乡基本公共服务均等化建设，补齐农村基本公共服务供给短板，把基础设施建设重点放在农村，促进城镇基础设施向农村延伸，实现互联互通、共建共享。进一步优化镇村公交线网、提高镇村公交班次密度、延长镇村公交运行时间、提升镇村公交服务质量。巩固“四好农村路”创建成果，重点推进行政村和特色田园乡村通双车道四级公路建设工作，加强农村公路安全隐患治理工作，构建农村公路特色品牌，提升农村公路路况质量和管理信息化水平。到2022年，全面建成以“集约建设、优质养护、安全运行、便捷服务”为导向的农村公路体系，镇村公共交通开通率保持100%，确保行政村通四级双车道公路实现100%、县乡道及通镇村公交村道隐患治理率达100%。推动教育、养老等服务体系加快向乡村延伸。进一步优化城乡学校布局，提升办学品质，统筹配置城乡师资，并向农村倾斜，建好建强乡村教师队伍。加快推进城乡养老服务建设，到2022年，农村镇级公办养老机构全部实现社会化运营，全面升级为区域养老服务综合体；居家养老服务中心（站）实现行政村全覆盖，“15分钟”养老服务生活圈基本形成。

25.推进健康乡村建设。强化农村公共卫生服务，加强慢性病综合防控，大力推进农村地区精神卫生、职业病和重大传染病防治。完善基本公共卫生服务项目补助政策，加强基层医疗卫生服务体系建设。完善社区卫生服务体系，加强社区卫生服务机构内涵建设，到2020年所有社区卫生服务中心全部转型成市民健康管理综合服务平台，社区卫生服务机构（中心、站）中医综合服务区建设率均达100%。深化家庭医生签约服务扩面工程，为社区高龄、失能、部分失能以及计划生育特殊家庭等老年人提供定期体检、上门巡诊、社区护理、健康管理等基本服务，到2022年高血压、糖尿病等重点人群签约服务率达60%，大病困难群众、计生特殊困难家庭签约率达到95%以上，居民健康素养水平达到25.5%。

26.持续开展精准扶贫工作。坚持精准扶贫、精准脱贫，全面聚集低收入人口和集体经济相对薄弱村两个重点，落实各项扶贫措施。继续实施经济相对一般村结对帮扶工作，市级层面组织75家机关部门和企事业单位挂钩帮扶60个经济相对一般村，每年市级财政安排不少于4000万元用于支持全市村级集体经济发展和公共服务支出，到2020年市级相对一般村稳定性收入超300万元、镇级相对一般村稳定性收入超350万元。把扶贫同扶志、扶智结合起来，把救急纾困和内生脱贫结合起来，提升贫困群众发展生产和务工经商的基本技能，实现可持续稳固脱贫。坚持“应救尽救”原则，持续加大支出型困难家庭精准帮扶力度，引导有条件的村开展村民医疗互助，充分发挥基层慈善组织的作用，通过多种形式参与扶贫帮困，切实改善因病致贫困难家庭生活质量。建立全市统一的综合性社会救助管理平台，通过平台的运用最终达到精准识别对象、精准使用资金、精准选定项目、精准整合力量和精准实现救助。落实大病保险倾斜性支付政策，提高重大疾病医疗保障水平，逐步降低低收入大重病患者自负费用比例。对困难群众全面实行行政区域内定点医疗机构住院先记账后结算制度。持续完善社会力量参与扶贫帮扶的机制体制，为社会力量参与扶贫帮困创造条件。运用“阳光扶贫·智慧e农”扶贫监管系统平台，健全帮扶长效监管机制，对帮扶领域资金和项目实行全程管控，确保真扶贫、扶真贫。

九、坚持党对三农工作的领导，立足政治保障，把握乡村振兴新方向

实施乡村振兴战略是党和国家的重大决策部署，各区镇、村（社区）要切实提高对实施乡村振兴战略重大意义的认识，真正把乡村振兴摆上优先位置，把党管农村工作的各项要求落到实处。

27.完善党管农村工作领导体制机制。健全党委统一领导、政府负责、党委农村工作部门统筹协调的农村工作领导体制。落实党政一把手是第一责任人，各级书记抓乡村振兴的要求。坚持工业、农业一起抓，城市、农村一起抓，把农业农村优先发展的要求体现到各个方面。成立乡村振兴工作领导小组，由市委、市政府主要领导牵头，负责研究确定乡村振兴工作的重大事项。按照上级要求建立推进乡村振兴战略的实绩考核制度，考核结果作为干部选拔任用的重要依据，推动乡村振兴各项工作落实落细。切实加强市镇两级农村工作部门建设，按照上级有关规定，加强党的农村工作机构建设和力量配置工作，充分发挥好决策参谋、统筹协调、政策指导、推动落实、督导检查等职能。各区镇党委、政府每年要向市委、市政府报告乡村振兴进展情况，市委、市政府每年向苏州市委、市政府作出报告。

28.落实农村农业优先发展要求。在干部配备上，要立足农业农村发展需求，将专业能力强、工作作风实和“三农”工作经验丰富的干部，优先选派到区镇党政领导班子，着力选优配强村（社区）党组织书记。在要素配置上，要坚持把建设用地、信贷资金等要素优先配置给农业农村，满足产业发展、基础设施建设和民生事业需要。在公共财政投入上，要下决心调整财政支出结构，优先安排农业农村投入。在农村教育、医疗、文化、卫生、交通和社会保障等方面，优先安排资金，优先落实项目，优先规划建设，加快补齐农村基本公共服务短板。

29.强化乡村振兴规划引领。抓紧编制全市乡村振兴战略5年实施规划（2018—2022年），各区镇、各部门要组织编制乡村振兴规划或专项规划（方案），明确到2022年的发展目标、重点任务和保障措施，部署一批重大工程、行动计划、实事项目。加强各类规划的统筹管理和系统衔接，形成城乡融合、区域一体的规划体系。

30.强化乡村振兴监督考核。建立健全乡村振兴战略评价指标体系，完善考核内容，细化工作方案，落实责任主体。切实完善乡村振兴战略实施的督查考核制度，建立完善专项督查、联合督查、定期督查和第三方评估机制，对重点政策措施落实情况实行通报制度，对发现的问题及时查摆原因、强化跟踪协调，推动各项工作落实到位。强化作风纪律保证，持之以恒抓好“四风”整治，深入治理农村“微腐败”，确保乡村振兴战略有效实施。

31.营造乡村振兴良好氛围。广泛宣传中央、省和苏州乡村振兴战略丰富内涵、精神实质和实施乡村振兴战略的重大意义，引导动员社会各方力量关注关心和大力支持乡村振兴，加快形成党政部门主抓、社会各方积极参与的工作格局。各牵头部门和责任单位要切实履行职责，及时掌握和报送推进乡村振兴的工作动态和进度信息，及时总结推广乡村振兴的成功经验和先进典型，提振基层干部群众的精气神。把加强乡村振兴理论知识学习纳入领导干部菜单式讲座、主体班次等干部培训教育课程，有计划地增加针对农业农村干部的专项培训，提高各级领导干部驾驭和推进乡村振兴的本领和能力。

实施乡村振兴战略，意义重大，影响深远，全市上下要紧密团结在以习近平为核心的党中央周围，开拓创新，锐意进取，埋头苦干，以永不懈怠的精神状态和一往无前的奋斗姿态，奋力开创张家港市乡村振兴新局面，为勇当苏州“两个标杆”建设排头兵作出新的更大的贡献！

——摘自《关于实施乡村振兴战略加快推进城乡融合发展的意见的通知》张委发〔2018〕18号

关于实施“红堡”工程全面提升基层组织力的意见

一、总体要求

1.指导思想。以习近平新时代中国特色社会主义思想为指导，深入贯彻习近平总书记关于党的建设和组织工作重要思想，全面落实新时代党的建设总要求和党的组织路线，更加注重全面统筹，更加注重系统推进，更加注重开放融合，更加注重整体效应，更加注重改革创新，聚焦提升组织力，突出政治功能，努力把每个基层党组织都建设成为宣传党的主张、贯彻党的决定、领导基层治理、团结动员群众、推动改革发展的“红色堡垒”，让“红堡”理念植根港城大地，让“红堡”工作统领基层党建，让“红堡”成果惠及全市人民。

2.目标要求。实施“红堡”工程，要聚焦政治功能和组织体系建设，围绕高标准推进基本队伍、基本活动、基本阵地、基本制度、基本保障等“五个基本”建设，以“红堡”引领计划、根须计划、雁阵计划、活力计划、阵地计划“五个计划”为抓手，打造基层党建“十个一百”：建设标准化党建阵地，打造百个实境课堂、百个书记工作室；培育新时代先进典型，集聚百名先锋工匠、百名先锋人物；推行党支部“堡垒”指数和党员“先锋”指数，每年选树百个标杆党支部、百名优秀共产党员；实施党内关爱计划，培育百个党组织为民服务示范项目，搭建百个党员关爱服务平台；建立党建示范项目库，每年推选百个优秀“书记项目”、百个基层党建好项目。

二、重点任务

（一）实施“红堡”引领计划

3.持续加强理论武装。加强理论学习教育，坚持把学习贯彻习近平新时代中国特色社会主义思想、党的十九大精神作为基层党组织书记集中轮训和基层党员全员培训的重要内容，加强分层分级轮训和专题学习交流力度。开展党员领导干部“领学带学督学”活动，深入所在党支部和基层联系点讲党课作辅导。以习近平新时代中国特色社会主义思想为主要内容，编印《党员应知应会系列读本》，不断丰富“先锋擂台”“先锋书架”“先锋党课”等“先锋”系列党员教育平台内涵，推动习近平新时代中国特色社会主义思想进农村、进社区、进机关、进企业、进校园，促进理论与实践有机结合。

4.切实增强“四个意识”。严明党的政治纪律和政治规矩，筑牢“两个坚决维护”的政治忠诚，牢固树立“四个意识”，坚定“四个自信”，牢记“五个必须”，坚决反对“七个有之”。按照上级统一部署，精心组织开展“不忘初心、牢记使命”主题教育，积极谋划特色载体，探索创新喜闻乐见、直抵人心的方式方法，提高主题教育质量。严肃党内政治生活，严格执行“三会一课”、组织生活会、谈心谈话、民主评议党员、双重组织生活等基本组织生活制度。坚持和完善党内政治仪式，切实增强党内政治生活的仪式感和庄严感。

5.全面加强政治领导。加强党对改革发展稳定各项工作的全面领导，着力深化农村党建富民先锋、社区党建和谐先锋、“两新”党建活力先锋、机关党建勤廉先锋、国企党建强企先锋等“五个先锋”行动，让党组织在各个领域中唱主角。贯彻落实全省抓乡兴村党建提质“40/60”计划，强化农村基层党组织领导核心地位，全面开创党建引领乡村振兴新路径。深化街道治理体制改革，推动街道党组织职能转变，牢固确立街道社区党组织领导核心地位，逐步深化社区党组织对社区各类组织、各项事务的领导和决策机制，进一步完善党组织领导下的基层社会治理体系。

（二）实施“红堡”根须计划

6.构建区域化党建格局扩大“两个覆盖”。深化“小区域·大党建”工作，健全完善“区域实体型党组织、区域联合党委、区域联席会议”等三类区域党建模式。积极探索街道大工委、社区大党委制，逐步推进街道“大办制”，变“向上对口”为“向下对应”。在街道建立“两新”综合党组织，对大量分散的小微企业、个体工商户等实行兜底管理。打造“实体化运作、多功能融合”的区域党建工作站，发挥站点辐射作用，建立健全新兴业态和互联网党建工作体系。不断拓展基层党建领域，努力形成街道社区党组织为核心，区域化、网格化党建全面深化，街道社区、单位、行业共驻共建的“一核两化三方共建”城市基层党建工作格局。

7.优化组织设置理顺组织关系。严格按照党章规定以及有利于党员作用发挥的原则，切实规范基层党组织的设置，按照党员志向、兴趣爱好和职业专长，灵活设立“地缘、志缘、趣缘、业缘”等功能性党组织，将党的工作和服务向楼栋、村组、商圈等领域延伸。动态排查、理顺隶属关系不合理、不科学的基层党组织，理顺机关党组织隶属关系和党员组织关系，以布点建设“银龄驿站”为抓手，逐步推动离退休干部转入社区。结合全市党政机构改革，调整理顺国有企业党建管理体制和运行机制，压实国有企业党建工作责任，提高国有企业党建整体水平。推动市场监管局党委做好商圈市场类党的组织和工作覆盖，推动工商联做好所属会员企业党建工作指导，探索各类商会党建新模式。健全社会组织党建工作管理体制，把与行政机关脱钩的行业协会商会党建工作，纳入社会组织综合党委统一管理，进一步提升社会组织党委运转规范化水平和社会影响力。

8.强化支部功能创新活动方式。牢固树立党的一切工作到支部的鲜明导向，贯彻落实《中国共产党支部工作条例（试行）》，切实把党的基本制度、基本活动、基本要求落到支部。推行“堡垒”指数考核，建立党支部评星定级、晋位升级机制，在区镇试点建设整转支部，持续整顿后进党支部，使每一个党支部有变化、有进步。全面推广“组织生活开放日”制度，鼓励基层党组织结合实际，开发组织生活创意模块，在突出政治性、强化实效性、增加吸引力上下功夫，持续激发基层组织新活力。

（三）实施“红堡”雁阵计划

9.建强基层骨干队伍。将基层骨干队伍建设纳入市镇干部人才队伍建设总体规划，全面加强基层党组织带头人队伍建设，实行村党组织书记备案管理，努力形成老中青配备合理、良性循环的梯队结构。以新一轮村（社区）“两委”集中换届为契机，显著提升村（社区）书记、主任“一肩挑”比例。进一步完善村（社区）党组织书记激励保障制度，激发基层带头人干事创业热情。推动年轻干部通过担任党内职务的方式强化基层一线锻炼力度，鼓励退二线干部担任村（社区）党组织书记。创新党支部书记实训课程体系，深化党务工作者履职资格考试制度。在市级机关部门机关党委、机关党总支配备专职副书记，在村（社区）配备专职党务工作者，探索推行社区工作者职业化管理。加强“两新”领域红领导师、新生代企业主、先锋合伙人、区域工作站专职党务干部等队伍建设，全面提升党的基层骨干队伍建设专业化水平。

10.加强党员教育管理。立足政治标准过硬、作用发挥突出，全面抓好党员队伍建设。推行“一库三定”制度，有领导、有计划地从产业工人、青年农民、高知识群体中和“两新”组织中发展党员。持续加强基层远教站点阵地标准化建设，落实“固定学习日”制度、“远程教育培训周”活动。持续加强和改进流动人才党员管理工作和退役军人党员组织关系转接工作。深入开展党员档案普查工作，实施党员档案电子化工程，建立党员涉嫌违纪违法信息通报和及时处理工作机制。健全完善党员“先锋”指数考核，加大结果运用力度，稳妥有序开展不合格党员组织处置。

11.深化党内暖心工程。健全完善“不忘初心”系列仪式教育，建立“入党仪式”“政治生日”“荣耀时刻”等制度，强化党员的身份意识和政治获得感。推行党员“三个一”标配，为全市党员配齐党章、党徽、《党的组织生活纪实手册》，增强组织观念。实施“薪火相传”结对工程，以老带新、促进成长。探索党内关怀的有效举措，发挥党员关爱基金的撬动效应，开展常态帮扶和项目帮扶相结合的“红堡”关爱计划，搭建百个党员关爱服务平台，进一步优化创新党内关怀帮扶的新机制、新渠道。

（四）实施“红堡”活力计划

12.推广“行动支部”工作法。推进党的基层组织设置和活动方式创新，深化“一切工作到支部”的理念，聚焦中心工作和重点任务，按照“六个有”的要求，推广“行动支部”工作法，发动一线建支部、支部到一线，把攻坚克难的任务交给支部，让支部切实成为党员群众的主心骨，使支部真正在政治上引领，服务上牵头，资源上统筹，引领推动党支部在各领域高质量发展中当先锋、做表率，用实际行动提升基层组织力，增强政治功能。

13.深化项目化推进机制。健全完善“市委常委包挂、各党工委领衔、市级专项点题、基层自主发起”的党建项目推进机制，通过党建项目将组织所能与基层所需有效对接，着力解决面上党建工作中存在的重点难点问题，着力解决基层党员群众关心的焦点堵点问题。引导各级党组织书记自觉投身党建项目规划、推动、考量的全过程，鼓励基层采用众筹众创、线上线下等创新方式推进党建项目，每年推选百个党建“书记项目”、百个基层党建好项目。做优“同心同行”社区党组织为民服务项目，建立示范项目“种子库”，培育百个党组织为民服务示范项目，全面提升基层党组织服务功能。

14.发挥典型示范引领作用。持续深化“小区域·大党建”“沿江党建带”“红堡”工程等党建品牌内涵，尊重基层首创，大力推广“金港农村新型社区党员‘双联双管’模式”“党建引领基层治理的杨舍路径”“锦丰网格上的党群睦邻坊”“乡村振兴的永联经验”等创新做法，培育拓展一批可感知、可触摸、可复制、可推广的党建工作模式。贯彻落实苏州市委“新时代新接力”计划，在各领域发现和培育一批新时代先进典型，推动具有张家港精神特质的“双百”典型培育计划。每年选树百个标杆党组织、百名优秀共产党员，通过发挥典型示范、榜样带动，促进党建元素更加彰显、党的声音有效传递、党的形象亲和开放。

（五）实施“红堡”阵地计划

15.加快推进标准化建设。着力打造集综合展示、党员教育、党性体检、创意空间于一体的市级组织力提升实训基地。全面推广应用“红堡”标准化视觉识别系统，大力推进“镇级党群综合基地、区域党群工作站、村（社区）党群服务中心、基础网格先锋骚站”四级红堡阵地群建设。织密基层党建工作网络，打造基层“10分钟党建圈”。规范村（社区）党群服务中心标牌悬挂，对外统一挂村（社区）党组织、村（居）委会、村（社区）党群服务中心3块牌子，严禁以各种名义在社区增挂牌子。

16.提档升级“红堡”地图。持续加大党建示范基地、党性教育基地建设力度，以建设百个实境课堂和百个书记工作室为契机，不断丰富“红堡”地图内涵，编制党（工）委级“红堡”地图，形成市、镇两级“红堡”地图体系，为各级党组织丰富支部生活、开展党员教育提供快捷行动指南。开发线上“红堡”地图，拓展“红堡”点位场地预约功能、点赞功能，把基层“红堡”搬到线上，移到指尖。全面组织开展“寻党员初心、看组织振兴，万名党员进基地”主题活动，让广大党员在各级“红堡”中接受党性洗礼。

17.持续完善智慧平台。不断升级改造张家港智慧党建平台，创新建设党建大数据融合分析平台，充分发挥平台数据分析、研判、运用和指导功能，推行党的组织生活纪实管理。将党建信息数据同电子地图展示相结合，构建覆盖全市、开放共享的基层党建信息系统，实现与其他市级信息平台的互联互通，以信息化推动党建工作提质增效。

三、保障措施

18.全面优化党建工作体系。充分发挥市委党的建设工作领导小组牵头抓总作用，加强对基层党建工作的系统筹划，设立农村党建工作专委会和城市党建工作专委会。健全完善联席会议制度，将民政、财政、编办等相关部门纳入党建领导小组成员单位，形成资源共享、活动共办、任务共担的长效机制。

19.提高基层经费保障水平。进一步完善以财政投入为主，稳定的基层组织运转经费、基层干部报酬和基层党组织为民服务专项经费保障。机关党员活动经费达到每人每年600元，村（社区）党员活动经费逐步提高至每人每年500元，“两新”组织党员活动经费逐步提高至每人每年300元，优化社区党组织为民服务专项经费使用管理办法，提高经费使用绩效。

20.加大基层党建考核力度。进一步完善基层党建述职评议考核制度，突出结果运用，不断凝聚抓好党建是最大政绩、最重主业的共识。围绕基层党建工作重点任务，采取单位自检、重点互检和集中督检等形式，开展基层党建工作巡回督查。持续开展基层组织力体检，对各级党组织进行全面检验，推动基层党建各项任务切实落地。

——摘自《关于实施“红堡”工程全面提升基层组织力的意见的通知》张委发〔2018〕61号

张家港市长期护理保险试点实施方案

一、指导思想和原则

（一）指导思想。深入贯彻落实党的十九大精神和习近平新时代中国特色社会主义思想，通过试点探索建立我市长期护理保险制度，促进社会化长期护理服务市场发展，保障公民因年老、疾病、伤残等导致长期失能时能及时获得长期护理服务，努力提高长期失能人员生活质量和人文关怀水平，使其共享经济社会发展成果。

（二）基本原则。长期护理保险坚持全覆盖、保基本、多层次、可持续原则。坚持以人为本，满足长期失能人员生活照料和医疗护理需求；坚持基本保障，保障水平与我市经济社会发展水平和各方承受能力相适应；坚持责任共担，遵循政府主导、社会参与、权利义务对等原则；坚持统筹协调，实现各类险种间相对独立、功能衔接、协同发展；坚持稳妥推进，分阶段试点实施，实现服务市场供给能力和群众需求相适应。

二、目标任务

（一）试点目标。探索建立长期护理保险制度，建立以个人缴费、政府补助和基本医疗保险统筹基金结余划转相结合的多渠道资金筹集机制，对经评估达到一定护理需求的长期失能参保人员，为其本人提供基本生活照料和与基本生活密切相关的医疗护理服务。

（二）主要任务。贯彻执行苏州市长期护理保险失能等级评估标准体系和管理办法、长期护理保险保障项目和待遇支付政策、长期护理保险基金管理办法以及长期护理保险服务协议机构和护理人员质量评价、准入监管、费用结算等办法；探索建立我市长期护理保险委托经办管理机制、管理服务规范和运行机制。

三、主要内容

（一）试点时间。长期护理保险分两个阶段实施。第一阶段自2018年7月到2019年12月；第二阶段自2020年至国家正式出台长期护理保险制度。

（二）参保对象。我市职工基本医疗保险、居民基本医疗保险参保人员。

（三）资金筹集。长期护理保险基金按照以收定支、收支平衡、略有结余的原则筹集。长期护理保险基金由个人缴费、政府补助和职工基本医疗保险、居民基本医疗保险统筹基金结余划转部分组成。

个人缴费不高于上年度全市常住居民人均可支配收入的0.2%，探索根据不同群体收入水平、年龄段确定个人缴费标准。政府补助部分由财政依法依规每年从财政预算安排、福彩公益金、残疾人就业保障金等资金中划转；补助资金由市镇两级财政共同负担。社保经办机构按本方案规定标准每年从基本医疗保险统筹基金结余中划转。

试点第一阶段，个人缴费部分暂免征缴，政府按每人每年50元补助，职工基本医疗保险统筹基金结余按每人每年70元划转，居民基本医疗保险统筹基金结余按每人每年35元划转。试点第二阶段的筹资标准由市人社局会同市财政局商定，报市政府批准后公布执行。

（四）评估认定。根据苏州市长期护理保险失能等级评估管理办法等相关规定，按照公开、公正、透明的原则，对提出评估申请的参保人员进行疾病状况、自理能力等失能程度综合评估。初次评估费用由政府承担。

2018年7月1日起受理失能等级评估申请。

（五）服务主体。我市范围内能够从事长期护理服务的医院、护理院（站）、社区卫生服务中心等医疗机构，各类养老服务机构，提供居家护理服务的其他服务机构，均可向长期护理保险经办机构提出申请，签订协议后，成为长期护理保险服务协议机构（以下简称护理服务机构）。我市护理服务机构按照苏州市长期护理保险定点护理服务机构管理办法有关规定进行管理。

（六）服务人员。长期护理服务人员应当是受聘于护理服务机构的执业医生、注册护士，以及参加养老护理员、健康照护等专业培训合格的人员。

（七）服务形式。根据参保人员的护理需求，我市长期护理保险服务形式包括医疗机构住院护理、养老机构护理、社区居家护理三种。

1. 医疗机构住院护理是指医院、护理院（站）和基层医疗机构，为入住在其机构内护理床位的参保人员提供长期护理服务。

2. 养老机构护理是指养老服务机构为入住其机构内护理床位的参保人员提供长期护理服务。

3. 社区居家护理是指社区养老服务机构以及护理院（站）、门诊部、社区卫生服务中心等基层医疗机构，为居家的参保人员，通过上门或社区护理等形式，提供长期护理服务。

符合条件的参保人员可按规定申请上述任一种护理服务形式，享受长期护理保险待遇。

（八）享受对象。参加我市社会基本医疗保险，具备社会基本医疗保险待遇资格且参加长期护理保险的参保人员。

（九）待遇享受。参保人员因年老、疾病、伤残等导致失能，生活不能自理，经过治疗病情稳定后，需要长期护理的，经失能评定和资格认定，可享受长期护理保险待遇。参保人员经评估恢复生活自理能力的，停止享受长期护理保险待遇。

试点第一阶段，在医疗保险定点护理机构发生的医疗护理费用，继续由医保基金按规定支付，生活照料费用由长期护理保险基金支付。试点第二阶段，探索将医疗保险基金保障的长期失能人员与生活密切相关的医疗护理纳入长期护理保险制度统一运行。

医疗护理和生活照料服务内容包括清洁照料、睡眠照料、饮食照料、排泄照料、卧位与安全照料、病情观察、管道护理、康复护理及清洁消毒等项目。

（十）不予支付范围。下列护理费用不纳入长期护理保险基金支付范围：

1. 应当从其他社会保险基金中支付的；

2. 应当由第三人负担的；

3. 应当由公共卫生负担的；

4. 在境外发生的长期护理费用。

（十一）待遇标准。符合享受条件的长期失能参保人员，属于长期护理保险支付范围及支付标准以内的费用，由长期护理保险基金按标准定额支付。

参照苏州市标准，目前入住医疗机构或养老机构的重度失能人员定额标准为每天26元，中度失能人员定额标准为每天20元；选择社区居家护理的重度失能人员定额标准为每天30元，中度失能人员定额标准为每天25元。医疗保险基金对医疗护理费用支付标准按医疗保险相关规定执行。今后根据苏州市待遇标准的调整情况，市人社局可以结合长期护理服务供给能力、基金收支情况等因素，会同市财政局适时调整待遇标准，报市政府批准后实施。

（十二）基金管理。长期护理保险基金按照国家社会保险基金管理的有关规定执行。长期护理保险基金纳入社会保障基金财政专户，实行预算管理、专款专用、独立核算，并按规定接受审计和社会监督。

（十三）费用结算。长期护理保险经办机构对护理服务机构符合规定的护理费用，实行床日包干管理等结算方式，根据长期护理保险待遇享受人员的护理服务形式等因素确定结算标准，定期与护理服务机构结算。

（十四）服务管理。参保人员在申请、接受评估、接受护理服务和费用结算时，应当出示本人社会保障卡，作为享受长期护理保险的凭证。长期护理保险经办机构和护理服务机构应当对参保人员的社会保障卡进行核验。任何人不得冒用、伪造、变造、出借社会保障卡。

（十五）风险管控。护理服务机构应当购买责任保险。商业保险公司遵循市场规律，依法提供相关保险，用于定点护理服务机构及其护理服务人员在提供服务过程中发生意外和事故时应当承担的赔偿责任。

护理服务机构应当加强内部管理，提高护理服务人员的风险意识和应急能力。

（十六）经办管理。长期护理保险依托我市社保经办机构进行经办管理。在确保基金安全和有效监控的前提下，可充分发挥具有资质的商业保险机构等各类社会力量的作用，委托第三方专业机构参与长期护理保险经办管理。建立社保经办机构与第三方管理机构的有效工作衔接机制，确保长期护理保险制度有效运行。

（十七）护理服务机构管理。长期护理服务实行协议管理，由长期护理保险经办机构与护理服务机构签订服务协议，明确双方的权利义务，服务范围、服务标准、支付价格和结算方式，实行分类管理，切实减轻参保人员负担。护理服务机构可根据自身情况和工作需要，自愿申请提供护理服务的方式和内容，经协商一致后，在服务协议中予以明确。

护理服务机构应主动公开服务场所、规模、人员，以及服务内容、收费价格、服务标准等基础信息，供护理对象根据其自身条件和需要进行选择。

长期护理保险经办机构按照协议，对护理服务机构的服务质量、管理水平、价格标准、医疗费用控制、参保人员满意度等协议执行情况进行日常监督检查和专项监督检查，并根据相关考核办法对护理服务机构进行考核。

（十八）信息管理。长期护理保险经办机构和护理服务机构要按照长期护理保险信息管理的要求，配备必要的计算机网络系统和相应的计算机管理人员，实现长期护理保险申请、评估、经办、服务、结算和管理全程信息化。

护理服务机构应当据实将服务对象的基本情况、服务内容、服务时间和服务费用等数据，上传长期护理保险信息系统。

长期护理保险经办机构负责护理服务机构相关软件的变更、测试和验收。护理服务机构不得擅自修改相关设置。

（十九）法律责任。人社部门工作人员、长期护理保险经办机构、护理服务机构、服务人员和参保人员存在违法违规行为，造成长期护理保险基金损失的，依照社会保险法和有关政策规定进行处理；构成犯罪的，依法追究刑事责任。

四、工作要求

长期护理保险是多层次社会保障体系的重要组成部分，对于促进民生改善与社会和谐安定具有重要意义。各区镇、各部门要高度重视，切实推进。

（一）加强领导，明确职责分工。各区镇、各部门要高度重视试点工作，建立部门联动机制，积极支持长期护理保险试点工作。人社部门要牵头做好我市长期护理保险的政策制定、组织实施和统一管理工作；财政部门要加大对长期护理保险信息系统研发、建设、运营等方面的财政投入，切实做好长期护理保险基金使用情况的监督和管理；民政、老龄部门要做好养老服务政策配套，为长期护理服务提供政策支持，并配合整合相关工作平台；卫生计生部门要配合做好评估标准、护理项目制定，加强对医疗机构技术指导和管理，规范医疗机构的医疗护理服务行为，不断提高护理服务质量；物价部门要做好护理服务市场价格监管工作。各区镇、村（社区）要配合做好本辖区长期失能人员基础信息管理、待遇申报受理和评定结果公示，以及所属护理服务机构的日常管理工作；编办、总工会、残联、红十字会、慈善总会等单位要按照各自职责协同做好长期护理保险相关管理工作。各单位要切实加强沟通协作，及时总结、评估试行过程中遇到的问题，并向市政府报告。

（二）强化监督，确保运行规范。长期护理保险主管部门、社保经办机构，应建立符合长期护理保险特点的经办服务信息系统，严格按照有关法律、法规的要求，建立评定复审机制，加强对基金筹集、评定复审、费用支付等环节的监督管理，确保基金安全。

（三）做好衔接，提高保障水平。要做好长期护理保险与养老保险、医疗保险、工伤保险等其他社会保险制度的衔接，充分发挥各社会保险优势互补作用，提高整体保障水平。要做好长期护理保险与困难救助、高龄津贴、失能补贴、残疾人护理补贴等制度的衔接，同时做好分级诊疗、家庭医生签约等工作，提高对失能人员的保障和服务水平。鼓励商业保险公司开发与长期护理保险相衔接的商业护理保险，满足群众多样化、多层次的保障需求。

五、本方案自2018年7月1日起实施。

——摘自《市政府印发张家港市长期护理保险试点实施方案的通知》张委发〔2018〕38号

关于做好当前和今后一段时期就业创业工作的实施意见

一、实施就业优先战略

（一）促进经济增长、产业结构调整与扩大就业协同联动。坚持把城镇新增就业、失业率作为宏观调控的重要指标，把稳定和扩大就业作为区间调控的下限，增强经济对就业的拉动能力。综合评价财税、金融、产业、贸易、投资等宏观经济政策对就业岗位、就业环境、失业风险等的影响,加强经济政策与就业政策衔接。促进经济增长与扩大就业、结构优化与就业转型协同。推进政府和社会资本合作,大力发展研究设计、现代物流、现代农业、电子商务、文化创意、全域旅游、养老服务、健康服务、人力资源服务、服务外包等现代服务业,创造更多就业机会。(发改委、经信委、财政局、商务局、文广新局、旅游局、人民银行、国税局、地税局等负责。列第一位者为牵头单位,下同)

(二)发挥小微企业吸纳就业主渠道作用。落实小微企业降税减负等一系列扶持政策,着力推进小微企业创新发展。发挥载体集聚功能,推动小微企业创业创新示范基地建设。加大科研基础设施、大型科研仪器向小微企业开放力度,鼓励高校、科研院所和企业向小微企业转移科技成果。发展政府支持的融资性担保机构和再担保机构,完善风险分担机制,为小微企业提供融资支持,服务小微企业创新发展。(经信委、发改委、教育局、科技局、财政局、国税局、地税局、金融办、人民银行等负责)

(三)支持新兴业态发展。以新一代信息和网络技术为支撑,加强技术集成和商业模式创新,推动平台经济、众包经济、分享经济等创新发展。将鼓励创业创新发展的优惠政策面向新兴业态企业开放,符合条件的新兴业态企业可享受相关财税、信贷、就业创业扶持等优惠政策。培育一批创新平台和新型研发机构,全面提升我市新兴产业创新能力。推动政府部门带头购买新兴业态企业产品和服务。支持网络创业,符合条件的给予相应创业扶持政策。(发改委、经信委、财政局、商务局、科技局、人社局、人民银行、国税局、地税局等负责)

(四)完善适应新就业形态的用工和社保政策。鼓励劳动者特别是就业困难人员通过新兴业态实现多元化就业。新兴业态企业应依法为与其签订劳动合同的从业者缴纳职工社会保险和住房公积金,符合条件的企业可按规定享受企业吸纳就业扶持政策。符合条件的其他从业者可按灵活就业人员身份参加养老、医疗保险和缴纳住房公积金。探索适应灵活就业人员的失业、工伤保险保障方式,符合条件的可享受相关就业创业扶持政策。通过改进灵活就业人员参保方式,增强社会保险制度对灵活就业人员、新业态从业人员的适应性。加快建设"网上社保",为新就业形态从业者参保及转移接续提供便利。落实住房公积金异地转移接续政策,通过全国住房公积金异地转移接续平台,为跨地区就业的缴存职工提供异地转移接续服务。(人社局、财政局、公积金中心等负责)

二、扶持重点群体就业

(一)扶持就业困难人员稳定就业

1. 界定就业困难人员认定范围。将本市户籍登记失业的随军家属、农村零转移贫困家庭人员纳入就业困难人员认定范围。明确就业困难人员为本市户籍登记失业的下列11类对象:

(1)享受最低生活保障人员;

(2)女40周岁和男48周岁以上人员;

(3)特困职工家庭人员;

(4)城镇零就业家庭和农村零转移贫困家庭人员;

(5)残疾人员;

(6)女35周岁和男45周岁以上的被征地农民;

(7)女35周岁和男45周岁以上失业登记后连续失业一年以上人员;

(8)军队退役人员;

(9)优抚对象家庭人员;

(10)随军家属;

(11)低保边缘重病困难对象救助家庭人员。

(人社局、民政局、财政局、总工会、残联等负责)

2. 强化对就业困难人员的就业扶持。继续落实就业困难人员灵活就业社会保险补贴、企业吸纳就业社会保险补贴、公益性安置就业社会保险补贴和岗位补贴。将农民合作社相关岗位纳入公益性岗位认定范围。公益性岗位补贴标准与最低工资标准建立联动机制。灵活就业人员社会保险补贴的财政支出部分由市镇两级按3∶7的比例共同承担,市财政年终与镇财政财力结算时予以扣回。(人社局、农工办、财政局等负责)

3. 实施就业服务补贴政策。人力资源服务机构为本市户籍登记失业人员、就业困难人员提供职业介绍等就业服务,按每成功推荐1人就业分别给予1000元、1500元的职业介绍补贴。(人社局、财政局等负责)

(二)多渠道促进高校毕业生就业

1. 加大对就业困难家庭高校毕业生扶持力度。将求职创业补贴补助范围扩展到贫困残疾人家庭、建档立卡贫困家庭高校毕业生和特困人员中的高校毕业生。鼓励科研项目单位吸纳高校毕业生参与研究,按规定将社会保险补助纳入劳务费列支,劳务费不设比例限制。全市每年按指标数开发基层公共服务岗位安置困难家庭和就业困难高校毕业生就业。对登记失业3个月以上的本市生源毕业年度困难家庭高校毕业生,给予本人一次性临时生活补贴1000元。(人社局、财政局、科技局、教育局、民政局、市就业创业促进工作领导小组其他成员单位和各区镇等负责)

2. 加大对企业吸纳高校毕业生就业的扶持力度。企业每年新招用毕业年度高校毕业生10人及以上(劳务派遣用工形式除外),且履行劳动合同和缴纳社会保险费均满1年及以上的,给予企业2万元一次性补贴。小微企业新招用毕业年度高校毕业生,签订劳动合同并缴纳社会保险费的,对企业缴纳社会保险费部分给予不超过2年的全额补贴。符合条件的给予岗前培训补贴。小微企业招用本市户籍毕业年度高校毕业生,且缴纳社保满6个月的,按每吸纳1人3000元的标准给予企业一次性补贴。对于吸纳高校毕业生就业以及见习的社会组织,符合条件的可同等享受相关扶持政策。毕业年度离校未就业高校毕业生灵活就业的,按规定给予不超过2年的社会保险补贴。(人社局、财政局、民政局等负责)

3. 完善就业见习相关政策。拓展就业见习对象,将离校未就业高校毕业生、本市户籍16~25岁登记失业青年及离校未就业技工院校高级工以上毕业生，全部纳入见习对象范围。见习期限一般为3~6月，最长不超过1年。见习单位按照每人每月不低于当年城镇职工月最低工资标准给予见习学员生活补贴。见习期间，财政对见习基地按照每人每月当年城镇职工月最低工资标准的70%给予就业见习补贴，并根据见习学员人数，对带教老师按照每人每月150元标准给予带教补贴。按月统一为见习学员购买综合性商业保险。对见习期满见习人员留用率一个自然年度内达50%以上，且与见习人员签订1年以上劳动合同并缴纳社会保险费的见习单位，按每留用1人3000元的标准，给予见习单位一次性见习补贴。（该补贴与企业招用毕业年度高校毕业生一次性补贴、小微企业招用本市户籍毕业年度离校未就业高校毕业生一次性补贴，三者只可选择享受一项）（人社局、财政局等负责）

4.营造环境吸引人才就业创业。对符合条件的高校毕业生及技工院校毕业生实施安居保障政策，具体办法另行制定。实施留学人员回国创新创业启动支持计划，鼓励留学人员以知识产权等无形资产入股方式创办企业。降低门槛，依法为符合条件的留学人才申请永久居留提供便利。（人社局、人才办、科技局、公安局、财政局、住建局、市场监管局等负责）

（三）引导农村劳动力转移就业。加大新型职业农民培育力度，落实新型职业农民社会保险补贴政策。大力发展农民合作社、农业企业、种养大户、家庭农场、建筑业小微作业企业等生产经营主体，其中依法办理工商登记注册的可按规定享受小微企业扶持政策和创业扶持政策，对吸纳贫困家庭劳动力就业并稳定就业1年以上的，给予一定奖补。鼓励金融机构优先支持建档立卡贫困户就业发展的企业及家庭农场、专业大户、农民合作社等经济主体。适应新生代农民工就业创业特点，推进职业培训对新生代农民工全覆盖，创新培训内容和方式，拓宽就业创业渠道，引导新生代农民工到以“互联网+”为代表的新产业、新业态就业创业。（农委、农工办、发改委、经信委、教育局、财政局、人社局、金融办、人民银行等负责）

（四）完善就业援助长效机制。强化对就业困难人员、离校未就业高校毕业生等重点群体的分类帮扶和实名制动态管理，确保零就业家庭、有劳动能力成员均处于失业状态的低保家庭至少有一人稳定就业。落实低保对象就业后的救助渐退机制，增强其就业意愿和就业稳定性。严格落实残疾人按比例就业政策，推动党政机关、事业单位及国有企业带头安排残疾人就业。（人社局、民政局、财政局、国资办、残联等负责）

（五）促进退役军人就业创业。认真做好军队转业干部安置工作，大力扶持自主择业军队转业干部就业创业，按规定落实相关扶持政策。加大退役士兵安置工作力度，对符合政府安排工作条件的，要采取刚性措施，确保机关、事业单位、国有企业安排比例达80%以上。对自主创业就业的，继续实施扶持自主就业退役士兵创业就业税收等优惠政策，强化教育培训，提高就业创业成功率。（人社局、民政局、财政局、国税局、地税局等负责）

三、鼓励创业带动就业

（一）营造良好创业环境。深入推进“放管服”改革，不断优化审批流程，提高审批效率。持续推进商事制度改革，全面落实市场主体登记信用承诺制度。积极完善工商注册全程电子化登记，全面落实企业名称远程自助查重申报，简化冠名程序。继续实施支持和促进高校毕业生、登记失业人员等重点群体创业就业有关税收政策。推进创业型园区、区镇和社区（村）建设。开展创业大赛，营造良好创业环境，激发全民创业活力。（市场监管局、财政局、人社局、国税局、地税局、各区镇等负责）

（二）扶持孵化载体建设。根据我市特色经济、主导产业和创业类型等情况，合理规划建设创业载体，因地制宜建设具有一定特色和品牌的创业孵化载体。对被认定为张家港市级以上创业孵化示范基地（含大学生创业园）的，给予不超过50万元的补助。本市户籍创业人员、毕业5年内的高校毕业生、取得硕士以上学位人员入驻认定的创业孵化基地创业，可按实际孵化成功（在基地内注册登记并孵化成功搬离基地后继续经营6个月以上）的企业数，给予基地每户1万元的创业孵化补贴。对经认定的创业孵化基地水、电、宽带接入以及用于就业创业服务的公共软件、开发工具等支出，给予运营补贴，具体办法另行制定。扶持孵化载体建设各项补助由市镇两级财政按3:7的比例共同承担，市财政通过财力结算方式补助给镇财政。（人社局、发改委、教育局、科技局、财政局、住建局等负责）

（三）加大创业扶持力度。将本市户籍登记失业人员、毕业5年内的高校毕业生、取得硕士以上学位人员、在校大学生、本市户籍城乡劳动者等纳入创业培训补贴、开业扶持补贴、社保补贴、租金补贴、运营补贴、创业带动就业补贴等创业扶持政策扶持范围；对符合条件的创业者租用场地创业的，给予每年不超过5000元的租金补贴，租金补贴和运营补贴期限最长不超过3年；对在市场监管部门首次注册登记起3年内的创业者，企业注销后登记失业并以个人身份缴纳社会保险费6个月以上的，可按规定给予不超过1万元的一次性补贴，用于其个人缴纳社会保险费。上述创业扶持相关细则另行制定。开业扶持补贴、创业自办实体人员社保补贴、租金补贴、运营补贴、创业带动就业补贴的财政支出部分由市镇两级财政按3:7的比例共同承担，市财政年终与镇财政财力结算时予以扣回。（人社局、财政局、市场监管局、国税局、地税局等负责）

（四）拓宽创业融资渠道。落实现行创业担保贷款政策。担保基金进行逾期代偿及核销补偿的，由市镇两级财政按5:5的比例共同承担，市财政年终与镇财政财力结算时予以扣回。对接苏州创业担保贷款公共服务平台，完善“张家港创e贷”，建立完整的网上申请、审批、发放、贴息、代偿流程，方便创业者办理贷款和享受相关服务。（人民银

行、财政局、人社局等负责）

四、优化职业教育培训和公共就业服务

（一）提高教育培训质量。坚持面向市场、服务发展，以解决就业问题，特别是化解就业结构性矛盾为出发点和落脚点，实施就业技能提升、岗位技能提升、技能大师培育等专项行动计划。广泛开展岗位练兵、技术比武、技能竞赛、师徒帮教等活动，加速培育具有专业技能和工匠精神的高素质劳动者和技术技能人才。实施现代职业教育质量提升计划、产教融合发展工程和紧缺高技能人才培育工程，加强重点产业和战略性新兴产业专项公共实训基地等职业培训载体建设。健全技能人才多元化评价机制，完善技能人才职业技能等级认定政策并做好与职业资格制度的衔接，建立职业资格、职业技能等级与相应职称比照认定制度，推动企业在聘高级工、技师、高级技师同等享受本单位助理工程师、工程师、高级工程师工资福利待遇，技工院校中级工班、高级工班、预备技师（技师）班毕业生同等享受中专、大专、本科学历相关政策和待遇。（教育局、财政局、人社局、文广新局、总工会、团市委、残联、妇联等负责）

（二）完善职业培训补贴方式。根据产业发展和市场需求，定期发布重点产业职业培训需求，完善补贴标准，简化审核流程。落实失业保险支持参保职工提升职业技能的补贴政策。落实低收入农户家庭子女、未升学初高中毕业生、农村转移就业劳动者、登记失业人员和转岗职工、退役军人、残疾人员等重点群体免费接受职业培训补贴政策。创新培训模式，支持优质培训机构开发数字培训课程，支持职业院校引进国外优质资源或开展联合办学。创新培训组织形式，采取整建制购买培训项目、直接补贴培训机构或企业等方式开展集中培训。（人社局、教育局、民政局、财政局、残联等负责）

（三）强化公共就业创业服务。按照制度化、专业化、信息化、社会化的公共就业创业服务格局，建设功能完备、制度健全、便捷可及的标准化服务平台。实现公共就业创业服务均等化，为重点对象提供专业的职业指导、就业服务和用工指导。开展公共就业创业服务从业人员队伍建设，建立定期培训和持证上岗制度，对公共就业创业服务的质量和效果开展绩效评价。落实政府购买基本公共就业创业服务制度和就业创业服务补贴政策，支持公共就业创业服务机构、高校开展招聘活动和创业服务，支持政府购买职业指导、创业指导、信息咨询、就业援助等社会化服务。强化对高校毕业生的就业创业服务，鼓励企业深入本市高校开展招聘活动。充分运用就业创业服务补贴政策，支持公共就业创业服务机构和高校开展招聘活动和创业服务。推动公共就业创业服务向移动端、自助终端等延伸，推广网上受理、办理和反馈，加快实现就业创业管理服务全程信息化。进一步推进创业服务品牌化建设，创新创业服务内容和形式，发挥公共就业创业服务体系和高校就业创业指导站两个工作平台，融合资源推进创业工作一体化建设。（人社局、教育局、财政局等负责）

（四）推进人力资源市场建设。充分发挥市场在人力资源配置中的决定性作用，加强人力资源市场法治化建设，规范招人用人制度和职业中介服务行为，促进公平就业。推动行业协会建设，推行行业自律，健全人力资源服务业公平竞争的市场环境。贯彻落实人力资源服务业发展的相关政策，以扩大产业整体规模为主要目标，加快产业集聚，重点引进知名企业、鼓励小微企业、扶持科技企业，着力提升全市人力资源服务业发展水平。（人社局、财政局等负责）

五、强化组织实施和保障

（一）强化政府责任。落实政府促进就业责任，政府主要负责同志为本区域就业工作第一责任人。完善就业创业工作目标责任制，纳入党政领导班子工作实绩考核。建立健全市镇两级就业创业促进工作领导小组的协调机制，各成员单位在各自职责范围内推动实施。强化就业资金投入保障，建立就业资金投入增长机制。（各区镇、市就业创业促进工作领导小组各成员单位负责）

（二）强化督促检查。根据上级文件精神，制定完善本市配套政策，明确责任分工，推进细化落实。建立健全激励机制和容错纠错机制，对真抓实干，成效明显的，加大政策和资金倾斜力度，并适时予以通报表扬；对大胆探索、担当尽责、不谋私利，但在依法依规履行职责过程中由于难以预见因素出现失误或错误的，可容错免责；对不履行或者不正确履行职责的，依纪依法严肃问责。（市就业创业促进工作领导小组各成员单位负责）

（三）强化形势研判。做好就业创业各项统计工作。完善统计监测制度，探索建立新就业形态、劳动者创业等统计监测指标。做好企业用工监测。建立健全就业信息数据跨部门协作共享机制，加强就业数据与宏观经济数据的比对分析，为研判形势、完善政策、精准服务提供有力支撑。（人社局、发改委、经信委、财政局、统计局等负责）

（四）强化失业预防。发挥失业保险促就业、防失业、保生活的重要作用，全面落实调整失业保险费率和失业保险基金支持企业稳岗政策。完善失业监测预警机制，及时发现潜在失业风险，制定应对规模性失业风险预案，对可能出现的大规模失业风险及时采取预防、调节和稳岗措施，确保就业局势稳定。严格落实化解过剩产能企业职工安置政策，促进其再就业，避免局部性失业风险发生。（人社局、发改委、财政局等负责）

六、其他

本实施意见所称"高校毕业生"是指全日制普通高校毕业生，"毕业年度高校毕业生"是指毕业后一年内的全日制普通高校毕业生；留学回国人员按照全日制普通高校毕业生享受就业创业政策；"困难家庭高校毕业生"是指低保、低保边缘重病困难对象和特困职工救助家庭全日制普通高校毕业生。

此前有关规定与本实施意见不一致的，按本实施意见执行，涉及的具体政策口径和操作办法由各相关部门按职责分工负责制定和解释。

——摘自《关于做好当前和今后一段时期就业创业工作的实施意见的通知》张委发〔2018〕40号

2018年中共张家港市委部分文件目录

2月2日	张委发〔2018〕5号	关于转发《市人大常委会2018年度工作要点和工作安排》的通知
2月2日	张委发〔2018〕6号	关于转发《政协张家港市第十二届委员会常务委员会2018年度工作要点》的通知
2月9日	张委发〔2018〕7号	关于上报张家港市塘桥镇行政管理体制改革方案的请示
2月12日	张委发〔2018〕9号	关于印发《中共张家港市委常委会2018年工作要点》的通知
3月12日	张委发〔2018〕10号	关于上报《张家港市贯彻落实省第三环境保护督察组督察反馈意见整改方案》的报告
3月14日	张委发〔2018〕11号	印发《关于苏州市委常委会听取张家港市委履行全面从严治党主体责任述职点评意见的整改落实方案》的通知
3月26日	张委发〔2018〕13号	关于印发《全面从严治党三年工作方案（2018—2020年）》的通知
4月3日	张委发〔2018〕15号	关于印发《中共张家港市委落实全面从严治党主体责任评价实施意见（试行）》的通知
4月3日	张委发〔2018〕17号	关于印发践行“四大路径”建设“四个港城”推动高质量发展十一项三年行动计划（2018—2020年）的通知
4月17日	张委发〔2018〕18号	印发《关于实施乡村振兴战略加快推进城乡融合发展的意见》的通知
4月23日	张委发〔2018〕19号	关于印发《2018年全市党委（党组）中心组专题学习计划》的通知
4月26日	张委发〔2018〕20号	关于表彰2018年张家港市劳动模范的决定
6月20日	张委发〔2018〕27号	关于批转团市委《关于筹备召开共青团张家港市第十六次代表大会的请示》的通知
7月2日	张委发〔2018〕28号	关于印发《张家港双山香山一体化管理改革实施方案》的通知
7月4日	张委发〔2018〕29号	印发《关于开展全国农村社区治理实验区建设的实施意见》的通知
7月10日	张委发〔2018〕33号	印发《关于加强和规范镇人大工作的意见》的通知
7月10日	张委发〔2018〕34号	印发《中共张家港市委关于健全人大讨论决定重大事项制度、政府重大决策出台前向本级人大报告的实施细则》的通知
7月12日	张委发〔2018〕35号	关于印发《张家港市清理整顿沿江环境污染攻坚行动计划（2018—2020年）》的通知
7月19日	张委发〔2018〕36号	关于调整部分市委常委分工的报告
7月17日	张委发〔2018〕38号	关于印发张家港市深化市管国有企业负责人薪酬制度改革实施意见的通知
8月23日	张委发〔2018〕40号	关于印发《张家港市党政干部鼓励激励实施办法（试行）》的通知
8月23日	张委发〔2018〕41号	关于印发《张家港市推进市管领导干部“能上能下”办法（试行）》的通知
8月27日	张委发〔2018〕43号	关于对两起基层党组织落实全面从严治党主体责任不力问题进行问责的通报
8月27日	张委发〔2018〕44号	关于构建和谐劳动关系的实施意见
8月27日	张委发〔2018〕45号	关于批转市总工会《关于筹备召开张家港市工会第十二次代表大会的请示》的通知
8月29日	张委发〔2018〕47号	关于成立张家港市光束汽车项目建设工作领导小组的通知
9月18日	张委发〔2018〕50号	关于印发《张家港市监委向乡区镇派出监察员办公室实施方案》的通知
10月25日	张委发〔2018〕55号	关于印发张家港市深化国资国企改革实施方案的通知
11月23日	张委发〔2018〕57号	印发《张家港市关于推进新时代文明实践中心建设工作的实施意见》的通知
11月23日	张委发〔2018〕58号	关于印发张家港市加快推进企业上市挂牌培育工作实施意见的通知
11月27日	张委发〔2018〕59号	关于成立张家港市高质量发展工作领导小组的通知
12月12日	张委发〔2018〕61号	印发《关于实施“红堡”工程全面提升基层组织力的意见》的通知
12月14日	张委发〔2018〕62号	关于印发《张家港市供销合作社综合改革实施方案》的通知
12月17日	张委发〔2018〕63号	关于印发《张家港市人才引领智汇港城计划实施意见》的通知

2018年张家港市人民政府部分文件目录

1月9日	张政发〔2018〕2号	市政府印发关于加快特色小镇规划建设的实施意见的通知
1月16日	张政发〔2018〕3号	市政府关于对我市25家重大事故隐患单位实行挂牌督办整改的通知
2月5日	张政发〔2018〕7号	市政府关于成立张家港市优先发展公共交通缓解城市交通拥堵工作领导小组的通知
2月6日	张政发〔2018〕9号	市政府关于印发张家港市政务信息资源共享管理暂行办法的通知
2月5日	张政发〔2018〕10号	市政府关于公布张家港市第五批非物质文化遗产项目代表性传承人的通知
2月7日	张政发〔2018〕11号	2018年市政府工作目标任务分解落实方案
2月8日	张政发〔2018〕13号	市政府关于对第十三届张家港市十大杰出青年名单的通报
2月5日	张政发〔2018〕14号	市政府关于印发2018年度基本建设项目计划及资金安排的通知
3月23日	张政发〔2018〕20号	市政府关于赋予张家港保税区市场监管领域相关县级行政权力的通知
3月27日	张政发〔2018〕21号	市政府关于印发张家港市智能制造三年行动计划（2018—2020年）的通知
3月30日	张政发〔2018〕24号	市政府关于开展第三次全市土地调查的通知
4月25日	张政发〔2018〕28号	市政府关于表彰第五届“张家港慈善奖”获得者的决定
4月23日	张政发〔2018〕29号	市政府关于聘请韩震龙等12名同志为市政府法律顾问的通知
5月8日	张政发〔2018〕32号	市政府关于做好张家港市第四次全国经济普查工作的通知
5月8日	张政发〔2018〕33号	市政府关于印发张家港市耕地轮作休耕实施意见（试行）的通知
5月17日	张政发〔2018〕36号	市政府关于印发张家港市下放凤凰镇行政管理权限目录的通知
5月21日	张政发〔2018〕38号	市政府印发张家港市长期护理保险试点实施方案的通知
5月21日	张政发〔2018〕39号	市政府关于2017年度张家港市和谐劳动关系示范企业的通报
5月21日	张政发〔2018〕40号	市政府印发关于做好当前和今后一段时期就业创业工作的实施意见的通知
6月15日	张政发〔2018〕45号	市政府关于印发张家港市十四届人大二次会议代表议案办理实施方案的通知
7月3日	张政发〔2018〕50号	张家港市人民政府张家港市人民法院关于印发张家港市土地非诉行政执行案件“裁执分离”工作实施办法（试行）的通知
7月3日	张政发〔2018〕51号	市政府关于印发公平竞争审查制度实施意见的通知
7月10日	张政发〔2018〕53号	市政府关于印发张家港市生态河湖暨水环境提升三年行动计划（2018—2020年）的通知
7月16日	张政发〔2018〕54号	张家港市人民政府张家港市人民武装部关于表彰2017年度全市征兵工作先进单位和先进个人的通报
8月7日	张政发〔2018〕61号	市政府关于公布张家港市第一批历史建筑的通知
8月24日	张政发〔2018〕63号	市政府关于颁发第七届张家港市青少年科技创新市长奖的决定
9月4日	张政发〔2018〕67号	市政府关于公布张家港市第二批重要河湖名录的通知
9月14日	张政发〔2018〕68号	市政府关于表彰2016—2017年度张家港市自然科学优秀学术论文的决定
9月14日	张政发〔2018〕69号	张家港市人民政府关于印发2018年质量月活动方案的通知
9月14日	张政发〔2018〕70号	市政府关于命名2017年度张家港市重合同守信用企业的决定
9月14日	张政发〔2018〕71号	市政府关于印发“行行出状元”张家港市第六届职业技能大赛方案的通知
11月7日	张政发〔2018〕80号	市政府关于颁发张家港市第八届哲学社会科学优秀成果奖的决定
11月29日	张政发〔2018〕82号	市政府印发关于加快推进张家港市先进特色半导体产业发展若干政策意见的通知
12月7日	张政发〔2018〕84号	市政府关于授予钟瑞麟等4位人士“张家港市城市贵宾”称号的决定
12月14日	张政发〔2018〕88号	市政府关于印发张家港市质量提升三年行动计划的通知
12月24日	张政发〔2018〕91号	市政府关于对我市21家重大事故隐患单位实行挂牌督办整改的通知
12月24日	张政发〔2018〕92号	市政府关于印发张家港市小巨人企业培育三年行动计划（2018—2020年）的通知
12月24日	张政发〔2018〕93号	市政府关于印发张家港市氢能产业发展三年行动计划（2018—2020年）的通知
12月24日	张政发〔2018〕94号	市政府关于印发张家港市镇级政府采购管理办法的通知

市委、市政府工作报告

精神再提振　改革迈新步
奋力推动港城高质量发展走在前列

——在市委十一届七次全体（扩大）会议上的报告

沈国芳

全会主要任务是：深入学习习近平新时代中国特色社会主义思想和党的十九大精神，认真贯彻落实中央庆祝改革开放40周年大会、中央经济工作会议和省委十三届五次全会、苏州市委十二届七次全会要求，全面总结今年工作，认真分析当前形势，研究部署明年和今后一个时期的任务，动员全市各级党组织、广大党员和干部群众，围绕“强富美高”，紧扣“两聚一高”，以张家港精神和全面深化改革为“双强动力”，努力打造“港城发展升级版”，奋力推动张家港高质量发展走在前列。

根据市委常委会讨论意见向大会作报告，共分为四个方面内容。

第一个方面，全市经济社会发展积极向好，基础更加扎实、成绩令人鼓舞。

今年以来，市委常委会以“献礼改革开放四十周年”为主线，以“敢于担当、争先率先”为主基调，深入实施“四大路径”、建设“四个港城”，取得了令人鼓舞的工作成绩。预计全年完成地区生产总值2720亿元、增长6.8%；公共财政预算收入232亿元、增长10.5%。

一年来，我们聚焦创新转型，经济发展稳中有进。长城宝马光束汽车、中车氢能源等旗舰型项目成功签约，碳纤维航空复合材料产业园奠基开工。全市新兴产业投资占工业投资比重达90%，同比提高12.3个百分点。新增省级示范智能车间9家。成功入围首批国家创新型县市建设名单，省级高新区成功去筹。高新技术产业产值占比、万人发明专利拥有量增速均列苏州县市第一，全社会研发投入占GDP比重达2.85%、保持苏州县市第一。“固废资源化”被列入国家重点研发计划。国际汽车城正式开业。获批江苏唯一的汽车平行进口试点。入选全国供应链创新与应用试点城市。在全省首创“港城上市通”服务，“港城合伙人”结对企业突破100对。11家企业入选“中国服务业500强”，列全省县市第一。

一年来，我们推动城乡统筹，城市品质不断优化。完成张家港市城市总体规划较大修改。沪通铁路、苏南沿江铁路、盐通张铁路项目有序推进，国省道快速化改造按计划实施。黄泗浦生态核心区东湖区全面展示形象，城西西拓和北延区域建设加快启动，职工文体中心和国际教育交流中心如期竣工。“阳光代建”模式获住建部肯定。深入实施乡村振兴战略，全面启动被撤并镇提质优化工程，建成3个苏州市康居特色村、97个三星级康居乡村，培育省级示范农民合作社2家、省级示范家庭农场6家，永联村和善港村入选全省乡村振兴典型案例。扎实开展“331”专项行动，城乡环境实现同步优化，实现国家卫生城市“九连冠”，荣获世界卫生组织健康城市最佳实践奖。

一年来，我们全力攻坚克难，生态环境加快改善。扎实开展“263”专项行动和清理整顿沿江环境污染攻坚行动，全力推进中央环保督察“回头看”反馈问题整改，坚决打好“蓝天保卫战”。开展资源集约节约利用综合评价，全年整治淘汰低端低效产能企业276家，关停化工企业29家，削减煤炭总量138.6万吨，“腾笼换鸟”土地198.46公顷。全市PM2.5均值持续下降，空气质量优良率达到78%。持续深化河长制改革，水生态文明城市试点率先通过省级验收。基本完成城镇黑臭河道治理，建成生态河道53条、生态护岸47千米，全市主要河流水质达到功能区要求。静脉科技产业园生活垃圾焚烧等环保项目加速落地。

一年来，我们突出共建共享，民生福祉有效提升。全市居民人均可支配收入增长8%。各类民生实事、“民生微实事”项目扎实推进。获评全国“中小学校责任督学挂牌督导创新县市”。深化公立医院和基层医疗卫生运行机制改革，启动实施药品采购“两票制”，“全民健康信息平台”获评“数字江苏奖”。全市居家养老服务用房总面积突破1万平方米。被确定为全国社会救助综合改革试点。融媒体改革全面推进，新时代文明实践中心被列为全国试点、相关创新做法得到中宣部领导肯定。成功举办首届“智汇张家港”全国创业大赛。中国足协“贝贝杯”青少年男子足球赛成功举行。村（居）民议事协商平台覆盖率达到97.6%。扫黑除恶专项斗争取得阶段性成果，获评江苏省法治建设示范市，群众安全感列苏州第一。荣获“2018中国最具幸福感城市”和“新时代中国全面建成小康社会范例城市”。

一年来，我们坚持全面从严，党的建设持续加强。市委常委会始终把学习贯彻习近平新时代中国特色社会主义思想和党的十九大精神作为首要政治任务，牢固树立“四个意识”，坚决做到“两个维护”。牢牢把握意识形态工作领导权，持续加强网络意识形态阵地建设。扎实开展解放思想大讨论活动。出台《全面从严治党三年工作方案》,创新实施"红堡"工程和"新时代新接力"基层带头人培养计划,"沿江党建带"模式在全省推广。建成江苏首家全国贫困村创业致富带头人培训基地。健全完善鼓励激励、容错纠错、能上能下"三项机制",细化出台干部容错免责配套机制。积极配合中央巡视组下沉调研和省委巡视整改专项督查,狠抓问题整改落实。深化纪检监察体制改革,市监察委员会挂牌运行,完成3轮对21家单位的常规巡察、对38个村(社区)的专项巡察,以及重点工作专项巡察。深化"四风"问题专项整治,持续开展"清风行动",全面从严治党向纵深推进。

与此同时,市委常委会全力支持人大、政府、政协充分发挥职能作用,积极推动对口支援、扶贫协作和南北挂钩,统战、人民武装、工青妇、双拥、老干部、统计、党校、史志、档案、残疾人和关心下一代等各项工作均取得了新进展。

第二个方面,科学定位,更高标准确立港城发展"坐标系"。

回顾波澜壮阔的改革开放40年发展历程,正是在争先之志的引领带动下,正是在勇立潮头的执着追求中,张家港探索试水、率先破题,砥砺奋进、弯道超越,谱写了一曲风雷激荡的奋斗赞歌。从农转工到内转外,从散转聚到量转质;从"乡镇企业异军突起"的探索发展之路,到"两手抓两手硬"的协调发展之路,再到"勇当排头兵、敢为先行者"的高质量发展之路,我们成功实现了从苏南边角料到明星城市的精彩蝶变。今年,我市入选"为江苏改革开放作出突出贡献的20个先进集体",被中宣部确定为"庆祝改革开放40周年'百城百县百企'重大典型"。秦振华同志被党中央、国务院表彰为改革开放40周年100名"改革先锋"。沈文荣同志荣获"改革开放40年百名杰出民营企业家"。

凡属过往、皆为序章。立足新时代,踏上新征程,我们既要巩固先发优势,更要勇于直面问题。比如,相对于县域经济全国前三甲的综合实力,我们的产业结构偏重、创新活力不强、发展空间和环境容量面临"天花板";比如,对照人民日益增长的美好生活需要,发展不平衡不充分的问题仍未得到有效解决,公共服务的标准化、均等化水平有待进一步提高;再比如,对标张家港精神的内涵实质,少数干部攻坚精神有所弱化,不想为、不愿为、不敢为等不良作风仍然存在。问题就是导向、短板就是方向,所有这些,都需要我们以更高层次的追求、更大体量的格局,精准破题、科学施策,进而在推动港城高质量发展的生动实践中,找准"坐标系"、抢占"制高点"。

加速实现"第一个百年"的奋斗目标,是当前最宏大、最重要的"时间坐标"。本届市委所承担的历史使命,就是带领百万港城人民"高水平全面建成小康社会",实现从"第一个百年"向"第二个百年"的历史性跨越。我们必须以更加深沉的使命意识、更加强烈的担当精神、更加豪迈的发展情怀,在重要的历史交汇期、在改革再出发的关键节点期,奋力推动张家港高质量发展走在前列,在港城发展史上留下奋进之笔、书写精彩华章。

长江经济带高质量发展、长三角区域一体化发展,是当前及今后一段时期必须抓牢的两个重大战略机遇,也是我们最应该深入研究、牢牢把握的"空间坐标"。长江经济带高质量发展,为我市腾挪发展空间、重构产业格局明确了导向、打开了窗口,我们必须秉持"以我为主"的理念,在保护中发展、在发展中保护,努力打造临港经济新的增长极;长三角区域一体化发展,是张家港"家门口"的重大利好,是我市承接优质资源溢出、深度融入上海都市圈的重要契机,我们必须增强前瞻性、创新性和协同性,变机遇为优势、变优势为胜势。与此同时,张家港将告别"手无寸铁"的交通历史,成为"三铁交汇"的重要枢纽。从铁路"盲点"跃升为交通"节点",这不仅是地理区位的改变,更是经济上、空间上、生活上的一场重大变革。我们要主动策应、提前布局、加快接轨,乘区域发展一体化之势,领新时代高质量发展之先。

在新的"时空坐标"下,我们要乘势而上、再创辉煌,必须以张家港精神为激励,强担当、强作为。张家港从改革开放的大潮中一路走来,跨过了一道道关口、战胜了一个个困难,最大的"制胜法宝"就是张家港精神。张家港精神是历代张家港人在奋斗中积累下来的宝贵财富,也是凝聚百万港城人民发展共识的"精神支柱"。我们要与时俱进赋予张家港精神新的时代内涵,树立"咬定青山不放松"的目标意识、增强"无须扬鞭自奋蹄"的行动自觉、体现"敢涉险滩不畏难"的担当魄力,推动张家港在新时代开辟发展新境界。

在新的"时空坐标"下,我们要厚植优势、再度领跑,必须以全面深化改革为抓手,强活力、强后劲。坚持把集成式改革作为高质量发展的动力引擎,牢固树立改革全局观,把握好政策界限范围、尺度、节奏,处理好改革事项的关联性、系统性、集成性,让改革举措在实施中相互促进、让改革结果在成效上相辅相成,让全社会的创造因子全面激活、让各领域的创新活力充分焕发,切实让深化改革成为创新转型的加速器,为港城高质量发展提供强大动力。

一个时代有一个时代的主题,一个阶段有一个阶段的目标。张家港的崛起与发展,被誉为"伟大理论的成功实践"。经过历代港城人民的艰苦努力,今天的张家港,已经站上了前所未有的高平台。但是,发展永无止境、奋斗永不止步,争先的基因和奋进的本能告诉我们,必须保持"归零"心态、必须拿出拼搏姿态,以更大魄力、更高标准,推动港城发展在高平台上再出发、再突破、再引领,全力打造港产城深度融合的创新型城市、长三角枢纽型大城市、彰显人居典范的绿色发展标杆城市、群众获得感最强的和谐幸福城市,以及富有独特人文气质的标兵型文明城市。落实到具象化目标上,就是打造"港城发展升级版"。

——打造创新动能更加强劲的"港城经济升级版"。加快构建以"沿江经济带"和"创新集聚环"为主体的"一带一环"产业发展架构。以智能化、特色化、服务化、绿色化为导向,大力推动传统支柱产业迈上中高端;聚合优势推动"新材料、新能源、高端装备制造"等产业实现基地式发展,大力推动数字经济、人工智能等新经济业态集成式发展,积极布局化合物半导体、氢能、新能源汽车、大健康等产业领域,到2020年,力争形成2至3个千亿级、10个百亿级产业集群,全市新兴产业产值占比超过50%,全社会研发投入占GDP比重超过3%,科技进步贡献率超过65%。

——打造城市品质更加卓越的"港城功能升级版"。提升基础设施功能品质，推动“城市与乡村、新城区与老城区、地上与地下、外环与内环”统筹协调、相得益彰，全力打造以中心城区（经开区、高新区）为主核，以高铁新城、滨江新城为副中心，以锦丰、乐余、凤凰、南丰为中心镇，以百个美丽乡村为支撑的“一核双副四中心”城乡一体化格局。把物联网、云计算、大数据等先进信息技术应用于规划设计、产业发展、城市治理、政府服务、民生需求、生活配套等各个领域，建成以信息为主导、以网络为支撑、以数据为要义、以服务为根本的智慧城市运行体系。

——打造宜居特质更加鲜明的“港城生态升级版”。提升资源集约节约利用水平，全力压降能耗及排污总量，持续改善生态环境质量。城市空气优良天数比例和省考断面水质优Ⅲ比例稳定在75%以上，推动社会主义生态文明观全面融入生产生活方式，进一步完善生态文明建设保障机制，实现空气清新、水质清澈、环境清洁，充分彰显“人居典范”的自然环境之美、旅游景观之美、文化交融之美、人与自然和谐之美。

——打造公共服务更加优质的“港城生活升级版”。以满足人民群众美好生活需要为导向，着力提升公共产品的产出能力与供给水平，推动公共服务质量与经济发展水平相协调、公共服务资源布局与人口分布相协调、公共服务供给结构与市民实际需求相协调，“政府主导、市场参与、社会联动”的新型运行和保障机制更加健全，群众平等享受公共服务的公平性、就近享有公共服务的便利性显著提升，人民群众的获得感、幸福感进一步增强。

——打造文明优势更加彰显的“港城治理升级版”。坚持系统化思维、注重规律性把握，通过顶层设计、技术支撑、平台融合、力量下沉等途径，实现管理一体、资源互通、综合执法，让公平正义更加彰显，让遵纪守法成为自觉，让崇德向善蔚然成风，让文明优势继续领先，构建自治、法治、德治相互支撑，政风、民风、家风相互促进，共建、共治、共享相互融合的社会治理新格局。

打造“港城发展升级版”、推动高质量发展走在前列，关键在于坚持党的领导、发挥党组织的战斗堡垒作用和党员的先锋模范作用。我们要深入推进党的建设新的伟大工程，始终保持“永远在路上”的定力和决心，把全面从严治党不断引向深入，为港城发展再上新台阶提供坚强保障。

第三个方面，立足新时代新起点，推动港城高质量发展走在前列。

2019年是新中国成立70周年，也是奋力冲刺高水平全面建成小康社会的关键一年，做好明年工作责任重大、意义深远。全市上下既要登高望远、坚定信心，更要突出主题、积极作为，要以“招商突破年”为主攻点，瞄准更高目标抓好经济社会发展各项工作，以过硬实绩推动张家港高质量发展走在前列。

明年工作的指导思想是：以习近平新时代中国特色社会主义思想为指导，深入贯彻党的十九大精神，认真落实中央、省委和苏州市委各项决策部署，围绕“强富美高”，紧扣“两聚一高”，积极抢抓长江经济带高质量发展、长三角区域一体化发展两大机遇，坚持“稳中求进、争先率先”，与时俱进大力弘扬张家港精神，全面深化、统筹推进各领域改革，以“招商突破年”为主攻点，全方位开启“港城经济、港城功能、港城生态、港城生活、港城治理”五个升级版建设，坚定不移推进全面从严治党，努力为决战决胜高水平全面建成小康社会争取更多主动、赢得更大优势，奋力推动张家港高质量发展走在前列。

经济社会发展的主要预期目标是：地区生产总值增长6.5%左右；公共财政预算收入增长8%左右；全社会固定资产投资增长5%；实际利用外资4.5亿美元；进出口总额保持相对平稳；社会消费品零售总额增长6%左右；居民人均可支配收入增长高于地区生产总值增速；主要污染物排放总量削减率完成上级下达任务。

围绕上述发展导向与奋斗目标，具体要做到“五个攻坚、五个突破”：

（一）攻坚重大载体建设，在培育发展新能级上求突破

重大载体是产业项目、创新资源、城市发展的重要支撑。面对长江经济带高质量发展、长三角区域一体化发展等重大战略机遇，我们要依托特色鲜明、功能完善、支撑有力的重大载体平台，集聚更多发展资源，释放更强发展动能，努力在更高发展层次上实现新突破。

高铁新城是张家港融入长三角区域一体化发展的“桥头堡”，必须作为引领发展的“主引擎”，一体谋划、整体打造。要放眼全局，统筹考虑36.6平方千米的高铁新城，高起点规划、高标准建设。要坚持以产城融合为导向，重点聚焦新经济和总部商务、休闲旅游、文化创意、会议会展、先进制造等大方向，加快集聚人才、金融等高端要素，深入研究高铁新城的整体布局与功能分区，着力将交通枢纽的新优势转化为产业发展的新动能，积极构筑从“以港兴市”到“港铁联动”“双轮驱动”的全新发展格局。要主动对接长三角区域性节点城市，实现重大规划、产业联动、创新协同、基础设施的有效衔接，主动做好上海虹桥国际商务区的功能配套，积极承接产业溢出。要加强快速交通集疏运体系的研究与建设，打通铁路枢纽站到全市主要板块和重大产业园区的快速通道，充分发挥高铁新城的驱动作用和带动效应。

高新区是全市创新发展的“策源地”，必须以打造“尖端前沿的现代产业体系”为目标，丰富内涵、提档升级。要以正式去筹为契机，加速融入苏南国家自主创新示范区建设，全力争创国家级高新区。突出“创新驱动、产城融合”两大战略，统筹产业、资本、平台、人才等优势资源，大力探索“招商引才、城市建设、金融模式、服务保障、体制机制”五大创新，加快构筑创新资源集聚区、创新驱动主阵地、转型升级动力源。要着力培育新经济，瞄准“高、精、尖”项目，大力发展半导体、绿色能源、智能制造等战略性新兴产业，加快氢能产业创新中心建设，积极打造全国领先的创新研发、装备制造、示范应用氢能产业高地。要以创新为导向，牢牢抓住核心技术和知识产权保护，进一步培育新型研发机构，完善提升沙洲湖科创园、集成电路产业促进中心等公共服务平台，持续放大创新引领发展的“乘数效应”。

滨江新城是最具禀赋的“发展窗口”，必须以打造长江经济带“港产城融合新样板”为追求，拔高标杆、再造优势。张家港因水而生、以港而兴，“天然良港”“黄金口岸”始终都是港城最为独特、最值得珍惜的先天资源。在长江经济带高质量发展、长三角区域一体化发展的大背景下，要通盘考虑、整体推进滨江新城建设。保税区（金港镇）作为滨江新城建设的主体，要深度挖掘“保税区+保税港区”的政策叠加优势，进一步放大“产业集聚、区位功能、港口资源”的联动效应，统筹协调“港口、产业、城市”的总体布局，形成港产城融合的全新发展格局。与此同时，要以“共同保护、一体谋划、纵深发展”为原则，构建沿江区镇组团，持续增强临港产业转型、长江岸线优化、生态环境治理、滨江区域发展的协同性，让沿江地带的整体功能优势充分彰显，让滨江新城成为张家港发展的重要增长极。

各板块都要立足实际，在全市发展大局中找准定位、精确发力，为打造“港城发展升级版”争作贡献、勇挑重担。五指并拢才能握指成拳，各板块都是全市的重要组成部分，必须集中力量、集聚资源，共同托举港城高质量发展。经开区（杨舍镇）要围绕“一特三提升”，主攻高质量、旗舰型项目，形成全产业链架构，延伸放大发展优势，努力在全省乃至全国开发区高质量发展中走在前列。冶金园（锦丰镇）要全力服务沙钢转型升级，完善医疗器械等新兴产业布局，推动产业迈向价值链中高端。乐余镇要持续优化生产、生活、生态空间布局，科学厘定开发边界，努力培育特色小镇、建设新型城镇、打造美丽田园。凤凰镇要立足经济强镇、旅游名镇、生态美镇的总体定位，以“强镇扩权”激发内生动力，全面打造特色鲜明的现代化新型小城镇。南丰镇要以精准化服务助力永钢高端化发展，以东沙化工园区整体转型为依托，精心布局新一轮产业规划，全力争当绿色发展的示范标杆。大新镇作为张家港发展的重要腹地，要充分发挥临江优势，主动承接产业溢出，精心打造项目承载地和城市“后花园”。常阴沙现代农业示范园区和双山香山旅游度假区（筹）作为东西两端的生态净土，要坚持错位式、差异化发展，形成东有田园风光、西有湖光山色的“绿色双翼”。

（二）攻坚新旧动能转换，在提升经济新质态上求突破

对张家港而言，提升经济发展的质量效益，既要创造条件培育新动能、提增发展后劲，也要立足实际优化传统动能、稳固发展基础，这是打造“港城经济升级版”必须要处理好的辩证逻辑。

实体经济是我们的根基和支撑，要摒弃路径依赖、提升产业层次，实现“优化存量”与“扩大增量”两端发力。

以高端智能、集约集聚为导向，提升存量产业竞争力。重点发展智能工业，深入实施智能制造“五大工程”，持续壮大优质智能工业项目培育库，构建动态梯级培育模式，大力争取国家智能制造项目，积极争创省、苏州市级示范智能车间，年内新增省级示范智能车间15家以上。突出企业主体作用，聚焦冶金、机电、纺织等主导产业，优化智能制造服务平台功能，大力培育引进一批智能制造集成服务商，用活用好专项扶持政策，放大沙钢、永钢、协鑫等示范企业的引领效应，引导和支持企业加快“机器换人”，推进两化融合。年内完成技改投资超100亿元，实施智能制造项目100个。与此同时，支持企业探索运用新技术、新模式、新业态，加快冶金、化工等优势传统产业提档升级，加大对小巨人、新地标企业的政策扶持和服务指导，年内规模以上工业核心增加值率达到21.7%。深入实施资源集约节约用综合评价，全面落实资源差别化政策，大力推进“三优三保”，有序实施“退二优二”，全力提升全要素生产率和亩均税收效益。

以高效投资、产业补链为导向，培育增量产业新优势。聚焦“招商突破年”，突出精准化招商，构建全产业链，加快布局化合物半导体、高性能材料、氢能等战略性新兴产业，积极培育特色产业集群。对于重点项目、重大企业的引进落地，不仅要追求数量和体量，更要注重质量和效益，科学设置准入门槛，合理限定建设周期、亩均产出、单位能耗等效益指标，推动资源产出效益最大化。以重大项目建设为抓手，带动产业结构更新，常态化开展项目集中开工投产月活动，持续推进长城宝马光束汽车、康得新集团新材料、纳米科技产业园，以及军民融合等重大项目建设。依托港口岸线、保税政策等优势，以获批供应链创新与应用试点为契机，做深做实“供应链+产业”，推动港口物流与航运信息、金融、保险咨询等现代服务业融合发展。加大汽车整车、大宗商品、进口消费品等专业市场建设力度，培育华东最大、全国知名的专业市场集群。

创业环境是城市核心竞争力的重要标志，要完善创新生态、做优政务生态，推动“无形之手”与“有形之手”携手并进。

要强化市场导向，打造更具活力的创新生态系统。坚持企业创新主体地位，全面落实税收减免政策，统筹科技积分、研发投入等“一揽子”政策，打好“组合拳”，年内确保新获评高新技术企业70家，全社会研发投入占GDP比重达2.9%，万人发明专利拥有量达45件。持续加大企业上市培育力度，年内新增上市企业2家，积极跟进研究科创板政策。进一步完善科技金融与产业金融政策，深化产业资本中心建设，有效发挥“张家港基金”的撬动作用。通过引入市场主体等方式，进一步挖掘“十大科技载体”的内涵和潜力。深入推进江苏冶金技术研究院、中科纳米研究院等十大新型研发机构建设，完善绩效评价机制，加强政产学研合作，搭建从孵化、中试到产业化的完整创新链，年内科技进步贡献率达到64%。打通多元化柔性引才渠道，放大“港城合伙人”“国际精英周”等载体的品牌影响力，优化产业配套、生活配套等政策，构建“引才—育才—用才”全流程人才工作体系。企业家是张家港的宝贵财富，也是推动港城高质量发展的优势所在，要大力弘扬企业家精神，加强年轻一代企业家培育，营造尊重企业家价值、鼓励企业家创新、发挥企业家作用的浓厚氛围，充分激发企业家创新活力和创造潜能。

要突出问题导向，打造更具效率的政务生态系统。深化“放管服”改革，以简化审批流程、清理前置条件、创新服务方式为切入点，瞄准“2440”目标，深入推进相对集中行政许可权试点，精准制定管理清单，最大限度降低制度性交易成本。要探索以推进办的机制推动重点工作的落实，通过“实体运作、集中办公、跨界协调”，打破“条块分割”和“部门孤岛”，形成抓落实的回路和闭环。有序实施区镇“233”改革计划，整体推进“强镇扩权”体制机制改革。要加强与国际通行经贸规则对接，丰富综合政策工具箱。要优化“亲”“清”新型政商关系，进一步发扬“店小二”精神，既要在姿态上亲民为民、问需于民，更要在行动上敢于担当、积极作为。要严格落实支持民营经济高质量发展的政策意见，坚持对民企、国企、外企一视同仁，努力营造公平有序、公正法治的营商环境。

（三）攻坚城乡内涵提升，在塑造宜居新品质上求突破

城市和乡村是群众美好生活的重要载体。要坚持以人为本、系统谋划，着力完善城乡功能布局，统筹发展空间，优化生态环境，不断擦亮宜居宜业、活力迸发、均衡协调的城市底色。

要以更宽的视野提升城市品质。在更高层面、更大格局中谋划城市发展，适时启动城市总体规划（2020~2035）修编，统筹考虑产业、城乡、土地等多种因素，深入推进“多规合一”，持续优化城市空间布局。结合苏州港口岸线综合利用规划编制，加强长江岸线高效利用和沿江地区产业布局规划研究，优化整合港口码头资源，科学布局先进制造业集中区、临港物流园区和战略性产业预留区。主动抓好沪通铁路、苏南沿江铁路、盐通张铁路建设，加快推进城区快速环路的研究和建设，着力推进346国道绕城段改建、沿江高速公路扩容、锡通高速南连接线等重大基础设施建设。要以标准化要求加强城市管理，完善有机更新的制度设计，持续推进老旧小区与城中村改造，统筹立体停车位、充电桩等建设。加强城区商圈规划建设，引导传统商圈提升功能、新兴商圈塑造特色，促进商贸流通业健康蓬勃发展。

要以统筹的理念推动乡村振兴。因地制宜抓好美丽乡村、特色小镇、美丽城镇建设，加快农村道路、河道和生活污水整治，年内再启动4~5个特色田园乡村示范点建设。加大农旅融合发展力度，依托自然资源禀赋，放大叠加优势、集群效应，坚持市场化、项目化运作，打造一批乡村旅游精品项目，并以此为撬动，全域联动打响港城旅游品牌。加快常阴沙省级现代农业产业示范园、沙洲生态农业园和永联江南田园风情小镇建设，年内新建高标准农田666.66公顷，强化“米袋子”“菜篮子”工程，积极创建农业品牌，深度推进“一二三产”融合发展。深化农村土地“三权分置”改革，加快村级经济联合发展、多元发展、异地发展，推动村级经济持续稳定健康发展，年内全市村均可支配收入超1000万元。

要以坚决的行动扛起生态担当。坚决打赢污染防治攻坚战，加快中央环保督察“回头看”反馈问题的整改销号进程。实施最严格的环境准入制度，继续推进化工行业优化提升整治工作。着力优化能源结构，持续开展能耗总量和强度“双控”行动，大力推进重点企业绿色化改造，推动低碳循环化发展。严守生态保护红线，结合长江干流大规模国土绿化行动，实施“长江绿廊”工程，因地制宜建设滨江生态岸线，不断强化滨江景观、旅游、绿色和生态功能。完善环境基础设施，高标准推进静脉科技产业园建设，增强固废处置与利用能力，高质量推进城乡生活污水治理，提升污水处理企业规范化、资本化运作水平。加快海绵城市建设，统筹开发建设城市地下空间，加强中心城区湿地公园、雨水花园、亲水景观步道等建设，提升城市自然涵养能力和循环能力。

（四）攻坚公共服务优化，在增强生活新体验上求突破

群众获得感是检验发展质量的试金石。要动态把握人民群众多样化、多层次、多方面需求，持续提升公共产品供给质量，让百万港城人民共享更高品质的生活。

公共服务要力求精细、更要体现精准，必须从需求侧入手，办好一批顺民意、暖民心的实事好事。要不断创新公共服务的理念和手段，积极发挥人民群众的主体作用，进一步完善民意互动机制、拓宽社会参与渠道，变政府“包揽”为百姓“点单”，变部门“主导”为社会“联动”，推动公共服务共建共享。要把保障和改善民生的目标细化为具体项目和实际举措，通过公开征集、社会化评选，高标准实施新一轮民生实事和“民生微实事”项目，不断更新充实备选“项目库”，构建民生项目“推荐形成—协同推进—绩效评价”的工作闭环，集中力量解决一批群众反响强烈的重点难点问题。要办好扶助性民生事业，在统筹“大多数”的同时兼顾“末位数”，广泛动员社会力量参与“爱满港城”“阳光慈善”等活动，实体化运作社会救助服务中心，理顺“一门受理、协同办理”的社会救助体制机制，完善因病致贫精准帮扶机制，加强前端预防，努力让困难群众生活得更加体面、更有尊严。

公共服务要保证数量、更要服从质量，必须从供给侧发力，构建一套均衡化、普惠性的服务体系。把就业作为最大的民生，完善全方位就业创业服务体系，构建困难人员就业援助长效机制，探索政府购买基本公共就业服务，确保城镇登记失业率控制在2.5%以内。按照“兜底线、织密网、建机制”的要求，完善覆盖全民、城乡统筹的多层次社会保障体系，加快长期护理保险、大病保险和社会医疗救助等政策落地。优先发展教育事业，完善优质均衡的教育体系，深化“全国义务教育优质均衡发展县（市区”创建，培育一批名教师、名校长、名学校，推动“教育强市”向“教育名市”升级，打响“学在港城”教育品牌。深化健康张家港建设，完善优质高效的医疗卫生服务体系，深化实施家庭医生签约服务扩面工程，探索创新“医联体”管理模式，推进市级和基层公立医院集团化、分院制经营，整体提升医疗卫生服务水平。积极应对人口老龄化趋势，完善多元化养老服务体系，培育发展养老服务品牌和健康产业集群，推动居家和社区养老服务设施社会化运营比例超90%。

（五）攻坚社会有效治理，在打造文明新标杆上求突破

城市品质的提升离不开社会治理的创新，高质量的发展需要高质量的社会治理。我们要强化顶层设计，注重系统集成，着力构建具有张家港特色的社会治理体系，以有效治理催生文明自觉，托举港城文明新高度。

社会治理是一项系统工程，要坚持整体谋划，着力构建大联动、网格化、集成式“三位一体”的治理体系。要优化完善大联动治理机制，健全三级综治中心网络，打造社会治理联动平台，加快建设“数据工厂”。在此基础上，进一步拓展信息化运用范畴，建立统一高效的智慧城市运行中心，促进区域、城乡、产城之间数据融合共通，提升产业、综治、生态、民生智慧管理服务水平，整体推进“智慧张家港”建设。要优化网格化治理格局，叠加网格功能，选优配强基层网格员队伍，打造“一格多元”“一员多能”的全要素网格，发挥网格在征集建议、反映诉求、化解矛盾等方面的积极作用，实现事在网中办、难在网中解。要探索集成式治理模式，全面推开综合执法改革，编制完善市、镇两级治理权责清单，进一步增强基层治理与服务能力。

社会治理是补齐短板的有力抓手，要强化系统思维，统筹建立治违、治污、治隐患“三治合一”的治理格局。要结合“263”“蓝天保卫战”“百日攻坚”“331”等专项行动，成立推进办公室，坚持关口前移、重心下沉，整合力量、扎实举措，努力实现环境更美、隐患更少、发展空间更优。治理违法建设，要建立健全常态长效防控机制，坚决控制增量、削减存量，在优化区域环境的同时，拓宽发展空间。治理生态环境突出问题，要狠抓大气、水、土壤污染治理联防联控，分类推进燃煤锅炉、挥发性有机物治理，建立土壤污染修复负面清单，逐步整合取缔现有入江排污口，19条入江支流水质优Ⅲ比例达到90%。治理重大安全隐患，要优化安全风险分级管控和隐患排查治理双重预防机制，加强重点领域和重点行业隐患排查，综合整治“三合一”、群租房等场所，深化立体化、信息化社会治安防控体系建设，实现风险防范“全覆盖”“零死角”。要纵深推进“扫黑除恶”专项斗争，坚决做到“有黑必扫、有恶必除、有乱必治、有伞必打、有腐必反”，营造平安和谐的良好社会氛围。

社会治理是社会建设的重要内容，要坚持以人为本，努力在更高层面提升人的文明自觉，开辟港城文明新境界。要探索将社会治理的要求融入文明创建实践，坚持问题导向、突出文明自觉，整体提升城市文明程度。巩固全国文明城市的标杆地位，全面建设市、镇、村三级新时代文明实践中心，探索建设全国文明城市建设培训学院，当好文明创建的“标准制定者”。大力宣传和弘扬社会主义核心价值观，坚持公民道德教育和法治教育并举，创新完善志愿服务参与社会治理机制，深化城乡群众性精神文明创建，培育富有文明特质的港城市民。注重城市文化脉络的传承和延续，加大精神文化产品的有效供给，确保村（社区）综合性文化服务中心标准化建设实现全覆盖。

第四个方面，强化引领、实干担当，打造能力突出、堪当重任的高素质专业化干部队伍。

事业成败，关键在人。坚持党的全面领导，加强和改进党的建设，是打造“港城发展升级版”、推动高质量发展走在前列的根本保证。我们要认真落实新时代党的建设总要求，深入贯彻新时代党的组织路线，打造一支能力突出、堪当重任的高素质专业化干部队伍。

一要凝聚向心力。毫不动摇把党的政治建设摆在首位，牢固树立“四个意识”，坚决做到“两个维护”，始终同以习近平同志为核心的党中央保持高度一致。要认真执行党内政治生活准则，落实民主集中制、“三会一课”等党内生活制度，把党的政治纪律和政治规矩融入党员干部的工作和生活，转化为每个党员干部的思想自觉和行动自觉。要全面落实意识形态工作责任制，坚持理论正本清源和舆论有效引导相结合。要加快推进融媒体改革，统筹抓好各类舆论阵地建设，把牢网上舆论话语权，提升主流文化的传播力、引导力、影响力和公信力。要加强新形势下的统一战线建设，切实做好稳人心、暖人心、得人心、聚人心的工作，为打造“港城发展升级版”调动一切可以调动的积极因素，团结一切可以团结的力量。

二要提高学习力。当今的时代，“知识保鲜”越来越短、“技术替代”越来越快，全市广大党员干部一定要努力克服“本领恐慌”和“能力危机”，破除“被动化”“碎片化”“浅表化”的学习弊端，坚持自主学、系统学、深入学，认真改造主观世界、锤炼过硬本领。要围绕中心工作和岗位职能，突出重点专题、重点人群、重点内容，系统抓好干部教育培训，充分发挥党委中心组的示范引领效应、党校的主阵地作用和网络的丰富灵便优势，为党员干部系统化、多层次的学习提供支持和保障。要进一步弘扬理论联系实际的马克思主义学风，大兴调查研究之风，做好“结合”与“转化”文章，让学习的成果及时转变为推动发展的思路、推进工作的本领，以知识和能力的升级，为港城高质量发展提供智力支持和能力保障。

三要强化组织力。没有组织力，就没有创造力、凝聚力和战斗力。要以提升组织力为重点，夯实基层基础，旗帜鲜明发挥基层党组织的政治功能，着力建强以党组织为核心的严密基层组织体系，推动基层各类组织、各方力量、各种资源拧成“一股绳”、织成“一张网”，让基层战斗堡垒的引领作用充分发挥、聚合效应充分彰显。对于巡视巡察、专项检查中发现的部分基层党组织弱化、虚化、边缘化的问题，要一着不让抓整改、动真碰硬抓提升。特别要以机构改革和基层党组织集中换届为契机，选好“一把手”、配强领导班子，真正让机构改革和换届过程成为组织力、战斗力全面提升的过程。牢固树立党的一切工作到支部的鲜明导向，深入落实《中国共产党支部工作条例（试行）》，推动基层党组织建设全面进步、全面过硬。深入实施“红堡”工程，推进“十个一百”建设，打造特色品牌，让党建工作在高原上再立高峰。

四要提升执行力。蓝图画得再美，如果落实不到位，就只能是空中楼阁；会议开得再多，如果执行不到位，也就是纸上谈兵。一切事业和工作，说到底都是干出来的。要强化“结果第一”的导向。没有结果的执行，无论过程多么艰辛，都缺乏说服力。面对困难瓶颈和艰难险阻，不仅要大干苦干，更要实干巧干，要拒绝低端用力、避免徒劳无功，一切工作都要以结果和成效来评价。要弘扬“马上就办”的作风。发扬“说了算、定了干、干则成”的优良传统，不争论、不推诿，少讲“不能办”，多想“怎么干”，既要刚性执行规定，又要靠前服务指导，以高效行政提升公信力和满意度。要营造“实干者实惠”的氛围。认真落实鼓励激励、容错纠错、能上能下“三项机制”，注重以案析理、突出见人见事，让重点工作成为干部的“试金石”、让推进办成为干部的“竞技场”，让有为者有位、让实干者实惠，不断激发广大党员干部的实干意识和担当意识。

五要增强免疫力。广大党员干部要自觉加强党性修养，增强防腐拒变能力，做到洁身自好、廉洁自律，不越法律底线、不碰纪律红线，审慎走好从政用权每一步。要从旗帜鲜明讲政治的高度，持续抓好中央巡视江苏反馈意见、省委巡视我市反馈意见的整改工作。要持之以恒整治“四风”问题，特别是紧盯“不敬畏、不在乎、喊口号、装样子”的问题，坚决破除形式主义、官僚主义。要常态化开展“清风行动”，坚持暗访、查处、追责、曝光“四管齐下”，不断深化作风建设。要坚持纪在法前、纪严于法，大力践行监督执纪“四种形态”，健全完善抓早抓小的监督机制，让“咬耳扯袖、红脸出汗”成为常态。要深化纪检监察体制改革成果，拓展纪律、监察、派驻、巡察“四个全覆盖”的监督效能。要始终保持惩治腐败的高压态势，坚持有腐必惩、有贪必肃，深入整治群众身边的不正之风和腐败问题，营造风清气正的政治生态。

深化改革方能勇立潮头，昂扬精神才能走在前列。让我们紧密团结在以习近平为核心的党中央周围，以习近平新时代中国特色社会主义思想为指导，与时俱进大力弘扬张家港精神，全面释放改革红利，锐意进取、务实苦干，全力打造“港城发展升级版”，奋力推动张家港高质量发展走在前列！

政府工作报告

——2019年1月8日在市十四届人大三次会议上

潘国强

一、2018年主要工作

一年来，我们以习近平新时代中国特色社会主义思想为指导，在中共张家港市委的坚强领导下，认真落实中央、省、苏州和市委的决策部署，大力弘扬张家港精神，坚持稳中求进工作总基调，以供给侧结构性改革为主线，牢牢把握高质量发展要求，践行“四大路径”，建设“四个港城”，统筹推进稳增长、促改革、调结构、惠民生、防风险各项工作，较好地完成了市十四届人大二次会议确定的主要目标任务。

预计全年实现地区生产总值2720亿元、增长6.8%，人均达21.6万元；公共财政预算收入233.4亿元、增长11.2%；全社会固定资产投资400亿元；进出口总额361亿美元、增长12.5%；社会消费品零售总额610亿元、增长7.2%；居民人均可支配收入5.3万元、增长8.6%。

尤其令人振奋并倍感荣耀的是，在改革开放40周年之际，秦振华获改革先锋称号，受到党中央、国务院表彰。张家港市获“为江苏改革开放作出突出贡献的先进集体”，系全省唯一入选的县级市；被中宣部确定为“庆祝改革开放40周年‘百城百县百企’重大典型”。沈文荣入选“改革开放40年百名杰出民营企业家”、获“为江苏改革开放作出突出贡献的先进个人”。

一年来，主要抓了六个方面工作，并取得了新的成绩和进步。

（一）产业结构不断优化

经济质效持续提升。完成规上工业总产值4780亿元、增长6%，其中新兴产业产值占比47.5%。工业增加值率达21.2%，规上工业全员劳动生产率达38万元/人。完成口岸货物吞吐量2.35亿吨、外贸运量5500万吨，实现专业市场成交额4040亿元。5家企业荣登2018年“中国企业500强”、6家企业入围中国民营企业500强，总数均列苏州各市（区）第一；11家企业获评全国服务业500强，总数列全省县级市第一。新增高标准农田666.67，绿色优质农产品比重达35%。完成拆旧复垦266.67；“腾笼换凤”土地面积13.23公顷。获评省国土资源节约集约模范市。

重大项目取得突破。长城宝马光束汽车项目正式落户，并加速推进。加特可变速箱、杜邦中国制造基地、香港信义集团江苏产业基地等项目成功签约。沙钢环保技改、庄信万丰汽车催化剂、华灿光电半导体等项目开工建设。沙钢冷轧硅钢、霍尼韦尔UOP工程研发中心等项目竣工投产。新兴产业投资占工业投资比重达90%，同比提高12.3个百分点。实施智能制造重点项目98个，9家企业获评省级示范智能车间。国际汽车城启动运营，玖隆物流园获评全国优秀物流园区。

创新动能不断增强。全社会研发投入占地区生产总值比重达到2.85%，科技进步贡献率达到63.5%。入围首批国家创新型县（市）建设名单。省级高新区正式获批。江苏冶金技术研究院、中科院苏州纳米所张家港研究院、苏州市氢能产业创新中心等“十大新型研发机构”揭牌，与清华大学合作成立氢能与先进锂电技术联合研究中心。新增省级以上企业研发机构51家。新获评高新技术企业96家，高新技术产业产值占规上工业总产值比重达到25.8%。新增科技部创新创业人才1名、省“双创”和“姑苏”计划人才34名，年销售超千万元人才企业达100家。万人有效发明专利拥有量达42件。总规模148亿元的张家港基金正式运营；产业资本中心管理基金规模达413亿元。

（二）改革开放深入推进

重点改革稳步实施。供给侧结构性改革深入推进，完成玻璃去产能684万重量箱，整治淘汰低端低效产能企业276家。新增上市企业1家、“新三板”挂牌企业5家。落实企业降费减负系列政策，兑现市级各项扶持资金超10亿元。通过苏州综合金融服务平台新增企业授信856亿元，企业融资373亿元。入围全国供应链创新与应用试点城市。保税港区获批全省唯一的汽车平行进口试点。凤凰、塘桥经济发达镇行政管理体制改革试点有序实施，双山香山旅游度假区一体化运作。政府性债务管理全面加强，国资国企改革继续深化。农村集体资产清产核资全面完成，农村土地确权改革成果进一步巩固，村均稳定性收入超1000万元。

营商环境更加优化。市和保税区行政审批局有序运行，“多证合一”、全程电子化登记新政落地，市政务管理平台、电子证照库建成启用，“3550”改革、“不见面”审批、“证照分离”常态化推进，“一窗受理、集成服务”审批新模式深入实施。全市新设各类市场主体1.9万户。关检业务全面融合，国际贸易“单一窗口”建设全省领先。完成一般贸易进出口288.8亿美元、占外贸总量的80%。抢抓“一带一路”战略机遇，埃塞俄比亚东方工业园、国泰缅甸服装产业园建设加快推进。新批境外投资项目32个、总投资4.75亿美元。

（三）城市建设提质加速

空间布局统筹优化。完成城市总体规划较大修改、土地利用总体规划修改、高新区总体规划编制、高铁新城（塘桥城市副中心）功能提升研究、人民路城市设计、城北核心区城市设计等重大规划。城北国际教育交流中心、市职工文体中心基本完工。高铁新城建设有序启动、高铁站房顺利施工；沪通铁路线路段铺轨全部完成，跨江大桥加快推进；苏南沿江铁路、盐通张铁路开工建设。张皋路、华昌路改造工程建成通车，锡通高速过江通道南连接线、新泾路快速化改造、晨丰公路改造、港华路拓宽等重点交通工程加快推进。福南水道12.5米进港航道试运行，川港北延和太字圩港南延工程完工。

城市管理更加精细。编制城市管理标准体系，开展城市管理"百日行动"、"无违建村（社区）"建设行动，拆除违建153.1万平方米。"智慧港城"建设步伐加快，政务大数据应用平台开通上线，"城市e管家"2.0项目升级，"智慧交通"建设稳步推进。建成首条内环型公交专用快速车道，公交出行分担率达到20%。老旧小区改造更新等工作稳步推进，装配式建筑逐步推广。完成乡镇老住宅区天然气改造4610户、居民天然气配套1.9万户。完成镇区生活污水纳管7254户、农村生活污水治理3136户，城镇污水集中处理率达95.4%。实现国家卫生城市"九连冠"。

（四）生态建设全面加强

环境治理成效显著。深入实施"263"专项行动、清理整顿沿江环境污染攻坚行动、环境保护"百日行动"，中央、省环保督察反馈问题得到有效整改，立案查处环境案件763件，实施行政处罚461件，环境信访同比下降20%。削减非电行业煤炭消费总量142万吨，关停化工企业29家，整治"散乱污"企业6627家。$PM_{2.5}$平均浓度同比下降10.2%，环境空气质量优良率78.1%、同比提高9.3个百分点。河长制改革深入推进，完成89条黑臭河道综合治理，疏浚河道775条，建设生态河道53条。省考断面水质达标率100%，主要河流水质达到功能区要求。危险废物安全处理率、生活垃圾无害化处理率达100%。

生态屏障更加坚固。完成2017-2025生态文明建设规划，编制通洲沙江心岛生态湿地总体规划。深化"绿色发展引领区"建设，投入生态补偿资金1.7亿元。实施长江环境大整治环保大提升"百日攻坚"行动，依法取缔无证非法码头125家，实施江堤绿化补种77.4万平方米。静脉科技产业园加快建设。发展绿色农业，实行轮作休耕5320公顷。实施美丽城镇建设项目266个，3个苏州市康居特色村、6个特色田园乡村、97个三星级康居乡村、30条美丽河道加快建设。获评世界卫生组织健康城市最佳实践奖。

（五）民生质量不断提高

社会保障精准发力。新增就业1.7万人，城镇登记失业率1.78%，新增社保参保人员6.5万人。社会医疗救助、大病保险、长期护理保险政策落地实施。成立社会救助服务中心，设立社会救助管理平台，开展全国社会救助综合改革试点。投入2.38亿元救助困难群众20.3万人次，为9465名残疾人发放补贴5031万元，给1014名困难家庭学生发放慈善助学金306万元。虚拟养老院入院人数超3.9万人，千名老人拥有养老床位52.4张。新增公积金缴存职工4万人。

公共服务均衡发展。实施教育设施专项规划，外国语学校北校区、北庄幼儿园等5所学校投入使用，高职园中专校启动建设。高考本科达线率、职业学校对口单招本科达线人数继续位居苏州前列。获得全国职业院校技能大赛金牌数位列全省县（市）第一。实施校长职级制和"备案制"教师招聘制度。"四点半学校"实现小学全覆盖。公立医院改革深入推进，药品采购"两票制"全面落实。市第一人民医院与大新医院、市中医院与南丰医院实施分院制挂牌运作。市第四人民医院、港城康复医院投入运行。大病困难群众和计生特殊困难群众家庭医生签约率达99.3%。22个民生实事项目顺利推进；实施民生"微实事"项目216个。

文化文明活力迸发。完善文明城市建设长效管理机制，成立新时代文明实践中心，构建市镇村三级文明实践网络。成功举办2018年长江文化艺术节和市第七届体育运动会。"县域文化馆分馆体系探索与示范"项目通过文化和旅游部验收。东山村遗址保护与展示设施建设方案通过国家文物局审批。学校运动场所向社会开放有序实施。村（社区）综合性文化服务中心标准化建成率达97%。书香城市建设持续领先。市档案馆获评全国示范数字档案馆。成立全国县级市首个志愿者学院，市文化志愿者协会入选中宣部学雷锋最佳志愿服务组织。

社会治理创新推进。全国农村社区治理试验区、村民自治国家级试点、省社区治理和服务创新实验区等改革试点扎实开展，党建引领网格化社会治理工作有力推进，村（居）民议事会覆盖率达97.9%。每万人拥有持证社工20.2人。开展"331"专项行动，排查整治火灾隐患8.7万处，火灾事故同比下降14%。开展安全生产"百日行动"，完成67个三级政府挂牌督办重大隐患整改，在1288家规上及重点企业推行风险分级管控与隐患排查治理双重预防机制建设。开展扫黑除恶专项斗争，完成一年"治标"目标。实施"快警务"机制改革，违法犯罪警情和刑事发案率连续10年下降，群众安全感和法治满意度保持全省前列。获评江苏省法治建设示范县（市、区）。率先推进小微餐饮报告积分管理。入选建设省级和谐劳动关系综合试验区。

（六）政府自身建设强质提效

深入学习贯彻习近平新时代中国特色社会主义思想，常态化、制度化推进"两学一做"学习教育，牢固树立"四个意识"，落实"两个坚决维护"。深入推进法治政府建设，健全重大行政决策规范管理标准体系。依法及时公开各类政府信息，政府门户网站建设全省领先。"推进行政审批制度改革，加强事中事后监管"项目获评江苏省依法行政示范项目。"12345"整合149条服务热线，受理各类求助260万件。加强财政预算管理，实现专项资金绩效目标管理全覆盖。公共资源交易平台优化升级，政府采购网上商城模式全面推行。实施干部鼓励激励、容错纠错、能上能下"三项机制"，优化完善绩效考核体系，加大对重点工作、重大事项的绩效监测和督查推进力度。办复人大代表建议160件、政协提案261件。

与此同时，对口帮扶与援建、台务侨务、民族宗教、兵役、人民防空、气象、外事、地方志、妇女、儿童和关心下一代等工作都取得了新的进步。

各位代表，这些成绩的取得，是全市人民在中共张家港市委的坚强领导下，齐心协力、共同奋斗的结果，是市人大、市政协和社会各界监督支持的结果。在此，我谨代表市人民政府，向全市广大干部职工、企业家和全体市民，向人大代表、政协委员，离退休老领导、老同志，各民主党派、工商联和无党派人士，各人民团体、垂直部门和涉外单位，驻军指战员、武警官兵、公安民警、消防救援人员，以及所有关心支持张家港建设发展的海内外朋友，致以崇高的敬意和衷心的感谢！

同时，我们也清醒地看到，全市经济社会发展中还存在诸多矛盾问题，主要表现在：一是宏观经济环境更加复杂，经济下行压力加大，振兴实体经济、实现高质量发展面临更严峻挑战。二是企业创新主体地位和作用激发仍不够，传统路径依赖仍未摆脱，加快新旧动能转换的任务更加迫切。三是环境治理保护任务十分艰巨，大气、水、土壤污染防治，特别是沿江环境存在的突出问题需要更大力度治理攻坚。四是公共服务供给还不充分、不均衡，社会治理的社会化、法治化、智能化、专业化水平有待提高。五是政府职能转变还不到位，服务意识、效率意识、担当意识还要进一步增强。对此，我们将系统谋划，精准施策，补齐短板。

二、当前形势和重点任务

回望改革开放40年波澜壮阔的光辉历程，我们高举中国特色社会主义伟大旗帜，逢山开路、遇水架桥，敢闯敢试、实干拼抢，创造了从苏南“边角料”到县域百强前三甲的伟大飞跃，铸就了“团结拼搏、负重奋进、自加压力、敢于争先”的张家港精神。站在改革开放再出发的新起点，我们将以习近平新时代中国特色社会主义思想为指引，认真汲取改革开放40年的宝贵经验，牢牢把握新时代高质量发展的新要求，不忘初心、牢记使命，拼搏实干、破浪前行，书写张家港精神的新内涵，打造高质量发展的新标杆。

各位代表，2019年是建国70周年，是决胜高水平全面建成小康社会的关键之年，也是张家港加快新旧动能转换、迈入高质量发展轨道的攻坚之年。在这转型崛起的重要时刻，我们要充分认清张家港新的时代坐标和发展要求，推动高质量发展行稳致远。从宏观大势看，世界经济正进入深度变革的调整期。保护主义、单边主义势头上升，经贸摩擦、汇率波动等不确定、不稳定因素增多，各类风险挑战加剧；我国经济运行面临下行压力，但长期向好的总体势头没有改变，对外开放的大门越开越大，新的动能加速形成，支撑高质量发展的要素条件更加坚实。从发展方位看，张家港正处于多重战略叠加的机遇期。长三角区域一体化上升为国家战略和“高铁时代”的到来，“一带一路”和长江经济带战略的深入实施，将全面提升张家港区域发展战略地位，为我们在更大范围、更高层次集聚优势资源提供了新的空间，为我们拓宽双向开放，发展更高能级的大产业、大港口、大城市提供了有力支撑。从发展态势看，张家港正处于加快高质量发展、实现赶超跨越的关键期。面对高质量发展的激烈比拼，面对周边地区你追我赶的竞跑势头，张家港要确保走在高质量发展前列，就必须提振“样样工作争第一”的精气神，高标定位、改革创新、克难奋进，全力打造“港城发展升级版”。

展望新的一年和未来发展，机遇与挑战并存，希望与困难同在。我们要坚定政治责任与使命担当，切实增强危机意识、拼抢意识，坚持目标导向、问题导向，解放思想、实事求是，以永不懈怠、勇争一流的精神，以接续奋斗、真抓实干的作风，从难事抓起，从“硬骨头”上突围，全力攻克转变发展方式、优化经济结构、转换增长动力的难关，开辟张家港高质量发展的新境界。市政府将紧紧围绕市委十一届七次全会精神，着力打造“五大生态系统”：

（一）打造更具活力的创新创业生态系统，持续为高质量发展注入新的强大动能。创新是高质量发展的核心动力。要围绕打造港产城深度融合的创新型城市，加快构建以“沿江经济带”和“创新集聚环”为主体的“一带一环”产业发展架构。要以建设全国创新型县（市）为重要契机，激发科技创新的强引擎作用，以重大项目、重大载体为支撑，坚持“增量崛起”与“存量变革”并举，全力打造特种钢材、化合物半导体、高性能材料、氢能等新兴产业集群，推动冶金、纺织、机电等传统产业发展智能工业。要系统完善人才政策、创业孵化和服务支撑体系，充分集聚创新要素，激发企业创新主体活力。要聚力推进高新区建设，全面打造“创新驱动第一引擎、城市建设第一地标、苏南高新区第一方阵”。

（二）打造协同融合的区域发展生态系统，全面提升城市能级品质。融入长三角区域一体化是张家港高质量发展必须抢抓的新机遇。要围绕打造长三角枢纽型大城市，主动加强与长三角城市群核心城市在产业、科技、交通、生态、民生等领域的协同对接，发挥张家港的竞争优势，积极谋划与上海虹桥国际商务区的功能配套。要加快推动“港铁产城”融合发展，全面建设长三角公铁水联运的区域性枢纽。要以国际化视野建设高铁新城，打造“引领苏南沿江的综合门户新城、集聚创智研发的创新服务新城、彰显文化魅力的生态宜居新城”。加快形成以中心城区为主核，以高铁新城、滨江新城为副中心，以锦丰、乐余、凤凰、南丰为中心镇，以百个美丽乡村为支撑的“一核双副四中心”城乡一体化格局。

（三）打造更加绿色的自然生态系统，补齐补强生态环境短板。绿色是高质量发展的“底色”。要牢固树立“绿水青山就是金山银山”的理念，自觉践行长江经济带“共抓大保护、不搞大开发”的要求，打造彰显人居典范的绿色发展标杆城市。要以壮士断腕的决心，做好污染防治的“减法”，提高防污治污能力，坚决打赢“蓝天、碧水、净土”保卫战。要以只争朝夕的精神，做好生态建设的“加法”，坚守生态保护红线，加强沿江生态修复，建设绿色生态廊道。要以改革创新为动力，做好绿色发展的“乘法”，科学规划完善沿江产业布局和长江岸线功能，引导企业优化产业结构和能源结构，厚植绿色发展的根基。

（四）打造文明和谐的社会生态系统，持续增进均衡优质的民生福祉。民生幸福是高质量发展的根本目的。要围绕打造群众获得感最强的和谐幸福城市，精准务实办好民生实事，加大对教育、医疗、养老等社会事业投入，加强对教师、医生等专业人才的培育和储备，持续提升公共服务能力，不断增强市民的获得感、幸福感和安全感。要围绕打造富有独特人文气质的标兵型文明城市，全面推进新时代文明实践中心建设，大力提升市民文明素养和社会文明程度。要深化共建共治共享，健全基层网格化治理体系，推进自治、法治、德治互融并进，引导社会组织和市民群众参与社会治理，打通联系服务群众的“最后一千米”。要深化平安法治建设，提升市民的社会规则遵守意识、公共场所行为边界意识等，促进公平正义，维护安全稳定。

(五)打造更有效率的政务生态系统，高质量推进各项工作落地见效。高效、务实、廉洁的政务服务是高质量发展的保障。新的一年，我们要以机构改革为抓手，加快转变政府职能，持续增强政府的公信力和执行力。要深化“放管服”改革，为企业和市民提供更优的制度、政策和服务供给，维护公平开放透明的市场规则和法治化营商环境。要聚焦重大事项，健全专班化、项目化推进机制，不断提高各项工作的组织程度、推进速度和落实力度，凸显政府服务更加有能、有为、有效、有温度。要激励引领全市广大干部和各级各部门全面提升服务意识和能力，强担当、强作为，以过硬实绩向全市人民交出高质量发展的满意答卷。

三、2019年工作安排

2019年，政府工作的总体要求是：全面落实市委十一届七次全会的决策部署，与时俱进大力弘扬张家港精神，抢抓长江经济带高质量发展、长三角区域一体化发展两大机遇，坚持“稳中求进、争先率先”，扎实做好稳就业、稳金融、稳外贸、稳外资、稳投资、稳预期各项工作，全面深化、统筹推进各领域改革，以“招商突破年”为主攻点，全方位开启“港城经济、港城功能、港城生态、港城生活、港城治理”五个升级版建设，努力为决战决胜高水平全面建成小康社会争取更多主动、赢得更大优势，奋力推动港城高质量发展走在前列。

建议2019年经济社会发展的主要预期目标是：地区生产总值增长6.5%左右；公共财政预算收入增长8%左右；全社会固定资产投资保持稳定，工业投资增长6%；实际利用外资4亿美元，进出口总额增幅不低于苏州平均水平；社会消费品零售总额增长6%左右；居民人均可支配收入增长高于地区生产总值增速。

市政府将重点抓好以下八个方面工作：

(一)加快提升产业层次和水平

大力支持实体经济发展。创新思路、统筹谋划，部署开展“招商突破年”活动。紧盯“新材料、新能源、高端装备制造”等新兴产业，推进产业链招商，以龙头企业、旗舰项目为依托，招引一批上下游关联项目。突出项目质量效益，科学设定亩均产出、单位能耗等效益指标，建立完善项目准入门槛。创新招商方式，完善专业化、社会化招商机制，推进以商引商、以才引才、以外引外、合作招商，探索产业投资基金引导招商。整合优化招商选资、招才引智、科技创新等激励政策，多层次、宽领域、大平台、高密度组织开展重点投资促进活动。大力推进省、苏州和50个本市重大项目建设，激发社会资本投资活力，扩大项目有效投入。全面落实各类扶持政策，制定出台针对性强、含金量高的政策措施，多措并举为民营企业、特别是中小微企业赋能减负。发挥产业资本中心、“港城合伙人”等平台功能，打好银政企对接、产融合作、企业上市等“组合拳”，努力解决企业融资难、融资贵问题。积极应对中美经贸摩擦影响，加强对骨干外贸企业的监测预警和跟踪服务，确保企业平稳健康运行。大力弘扬企业家艰苦奋斗、敢闯敢干、聚焦实业、做精主业的精神，激励广大企业加大创新投入，加快转型升级。

做强做优先进制造业。精选优势领域，壮大优势产业，布局先导产业，加快打造一批新兴产业集聚区和产业链。做强精品钢材产业，编制钢铁产业发展战略规划，推进总投资超100亿元的沙钢、永钢升级改造项目，加快向硅钢、超薄带等高端特钢领域迈进，打造国内领先的绿色智能冶金产业基地。做优新材料产业，加快推进康得新集团新材料项目、胜牌润滑油、陶氏有机硅、贝内克长顺等项目建设，打造千亿级新材料产业基地。做精半导体产业，依托张家港纳米产业园、张家港集成电路产业促进中心、华灿光电等重大项目建设，加快完善半导体设计、封装、测试等产业链布局，打造先进特色半导体产业基地。拓展汽车产业，推进长城宝马光束汽车及加特可变速箱、采埃孚汽车电子等重大项目建设，培育壮大新能源汽车、高端汽车零部件等产业，建设新能源汽车产业新城。进军氢能产业，以苏州氢能产业创新中心为引领，聚焦氢气制备与储运、氢燃料电池等领域，引进一批行业领军人才，培育一批行业领军企业，启动中车氢能源基地项目，建设具有影响力的氢能产业创新中心、国家氢能全产业链集聚中心、氢能产业生态示范中心。年内，新兴产业产值占规上工业总产值比重达到49%。

推动传统产业高质量转型。深入实施产业提升行动计划，鼓励引导冶金、化工、纺织等传统产业，加快提升产业价值链和产品附加值，增强在全链条中的主导权和影响力。启动新一轮智能车间和智能工厂建设，发展一批智能制造专业技术服务平台、产业发展联盟和专业协会，滚动实施100个智能制造重点项目，培育15家以上省级示范智能车间。落实“小巨人”企业扶持政策，培育一批先进制造业新地标企业。年内制造业投资占固定资产投资比重提高1个百分点，工业增加值率达到21.7%。以支撑港城制造业发展为导向，重点发展研发设计、检验检测、供应链融资、文化创意等生产性服务业，促进生产性服务业向专业化和价值链高端攀升。深入推进工业企业、码头岸线资源集约利用综合评价，实施差别化资源配置政策，倒逼企业压减、淘汰落后产能。坚持“亩产论英雄”，推进“三优三保”，综合利用法律、经济、行政等措施，加快低效用地再开发，年内完成拆旧复垦377.33公顷、“腾笼换凤”土地面积66.66公顷。

(二)持续释放改革创新活力

高标准推进高新区功能升级。启动申报国家级高新区。支持高新区加快建设产业、科技、创新、生态“四个新城”，推进体制机制、招商引才、城市建设、金融模式、服务保障“五大创新”，加速成为全市创新资源集聚区、创新驱动主阵地、转型升级主引擎和科技成果策源地。支持高新区围绕战略新兴产业方向，加强“补链、强链、延链”等产业链招商，培育发展半导体、绿色能源、智能制造、大数据和人工智能等新兴产业。推进高端创新要素向高新区集聚，重点建设半导体、锂电、氢能等新型研发机构，争创省级双创示范基地。加速推进高新区产城融合发展，启动智慧科学城建设，推进CBD中心商业综合体和南横套景观廊道工程建设，高标准打造未来城市的新地标。

统筹集聚创新资源要素。积极建设国家创新型县（市）。高水平推进“十大新型研发机构”建设，鼓励引导企业建办重点实验室、综合性技术创新中心和产业技术创新战略联盟。年内，全社会研发投入占地区生产总值比重达到2.9%；大中型工业企业和规上高企研发机构建有率达96%，企业研发经费占主营业务收入比重达1.5%。新获评高新技术企业70家。新增上市企业2家，积极引导优质创新型科技企业挂牌科创板。年内引进市领军型创业创新人才项目80项，新增国家、省、苏州市级人才30人以上。新增省级以上众创空间5家。完善科技金融政策体系，打造产业资本创新小镇，发展创投融资、资本交易等金融新业态，设立天使投资基金，加大对新产业、新业态、新模式的支持力度。培育一批专业化、社会化的众创空间、孵化器，推进加速器、专业园区建设，加快构建完善成果转移、知识产权、科技金融等科技服务体系。深入开展国家中小企业知识产权战略推进工程试点市建设，万人有效发明专利拥有量达到45件。全力做好质量强市示范城市国家验收工作。

更大力度推动改革。瞄准“2440”目标，深化相对集中行政许可权改革，推广拓展“一窗受理、集成服务”模式，扩大“不见面”审批事项，全面推行证照分离改革。加快推进“互联网+政务服务”体系建设，推动政务服务“一张网”向镇、村（社区）延伸。推行代办送批、联动办理、容缺审批等机制，为重大项目提供一项一策“定制服务”。完善政务管理平台和电子证照库功能，实现政务服务信息资源的互通共享、精准供给，真正让数据信息“多跑路”、办事群众“少跑腿”。稳妥有序推进党政机构改革。深化凤凰、塘桥经济发达镇行政管理体制改革，开展综合行政执法体制改革。深化财政预算绩效管理，加强财政监督检查、政府采购监管和资产管理，进一步提升财政运行效率。推进政府性债务化解，严格防范债务风险。深化国资国企改革，统筹推进整合重组。优化公共资源交易平台，完善电子化交易体系。

（三）放大“港铁”联动优势

加快构建大交通体系。开展快速路网建设战略、铁路专用线、过江通道等交通规划研究，加快构建“公铁水”综合立体交通体系。加快沪通铁路大桥段及高铁站房建设，做好苏南沿江铁路、盐通张铁路相关配套工作，启动沿江高速公路扩容工程可研报批及建设，开展铁路货运支线研究。推进总长37千米（高架桥27千米）的快速环路建设，加快实施G346张家港绕城段改建、新泾路快速化改造、港华路拓宽等工程，启动晨丰公路东段改造、东渡大道北段新建项目。加快推进长江干流应急治理张家港段二期工程。深化实施公交优先战略，完成公交换乘枢纽点规划，新增氢能公交车15辆，清洁能源及新能源公交车占比达到60%。

提升港口综合能级。优化港口规划布局和资源配置，完善码头布局形态，规划建设木产业园、智能化专业木材码头、游轮码头、LNG码头等项目。推进供应链创新与应用试点，积极打造现代供应链公共服务平台、科创中心及跨境大宗商品供应链平台，推动临港产业、航运物流、大宗商品交易、跨境电商等服务业态的深度融合。做优做强保税物流、冶金物流等千亿级物流基地，集聚发展进口汽车等百亿级物流中心，培育一批超10亿元规模物流企业。推进“互联网+服务业”平台建设，做强做精江苏化工品交易中心、大宗商品交易中心、进口商品集采分销中心等电子化专业市场。用足用好汽车平行进口试点政策，完善国际车城平台功能，实现口岸整车进口全面放量。主动对接通关一体化、加工贸易和保税监管改革等重大举措，依托电子口岸推动“单一窗口”建设，建成口岸集中查验中心。

（四）推进城乡融合发展

提升城市规划建设水平。启动城市总体规划（2020—2035年）修编，完成办事处更新规划，开展地下管线综合规划、地理空间大数据更新与维护、体育中心选址研究。推进中心城区健身步道建设。城东黄泗浦生态园核心区开园；城西北延西拓区域加快学校、道路建设。高品质规划建设高铁新城，征集高铁新城黄泗浦以东区域城市设计国际方案，加快高铁枢纽区域配套设施建设。加快保税区（金港镇）滨江新城建设，统筹推进“港口、产业、城市”协调发展，形成港产城融合发展的新格局。推进地下综合管廊、海绵城市建设，培育装配式建筑产业化基地。探索城中村更新改造新模式，推进多层住宅加装电梯。

深入实施乡村振兴战略。围绕“产业兴旺、生态宜居、乡风文明、治理有效、生活富裕”的总要求，落实乡村振兴三年行动计划。深化农村土地“三权分置”改革，加快转化确权登记颁证成果，推动土地承包经营权抵押扩面。深化农村社区股份合作制改革，完善农村“三资”监管体系。因村施策推进精准帮扶。落实保护和发展农业“四个百万亩（100万亩为66666.67公顷）”，推进常阴沙省级现代农业产业示范园建设。新增高标准农田666.66公顷、优质粮源基地1333.33公顷，确保粮食安全。发展生态循环农业，绿色优质农产品比重达40%。培育新型职业农民，提升农业科技和装备应用水平，加快发展农产品电子商务，建设一批农业物联网应用示范基地。推进4个特色田园乡村建设，建成2个苏州市康居特色村、89个三星级康居乡村、15条美丽河道。推进沙洲生态农业园、乡伴双山岛理想村、永联江南田园风情小镇建设，打造一批特色休闲观光农业新业态。

（五）着力提升生态环境质量

全力打好污染防治攻坚战。深入实施“263”专项行动、清理整顿沿江环境污染攻坚行动。狠抓中央、省环保督察反馈问题整改，推动扬子江化工园、飞翔化工集中区环境整治提升，加快沙钢、永钢等重点企业环保升级改造，持续压降沿江环境风险，$PM_{2.5}$年均浓度完成上级下达考核目标。实施生活污水治理高质量发展计划，推进城镇排水达标区建设，省考断面水质达标率100%，市控断面消除劣V类。开展入江支流水岸同治攻坚行动，做好入江排污口“减半”工程。加快垃圾分类处置体系建设，全市域推进垃圾分类。加快静脉科技产业园建设，推进生活垃圾焚烧发电、固体危险废物填埋场等项目。持续抓好减煤工作,完成上级下达的非电行业减煤任务。坚持因类施策抓好环保问题整改,帮助企业制定完善治理方案,防止政策实施"一刀切"。

筑牢生态安全防线。完成沿江岸线综合利用及产业布局规划研究,系统推进生态保护、产业转型和企业升级,加快实施"退港还城",建设长江生态安全带。加强空间、总量、准入三条红线管控,确定生态保护红线、环境质量底线、资源开发利用上线和项目准入清单。推进开发园区循环化改造、化工企业进区入园、清洁能源替代和综合利用。加快实施通洲沙江心岛湿地保护、洲滩芦苇修复和江堤绿化工程,着力打造沿江绿色生态廊道。开展河湖生态修复,建成63条生态河道,打造水美村庄2个。推进活水畅流工程,启动南横套城区段整治,基本完成城东水系整治工程。新增林地40公顷,自然湿地保护率达60%以上。深入开展饮用水源地整治,保障饮用水安全。加快水质自动监测站建设,提升环境监测预警响应能力。实施环保社会责任实时公示,推动企业落实环保主体责任,广泛接受社会监督。

(六)持续增强群众获得感幸福感

提升社会保障水平。实施更加积极的就业扶持政策,城镇登记失业率控制在2.5%以内,本市高校毕业生就业率稳定在99%以上。拓展"智慧社保"功能,推进社会保险扩面。巩固完善因病致贫精准帮扶体系,推进社会救助综合改革试点,实体化运作社会救助服务中心,鼓励引导开展村级医疗互助。全面放开养老服务市场,居家和社区养老服务设施社会化运营比例超90%。新增公积金缴存职工4.5万人。新开工安置房25万平方米,竣工28万平方米。深化"五位一体"结对帮扶,助推对口帮扶地区打好脱贫攻坚战。

优质均衡发展社会事业。2019年重点建办12项民生实事项目,动态更新民生"微实事"项目库。创建全国义务教育优质均衡发展县市。加快实施世茂小学、悦丰幼儿园等17个学校新(改)建工程,启动沙洲中学北校区等9个项目筹建。推动江苏科技大学张家港校区、苏州理工学院创建高水平应用型本科大学,支持沙洲工学院、开放大学打造特色高职院校。探索建立现代医院管理制度,建设紧密型医联体,推进公立医院分院制改革、社区卫生一体化管理。实施"互联网+家庭医生"项目,重点人群签约服务率达50%以上。市第二人民医院投入使用。每1万常住人口全科医生达到4人以上。高标准通过"全国基层中医药工作先进单位"复评。

纵深推进文化文明建设。大力培育和践行社会主义核心价值观,全面推进新时代文明实践中心建设,实现镇文明实践所、村(社区)文明实践站全覆盖。推进志愿服务站点标准化建设,开展志愿服务系列活动。深化"书香城市"建设,推广24小时公共文化驿站、图书馆驿站,居民综合阅读率达96%。办好2019长江文化艺术节。加快推进黄泗浦、东山村两大遗址的规划建设。启动城西文体中心、市美术馆建设,完成城南文体中心主体工程。积极争创全国双拥模范城"七连冠"、国家全民运动健身模范县(市、区)。深入推进全域旅游,加快完善旅游基础设施和公共服务体系,策划开发一批具有张家港特色的旅游节庆活动、旅游产品。

(七)推动社会治理体制创新

深化共建共治。培育发展社区社会组织,推广"全科社工、全能服务"模式。加强社区工作者职业化体系建设,大力推进社区服务社会化。优化社会治理网格化大联动机制,完善大联动指挥平台,配齐配优专职网格员队伍,推动社会治理重心下沉、关口前移,构建纵向到底、横向到边的大联动格局。加强智慧城市顶层设计,完善政务大数据平台,建立统一的政务数据资源池,加强数据资源整合、分享和创新应用,实施一批信息化重点项目。深化智慧交通建设,建设智能停车系统。加强立体化、信息化社会治安防控体系建设,推进视频监控2.0工程。以"治根"为年度目标推进扫黑除恶专项斗争,持续提升人民群众安全感。深化食品安全城市创建,构建食品安全智慧化社会共治防控平台。全面深化"七五"普法,巩固提升学法知法守法用法的社会氛围。整合"12345"、政务服务平台、"城市e管家"、智慧社区等公共资源,打造社会治理"数据大脑"。

加力推进"三治"工作。统筹"263""331""三优三保"及城市更新、环境整治等资源要素,整合推进"治违、治污、治隐患"工作,利用三年时间攻坚突破,实现空间大优化、环境大改善、隐患大消除的"三治"目标。年内,建成区累计完成违建治理90%,"无违建村(社区)"建设比例达35%。严厉打击违法排污,依法全面取缔"散乱污"企业(作坊)。结合"331"行动,全力消除重大火灾隐患。健全应急管理体系,围绕"双下降、一杜绝"目标,压实安全监管和企业主体责任,加强重点领域安全整治,提升本质安全水平。完善属地负责、市镇联动工作机制,坚决打赢金融风险防范攻坚战。

(八)建设人民满意的服务型政府

持续加强政治建设。深入学习贯彻习近平新时代中国特色社会主义思想,切实增强"四个意识",忠实践行"两个维护",把全面从严治党要求贯穿到政府工作全过程、各方面,确保上级各项决策部署落地见效。自觉接受市人大及其常委会的法律监督和工作监督、市政协的民主监督,认真执行市人大及其常委会决议决定,坚持重大事项向市人大及其常委会报告、向市政协通报制度,健全与人大代表、政协委员的沟通联络机制,高质量办好建议提案,广泛听取各民主党派、工商联、无党派人士和人民团体意见。加强法治政府建设,落实政府权力和责任清单,严格依法依规履职。健全依法决策机制,严格落实法定决策程序,切实提升决策科学化、民主化、法治化水平。坚持严格规范公正文明执法,加强政府信息公开和行政复议工作。

持续提升作风效能。坚持系统化思维、注重规律性把握,全面对标找差、创新实干,加快完善推动高质量发展的指标体系、政策体系、标准体系、绩效评价等制度机制。组建8个重点工作推进办公室,纲举目张抓好长三角区域合作、高铁新城、智能工业、智慧城市、港产城融合等大事要事。进一步树立鼓励激励、容错纠错、能上能下的鲜明导向,完善绩效评价考核机制,调动广大干部开拓进取、奋发有为的积极性,求真务实解决实际问题,在全市上下营造想干事、能干事、干成事的浓厚氛围。一着不让加强政府系统党风廉政建设,严格执行《中国共产党党章》《中华人民共和国监察法》以及党内监督条例、党纪处分条例等法纪条规。坚决贯彻执行中央八项规定及其实施细则精神，聚焦“四风”突出问题特别是形式主义官僚主义新表现，持之以恒正风肃纪。深化落实全面从严治党“主体责任”，认真履行“一岗双责”，从严教育、从严管理、从严监督好各级政府部门和工作人员，打造人民满意的服务型政府，为港城高质量发展营造风清气正的政治生态。

各位代表，使命呼唤担当，实干创造未来。让我们紧密团结在以习近平同志为核心的党中央周围，高举习近平新时代中国特色社会主义思想伟大旗帜，在中共张家港市委的坚强领导下，紧紧依靠全市人民，大力弘扬张家港精神，全面打造“五个升级版”，为决胜高水平全面建成小康社会、推动张家港高质量发展走在前列而努力奋斗！

有关用语说明

1.“不见面”审批：指行政相对人通过“互联网、信函邮件、自助机办理、快递送件”等方式递交申请材料并符合法定受理条件，行政机关受理并作出审批决定后，通过“快递送达、网端推送、无偿代办、发放电子证照”等方式反馈办理结果。

2.“证照分离”：指改革现有工商执照和经营许可证合一的商事登记制度，破解“办照容易办证难”“准入不准营”等突出问题，逐渐建立商事主体资格和经营资格相互分离、各自独立的证明体系。根据《省政府关于印发在全省推开“证照分离”改革实施方案的通知》（苏政发〔2018〕137号）文件要求，对我市第一批106项涉企行政审批事项，分别按照直接取消审批、审批改为备案、实行告知承诺、优化准入服务等四种方式，实施“证照分离”改革，放松市场管制，优化营商环境。

3.“一窗受理、集成服务”：简称为“一窗式”，是指把分散在多个部门的多个政务服务事项梳理整合成“一件事情”，将可关联、可整合的服务事项解构再造为“一个窗口”，按照“一套标准”实行“前台综合受理、后台分类审批、综合窗口出件”，最终实现“一个窗口办成一件事”。

4.国际贸易“单一窗口”：通过对海关（检验检疫）、口岸等相关部门电子系统进行统一整合，企业只需在系统“一次录入”，就可实现通关业务“一网办结”，不用重复提交数据，进一步提升通关便利化水平。

5.“无违建村（社区）”：指在全市各村（社区）开展违法建设治理，通过集中开展防违、治违，全面遏制新增违法建设，从严治理和管控非法用地、河道沿线以及影响公共安全、环境容貌的违法建设。

6.装配式建筑：指采用建筑、装修一体化设计、施工，大量的建筑部品如内外墙板、叠合楼板、楼梯、阳台、空调板、预制梁、预制柱等，全部在车间生产加工完成，并在工程现场装配而成的建筑。

7.“备案制”教师：指因教育教学工作需要，由市教育行政部门统一招聘录用，安排到各公办幼儿园、职业类院校任教，实行劳动合同管理的非事业编制身份教师。

8.“四点半学校”：遵循公益原则，整合学校、社区、家庭资源，由学校或者有条件的社区提供场所，为放学后接送学有困难、潜质优异且确有家庭实际困难的孩子，免费提供特需服务。

9.药品采购“两票制”：指药品生产企业到流通企业开具一次发票，流通企业到公立医疗机构再开具一次发票。该模式改变了原有药品出厂后，经由各级医药经销商、代理商流通，最终进入医疗机构的惯例。主要目的是减少药品流通环节，规范药品流通秩序，治理药品购销中的各类违法违规行为，降低虚高药价。

10.“331”专项行动：指根据苏州市委市政府统一部署，自2018年5月5日起开展围绕“三合一”场所、出租房（群租房）和电动自行车违规停放、充电等三类突出火灾隐患，按照任务清单、履职清单和追责清单“三张清单”，在全市范围开展为期一百天（后苏州市委市政府决定，延长行动期限至2018年年底）的集中整治专项行动。

11.“快警务”机制：指建立以人民为中心，突出各类违法犯罪警情、安全事故险情、热点民意民情，做到第一时间响应处置、最快速度办理办结的实战警务模式。旨在全力挽回群众损失，全力保护人民群众生命财产安全，全力提供高效优质服务，切实提升人民群众获得感、幸福感和安全感。

12.一带一环：“一带”是指依托沿江港口，聚集先进制造业的沿江临港产业发展带，主要包括先进制造业集中区、临港物流园区和战略性产业预留区三大产业发展空间；“一环”是指以经开区、高新区、高铁新城为依托，以新兴产业、综合服务业为主体，围绕中心城区的创新集聚环。

13.“小巨人”企业：指符合产业发展方向，主营业务突出、质量效益好、成长性高、科技创新能力强，在细分行业处于领先地位的企业。

14.2440：开办企业2个工作日内完成，不动产登记4个工作日内完成，工业建设项目施工许可40个工作日内完成。

15.政务服务“一张网”：俗称省“一张网”，是指省市县统一架构、多级联动，面向自然人、法人和其他社会组织，提供政务服务的统一发布、统一咨询、统一申报的网上政务服务门户。目前，张家港旗舰店和10个区镇频道已全部在“一张网”上开通运行。

16.LNG码头：LNG（Liquefied Natural Gas），即液化天然气的英文缩写。LNG是一种清洁、高效的能源。LNG码头是指能够靠泊LNG运输船舶进行装卸作业的码头设施。

17.农村土地“三权分置”：指在坚持农村土地集体所有的前提下，促使农户承包权和经营权分离，形成所有权、承包权、经营权三权分置，经营权流转的格局。实施“三权分置”的重点是放活经营权，在保护农户承包权益的基础上，赋予新型经营主体更多的土地经营权，有利于促进土地经营权在更大范围内优化配置，从而提高土地产出率、劳动生产率、资源利用率。

18.“五位一体”结对帮扶：指在市、镇、村、园区、企业等五个层面与贵州省沿河县建立健全“一对一”或“一对多”的结对帮扶机制，全方位推进东西部精准帮扶“全覆盖”。

19.“双下降、一杜绝”：生产安全事故起数、死亡人数“双下降”，杜绝较大及以上生产安全事故。

组织机构及其负责人

市级领导机构

中共张家港市第十一届委员会

书　记　朱立凡(9月免)
　　　　沈国芳(9月任)
副书记　黄　戟(12月免)
　　　　潘国强(12月任)
　　　　王亚方
常　委　黄雪元(8月免)
　　　　杨　芳(女)
　　　　卞东方　张　玮
　　　　李军强(8月免)　陆德峰
　　　　黄亚平　石锡贤
　　　　邵军民(8月任,援疆)
　　　　赵建明(8月任)
　　　　许晓云(8月任)
委　员　(按姓氏笔画为序)
　　　　万资平　王文伟
　　　　王松石　卢懂平
　　　　朱兴华　许剑波
　　　　严栋兴　吴惠芳
　　　　沈　琳　陆忠理
　　　　陆崇珉　陈　稳
　　　　陈卫兵　陈世海
　　　　季　宗　季洪良
　　　　秦真智(女)　夏立新
　　　　钱锦东　徐凤琪
　　　　徐仲高　黄雪元
　　　　徐建东(8月免)　常　征
候补委员　(按得票多少为序)
　　　　朱瑞栋　邵建华
　　　　黄祥亮　王连生

张家港市第十四届人民代表大会常务委员会

主　任　徐仲高
副主任　陆颂义　顾　放　秦毅峰
　　　　应　梓
委　员　(按姓氏笔画为序)
　　　　丁一红(女)　王惠忠
　　　　成家武(1月任)
　　　　朱卫兵　刘　佾
　　　　许京海　孙朝枫
　　　　杨建钟　沈学如
　　　　张建新(女)　张满兴
　　　　张耀清　陆一珉
　　　　陆卫东　陈建明
　　　　季洪良　周志虎
　　　　周群信　赵建军
　　　　施向东　姚金泉
　　　　秦真智(女)　袁剑秋
　　　　袁雪祥　顾彩萍(女)
　　　　钱云华(1月任)
　　　　徐　敏(女)
　　　　唐红英(女)　唐利刚
　　　　蒋　锋(8月免)　蓬　元
　　　　瞿刘华
党组书记　徐仲高
党组副书记　陆颂义
党组成员　秦毅峰　应　梓　周群信
　　　　钱云华　周志虎

张家港市人民政府

市　长　黄　戟
副市长　卞东方　徐平观
　　　　邵军民(9月免)
　　　　赵建明(9月免)　陆崇珉
　　　　李兆玮(女)　王松石
　　　　周斌伟　胡新华(挂职)
　　　　胡　俊(挂职)
党组书记　黄　戟
党组副书记　卞东方
党组成员　邵军民(9月免)
　　　　赵建明(9月免)　陆崇珉
　　　　李兆玮(女)　王松石
　　　　周斌伟　常　征　陈卫兵

政协张家港市第十二届委员会

主　席　黄雪元
副主席　景惠新　刘会苏　丁学东
　　　　周　兵
秘书长　陈　飞
常务委员　(按姓氏笔画为序)
　　　　王春松
　　　　王景才(12月免)
　　　　王韶杰　朱长明　朱亚军
　　　　刘玉梅(女)　许　峰
　　　　孙礼江　孙利婵(女)
　　　　孙浩元　杜思梅(女)
　　　　苏　勇　苏国兴　李　峰
　　　　李兴华　李笑梅(女)
　　　　吴　平　吴惠英(女)
　　　　何　俊　何一雷
　　　　余爱华(女)　沈　祥
　　　　张　萍(女)　张卫中
　　　　张燕清
　　　　陈　霞(女,12月免)
　　　　陈世海　陈鹤忠　邵振江
　　　　林振球(12月免)
　　　　范义东　金双龙　周卫君
　　　　法　禅　孟伟言
　　　　赵剑锋　侯蔚枫(女)
　　　　施　律(1月任)
　　　　姜　嵘(女)
　　　　姜志芳(女)　秦国平
　　　　夏　敏(女)　钱　伟
　　　　钱王平　徐若海　徐建龙
　　　　徐锦章　郭宏杰(女)
　　　　高卫平　高冰峰　唐　锋
　　　　黄冰青(女)
　　　　蒋丽华(女)　谢永锋
　　　　解志荣(1月任)　蔡克荣
　　　　翟二生　缪闻鼎
　　　　樊建兵(1月任)　潘雪平
　　　　薛　平
党组书记　黄雪元
党组副书记　景惠新
党组成员　周　兵　陈世海　陈　飞

市纪委(监委)

中共张家港市第十一届纪律检查委员会

书　记　张　玮
副书记　茅哲峰　李维兵
常　委　徐文虎　瞿医蕾(女)
　　　　张成兵　袁胜华
委　员　(按姓氏笔画为序)
　　　　任和平　杨志刚　吴文军
　　　　张　婷(女)　张金珠(女)
　　　　张耀明　赵煜斌　顾海斌
　　　　温献民

市监察局

(1月撤销)

局　长　茅哲峰

市监察委员会

(1月成立)

主　任　张　玮
副主任　茅哲峰　李维兵
委　员　张成兵　袁胜华
　　　　张　勇　徐培科(12月任)

市纪委非公有制经济工作委员会

副书记　张　婷(女,兼)

市纪委派驻纪检组

第一派驻纪检组组长(驻市委办公室)
　　　　倪雅萍(女)
第二派驻纪检组组长(驻市委组织部)
　　　　钟　桐(女)
第三派驻纪检组组长(驻市委宣传部)

陆　骏

第四派驻纪检组组长（驻市委统战部）　曹　平

第五派驻纪检组组长（驻市委政法委）　薛建华

第六派驻纪检组组长（驻市政府办公室）　马筱宇（女）

第七派驻纪检组组长（驻市发展和改革委员会）　夏　良

第八派驻纪检组组长（驻市交通运输局）　陆　斌

第九派驻纪检组组长（驻市财政局）　朱龙友

第十派驻纪检组组长（驻市人力资源和社会保障局）　钱　剑

第十一派驻纪检组组长（驻市住房和城乡建设局）　钱凤娟（女）

第十二派驻纪检组组长（驻市教育局）　李剑龙

第十三派驻纪检组组长（驻市卫生和计划生育委员会）　张金珠（女）

第十四派驻纪检组组长（驻市农业委员会）　周国忠

第十五派驻纪检组组长（驻市市场监督管理局）　钱燕秋

第十六派驻纪检组组长（驻市人民法院）　陈阳阳（女）

第十七派驻纪检组组长（驻市人民检察院）　陈　祥

第十八派驻纪检组组长（驻市公安局）　张旦忠

市委巡察工作办公室

主　任　徐文虎（兼）

副主任　唐爱斌（兼）　肖　锋（兼）
　　　　殷　焕

市委巡察组

组　长　陈维清　徐忠袁　金　炯
　　　　朱晓敏（女）

副组长　顾　新（12月免）　丁建平
　　　　杨文杰　陈　丽（女）
　　　　周学军　王修亮　陈子兵
　　　　陆　兵

保税区、经开区、冶金园、高新区工作机构

保税区

中共张家港保税区工作委员会

书　记　朱立凡（9月免）
　　　　沈国芳（9月任）

副书记　黄　戟（12月免）
　　　　潘国强（12月任）
　　　　石锡贤　许剑波

委　员　季　冬　黄　镇（12月免）
　　　　翁羽人（女）　温献民
　　　　季　峰　万资平

张家港保税区管理委员会

主　任　黄　戟（12月免）

副主任　潘国强（12月任）　石锡贤
　　　　许剑波　季　冬
　　　　黄　镇（11月免）
　　　　翁羽人（女）
　　　　季　峰　万资平
　　　　万显和（9月任，挂职）

张家港保税区党政办公室（宣传文明办公室）

主　任　潘正云

副主任　奚卫明　沙卫军
　　　　杜文献（2月免）

张家港保税区外事办公室

主　任　奚卫明

张家港保税区组织人事局

局　长　孙惠芳（女）

副局长　马建华　仇治君

张家港保税区财政局

局　长　赵耀新（8月免）

副局长　徐　旻（女，12月免）
　　　　李春洪　施　靖（女）

张家港保税区规划建设局

局　长　张宇洲

副局长　徐　群　李光磊

张家港保税区发展改革局（重大项目办公室）

局　长　刘忠华

副局长　赵　旭（12月免）　包金华
　　　　谢　海

张家港保税区招商局

局　长　张卫星

副局长　章海铭　张奎军　卞振磊

张家港保税区科技人才局

局　长　黄菊芳（女）

副局长　吴仲文　卞振磊（兼）
　　　　戴　斌（9月任，挂职）
　　　　郝　翔（9月任，挂职）
　　　　李　翔（9月任，挂职）

张家港保税区安全环保局

局　长　曹　东（12月免）

副局长　杨忠其（2月免）
　　　　许永华　徐　舟

张家港保税区企业服务管理局

局　长　沈建荣（12月免）

副局长　邹文彪　瞿　锋
　　　　宋　波（女，12月任）

张家港保税区投资服务中心

主　任　陈　剑

副主任　徐卫凤（女）　孟菁菁（女）

张家港保税区物流贸易局（张家港保税物流园区管委会办公室、服务业办公室）

局　长　彭　烨

副局长　赵　旭（12月任）　廖祚根
　　　　任　琰（女）
　　　　倪　军

张家港保税区社会事业局

局　长　徐敏娟（女）

副局长　陆　剑（12月任）　柳志兵
　　　　周　峰

张家港保税区农村工作局

局　长　刘一平（12月免）
　　　　曹　东（12月任）

副局长　李新华（2月任）
　　　　陆　剑（12月免）
　　　　徐劲松　毛东兴（12月任）

张家港保税区政法和社会管理办公室

主　任　刘　斌

副主任　闻玉林
　　　　袁金良（12月任）

张家港保税区行政审批局（政务服务中心）

局　长　何　萍（女）

副局长　卢红娟（女）　惠　涛

张家港保税区纪律检查工作委员会

书　记　温献民

副书记　夏　琼（女）

张家港保税区监察室

主　任　夏　琼（女）

副主任　蒋中柱

张家港保税区（金港镇）机关党委

书　记　孙惠芳（女，兼）

副书记　卢向群（女，兼）

张家港保税区（金港镇）非公企业党工委

书　记　卢向群（女，兼）

张家港保税区金港资产经营有限公司

董事长、总经理　杨晓虎

市国土资源局张家港保税区分局

局　长　季佩欣

张家港保税区市场监督管理局

局　长　谷晓晖

副局长 章俊平(女) 黄敏东

张家港保税区食品药品监督管理局

局 长 谷晓晖(兼)

张家港保税区国税局

局 长 徐 伟

张家港保税区地税局

局 长 赵庆明

经开区

中共张家港经济技术开发区工作委员会

副书记 卢懂平

委 员 陶惠兴(5月免) 李 良
张 雷 赵志凯 顾卫彬
陆忠理 吴卫中
张立强(6月任,挂职)

张家港经济技术开发区管理委员会

主 任 邵军民(8月任,援疆)

副主任 卢懂平
陶惠兴(5月免) 李 良
张 雷 赵志凯 顾卫彬
陆忠理 唐善林(挂职)
赵 杰(挂职)
张立强(6月任,挂职)

张家港经济技术开发区党政办公室(宣传文明办公室)

主 任 詹亚军

副主任 朱洪春 石建军
朱 峰(12月任)

张家港经济技术开发区招商局

局 长 顾卫彬

副局长 杨 岷(女,兼)
徐 宏(12月任)
陈晓娴(女,8月免)
苏 斌
钱 华(12月任)

张家港经济技术开发区商贸局

局 长 杨立清

副局长 吴建江

张家港经济技术开发区发展改革局

局 长 张毓鸿

副局长 杨立清(兼) 杨浩东
许文虎

张家港经济技术开发区科技人才局

局 长 杨 岷(女)

副局长 黄 蓉(女,援疆)
庞建东
秦建岳(12月免)
徐 徵(女,12月任)
张侃健(9月任,挂职)
张 岩(9月任,挂职)
田景华(9月任,挂职)

张家港经济技术开发区经济服务局(安全环保局)

局 长 毛建锋

副局长 邱树立(援疆)
季军学(12月免) 陈银锋

张家港经济技术开发区建设局

局 长 李仲平

副局长 陈俊彪(12月任) 陈 光

张家港经济技术开发区财政局

局 长 吉鲁平

副局长 徐溪椿(12月免) 郭文彩

张家港经济技术开发区组织人事局

局 长 张建华(12月免)

副局长 陈海文

张家港经济技术开发区社会事业局

局 长 凌 洁(女)

副局长 叶丽娜(女) 贾雪珍(女)

张家港经济技术开发区农村工作局

局 长 苏 江(12月免)

副局长 石丽华(女) 施亚忠
郭建锋

张家港经济技术开发区政法和社会管理办公室

副主任 赵剑锋 缪俐琳(女)

张家港经济技术开发区行政服务中心(招投标中心)

主 任 陈宣东(12月免)

副主任 柯欣荣 徐晓芳(女)

张家港经济技术开发区纪律检查工作委员会

书 记 吴卫中

副书记 徐卫杰

张家港经济技术开发区(杨舍镇)机关党委

副书记 詹亚军(兼)

市高新技术创业服务中心

主 任 孙海蓉(女)

张家港经济技术开发区机关服务中心

主 任 肖建东

国土资源局张家港经济技术开发区分局

局 长 周国强

冶金园

中共江苏扬子江国际冶金工业园工作委员会

书 记 常 征

副书记 杜永飞(6月免) 沈晓波

委 员 唐晓东 王静娟(女)

江苏扬子江国际冶金工业园管理委员会

主 任 杜永飞(6月免)

江苏扬子江国际冶金工业园党政办公室(宣传文明办公室)

主 任 倪惠芬(女)

副主任 陈 宇

江苏扬子江国际冶金工业园组织人事局

局 长 许海峰

副局长 丁建东

江苏扬子江国际冶金工业园科技招商局

(4月发展改革局更名为科技招商局,并挂“发展改革局”牌子)

局 长 卞春生

副局长 赵学刚(12月免)
陈 龙 项 伟(8月任)
连丽丹(女,8月免)
朱俊杰(8月任)
金今花(女,12月任,朝鲜族)
张朝磊(9月任,挂职)

江苏扬子江国际冶金工业园经济服务局(安全环保局)

(4月撤销科技人才局)

局 长 蒋卫军

副局长 余耀明 朱国生(8月任)
徐 锋(8月免)
项 伟(8月免)
朱俊杰(8月免)
钱 军(8月任)

江苏扬子江国际冶金工业园物流贸易局

局 长 唐晓东

副局长 朱国生(8月免) 李 春
连丽丹(女,8月任)

江苏扬子江国际冶金工业园规划建设局

局 长 张国华

副局长 朱子平 王 振

江苏扬子江国际冶金工业园财政和资产管理局

局 长 顾 青

副局长 黄冰青(女,2月免)
赵向东
李建兴(2月任) 肖 军

江苏扬子江国际冶金工业园社会事业局(农村工作局)

局 长 糜 正

副局长 李卫忠 钱 军(8月免)

宓武忠

江苏扬子江国际冶金工业园
政法和社会管理办公室

副主任　鞠江平（兼）　吴　铃（女）
　　　　夏永刚

江苏扬子江国际冶金工业园
纪律检查工作委员会

书　记　王静娟（女）
副书记　丁正红

江苏扬子江国际冶金工业园监察室

主　任　丁正红

高新区

中共张家港高新技术产业开发区
工作委员会
（10月去筹，正式成立）

书　记　黄　戟（兼，12月免）
　　　　潘国强（兼，12月任）
副书记　卢慬平　张　雷
委　员　黄祥亮　曹鹰飞
　　　　陈　稳　黄晓东

张家港高新技术产业开发区
管理委员会

主　任　卢慬平
副主任　张　雷　黄祥亮　曹鹰飞

中共张家港高新技术产业开发区
纪律检查工作委员会

书　记　陈　稳

张家港高新技术产业开发区
党政办公室

主　任　黄　明（兼）
副主任　朱洪春

张家港高新技术产业开发区
人力资源局

局　长　陈海文（兼）

张家港高新技术产业开发区
创新发展局

局　长　张　浩（兼）
副局长　徐　徵（女）
　　　　田景华（9月任，挂职）

张家港高新技术产业开发区
科技招商局

局　长　黄晓东（兼）
副局长　丁国秋　钱　华

张家港高新技术产业开发区
财政局

局　长　徐溪椿（兼）

张家港高新技术产业开发区
规划建设局

局　长　马海兵
副局长　陶文华

各镇（区）领导机构

杨舍镇

中共杨舍镇委员会

党委书记　卢慬平
副书记　陈建新（8月免）　许瑞兴
　　　　赵剑锋（兼）
委　员　崔立华　张耀军
　　　　张　浩（12月免）
　　　　郭广益　陈　楠（女）
　　　　陈　强　邓衍子（12月任）
　　　　王文华（女，12月任）
纪委书记　陈　强
纪委副书记　黄　成

杨舍镇人民代表大会

主　席　陆卫东
副主席　陈俊彪（12月免）
　　　　秦建岳（12月任）

杨舍镇人民政府

镇　长　陈建新（8月免）
副镇长　黄　明（12月免）　张海军
　　　　石　勇
　　　　赵琦萍（女，12月免）
　　　　徐建军（12月免）　杨　悦
　　　　陶文华（12月任）
　　　　展亚东（12月任）
　　　　马　洁（女，12月任）

市政协杨舍镇工作委员会

副主任　张　浩（兼，12月免）
　　　　王文华（女，兼，12月任）

杨舍镇经济服务中心
（招商服务中心）

主　任　汤文军

塘桥镇

中共塘桥镇委员会

党委书记　徐华东
副书记　沙立平　朱栋裕
　　　　张艳丽（女）
　　　　郝　翔（9月任，挂职）
委　员　卢建刚　庞卫刚　朱　新
　　　　黄治平　潘晓忠　袁　飞
　　　　殷建刚　许　忠（兼）
纪委书记　袁　飞
纪委副书记　朱志良（6月任）

塘桥镇人民代表大会

主　席　朱卫兵
副主席　邹海兵

塘桥镇人民政府

镇　长　沙立平
副镇长　张　溢　许建东（援疆）
　　　　张国平　郑启伟　宋联军
　　　　孙耀辉　陶　科

市政协塘桥镇工作委员会

主　任　朱栋裕（兼）
副主任　潘晓忠（兼）

塘桥镇经济服务中心
（招商服务中心）

主　任　周爱军

金港镇

中共金港镇委员会

党委书记　石锡贤
副书记　徐敏娟（女）　孙永华
　　　　王　希　刘　斌（兼）
委　员　卢向群（女）
　　　　龚锦乾（12月免）
　　　　王卫东　张惠锋　缪　飞
　　　　缪静艺（女）
纪委书记　缪静艺（女）
纪委副书记　丁忠良

金港镇人民代表大会

主　席　王惠忠
副主席　方建祥

金港镇人民政府

镇　长　徐敏娟（女）
副镇长　卞　震　陆炜炜（女）
　　　　曹　军　袁达新　孙　亮
　　　　封　皎（女）

市政协金港镇工作委员会

主　任　王　希（兼）
副主任　刘金坤　张惠锋（兼）

金港镇经济服务中心
（招商服务中心）

主　任　杨忠其（2月任）

锦丰镇

中共锦丰镇委员会

党委书记　常　征
副书记　沈晓波　邱晶嘉
　　　　鞠江平（兼）
委　员　张国华（7月免）
　　　　陈卫菊（女）　褚　辉
　　　　孙　力（7月任）
　　　　陈　英（女）　丁建东
　　　　叶海平　刘新德
纪委书记　刘新德

纪委副书记　王志清(10月任)

锦丰镇人民代表大会

主　席　陈建明
副主席　刘　平

锦丰镇人民政府

镇　长　沈晓波
副镇长　陈卫菊(女)　丁亚军
　　　　蒋亚东　黄　宏(女)
　　　　张亚芳(女)
　　　　刘梦甜(女,6月免)

市政协锦丰镇工作委员会

主　任　邱晶嘉(女,兼)
副主任　褚　辉(兼)

锦丰镇经济服务中心（招商服务中心）

主　任　徐　锋(8月任)

乐余镇

中共乐余镇委员会

党委书记　夏立新
副书记　陆晓平　钱梁斌　薛盘芳
　　　　高　超(9月任,挂职)
委　员　吴永兵　沈洪源
　　　　陈　兰(女)
　　　　钱　斌　季　忠
　　　　杨卫兴　朱文骁(女)
　　　　朱礼斌(兼)
纪委书记　杨卫兴
纪委副书记　魏晓晖

乐余镇人民代表大会

主　席　张耀清
副主席　朱文骁(女)

乐余镇人民政府

镇　长　陆晓平
副镇长　沈洪源　许文生
　　　　王　忠　邹　伟
　　　　孙顾力
　　　　黄利明(2月任)

市政协乐余镇工作委员会

主　任　钱梁斌(兼)
副主任　吴永兵(兼,2月免)
　　　　陈　兰(女,兼,3月任)

乐余镇经济服务中心（招商服务中心）

主　任　方向明(2月任)

凤凰镇

中共凤凰镇委员会

党委书记　王文伟
副书记　王卫民　吴文军
　　　　戴　艳(女)
　　　　袁慧慧(女,9月任,挂职)
委　员　李　新　朱春秋　赵文中
　　　　邓　敏(女)　黄旭东
　　　　焦频频(女)　魏新阳
　　　　张连祥
纪委书记　焦频频(女)
纪委副书记　常　铨

凤凰镇人民代表大会

主　席　袁雪祥
副主席　何正岳

凤凰镇人民政府

镇　长　王卫民
副镇长　马宏鹏　顾竹江　钱晓波
　　　　徐丹芸(女)　汤伟刚
　　　　周　忠

市政协凤凰镇工作委员会

主　任　吴文军(兼)
副主任　魏新阳(兼)

凤凰镇经济服务中心

主　任　庞晓畅

南丰镇

中共南丰镇委员会

党委书记　沈　琳
副书记　袁政国　陈晓英(女)
　　　　李　翔(9月任,挂职)
委　员　钱新华(女)
　　　　陆明程(2月免)
　　　　金俊龙　朱建明
　　　　陈　立(12月任)
　　　　顾　博　戴　俭
纪委书记　钱新华(女)
纪委副书记　尤江峰(女)

南丰镇人民代表大会

主　席　陆一珉
副主席　戴　俭(兼)

南丰镇人民政府

镇　长　袁政国
副镇长　陆明程(2月免)　倪玉祥
　　　　陈　立(12月免)
　　　　方荣胜
　　　　陆静亚(女,2月任)
　　　　徐　晋(12月任)

市政协南丰镇工作委员会

主　任　陈晓英(女,兼)
副主任　顾　博(兼)

南丰镇经济服务中心（招商服务中心）

主　任　邹　江

大新镇

中共大新镇委员会

党委书记　徐凤琪
副书记　何　剑　赵　瑜(女)
　　　　张赤军(9月任,挂职)
委　员　顾　芳(女)　黄建兴
　　　　张　平　朱浩锋
　　　　陈晓锋　秦燕军
纪委书记　陈晓锋

大新镇人民代表大会

主　席　袁剑秋
副主席　赵兰芬(兼,女)

大新镇人民政府

镇　长　何　剑
副镇长　张爱华　俞鹏科
　　　　肖　斌
　　　　谢　玲(女)
　　　　朱伟力(女,挂职)

市政协大新镇工作委员会

主　任　赵　瑜(兼,女)
副主任　秦燕军(兼)

大新镇经济服务中心（招商服务中心）

主　任　赵兰芬(女)

常阴沙现代农业示范园区

中共常阴沙现代农业示范园区工作委员会

党工委书记　陈雪明
副书记　钱晓锋　张左平
　　　　王卫星(女)
委　员　杨　彬
　　　　黄新波(女)
　　　　吴振宇　宋永乾
　　　　陆　燕(女,12月任)
纪工委书记　吴振宇

常阴沙现代农业示范园区管委会

主　任　钱晓锋
副主任　虞伟明　宋永乾
　　　　钱　平　马耀博
　　　　陆　燕(女)
　　　　朱东兴(9月任,挂职)

市人大常阴沙现代农业示范园区工作委员会

主　任　王卫星(女,兼)

市政协常阴沙现代农业示范园区工作委员会

主　任　张左平(兼)
副主任　杨　彬(兼)

双山岛旅游度假区

中共双山岛旅游度假区工作委员会

书　记　张　平
副书记　沈　浩　李新华（2月免）
　　　　李　彬　邹　铜（2月任）
委　员　李群慧　何兴娟（女）
　　　　高品强
纪工委书记　李群慧

双山岛旅游度假区管委会

主　任　沈　浩
副主任　李新华（2月免）
　　　　邹　铜（2月任）　丁　德
　　　　许燕忠　孟新华

中共双山香山旅游度假区（筹）工作委员会
（6月成立）

书　记　许剑波
副书记　张　平　沈　浩　李　彬
　　　　邹　铜
委　员　李群慧　何兴娟（女）
　　　　高品强
纪工委书记　李群慧

双山香山旅游度假区（筹）管委会
（6月成立）

主　任　张　平
副主任　沈　浩　邹　铜　丁　德
　　　　徐　群　许燕忠　孟新华

市人武部、法院、检察院

市人民法院

党组书记、院长　徐建东（9月免）
　　　　　　　　朱劼纯（9月任）
副院长　顾海斌　余爱华（女）
　　　　陆建忠　李清泉
党组副书记　顾海斌
党组成员　赵　晖　陆建忠　李清泉
　　　　　陈阳阳（女）

市人民检察院

党组书记、检察长　邓根保
副检察长　丁建勤　陆鹏程
党组成员　丁建勤　马建新
　　　　　刘　霞（女）　陈　祥
　　　　　张　勇（1月免）

市委工作机构

市委办公室

主　任　朱兴华
副主任　闵振宇（10月辞）　丁　峰
　　　　李建刚　沈海峰　丁　浩

市委机要局

局　长　王彦文（2月任）
副局长　张晓莉（女）

市委保密委员会办公室
（市国家保密局，市国家密码管理局，在市委办挂牌）

主　任（局长）　丁　峰（兼）
副主任（副局长）　龙大华　施林峰

市委研究室

主　任　闵振宇（10月辞）
副主任　薛　奇

市委组织部

部　长　陆德峰
副部长　庞赞平　刘　俭　樊建兵
　　　　成家武

市委非公有制企业和社会组织工作委员会
（与市委组织部合署办公）

书　记
副书记　周　颖（女）　陈　昕
　　　　周明明

市委党的建设工作领导小组办公室

主　任

市人才工作领导小组办公室
（挂市人才工作办公室牌子）

副主任　王　恒

市委老干部局

局　长　庞赞平
副局长　朱纯敏（女）　龚向东

市委宣传部

部　长　杨　芳（女）
副部长　陈世海（兼，援贵州沿河）
　　　　袁　勋　何　俊　陈永泽

市精神文明建设委员会办公室
（在市委宣传部挂牌）

主　任　何　俊
副主任　王海燕（女）　蔡　磊

市委对外宣传办公室
（市政府新闻办公室，在市委宣传部挂牌）

主　任　陈永泽（兼）
副主任　黄　霞（女）

市互联网信息办公室

副主任　黄卫琼（女）

市委统一战线工作部

部　长　王亚方（兼，9月免）
　　　　赵建明（兼，9月任）
副部长　薛　平　解志荣（兼）
　　　　赵志刚（兼）　王世芳（女）

市政府侨务办公室

主　任　谢正国
副主任　董雪明

市委政法委员会

书　记　黄亚平
副书记　徐建东（兼，9月免）
　　　　周斌伟（兼）
　　　　邓根保（兼）
　　　　朱劼纯（兼，9月任）
　　　　赵剑锋　周　钧　沙雪松
委　员　万学刚（兼）

市社会治安综合治理委员会办公室
（在市委政法委员会挂牌）

主　任　周　钧（兼）
副主任　徐昀宇　周文英（女）
　　　　徐　健

市国家安全领导小组办公室

主　任　赵剑锋（兼）
副主任　张国良

市委农村工作办公室
（挂市政府农村集体资产管理办公室牌子）

主　任　邵建芳（8月免）
副主任　陆明程（2月任）　李　刚
　　　　张　进

市机构编制委员会办公室

主　任　孟　波
副主任　许　健　唐爱斌　李　松

市委防范和处理邪教问题办公室

主　任　邬海安
副主任　刘　军

市委台湾工作办公室
（市政府台湾事务办公室）

主　任　卢惠兴（8月免）
副主任　钱新棣　瞿秋霞（女）

市委市级机关工作委员会

书　记　施建彬
副书记　任和平　何正贤（8月免）
　　　　钱艳虹（女）
纪工委书记　任和平

市人大市级机关工作委员会

主　任　何正贤（兼，8月免）

市人大、政协机关

市人大常委会办公室

主　任　周志虎
副主任　孙朝枫　徐建龙　徐龙斌

市人大常委会研究室

副主任　孙朝枫（兼）

市人大常委会人事代表联络工作委员会

主　任　徐　敏(女)

副主任　袁寨平

市人大常委会内务司法工作委员会

主　任　杨建钟

副主任　李锦华

市人大常委会财政经济工作委员会

主　任　施向东

副主任　李伟星　陈晓平

市人大常委会城建环保工作委员会

主　任　许京海

副主任　胡　燕(女)　朱保明

市人大常委会教科文卫(外事民宗侨台)工作委员会

主　任　唐红英(女)

副主任　苏花兰(女)　严　武

市人大常委会农业农村工作委员会

主　任　姚金泉

副主任　顾彩萍(女)

市政协

秘书长　陈　飞

副秘书长　陈　丽(女)　周小军
蔡克荣

市政协办公室

主　任　陈　飞

副主任　陈　丽(女)　周小军
蔡克荣　王舒凤(女)

市政协提案委员会

主　任　潘雪平

副主任　朱文焰(3月免)
张亚萍(女,3月任)
陈　刚(兼)
闵振宇(兼,11月免)

市政协经济科技委员会

主　任　李笑梅(女)

副主任　叶　锋(11月免)
纪　峰(11月任)
孙利婵(女,兼)
庞建阳(兼)
卜家怡(女,兼)
解志荣(兼)
吴彦刚(兼)
张　进(兼)

市政协社会事业委员会

主　任　张卫中

副主任　朱育才(3月免)
陆　洲(3月任)
张雅红(女)
王建东(兼,12月免)
何　俊(兼)
赵剑锋(兼)
孙建忠(兼)
黄卫星(兼)

市政协城乡建设委员会

主　任　王春松

副主任　张　曲
秦国平(兼)　李建华(兼)

市政协港澳台侨(民族宗教)委员会

主　任　姜志芳(女)

副主任　张亚萍(女,3月免)
朱育才(3月任)
赵志刚(兼)
樊建兵(兼)
姜　嵘(女,兼)
卢惠兴(兼,8月免)
薛　平(兼)　谢正国(兼)

市政协文史委员会

主　任　许　峰

副主任　陈　勇(3月辞)
朱文焰(3月任)
高卫平(兼)
汪丽菁(女,兼)

市政府工作部门

市政府办公室

党组书记、主任　陈卫兵

副主任　陈　刚　巫　刚　周建江
黄建浩(援贵州沿河)
钱　斌　金　鑫
阳　曦　杜锁军

党组成员　陈　刚　马学锋(女)
张　毅　李秋菊(女)
巫　刚　周建江
黄建浩　钱　斌　陈剑浩
金　鑫　江建胜　阳　曦
杜锁军　马筱宇(女)
唐　蔚

市应急管理办公室

主　任　唐　蔚

市政府法制办公室
(在市政府办公室挂牌)

主　任　陈剑浩

副主任　周炳芳

市政府外事办公室
(在市政府办公室挂牌)

主　任　马学锋(女)

副主任　徐丽花(女)

市发展和改革委员会

党组书记、主任　刘东兴

党组副书记　赵国锋

副主任　赵国锋　曹　阳
夏　良(1月任)
刘恒然　周荣兴
徐道娟(女)
姚　旭(6月任,挂职)

党组成员　曹　阳
夏　良(1月任)　刘恒然
周荣兴　徐道娟(女)

市经济协作办公室
(在市发展和改革委员会挂牌)

主　任　赵国锋

市企业上市工作办公室
(在市政府办挂牌)

主　任　李秋菊(女)

市金融工作服务中心
(在市政府办公室挂牌,保留市政府金融工作办公室牌子)

主　任　李秋菊(女)

副主任　宋国华
唐爱云(女,2月免)
张君华
陆云松(2月任)

市服务业发展办公室
(在市发展和改革委员会挂牌)

主　任　刘东兴(兼)

副主任　严　忠

市重大项目推进办公室

主　任　刘　佾(兼)

副主任　朱品香

市经济和信息化委员会

党委书记、主任　陶彦斌

副主任　吴彦刚　徐　松(8月免)
夏燕良　赵学刚(12月任)
袁　俊(12月任)
侯　忠(12月任)
朱敏燕(女)

党委副书记　吴彦刚

党委委员　徐　松(8月免)　夏燕良
朱敏燕(女)
赵学刚(12月任)
袁　俊(12月任)
侯　忠(12月任)

市中小企业局
(在市经济和信息化委员会挂牌)

局　长　吴彦刚

副局长　何启明(12月免)
袁　俊(12月免)
侯　忠(12月免)

市大数据管理中心
（市信息资源管理中心）
主　任　肖春峰

市教育局
（挂市政府教育督导室牌子）
教育工委书记、局长　杨志刚
副局长　钱洁雅（女）
王建东（12月免）
王柳军　葛敏亚（女）
朱治国（8月任）
高冰峰（12月任）
教育工委委员　钱洁雅（女）
王建东（12月免）
李剑龙
朱瑞春　王柳军
葛敏亚（女）
朱治国（8月任）

市科学技术局
（挂市知识产权局牌子）
党组书记、局长　黄祥亮
党组副书记　周晓成
副局长　周晓成　俞　萍（女）
朱晨阳　张天若
孙东亮
戴　斌（9月任，挂职）
党组成员　俞　萍（女）　朱晨阳
张天若

市公安局
党委书记、局长、督察长　周斌伟
政　委　赵煜斌（12月免）
副局长　邬海安　徐向前（兼）
刘　斌　谢建华　赵剑锋
陆　斌　黄　晟　陈立峰
徐惠达（12月任，挂职）
党委副书记　赵煜斌（12月免）
党委委员　邬海安　徐向前　刘　斌
谢建华　徐晓忠　赵剑锋
李本清　陆　斌　黄　晟
殷沪飞　刘祖洛（8月免）
张旦忠　戴冷松　陈立峰
陈洪泉
徐惠达（12月任，挂职）
副政委　李本清
政治处主任　殷沪飞

市民政局
（挂市老龄工作委员会办公室牌子）
党委书记、局长　范一明
副局长　李军强（12月任）　徐　丹
惠　红（女）　刘振渊
孙　海　徐志斌
党委副书记　李军强（12月任）
徐　丹
党委委员　惠　红（女）　刘振渊
孙　海　徐志斌

市司法局
党委书记、局长　万学刚
副局长　孙　晔　周卫君
陈　霞（女）　陶广成
张金龙
党委委员　孙　晔　陈　霞（女）
陶广成　张金龙

市财政局
（挂市政府国有资产监督
管理办公室牌子）
党组书记、局长　周　兵
党组副书记　许啸文（女）
副局长　许啸文（女）　陈耀明
李　刚（12月免）
许　佳（女）
庞天舒（女）
党组成员　许啸文（女）　陈耀明
李　刚（12月免）
朱龙友　牛建平（女）
庞天舒（女）
徐　旻（女，12月任）

市人力资源和社会保障局
党委书记、局长　刘　俭
副局长　郁　池（8月免）　朱志斌
陈晓烽　张远勇　金　雳
党委委员　钱　剑　郁　池（8月免）
朱志斌　陈晓烽　张远勇
金　雳

市国土资源局
党组书记、局长　杨惠亚（女）
副局长　季佩欣（兼）
周国强（兼）
孙建华　闻　炯
张峰鹰
党组成员　季佩欣（兼）
周国强（兼）　施文军
孙建华　闻　炯　张峰鹰
秦洪祥　许晓明

市住房和城乡建设局
党委书记、局长　彭　炜
党委副书记　邹利明
副局长　丁一中（2月免）
唐金洪（8月免）
徐晓立（2月任）　曹　峥
李建华
祝风红（女，12月免）
钱　耿
党委委员　丁一中（2月免）
张　晖
唐金洪（8月免）
徐晓立（2月任）
钱凤娟　曹　峥
顾敬贤
祝风红（女，12月免）

市地震局
（在市住房和城乡建设局挂牌）
副局长　管长兴

市房产管理中心
（为市住房和城乡建设局
下属正科级单位）
主　任　邹利明（兼）
副主任　郁　军（12月免）
郭宏杰（女）　秦　芳（女）

市规划局
局　长　蒋新峰
党组书记　郭文谦
副局长　郭文谦　陆惠民
徐晓立（2月免）　孟伟言
张爱民（2月任）
党组成员　陆惠民　徐晓立（2月免）
张爱民（2月任）

市城市管理局
（挂市城市管理行政执法局牌子）
党委书记、局长　徐向前
党委副书记　陈　磊
副局长、党委委员　林志宏
张　辉（2月免）
陈洪明　惠海宁
陈　强（2月任）

市城乡环境卫生指导中心
（为市城管局下属正科级事业单位）
主　任　陈　磊
副主任　徐一中　冯　春
陆海涛（2月任）

市交通运输局
党委书记、局长　陆惠忠（8月免）
朱瑞栋（8月任）
党委副书记　陆新玉（女，8月免）
副局长　沈正华（12月免）
李　星　文清泽
王晓冬　叶德元
沙豫华　徐　德
党委委员　沈正华（12月免）
陆　斌　李　星
王晓冬　叶德元
沙豫华　徐　德

市水利局

(挂市水务局牌子)

党委书记、局长　严栋兴

副局长　钱秀华(女)　张永全　翟二生　陈杏明　陶　雷　何继军(2月任)

党委委员　钱秀华(女)　张永全　陈杏明　陶　雷　何继军(2月任)

市农业委员会

(挂市林业局牌子)

主　任　徐　江

党委书记　汤卫华

副主任　汤卫华　黄和元(8月免)　孟凡珍(女)　宋向洪　朱新华

党委委员　周国忠　黄和元(8月免)　宋向洪　朱新华　戴玉胜

市商务局

党委书记、局长　尹　洁(女)

副局长　庞建阳　叶　新　黄　炜　蒋忠明　黄丽娟(女)　吴　昊

党委委员　庞建阳　叶　新　黄　炜　蒋忠明　黄丽娟(女)　吴　昊

市文化广电新闻出版局

(挂市版权局、市文物局牌子)

党委书记、局长　陈世海(1月免)

局　长　孙建忠(2月任)

党委副书记　孙建忠(1月任)

副局长　孙建忠(2月免)　王韶杰　陈红霞(女)　俞　刚　李忠影(女)　孙天华

党委委员　陈红霞(女)　俞　刚　李忠影(女)　孙天华

市广播电视总台(市广播电视台)

党委书记、总台长(台长)　陈世海(兼,2月免)　孙建忠(兼,2月任)

党委副书记　孙建忠(2月免)　陈东平

总编辑　孙建忠(兼)

副总台长(副台长)　孙建忠(兼,2月免)　陈红霞(女,兼)　任黎明

党委委员　陈红霞(女)　任黎明　匡雄华　徐志斌　邵　浒　林学军(2月任)

市卫生和计划生育委员会

党委书记、主任　王卫国

副主任　於海良　陈红卫　蔡　贤(女)　黄卫星　朱长春　蒋　锋(8月任)

党委委员　於海良　张金珠(女)　陈红卫　王树生(8月免)　蔡　贤(女)　黄卫星　朱长春　朱光华(女)

市体育局

党组书记、局长　张莉莎(女)

副局长　邹　铜(2月免)　金　涌　李　峰　杜文献(2月任)

党组成员　邹　铜(2月免)　金　涌　杜文献(2月任)

市环境保护局

党组书记、局长　严亚明

副局长　邹建忠　秦国平　孙　力(8月免)　黄利忠　陈　贤　张文波(8月任)

党组成员　邹建忠　陈　浩　孙　力(7月免)　黄利忠　陈　贤　张文波(7月任)

纪检组组长　陈　浩

市旅游局

党组书记、局长　蔡彩虹(女)

副局长　张　舟　瞿彩娟(女)　吴红波

党组成员　张　舟　瞿彩娟(女)　刘国华(12月免)　吴红波

市审计局

党组书记、局长　张耀明

副局长　陆小玲(女)　翟爱保　陆　嶙(女)

党组成员　陆小玲(女)　陆　嶙(女)

市安全生产监督管理局

(市安全生产委员会办公室)

党组书记、局长(主任)　陈国庆

副局长(副主任)　王彦文(4月免)　匡雄华　徐志斌　邵　浒　林学军(2月任)

党组成员　王彦文(4月免)

市市场监督管理局

(挂市食品药品监督管理局牌子)

党委书记、局长　田文华

党委副书记　高　攀

副局长　高　攀　孙跃忠　苏伟刚　陆翠珍(女)　郑大勇　田晓燕

党委委员　周　枫　孙跃忠　钱燕秋　苏伟刚　王　敏　郑大勇　田晓燕

市统计局

党组书记、局长　罗晓骏

副局长　陈建康(8月免)　孙浩龙　陶晓峰

党组成员　陈建康(8月免)　孙浩龙　陶晓峰

市物价局

党组书记、局长　张　璇(女)

党组副书记　赵继杰

副局长　倪雷兴　马正阳　沈　斌

党组成员　倪雷兴　马正阳　沈　斌

市粮食局

党组书记、局长　龙凤清

副局长　蔡惠良　葛云芳(女)　严景阳(女)

党组成员　蔡惠良　葛云芳(女)　严景阳(女)

市信访局

党组书记、局长　张　毅

副局长　邵继东　黄耀平　陈　珍(女,2月任)　金　雳(8月任,挂职)　朱新华(8月任,挂职)　刘　兰(女,8月任,挂职)　雷爱斌(女,瑶族,8月任,挂职)　严　武(12月任,挂职)　吴红波(12月任,挂职)　陆文琰(女,12月任,挂职)　任黎明(12月任,挂职)

督察专员　陈　珍(女,2月免)　徐　科(2月任)

党组成员　邵继东　黄耀平　陈　珍(女)　徐　科(2月任)

市社会调解服务中心

(挂市人民政府接访中心牌子)

主　任　张　毅(兼)

副主任　邵继东(兼)　孙　晔(兼)

黄耀平（兼）
陈　珍（女，兼，2月任）

市民防局

（挂市人民防空办公室牌子）

党组书记、局长　许进华
副局长　王　强　杨　枫（女）
刘中平
党组成员　王　强　杨　枫（女）
刘中平

市民族宗教事务局

党组书记、局长　赵志刚
副局长　吴　一（女）　侯蔚枫（女）
党组成员　吴　一（女）
周秋涛（12月免）

市行政审批局

（为市政府工作部门，挂市政务服务管理办公室牌子）

党组书记、局长（主任）　屈荣杰
党组成员、副局长　顾雪峰
顾一武
曹　徐
万仁松

苏州市公共资源交易张家港分中心

主　任　顾一武（兼）

市政府派出机构

市政府口岸办公室

（挂市港口管理局牌子）

主　任　黄　戟（兼，12月免）
党组书记、常务副主任（局长）
张小伟
副主任（副局长）　李立峰（12月免）
张　辉（2月任）
张愫阳
杨耀文
党组成员　李立峰（12月免）
张　辉（2月任）
张愫阳　陈　强（2月免）
杨耀文　瞿　伟（2月任）

民主党派、社会团体

中国国民党革命委员会张家港市基层委员会

主　委　张满兴
副主委　蔡克荣　何一雷

中国民主同盟张家港市委员会

主　委　丁学东
副主委　姜　嵘（女）　侯蔚枫（女）
周卫君　刘玉梅（女，11月任）

中国民主建国会张家港市基层委员会

主　委　刘会荪
副主委　徐建龙　葛庆贤

中国民主促进会苏州市张家港支部委员会

主　委　李　峰
委　员　李晓华

中国农工民主党张家港市委员会

主　委　顾　放
副主委　翟二生　杜思梅（女）
蒋　锋

中国致公党苏州市张家港支部委员会

主　委　蓬　元
委　员　吴　健

九三学社张家港市基层委员会

主　委　徐平观
副主委　秦国平　郭宏杰（女）
严红艳（女）

市无党派人士联谊会

会　长　徐　江
副会长　徐锦章　余爱华　陆鹏程

市工商业联合会（总商会）

党组书记　解志荣
主席（会长）　刘　佾
副主席（副会长）　解志荣
陈志勇
许海萍（女）
沈　彬（兼）
吴耀芳（兼）
邵振江（兼）
沈学如（兼）
杨培兴（兼）
陈玉忠（兼）
黄庭明（兼）
施建刚（兼）
吴建明（兼）
副会长　郁霞秋（女，兼）
邹承慧（兼）
黄和芳（兼）
李兴华（兼）
徐卫民（兼）
徐卫明（兼）
严加彬（兼）
徐彩君（女，兼）
金双龙（兼）
唐利刚（兼）
黄刻松（兼）
缪向阳（兼）
朱　忻（兼）
党组成员　陈志勇　许海萍（女）
彭　嫣（女）
熊晓建（兼）

市总工会

（12月换届）

党组书记、主席　季洪良
副主席　张燕清　高　翔
孙卫忠　黄　慧（女）
张　澄（女）
惠　红（女，兼）
朱志斌（兼）
徐　伟（女，兼）
翟晓东（兼）
翟　涛（挂职）
党组成员　张燕清
高　翔　孙卫忠
黄　慧（女）
黄声笑（女）

共青团张家港市委员会

（10月换届）

党组书记、书记　王苏嘉
党组成员、副书记　陆吟远（女）
施　律
副书记　翟梓均（女，10月任，挂职）
黄　奇（兼，10月任）
吴　毅（兼，10月任）

市青年联合会

主　席　王苏嘉（兼）
副主席　吴　毅　陆　超　刘　琨
陆吟远（女，兼）
施　律（兼）

市妇女联合会

（3月换届）

党组书记、主席　秦真智（女）
党组成员、副主席　曹丽华（女）
刘晓霞（女）
刘　兰（女）
副主席　钱洁雅（女，兼）
朱光华（女，兼）
郁敏芳（女，兼）
袁丽红（女，挂职，12月免）
李雯倩（女，挂职，12月任）

市文学艺术界联合会

（10月换届）

党组书记、主席　钱晓东
副主席　高卫平　董　红（女）
党组成员　董　红（女）

市科学技术协会

（12月换届）

党组书记、主席　董建刚

党组成员、副主席　徐松林
孙利婵(女)
孟凡珍(女,兼,12月任)
王树生(兼,12月任)
谈雅琴(女,兼,12月任)
施一新(兼,12月任)

市归国华侨联合会

主　席　姜　嵘(女)
副主席　赵　敢　邵忠英(女)
陈　刚(兼)

市残疾人联合会

(3月换届)

党组书记、理事长　曹跃飞
党组成员、副理事长　陆　洲(2月免)
王新法
姚红梅(女,3月任)

市哲学社会科学界联合会

主　席　钱晓东
副主席　俞鞠敏

市红十字会

会　长　徐平观(兼)
常务副会长　王卫国(兼)
副会长　朱光华(女)

中国国际贸易促进委员会张家港支会

会　长　尹　洁(女,兼)

直属事业单位

中共张家港市委党校

(挂张家港市行政学校牌子)

校　长　朱立凡(兼,10月免)
沈国芳(兼,10月任)
常务副校长　王连生
副校长　魏　欣　周国新
朱爽秋　余　涛
雷　莹(女)

市委党校校务委员会

委　员　王连生　魏　欣　周国新
朱爽秋　余　涛
雷　莹(女)

市委党史地方志办公室

主　任　陈飞健
副主任　汪丽菁(女)
陆文瑛(女,2月任)

市档案局(馆)

党组书记、局(馆)长　黄惠珍(女)
副局(馆)长、党组成员　孙　静(女)
王俊峰
秦晓芬(女)

市委接待办公室

主　任　陶　惠
副主任　吴彦飞　张秀兰(女)
程艳杰(女)

张家港日报社

党组书记、社长　马狄武
党组副书记、总编辑　郭晓红(女)
副总编辑　钱　萍(女)
陈　红(女)
庞瑞和
党组成员　张立新
钱　萍(女)
陈　红(女)
纪检组组长　张立新

市文化中心管委会办公室

主　任　谭德宝
副主任　蓬　元

市级机关事务管理中心

党委书记、主任　黄晓伟
党委委员、副主任　毛　冀
王云良
毛信东
张卫中

市土地储备中心

(为市国土资源局下属事业单位)

主　任　施文军
副主任　秦洪祥　许晓明

市新市民事务中心

主　任　徐晓忠
副主任　徐　伟(女)
沈春燕(8月任)
顾　平(8月免)
张功志
雷爱斌(女,瑶族)

市便民服务中心

主　任　江建胜
副主任　孙屹东　刘庆雅(女)
季　珍(女)

市国有资产管理办公室

主　任　许啸文(女,兼)
副主任　王利刚(12月免)
牛建平(女)
徐　旻(女,12月任)

市供销合作总社

党委书记、主任　唐雷刚
党委副书记　穆　军
副主任　穆　军　陆大革
薛　平(12月任)
戴国强
刘伟芳(女)
党委委员　陆大革
薛　平(12月任)
戴国强
刘伟芳(女)

市检验检测中心

党组书记、主任　徐国兴
党组成员、副主任　王　刚
李　刚
季春丰

市城市建设基金管理办公室

主　任　张满兴
副主任　顾敬贤
张海峰
陈　波

沙洲职业工学院

党委书记　王亚方(兼)
院　长　钱东东
党委副书记　钱东东
副院长　钱锦东　易顺明
纪委书记　王春林
党委委员　王春林
钱锦东
易顺明
黄中浩
陈海英
机关党委书记　黄中浩(1月任)

张家港开放大学

党委书记　王建东(12月免)
校　长　朱瑞春
党委副书记　朱瑞春　陆盘忠
党委委员、副校长　黄黎燕(女)
李　峰
孙慧霞(女)
纪委书记　陆盘忠

江苏省梁丰高级中学

党委书记、校长　谈雅琴

市属企业

市城市投资发展集团有限公司

党委书记、董事长、总经理
朱瑞栋(8月免)
党委书记、董事长
邵建芳(8月任)
副总经理　宋华东　孙国兵

徐东晖　季敏峰
党委委员　宋华东　孙国兵
李　军　季敏峰
高维华
纪委书记　李　军

市金茂投资发展有限公司

党委书记、董事长　陈建兴
党委委员、副总经理　姚　辉
陆文朝
纪　峰（8月免）
党委委员、纪委书记　丁中群（女）
总会计师　朱海鹰

市金港投资担保有限公司

董事长　陈建兴（兼）
总经理　姚　辉（兼）

市金城投资发展有限公司

董事长　蔡建林
党委书记　赵　晖
副总经理　赵　晖
龚锦乾（12月任）
宋一兵　王向军
张永华
党委委员　蔡建林
宋一兵
王向军
邱月花（女）
张永华
纪委书记　邱月花（女）
总会计师　刘颖虹（女）

张家港产业资本中心管委会

主　任　周　兵（兼）
副主任　陆江山
宋国华（兼）
连丽丹（兼，2月任）

张家港产业资本投资有限公司
（市暨阳湖开发发展有限公司）

党委书记、董事长　陆江山
总经理　陆江山
副总经理　茅卫忠　张利斌
纪委书记　张玉芳（2月任）

江苏沙钢集团有限公司

党委书记　沈　彬
党委副书记　龚　盛　陈晓东
季永新
党委常委　何春生　施一新　黄永林
马　毅（回族）
雷学民（女，瑶族）
王　科　杨龙胜
纪委书记　季永新

江苏国泰国际集团有限公司

党委书记、董事长　何胜旗
党委副书记　张　健
纪委书记　陆文朝

江苏华昌（集团）有限公司

党委书记、董事长　胡　波
副董事长、总经理　张光耀
党委副书记　张光耀　贺小伟
副总经理　曹凌云　谭　旋
纪委书记　陈饶忠

张家港沙洲电力有限公司

党委书记　张集英
总经理　巩家富
党委副书记　巩家富
张铨平
副总经理　鲁玉强
李东辉
赵　祥
朱世春
纪委书记　赵　祥
纪委副书记　俞红星

江苏有线网络发展有限责任公司张家港分公司

党委书记　陈　浩
党委委员　何伯春
钱文斌
唐　浩
纪委书记　何伯春

条线管理部门、涉外单位

市国家税务局
（7月撤）

党组书记、局长　江伟男
副局长　陈卫东
肖维贤
唐建国
党组成员　陈卫东　肖维贤
唐建国　丁利杰

苏州市张家港地方税务局
（7月撤）

党组书记、局长　李　炜
副局长　潘　德
周　玲（女）
黄　越
顾志明
党组成员　潘　德
周　玲（女）
黄　越
顾志明

国家税务总局张家港市税务局
（7月成立）

党委书记、局长　江伟男
党委委员、副局长　陈卫东　肖维贤
潘　德　唐建国
周　玲（女）
黄　越　顾志明
纪检组组长　丁利杰

中国邮政集团公司江苏省张家港市分公司

党委书记、总经理　席林仙
副总经理、纪委书记　王　俊
副总经理　朱伟民　蒋祖明

中国电信股份有限公司张家港分公司

党委书记、总经理　杨　勇
纪委书记、副总经理　曹唯一
党委委员、副总经理　邵建锋
宋郁峰

中国移动通信集团江苏有限公司张家港分公司

总经理　徐若海
副总经理　朱洪斌　潘江峰

中国联合网络通信有限公司张家港市分公司

总经理　陈　华
副总经理　张军辉　周　玲（女）

市气象局

局　长　王建明
副局长　邹天晴（9月免）
周卫兵（9月任）

市盐务管理局

局　长　杨　勇
副局长　侯　军

市烟草专卖局

局　长　石冬萍（女）
副局长　荆　辉　吴雪峰

苏州市住房公积金管理中心张家港分中心

主　任　张新华
副主任　顾　斌　陈　健

中国人民银行张家港市支行

党组书记、行长　蒋　昊
副行长、党组成员　童　琳（女）
周利兴
纪检组组长　周利兴

中国工商银行股份有限公司张家港分行

行　长　赵　霆
副行长　邵　健　许　雷
陈　敏（女）

纪委书记　陆群一

中国农业银行股份有限公司
张家港分行

行　长　李　颖(女,7月免)
　　　　张曾博(7月任)
副行长　季玉珍(女)
　　　　蒋　勇(4月免)
　　　　张　剑(4月任)
　　　　陈一意　黄　洁(女)

中国农业发展银行张家港市支行

行　长　陆　林
副行长　孙晓东　韦屹芳(女)

江苏张家港农村商业银行
股份有限公司

党委书记、董事长　季　颖
党委副书记、行长　杨满平
纪委书记、监事长　顾晓菲(女)
党委委员、副行长　黄勇斌　郭卫东
　　　　孙　瑜(女)
　　　　陆亚明　沙健健

中国建设银行股份有限公司
张家港分行

行　长　顾永明
副行长　屈陈州　成　冲
　　　　胡　环(女)
　　　　胡于芬(女,12月免)
　　　　陈　平(11月任)

中国银行股份有限公司张家港分行

行　长　钱海刚(7月免)
　　　　钱向军(7月任)
副行长　朱义忠　尚秀胜　刘　伟
　　　　顾惠红(9月任)

交通银行股份有限公司张家港分行

行　长　秦晓红(女)
副行长　陈小茹(女)　李　仁
　　　　丁莉红(女,5月任)

中国邮政储蓄银行张家港市支行

行　长　刘　学
副行长　郭海斌　徐国兴

江苏银行股份有限公司张家港支行

行　长　李小虎(8月免)
　　　　孙　江(8月任)

中信银行股份有限公司张家港支行

行　长　刘　毅

中信银行股份有限公司
张家港保税区支行

行　长　徐　刚

中国民生银行股份有限公司
张家港支行

行　长　冯如建

上海浦东发展银行股份有限公司
张家港支行

行　长　徐　晨(12月免)
　　　　秦少杰(12月任)
副行长　张晓红(女)　陈　雷
　　　　沈　燕(女)

招商银行股份有限公司张家港支行

行　长　陈　科

中国光大银行股份有限公司
张家港支行

行　长　王世峰
副行长　张建岚(女)

江苏张家港渝农商村镇银行
股份有限公司

行　长　康　波(1月免)
　　　　马天明(1月任)
副行长　马天明(1月免)

华夏银行股份有限公司张家港支行

行　长　黄少杰(12月免)
副行长　周　红(女,1月免))

苏州银行股份有限公司张家港支行

行　长　陈利红
副行长　童　炜　陶　华(女)

国网江苏省电力有限公司张家港市供电分公司
(1月更名)

总经理、党委副书记　任孝峰
党委书记、副总经理
　　　　管建明(1月免)
　　　　姜德宏(1月任)
纪委书记　钱建兵
副总经理　顾马荣　钱祖建
　　　　邱　峰　张国庆

中国人民财产保险股份有限公司
张家港中心支公司

总经理　季　力(8月免)
副总经理　林劲松(8月任,主持工作)
　　　　俞晓英(女,1月免)
　　　　吴金虎(11月免)

中国人寿保险股份有限公司
张家港支公司

总经理　杨正清(9月免)
　　　　缪　江(10月任)
副总经理　徐国强　陈　莹(女)
　　　　蔡　伟

中国太平洋财产保险股份有限公司
张家港中心支公司

党委书记、总经理　许兴达
副总经理、纪委书记　张建华(女,7月免)
　　　　朱　霞(女,1月任)

中国太平洋人寿保险股份有限公司
张家港中心支公司

总经理　于年中
副主经理　刘建华　范苏仁
　　　　衡　彦

中国石化销售有限公司
江苏苏州张家港石油分公司

经　理　朱　林

张家港海关

关　长　陈解平
副关长　林　骏　王　飞

张家港保税港区海关

关　长　张宗琪
副关长　尹聚技　郭学文

张家港出入境检验检疫局

局　长　韦　锋
副局长　樊惠良　倪慎新
　　　　杜国兴　殷厚德
　　　　尹　军

长江航运公安局苏州分局

党委书记、局长　蒋　健
党委副书记、政委、纪委书记
　　　　陶建东
党委委员、副局长　高　峰(10月免)
　　　　孙德泉(1月免)
　　　　何　健(1月任)
党委委员、政治处主任　何　健
　　　　(1月免)
　　　　何　健
　　　　(1月任)

张家港海事局
(9月成立党委)

党委书记、局长　宋儒卿
党委副书记、政委、纪委书记　王燕辰
党委委员、副局长　丁　波　苏　健

张家港引航站

站　长　葛剑平
党支部书记　范冬青
副站长　卜荣江　高志华

张家港边防检查站

站　长　包笑望(6月免)
政　委　蔡慧江
副站长　吴旭光　傅柏青(6月免)
　　　　刘建勇(6月免)
副政委　王锡华

【编辑　张　洁　宋佳辰】

索引

Index

常阴沙现代农业示范园区 （叶小震 摄）

条目索引

表格索引

随文图片索引

張家港年鑑(2019)

说　明

一、索引采用主题分析法编制，大部分选用关键词。

二、索引设有条目索引、表格索引、随文图片索引三个分目，按标引词首字的汉语拼音音序排列，首字相同按第二字音序排列，以此类推。

三、由类目、分目提取的索引用黑体字标明。标引词后的阿拉伯数字表示内容所在的页码，数字后面的a、b、c分别表示从左至右第一、二、三栏。标引词后第二个页码起，表示该索引参见内容所在位置。

四、为便于读者检索，张家港市的企事业单位以及在张家港市发生的事件名称，除易产生歧义者外，省略“张家港市”或“张家港”。

条目索引

A

B

C

D

K

S

T

W

Y

Z

表格索引

T

W

X

Y

Z

随文图片索引

A

B

C

D

F

G

H

【编辑　陆文琰】

主审人员名单

（按姓氏笔画排序）

丁中群	丁建勤	卜荣江	于年中	万仁松	马天明	王文华
王苏嘉	王金武	王金武	王建明	王俊峰	王新法	牛建平
毛　冀	龙大华	冯如建	匡雄华	成　冲	朱亚玲	朱光华
朱志斌	朱洪春	朱敏燕	任和平	刘中平	刘玉梅	刘会荪
刘　学	刘恒然	汤卫华	许兴达	许海萍	孙　江	孙丽军
孙　杰	孙浩龙	孙　海	孙朝枫	严　忠	严　佳	严景阳
苏东升	杜思梅	李　刚	李　峰	李清泉	杨小冬	杨晓盛
杨满平	吴　一	吴　昊	邱月花	何启明	何彩娟	汪丽菁
宋华东	宋国华	张卫兵	张功志	张立新	张永全	张君华
张国良	张惠锋	张愫阳	张耀清	陆小玲	陆　林	陆明程
陆益锋	陆盘忠	陆惠民	陈小茹	陈仁昌	陈　兰	陈　华
陈华文	陈建刚	陈饶忠	陈　健	陈　浩	陈海英	陈　锋
陈　强	陈　霞	邵红星	林劲松	林　源	季　珍	周耀忠
郑大勇	孟　波	赵国锋	赵胜宏	赵　瑜	俞　萍	姜　嵘
秦少杰	秦　芳	顾　博	顾敬贤	钱向军	钱　凯	钱　耿
钱根祥	钱淑贞	徐一中	徐龙斌	徐平观	徐　伟	徐丽花
徐道娟	徐　德	高卫平	高　翔	黄卫琼	黄　越	黄新波
黄耀平	曹丽华	龚向东	盛晓颖	彭开颜	葛敏亚	董建刚
蒋　健	童　琳	谢正国	蓬　元	蔡克荣	缪　江	樊建兵
潘晓忠	薛　平	衡泽志	戴　晔	魏　欣	魏新阳	

市委党史地方志办公室

2018年，市委党史地方志办公室围绕“存史、育人、资政”职能，各项工作取得新突破。《中国共产党张家港历史》（第三卷）正本编纂工作启动。《潮涌港城——改革开放新时期张家港党史专题集》出版发行，收录专题118篇，约220万字。自2016年年初至2018年年末，累计形成口述史采编资料47篇，口述史专题集形成送审稿。完成《张家港市党员干部资政志鉴》《图说张家港》编纂工作。继续推进中国名镇志文化工程和江苏省名村志文化工程。5部中国名镇志先后通过省级终审、中指办验收进入出版程序。其中，《锦丰镇志》于1月15日举行首发式，《金港镇志》《塘桥镇志》《凤凰镇志》《杨舍镇志》于11月正式出版发行。全市申报江苏省名村志3部，《金村村志》《柏林村志》分别于6月、11月通过终审，《善港村志》完成初稿。启动编纂张家港市名村志62部，其中在编村志44部。年内，《花园村志》等12部村志正式出版发行，《东山村志》等22部村志通过终审，《横河社区志》启动编纂。全年召开村志研讨会、审稿会、交流会100余次。推进部门志编纂。全市首部涉改机构部门志《张家港地方税务局志》出版。年鉴编纂继续在全国处于领先，《张家港年鉴》2018卷在第六届全国年鉴编纂出版质量评比中获综合特等奖。继续开展史志成果“六进”活动，并利用新媒体开展宣传，在“张家港史志”微信公众号上推出“张家港市名村志巡礼”15期。青少年史志教育馆常年开放，年接待全市基础教育阶段学生2万余人次。充分利用史志馆区镇分馆开展史志宣传教育，锦丰镇沙洲县抗日民主政府纪念馆、乐余镇红色新沙洲党史教育馆等教育场馆成为党史地情宣传重要阵地。就市政协委员提案《关于建立地方文献呈缴本制度的建议》《关于重视对历史村落记载的建议》做好相关调研和答复工作。年内，市委史志办获评江苏省党史系统先进集体，多项工作获省政府办公厅通报表扬，在苏州市区县党史、地方志工作综合考评中均名列第一。《张家港市志》在江苏省地方志书优秀成果评比中获地方志书综合优秀一等奖。

1 参加第三届全国名镇论坛暨第三批中国名镇志丛书出版座谈会

2 苏州方志系统“解放思想大讨论座谈会”在张家港召开

3 市政协专委会联合督办提案汇报会

4 《张家港市扶贫协作对口支援志》编纂会议召开

5 江苏省名村志《柏林村志》终审会

张家港保税区（金港镇）

2018年，保税区（金港镇）牢牢把握高质量发展的总要求，积极应对困难挑战，强化担当创新作为，经济社会发展稳中向好。地区生产总值744.13亿元，比上年增5%；公共财政预算收入 59.47亿元，比上年增7.77%；进出口总额171.21亿元，比上年增19.23%。张家港保税区在全省开发区科学发展综合考核中进入前十强，金港镇跻身全国千强镇第5名。一是突出经济转型，创新动能不断增强。总投资超100亿元的PPG三期、庄信万丰汽车催化剂、贝内克长顺、胜牌润滑油等20个优质项目开工，总投资超60亿元的霍尼韦尔UOP工程研发中心、陶氏新材料、芬美意、IFF、长华科技等18个项目竣工，总投资超80亿元的杜邦中国制造基地、中车氢能源、丹麦海虹老人、龙蟠科技等8个优质项目签约落户。国际汽车城建成投运，改装基地实现产值12亿元，汽车口岸完成整车进口6000辆，在全国新批口岸中排名第二。新增省“双创计划”人才2人、苏州“姑苏计划”人才8人、市领军人才18人，新增产学研合作项目42项。新增省级以上创新平台9家，国家火炬计划张家港锂电特色产业基地成功通过复核。新增苏州市“独角兽”培育企业和“瞪羚计划”企业各1家，获评国家知识产权示范企业1家。二是突出城乡统筹，城镇品位不断优化。启动双山香山旅游度假区总体规划编制，出让滨江新城核心区域2块经营性用地，完成保税物流园区西区、朱家宕村特色田园村庄、总部经济园等8个地块的控规调整。金港文化中心内部装修加快推进，滨江集贸市场正式投用，总投资3500万元的老住宅区综合整治工程、总投资5.3亿元的双山香山基础设施提升工程有序实施，总投资4亿元的双山乡伴理想村项目正式启动。三是突出绿色发展，生态环境不断改善。统筹推进“263”“331”“三大百日行动”“清理整顿沿江环境污染攻坚战”“长江环境大保护环保大提升百日攻坚”等专项整治行动。木材行业整治关停企业17家。排查“散乱污”企业1389家，实现关停取缔133家，整治提升1228家。通过“腾笼换凤”淘汰低效落后企业36家，其中化工企业8家。深入推进总投资7亿元的张家港河流域水环境综合治理，完成支流整治13条。四是突出成果共享，民生福祉不断提升。总投资近14亿元的6个大类45项民生实事工程扎实推进。签订苏州外国语学校保税区校区合作办学协议。金港人民医院完成易地新建，和上海十院的医疗合作不断深化。保税区（金港镇）完成安置房分房1400余套，全市规模最大、配置设施完善的金香花苑超100万平方米安置小区实现竣工。朱家宕村、高桥村、东山村等9个三星级康居乡村工程通过苏州市级验收。

1 11月30日，中宣部副部长孙志军到保税区（金港镇）调研新时代文明实践中心建设工作

2 7月18日，江苏省副省长郭元强到保税区（金港镇）调研

3 5月24日，苏州市委副书记、市长李亚平到保税区（金港镇）调研

4 11月7日，市委书记沈国芳到保税区（金港镇）调研

5 7月11日，陶氏聚氨酯张家港组合聚醚多元醇工厂开业

6 7月11日，庄信万丰（张家港）环保科技有限公司奠基

7 9月10日，张家港保税区国际汽车城开业

8 10月9日，国际香料（张家港）有限公司开业

9 3月4日，2018年保税区（金港镇）香山山地短程马拉松挑战赛举行

10 9月7日，保税区（金港镇）第34个教师节“杏坛先锋”颁奖典礼举办

张家港经济技术开发区（杨舍镇）

1

张家港经济技术开发区（杨舍镇）位于市域西南部，是市委、市政府所在地。总面积 153.09平方千米，其中城区面积34平方千米，耕地面积3400公顷。年末，辖城郊5个办事处、城区4个街道办事处、29个行政村、76个社区。有户籍 97306户、户籍人口284378人，有外来暂住人口264751人。全年实现地区生产总值784.1亿元，比上年增 4.4%。一、二、三产业增加值分别为4.81亿元、263.16亿元和516.13亿元。完成全口径财政收入105.25亿元，其中公共财政预算收入52.24亿元，比上年增4.3%。入库税收 102.18亿元。完成全社会固定资产投入143.25亿元，其中工业投资30.57亿元、服务业投资112.68亿元。综合实力位居全国千强镇第3名。年内，经开区获评国家级绿色园区、省级大众创业万众创新示范基地，杨舍镇获评苏州创新驱动能力工程示范乡镇、苏州市文明镇。

2

1 长城宝马光束汽车项目签约仪式
2 张家港经开区—工商银行苏州分行金融战略合作签约仪式
3 加特可自动变速器生产项目现场
4 爱特微（苏州）半导体技术有限公司开业典礼
5 华灿光电半导体照明（张家港）产业基地开工仪式
6 采埃孚（张家港）转向工厂奠基仪式
7 不二越二期项目投资协议书签约仪式
8 经开区（杨舍镇）、高新区张家港精神“再学习、再弘扬、再实践”动员大会
9 中国共产党杨舍镇第十三届代表大会第三次会议
10 杨舍镇第十八届人民代表大会第二次会议

3

4

集聚转型新动能 推动发展高质量
张家港市2018年项目集中开工月
华灿光电半导体照明(张家港)产业基地开工仪式
奠基

5

2018 采埃孚（张家港）转向工厂
2018 ZF ZhangJiaGang Steering Ground-Breaking Ceremony
奠基仪式
奠基

6

签约席

7

经开区(杨舍镇)、高新区张家港精神"再学习、再弘扬、再实践"动员大会

8

中国共产党杨舍镇第十三届代表大会第三次会议

9

杨舍镇第十八届人民代表大会第二次会议

10

AOYANG GROUP
澳洋集团
砥砺二十载 奋斗新时代
纪念澳洋集团成立20周年
2018年10月26日
1

2

3

庆祝第34个教师节"亮岗位、亮身份、亮承诺、亮成果"主题教育暨"杨舍教育楷模"颁奖仪式
4

感动杨舍慈善企业
5

6

7

8

9

1 纪念澳洋集团成立 20 周年庆典
2 经开区（杨舍镇）、高新区“解放思想大讨论”专题党课
3 纪念改革开放 40 周年大型广场舞剧《春天的故事》
4 庆祝第 34 个教师节“亮岗位、亮身份、亮承诺、亮成果”主题教育暨“杨舍教育榜样”颁奖仪式
5 “感动杨舍慈善榜样”颁奖典礼
6 社区治理创新社工主题汇暨城南街道第三届社工节活动
7 “全民阅读节”启动仪式暨暨阳文化进校园、社区教育项目发布活动
8 “幸福杨舍”健康大行动启动仪式
9 区镇推进民生微实事工作
10 推进“美丽村庄”建设

10

张家港经济技术开发区（杨舍镇）

1 “幸福杨舍”2018 年经开区（杨舍镇）文化志愿服务基层行巡演

2 “杨舍故事汇”故事讲演比赛

3 苏州—铜仁贫困村创业致富带头人培训首期开班仪式

4 “福前”杯 2018 年桌式足球公开赛及全国青少年桌式足球赛开幕式

5 经开区（杨舍镇）第二届职工技能大赛

6 “新时代，新志愿”——学雷锋广场公益活动

江苏扬子江国际冶金工业园（锦丰镇）

江苏扬子江国际冶金工业园是2003年1月由江苏省人民政府批准设立的国内首家省级特色工业园区，规划控制面积36.8平方千米。张家港市锦丰镇地处美丽富饶的长江三角洲，2003年由张家港市原锦丰、三兴、合兴三镇及原东莱镇三个村合并组建而成。全镇面积114.32平方千米，辖2个办事处、24个行政村、11个社区居委会，总人口18.7万人，其中户籍人口11.45万人。锦丰镇蝉联第四届、第五届全国文明镇。

2005年8月，冶金园与锦丰镇实施一体化管理。2009年3月，行政管理体制调整，冶金园党工委、管委会对园、镇实行统一领导和管理。2013年10月，经苏州市编委批准，冶金园、锦丰镇实行“区政合一”管理体制，冶金园党工委、管委会与锦丰镇党委、政府“两块牌子一套班子”，实行“六个统一”，即统一规划建设、经济发展、审批权限、财政结算、组织人事、公共事务。

近年，冶金园依托沙钢、浦项等核心企业，进一步整合资源综合优势，以优化经济结构为主线，以改革创新为动力，突出转型升级、突出优势培育，聚力创新突破、聚焦民富民享，经济社会持续、稳定、健康发展。区域有各类企业4578家，其中有沙钢集团、韩国浦项等世界500强企业5家，形成冶金、新型建材、机械装备、五金医疗等四大产业板块，建有江苏冶金技术研究院、高端产业集聚区、玖隆物流园、沙洲大厦等八大产业载体。总投资300亿元的集现货和期货交易、剪切加工、运输配送、进出口保税、电子商务及金融担保质押为一体的玖隆物流园，被列入省级重点物流园、省级生产性服务业集聚示范区。冶金园已形成炼铁3183万吨、炼钢4066万吨、轧材3954万吨、不锈钢60万吨、电解铜10万吨的年生产能力。

2018年，冶金园（锦丰镇）实现地区生产总值649.4亿元，规模以上工业总产值1761.24亿元，公共财政预算收入48.43亿元，入库税金90.59亿元，全社会固定资产投资69亿元，进出口贸易总额55.59亿美元，全口径实际利用外资5177万美元，村级稳定性收入1.24亿元。

1. 1月24日，德国“E&E”机器人电缆项目签约
2. 10月20日，沙钢环保、信义电源等12个重大项目集中开竣工
3. 3月12日，冶金工业园长顺·创谷项目奠基
4. 6月30日，高品质特殊钢冶金与制备国家重点实验室张家港产业中心揭牌

江苏扬子江国际冶金工业园（锦丰镇）

1 6月11日，香港信义集团江苏产业基地项目签约

2 3月9日，苏州市委常委、常务副市长王翔调研“三优三保”工作

3 11月8日，市委书记沈国芳到锦丰调研

4 11月30日，中宣部副部长孙志军一行到锦丰镇悦来社区调研

5 12月18日，龙潭湾企业联盟成立

6 8月24日，冶金工业园在全省乡村振兴档案工作推进会上交流发言

7 11月6日，园（镇）举办全民阅读总结表彰暨非物质文化遗产（元宵锣鼓）进校园启动仪式

8 3月28日，市网格化社会治理平台上线启动仪式在园（镇）举行

9 6月15日，园（镇）与沙钢集团深度融合“618”共建计划发布会

10 7月20日，园（镇）召开清理整顿沿江环境污染攻坚战动员大会

11 9月7日，园（镇）举办庆祝第34个教师节暨“沙钢教育发展基金”颁奖典礼

全省乡村振兴档案工作推进会
江苏·张家港
6

暨非物质文化遗产（元宵锣鼓）进校园启动仪式
7

上线!
8

冶金工业园 沙钢集团深度融合
“618”
9

冶金工业园（锦丰镇）清理整顿沿江环境污染攻坚战动员大会
10

杏坛弦歌 逐梦前行
庆祝第34个教师节暨“沙钢教育发展基金”颁奖典礼
11

江苏扬子江国际冶金工业园（锦丰镇）

1

2

3

4

5

1 1月15日，市第三轮修志试点《冶金园（锦丰镇）志》启动暨《中国名镇志丛书·锦丰镇志》首发仪式举行

2 1月31日，沙上文化研究会2017年会暨换届工作会议召开

3 3月1日，园（镇）创建文明镇标兵誓师大会暨 2018“瑞狗送福闹元宵”文艺展演活动举办

4 5月31日，2018年“金沙洲艺术团”文化志愿行活动启动

5 3月5日，园(镇)第三届“十佳志愿者”表彰大会暨“七彩沙洲”网格党群连心桥项目发布

6 3月11日，“金沙洲杯”首届乒乓球邀请赛举办

7 4月20日，锦丰镇“品读经典文明·书声远播沙上”全民阅读活动启动

8 10月1日，张家港短程马拉松系列赛（第四站）“沙洲新城”杯美丽新沙洲绕圈赛等系列活动在锦丰沙洲新城举行

9 6月9日，市第八届全民健身大联赛启动仪式暨第五届全民健身大展示（柔乐球、柔力球套路）活动在锦丰镇举行

张家港高新技术产业开发区

2月26日，张家港高新技术产业开发区经国务院批准列入《中国开发区审核公告目录（2018）》。9月21日，经省政府批复同意，成为省级开发区。高新区按照“一区多园”发展模式，由“一城四园”组成。“一城”指沙洲湖科教新城，即高新区核心区，位于主城区北部，东至二干河、杨锦公路，西至杨新公路、朝东圩港，南至张杨公路，北至晨丰公路、兴南路，规划面积23.1平方千米。“四园”包括凤凰镇韩国工业园、塘桥镇新能源产业园、大新镇先进激光（装备）产业园、南丰镇东南工业园四个专业特色科技园区。高新区坚持实施创新驱动发展和产城融合发展“两大战略”，是全市创新创业的策源地。年内全区实现地区生产总值365亿元。获批江苏省知识产权试点园区、省华侨华人创新创业服务中心，在江苏省省级高新区创新驱动发展综合评价中列第9位。

新兴产业发展方面：全区重点发展化合物半导体、绿色能源、智能装备和再制造、新经济等战略性新兴产业，着力打造“化合物半导体世界之都”“中国氢港”和“新能源汽车城”。全年完成工业总产值1150亿元，规模以上工业总产值1050亿元，营业收入1480亿元，高新技术产业产值330亿元，高新技术产业产值占规上工业总产值32%。

创新体系建设方面：年内，沙洲湖科创园获评国家级优秀科技企业孵化器，总投资4.5亿元的中科院张家港纳米产业园（化合物半导体协同创新平台和孵化器）启动建设。新增省研究生工作站3家，贝尔机械公司研究生工作站获评省优秀研究生工作站。新增高新技术企业18家、省科技型中小型入库企业138家、省科技小巨人企业3家、苏南自创区瞪羚企业5家。新增发明专利申请1418件、发明专利授权359件。

产城融合发展方面：1月19日，高新区与中国领先的城市运营商中国金茂控股集团有限公司签署《产城融合项目合作框架协议》。8月21日，双方在北京签约，核心区11.36平方千米，东至杨锦公路、西至一干河、南至张杨公路、北至北二环路，由中国金茂整体开发、建设和运营，打造“张家港智慧科学城”。

1 7月10日，江苏省委常委、苏州市委书记周乃翔，苏州市委副书记、市长李亚平，苏州市人大常委会主任陈振一等赴高新区调研

2 6月21日，苏州市委常委、市委统战部部长姚林荣一行赴高新区调研

3 11月19日，市委书记沈国芳赴高新区调研

4 9月21日，高新区正式列为省级开发区

5 7月17日，高新区生态环境提升及公共服务配套项目列入《江苏省2018年度第二批PPP入库项目名单》

6 3月12日，中科院张家港纳米产业园开工

7 7月16日，张家港高新区争创国家高新区启动

8 10月24日，在深圳举办张家港高新区专场招商推介会

2018 ADVANCED SEMICONDUCTOR
Innovation Competition
2018第七届中国创新创业大赛
国际第三代半导体专业赛 东部赛区
1

2

苏州市氢能产业创新中心
暨中科院洁净能源创新研究院苏州研究院
签约揭牌仪式
3

主办单位
张家港市人民政府
中国宽禁带功率半导体及应用产业联盟
4

委、管委会成立一周年
党建品牌发布仪式
高新区“两新”组织
综合党总支
5

6

1 6月30日，第三代半导体产业技术创新发展大会暨2018年中国创新创业大赛国际第三代半导体专业赛东部赛区启动仪式在高新区举行

2 5月13日，全国首家国家级再制造汽车零部件产品质量监督检验中心揭牌

3 7月10日，苏州市氢能产业创新中心暨中科院洁净能源创新研究院苏州研究院揭牌

4 7月31日，《中国宽禁带功率半导体发展路线图》终审会在高新区举行

5 7月31日，高新区党工委、管委会成立1周年“红XIN智汇”党建品牌发布仪式暨“我在高新区这一年”成长分享会举办

6 8月21日，高新区与中国金茂合作开发“张家港智慧科学城”产城融合项目在北京签约

7 9月7日，第七届中国创新创业大赛国际第三代半导体专业赛·东部赛区颁奖典礼暨开放创新论坛举办

8 6月2日，高新区妇联开展“粽香情浓沙洲湖·同心共建高新区”端午主题活动开展

7

8

塘桥镇

塘桥镇位于张家港市东南部，与常熟市海虞镇交界。2018年年末，全镇总面积94.26平方千米，耕地面积3892公顷，辖2个办事处、14个行政村、7个社区，户籍人口92935人，另有外来暂住人口95926人。全年实现地区生产总值189.59亿元，一、二、三产业增加值分别为3.27亿元、101.06亿元和85.26亿元，完成全口径财政收入15.1亿元，其中公共财政收入8.91亿元，入库税金14.56亿元，完成全社会固定资产投入28.45亿元，其中服务业投入22.25亿元。135家规模以上工业企业全年完成总产值203.19亿元、主营业务收入202.9亿元、利税10.21亿元、利润6.32亿元。主营业务收入超1亿元的企业有42家，其中华芳集团32.82亿元、鹿港科技公司27.39亿元。全镇签约新兴产业类项目26项，投资总额5.8亿元。根据城市副中心定位标准，编制《张家港高铁新城（城市副中心）规划研究》，启动《塘桥老镇区建设更新规划》研究。东望地产、中锐地产等9个商业地产项目累计完成投资54.5亿元，完成建筑面积112.8万平方米。年内，塘桥镇被评为省级创业型乡镇。

1 苏高新节能环保创新园
2 鹿港集团
3 银河电子生产车间
4 塘桥镇十六届人大第五次会议
5 塘桥镇“331”现场推进会
6 俯瞰塘桥集镇
7 改造后的北京路
8 改造后的钱昌照故居
9 夜幕下的塘桥集镇
10 钱昌照故居修复启用仪式

6

7

8

9

10

塘桥镇

1 塘桥镇文明创建动员会暨学雷锋活动启动仪式
2 胡同社区民族联谊活动
3 交通志愿服务队清除路面积雪
4 青龙小学“民族团结心连心”文艺汇演
5 “感恩温暖环卫工”迎新年公益慰问
6 “又一村”店主免费请环卫工人品火锅
7 “331”整治火灾隐患百日专项行动动员部署会
8 国家卫生镇复审迎检工作会议
9 “感动塘桥十佳身边好人”颁奖典礼

温暖环卫工”迎新年公益

5

6

塘桥镇“331”整治火灾隐患百日专项行动动员部署会

7

塘桥镇安全生产、263行动、信访稳定暨国家卫生镇复审迎检工作会议

8

塘桥镇新时代文明实践活动
张家港市道德模范与身边好人现场交流暨
2018年度“感动塘桥　十佳身边好人”颁奖典礼

9

1 第十二届围棋文化节开幕式
2 中国围棋甲级联赛塘桥专场
3 塘桥镇全民健身节启动仪式
4 塘桥镇全民阅读启动仪式
5 塘桥镇新春音乐会
6 江苏省名村志《金村村志》终审观摩会
7 塘桥中心小学班级围棋联赛
8 老年艺术节节目展演
9 家庭文化节闭幕式
10 澳大利亚江苏总商会、张家港同乡会代表参观钱氏名人馆

5

江苏省名镇名村志
《金村村志》终审观摩会

6

张家港市塘桥镇第十二届围棋文化节
塘桥中心小学班级围棋联赛

7

塘桥镇全民终身学习活动
老年大学第五届艺术节节
主办单位：塘桥镇社区教育工作领导小组
承办单位：塘桥镇社区教育中心
塘桥镇文体中心
塘桥镇老年大学
二〇一八年十月二十三日

8

纪念改革开放40周年主题
暨2018年张家港市家庭文化节
主办单位：张家港市文明办　张家港市妇联
张家港市文联　张家港市教育局
张家港市文广新局　张家港市档案局
张家港市塘桥镇
2018年10月

9

10

乐余镇

乐余镇位于市域东北部，隔长江与南通相望，有全市唯一保存完好的民国老街。总面积78.58平方千米，沿江岸线17.84千米，耕地3906公顷。辖1个办事处，19个行政村（场），6个社区。有户籍25296户，户籍人口73984人，另有外来暂住人口20612人。全年完成地区生产总值48.91亿元。按户籍人口计算，人均生产总值6.6万元。完成全口径财政收入8.66亿元，其中公共财政收入4.4亿元，比上年增15.2%。完成全社会固定资产投资5.36亿元，其中工业投资2.91亿元、服务业投资2.45亿元。完成新兴产业投资2.68亿元。社会消费品零售总额24.61亿元，比上年增8.7%。年内顺利通过“国家卫生镇”复审，获评2017年度江苏省和谐社区建设示范乡镇（街道），苏州市文明镇、苏州市平安镇（街道），张家港书香之镇。5月22日，乐余镇侨界联合会成立。施玉其获2018年度“苏州好人”称号，李汝龙家庭获评“全国最美家庭”称号。

1 11月13日，市委书记沈国芳一行走访海狮集团

2 7月31日，市委副书记、市长黄戟一行到乐余镇调研北区整治区规划

3 11月23日，市人大常委会党组书记、主任徐仲高一行赴乐余镇调研永发医用设备有限公司

4 11月1日，市政协主席黄雪元一行赴乐余村走访

5 8月23日，江苏省档案局局长陈向阳一行调研乐余镇未成年人档案工作

6 3月29日，贵州沿河县夹石镇、谯家镇考察团参观红星农村机库

7 6月20日，乐余镇召开三大“百日行动”动员部署大会

8 3月15日，乐余镇召开打好污染防治攻坚战暨“263”专项行动推进会

9 乐余老街夜景

乐余镇2018年项目集中开工仪式
新城万斯达装配式建筑产业化项目奠基仪式
2018年5月
奠基

乐歌张家港现代供应链管理中心 投资协议签
LOGOS Zhangjiagang Supply
ain Management Park
Investment Agreement
ing Cere
y
2018年10月 | 上海

张家港市乐余镇人民政府
中建基础设施勘察设计建设集团有限公司
乐余镇"三优三保"暨新型城镇化建设项目

苏州研界工业级 芯片基地项目投资

张家港乐余镇

乐余镇科技镇长团十周年活动暨张家港智慧清洁产业技术

- **1** 5 月 29 日，乐余镇举行 2018 年项目集中开工仪式暨新城万斯达装配式建筑产业化项目奠基仪式
- **2** 10 月 30 日，乐余镇与澳大利亚乐歌集团签署合作协议
- **3** 6 月 5 日，“三优三保”暨新型城镇化建设项目签约仪式
- **4** 6 月 5 日，苏州研界工业级芯片基地项目投资签约仪式
- **5** 11 月 8 日，乐余镇与苏州东方净谷企业管理有限公司就“VOC 环境科创产业园”项目签署合作协议
- **6** 4 月 26 日，乐余镇与江苏科技大学机械工程学院签订研究院委托管理协议
- **7** 6 月 28 日，乐余镇召开庆祝建党 97 周年暨“双十佳”表彰大会
- **8** 7 月 2 日，共青团乐余镇第十八次代表大会举行
- **9** 3 月 2 日，乐余镇举办先进表彰活动暨元宵节文艺演出
- **10** 9 月 10 日，第 34 个教师节，乐余镇党委副书记、镇长陆晓平看望教师
- **11** 8 月 3 日，兆丰办事处举办“党旗在身边，红色全家福”主题党日活动
- **12** 9 月 27 日，乐余镇开展第四次全国经济普查

乐余镇

乐余镇企业公益联盟

1

张家港市无党派人士联谊会活动基地
揭牌仪式
018年1月13日

2

乐余镇侨界联合会成立大会
暨乐余联侨创新交流中心启动仪式
2018年5月22日

3

2018年度张家港市道德模范与身边好人现场交流活动(乐余镇)
暨“张闻明故事汇”基层巡讲巡演活动启动仪式
主办单位：中共张家港市委宣传部 张家港市文明办
承办单位：中共乐余镇委员会 乐余镇人民政府 市广播电视总台

4

张家港市乐余镇慈善会第二届第一次会员代表大会

5

红色新沙洲党史教育展

6

1 3月24日，乐余镇志愿服务项目发布，“企业公益联盟”揭牌

2 1月13日，张家港市无党派人士联谊会活动基地揭牌

3 5月22日，乐余镇侨界联合会成立大会暨乐余联侨创新交流中心启动仪式举行

4 4月8日，张家港市道德模范与身边好人现场交流活动（乐余镇）暨“张闻明故事汇”基层巡讲巡演活动启动

5 12月6日，乐余镇慈善会召开第二届第一次会员代表大会

6 3月9日，“红色新沙洲”党史教育展览馆揭牌

7 2月11日，市政协委员在乐余村开展送春联活动

8 双桥村史长廊一角

9 江苏省首家河长制主题公园

10 沪通铁路乐余镇向群村段

乐余镇

乐余镇第十二届阅读节启动仪式
暨“庆五一·迎五四”演出活动
1

乐余镇“不忘初心跟党走 砥砺奋进勇担当”党史(党务)知识竞赛
2

时代的旋律
3

2018年“乐余杯”
第17届江苏省国际象棋锦标赛
4

5

MAMMA
非常6+1
6

1 4 月 18 日，乐余镇举办第十二届阅读节启动仪式暨“庆五一迎五四”演出活动

2 6 月 23 日，乐余镇举办“不忘初心跟党走，砥砺奋进勇担当”党史（党务）知识竞赛决赛

3 12 月 1 日，乐余镇举办新时代文明实践活动“悦读书 · 越美好”活动举办

4 10 月 3 日，第十七届江苏省国际象棋锦标赛在乐余中心小学举行

5 10 月 13 日，青少年参观乐余风筝馆

6 红星村陆弈帆（前中）登上央视“非常 6+1”舞台

7 2 月 2 日，乐余镇机关举行“迎新春趣味运动会”

8 6 月 29 日，乐余镇举办“绿动青春 · 益起行”健步行活动

9 11 月 2 日，常丰村、庆丰村联合举办割稻比赛

10 7 月 3 日，乐余镇举办第五届广场舞大赛

11 6 月 22 日，“连丰杯——乐余味道”民间厨师烹饪技艺大赛举办，图为参赛者制作面拖蟹

凤凰镇

凤凰镇位于市域南部，总面积78.79平方千米，耕地面积2705公顷。年末，辖15个行政村、6个社区。有户籍20555户，户籍人口66483人，另有外来暂住人口57053人。全年实现地区生产总值115.82亿元，比上年增6.5%。一、二、三产业产值分别为3.58亿元、66.02亿元、46.22亿元，分别比上年减3.3%、增3.1%、增10.8%。按户籍人口计算，人均生产总值17.42万元，比上年增4.12%。完成公共财政预算收入8.49亿元，比上年减11.4%。入库税金14.44亿元，比上年减14.9%。实施新改扩建工业项目26项。完成固定资产投资21.25亿元，比上年增2.5%。其中服务业投资14.07亿元，占固定资产投资的66.2%，比上年增5.7%；新兴产业投资6.68亿元，占固定资产投资的31.4%，比上年增4.1%。完成社会消费品零售总额21.61亿元，比上年增0.8%。年内，凤凰镇通过“苏州市文明镇”复评，在苏州市经济发达镇行政管理体制改革试点评估中位列第三。

1 11月19日，市委书记沈国芳调研凤凰镇

2 12月22日，苏州市委副书记、市长李亚平调研凤凰镇

3 3月27日，省委统战条线领导到凤凰镇考察

4 6月6日，苏州市人大常委会副主任王少东走访凤凰镇困难家庭

5 10月26日，凤凰人民法庭启用

6 3月28日，张家港思淇科技有限公司特种高性能劳防手套项目奠基

7 4月20日，凤凰镇侨界联合会成立

8 5月25日，华东理工大学——富淼科技生态技术联合实验室揭牌

9 6月10日，张家港市第二届端午龙舟赛暨凤凰镇首届非遗文化节启动

10 3月30日，2018年凤凰桃花节暨肖家巷特色田园乡村建设启动

张家港思淇科技有限公司
特种高性能劳防手套项目
奠基典礼
奠基

6

凤凰镇侨界联合会成立大会

7

华东理工大学—富淼科技
生态技术联合实验室揭牌仪式

8

2018年张家港市“我们的节日·端午”
第二届龙舟赛暨凤凰镇首届非遗文化节

9

赏桃园春色 游画里凤凰
2018张家港凤凰
桃花节

10

南丰镇

南丰镇位于张家港市东北部，中国“黄金水道”长江下游南岸。区域面积62.47平方千米，耕地面积2694公顷。2018年年末辖1个办事处，12个行政村，4个社区。全镇有户籍21599户，户籍人口58036人，另有外来人口26796人。2018年，全镇实现地区生产总值138.12亿元，一、二、三产业增加值分别为3.76亿元、93.55亿元、40.81亿元。完成全口径财政收入31 亿元，入库税金30.61亿元，完成全社会固定资产投资7.88亿元，在全国千强镇中的排名由上年的第197位上升至第150位。全镇有企业1243家，其中工业企业781家。24家规模以上企业全年实现工业总产值 490.25亿元。年内，南丰镇创建成江苏省健康单位，首批获评江苏省生态文明建设示范镇，被评为“2015—2017年度苏州市文明镇”、2018年度苏州市平安镇，成为张家港市“四个中心镇”之一。南丰镇党委获评“苏州市先锋基层党组织”，镇“331”尖兵党支部获评“苏州市优秀行动支部”。建农村创建成江苏省生态文明建设示范村。吴惠芳被中央宣传部、退役军人事务部授予“最美退役军人”称号，殷志兰获评“中国好人”。

南丰镇 TOWN NANFENG 中国·张家港 1

2

3

1 南丰镇镇标
2 中宣部副部长孙志军调研南丰镇新时代文明实践工作
3 永联村党委书记吴惠芳参加全国人大开幕式
4 上海宝冶和永钢集团合作项目启动
5 金陵体育产业园项目开工现场
6 建设中的沪通铁路穿过南丰镇
7 民联村三星级康居乡村点位——民联文化舞台
8 南丰镇“331”专班成立镇“331”尖兵党支部
9 南丰镇青年干部成长营三年行动计划启动
10 2018 年南丰镇徒步大会暨第八届全民健身节启动仪式

4

5

6

7

8

9

10

南丰镇永联村

永联村位于南丰镇东部，村域面积10.5平方千米，常住人口1.9万人。2018年，永钢集团党总支升格为党委，并从永联村党组织体系中独立出来，至此村党委下设两个党总支，共有12个党支部，在册党员349人。全年全村实现销售收入380亿元，利税80亿元，村级可支配收入1.69亿元，村民人均年收入4.5万元。2018年，全村按照“一一三四”党委工作法，从严治党常抓不懈。村党委集中精力为集体经济发展、民生工程推进、社会治理创新、区域文明建设把关定向。在全体党员中开展读好四本书活动，开展中共十九大精神知识竞赛活动，推广“亮身份、亮岗位、亮承诺、亮业绩”活动，让党员在平常时刻看得出、关键时刻冲得上。一、二、三产加速融合，集体经济稳步提升。永钢集团转型升级效益创造历史新高，联峰实业、精筑集团、小贷公司提升了盈利能力。乡村旅游蓬勃发展，全年接待游客80万人。现代农业发展有序，粮食产量稳步提升，蔬菜种植模式渐驱成熟，黄鳝等水产养殖技术逐渐掌握。注册成立江苏永谊现代农业发展有限公司，完成“虾稻共生”33.33公顷。社会治理更加完善。调整成立景区管理办公室，明确永合社区、永联村经济合作社职能定位。智慧永联建设提档升级，新建红心闪耀项目、网格化综合管理平台项目和永联一点通APP二期项目。文明建设卓有成效。吴惠芳获“最美退役军人”称号。取消文明奖普惠制考评，评选金质文明家庭、银质文明家庭。幸福指数不断升高。土地承包经营权流转费的发放标准由每年每公顷19500元提高到22500元，动迁生活补助费的发放标准由每月300元提高到每月400元，老年人养老金的发放标准由每月800元提高到每月900元。江南田园风情小镇各项工程全面铺开。G346与永联路正式连通，农耕园外围环路改造、永南河桥梁建设有序进行，村民的生活居住环境不断改善。开展永联村乡村振兴40周年“振兴之路”主题晚会、中篇评弹《永联之路》演出等活动，丰富村民业余文化生活。

1 市委书记沈国芳慰问吴栋材

2 村党委书记吴惠芳当选全国“最美退役军人”

3 省委常委、纪委书记蒋卓庆到永联村考察

4 19名全国人大代表参观永联展示馆

5 永联村经济合作社一届八次社员代表大会

6 2018 年江鲜美食节开幕

7 2018 年张家港首届年货旅游节

8 永联村乡村振兴 40 周年“振兴之路”主题晚会

9 “我们走过 40 年”全国著名诗人永联行活动启动仪式

10 “幸福永联”募捐活动

11 2018 年“永联村杯”乒乓球世界冠军表演赛

大新镇

大新镇位于张家港市西北部，北濒长江，东临江苏扬子江国际冶金工业园（锦丰镇），西临张家港保税区（金港镇），南接张家港经济技术开发区（杨舍镇），全镇总面积40.48平方千米，境内有7.9千米长江岸线。下辖10个行政村、4个社区，户籍人口38674人，外来暂住人口35249人。境内有销售超1亿元的工业企业13家，入库税收超5000万元的企业3家。2018年，全镇实现地区生产总值39.57亿元，人均生产总值10.23万元。完成全社会固定资产14.27亿元，入库税金5.2亿元。完成工业开票销售收入85.55亿元。

1 全省“保护母亲河，争当‘河小青’”项目发布会在大新举办
2 苏州市暨张家港市文化、科技、卫生“三下乡”志愿服务活动在大新举办
3 承办先进激光制造产业发展大会
4 首届沙上体育运动会举办
5 新南幼儿园设计图
6 市第一人民医院大新分院揭牌仪式
7 大新镇春节联欢晚会
8 新湖生态公园获评市首届“十大民心工程”
9 美丽乡村、美丽河道示范点北横套
10 大新镇新时代文明实践所——双杏书院

5

张家港市第一人民医院
大新分院
张家港市第一人民医院大新分院
揭牌仪式
仁爱
诚
博学
创新
6

2019
文明迈新步　改革再出发
大新镇春节联欢晚会
7

届张家港市民心工程获奖项目
8

9

双杏书院
10

常阴沙现代农业示范园区

常阴沙现代农业示范园区位于市域东南部，东临长江，与南通市隔江相望。有沿江岸线9.7千米。总面积37.45平方千米，其中耕地面积2399公顷。辖7个社区、1个居委会。有户籍7709户，户籍人口20458人，另有外来暂住人口3982人。全年实现地区生产总值10.54亿元。一、二、三产业增加值分别为2.41亿元、5.2亿元、2.97亿元。按户籍人口计算，人均生产总值5.15万元。完成全口径财政收入1.43亿元，其中公共财政预算收入8000万元。入库税收1.38亿元，其中服务业税收收入1531万元。全社会完成固定资产投资1.05亿元，其中工业投资3100万元、服务业投资7400万元。常西社区创建成苏州市康居特色村、获评“苏州市十佳最美乡村”称号，常北社区被评为2018年度江苏省“一村一品一店”示范村、2018年度苏州市健康社区，常东社区被评为2018年度江苏省健康社区，常南土地股份专业合作社获评省级巾帼示范专业合作组织称号，常兴社区被评为2018年江苏省休闲农业精品村。

1 11月14日，市委书记沈国芳调研常阴沙现代农业示范园区

2 5月4日，全省“味稻小镇”建设现场观摩会在常阴沙现代农业示范园区召开

3 5月9日，闲心公社田园文化旅游度假综合体项目落户园区

4 常阴沙老年大学2018年秋季毕业典礼

5 4月1日，常阴沙现代农业示范园区举办2018年市招才引智推介交流会（“现代农业”专场）

6 常阴沙花海

7 常西社区闸北圩3D艺术村

8 省级样板河道长沙河

9 4月1日，“走进新时代，美丽乡村行”主题活动启动暨2018年张家港短程马拉松系列赛（常阴沙站）——“联通化机杯”田园风情马拉松赛在常阴沙花海举行

10 12月24日，市道德模范、身边好人交流活动（常阴沙站）暨首届常阴沙“新时代好少年”颁奖仪式在园区文化中心举行

11 2018年常阴沙“农民丰收节”暨“金秋乡村欢乐游”系列活动

创新驱动 人才引领
2018 张家港市招才引智推介交流会
（"现代农业"专场）

5

6

新农村 新希望

7

8

"联通化机杯"
田园风情马拉松赛
START
FINISH
"联通化机杯"
田园风情马拉松赛
START
FINISH

9

家港市道德模范、身边好人现场交流活动
颁奖仪式

10

金秋田野　喜庆丰收
2018常阴沙"农民丰收节"
系列活动

11

追梦学堂

“追梦学堂”是张家港市新时代文明实践中心市级理论宣讲服务平台，是全市深入学习宣传贯彻习近平新时代中国特色社会主义思想的主阵地，是推动党的创新理论“飞入寻常百姓家”的有效载体。“追梦学堂”以“支部活动提升营、理论骨干训练营、高校青年立志营、机关干部学习营、团队建设成长营”为功能定位，整合“学习强国”平台资源与市特色理论教育资源，面向社会广泛组织开展理想信念和张家港精神主题教育活动。学堂面积约 750 平方米，设个人自助学习区和“思想之光”“星火之耀”“城市之魂”“磅礴之力”四个团队活动区。学堂自 2019 年 5 月开放后，已开展“最”系列主题党日、“我是学习明星”“IN 青春・我想说”“追梦讲堂”“今天是我的政治生日”等主题活动。

追梦学堂

“思想之光”团队活动区

“星火之耀”团队活动区

“城市之魂”团队活动区

“磅礴之力”团队活动区